想象另一种可能

理
想
国

imaginist

1978 年，49 岁

弗兰克·盖里站在他刚刚建成的位于圣莫尼卡的自宅前

1972 年 ,43 岁

罗恩·戴维斯住宅，马里布（上图）

在一次展览中展出的盖里的“易边”家具精选，一同展出的，还有他后来设计的以“横杆推阻”为代表的一系列由弯曲的枫木条制成的椅子（下图）

山崎实设计的密苏里州圣路易斯市普鲁伊特－艾戈住宅综合体爆破拆除

1979年，50岁

洛约拉法学院的校园，可以看到盖里在正对着中心广场的一个立面上所做的古典主义暗示，这个项目从1979年开始，于1994年全部建成（上图）

普利兹克奖设立

1983年，54岁

盖里的鱼形灯的一个早期样品，由富美家公司1983年推出的“彩虹心”层压塑料板制成 （下图）

贝聿铭获普利兹克奖

1997年，68岁

毕尔巴鄂古根海姆博物馆面朝内维翁河的背立面（上图）

毕尔巴鄂古根海姆博物馆的主立面，被城市中的老建筑框了起来，可以看到立面前方摆放着的由杰夫·昆斯创作的雕塑“小狗”（下图）

诺曼·福斯特设计的法兰克福商业银行大厦竣工

2003 年，74 岁

位于洛杉矶市中心的格兰大道上的沃尔特·迪士尼音乐厅（上图）

沃尔特·迪士尼音乐厅的内部效果（下图）

台北 101 大厦完工

2012 年，83 岁

弗兰克在洛杉矶艺术博物馆为他的朋友肯·普赖斯设计了一场展览，在布展中他着重考虑并适应了普赖斯雕塑作品的尺度和颜色（上图）

日建设计的东京晴空塔竣工

2014 年，85 岁

巴拿马生物多样性博物馆（对页下图）

位于巴黎布洛涅森林内的动植物驯化园的路易威登基金会博物馆（上图）

建筑外表皮的玻璃帆体量的细部（中图）

从端头位置上看，路易威登基金会博物馆就如同一艘大船，正在缓缓驶过建筑一侧的倒影池（下图）

世界贸易中心一号楼重新开放

2015年，86岁

弗兰克登上“迷雾号”（Foggy）帆船，拍摄于1月

PAUL GOLDBERGER

BUILDING ART
THE LIFE AND WORK OF FRANK GEHRY

弗兰克·盖里传

[美] 保罗·戈德伯格 著　唐睿 译

中国美术学院出版社
CHINA ACADEMY OF ART PRESS

Building Art: The Life and Work of Frank Gehry

责任编辑：孙丽英
责任校对：杨轩飞
责任印制：娄贤杰

特约编辑：马步匀
装帧设计：彭振威
内文制作：陈基胜

图书在版编目(CIP)数据

弗兰克·盖里传 / (美) 保罗·戈德伯格著 ; 唐睿译. -- 杭州 : 中国美术学院出版社, 2018.9
ISBN 978-7-5503-1703-1

Ⅰ.①弗… Ⅱ.①保… ②唐… Ⅲ.①弗兰克·盖里—传记 Ⅳ.①K837.126.16

中国版本图书馆CIP数据核字(2018)第110280号

弗兰克·盖里传
[美]保罗·戈德伯格 著　　唐睿 译

出 品 人：祝平凡
出版发行：中国美术学院出版社
地　　址：中国·杭州市南山路218号　邮政编码：310002
网　　址：http://www.caapress.com
经　　销：全国新华书店
印　　刷：山东临沂新华印刷物流集团有限责任公司
版　　次：2018年9月第1版
印　　次：2018年9月第1次印刷
印　　张：43.75
开　　本：635mm × 965mm 1/16
字　　数：580千
书　　号：ISBN 978-7-5503-1703-1
定　　价：139.00元

献给苏珊

For Susan

理性主义者们，戴着四四方方的帽子，
在一间四方屋子里，思考，
盯着地板，
盯着天花板，
他们把自己局限，
在直角三角形里。
如果他们试过菱形，
锥形、波浪和椭圆，
比如，半月的椭圆形，
理性主义者们就会戴宽檐儿帽了。

华莱士 · 史蒂文斯，《六幅意义深远的风景画》(其六)

(Wallace Stevens，“Six Significant Landscapes” VI)

目录

序

1974年春天，作为《纽约时报》的一名年轻记者，我前往华盛顿特区，去参加美国建筑师协会（AIA）在那一年的年会。我并不经常参加会议，不过那个时候的我，刚刚成为《纽约时报》的初级建筑评论员，我盘算着，这次会议，作为整个国家规模最大的建筑师集会，也许能够给我带来一些好的报道素材，或者至少，能够让我有机会认识一些人，也让他们认识一下我。美国建筑师协会位于纽约大道（New York Avenue）的新总部大楼，当时刚刚落成，为了向参会者们展示这座新建筑，会议结束后的盛大派对，并没有如以往那般被安排在某家酒店的大厅里举行，而是被放到了总部大楼的院子里。我记得当时的我站在派对人群的边缘，正在与我的同事阿妲·路易斯·赫克斯塔布尔聊着，由于人太多，我几乎已经是站到了路边的人行道上，这时，一个留着可爱的八字胡，看起来四十多岁的男子——我那会儿刚二十多岁——认出了她，走过来同她问好。

他似乎也并不是个经常出入于这类会议的人，在穿着上，他比在场的大多数建筑师都要随意一些，在20世纪70年代早期，他的那副装束，看起来既像是保险推销员，又像是大学教授。这个人的言谈举止间，有着一种安静而又充满渴望的朝气和活力。他告诉阿妲·路易斯说，他叫弗兰克·盖里，是个来自洛杉矶的建筑师。他的名字，当时的我们都还并不熟悉。他又说，我们也许听说过他所设计的一些纸板家具，几年之前曾经在布鲁明戴尔百货公司销售过一阵子，这才确实让我有了一些模糊的印象，不过很显然，对于他的建筑作品，那会儿的我还是一无所知的。他对于我们的记者工作表现出了极大的好奇，对于建筑评论和新想法也有着浓厚的兴趣。他告诉我们，相比于他的建筑师同行，他与洛杉矶的艺术家圈子来往得倒是更多一些。在派对上，他认识的人似乎确实并不多，而没过多久，他作为“局外人”的特质便也显现了出来。不过，他其实并不是一个典型的“局外人”，或者说,他本来压根就不应该成为局外人。他是个想要进入主流的局外人。但是，随着时间的推移，我发现，他所追求的，是以自己的方式进入主流，而不是向主流妥协。

阿妲·路易斯后来先回了酒店，而弗兰克和我则接着聊了很久。我们两人之间的对谈从那一晚开始，后来持续了四十多年，而这本书便是其成果之一。盖里向我发出了邀请，说如果我有机会到洛杉矶去，可以去找他进行更深入的交流，而那个时候的我，确实是正在关注着洛杉矶，并且开始愈加频繁地对洛杉矶进行造访和考察——我比大多数的纽约客，都更为深刻地意识到，洛杉矶这座城市，是一座建筑和都市主义的实验室，应该获得足够的重视。尽管在当时，我还并不清楚弗兰克·盖里将会在这座城市的建筑史上扮演多么重要的角色。不过，我还是很高兴能够前往洛杉矶，亲自看一看他的作品的。1976 年，我在《纽约时报杂志》上发表了《经过研究的粗线条》（*Studied Slapdash*）一文，介绍和评论了盖里为画家罗恩·戴维斯在马里布设计的那栋住宅，那也是盖里的建筑作品第一次见诸全国范围的大众媒体。如此说来，我从他职业生涯相当早的阶段起，就已经开始记录他的作品了。当然，如果是以我个人的职业生涯来衡量的话，就更早了，我几乎是从一入行就开始写弗兰克·盖里。

多年来，随着我对于他的作品愈加了解和欣赏，以及他的作品本身在尺度和复杂性上的发展，我在《纽约时报》《纽约客》和《名利场》——自己作为记者和评论家的三个最主要的职业阵地上——也发表了越来越多的关于他的建筑的文章。盖里和我，曾经数次讨论过由我来撰写一部关于他的建筑创作的专著的计划；不过这些计划没有一次能够付诸实现，但是，当阿尔弗雷德 · A. 克诺夫出版社（Alfred A. Knopf）找到我，提议由我来为盖里写一部长篇传记时——那时他已经是整个世界最著名的建筑师了——我第一时间找他进行了沟通，问他是否愿意跟我合作这个项目，而暂时将那部关于他作品的专著放一放。我对他说，如果他同意与我合作，他就必须向我开放他的全部存档，与我分享他的个人生活和职业生涯当中的那些不堪回首的往事，当然，还有那些幸福和成功的回忆。此外，最重要的一点是，他必须要放弃对于文本的编辑和控制权。他欣然答应了上述所有条件，而这本书，就是我们的成果。

第一章

超级月亮之夜

2011 年 3 月 19 日的晚上，曼哈顿下城尚未完工的一座七十二层公寓的顶楼豪华套间里，纽约地产商布鲁斯 · 拉特纳（Bruce Ratner）为了庆祝他这座新地产项目的开幕，正在举办一场派对。对于一场庆祝新项目竣工的派对来说，它的嘉宾名单显得有些非同寻常——歌手、社会活动家 Bono[1]，艺术家查克 · 克劳斯（Chuck Close）、克莱斯 · 奥登伯格[2]，演员本 · 戈扎那（Ben Gazzara）、坎迪斯·伯根（Candice Bergen），著名艺术品经销商拉里·高古轩（Larry Gagosian），布鲁克林音乐学院（Brooklyn Academy of Music）的老院长哈维 · 李奇登斯坦（Harvey Lichtenstein），酒店业巨头伊恩 · 施拉格（Ian Schrager），以及著名记者如莫利 · 塞弗（Morley Safer）、汤姆 · 布罗考（Tom Brokaw）、卡尔 · 伯恩斯坦（Carl Bernstein）等各界名流都赫然在列。举办派对的这座公寓通体被不锈钢板包裹，落成之后，它将成为整个

1 原名 Paul David Hewson，著名摇滚乐队 U2 主唱。

2 Claes Oldenburg（1929 年生），美国雕塑家，美国波普艺术的代表之一，以具象性的实物雕塑著称，曾创作《地板上的汉堡》（*Floor Burger*）、《坦克上升起的口红》[*Lipstick*（*Ascending*）*on Caterpillar Tracks*] 等。

纽约最高的一座住宅。长久以来，关于这座公寓内部套房样式的猜想已经成为纽约街谈巷议的话题。但是，当晚前来这座钢构巨塔的名流们，目的却并不在于对这幢建筑先睹为快，他们中的大部分甚至都不是布鲁斯·拉特纳的朋友。这些名流和其他三百多位普通来宾，都是为了一位身材矮壮，戴着眼镜的银发老者而来。在整场派对的大部分时间里，这位身着黑色T恤衫，外罩黑色西装的老人都站在公寓北侧的窗前，窗外便是曼哈顿壮观的天际线和布鲁克林大桥高耸的两座桥塔。他就是这幢公寓的设计者，当今世上无可争辩的最著名建筑师。

弗兰克·盖里（Frank Gehry）两个半星期前刚刚度过了他八十二岁的生日，这场派对也是布鲁斯·拉特纳为他举办的生日派对。建筑师的生日派对，拉特纳觉得这是对公寓落成最好的庆祝。同时，举办这次派对的另一个目的是为了让人们淡忘他与盖里之间的不愉快：就在二十一个月前，他在另一个更大规模的项目“大西洋场”（Atlantic Yards）的规划和建筑单体设计中解雇了盖里。“大西洋场”是拉特纳的森林城集团（Forest City Ratner）投资开发的一个巨型地产项目，计划在位于布鲁克林中心城区的铁路站场原址上完成十七座建筑，其中包括刚刚从新泽西搬到布鲁克林的篮网队（Nets）的新主场。当时，盖里已经完成了项目的总平面、球场以及区域内几座摩天大楼的方案设计，他的参与使得“大西洋场”较之一般的大型商业地产项目显得更为野心勃勃。然而，在使用盖里的总平面为项目获得了前期许可之后，拉特纳却突然用另一家设计机构提供的更简单而经济的设计方案替换了盖里的方案——他炒掉了盖里。盖里对这一决定深感震惊与愤怒，这一变故使得他位于洛杉矶的事务所陷入困境，不得不裁掉了许多在这个项目上工作的建筑师。而让盖里尤为郁闷的是，他还只能在私底下表露自己的不爽。因为此时他仍在继续参与拉特纳在曼哈顿下城的公寓楼项目，这使得他很难和拉特纳公开翻脸。事实上，盖里是那种当事情进展得不如意时，无论自己如何愤怒都很少外露的人。因为他不喜欢冲突，通常情况下他总能通过友善而和

左起：本·戈扎那，布鲁斯·拉特纳，Bono，卡尔·伯恩斯坦，
弗兰克·盖里。摄于云杉街 8 号，拉特纳的公寓塔楼顶层套房

气的方式使事情得到解决，而非扮演一个暴躁的艺术家。

盖里的这种处事之道正合拉特纳之意。作为地产商，比起炒掉弗兰克·盖里，他显然更加愿意因向盖里提供了设计纽约最高公寓大楼的机会而被人们记住。在大西洋场项目上解雇了盖里之后，他极尽所能地想用后一种方式把他的名字与盖里联系起来。在他的销售顾问的建议下，拉特纳将曼哈顿下城的公寓项目称为了“盖里的纽约”（New York by Gehry），将弗兰克·盖里的名字也变成了公寓的卖点之一——因为盖里的声望如此之高，他的名字便和开阔的景观，宽敞的衣帽间，漂亮的厨房，宽大的窗户，甚至是房地产开发的终极要素——地段一起，成了这座公寓的绝佳卖点。在纽约，之前从未有过一座由弗兰克·盖里设计的公寓大楼。事实上，在此之前，世界上任何一座城市里也找不到一座盖里设计的摩天大楼。一直以来，盖里都是以设计博物馆、音乐厅、小住宅、教育建筑，以及小型商业建筑而知名。他位于洛杉矶的事务所虽然规模颇大——在生日派对那会儿大概有 150 名雇员，但并不是那种批量生产高层办公楼的事务所。相对而言，他的事务所更像是一个巨型的艺术家工作室，一个以他的创造力和想象力为中心的大型作坊。在完成纽约公寓之前的职业生涯里，盖里的两个代表作：西班牙毕尔巴鄂的古根海姆博物馆(Guggenheim Museum)(1997年完成)和洛杉矶的沃尔特·迪士尼音乐厅（Walt Disney Concert Hall）(2003年完成)，均可跻身于上一时代最杰出建筑作品之列。2010年，《名利场》（*Vanity Fair*）杂志邀请了90位世界顶尖的建筑师和建筑评论家提名“1980年以来世界上最重要的五座建筑”，毕尔巴鄂古根海姆博物馆毫无悬念地以压倒性优势成为赢家，它得到的票数是其他任何建筑的三倍以上。“由此我们可以清楚地得出结论，”《名利场》杂志断言，“现年81岁，出生于加拿大的盖里是我们这个时代最为重要的一位建筑师。”

在毕尔巴鄂古根海姆博物馆正式落成的几个月之前，建筑师菲利普·约翰逊（Philip Johnson）曾参观了这座建筑。螺旋形的结构、钛合金包裹的表面，都使得博物馆的外形充满视觉张力。约翰逊直言，这座建筑是“我们这个时代最伟大的建筑”。盖里创造了这个世界上从未有过的一种新的建筑形式——灵动、粗野，又具有巴洛克式的丰富性和复杂性。除了“现代”，人们找不到更为合适的词汇来定义这种非同寻常的建筑形式，但是这种“现代”又断然不是我们所熟知的那种“现代主义”风格——冰冷的玻璃方盒子。

盖里很喜欢用纸来做工作模型，随着折叠、挤压而揉皱的纸的形态，常常成为他设计的起点，他由此获得灵感，进而从中深化和发展出他想要的建筑造型。因为这种工作方式，很多人认为他的设计是偶然而随意的。当然这是一种误读，与五十年前人们对于弗兰兹·克莱恩（Franz Kline）和杰克逊·波拉克（Jackson Pollock）的绘画艺术的误读十分类似。盖里的建筑作品与波拉克的“滴画法”（drip paintings）一样，也是一种偶然性的创造，因此他们的作品也都具有一种相类似的怪诞、新奇、热烈而充满活力的美。

事实上，你也可以参照哈罗德·罗森伯格（Harold Rosenberg）对于克莱恩、波拉克以及威廉·德·库宁（Willem de Kooning）等人的经典概括——“行动派画家”（action painters），[1] 来把盖里的建筑作品视为是某种“行动派建筑”（action architecture）的代表。然而，虽然盖里的建筑通常也能给人带来同样的动态感受，但无论是其建筑作品的实现过程还是方式，都与行动派绘画全然不同。罗森伯格所提出的“行动绘画”一词，是为了描述绘画过程中画家本人与画布本身的一种激烈的互动方式。而建筑不同于绘画，建筑作品不仅仅需要引发感官体验，同时也必须满足实际的日常使用功能。此外，建筑作品的完成过程也完全不像绘画那样自由：每一个节点和细部都需要事先进行深入而精确的设计，不能异想天开。为了保证设计的可行性与建筑结构的可靠性，与工程师的密切配合也是必不可少的。

对于建筑创作来说，想象力是必须的，但仅有想象力还远远不够，因为天马行空的想象终须落到实处，建筑的形态不能仅仅停留在想象之中，必须是能够被建造出来的。[2] 20 世纪 50 年代，伟大的抽象表现主义（abstract expressionist）画家们创作了大量影响深远的作品，这些作品可以说是重新定义了现代主义绘画。但相比之下，同时代的现代主义建筑却并无太多突破，仍旧停留在自 20 世纪 20 年代以来就在探讨的那些主题之上。在 20 世纪 50 年代，一座钢结构的玻璃房子，可能看上去比一座木板墙面的科德角式小住宅（Cape Cod cottage）要先进、前卫许多，但是要论颠覆性的创新，比起房中墙壁上挂着的一幅德·库宁的画作（如果房主幸运的话），这座玻璃房

1 罗森博格于 1952 年在一篇名为《美国的行动派画家》的文章中第一次提及这个词，他在文中写道“一幅画作就是画家的一个行为，与画家的生活和经历是不可分割的”。

2 在这里我并不是有意忽略了非建造性建筑设计的丰富而影响深远的历史。从十八世纪的埃特纳·路易斯·布雷（Étienne-Louis Boullée）和克劳德·尼古拉斯·勒杜（Claude Nicolas Ledoux），到二十世纪早期的安东尼奥·圣埃里亚（Antonio Sant’Elia），再到当代的利布斯·伍兹（Lebbeus Woods），许多重要的建筑思潮是在纸面文章中发展和传播开来的。但是总体上来说建筑史首先是一部建造的历史，而非想象的历史。

子可要逊色不少。建造技术和工艺上的种种限制，使得建筑界的新思潮很少能像艺术界一样迅速地产出成果。画家进行创作，只需要在画布上刷刷点点，而建筑师若想将一个复杂形态的流动的空间付诸现实，则完全是另一回事了。尽管工程师们从未停止追赶时代步伐的努力，但若和当时画家们的作品比起来，即便是可以称之为挑战当时的结构工程极限的作品——埃罗·沙里宁（Eero Saarinen）设计的纽约肯尼迪国际机场 TWA 航站楼（1962 年）——看起来也几乎是平淡无奇，无甚亮点。事实上那个时代的建筑师，如弗雷德里克·基斯勒（Frederick Kiesler）等，也曾做出过许多更为大胆的设计，但那都只不过是停留在想象中和纸面上的空中楼阁，根本建不出来。

在艺术界浸淫多年，深受艺术界影响的盖里，是第一批意识到可以利用数字技术的手段追赶艺术家们创作脚步的建筑师之一。虽然他自己并不喜欢操作电脑，但他仍以自己身为一个技术上的创新者，以及前所未见的建筑形式的创造者而自豪。他发现，在建筑师事务所中应用数字技术，除了能使绘图变得更加方便以外，还可以引发更为深刻的变革。数字技术使得许多从前断然无法建造的极端复杂的建筑造型获得了结构设计与建造的可能性。他意识到，头脑中能够想象出的所有建筑形式，几乎可以通过电脑实现工程设计。这将使建筑师的想象力获得彻底解放。

盖里和他事务所的同事们使用一种原本应用于航空航天工业的先进数字设计软件进行工作，并有针对性地对软件进行了改良，使其能够更适用于建筑设计。这款软件也成为设计类似毕尔巴鄂古根海姆博物馆这种形态的项目所必不可少的工具。可以说它就是联系盖里的想象力与实际建成的建筑之间的桥梁。毕尔巴鄂古根海姆博物馆并不是数字化设计革命的浪潮所孕育出的第一座建筑，但它绝对是这波浪潮中，第一个真正意义上引起公众轰动的建筑，也是第一个向世人清晰展现了这场由计算机引领的建筑设计革命的建筑。借助新技术，盖里得以创造出这种全新的建筑形式——一种沙里宁在几十年前的技术水平下苦苦追寻而不得的建筑形式。

作为一座造型独特的建筑，毕尔巴鄂古根海姆博物馆是第一个能够在很长时期里对大众文化产生持续影响的作品。由盖里所塑造的大胆的建筑造型，其影响力从建筑界延伸至了整个大众文化领域。在建筑业界，这座建筑是现代以来少数的几个为建筑评论家和史学家所公认的严肃而重要的新建筑作品之一，与此同时，尤为可贵的是，它还能够被公众广泛接受。考虑到公众对于建筑的欣赏水平通常还停留在类似于古典主义的市政大楼或者红砖砌筑的乔治亚式小住宅（Georgian houses）如此这般的建筑上，并且他们通常对任何能跟“前卫”沾点边的东西嗤之以鼻，这座建筑在公众中的大受欢迎，实际上标志着一种非同寻常的进步。若和其他的艺术领域类比来说，就好比严肃文学的代表大卫·福斯特·华莱士（David Foster Wallace）的小说竟能比流行作家约翰·格里森姆（John Grisham）的小说更畅销，或者菲利普·格拉斯（Philip Glass）这样的音乐家竟然在排行榜上击败了流行歌手 Lady Gaga。这种令人匪夷所思的进步真真切切地发生在了盖里的古根海姆博物馆上，许多平日里对现代建筑不怎么感冒的人慕名而来，流连其中，讲述着他们有多爱这座建筑。这不禁令人想起位于纽约第五大道上的另一座古根海姆博物馆。1959 年，弗兰克·劳埃德·赖特（Frank Lloyd Wright）为那座博物馆所设计的螺旋形结构，也曾在公众中引发热烈的轰动和追捧。而自那以来，盖里的这座建筑恐怕还是第一个能够打破建筑与大众文化的边界，令公众如此兴奋的建筑作品。

当然，对于纽约这样的大都市来说，弗兰克·劳埃德·赖特设计的古根海姆博物馆，仅仅是它众多的地标之一。然而对于毕尔巴鄂，这样一个位于西班牙北部巴斯克地区（Basque）的旧工业城市来说，这样一座建筑所能引发的效应就完全是另一回事了。凭借古根海姆博物馆的巨大吸引力，毕尔巴鄂迅速转型成为了一座火爆的旅游城市。这座建筑不仅仅是艺术与建筑发烧友们的朝圣之地，每天还有成千上万的普通游客被吸引前来参观游览，源源不断的游客赋予了毕尔巴鄂这座老城以新的活力。一座建筑能拥有如此巨大的影响力，以至于推动了整座城市的变革和复兴，人们开始把这种力量称之为——“毕尔巴鄂效应”（the Bilbao effect）。

* * *

多年来，盖里在建筑领域一直为人所熟知，但他真正名声远播，还是要归功于毕尔巴鄂古根海姆博物馆。博物馆于 1997 年正式落成之后，盖里的声望急剧上升，迅速蹿红成为一个大明星，也成了继弗兰克 · 劳埃德 · 赖特之后最知名的美国建筑师。两个弗兰克(弗兰克·劳埃德·赖特和弗兰克·盖里)，为同一个机构，设计出了同样极具开创性，又深受大众喜爱的两座博物馆建筑。二者之间虽然相隔四十年，人们仍不免对他们两人进行对比。然而事实上，虽然他们有着同一个名字，对建筑同样热情投入，同样天赋异禀，能够做出颠覆性的设计，但就像他们风格迥异的设计一样，两人的个性也截然不同。赖特从某种程度上来说就是个独裁者，政治上非常保守并且自恋。他绝不会承认自己的错误，他的身边有着一群教徒一般忠实于他的崇拜者。赖特的处世态度仿佛是——如果你不喜欢他的建筑，那一定是因为你不懂得欣赏伟大的设计。

盖里则往往显得不那么自信。他渴望人们对他的喜爱和接受，他希望他的建筑能够让人喜欢和满意。有的时候他似乎把别人对于他作品的认可，和对于他本人人格的认可画了等号，视为是同一回事。“对于弗兰克来说，通过认同他的建筑，使他感受到被需要和被爱，是非常重要的，”盖里的老朋友巴布斯 · 汤普森（Babs Thompson）说，如果你不喜欢他的作品，“那你就是不理解他，不接受他这个人。”

不过，虽然盖里的生活一直被这种焦虑所困扰，他的举止却总是表现得轻松而友善。与赖特的锋芒毕露不同，他把自己钢铁般坚定的意志隐藏在一种随和的外表之下，盖里的老朋友，艺术家彼得 · 亚历山大（Peter

Alexander）称之为“盖里独有的温和而谦逊的处事方式”。赖特从没有被误认为谦逊过，而盖里却经常如此。

* * *

两人如此迥异的性格的成因，可以从成长背景中管窥一二。盖里，原名弗兰克 · 戈德堡（Frank Goldberg，典型犹太姓），看姓氏便知是个犹太人；赖特则来自一个殷实的威尔士裔家庭。盖里在多伦多（Toronto）和安大略省的矿业小城蒂明斯（Timmins, Ontario）长大，在他的青少年时代，社会上弥漫着反犹太主义，这使得他在内心之中，始终把自己当作一个外来者——在当时还是一个拮据的外来者。而赖特则成长于 19 世纪末的威斯康辛州麦迪逊市（Madison, Wisconsin）和斯普林格林（Spring Green, Wisconsin）乡村，生活在他母亲的家族庄园里。虽然并不能算是出身大富大贵，但这样的童年也给了他一种天生的优越感。他来自一个庞大且关系紧密的家族，家训是“以真理对抗世界”（Truth Against the World）——盖里绝对会认为这句话极端的矫揉造作且十分自负。赖特信仰土地以及一切土地的象征物。他把他著名的自宅——塔里埃森（Taliesin），建在了斯普林格林他家族的土地上。盖里从小居住在城市里的狭小公寓和城区住宅中，当他作为一个成长中的建筑师，像赖特一样，要为自己设计一栋自宅时，他选择了改造加州圣莫尼卡（Santa Monica, California）市郊一个街角处的一栋普通小住宅——离所谓的“祖产”远远的。

但是，盖里与赖特确实还是有一些共同点的。他们的父亲事业都很不成功，以至于父亲这个角色，在经济上，乃至于情感上，对他们的家庭都缺乏支持。但他们又都有着坚强的母亲，是母亲给予了他们父亲身上所缺乏的专注力，并且引导他们接触了艺术、音乐和文学。赖特的父母在他 18 岁的时候离了婚，他的父亲威廉 · 赖特（William Wright）此后便在他的生活中消失了。盖里的父亲，欧文·戈德堡（Irving Goldberg），倒是一直没有离开儿子的生活，直到1962年他61岁时死去。不过对于盖里来说，父亲一直是他悲哀和挫折的缘起。尽管盖里努力地想要找到以父亲为荣的理由，因为父亲一直是他渴望去崇拜、敬仰的对象，却经常归于徒劳。欧文有一点设计方面的手艺，他喜欢用木料来制作一些小物件，还曾因为一个橱窗的设计得过奖。但是他几乎所有的商业尝试都失败了，而且，糟糕的健康状况使得他在人生的最后十年当中成为了一个彻底的废人。老戈德堡的一生不断地经历着各种挫折和失败，以至于他自己都觉得人生就是在不停地错失机遇中度过的。这使他成为了一个难以相处的，喜怒无常的人，他与儿子的关系中也充满了尖锐的矛盾和痛苦。他往往习惯性地把自己的痛苦转嫁到亲人身上；不过可贵的一点是，无论他的境遇多么的艰难，他都始终坚守着他的左派自由主义政治信仰。欧文相信世界上总会有比他更困难的人，他认为这些人需要得到帮助。所以，他最终所能留给儿子的遗产，并不是设计方面的一点天赋，而是一种对于包容和社会公正的信念，以及对于社会底层的同情心。

欧文糟糕的健康状况，还意外地为他的儿子提供了另外一笔财富。在1947年的一次心脏病发作后，欧文被医生告知，他的身体状况可能无法再承受多伦多的寒冬了。因此为了逃离严寒，欧文举家搬到了洛杉矶，他18岁的儿子弗兰克便也随之来到了这座对他来说意义非凡的城市，在这座城市他将度过他的一生，他将作为一名建筑师与这座城市的发展紧密地联系在一起，如同克里斯托弗·列恩（Christopher Wren）之于伦敦，抑或斯坦福·怀特（Stanford White）之于纽约一样。盖里的天性似乎更倾向于艺术家，而非建筑师。因此，在他的早年岁月里，他更多的是和洛杉矶的艺术家圈子混在一起，而不是和他的建筑师同行们。这座城市中有着一群充满才华的艺术家，他们选择在洛杉矶生活和创作，远离艺术世界的中心——纽约，这种远离主流的态度与盖里这个艺术圈“局外人”的感受相契合。同这些艺术家在一起时，盖里便成了一个双重的“局外人”——一个混迹于远离纽约的非主流艺术圈子里的非艺术家。

他并不喜欢以艺术家或者雕塑家自居，据他在一次采访中说，一部分原因是“当你将‘艺术’这个词用在一座里面有厕所的建筑上时，有一些艺术家会感到被冒犯”。在更早的一次访谈中，当被问到是否认为自己是个艺术家，他坚定地回答称：“不，我是个建筑师。”这句话后来也几乎成为了他的口头禅。但是，一个毋庸置疑的事实是，他确实比大多数建筑师更热衷于创作那种具有高度艺术表现力的建筑，而自从毕尔巴鄂的博物馆落成以后，他的建筑设计也被很多评论认为是一种极具表现力的造型艺术。尽管有贴标签之嫌，但是盖里的老朋友之一，洛杉矶艺术家托尼·伯兰特（Tony Berlant）仍然说：“我认为弗兰克是全洛杉矶最具影响力的艺术家。”另一位洛杉矶艺术家比利·阿尔·本斯顿（Billy Al Bengston）则说的更为绝对：“我觉得弗兰克是当今世界上顶级的艺术家。”

* * *

如果说公众对于毕尔巴鄂古根海姆博物馆的欢迎和喜爱给盖里带来了什么挑战的话，那就是如何避免让这座建筑成为盖里建筑创作的“标签”了。对盖里来说，这不仅意味着他要继续像之前一样，充满创造力地进行建筑设计，同时也意味着他要放弃掉许多机会，那些可以把他的著名作品“模式化生产”，让他可以到处复制的机会。“成功往往比失败更难应付。”盖里如是说。在毕尔巴鄂之后，他在其他一些作品上沿用了他那抒情的曲面金属、玻璃或石材造型，因此有的人会认为无论这些新作在造型上多么引人注目，它们都只不过是盖里对自己以往手法的重复而已。听到这类的评论，盖里会觉得非常失落。在他看来，这完全是对他的误解：那些觉得他之后的作品只是在延续毕尔巴鄂的设计的人，并没有认识到，他所真正致力于创造的，是一种全新的建筑语言，而他在每一座新建筑上运用这种建筑语言进行表达的方式，事实上都有着微妙的不同。

建筑师和批评家大多认同上述评价，而且，盖里在媒体上的形象总体上来说也还不错，至少比他同一时期的其他建筑师都要好。不过，名誉总会有两面性，盖里的盛名也使得一个并不贴切却十分尖锐的词汇——“明星建筑师”（starchitect）被频繁地用作他的称谓。这个词轻巧地把严肃的设计追求与明星的光环混为一谈，所以也难怪盖里会痛恨这个称号。在公众看来，他可能是一个典型的明星建筑师，但是对于他来说，这个称号则完全歪曲了他的创作，好像是在暗示他的建筑除了惹眼而浮夸的造型之外便没有其他的内涵。尽管他曾公开表示不喜欢被人贴上“明星”的标签，他对声名本身却是并不反感的。事实上，他的一些举动甚至看上去像是在刻意地博取名声。他允许他的形象以被讥讽的方式出现在电视剧《辛普森一家》（*The Simpsons*）的一集中；他还接受了蒂芙尼公司（Tiffany & Co.）的邀请，为他们设计珠宝首饰和其他产品。他还设计过一款伏特加酒瓶，几款手表，并曾受他最喜欢的运动——冰球的启发而设计过一组家具（从少年时代在加拿大，一直到他七十多岁，他始终坚持打冰球）。此外，在洛杉矶生活了六十多年的盖里，还比一般的建筑师更为懂得如何同娱乐圈的人士合作。他允许他的朋友，导演西德尼·波拉克（Sydney Pollack）带着一名摄像师用几个月的时间对他进行跟拍，并制作了一部关于他的充满敬意的纪录片。波拉克把这部纪录片定名为《建筑大师盖里速写》（*Sketches of Frank Gehry*）。

虽然盖里可能是个典型的“明星建筑师”，但他很擅长于掩饰他“明星”的那一面。2014 年，他在伦敦完成的第一个项目落成揭幕——位于巴特西发电站（Battersea Power Station）原址的一座住宅和零售综合体，英国的《建筑师杂志》（*Architects' Journal*）借此对他进行了一次视频采访。当被问到为何之前从来没有在伦敦设计过任何项目时，盖里的回答轻描淡写，“没人来找过我。”他说道。他的这种回答让采访者很失望，估计采访者本来还指望着他会借机抱怨伦敦严格的建筑审批流程——在伦敦，想要获得这种大型建筑的建造许可是非常困难的，即便以盖里的盛名亦是如此。相反，他的回答似乎是在表示他会很乐意在伦敦做任何设计，即便是一个小项目也可以，他只是一直在等待着一通邀请的电话。他说，他的事务所里缺少一个负责去四处推销他的市场部门。在这段采访视频中，他看起来十分和蔼可亲，就好像他只是一个勉力维持的小工作室的主创，而不是领导着世界上最著名的建筑事务所的，野心勃勃的明星建筑师。

这是盖里的一种经典的伪装——反明星的建筑师，盖里的公众形象在某种程度上来说似乎是弗兰克·劳埃德·赖特与伍迪·艾伦的结合体。事实上，尽管他经常抱怨项目不足，但在接受《建筑师杂志》采访那会儿，他事务所中正在进行的大大小小项目多得数不清。他还经常拒绝客户，一些客户的项目引不起他的兴趣；还有一些客户，在他看来，对他的设计缺乏足够的热诚。虽然他颇为自得于自己灵活的处事方式，但是他只愿意为那些事先明确表示认同他的作品，并且希望得到一个盖里式设计的客户付出时间。当然，如果你想要的是一座理查德·迈耶（Richard Meier）式的优雅的白色建筑，或者诺曼·福斯特（Norman Foster）式的玻璃幕墙塔楼，抑或是罗伯特·斯特恩（Robert Stern）所设计的那种古典的建筑，那其实你也没有理由来请盖里设计。因此，盖里在筛选客户这方面，也部分地取决于客户的这种自主选择，他与那些认同他的设计，并且愿意任由他以自己的想法进行设计的客户合作起来才是最愉快的。

在盖里职业生涯的早期，他的那些老客户们显得和他一样特立独行：他们中的很多人来自洛杉矶和纽约的艺术圈，都热衷于拓展建筑设计的边界，尝试更多的可能性。盖里早期的客户们基本上预算都比较紧张，因此当时的盖里以喜欢使用廉价的日常建材而闻名，如不上漆的胶合板、金属护栏和瓦楞铝板等，这种建筑语言也成为盖里职业生涯初期的标志。那时他也已经有了一些固定的公司客户，大多数规模都比较小，只有一个例外——劳斯公司（the Rouse Company），一家主要做购物中心的开发商，盖里曾为他们设计过一座总部办公楼，以及几座其他的建筑，其中包括盖里唯一的一座购物中心——圣莫尼卡广场（Santa Monica Place）。但是到了1980年，盖里和劳斯公司“和平分手”了，分手并不是因为盖里不愿意继续为劳斯公司设计他们想要的那种更为常规的建筑，更多是因为，无论盖里还是劳斯公司，当时都已经越来越清楚地认识到，盖里事业的发展方向并不在于常规的、传统的建筑设计。“弗兰克，为什么你把你的时间都浪费在了和开发商虚与委蛇之上呢？你的人生有着更重要的使命。”在参观了其时刚刚落成的位于圣莫尼卡的盖里自宅后，马特·德维托（Matt Devito），劳斯公司的首席执行官，对盖里说道，“为什么你不去做你最擅长做的那种设计？”

盖里确实那样去做了。如德维托所说，盖里所“擅长”的，是设计那种既能引人思考，同时又能够带给人愉悦的建筑，他的设计总是足够与众不同，一些人把它们当作是艺术品，而还有一些人则只觉得他的设计尽是些“奇奇怪怪的建筑”。譬如他在圣莫尼卡的自宅，原本只是一座普通而老旧的荷兰殖民地式住宅（Dutch colonial），盖里在其基础上进行了改造，在立面上添建了许多不规则四边形的胶合板和瓦楞金属板。改造后的这座自宅就冒犯到了他的一部分邻居，他们想要把这些乱糟糟的裸露的建材统统拆掉，因为他们觉得这座建筑是对他们那宁静的市郊街区的侮辱。在此后的日子里，盖里的声誉逐渐提升，他开始被委托设计博物馆、音乐厅、图书馆和教育建筑等公共建筑。与此同时，一些既有钱又大胆的客户开始委托给他一些私人住宅项目，比如保险业的亿万富翁彼得·刘易斯（Peter Lewis），就曾前后用去六年时间，支付了总共超过六百万美元的设计费，请盖里为他的一座总预算为八千二百万美元的豪宅做了许多不同版的设计，不过最终刘易斯选择了放弃这个项目。

随着盖里的愈加成功，他的客户群体也变得越来越有钱，来找他的客户预算都更为宽裕，他们开始期望使用更为奢侈的建筑材料。于是，盖里早期招牌式的胶合板逐渐被炫目的新材料——钛合金板所取代。不过，虽然他的设计逐渐走起了“高端路线”，盖里自身的那种对于社会的敏感和关怀却从未改变——至少他自己希望如此。他的那些大规模的项目，对他而言，一方面是他作为建筑师的骄傲，另一方面也寄托着他对社会的忧思。早期，他以胶合板和金属护栏网扬名于严肃建筑界，一路走来，他渐渐地成为了昂贵设计的代名词，这种转变实际上给他造成了一种长久以来无法完全摆脱的不适应感。到了20世纪80年代中期,他俨然成为了一个“高端定制”建筑师。为那些富有的客户们设计一些造价不菲的高端建筑，已经成了他那时最主要的项目来源。“本质上讲，我是个犹太人，一个左派自由主义者，一个不切实际的社会改良主义者。所以对我来说，为有钱人设计小住宅这种工作，并不解决社会问题，也根本不具备任何社会效益。”1995年他接受《纽约时报》（*The New York Times*）的采访时说。

但是，他也并不想让人们对他的印象仅仅停留在古根海姆或者沃尔特·迪士尼音乐厅等几个具有高度表现力的建筑上，尽管他深知这几个作品被认为是他的巅峰之作。有人指责他从来不做穷人买得起的经济住房，他对此非常愤怒，因为他心底里其实从未放弃过年少时的信仰，他坚信建筑会以某种方式造福于社会。只是，任何一个建筑师，即便是弗兰克·盖里，如果没有客户的需求，也建不出任何东西。因此，盖里常常通过义务地为一些慈善性的小项目提供设计服务，来表现他“不切实际的社会改良主义者”的一面。例如,为了纪念他的老朋友,因乳腺癌去世的麦吉·凯斯韦克(Maggie Keswick),他在苏格兰的邓迪（Dundee）和香港各设计了一座癌症治疗中心。还有后来他在柏林为他的朋友丹尼尔·巴伦博伊姆（Daniel Barenboim）做的一个小音乐厅，他对待这个袖珍的小音乐厅就像对待一个五十层高的建筑一样殚精竭虑。他还设立了一个机构，专门资助加州公立学校的艺术教育，这个机构的负责人是他在自己的办公室里亲自认命的。此外，他还深入地参与了对科学研究的支持，主要是通过他的朋友，精神病学专家米尔顿·韦克斯勒（Milton Wexler）的基金会。韦克斯勒的家庭长久以来一直遭受着亨廷顿氏舞蹈病（Huntington's disease）的折磨，为此他建立了这个基金会，以专门资助遗传病学方面的研究。盖里和妻子贝尔塔（Berta）一直把这个基金会当成他们自己的事业来做。自从盖里的女儿莱斯利（Leslie）——他最年长的孩子，在2007年死于子宫癌以后，医学研究就成为了他们夫妇关注的重点。

然而，无论多么的真诚投入，慈善事业终究不是建筑。他有点怀念他生涯早期的那些粗野而低成本的项目了。于是，他开始寻找一种更经济的手段，来实现他所钟爱的那种富有表现力的建筑形式，以使那些预算有限的客户也能够接受。他把希望寄托在了数字技术上。在通过毕尔巴鄂和迪士尼音乐厅向世界展示了数字技术所能够创造的非凡的、独一无二的建筑造型之后，盖里开始觉得数字技术也一定可以通过某种方式帮助他把常规的建筑设计得更有吸引力。既然我们现在已经可以通过计算机辅助造型来实现那些曾经需要手工塑造的异形的建筑形态，那么，那种曾经超出一般商业地产开发商承受能力的、定制化的建筑，也应该能通过计算机辅助的方式更为经济地实现。计算机不仅仅是用来快速复制廉价产品的工具，它完全能够辅助建筑师做出独一无二的设计，盖里越来越热衷于证明这一点。数字技术对于他设计的意义，就如同早期作品中的胶合板和金属护栏网：让他得以在正常的预算下，做出非凡的建筑。

于是，盖里开始为娱乐和互联网大亨巴里·迪勒（Barry Diller）这样的客户工作。迪勒当时正与地产开发商马绍尔·罗斯（Marshall Rose）、亚当·弗拉托（Adam Flatto）和约瑟夫·罗斯（Joseph Rose）合作，准备在曼哈顿的切尔西区（Chelsea）为迪勒的公司IAC开发一处新的总部。起初，迪勒对于选择盖里作为建筑师非常谨慎，他担心盖里会在设计上独断专行，而且会让预算变得难以控制。但盖里还是说服了迪勒，他让迪勒相信他是个理性的人，并且在做设计时会根据合理的预算理性考虑，迪勒最终同意了让他试一试。这个项目并不容易，众所周知，在纽约要盖一座房子又贵又麻烦，这座城市对于那些试图在紧张的预算之下完成项目的建筑师来说并不友好——特别是对于盖里这样一个以那些他自称为是“小气鬼建筑”(cheapskate architecture) 的项目起家的，来自洛杉矶的建筑师。但盖里还是于 2006 年完成了这座建筑，一座十层的塔楼，立面上覆盖着起起伏伏犹如船帆的白色玻璃。为了控制预算，建筑整体采用的是较为常规的结构形式。这个项目可以说是完成了盖里的一个夙愿，多年来，他参与了数个位于纽约的项目，但最后都以失败告终，其中包括一座庞大的古根海姆博物馆新馆：一手促成了毕尔巴鄂项目的古根海姆博物馆馆长托马斯 · 克伦斯（Thomas Krens)，曾经计划在曼哈顿下城的滨水地段再建一座古根海姆。然而，2001 年 9 月 11 日的那场恐怖袭击让这个计划彻底落空，无论在资金上还是规划上都再也无法获得许可。

盖里在参与巴里 · 迪勒的项目之前，就已经和布鲁斯 · 拉特纳在 2000 年纽约时报新总部大楼的设计竞赛上见过面了。拉特纳的地产公司是纽约时报那次竞赛的合作方，他们邀请了盖里参与竞赛，这是盖里第一次尝试设计摩天大楼。布鲁斯 · 拉特纳对盖里印象极为深刻。他十分欣赏盖里面对评审委员会的方式。“他走过来然后说：‘我是弗兰克 · 盖里，我喜欢建筑设计。是的我承认，我之前没有做过高层建筑，不过我认为我有这个能力。’”拉特纳一边回忆着一边说，“他很谦逊，穿着也不是那么的刻意。他没有带模型，汇报也很平实，基本上就是介绍自己然后介绍自己的设计。”

为了打消评委对于他缺乏摩天楼设计经验的顾虑，盖里是与他的老朋友，SOM 公司（Skidmore, Owings& Merrill）的合伙人之一大卫·柴尔斯（David Childs）组成团队共同参赛的。但是，就在评委会即将宣布结果之前，盖里却突然决定退出了竞赛——他觉得这个项目不适合他。即便他当时已经是获胜的热门人选，他还是无法消除内心中对于涉足商业建筑的谨慎。评委会最终把这个项目交给了他的竞争者之一，意大利建筑师伦佐 · 皮亚诺（Renzo Piano）。这已经不是盖里第一次因为自己“不开心”而推掉到手的机会了。

事实上，这已经成为了他职业生涯中反复出现的一种行为模式。在他还是个年轻建筑师的时候，他就曾拒绝过他当时的老板提供给他的一个负责掌管巴黎办公室的机会。后来，他还曾放弃过成为著名而富有的家具设计师的机会——曾经有一间家具公司非常看好他的家具设计，并且已经做好一切准备打算把他的作品推向市场。

布鲁斯·拉特纳对盖里的退出感到很惊讶，因为他并不习惯被建筑师拒绝。一般的房地产开发商可能会很反感这样的建筑师。但是来自于克利夫兰（Cleveland）庞大犹太房地产家族的拉特纳,反而因此立刻喜欢上了盖里。他欣赏盖里的低调随和，以及隐藏于其下的坚定的追求，某种程度上来说这和拉特纳本人的性格有点相似。他们两人相谈甚欢，对于盖里的退出，拉特纳更多的是感到遗憾，而不是愤怒。他特别重视维系与盖里的友好关系，并且决心要找到其他的机会与他进行合作。不久之后，拉特纳就找到盖里，问他是否愿意接手他正在策划中的，位于长岛铁路场站（Long Island Railroad train yard）原址上的巨大项目——大西洋场，以及曼哈顿下城的一座高层公寓。大西洋场项目后来经过漫长的扯皮，最终以一场不快收场，[1] 但公寓楼项目则不然。最早，这个项目只是被当作曼哈顿岛上比比皆是的又一座普通高层而已，“纽约最高的公寓楼”这个概念也并不是从开始就有的，而是经过了几年的酝酿和反复的考虑而逐渐发展成熟的，提出这个想法，部分的原因是盖里觉得矮矮胖胖的造型比例不够吸引人。

在这座公寓楼项目上，盖里面对着和 IAC 总部项目相同的挑战，即必须严格控制客户的建造成本，同时，又必须在视觉上足够的引人注目。这座建筑的外观必须有辨识度，让人一看便知是出自弗兰克·盖里的手笔，但在建筑内部的功能布局上，又必须上下对位地排布足够实用的公寓套房。这样做一方面是为了降低建造的难度，另一方面，也是为了能够吸引那些在选房

1　关于大西洋场项目的更完整讨论详见第十六章。

时并不太看重建筑艺术的租客们。总而言之，这座建筑必须“很盖里”，但又不能“太盖里”了。

盖里最终给出的设计，是一座被总共10500块不锈钢板材包裹着的纤细塔楼，这10500块板材，几乎每一块的造型都是独一无二的，这一点和IAC大楼立面上的玻璃幕墙风格如出一辙。塔楼的北、东、西三个立面布满了螺旋状的起伏不平的肌理，从总共几百英尺高的尺度上看起来，就如同在纺织品上揉出的褶皱一般。这一次，又是借助于计算机程序的辅助，这些形状各异的不锈钢板材才得以被生产出来，而且成本能够被控制在和常规的不锈钢立面差不多的范围之内。这些“褶皱”的肌理在立面上又构成了更为大尺度的造型，比如贯穿数层的巨大螺旋和曲线线条等。但是，在夸张的立面造型之下，整个建筑内部的构造却是相当常规的，不仅结构形式简单可靠，而且也最大限度地保证了内部房间的规整，避免了出现奇形怪状的房间。整座塔楼总共包含了九百套公寓单元，其中也包括顶层的三套豪华套房。

当布鲁斯·拉特纳决定以一场建筑师的生日会来为他的新公寓楼揭幕的时候，公寓顶楼的豪华套房尚未完工。不过某种程度上来说，这倒是更便于布置派对场地——整个顶楼当时是一个巨大的，开放式的空间，看起来很像是曼哈顿下城的那些近来被改造成为时尚空间，经常举办产品发布会或者时装秀等活动的旧厂房。但是拉特纳并不希望这场派对给人的感觉是一场商业活动。为了把派对现场布置得更吸引人，他租用了一些富有设计感的现代风格的家具陈设，其中有一些就是出自盖里本人的设计，还有一些则是勒·柯布西耶（Le Corbusier）和密斯·凡·德罗（Mies van der Rohe）的经典作品。然而这些漂亮的家具布置在1万平方英尺（约合929平方米）的空间里，显得有些零零散散，未粉刷的墙边摆着密斯·凡·德罗那件优雅的皮质巴塞罗那椅（Barcelona chair），整个场景似乎并不太协调。派对的承办者彼得·卡拉汉（Peter Callahan）还设置了吧台和鸡尾酒桌，并把整个空间用鲜花装点了起来。场地里还摆放了一架钢琴，不过很可能派不上什么用场，因为等到

弗兰克·盖里在他82岁的生日派对上，在一个“盖里式”（Gehryesque）蛋糕前向客人们致谢，并回忆他的父亲。建筑师罗伯特·A. M. 斯特恩（Robert A. M. Stern）在画面右方

派对开始以后，嘈杂的人声就会盖过琴声，根本听不到。

大楼的顶层有着额外的挑高，顶层套房的窗子也因此格外巨大，在这里举办派对，来宾们可以饱览曼哈顿壮丽的夜景。而且，2011 年 3 月 19 日的派对当晚，还将正巧发生一次不同寻常的天文奇观：近十年来最大的一次满月。当月球正好在满月的时候来到公转轨道近地点时，人们在地球上看到的月亮就会比平时的满月大 14%，亮 30%，天文学家把这种现象称之为地球—月球—太阳系统的“近地点朔望”，而大众则称其为“超级月亮”。自 1993 年以来，超级月亮就没有再出现过，而下一次的出现则又是数年以后了。派对当晚，天空异常晴朗，这也意味着派对上的每个人都能够目睹到一轮巨大的满月升起于布鲁克林大桥之上的盛景。

布鲁斯·拉特纳一直以来为了准备这场派对而焦虑不已，他把这不同寻常的天象看作是一个好兆头。当宾客到齐，开始享用美食、美酒和窗外的美景时，拉特纳把大家叫齐到了建筑的北端，在一个造型好似是由盖里的建筑拼合而成的，巨大的蛋糕前，以窗外盖里最喜爱的曼哈顿中城天际线作为背景，拉特纳发表了他的祝酒词。

“我生命当中的一大幸事，就是能够有机会遇到许多奇妙的人，”拉特纳说道，“其中，弗兰克可能是最奇妙的一个，我很高兴能够与他相识。他是个务实的建筑师，一个正人君子。还有，他是个天才。我由衷地崇敬弗兰克·盖里。生日快乐，弗兰克。”

在众人的掌声中，盖里接过了麦克风。他向拉特纳表示了谢意，并且很有风度地回避了关于大西洋场项目的种种不愉快。不过，他还是提醒了大家，他们所处其中的这座建筑，在建成过程当中经历了多少波折，2008 年经济危机之后，它曾险些被大幅度地缩减成一座盖里极力反对的那种矮而敦实的建筑。他赞扬了拉特纳，感谢他在经济上充满了不确定因素的情况下，能够坚持不懈地推进这个项目直到完成，而随后，他话锋一转。

“这里离我父亲出生的地方不远，”他指着窗外的曼哈顿中城说道，“在这里，我很难不想起他。我真希望……”他的声音开始哽咽起来，片刻之后，他接着说：“我真希望他今天能够在这儿，能够亲眼看看他的儿子在这座他生长的城市里建起了什么。我父亲从来没见过我的作品，他认为我只不过是个梦想家。我想，他会为今天的我感到骄傲的。我多希望他能看看这座建筑。我想让他知道，他的儿子有所成就。”

第二章

加拿大

弗兰克·盖里于1929年2月28日，出生于多伦多总医院（Toronto General Hospital），出生时他的名字叫弗兰克·欧文·戈德堡。同当时北美大陆许多的第一代和第二代犹太移民家庭一样，刚刚生下第一个儿子的戈德堡一家，也在为了基本的生存而辛苦挣扎。弗兰克时年24岁的母亲出生于波兰的罗兹（Lodz），原名叫萨迪·西尔玛·卡普兰斯基（Sadie Thelma Caplanski），八岁时跟随着她的父母——塞缪尔（Samuel）和利亚（Leah），为了逃离当时弥漫整个东欧的反犹太主义，跨越重洋来到了多伦多。塞缪尔在罗兹原本经营着颇为成功的煤炭运输生意，然而当地警察对他雇员频繁的偷窃行为置之不理，拒绝出面制止，最终他忍无可忍，关掉生意，选择了离开。他先是搬家到了荷兰，后来又从那里出发到了加拿大。抵达北美之后，塞缪尔把家族的姓氏简化成了卡普兰（Caplan）。最终他在多伦多定居下来，开了一家五金店。

弗兰克出生那年，他的父亲欧文·戈德堡28岁。虽然没有过童年时代被迫逃离故土的创伤，但是欧文的童年，甚至要比西尔玛更为艰辛。在西尔玛离开波兰时的那个年纪，他同样也在经历着苦痛。欧文出生在1900

年的圣诞节，是纽约市地狱厨房（Hell's Kitchen）街区一对移民夫妇的九个孩子之一。他的父亲弗兰克·戈德堡是个裁缝，在欧文九岁那年就去世了——后来为了纪念父亲，欧文把自己的儿子也命名为弗兰克。父亲的去世使得一家人失去了经济来源,陷入极度的贫困。欧文在四年级时便辍学，之后几年的大部分日子里，他流落街头，有点像狄更斯笔下描写的那些贫苦的少年，过着一种纽约版的“狄更斯式”的童年生活。为了贴补家用，他在杂货店、游乐场和其他任何他能找到的，可以让一个孩子通过几小时的体力劳动赚取几个美分的地方打工，因为他的努力工作，母亲和兄弟姐妹们才得以勉强糊口。欧文勤勉、有求知欲、坚强而富有进取心，他的儿子弗兰克也继承了他的这些优秀品质。日后，这些品质给他儿子带来的积极影响显然比给他自己的要多得多。欧文做过许多种不同的营生，他当过果蔬店掌柜，做过老虎机生意，当过卡车司机，做过拳击手，帮人设计和制作过家具，还曾在酒水专营店工作，终其一生他都在寻找一个既能带来成就感，又能有一份不错的收入的职业，但这两样最终他都没能得到。

因为不安分的性格，欧文选择离开纽约外出闯荡，先是到了克利夫兰，在那里他经营了一阵子果蔬店。后来，因为一些至今仍不清楚的原因，他选择落脚在多伦多。据他的儿子推测这可能与他老虎机生意的销售渠道有关。那时候的多伦多，至少在外表看来，与移民文化占据主导的、杂乱无章的纽约截然不同。多伦多显得优雅得多，更像是一座英国城市。在 20 世纪 30 年代，这座城市还没有形成那种在几十年后成为其标志的文化和种族的多样性，那种让简·雅各布斯（Jane Jacobs）认为这座城市与纽约同样吸引人的充满活力的特质。第二次世界大战以前,多伦多的人口构成非常单一,大部分市民都是新教徒（Protestant）。当时，这座城市衡量人口变动的最主要参数，便是其市民所宗的不同新教教派的占比。20 世纪 30 年代早期，市民中 31.5% 的人是圣公会信徒（Anglican），另外 21% 隶属于加拿大联合教会（United Church of Canada）,还有 15.3% 则是长老派的信徒（Presbyterian）。

1923年，当时供职于《多伦多星周刊》(*Star Weekly*)的欧内斯特·海明威(Ernest Hemingway）曾在一封信中抱怨说，他离开了巴黎而“来到了多伦多这座只有教堂的城市”，说那里“85% 的囚犯在星期天会去教堂。官方数字”。

总体上来说，二十世纪二三十年代的加拿大不欢迎任何来自大英帝国以外的移民。比方说，在 1923 年，加拿大就曾明令禁止过中国移民入境。而与蒙特利尔（Montreal）相比更为保守而自负的多伦多，在移民问题上也同样显得更加目光短浅。1934 年是多伦多建城的第一百年，在那时整个城市的人口才只有大概 60 万，这也直观地表明了这座城市在那个时代既不能，也不想成为一座国际化的大都市。这座城市的价值观，是一种英国式的保守，与美国中西部地方主义（provincialism）的结合。

犹太人是第一个能够成功地打入这座英国中产阶级文化堡垒的族群。1901 年，欧文 · 戈德堡在纽约出生后的第二年，多伦多的犹太人口只有 3100 人。到了弗兰克出生后不久的 1931 年，多伦多犹太人族群的总人口已经增至 4.6 万人，大约占到了全城总人口的 7%，犹太人已成为这座城市里最大的少数族裔群体。如果说多伦多过去并不怎么欢迎犹太移民的话，面对迅速崛起的、庞大的而且是永久性的犹太社区，这座城市似乎也只能无奈地接受这个现实。

但是，犹太人不断增长的人口，有时会导致原本在人口上占据多数的新教徒对犹太人更加严重的歧视，乃至于发展成为对犹太人的戒备心。1920 年，市议员们曾经考虑通过一项法律，以禁止除英语之外的其他语言的广告标牌，这项禁令明显是针对城中的犹太商店所挂出的意第绪语（Yiddish）标识的。(讽刺的是，几代人以后，随着魁北克独立运动的发展，加拿大规定全国所有的标牌都必须采用英法双语，英语区的多伦多虽然不情不愿，但也只得照做。）1930 年代，多伦多的另一个重要的文化和政治风向，是对于共产主义威胁的广泛担忧，和美国的情况差不多，这种情绪也经常被和反犹太主义混为一谈。因为在当时，许多的犹太人，特别是在成衣行业工作的犹

塞缪尔·卡普兰和利亚·卡普兰在多伦多贝弗利街 15 号的房子

太工人们，非常积极地投身于工会运动。在保守的多伦多，犹太人在政治上很少有右派，对很多加拿大人来说这也助长了他们心中犹太人是“外来者”的意识。欧文·戈德堡就是当时非常典型的一个左翼犹太人：他政治上左倾，反对矫揉造作的上流社会。如果说他身上有什么特质能让人联想到电影中的那些经典的硬汉形象的话，那便是他的那颗坚守左派自由主义的心了。

当时多伦多最主要的犹太人社区位于城市的中心地带，皇后街（Queen Street）以北，大学大道（University Avenue）以东。萨姆·卡普兰（Sam Caplan）零乱的小五金店就坐落在西皇后街（Queen Street West）366 号，他和利亚还买下了贝弗利街（Beverley Street）15 号，靠近路口的一幢狭小的二层砖房。肯辛顿市场（Kensington Market）——鳞次栉比地排满了贩卖鱼类、肉类等农产品，以及宗教相关书籍和工艺品摊位、店铺的大市场，是犹太区事实上的市镇广场，周边的街道上分布着多如牛毛的犹太教小教堂、商店、熟食店和社区中心。整个街区密度很大，由许多中小型住宅楼聚合而成，建筑大部分是砖房，一些是独栋的，还有一些则是联排式的。这个街区距离中心城区的商业区有一定距离——乘坐有轨电车比较快，步行则要走上好一会儿了——所以这一带没有高层建筑。不过，街区里零零散散地分布着许多工厂。这种住宅和工业区混合的组成方式，使得这个街区虽然不是贫民窟，但也绝对成不了那种高档的社区，同时也使得这里更受犹太人的青睐。加拿大自行车和机动车公司（Canada Cycle and Motor Co.）——CCM，一家原本生产自行车的公司，后来逐步转型成为冰球装备厂商——的工厂也在皇后街上，就在卡普兰家的五金店后面一点，萨姆（塞缪尔的简称）· 卡普兰和那里的工人们关系很好。

1920 年代的多伦多犹太区，像当时的许多少数民族社区一样，让人感觉与这座城市的其他部分既相互联系又彼此隔离。街道两侧的那些有门廊的砖房，看上去和多伦多其他社区的房屋并无二致，从街区东侧的一些房子里你能够直接望到主城区，甚至都能隐约看见现代多伦多天际线的起点——加拿大皇家银行（Royal Bank of Canada）总部的那座石灰岩高塔。尽管，这里的建筑和街边的标志与这座城市的其他地方都差不多，但在这里生活的居民们则可以说是和多伦多其他社区的居民完全不同的。

卡普兰一家是这个社区的坚定成员。塞缪尔还是他所在的位于达西街（D' Arcy Street）的社区小教堂的主席，像许多普通的犹太教信徒一样，他定期参加礼拜，学习《犹太法典》（*Talmud*），星期六不工作。等到弗兰克大了一点以后，塞缪尔常常会在星期六让他去帮忙看店，而自己则依旧遵守着安息日（Sabbath）的戒律。他似乎可以接受他的外孙亵渎安息日，只要他自己不破戒就没问题。塞缪尔以弗兰克充当“安息日异教徒”（shabbas goy）——这个词传统上用来形容被犹太人雇用的，在安息日替他们进行那些被禁止的工作的非犹太人——的行为，让他的妻子利亚很生气。“但是她默许了这件事，”弗兰克回忆道，因为全家人需要店里的这份收入。“他们又有什么别的办法呢？”而且很显然，小弗兰克十分享受待在店里的时光，

弗兰克在多伦多

他沉迷于那些架子和橱子里装着的各式各样的五金零件。

每当塞缪尔独自看店的时候，利亚就会在家做好了饭给他送过去，每天两顿。而除了擅长烹饪以外，利亚还有一项技能——治病。在社区里她算是个小有名气的“赤脚医生”，生病的邻居们常常会来找她，请她给开一些草药,如果病情严重,她还可以上门接诊。很多年过去后，她的外孙还会回忆起小时候和外祖母一起去给邻居看病的经历，祖孙俩像节日守夜一样，坐在昏暗的烛光前，外祖母拉起病人的手臂，用羽毛笔在手肘上书写下一些意第绪语句子。

虽然以中产阶级上层的标准而言，卡普兰家位于贝弗利街上的房子显得较为平常，但它仍比大部分底层百姓的廉价经济公寓要好上一些。与多伦多后来的，那些提供给新移民的狭小而拥挤的贫民窟住宅比起来，卡普兰家算是相当舒适了。面朝街道的小起居室后面是一间餐厅，整幢房子后面更是有一间宽阔的厨房。外祖父的房子留给年幼的弗兰克的印象是显得有点幽暗昏沉，房间里伫立的沉重的木质家具，桌上的蕾丝桌巾和铜制烛台，还有挂毯般将窗户完全遮起的厚重窗帘，无不加深了这一印象。餐厅的一个小台子上有一部电话，旁边的一道门则通往黑暗的地窖——那里贮藏着利亚自酿的红酒。屋后的大厨房里安放着一座老旧的铸铁灶台和一张大桌子。整幢房子的风格是东欧式的，这也是塞缪尔和利亚那代犹太移民典型的家装风格，而对他们的孙辈弗兰克来说，这样的家装和陈设则显得有点神秘而又充满异域风情。

卡普兰家有两个孩子：卡尔曼［Kalman，后来他把名字英语化，改为凯利（Kelly）］和西尔玛。西尔玛是个既聪明又有志气的姑娘，她的梦想是能够上大学，然后去读法学院。但是，父母却连高中都没有让她读完，这成了她终身的遗憾。在她的父母亲看来，接受教育是男人的事情。不过，他们允许她学习了一些音乐方面的课程，这也使她一生对音乐、艺术和戏剧都有着浓厚的兴趣，后来她也把这种兴趣传递给了她的孩子们。（过了许多年，在养大了两个孩子以后，她还靠自学完成了高中和大学的学业，甚至还学习了一些成人的法律课程。）早年时缺少受教育的机会，一直让西尔玛耿耿于怀，当然，一方面也是因为父母对于她哥哥凯利的偏心。凯利被他们的父母鼓励去读了法学院，虽然他自己对法律并没什么兴趣——拿到法律学位之后，他甚至没有从事过一天法律相关的工作。西尔玛则被叫到了父亲的店里帮忙，同时也在物色着合适的结婚对象，准备出嫁。

在遇到欧文·戈德堡之前，西尔玛曾和另一个男人短暂的交往过，但是这段关系并没有走到最后——他觉得养不起她，便离开了多伦多。随后不久她便认识了欧文，欧文是个有志气的，热心肠的人。不过，他并不是西尔玛最理想的那种追求者。但这并不妨碍欧文对她的热情，他完全被她迷住了。多年以后，他们的女儿，多琳（Doreen）说："他爱她爱得发疯，彻底地迷上了她。"虽然并不清楚西尔玛对于这个被她儿子描述为"某种程度上像一颗粗糙的钻石"的男人是否有着同样的深情，但她最终答应了他的求婚。他们在 1926 年 10 月 31 日，万圣节那天结了婚。

新婚的戈德堡夫妇搬到了拉肖莫路（Rusholme Road）上一幢双户住宅的二层单元房里，就在贝弗利街上的卡普兰家往西大约两英里（约合 3.2 千米）。几年后，他们的儿子出世了。遵照用过世的亲人的名字为新生儿命名的犹太传统，他们给儿子起名叫作弗兰克——欧文父亲的名字。他的希伯来语名字叫作以法莲（Ephraim），可能是萨姆和利亚起的。西尔玛为儿子取了中间名——欧文（Owen），她一直不太喜欢戈德堡这个姓氏，所以想着给孩子取一个像样一些的中间名，也许有朝一日就可以用作姓氏，把戈德堡替换掉。卡普兰家的孙辈总共有四个孩子——凯利·卡普兰的两个女儿朱蒂(Judy)

和雪莉（Shirley），弗兰克以及小他八岁的妹妹多琳。弗兰克是孙辈里唯一的男孩，所以，塞缪尔和利亚老两口对这个外孙宠爱有加。

* * *

弗兰克很懂事。他是个害羞但又很好问的孩子，当然，如果有时候他因为自己的一点天生的缺陷——左腿膝盖下面的一个小肉瘤，会让他在不穿长裤的时候感到不自在——在其他孩子中间感到尴尬，他也会有些任性和小脾气。在他五岁的时候，他父亲的一位嫁得很好的姐妹，也是整个戈德堡家当时最富裕的一名成员——罗茜（Rosie），说服了欧文和西尔玛允许她带着弗兰克去做个手术，把这个肉瘤移除。然而因为害怕在手术中被麻醉，弗兰克在手术开始前挣脱了手术台，无论他有钱的姑姑和他的父母怎么劝说和利诱，他都拒绝再接受这个手术了。这个小肉瘤也因而就这样伴随了他一生。他害怕失去控制权，因此他顽固地拒绝一切可能使他陷入这种境地的可能，即使这会给他带来潜在的巨大的裨益。这也成为后来在他一生中反复出现的一种处事方式。

在盖里的童年里，是他的外祖父母，向他展示了这个世界的多姿多彩和无限可能。与他多年之后还会以“暴躁”来描述的父母亲相比，在他的记忆中，外祖父母的家就是他的“避风港”。从他家骑车到贝弗利街上的那所老房子只需要15分钟，在那里他度过了许多难忘的时光。他还记得有时候他会在那里过夜，晚上就睡在塞缪尔和利亚那拼起来的单人床中间的缝隙上。外祖父的五金店带给了他无尽的童年欢乐，从他被托付在每周六帮忙看店之前就是如此了。对于一个小男孩来说，那里就是一个装满了螺丝、螺栓、锤子、钉子等各种各样的日常小玩意的游乐场，所有这些小物件在小弗兰克的心中都充满了无限的可能性。五金店里那种复杂而又有序的混乱感让他觉得既有趣又神秘。那里永远有新东西等待着他去发现。在他至今依旧清晰的记忆中，那里不仅仅是一个有着许多有趣小东西的地方，那间小店是一个整体，它本身就是一件由无数迷人的精密工艺组合而成的完整的物件。后来，他还在店里学会了帮着外祖父修理钟表、烤面包片机，在管道上刻螺纹以及切割玻璃。

但是对弗兰克来说，最为重要的童年记忆，则是和外祖母在厨房里的游戏。童年时代，外祖母常常领着他一起去五条街之外的约翰街（John Street），从那里的木工房买上一些麻袋装着的散碎木料。回家之后，利亚就会打开一个麻袋，把里面那些形状各异的小木块倒在厨房的地板上。正如五金店里的那些激发了弗兰克童年想象力的装满螺丝螺母的货架一样，这些碎木块也成为他想象力的原材料。利亚会和弗兰克一起坐在地板上，用这些小木头块，搭建他们想象中的建筑、桥梁，甚至是整座城市。

“弧形的木块，看起来很像桥梁和高速公路，那会儿甚至还没有真正的高速公路呢，”许多年之后弗兰克回忆道，“我太喜欢玩这个了。在和我一起玩的时候，她把我当作大人来对待，我们俩是平等的。”他说后来之所以考虑做一名建筑师，正是因为回忆起了当年在外祖母的厨房里，用那些奇形怪状的小木块搭东西玩儿的时光，他觉得那是“我一生中最大的乐趣。我意识到我可以把这个当作我的职业”。除了这些小木头，每当烤犹太白面包（challah）的时候，利亚还常常会掰一小块儿面团给弗兰克玩，这块面团便成了小弗兰克的“培乐多”橡皮泥（Play-Doh）。

除了玩小木块外，利亚对她的外孙还在另一方面也有着深远的影响，不过和搭木块比起来，这方面的影响表现得更为潜移默化。同传统犹太社区里许多其他的犹太妇女一样，利亚也经常做鱼肉丸（gefilte fish）——一道由煮熟的鱼肉馅做成的传统菜肴，这是每周五的安息日晚餐的必备。每到星期四，她便会到肯辛顿市场去买上一条活鲤鱼，用装满水的袋子把它提回家，放到浴缸里头养着，直到一切就绪，才把它杀掉做菜。弗兰克常常和她一起去市场买鱼，一回到家他就会着了迷似的在浴缸跟前盯着里面游来游去的鲤

欧文·戈德堡、弗兰克·戈德堡和西尔玛·戈德堡

鱼出神。"我常常在浴缸边上看鲤鱼。每次一看就是好长时间。然后到了星期五，鲤鱼不见了，鱼丸端上来了。很长一段时间里这两样东西我都对不上号，不知道今天吃的鱼丸就是用昨天浴缸里游的鱼做的。"多年后弗兰克回忆道。

游动的鲤鱼的形象一直清晰地留存在了弗兰克的记忆中，以至于他成年之后还经常谈起，甚至坦陈这就是他作品中标志性的鱼形元素的来源。有一种说法是他设计的著名的鱼灯和鱼形雕塑，以及他建筑中的鱼形曲线，都是由童年时观察外祖母家浴缸中的鲤鱼的经验启发而来的。他很久之后也确实承认了这一点，不过，这其实只是他的一种"假装反智主义"的话术而已。[1]

塞缪尔，他的外祖父，则是以另一种方式影响着弗兰克，他鼓励弗兰克对世界始终保有强烈的好奇心。夏天的夜晚，他会和他的外孙一起，坐在楼下的门廊上聊天——塞缪尔把他的门廊称作是他的"避暑山庄"。他总会对弗兰克强调"提出问题的重要性。为什么早上太阳会升起来？为什么冬天树木会改变颜色？为什么天空是蓝色的？对任何事都要不停地问为什么，为什么，为什么。我认为这让我能够始终保有好奇心，对我后来的成长有很大的帮助。"弗兰克回忆道。

他们也会讨论《犹太法典》，"陷入那种古老的关于'为什么这样'和'为什么那样'的讨论之中，"弗兰克至今记忆犹新。这些讨论给了他一种直观

1　事实上，盖里对于鱼的形态的喜爱，来源是多方面的，包括鱼的曲线美，鱼的鳞片状的表皮，以及关于鱼类是自然界最古老的物种之一的说法——盖里把这种说法作为他对于后现代设计手法中对于历史形式的运用的一种玩笑式的回应。详见第十一章。

的印象，觉得犹太教就是一个不断地提出问题的宗教。而且在犹太教的世界观看来，问题本身，至少和答案同等重要，甚至比答案更为重要。后来弗兰克把这种讨论称之为“我们身为犹太人最为宝贵的财富之一……这是一种反复的提问与回答的过程，直到你停下来说‘好了’。我太喜欢这种讨论了。那时候我特别喜欢和他这样聊天。我的《犹太法典》都是和外祖父学的。与外祖母那种普通信徒的虔诚有所不同，外祖父的信仰更多的是基于疑问——《犹太法典》中的第一个词就是‘为什么’。它整个就是一本关于疑问的书。我太喜欢这玩意了。但我也不知道我为什么喜欢它。我对这本书里写的一切都很好奇。”

外祖父母在弗兰克的孩提时代里扮演了非常重要的角色，而父母也并没有缺席他的童年。他的母亲西尔玛，很希望他能够去多了解那些她自己当年没有机会去接触的文化，她在弗兰克八岁的时候就开始带他去看音乐会，还常常带他去参观位于布鲁尔街（Bloor Street）——距离贝弗利街 15 号他外祖父母家只有几条街的多伦多美术馆（Art Gallery of Toronto）。第一次去参观的时候，弗兰克在美术馆的中厅——沃克厅（Walker Court）里见到了一幅水彩风景画，画面内容是“山丘、大片的蓝色和海洋”，很多年之后他依然记得这幅画，因为那是他第一次被绘画作品所感染，他意识到了艺术除了能给人以转瞬即逝的美感之外，还有着改变一个人的生活的力量。这次参观就是一次改变他人生轨迹的经历，他记得从那时候起，他对艺术开始有了浓厚的兴趣，好奇艺术家是如何创作出那些能够如此深刻地打动别人的作品的。[1]

1 他记得那幅风景画是约翰·马林（John Marin）的作品，但是几乎可以确定他记错了，那幅画是另一位艺术家的作品，因为多伦多美术馆，也就是后来的安大略美术馆（the Art Gallery of Ontario）——这座美术馆还曾于 2004 年请盖里来为他们设计过增建项目的——馆藏里并没有马林的作品。美术馆的记录显示 1937 年左右确实曾在特展中展出过一些欧洲和加拿大画家的水彩画作品，但其中并没有马林的画作。

弗兰克同父亲的关系则是时好时坏。欧文每天辛苦地忙碌于他那租赁和维护老虎机、弹球机和自动点唱机的生意，但收入并不稳定，就和他的心情一样。生意好的时候，他会变得温和又大方，而当生意不顺时，他就经常会拿儿子出气。欧文常常用木头给弗兰克雕一些小玩具，他也很喜欢和儿子一起画画或者一起制作小东西。在他女儿多琳的记忆里，他“喜欢摆弄小物件。他喜欢塑料、纸还有木头等一切材料。他觉得材料很有趣”。弗兰克显然继承了他父亲对于材料的喜爱。

弗兰克一岁多的时候，因为欧文的一些生意上的需要——具体是什么业务已经无从查考——戈德堡一家曾经短暂离开过多伦多几个月，那段时期他们住在布鲁克林的 J 大街（Avenue J）。不过没多久他们就返回了多伦多。弗兰克四岁时，家里的条件开始有所改善，他们在西邓达斯街（Dundas Street West）1364 号租下了一栋两层楼的砖房，离他们原先在拉肖莫街的公寓并不太远。到了 1937 年，西尔玛生下了弗兰克的妹妹多琳，而欧文的生意也有了不小的起色，他们终于凑齐了一笔首付款，把这栋房子买了下来。弗兰克记得大概是花了 6000 块。“我也不知道他是从哪儿弄来的这笔钱。”他说。

虽然邓达斯街算是一条主干道，街上还有连通多伦多市中心的有轨电车穿行而过，但在戈德堡一家搬过去那会儿，这一带相对而言还算是个安静的以居住为主的社区。而如今，这条街已经彻底发展成一条商业街，整个社区也从舒适的下层中产阶级社区转变成为了新移民的聚居区。到了 2011 年，戈德堡家在邓达斯街 1364 号的那所房子，已经成为了多伦多越南人协会（Toronto Vietnamese Association）的总部所在地，与其相邻的几家店面是一间福音派小教堂、一家体育酒吧和一家葡萄牙旅行社。

在戈德堡一家住在那里时，这栋房子还有着宽敞的朝向邓达斯街的开放式门廊。如今，为了获得更多的商业空间，这个门廊已经被封上了。当年，房前有足够的地方，让西尔玛种上一小片仙人掌，屋后还有一个小后院和车库。房子内部的感觉很像弗兰克的外祖父母家，只不过显得更大更宽敞一些。一楼前面是一间有着花饰铅条凸窗的起居室，一扇铅条玻璃门把起居室和餐厅分隔开来，后面则是一间封闭式的阳台和大厨房。厨房里摆放着新式的灶台——欧文对他岳父母家那种老式的灶台实在是深恶痛绝。他觉得那种老旧的玩意，给做饭的利亚带来了太多不必要的麻烦。而据多琳说，外祖父塞缪尔之所以始终拒绝更换新式灶台，很大的一部分原因，是在他的感觉里，只有老式灶台上烹饪出来的食物，才会带着那种怀旧的味道，让他能够“想起他的故乡”。欧文在这件小事上表露出的对利亚的关心，也从一个侧面说明，他虽然总是脾气很大，但其实是个很懂得体贴别人的人。

不过，买下邓达斯街的房子后，戈德堡一家并没有在那里住太久。就在那一年的下半年，欧文获得了一个成为区域独家经销商的机会，还是卖老虎机。在当时看来这对他来说是一个很好的机会，能够让他的收入更加稳定。只不过唯一的问题在于，他的经销区域远在蒂明斯，一座位于多伦多以北 428 英里（约合 688.8 千米）的，被茂密森林环绕的矿业小城。于是，他们只得又把邓达斯街 1364 号的房子租了出去，八岁的弗兰克也因此不得不离开了他从幼儿园开始一直就读的，离家四个街区的亚历山大 · 缪尔小学（Alexander Muir Elementary School）。弗兰克和他年幼的妹妹多琳，还有西尔玛和欧文，就这样非常突然地，举家搬到了这个和多伦多截然不同的地方，那里没有了外祖父母，没有了犹太社区，没有了多伦多美术馆，没有了梅西音乐厅（Massey Hall）上演的那些音乐会，也没有了肯辛顿市场和浴缸里的鲤鱼。在蒂明斯，犹太人家庭大概只有 30 户，在全城三万人口中算是绝对的少数族裔，城中大部分的居民是芬兰裔、波兰裔和法裔加拿大人。

这 30 户犹太人中不乏一些很有钱的家庭，他们在当地经营着林场和造纸厂等生意。伐木、造纸和采矿，是蒂明斯的三大支柱产业。其他的一些犹太人则主要是小店主。欧文的生意在这里没有竞争者，这里没有其他人经营“博彩业”——多年以后弗兰克这样表述他父亲的工作。在戈德堡一家刚搬到蒂明斯时，虽然西尔玛很快就加入了犹太妇女组织哈达萨（Hadassah）在当地的分会（她最后还成为了当地分会的主席），但当地的犹太社群对于接受他们还是显得有些犹豫。一方面是因为欧文所从事的跟赌博沾边的生意，另一方面也是因为他们并不富裕的家境。经过了一段时间的熟悉和了解之后，因为西尔玛对社区工作的投入，以及欧文谦和有礼的为人，邻居们才终于接纳了他们。但是弗兰克始终无法忘记，刚开始的时候邻居们防备的冷眼，以及他的家在犹太社群中那“岌岌可危”的位置，这种境遇对于离开了熟悉的亲人和朋友，搬到几百英里以外与世隔绝的寒冷小城的一家人来说非常难熬，更不必说这个家还有一个新生儿需要照顾。

安娜·甘巴（Anna Gangbar）——蒂明斯小犹太教堂唱诗班指挥的女儿，也是弗兰克的朋友图蒂 · 林德（Tootie Linder）的妹妹——说 ：“对于孩子们来说，从小在蒂明斯长大是个很艰苦的历程。那里非常非常的寒冷。冬天实在是太长了，在雪化之前，根本就没办法出门。”不过，如果除去恶劣天气的因素，安娜 · 甘巴说 ：“住在那里还是挺好的，社区不是很大。犹太人社群中的很多家庭都很有钱。但是弗兰克的爸爸却没有个稳定的职业，他辛苦地养家糊口维持生计。对他来说在蒂明斯生存一定很困难，我敢肯定。”

戈德堡一家人在蒂明斯住在伯奇街（Birch Street）8 号的一座木板平房。卧室有两间，弗兰克和多琳共用其中的一间。地下室则成了欧文的仓库和工作间，里面堆满了老虎机和弹球机，以及维修养护这些机器的工具。虽然这所房子比他们原来在邓达斯街的房子小了不少，但是，在生活水平相对较低的蒂明斯，戈德堡家能够雇得起一个波兰管家，这也使得西尔玛不用整天忙于家务，可以有空和其他犹太妇女一起参加哈达萨的活动。

在弗兰克的记忆中，蒂明斯这个地方让他见识到了两样东西 ：一个是冰球，这成了他一生的爱好 ；另一个是反犹太主义，这是他在多伦多所没有感受过的。在多伦多，犹太人要么团结在自己民族占据主导地位的社区之中，比如他外祖父母家那一带的犹太社区，要么则已经融入了那座民族越来越多样化的城市。然而在蒂明斯，犹太人则绝无可能成为主流。而且，在这座小城里，犹太人甚至很难隐藏自己的犹太身份，这也使得这里的种族关系显得更为紧张。在这种小城市，每个人对城里的其他人都知根知底，知道谁家是芬兰裔，谁家是法裔，谁家是波兰裔，谁家又是犹太人。种族间紧张的关系其实也不仅仅是源于宗教因素：法裔和波兰裔虽然同样都是天主教徒，但他们之间的关系也很坏。

弗兰克是伯奇街学校里唯一的犹太孩子，也是在这所学校里他获得了关于反犹太主义的最初体验。“那里大部分是波兰人，在矿上工作的波兰裔家庭的孩子们。”他回忆说。在弗兰克十岁时，他常常被一些波兰孩子欺负，他们在放学路上尾随他，“有时还会打我。后来我终于鼓起勇气反击，我也打了他们。”他说。他记得有一次，一个波兰男孩在回家路上追着他打，“他说打我是因为我杀死了耶稣基督。我记得我那会儿还问我的母亲，为什么他们会认为是我杀了耶稣基督”。

伯奇街学校有一座冰球场，在那里弗兰克得以接触到了冰球运动，建立起了对这项运动的热爱，成年之后他还会经常打冰球，这也成为了他一项终身的爱好。冰球场是和附近一所法裔加拿大人的天主教教会学校共用的，弗兰克记得，那里的学生和他一样，对那些波兰坏小子们也是深恶痛绝。“他们看到我也总被那些波兰孩子欺负，于是就把我也当作了他们的伙伴，我们一起对抗波兰人，”他回忆说，“这也是为什么我到如今也对法裔加拿大人特别有好感。”

戈德堡一家常常会在学校放假时一起回多伦多，通常是坐火车。“我特别喜欢坐火车，因为那样我们晚上从蒂明斯出发，转天一大早就到多伦多了，多伦多联合车站（Union Station in Toronto）实在是漂亮极了。”弗兰克回忆道。联合车站是一座宏伟的学院派风格（Beaux-Arts）的建筑，有着柯林斯式（Corinthian）柱廊和一个巨大的中央大厅，但对于弗兰克来说，吸引他的绝不仅仅是那宏伟的建筑，对他来说更为重要的是，到达联合车站，意味着他和他的家人终于得以暂时逃离艰辛的蒂明斯，哪怕只有几天的时间。

塞缪尔和利亚从来没有去过蒂明斯，但是他们也以另外一种方式利用着火车。每逢星期四，利亚就会把她刚刚做好的面丸鸡汤、鱼肉丸和其他为星期五的安息日晚餐准备的传统菜肴，用食盒仔细地装好并打成包裹，然后把包裹拿到联合车站，放在开往蒂明斯的火车上。而远在蒂明思的西尔玛，会在每星期五的早晨守候在蒂明斯的车站，等待着从那列多伦多开来的列车上，把妈妈的晚餐拿回伯奇街的家。

在蒂明斯，盖里迎来了他的青春期，而他与父亲那本就略显尴尬的关系，也因此更增添了几分紧张。欧文对于弗兰克不断增长的体重感到最为恼火，他经常想方设法地提醒儿子注意他正在发胖的身材。有时他甚至以嘲弄自己的儿子为乐。弗兰克记得，11 岁时，有一次他正在和父亲一起清洗自家的汽车，突然，欧文调转水管对准他，把他浇成了一只落汤鸡。

但是，也正是在蒂明斯的那些年，弗兰克留下了他关于欧文的最为宝贵的童年记忆。1940 年，欧文开车去了一趟芝加哥（Chicago），到他销售的那些机器的供应商——位于芝加哥富勒顿大街（Fullerton Avenue）上的“新奇工厂”（Mills Novelty）公司去开会，他带上了弗兰克同往。这一次，欧文一反常态地没有因为工作的事情而分心，也没有陷于失落或者焦虑而导致情绪失控。“我父亲开着他的车，带着我——我们从蒂明斯一路南下，经过了温莎（Windsor）、底特律（Detroit）、安娜堡（Ann Arbor）、印第安纳州的加里市（Gary, Indiana），最后到达了芝加哥。”盖里回忆道，“因为没钱，我们只得在基督教青年会（YMCA）的旅店里过夜——睡在一间排满了小床的房间里。我还记得我们在一间熟食店吃午餐，就在芝加哥捷运（El）的高架铁路底下。我从来没有和父亲如此亲密过。他没有像平时那样对着我发火——他的脾气我到现在都记得。这次旅行真的是太让人难忘了，我到现在甚至还能画出来我们在芝加哥去过的那些地方。”70 多年过去了，弗兰克依旧能够回忆起这次旅行中的许多细节，包括他们在安娜堡观看了一场棒球队的特别表演赛。然而，芝加哥的欢乐时光，在这次旅行结束之后就再也没有重现过。

弗兰克与父亲之间更为常规的互动方式，则可以从弗兰克在蒂明斯卖报纸的经历中一窥端倪。早上，他会前往位于小镇的主街——第三大街上的蒂明斯日报社（Timmins Daily Press），以每份三个美分的价格，买上五份报纸。买完之后就往家走，在回家的路上沿路叫卖："蒂明斯日报！"通常一路下来会卖掉三四份。但他从来没有把五份报纸全卖出去过，因此他回家后，欧文经常会看着剩下的报纸，并对弗兰克说，他敢肯定如果是多琳——那会儿刚四五岁——去卖的话，一定会全卖掉的。为了证明他的说法，欧文会抱起多琳，拿上剩下的报纸，去到附近的一家安装着他的老虎机的酒吧里。"他会领着这个拿着报纸的小女孩走进去，然后她就会把报纸卖掉。"弗兰克回忆说。

这显然不是一场公平的比试——人们当然都更愿意去逗一个可爱的小姑娘开心——但是欧文却经常性地用这种方式来嘲弄他的儿子——他称之为"愚蠢的"和"梦想家"的儿子。弗兰克固执的性格，对欧文来说似乎也只是更加证明了弗兰克的没用，但欧文自己其实也很固执，而且他还颇以这种固执为荣。欧文经常说他已经很确信弗兰克这辈子不会有什么成就了。

很明显，欧文是在把自己的焦虑转移到弗兰克身上，时年 30 多岁的欧文，已经感到了一些担心，和对于自己的怀疑，他怀疑自己是否有足够的能力在生意上获得成功，怀疑自己是否能获得成就。同样的，西尔玛也以她自己的方式把她的压力和失落转移到了弗兰克身上，但是她的方式还显得温和一些。一直以来，她都自视很高——她喜欢表现得很高贵，并且常常"谈论她那高贵的英国背景，可能她是当作笑话讲的，但她确实经常提起这个"。弗兰克回忆说，她确实一直和她在伦敦的表亲们保持着联系。"在她看来他们都是些傲慢自大的家伙。"他说。她的女儿多琳甚至因此一直觉得"戈德堡家是很不堪的，而西尔玛的家，卡普兰家，则是个体面的家庭。好像我的母亲来自于一个地主乡绅家庭，然后一不小心，和戈德堡家这些‘下里巴人’扯上了关系，但是我们会努力地和这家人保持距离”。

西尔玛的这些自视清高的想法，虽然对她来说显得并不切实际，但好的一面是，这也成为了她鼓励弗兰克去把自己变得更好的动力。她相信教育的力量，而且，她还极尽所能地带儿子去参观博物馆或者参加文化活动。当然，在蒂明斯这种机会很有限，但是在多伦多，能够接受文化艺术熏陶的场所则有很多。除了西尔玛父母家附近的多伦多美术馆，他们还经常去参观同样位于布鲁尔街（Bloor Street）上的皇家安大略博物馆（Royal Ontario Museum），弗兰克还记得他在那里见到了木乃伊。他们还会去梅西音乐厅，在那里弗兰克得以接触到交响音乐会。她很希望弗兰克能够有机会去学习钢琴，但是他们的家庭收入实在是无法承受昂贵的钢琴课程。弗兰克倒是靠自学学会了弹一点简单的曲子，但是他从来没上过正规的钢琴课。“我一直对自己不会乐器感到很遗憾，”他回忆道，“我一直想学拉大提琴。因为我沉迷于大提琴。我也很喜欢钢琴。”

西尔玛长期以来对弗兰克在文化艺术方面的引导，因 1941 年一次意外的事件得到了极大的鼓舞和肯定。那时弗兰克 12 岁，正在准备他的受诫礼(Bar Mitzvah)。一直以来，弗兰克偶尔会和欧文一起画画，有一次，蒂明斯的小犹太教堂举办了一场艺术展，他为展览画了一幅作品——一幅犹太复国运动（Zionist）的领袖西奥多 · 赫茨尔（Theodor Herzl）的肖像画。这幅画被评为了那次展览的第一名。教堂唱诗班的指挥，也是弗兰克学习受诫礼知识的导师，在看完那幅画后的评论也极具鼓励意义。弗兰克，唱诗班指挥对西尔玛说：“天赋异禀。”

* * *

1942 年上半年，弗兰克快过 13 岁生日的时候，戈德堡一家突然地离开了蒂明斯，几乎和他们五年前来到蒂明斯一样的突然。限制老虎机新法规的出台，让欧文的生意一落千丈，这也让他们一家人没有任何理由再留在蒂明斯了。为了让弗兰克能够在他外祖父的犹太教堂“埃茨·哈依姆”（Etz Haim）——位于达西街上一座改造过的老房子中的一个小犹太礼拜堂——进行更加完整的受诫礼仪式，他们一家人没有任何耽搁，很快地就返回了多伦多。由于戈德堡家自己的房子里还住着租户，弗兰克和多琳被送到了贝弗利街他们的外祖父母家，所以弗兰克也没有回他原来的学校，而是去了贝弗利街附近的奥格登初等学校（Ogden Elementary School）。而西尔玛的哥哥凯利一家当时也住在贝弗利街的老房子里，这座拥挤不堪的房子里已经没有欧文和西尔玛住的地方了，他们只得另觅他处寄宿。

随着受诫礼的临近，弗兰克对于犹太教的热情也越来越高，这也是因为他又住回到了虔诚的外祖父母家。回到多伦多之后，弗兰克最亲密的朋友，是一个叫作索利·波尼克（Solly Botnick）的男孩，他同样来自于一个非常虔诚的家庭。索利和弗兰克形容彼此是“超级犹太人”。很多年之后，弗兰克说：“索利和我，我们俩当时简直是为宗教信仰而疯狂。我们热衷于搜寻一切证据，来证明上帝的存在。”

然而，弗兰克对于犹太教的这种狂热，却随着他受诫礼的结束，戛然而止了。在那天的仪式上，按照惯例，他朗诵了《摩西五经》（*Torah*）的一段。仪式结束之后，他离开教堂，准备前往街角的社区中心，参加在那里为他举办的受诫礼招待会，并准备进行一场小演讲。从教堂往外走的时候，他碰到了两个教会里的老人。弗兰克很高兴他们能来参加他的受诫礼，他向他们打招呼，想跟他们搭话，探讨一下他刚刚朗读的那段《摩西五经》。谁知这两个老人对他的话题根本不感兴趣，连理都没理他，径自走了。似乎他们来只是为了招待会上提供的那些免费的食品和酒水——接受受诫礼的家庭要准备食物招待教众，这是一项传统。弗兰克对于犹太教的认真的态度，在那一刻，似乎一下子就变得无法成立了。这就像是一个反向的启示，让他感到他之前钻研犹太教义的那些努力根本没有任何意义。他至今还记得那天完事后，在回家的路上，他对一个人（可能是他的外祖父）吐露了他的想法，他说他终于想明白了“根本就没什么上帝。全都是些骗人的玩意”。

他不记得他的这番话得到了怎样的回答。但是，仅仅因为和两个几乎不认识的人之间的一次失败的谈话，就让一个虔诚的犹太教徒一下子转变成为一个无神论者，这似乎很难解释得通。更有可能的原因是，弗兰克其实和其他的青春期少年一样，一直就怀有一些对于宗教的疑惑，但他的这些疑惑一直以来都是处在一种被抑制的状态。这种抑制来源于方方面面，比如他心底一直怀有的对于做一个孝敬的儿子和外孙的强烈意愿，又如与索利 · 波尼克的友谊给他带来的对于犹太教义的浓厚兴趣，再及他回到多伦多后和他尊敬的外祖父母的朝夕相处，这些都可能让他暂时放下心中的疑惑，虔诚地信仰宗教。而当他的受诫礼一旦结束，潜意识中他可能就会觉得，自己对于宗教信仰的那种“义务”似乎也该随之告一段落了。但是，由于他与外祖父的那些关于犹太教尊重“提问”的讨论，都是建立在接受教义的前提下的，所以，他似乎并不仅仅拒绝了犹太教的传统，同时他也否定了提问的价值。

在弗兰克的受诫礼以及他的思想转变后不久，戈德堡家房子里的租户们就搬走了，他们一家人得以回到了邓达斯街 1364 号的家。这一带的社区在他们搬去蒂明斯的五年间并没有什么显著的变化——他们家房子的一侧仍然是一块空地，而另一侧则是同样的一座砖房，里面住着牙医的一家，几条街之外，还住着卡普兰家的几个表亲。戈德堡家和他们的大部分邻居都很熟识，而且这附近也足够安全和熟悉，因此西尔玛甚至会允许还是小女孩的多琳到街对面的犹太杂货铺去买食品——戈德堡家在那里有个记账户头——或者到附近的甜食铺子去买糖。

邓达斯街 1364 号附近的这个社区，当时还是以住家为主，但再往外走几条街，情况就不尽如此了。格莱斯顿大街（Gladstone Avenue）上的卡德伯里 / 尼尔森（Cadbury/Neilson）巧克力工厂就在这附近，在弗兰克的记忆里，那是一座“有着现代主义窗子的大型工业建筑”——那是他关于现代主义建筑最早的思考之一，也是他最早在他日常生活中注意到的现代建筑。附近还有达弗林公园跑马场(Dufferin Park Racetrack)。若干年后，跑马场变成了有着沃尔玛（Wal-Mart）和玩具反斗城（Toys“R”Us）店的廉价百货商场，但彼时它还是一座非常活跃繁荣的赛马场地，弗兰克从这里路过的时候经常会停下来看一会儿里面的赛马和骑手。他在布鲁尔学院（Bloor Collegiate）——一座装饰艺术（Art Deco）风格的砖砌建筑——上高中时，跑马场就在他每天上下学的必经之路上。马场的街对面就是达弗林·格罗夫公园（Dufferin Grove Park），弗兰克、多琳和他们的小伙伴们常去那里滑冰。邓达斯街1364号周边的整个地区虽然属于多伦多的城区，但是从规模上看却更像是那种市郊社区。当然，这里也不失生活上的便利，想要享受城市里的各种便利设施，只需要坐上有轨电车，一会儿就到了。

少年时代的弗兰克

随着弗兰克升入高中，他逐渐地有了新的朋友圈，而这些新朋友里很少有犹太人。多年以后，他在回忆那几年的时光时，只能记起一个比较亲近的犹太朋友，一个名叫马文·霍瑟（Marvin Hauser）的男孩。而且，他们的友谊是建立在对爵士乐的共同爱好基础上的，这同他和索利·波尼克的交情完全不同。1942年秋天，在布鲁尔学院，他结识了罗斯·洪斯伯格（Ross Honsberger），这是他所结交到的第一个“心灵相通”的朋友。洪斯伯格后来成为了一位杰出的数学家，他和弗兰克直到80多岁仍然保有十分密切的友谊。和弗兰克差不多，他也是一个富有热情，同时又抱持着谨慎的怀疑论的人。他开朗而健谈，对广泛的科学和文化话题充满兴趣，却与后来的弗兰克一样，对宗教信仰秉持怀疑态度。除此之外，他还很会弹奏钢琴。

“他和我很像，他质疑一切。像我一样，认为没有什么是神圣而不容置疑的。我们曾一起阅读《圣经》，然后在其中找出来了138处自相矛盾的地方。”弗兰克回忆道。后来，他们俩还合作了一篇题为《无神论与有神论》的论文，希望能够借此给出对于“上帝不存在”这一论点的无可辩驳的证明。在他们成为朋友之后不久，他们俩曾经一起挖过一个很深的坑，用弗兰克的话讲，是因为罗斯“想要距离地心更近一些”。他们还曾一起动手研发“永动机”，设计并且试图建造一台由一些安装在滚轮上的木板组成的机器。在比弗兰克小八岁的妹妹多琳的童年记忆里，她曾听见弗兰克和罗斯争论了几个小时，争论的主题是一个令他们十分着迷的理论话题——一只苍蝇是否能够逼停一辆火车。另外，罗斯对于古典音乐的喜爱，以及他的钢琴技巧，也从侧面影响着弗兰克，进一步增加了他对于严肃音乐的兴趣。乃至于60多年之后，弗兰克回忆起罗斯的钢琴演奏，还是会充满敬佩，“他那会儿常常会聊起肖邦（Chopin），还学会了肖邦的《幻想即兴曲》（*Fantaisie-Impromptu*），他的演奏简直是太美妙了”。

罗斯并不是那些年里唯一给弗兰克带来智慧上启迪的人。几十年后弗兰克还会回想起布鲁尔学院的许多老师，回想他们是如何引领他接触到了那些对他的一生都有着重要意义的事物。乔·诺布尔（Joe Noble），一位物理老师，弗兰克形容他是个“大鼻子、面色红润、总是笑容满面……非常结实的爱尔兰人”，他对罗斯和弗兰克这两个学生都非常喜爱，常常对他们的创造冲动加以鼓励，而且还对他们的无神论观点表示肯定。不过他也警告了他们，后者可能会让他们在同学中间变得不那么招人待见。在布鲁尔学院，弗兰克爱上了英国文学课里的莎士比亚（Shakespeare）、丁尼生（Tennyson）和康拉德（Conrad），他爱上了历史，他还爱上了木工房，在那里他可以用木材做出各种各样的小东西。

但是，弗兰克在布鲁尔学院的几年时光，其实过得并不顺利。他对写作感到很头疼，所以他的文学课学得很不好，虽然他非常喜欢这门课和这门课的老师。他很害羞，总是不能参与到课堂讨论中去，再加上他糟糕的写作，这些都让老师觉得，他不过就是班上一个普通的中等偏下生。此外，还有一件事让他在学校感到更加尴尬，那就是学校的家长开放日活动。他的父亲欧文——总是因为缺乏正规的教育而感到窘迫不安——在开放日上常常不知道该和弗兰克的老师们谈些什么，时而会说出一些让弗兰克感到难堪的话。西尔玛也差不多，她在学校的言行经常让弗兰克尴尬得“想要爬到桌子底下去”。弗兰克印象中最尴尬的场景，就是欧文和他的英国文学老师见面的时候，他担心欧文的缺乏教养，会让那位他无比尊敬的、博学的教师，对他更为轻视。

高中的头几年，弗兰克社交生活的重要组成部分之一，就是到基督教青年会去参加例行的舞会。然而就是在这些舞会上，他再次体会到了身为犹太人的被歧视感和屈辱感。“女孩们会和我跳舞，但是我的心里还是会有阴影，因为她们知道我的犹太人身份，这让我不舒服。”他回忆道，“我有着犹太的姓氏——戈德堡。但我又是复杂的。在犹太人看来我是个彻头彻尾的异教徒，但在其他人眼里我又是个典型的犹太人。”除此之外，他的业余生活还包括和罗斯一起打手球和乒乓球。他也会和其他一些朋友交往，把他们联系起来的纽带，似乎是他们同样的中产家庭背景，以及他们对于富家子弟小圈子的天然抵触。他们甚至还成立了一个名为“Delta Psi Delta”的兄弟会。但是，这种朋友圈子的联系其实并不紧密，以至于弗兰克逐渐对这个小群体失去了兴趣。他开始逐渐淡出，去寻找一些更富于智慧上的挑战性的东西。当时，罗斯已经开始花大量时间去约会那个后来成为他妻子的女同学了，而那时的弗兰克对于和女孩子约会，则还显得有点害羞和胆怯。

比起约会，他更愿意把时间花在阅读和钻研科学上，也更为享受独处的时光。他开始意识到，他真正想要的是智慧的交流和互相启迪，而不仅仅是一起玩耍的朋友。他发现多伦多大学在每周五晚上都会有一些系列讲座，于是，那之后每个星期五的晚上，他几乎独自在多伦多大学礼堂的侧面看台上度过的。那些讲座的主题非常广泛，从电子学到交通运输，再到电磁推进技术的未来前景等。没有讲座的时候，他常常会泡在图书馆里，阅读《大众科学》（*Popular Science*）和《大众机械师》（*Popular Mechanics*）杂志。他仍然和罗斯关系要好，但是，除了和罗斯一起的时间外，他把大量的课余时间都用来自学科学了。

1946 年 11 月，又是一个周五晚上，弗兰克像往常一样来到多伦多大学的礼堂听讲座，那晚的主讲人是来自芬兰赫尔辛基的建筑师阿尔瓦·阿尔托（Alvar Aalto）。弗兰克此前并没有听说过这个建筑师。灰白头发，有着浓重口音的阿尔托，在讲座中向听众展示了他当时的一些新作品，譬如芬兰的帕伊米奥疗养院（Paimio Sanatorium），以及他正在进行的一个美国项目——麻省理工学院（MIT）的贝克公寓楼（Baker House Dormitory）。他还带来了他所设计的一把弯曲的木板椅，并且在台上现场演示了它的强度。

弗兰克听得入了迷。他觉得台上的阿尔托充满了人格魅力，他非常喜爱阿尔托所展示的那些建筑的图片，而且也深深地着迷于那把弯曲的木板椅，这样的设计是他前所未见的。这场讲座让弗兰克回味良久，很长时间难以自拔，他被阿尔托的设计彻底迷住了。他来到布鲁尔学院的图书馆，在“职业指导”的书架上寻找关于建筑学的介绍。其中一本书介绍了多伦多大学的建筑学课程。但是，这本书中关于这个课程的介绍似乎与阿尔托讲座中所展示的那种美丽而不同寻常的现代建筑完全不相干。“都是些关于如何设计砖石砌筑的小房子的，就是英格兰乡下常见的那种房子。我对这个完全没有兴趣。所以我就把那本书放回去了。”他回忆道。当时，失望的弗兰克确信，他不会再对建筑学产生什么兴趣了。

多年后再忆当初，弗兰克怀疑他对于阿尔托的那种本能的喜爱，来自于他在蒂明斯度过的那几年时光。“蒂明斯地处极北，那里的美学就是木材、雪和无边的树林，这与芬兰人的美学其实是有相通之处的。”他说，“芬兰人有着他们所特有的审美，在蒂明斯你能见到的东西也差不多是类似的，粗粝的原木、茂密的松树林，这些都深深地让我着迷。”

但其实阿尔托的讲座很快就被弗兰克遗忘了。乃至于到了几年后，当弗兰克已经成为一名建筑学生，并且再一次地被阿尔托的作品所深深吸引时，他都已不记得 17 岁那年曾经亲身聆听过这位建筑师的讲座了。直到再次看见记忆中的那把阿尔托设计的椅子，他才回忆起多年前多伦多的那个夜晚，他第一次见到这把椅子和它的设计者时的情景，对他来说，那场讲座是建筑学之于他的第一次严肃的启蒙。

* * *

十几岁时，弗兰克对很多东西都充满好奇心，但那时的他还并不太清楚自己想要把什么作为一生的事业。他喜欢绘画，喜欢动手做东西；他还对飞机很感兴趣。此外，他也很喜欢化学，15 岁时，他曾试图在自己的卧室里用氢气和氧气来合成水，结果引起了爆炸，碎玻璃扎进了他的后背，差一点就受了重伤。卡普兰家的一位表兄——亚瑟·卢森伯格（Arthur Rosenberg），是一位化学工程师，弗兰克很喜欢他，一直把他当作自己的榜样。因此，有一段时间里他觉得化学工程师就是他今后想要从事的行业。在布鲁尔学院的一次职业体验日活动上，他报名参加了化工行业的体验，还见到了一位来自通用汽车公司（General Motors）涂料试验室的工程师代表。然而，尽管弗兰克在一整天里都表现得很礼貌，但他的无聊和扫兴还是写在了脸上。活动结束后，那位工程师找到他说：“弗兰克，这一行不适合你。你无光的眼神已经说明一切了。相信你会找到适合自己的事业的，但我想不会是化学工程。”

除了职业选择之外，彼时弗兰克的生活还面临着更为严峻的挑战。从蒂明斯回来后，父亲一直没能成功地重启他的事业，一家人的日子过得紧巴巴。为了能有一点收入，他们全家不得不都挤在房子的一层，把二层的卧室腾出来租了出去。其实回到多伦多后不久，欧文就开了一家小的家具公司——“皇冠制造”，主要生产百货商店里销售的烟灰缸架，也做一些木制的餐桌转盘。公司一度经营的还算不错。但到了 1945 年，生意又遇到了麻烦。先是欧文的健康开始出现问题——那一年他被诊断出患有糖尿病。随后，他又发现他原本当作朋友看待的车间工长，竟然一直在偷着卖公司的产品，以此牟利。此外，更为雪上加霜的是，加拿大政府在那年出台了一项新的针对烟草相关产品的特许权税，其中就包括烟灰缸，这让烟灰缸的零售价格一下子变得非常昂贵。欧文尝试过把他生产的烟灰缸架当作放糖果的碟子来出售，然而市场上对于他们生产的这种装在支架上的糖果碟的需求实在是太少了。终于，到了 1946 年，家具公司的生意彻底做不下去了。

弗兰克记得，那段时间，欧文的情绪已经几近崩溃了。欧文一直都不愿意在别人的手下做事，所以他一生大部分时间里都是在为自己工作。但是，他所做的所有事业几乎没有成功过的，包括最近的这次尝试，又一次地以失败告终。强烈的挫折感无从排解，使得他与弗兰克的关系也变得更加糟糕。他越来越频繁地重复着他对于弗兰克老生常谈的指责，说他是个没用的梦想家。不仅如此，他对儿子的体罚也越来越厉害，经常对弗兰克拳打脚踢。弗兰克的妹妹还记得，有一天晚上，弗兰克在起夜时，不小心在黑暗中绊倒，打碎了什么东西，她说欧文发现后“把他揍了个半死”。不过欧文对于多琳则显得温柔得多，他的坏脾气更多的是针对弗兰克。“在我的印象里我与父亲的关系一直很不错，不过也许是我选择性地遗忘了很多东西，或者也可能是我的记忆把一些事情美化了。因为我那时还是个小女孩，他觉得我很可爱。”多琳说。

尽管如此，两个孩子却依然保持着对父亲的尊敬。因为他们能够看得到他善良、慷慨的一面，正如多琳后来所说的："在暴躁的外表之下，他其实是一个非常热心的好人。"欧文时常会把一些贫困的朋友们请来家里吃饭，而且，只要他自己的生意有一些起色，他就会拿出钱来接济那些家里困难的亲戚。此外，和西尔玛一样，他也一直坚持教育自己的两个孩子要平等地看待每一个人。尽管他与西尔玛无论在脾气还是世界观上都有着许多的不同甚至是矛盾，但他们两个人绝不是那种趋炎附势的势利眼，也绝不会气人有笑人无，嫉妒那些比他们富裕的人。

多琳在很久之后说她觉得欧文可能有躁郁症。"他无法控制住自己，"弗兰克说，"但是在我与他的关系里又有着一些东西，让我能够一直爱着他，认同他这个父亲。我一直都保有着这种东西。某种程度上讲，我能够理解他的那些与我无关，却又总是针对我的愤怒。实在是有太多的事情让他生气，太多的事情困扰着他了。"

欧文的健康问题，以及他与弗兰克糟糕的父子关系，在 1946 年迎来了一次彻底的爆发。那年弗兰克 17 岁，欧文又一次因为一些弗兰克认为的琐事，对他大动肝火。"他那时生意不顺，在又一次对我的愤怒谩骂之后，我动手打了他。那是第一次，我打了他。"弗兰克说。动手打了父亲，弗兰克也被自己的鲁莽给吓坏了，他夺门而逃，藏在临近的一座房子后面，害怕父亲会追出来抓他。然而欧文却并没有出现。"什么事都没发生，一片寂静。于是我悄悄溜回去，想看看家里的情况，透过窗户，我发现他正躺在地板上。"在与儿子激烈争吵后，欧文的心脏病发作了。深感震惊的弗兰克，觉得他对此负有直接的责任，很长一段时间里，他都背负着"沉重的心理负担"，认为父亲的心脏病是他害的。

欧文倒下的时候，西尔玛也在家，弗兰克回到家时，她已经打过电话叫了急救，正伏在地板上的丈夫身边。欧文被及时地送进了医院，经过一段时间的治疗和休养，逐渐康复了。但是，不容忽视的事实是，他的身体已经极端病弱，再经不起折腾了。又是糖尿病，又是心脏问题，他的生意也做不下去了。“我父亲那时才47岁，这对他打击很大。他从此便陷入了消沉。”多年之后，弗兰克对作家芭芭拉·艾森伯格（Barbara Isenberg）说[1]。欧文依然不愿意西尔玛出去工作——他的妻子不需要工作，他把这视作是一种男人的荣誉。但是他允许了她去整理“皇冠制造”的余货，拿去拍卖掉换一点钱。

欧文被医生告知，他已经无法再承受多伦多寒冷的冬季了，他唯一的希望只能是搬到一个气候更为温和的地方去。正好他住在底特律的哥哥哈里（Harry），那时候刚刚带着妻子和儿子搬到了洛杉矶，而且戈德堡家也还有一些其他亲戚住在那边。于是，欧文决定，也搬到加利福尼亚去，到那里去和他的一家开始新的生活。哈里那时因为工作原因，还经常往返于洛杉矶和底特律之间，1947年3月，欧文来到底特律与哈里会和，从那里和他一起开车去了洛杉矶。他沿途给家里寄去了许多明信片，而此时的西尔玛和弗兰克正在家忙着打包装箱，把邓达斯街1364号的房子收拾好，准备卖掉，并且处理掉欧文走后残留下来的一些生意上的事务。

西尔玛和多琳在多伦多又留了一阵，等到欧文来信说，他已经到了洛杉矶，并且找好了一处公寓，她们便动身离开了。欧文还找到了一份工作，给扬基根汁汽水公司(Yankee Doodle Root Beer Company)开送货卡车。五月，西尔玛和多琳就到了洛杉矶，还留下弗兰克在多伦多，住在他的外祖父母家，以便他能够完成布鲁尔学院那个学年的课程。到了六月，学期一结束，弗兰克也收拾行囊，再一次地来到了联合车站——他从蒂明斯回来时下车的地方，只不过这次，他登上的是开往洛杉矶的单程列车。离开贝弗利街15号时，利亚，那个十几年前和他一起在厨房的地板上搭建想象中的城市的外祖母，在门廊上同他挥手作别。自那以后，弗兰克便再没有见过她了。

1 欧文心脏病发作时的年纪其实是46岁，不是47岁。

第三章
阳光灿烂的日子

漫长的旅途之后，弗兰克抵达了洛杉矶，巧合的是，他在洛杉矶下车的车站也叫“联合车站”，与他从多伦多出发时的车站有着相同的名字，不过除此之外，两座车站便再无相同之处了。多伦多联合车站显得庄严肃穆，弗兰克至今还记得，上车的时候他所穿过的那条威严而冰冷的，由古典石灰石柱廊拱卫着的旅客通道。而洛杉矶联合车站则完全是另外一副模样，走下火车的弗兰克，感到自己仿佛置身于一个奇妙而精致的新世界，到处是圆形拱门、巨大的水晶吊灯和温暖的色调，整个车站是一座被装饰得梦幻一般的西班牙殖民复兴风格建筑（Spanish mission architecture），并且在比例上突出了纪念性。这两座联合车站，都是各自城市的窗口和缩影，会在第一时间告诉来者这两座城市的风貌和性格——至少是这两座城市所希望展示的那部分风貌和性格。很显然，洛杉矶希望来访的客人们能够意识到，来到这里他们可以抛却那些沉重的历史负担，在这里，欧式建筑手法和元素的运用是为了使人感到愉悦和舒适，而不是为了令人肃然起敬。弗兰克在火车上度过了整整四天的漫长旅程，他一路从东向西，由北到南，从加拿大到美国，横穿了北美大陆。这四天对他来说，同时也是一趟从寒冷到温暖，从陈旧到崭新，从黑暗到光明的心灵之旅。半个世纪后，他仍会清晰地记起那个六月的早晨，他走出洛杉矶联合车站，第一次被加州灿烂的阳光照耀时的感受。“阳光充足而温暖。光线太强太亮，这让我感到有点不习惯。到处都是亮、亮、亮，太亮了，那种感觉就好像是刚从电影院里出来一样，亮得刺眼。”那时的弗兰克，就如同《绿野仙踪》里来自堪萨斯（Kansas）的少女桃乐丝，而洛杉矶就是他的奥兹国（Oz），一切都是如此的陌生而新奇。

1947 年的洛杉矶，对于一个从多伦多来的 18 岁男孩而言，无疑是新奇而富有异域风情的。不过，相对于美国温暖地区的其他城市而言，那时的洛杉矶在某种程度上还算是一座颇为“正统”的城市了。不像迈阿密（Miami）或者圣迭戈（San Diego）那种单纯的度假胜地，只能依靠温润的气候吸引从寒冷的北方逃离而来的游客们。第二次世界大战期间，洛杉矶成为了整个美国的经济中心，也发展成为了美国最重要的工业基地之一。这座城市最为外人熟知的，可能是好莱坞（Hollywood）和圣费尔南多谷（San Fernando Valley）的那些电影公司，然而，尽管这里蓬勃的娱乐产业释放着巨大的文化影响力，但对于洛杉矶规模庞大而且结构独特的经济体系来说，只不过是其冰山一角。洛杉矶虽然看上去并不像底特律那种典型的重工业城市，但制造业的发达程度却丝毫不逊于那里。所以，好莱坞的电影明星们不能代表典型的洛杉矶人，飞机组装生产线上的那些操作工人才是。

推动洛杉矶经济发展的核心动力，来自于美国国防部持续不断的大批量订单。温和的气候，位于城市南部圣佩德罗（San Pedro）的巨大港口，以及太平洋沿岸的优越地理位置，让洛杉矶成为了以洛克希德（Lockheed）、道格拉斯（Douglas）、诺斯罗普（Northrop）、北美（North American）、维嘉（Vega）和伏尔提（Vultee）等一系列厂商为代表的美国飞机制造工业的大本营。战争期间，大量的联邦财政拨款源源不断地涌入这座城市：1942 年至 1945 年期间，洛杉矶地区总共新建了 479 座国防工厂，改造扩建的既有工厂更是不计其数。国防部工厂总公司（Defense Plant Corporation，负责对用于建造私人承包设施的政府资金进行监督的联邦机构）在战争期间总共向洛杉矶地区投资了超过4.5亿美元用以新建或扩建工业设施，这一数字折算成今天的美元，大概相当于60亿。在1938年，战争尚未开始之前，洛杉矶地区共有大约15930个就业机会；到了1941年，由于大量来自海外的制造订单的刺激，这一数字已激增至12万个。几年之后，当战争带来的效应达到顶峰时，洛杉矶的就业人口曾经达到了22.8万人。战前几乎可以忽略不计的造船业，也借助于这场战争，发展成为了洛杉矶地区的第二大产业。第二次世界大战之前的整整二十年时间，洛杉矶当地的船坞甚至没有造出过一艘大船。而到了1941年底，加利福尼亚造船公司（California Shipbuilding Corporation）——更为人知的名字是“加船”（Calship）——已经成为了全美产量最高的造船厂，仅1942年一年就为国防部生产了111艘各式舰船。洛杉矶的造船工人群体也随着造船业的发展而迅速膨胀，光是“加船”就总共雇用了55000人，这一地区的其他造船厂还有大约35000人。

戈德堡一家搬来洛杉矶之前，这座城市刚刚完成了战争期间爆炸式的工业发展，拥有了坚实的经济基础，彼时的洛杉矶，已经成为全国领先的制造业中心。洛杉矶是当时全美仅次于纽约的第二大服装生产中心，也是美国炼油、炼钢和食品加工业的中心。尽管那时很多从东部来的人还是会认为旧金山（San Francisco）才是加州的第一大城市，但其实洛杉矶的人口早在1920年就已经超过了它北边的邻居。大片价格低廉的空置土地，以及便利的大型港口，非常适合于发展往返亚洲与拉丁美洲的货运业。因此，洛杉矶不仅仅是制造业的中心，同时也成为一个非常理想的物流中心。东海岸的很多大型的工业集团，如美国无线电公司（RCA）、凡士通（Firestone）和伯利恒钢铁（Bethlehem Steel），都早已经在洛杉矶扎根多年了，这里是他们西部业务的运营中心。战争结束后，随着民用航空业的发展，以及地区内的军工厂纷纷转为民用，大量的资本仍在持续地流入这座城市。联邦政府把负责研究战后技术与军事策略的新的“国家智库”——兰德公司（Rand

Corporation）设在洛杉矶的决定，更进一步地加深了洛杉矶与战后迅速发展的航空航天工业的联系。这也清晰地表明，这座城市代表着未来。

旧金山彼时仍然是美国西海岸的银行业和金融业中心，但是越来越多的人认为它只代表着旧资本和陈旧的办事方式。事实已经逐渐清楚，洛杉矶才是加州的经济能量汇聚之所在：新事物在这里创生，新的财富在这里被创造，甚至于一种新的城市形式也正在这里生长。旧金山尽管风景优美，但其实还是一座旧式的城市，居民们密集地围绕着中心城区聚居。城市风貌可能看上去和东岸的城市有些许的不同，但是那种由市中心的高层办公楼和维多利亚风格的高楼大厦所定义出来的城市空间，却和东海岸的那些大城市并无二致，说到底，旧金山与纽约、波士顿和费城都属于同一类的城市。旧金山是一座 19 世纪的城市，而洛杉矶则属于 20 世纪。这种“代沟”让这两座城市截然不同。

毫无疑问，多伦多是更像旧金山的。虽然安大略湖的沿岸缺少旧金山湾的气势，多伦多的平原地形也更接近美国中西部而非加利福尼亚，但多伦多有着和旧金山类似的相对密集的城市肌理，这种肌理在戈德堡家和卡普兰家从欧洲移民过来之前很久就已经形成了。洛杉矶的城市空间则完全是另一种模式。这座城市坐落于一个干旱少雨的盆地，北面和东面有山环绕，南面和西面则朝向大海。早期，它只不过是西海岸的广袤乡村中孤零零的一座小城。后来，这座城市花了几十年的时间，建成了一套复杂的引水系统，把山区的水资源引到了城市东部的缺水地带，这给洛杉矶在 20 世纪的大扩张创造了条件。火车的出现加速了它的发展，使得它成为了庞大的制造业中心。而另外一种 20 世纪的交通工具——汽车，则比其他的任何东西都更为有力地塑造了洛杉矶。

汽车会影响所有的城市，但是，汽车对于洛杉矶的影响之深远，塑造之彻底，是世界上其他任何一座城市都无法比拟的。虽然洛杉矶的公共交通发展的也比较早，在 20 世纪初就已经建成了一套高效的有轨电车系统。但是，这座城市还是为私家汽车的迅速普及，乃至于最终成为城市的标志，提供了一切理想的条件。洛杉矶的城市范围向周边快速扩张的时代，正好顺应了美国其他大城市人口疏散化的时代。洛杉矶地区的自然环境，至少在理论上，也非常适合汽车的驾驶。而最重要的一点原因是，当时的洛杉矶，作为一座发展势头异常迅猛的新兴都市，它的城市精神，从本质上来说，似乎就是在渴望着去定义一种全新的生活方式，汽车的普及所带来的大量的便利和变革，无疑同这种精神是最为契合的。

经济的不断增长让洛杉矶得以持续扩张，1947 年，戈德堡一家来到洛杉矶时，这座城市的面积还仅仅是他未来所蔓延覆盖的巨大范围之中很小的一部分。彼时，洛杉矶最具代表性的城市设施——快速路系统，还并不存在，原有的有轨电车系统仍在运作，这座城市的布局依旧是围绕着一个相对小而密集的市中心，看上去也更像是一座老式的城市，而不像是它后来发展成的那种扩张型分布的城市圈。有轨电车线路从市中心出发，向四面八方延伸非常远，把许多大大小小的社区联络起来。亨利 · 亨廷顿（Henry Huntington），当时全城绝大部分有轨电车系统的所有者，还建设了多条电车支线，使得有轨电车更为四通八达。后来洛杉矶快速路系统的布局方式基本上延续了无轨电车系统的分布，因此可以说无轨电车的线路事实上也预示着这座城市后来的扩张方向。总体上讲，1947 年戈德堡一家从多伦多搬来的时候，洛杉矶还不是现在那座到处是立交桥和大型购物中心的城市，不过，那个时候洛杉矶的城市范围已经比一般传统意义上的城市要大上不少了。

洛杉矶的居民中有许多都来自美国中西部，因此他们的政治立场都更倾向于保守派，他们选择来到南加州定居，至少部分原因是出于对个人自由的渴望。这座城市自我扩张的天性，与他们的这种精神十分契合，对于这些人来说，一辆私家车，比最便捷的公交系统要更有吸引力。1940 年代晚期，洛杉矶主要街道上的交通已经越来越拥堵，为了解决这个问题，早期的快速路系统应运而生，如连接市中心和帕萨迪纳（Pasadena）的阿罗约 · 塞科快速路（Arroyo Seco），连接好莱坞和圣费尔南多谷的卡翁加山路（Cahuenga Pass）等。到了 1947 年弗兰克来到洛杉矶的时候，洛杉矶地区刚刚完成了第一个关于快速路工程的全面计划，这清楚地表明了这座城市解决交通拥堵的态度和方法——修建更多向外扩散的道路，而不仅仅是优化城区中已有的道路系统。这之后又用了将近二十年的时间，快速路系统的主体部分才陆续完成，而且直至今日仍在不停地扩展。不过，在 1947 年，人们已经清楚地意识到，洛杉矶的城市规划将不会像大多数美国城市那样，高度地围绕着市中心布局，而是会逐渐地向外铺展开来，跨越山丘和平原，形成一种密度近似郊区的城市空间。[1]

弗兰克在 20 世纪 40 年代末见到的洛杉矶是这样的：一座正以惊人的速度扩张的城市，低密度的小住宅和低层商业建筑正一英里一英里地蚕食着周边的土地，同时它也是一座没有任何历史负担的城市。在这里，一切都发生的如此之快，没有人会考虑什么永久性的问题。这里不会有那些古典式的市政大楼或者雄伟而浮夸的博物馆建筑。洛杉矶的建筑绝不会给人以那种历史的压迫感，很重要的一个原因，是这里的气候太适宜了，以至于在这里盖房子不需要考虑太多恶劣气候的影响。洛杉矶是一座轻松而随意的城市。

* * *

欧文来到洛杉矶后，在西九街（West 9th Street）1723 号找了一间带家具的一居公寓，大概位置就在第九街和伯灵顿大街（Burlington Avenue）交口，

1 从有轨电车到快速路系统的变革得益于“全国城市铁路公司”（National City Lines），这家公司收购了洛杉矶的有轨电车系统。事实上这家公司在通用汽车、凡士通轮胎和加州标准石油公司（Standard Oil of California）的支持下，陆续收购了许多城市的轻轨系统，以鼓励公共汽车和私家汽车的普及。这一系列后来被称之为“通用汽车的无轨电车阴谋”（General Motors streetcar conspiracy）的收购案，直接导致了很多城市电车系统的萎缩。但是这个阴谋在洛杉矶引发的效果无疑是最为显著的，这座城市以其他任何城市都无法相比的极大的热情，迅速地接纳了汽车。

麦克阿瑟公园（MacArthur Park）以南，市中心以西几个街区。这间公寓的条件比他们在多伦多邓达斯大街 1364 号的家可差远了。多琳记得，这套公寓有“两个房间。一间是爸爸妈妈的卧室，唯一的一个衣柜也在那里。卧室里有一张墨菲隐壁床（Murphy bed）……（另一张）墨菲隐壁床（在起居室里），那里还有个沙发，弗兰克和我为了谁睡沙发谁睡床还争了半天。床上到处是臭虫和虱子……还有破旧的丝绒沙发，到处是一些让人看着就觉得恶心的脏东西，还有蟑螂。”

不过，西尔玛的“贵族尊严”似乎并没有被她一片狼藉的新生活所击垮，相反，她极尽所能地试图在破败的新家里营造出一种庄重和有尊严的氛围。厨房里的小餐桌连容纳全家同桌吃饭都嫌不够，更不用说欧文和西尔玛还要经常招待客人了，因此，每天晚饭的时候，西尔玛都要单独另外支起一张正式的大餐桌。“在那间小公寓里，她做的每一餐饭，都好像是王室的御膳一样正式而丰盛。我们那时虽然住在破房子里，但我们还是要有王室的尊严。”多琳回忆。

弗兰克还记得刚刚来到这间公寓的时候，他有一点点被吓到了，和他多伦多的家比起来，这里实在是“令人失望”。到处都破旧不堪。这间公寓里有着“破烂的地毯和破烂的家装。实在是太差劲了。我感到十分失望，(但是）我又因为能和家人团聚而高兴”。

欧文糟糕的健康状况，使得他甚至连卡车司机的工作也无法胜任了。每天光是从卡车上装卸汽水箱，就已经让他筋疲力尽。虽然有时弗兰克会去帮他，但这还是无法弥补欧文体力上的不支。繁重的体力劳动不再适合欧文，他尝试寻找其他的工作，有一段时间他又干回了租赁游戏机的老本行，向酒吧出租爆米花机和自动唱片点唱机，但是生意和他在加拿大时差不多，还是不怎么成功。最后他在离家几个街区以外的一家酒水商店找了一份卖酒的差事，主要是值晚班，每天都要工作到凌晨一两点钟。那段日子很艰难。“那时他的境遇可以说是每况愈下，”弗兰克回忆道，“他开始喝酒。他以前从不沾酒，但那时开始他整天整天地独自坐在那里喝闷酒。酒喝多了他就会发脾气，有时还会打我母亲。但他不是有意如此的，他很爱她。”

最终，欧文在邦尼·布雷酒水店（Bonnie Brae Liquor）的工作也做不下去了。使他失去这份工作的并不是他火爆的脾气，恰恰相反，正是他的和气和善意让他丢了饭碗。酒水店的隔壁就是一间警察局，警察们晚上常常会到店里来，而欧文也很喜欢和他们聊天。弗兰克事后觉得他那时肯定经常卖酒给那些警察。当地的酒类法律有一项规定：凌晨一点之后不得销售酒精饮料。而在一天夜里，一个巡逻的警察在打烊后来到店里，和欧文闲聊几句后，提出要买酒。欧文完全没有意识到这是个陷阱，在凌晨一点零五分的时候，卖给了这个警察一瓶酒，他就这样被抓进了监狱。酒品店的酒业执照因此被吊销了两个星期，欧文也被解雇了。弗兰克认为对欧文的这种陷害的动机是反犹太主义，但警察局拒绝了他代表父亲出庭作证的要求。

此时此地的西尔玛，孤独在外，远离自己多伦多的家人，但是，她仍坚强地支撑起了这个家。她找了一份工作，在好莱坞大道（Hollywood Boulevard）上的百老汇百货商店（Broadway department store）销售糖果，她很有销售才能，这份工作也很适合她。她对待顾客热情周到而且彬彬有礼，做了不久就被调到了比糖果部门更为重要的纺织品销售部门，在那里她一直干到了退休。

然而，西尔玛作为一名商场售货员的成功，并不足以弥补欧文无法工作带来的收入问题，家里的日子过得依旧捉襟见肘。弗兰克的表亲哈特利·盖洛德（Hartley Gaylord）——本名叫哈特利·默文·戈德堡（Hartley Mervin Goldberg）——至今还记得弗兰克家当时在第九街的公寓。“那套公寓很小，不会超过700平方英尺（约合65平方米）。他们是穷人。”因为家里穷，一家人很少有机会去电影院，弗兰克还记得，他们家那会儿仅有的几项娱乐活动之一——去日落大道（Sunset Strip）围观电影明星。在那里，明星们走下豪车，步入高档餐厅。“我父亲很有风度，每次他都会付给停车位的侍者几块钱小费，这样我们就可以站在车位旁边了。”弗兰克说。一天晚上，他在那里见到了女演员珍妮弗·琼斯（Jennifer Jones），当时她正从她的豪华轿车上走下，“我当时觉得她实在是太美了”。很多年以后，弗兰克结识了珍妮弗，并且给她讲了自己的这段少年经历。

欧文的很多亲戚已经在洛杉矶定居多年了。与西尔玛的家族相比，洛杉矶的戈德堡家显得更具多样性，有各种各样有意思的人。欧文的一个哥哥，比尔·戈尔迪（Bill Goldie）——弗兰克叫他威利叔叔（Uncle Willie）——为黑道头目米基·科恩（Mickey Cohen）工作，在西大街（Western Avenue）上一家名为“黑光”（Black Lite）的小酒吧做酒保。（欧文还有个不在加州的妹妹罗茜，在底特律贩卖黑市尼龙，后来嫁给了一个据多琳认为也是黑道老大的男人）。哈里叔叔，哈特利·盖洛德的父亲，就是他开车穿越美洲大陆把欧文带到了洛杉矶。他经常往返于底特律和洛杉矶之间做生意。哈里的妻子名叫比乌拉（Beulah），比乌拉迫切地想要提升家庭的社会地位，因此她把她家的姓改成了盖洛德，弗兰克记得这个姓是她有一次路过威尔夏大道（Wilshire Boulevard）上的盖洛德酒店（Hotel Gaylord）时想到的。比乌拉年轻的时候就改过一次自己的名字，她本来叫作米妮（Minnie）。她也给儿子取了一个很长的名字——哈特利·默文·戈登·盖洛德三世（Hartley Mervin Gordon Gaylord III）。哈特利没有辜负这个名字所蕴含的期望。他开着一辆黑色的普利茅斯（Plymouth）敞篷跑车，还加入了南加州大学（University of Southern California）的阿拉法·伊普西龙·派兄弟会（Alpha Epsilon Pi fraternity），成为了一个温文尔雅、充满自信的公子哥。哈特利比弗兰克大四岁，学习的专业是眼科验光，虽然在生活环境和性格上与弗兰克有着诸多的不同，但他们还是成为了很好的朋友。弗兰克把哈特利视为社交和职业方面的榜样。而对哈特利来说，他也很乐意照顾弗兰克，把他当作自己的“孩子式的小表弟”，还常常带着他去参加兄弟会的派对。后来，正是因为跟着哈特利一起在南加大的校园度过了太多时光，弗兰克喜欢上了这所学校，他决定去参加南加大预备学院的一些夜间和周末的课程。

弗兰克的另一位表兄，弗兰基 · 比弗（Frankie Beaver）——欧文的哥哥海米 · 比弗［Hymie Beaver，原名海曼 · 戈德堡（Hyman Goldberg）］的儿子——在圣费尔南多谷经营着一家名为葡萄地公司（Vineland Company）的小企业，专门为洛杉矶的城郊住宅安装厨房里的早餐角（breakfast nook）。弗兰克刚刚来到加州几个星期，就被他的这位表哥弗兰基雇去帮忙运货和安装了。报酬是每小时 75 美分。

弗兰克很擅长做这些安装的活计，这得益于他在布鲁尔学院上过的木工课。他对于尺寸的精确非常敏感，因此常常被客户叫回去修改因为他表哥的错误测量而做错的部件，这些客户中就包括罗伊 · 罗杰斯（Roy Rogers）和戴尔 · 埃文斯（Dale Evans）夫妇。“我在他们那里干活特别卖力，因为他们需要把厨房尽快安装好，来为圣诞节做准备。”弗兰克回忆道。弗兰克认为这位著名的牛仔演员和他的妻子一定觉得他“甜美可爱，令人想拥抱”，而他们也确实十分感激他的工作。因此，他们邀请他共进圣诞晚餐，这使得欧文和西尔玛惊讶不已。之后不久的一天晚上，戈德堡一家又和往常一样来到日落大道围观明星，而那天，罗杰斯和埃文斯夫妇也正好开车去了日落大道上的一家餐厅吃饭。他们看到了弗兰克，向他挥手打招呼，还给他介绍了和他们同车的鲍勃 · 霍普（Bob Hope）。弗兰克还记得他同鲍勃 · 霍普交谈的场景,欧文和西尔玛在一旁惊愕得目瞪口呆。这让弗兰克感到了一丝尴尬。虽然他知道自己并不是什么名流，也不是那些能够和名流交际的人，但这次与罗伊 · 罗杰斯、戴尔 · 埃文斯和鲍勃 · 霍普的不期而遇，让他不再觉得到日落大道看明星是件光彩的事情。那晚之后,他便再没参与过父母的这项“饭后娱乐活动”。

弗兰克的一个表姐夫亚瑟 · 乔尔（Arthur Joel）——弗兰基 · 比弗的妹妹雪莉 · 比弗（Shirley Beaver）的丈夫——在洛杉矶市中心第三街上开着一家珠宝店，弗兰克也在他那里做过兼职。他的工作是帮助亚瑟“清洗珠宝，修理钟表和风扇，和我在外祖父的五金店做的事差不多”。弗兰克说：“我的手很巧，他们知道我会修东西。”弗兰克常常开着家里十年车龄的福特，把欧文带去邦尼布雷酒水店上班，之后把车停到位于市中心边缘的邦克山（Bunker Hill）的山顶，搭乘沿着邦克山下行的著名的“天使铁路”（Angel’s Flight）缆车，来到位于山脚下的亚瑟的珠宝店——大陆珠宝（Continental Jewelers）。弗兰克还记得他坐在缆车上看到的那些散布在邦克山上的维多利亚式老房子——那一带，在当时还并未被过分商业化的市中心所吞并。“还保留着一点 19 世纪的城市规划的影子，”他说，“我很喜欢这些维多利亚风格的老建筑，但那会儿我还没学建筑，还什么都不懂。”

弗兰克在珠宝店的兼职并没有什么工钱，他所收到的报酬来自亚瑟的私人飞行课程。在加拿大时，弗兰克曾经当过一阵子航空青年团团员（Air Cadet），从那时起他就对飞行十分感兴趣，而他的表姐夫亚瑟正好就可以教他。亚瑟在第二次世界大战期间做过飞行员教练，还拥有一架经典的韦科（Waco）双翼飞机。周末的时候他常常会带着弗兰克学习飞行，甚至有时还会带着他做花式飞行动作。亚瑟的飞机平时存放在圣费尔南多谷的范·内斯机场（Van Nuys Airport），每当有空闲的时间，弗兰克总会开车到机场去，只是为了在跑道边欣赏飞机的起降。最终在这个爱好的驱使下，弗兰克找到了他的第二份兼职——清洗飞机。他记得在打这份工的时候，还曾经清洗过演员迪克·鲍威尔（Dick Powell）的私人飞机。

在洛杉矶生活的最初几年，飞行一直是弗兰克最热衷的事情，不过，他从来没有考虑过把飞行作为自己的事业。“那时候我也不知道长大以后该干什么。有一段时期——大概两个星期吧——我觉得我可以去广播电台当个播音员。我一直对艺术很感兴趣。而且受我母亲的影响，我还很喜欢音乐。”他说。他考虑过做化学工程师，还想过去当制图员，但是到了十八岁时，他还是很迷茫，他对几乎所有的行业都感到好奇，但他又无法确定自己真正想要的事业是什么。

来到洛杉矶后不久，弗兰克就开始在洛杉矶城市学院（Los Angeles City College）上免费的夜校课程。通过这些课程，弗兰克一方面弥补了他之前学业上的一些欠缺，比如说他在多伦多时从没学过的美国历史；另一方面，这些课程也给他提供了学习各种各样的职业技能的机会。也正是在这里他最早接触到了艺术和建筑方面的课程。他的绘图课学得很好，老师很喜欢他，说他在这方面很有天赋。弗兰克便紧接着又选修了制图与透视课，但是却只得了个 F。他很生气，于是又重新选了一次这门课，这一次他终于拿到了 A 的成绩。大受鼓舞的弗兰克又去选修了一门由当地的建筑事务所开设的实践课程，他后来把这门课形容为“为初学者准备的职业技能实习”，在那里他学到了许多建筑行业的基本技能，比如说如何设计厨房，厨房里的橱子和柜门怎么画之类的内容。他还记得这门课的老师“鼓动我去学建筑”，“但是那时我还是无法完全确定自己心里的想法”。

而真正影响了他，让他决定选择建筑的，是那所他追随哈特利表哥在其中度过了许多时光的学府——南加州大学。在南加大的预备学校，他一开始选课的范围很宽泛。第一个学期，他选了一门关于英国文学的介绍性课程，还有一门叫作“人类与文明”的课，结果两门课都得了 C。而在英文写作课上，他更是只得了 D。接下来他还选修了一些诸如“人类行为的问题”之类的课程，不过基本上都是 C 的成绩。直到 1948 年秋天，在一门名为“艺术鉴赏”的美术课上，他才终于得到了 B，这也是他在南加大第一次获得高于 C 的成绩。他记得当时南加大的美术系“是门槛最低的”。于是，到了 1949 年夏天，因为在美术方面不错的成绩，以及美术系相对宽松的录取条件，弗兰克决定自此专注于艺术类课程的学习，他选修了陶艺课、手绘课和一门名叫“设计概论”的课。一个学期下来，他的成绩显然比上一个学期要好得多，最低分是 B，还得了两个 A。

* * *

1948 年，一位四十多岁的美丽妇人来到了葡萄地公司的展示厅，想要挑选一套早餐角。这位妇人名叫贝拉 · 斯奈德（Bella Snyder），就住在三英里外的北好莱坞(North Hollywood)。看过样式之后,她决定订购一套。于是，弗兰基 · 比弗便随她回到了她位于伦普街（Lemp Street）6623 号的家里去测量尺寸。斯奈德太太向他介绍了自己十五岁的女儿安妮塔（Anita）。这两个美丽的女人打动了弗兰克，他决定做一把媒人。弗兰基告诉她们自己有一个十九岁的表弟在店里帮忙，早餐角做好之后他会叫表弟送过来。这个表弟和安妮塔“年龄正合适”,弗兰基对斯奈德太太说,安妮塔没准会对他有意思。弗兰克那会儿还从没有认真地谈过女朋友，即便是这次，他上门安装好早餐角，见到了安妮塔，也觉得安妮塔很有魅力，但他仍旧很害羞，不敢打电话约她出来。“他们不停地催促我:‘你到底打不打算给她打电话？’”他回忆道，“终于我打给了她，我和她去看了场电影。她很喜欢我。”

安妮塔 · 雷 · 斯奈德（Anita Rae Snyder）1933 年 8 月 23 日出生于费城，她的母亲贝拉是一名教师，父亲路易斯（Louis）是个药剂师。路易斯和贝拉于 1941 年搬来了洛杉矶，因此，安妮塔和她的两个弟弟，马克（Mark）和理查德（Richard）都是在洛杉矶长大的。斯奈德夫妇之所以选择搬家到洛杉矶，是因为他们厌倦了东海岸漫长的冬季，想要搬到一个气候温暖的地方。同时，他们也希望在新的城市能够获得更多的机会，改善家庭的收入。最终，他们的这两个愿望在洛杉矶都实现了。路易斯 · 斯奈德在费城时在瑞克苏尔药房（Rexall）工作，来到洛杉矶后，他买下了一间自己的药房，同时还在城中投资了一些小的地产项目。因此，斯奈德一家虽然并不算富裕，但已经算是非常殷实的中产阶级家庭了。他们也是犹太人，不过对于自己的种族背景，他们甚至比戈德堡家还要讳莫如深。不带种族色彩的姓氏，使得他们已经完全融入了美国中产阶级社会，这也让弗兰克觉得他们有一点装模作样。

安妮塔比她的两个弟弟大很多——比马克大九岁，比理查德大十一岁。她活泼而又任性，这使得她整个青春期时代和父母的关系都很紧张。很多年以后，弗兰克怀疑贝拉支持他和安妮塔交往，至少一部分原因是她与女儿的不睦，就好像她要赶快把安妮塔嫁出去似的，这样家里就只剩下两个可爱的小男孩了。“她母亲近乎疯狂地撮合着我们俩。所以我有种被包办了婚姻的感觉……我很喜欢她母亲。”弗兰克说。安妮塔的父亲路易斯·斯奈德，和弗兰克的外祖父母一样，认为女人不需要接受高等教育，所以他“让她去当了个打字员”。弗兰克说安妮塔对于父亲不让她继续读书感到非常恼火，这和很多年之前西尔玛因为塞缪尔·卡普兰不准她去上大学而感到愤怒是一样的。而且，让安妮塔感到尤其气愤的是，同样是女人的母亲，在她的教育问题上选择和父亲站在同一立场。

据安妮塔的弟弟理查德·斯奈德回忆，安妮塔与父亲的关系很不好。但她和弗兰克十分投缘。弗兰克总能“发现她身上的闪光点，（或者说）与安妮塔交往，弗兰克不用整天去照顾她。他不喜欢那种需要他主宰一切、操心一切的关系”。弗兰克觉得安妮塔很“有才华”，当然，他们两个人能够在一起，至少部分的原因，是弗兰克能够理解和同情安妮塔所遭遇的来自父母的不公正对待。

弗兰克成为了安妮塔的避风港，至少他不会像她父亲那样，因为她是个女人而轻视她。安妮塔也同样给了弗兰克一个温柔乡，让他能够暂时逃离自己的家。斯奈德家的生活水平比戈德堡家要高上不少，所以，虽然对于斯奈德家来说，生活的压力也同样不小，但在弗兰克看来，这家人的生活无论如何还是比他自己家要轻松太多了。因为没钱，弗兰克不能经常带安妮塔出去约会，所以，这一对小情侣在一起的时光，有很大一部分都是泡在安妮塔的家里，弗兰克记得“她家有电视，还有个游泳池。还常常会有很贵的甜点和零食之类的。房子里还有台双缸洗衣机，在她的家里我们太自在了。周末的时候，我们基本上就是整天游泳和看电视”。弗兰克和安妮塔，同许多年轻的情侣一样，渴望在彼此的关系里找到一个属于他们自己的世界，让他们能够暂时逃离父母和家庭带来的种种烦恼。

交往的初期，他们俩经常一起待在安妮塔家，也正是在安妮塔家，弗兰克第一次见到了迈克尔·蒂尔森·托马斯（Michael Tilson Thomas）。迈克尔和安妮塔住在同一条街，是个特别有音乐天赋的孩子，也是她弟弟理查德最要好的朋友。弗兰克和安妮塔经常会在迈克尔的父母不在家的时候帮忙照顾他。理查德·斯奈德特别喜欢托马斯家的人，他觉得他们比自己家显得更有教养，更有文化。贝拉·斯奈德比她丈夫更懂得欣赏艺术，因此她也同样很喜欢这家邻居。迈克尔·蒂尔森·托马斯还记得，年幼的他一度把斯奈德家分成了两家人：一边是喜欢托马斯家的文化氛围的贝拉、理查德和安妮塔，另一边则是路易斯和大儿子马克。马克是个运动员，已到青春期的他，对于文化和艺术，完全不像弟弟那样感兴趣，因此他和托马斯家也没什么来往。弗兰克自然是站在安妮塔、贝拉和理查德一边的。他觉得帮忙照看理查德·斯奈德和迈克尔·蒂尔森·托马斯对他来说完全不是个负担，相反他还乐在其中。理查德·斯奈德还记得，弗兰克和年幼的迈克尔经常一起弹钢琴——弗兰克是靠音准默弹，而迈克尔则是照着谱子弹。[1]

* * *

决定专注于“美术”（南加大是如此定义这类课程的）领域后，弗兰克上的第一门课是陶艺。这门课的教授名叫格伦·卢肯斯（Glen Lukens），是

1 迈克尔·蒂尔森·托马斯后来成为了国际知名的指挥家。2003 年他委托弗兰克在迈阿密海滩市为他所创建的新世界交响乐团（New World Symphony）设计了一座音乐厅。这座音乐厅于 2011 年落成。理查德·斯奈德也与托马斯成为了终身的朋友。详见第十九章。

一位杰出的陶艺家、珠宝匠和吹制玻璃工匠，他的作品以在质感粗糙的表面上着以明快的色调而著称。这门课弗兰克学得很好，卢肯斯很快就喜欢上了这个学生。他邀请弗兰克和他一起工作，协助他测试一些新型的釉料，这些釉料将要被运往海地（Haiti）投入生产——当时卢肯斯正在帮助海地发展陶瓷工业。弗兰克十分欣赏卢肯斯敏锐的社会意识，不凡的品位，以及他对于陶艺这门古老艺术的各种创新性的实践。不过，最让弗兰克对卢肯斯感到钦佩和难忘的一点，是他对于学生的创造力的重视。

“我记得有一次，我烧出来的陶罐特别的漂亮，于是我给格伦看，格伦看到后说：‘天哪，这太美了，这才是陶瓷的美，是窑和釉相互作用形成的美。’”弗兰克回忆道，“格伦说：‘烧出这样的东西，是你的创造，这是你的作品。是你做出了这个罐子的形状，是你给它上了釉，也是你把它放入窑中烧制。所以我允许你，也希望你把它作为你自己的创造。’他竭力地想让我感受到，我是这个创造过程的一部分。对我来说这是非常重要的一课，直到今天依旧影响着我。”

卢肯斯那时候刚刚请拉斐尔·索里亚诺（Raphael Soriano）——二战后活跃在洛杉矶的优秀的现代主义建筑师之一——在洛杉矶的西亚当斯区（West Adams district）为他建起了一座小住宅。建筑师索里亚诺出生在希腊，以在住宅设计中大量使用铝材和预制钢材而知名。卢肯斯带弗兰克去参观了他的新房子，以及索里亚诺当时正在施工的另一个住宅项目，在那里弗兰克见到了这位建筑师。[1]“索里亚诺戴着黑色贝雷帽，身穿黑衬衣和黑夹克。”弗兰克回忆道，“他是那种在任何场合都能成为焦点的人。在他滔滔不绝地

---

1 弗兰克回忆说他是跟着卢肯斯一起去参观了卢肯斯住宅的施工现场，不过，他可能是把这次参观与另外一次对索里亚诺作品的参观搞混了，这里他所提及的更有可能是索里亚诺为建筑摄影师朱利叶斯·舒尔曼设计的住宅，因为舒尔曼的住宅是在 1949 年到 1950 年间建造的。而卢肯斯的住宅在 1940 年就建成了。这两所房子弗兰克肯定都去参观过，他应该是把两次参观记混了，误认为那一次参观的是卢肯斯住宅的施工现场。

谈论着他的建筑时，（卢肯斯）看到我听得两眼放光，他从未见我有过这样的反应。于是他说：‘我觉得你可以试试学建筑。’某种程度上他是在为我着想。”弗兰克相信，那时候卢肯斯肯定已经察觉到他并不打算在陶艺上继续有所发展了。但是弗兰克有着出色的创造力，他需要找到一个能够发挥的领域。[1]索里亚诺精彩的演说让弗兰克十分着迷，此外，他能够“任意地摆弄钢材”以及“指导别人如何工作”的能力也给弗兰克留下了很深刻的印象。

弗兰克早年学习陶艺的经历让他决定尝试建筑

弗兰克在卢肯斯的陶瓷课上结识了来自蒙特利尔的年轻建筑师，阿诺德·施里尔（Arnold Schrier）。施里尔当时正在为劳埃德·赖特（Lloyd Wright）——弗兰克·劳埃德·赖特在洛杉矶执业的儿子——工作，同时也在南加大做着他的毕业设计。如同与哈特利表哥组成的“派对拍档”一样，弗兰克很快就和施里尔结成了“建筑考察二人组”。他们穿行在洛杉矶的大街小巷，寻访赖特、鲁道夫·辛德勒（Rudolph Schindler）、索里亚诺、理查德·诺伊特拉（Richard Neutra）等知名建筑师们的作品。在这个过程中，弗兰克逐渐熟悉了这座城市的道路，也知道了许多有趣的现代建筑作品的位置。他发现比起探索洛杉矶的街道，看建筑更能引起他的兴趣。“那时的我认识洛杉矶的每座新建筑、每条街和每个新建筑的业主。我们经常因为看建筑而被人赶出来。”他回忆道。

1　弗兰克的前内弟理查德·斯奈德至今还留存着弗兰克的一件陶艺作品，如果这件作品可以代表他的典型风格的话，弗兰克的陶艺具有色彩丰富，图案卡通化的风格。

阿诺德介绍弗兰克认识了他的朋友，建筑摄影师朱利叶斯·舒尔曼(Julius Shulman)。舒尔曼那会儿可以说是洛杉矶建筑圈——至少是现代主义建筑圈——的核心人物，他每天的工作就是拍摄和记录全洛杉矶建筑师的作品。舒尔曼位于好莱坞山上的住宅就是索里亚诺设计的，他经常在那里招待他的建筑师朋友们。施里尔经常带着弗兰克去参加舒尔曼家的宴会，在那里弗兰克遇见了好几位建筑师，其中包括克雷格·埃尔伍德（Craig Ellwood）和劳埃德·赖特。弗兰克和舒尔曼很快就成为了很好的朋友，乃至于到了后来，弗兰克可以经常带着女友安妮塔一起去参加舒尔曼家的宴会。认识了朱利叶斯·舒尔曼，使得弗兰克的建筑考察一下子变得方便了许多，舒尔曼只需要捎句话，南加州所有的现代建筑便都向弗兰克敞开了大门，他再也不用担心被赶出去了。舒尔曼安排弗兰克和阿诺德参观了弗兰克·劳埃德·赖特和劳埃德·赖特在洛杉矶的所有作品，他还带他们去参观了当时刚刚建成的“案例研究”住宅（Case Study houses）——由《艺术与建筑》杂志（*Arts & Architecture*）委托伊姆斯夫妇（Charles and Ray Eames）、埃尔伍德、索里亚诺、诺伊特拉、威廉·沃斯特（William Wurster）和皮埃尔·柯宁格（Pierre Koenig）所设计的一系列低成本现代住宅建筑。[1]

朱利叶斯·舒尔曼还介绍弗兰克认识了洛杉矶现代主义建筑界的两位巨人——鲁道夫·辛德勒和理查德·诺伊特拉。弗兰克对这两个人的印象截然不同。“辛德勒是个有趣的人，他很能平易近人。”弗兰克回忆道，“我是在施工现场见到他的。他有一种波西米亚式的放荡不羁和不修边幅，身穿麻布衬衫和凉鞋，蓄着络腮胡子。他是个很讨女人喜欢的人……我去见他时，他正在工地的木板上给工人们画着草图，我一下子就被吸引住了，他的建筑让我感到很兴奋。我认为他的作品也和他的为人一样，有一种平易近人的亲

1 “案例研究”项目开始于 1945 年。作为一种对潜在的新技术和新建筑材料的尝试，这一项目持续到了 1966 年。大部分重要的“案例研究”住宅建成于 20 世纪 50 年代中期。“案例研究”系列项目总共有 36 个项目委托，最终建成了 12 个，大部分都位于洛杉矶周边。

切。不会显得高高在上或者过分的矫饰。他的作品很务实，从来都是就事论事，这一点至今依旧影响着我。”谈起辛德勒，弗兰克说：“我觉得后来人们对我的评价，和当时人们对辛德勒的评价是一样的。”[1]

诺伊特拉则完全是另一副样子，他“非常的自我中心。诺伊特拉十分自负，他是洛杉矶建筑圈的大独裁者。那时候他的事务所规模很大，有三四十人”。弗兰克还记得，有一次诺伊特拉请朱利叶斯·舒尔曼去为他的作品拍摄照片，他把舒尔曼支来唤去，还坚持要亲自规定好每一张照片的角度和构图——通常这都是由摄影师来决定的。

在格伦·卢肯斯的鼓励下，弗兰克开始选修建筑学的课程。随后，在1949年秋季，他终于正式入读南加大，成为了美术系的本科学生，他至今坚信是卢肯斯帮他付了部分学费。[2] 弗兰克能进入南加州大学，可以说是机缘巧合，一开始他只是跟着哈特利表哥在校园里混日子，顺便选修了一些他觉得有意思的夜校课程，白天还是得去葡萄地公司打工。而后来，他的兴趣在这所校园里逐渐发展，终于使他找到了方向，成为了正式的学生。1949—1950学年是弗兰克正式入学后的第一个学年，这一年他修读了建筑设计的一系列基础课程、建筑史和绘画课。成绩全是B，除了手绘是个C。入学后第一个学期，他还继续选修了格伦·卢肯斯的陶艺课，而到了第二个学期，他只上了开头的几周便放弃了这门课，这也是他成绩单上唯一显示“弃课”的课程。1950年初，弗兰克终于下定了决心。没有理由再继续学习陶艺了，因为他已经决定，要做一名建筑师。

---

1 弗兰克对辛德勒有这样的认同，不仅仅是因为性格上的相似。20世纪30年代，弗兰克长出胡子后的样子，和辛德勒的外形非常相似，至少从辛德勒留下的照片来看是这样。

2 弗兰克和多琳都不知道戈德堡家是怎么交上弗兰克在南加大的学费的。他在洛杉矶社区大学上的课都是免费的，但在南加大，每门课都要花几百美元，这对于一个并不富裕的家庭来说是一笔很大的开销。据推测弗兰克的学费主要来源于他打工所挣的钱，因为在南加大并没有查到关于他获得过任何奖学金的记录，尽管这也是有可能的。弗兰克在《与弗兰克·盖里对话》（*Conversations with Frank Gehry*）一书中曾对芭芭拉·艾森伯格提到，他怀疑格伦·卢肯斯有可能偷偷地帮他付了他第一门建筑课程的学费。

第四章

成为建筑师

1950 年春季的一天，在多伦多贝弗利街 15 号自家的房子里，弗兰克的外祖母利亚被发现倒在了电话桌旁边的地板上。她突发中风，几天之后就去世了。得知消息的弗兰克伤心欲绝。对他来说，利亚不仅是一位智慧的长辈，同时也是全家最能理解他的困惑，最能体谅他那尚不成熟的内心世界的人。“我很爱她。对我来说她就像生命一样重要。可以说是她成就了我。回首童年往事，她是唯一对我说过‘你会有出息的’的人。”他甚至觉得，比起母亲，是利亚真正地发掘了他富有创造力的一面。

但是，尽管弗兰克同外祖母感情深厚，他还是没有能够赶回加拿大去参加她的葬礼。那个时候，欧文的脾气已经越来越暴躁，常常失控——多琳至今记得，有一次他冲她发火，竟然抄起手边的一台收音机就朝她扔了过来。那些年里，西尔玛重复最多的一句话就是：“欧文，住手！”显然，以欧文这种状况，他是无法回加拿大去吊唁岳母了。而西尔玛则无论如何也得回去。于是，留在家里照看着父亲的任务就只得落在了弗兰克的肩上。西尔玛从学校接回了 12 岁的多琳，带着她一起回了多伦多，参加利亚 · 卡普兰的葬礼。

母女俩的这趟旅程比预计持续了更长的时间，也比犹太人传统上的七天服丧期（shivah）要长了不少。由于没有美国护照，西尔玛在加拿大滞留了好几周，一直无法重新入境美国。因为证件上显示的出生地是波兰，她在美国的边境官员那里遇到了不小的麻烦。弗兰克和欧文很担心西尔玛会再也回不来了，情急之下他们联系了他们当地的女议员海伦 · 嘉哈根 · 道格拉斯（Helen Gahagan Douglas）。“我们可以说是病急乱投医，稀里糊涂地找上了她，指望着得到一点帮助。”弗兰克回忆道，“之前我们互相根本就不认识，我记得我们去了她的办公室，她是个非常美丽的女人……她很真诚，说会帮助我们，而她真的这么做了。多亏了她，我母亲才能够回家。”[1]1950 年 6 月 20 日，利亚去世后的大概第六个星期，欧文收到了一封来自移民归化局（Immigration and Naturalization Service）的信函，信中确认了西尔玛返回美国所需的签证。

西尔玛和多琳从加拿大回来后，戈德堡家的日子也渐渐地开始有了起色。西尔玛在百老汇商场纺织品销售部的工作很出色，被提拔成为部门的领班。顾客和同事们都很喜欢她，亲切地称呼她为“戈尔迪”（Goldie），或者更正式一点，“戈尔迪太太”。后来，她再次获得晋升，被调到了设计部门，负责商场为顾客提供的室内设计服务。弗兰克记得，有一次她接到了艺人小萨米 · 戴维斯（Sammy Davis Jr）家的室内装饰任务，这让她兴奋极了。西尔玛不是那种喜欢附庸风雅的人，但是，她一直保持着一种端庄而得体的风度，她相信一个人的外在能够影响内心修养。哈特利 · 盖洛德还记得，西尔玛常常带着他去比弗利山（Beverly Hills）的朋友家参加音乐晚会。“二十五到三十人，围坐成一圈，有人站起来到钢琴旁唱歌……这是一种相当优雅的

1 虽然在 20 世纪 50 年代，选民想要见到议员要比今天容易得多，但依然并不清楚弗兰克和欧文是如何能够接触到道格拉斯的。当然，对于弗兰克和欧文这样的政治上的左派来说，去向同为自由派的道格拉斯寻求帮助也是理所当然的。海伦·嘉哈根·道格拉斯的丈夫是演员梅尔文·道格拉斯(Melvyn Douglas)。后来，她在一场著名的竞选中败给了理查德 · M. 尼克松（Richard M. Nixon），失去了议员席位，在选举中尼克松指控道格拉斯过于同情共产主义，后来这个指控被证明是不实的。在选举落败后，道格拉斯成为了许多自由主义者心目中为了理想献身的英雄。

聚会。西尔玛希望我们能常去，而我们也确实去了很多次。她真的是个很有意思的、很棒的人。”

到了1950年下半年，随着西尔玛在百老汇商场越干越好，戈德堡家终于可以搬出他们在第九街和伯灵顿街交口租住的公寓了，这间公寓，与其说象征着他们初到加州时对未来满怀的希望，倒不如说是见证了他们过去三年来艰辛的生活。和许多打算改善居住条件的洛杉矶人一样，他们也是往西搬。他们的新家位于奇里地区（Miracle Mile district），费尔法克斯大街（Fairfax Avenue）的农夫市场（Farmers Market）以南，橘子街（Orange Street）6333½号，是一座由四套公寓组成的无电梯住宅楼，他们的在二楼。这套公寓，虽然和比弗利山上的那些豪宅肯定无法相提并论，但是和之前第九街的房子比起来，无论是周边的环境还是室内的空间，都已经是改善了太多。新家里有两间卧室、一间独立的饭厅，后面还有个阳台。

虽然搬到了新家，但是作为最小的孩子，多琳还是得继续睡在客厅的沙发上。公寓里的两间卧室，一间是西尔玛和欧文住，另一间则给了弗兰克，他那时候已经开始学习建筑，需要一定的工作空间。每天，弗兰克都要在房里画大量的草图和素描，所以对于西尔玛来说，要保持他房间的清洁可并不是件容易的事。“我母亲过去常说弗兰克简直就像是在屋里挖煤，因为他用铅笔画图。我母亲很讨厌去打扫他的房间，里面到处都是铅笔芯和铅笔屑。”

然而，即使在搬了新家以后，欧文糟糕的健康以及情绪的状况也一直没有太大的改善。欧文那时的工作是在标准咖啡公司（Standard Coffee Company）做一名上门推销员，不过他也只是个零工。1952年，这份工作总共给他带来了2036.80美元的收入。和西尔玛一样，欧文也一直十分注意保持自己外表的体面，但是，就连这点体面，对他来说都已经显得越来越力不从心了。在朋友和相熟的亲戚面前，他可以表现得开朗而热情——哈特利·盖洛德记得欧文那会儿经常到他家去串门，他愉快地和他们聊天，从来没有向任何人透露过自己严重的健康问题。但是，回到橘子街的家，他却几乎连二楼的楼梯都爬不上去。因此，在那个时候，即便是那份兼职的推销员工作，对他来说都已经是个不小的挑战了。多琳记得她总是见到父亲艰难地爬上楼梯，然后在家里一坐就是几个小时，就是坐在那里愣神，几乎什么事都不做。对年轻的多琳来说，“家里真的是非常压抑。那时的我讨厌回家”。

欧文的心脏越来越虚弱，而他五年前确诊的糖尿病也没有得到很好的控制，这让他的身体变得更差，也导致了他更为频繁的情绪失控。多琳回忆起她的父亲“每天要打三针胰岛素，但是他每天还要喝一打可乐。我记得弗兰克和我曾经哭着求他不要再这样了。但他就是无法控制自己”。父亲的精神状况让弗兰克感到很灰心，他曾带父亲去看过精神科医生，但是仅仅一次治疗之后，医生就告诉他欧文的情况已经无法治愈了。“这样说对他显得很不公平，但是我想不出有什么别的表达方式了。”弗兰克回忆道。

弗兰克和多琳需要经常带着父亲到洛杉矶县医院（Los Angeles County Hospital）去看病。他们家支付不起私立医院高昂的费用，只能去这种专为穷人治病的地方，无法去那些洛杉矶最好的医疗机构，这也让他们对父亲的病情更加的不放心。“他每次都到县医院去看病。那里有点类似于是某种福利机构。”多琳说。她还记得在父亲的一次心脏病发作后，她陪着父亲在县医院的走廊里苦等床位的经历。西尔玛曾经求助于欧文住在东部的妹妹罗茜，希望她能帮忙分担一些她哥哥的医疗费。但罗茜拒绝了她。戈德堡一家再没有什么其他的门路了，因此，在这之后每当身体出现状况，欧文只得一次又一次地回到县医院，和众多的病人一起在走廊里排队，等待着护士叫到他的名字。

* * *

弗兰克在 1949—1950 学年入学南加州大学，成为美术系的一名本科生，这一年里他所选修的大部分课程都是与建筑相关的。1950 年春季，在格伦·卢肯斯的进一步鼓励下，他终于正式被建筑学院录取。这并不是一次普通的录取。弗兰克和另外三个同样修满了足够的基础课，并且成绩出色的学生，被建筑学院允许跳过一年级的课程，而直接成为建筑系二年级的学生。这是“第一次有人肯定了我”，谈到那封让他跳级进入建筑系的推荐信，弗兰克至今还显得很激动。这四名学生和另外十一人共同组成了南加大建筑学院的那一级学生，在五年本科生涯余下的时光里，他们将共同度过，并最终拿到建筑学学士的学位。

当时，洛杉矶地区主要的大学里只有南加州大学拥有完备的、能够授予学位的建筑系。十四年后，南加大在洛杉矶地区主要的竞争者——加州大学洛杉矶分校（the University of California at Los Angeles）才建立了自己的建筑和规划学院，这之后又过了九年，著名的独立建筑学院——南加州建筑学院（SCI-Arc, the Southern California Institute of Architecture）才宣告成立。在 1950 年，南加大建筑系是洛杉矶唯一的建筑系，这座城市里许多重要的建筑师都在那里教书。而即使是那些不教书的建筑师，也会经常到学院里去转转，因为那里是战后初期，洛杉矶地区有限的建筑学术与文化中心。由大量活跃于设计界的职业建筑师组成的教师团队，使得这座学院极为推崇现代建筑。南加大建筑系与多伦多大学的建筑系，至少与弗兰克多年前在布鲁尔学院图书馆里的介绍材料上所读到的，那个只教学生设计漂亮的英式小木屋的多伦多大学建筑系，是截然不同的。在南加大，学生们所学习到的设计，更多的是诸如拉斐尔·索里亚诺（1934 年毕业于南加大）那种严整的现代结构体系；或者是威廉·佩雷拉（William Pereira）的那种暴躁的现代主义建筑体形——佩雷拉的事务所是战后洛杉矶建筑界的一支重要力量；再或者是像约翰·劳特纳（John Lautner）的那些对当时的年轻建筑师们产生了深远影响的，形式极富视觉张力的未来主义住宅设计。上述的这一系列迥异的设计风格，后来被人们通称为“20 世纪中叶的现代主义”（midcentury modern），它们都植根于洛杉矶这座城市，也都把南加大视为精神家园。在南加大建筑学院，大量教职人员都是活跃于洛杉矶当地的建筑师，他们在教书的同时，也都在这座城市里不断地进行着他们的设计实践，他们各式各样的作品，共同塑造了战后洛杉矶的城市风貌。

这些建筑师里，有不少弗兰克早就已经认识了。通过阿诺德·施里尔和朱利叶斯·舒尔曼，弗兰克已经早早地建立起了自己在建筑界的关系网络，其中也包括洛杉矶其他的一些现代主义建筑师，比如同样在南加大教书的哈韦尔·汉密尔顿·哈里斯（Harwell Hamilton Harris）和卡尔·斯特劳布（Cal Straub）。他欣赏并且敬仰这些建筑师，但某种程度上他还是觉得自己是这个圈子的局外人。弗兰克其实并不是那种热衷于小圈子的人，他被洛杉矶众多现代主义建筑师的优秀作品所感染，渴望能够向他们学习，同时他也梦想着未来，能够有自己的一番成就，而不仅仅是满足于加入他们的圈子。他也想要被人欣赏和敬仰，不过那时的他，还没有找到实现理想的明确方向或方法。他仍在学习，在他有能力确定自己的方向，明了自己想要做的是什么样的建筑之前，他还有很多东西要学。但是当时的他已经开始意识到，必须要有自己的想法，做自己的东西，而不是亦步亦趋地模仿前辈的作品。

弗兰克在建筑学院的第一年并不是一帆风顺的。第二个学期，他的设计课老师名叫比尔·舍恩菲尔德（Bill Schoenfeld），是个刚刚从南加大毕业没多久的建筑师。后来，他去了威廉·佩雷拉的事务所工作，之后还承担了洛杉矶国际机场项目的规划和设计工作。不过在 1951 年春季，舍恩菲尔德还只是个负责低年级课程的年轻讲师，而且，他对于弗兰克的作业似乎并不满意。“他们让我们设计一些小房子，很基础，并不十分复杂。”弗兰克回忆起当时的设计作业。但舍恩菲尔德专门给弗兰克打了电话，告诉弗兰克他觉得他根本不适合当建筑师，还说他应该“离开建筑”，弗兰克回忆道。舍恩菲尔德这样说，原因可能是出于他个人的对于弗兰克的不喜欢：从舍恩菲尔德后来的事业发展来看，他十分偏爱“国际式”（corporate style）的建筑风格，而弗兰克，很可能在他面前表现出了对于这种建筑的反感。那个时候弗兰克所仰慕的建筑师，如辛德勒和索里亚诺，无论从他们本人的个性上，还是作品的风格上，可以说与千人一面的所谓“国际式”都相去甚远。

弗兰克后来觉得，舍恩菲尔德之所以给他提出这种奇怪的建议，让他“离开建筑”，背后可能还有一些无法明说的动因。“可能是反犹太主义，因为我曾经历过反犹太主义者的歧视和欺负，所以我能够感觉得到。而当时社会上的反犹太主义确实有所抬头。”虽然洛杉矶是一座日新月异的新兴城市，在许多领域里开了先河，但是在当时，洛杉矶的建筑行业，很大程度上还是与美国其他地方一样，仍然是由英裔新教徒群体（WASP）所主宰的一种绅士的职业。建筑业界的犹太人数量相对较少，而女性则更是几乎没有，许多著名的建筑师在政治上和社交上都是保守派，他们更关注的是建筑商业的一面，而不是艺术的一面。即便是一些现代主义建筑师，似乎也仅仅是把兴趣局限于美学领域的创新。他们的设计，在形式上常常是一些“打破传统”的优雅的玻璃盒子，但是在他们的建筑里面，女人仍旧承担全部的家务，掌握决定权的依旧是男人。事实上，对于那个时期的许多建筑师来说，这便是他们的理想和目标了。他们并不追求通过建筑去改变世界的运行规则，能够改变世界的外观，在他们看来就已经足够了。

弗兰克的观点和他们不同。在他的成长经历中，身边有不少强势的女性，比如他的外祖母和母亲。他知道在他们搬到洛杉矶后，是母亲坚强地支撑起了这个家。另外，从女友安妮塔身上，弗兰克也看到了另一个坚强的、有志向的女性，他认同安妮塔关于父亲应该更多地支持她去接受教育的信念，而这一点显然也促进了他们的关系。欧文和西尔玛在政治上一直都是左派自由主义，多年来艰难的生活挣扎，更加强化了他们的这种立场。他们认为每一个人都应该平等地获得机会，虽然经历了种种挫折，但他们的这一信念并没有磨灭，并且还传递给了他们的两个孩子。

不过，且不论弗兰克与比尔·舍恩菲尔德之间有着怎样的恩怨，弗兰克这个学期的设计课成绩，其实还算说得过去，得了个B，比他上个学期的

C 要高。尽管上个学期的老师并没有像舍恩菲尔德一样，对于他是否适合学建筑表示怀疑。虽然弗兰克与舍恩菲尔德之间的矛盾仅限于个人层面，但是，这对他日后对于建筑的理解，抑或是对于他自身的理解，还是产生了一些长期的影响。值得注意的是，这段回忆，在弗兰克的印象中所贴上的标签，首先是一次可能的反犹太主义事件，而非是一次单纯的对于他能力的质疑。

南加大建筑学院对于现代主义的偏好，导致了他们对于建筑史，尤其是欧洲建筑史，相对来说缺少兴趣。学院里仅有一门关于建筑史的课程，内容有限而且乏味，在弗兰克的记忆里竟是些“无趣的大教堂图片之类的东西”，对于学生们的要求基本上就是动笔临摹，几乎从来不会有什么分析和讨论。直到很多年以后，弗兰克才真正得以体验到了欧洲几个世纪以来的古典建筑传统，以及 20 世纪的欧洲现代建筑，并且体会到其重要性。来自欧洲的现代主义建筑师对于洛杉矶现代主义建筑的影响是决定性的：辛德勒和诺伊特拉都出生于欧洲，而且，除却与弗兰克 · 劳埃德 · 赖特之间千丝万缕的联系，他们的作品——尤其是诺伊特拉的——很大程度上都受到了包豪斯（Bauhaus）的影响。然而，与欧洲的这种密切的联系，在南加大却鲜被提及，他们更倾向于把洛杉矶的现代主义建筑视为是一种独立的，从美国西部被凭空创生出来的建筑思潮。即使是密斯 · 凡 · 德罗在美国的作品，对于南加大的师生来说，似乎也好像是来自于另一个世界一般难以接受。比如密斯在弗兰克还在建筑学院求学期间，于美国伊利诺伊州的普莱诺（Plano, Illinois）建成的范斯沃斯住宅（Farnsworth House）。“我那时候痛恨范斯沃斯住宅。”弗兰克回忆道，“我并不讨厌密斯。我只是无法想象如何在那样的建筑中生活。那简直是一种军事化的生活，住在那里你甚至不能随手把衣服搭在椅子上。”

南加大对于其他地方和其他时代的建筑总体上来说都缺乏重视，唯一的例外是日本建筑。自弗兰克 · 劳埃德 · 赖特以降，日本建筑被很多美国现代主义建筑师所欣赏，因为其简单的线条，纯粹的空间，以及那种亲近和简约的优雅融合。“那时唯一的人文主义的东西就是日本的影响。”弗兰克说，关于这种思潮的发展，他推测，至少部分原因是许多美国建筑师参加了第二次世界大战，通过战争他们了解了日本。从逻辑上讲似乎也能说得通，毕竟加利福尼亚地处美国西海岸，比起大西洋另一侧的遥远的欧洲，这里显然更容易接受来自太平洋对岸的日本的影响。这种对于日本建筑的偏好也影响了弗兰克，以至于让当时的他，忽略了与他在精神上联系更为紧密的埃里克·门德尔松（Erich Mendelsohn），他后来把这归结于自己当时的无知。门德尔松和密斯一样，是德国著名的现代主义建筑师，也和密斯一样移居到了美国，后来，门德尔松成为了弗兰克最为敬仰的建筑师。[1] 当年，门德尔松来过南加大讲座，弗兰克说他当时“根本无法产生共鸣，因为我那时仍处在崇拜日本的时期。那一时期对我的影响非常大，有些至今仍然存在。可以说已经进入了我的 DNA 里，无法除去了。至于欧洲建筑师（如门德尔松），我虽然也知道他很重要，但我还是觉得和他有距离。瓦尔特·格罗皮乌斯，也是一样。马塞尔 · 布劳耶（Marcel Breuer），一样。柯布西耶，一样”。

不过，弗兰克始终保持着对洛杉矶当地现代建筑的浓厚兴趣，尽管他对其源流和历史不太关心。他依旧热衷在城里到处逛到处看，有时是与朱丽叶斯 · 舒尔曼和阿诺德 · 施里尔一起，有时则是和他建筑学院的新同学们一起。最常和他一起出去逛的，是个高高瘦瘦，有点羞涩的男生，名叫格里高利 · 沃尔什（Gregory Walsh）。格里高利在加州的帕萨迪纳（Pasadena）长大，起初就读于帕萨迪纳城市学院（Pasadena City College），后来转学来到了南加大。和弗兰克一样，格里高利 · 沃尔什某种程度上来说也是个“外来者”。他也来自于一个并不富裕的家庭，不过，他家是个保守的天主教徒家庭，而不是左派自由主义的犹太人家庭。弗兰克还记得，他曾经隐约察觉，

1 许多年后，弗兰克参观了门德尔松 1929 年建成的，位于德国波茨坦（Potsdam）的爱因斯坦塔（Einstein Tower），他把这个作品视为是他最欣赏的几个建筑之一。

格里高利的父母并不支持儿子和他这个犹太人交朋友。有一次，他们俩还真的差点绝交，因为沃尔什告诉他，不必担心他父母的反犹太主义，因为他们已经决定把弗兰克归入为“犹太人里那部分好人中的一员”。

沃尔什和弗兰克一样，酷爱音乐、艺术和文学，他觉得自己比其他的同学要成熟一些。而且，与弗兰克很类似的是，他对于建筑的兴趣也不是通过对工程、结构或者地产行业的兴趣发展起来的，也是通过对于艺术的喜爱。他很早就放弃了成为艺术家的想法，一个很重要的原因是他父亲认为他当艺术家根本养活不了自己。不光是艺术，其实老沃尔什认为建筑设计也赚不到什么钱，所以，他的儿子一开始学的是建筑工程。但是仅仅一个学期之后，格里高利就意识到，自己根本就不是做工程师的材料，他不想再假装成一个听话的好儿子了，他真正想要做的是建筑设计师。此后，经过帕萨迪纳城市学院两年的学习，他觉得自己有了足够的把握，于是便申请转学，来到了南加大建筑系，不过南加大拒绝认证他此前学过的所有建筑课程，最后只把他插班进了二年级，而不是他本来期望的三年级。这个当时看来的小小的挫折，却意外地成全了沃尔什的好运，进入当时的二年级，使得他因此而成为了另一位和他一样有着不同于其他同学的背景的学生——弗兰克·戈德堡的同班同学。

格里高利虽然刚刚进入南加大就认识了弗兰克，但是，直到 1951 年秋季，他们上三年级时，两个人才真正成为关系密切的朋友。格里高利回忆，弗兰克“实际上是我唯一能谈得来的同学……其他同学大多数是笨蛋”。但弗兰克“一直都很聪明……他有自己独特的理解事物的方式”。

“格雷格（Greg, 格里高利的昵称）和我成为了铁哥们。我们俩关系非常的密切，有点像当年我和罗斯的友谊。”弗兰克回忆道，“格雷格是个古典音乐的专家……他还是个关于日本的专家，正是因为受了他的影响，我才开始阅读日本的文学作品，研究与弗兰克·劳埃德·赖特的作品有联系的日本建筑，我记住了每座寺庙的形制和样式，提笔就能画出来。”格雷格常带着弗兰克——有时是弗兰克和安妮塔两人——一起去听古典音乐会。弗兰克还记得他和格雷格一起去听了罗莎琳·杜蕾克（Rosalyn Tureck）演奏的《戈德堡变奏曲》（*Goldberg Variations*）。

弗兰克和格雷格都拥有着超越建筑本身的，对于广泛的文化艺术的兴趣，而单就建筑方面来说，他们的建筑学习也都不只是囿于南加大的课堂上。和弗兰克一样，格雷格·沃尔什也热爱建筑考察，他们经常结伴而行。“我经常去考察诺伊特拉、赖特和辛德勒的建筑作品。班上的其他人都没有这种爱好，除了格雷格以外。”弗兰克说，“因此那时候基本上每到星期天，我们俩就会相约一起出门探险。施里尔和安妮塔也常常和我们一起去。每次考察我们都会有不小的收获。”弗兰克说，见到感兴趣的建筑，他们会毫不犹豫地直接上去敲门，请求进到内部去看看。[1]

“格雷格能够理解我。”弗兰克回忆道，“我热爱古典音乐，而格雷格恰好是个钢琴家，对于古典音乐有着很深的造诣。那会儿班上的同学很少有像他一样富有文化修养的。安妮塔也非常喜爱文化艺术。所以我们之间交流起来就很容易，没什么障碍。”弗兰克、安妮塔和格雷格成为了很要好的伙伴，他们不分你我，不光是在学校里，格雷格甚至可以说已经成为了弗兰克家庭的一员，以至于在多琳的记忆中，“格雷格就像是我的另一个哥哥”。

弗兰克和格雷格一直自认为他们与班里的其他同学有点不同，这种不同也被他们三年级的一门课程作业所证实了，他们俩完成这项作业的方式和态度确实是独特的。作业的内容是选择自己喜欢的一位当代建筑师，分析他的一座建筑作品。“弗兰克选择的是特立独行的辛德勒，他所分析的作品是辛德勒在影视城（Studio City）设计的凯里斯住宅（Kallis House）。我的选择，约翰·劳特纳，也是个离经叛道的建筑师。我研究了他当时的几件重要作

1 在与笔者关于他这段经历的交流中，弗兰克总结说：“那时的我所做的事，回想起来就是我现在最讨厌的，别人对我做的事，他们整天来敲我的门。”

品之一，一座有着只用三根柱子支撑的六边形屋顶的住宅。”格雷格回忆道。他们两个人的选择，从很多方面上来说，都是与众不同的。辛德勒和劳特纳的职业生涯都是从弗兰克·劳埃德·赖特的事务所起步的，后来，他们又都离开赖特独立发展，各自进行自己高度原创性的建筑实践。辛德勒1887年出生于维也纳，弗兰克认识他时，已经是他职业生涯的晚期了——他于1953年去世——但是他依旧有着旺盛的创造力。那时，弗兰克研究分析的凯里斯住宅刚刚建成三年，这个作品很大程度上影响了后来弗兰克发展和创造出的属于他自己的建筑语言和手法。开敞的方盒子体量，倾斜的墙壁和屋顶，梯形的窗子，粗野的未完成感，以及随处可见的尖利的锐角，凯里斯住宅几乎可以说是三十年后弗兰克在圣莫尼卡的那座自宅的原始版本。[1]

劳特纳和辛德勒差不多，对于当时现代建筑流行的简单方盒子并不感冒。虽然他的作品富有他自己的独创性，但是，他很大程度上也沿袭了赖特，从他对于基本几何形体，如圆和六边形的偏好就可以看出。而后期他所致力于的对各种曲线和未来主义的形体的运用，也与赖特晚年所喜好的建筑形式颇为相似，甚至比赖特要更为夸张。劳特纳从年龄上比辛德勒要年轻一些，他的作品比辛德勒的显得更为优雅，而且他似乎总是要追求一种华丽的效果，这对于高傲的辛德勒来说无疑是他所不屑的，一种做作甚至于是廉价的风格。在格雷格·沃尔什选择他的作品进行研究那会儿，劳特纳还正处在职业生涯的中期，此后他又继续创作出了许多重要的作品，职业生涯一直持续到了20世纪70年代，与弗兰克有所交集。尽管辛德勒与劳特纳在建筑形式和个人性格上有着这样那样的不同，但这两位建筑师最为知名的项目都是一些私人住宅。他们两个人都无法很顺畅地与那些大的公司客户或者商业地

1 弗兰克的另一个重要作品，由他设计的丹齐格工作室（Danziger Studio），在1968年完成，据他本人描述是受到了路易斯·康（Louis Kahn）的影响，它也同样与辛德勒的另一件鲜为人知的作品——南洛杉矶的伯利恒浸礼会教堂（Bethlehem Baptist Church）表现出了惊人的相似性，至少是在两者颇为独特的造型上。详见第七章。

产开发商合作，因此，他们的建筑实践在数量和类型的多样性上都比较局限。不过在 1951 年，对于弗兰克和格雷格这样的建筑学生来说，辛德勒和劳特纳都是能够带给他们无数启迪和灵感的榜样建筑师。

南加大的建筑学院里，同样存在着这样的可以激发他们创作热情的建筑师。弗兰克和格雷格都认为加尔文 · 斯特劳布（Calvin Straub）就是这样的一位卓越的建筑师和建筑教师——用格雷格的话讲加尔文就是他们的“指路明灯”，很重要的原因是他教给了他们从街区和城市的尺度上来思考设计，而不是只盯着一座建筑。“加尔文 · 斯特劳布是我三年级时的教授，他从刚开学起就很喜欢我……他是第一个让我感到被关怀和被重视的老师，因为你要知道，我上一个学期的老师（比尔 · 舍恩菲尔德）压根就觉得我不适合干这行。”弗兰克回忆道，“上了三年级后，我才下定决心，绝不会放弃建筑，我才不会去管那个白痴说我什么，到那时候我才开始有了一点自信。斯特劳布的设计课让我学会思考建筑与街区的关系。”在弗兰克的记忆里他的课程内容都是“一种很理想主义的东西。在第一个学期里，我们做了许多关于理想化的城市的分析图解，我在政治上很左倾，所以这些东西很对我胃口。他的课真的很棒。他也很喜欢我，第一个学期他给了我很高的分数”。在格雷格的回忆中，斯特劳布的课堂上充满了“一种理想化的，类似于花园城市理论（Garden City）的那种东西”，而且他对于如何图解一座城市有着严格而具体的标准和要求。斯特劳布对于城市设计有着一些近乎吹毛求疵的规矩，弗兰克很可能也曾经因此而抓狂过，但是，弗兰克十分珍惜这种能够设计一个完整社区的机会，他耐着性子，按照斯特劳布对于分析图和平面图纸的要求完成了这个作业。学生们总是在喜欢自己的老师的课上表现得更好，弗兰克也是一样。“有一天他给我打来电话，告诉我，我已经遥遥领先于班里的其他同学了。我可是刚刚被（舍恩菲尔德）说过应该趁早离开建筑的！”弗兰克回忆说。

“我觉得在三年级的第一个学期，对于斯特劳布的课程，我们每个同学都感到了有一些手足无措。”格雷格在一本关于他和盖里学生时代的回忆录里这样写道，“他的这项名为‘美好生活’（good life）的设计课程，是一次关于一种理想化但可实施的社区模式的尝试，这是一种5000人左右规模的社区单元，在社区中，住宅、学校、购物和办公等功能被组织在步行尺度以内，人行和车行的流线被安全地加以分流。这种城市设计理念与埃比尼泽·霍华德（Ebenezer Howard）和克拉伦斯·斯坦因（Clarence Stein）的理论，以及‘绿带’（Greenbelt）等关于新城规划的思想是一脉相承的。但是，对于三年级的我们来说，这些无疑都是十分陌生的。这门课的作业，要求进行大量的功能分析和研究，大部分是图表化的，而非‘真实的建筑’，很多同学对此都有怨言。但弗兰克和我没有抱怨，正是在认真钻研和探讨这门课的过程之中，我们成为朋友。”

不过，尽管弗兰克和格雷格都很欣赏斯特劳布的教学理念，认为得到了他启发，使自己能够在更广阔的、城市的尺度上思考问题。但是，他们两个人都不能认同斯特劳布过于模式化的设计方法，无论在建筑还是城市尺度上都是如此。斯特劳布十分热衷于一种简单的、模式化的建筑，从梁柱结构的跨度到平屋顶的尺寸，甚至是平面布局和立面划分都要基于几何模数。“我记得我们两个讨论过这种设计方法，提出了这种方法所带来的一种潜在的消极影响：过度依赖模数，容易造成对于视觉效果的忽视。”格雷格写道，“这次对话所谈到的这些东西，后来也成为我们两个人的建筑观的重要组成部分。”弗兰克和格雷格由此从斯特劳布的条条框框中跳脱出来，他们认为应该从造型审美以及功能使用的角度上去综合判断一个建筑作品的好坏，而不是去关注建筑如何巧妙地应用了模数——对他们来说，这是十分重要的一课，只不过讽刺的是，他们最喜欢的老师却成了这一课上的反面典型。

弗兰克和格雷格从另一位老师——哈里·伯奇（Harry Burge）那里也学到了很多东西。伯奇没有斯特劳布那样的社会理想主义，他崇尚的是实用主义，这也是弗兰克和格雷格两个人共同的一种美学倾向。格雷格记得，伯奇总是穿着一件黄褐色的工作服，他的课也总是与实践紧密结合的，他要求每个学生选取自己之前的一个设计作业，“将其转化成‘能够’实施的工程图纸，图纸要有精确的比例。把自己的建筑创作转化成可以建造的施工图是个很痛苦的过程……实际建造中的种种要求和限制，会淡化方案阶段纯粹的设计概念。”格雷格写道，“弗兰克后来告诉我，相比于学校中的其他课程，他从伯奇的课堂上所学到的，这种直观而严肃的解决问题的经验和方式，最为直接地影响了他日后的建筑实践。”

在弗兰克的印象中，伯奇“无关诗意，更无关艺术。他就是个‘实用主义先生’……他曾说他觉得我会有很好的前途，因此他告诫我说：‘我希望你记住一件事，今后，每当你完成一个新项目，无论多大或多小的项目，它都应该是你到那个时候为止最出色的作品。一定要记住这个，因为这就是人们评价你的标准。’”

在南加大学习的几年中，对弗兰克影响最为深远的老师，当数盖瑞特·埃克博（Garrett Eckbo）了。埃克博是一位景观建筑师，出生于加利福尼亚，曾在哈佛大学设计学研究生院（Graduate School of Design at Harvard）求学，他与丹·基利（Dan Kiley）一同被公认为是美国当代景观设计的开创者和奠基人。但是和基利相比，埃克博的设计理念更加倾向于以社会议题为导向。相对于一味追求美学效果的极少主义的植物布置方式，他更感兴趣的东西，是景观设计与更大尺度上的城市规划问题之间的关系。埃克博在他出版于1950年的著作《为生活的景观》（*Landscape for Living*）中提出，现代的建筑与景观设计应该被更为紧密地联系起来。他一生都在主张把景观设计作为推动社会变革的动因，弗兰克非常认同他的这种主张。后来，弗兰克还成为了埃克博在南加大的助教。

弗兰克记得，埃克博“成为了我最为亲密的朋友和家人。甚至于在政治立场上，我们两个人也异常投缘……他也是个左派”。

埃克博的政治立场非常左倾，弗兰克记得他曾经因此而遭到众议院非美活动调查委员会（House Un-American Activities Committee）的“骚扰”。在一堂课上，埃克博表达了他对于罗森堡夫妇案（Ethel and Julius Rosenberg case）死刑判决的强烈愤慨，随后他便遭到了该组织的调查。[1] 那堂课弗兰克也在场，他记得埃克博是在回答一个学生的提问时，谈起了他关于罗森堡夫妇所受到的不公正判决的看法的。后来经证实，那名提问的学生，是联邦调查局（FBI）安插在南加大的一名专门负责调查校园内左翼活动的探员，他故意用提问的方式，诱使埃克博在课堂上发表了上述政治言论。

联邦调查局的这种构陷行为，更加让埃克博成了弗兰克心目中的英雄。他与其他几个思想上左倾的同学一起，成立了一个名叫“建筑小组”（Architecture Panel）的松散的小组织，旨在探索建筑的社会性，增强建筑设计的社会责任感。他们的小组与一个名为全国艺术、科学和专业委员会（National Council of Arts, Sciences and Professions）的有社会主义倾向的组织有一些联系，这种联系虽然并不太密切，但还是引起了建筑学院当时的院长亚瑟·盖伦（Arthur Galleon）的注意。他把弗兰克和同是这个小组成员的格雷格叫到他的办公室，对他们说：“弗兰克，当你站在山顶上时，山的两侧你都能看得到。所以，站在山顶就好，不要滑向山的任何一边。”

弗兰克并没有听从院长的建议。从那之后，他依旧是“建筑小组”最活跃的成员之一，参与组织了每周五晚间的一系列关于建筑设计与社会责任的座谈活动，并且鼓励小组成员参与到社会公共议题中去。当时，靠近洛杉矶中心城区的一项政府主导的公共住宅项目，在社会上引发了激烈的争议，他们的小组就积极地参与到了讨论之中。这个项目位于洛杉矶的查韦斯·拉温（Charvez Ravine）地区，原本是一个主要由低收入的墨西哥裔家庭组成的社区。市政府买下了这块土地，打算在这里兴建一片名为“乐土公园高

---

1 罗森堡夫妇被指控向苏联出售了有关美国原子弹计划的机密信息，在 1953 年被宣判有罪并执行了死刑。这一案件在美国左派中引发了极大反应，左派普遍认为这对夫妇所受到的指控是不公正的。

地”（Elysian Park Heights）的巨大的公共住宅项目，由理查德·诺伊特拉和罗伯特·E. 亚历山大（Robert E. Alexander）主持设计。整个项目包含24座13层的塔楼和163座联排住宅，建成后能够提供大约3600套廉价公寓，将成为当时洛杉矶最为庞大的公共住宅项目。这样的项目，让弗兰克激动不已，在他的想象中，这能够展现一个建筑师针对社会问题提供解决方案的能力。不过，并不是所有人都认同他的看法。总体上说，这个项目在洛杉矶这座城市并不怎么受欢迎。人们反对“乐土公园高地”项目的最主要的原因，甚至并不是出于对当地被迫搬迁的贫困居民的保护（要等到一代人之后，这个理由才成了人们抗议大型建设项目时最常用的说法），而是因为人们普遍认为这种由政府牵头，兴建如此大规模住宅项目的做法，是一种社会主义的政策，它不应该在这座城市发生。尽管这种观念的产生，部分源于《洛杉矶时报》（*Los Angeles Times*）的推波助澜，但是在20世纪50年代初期，南加州地区的政治气候基本上也确实如此。这种思潮事实上也清晰地标示出了洛杉矶这座城市的底色，虽然城中遍布的快速路，以及快速扩张、蔓延不绝的广阔市郊地带，并且它们一直以来都象征着这座新兴城市的进步性和独特性。但是归根结底，洛杉矶是一座保守的城市。那些从美国中西部及南方移居过来的居民，来到洛杉矶是为了寻找更好的工作机会以及更舒适的气候，并不是来追求一个更为进步的社会的。通过对这个项目的社会主义倾向的批判，“乐土公园高地”的反对者们成功地推迟了这个项目，并且最终阻止了它的实施。这种批判，尽管并不能全然令人信服，但还是得到了有关部门的足够重视。洛杉矶房管局（Los Angeles Housing Authority）的副主任弗兰克·威尔金森（Frank Wilkinson）也因此收到了众议院非美活动调查委员会的调查传票。[1]最终，这块在项目取消之前已经基本完成了居民搬迁的，总面积254英亩（约

1 威尔金森在调查中被问及了有关这个项目和他的政治信仰的问题。他拒绝做出回答，因为他认为自己的政治倾向与这个项目无关，调查委员会也无权询问他私人的政治观点。后来，他在国会中遭到排挤，最终被迫辞职。

合 1 平方千米）的用地，被卖给了洛杉矶道奇队（Dodgers），成为新的道奇体育场（Dodger Stadium）的所在地。

弗兰克的政治情感源于对底层的同情。一直以来，他也把自己视为是一个从未被主流社会所接受的外来者，这一想法，在他被南加大的建筑系兄弟会拒之门外后，变得更加强烈。弗兰克与他的哈特利表哥不同，他其实并不是一个很热衷于这类校园兄弟会组织的人，虽然他也曾一度加入过哈特利所在的阿尔法 · 厄普西隆 · 派兄弟会（AEPi），但是这主要是因为他很喜欢和哈特利在一起，愿意跟着他，而不是因为他自己主观上特别想要找一个兄弟会加入。而且，弗兰克后来还被开除出了阿尔法 · 厄普西隆 · 派，因为他试图保荐他的一个黑人同学加入这个完全由犹太人组成的兄弟会。然而，在弗兰克心里，被逐出那个阿尔法 · 厄普西隆 · 派兄弟会，其实并不算什么。但是被建筑系的兄弟会阿尔法 · 若 · 西（Alpha Rho Chi）拒绝，则完全是另外一回事了。弗兰克的这种心理某种程度上类似于心理学上的"格鲁秋 · 马克斯效应"（Groucho Marx），对于一个欢迎他，愿意接纳他的组织，弗兰克并不会感到十分珍惜。他甚至乐于通过某种介乎于恶作剧和抗议行动之间的方式，退出这个组织。但是，如若他不是作为提出退出的那一方，而是被拒绝的一方，他就会感到非常的不高兴。被阿尔法 · 若 · 西兄弟会排除在外，让弗兰克感到出离愤怒，因为他的同学，包括格雷格 · 沃尔什和其他的几个朋友，都是这个兄弟会的成员。他认为这一定又是反犹太主义的驱使。"我明白他们想要干什么。"他说，这样的经历让自由主义的政治立场在弗兰克心中更为根深蒂固。"这更刺激了我心中的左派自由主义信仰，使其变得愈加强烈了。"

* * *

与此同时，弗兰克与安妮塔的恋爱关系也越来越亲密和稳定。两个人都是初次恋爱，他们之间的亲密关系，一定程度上来说，是与他们所共有的一种渴望逃离家庭和父母的叛逆本能密不可分的。但是，他们在这段感情中，彼此给予对方的绝不仅仅是家庭之外的一个避风港而已。他们觉得彼此有相同的世界观和相同的政治立场。安妮塔对于弗兰克在建筑和社会方面的工作和努力都十分认同，而弗兰克也相信安妮塔一定能够实现她成就自己的一番事业的理想。精神上的认同，毫无疑问，让他们十分享受这份亲密关系。而彼此之间身体上的吸引，当然也是顺理成章的。

戈德堡家与斯奈德家也逐渐熟络起来，两家人那时都觉得，孩子们结为夫妻只是个时间问题了。理查德·斯奈德还记得，那段时间欧文和西尔玛常常到北好莱坞他的家里来拜访，而斯奈德一家也会到橘子街上的戈德堡家去回访。“西尔玛总是表现得精神饱满，兴高采烈。而欧文则显得非常非常虚弱，但他也总是西服革履，穿得很正式。”——这表明，欧文和西尔玛都觉得，与斯奈德家的关系是需要认真对待的。这不是普通的亲戚朋友关系，随着孩子的婚姻，两个家庭即将成为一家人。

1952 年冬季，两家人的大日子终于到来。2 月 2 日，弗兰克与安妮塔在山谷犹太人社区中心（Valley Jewish Community Center）正式结为夫妻。那会儿距离弗兰克 23 岁的生日还有三个半星期，他的新娘则才只有 18 岁。西尔玛和欧文勒紧开支，省出钱来为弗兰克置办了一身新西装。贝拉·斯奈德也给安妮塔做了一件新连衣裙。婚礼的排场相当小，大多数的来宾都是弗兰克这边的、戈德堡家的亲戚们。不过当时弗兰克最好的朋友，也是已和安妮塔很熟识了的格雷格·沃尔什并没有到场。在婚礼的最后，弗兰克依照传统犹太婚礼的结束方式，踩碎一只高脚杯。随后，宾客们从社区中心转场来到运动员小屋（Sportsman's Lodge），参加由斯奈德家招待的宴会。运动员小屋位于文图拉大道（Ventura Boulevard），是一家奇特的旧好莱坞风格旅店，以其伪乡村式的装潢和养着鳟鱼的池塘而闻名。

在婚礼之前，弗兰克和安妮塔就在克伦肖大道（Crenshaw Boulevard）

上租好了一间公寓，离南加大校园很近。他们花了点时间，用类似纸灯笼、豆袋椅之类的小东西，还有他们的艺术家朋友们赠送的画作，将公寓布置了起来。理查德·斯奈德还记得他在他们的公寓里见到的，一个鱼形的日本纸灯笼——“他一直都很喜欢鱼”。整间公寓的布置，有着一种青春和随性的简约，给人感觉所有的元素都是即兴发挥的。这种轻松的、不拘小节的居住环境，是与弗兰克成长中所住过的那些公寓和房屋完全不同的。一开始，他和安妮塔似乎更多地把这间公寓当成了他们的一个设计项目来对待，而不仅仅是生活的地方，婚礼之前他们也从未在那里住过一夜。婚礼结束后的那天晚上，走出运动员小屋的弗兰克有点紧张，他要第一次和安妮塔一起回他们自己的家了。在婚礼招待会的间隙，哈特利表哥悄悄地在他兜里塞上了几个安全套，不过这份小礼物也并没能完全打消他的紧张，虽然他十分开心终于能和安妮塔成婚了，但他其实还并不太清楚晚上在床上该做些什么。他和他的新娘还都是处子之身。

在那间小公寓里度过了新婚之夜后，弗兰克与安妮塔便踏上了去往沙漠温泉村（Desert Hot Springs）的蜜月之旅。他们所住的沙漠温泉村汽车旅馆（Desert Hot Springs Motel）是由约翰·劳特纳设计的，弗兰克选择这家旅馆投宿，一定有部分原因是这个。[1] 这趟旅行很轻松，沙漠温泉村离洛杉矶并不太远。无论从时间还是金钱上，当时的弗兰克也都负担不起其他更远一些的目的地了。很快，他和安妮塔就结束旅程，回到了克伦肖大道的家中。弗兰克需要继续他的学业，而安妮塔则开始打工赚钱，以支持丈夫完成学业，拿到学位。小两口过上了自己的小日子，就必须自己承担挣钱养家的责任了。

婚后回到南加大，弗兰克又遇到了几位对他产生过重要影响的老师，其中就包括学院里的另外一位政治左倾的教员——建筑师格里高利·艾因

1 很多年后，这家旅馆挂牌出售，弗兰克还曾考虑过把它买下来。最终，这家旅馆被一位热衷于 20 世纪中叶现代主义建筑风格的买家买下，并被更名为了劳特纳旅馆（Hotel Lautner）。

(Gregory Ain)。和其他一些弗兰克认识的，在那段反共情绪高涨的时期里遭到调查的建筑师一样，艾因——用格雷格·沃尔什的话讲——也是“愤世嫉俗并且虚无主义”的，格雷格因此而觉得他很难相处。然而弗兰克却非常喜欢艾因的教学方式，尽管艾因对学生的态度一贯很冷淡。“我从来不清楚他到底喜不喜欢我，或者喜不喜欢我的作业。”弗兰克说。但他喜欢上艾因的课，因为他觉得艾因在智识上胜过学院里的任何一位建筑教授。“他会在课堂上谈论艾略特（T. S. Eliot）的《大教堂凶杀案》（*Murder in the Cathedral*），还会在课堂上朗读诗歌，以一种与众不同的方式谈论建筑。”弗兰克回忆道。弗兰克觉得艾因把建筑作为文化艺术的一部分进行探讨的方式十分吸引他，认为艾因给他指明了一种新的思考方式。虽然格雷格和弗兰克一样，在兴趣上也更倾向于建筑的智力性和非技术性的一面，但是他还是接受不了艾因的冷漠态度。而格雷格和弗兰克后来都有些失望地发现，艾因在思想上的开放，并不意味着他能够广泛地接受多样化的建筑设计方法。用格雷格的话说：“他那种严密的、强逻辑性的设计方式，似乎是有局限性的。”

弗兰克另外一位重要的老师是埃德加多·康提尼（Edgardo Contini），康提尼是洛杉矶一家庞大的建筑和规划设计机构——格伦联合事务所[（Gruen Associates）下文简称格伦事务所]的合伙人，这家事务所因设计了美国最早期的一批购物中心而知名。1952 年暑假，建筑学院的盖伦院长帮弗兰克在那里找了一份暑期实习，而他意外地发现自己与这家事务所非常合拍，于是，那之后的几个暑假，弗兰克都会回到那里工作。虽然格伦联合事务所并不是以弗兰克最感兴趣的公共住宅项目而著称，但是，他们在城市规划领域的活跃性十分吸引弗兰克。而且，事务所的创始合伙人，出生于奥地利的建筑师维克多·格伦（Victor Gruen）是一位卓越的思想家，对于战后城市形态的发展和演进有着自己独到而深入的思考。所以，格伦事务所对于社会和城市的公共问题是有一定的关注的。无论如何，弗兰克很喜欢这份实习工作，也很喜欢这家事务所的氛围。1953 年暑假，他还参与了后来成为格伦事务所最为著名的项目之一的，美国第一家封闭式购物中心——南谷购物中心（Southdale）项目，这个项目于1956年在明尼阿波利斯（Minneapolis）城外落成。（作为暑期实习生，弗兰克并没有机会参与到实际的设计之中，只是参与了这个项目的模型制作。）后来，弗兰克在南加大成为了埃德加多·康提尼的学生，他也因此对康提尼有了更多的了解。在康提尼的设计课上，弗兰克设计了一座由混凝土板搭起来的房子，他有意学习了鲁道夫·辛德勒当时的一个新作品。康提尼很喜欢弗兰克的这个作业，不仅给了他A的成绩，而且还力劝他考虑毕业后到格伦事务所正式工作。

弗兰克对公共住宅项目的兴趣，引起了他一位来自墨西哥的同学雷内·佩斯凯拉（Rene Pesqueira）的注意。佩斯凯拉找到弗兰克，询问他是否愿意和他一起做一个城市规划的实际项目，项目位于墨西哥下加利福尼亚州（Baja California）。佩斯凯拉的家里与当地的州长布拉乌利奥·马尔多纳多·桑德斯（Braulio Maldonado Sández）相熟，所以才得到了这个机会，州长希望新的规划能够有效地带动这一地区的发展。对于一个还没毕业的建筑学生来说，这个项目可以说是一个不可多得的宝贵机会，弗兰克立刻就答应了下来。他和雷内一同被邀请到下加利福尼亚进行了基地调研，还得到了一笔可观的项目资金。回到洛杉矶，他们便在拉·贝瑞阿大街（La Brea Avenue）租下了一间小办公室，又从南加大雇来了几个同学，他们的"协作专业城市规划小组"（Collaborative Professional Planning Group）就这样有模有样地运营起来了。

在弗兰克和雷内所做的规划中，最为关键的一环，就是一座横跨加利福尼亚湾，将下加利福尼亚半岛与墨西哥本土联结起来的跨海大桥，他们希望这座桥能够发挥纽带的作用，刺激下加利福尼亚地区的经济发展。"我记得我们为这个想法感到兴奋不已。下加州的桑德斯州长也被我们说服了，他答应我们会尽力争取这座大桥的实施。不过我们毕竟还都只是孩子，在我们眼里可能没什么事是做不成的。”弗兰克回忆道。加利福尼亚湾，最窄的地方也有 30 英里（约合 48 千米）宽，要在这里建设一座跨海大桥，且不论结构上是否可行，单从经济角度看，这个想法也实在是太过激进了。最终，这座大桥，乃至于他们所做的这份规划的任何一部分，都没有付诸实施，而这个规划项目，也连同“协作专业城市规划小组”一起，不了了之了。

不过，参与这个项目，弗兰克也不是一无所获。他的毕业设计选题就是来自于这个项目。他和雷内 · 佩斯凯拉一起，在下加州规划项目的用地范围里选了一块地，设计了一个公共住宅综合体。做毕业设计的时候，下加州规划项目还没有最终搁浅，尚在进行之中。因此，弗兰克设计的住宅综合体，看起来就像是真的要建设的实际项目一样。很长一段时间里，弗兰克都觉得自己好像是完成了一件不可能的任务：在毕业设计中实践了自己富有社会责任感的建筑观，并且还凭借这样的设计获得了报酬。他记得当时在南加大教授五年级设计课的建筑师威廉 · 佩雷拉，对于他和雷内的这种自主创业的精神和追求赞赏有加。

虽然选择了雷内作为毕业设计的搭档，但弗兰克与格雷格的关系也依旧亲密无间。格雷格的毕业设计题目比较常规——为丰塔纳市 [Fontana，离圣伯纳迪诺（San Bernardino）不远] 设计一座市民中心。毕业设计期间，他、弗兰克和雷内三个人，把弗兰克与安妮塔的公寓当作了他们的绘图室，在那里一起工作。因为南加大的建筑系实在是太挤了，画图和做模型的空间远远不够。他们把几块木头门板支在锯木架上，摆在客厅中央充当绘图桌，就这样工作了整整一个月，用百利金（Pelican）的黑墨水，画完了他们三个人的两个毕业设计项目的全部图纸。

安妮塔很喜欢格雷格，几乎把他也视为是家里的一员了。弗兰克和格雷格曾经一起用榻榻米垫子、纸糊墙和吊得很低的天花板，把他们克伦肖大街的那间小公寓装修成了日式风格，在那里为弗兰克的妹妹多琳举办了她十六岁生日的惊喜派对。“他和格雷格一定为此忙活了几个星期。”多琳至今还对这场派对记忆犹新，虽然她同时也记得，来参加派对的，她费尔法克斯高中（Fairfax High School）的朋友们，普遍觉得他哥哥的这个主意有点奇怪——在一间装扮成日式风格的公寓里举行的一场“甜蜜十六岁”派对（sweet-sixteen party）。

在弗兰克和他的两位同学，把公寓改造成临时建筑工作室，为了毕业设计埋头工作的那段时间，安妮塔已经怀有了身孕，这也使得那间本就不大，并且客厅里还挤着三个建筑学生的小公寓显得更加局促了。不过，这还不是让安妮塔最头疼的。除了这间狭小的公寓，即将生下自己第一个孩子的安妮塔，还有一件更为烦恼的事情——她不喜欢戈德堡这个姓氏，不愿意被人称作安妮塔 · 戈德堡。嫁给这个名叫弗兰克 · 戈德堡的建筑师后，安妮塔的心里对丈夫的姓氏一直不满意。而且最重要的是，她不想让自己的孩子也跟着这个姓。安妮塔自小一直使用斯奈德这个无种族色彩的姓氏，因此她很难接受一个如此明确地标示出她犹太人身份的姓氏。况且，在 20 世纪 50 年代早期，社会上的反犹太主义还依旧甚嚣尘上，很可能会有一些客户因为不愿意雇用一个姓戈德堡的建筑师而去另找别处，由此带来的潜在的经济损失也是需要考虑的因素。弗兰克从主观上是不愿意掩饰他的犹太人身份的，对于那些仅仅因为姓氏听起来是犹太人就拒绝一个建筑师的客户，他也是不屑一顾的。但是，从他自己的人生经历之中，他也清晰地体会到，作为一个很容易被认出身份的犹太人，生活中确实会多出不少的麻烦。在南加大读书的几年，他已经感受到了洛杉矶无处不在的反犹太主义。压垮安妮塔，让她下决心改姓的最后一根稻草，是一部著名的广播和电视剧《戈德堡一家》（*The Goldbergs*），主演格特鲁德 · 伯格（Gertrude Berg）在剧中塑造了一个典型的，带有明显的种族刻板偏见的犹太母亲形象。这个角色的出现，让安妮塔再也不愿意继续背负着这个，给人的第一印象是个带着讽刺意味的喜剧形象的姓氏了，同时她也打定了主意，不会让自己的孩子再随这个姓。

安妮塔的想法与西尔玛不谋而合。其实，改掉犹太姓氏在戈德堡家的亲戚中也不算是什么新鲜事了，欧文的哥哥和嫂子，就把姓氏从戈德堡改成了盖洛德，还给儿子取名为哈特利·默文·盖洛德三世（尽管这个新改出来的盖洛德家族里面，从来就没有过哈特利·默文·盖洛德一世和二世）。西尔玛虽然没有盖洛德夫妇那种锲而不舍提升社会地位的雄心壮志，但她也一直觉得戈德堡这个姓与她对于社会地位的期望不太相称。她已经忍受这个姓氏很久了，一直期待着有机会改掉它。不过欧文却并不认同女人们的想法。姓戈德堡没什么不好，他说，并且宣布要把这个姓刻在自己的墓碑上。[1]至于弗兰克，尽管在建筑学院的兄弟会和其他很多场合，他也都深切地感受到了身为犹太人所遭遇的种种歧视，但是，他觉得改姓只能算是一种逃避，是对反犹太主义的妥协，而非抗争。“我并不想改姓。你必须理解这一点，因为我非常非常的左倾，是个绝对的左派自由主义者。”他说。盖瑞特·埃克博也觉得弗兰克完全没有理由改姓。埃克博的意见，以及欧文的反对，都让弗兰克觉得改姓不是个好主意。因此，他反复地劝说安妮塔放弃这个想法。

但是安妮塔丝毫不让步。“她无比坚决。”弗兰克说。而且她希望在孩子出生之前把改姓的事情办妥。当时安妮塔正好在给一位律师——菲利普·斯坦因（Philip Stein）做助理，斯坦因很愿意免费帮助她处理改姓所需的法律程序，这也让弗兰克没办法再以费用为由拒绝她了。最终，弗兰克还是同意了。“如果你了解安妮塔的话，你就知道我不得不同意她的要求。没有办法。我已经被逼到墙角了。”弗兰克说，安妮塔是个“强硬的实干派”。他还说，改姓这件事，后来成为了他在婚姻生活中的一种行为模式，他“不停地安抚安妮塔。为了让她高兴，我只得勉强地顺从她，我讨厌这样。我同

1 但是，他的这个愿望并没有实现。欧文在 1962 年 6 月 23 日去世，被安葬在伊甸墓园（Eden Memorial Park），墓碑上刻着的名字是欧文·盖里（Irving Gehry）。不过在多琳看来，他可能已经接受了这个姓氏，因为他活得足够长，也在有生之年看到了弗兰克的成功，这个姓氏已经足以让他引以自豪。

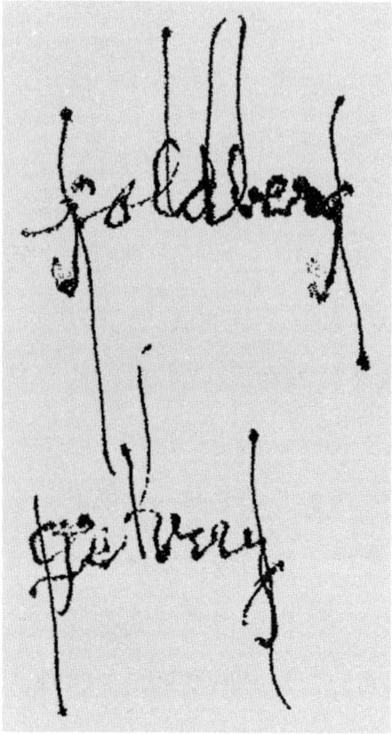

弗兰克的手稿,"戈德堡(Goldberg)"与"盖里(Gehry)"两个单词相似的外观轮廓

意了让她改姓。但是我心里对此感到非常不舒服。"[1] 这件事也成为一个预兆,在以后的日子里,弗兰克感到安妮塔变得越来越难以取悦。"好像我永远也无法满足她。当我拿回薪水支票,她会嫌钱太少。我和朋友出去玩,她也觉得不好。"但是弗兰克还是同意了改姓,为了维系他们的婚姻,这其实也不算是个太高的代价,他觉得。

在改姓这个问题上达成共识后,新的问题——改成什么姓,摆在了他们的面前。弗兰克坚决表示他不想改变姓氏的首字母,而已经赢得了这场改姓大战的安妮塔,在这种小问题上也不想再计较了,于是,新姓氏定下来仍要以字母 G 来开头。安妮塔和她母亲提出了吉尔里(Geary)这个名字,或者是它的一些变体,正是在这个名字的基础上,弗兰克琢磨出了把拼写变为 G-E-H-R-Y 的主意。他创造出这个拼写方式所依据的原理,是只有建筑师或平面设计师才能想得到的。弗兰克想要让他的新姓氏在外形轮廓上,看起来和戈德堡(Goldberg)这个单词尽量相似。戈德堡(Goldberg)这个单词,在中部有升起来的字母 l、d 和 b,收尾则是降下去的字母 g。而在盖里(Gehry)的拼写中,字母 h 就起到了 l、d 和 b 的作用,让单词的中部升起来,结尾的字母 y 则和戈德堡结尾的字母 g 一样,

1 在 2006 年发行的,由西德尼·波拉克拍摄的关于弗兰克的纪录片《建筑大师盖里速写》中,弗兰克使用了更重的语气,来形容他在改姓这件事情上对于安妮塔的屈服,"我就是个妻管严。"他在纪录片里这样说道。详见第十七章。

让单词的尾部降下去。通过这种与设计相结合的拼写推敲，改姓这件事，对弗兰克来说，似乎变得稍稍容易接受了一些。

弗兰克后来对改姓一事一直耿耿于怀。尽管在 1954 年 5 月 6 日，他就已正式改姓，但此后的很多年里，当他以“弗兰克 · 盖里”来自我介绍时，总是要在后面补上一句“以前叫戈德堡”，仿佛这样可以减轻一些改姓给他带来的，持续多年的不安和尴尬。他常常和格雷格 · 沃尔什开玩笑，把沃尔什最喜欢的，约翰 · 塞巴斯蒂安 · 巴赫（Johann Sebastian Bach）的名曲《戈德堡变奏曲》故意说成是《盖里变奏曲》（Gehry Variations）。但是，这种自嘲式的幽默，丝毫不会减轻他对于改姓这个决定的本质上的难以接受。弗兰克的父亲欧文，对于他们的改姓也大为光火——“他对我大发雷霆。”弗兰克回忆说——但是因为身体太虚弱，他只能无奈地接受了自己也被改了姓这个事实。欧文、弗兰克、安妮塔、西尔玛和多琳，从此在法律意义上成为了盖里家，然而在欧文的余生中，他依旧固执地把自己称为欧文 · 戈德堡。

改姓的时候，弗兰克就快从南加大毕业了，这一决定弄糊涂了他的很多同学，他们所认识的那个弗兰克 · 戈德堡，莫名其妙地就从班级的花名册上消失了。很多年以后，弗兰克才发觉，他的一些多年不曾联系的南加大时期同学，可能不会把那些与他的新名字“盖里”相关的新闻和信息与他们所认识的弗兰克·戈德堡联系起来，因此他们对于他后来的人生一无所知。“因为改姓，有一群人就这样从我的人生中消失掉了，而我甚至对此毫无察觉。”他说。因为已经确定了要使用弗兰克 · 盖里这个名字，他的学位证书也是以新名字签发的。在 1954 年 6 月南加大的毕业典礼上，弗兰克在正式被授予建筑学学士学位的时候，对他过去的人生致以了最后的敬礼——他要求在颁发学位之前的点名中，仍以“弗兰克 · 戈德堡”来宣读他的名字。

1954 年剩余的时间里，弗兰克和他们的“协作专业城市规划小组”仍继续推进着下加利福尼亚规划项目的工作，尽管那个时候这个项目付诸实施的可能性已经越来越小了。那年春季，弗兰克在“建筑小组”结识的年轻建筑师阿尔·伯克（Al Boeke），鼓励他试试申请到理查德·诺伊特拉事务所的工作，伯克曾在诺伊特拉那里参与过乐土公园高地的公共住房项目。虽然对于诺伊特拉那种极端克制的国际式（International Style）的设计审美并无太多好感，但是弗兰克很欣赏诺伊特拉对于公共住房项目的投入和支持，因此他还是接受了阿尔·伯克的建议，申请了诺伊特拉事务所。面试那天，弗兰克带着他的毕业设计——墨西哥的住宅综合体项目的图纸，来到了这位著名建筑师位于银湖（Silver Lake）的办公室。看过弗兰克的作品，诺伊特拉觉得很满意，他对弗兰克说他下周一就可以来上班了。“说完他就起身准备离开，我说：‘那我应该去找谁谈我的薪酬问题呢？’”弗兰克回忆说，“而诺伊特拉却说：‘哦，不是这样的，下周一等你来了，你会见到某某人，他会告诉你在这里工作你需要支付给我们多少钱。’”弗兰克从来不曾想象过，一个如诺伊特拉这般杰出的，有社会责任感的建筑师，会在自己的事务所里搞这种类似于学徒制的东西，让年轻的建筑师付钱来换取在大师身边工作的机会。他知道自己是肯定付不起这份钱的，即便是能付得起，对于这样的一份“工作”，他也压根没有一点兴趣。弗兰克感到自己被深深羞辱了，结束了和诺伊特拉的面试后，他头也不回地离开了他的事务所，此后便再也没回去过。他甚至都没有打电话回去，告知他们他不再想去那里工作了。

经历了在诺伊特拉事务所的不愉快后，弗兰克又回到了格伦事务所，那个他曾经愉快地工作了两个暑假的地方。然而，这一次在格伦事务所，他也并没能待上多久，就又不得不离开了，离开的原因不是格伦事务所不好或者弗兰克不喜欢那里的建筑风格，与这些都没关系。在格伦事务所只工作了几个月，弗兰克就被迫地以一种让他自己都感到十分惊讶和不悦的方式离职——他被征召入伍了。

在南加大读书时，弗兰克就已经是空军预备役军官训练团（Air Force Reserve Officer Training Corps）的一员了。1950 年，在他年满 21 周岁，选择成为美国公民后，他就加入了这一组织。（因为欧文是美国公民，弗兰克可以选择美国或加拿大的国籍。西尔玛也选择了加入美国籍，在 1952 年 1 月通过了入籍考试后，她正式宣誓入籍。）在 20 世纪 50 年代，所有身体符合条件的男性公民必须入伍服役，因此，弗兰克选择加入空军预备役军官训练团，在当时看来不过是一个很平常的选择。弗兰克觉得，参加空军，可以让他延续从跟随表姐夫亚瑟学习飞行开始就一直保有的，对于飞行的兴趣。加入空军预备役军官训练团，让他在毕业后有机会参加空军飞行训练，这种服役方式，比一般的兵役要显得更有意思些。格雷格参加的是海军预备役军官训练团（Naval ROTC），从南加大毕业后不久，他就被派往了日本。

弗兰克就没有格雷格那么幸运了。虽然大学的四年里他参加了空军预备役军官训练团的全部课程和训练，但是就在毕业前夕，他却忽然被告知，被从训练团除名了，原因是南加大空军预备役军官训练团的负责指挥官发现了他左膝上的那个小肉瘤，认为这个小肉瘤会让他无法通过飞行训练前的身体测试。"'我们犯了个严重的错误。'"弗兰克记得那位指挥官对他说，"'因为你膝盖的，你无法从训练团毕业。'""而我说：'我的膝盖从加入训练团一开始就是这样的，而且你们都知道。'他说：'这是我们的失误，我们忽视了这一点，很抱歉。'我那些年全部的努力就这样付诸东流了。我当时真应该起诉他们。"后来，弗兰克认为，与他之前在南加大遭遇过的一些事情一样，如此随意地把他从预备役军官训练团开除，很可能也是一种反犹太主义驱使下的行为。

唯一让弗兰克略感安慰的，就是他觉得他应该可以获得免予兵役的待遇了（那时候很多学生甚至用延期毕业的方式来逃避兵役），因为如果他的膝盖被认定为无法参加空军训练，那他就理所应当的不再满足参军入伍所要求的身体条件了。但是，坏运气还是没放过他。毕业后，符合了征兵条件的弗兰克被通知去参加征兵体检，给他检查的是位跛脚的军医。"他看了看我的腿然后说：'哥们，和我这腿比起来你那根本就不算什么毛病。他们既然能在军队里给我找到事干，就肯定也能给你找到点儿事干。'"这位军医拒绝把弗兰克的身体条件认定为 4-F 级,这意味着弗兰克必须去服役了。于是,弗兰克只得暂时搁置他几乎还没怎么开始的建筑事业了，他那时甚至还没有真正地参与设计过一个建筑。1955 年 1 月，从南加大建筑学院毕业仅仅六个月的弗兰克，就被正式征召加入了陆军。

第五章

面对权威

弗兰克被征召入伍时，他与安妮塔的第一个女儿莱斯利（Leslie）刚刚出生，所以在那个时候离开家，对弗兰克来说，不仅仅意味着离开安妮塔，同时也意味着要离开自己新生不久的女儿。弗兰克动身前往加利福尼亚北部的奥德堡（Fort Ord）进行新兵训练的时候，莱斯利只有三个月大。从十月份生下莱斯利后就一直没再工作的安妮塔，对于弗兰克把她和嗷嗷待哺的女儿扔在家里，感到非常不高兴。弗兰克在建筑学院读书时，安妮塔为了供养他，放弃了自己接受教育的机会，辛辛苦苦地工作养家，等到了弗兰克顺利毕业，她也生下了孩子后，安妮塔原本指望着弗兰克可以和她一起抚养莱斯利，而她自己至少可以享受一下身为一名前途无量的年轻建筑师妻子的家庭生活了。然而，她的这些期望完全落空了，那时的安妮塔，成了一名陆军二等兵的妻子，丈夫弗兰克远在几百英里之外。在弗兰克探亲回家时，安妮塔从未掩饰自己对此的不满。弗兰克认为，在安妮塔心里，他去服役，就仿佛是对她“做了什么”一样，好像是他抢走了她所期望的那种生活。“整个那段时期安妮塔对我的态度都很差。”弗兰克说——安妮塔有的时候表现得就好像她自己的生活比正在经历艰苦训练的丈夫还要苦，弗兰克觉得。

安妮塔决定搬回北好莱坞的娘家，和父母一起住，于是，她和弗兰克退掉了他们克伦肖大街上的公寓。看起来这似乎是个很合理的决定，因为安妮塔正需要人帮忙照顾莱斯利，而且考虑到弗兰克在军队里微薄的津贴，他们也没有理由继续租住那个让安妮塔时时感到冷清和孤独的公寓了。但是，搬回娘家的安妮塔，肩负的生活压力却并没有能够缓解多少——1955年，路易斯·斯奈德的健康状况已经不太好了，他并没有掩饰自己对于女儿搬回家住所感到的不快。“我母亲一直在努力地化解这些难搞的家务事，而父亲则在不断地制造各种麻烦。”安妮塔当时十一岁的弟弟理查德·斯奈德回忆道。

周末，弗兰克经常可以暂时离开军营，他与几个同样住在洛杉矶的士兵一起开六个小时的车回家，在家里待到周日晚上，再开六个小时，赶在宵禁时间之前回到奥德堡。然而，在这些能回家的周末，弗兰克过得其实也并不舒坦，他千里迢迢地从军营开车回到阿狄森街（Addison Street）12336号斯奈德家的房子，却无法在那里获得片刻的安宁。紧张的气氛无处不在，弗兰克记得，他的岳母那时也已经察觉了安妮塔失落和不满的情绪。对于安妮塔，弗兰克充满了怜惜和同情，但是他也无法改变什么。自从搬出两个人的第一个家——那间温馨舒适的小公寓后，他们婚姻生活最初的那段轻松惬意的时期，也随之画上了句号，两个人其实都没有意料到，新婚的甜蜜时光竟然如此短暂。

* * *

无论安妮塔是怎么认为的，弗兰克在奥德堡的日子其实过得一点也不轻松。新兵训练对体能的要求很高，虽然那个时候弗兰克的身体状况不错，也热爱体育锻炼，但他那条有点儿小毛病的腿，对高强度的训练还是有些吃不消，经常会感到疼痛，尤其是在进行新兵训练的日常项目——长途行军的时候。此外，弗兰克发现，尽管他把姓氏从戈德堡改成了盖里，但他依旧无法逃脱军营中的反犹太主义情绪。弗兰克有点幽怨地回忆道："因为一条有残疾的腿，我被从空军刷了下来，扔到了陆军，我的长官和电影里常见的那些严厉的军官形象一模一样。每天，我就在他们的指挥下，不停地做着俯卧撑、蹲起，以及各种枯燥的训练。即使在那些寒冷多雾的早晨，训练团也要照常进行行军训练。有时，因为腿疼得实在厉害，我会有些打晃或者掉队。每当这时候，那个魁梧的，活像个尼安德特人的家伙，就会仗着他的中士军衔所赋予的权威，对我大声咆哮'犹太佬，滚回队伍里去！'新兵训练的那段时期他一直都那样称呼我，我的感觉就好像是被扔进了监狱，周围全都是些不把我当人看的白痴和恶棍。"

弗兰克向他的长官抱怨了这件事，长官告诉他，这位名叫雷巴查蒂（Rabachati）的中士说的那些话并没有什么恶意，并且劝他放轻松点，不要抱怨那么多。长官对于这件事情大事化小小事化了的态度，激怒了弗兰克，他认为这件事对他来讲不仅仅是一次人身攻击，更关系着最基本的正义——军队当中不应该容忍歧视行为。那时，弗兰克在军营里已经结交了几个同期训练的新兵，和他一样，这几个人入伍前都是不同行业的专业工作者，也都因为上大学而推迟了服役。所以，他们比其他的新兵要年长几岁，处理事情也更成熟一些。而最重要的一点是，弗兰克的这些新朋友里，有几个人那时已经成为了军队律师，负责监督调离奥德堡的调令。"别担心，告诉我他的名字。"这几个人中的一个对弗兰克说。接下来发生的事情，弗兰克记得，"他们负责所有人的调令，于是他们就优先把雷巴查蒂中士调走了。之后有一天我来到营部，就发现他已经走了。"他被调到了阿拉斯加。"当他告诉我他就要去阿拉斯加，我对他说：'那岂不是很糟吗？'哦，然后我还补充了一句：'我确信在那里你会见到很多犹太佬的。'"

虽然除掉了雷巴查蒂中士，但是，这并不意味着弗兰克能够轻而易举地完成余下的新兵训练。他的腿疾依旧困扰着他，经常在加长行军训练后，被高筒靴的边缘夹得肿起来。最后，他的腿被外科军医认定是先天缺陷，为了避免增加腿部患处的压力，医生命令他免于穿着制式的高筒靴。弗兰克可以穿便装鞋了。但是，在军队中，尤其是执行行军、帮厨和站岗这类任务的时候，靴子是必需的，医生的命令让弗兰克的长官们有些不知所措了。如果他不能和同伴们一起行军，不能站岗执勤，也不能下厨房帮厨的话，那该让他去做些什么呢？“那么，你他妈的还能干点什么呢？”弗兰克的分队长——弗兰克认为他也是个反犹太主义者——这样问他。“于是我说：‘我是个建筑师。’他说：‘那好，重新设计我们的日间休息室。’我就真的照他的命令做了个设计。”但是，这样一个小小的设计任务，并不足以让他成为一个全职的军队建筑师，弗兰克还是逃不掉剩余的新兵训练。后来，他被送到了书记员—打字员学校，进行文职工作的训练，之后又过了一阵子，他才终于接到了离开奥德堡的调令，被调往了位于佐治亚州的本宁堡（Fort Benning, Georgia）的一支工程部队。

弗兰克记得，这支部队的任务是“到各处去先期测量桥梁和道路，通常都是走在大部队之前，这是一项非常危险的工作。那时，第三步兵师正准备到路易斯安那州的沼泽地带进行演习。演习的代号是‘山艾树行动’（Operation Sagebrush），他们打算为他们认为即将到来的战争演练一种新的攻击方式。我一开始的工作是长官的秘书，但我并不十分擅长这份工作”。弗兰克的长官似乎也同意他对于自己的文秘工作能力的这番评价。所以这份秘书工作他并没有做多久。长官问他还会干些什么，弗兰克依旧回答说自己是个建筑师。“如果有建造东西的任务，可以尽管交给我。”弗兰克这样告诉他说，“但是长官心里盘算的却不是让他去建房子。‘你会做标牌吗？’他问我，‘会写印刷体字母吗？’我说我可以。”于是，弗兰克成为了这支部队的标牌设计师。他的第一项任务，是制作一套写着“请勿向小便池内丢弃废纸”的标识。长官给了他两个星期的时间，对弗兰克来说，这个时间可以说充裕得很，所以他很细致地对标牌做了修饰，还增添了一些详细的说明。最后的成品让长官非常满意。“图稿漂亮极了。我可以说是乐此不疲。我知道这显得有点儿傻，(但是)长官很喜欢我做的东西。”弗兰克回忆道。

这次平面设计任务的成功，不仅让弗兰克的长官很满意，同时也吸引了弗兰克所在部队的总司令，也是“山艾树行动”的最高指挥官的注意。总司令找到弗兰克，想让他来负责准备演习所需的图纸和文字材料，这项演习在当时仍是一项最高机密，所以司令问他有没有接受过涉密人员必需的安全调查，弗兰克坦言他没有。“好吧，但你是个爱国的好孩子，不是吗？”弗兰克记得司令这样问他。“那一刻，我所涉足过的那些左派自由主义的组织在我脑中快速闪过。”弗兰克回忆道，“我回答说：‘我绝对忠诚于我的祖国。我的忠诚洁白如纸。’司令就这样相信了我，我就算是宣誓入职了。我是说，其实任何人都没有理由把我与（左翼的组织）联系起来。我那时候还只不过是个孩子。”弗兰克得到了一间秘密的、没有窗户的房间作为工作室，他就在那里开始了他的新工作，为这次军事演习准备所需的各种标志和图纸。

MODEL STUDIED—A Scale model of one of the new dayrooms to be built all over Third Army is studied by the three enlisted men, all designers and decorators in civilian life, who designed the models. Left to right are Sp3 Dominick Loscalzo, Pfc. Orman Kimbrough, and Sp3 Frank Gehry.

弗兰克（右）与他在军队中一起进行设计工作的同事

图片摘自《陆军时报》(*Army Times*)

不久之后，司令又找到了弗兰克，请他帮忙设计一些战地装备，其中包括一个在战场上使用的公共厕所。弗兰克很快就拿出了他的设计：一个双蹲位的公共厕所，两个蹲位背靠背布置，中间用一块帆布分隔开。“我那时候沉迷于弗兰克·劳埃德·赖特，”弗兰克说——这个设计就来源于赖特的著名作品西塔里埃森（Taliesin West），在那座沙漠聚落似的建筑中，赖特将木材与帆布等元素结合了起来。距离“山艾树行动”只有大约六个星期了，军营中流传着关于这次演习的各种各样的传言。所有的士兵，包括弗兰克，都很担心这次演习会异常艰苦。弗兰克的腿疾依旧困扰着他，那段时间里，因为关节炎的抽痛，他又进了好几次医务室。在医务室里，弗兰克认识了一位年轻的军医，这位军医打算退役后回到阿拉巴马自己开一家小诊所，得知弗兰克是个建筑师，他便向弗兰克咨询了诊所的设计。弗兰克很喜欢这个医生，所以每次去医务室，他都会给医生勾画一些设计想法的草图。“司令有的时候也会去医务室，我的这个医生朋友有次便对司令说：‘给你干活的那个伙计，他的腿病得挺厉害的，别带他去参加演习了。’”弗兰克回忆道，“我根本没有请求或者暗示他帮我跟司令说这些，但是他真就这么说了。”司令很感动，因为弗兰克从来没有在他面前抱怨过自己的病痛，以此来要求免于演习。所以，他告诉弗兰克，驻扎在亚特兰大麦克弗森堡（Fort McPherson, Atlanta）的第三军，有一个项目正需要一位室内设计师，而他已经向那边推荐了他。于是，弗兰克就这样被调到了亚特兰大，抵达亚特兰大后，弗兰克被告知，第三军的长官托马斯 · F. 希基（Thomas F. Hickey）中将，打算对他治下的所有娱乐室、休息室和士兵俱乐部统一进行改造。这是个不小的项目，总预算大约 300 万美元，项目要求设计出一种原型，并将其套用到整个部队超过 200 个各不相同的军队设施上。不过，希基中将认为这项工作所需要的，是一个室内设计师，而不是建筑师。初来乍到的弗兰克当即对中将表示，他保证可以完成这项任务，并且请求中将给他一个机会，让他证明自己的能力。“之后我便开始着手研究这个项目，设计了一整套东西，每天都工作到凌晨三四点。”他回忆道，“我做了一个带家具的模型出来。”

功夫不负有心人，中将十分喜欢弗兰克呈现给他的作品，同意了把项目的设计工作交给他。就这样，弗兰克的军队建筑师生涯正式开始了。与他一同工作的还有另外两个战友：毕业于普拉特学院（Pratt Institute），曾经在纽约做过自由工业设计师的多米尼克 · 洛斯卡尔佐（Dominick Loscalzo），以及毕业于芝加哥美术学院（Chicago Academy of Fine Arts），入伍前在百货商场的设计部门工作的奥曼·金布罗（Orman Kimbrough）。第一批进行改造的四间娱乐室（军队中称为日间娱乐室,dayroom），被安排在了北卡罗来纳州的布拉格堡（Fort Bragg）。他们三个人需要各自做出自己的方案，由主管长官从中选择最喜欢的一个，作为设计的原型。“我的方案看起来颇具弗兰克·劳埃德·赖特的风格，但是整个设计做得太冗杂了，没有被选中。”弗兰克说，“和每一个刚刚起步的年轻建筑师一样，我把我所有的创意一股脑地扔进了这个设计，做得过头了。”但是，最终他们三个人还是决定合作，把三个方案结合起来，如弗兰克所言，“后来我们配合得非常好”。弗兰克负责确定建筑方面的大方针，包括空间分割和灯光设计等。多米尼克·洛斯卡尔佐主攻家具设计，而奥曼·金布罗则负责材料和色彩的选择。

弗兰克的军队休息室设计，显示了他对弗兰克·劳埃德·赖特的兴趣

这个项目涉及的改造范围比较宽泛，但是，在深度上却较受局限。对于这些休息室所在的建筑物，弗兰克只被允许进行程度很小的改动——他可以增设新的入口和内部分隔墙，但是不能改变建筑总体上的矩形造型。而对改造后休息室的要求，总的来说仍是相当常规的。他们推测这是因为军队希望这些休息室能够让使用它们的士兵们感到熟悉和舒适，所以不大支持过分前卫的设计。因此，在这个项目上，弗兰克并没有去追求任何与众不同的，或者是标新立异的东西。“如果允许突破那个方形空间的话，弗兰克应该会有更好的主意，但是我猜，弗兰克也明白我们是无法突破这些限制的。”多米尼克·洛斯卡尔佐说，“但是他依旧很出色地完成了这个设计。我记得最后的成果非常符合长官的要求。就像回到家里的起居室一样。”

那段时期，美国的家具设计行业正在经历前所未有的大发展，新技术的应用催生了新形态的家具，弗兰克和多米尼克也都意识到了这一点。但是，他们并没有在设计中采用这些新潮的家具设计。“那时候乔治·尼尔森(George Nelson）设计了一把椅子，伊姆斯（Eames）也设计出了他那著名的弯曲胶合板椅和塑料椅，（但是）我们没有采用这样的家具。我也不知道我们为什么不用，可能是因为不想让长官们太惊讶吧。”洛斯卡尔佐说。在弗兰克此后的建筑生涯里，他都绝少做那种看上去司空见惯的设计，而这个项目就是他仅有的几次循规蹈矩之一。他很现实，明白挑战军队对于设计的要求，对他而言没有什么好处。毕竟军队和一般的客户不同，拥有着决定他命运的权力。

但是，到麦克弗森堡做军队建筑师这项任务，使得弗兰克、安妮塔和莱斯利一家三口，终于又能够重新过上正常的家庭生活了。弗兰克被调到麦克弗森堡后，安妮塔和莱斯利就搬到了佐治亚，他们一家在军队驻地外的一处住房安顿了下来。弗兰克在周末可以在本地的建筑师事务所做一些兼职，挣点外快。虽然生性比较腼腆，但弗兰克其实是个天生的交际家，他很乐于去认识亚特兰大当地的建筑师。约翰·波特曼（John Portman）就是弗兰克结识的众多当地建筑师中的一个，他比弗兰克年长五岁，刚刚开始自己的建筑实践，弗兰克曾经在他的工作室里做过兼职。他制作了波特曼最早的作品之一——亚特兰大商品交易中心（Atlanta Merchandise Mart）项目的渲染图。

1956年，安妮塔生下了第二个女儿，他们给她取名为布丽娜（Brina）。理查德·斯奈德记得，那个时候他姐姐的生活压力依然不小。他和哥哥马克，曾经跟随他们的母亲一起去亚特兰大探望过弗兰克和安妮塔。那是一次由母亲贝拉安排的漫长的火车旅行，贝拉觉得，这种长途的火车旅行，在下一代人的生活中即将不复存在了，所以她希望她的两个儿子能够有一次乘坐火车穿越整个国家的体验。在理查德的记忆里，尽管非常高兴能够见到家人，但安妮塔当时好像有点儿不大舒服。亚特兰大极端闷热和潮湿的气候也给理查德留下了深刻的印象，“空调是必不可少的”。

* * *

从南加大毕业后，弗兰克依旧与盖瑞特·埃克博和西蒙·艾斯纳（Simon Eisner）保持着联系，他们两人是弗兰克在学校里最喜欢的教授，也都和弗兰克有着相同的政治倾向。“他们也知道我对于给富人设计房子不感兴趣，主观上我更倾向于低造价的住宅项目和城市规划。”弗兰克回忆说。他们鼓励弗兰克再回到学校深造一番，修个城市规划的学位。毕业于哈佛的埃克博，建议弗兰克去修读哈佛大学设计学研究生院的城市规划项目，这样他才能够了解那些大尺度的项目是如何实现的。1956 年，凭借着埃克博和艾斯纳的推荐信，弗兰克顺利地被哈佛的城市规划系录取了。为了在开学前赶到学校所在的剑桥市（Cambridge），弗兰克办理了提前退役。他的大部分学费都由退伍军人权利法案（GI Bill）负担，弗兰克觉得，入读哈佛，对他来说就像是一个全新的开始——蹉跎了两年之后，他的建筑师生涯终于要重新起步了。

安妮塔对于搬到马萨诸塞州并不太感兴趣——她更希望能够回洛杉矶，当她的建筑师太太，那样的生活可比大老远跑到马萨诸塞去当个研究生的老婆要美好得多了。但是，很显然，弗兰克并不打算这么快就回归到入伍前的那种生活。对于安妮塔来说，有一个理由倒是可以让她留在东海岸，至少是再留一阵子。很多年来，她一直与一个名叫尼科尔（Nicole）的法国女人保持着笔友关系，那时，尼科尔正打算到美国来旅行，预计将在九月乘坐玛丽皇后号邮轮（Queen Mary）抵达纽约，弗兰克和安妮塔也正好要在那段时间动身前往马萨诸塞。于是，他俩决定，一起去接尼科尔，顺便在纽约游览一番。

弗兰克和安妮塔带着两个女儿，开着他们的白色大众汽车，从亚特兰大一路向北开到了纽约。在 1956 年，95 号州际公路（Interstate 95）还要再等上一年才能开通，所以他们的这趟旅程着实并不轻松。如果不算婴儿时期在布鲁克林度过的那几个月，这还是弗兰克第一次来到纽约。他们一家在码头上接到了安妮塔的笔友尼科尔，而尼科尔则给他们介绍了一位她在旅途上认识的新朋友，法国建筑师马克·比亚斯（Mark Biass），他刚刚获得了富布莱特奖学金（Fulbright scholarship），也正要去哈佛读书。

这真是个幸运的巧合。比亚斯和弗兰克年纪相仿，不过在弗兰克参军的那几年里，比亚斯作为建筑师已经有了一定的职业经验。他曾经作为设计团队的一员，赢得了法国南部一个重要的建筑竞赛，然而那个项目后来被搁置了，于是比亚斯决定到美国去修读硕士学位。在一次欧洲现代建筑师的会议上，比亚斯认识了当时哈佛大学建筑系主任，加泰罗尼亚建筑师约瑟夫·路易斯·斯尔特(Josep Lluís Sert),他由此也便把哈佛作为了自己求学的目的地。

“我当时正和一群法国学生一起乘坐玛丽皇后号前往美国，准备去哈佛读书，在船上我认识了一个女孩，也就是安妮塔的笔友。”很多年后，比亚斯回忆说，“那个女孩告诉我说：‘我有个朋友嫁给了一位建筑师，他们会到码头上来接我。我记得她丈夫好像也正要去哈佛读书。’”玛丽皇后号靠岸的时候，弗兰克和安妮塔已经在码头上等候了。比亚斯回忆道，弗兰克“仍然穿着军装。他开着一辆大众汽车，带着妻子和两个小女儿”。在弗兰克的提议下，他们一同参观了纽约的一系列著名建筑物。“我们依照建筑师在纽约通常的参观路线，游览了洛克菲勒中心（Rockefeller Center)、联合国总部大厦、利华大厦（Lever House),以及正在建设中的西格拉姆大厦（Seagram Building)。”比亚斯说。这只是一次走马观花式的浏览，而且因为车上空间不够，还没法带上尼科尔一起。两位建筑师还要赶去剑桥报到，所以他们只能急匆匆地奔波于这些建筑之间，以期能够尽量多看几个作品。所幸的是在1956年的纽约，能够让年轻的现代主义建筑师认为值得一看的建筑，还并没有那么多。除了那些最新的现代主义地标建筑，他们两个既没有时间，也没有兴趣再看其他的任何东西了，很快，他们便又开着大众汽车继续上路，前往剑桥。诸如中央车站（Grand Central Terminal）、宾夕法尼亚车站（Pennsylvania Station）、帝国大厦、克莱斯勒大厦（Chrysler Building）、中央公园和布鲁克林大桥等这些热门的景点，他们都没有去。

初到剑桥的那段时间，弗兰克和安妮塔可能会有点儿后悔，后悔自己为什么没有做好充分的准备，就那么急着过来。虽然到了后来，哈佛大学会让他们觉得自己所经受的一切艰苦都是值得的，但是，初始的那段日子，对他们而言，确实是噩梦一般的。弗兰克和他的一家想要在剑桥安顿下来并不容易，第一个问题就是住房。一开始，他们只能住在距离剑桥较远的一家汽车旅馆里。弗兰克每天都到校园附近去找房，想找到一个离学校不太远，他又能负担得起的房子，找了几天之后，他绝望了。“想找个合适的房子太难了，我们付不起太高的房租。”他回忆道，“开学之前的最后一个星期天晚上，天气很凉，还下着雨。我的小女儿布丽娜还躺在摇篮里，大女儿莱斯利也只有几岁。绝望的我走进一家药店，拨通了雷格·艾萨克斯的电话[雷金纳德·艾萨克斯（Reginald Isaacs），建筑师和规划师，当时哈佛大学城市规划系的系主任]。我说：‘艾萨克斯教授，我是弗兰克·盖里。’‘噢，你好。’他说，‘很高兴你来了。’我说：‘我遇到了一点麻烦。我现在住在一家汽车旅馆，身上的钱不多，住不了多久了，在这边我找不到可以求助的人。’那个时候我的父母也根本没钱，我没办法找他们要。安妮塔的父母可能会接济我们一些，但那会儿的我是个‘万事不求人’（Mr. Independent），肯定不会向他们张口。所以，我能想到的只有打电话询问艾萨克斯，问他学校是否能够提供给我一些帮助，因为如果还是不能很快地找到一个住处的话，我估计就只能放弃这一切了。”

但是，艾萨克斯回答弗兰克，学校对于他的住房困难也无能为力。他甚至没有给予弗兰克什么鼓励，除了安慰他说不用着急——实在没办法的话，他可以趁现在就办理退学，也欢迎他明年再来重新申请这个项目。“我绝望了，”弗兰克回忆说，“我挂了电话——不知道回去该怎么和安妮塔说。

这时候，药店里有个听到了我打电话的人过来跟我说：‘我知道一个地方，在这条街下去的一幢小住宅里面，有一间公寓正在出租。我认识房东，可以帮你打给他，愿意的话你现在就可以过去看看房。’于是我去看了那套公寓，而且当晚我就把它租了下来。”

位于莱克星顿（Lexington）附近的一幢双户住宅楼二层的那套小公寓，终于解决了弗兰克一家人的住房问题。但是，来到哈佛的弗兰克，将要遇到的麻烦还远远不止这一个。入学伊始，他就察觉，自己的建筑观——植根于野蛮生长、充满无限可能性的洛杉矶，兼具现代主义和平民主义——与哈佛大学严谨的形式主义体系，显得格格不入。和南加州大学建筑学院相比，哈佛大学设计研究生院是现代主义思潮更为坚固的大本营，在思想和理论上更加的固执和教条。20 世纪 50 年代，哈佛的建筑理论体系，受到了瓦尔特·格罗皮乌斯（Walter Gropius）的强烈影响。建筑师、建筑教育家瓦尔特·格罗皮乌斯是德国包豪斯学院(Bauhaus)的联合创始人，他于 1937 年移民美国，自此便接掌了哈佛的建筑系。另外，来自瑞士的建筑历史学家希格弗莱德·吉迪恩（Sigfried Giedion），也对这所学院的建筑哲学的形成产生了深远的影响。1938 年，吉迪恩在哈佛的一系列查尔斯 · 艾略特 · 诺顿讲座（Charles Eliot Norton Lectures），为他日后堪称经典的现代主义建筑史著作《空间·时间·建筑》（*Space, Time and Architecture*）奠定了基础。

格罗皮乌斯的德国背景，以及他对于他所参与创立的欧洲现代主义思潮的强烈偏好，与哈佛大学朴素的新英格兰清教传统价值观一起，共同塑造了这所在基调上与南加大建筑学院截然不同的设计学院。所以，比较这两所学院的不同，不能仅仅归因于美国东西海岸学校之间在传统上的差异。南加大，以及弗兰克本人，都或多或少地接受了日本传统建筑文化的影响，并且将其视为是 20 世纪现代主义建筑的一个思想上的来源，但这种观点在哈佛则几乎是不存在的。

弗兰克的性格比较腼腆，在与同学和同事的交往中往往不太爱出风头，在洛杉矶的时候，他就一直觉得自己是个外来者。而从某种程度上来说，这种外来者的意识可能正是他主观上想要追求的，他希望自己在任何地方都能够以一个外来者的身份存在，以此来保持自我。特别是在与盖瑞特·埃克博，以及洛杉矶的其他几个哈佛校友的长谈之后，弗兰克对于能够在剑桥遇到许多与自己持有同样世界观的建筑师已经不抱期望了。然而，即使如此，初到哈佛的他，显然还是没有做好足够的准备，因为他完全错误地预判了哈佛的城市规划系所侧重的方向。弗兰克之所以决定选择到哈佛来学城市规划，其实主要是因为他主观上觉得，那里会天然地契合于他左倾的政治立场。他记得埃克博曾告诉他说“你不会愿意去给富人设计那些昂贵的住宅的”，从逻辑上讲，埃克博所推荐的城市规划，似乎应该是最适合他的领域，他可以在城市规划系学习到他想要的更具社会责任感的建筑学。但是，来到哈佛后，弗兰克才发觉，哈佛的城市规划系，更为注重的是与城市相关的政治、经济，以及社会学方面的问题，建筑设计在其中所占的比重则相对较低。其实，那段时期，哈佛设计研究生院中关于如何更大程度地拉近建筑系与规划系之间的距离，已经进行过不少的讨论。早在 1956 年春季，弗兰克尚在军营服役的时候，哈佛就专门召开了一次会议，讨论正在发展中的建筑与规划的交叉学科——城市设计（Urban design），并且计划在 1957 年召开第二次会议。但尽管如此，当时的建筑系与规划系的日常教学，还依旧是泾渭分明的。

没过多久，弗兰克就意识到了自己选错了系。彼时，掌管哈佛规划学科的是城市规划师查尔斯·艾略特（Charles Eliot），他德高望重的祖父曾在 19 世纪晚期担任哈佛大学的校长。对于弗兰克所持的，建筑设计应该在城市规划中扮演更为重要的角色这一观点，艾略特显得不屑一顾。在洛杉矶的格伦事务所，弗兰克曾经参与过几个旨在重塑城市和市郊空间的，颇具野心和创造性的城市设计项目。虽然他也并不认为好的设计能够取代合理的公共政策的作用，但是他相信，建筑师与规划师的任务，在于将好的政策付诸实现。相较于社会学与统计学上的社区研究，以及城市的管理与运转模式，抑或是其他一切他所认为的脱离实际、与设计无关的抽象学问，弗兰克对于建筑项目的设计与建设显然要感兴趣得多。

第一个学期的规划设计课的期末作业，是一份针对剑桥西边的小城伍斯特市（Worcester）的总体规划。与大部分的设计和建筑学院一样，在哈佛，期末设计作业的汇报评委，是由校内评委和校外的客座评委共同组成的。在规划系的学生们汇报作业那天，建筑系的系主任约瑟夫·路易斯·斯尔特也出现在了现场，这让弗兰克很高兴——斯尔特非常深入地参与了哈佛大学对于城市设计学科的建设，弗兰克对他十分敬仰。相较于规划领域的其他评委，弗兰克期望着斯尔特能够扮演一个将会产生共鸣的评审，在他与艾略特的理念分歧之间起到一些平衡的作用。那个时候的弗兰克依旧不擅长演讲，汇报正式开始时，他紧张极了。“我把这个规划作业做成了一个类似城市设计的方案，就像我在格伦事务所学到的那样，我规划了车行环路，布置了停车空间，还设计了一个城市中心区。”他回忆道，“那是个十分理想主义的设计，我用步行体系把行人重新引入了市中心，并且重新设计了这座城市正在衰亡的核心区。我认为这些都是未来城市设计的发展方向。”

将步行生活重新引入旧城区的中心，确实在未来成为了城市设计的一个趋势。1956 年就在哈佛提出了这个理念，弗兰克颇具先见之明。但是，这并不是艾略特教授想要的东西。弗兰克的作业与艾略特的要求相去甚远，以至于他的汇报只进行了几分钟，就被艾略特打断了。“盖里先生，你完全无视了我之前指出的你所存在的问题。”弗兰克记得艾略特这样说道，“这门课不是建筑学课程，它是一门城市规划课程。”说罢，艾略特直接中止了弗兰克的汇报，叫上了下一个更能理解他要求的学生——下个学生拿出的作业，显然不是一份伍斯特中心城区的改造方案，而是一份关于城市管理模式以及社区构成的分析。

这次汇报的失败，极大地打击了弗兰克。而艾略特对于他的作业的那番回应，也直接使他挂掉了那门课。弗兰克被激怒了。课程刚一结束，他就冲到了艾略特的办公室。那间办公室位于一段如船舱般狭窄的楼梯间的最顶层，高大的艾略特打开了门，看着门口的弗兰克。那幅场景，让弗兰克想起了电影《叛舰喋血记》（*Mutiny on the Bounty*）里的查尔斯·劳顿（Charles Laughton）。弗兰克没能控制住自己的情绪。"我盯着他，我说：'你不应该那样对待我，我无法容忍你的行为，你的所作所为让我感到恶心和无聊。去你妈的吧。'"说完，弗兰克摔门而去。

随后他去了斯尔特的办公室，期望着这位建筑系的系主任能够理解他的愤怒，毕竟艾略特对待建筑的态度是如此的专横和轻视。"斯尔特教授，这件事您都看到了。"弗兰克记得他对斯尔特说，"您要知道，我和其他的同学一样努力。只是我的观点和艾略特不同，我觉得您一定能理解我的想法。我觉得自己选错了方向，我想转到城市设计系。"然而，令弗兰克没想到的是，斯尔特对于哈佛的那套官僚主义作风的维护，远胜过他对于一个进错了系的学生的同情心。和弗兰克刚来时，雷金纳德·艾萨克斯给他的回复一样，斯尔特也告诉弗兰克说，除了退学回家，重新申请以外，没有任何其他的办法。"他对我说：'那是唯一的办法，你不能就这样随便转系。'他极端的顽固和教条。从那以后我才认清，斯尔特是这样的一个人。我要不回我的学费，也没办法转到我想学的专业。"弗兰克说。

哈佛最终还是做了一点让步，在那个学年余下的时间里，弗兰克被允许作为一个特殊的旁听生留在哈佛。他将无法获得学位，但是，他可以选修任何他想学的课程。为了贴补家用，他还在景观建筑师佐佐木英夫（Hideo Sasaki）的事务所找了份工作，不过很快就被裁员了，他至今也不清楚其中的原因。后来，他又去了本地的另一家建筑机构——佩里 - 肖 - 赫伯恩与迪恩建筑师事务所（Perry, Shaw, Hepburn & Dean）继续工作。但是，那段时期，在弗兰克的生活中，工作并不是最重要的，摆脱了城市规划的束缚，他终于可以在哈佛大学开始自由而深入地钻研自己感兴趣的领域了，他旁听的讲座和课程，在广度上远远超越了建筑学的范围，安妮塔也经常和他一起去听课。

从那时起，他在哈佛的坏运气一扫而光。当然，弗兰克从来没有对20世纪50年代的哈佛这样僵化死板的机构感到过任何好感。但是，与他的求知欲相比，保守和循规蹈矩根本就算不了什么了，随着时间的推移，他对知识的渴望也愈加强烈。没有了专业和学位的桎梏，那段时期成为了弗兰克的教育经历之中最美好的一段时光，这连他自己都觉得有点难以置信。

“我听了玛格丽特·米德（Margaret Mead）和鲁思·本尼迪克特（Ruth Benedict）的人类学课。J. 罗伯特·奥本海默（J. Robert Oppenheimer）曾经来哈佛做过六场讲座，我也是场场不落。我还看了诺曼·托马斯（Norman Thomas）与霍华德·法斯特（Howard Fast）的辩论。”他回忆道，“安妮塔和我都十分享受这种学习生活。那时的我就像是一个被扔进糖果店里的孩子。”

弗兰克还旁听了约瑟夫·赫德纳特（Joseph Hudnut）、奥托·埃克斯坦（Otto Eckstein）、查尔斯·哈尔（Charles Haar）和约翰·高斯（John Gaus）等很多著名教授的课程。虽然他已经不是设计学院里任何一个系的正式学生，但是只要一有时间，弗兰克仍然会经常去设计学院里晃荡。他与建筑历史学家西格弗雷德·吉迪恩，还有后来成为耶鲁建筑系主任的保罗·鲁道夫（Paul Rudolph）都成为了朋友。而他与法国朋友马克·比亚斯的友谊也依旧十分密切。那年，比亚斯和他的未婚妻雅基（Jacqui）在剑桥结婚，弗兰克还在婚礼上充当了比亚斯的伴郎。比亚斯十分理解弗兰克无法成为建筑系正式学生的苦闷，于是，他提议让弗兰克和他搭档，一起参加一个建筑竞赛。竞赛的主题是设计一座纪念恩里科·费米（Enrico Fermi）的纪念碑。“那是个难度很高的项目，场地的限制非常苛刻。”比亚斯回忆道，“我们一起做了个方案，虽然没赢，但是那次竞赛，让我们俩能够一起工作，并且交流想法。”据比亚斯回忆，他和盖里的方案，包括一个用绳索悬挂着的顶棚，暗喻着微观粒子的结构。

弗兰克和马克·比亚斯后来再也没有进行过类似的工作合作，虽然在几年以后，比亚斯曾经试图邀请过弗兰克，与他合作一个法国的项目，但最终还是没能成行。不过，在此后的六十多年里，他们一直保持着亲密的友谊。他们的友谊，植根于他们对建筑共同的热爱，以及彼此之间不含任何竞争性的互相尊重。比亚斯是个更为理性和细致的思考者，他佩服弗兰克充满活力的，有时甚至显得有些混乱的创造性思维，而弗兰克也十分佩服比亚斯清晰的思路，以及他娴熟的笔下功夫。弗兰克记得，马克可以非常精确而完美地勾勒出建筑物复杂多变的屋顶轮廓线，就像勒·柯布西耶和斯尔特所最擅长的那样。“斯尔特非常喜欢他，所以，那会儿他可是建筑系里的大明星。”弗兰克说。

柯布西耶的思想，深刻地影响了当时哈佛大学设计研究生院的那些崇尚现代主义的师生。甚至可以说，在学院里，柯布西耶的地位比之瓦尔特·格罗皮乌斯都有过之而无不及，约瑟夫·路易斯·斯尔特本人就受了勒·柯布西耶的巨大影响。[1]“柯布西耶在当时的文化圈影响非常大。”弗兰克回忆道，“他也是（马克·比亚斯心中的）英雄般的人物，他无时无刻不在谈论着柯布西耶。”当时，勒·柯布西耶的杰作，法国的朗香教堂（Chapel of Notre Dame du Haut at Ronchamp）刚刚建成，其惊人的表现主义造型，在全世界引发了轰动——可以把它视为是20世纪50年代的毕尔巴鄂古根海姆博物馆。不过在20世纪50年代，一座这样的建筑所造成的影响，要比四十年后的古根海姆更加巨大和广泛。“来到哈佛之前，我的建筑观非常的倾向于日本或者说亚洲，因为这是南加大整体上的一种倾向。”弗兰克说，“到了哈佛，我则仿佛是完全置身于另一个世界，那里截然不同的建筑哲学和学术氛围也让我意识到，有必要到欧洲去看看。”勒·柯布西耶既是建筑师，也是个画家，

1 弗兰克离开后不久，哈佛大学就委托勒·柯布西耶，在其校园里设计了他在美国唯一的建筑，卡朋特视觉艺术中心（Carpenter Center for Visual Arts），该项目于1962年完工。斯尔特帮助他的导师柯布西耶获得了这项委托，并且深入地参与了整个项目的设计和实施。半个多世纪过去后，这座建筑仍旧是哈佛大学内最具标志性的一座现代建筑。

当时，在设计研究生院所在的罗宾逊楼（Robinson Hall），正好有一场柯布西耶的绘画作品展。这次展览比弗兰克之前所看过的任何艺术展都更加令他兴奋不已。除柯布西耶以外，弗兰克还没见过任何一个能够如他一般动手绘画，并且将绘画当作是工作必不可少的组成部分的建筑师。“柯布西耶的画作，与纽约的画廊里出售的那些绘画作品，是完全不同的两种绘画。”他说，“从他的画里，你能够看到他那独特的形式语言在二维空间里的表现。我被完全迷住了。之前很多人曾经告诉过我说，建筑设计可以从绘画中获得启示，但在柯布西耶的画里，我才第一次看到了这种观点的实践呈现。他的绘画是他设计实践的一部分，他在用绘画引导着设计。柯布西耶的画展并没有激发我对于绘画的热情，因为那个时候我对绘画其实已经敬而远之了，我也知道自己不会从事绘画。但是，他的绘画与他的建筑作品之中那些互相印证、反复出现的形体，让我领会了他是如何发展自己的形式语言的。我意识到，柯布西耶是在绘画中勾勒着他的想法，绘画是他将想法形式化的一种方式。柯布西耶的绘画给我留下的印象太深刻了。而最终，我也在自己的工作之中贯彻和实践了他的这种工作方式。”

哈佛的第二次城市设计会议于 1957 年 4 月召开，那时，弗兰克这段自由随意而又涉猎广泛的学习生活也即将接近尾声。他明白，学期结束后，他就要回到洛杉矶去了——安妮塔已经明确表示，她受够了这种跟随弗兰克东奔西跑的生活了，她认为弗兰克选择到哈佛读书本身就是个任性和不负责任的决定，尽管在这一年中，她也跟着弗兰克一起听了不少精彩的讲座和课程。但是，他得找份工作。起初，弗兰克打算还回他参军之前供职的维克多 · 格伦的事务所去。但是，与格伦事务所规划部门的负责人贝达 · 兹维克（Beda Zwicker）谈过之后，弗兰克有点拿不定主意了。兹维克告诉他说，格伦事务所可能并不是最适合他的地方，弗兰克一开始没太把这句话当回事，但仔细琢磨后，弗兰克觉得兹维克这么说可能是出于他的某种自我保护。兹维克是个好胜心很强的人，他可能害怕弗兰克的到来会威胁到他的地位。

而正是这次城市设计会议，给弗兰克带来了另外一个工作机会。曾经在南加大做过弗兰克的毕业设计导师，并且十分欣赏他的作业的威廉·佩雷拉，虽然并没有亲自出席会议，但是，他派来了事务所的一位高级员工杰克·比瓦什（Jack Bevash）。比瓦什来到哈佛，一方面自然是作为佩雷拉和拉克曼事务所（Pereira & Luckman）的代表,前来参加会议的。除此之外，佩雷拉还交给了他另外一项任务——把弗兰克·盖里招至麾下。那个时候的弗兰克，已经感受到自己的前雇主维克多·格伦事务所，对他已经并不那么欢迎了。于是，正在为工作发愁的他答应了比瓦什的邀请。一直以来弗兰克都很喜欢佩雷拉，正是佩雷拉在毕业设计时所给予他的支持和肯定，帮助他建立了对于自己设计能力的最初的自信。而当时的佩雷拉和拉克曼事务所，也正是洛杉矶建筑界的一支迅速崛起的力量，他们比这座城市中几乎其他所有的设计机构，都更为成功地将现代主义建筑从小尺度的私人住宅项目中解放了出来，引入到了更大尺度的公共和商业项目之中。而且，佩雷拉和拉克曼事务所那时候刚刚接到委托，准备在洛杉矶西部设计一座新的洛杉矶国际机场，接到这样的大项目，使得整个事务所的前景看上去更加不可限量。所以，对于弗兰克来说，决定到那里去工作其实是顺理成章，而并不是一个很艰难的选择。哈佛的城市设计会议闭幕后不久，没有任何考试、论文或者设计作业需要准备的弗兰克，便带着安妮塔、莱斯利和布丽娜，开着他的大众汽车，一路向西，踏上了返回洛杉矶的旅程。那时的安妮塔，已经再次怀有身孕，大概七个月了。

第六章

发现欧洲

返回西部的旅程虽然漫长，但沿途并没有什么值得记录的事情发生。他们一路向西，没有时间兜圈子闲逛，一路上唯一让弗兰克觉得值得考察一番的建筑，就只有弗兰克·劳埃德·赖特在亚利桑那州斯科茨代尔（Scottsdale, Arizona）的著名建筑群——西塔里埃森。弗兰克还记得，西塔里埃森的院门口，飘扬着一面旗帜，标示着那里是专横跋扈的，当时已经年满九十岁的赖特的领地。西塔里埃森是对游客开放的，依照惯例，每名前来参观赖特的这组工作室和住宅综合体的游客，都需要花一美元购买门票。然而，当售票员告诉弗兰克，他的两个孩子也需要和他们夫妇一样，购买全票的时候，他怒火中烧，直接拒绝了这一要求，转身就走了。“我觉得受到了冒犯。”他说，“我带着两个那么小的女儿，他们竟然找我要四美元。我跟他们说：‘见鬼去吧！’然后就离开了。我实在是不喜欢赖特的这种政治倾向。”[1]

1　赖特并没有公开地参与政治，而且，他在建筑领域取得的伟大成就，以及他强烈的个性，都掩盖了他的政治倾向。但是，赖特曾经表达过对“美国第一”运动（"America First" movement）的同情。“美国第一”运动旨在反对美国参加第二次世界大战，这一运动来源于美国保守派根深蒂固的孤立主义，同时还与其他更为激进的保守派思潮有关，其中就包括对弗兰克来说非常敏感的反犹太主义。赖特的这一政治立场，曾经导致他与他的好友，评论家刘易斯·芒福德（Lewis Mumford）绝交长达十二年，因为刘易斯在评论中批判“如果说赖特的人格是一块高洁的大理石，那么支持‘美国第一’运动，就是其中最为粗糙和黑暗的一道条纹。”

盖里一家：弗兰克、安妮塔、莱斯利和布丽娜

回到洛杉矶后，弗兰克和安妮塔带着两个女儿搬进了好莱坞山（Hollywood Hills）的一间小公寓，就在好莱坞露天剧场（Hollywood Bowl）的后面。在洛杉矶找个住处，比在剑桥要容易得多，弗兰克也正式开始了他在佩雷拉和拉克曼事务所的工作，一切似乎都在步入正轨。然而，天有不测风云，刚刚回到洛杉矶的弗兰克一家，遭遇了一次沉痛的打击。回到加州后不久，安妮塔的预产期就到了，弗兰克带她去了医院，准备着迎接他们的第三个孩子。但是，他们的殷切等待，盼来的却是小天使未与父母谋面便转身天国。医生后来告诉弗兰克，死产的原因是肾脏的问题。伤心欲绝的夫妻俩，给这个尚未来得及睁开眼睛的孩子，取名叫作萨莫（Summer），带着刻骨的伤痛回到了家中。弗兰克选择用疯狂的工作来逃避悲痛。而留在家里守着两个小女儿的安妮塔，没有类似的选项。她只能以对莱斯利和布丽娜的加倍疼爱，来寄托对早夭的萨莫的哀思。

* * *

威廉·佩雷拉的建筑作品造型大胆、极富想象力，弗兰克也十分喜务所的主管对于他的能力似乎也十分欣赏。弗兰克随后被委托管理项目预算，还逐渐成为了公司里小有名气的住宅项目专家。“我很喜欢做住宅。而且我也确实很擅长这类项目，当遇到一些很急的项目时，我能够比其他任何人都更快地完成任务。”弗兰克回忆道。后来，弗兰克在格伦事务所拥有了自己的团队，手下带着二十个人，工作的压力也与日俱增，他的团队经手了一个又一个的项目，日程安排似乎也变得越来越紧。但是，高强度的工作并没有压垮弗兰克，事实上他反而有些乐在其中。他喜欢格伦事务所的同事们——格雷格·沃尔什当时也来到了格伦事务所，还有弗雷德·厄舍尔（Fred Usher）、马里昂·桑普勒（Marion Sampler）、盖尔·卡瓦纳（Gere Kavanagh）、基普·斯图尔特（Kip Stewart），以及约翰·吉尔克里斯特（John Gilchrest）等，这些建筑师和设计师，有很多弗兰克早就认识，他打心眼里喜爱和尊敬他们。他们中的有些人之前曾在伊姆斯夫妇（Charles and Ray Eames）的事务所工作，他们的到来，也给格伦事务所带来了如伊姆斯事务所一般的，全新的设计理念。在弗兰克来到格伦事务所的最初几个月，他觉得格伦事务所就是那种能够让那些对艺术、建筑和设计真正有兴趣的人，感受到家庭般的温暖的地方，也是一个能够让建筑师觉得，自己的工作能够真正地服务于社会的地方。

弗兰克记得，那会儿他没日没夜地埋头于工作，周末也经常加班。安妮塔，虽然很感激弗兰克给家里带来的稳定收入，但是，弗兰克的事业挤占了大量的家庭生活的时间，安妮塔对此也颇有微词。弗兰克基本上连陪陪两个女儿的时间都没有，更不用说陪安妮塔了。安妮塔觉得，她过的日子，与弗兰克在军营服役那会儿也没什么差别。当时的弗兰克，显然已经决定要专注于事业，但是，对于因事业造成的家庭危机，也并非没有察觉。“当时我也知道，我的这份工作，几乎就快把我的婚姻毁了。”他回忆说，“安妮塔的火气越来越大，尽管她也需要这份经济上的保障。”

安妮塔的不开心，她的母亲贝拉·斯奈德都看在眼里，贝拉也和安妮塔一样，认为他们的婚姻问题，主要责任在弗兰克这边。她建议女婿去接受一些心理治疗，并且帮弗兰克联系到了一个心理医生——詹姆斯·维绍斯医生（Dr. James Weishaus）。执拗不过的弗兰克只得同意了岳母的要求，他加入了维绍斯医生组织的一个治疗小组。这是弗兰克第一次参加类似的小组治疗，然而最终，这对于他的婚姻问题并没有起到任何帮助作用。事实上，这次小组治疗，甚至还使得弗兰克的婚姻危机变得更加严重了。治疗过程中，弗兰克很快就和小组的另一名成员——一个律师的妻子——成为了朋友，他们对于彼此在各自婚姻生活中的幻灭和失落都深有同感。一开始，两个人仅仅是在小组治疗课程上聊得很投机，后来，他们开始在治疗课程后一起出去喝酒。很快，他们私下里的关系，变得越来越亲密。两个人都觉得，应该向小组里的其他成员坦白他们的这种关系，但是，当他们真的坦白之后，他们却被告知，这种婚外私通的行为，已经违背了治疗小组的原则，随后他们便被勒令退出了治疗小组。

在婚姻遭遇危机的同时，弗兰克在格伦事务所的蜜月期也结束了。他越来越觉得，在这样的一家大事务所工作并不适合他，况且，格伦事务所愈发商业化的项目和设计风格，对他的吸引力也越来越小。“格伦事务所明显变得更加的商业化了，像我这样的建筑师则逐渐成了边缘。”弗兰克回忆道，“我想，也许在他们的角度看来，是我变了，我成了叛徒，可能他们还会觉得有点难以置信。”

尽管弗兰克依旧十分努力地工作，但是，他还是没能像他同辈的其他同事一样，获得晋升，成为主创建筑师。他猜测，这可能是因为与其他的主创和合伙人比起来，他汇报方案的能力实在是有些差劲。彼时的弗兰克依旧是内向和腼腆的，他缺乏一个商业事务所的主创建筑师所应具备的流利、通顺的语言表达，而且，他自己也知道，在待人接物方面，他不够圆滑世故，说话容易得罪人。“我有自己的一定之规，也因此处处碰壁。也许是我当时还不够成熟吧。”他说。不过，很多年之后，在与记者约翰·帕斯提尔（John

Pastier）的一段谈话中，弗兰克对于自己之所以没能在格伦事务所走得更远，给出了另外一种解释："事后看来，我认为，他们当时有可能是觉得我对公司有所不满。确实，有一段时期里我总是显得很生气，而他们当时其实也不知道该如何是好。他们也想让我高兴地工作，但我实在是做不到。我越来越觉得那里不适合我，尽管我当时经常能够有机会与维克多 · 格伦、鲁迪 · 鲍姆菲尔德以及埃德加多 · 康蒂尼一起工作，他们都是我十分敬仰的人。"

那段日子里，弗兰克工作方面的唯一亮点，就是他开始有机会尝试一些独立的项目，他与南加大时期的老朋友，也是格伦事务所的同事格雷格·沃尔什一起，接了一些"私活"。在大的设计机构工作，拿着稳定的薪水，同时私下里自己做一些类似小住宅或公寓楼之类的小项目，这是很多建筑师试水独立执业的第一步，在能够接到足够的项目，靠自己的设计费养活自己之前，他们其实也只能做此选择。各大设计机构对于员工的这种"开夜车"的行为接受程度不一，很多公司会明令禁止。[举一个很著名的例子，弗兰克 · 劳埃德 · 赖特 1893 年被路易斯 · 沙利文（Louis Sullivan）事务所解雇，就是因为沙利文发现赖特私下里在接一些小住宅设计的"私活"。被沙利文解雇后，赖特便开设了自己的事务所，从此再没有为其他任何人工作过。]

不过，格伦事务所对于员工接"私活"这类问题，则显得宽松得多了。弗兰克和格雷格的第一个"私活"项目，是位于加州的艾迪尔怀尔德（Idyllwild, California），棕榈泉市（Palm Springs）以西的一座山间小屋，客户是安妮塔家的一个邻居——梅尔文 · 大卫（Melvin David）。小屋很简单，而且造价很低，采用木框架结构，由混凝土砌块和红木墙板搭建而成。不仅从建筑设计角度来看乏善可陈，而且，这个项目还成为了弗兰克与父亲糟糕的关系之中的一个非常悲哀的注脚。这座小木屋，是欧文亲眼见过的，唯一的弗兰克设计的房子，在弗兰克的印象里，欧文显然是觉得不怎么样。

随后，他们接到了一个更加像样的项目：位于布伦特伍德（Brentwood）的一座小住宅，预算有 60000 美元，这一数字，虽然算不上特别奢侈，但在

1958 年，已经足以建出一座非常不错的小住宅了。项目的客户是会计师埃德加·斯蒂夫斯（Edgar Steeves），以及他的妻子玛丽·卢（Mary Lou）和女儿芭芭拉（Barbara）一家。当时，芭芭拉正在与弗兰克和格雷格南加大时期的一个老同学迪克·马丁（Dick Martin）谈恋爱。虽然很多建筑师在起步阶段都是依靠亲戚之间的裙带关系获得项目的。但是，马丁觉得给自己未来潜在的岳父、岳母设计房子有点儿不合适，所以他推荐了弗兰克和格雷格。这一次，弗兰克没有因为腼腆和不够圆滑把事情搞砸，斯蒂夫斯一家只与弗兰克和格雷格谈了一次，就决定把这个项目交给他们来做。弗兰克做出了设计的基本概念，格雷格则负责深化方案，并且绘制了大部分的施工图。

最终的设计成果是一栋单层的，有三间卧室的小住宅，结构是木框架，墙面则采用的是拉毛抹灰饰面。建成的效果颇具弗兰克·劳埃德·赖特的风格，也有一点理查德·诺伊特拉的影子，同时也清晰地体现出了日本传统建筑的影响。建筑平面呈十字形布局，屋顶的一部分做了很大的出挑，在屋畔的水池上映照出了清晰的倒影，也使得整个建筑在水平方向上大幅度地延伸，形成了更为舒展的体量。这座小住宅，整体上的感觉十分严整和优雅，同时又兼具了很强的延展性和流动的空间。这也是 20 世纪 50 年代洛杉矶地区的大部分现代住宅建筑的共同特点。当时引领这一风格的代表性的建筑师是哈韦尔·汉密尔顿·哈里斯（Harwell Hamilton Harris）和拉斐尔·索里亚诺，这两人都较早地对弗兰克产生了影响。平面上规矩的直线，表明那时候的弗兰克还没有摆脱那些早期的条条框框。不过，一些细节的设计，还是在不经意间流露出了弗兰克过人的才华，有些地方的处理是具有独创性的，并没有借鉴其他建筑师的先例。赖特标志性的大出挑屋顶，被弗兰克运用得更为夸张，在房子的一侧，屋顶被从建筑体量上拉出了非常远的距离，并在造型上做了极富雕塑感的处理。

弗兰克的这个设计中最为重要的一个标志——也是他后来大部分作品的一个重要特点——就是相对粗糙的建造控制，虽然在经典的现代主义建筑

弗兰克与格雷格·沃尔什共同设计的斯蒂夫斯住宅，弗兰克·劳埃德·赖特对他早期作品的影响清晰可见

实践中，对于细节建造效果的把控，通常是建筑师最为关注的重点。但是，在斯蒂夫斯住宅的实施过程中，无论是弗兰克，还是施工的工人们，都并没有去追求把每一个细部节点都做得尽善尽美。初始的施工报价超出了客户的预算，为了能够在不对设计做较大修改的情况下把房子建起来，弗兰克和格雷格找了个比较便宜的施工队，格雷格后来称其为“业余施工队”，同那些更大、更有经验的施工单位相比，这个小施工队显然在技术上要差一些。“施工错误在所难免，但是，你知道，建成后的效果看上去还可以。”格雷格·沃尔什回忆道。

弗兰克那时已经开始和洛杉矶的艺术家们有所往来，艺术家的圈子在此后的几年里对他的影响也变得越来越重要。他同时目睹了50年代艺术界的主流抽象表现主义，正在逐渐让位于一些后起的新艺术思潮。艺术家们在创作中，对于废弃物品的使用越来越感兴趣，也有越来越多的艺术家开始敢于打破学院派美术对于精致和优雅的追求。弗兰克在艺术上的眼界也不仅仅局限在洛杉矶的艺术圈，他对于当时美国各地不断涌现出的新艺术创作都有所涉猎。比如，他非常敏锐地注意到了罗伯特 · 劳申伯格（Robert Rauschenberg）称为“混合”（combines）的新的创作方式。这些拼贴作品融合了绘画和雕塑，而且大量地使用了拾来的垃圾，以及贾斯培·琼斯（Jasper Johns）所关注的日常物作为构成要素。弗兰克这种日益增长的对于日常物品的兴趣，也并不局限于艺术领域。当他开车在洛杉矶和橘郡（Orange County）的街道上穿行时，经常会见到许多新开发的，正在建造中的标准化小住宅，而那些正在施工阶段，刚刚搭好木框架结构的房子，吸引了他的注意。框架结构虽然处于未完成状态，但却清晰地暗示出了房子建成后的体量，弗兰克觉得这比建成后的房子有意思多了。弗兰克很喜欢这些未建成的框架结构所带有的那种模糊性，既有清晰的房子的形象，同时在本质上又几乎是空无一物的。在斯蒂夫斯住宅的设计和施工过程中，弗兰克开始思考这种“未完成”的状态，他愈发觉得这可能并不仅仅是无聊而无用的异想天开，这也许会对他之后的设计工作产生一些未知的影响。

“在被精致的木板墙面包裹起来之前，（那些房子）有一种美感。”弗兰克后来说道，“施工工艺的好坏并不重要。我记得我看着工人们在加工那些螺旋形的金属条，心里就在想，艺术家们告诉我们，这种所谓的完美，并不应该是我们看待事物的唯一方式。这是一种人为的矫饰，而非自然的美。所以，在后来的实践中，我提出来一套全新的建造方式，即把这些本来被掩盖的结构和材料统统暴露在外，因为我不想要那种人工的美。如果你无法掩饰这些东西，那么就试着去正视它们，然后看看你能得到什么结果。我觉得我现在依然在这么做。”

粗糙，弗兰克说：“对我来说非常有意思，我喜欢粗糙的工艺感，我也喜欢那种自发性的美学。这种粗糙是有人性的、有温度的，而且是平易近人的。以密斯为代表的追求精致的现代主义完全没能达到这种效果。我猜测，我之所以喜欢弗兰克 · 劳埃德 · 赖特设计的那些草原风格住宅，可能也是因为它们都没那么讲究，符合了我对于粗糙的偏好。”斯蒂夫斯住宅的设计和建造过程，使弗兰克意识到，他想要的，不是那种过分矫饰和精致的房子——他所感兴趣的绝不是那种“讲究的完美”，而是一种当时的他还无法定义、无甚了解的美学。[1] 后来他说，他的这种偏好可能与他左倾的政治立场有关。“我喜欢那些实实在在的、便宜的、没有太多设计感的材料。比较符合我的政治倾向。”

最终，弗兰克在斯蒂夫斯住宅项目上分到了1500美元的设计费。他没有用这笔钱去还债，也没有用这笔钱去买房。关于如何使用这些钱，弗兰克其实早就想好了。他在哈佛的朋友，马克·比亚斯，毕业后在洛杉矶住了两年。后来，他几年前在法国中标的一个医院项目似乎要准备实施了，于是便回了巴黎。弗兰克同马克一直保持着密切的联系。弗兰克记得他的这个朋友“求着我让我去巴黎”。不过，马克的回忆则与弗兰克的描述有点出入：“弗兰克写信给我，说他对当时的生活有点厌倦。他想到法国来看看，找个地方住，然后在这边找个工作。”

无论这个想法到底是谁先提起来的，去巴黎，对当时的弗兰克来说确实很有吸引力。安妮塔也是原因之一。她在巴黎有位多年的笔友，她也经常说想去巴黎住一段，尽管她其实并没有认真地考虑过这一可能性。弗兰克决定，把他的设计费，用来给安妮塔、两个女儿还有他自己购买去法国的船票。他买的是荷美邮轮（Holland America Line）从纽约到勒哈弗尔（Le Havre）的航线。“我把这当作是我对她的一种补偿，为我之前所做的一切。”弗兰克

1 二十多年之后，1981年，斯蒂夫斯住宅的新主人找到了弗兰克，请他为这座房子做一个增建。弗兰克的新设计与原先的方案非常不同，由一组互无关联的元素组成，同1959年设计的原有建筑斜向交叉在一起，故意地打破了横平竖直的轴线。这是弗兰克第一次尝试这种把一系列的房间作为单独分开的结构来进行设计的手法，最终成型的建筑从概念上来看是一个抽象的小镇，后来弗兰克在其他项目上也反复运用了这种手法。虽然新的房主史密斯一家（Smiths）对弗兰克的设计很满意，但是，当地的设计审核部门却并不这么认为。“他们说弗兰克的设计看起来不像是个房子。”格雷格·沃尔什回忆道。就这样，这个加建设计最终没有付诸实施。

说，“她也该好好享受一下生活了……马克说他应该可以帮我找到一份工作。”

用斯蒂夫斯住宅的设计费购买全家去法国的船票，这其实是个有点冲动的决定，不过弗兰克也并不打算马上就走。他买的船票，大概是一年之后的。他觉得，他有必要尽可能提前一些告知格伦事务所他准备离开，因为当时他正负责事务所的几个重要的项目，如果立刻离开，很难和同事们进行交接。他也想给安妮塔足够长的一段时间，来让她好好计划一下他们的这次远行。在格伦事务所，弗兰克记得 :“我走进鲁迪（鲍姆菲尔德）的办公室，给他看了我的船票，我说 :‘看，我刚买的，一年以后的船票。所以，我要走了。不过好在我提前一年告诉了你，这样你就不必再给我安排新的工作了，一年的时间，也足够你把我排除在计划之外了。我要走了，你也知道，我必须得走，我选择以这种方式离开，是因为我不想因为我的离开而伤害到任何人。’”

鲍姆菲尔德，似乎是为了挽回弗兰克，反而开始交给弗兰克越来越多的工作，而且还都是些很好的项目。弗兰克回忆说 :“我离开前三个月，他们还在给我分派一些非常好的大项目，我只能又一次去了鲍姆菲尔德的办公室，跟他说 :‘听着，我已经决定要走了，而且我他妈的已经买好票了。也许你觉得我们还有可能再谈谈，但是，实话说，我真的并不这么想。’后来，约定的离职日期一到，我就直接走了。他们吃惊地看着我，好像不相信我会真的离开一样。”

鲍姆菲尔德，可能是为了做最后的努力，告诉弗兰克说公司打算晋升他为主创建筑师。“可惜你们没有早这么做，现在已经太晚了。”弗兰克记得他这样回复鲍姆菲尔德，“我不想当主创建筑师了。”就这样，他离开了格伦事务所，带着全家横穿整个国家，从纽约登船，前往了欧洲，他和安妮塔，都希望能够在那里有一个全新的开始。

马克 · 比亚斯和妻子雅基住在巴黎西南近郊，一座名叫默东（Meudon）的小镇，距离凡尔赛（Versailles）不远，这一地区曾经是一片属于皇家的森林，至今还存有一座皇家城堡的遗迹。城堡的一部分在普法战争（Franco-Prussian War）期间损毁了，剩余的部分被改造成为了一座天文台，也是法国最重要的几座天文台之一。城堡周边的森林，以及由17世纪伟大的景观建筑师安德烈·勒·诺特尔（André Le Nôtre）设计的园林景观都原样保存了下来，这些都使得这一地区成为了一个奇妙地融合了贵族遗迹与中产阶级小镇风情的地方。在一座遍植橘树的小山上，筑有一座能够将俯瞰巴黎全城的观景平台，这种象征着昔日荣光的残存，在小镇上比比皆是。而与此同时，小镇上遍布的许多普普通通的小住宅和公寓楼，又与法国其他地方的中产阶级社区别无二致。

比亚斯夫妇住在守卫街（Route des Gardes）60号，一座平面呈新月形的大型公寓楼里。公寓楼的场地标高比道路要低很多，并且是以非常陡的坡度从道路上坡下来。不过，这块场地最为不寻常的地方，还远不止于其独特的地形。场地所在的位置，是曾经的"女士庄园"（Hameau des Mesdames）的一部分，"女士庄园"于1779年建成，是一座非常漂亮的小镇，原本是供路易十五（Louis XV）的女儿们消遣娱乐的地方。如今，"女士庄园"早已经不复存在，仅存有一座石头砌的小教堂，还孤零零地伫立在守卫街的旁边，显得十分突兀。凑巧的是，马克和雅基就在自家公寓的楼下为盖里一家也找到一套公寓。安妮塔一直梦想着，来到巴黎后，能够住进巴黎市区宽阔大道旁的阁楼里，这间公寓虽然并没有完全满足安妮塔的心愿，但是，对他们来说，有这样的一个住处也已经相当理想了。这里离巴黎足够近，而且还就住在好朋友的楼下，这意味着以后弗兰克去上班时，安妮塔也不会再寂寞了。这幢五层的曲线形的公寓楼，从建筑设计角度来看，也是可圈可点。与巴黎的那种经典的奥斯曼（Hausmann）式的建筑不同，这幢房子优美的半圆形造型，以及由红砖和混凝土构成的水平线条立面，使其成为了一座非常富有亲切感，同时又极具现代感的建筑，与其他那些同样位于巴黎边缘地区的，承载了这座城市大量人口的冷冰冰的高层板楼也形成了鲜明的对比。公寓楼的设计借助了场地的坡度。场地的入口有好几个，无论从哪个入口进入场地，都要先经由步行连桥，跨过场地边缘的一道深沟。停车位沿着山体的边缘布置在建筑的后侧。另外，公寓楼弧形的后墙，围合出了一个精致宜人的小公园，以及一块活动场地，这对弗兰克的两个孩子来说再好不过了。比亚斯夫妇还帮弗兰克一家在新公寓里布置上了一些简单的家具，以便他们可以尽快地安顿下来。

从公寓楼步行五分钟就是默东 · 贝尔维尤（Meudon Bellevue）火车站，从那里再坐二十分钟的火车，就能够到达蒙帕纳斯站（Gare Montparnasse）。马克 · 比亚斯在弗兰克到来之前，就一直在努力帮他联系工作，不过，同帮弗兰克找到那处好房子比起来，比亚斯在找工作方面就显得并不那么在行了。凭借着高中时学的那点磕磕绊绊的法语，弗兰克在把一家人安顿好后，立刻开始了在巴黎寻找工作的征程。他的首选是康地利斯 - 乔西奇 - 伍兹事务所（Candilis-Josic-Woods），这家国际知名的事务所就位于巴黎，以其先进的、高度理论化的现代主义城市规划设计著称。乔治 · 康地利斯（George Candilis）和阿莱克西斯 · 乔西奇（Alexis Josic）面试了弗兰克，并且最终同意了给他一份工作。但是，据弗兰克回忆，那里提供给他的工资只有每小时两个法郎。“我得养两个孩子，这点钱根本不够生活。”他说。[1] 所以他只得拒绝了这份工作，就像很多年以前，他拒绝免费为理查德 · 诺伊特拉工作一样。

然而，现实是残酷的，除了那里以外，弗兰克甚至连每小时两法郎的工作都找不到了。他只得求助于他之前在洛杉矶的同事，格伦事务所的首席财务官海伦 · 米凯利斯（Helen Michaelis）。米凯利斯是欧洲人，同弗兰克

1　1961 年，两个法郎只能折合不到半美元。虽然在 20 世纪 60 年代早期，居住在巴黎的生活成本还不是那么高，但是，这样微薄的收入还是难以养活一个家庭。1957 年，亚瑟 · 弗洛默（Arthur Frommer）出版了一本著名的旅行指南《每日 5 元游欧洲》（Europe on Five Dollars a Day），而两个法郎的时薪连这个标准都还达不到。

的关系一直也很不错，她答应帮弗兰克联络一下在巴黎的法国建筑师安德烈 · 勒蒙代（André Remondet）。这位安德烈 · 勒蒙代，20 世纪 30 年代曾经在纽约为华莱士 · K. 哈里森（Wallace K. Harrison）工作过，之后在二战期间，他还曾经当过美军第五步兵师（5th Infantry Division）的法语联络员。勒蒙代“迷恋着美国”，弗兰克回忆道，他在巴黎的事务所里也雇用了几个美国人。马克·比亚斯也曾经建议弗兰克去联系一下勒蒙代。不过，海伦·米凯利斯的推荐显然更加好用，得到米凯利斯的回复后不久，弗兰克就接到了勒蒙代的面试邀请，弗兰克顺利地通过了面试，得到了一份时薪四个法郎的工作。“四个法郎一小时，对我来说就还算可以接受了。”弗兰克说。按小时计算工资，是弗兰克提出来的一个非常重要的条件，因为他每周只打算工作四天，他需要有足够充裕的业余时间用来旅行和探索建筑。他知道，对于从未到过欧洲的他来说，需要好好补习一下建筑史了。

勒蒙代的工作室位于香榭丽舍大街（Champs-Élysées），从默东乘坐火车到蒙帕纳斯站后，还要坐很久的地铁才能到。虽然办公室所处的这个地段可以说是绝佳的——1961 年肯尼迪总统访问巴黎时，弗兰克在办公室的阳台上就能看到肯尼迪和查尔斯 · 戴高乐的车队沿香榭丽舍大街而下。但是，弗兰克每天从默东赶到工作室上班，大约要花费一个小时的时间。而且公共交通系统也无法满足弗兰克一直在计划的建筑考察旅行的需求。所以，盖里一家找安妮塔的父母借了些钱，在巴黎买了一辆白色的大众甲壳虫汽车，同弗兰克哈佛毕业后开回洛杉矶的那辆一模一样。之后他便开始开车上班，每天早上，他都把车停到离工作室不远的，环境优美的福熙大街（Avenue Foch）上。很多年以后，对于那段开车上班的日子，弗兰克脑海中最清晰的一段记忆，莫过于有一天早晨，当他停好车，从车里钻出来时，发现自己的面前正好站着著名演员吉恩·凯利（Gene Kelly）——凯利就住在福熙大街。“Bonjour, monsieur（早上好，先生）！”弗兰克记得凯利用法语和他打了招呼。弗兰克吓了一跳，有点不知所措，也回了一句“早上好（Bonjour）”。

勒蒙代的工作室设计了不少政府建筑，他本人还拥有“公民和国家宫殿首席建筑师”（chief architect of civil and national palaces）的头衔。巧合的是，离盖里家不远的默东天文台的翻新工程就是由勒蒙代主持的。不过，要等到 1975 年，勒蒙代才赢得了他职业生涯中最重要的一个项目——位于华盛顿的法国驻美大使馆。在 1961 年，弗兰克为勒蒙代工作时，还并没有觉得那里的项目有多么的吸引他。弗兰克在勒蒙代工作室的职位，比他之前在格伦事务所时要低一些，所以，他所做的工作也并不十分有趣，肯定是无法像做斯蒂夫斯住宅一样，从头到尾独立地设计一个项目了。对弗兰克而言，安德烈 · 勒蒙代的工作室所给予他的，仅仅是一份让他能养家糊口的工作而已。他来到法国的真正目的，其实就是想好好在巴黎待上一段时间，并且好好地补上他在美国的建筑学院里学不到的那一课——欧洲建筑。

* * *

马克 · 比亚斯自告奋勇地当起了弗兰克的导游和老师。从盖里一家刚到巴黎那天，他就开始带着他们到处转。在圣拉扎尔站（Gare Saint-Lazare）接到了弗兰克一家后，比亚斯便马不停蹄地领他们去了巴黎圣母院大教堂，弗兰克至今还清晰地记得他第一次步入圣母院大教堂时的情景，哥特式的拱顶间，回荡着《格列高列圣咏》（*Gregorian chants*）的回声，无论是这建筑还是这音乐，对弗兰克来说都是全新的体验，他彻底沉醉了。随后一周的周末，他们又一起去了沙特尔（Chartres），当他们在高速公路上逐渐接近那座小城时，弗兰克被震撼了。远景中，沙特尔大教堂在博斯（Beauce）地区开阔的田野上拔地而起，高耸的哥特式建筑，远远看去就如同飘浮在地平线之上。比亚斯的旅行计划还远远不止于此，他还计划着带弗兰克考察巴黎附近的现代建筑，参观遍布法国的罗马风（Romanesque）教堂，寻访法国南部的罗马帝国遗迹，进而将旅途继续延伸至瑞士和德国。“我们一起游历了巴黎和周边的很多地区。”马克·比亚斯回忆道，“我开着一辆雪铁龙 2CV 小车（Deux Chevaux）在前面带路，弗兰克开着他的大众在后面跟着我。”安妮塔和弗兰克的两个女儿几乎每次旅行都会跟着一起去，马克的妻子也是。

在法国的旅行让弗兰克大开眼界。“我来自美国西海岸，我的审美也是美国西海岸的，在建筑学院里学到的也是倾向于日式的、亚洲化的审美，木版画、木结构的寺庙之类的。”弗兰克说，“然后突然之间，我来到了这个南加大的建筑史老师从来没讲过的世界，受到的震撼可想而知。像那些伟大的大教堂，他们在课上只是用几张黑白照片一带而过‘这是沙特尔大教堂，这个是波恩大教堂（Bonner Münster）’。但那些照片根本就无法传达出那些建筑的力量。当我走进沙特尔大教堂时，我愤怒了。我说：‘为什么他们从来没有告诉过我们这些建筑有多伟大？’”

旅途之中，那些造型坚实厚重的罗马风大教堂，尤为吸引弗兰克的目光。在勃艮第的欧坦（Autun，Burgundy）大教堂，弗兰克获得了某种“顿悟”——不是宗教上的，而是建筑意义上的顿悟。他第一次意识到，装饰，并不一定都像他之前所认为的那样，是无用的附加品，装饰同样可以成为一座建筑的重要组成部分。在欧坦大教堂里，建筑、绘画和雕塑艺术，就在同一座恢宏的建筑中得到了非常完美的融合。对弗兰克来说，这无疑是一个极大的启示。“在此之前，我是个彻底的现代主义者，一直以来我都把装饰看作是无用的、不可接受的。”他说，“直到去了欧坦大教堂，我才第一次理解了，装饰是建筑的一部分，并不一定是矫揉造作的，也并不是微不足道的。”

旅行的目的地同样也包括现代建筑。弗兰克和马克一起，造访了勒·柯布西耶早期在巴黎的一系列作品，从勒罗许住宅（Maison La Roche）、吉纳瑞特住宅（Maison Jeanneret）到瑞士学生会馆（Pavillon Suiss），以及位于普瓦西（Poissy）市郊的萨伏伊别墅（Villa Savoye），经过这番考察，弗兰克对柯布西耶——这位他在哈佛读书期间才有所了解的建筑大师，有了更深刻的理解。萨伏伊别墅虽然经典，但在弗兰克造访那里的时候，它已经建成了差不多三十年了，弗兰克反而觉得柯布西耶当时的一些新作品更为吸引人。事实上，关于柯布西耶的建筑，弗兰克最为珍贵的记忆并没有留在巴黎，而是留在了里昂（Lyon）附近的一个小山谷里。在游览了勃艮第地区的图尔尼（Tournus）城中的一座早期罗马风教堂后，弗兰克和马克，带着他们的妻子开车前往了勒·柯布西耶当时最新的作品——多明我会的拉图雷特修道院（Sainte Marie de La Tourette）。那是一座悬停在山坡上的巨大混凝土建筑，造型简洁优雅，空间气氛也异常沉静，在那里，弗兰克又一次感受到了启示。“我的建筑观从此变得倾向于欧洲了，”他说，“所以，日本，再见啦。”马克记得，他的妻子雅基，还有安妮塔，被拦在了小礼拜堂门口，不准再深入建筑的内部进行参观，因为小礼拜堂是这座建筑唯一对全部游人开放的部分。但是，他和弗兰克作为男性，是可以沿着走廊继续往里走，参观供修道士使用的区域的。于是，妻子们只得留在外面等着，而他们俩则把这座建筑的每个角落都仔仔细细地看了个够。

勒·柯布西耶的另一件晚期作品，造型上更具表现主义色彩的朗香教堂（Notre Dame du Haut），与富于雕塑感的拉图雷特修道院一样，也对弗兰克的建筑观造成了巨大的冲击。朗香教堂位于法国东部，为了去看这座建筑，弗兰克专门计划了一趟颇具“朝圣”意味的旅程。柯布西耶的朗香教堂，以及遍布法国各地的那些粗糙的、造型圆润的罗马风教堂，可能是弗兰克在法国看到的所有建筑中，对他的触动最深刻的。拉图雷特修道院更是直接地影响了他后来的设计。看过这些教堂，以及柯布当时的新作品之后，弗兰克对于建筑中工艺的矫揉造作愈发没有兴趣了。所有这些形式各异的伟大建筑，都让他明白了一个道理：建筑的形式，既可以是敦实、厚重的，也可以是流动的、与众不同的，优秀的建筑作品甚至可以同时具备这两种特质。辛德勒、诺伊特拉，以及设计洛杉矶的“案例研究”系列建筑的那些建筑师，所有这些早期的影响，都和日本建筑一样，从那时起便被弗兰克抛弃了。清晰和精确，不再是弗兰克的建筑设计中确定无疑的守则。他意识到，如果当时（1961

年）再让他设计一次斯蒂夫斯住宅的话，他的设计一定会和他 1958 年的作品截然不同。

弗兰克的旅程也不仅仅局限在法国，他去了巴塞罗那，考察了高迪（Gaudi）的作品，高迪同样对弗兰克有非常重要的影响。高迪的作品，让弗兰克更加坚信，直线，并不是如他在南加大所学到的那般，是构成建筑必不可少的元素。此外，他还游览了荷兰和意大利。有些旅程，他们是和格雷格·沃尔什同行的，在弗兰克离开格伦事务所几个月后，格雷格也辞职了。和弗兰克差不多，格雷格也决定休息一段时间，出来旅行。参军期间，格雷格已经深入地探索了日本，不过，对于欧洲，他也和之前的弗兰克一样知之甚少。来到欧洲后，他依旧如在洛杉矶时那样，每天与弗兰克和安妮塔混在一起，格雷格也和弗兰克一样，如饥似渴地想要尽可能多地探访欧洲建筑，无论是古典的还是现代的。如果说格雷格加入盖里一家的旅行有什么不方便之处的话，那便只有经济方面了。格雷格与他的设计师旅伴玛格丽特·努森（Margaret Knudsen），在旅行预算上比盖里一家要宽裕得多。格雷格是个单身汉，生活上的开销比弗兰克要小很多，经过了几年的工作，他也颇有些积蓄。他和玛格丽特在欧洲开的是一辆租来的敞篷跑车，而弗兰克和安妮塔只能带着孩子们挤在他们的小甲壳虫里。“有一次我们在路上遇见他们，他们正要去高档的餐厅吃饭，不过那种餐厅我们吃不起。”弗兰克回忆道，“所以他们就自己去了高档餐厅，我们则去了很烂的餐厅。和他们一起旅行很有意思。我们搭伴一路开到了罗马。”

盖里一家在巴黎的美好时光，持续了大约不到一年，在巴黎待久了之后，安妮塔又开始变得不那么开心了。马克·比亚斯记得，她又开始了抱怨，就像很多年以前一样，那时她放弃了自己的学业和想要的生活，供养弗兰克上学，抚养年幼的孩子。“所以弗兰克告诉我说：‘我们得回美国了。’”马克说。那时，马克刚刚准备参加一个关于诺曼底（Normandy）地区的一座新城的城市设计竞赛，他和弗兰克原本还商量着一起搭档参赛来着。“但是他跟我说：‘不行，我做不了这个设计了——我得回去了。’”马克说，“我们在法国在一起的日子就这样结束了。”

弗兰克和安妮塔决定在法国待到 1961 年夏天。虽然对于不得不回去感到有些不开心，但是，那会儿弗兰克已经决定，回到洛杉矶后就着手开设自己独立执业的工作室，这也让他有了一点回去的动力。建筑师的事业往往发展得都比较缓慢——人到中年却依然得不到重大项目的建筑师也大有人在——但弗兰克从来都不是个有耐性的人，正如他从来都无法适应给别人打工一样。无论如何，弗兰克知道，如果想要在四十多岁时获得重要的项目，他需要从很早就开始经营自己作为一个独立建筑师的能力和声望。1961 年 2 月，他已经年满 33 岁了，他觉得自己已经准备好去开创自己的一番事业了。

就在盖里一家准备离开巴黎之前的一个月，弗兰克收到了一条让他惊喜的消息。维克多 · 格伦来巴黎了，就住在里兹大饭店（Ritz），而且想要见见他。于是弗兰克来到了酒店，去见他的前老板，他原以为他们只是在酒店里坐下来聊聊天，一起吃个午餐。然而，弗兰克回忆道：“他说：‘带我逛逛巴黎。’于是我说：‘没问题，你有多少时间？’他说三个小时。我说：‘好，我可以带你去我最喜欢的地方。’随后，我和他，还有他的妻子莉赛特（Leesette），我们三个人去了杂货店，买了一些做三明治的食材。”弗兰克带着格伦夫妇，去了巴黎城外一个鲜为人知的好去处，那里曾经是“马尔利机”（Machine de Marly）原址的一部分。马尔利机，是凡尔赛宫附近的一座大型水泵站，始建于 1684 年，用以给凡尔赛宫内的喷泉供水，这些喷泉的用水量几乎和当时整个巴黎的用水量相当。马尔利机系统是法国历史上最伟大的工程之一，原本由 14 台直径 38 英尺（约合 11.5 米）的水车，以及超过 200 台水泵组成。虽然在很久之前，这套庞大的机组就已经被新的供水系统淘汰掉了，但是到了 1962 年，机组的原址上还依旧残留着一座水泵房的遗迹，与之相邻的河岸成为了一个公园。从某种程度上看，那里俨然是一个早期版本的“工业遗迹景观”，尽管当时还并没有兴起这种概念。很少有人知道这个地方，这里是弗兰克最喜欢的野餐据点。

弗兰克和格伦夫妇在河边铺开一块毯子，美美地享用了一顿午餐，弗兰克记得维克多·格伦说，他非常高兴能够在巴黎发现这个他从没听说过的好地方。随后，在驱车返回酒店的路上，格伦告诉了弗兰克他这次见他的真正原因。

“他说：‘我准备在欧洲开一个工作室，以后就把洛杉矶的事务所交给其他的合伙人了。’”弗兰克回忆道，“‘我想回到巴黎生活，在那儿开个小工作室，我希望把它交给你来运营。’他说。当时的我穷困潦倒，而他开给我的薪水是我那会儿工资的十倍，而且，如果接受他的邀请，我还可以从此留在我热爱的巴黎。下车时，我看着他，我说：‘维克多，我从未见过比你的这份邀请更棒的工作，但我还是不能接受它，因为我已经决定回美国去了。我打算开一间自己的工作室，而且差不多都已经安排好了。我知道独立执业将会遇到很多艰难，但是我已经决定了。’听到我这样回复，格伦非常愤怒。他砰的一声关上车门，开车走了。”

这并不是弗兰克最后一次拒绝一些看上去很有前景，并且在事业和经济上都对他有很大好处的东西，不过，当时的弗兰克，心里还是有一些矛盾和遗憾的。他对自己说，他之所以拒绝格伦，都是因为安妮塔想回美国，当初他到巴黎来就是为了取悦她，他现在选择返回洛杉矶，也依然是希望能够借此让她，以及他们的婚姻更加幸福一些。但事实上，弗兰克拒绝格伦的邀请，其实还有着一个更为深层的原因。那时的弗兰克，已经再也不想给任何人打工了。如果继续做建筑师，他希望至少能够由他自己控制他所做的事情。建筑师最理想的工作状态，莫过于可以在众多项目之中挑选，只选择自己觉得有意义的项目来做，不过弗兰克也知道，这样的工作状态对当时的他来说，其实仅仅是个奢望。但是，如果成为独立执业的建筑师，哪怕是为了生存而不得不接一些不怎么样的项目，这个选择权至少还是在他自己手上的。他已经受够了被其他人摆布的日子。

第七章
在洛杉矶重新开始

弗兰克和安妮塔，带着两个孩子，登上了返回美国的轮船，他们先是抵达多伦多，随后，开着从法国托运过来的那辆大众车，横穿北美，回到了洛杉矶——这一次，他们将要在洛杉矶待上很久很久了。弗兰克和安妮塔在此后都一直居住在洛杉矶。安顿下来，弗兰克立即着手筹备他自己的工作室，实现自己成为一名独立执业建筑师的目标，这也令弗兰克兴奋不已，在安德烈·勒蒙代的工作室里做了那么久的绘图员，他已经迫不及待地想要回归设计了。虽然那个时候的弗兰克，在不熟悉的人面前，依旧表现得有点儿内向和害羞，不太善于向客户推销自己。但是，在格伦事务所几年的工作经验，还是让弗兰克的心里多少有了点儿底，至少是让他觉得自己“有信心去做点自己的事业”。

从法国回来，弗兰克觉得自己长进了很多，他觉得自己已经做好了准备，可以成为一个独立的建筑师了。如果说南加大的加州现代主义熏陶，让弗兰克的建筑天赋得到初步的发展；哈佛时期对欧洲现代主义的思考令他的眼界得到拓展；那么，他的法国之旅，则让他第一次直接地接触到了历史上的那些不朽的伟大建筑，也令他对建筑学的认知和领悟，得到了一次爆炸式的增长。在欧洲那段时间里，最让弗兰克受益匪浅的，就是他与马克·比亚斯，以及后来的格雷格·沃尔什，一起进行的那些对欧洲建筑的考察，一路上的所见所闻，可以说是令他茅塞顿开。他从来没有如那时一般，渴望能够获得实践的机会，他要把他那段时期获得的新知识、新想法付诸实现。他深知，如果不真正投身于设计实践，他将永远不会知道，那些带给他巨大震撼的罗马风教堂，以及柯布西耶和高迪的作品，会如何深刻地影响到他的建筑观和建筑语言。

然而，虽然弗兰克已经做好了一切的准备，但这并不代表马上就有活儿干。建筑师需要客户，而对于一个在国外待了十五个月，刚刚回国的年轻建筑师来说，获得客户就更不是一件容易的事了。没有项目时，弗兰克需要一些收入来维持生计，为了避免重新回到大公司里去给别人打工，他开始接一些自由职业的工作，而这些工作大部分来自于他之前在格伦事务所的同事卡洛斯·迪尼斯（Carlos Diniz）。迪尼斯在格伦事务所时，主要的工作是负责绘制建筑渲染图。在计算机时代到来以前，画渲染图是建筑事务所里一项非常重要的工作，因为除了模型以外，渲染图是建筑师用以向客户展示自己设计创意的最直观、最清晰，而且几乎是唯一的手段。弗兰克的妹妹多琳记得，迪尼斯非常有才华，“即使一栋房子设计得像坨屎，有了他的渲染图，也能顺利地卖出去”。当时，迪尼斯已经离开了格伦事务所，自己开了一家公司，专门帮其他的建筑师制作渲染图和方案汇报文本，弗兰克就是在他的公司帮忙。“我会画树，会画房子，但我不会画人。”弗兰克回忆说。不过，画建筑渲染图，这种程度的画技就已经足够了。

但是，这点工作的收入，仅仅够一家人勉强糊口，他们的生活依旧很拮据，弗兰克和安妮塔，带着两个女儿，租住在安妮塔曾经的家，北好莱坞伦普街 6623 号。那栋房子的产权，当时还依然属于安妮塔的父亲路易斯·斯奈德。“我父亲不断地买房子——他拥有大量的房产。”弗兰克的妻弟理查德·斯奈德回忆道。贝拉·斯奈德觉得，她的丈夫应该干脆一点，把房子赠送给盖里一家。但是"他并不是那种人"，理查德说。他记得，因为路易斯拒绝把房子送给女儿女婿一家，并且还找他们要房租，"我父母为此还闹了些不愉快"。最终，大概是为了弥补路易斯潜在的租金损失，弗兰克和安妮塔还是付给了路易斯14000美元，买下了那栋房子。

如果把弗兰克比作是堂·吉诃德（Don Quixote）的话，那么格雷格，似乎是注定要成为他的桑丘·潘沙（Sancho Panza）。弗兰克回来后不久，格雷格也回到了洛杉矶，并且开始与弗兰克合伙，一起进行建筑实践，弗兰克记得，格雷格加入之后，他们开始有了"非常稳定的项目来源"。不过，尚处于起步阶段的他们，虽然开始能够接到一些项目——具体有多少项目没有留下确切的记录——但是那些早期的项目规模都不大，设计费也都不高。而比起财务上的压力更让弗兰克心烦的事，是他在格伦事务所积累的，一直以来他都引以为傲的那些工作经验，在他的独立实践中，几乎派不上什么用场。用他的话说就是"我可以很轻松地设计出一个多层建筑，对我来说没有任何难度，因为我曾经做过，这类项目我很了解。"他回忆道，"我熟悉购物中心设计的方方面面。我认识百货商场的人，我也认识施工单位的人。我可以熟练地起草合同和信函。控制预算对我来说也不在话下。"弗兰克掌握着如此丰富的专业技能，但是，彼时的他，就是缺少一个能够用得到他这些技能的客户。

尽管在弗兰克的记忆中，那段日子里"我们两个人每天疲于奔命"。但是，他们的收入显然还是有所提升的，他们有了足够的钱，得以在圣莫尼卡第五街（5th Street）与百老汇街（Broadway）的交会口租下了一栋小房子作为工作室。那是一栋非常小的房子——也就比一间车库大一点儿，弗兰克回忆道，街对面就是圣莫尼卡的公交车站。他们还把房子的一部分转租给了他们的朋友，也是格伦事务所的前同事——盖尔·卡瓦纳。此后的很多年里，卡瓦纳都一直和他们合用办公室，而且不只是第五街这间，后来他们还一起换到了更大的办公室里，不过，他们从来没有在设计上进行过真正的合作。

房子里有一间单独的小隔间，可以用作私人办公室。弗兰克占有了它，尽管在他的回忆中，他大部分时间都是与格雷格和盖尔一起在大办公室里工作，很少使用那个单间。

自作主张地占据了这唯一的一间私人办公室，表明了弗兰克心底里的一种清晰的等级观念：这间工作室里，他才是老板，而不是格雷格。事实上，从那时起他与格雷格的关系也变得颇为复杂。当时的弗兰克，作为一名设计师，刚刚开始建立起对于自己的创作能力的信心，以及自我认同。尽管从军队到格伦事务所，再到哈佛和巴黎，他的阅历已经十分丰富。但是，当时的他，还是有些缺乏自信，骨子里依然充满了不安全感。虽然格雷格的谦逊和不争的个性，让弗兰克很快就在他们的合作中占据了支配地位，不过，就他们这对搭档彼此需求的程度而言，其实是弗兰克需要格雷格更多一些。格雷格的图画得很漂亮，而且比弗兰克有耐心得多，对待设计的小细节也更加的一丝不苟。格雷格身材高大，善于表达，与客户交流起来也比弗兰克要轻松得多。他在文化领域的见识也比弗兰克要更为广泛，他到过日本，对于日本的建筑，以及日本的艺术和音乐都有所涉猎。格雷格还是个很有才华的钢琴家；而反观弗兰克，虽然也很热爱音乐，但他在音乐方面的知识和才华就要逊色得多了。弗兰克对于建筑设计，毫无疑问是充满热情的，但是那个时期的他，还并没有崭露出那种建筑师的个人魅力。而格雷格，与弗兰克不同，则是兼具了热情与魅力的。格雷格拥有一种成熟而自信的，英裔清教徒式的风度，这也是弗兰克最羡慕他的一点，当时的弗兰克常常因自己的粗鄙而感到焦虑不已。（事实上格雷格并不是新教徒，而是个天主教徒，不过这并不重要。）

弗兰克不仅把格雷格视为朋友，同时，也把他视为是自己作品的头号批评家。在南加大一起读书时，他就一直很相信格雷格的眼光，当时的弗兰克，常常感到被班上同学之间的竞争压得喘不过气来，但他觉得格雷格从没有这方面的困扰。“我很害羞，对自己的能力也不太自信，所以我没法跟客户交流。”弗兰克说，“格雷格是我们的门面。他可以和客户高谈阔论，方案汇报也做得很出色，而我则可以安心地坐在幕后做设计。”弗兰克和格雷格经常一起讨论想法，互相评论对方画的图，他们的交流非常频繁，以至于在设计上他们俩几乎结合成为了一个整体。除了设计建筑以外，他们对于体验建筑、学习建筑，乃至于探讨建筑与其他文化艺术门类之间的联系，也都具有极高的热情。他们能够频繁地互相激发彼此的热情与灵感，以至于后来，弗兰克在回忆那段时光时无意中提道，他们那时的设计中，许多关键的想法都是来自于格雷格。“我也不知道我们俩到底是谁在做设计。我不知道，我也从来不以这种方式来考虑我们两人的合作。我一直认为我们俩是一个整体，我们一起工作。”他后来说道。

多琳觉得，从学生时代开始，她的哥哥就一直没有意识到他自己的天赋。“我认为弗兰克年轻的时候一直也不知道他自己是多么的有才华。他觉得周围每个人都比他强。他有一种自卑的情结。”她说，“所以当充满自信的格雷格出现在他的生活中，对弗兰克来说一定是很有吸引力的。而且格雷格那时候很讨人喜欢，当然，他现在依旧讨人喜欢。格雷格也很欣赏弗兰克，他就像是弗兰克的哥哥一样。对弗兰克而言，格雷格的意义有点像他在布鲁尔学院时认识的挚友罗斯 · 洪斯伯格——建筑上的罗斯 · 洪斯伯格。”

弗兰克，作为某种意义上的坚定的不合群者，事实上是非常需要其他人的。他一直依赖于他的好朋友们，他们分享他的热情，同时也平衡着他个性中的一些缺陷。如果说罗斯 · 洪斯伯格、马克 · 比亚斯和格雷格 · 沃尔什之间有什么共同点的话，那就是他们都在一些弗兰克希望了解的领域比弗兰克更有见识。与弗兰克比起来，他们在行事上也都更具条理性，更为注重细节，此外，他们的言谈举止，似乎都能够表现得成熟而有自信，这也是弗兰克完全做不到的。最为重要的是，虽然他们三个人几乎从未表现出弗兰克常有的那种焦虑感，但是，他们这种平和的心态似乎并没有影响到他们对自己感兴趣的东西投入热情。这样的朋友最为吸引弗兰克，他们和弗兰克一样，非常坚定地追求着自己想要的生活，但他们看起来又比弗兰克要从容得多。

和很多建筑师一样，弗兰克非常依靠家人和朋友来帮他联系项目——甚至是为他创造一些项目，以帮助他的建筑实践顺利起步。多琳就曾经向当时正与她交往的一个男朋友的父母推荐过弗兰克，鼓励他们聘请弗兰克为他们在好莱坞的前景街（Prospect Street）设计一栋小住宅，这个项目后来还真的做成了。虽然这个项目在设计上并不如斯蒂夫斯那样有亮点，但是，对当时的弗兰克来说，这毕竟是又一个他从零开始接手设计，并且最终建造完成的作品。[1] 对弗兰克而言，意义更为重要的，至少是从承接项目的数量上来说，来自于安妮塔这边的社会关系。安妮塔高中时代一位密友的小叔子，韦斯利·比尔森（Wesley Bilson），娶了凯氏珠宝（Kay Jewelers）老板的女儿。比尔森很有钱，而且对于投资房地产开发颇有兴趣，在盖里一家去巴黎之前，他就与弗兰克谈过合作的事情。弗兰克回到洛杉矶后，他们很快便又开始了关于这个问题的，更为认真和深入的讨论。比尔森在圣莫尼卡的高地大街（Highland Avenue）拥有一处地产，很适合建造一栋小型的六单元式公寓楼。地块位于一片历史悠久的居住区，距离海边也不远，北边是圣莫尼卡市的繁华地段，南边则是威尼斯海滩（Venice Beach）的一些相对破败的地区。

比尔森与弗兰克成立了一家地产开发公司，合伙的还有另一位建筑师费雷顿·加法里（Fereydoon Ghaffari）——弗兰克在南加大的同学，后来也曾经在格伦事务所工作过一段时间——以及两位工程师摩西·鲁本斯坦（Moshe Rubenstein）和约瑟夫·柯里利（Joseph Kurily）。弗兰克和格雷格以提供项目设计的方式换取公司的部分股权。韦斯利·比尔森是最主要的投资人，安妮塔的父亲也投了一些钱，还有弗兰克的母亲西尔玛·盖里，她在百老汇百货商场做了多年的销售员，也有了一些微薄的积蓄。

高地大街上的这座公寓楼，建成之后被命名为山顶公寓（Hillcrest

1 据多琳说，这栋房子的主人，在他们此后的余生中一直都住在那里。巧合的是，弗兰克·盖里与贝尔塔·盖里的儿子萨姆（Sam），在很多年之后，在这栋房子的街对面买下了一栋房子。

Apartment)，它在当时是弗兰克自独立执业以来，所做过的最大的，也是最能够表达他的设计理念的一个项目。第一眼看上去，这座建筑只是一座很常规的，木结构水泥砂浆饰面的六单元式公寓楼，在设计风格上与加州地区传统的单层住宅有些类似，这种风格在圣莫尼卡的那片儿地区曾经盛行过一段时期，但在当时已经开始逐渐消失了。与所在社区里的那些更新式的两三层高的小公寓楼一样，这座建筑的首层也被设计为了开敞式的车库，二层以上则是水泥砂浆饰面的方盒子。弗兰克很喜欢这个社区的这种中规中矩的、不矫饰的感觉，他希望他做的房子也能够很舒服地嵌入到这种环境之中。在 1962 年，这算得上是一个很不平常的，甚至是有些大胆的想法了。当时，大部分由建筑师设计的现代建筑，都被塑造成了抽象艺术化的、纯净的形体，它们硬生生地坐落在场地上，对周边的环境没有一丝一毫的尊重。事实上，在建筑史上的大部分时期里，建筑师在既存的社区里设计的新建筑，都有义务与周围的环境发生联系，至少应该将周边的环境因素考虑在设计中，这其实是个老生常谈的命题了，而且时至今天，这种观点依然是被广泛接受的。然而在 20 世纪 60 年代，这种想法作为一种过时的观念，被大部分的建筑师们嗤之以鼻，当时，至少对建筑师而言，想要提升一个老旧社区的居住质量，最好的办法似乎就是推倒重建。

弗兰克想把这座建筑做成圣莫尼卡这片历史悠久的社区之中有机的一部分，这个想法在当时看来几乎算得上是激进了。不过，当时的弗兰克，也和后来的他一样，对于真的去模仿过去的建筑形式没有任何兴趣。说到底，山顶公寓的设计中，最为值得称道的地方，其实还是那些弗兰克独创的东西，而不是那些与普通的公寓建筑相似的部分。这座小公寓楼里充满了大量独创性的设计元素，这也反映了弗兰克的一种打破常规的强烈本能，建筑中形式各异的细部，有许多都是出自他的原创，他就好像无法控制自己的创意一般，不断地创造出新的东西。尽管总体上的目标，是与周边环境相协调，但是弗兰克的创造本能，还是引导着他把这座建筑做成了一个独一无二的作品。

位于圣莫尼卡市高地大街上的山顶公寓

从街上看去，山顶公寓一点都不起眼：三层到顶，白色水泥砂浆抹面，木瓦硬山式屋顶，屋檐的阴影下是两层配有木质扶手的阳台，首层则是开敞的停车区。然而，立面上的构图关系，则彰显了弗兰克这个设计的复杂性。每一层的木板阳台上都开着三个推拉门。左边的两扇门是与外墙面平齐的，而右面的一扇门则向内嵌入了墙体里，通过如此处理，在立面上形成了一个凹陷的体量，与最右边凸出的烟囱形成了构图的平衡，在立面的效果上，营造出一种微妙的虚实对比。

建筑中全部六个公寓单元的入口都朝向东边，东立面和南立面的虚实关系很相似，在这一面上，悬停在二、三层的白色砂浆饰面的凸窗，构成了突出的体量，与木质的楼梯和阳台栏杆形成了对比。门厅区域很宽敞，看起来几乎像是个微缩的小广场，无论是从街上步行进楼，还是从车库里上半层楼梯，都可以直接到达门厅。这样的设计，保证了住户和访客无论从哪里进入建筑，都能有同样的空间体验。整个设计中最值得注意的，恐怕就是弗兰克对木质构件细节设计的关注了，例如木栏杆、木楼梯，以及门厅里的木座椅，所有这些东西都经过了仔细的推敲和设计，这也使得这座建筑显得更加优雅。阳台的木栏杆，并没有依照通常的做法，立在阳台的楼板上，而是贴在了楼板边缘的前端，并且向下延伸了一些，通过这一微小的细节调整，立面上的竖线条肌理变得更加的突出了。楼梯踏步板的下方也被做成了镂空，使得楼梯形成了一连串水平线条的构图，休息平台也悬停在空中，仅用一根拉莱柱（Lally column，中间浇注混凝土的钢圆柱）支撑。这些细节，虽然粗看起来都并不起眼，但是，它们是弗兰克逐渐成熟的设计才华在早期的最重要标志。面对紧张的预算，同时又渴望做出一些特别的设计的弗兰克，找到了属于他的设计方式，他从小处入手，通过细节的处理，使得建筑整体看起来能够显得更优秀一些，同时又把预算控制在了允许的范围之内。

从侧面观察这座建筑就会发现，它陡峭的坡屋顶，只不过是一个装饰性的立面元素。坡屋顶没有覆盖整座建筑，而只是遮盖了沿街的一条坡屋面从沿街面开始升起，经过正立面后身一点点就到达了起脊位置，随后坡面便往背面向下走了。所以从侧面看去，坡屋顶就是一个很陡的、中空的三角形，好像放在屋顶上的一张折起来的纸。坡屋顶的前半面，为三层的阳台提供了遮阴，但除此意义外，这个坡屋顶从任何角度看来都像是一种妥协和迁就，与建筑的其他部分相比，很明显是一个虚假而奇怪的装饰物。当然，也许我们可以把它理解为是一次，对于后来被称作“后现代主义”（Postmodernism）的，那种戏谑化的建筑设计手法的非常早期的尝试。

山顶公寓建成那年，罗伯特 · 文丘里（Robert Venturi）也在宾州的栗树岭（Chestnut Hill）建成了他为母亲修建的住宅，那座后现代主义建筑的标志性作品。在那里，他讽刺性地将大量的传统建筑元素，以一种更轻薄的、视觉化的方式进行了重构。弗兰克从来都不是个后现代主义者，但是，在20世纪60年代早期，对于现代建筑，他与文丘里有着一些相似的担忧，而且，他和文丘里一样，对于那些文丘里后来称之为“丑陋而平庸”的建筑很感兴趣。山顶公寓建成四年后，文丘里出版了他的不朽巨著——《建筑的复杂性与矛盾性》(*Complexity and Contradiction in Architecture*)，他在书中写道：“我喜欢基本要素混杂而不要‘纯粹’，折中而不要‘干净’，扭曲而不要‘直率’……我主张杂乱而有活力胜过明显的统一……我认为用意简明不如意义的丰富。”这些宣言式的语句，与弗兰克的想法不谋而合。弗兰克和文丘里一样，对于陈腐的、愈发商业化的现代建筑感到越来越难以忍受，他开始努力寻找一种突破的方式，以创造出更为丰富和多样化的建筑体验。虽然弗兰克的创作轨迹与文丘里截然不同，但是，他和文丘里都认为，现代主义的方盒子没有前途，已经走进了死胡同。他不喜欢现代主义建筑对于社区与周边建筑的排斥性，他也不喜欢现代主义所秉持的那种极简的、枯燥的建筑美学。

弗兰克知道，山顶公寓项目对他来说只不过是一个原始的，甚至是略显尴尬的起点，而且他其实并不太清楚自己应该走向何方。这个项目完成后，他便感到，在建筑与社区相协调这方面，他似乎做得有点过头了，特别是当他得知，就住在山顶公寓附近的，加利福尼亚最知名的建筑评论家埃丝特·麦考伊（Esther McCoy），根本就没有注意到这座房子的时候。“她觉得这座房子只不过是又一座当地的旧式建筑，而她是个现代主义者。”弗兰克说。现在回首山顶公寓这个设计，弗兰克形容他所做的事情是在努力地“让建筑适应社区，同时又不照搬社区里原有的建筑形式”。而他逐渐意识到，他的问题在于“我在努力地试图与社区进行对话，但是我没有找到合适的词汇，来把这种对话变得有意义”。

弗兰克与韦斯利·比尔森建立的开发公司，在圣莫尼卡又买下了另外两块地，而弗兰克也为这两个地块设计了公寓楼的方案，他期望着在山顶公寓之后能够再做一些公寓项目。不过，至少从渲染图上看来，这两个方案都乏善可陈，比不上山顶公寓。其中一张效果图上，绘制的是一座高度沿袭了弗兰克·劳埃德·赖特，或者说草原派（Prairie School）风格的房子，而另一张图上则是一座相当常规的现代主义多单元式公寓楼。当然，山顶公寓第一眼看上去也很常规，但是对于这两个项目来说，我们无从知晓弗兰克将会通过何种方式使最终建成的建筑变得不那么平凡，因为这两个项目都只是进行了粗略的概念设计，最终都并没有进行开发建设。

他们的开发公司解散了，具体的原因并不完全清楚。弗兰克感到，他作为建筑师的角色，与他作为公司合伙人的角色，越来越互相冲突，而且他担心这种冲突是不可调和的。他的商业伙伴们开设这家公司的目的是为了赚钱，因此一旦获利，他们就希望能够变现，获得现金；而弗兰克参与创办这家公司，首要的目的是为了做一些满意的设计，因此他总是希望能够把钱更多地留在公司里，以便进一步投资新的项目。所以，随着合作的进行，弗兰克与韦斯利·比尔森之间的关系也逐渐微妙了起来，弗兰克后来对比尔森的描述，呈现出有些自相矛盾的两个极端，有时说比尔森是“专横跋扈”的，有时则又说他“是个不错的家伙”。弗兰克逐渐意识到，无论这家开发公司可能给他带来多么丰厚的潜在经济收入，他终归是无法同时兼顾地产开发商和建筑师这两重身份的。在之前的经历中，对于那些他觉得无益于自己建筑事业发展的机会，他已经数次选择过放弃了，所以，这家开发公司之所以这么快就散伙，肯定有部分原因是它被弗兰克归入了“无益于建筑事业”的那一类事情之中。[1]

不过，虽然公司解散了，但比尔森依旧是弗兰克一个宝贵的项目来源，至少是间接的，弗兰克随后接到的一些重要项目都来自于比尔森的引荐，其中就包括凯氏珠宝公司在洛杉矶地区的一座区域总部和仓库建筑，以及凯氏

1 虽然弗兰克一直对于身兼开发商和建筑师两个角色有些疑虑，但是，在此后的日子里，他又先后参与了数次房地产开发的投资，并且每次都期望着能够成为所开发项目的建筑师。早期，他作为开发商参与的项目很少有顺利实施的，不过后来，他与合伙人拉里·菲尔德（Larry Field）一起，终于在房地产投资领域取得了成功。详见第十七章。

珠宝在雷东多海滩市（Redondo Beach）和布埃纳公园市（Buena Park）的两座店面。位于洛杉矶费尔法克斯大街上的凯氏办公楼，也和山顶公寓一样，第一眼看上去，显得常规而普通，完全不似弗兰克在多年之后设计的那种大胆的、富有表现力的建筑。而这座办公楼与山顶公寓的另外一个相同点，便是当你仔细端详它的时候，你就会发现它其实一点都不平凡。从这些早期的作品中，可以清晰地看到弗兰克在20世纪60年代初期的那种艰难挣扎，他努力地想要找到一种方式，使他设计的建筑看起来既有新意，又不会花费太多的预算，同时还要拥有那种旧式建筑的表现力，甚至是情感体验。凯氏珠宝总部是一座两层办公楼，弗兰克运用了混凝土框架结构，同时采用了木材、玻璃和红色屋面瓦等建筑材料，建筑整体上具有一种暗涵的日式风格。凯氏珠宝的业主曾经对弗兰克说过很喜欢日本的建筑，而弗兰克也很乐于满足业主的这个要求，他几乎没有直接地使用任何日本建筑的元素，但是却成功地在设计中传达出了日式寺庙建筑所具有的那种沉静的秩序和仪式感，以及深远的意境。正立面上是一排很正式的柱廊，作为日本寺庙建筑重要的结构组成部分，柱子通常是被遮盖起来的，但在这个设计中，弗兰克将其暴露在了立面上，并且重构成为了顶着方形柱头的混凝土圆柱。弗兰克舍弃了日本寺庙建筑最具代表性的元素——宝塔式的大屋顶，在屋顶的处理上他采用了西方古典建筑的形象和比例，因此，建筑的立面呈现出一种日本寺庙与希腊寺庙的抽象化的拼贴感。柱廊后面宽大的木框玻璃窗，更加强调出了这座建筑寺庙化的造型特征。与此同时，建筑的侧墙向前延伸，在沿街面变形成为了一些悬空的片墙，使得建筑的正立面如同是被一块巨大的相框围合起来，也让整个建筑的门面看起来更加的气派。凯氏珠宝办公楼的门前，本来还有一座日式的小花园，那是个弗兰克的想法经过折中后的产物，弗兰克原本的想法，是营造一个被加高的墙体环绕的花园，在花园的正中放置一个瓦顶的小亭，作为建筑的入口。虽然在今天看来，这座建筑已经不像当年设计的那样，具有明显的日式风格了。但是，这座建筑，在其所在的街道空间中，营造出的那种平和的仪式感，还是保存了下来。

凯氏办公楼项目，以及两家凯氏店面，分别于 1963 年和 1964 年完工。这之后，弗兰克接到的项目数量开始增加，工作节奏也逐渐加快。弗兰克早期的客户斯蒂夫斯一家又找到了他，委托他在圣莫尼卡设计一座五层的办公楼，他们要求立面由玻璃和混凝土两种不同的肌理构成。但是，设计完成后，他们发现，项目的建造花费将会远远超出他们的预算，于是他们放弃了这个项目，并且要求弗兰克退还他们已经支付的 15000 美元设计费，弗兰克不得不雇了个律师来跟他们打这场官司。尽管最终弗兰克成功地保住了设计费，但是，这段不愉快的经历，再一次让弗兰克体会到了作为一名建筑师，在经济上的不安全感。所幸的是，在接下来的一个项目中，他没有再次碰上这样的麻烦，那是一座小型的工业建筑，业主是好莱坞的一家主营金属镀层业务的企业费思电镀公司（Faith Plating Company），虽然这个项目比斯蒂夫斯委托的办公楼规模要小一些，但这个项目还是足以成为弗兰克设计生涯的一个拐点。从这个项目开始，他不再像设计山顶公寓和凯氏办公楼时那样，拘泥于沿袭和重构历史上的经典建筑形式了。

一直以来，弗兰克对于洛杉矶当地非常普遍的一种民用建筑形式十分感兴趣，那种被他，以及几乎所有人都视为是“沉默的方盒子”的，在街上随处可见的，最为普通的建筑。工作之余，他花了不少时间，拍摄这座城市里的仓库、油井和工厂建筑的照片。[1] 他并不是唯一被洛杉矶的普通工业建筑吸引的人。英国建筑史学家雷纳·班纳姆（Reyner Banham），在十余年后写了一本关于洛杉矶的非常重要的著作，在书中他把这些简单的方盒

1 盖里这些关于洛杉矶工业景观的摄影作品，在 2014 年被策展人弗雷德里克·米盖鲁（Frédéric Migayrou）收录到了在蓬皮杜艺术中心（Centre Pompidou）举办的盖里建筑回顾展之中。详见第二十一章。

位于洛杉矶市梅尔罗斯大街上的丹齐格工作室

子建筑，视作是构成洛杉矶城市形态的基本建筑单元。[1] 不过，弗兰克对于这类建筑的兴趣并没有这么学术，他更加实用主义。他所关注的是，如何通过设计，让这种建筑形式得到提升和发展，让这些“沉默的方盒子”能够开口说话。在费思电镀项目的设计中，他将一个水泥砂浆饰面的方盒子，置于了一个砖砌的基座之上，立面上的开口只有二层的两个大方窗，以及前门处的一个又宽又深，如同相框一般的水泥砂浆饰面的门洞。这座建筑最终建成的效果，与常规的建筑很相似，但是，弗兰克将这种“常规”做到了极致，

1 班纳姆于 1971 年出版的著作《洛杉矶：建筑学的四种生态》(*Los Angeles: The Architecture of Four Ecologies*)，是这位著名的建筑史学家最早的几部作品之一，在书中，班纳姆以非常积极的角度描绘了洛杉矶这座城市。班纳姆的著作问世一年之后，罗伯特·文丘里、丹尼斯·斯科特·布朗（Denise Scott Brown）和史蒂文·艾泽努尔（Steven Izenour）合著的《向拉斯维加斯学习》(*Learning from Las Vegas*）也出版了，这本书也同样以非常严肃的态度，对于在高速公路时代人们习以为常的那些现代主义建筑语言，进行了深刻的拷问。

建筑看起来就好像是一幅儿童简笔画，无比的简洁与纯净。在形式处理上，弗兰克还尝试了一些颇具野心的新想法——实体与虚体、凹进与凸出的面、轻与重、开敞与围合——在所有这些常规的设计手法之下，弗兰克所做的，其实并不仅仅是单纯的形式主义操作，他在洛杉矶的这些平庸的、平常的，几乎所有建筑师都不屑一顾的民用建筑之中，看到了一种潜在的建筑美学，他试图通过这个设计，将他看到的这种建筑美学表达出来。

* * *

费思电镀公司项目于1964年建成，这个项目，事实上成为了弗兰克同一年的另外一个项目——同样坐落在好莱坞的丹齐格住宅及工作室（Danziger Studio and Residence）——的试验品。业主卢·丹齐格是洛杉矶的一位杰出的平面设计师，也是费思电镀公司的董事会成员，弗兰克能够获得费思电镀公司项目，可能与他的帮助是分不开的。丹齐格是通过他的好友，早年曾与查尔斯·伊姆斯合作的弗雷德里克·厄舍尔（Frederick Usher）认识弗兰克的。弗兰克相信，丹齐格起初一定是想请厄舍尔来帮他设计他的房子，但是厄舍尔推掉了，并且把他推荐给了丹齐格。[1]

无论弗兰克是怎么得到的这个项目，丹齐格住宅和工作室，都成为了他设计生涯的一个重要的转折点。这个项目在体形设计上，和费思电镀公司项目差不多，也是几个方盒子的立体构成，表面是水泥砂浆饰面。但是，这座建筑的一大特别之处，也正在于外墙表面涂抹的水泥砂浆，在这里，弗兰

---

1 对于弗兰克到底是如何获得的这两个项目，具体的情况还并不清楚，弗兰克很确定厄舍尔在他获得丹齐格的委托的过程中起到了某种作用，据此推测，有可能厄舍尔在费思电镀公司项目之前，就已经同丹齐格提过弗兰克的名字，然后作为费思电镀公司董事会成员的丹齐格，向公司推荐了弗兰克。后来，在厄舍尔拒绝了他的委托之后，丹齐格又找到了弗兰克来为他设计自己的工作室和住宅。另一种可能，则是弗兰克通过其他的方式获得了费思电镀公司的委托，而厄舍尔也是单独向丹齐格推荐的弗兰克，两件事之间并没有实质性的关联。

克采用的是一种被称为“隧道配方”（tunnel mix）的砂浆，这种材料通常只用于修建公路地道和穿山隧道。比起在费思电镀公司项目上使用的那种一般的砂浆，这种砂浆显得比较粗糙，但是涂抹在立面上的效果相当大气而有力。弗兰克认为，这种材料的效果，与他在柯布西耶的朗香教堂见到的那种粗野的立面肌理非常类似，因此，他非常坚决地要在这个项目上使用这种饰面砂浆。为了向施工单位证明这种材料可以应用于一般的框架结构建筑，他甚至专门租了检测设备，并在威尼斯海滩的一个车库建筑的外墙上进行了试验。对于自己认准的事情，弗兰克通常都是这样执拗地要以他所希望的方式来完成的。

决定在民用尺度的建筑上使用工业化的建筑材料，仅仅是弗兰克为了提升这种“沉默的方盒子”的设计品质所做的努力之一，他不希望这种建筑再被误解为是一些平常无奇的小房子。虽然丹齐格工作室并不是一座张扬的建筑，沿街立面做得非常收敛，但是，依然可以清楚地看出，这座建筑是经过了建筑师精心设计的。两个高大的长方形盒子相互平行，之间脱开了一小段间距，如极少主义雕塑一般，被仔细地放置在基地上。建筑的正立面朝向繁忙的梅尔罗斯大街（Melrose Avenue），在正立面上，一面同样风格材质的院墙，围合出了第三个方盒子，使得整个构图更加富有纵深感，并且在立面上增加了水平向的元素。从屋顶上探出的小方盒子式的天窗，将自然采光引入到了建筑内部。在建筑的底部，弗兰克将水泥砂浆饰面层的下缘截止到了距离人行道地面大概 1 英尺（约合 0.3 米）高的地方，在底下做了一圈超高的凹进式的门槛，这让整个建筑体量从街面上看起来，如同悬浮在地面之上。

这座建筑巧妙地在体量和外观之间寻找着平衡，设计手法依旧是现代主义式的立体构成。虽然为了应对门前繁忙的商业街，建筑整体上趋于内向，并且在内部还设计了一个非常南加州式的庭院。但是，从体量上看，其实也能够找到美国西南部建筑形式的影子。此外，这座建筑还会让人联想到一位与美国西南部毫无关系的建筑师——路易斯·康（Louis Kahn）的作品。路易斯·康冷峻、沉静、厚重的建筑风格，创造出一种充满纪念性的现代主义建筑形式。在盖里设计丹齐格工作室项目的那段时期，路易斯·康的作品已经开始受到广泛的关注。弗兰克可能还参考过鲁道夫·辛德勒于 1944 年在南洛杉矶设计的一座浸礼会小教堂，那座小教堂由一组没有开窗的水泥砂浆饰面的体块组成，立面上强调了横向线条，与丹齐格工作室看起来有一点相像。[1]

“精妙的控制力”，雷纳·班纳姆在书中这样形容弗兰克的这个设计，他很喜欢弗兰克的这个小作品，谈到这个设计的来源和所受到的影响，班纳姆的视野也更为广泛。他认为，丹齐格工作室，有点像“20 世纪欧洲的一些独栋住宅设计”，他还将弗兰克与荷兰现代主义建筑师西奥·凡·杜斯堡（Theo van Doesburg）进行了对比。“最为重要且值得注意的，”班纳姆写道，“就是我们不能把这座优雅而简单的，水泥砂浆抹面的方盒子建筑，仅仅作为洛杉矶本土的一种建筑形式来看待和分析，这个作品是值得引起国际范围的关注和讨论的。自辛德勒始，洛杉矶现代建筑的发展轨迹画了一个圈，又被这种精妙的控制力带回了起点。”

班纳姆对于辛德勒的这番引述，其实也从侧面印证了丹齐格工作室的本地性，某种程度上来说，丹齐格工作室似乎就是一座完全洛杉矶本地化的建筑。它只属于喧嚣的梅尔罗斯大街，而不属于阿姆斯特丹（Amsterdam）或者圣达菲(Santa Fe)。丹齐格工作室并不是弗兰克职业生涯的第一个作品，但是，从这个作品开始，作为一名独立执业的建筑师，弗兰克开始建立起了

1 伯利恒浸礼会小教堂是辛德勒设计的唯一的教堂，这座教堂后来被荒废了很多年，几近于被埋没，直到 2014 年，这座建筑才被重新发现，并得到了粉刷修缮，但对其彻底的翻修工作目前尚未进行。这座教堂是为一个非洲裔美国人教会设计的，原本请的建筑师也是个非裔美国人，名叫詹姆斯·加罗特（James Garrott)，只不过后来教会放弃了加罗特的设计。据研究过这座建筑的历史的史蒂夫·沃雷特（Steve Wallett）考证，是格里高利·艾因（Gregory Ain）向教会推荐的辛德勒。格里高利·艾因与加罗特和辛德勒两个人都相识，当时他是洛杉矶现代主义建筑师圈的活跃分子，弗兰克在南加大读书时也与他认识。

自己的声望。很明显，弗兰克的作品是独一无二的，他与当时的其他任何建筑师都不太一样。他能够将诸如加州现代主义、路易斯·康、美国西南部建筑，以及20世纪20年代的欧洲现代主义等如此多元化的风格要素元素和谐地统一起来。这种驾驭设计的能力，标志着他已经迅速地成长为了一个成熟的设计师。很少有建筑师能够将轻薄的现代主义，与厚重的纪念性建筑结合起来，并且不使这两种风格显得矛盾。彼时的弗兰克，已经开始展露出他的过人之处，他不仅仅是个很有天赋的，擅长立体构成的建筑师。他拥有一种不同寻常的能力，能够将对立的要素统一起来，将不同的风格结合起来。正如他之前所立下的那个最远大的目标一样，他想要超越一切冲突和矛盾，并且通过他的建筑，满足所有不同的要素和需求。

* * *

随着弗兰克的事业开始步入正轨，他的家庭经济状况也开始好转起来，至少不用再每天都为糊口而奔忙焦虑了。安妮塔也做出了决定，是时候回到学校，去完成她年轻的时候无比渴望的高等教育了。他们的两个女儿那个时候都已经上了学，莱斯利十岁，布丽娜八岁，因此安妮塔也没有理由整天都待在家里。当时，他们一家已经搬到了韦斯特伍德，安妮塔在肯纳德大街（Kinnard Avenue）上找了一处新房子，离加州大学洛杉矶分校的校园非常近。安妮塔从两年制专科学院开始念起，随后顺利地转学到了加州大学洛杉矶分校，学习俄国文学专业。她很享受高等教育，拿到本科学位后，她紧接着又读了一个社会工作专业的硕士学位，她决定在这一领域上发展自己的事业。

对于安妮塔重回学校接受教育，弗兰克的心情有些复杂。他知道这是安妮塔一直以来都盼望的，他也很高兴自己的妻子能够有一些更远大的志向，而不只是安于现状，满足于做一个家庭主妇。如果说安妮塔的这个决定在弗兰克看来有什么问题的话，事实上，问题的核心，也并不在于安妮塔对于高等教育，以及自己事业的追求本身，一直以来，弗兰克对此都是十分支持的。真正的问题在于，弗兰克逐渐察觉到，安妮塔的求学生活，渐渐地将她拉入到了属于她自己的另一片天地，而丈夫的生活和事业，似乎与她渐行渐远。弗兰克很怀念那些过去的日子，那时候，他觉得他的事业并不仅仅是属于他自己的，而是属于他们夫妇二人的共同追求，他的建筑师事业，似乎象征着他们两个人共同的未来。但是，这样的日子已经一去不复返了。到了安妮塔回学校上学那会儿，如果说她觉得弗兰克的建筑事业与她还有什么联系，那她也主要是以一种愤怒的情绪来表达的，对于自己多年来付出和牺牲的愤怒。弗兰克也曾经希望，能够想个办法让安妮塔以某种更为积极的方式参与到他的事业中，但是，安妮塔对此似乎并没有什么兴趣。当然，如果有了属于自己的生活，能够让安妮塔觉得日子过得更加充实了一些，那么也许她也就不会整天抱怨了，他们夫妻的生活至少也会因此而平静一些。所以，对于安妮塔回去学校读书的决定，弗兰克从未表示过任何反对或者质疑的意见。不过，在理查德·斯奈德的眼中，弗兰克对于安妮塔全新的学术生活所表现出来的这种支持，背后的原因并不完全清楚，也许他是很乐于帮助自己的妻子实现接受教育的梦想，也可能他仅仅是别无选择，觉得是在对妻子还债而已。“这到底是出于他对安妮塔的某种补偿心理，还是出于他的慷慨和无私？”安妮塔的弟弟这样问道，当然，他肯定也知道，这两种原因应该是兼而有之的。

不过，实现梦想的安妮塔，并没有把这种喜悦转化成为对婚姻生活的满意。弗兰克仍旧将大部分的家务和照顾孩子的事情扔给安妮塔，而且，随着事业的发展，他在办公室里待的时间也理所当然的越来越长。当时，他刚刚得到了一个重要的新客户，马里兰州哥伦比亚市（Columbia, Maryland）新城建设的开发商——劳斯公司，有一段时期他甚至同时在为劳斯公司设计好几栋建筑。那时候他的一大部分项目甚至都不在加州，所以他需要经常出差。[1]而对于安妮塔来说，当时的生活，与她十几年前为了供养弗兰克读建筑学院，在律师事务所当助理的那些日子相比，并没有太多的改变。她觉得自己依然是丈夫生活的附属品。

旅居巴黎的一年，给他们婚姻带来的那些新鲜感，也已经随着时间逐渐褪色了，日复一日，弗兰克愈加地埋头于工作，他们的婚姻关系似乎也变得越来越紧张和疏远。两个人似乎已经完全分离在各自的世界之中，弗兰克即使是晚上和周末也越来越少回家。虽然他很爱两个女儿，也喜欢陪她们玩，但是，他的工作挤占了大量的家庭生活，陪女儿的时间少得可怜，以至于父亲这个身份，对他来说有时似乎只是一种抽象的概念，而不是现实中的快乐——至少在安妮塔、莱斯利和布丽娜看来是这样的。

* * *

工作其实并不是造成弗兰克经常不回家的唯一原因。虽然他没有什么婚外之类的情感纠葛，至少那时还没有，但是，他找到了一些让他同样着迷的东西。20 世纪 60 年代中期，随着他的建筑事业的发展，他开始经常混迹于威尼斯海滩、海洋公园（Ocean Park），以及洛杉矶的其他艺术家聚集区。从早年在南加大学习陶艺的时候开始，他对艺术就一直很有兴趣，随着他开始独立做设计并且经营起自己的工作室，他越来越发现，对于艺术家们关心的许多问题，他都有着同样浓厚的兴趣：探索不同的视角、形态、颜色、材料和光影，并且找到新的方式来把他们看到的东西表达出来。弗兰克并不是想要放弃建筑，但是他希望能够通过建筑，来做一些与艺术家们所做的类似的事情。他很喜欢当时洛杉矶的那些艺术家们，比如比利 · 阿尔 · 本斯顿（Billy Al Bengston）、埃德 · 摩西（Ed Moses）、埃德 · 鲁沙（Ed Ruscha）、

1 关于他与劳斯公司的合作，完整的讨论详见第八章。

肯·普赖斯（Ken Price）、罗伯特·欧文（Robert Irwin）、罗恩·戴维斯（Ron Davis）、托尼·伯兰特（Tony Berlant）、拉里·贝尔（Larry Bell）、彼得·亚历山大（Peter Alexander），以及约翰·阿尔通（John Altoon）等，他觉得这些艺术家的作品，比他大部分建筑同行们的作品要有意思得多。弗兰克意识到，艺术家们所做的工作，是在以他们自己的方式去诠释这个世界，而不是原样照搬这个世界上本已存在的东西。事实上，很多艺术家同样也很喜欢弗兰克的作品，对此，弗兰克也感到无比的满足。他记得他第一次见到埃德·摩西，就是在梅尔罗斯大街上，丹齐格工作室的门前，摩西是专门过来看那座建筑的。弗兰克说："有一天我来到项目现场，发现埃德·摩西站在那里。他做了自我介绍后，我才知道他就是埃德·摩西，他能对我的作品有兴趣，让我激动极了。他非常欣赏我的那个作品，还叫来了他的几个朋友，比如肯·普赖斯和比利·阿尔·本斯顿等。他们在施工过程中一起到工地上来看了好几次。"

不过，与弗兰克的相识过程，摩西的回忆却不太一样——他那个时候早就认识卢·丹齐格了，摩西回忆，那会儿他正打算找个建筑师来帮他设计一个新的工作室，一个朋友给他推荐了弗兰克，后来弗兰克邀请他去看了正在施工中的丹齐格工作室。"弗兰克第一次来到我在比弗利格兰（Beverly Glen）的工作室时，穿着一件蓝色西装，脚上是一双马臀皮鞋。"摩西说。那是弗兰克独立执业的早期，他依旧和在格伦事务所工作时穿得差不多。无论埃德·摩西第一次看到丹齐格工作室时是个什么情形，毫无疑问，他很喜欢那座建筑。"我非常喜欢那里，那是个了不起的设计，外表面上粗粝的水泥砂浆饰面……更像是一座西南部风格的建筑。"摩西说道。他也同样很喜欢设计那座建筑的建筑师。摩西与丹齐格工作室的不期而遇，标志着弗兰克的又一段亲密友谊的开始。摩西向他的许多艺术家朋友都推荐了弗兰克的作品，弗兰克也因此开始和摩西以及越来越多艺术家们成为了朋友。"我说：'这位是弗兰克·盖里——我的一个朋友，他是个建筑师，而且他对绘画非常感兴趣。'"摩西说道,"对于一个建筑师而言,这是非常不寻常的——大部分的建筑师从来不曾跨出过他们自己的领域。"很快,弗兰克便也自然而然地,成为了洛杉矶艺术家圈子中的一员。

这个圈子的核心,至少象征意义上的核心,是费鲁斯画廊(Ferus Gallery)。费鲁斯画廊 1957 年由策展人沃尔特 · 霍普斯(Walter Hopps)与艺术家埃德 · 金霍尔兹(Ed Kienholz)共同创立。霍普斯时年 24 岁,是个才华横溢、充满热情乃至于有点古怪的年轻策展人;金霍尔兹当时 30 岁,他的作品主要是一些以废弃物品搭建的反映社会现状的装置艺术。霍普斯和金霍尔兹的理想,是把费鲁斯画廊打造成一个可以为当地的年轻艺术家们展示自己作品的地方,如果足够幸运的话,甚至还可以帮他们卖掉一两件。金霍尔兹,与埃德·摩西、罗伯特·欧文、埃德·鲁沙、詹姆斯·图瑞尔(James Turrell),以及其他弗兰克在这个圈子里结识的艺术家们一样,都选择了在洛杉矶定居,而无意混迹于当时的艺术与商业的温床纽约,很大一部分原因,是他们都不喜欢纽约过于沉重的压力。在 20 世纪 50 年代,洛杉矶还是个和纽约截然不同的地方。彼时,那里还基本上没有什么值得一提的"艺术界"。整个城市里也没有什么重要的艺术博物馆,或者重要的现代艺术画廊。当时的洛杉矶虽然也有不少严肃的收藏家,但是,他们藏品中的绝大部分,都是从纽约买回来的,他们与洛杉矶当地的艺术家们并没有什么交流和互动。对于当时的有些艺术家来说,远离艺术界的中心纽约,看起来就像是一种职业生涯的自杀行为。但是,对于这群被吸引来到洛杉矶的艺术家们而言,这种距离感却正是他们所追求的东西。在洛杉矶,他们觉得自己无拘无束。远离了纽约的那些苛刻的评论家,以及商业化的压迫感,他们可以任意地尝试他们喜欢的艺术。

但是,这些艺术家们同样需要一个地方,能够供他们聚集交流,并且出售自己的作品,他们也希望这个地方能够不同于纽约的那些一本正经的画廊。费鲁斯画廊可以说成功地达到了这一要求。画廊的开幕展览,展出的是艺术家华莱士·伯曼（Wallace Berman）的系列作品，开展不久，就遭到了洛杉矶警方的突击检查，理由是涉嫌淫秽色情内容。“在艺术家的选择上，金霍尔兹和霍普斯并没有什么条条框框的规则，他们只关注态度和想法。艺术圈里志同道合的朋友们可以互相推荐。伯曼就向他们推荐了埃德·摩西。”亨特·卓赫朝斯卡·菲利普（Hunter Drohojowska-Philp）在《天堂的反叛者：洛杉矶艺术界和 1960 年代》（*Rebels in Paradise: The Los Angeles Art Scene in the 1960s*）一书中这样写道。画廊开业一年之后，金霍尔兹觉得自己更适合做一名单纯的艺术家，而不是画廊老板，所以，他把自己的那部分所有权也卖给了霍普斯，霍普斯后来又把画廊转卖给了欧文·勃鲁姆（Irving Blum），勃鲁姆是个风流潇洒的纽约客，那时刚刚搬到洛杉矶。[1] 买下费鲁斯画廊后，勃鲁姆延续了画廊对于洛杉矶当地艺术家们的重点关注，但是，他沿着拉塞内加大道(La Cienega Boulevard)对画廊进行了扩建，并且拓宽了策展的视野，展出了一些来自纽约的当时最为前卫的艺术家的作品，其中就包括安迪·沃霍尔（Andy Warhol）。勃鲁姆的这种经营策略，巧妙地提升了画廊在艺术界的声望，同时又保持了费鲁斯画廊自身的特色和独立性。

弗兰克在 20 世纪 60 年代中期开始与费鲁斯画廊的那些艺术家们交往，那时，充满活力的、富有野心的商人勃鲁姆已经从霍普斯手里接过了画廊的日常运营。费鲁斯画廊依旧是艺术家们聚会交流的中心，但是，那时候的费鲁斯画廊，已经开始变得更像是个画廊，而不是艺术家俱乐部了。而且当时的费鲁斯画廊也已不再独一无二，其他的画廊，也迅速地开始承销洛杉矶艺术家们的作品，其中就包括 1966 年娶了多琳的罗尔夫·纳尔逊（Rolf Nelson）经营的一家画廊。不过，这种家庭的纽带关系，并不足以使弗兰克离开费鲁斯画廊的圈子，费鲁斯画廊当时依旧是与越来越引人瞩目的洛杉矶

1　勃鲁姆也可能是直接从金霍尔兹手里买下的他那部分股权。在《天堂的反叛者》一书中，他们两个人的叙述各不相同。

艺术界关系最为紧密的一家机构，也依旧对弗兰克充满了吸引力。

洛杉矶的艺术家群体有着一种异乎寻常的紧密联系。“我觉得我们没有纽约艺术家的那种压力——我们是一群自由的灵魂，可以自由地尝试自己的想法。我们分享一切东西——毒品、女孩、想法。”圈子里的一个年轻一些的艺术家查克·阿诺尔迪（Chuck Arnoldi）这样说道，他后来也成为弗兰克最亲密的朋友之一。“这里的艺术界非常小，每个人都互相认识……弗兰克偶尔会买一些我们的艺术作品，这让他在艺术家圈子里非常受欢迎，因为那时我们的作品根本卖不出去。但是，我们也不是因为这个才喜欢弗兰克。我觉得弗兰克就像是我们中的一员。我们一起吃饭、喝酒、聊天，也经常一起出去玩。他对我们做的事情很感兴趣。那个时候，任何对我们所做的事情感兴趣的人，都会很快地被拉入我们的圈子，因为没有什么人关注我们。”

弗兰克在这群艺术家中的身份十分独特。虽然他很快就成为了托尼·伯兰特称之为“兄弟连”（the band of brothers）的这个圈子的一员。但是，和圈子里的其他人比起来，他还是显得有些不同，这不仅仅是因为他是个混在一群艺术家之间的建筑师。弗兰克对所有的东西都充满了好奇心。如果说他与其他那些艺术家有什么区别的话，那就是他拥有着别人无法相比的旺盛的求知欲。从一开始，弗兰克的这种好奇心，就引起了这个艺术家群体实际上的领导者之一，艺术家比利·阿尔·本斯顿的兴趣，他问摩西：“你总带过来的这个小笨蛋是谁啊？”“他对所有东西的反应都是‘哇塞’（Gee whiz）！总是很新奇的样子。”埃德·鲁沙这样说道，他将弗兰克形容为是“我所认识的最不夸夸其谈的一个人”。对于艺术家们来说，弗兰克似乎总是和他们混在一起，认真地倾听着他们的讨论，仔细地欣赏着每个人的每件作品，从中学习对他有用的东西。“弗兰克的求知欲实在是太强了——我从没有见过像他一样的建筑师”，埃德·摩西说。弗兰克本人也清楚地知道自己在做什么。“无论我是否有意于从事艺术，那时的我，已经沉浸在了那个艺术的世界里”，他说。他觉得自己更喜欢与艺术家们交流，与艺术家们的那种交往方式，和他与大部分建筑师的交往方式都不一样。“从这个圈子里我能得到一种从建筑界得不到的，很有力量的东西。他们最为吸引我的一点，就是他们能够依靠直觉来进行创作。他们追随着自己的内心所想，无论最后的结果如何都能欣然接受。”——在弗兰克看来，大部分的建筑师，都已经做不到这一点。

弗兰克觉得，对艺术家们来说，制作工艺与最终的艺术产品是合而为一的。“不是两个分开的过程，这一点尤为吸引我。我希望建筑师也可以做到这一点。”

“他们的工作是更为直接的，与我作为建筑师的，僵化的工作方式形成了鲜明对比。做建筑时你必须考虑安全的因素——防火处理、消防喷淋、楼梯扶手等之类的东西。多年的职业训练，教会你在工作中仔仔细细地遵守着每一条规范法则，并且严格地控制预算。但是这些林林总总的限制条件，都与建筑美学没有任何的关系。而当我结识了这些艺术家们，来到他们的工作室，看到了他们的工作方式时，我发现他们所做的，与建筑师们的工作方式实在是太不一样了。他们面对一块空白的画布时，那种直接而极致的审美体验，深深地吸引了我。与建筑设计的过程比起来，他们的创作过程才更像是在创造美。当然，我知道建筑设计中的那些实际的问题是必须考虑的，而且在做设计的时候我也肯定会考虑进去，但是，仅仅考虑这些是远远不够的。”

这些艺术家们的工作室，大部分都位于圣莫尼卡南边的威尼斯海滩市，那里后来会变得非常繁华和时尚。但在当时，那里还是一片浮夸与庸俗杂乱混合的地区。这引起了弗兰克特别的兴趣：整个威尼斯当时还很破败，它与弗兰克所接受的建筑教育中，即建筑师应该追求的那种纯粹的完美主义，截然相反的一种状态。几位艺术家对于他们那些原本是标准化隔间的工作室的重新设计，尤其吸引了弗兰克的注意，他们普遍倾向于在设计中故意留下一些粗糙原始的，或者是处于未完成状态的部分。比利·阿尔·本斯顿自己搭建了家具，设置了分隔墙，随后当他又有了新的想法时，再亲自把它们全部推倒重来。这种对于未完成和变化的喜好，与弗兰克在建筑学院以及格伦事务所学到的，那种对于完美、纯粹和永久性的追求大相径庭。拉里·贝尔在他工作室的墙面上打开了一个开口，暴露出了墙壁里面的龙骨，他还在这块开口处镶上了玻璃。“那些龙骨就好像成为了墙上的一幅画，我非常喜欢这个效果。”弗兰克说。

他很乐于接受一些来自那些艺术家们的小的设计委托，主要是出于友谊，不过这也是他融入艺术家圈子的一种方式，他可以以此来提醒艺术家们，让他们知道他和他们一样，也是个创意工作者，而不仅仅是个每天跟他们瞎混的闲人。虽然本斯顿拿弗兰克开了不少玩笑——他评价弗兰克是个“著名的混球”，后来还因为他在自己的建筑作品里用到了艺术家们的想法而称他为是“史上最大的窃贼”——但是他还是很佩服弗兰克的，甚至在1968年，他还坚持请弗兰克来为他设计了自己回顾展。回顾展是在洛杉矶艺术博物馆（Los Angeles County Museum of Art）举办的，这座博物馆在当时刚落成没几年，由弗兰克的前导师威廉·佩雷拉主持设计，建筑整体是由一系列略显乏味的，古典式的单体展馆组成的。[1]

这并不是弗兰克在那座博物馆里的第一个项目。三年前，他和格雷格·沃尔什就曾经在那里设计过一个名为“日本的艺术瑰宝”（Art Treasures of Japan）的展览。能够获得这个项目还要归功于格雷格对于日本的熟悉。在布展中他们大量使用了木材，并且从天花板上垂挂下来一些彩色的织物用以分割空间，整个展陈设计显得安静而富有秩序感。不过，三年之后，弗兰克

1　洛杉矶艺术博物馆的一些理事原本希望这个项目能请密斯·凡德罗来设计，而有一位理事则坚持要请爱德华·迪雷尔·斯通（Edward Durell Stone），最终经过妥协，项目的委托被交给了佩雷拉。在洛杉矶艺术博物馆项目的设计中，佩雷拉克制了自己对于异形建筑的喜好，将博物馆打碎成为一些彼此分离的小空间，整个设计显得很平庸，并没有体现出佩雷拉设计中的那些十分吸引弗兰克的特质。不过，佩雷拉的这个口碑并不太好的作品，启发了埃德·鲁沙，让他创作出了他最为著名的一组画作《失火的洛杉矶艺术博物馆》（*The Los Angeles County Museum on Fire*），这组作品现在收藏于华盛顿特区（Washington, D.C.）的约瑟夫·H·赫希洪博物馆（Joseph H. Hirshhorn Museum）。

为本斯顿在这座富丽堂皇的博物馆中设计的回顾展，与他三年前设计的那个日本式的布展，从风格上看是迥然不同的。

本斯顿在照片中的形象，通常都是骑着他那辆摩托车，在作品中他也经常用到类似汽车喷漆之类的元素，他是第一个能够在这座博物馆中举办个展的洛杉矶艺术家。他希望他的展览能够表现出整个洛杉矶艺术家群体的那种精神，他明确地告诉弗兰克，他作为布展建筑师的工作，不仅仅是要告诉策展人哪里放展品，哪里是墙。本斯顿让弗兰克来确定整个展览的风格和观感，同时，为了让展览显得更加合作化，他还请来了埃德·鲁沙来编制展品目录，并且对鲁沙也提出了类似的要求。

弗兰克记得，对于他的参与，博物馆的策展人们显然有些紧张，不过，最让他们感到担心的，也许应该是“为本斯顿举办个展”这个主意本身。他们提醒弗兰克，布展的预算也是有下限的，他们希望能够以此使得弗兰克的设计更加符合常规的布展标准。不过，他们的这个提醒，显然并没有起到他们所预期的作用。“我让他们带我去了博物馆的库房，那里堆满了涂着油漆的胶合板。”弗兰克说，“我问他们这些胶合板是打算干什么用的，结果他们也不知道，于是我就征用了这些板子，用它们来布置了我的展览。无法否认的是，这些板子确实是很廉价。”这些胶合板有的没有刷油漆，有的则是刷得五颜六色，而弗兰克坚持要求不重新刷漆，就这样保持他们的现状。“我猜就算我告诉他们，等装好了之后再上漆，等到真的装起来之后，他们看到效果那么好，肯定也会同意保持原状的。”他说。

艺术家们对自己的工作室的设计，从建筑的角度看就好像是一些未完成的建筑作品，当时的弗兰克，对艺术家们的这种态度非常感兴趣。他决定把展览的一部分，仿照本斯顿的工作室和住宅来进行设计。虽然展览里其他部分的分隔墙面都是用一些颜色随机的胶合板以及金属瓦楞板搭起来的，但是在这一部分中，弗兰克希望能够尽量真实地模仿出本斯顿的生活场景。在这个区域里，艺术作品就好像是挂在起居室的墙上，弗兰克甚至还摆了一尊本斯顿骑着摩托车的蜡像。起初，本斯顿和弗兰克关于这一部分的意见并不统一，弗兰克希望本斯顿能够把自家的家具拿出来布展。当本斯顿拒绝了这一要求后，弗兰克只得打电话给一家家具租赁公司，定了四套起居室家具。但这些家具送来后，弗兰克觉得完全不符合他的想法，也完全不符合本斯顿的审美，因此他想在本斯顿看到之前，赶紧把这些家具弄走。然而本斯顿还是看见了这些东西，而且对弗兰克大为光火。“他开始冲我大声咆哮，用各种难听的话骂我。我吓坏了，因为，你能想象，我很喜欢比利。我希望自己能帮他做出一次最棒的展览。如果我搞砸了，以后在他们的圈子里我就彻底没法混了。所以这个项目对我来说意义重大。”弗兰克说。本斯顿后来还是找到了更符合他要求的家具，这起风波也很快地过去了，他的展览最终也如愿取得了成功。这个项目进一步提升了弗兰克的声望，而对他来说最重要的一点，就是通过这个项目，他与洛杉矶的艺术家群体之间的联系，也变得更加牢固了。

* * *

这群艺术家朋友，事实上在弗兰克当时的生活中，扮演着家人一般的角色，这背后很重要的一层原因，是当时的弗兰克，与自己的家庭之间的关系，已经变得越来越疏远了。在本斯顿回顾展的两年之前，他与安妮塔的关系恶化到了崩溃的边缘。他很矛盾，在家时，家里的气氛使他感到痛苦和压抑，而如果太久不回家，他又会感到深深的负罪感。他只能通过埋头工作，或者是到他的艺术家朋友们那里，去寻求一些暂时的解脱，但是，他也知道，当时的那种状态不是长久之计。

埃德·摩西建议弗兰克去找他的精神科医师米尔顿·韦克斯勒（Milton Wexler）寻求一些建议和帮助。韦克斯勒既是个精神科医师，同时还学过法律，做过律师，他曾经治疗过不少的艺术家、演员，以及其他从事创意工作的人，而且他的治疗还常常是不收费的。约翰 · 阿尔通就是韦克斯勒的病人之一，阿尔通富有个人魅力，在以费鲁斯画廊为核心的艺术家圈子中是个非常受欢迎的艺术家，他曾经因精神疾患而不得不入院治疗。韦克斯勒的治疗方法是非正统的。与其他传统的精神医师不同，韦克斯勒不是个旁观者，他倾向于参与到患者的生活之中，有时还会和患者成为朋友。后来，他还曾经与他的病人之一，导演布雷克 · 爱德华兹（Blake Edwards），开展过工作合作，他们两个共同编纂了两部电影的剧本——《男生爱女人》（*The Man Who Loved Women*）和《生之乐章》（*That's Life*）。韦克斯勒认识阿尔通的时候，阿尔通正在邻近洛杉矶的卡马里奥（Camarillo）精神病院住院治疗。当时，韦克斯勒的另一个病人——也是阿尔通的朋友——画家劳拉·斯特恩斯（Laura Sterns）告诉韦克斯勒说阿尔通是个天才的艺术家，她觉得如果治疗方法得当，阿尔通是可以控制住自己的，并且还可以继续进行艺术创作，因此她极力劝说韦克斯帮她把阿尔通从精神病院弄出来。他们两人一起去了卡马里奥，将阿尔通接回了洛杉矶，此后，阿尔通便也成了韦克斯勒的病人。

韦克斯勒喜欢以小组治疗的方式来医治病患，他的另外一个不同寻常之处，就是他免去了所有艺术家的治疗费用。阿尔通所在的治疗小组，就主要由艺术家组成。参加了几次治疗之后，阿尔通便建议埃德 · 摩西也来加入这个治疗小组，韦克斯勒同摩西见了面，同意了这个请求。随后，摩西又推荐了一个名叫唐娜 · 奥尼尔（Donna O' Neill）的女人也加入了进来，再之后他便建议弗兰克也来见一见韦克斯勒，看看韦克斯勒是否愿意也让弗兰克成为他的病人之一。

起初，弗兰克表现得很不情愿。后来，他在一次访谈中谈道，摩西需要"逼着"他，才能让他去参与治疗，"因为，同许多需要依靠创造性思维进行工作的人一样，我认为自己的创造力有一种神秘感。你知道你创意的源泉就来自于你独一无二的个性和自我意识，所以你不愿意用外力来影响和干预你的这种自我意识。"很长一段时间，因为对精神治疗的这种矛盾的心理，弗兰克在小组治疗的过程中几乎都是安静地坐在那里，听着组里其他成员的诉说，他自己几乎一言不发。他说他感到很害羞，而且，他对于组里的其他人能够如此轻松地吐露心声感到有些惊讶，这也让他更加不敢开口。当时的他，觉得自己根本就没有能力清晰地把自己的意思表达出来，更不用说是精神治疗中经常要谈的那些私人话题了。“之后，一天晚上，整个小组的矛头都转向了我，”弗兰克谈道，“他们一起指责我，说我自以为是，坐在那里什么都不说，只知道去评判别人。”后来，韦克斯勒也说，组里的其他成员说的没错，在他看来弗兰克的缄口不言，表达出来的是一种傲慢的态度，而非谦逊。“你个混蛋，难道你还没意识到大家都是怎么看你的吗？”韦克斯勒对弗兰克说。

在弗兰克的记忆中，这个治疗小组随后的交流和对谈，使得他茅塞顿开。“那之后一切都不同了，”他谈道，“倒不是因为我从那开始变得敢于开口说话了，当然我确实说了不少。真正的改变是更加深层的。那之后，我得以推倒那道由自己亲手筑起的自我保护的高墙。我开始学会倾听。此前，虽然我也能够清楚地听见别人在说什么，但我觉得我之前从来没有真正地倾听过别人。随着我听得越来越多，我对我的艺术家伙伴们，也越来越感兴趣。”

* * *

弗兰克的转变，可能并不是像他印象中的那样，仿佛是在一瞬间就完成的，但是毫无疑问，米尔顿·韦克斯勒因此而成为了他一生当中最重要的几个人之一。弗兰克刚开始接受治疗时，用韦克斯勒的话讲“他极端地缺乏自信。他谈得最多的就是破产，不光是指财务上的破产，还有家庭关系的破产，以及无法说服客户接受自己设计的这种能力上的破产。他用了无数的交流技巧，想要诱使客户们接受他那些独特的设计方案，这几乎把他搞得焦头烂额，因为他的那些技巧似乎没有一个管用的。”韦克斯勒相信，弗兰克是在向他——一个基本上对建筑一窍不通的心理治疗师——讲解方案的过程中，逐渐学会如何与客户交流的。“我觉得我的治疗，帮助他学会了以成年人的方式来和他人进行交往。”韦克斯勒对西德尼·波拉克这样说道，“同时，我觉得他与客户的交流方式也变得更加成熟了，他不再像以往一样总是试图去哄骗客户。他开始像他对待不懂建筑的我一样，去引导客户，告诉他们什么才是应该关注的东西，以及为什么要关注那些东西。我觉得从这个角度来说，我对于建筑的无知，可能反而以某种奇怪的方式，成为了弗兰克的整个治疗过程之中非常有价值的一个诱因。”

弗兰克不仅成为了韦克斯勒最为精心和关照的长期病人之一，同时，他还与韦克斯勒的家人建立了非常亲密的友谊，尤其是他的女儿南希（Nancy）。弗兰克还深入地参与了韦克斯勒一家出资建立的，旨在防治亨廷顿氏舞蹈病的遗传疾病基金会（Hereditary Disease Foundation）。[1] 最重要的是，米尔顿·韦克斯勒，成为了弗兰克一生的良师益友。在弗兰克看来，他是个值得信赖的长者，弗兰克相信他的判断，每当生活遇到难关，弗兰克都会第一个向他寻求帮助。不难看出，在弗兰克眼里，韦克斯勒可以说是成为了一个父亲形象的化身，是弗兰克不称职的父亲——欧文的替身：一个弗兰克一直以来追寻的，令他尊敬的、理想的父亲形象，而不是一个令他每天在爱、愤怒和沮丧相混杂起来的复杂情感中承受折磨的父亲。

当弗兰克谈到他在韦克斯勒治疗小组的初次治疗经历时，他重点叙述了这次治疗对他的职业生涯的重要影响，以及他如何在韦克斯勒的指引下，学会了不光站在自己的角度，同时也站在客户的立场上去看待项目，以此来吸引更多的客户，并且满足他们的需求。从某种意义上说，通过韦克斯勒的治疗，他明确了自己作为建筑师的身份要求，他知道无论他觉得自己与那些艺术家们多么的志同道合，作为一名建筑师，他的职责是与艺术家们不同的。

1　米尔顿·韦克斯勒的妻子患有亨廷顿氏舞蹈病。虽然韦克斯勒夫妇后来离了婚，但是这种遗传疾病仍然会影响着韦克斯勒家庭的后代，所以他此后一直投身于这种遗传病的病因研究之中。

虽然他也同样是个创意工作者，但是，他需要听取客户的意见。

当然，在参与米尔顿·韦克斯勒的治疗前，弗兰克应该也不是那种完全不理会客户需求的建筑师，并不是说韦克斯勒通过一次简简单单的治疗就把他转变成为了一个关心别人想法的，负责任的倾听者。但是，他确实花了很长时间，才逐渐意识到，如果没有与他志趣相投，并且在项目上与他通力协作的客户，他是无法取得成功的。他与客户一样，都有责任建立和维系彼此之间良好的合作关系，对于客户提出的改动要求，并不一定是要急于拒绝或者推诿，他们的意见同样可能会对设计有所改善。他丝毫不介意因为客户的意见而反复修改设计，他相信客户的好的反馈，会对他的设计有很重要的改进和提升作用。事实上，随着他事业的不断发展，对他的批评声音也逐渐增多。这些批评之中，最令他无法忍受的，并不是那些觉得他的建筑过于惊奇甚至是丑陋的抱怨，反而是那些说他不够灵活，在设计上独断专行的指责。很多人都把他当成是一个只知道坚持自我的艺术家，而不是一个通过与客户交流来进行工作的建筑师，弗兰克觉得，这是从根本上对他的误解。如果说弗兰克会因为人们不喜欢他的建筑而感到很失望，那么，当他被指责只靠自己的想象凭空塑造建筑体型，而完全不与客户讨论时，他所感到的痛苦乃至愤怒，则是更为深刻的。他最无法忍受的指责，就是说他不懂得倾听。

* * *

在理解自己的创作过程这一方面，米尔顿·韦克斯勒给予弗兰克的帮助，在此后的很多年中一直影响着他。除此之外，对于弗兰克生活中其他的一些更为私人的问题，韦克斯勒也提供了许多的帮助。与其他的精神医师一样，韦克斯勒会研究病人的过往经历，弗兰克同他谈了他的外祖父母、父母，以及他与父亲之间那些难以化解的心结。“米尔顿给了弗兰克第二次童年——他再次培养了他。”经由菲利普·约翰逊与弗兰克相识的画家、建筑师纳恩·佩雷兹（Nan Peletz）如是说。

韦克斯勒还帮助他解决了他当时最为棘手的个人问题——他的婚姻危机。当时的弗兰克已经在婚姻的不幸福中煎熬了太久，性格之中的优柔寡断，也让他无法下定决心放弃这段婚姻。而通过与韦克斯勒的交流，这个决定似乎又变得更加艰难了。韦克斯勒帮助他意识到，造成他当时婚姻问题的原因，并不仅仅是他在身体上对于家庭生活的缺席，同时也是他情感上的缺席，而且，即便是那些他在家的日子里，他也浪费了太多本应留给家人的时间。“在家时我也会躲着她，因为她总是把我远远地推开，而我也任由自己被她推开，因为和她在一起让我感到无比压抑。”他说。

1966 年 8 月，弗兰克和安妮塔进行了一次对他们两人来说都尤为痛苦的谈话，关于他们的婚姻。安妮塔不仅再一次地痛斥了弗兰克对她和女儿的陪伴太少，而且，她还承认了自己的婚外情。听到这个，弗兰克在愤怒之余，事实上感到了某种解脱。安妮塔的不忠，至少使他的抉择变得容易了一些，而且，还解脱了他对于自己出轨行为的罪恶感。他没有对安妮塔坦白自己与唐娜·奥尼尔的婚外情，他们通过米尔顿·韦克斯勒相识，后来唐娜·奥尼尔还成了弗兰克的一个客户。尽管弗兰克也知道，自己并不配在与安妮塔的婚姻问题上占据道德制高点，但是，这对当时的他来说，显然是个更容易些的选择。他也知道，选择放弃这段婚姻，就意味着他将要从此远离自己的两个孩子，他的小家庭也将彻底不复存在。第二天，他就去见了韦克斯勒，韦克斯勒告诉他，已经没有时间再犹豫了，他需要做出决断。“米尔顿说：‘听着，我不想再继续通过那些治疗的手段来开导你了，那样说不清楚。’”弗兰克回忆道，“‘现在你就两个选择。回家去，收拾好自己的东西，然后搬出来自己住；或者，你在家里坚持待上三个月，想办法挽回。’米尔顿说。我看着他说：‘我选择前者。’然后我就走了。”

弗兰克回了家，告诉安妮塔他决定要搬出去住。之后，他便去了演员本·戈扎那和他的妻子，女演员简妮丝·鲁尔（Janice Rule）的家，弗兰克在此前就经常和约翰·阿尔通，以及阿尔通的妻子巴布斯（Babs）一起，参加戈扎那夫妇每周日下午在家里举办的聚会。他一直以来和戈扎那夫妇相处得都很融洽。所以，他告诉了他们他离婚的决定。弗兰克记得，戈扎那夫妇对他说，应该尽快找个舒服的，有人照料日常起居的地方，先安顿下来，这样会感觉好过一些，“不要住那种破破烂烂的小公寓”。他们打电话给比弗利威尔夏酒店（Beverly Wilshire Hotel），帮弗兰克订了一间房间，当晚，弗兰克就住了进去。

安妮塔和女儿们依然住在韦斯特伍德的房子里。弗兰克搬出去，并没有让事情变得更简单，他们的离婚也进行得并不顺利。当时，安妮塔仍然很生气，她极尽所能地限制弗兰克与两个孩子的接触；她还告诉她的弟弟理查德·斯奈德，她不希望他再与弗兰克有任何来往。她告诉弗兰克的母亲和妹妹——她们俩都非常宠爱莱斯利和布丽娜——她从此不再欢迎她们来看望她的女儿，并且今后她们也不必再把两个女儿当作是她们家庭的成员了。即使西尔玛和多琳试图打电话给两个女孩，安妮塔一旦听到就会立刻过来把电话挂断，而当西尔玛来到安妮塔的房子门口想进来看看时，安妮塔也会当着两个孩子的祖母的面，重重地把门关上。

他们的婚姻当时已经走过了十四年，显然，安妮塔已经决定，如果这段婚姻真的无法继续下去，她希望能够彻底清除掉弗兰克在她生活里的一切痕迹。一个例外是他们在肯纳德大街上的那所房子，安妮塔在此后的余生中，即便是与乔治·布伦纳（George Brenner）再婚之后，都一直住在那里。莱斯利后来决定跟了继父的姓，改名叫了莱斯利·布伦纳（Leslie Brenner），这也让弗兰克难过不已。安妮塔的再婚，女儿的改姓，都无情地标志着，他与安妮塔共同建立，并曾经辛苦经营的小家庭，彻底不复存在了。

第八章

独立

来到了比弗利威尔夏酒店的弗兰克，并没有什么确切的打算，他不知道自己会在那里住上多久，也不知道之后该往哪儿去。虽然每晚 60 美元的房费对他来说并不便宜，但是他还是觉得，戈扎那夫妇让他到这儿住上一阵的建议是对的：他需要到一个这样的地方来好好调整一下自己，而不是独自搬进一间孤单凄凉的单身公寓，任由蔓延的孤独感把自己压垮。位于比弗利山中心区域的那座豪华酒店，对彼时的他来说是个最好的避风港。当时，洛杉矶的另一位更著名的单身汉沃伦·比蒂（Warren Beatty）也住在比弗利威尔夏酒店，弗兰克偶尔会遇见他。

“他必须找个地方舔舐伤口，于是他去了他能找到的最贵的地方。”他的妹妹多琳说道，“当时的他根本没什么钱。所以这有点令人难以置信。”多琳觉得，弗兰克是想换个环境，与他的过去彻底告别，他也想借此来尝试某种新的活法。“他成了个花花公子。至少给我的感觉是这样。但是他本质上并不是那样的。我的意思是说，他是在假装成一个花花公子。因为他不是那种人。”他妹妹说。

住在昂贵酒店里，扮演一个花花公子，无论这角色是否适合他，这毕竟不是长久之计，三个月后，弗兰克还是因为负担不起房费，搬出了比弗利威尔夏酒店。格伦事务所的一位前同事，帮他联系到了位于多希尼道(Doheny Drive）上一座高层住宅楼里的一套单间公寓，弗兰克搬到了那里。虽然那套公寓很小，小到如果孩子们来看他，晚上都没有地方住，而且公寓里还有着某种弗兰克曾经极力希望避免的莫名的气氛，给人的感觉那里就像是个专门为他这种刚刚离婚的男人们准备的公寓，但是对当时的弗兰克来说，也没有什么其他的选择了。

* * *

米尔顿 · 韦克斯勒设立他的治疗小组的初衷，并不是为了帮助他的病人们互相认识，但是，对弗兰克来说那里确实成为了他的一个重要的社交场合。他与电影界人士们的关系，很大一部分都是通过韦克斯勒的治疗小组认识并逐渐发展起来的：布莱克 · 爱德华兹（Blake Edwards)、卡洛尔 · 伯纳特（Carol Burnett)、珍妮弗 · 琼斯和达德利 · 摩尔（Dudley Moore）都是在治疗小组里与弗兰克成为了朋友，他们之中的有些人后来还成为了弗兰克的客户。唐娜 · 奥尼尔也是通过韦克斯勒认识的弗兰克，她是摩西的朋友，在劝弗兰克参加治疗之前，摩西就把唐娜 · 奥尼尔引荐到了韦克斯勒的治疗小组里。唐娜 · 奥尼尔的丈夫理查德（Richard)，在洛杉矶南边的圣胡安卡皮斯特拉诺（San Juan Capistrano）继承了一大片牧场，当时还住在洛杉矶的奥尼尔夫妇，希望在牧场里建造一系列的建筑，其中包括一座新的住宅。理查德 · 奥尼尔希望这些建筑的建造成本不要太贵，他们找到了弗兰克，请他来帮他们进行设计。

虽然奥尼尔夫妇起初有着宏伟的建设计划，但是最终，他们在那片牧场上只建成了一座简单的干草棚，弗兰克记得造价加起来只有 2500 美元。然而，就是这座略显廉价的干草棚，后来成为了弗兰克早期最为重要的作品之一。在这个作品中，弗兰克第一次清晰地在形式上反映出了他与艺术家朋友们的那些交流所带来的影响。奥尼尔干草棚与丹齐格工作室差不多，简洁有力的造型颇似极少主义雕塑作品，但是这一次，弗兰克在形体构成上没有采用简单的方盒子，而是代之以梯形。丹齐格工作室中弥漫的那种沉静安宁的空间气氛，也被一种活跃的，甚至是有些激烈的运动感所取代。毫无疑问，这座建筑的建筑学意义，远远超出了其本身的，为草料和农具遮风挡雨的功能需求。弗兰克绝对不会放过这个机会，他好不容易才找到一个能够理解和支持他的建筑学理念，并且支持他进行建筑实验的客户。

这座建筑看上去并没有很夸张。一圈柱子（其实是电话线杆）围合出一个矩形的平面。柱子上面顶着一个倾斜的梯形屋顶，屋顶的一个角压得很低，而与之相对的另一个角则高高扬起，使得整个造型具有了一种极富视觉冲击力的透视感。从某个角度看起来，这座建筑轻盈得就好像要飞走一样，而从另外一个角度看，又显得比实际尺度要大很多。四周的瓦楞金属板围墙并不落地。对于如此简单的一个项目来说，这样的造型已经足够具有创意了，这座建筑从整体上看依旧十分朴素，并不铺张。弗兰克采用最为简单、基本的材料，经过精心设计，创作出了这座具有超乎想象的力量与美感的建筑作品。通过平凡的材料，达成既出人意料，同时又具有美感的建筑效果，也成为后来弗兰克在很多作品上所追求的一个目标。虽然奥尼尔干草棚是件很小的作品，但是这个项目可以说非常好地完成了这一目标，也标志着弗兰克的这种新探索的起点。

弗兰克希望能为唐娜·奥尼尔做出一个特别的设计。当时，他与奥尼尔夫妇已经算是老相识了，不过在他接受了奥尼尔夫妇的委托后不久，他与唐娜·奥尼尔的关系发生了一些质的变化——他们成为了情人，那时候他与安妮塔也还没有离婚。他“陷入了疯狂的恋爱”，他回忆道。唐娜美艳动人，又懂得艺术，在各个方面都是“一个随心所欲的人——她做自己想做的事”，弗兰克说。当时的弗兰克，很难想象一个女人，至少从外表上看起

奥尼尔干草棚，最初是准备作为奥尼尔牧场上一系列建筑而开始的

来，能够与自己的妻子安妮塔如此的不同。他们的关系，开始于一天晚上的一次鸡尾酒派对之后，派对在奥尼尔夫妇位于好莱坞的公寓中进行，弗兰克的许多艺术家朋友都在，但是安妮塔并没有去。派对上没有食物，只有酒，所以派对结束之后，喝得醉醺醺的一群人决定到附近的餐厅去吃点东西。当唐娜——“如同歌剧里的卡门（Carmen）一般，一袭黑衣”——问弗兰克能否与她同车前往餐厅时，弗兰克感到有点为难，但是为了表现得礼貌，他答应了。到达餐厅后不久，唐娜就声称她感到不太舒服，问弗兰克能不能送她回家。“我当时还不明就里。我东张西望，觉得应该由她的丈夫送她回去。”弗兰克说，“但她说，不，她想让我来送她。所以我只得开车又把她载了回去。她说：‘我不舒服，你最好扶我进去。’于是我扶她进了公寓，她一把把我拉进卧室，拽着我的脖子把我扑倒在床上。换作是你，你会怎么做？理查德大概三十分钟后就会回来，而当时的我却正和他的妻子滚在床上。那是一种会改变你人生的体验。最终我还是赶在他回家之前离开了。”

弗兰克原本与奥尼尔夫妇约好，第二天一大早就要到牧场去与他们商谈建设的项目。那天早上一起床，弗兰克第一件事就是打电话给了埃德·摩西，告诉了他昨天晚上发生的事情，弗兰克很害怕理查德·奥尼尔会发现他们的事，那样的话他的这个项目就做不成了。摩西听罢哈哈大笑，他告诉弗兰克尽管放宽心，因为弗兰克并不是唐娜勾引的第一个男人，而且唐娜的那些风流韵事，理查德基本上也都知道。于是，弗兰克忐忑不安地开车去了圣胡安卡皮斯特拉诺。“我去了牧场，见到了他们，和他们讨论了他们的设计需求，整个会面过程中我都感到尴尬极了。”他说，“后来，理查德提前离开了，而唐娜又一次把我拽上了床。我们从此成为了非常亲密的朋友。她在我最需要抚慰的时候来到了我的身边。我们的关系总共持续了大概六个月。”

他们的关系也经历过一些波折。一天，唐娜叫弗兰克到比弗利山酒店（Beverly Hills Hotel）去陪她喝酒，弗兰克本以为喝过酒之后两个人会一起共度春宵。但是，唐娜却说，她之所以叫他到酒店来见面，是因为会面之后她还打算顺便看望一个从外地来的男性朋友，这位朋友就住在比弗利山酒店，而她当晚会在朋友的房间过夜。弗兰克震惊了：唐娜选择以这样的方式结束一段关系，确实有些残忍。几周后，唐娜打电话给了弗兰克，请他到圣胡安卡皮斯特拉诺的牧场去，说她依然想见他。弗兰克当时依旧迷恋着唐娜，所以他答应了。此后，他们依然不时见面，但是他们之间的关系逐渐转变成为了亲密的友谊，并且一直保持了许多年，直到后来唐娜因为癌症去世。在两个人之间的风流往事过去很久之后，1973 年，唐娜在她们夫妇的牧场，为韦克斯勒建立的旨在防治亨廷顿氏舞蹈病的基金会举办了一场盛大的募捐活动。这次活动也使得以韦克斯勒为中心的好莱坞社交圈变得更加的紧密：本·戈扎那、吉娜·罗兰兹（Gena Rowlands）、彼得·福克（Peter Falk）、伊莲·梅（Elaine May）、沃尔特·马修（Walter Matthau）和约翰·卡索维茨（John Cassavetes）等明星，以及弗兰克、埃德·摩西、比利·阿尔·本斯顿和托尼·伯兰特等艺术家都出席了。

那座被弗兰克称之为是“爱的奉献”的干草棚，最终成为了弗兰克在那片牧场上建成的唯一的建筑物。他其实还为奥尼尔夫妇设计了一栋小住宅，但是后来并没有付诸实施。理查德·奥尼尔对于自己妻子婚外情的容忍度，可能也并不如埃德·摩西想象得那般宽容。奥尼尔夫妇没有付给弗兰克一分钱的设计费，也许他们觉得，与唐娜的友谊已经足以作为报酬了。

* * *

1967 年，大约在奥尼尔干草棚正在施工的同时，又有两个女人走进了弗兰克的生活。一位是美丽、自信，又有些腼腆的巴拿马女子贝尔塔·阿吉莱拉（Berta Aguilera）；另一位则是艺术家约翰·阿尔通的妻子，开朗的、充满活力的巴布斯·阿尔通（Babs Altoon）。彼时，弗兰克已经将自己的事务所搬到了圣莫尼卡东边的布伦特伍德市（Brentwood），在圣维森特大道（San Vicente Boulevard）上的一座写字楼里租了间办公室。他的事务所发展壮大了不少，大到已经需要一位办公室经理来专门负责日常的事务性工作了。贝尔塔那个时候刚刚从巴拿马来到洛杉矶，住在她一个表亲家里，平时在一家保险公司上班，她想换个更有意思一点儿的工作。经过一连串复杂的关系——弗兰克和几个艺术家朋友常去一家名为黛西（Daisy）的酒吧，而这个酒吧的酒保妻子与贝尔塔的表亲在同一家美发沙龙工作——贝尔塔听说了弗兰克的新办公室开张的消息，于是她去应聘了办公室经理的职位。面试时，弗兰克一下子就喜欢上了贝尔塔，他告诉她说，她应聘的这份工作，平时最重要的工作内容就是接听电话，以及在他做设计的时候帮助他免于杂事的打扰。

当时贝尔塔的英语能力还很一般，不过，那已经足够让她理解这份工作的基本要求，并且意识到这份主要是接电话的工作，对她而言有多么的困难了。她非常失落，因为她觉得弗兰克事务所里的一切都比她之前的保险公司要有意思得多。但她知道自己胜任不了这份工作，并且感觉弗兰克也看出了她的语言问题。弗兰克却显然并不是这么认为，他觉得她已经通过了面试，几周后她就会开始过来上班了。后来，因为贝尔塔迟迟没再出现，弗兰克便给她打了电话，邀请她共进晚餐。她接受了这个邀请，觉得弗兰克只不过是想再劝劝她接受这份工作而已。贝尔塔起初并没有意识到，这次晚餐——弗兰克约在了圣莫尼卡大道（Santa Monica Boulevard）上的一家名为卡萨多罗（Casa d' Oro）的意大利餐厅，离弗兰克之前在韦斯特伍德的房子不远——竟然是她与她未来丈夫的第一次约会。那之后不久，在比利 · 阿尔 · 本斯顿位于威尼斯的工作室屋顶举办的一次烧烤聚会上，弗兰克将贝尔塔介绍给了他的朋友们，他们开始被人们看作是一对了。

贝尔塔

因为贝尔塔最终并没有接受弗兰克的工作邀请，弗兰克便把办公室经理的工作交给了巴布斯，巴布斯也曾考虑过成为一名建筑师，当时她正在寻找合适的项目。她接受了这份工作。后来她在弗兰克的事务所里总共工作了两年，那两年间，她和丈夫约翰，作为弗兰克一直以来的老朋友，与弗兰克的友谊也变得愈发的亲近。与格雷格合伙工作了多年的弗兰克，对于雇用朋友从来没有什么避讳，他也很乐于给朋友们提供力所能及的帮助。

事实上这种帮助也是相互的：约翰 · 阿尔通于 1969 年突然去世，在此之前的绝大部分日子里，每逢周四，弗兰克都会与他们夫妇共进晚餐。与艺术家圈子里的其他人一样，弗兰克觉得约翰 · 阿尔通具有一种独特的吸引力，他认为阿尔通是他所认识的最有天赋的艺术家之一。用比利 · 阿尔 · 本斯顿的话来说：“我们都折服于他所展现出的那种优雅的品位。他是一位非常优秀的手艺人，也是一位通过直觉感受世界的伟大的观察者，他比我们中的任何人都要敏感得多。当你把他带进你的朋友圈子，即使那里的每个人都把你当作最好的朋友，不消五分钟，所有人便都会聚拢到他的身边，没有人会再跟你聊。他就如一块磁铁一般吸引着我们。有一天我去他的工作室看他，看到兰尼·布鲁斯（Lenny Bruce）正一边与他谈话一边做笔记。（阿尔通有）幽默感，他平和，而且有着优雅的品位。”

阿尔通患有严重的躁郁症，生前一直在接受剂量很大的药物治疗。1969 年上半年的一天晚上，阿尔通夫妇正和本斯顿一起参加一场派对，忽然约翰说他感到很不舒服，本斯顿见状便准备开车送他回家，或者有必要的话送他去医院，扶约翰上车后，本斯顿想到，他们距离伦纳德·亚述（Leonard Asher）——与他们两个人都熟识的一位医生和艺术品收藏家——的家不远。于是他们开车去了亚述的家，在那里亚述给阿尔通进行了一些药物治疗。但是，没过多久阿尔通开始了抽搐，几分钟之后就撒手人寰了，死因据推测是心脏病突发。

对于洛杉矶的艺术家群体来说，阿尔通的猝然离世是一个巨大的损失，不仅仅是因为阿尔通当时蒸蒸日上的艺术生涯不得不在四十三岁的年龄戛然而止，更重要的原因是，在去世前，慷慨、大度，充满个人魅力的阿尔通，是整个洛杉矶艺术家圈的中心人物。“我认为我们是被约翰·阿尔通凝聚在一起的。他就像是艺术界的教皇，我们都非常尊敬他。”弗兰克说道，“他在圈子里的地位似乎是比其他所有人都要高出那么一点，而我们大家也都认同他。他去世后，洛杉矶的艺术家们之间原本十分紧密的联系开始变得分散而疏远。此后的一切都和从前不一样了。”[1]

1 阿尔通并没有像有的艺术家一样在死后声名鹊起，与埃德·鲁沙、比利·阿尔·本斯顿、肯·普赖斯、拉里·贝尔，以及其他许多洛杉矶艺术家比起来，他也一直不算太著名。可能是因为他精神疾病的原因，阿尔通销毁了许多自己的作品，所以留存下来的并不多。但是，他的绘画作品，无论是抽象的还是写实的，都能够跻身于 20 世纪 50 年代到 60 年代期间洛杉矶最为出色的作品之列。2014 年，策展人卡罗尔·艾勒（Carol Eiler）在洛杉矶艺术博物馆为阿尔通举办了一场大型的回顾展，同年，两本关于阿尔通艺术作品的图书也相继出版。去世四十五年之后，阿尔通才开始重新得到关注。

悲伤欲绝的巴布斯 · 阿尔通难以继续她在弗兰克事务所的工作。她请了个短暂的假期，与收藏家埃德 · 詹斯（Ed Janss），以及詹斯的妻子和孩子一起去了趟夏威夷。[1] 詹斯是个非常优秀的艺术品收藏家，他与许多艺术家，包括弗兰克在内，关系都非常好。巴布斯很快就回来上班了，但弗兰克觉得，她需要离开洛杉矶散散心，好好调整一下悲伤的情绪，他决定给她一个更长些的假期。那时候弗兰克正好需要出差去一趟马里兰州的哥伦比亚市，协调他当时正在推进的几个劳斯公司的项目，他建议巴布斯和他一同前往，去现场看一看那些她作为办公室经理也曾参与的项目。弗兰克还提议在处理完项目的事情之后，他们可以接着到纽约去转转。

最终，他们的行程比原本的计划还要远上许多。在纽约，他们一起出席了由艺术家罗伊·利希滕斯坦（Roy Lichtenstein）和妻子多萝西（Dorothy）举办的宴会，也去拜访了许多艺术界的朋友。在利希滕斯坦夫妇的宴会上，弗兰克察觉到巴布斯仍然很难过。“我对她说：‘巴布斯，你需要一个彻底的解脱。为什么你不去趟伦敦呢？’她说：‘你也想去吗？’我说：‘当然，我会带你去。’于是我们真的去了。在那个年代，你确实是可以这样买张机票说走就走。几小时后，我们就坐上了飞往伦敦的航班。没有任何计划，我们甚至不知道为什么要去伦敦，也不知道到了伦敦之后要住在哪儿。”弗兰克说。

抵达伦敦后，弗兰克和巴布斯找了一家酒店，开了两间挨着的房间。他们都把彼此视为是亲密的朋友，而绝不是情人关系，那时候弗兰克与贝尔塔的恋爱关系已经相当稳定了。弗兰克和巴布斯对于彼此都并没有什么浪漫的幻想，这也让他们相处起来容易了很多，可以轻松地分享自己的内心感受。他们甚至还开玩笑式地约定，等到六十五岁，他们两个人就要结婚，贝尔塔

1 几年之后弗兰克在洛杉矶为埃德 · 詹斯设计了一栋小住宅，詹斯在施工中对弗兰克的方案做了一些调整，最终建成之后的这座小住宅成为一座早期的，但又显然是有所妥协的盖里式住宅建筑。

后来也觉得这个约定很好笑。（“等到我们真的都满了六十五岁，我们商量了一下说：‘那就等七十五岁再说好了。’”巴布斯回忆说，“后来到了七十五岁，我们没有再谈起这件事。”）对于弗兰克来说，巴布斯就如同是另一个妹妹。他觉得自己有责任保护巴布斯，除了家人以外，他很少会像这样对待一个人。弗兰克记得，在伦敦，他隔着房间的墙壁听到了巴布斯的哭声，他带她去了卡纳比街（Carnaby Street）购物，试图以此来帮她重新振作起来。他们主要买的都是巴布斯想要的东西，此外，弗兰克也请巴布斯帮他挑选了一些带回去送给贝尔塔的礼物。

在伦敦停留期间，他们见了许多朋友，有些朋友把他们误认为是一对情侣，对于弗兰克的辩解似乎也并不理睬。弗兰克还带着巴布斯一起同建筑历史学家雷纳 · 班纳姆共进了一顿晚餐，班纳姆当时正在伦敦撰写他那本关于洛杉矶的著作。然而，在伦敦，巴布斯的情绪并没有什么明显的起色，于是弗兰克决定带她走得再远一点，跨过英吉利海峡，到巴黎去看看。他带她去了香榭丽舍大道，拜访了他曾经工作过的，安德烈 · 勒蒙代的建筑事务所，之后又重访了许多他与安妮塔住在巴黎期间去过的地方。巴布斯意识到，他们的这次巴黎之旅，其实也是弗兰克的“回忆之旅”，但她对此并不在意，她也很乐于去看看那些在弗兰克的生活中曾经很重要的地方。在旅程的末尾，他们去了埃菲尔铁塔，他们乘坐电梯登上塔顶，随后又从楼梯一路下到了地面。终于，巴布斯的心情开始真正的放松了下来。“我们一边跑着一边大声地喊叫，玩得开心极了。我们不顾一切地把自己内心的压抑全都释放了出来。”弗兰克说。

后来，巴布斯离开洛杉矶，搬到了纽约，在那里她与艺术家贾思培 · 琼斯（Jasper Johns）成为了非常亲密的朋友。琼斯的一些早期作品是在洛杉矶创作完成的，所以他与阿尔通夫妇很早就已经认识了。当年琼斯与约翰·阿尔通的关系并不怎么样，但是巴布斯很喜欢他，约翰 · 阿尔通去世后，巴布斯与琼斯的友谊也有了更深入的发展。在阿尔通还在世时，巴布斯就介绍弗兰克认识了琼斯，而随着交往的增多，弗兰克与琼斯也成为了好朋友。与琼斯的友谊对弗兰克来说有着非常重要的意义，因为这表明当时的弗兰克，除了与他交游已久的洛杉矶艺术家们之外，对于纽约的艺术家也开始产生了兴趣。当然，他与洛杉矶艺术界的紧密联系也并没有因此而减弱，但是，他与琼斯、罗伊·利希滕斯坦，以及其他纽约艺术家们日益密切的交往，不仅仅是因为他能够认同他们的艺术作品，同时这也标志着他开始努力地将自己的影响拓展到洛杉矶之外。埃德·摩西和比利·阿尔·本斯顿可能都是以“洛杉矶艺术家”而闻名，但显然，弗兰克·盖里并不会仅仅满足于“洛杉矶建筑师”这个标签。

弗兰克帮琼斯整修了他位于曼哈顿下城休斯敦街（Houston Street）的工作室。通过琼斯，弗兰克很快就与詹姆斯·罗森奎斯特（James Rosenquist）、克莱斯·奥登伯格以及罗伯特·劳申伯格等诸多艺术家成为了朋友。在认识劳申伯格之前，弗兰克的创作就已经受到了劳申伯格的强烈影响，后来劳申伯格也成为弗兰克最亲密的朋友之一。劳申伯格的被称为“混合艺术”的创作方式融合了绘画与雕塑，并且引入了实体的日常物品作为构成元素，这是战后最早将普通的、日常的、廉价的物品引入到高雅艺术创作的尝试之一，这些作品的出现让弗兰克兴奋不已，甚至对他的创作来说是一种解放。弗兰克觉得，如果像劳申伯格这样严肃的艺术家都可以在作品中使用日常物，那么在严肃的建筑创作中尝试引入平常的、廉价的材料，也应该是足够合理的。反之，如果没有劳申伯格的大胆创新，弗兰克觉得，他可能也不会有勇气在自己的设计中使用那些质感粗野的建筑材料，比如护栏网或者不上漆的胶合板等。

贾思培·琼斯还帮弗兰克建立起了一条更重要的社交关系，他把弗兰克介绍给了他在纽约最好的朋友之一，自由策展人戴维·惠特尼（David Whitney）。惠特尼后来也成为弗兰克很好的朋友，他与纽约大部分的艺术家都很熟悉，特别是安迪·沃霍尔。而更重要的一点，惠特尼是著名建筑师菲利普·约翰逊的男友。约翰逊当时的作品有些装饰化的倾向，是一种具有高度个人风格的古典主义，与弗兰克的设计风格截然不同。事实上，约翰逊的那种设计正是弗兰克一直以来都嗤之以鼻的。但是，无论他的作品如何，作为建筑师，建筑历史学家，同时也是纽约现代艺术博物馆（Museum of Modern Art）建筑与设计部门的首位负责人的约翰逊，在当时的建筑领域中，地位是无人能出其右的。在 20 世纪 60 年代末期，他实质上已经成为整个建筑界的掌门人、庇护者、幕后决策人（eminence grise），以及终极掌控者（Svengali）。弗兰克非常渴望能够认识菲利普·约翰逊，他觉得，既然自己已经结识了贾思培·琼斯和戴维·惠特尼这两位同约翰逊如此亲近的人，也应该就会收到来自那位大师本人的会面邀请了。

但是他并没有等来这次会面。“现在还太早了”，贾思培·琼斯告诉他说，“你还没准备好呢。”

* * *

弗兰克与劳斯公司的合作开始得纯属偶然。劳斯公司是一家以开发大型购物中心项目为主开发商，弗兰克在维克多·格伦洛杉矶事务所的前同事戴维·奥马利（David O’Malley），曾经专门负责格伦事务所与劳斯公司的项目合作，为了离客户更近一些，奥马利甚至搬家到了劳斯公司总部的所在地马里兰州。劳斯公司认为，在全美国的购物中心开发商当中，他们无疑是居于最先进的那一行列的。他们的创始人詹姆斯·劳斯，也确实是一位与众不同的地产开发商：通过建造市郊购物中心，他赚取了大量的财富，但是除此之外，他对于城市规划、保障性住房，以及平权运动等领域也都具有浓厚的兴趣，他十分关注城市的未来发展。后来，他因为开发了被称为“节日市场”（festival marketplaces）的一系列大型城市零售综合体——包括波士顿的法尼尔厅市场（Fanueil Hall）和巴尔的摩内港（Inner

Harbor, Baltimore）等而闻名全美。可以说，他创造了一种新的商业模式。不过，在 20 世纪 60 年代中期，他所关注的焦点，是在巴尔的摩的城外，他打算在那里建设起一座崭新的，他视之为理想社区模式的新城，他将这座新城命名为“哥伦比亚”。

奥马利非常渴望能够参与到哥伦比亚的建设之中，他也希望能够借此脱离格伦事务所，自己独立发展。但是他感到只凭自己一个人是难以接手这么大的项目的，他需要一个搭档，而在他心中，弗兰克就是这个搭档的理想人选。于是，在弗兰克一次出差来到东部时，奥马利邀请弗兰克到他马里兰的家里参加了一个派对，并介绍他认识了另一位建筑师莫特·霍本菲尔德（Mort Hoppenfeld），霍本菲尔德当时已经加入了劳斯公司，负责监督整个新城项目的规划和设计。“我当时并没有意识到我是在被面试，而事实上那场派对就是个面试。”弗兰克说，“他说他希望我过几天来见见吉姆·劳斯。”弗兰克告诉霍本菲尔德说他已经厌倦了独自旅行，也不愿意把妻子和孩子扔在家里，自己跑来东部，霍本菲尔德则大方地邀请他带着安妮塔和两个女儿一起前来。于是，盖里一家四口在接下来的周末便一起回到了马里兰，而弗兰克也终于见到了劳斯。他们两个人可以说是一见如故。虽然劳斯的审美品位比起弗兰克来要普通得多——事实上近乎保守——但弗兰克觉得除此之外他的一切都非常吸引人。弗兰克说，劳斯“和我一样，也是个不切实际的社会改良家……他也是个左派自由主义者，对于我关注的许多东西，他也都有着同样的兴趣——从大众或者说人的层面上来看”。劳斯显然也很欣赏弗兰克。那个星期天，盖里一家甚至还没有动身离开马里兰，莫特·霍本菲尔德就打来了电话，告诉弗兰克他们希望请他来做哥伦比亚的总建筑师。

但是弗兰克拒绝了这个邀请。“我说：‘听着，我废了好大的力气，才终于实现了自己独立执业，我在圣莫尼卡有一间自己的工作室。虽然没有太多的项目，但我至少是独立的，我不想再回到过去那样去为别人工作。非常感谢你们的邀请。我也很愿意与你们合作，但是非常感谢。’挂了电话，安妮塔和我就上了回洛杉矶的飞机。”弗兰克似乎是又一次地因担心影响到自己的独立性，而放弃了获得稳定的经济收入的机会。这也已经成为了贯穿他一生的行为模式。

但是，星期天深夜，盖里一家刚刚回到洛杉矶的家中，他们的电话就响了。“是莫特 · 霍本菲尔德打来的，他说：‘哦，好吧。我们已经了解了，我们明白你不愿意加入我们，但我们还是希望请你来设计哥伦比亚的第一座建筑，所以，明天回来吧。’”弗兰克记得霍本菲尔德这样告诉他，“于是，星期一，我又上了飞机，飞回了马里兰。”自此，弗兰克开始了他与劳斯公司持续长达十一年的合作，这期间他总共从劳斯公司拿到了十个不同的委托，这也是他最早的一批大型建筑项目，其中包括他的第一座为音乐设计的建筑，以及他的第一座真正建成的办公楼。这一次，为了维护自己的独立性而拒绝大公司的行为，并没有让他付出失去工作机会的代价。他既保有了自由，同时又拿到了大项目——至少看起来是这样。

弗兰克并不打算为了与劳斯公司的合作而移居到东海岸去，所以他选择了与戴维 · 奥马利合作，这也正是奥马利所希望的。于是，奥马利从格伦事务所辞职，与格雷格 · 沃尔什一起，加入到了弗兰克的事业当中。他们三个成立了一家新的公司——盖里 - 沃尔什与奥马利建筑事务所（Gehry Walsh & O’Malley），在加利福尼亚和马里兰都设有办公室。虽然新事务所在法律上与弗兰克在加州原本的事务所是彼此独立的，但是，他们三个人都持有这两家公司的部分所有权。

新事务所的第一个项目是哥伦比亚的一座供开发商展示新城规划的小展馆。紧接着他们又做了一座消防站，这之后，弗兰克迎来了他的第一个得到大众关注的作品——梅里韦瑟 · 波斯特音乐厅（Merriweather Post Pavilion），那是一座能够容纳 3000 人的室外音乐厅，劳斯计划将其作为哥伦比亚的华盛顿交响乐团（Washington Philharmonic at Columbia）举办夏季音乐会的场地。这个项目，无论是日程安排还是造价预算，都异常的紧张。劳斯公司只给了盖里 - 沃尔什与奥马利建筑事务所 70 个工作日，或者说三个多月的时间，以及不超过 50 万美元的资金来完成这个项目。此外，弗兰克还被要求在设计中必须使用劳斯当时已经订购好的钢架屋顶系统。看起来劳斯与工程师们早已经开始推进这个项目，并且已经设计了不少东西了，而这些对于弗兰克来说也都成了更为复杂的限制条件。弗兰克相当于是被中途拉进这个项目，他努力地想要在维持既定条件的基础上，做出更好的建筑效果。

这个作品再一次体现了他不凡的设计能力，他总是能够使用简单、不复杂的建筑材料，在严苛的限制条件下，做出非同寻常的、引人注目的建筑作品。从基本的设计逻辑上看，这座音乐厅可以说是一个扩大版的奥尼尔干草棚。设计的主体是一面巨大的，有一定角度的倾斜的梯形屋顶，下面支撑着六根柱子。屋顶呈扇形展开，水平向延展很宽，给人感觉似乎随时要从舞台上飘走。支撑屋顶的钢架结构被完全暴露在外，屋顶的边缘则是用不上漆的花旗松（Douglas fir）木板进行了包边。

音乐厅在 1967 年一个令人难忘的夜晚开幕。当晚，音乐会刚刚开始不久，一场突如其来的暴风雨就打乱了原定的计划，因为当时音乐厅周边的步行道还尚未完工，观众们只能在大雨中蹚着泥水退场，他们的车也都陷在了泥里。劳斯原本计划中的庆祝音乐厅开幕的派对也彻底泡了汤。但是，尽管遇到了一些突发状况，音乐会本身却并没有受到什么影响，弗兰克和声学专家克里斯托弗 · 贾菲（Christopher Jaffe）的设计工作都收到了非常好的反响，恶劣的天气对演出效果的影响被降至最低，反而更加凸显了音乐厅良好的声学质量。梅里韦瑟·波斯特音乐厅得到了来自《纽约时报》音乐批评家哈罗德·勋伯格（Harold Schonberg）的高度评价，他将其称为“一次建筑与声学设计的巨大成功……也许是全美国音响效果最好的室外音乐厅。这可能有点令人难以置信，但是梅里韦瑟 · 波斯特音乐厅确实比绝大多数一般的音乐厅都要好……在那里，人们不用为了听清音乐而费力气地屏气凝神。这座音乐厅虽然很大，但是却有着那种通常是在比它小得多的空间里才能体验到的围合感和拢音效果”。

勋伯格的评论出现在新一期的《纽约时报》（周日版）上时，弗兰克已经回到了洛杉矶。与往常的周日下午一样，他照旧去了本 · 戈扎那夫妇的家。他记得那天“埃丝特 · 威廉斯（Esther Williams）和费尔南多 · 拉马斯（Fernando Lamas）也在那儿，还有一些其他的电影明星。本早就看到了报上的评论，他为我感到无比的骄傲，当着所有人的面，他大声地将这段评论朗读了出来。读完之后，我与埃丝特和费尔南多一起去泳池里游了泳。我做到了”。

* * *

劳斯同盖里 - 沃尔什与奥马利建筑事务所的合作进行得相当愉快。但是，完成了最初的几个项目之后，弗兰克开始严肃考虑他与奥马利的合作关系。作为合伙人之一，戴维 · 奥马利的热情显然有些过头了。他执着地想把他们的事务所发展成为一家体量庞大的设计机构，因此，在东海岸招揽了大量的项目，其中也包括许多与劳斯公司无关的项目，而这么多项目弗兰克根本就无暇顾及。虽然奥马利很乐于自己来主持一些规模较小的设计，而不去打扰弗兰克，但是在弗兰克看来，这只会让事情变得更糟。对弗兰克来说，奥马利只是一位负责执行他所做的设计的合伙人，他绝不允许奥马利主持设计，更不会允许自己的名字也被写在奥马利的设计上。弗兰克当然希望他们的事务所能够获得更大的成功，但是，他绝对不希望自己事务所的作品中混杂有一些并非出自他的手笔，而且他也并不喜欢的设计。他告诉奥马利他想要解除他们之间的合作关系。他提出，把自己在合伙事务所中持有的股权全部转移给奥马利，作为交换，他要求奥马利放弃他在弗兰克的洛杉矶工作室持有的所有权。

弗兰克又一次地，因为感觉到自己的独立性——具体到这一次，还涉及自己的声誉——受到了威胁，而放弃了赚钱的机会。他认为他的这个决定可能意味着自己与劳斯的合作也要到此为止了，他的前合伙人奥马利此后将会独自为劳斯公司工作。与奥马利散伙后，弗兰克去见了他在劳斯公司最初的支持者莫特·霍本菲尔德，向他解释了自己的决定。“感谢上帝，太好了，”弗兰克记得霍本菲尔德在得知他与奥马利分道扬镳之后这样说道，“我们早就打算请你来主持我们的新总部办公楼的设计了，不过我们一直不希望奥马利参与，这下好了。”

弗兰克原本已经准备放弃了——事实上，他已经放弃了——但是这一次，他的坚持为他赢得了真正的机会，能够按照他自己的想法进行工作的机会。吉姆·劳斯同意了霍本菲尔德关于聘请弗兰克设计劳斯公司新总部的建议，盖里与沃尔什建筑事务所（Gehry & Walsh）顺利地获得了这个项目的委托，而奥马利则被排除在外。劳斯公司新总部位于哥伦比亚市郊，从方方面面来说，这个项目的起始条件都比梅里韦瑟·波斯特音乐厅要好很多：时间充足，预算宽裕。弗兰克在 1969 年就得到了项目委托，而直到 1974 年这座新总部才正式落成。[1]

劳斯公司总部办公楼是一座长条形的建筑，外立面是白色的砂浆饰面。整个建筑共三层高，开有水平向暗色玻璃的长条窗，建筑的部分空间向内收，形成了一些向前探出的开放式退台。从远处看，这座建筑似乎就是一座普通

1 劳斯公司此后四十年间一直在这座建筑中办公。2004 年，劳斯公司被共同发展房地产公司（General Growth Properties）并购，并购之后这座建筑仍被用作区域总部。2014 年，霍华德·休斯公司（Howard Hughes Corporation）从共同发展公司手中买下了这座建筑，将其改造成为了一座全食（Whole Foods）超市。休斯公司十分尊重这座建筑的历史沿革。当地政府部门在一篇新闻稿中称赞这次改造“保护并且突出了弗兰克·盖里原本的设计”。后来，休斯公司与弗兰克的事务所建立了更为密切的合作关系，他们邀请盖里与合伙人事务所（Gehry Partners）在檀香山（Honolulu）设计了一座高层公寓楼的方案。

的市郊办公楼，但实际上弗兰克的这个设计绝非如此。木质的透空棚架环绕着建筑的首层，形成了一圈回廊，并且遮盖了部分的退台，木材较为温暖柔和的质感，以及木回廊较小的尺度，与白色的砂浆饰面墙和玻璃构成的坚硬冰冷的建筑主体形成了鲜明的对比。在建筑内部的设计上，弗兰克则更具开创性。这座办公楼可以被看作是开放式办公空间设计的一次早期实践，也是最早采用活动地板的办公楼之一，架空的活动地板可以使建筑内部的电路布线完全隐藏在地板以下，这彻底解放了办公空间的布置形式，办公室的内部隔墙可以依据需要灵活地进行布置。室内空间的照明也经过了精心设计，弗兰克将所有的暖风和空调风口都藏在了柱子里，这使得整个天花板上看不到一根管线，经过特别设计的灯具，将光线先向上投射到光滑的天花板上，再经过天花板的漫反射弥散到室内，这种间接的采光效果使得整个办公空间的光环境更加的均匀和柔和。建筑内部的中心区域设置了一个天光中庭，有点像是购物中心内部常见的那种室内中庭，这个中庭也成为一条位于中央的“街道”，将整个室内空间组织了起来。

弗兰克在照明设计上的创新，部分借鉴了他为另一位客户所做的商业设计——约瑟夫·马格宁（Joseph Magnin）的加利福尼亚百货商场（California department store）。当时，马格宁正在为他新开张的两座商场的室内设计工程寻找合适的建筑师，格伦事务所的鲁迪 · 鲍姆菲尔德和埃德加多 · 康蒂尼便将弗兰克推荐给了他。这两座新店一个位于科斯塔梅沙（Costa Mesa），一个位于圣何塞（San Jose）附近的阿尔马登（Almaden）。虽然相比起来，马格宁更像是劳斯公司那种商业客户，而不是奥尼尔夫妇那样的私人业主，但是弗兰克从来都不排斥商业项目，相反他很愿意接手这类工作。百货商场——销售的机器，这类项目一直都是令弗兰克非常着迷的，他沉迷于这些项目的挑战性，把这视为是对自己的设计能力的一种考验，他希望通过他的室内设计，能够让这两座新的百货商场不仅在功能上运转得更好，同时在审美效果上也比其他类似的商场更加吸引人。

弗兰克找了两位女性作为他这个项目的合作者：一位是他长期以来的朋友和同事——盖尔·卡瓦纳，还有一位也是他当时的工作伙伴，来自洛杉矶的平面设计师黛博拉·萨斯曼（Deborah Sussman）。萨斯曼之前曾为伊姆斯夫妇工作，当时刚刚开始自己的独立实践，她的第一个办公地点就是盖里与沃尔什事务所位于圣维森特的办公室里的一张空桌子。两位女性对于这两座百货商场设计的贡献是至关重要的：她们各自负责一个商场，为设计注入了前所未有的色彩和活力，将商场的室内空间从原本那种毫无特点的、死气沉沉的状态中拯救了出来。[1]

弗兰克觉得，大型商场的内部空间正在变得越来越杂乱，糟糕的室内设计甚至掩盖了商品本身的光彩，在他看来商场的设计应当尽量简洁一些，以此来突出商场中出售的商品。他认为，为了适应快速变化的时尚潮流，商场的室内空间应该设计得更加的灵活、易于改变。“现在通常的商场设计都是静止的。但时尚不是静止的。时尚的潮流是变幻莫测的。”他在接受《家装日报》（*Furnishings Daily*）的采访时这样说道，《家装日报》刊登了他为马格宁设计的第一座商场的室内照片，标题是《正在发生》（*Things to Come...Now.*）。

他的设计非常简单干净，近乎于极少主义：弗兰克为科斯塔梅沙的商场设计了一套隐蔽的，可以自由地改变售货楼层灯光颜色的照明系统；而在阿尔马登的商场，他引入了一种高大的陈列模块，那实际上是一种独立式的方形柱式货架，柱子的每一面都可以展示商品，顶端则是朝向四面的大型广告板，可以灵活地更换各式各样的平面设计以及标志，他将这种柱式货架称之为“树”（tree）。这些摆满了整个楼层的“树”既是标志牌又是货架，可

1 萨斯曼后来与她的丈夫保罗·普赖扎（Paul Preszja）一起成为了洛杉矶最负盛名的平面设计师之一。他们的公司“萨斯曼与普赖扎”（Sussman & Preszja）主持了 1984 年洛杉矶奥运会的形象设计方案，还为包括沃尔特·迪士尼公司（Walt Disney Company）在内的许多知名客户做了大量的设计项目。萨斯曼于 2014 年去世。

以很方便地增加或者移除。这种装置使得商场经理得以“试验、改变和调整商场的展示系统、部门配置，以及装饰风格”。弗兰克对《商店》（*Stores*）杂志这样谈道：“他们不再需要绞尽脑汁地去适应那些固化的、不允许他们改变主意的环境了。”

在这两个商场的设计中，弗兰克最为引人注目的，或者说至少是最为纯粹的建筑上的创新，是他在科斯塔梅沙商场的立面上设置的一些展示盒子。这些展示盒子与传统百货商场的展示橱窗差不多大小。唯一的一点不同，是弗兰克将平面的窗体向外拉出一定的距离，变形成为了三维的体量，这一微小的改动，显著地提升了立面效果，使得科斯塔梅沙商场的立面明显地有别于那些千篇一律的市郊百货商场立面。

* * *

离开比弗利威尔夏酒店后，弗兰克搬到了多希尼道上的小公寓，不过他一直对那间小公寓不太满意。一来是那里地方太小，他无法招待两个女儿；二来是公寓所在的西好莱坞地区，距离他的办公室、他大部分的朋友，以及圣莫尼卡和布伦特伍德——他每天大部分的生活都在两地——太远了。此外，弗兰克觉得那里距离海也太过遥远，尤其是离玛琳娜得瑞港（Marina del Rey），弗兰克在那儿存有一艘小帆船，他很喜欢出海航行。很多年以前，南加大的几个朋友带着他接触了帆船，虽然那会儿他既没有时间，也没有经济能力来支撑他对于这项运动的兴趣，但是，帆船运动依旧成为了他多年来最重要的业余活动。很长一段时间里，他一直与劳斯公司的一位经理，同样是帆船爱好者的萨姆·罗斯（Sam Rose）合租帆船，而最后，他们两个人合资买下了一艘小帆船。在海面上航行让弗兰克感到无比放松。航行能够使他从生活中无处不在的那些压力里暂时地解脱出来，而帆船本身的那种形式上的纯粹感，也让他感到尤为着迷。“那些帆船，”他后来说道，“营造出一种建筑般的空间。”

事实上，在洛杉矶的西边，有一处住房能够完美地满足弗兰克的各种需求——他在圣莫尼卡的山顶公寓楼里还拥有一间公寓。但是弗兰克当时已经将这套公寓借给了多琳和她的丈夫罗尔夫·纳尔逊居住。米尔顿·韦克斯勒鼓励弗兰克去对多琳说声对不起，然后请他们夫妇搬出去，把自己的公寓要回来。弗兰克非常不愿意这么做。他觉得这么对待自己的妹妹似乎太残忍了。但是，他越想这件事越觉得当时的那种情形实在是对他自己的一种折磨，多琳占据着产权归他所有的山顶公寓，而他自己只能孤单地住在多希尼道上那间逼仄的、不方便的小屋。

韦克斯勒并不支持他继续在这种忍耐中煎熬，这位精神治疗师“不断地鼓动我搬回我自己的公寓，想让我过得更有尊严一些”。弗兰克说道，“终于我把多琳赶走了。我对她说：‘我实在是迫切地需要搬回来，你们得另找地方住了。’”多琳搬走了——她没有别的选择——但是她非常愤怒。她几个月没有再和她哥哥说话，他们之间那交织着兄妹情深与相互较劲的关系也变得岌岌可危，此后过了很长一段时间，兄妹俩才得以和好如初。

有了一个体面的住处，让弗兰克与贝尔塔之间的关系也得以深入地发展。虽然当时他们还并没有把婚姻提到日程上，但是他们在一起的时间越来越长，弗兰克对于贝尔塔也越来越欣赏，他欣赏她出众的智慧，她温暖的内心，以及她对他无限的忠诚。贝尔塔充满自信，也总是能保持平衡的心态，这与弗兰克缺乏安全感的前妻安妮塔形成了鲜明的对比。贝尔塔容貌美丽，语调轻柔，温文尔雅。最重要的是，虽然她深深地着迷于弗兰克的作品，但这种着迷，与这些作品给弗兰克带来的名望和声誉无关，贝尔塔似乎只在乎弗兰克作品的本身。当时的弗兰克刚刚崭露头角，还沉迷于结交名人和权贵——他经常提及他们的名字以抬高自己的身价。这一点，他的艺术家朋友们已经揶揄了他好多年了——他知道真正能够因为钦佩他的创意天赋而与他交往的人其实少之又少，因此他也十分珍视同贝尔塔的这种关系，这种既能在情感上支持他，同时又能让他保持脚踏实地的关系。贝尔塔非常坚强，比利·阿尔·本斯顿说她是弗兰克的“承重结构和废料探测器”，她不但能够帮助弗兰克消解日常工作带来的压力，同时更平复弗兰克自身强烈的事业心所带给他的额外的焦虑。

* * *

艺术家罗恩·戴维斯（Ron Davis）在洛杉矶的艺术圈来说算是个后来者。虽然他就出生在洛杉矶，但是他是在怀俄明州（Wyoming）长大和接受教育的，直到 20 世纪 60 年代中期，他开始发展自己的绘画事业后才回到故乡。那时的洛杉矶艺术圈，早已经不是费鲁斯画廊建立之初的那幅光景，不过，戴维斯与费鲁斯画廊圈子里的很多艺术家年龄都差不多，所以他很快就与他们熟络了起来。他与弗兰克也成了朋友。

戴维斯成为了弗兰克职业生涯早期最为重要的一位住宅客户。从很多角度来看他们俩都像是一对天生的合作伙伴：戴维斯宏大的、色彩张扬的抽象画作，探索的主题之一就是几何造型与透视错觉，这与弗兰克所专注的创作主题十分契合。对于自己在二维的画布上试图描绘的那些形态，落实到三维空间里是个什么样子，戴维斯也很感兴趣。他希望找到一个能够理解他的作品，并且能够在设计中对他的作品做出回应，同时愿意与他一起工作的建筑师。作为一名画家，他当时已经足够成功，他打算为自己建一栋独立的住宅兼工作室。

戴维斯在马里布山（Malibu hills）买下了一块 3.25 英亩（约合 1.3 万平方米）的养马场。1969 年，他邀请弗兰克与他合作，在这片土地上设计一座建筑物，供他创作大型画作，贮存作品，并且能够为他提供一些灵活的居住空间。这些需求很容易满足。不过，戴维斯想要让这座建筑与他的艺术创作产生某种形式的相互关联，这个要求显然颇具难度。据埃斯特·麦考伊（Esther McCoy）在《前卫建筑》（*Progressive Architecture*）杂志上的报道，他们设计工作的第一步，是由戴维斯在场地中拉绳子，以确定透视没影点的位置。为了完成这个设计，戴维斯与弗兰克一起工作了将近三年之久，除非弗兰克出差，他们每周都要会面。戴维斯后来说，这个项目是“弗兰克的一次爱的奉献——他根本就没从这个项目上赚到什么钱。我只是给了他一些我的画，而他则回报我以大量的时间和无尽的智慧”。戴维斯将这个项目称之为是他的“幻想之作”，形容弗兰克是“一位不可思议的，可以将艺术家的幻想付诸实现的建筑师”。

弗兰克——或者说弗兰克与罗恩·戴维斯一起——做出的这个设计，是一个坐落在山坡上的巨大的瓦楞金属板包裹的盒子，平面呈梯形，屋顶剧烈倾斜，最低点高度为 9 英尺（约合 2.7 米），而最高点则陡然升高至了 29 英尺（约合 8.8 米）。将倾斜的屋顶安放在不平行布置的墙体上，意味着四面外墙的高度都是不同的。墙面上开有宽大的落地窗，有的是矩形的，有的则是梯形的，建筑的前门是一面巨大的装有转轴的方形玻璃。屋顶的一部分被打开了一个 20 英尺（约合 6 米）长的开口，将光线引入了建筑内部。

这座住宅在设计的逻辑上可以说是奥尼尔干草棚的一个重要延续，弗兰克在设计干草棚时开始尝试的那些想法，在这里得以发展成为一个完整的建筑，无论从尺度还是复杂性上都得到了扩展。这座建筑与奥尼尔干草棚一样，看上去显得朴实无华。每平方英尺的造价只有 16 美元，这个造价即使在当时也是相当便宜的了。表面上看，这个设计无非就是由一些直线的构成关系勾勒出的四面墙，上面顶着一个屋面而已。但是，最终的设计结果，却绝非简简单单的一个方盒子。非正交的墙体以及倾斜的屋顶，使得建筑看起来有一种夸张的透视感；异形的开窗和屋顶的天窗，在室内的白墙和木板地面上投射出形态抽象的光影，这使得建筑的室内效果显得奢华而优雅，与朴素的、工业质感的建筑造型和材料形成了视觉上的冲突和对比。

总面积 5800 平方英尺（约合 538.8 平方米）的室内空间极为开敞，如

弗兰克在设计罗恩·戴维斯住宅时期的工作照，摄于 1970 年

同一个乡村版的艺术家阁楼工作间。戴维斯尤为注重室内空间的灵活性，弗兰克曾经考虑过给每一面分隔墙底下都装上轮子，甚至还设计了可移动的楼梯，以便戴维斯能够随意改变二楼夹层空间的入口位置。不过，戴维斯与弗兰克后来都意识到，这种给隔墙和楼梯装轮子的想法是自作聪明而不切实际的，所以他们放弃了这个主意。弗兰克将室内空间进行了基本的划分：大约 17 英尺（约合 5.1 米）高的主起居空间、一个带阳台的书房和办公区、一个双层挑高的餐厅区、一个厨房、一个主卧室区，以及戴维斯的工作室空间。室内空间的中央，设置着一条延伸得很长的双层隔断，双层隔断之间夹着两个卫生间，以及绘画作品的储藏间。

戴维斯于 1972 年搬进了这栋建筑，几年之后，他和弗兰克又对起居空间进行了扩展，新增了几个阳台，并且在内部增加了一些隔断墙，这使得起居空间内部的分隔变得更为明确了一些，或者说变得更常规了。“他还是觉得需要一些房间，”弗兰克 1977 年对《纽约时报》这样说道，“现在这座建筑已经和当初完全不同了。但是我觉得现在这样也还可以接受。”弗兰克从来也不愿意去充当一个自以为是、固执己见的建筑师，他愿意去倾听客户的需求。早前，他曾经把这座建筑称为“我们可以在其中自由玩耍的大谷仓”，他这句话确实不假，他也确实是按照这个理念来设计的。但如果戴维斯希望做出调整，弗兰克也绝不会去与客户争辩什么，他会尽量地满足客户的意愿，即使这些调整有悖于这座建筑原本的设计概念。

不过，需要说明的一点是，戴维斯住宅在当时其实也并不能算是一个特别反常规的设计。在戴维斯住宅设计和建造的那段时期，那种由玻璃、金属、木材或者混凝土构成的方盒子，作为曾经的现代主义理想建筑形式——诺伊特拉、辛德勒、索里亚诺、巴夫与亨斯曼（Buff & Hensman），以及弗兰克早期的许多导师们在加州设计的那些住宅都是这样的形式——正在走向衰落，很多建筑师开始回过头来重新关注那些传统的，被喜好平屋顶方盒子的现代主义者们所鄙视的坡屋顶住宅，期望能从中获得一些新的启发。罗伯特·文丘里在费城郊外的切斯纳特希尔为他的母亲设计的住宅，[1] 可能就是当时的那些致力于重现传统建筑意象的设计尝试之一，而且恐怕是做得最为生硬的一次尝试。不过在同一时期的加州，由查尔斯·摩尔（Charles Moore）、唐林·林登（Donlyn Lyndon）、威廉·特恩布（William Turnbull）和理查德·惠特克（Richard Whitaker）组成的 MLTW 事务所，在他们的"海上牧场"（Sea Ranch）项目的设计中，以一种更为流行化而非学术化的方式，实践了这种隐喻传统建筑意象的新建筑形式。"海上牧场"是位于旧金山北部海岸的一座度假村，建成于 1965 年，整个建筑由一系列木质坡屋面的棚屋组成，经过雕塑化的构图处理，这些面朝太平洋的棚屋，在造型上显得格外的富有张力。"海上牧场"看上去并不像是一座传统建筑，但它也同样不像是一座现代主义的方盒子，这座建筑所具有的那种优雅而亲切的体验，使其受到了非常广泛的赞誉和喜爱。

罗恩·戴维斯住宅，在那个建筑师们纷纷开始打破现代主义方盒子的时代，可能是弗兰克借以顺应潮流，发表自己的一些不同声音的一次尝试。或者也有可能是弗兰克的一次更为激进的现代主义实践，他试图通过使用廉价的、工业化的建筑材料来创作出一个更为强硬的作品，以此来反衬上一代的加州现代主义建筑师的极端的矫揉造作。

1　参见第七章中对于文丘里的讨论。

* * *

罗恩·戴维斯住宅能够成为一个如此重要的作品，最大的原因便是弗兰克同时做到了上述的这两件事。这座建筑显示出了逐渐开始拥有话语权的弗兰克，与当时建筑领域方兴未艾的后现代主义运动之间的某种非常微弱，却又十分重要的联系：他与后现代主义者们在许多问题上都有着同样的关注和思考，尤其是对于现代主义建筑，他们都认为当时的那种现代主义建筑是违背人性的，缺乏情感体验的。他与后现代主义建筑师们一样，希望能够从过往的建筑形式当中获得启发，寻得突破的方式。

但是，对弗兰克来说，过往的建筑形式，至多只能算是某种概念性的启发和引导。弗兰克绝对不会去哪怕是最轻微地模仿或者复制那些已有的建筑形式。他所追求的是新的东西，他想要探索的是上一代建筑师未能深入发掘的抽象的形式。他对于现代主义的方盒子建筑感到无法满意，最根本的原因并不是这种建筑形式没能与传统建筑产生足够的联系——如文丘里、摩尔，以及其他的后现代主义建筑师在他们的作品中所追求的那种联系——而是他觉得方盒子在形式上的创新还远远不够。当时加州的现代主义住宅建筑，在弗兰克看来似乎都是些循规蹈矩，毫无新意的产物。如果说在设计罗恩·戴维斯住宅的那段时期，弗兰克作为一名建筑师的主张和风格还尚未完全成形，那么至少可以肯定的是，罗恩·戴维斯住宅绝对不是一个循规蹈矩的平庸之作。[1]

---

1 戴维斯与他的妻子此后在这座住宅里生活了许多年，其间他们又对建筑进行了几次调整和改造，这些改造通常还是与盖里合作进行的。他们最终卖掉了这座房子，搬到了新墨西哥州的陶斯镇（Taos, New Mexico）。这座房子此后的拥有者们——包括演员帕特里克·德姆西（Patrick Dempsey）——基本上保持了建筑总体的结构，但是在室外增加了复杂的景观，并且将建筑内部也改造得更为常规。《建筑文摘》（*Architectural Digest*）于 2014 年发表了一篇关于这座房子的报道，将其称之为是德姆西与他家人的一座“温暖的、精巧装饰过的家”。不过，德姆西所收藏的艺术品中包括罗伯特·欧文（Robert Irwin）的一件光雕作品，以及埃德·鲁沙的几件作品，这也使得这座被改造得面目全非的房子与它最初始的设计理念渐行渐远。这座建筑于 2015 年以 1500 万美元的价格被再次出售。

罗恩·戴维斯住宅，在当时为盖里带来了他职业生涯中最为广泛的赞誉和认可。除了埃斯特·麦考伊在《前卫建筑》上的评论之外，《纽约时报杂志》（*The New York Times Magazine*）也将其作为当代住宅建筑的一个杰出典范，进行了题为《深思熟虑的粗线条》（*Studied Slapdash*）的长篇报道。《纽约时报杂志》的文章，是弗兰克的建筑作品第一次见诸全国范围的主流媒体，文中称“盖里设计出了一种能够提供无限自由度的空间……与此同时，他能够精巧地驾驭他自己。这种独特的空间体验能够深切地影响和打动身处其中的人们：它迫使人们思考空间的本质、墙的本质、围合的本质。创造这样的空间体验是严肃建筑学的第一要务，尽管这座建筑从表面上看起来似乎是偶然和随意的，但事实上它有着非常严肃的建筑学追求。”[1]

1　这篇文章的作者正是我本人；这也是我第一次撰写关于弗兰克·盖里的报道。

第九章

易边再战

弗兰克并不是个谨小慎微的人，但也不愿意显山露水，他外在表现出来的行为习惯，有时甚至会让人觉得他有些沉默寡言。在社会上，弗兰克也往往选择隐藏在人群背景之中，他不常在报纸杂志上露面，也不是个活跃的写作者。但是在弗兰克自己看来，他绝不是一个懦弱而犹疑的人，当他在 1969 年冬天度过了四十岁的生日后，可以明显地看出他越来越敢于表达自己了。当然，这种表达，很大程度上来说是以他自己独有的一套方式来实现的。他依旧保持着温和的谈吐，他的性格中，至少是在表面上，丝毫没有反映出他的建筑作品中那种愈发强烈而张扬的个人风格。米尔顿 · 韦克斯勒帮助他认识到，他需要将自己的焦虑和创造力投入到创作中去，他的建筑才是他宣泄焦虑情绪的最终的，也是最好的渠道。作为一名建筑师和思想家，弗兰克的自信心不断提升，但是这并没有使他变成一个惺惺作态的艺术家。尽管他有很强的自尊，但他依旧随和而低调。那个好奇的、热情的、急切的，乃至于有些缺乏安全感的二三十岁时的他，并没有随着接踵而来的成就而被磨去棱角。弗兰克坚定地走着自己认定的路，虽然他与其他的建筑师和艺术家们一样，对于自己事业和未来充满了无限的野心，但是，他并没有为了得到想要的东西而改变自我。他不愿意改变自己的性格去虚与委蛇。相反，在韦克斯勒的帮助下，他开始学着去最大限度地利用自己已有的性格，而不是试图用傲慢的外衣来掩盖自己的不安全感。他学会了控制自己的外在表现，在与人交往中，无论自己的内心有着怎样的情绪，他都能够表现得非常轻松而低调。

就在弗兰克度过四十岁生日后不久，《西部设计师》(*Designers West*)杂志邀请他撰写了一篇自述式的文章，在一整页的篇幅中，弗兰克总结了自己在建筑、创意，以及建筑行业未来发展等问题上的观点。这是一份非常值得关注的材料，部分原因是，虽然弗兰克很善于同媒体打交道，也时常接受采访——他对于媒体评价的关注程度远比他表现出来的要高得多——但他实际上很少自己写作。尽管弗兰克经常能够直率地谈论自己的作品，他却几乎从没有为自己的作品写过什么东西。所以，这篇由弗兰克亲自撰写的文章也变得尤为罕见和重要。

这篇短文以一段非常有力的，近乎于颠覆性的宣言作为开头。“建筑师基本上是在对客户的恐惧之中进行工作的，而这往往会使他们的服务质量有所降低。”弗兰克写道。紧接着，他继续写道：

> 我们的建筑词汇要比我们的客户丰富得多；我们的视觉素养都经过了很好的训练；我们是建筑设计的专家，也正因如此，客户才会来雇我们去为他们做设计。我希望能够尽我所能地为客户提供最高水平的服务。所以，我必须面对许多现实的问题，这些问题概括起来，无外乎就是“按照常规做法操作”与“满足客户需求”之间的矛盾。我必须确保能够解决客户的每一个，哪怕是最细小的问题，而且最终我还要为自己给出的解决方案负责。

建筑师这个职业，一直以来都因为对待客户的傲慢无礼和漠不关心的态度而饱受诟病，所以，在其他人看来，这段陈述很像是弗兰克作为一名建筑师的自我辩白。但是，弗兰克其实并不认同当时的著名小说《源泉》（*The Fountainhead*）里描写的建筑师形象，他也并不希望自己成为安·兰德（Ayn Rand）笔下的那位自以为是的霍华德·洛克（Howard Roark）。他从不否认建筑是一项服务行业，他认为建筑设计的服务属性与其创意属性是同等重要的。在文章中他也两次谈到了为客户服务的观念，他觉得服务应该是建筑师所追求的目标之一，而不应该被当作创作的障碍。

弗兰克的这段陈述是与他的行动相一致的。他愿意倾听客户的需求，也很乐于通过修改设计来回应客户的评论。他从来都不喜欢那种对他言听计从的消极的客户，觉得他们仿佛仅仅是为建筑师的幻想买单的出资人。不过，与消极的客户相比，让弗兰克感到更为失望的是那些消极的建筑师，他们对待设计毫无自己的主见，就好像他们只是客户命令的执行者。弗兰克认为，建筑师应该为他的设计项目带来一些客户自己想象不到的东西。他觉得，如果一名建筑师无法启发客户去接受新的想法，那么，他的设计又有什么意义呢？正如他多年前在佩雷拉和拉克曼事务所工作期间为自己定下的那个职业目标，他既不希望自己成为像威廉·佩雷拉一样，只会创造一些与实际功能没什么联系的夸张造型的建筑师；也不希望自己像查尔斯·拉克曼一样，对客户唯命是从，拿不出任何属于自己的设计想法。

在《西部设计师》杂志上的文章中，弗兰克还探讨了他对于未来的交通与住宅模式的思考，以及他对于建筑创作本身的固有价值的看法。值得一提的是，在文中他准确地预言了许多未来将会发生的变革，其中就包括高科技在建筑的设计与建造中的广泛应用，弗兰克意识到，变革的速度将会越来越快。“建筑的永久性和固定性将会逐渐弱化——土地的价值以及快速变化的需求将会彻底改变建筑设计的规则。”他写道，“我们需要一整套新的系统，来回应这种正在发生的变革。”

在对未来交通模式的展望中，弗兰克并没有讨论传统公共交通系统——如地铁和单轨电车等——在未来的发展，因为这不符合美国人对于汽车的偏好。那么，在不违背这种先入为主的政治信条的前提下，应该如何改进交通系统呢？弗兰克提出，应该找到一种使用汽车的新模式，提升汽车的利用率：

> 一直以来我们苦苦地探索，试图为这个我们甚至都无法准确定义的复杂问题寻找到一些简化的解决方案。无论单轨电车、地铁还是改进后的地上公交系统，即便这些公共交通设施能够获得足够的建设资金，并且能够在短时间内建成，它们还是无法为乘客们提供私家汽车所带来的那种灵活和自由地使用体验。可以说是我们自己的这种倾向私家车的价值体系造成了这种困局。单轨电车系统也许可以有效地将人们带出贫民窟，让更多的人到城里去工作，但是，一旦人们拿到他们的第一张工资支票，他们要做的第一件事一定就是去买一辆私家车。如果分析一下拥有一辆私家车的开销，包括交通拥堵浪费的时间、在家和在外的停车费用、保险、维修和保养等，我们可能会发现，这与我们根据具体的使用需要，随用随租地租赁汽车所需的年人均费用是大概相同的，至于零散和应急的使用需求，可以通过计程车来填补。如果采取这种用车模式，汽车资源便可以被充分地调动起来。虽然这是个过度简化了的想法，但这确实是变革交通模式的一个思路。

事实上，弗兰克在1969年预言了一个四十多年后产生的新兴产业——Zipcar（共享汽车）。

弗兰克在《西部设计师》上发表的文章中还提出，当时正处于发展高峰的太空技术——这篇文章发表后不久，美国宇航员就第一次登陆了月球——将会被应用于民用住宅建筑的设计与建造之中。“试想我们把一个居住单元分为两个部分：(1) 机械、电气和垃圾处理系统，我们把这一部分称之为动力部件（power pack）；(2) 围护部件（shelter）。”弗兰克写道，“也许我们可以把第一部分完全交给科学家和工程师们去处理……我能想象的方案是，利用印刷电路板、固态电子元件包、晶体管、微管废物收集系统等技术，经过大量的调试和改进，制成一种可以在西尔斯（Sears）或者白门面（White Front）这样的商店中整体销售的集成产品，就像家用电器一样。”他将技术作为一种“插入式”（plug-in）的核心系统，应用于所有的不同规模、不同档次的住宅之中。“使用围护部件来适应不同的审美以及预算需求，动力部件则是普适的，既可以用于多户住宅，也可以用于单户住宅，既可以用于高端公寓，也同样可以用于最简易的帐篷。”他这样写道。

文章中最能表达弗兰克想法的部分，是他对于建筑实践的总体观察，他将这一部分称之为“关于目标”：

> 我们所继承的价值体系，以及这种价值体系与我们的信仰——不仅是我们嘴上说信仰的那些东西，还要包括我们在实践中真正信仰的东西——之间的联系，是真正塑造我们的城市环境的一种力量。这种力量就像是一列在轨道上高速行驶的列车，我们难以避免地，被或推或拽地跟着这辆列车一同前进。在真实生活中的铁轨上，有一些转换点，通过这些转换点我们可以扳动铁轨，改变列车的前进方向，我认为在城市发展这辆列车的铁轨上，也一定存在着一个类似的转换点，可以让我们调整这种价值体系的驱动力。我一直试图通过我的作品寻找到那个转换点。我该怎样做才能引起一场变革？现实中的那个转换点又在哪里？……
>
> 要想重新设计我们的环境，我们真的需要重新思考和设计我们的整套价值体系，质疑那些我们认为理所应当并且孜孜以求的东西，扪心自问什么才是我们真正想要的，什么才是我们应该优先考虑的。
>
> 对于我的事务所中的所有项目，我们都设定了我们的目标，并且建立了一套优先级系统。这样一来，在与客户的交流与合作之中，当我们遇到来自客户的压力，需要我们在设计上进行妥协时，我们就有了一个标准，来衡量这种改变是否会影响到最终的目标。这使得我们能够依据我们的目

标来理性地评估这些压力，并且决定是否接受客户的要求，而如果我们经过分析觉得不应该进行改变，有了这样的一整套分析和定义的过程，我们至少也可以去试着跟客户把道理讲清楚。

在实践中我们发现，这套系统使得建筑师与客户在初期策划，乃至于整个设计过程中的交流变得深入了许多，最终也使得我们的建筑方案能够更为细致地满足客户的需求。

弗兰克把自己视为是一股能够改变建筑行业的力量，基于他一贯的实用主义，对于自己的这种野心，他也给出了可能的执行方案。他的陈述慷慨激昂而又无比真诚，他希望能够找到一种最有效的途径，来实现他那不同寻常的，乃至于近乎激进的设想。在文中他也提到，他自己的事务所正是基于这样的一套价值体系在进行工作的，他试图将理性分析引入到设计过程之中去，因为大多数人想当然地认为设计是非理性的。

可以明确的一点是，从 1969 年春天开始，弗兰克已经把自己视为是一个基于理性进行创作的建筑师了，尽管他作品的造型依旧独特，但是那些不同寻常的建筑形式不是凭空想象得来的。弗兰克创作的那些富有想象力的建筑造型，无论看起来多么的天马行空，事实上都是基于人的使用需求，以及客户的具体要求而做出的理性回应，换句话说，它们并不是建筑师的随意发挥。这个原则，贯穿了弗兰克此后的整个职业生涯。

弗兰克在《西部设计师》杂志上发表的那篇文章的结语，看上去似乎与他对于理性思考的呼吁是矛盾的："我认为，我们事实上都生活在某种幻觉和假象之中，所以我们也许可以发展出一种基于幻觉的建筑。一套可以满足大众的不同的审美需求，并且易于进行调整和改变的系统，这套系统也将成为提升人们审美水平的很好的工具，这是一种新的视觉语言，一种可以随意调整改变的空间形态。

但是，在这里，他的这段话依旧不能简单地从字面上去理解，这段话事实上在很大程度上揭示了他的理想。对于弗兰克来说，所谓的“幻觉”，并不是指那些虚假的，迪士尼乐园般的幻想世界。他所讨论的幻觉，更多的是一种对于抽象形式的细腻而深刻的美学嗜好。弗兰克所言的“基于幻觉的建筑”，是一种具有高度的美学追求，能够带来超乎寻常的空间体验的建筑。不过与此同时，弗兰克也同样希求他的作品能够受到大众的欢迎，他深知建筑需要让使用者感到舒适，而非不安。所以，总结起来，对弗兰克来说最为重要的设计准则就是：一定要具有野心，哪怕是激进一些也不要紧，但同时也应被大众所接受。他在文中所提及的“满足大众的品位”，也印证了公众的满意和接受对于他的重要意义。但是，这并不表示他打算妥协于大众现存的审美品位。在弗兰克看来，“幻觉”并不等同于虚假。“幻觉”这个词，对他来说意味着对于更高级的美学意义的追求。

* * *

弗兰克的这番叙述非常诚恳，这也确实是他对于建筑创作的愿景。他希望他的建筑作品能够既前卫又流行，既坚持现代主义，同时又能被公众所接受。这可能有些幼稚，但是至少绝不犬儒。他的这种态度在当时显得十分具有开创性，可以说是超越了他所身处的 20 世纪 50 年代至 20 世纪 60 年代之间的文化环境，在他作为建筑师逐渐成熟起来的那个时代，现代主义建筑所追求的往往是将自己区别于主流之外。20 世纪的现代主义在其大部分的发展阶段中确实都是如此，虽然它有时也渴望公众的接受，但现代主义建筑的确很少能够真正地在大众中获得认可。而且，除了诸如包豪斯(Bauhaus)运动等旨在向大众推广现代主义的努力之外，有一些现代主义流派，对于公众和流行文化是从根本上蔑视甚至是怀疑的。对许多现代主义艺术家和建筑师来说，挑战和批判现实是他们的首要任务。他们当然也渴望成功，但是，他们对于大众的认可是保持警惕的。在很多艺术家和建筑师看来，前卫与流行，无论在内涵还是目的上，都是根本对立的。

这种将现代主义与大众割裂甚至是对立起来的观念，毫无疑问是一种精英意识。弗兰克希望，至少在他自己的创作中，能够避免这种观念。无论在造型上多么与众不同，他都希望他的作品能够让使用者感到舒适，他希望他的建筑能为各种各样真实的事物和生活场景提供空间。“在设计住宅时，我绝对不会像密斯·凡·德罗和弗兰克·劳埃德·赖特一样，用我自己设计的家具和物件来布置整个室内空间。”弗兰克对芭芭拉·艾森伯格（Barbara Isenberg）谈道，“恰恰相反，我希望使用者把他们自己的东西带进建筑，并与我的设计产生互动，把建筑真正变成属于他们自己的空间。”弗兰克坦言，他比较喜欢那种略显零乱的状态。

他的这种观念和情感，很大程度上来自于他与他的家庭所秉承的左派自由主义政治立场，以及他的审美品位，他试图调和前卫的创意与普遍的大众审美之间的矛盾，正如他试图在威廉·佩雷拉的造型创意与查尔斯·拉克曼的客户至上主义之间寻找平衡一样。弗兰克当然希望自己能够成为一名具有无限创意和想象力的建筑师。但是对他来说，解决客户的问题，并且获得大众的认可，与创造具有想象力的建筑造型同样重要。

这也解释了为什么弗兰克会在 1968 年，与他的妹妹多琳一起，参与到了一个不同寻常的教育项目之中：他们在洛杉矶的一所公立学校里，为五年级的学生们开设了一系列关于城市建设的课程。在国家艺术基金会（National Endowment for the Arts）主办的“艺术家进校园”（Artists-in-Schools）项目的支持下，弗兰克和多琳把洛杉矶威尼斯区的威斯敏斯特大街学校（Westminster Avenue School）作为试点，调整了课程计划，以一座由学生自己设计和建造的假想城市作为核心，把所有的课程都围绕着这座假想城市的建设来开展。这个主意是弗兰克想出来的，在这种城市规划的练习中，学生们可以融会贯通地学到数学、历史、科学，以及公民教育的相关内容。弗兰克和多琳设定了一个假想的背景条件：在一片位于乡村地区的土地上，新发

1971 年，弗兰克与多琳正在合作开展一项旨在向小学生教授城市规划相关知识的教学项目

现了一种名为“普里姆”（Purium）的可以用于对垃圾进行生物降解的新化学元素，为了开采这种元素并将其运输到世界各地，需要在这片土地上快速地建立起一座供采矿工人们及其家属居住的新城市。弗兰克、多琳与五年级的学生们一道，用小方块代表街区，对这座城市进行设计和搭建，随着课程的深入，学生们会不断接触和体会到城市建设过程中那些必须做出的艰难抉择，比如为了建设高速公路和住房而不得不移除树木。他们还在学生之中划分出了几个不同的利益团体，以此来模拟真实的城市建设，一些学生代表政客，一些代表建设者，还有一些则代表反对这项规划的抗议市民。

弗兰克和多琳几乎把这个教学项目当成了一次即兴表演。但是，他们的这种教学方式并不被学校的班主任所接受，虽然在一开始班主任同意与他们合作，但最终她还是叫停了他们的课程，因为她觉得他们的这种教学方式过于随心所欲。整个课程的全过程，从开始阶段的一片乐观，到最终令人失望的结局，都被电影制作人乔恩·布尔斯廷（Jon Boorstin）的镜头记录了下来。这部名为《儿童城市》（*Kid City*）的短片，聚焦于学校之中的这两个外来者——一头蓬松卷发，蓄着八字胡的弗兰克，以及留着琼·贝兹（Joan Baez）式的深色长直发的多琳——与循规蹈矩的教师之间逐渐升级的矛盾和冲突。对弗兰克来说，问题的核心在于，学校里的老师们不愿意让学生们接触到粗糙而混乱的现实生活。“我们所讨论的是不断地尝试不同的东西，并且抓住机遇。”他在镜头前这样说道，在此后的一生中，他还将无数次地重复这句话。至于那些老师，弗兰克说，他们“挑起了这个项目的所有的矛盾和冲突，因为他们觉得太难处理了。（但）这些冲突是城市规划的过程之中必不可少的、真实的组成部分，也正是我们的课程所要关注的重点所在。我们设计这个项目的目的，绝不仅仅是停留在和学生们一起做个好看的物件这么简单。”[1]

* * *

弗兰克在艺术家圈子中的人脉早已经不只局限于洛杉矶，在纽约，他结识了许多更为知名的艺术家，如贾思培·琼斯、詹姆斯·罗森奎斯特和罗伯特·劳申伯格等，通过琼斯的介绍，他与策展人戴维·惠特尼也成为了很好的朋友。弗兰克非常希望能够认识惠特尼的男友，建筑师菲利普·约翰逊，但是一直都没能如愿。与他的建筑作品比起来，约翰逊在建筑圈所扮演的非同寻常的重要角色，才是令他得享盛名的关键所在。从纽约现代艺术博物馆

1　弗兰克和多琳都没有放弃他们对于艺术教育，或者说对于将城市建设作为教育工具的兴趣。多琳在她大部分的职业生涯中，都致力于发展一个她称之为“基于设计的学习”（Design Based Learning）的教育项目，而弗兰克在很多年以后，也倡导并投资了一项非常重要的，旨在将艺术教育带进加州校园的慈善性项目。他聘请了他的朋友鲍比·施瑞弗尔（Bobby Shriver）的妻子，玛丽莎·施瑞弗尔（Malissa Shriver）来管理他的这个项目。

建筑与设计类首席策展人起步，约翰逊一步一步将自己打造成为整个建筑行业的策展人，他挑选出那些他所欣赏的年轻建筑师，与他们交往，了解他们，然后通过自己的人脉给他们介绍新的项目，让他们的职业生涯上升到一个新的高度。他对于年轻建筑师的这种支持和资助，一方面是出于慷慨，另一方面，很大程度上也是出于自身的考虑。他享受于年轻建筑师的新想法所带给他的启发。而他也清楚地知道，对于年轻建筑师们的所有这些帮助都不会白费，至少也会为他换来一批忠诚的年轻支持者。约翰逊和弗兰克一样，都深信建筑包含艺术创作与解决问题两个方面，虽然他的建筑作品在设计水准上只能说是差强人意，但是从他的建筑中，还是能够看出背后明确的设计思路，以及他对自己想法的清晰表达的。

关于罗恩 · 戴维斯住宅的建筑评论见诸报端的时候，弗兰克已经四十多岁了，他的作品逐渐开始获得了全国性的认可，而他本人也正逐渐成为约翰逊最想认识的那种具有开创性的，开路先锋式的建筑师。作为戴维 · 惠特尼和贾思培 · 琼斯共同的朋友，弗兰克自己也觉得，他早就该得到面见那位大师本人的机会了。终于，当时任教于加州大学洛杉矶分校的，与约翰逊的圈子来往密切的洛杉矶建筑师蒂姆 · 弗里兰（Tim Vreeland）为弗兰克带来了好消息：约翰逊想请弗里兰为他安排一次针对洛杉矶新建筑的建筑考察，这位大师列出了一系列他认为值得一看的新作品，其中就包括弗兰克的罗恩 · 戴维斯住宅。

“罗恩 · 戴维斯还以为菲利普是来看他的画作的，因为他根本无法想象菲利普 · 约翰逊会来看我的作品。而我是事先知道他要来看我的建筑的。”弗兰克回忆道。他在约翰逊到达前几个小时赶到了马里布，他和戴维斯两个人都很兴奋。等到约翰逊与弗里兰一起抵达时，弗兰克和戴维斯两个人激动得都有些难以自持了。同他往常的习惯一样，在初次造访一座新建筑时，约翰逊基本上不说话。他快速地绕着建筑兜了一圈，很快就注意到了这座建筑独特的造型实际上是在营造一种视觉错觉。“这个造型看上去应该是有没影点的，那么那些没影点在哪儿呢？”约翰逊对弗兰克说，“你是怎么做到的？”他把这座建筑里里外外看了个遍，但是对戴维斯的画作却显然没有一点兴趣。弗兰克的建筑中那种粗糙的质感，在菲利普·约翰逊的建筑中是绝见不到的，至少可以说：浸淫于密斯·凡·德罗的体系，并且一生喜爱奢华建筑风格的约翰逊，是无法立刻接受和认同弗兰克的那种粗野的、“齐啬鬼”式的建筑的。那段时期，约翰逊还正在专注于想方设法地为电梯轿厢装饰上大理石衬里。

但是，相比于其他几乎所有建筑师，约翰逊对于什么是新的、重要的建筑趋势有着更为灵敏的嗅觉。即便并没有被这座建筑打动，他也确实在戴维斯住宅的设计中发现了一些能够吸引他的地方。而对于欣赏的作品，约翰逊往往会在自己的作品中进行模仿，而在他此后的作品中显然没有出现弗兰克这种设计风格的痕迹。可能是因为他看到弗兰克和戴维斯都已经激动得说不出话来，也可能是因为他赶着去看下一座建筑，考察完毕后，他对弗兰克几乎什么都没说就离开了。不过临走时他告诉弗兰克，如果去了纽约，务必给他打电话。

弗兰克要的就是这句话。很快，他与约翰逊就建立起频繁的联系。他会定期前往约翰逊位于公园大道（Park Avenue）的西格拉姆大厦（Seagram Building）里的办公室，向约翰逊介绍自己的新作品，并与约翰逊交流彼此的建筑心得。偶尔，弗兰克还会成为约翰逊在四季餐厅（Four Seasons restaurant）的一张专属转角餐桌的座上宾。约翰逊于1958年设计了这家餐厅，从那时起，他就在那里固定拥有了这张专属餐桌。几十年来，这张餐桌成为了约翰逊的一个建筑沙龙，他每天都会邀请不同的建筑师、学者、记者和评论家在那里与他共进午餐，进行一些他认为很有启发性的对话。

虽然弗兰克·盖里与菲利普·约翰逊似乎显得有些格格不入：优雅的约翰逊，自封为建筑界的国王（architecte du roi）；而盖里则钟情于混沌的、未完成的、廉价而粗野的建筑。但是，这两个人都十分热衷于思想的交流和碰撞，他们从彼此身上都看到了这种价值。有了约翰逊的认可和背书，弗兰克在建筑界便有了更为坚实的声誉和口碑。尤其是在东海岸，那里的建筑师们普遍将约翰逊视为是严肃建筑界的绝对权威，约翰逊的肯定几乎是让弗兰克一举成名。虽然弗兰克并不打算放弃自己作为一名洛杉矶建筑师的“外来者”的身份和形象，但是他明白，如果想要真正获得全国性的声誉，他必须要与纽约建立起一些更为深入的联系。进入菲利普·约翰逊的圈子，意味着弗兰克不再仅仅是一个来自加州的建筑师了，至少从形式上来说，他已经成功地跻身于建筑界的“上流社会”。

* * *

《西部设计师》杂志上的文章，并没有直接地谈到建筑与艺术的关系这个问题，不过，弗兰克在文章中所探讨的其他话题，也已经，至少是暗示性地，点出了他对此的态度。他从不认为自己是个艺术家，他认为自己就是一名建筑师。无论他有多么地着迷于形式，无论他的一些作品——如奥尼尔干草棚和戴维斯住宅——有多么的像是纯粹的美学操作，他从来都没有把形式本身视为创作的最终目的。他的建筑从来都是与人有关的活动，使用功能与场所和空间密不可分。他致力于拓展建筑形式的边界，使其能够更加具有艺术性，但这并不等于他会为了艺术的效果而牺牲建筑本身所必需的要素。事实上，弗兰克最大的烦恼之一，就是被人们当作一名艺术家而非建筑师来看待，他认为他的所有创作都是实实在在的现实，他是在现实的世界中，出于现实的目的，建造现实的建筑。

弗兰克非常担心别人不把自己视作是一名建筑师，他的这种担心，在他早期最具野心的一次非建筑实践之中表露无遗，这次实践事实上是他对于朴素的、日常的工业材料的一贯兴趣的一个副产品：他设计了一组由硬纸板制成的家具。在设计约瑟夫·马格宁的百货商场项目时，为了试验灵活的货品展示方式，他采用硬纸板进行了许多种尝试，从那时起，他就一直在思考硬纸板这种材料的应用。日常工作中，硬纸板在他的办公室里随处可见，只不过主要是用来制作建筑模型。但是，弗兰克确信，这种材料一定还有着更大的潜力和更多的可能性。

1969 年，就在马格宁的商场项目完成后不久，艺术家罗伯特·欧文（Robert Irwin）找到了弗兰克，请他为自己的工作室做一点小的改造，用以举办一场特别的讨论会，讨论会的主题是艺术与技术，由艺术家们与来自美国宇航局（NASA）的科学家们共同参与。这个用时一天的小改造的预算，同弗兰克当时的大多数项目一样，也是十分紧张。弗兰克用摞起来的硬纸板做了一些简单的座位，这既使得项目的成本足够低，能够在有限的预算之内完成，同时也使得整个室内空间在效果上显得别具一格，虽然略显简陋，但至少有一种模糊的未来主义风格。最终的效果让弗兰克非常兴奋，于是他开始继续琢磨硬纸板这种材料。在日常的工作中，他经常在制作场地模型时，使用易于弯曲的瓦楞硬纸板来表示地形的起伏，他记得有一天，他坐在自己的办公桌上，看着模型上露在外面的瓦楞纸板的边缘，以及那些凹凸的肌理。"我心想，这太美了，"他回忆道，"为什么我不直接使用这种材料呢？于是我开始用瓦楞板做出各种各样的造型，那些造型都非常含混，而且都有着瓦楞板的漂亮肌理。我很喜欢这种肌理，因为它看起来就好像灯芯绒。我意识到了这种材料的巨大潜力，它具有令人喜爱的质感，很适合用来制作一个轻便的桌面。最吸引人的地方在于，如果你把硬纸板折叠起来，你会马上得到一种既结实坚固，同时又具有很好的美学效果的结构形式。"此外，弗兰克还有一个很关键的发现：把许多层瓦楞纸板，顺着瓦楞的肌理相互契合地叠合到一起之后，会得到一种极其结实的胶合板材，这种材料在强度上堪比木材，同时又有着木材所远远无法比拟的灵活性。

不久之后，在罗伯特·欧文的帮助下，弗兰克用纸板做出了一张桌子和一个文件柜。弗兰克把那张纸板桌摆在了他办公室的前台，作为接待桌，这也给造访他办公室的来客们传递了一个清楚的信号：这家建筑事务所，不是那种随处可见的，为诺尔（Knoll）或者赫曼米勒（Herman Miller）等高级家具品牌设计配套建筑的地方。虽然显得有一点简陋，但纸板制成的家具比一般的现代主义家具更加柔和、温暖和令人惊奇，弗兰克很喜欢这种感觉。这张接待桌仅仅是一个开始。这种用纸板制作家具的实践，也引起了除欧文之外的其他一些艺术家的浓厚兴趣，比如拉里 · 贝尔，此外还有格雷格 · 沃尔什以及弗兰克事务所里的其他人。他们很快就做出了更多种类的家具：隔断墙、架子、茶几等。弗兰克还做了一张非常精美，具有漆面般的质感，同时又无比结实足以支撑一个人站在上面的小圆桌。后来他把这张小桌送给了他的朋友唐娜·奥尼尔。此外，在欧文参与设计的一把纸板扶手椅的启发下，弗兰克做出了他后来最为著名的作品之一——一把由一整条窄长的瓦楞纸板胶合板经过弯曲定型而成的单人椅。纸板的顶端竖立起来形成椅背，椅背的下端弯曲成水平的椅面，随后，在椅面以下，纸板又进行了多次前后弯折，构成了 S 形的支撑结构。因为其扭动的造型，这把椅子被称为“扭摆椅”(Wiggle Chair)。在其他几件作品中，弗兰克也采用了类似的手法。包括一把摇椅、一张沙发床、几张桌子，以及一些餐椅。

不可避免地，经常会有人对弗兰克建议，劝他将这种纸板家具推广出去，而不只是作为自己事务所里的一些自娱自乐的设计试验。经常到弗兰克的事务所闲逛的罗伯特 · 欧文对此就十分积极，他告诉弗兰克说，他认为他们的这个创意应该有一些潜在的商业化的可能性。弗兰克起初对于批量生产和销售纸板家具显然是感到有些犹豫不决，无论欧文如何游说，他都不太同意把这件事做成一桩生意，直到他的朋友，杰出的时装设计师鲁迪 · 基诺里奇（Rudy Gernreich）邀请他一同参与了在贝尔艾尔酒店（Hotel Bel-Air）举办的一场时尚与设计的发布会之后，他的态度才有了转变。弗兰克在发布会上介绍了自己的纸板家具实践，而他吸引了坐在观众席上的一名纽约商人的注意。理查德 · 萨洛蒙（Richard Salomon），浪凡 - 里茨查尔兹（Lanvin-

Charles of the Ritz）香水公司的老板，一直以来他都以自己对于高端创意人才的商业包装能力而感到自豪，他是许多著名设计师的商业合伙人，帮助他们建立起了以设计师本人命名的品牌。他曾经说服时装设计师伊夫·圣·罗兰（Yves Saint Laurent）与他合作，创建了圣罗兰左岸（Yves Saint Laurent Rive Gauche）品牌，从而将圣罗兰的时尚产品线从高端定制扩展至了时尚成衣系列。他还曾一手将维达·沙宣（Vidal Sassoon）打造成为了世界顶尖的高端时尚连锁美发沙龙。萨洛蒙对于纸板家具的创意感到兴奋不已，他觉得弗兰克的这个想法给了他颠覆家装市场的潜在机会，就像他当初颠覆高端时装和美发市场一样。萨洛蒙对弗兰克本人也颇有好感。他觉得，这位来自洛杉矶的，开朗而温和的年轻建筑师，有潜力成为他当时正在打造的品牌设计师阵容中的第三颗明星。虽然弗兰克·盖里在当时还并没有成为一个家喻户晓的名字，但在萨洛蒙看来，这根本就不是问题。因为，在获得他的投资之前，伊夫·圣·罗兰和维达·沙宣的名字其实也并不为消费者所知。事实上，萨洛蒙更喜欢这种从零开始的模式：他希望弗兰克可以在他的指导下，一步一步地成为一位著名的设计师。

1972 年 5 月 15 日，“易边”（Easy Edges），这个简单好记的家具品牌诞生了，弗兰克申请获得了美国专利局第 4067615 号专利，正式成为了这种纸板家具工艺的发明者。在专利局的档案中，对弗兰克的产品工艺描述如下：“家具或者其他类似的，由层叠的平面或瓦楞硬纸板，经直接成型工艺加工制成的承重结构单体……各层纸板之间相互紧密贴合，共同支撑起整个结构。”随后，弗兰克与罗伯特·欧文，以及欧文找来的制造商杰克·布罗根（Jack Brogan）合伙成立了一家公司。布罗根与欧文合作已久，曾经帮助欧文制造了许多艺术作品，其中也包括欧文与弗兰克合作设计的那些硬纸板家具。布罗根完善了弗兰克的设计，据他回忆，他想办法使得那些家具在重量上变得更轻，从而显著地提升了销量。弗兰克将制造工厂设在了威尼斯区，当时，洛杉矶的威尼斯区的工业用地还很便宜。

理查德·萨洛蒙为弗兰克的事业提供了启动资金，并以此换取了公司40% 的股份。萨洛蒙与布鲁明戴尔（Bloomingdale's）百货公司的老板马文·特劳布（Marvin Traub）是很好的朋友，特劳布与萨洛蒙一样，对于弗兰克所做的这番创新非常感兴趣。自 20 世纪 50 年代的丹麦现代主义风潮之后，当代的家具设计，至少从价格承受能力和市场欢迎度的角度上看，已经很久没有过什么大的变革了，而萨洛蒙与特劳布都认为“易边”家具拥有颠覆家具行业的巨大潜力。当时的布鲁明戴尔百货商场，已经被特劳布打造成为了潮流的风向标，与其他商场相比，布鲁明戴尔显得更为年轻和时尚，特劳布委托曾经为布鲁明戴尔商场设计了许多著名家装样板间的设计师芭芭拉·达西（Barbara D'Arcy），为“易边”家具专门打造了一间展示样板间。“易边”家具的首次公开发布被搞得像是一场艺术展开幕。有了特劳布和布鲁明戴尔百货的支持，“易边”的发展也顺风顺水，媒体纷纷对弗兰克和他的新产品进行采访和报道。“易边”的广告图片也遍布大街小巷，在图片中，一辆大众甲壳虫汽车被放置在三件“易边”家具上，直观地展示着材料的强度。“易边”似乎已经成为了室内设计界最为炙手可热的新潮流。

“易边”也确实短暂地引领了潮流。《家居与庭院》（*House & Garden*）杂志发表了一篇带图片的通版报道，介绍了芭芭拉·达西在布鲁明戴尔商场为这些纸板家具设计的展示空间，《洛杉矶时报》也以《为什么以前没有人想到过？》（*Why Didn't Somebody Think of This Before*）为题进行了报道，文章称，“易边”家具是“我们这个时代最为不可思议的家具。它便宜——一把雪橇椅只要 80 美元——又超耐用。在日常的实际使用中也不会出任何问题。而且从造型上看，这些家具又是那么的与众不同”。《纽约时报杂志》发表了一篇题为《“极简”者的纸家具》（*Paper Furniture for Penny Pinchers*）的专题评论，将“易边”家具形容为是“极具设计感的、极富张力的造型，同时也足够坚固耐用，比起那些塑料和金属材质的现代设计毫不逊色”。《纽约时报》杂志的文章同时指出，纸板家具还具有独特的吸声性，可以降低50% 的噪声，“这一特性对于家庭餐桌来说无疑会是一个很大的功能上的提升”。文章还称赞了“易边”家具便宜的价格，认为这种纸板家具会很快地成为布鲁明戴尔商场的核心客户群——更为年轻而时尚的消费群体——的家装首选。此外，作者还进行了大胆的预测，指出“易边”家具将会“在低收入群体的住宅中找到未来的方向”。

虽然“易边”家具的售价十分便宜，但是，萨洛蒙和弗兰克很快就发现，如果想把生意做得足够大，以满足随着市场热度而大幅度增长的订单量，他们所需要的资金已经远远超出了预期。于是，萨洛蒙决定再追加一大笔投资，但是，这笔投资将会进一步地稀释弗兰克所持有的股份，也将使得萨洛蒙成为他们蒸蒸日上的事业的实际控制者。弗兰克聘请的，为他代理“易边”公司法务的律师亚瑟·阿洛夫（Arthur Aloff）认为，萨洛蒙的这项投资计划并不符合弗兰克的最大利益，他建议弗兰克不要拿萨洛蒙的这笔钱，阿洛夫给出的原因是，他觉得股权条款中规定的专利初始使用费太低了。

但是，弗兰克还有着另外的一层担忧。“易边”所获得的公众认可，让他隐约地感到了一丝不安。本来，用硬纸板做东西只是他建筑工作之外的一项副业，他开始担心如果“易边”太过成功，会占用他太多的时间，使他难以继续从事建筑设计。更麻烦的是，如果他因为设计家具而成名，从此被当作一名家具设计师，而非建筑师，那该如何是好？他越来越焦虑，害怕自己会失去独立性，再次沦为一个给大公司打工的设计师。所以，无论他能从这项事业里挣到多少钱，无论这项事业会让他变得多么有名，失去独立性，对他来说都是无法忍受的。其实，“易边”的成功给弗兰克带来了可观的经济收入，对他的建筑事业来说，也许并不都是坏事，客观上可能还有促进作用，但当时的弗兰克显然没有一丝这样的意识。他完全被自己对于失控的恐惧和焦虑蒙蔽了。

弗兰克去见了维达·沙宣，他们俩在比弗利山酒店一起喝了一杯。当时的沙宣，已经在理查德·萨洛蒙的支持下，变得著名而富有，弗兰克知道，他自己也正在被沿着同样的路线进行培养。“给我讲讲这些家伙，”弗兰克对沙宣说，“你希望自己成为我这样的人吗？”沙宣问弗兰克是否有志于成为他那样的名流。“你将会成为未来的，家居界的伊夫·圣·罗兰。他们将会对你进行包装和营销。你将会出现在每一本书里，登上每一本杂志。你的生活将不再只属于你自己。”

沙宣所说的这种生活，恰恰是弗兰克所最为担心的。即使他的律师能够帮他抵挡理查德·萨洛蒙的蚕食，并且为他交涉出更高的专利使用费，弗兰克也还是害怕自己最终变得像维达·沙宣一样：成为了一个商标，而非一个具体的创意实践者。如果连那位已经成名的发型设计师本人，都承认这种商业模式所需要付出的代价，弗兰克觉得，作为建筑师的他，为什么要委身于这样的一桩生意呢？弗兰克去了纽约，到理查德·萨洛蒙位于第五大道730号的办公室去见了他。弗兰克很喜欢这位年长他十七岁的，以培养年轻天才而著称的商业伙伴，某种程度上说，萨洛蒙就像是弗兰克的一位长辈。当时，有三个儿子的萨洛蒙，从很多方面来说，已经开始把弗兰克视为是自己事实上的第四个儿子。而在弗兰克看来，萨洛蒙也确实如同一位慈爱的父亲。显然，萨洛蒙所给予他的坚定支持，以及对于他未来的慷慨投资，与他和他真正的父亲欧文之间那充满焦虑和紧张的父子关系，形成了鲜明的对比。

弗兰克走进萨洛蒙的办公室，他先向萨洛蒙要了一杯酒，以平复自己的情绪。喝过酒后，他对萨洛蒙说出了自己的感受。那是一次痛苦的谈话。弗兰克告诉萨洛蒙，他不但决定拒绝萨洛蒙提出的重组计划，还打算退出整个“易边”项目。而且，他所谓的“退出”，不是他单纯地放弃自己的权利，而让萨洛蒙或者其他人继续运营他们的公司。“易边”是他的设计，也是他的专利。他自己无意继续发展“易边”，也断然不希望其他任何人代替他来发展。所以，他别无选择，只能彻底中止他们这番原本如此激动人心的，前途无限光明的事业。与其他大部分失败的创业不同，“易边”的失败，并不是因为产品无人问津，相反恰恰是因为产品太过火爆了——至少在弗兰克看来是如此。

听了弗兰克的想法，萨洛蒙感到震惊、愤怒和深深的失望。不仅仅是因为弗兰克放弃了一个致富的机会，更是因为在他看来，弗兰克对于他们两个人之间那温暖而深切的友谊显得不屑一顾。弗兰克拒绝他的支持，让他备受伤害。然而与马文·特劳布的愤怒比起来，萨洛蒙的反应就不算什么了。特劳布气愤地拨通了弗兰克的电话。“他给我打来了电话，在电话里就开始对我咆哮。”弗兰克回忆道，“他说：‘你这个王八蛋，你不能像这样大肆推销一通（然后就弃之不管）。我现在手上还有价值十五万美金的订单。’他说：‘你他妈的必须把这些订单给我完成，否则我就要去起诉你个混蛋。’所以我必须要完成订单。”但是到了那个时候，想要完成订单也已经不是那么容易的事了，因为“易边”家具的制造商杰克·布罗根，对于弗兰克中止生意的决定也感到非常气愤，他拒绝再为弗兰克进行生产了。布罗根为了购买制造“易边”家具的设备而欠了一屁股债，而现在那些设备对他来说变成了一堆没用的废物，他也没钱继续维持他的工厂了。罗伯特·欧文也被弗兰克气得够呛，他和布罗根在此后的很多年里都没有再同弗兰克有过任何来往。[1]弗兰克只得在橘郡另找了一家小工厂来生产剩余的订单，以尽到他对布鲁明戴尔商场的义务。他记得他为此损失了超过十万美金。

当年，维克多·格伦曾经给了弗兰克在巴黎运营自己工作室的机会，而弗兰克拒绝了他，如今，弗兰克拒绝萨洛蒙，其实也是基于同样的一种冲

1　据布罗根说，当年他为了偿还因建造“易边”制造工厂而欠下的债务，不得不卖掉了自己的工作室。他曾经考虑过起诉弗兰克，因为他相信他们的业务原本有很好的前景，会给每个参与其中的人都带来大量的回报。弗兰克中止业务的唯一原因，就是想要公司的绝对控制权，而拒绝付给布罗根他自己应得的那部分收入。布罗根说他之所以最后没有诉诸法律，是看在了他和弗兰克都在洛杉矶的“艺术圈”，他不想把事情闹得满城风雨。弗兰克也知道布罗根赔了不少钱，但弗兰克记得自己后来补偿了布罗根一部分资金。至今，布罗根的仓库里还存放着不少的“易边”家具。

动。弗兰克又一次地，因为害怕丧失自己作为一名设计师的独立性，而放弃了一次获得可观而稳定的经济收入的机会。他的政治天性使他对于与大公司进行合作有着一种天然的警惕，即使是对于理查德·萨洛蒙和维克多·格伦那样的长辈和导师也是同样如此。弗兰克对于这两个人的喜爱都是真诚而坦率的，但是他的本能让他拒绝从属于他们。弗兰克的几位重要的人生导师之中，似乎只有从未直接参与过他的任何工作的米尔顿·韦克斯勒，能够在与他的交流中免于遭受他的拒绝和排斥。

当弗兰克在巴黎拒绝维克多·格伦的邀请时，除了弗兰克之外，唯一受影响的只有格伦本人，他不得不承受失望之情，然后另找一个人选来代替弗兰克，仅此而已。然而，弗兰克对于“易边”的放弃，则完全是另外一回事了。“易边”不仅仅是一个想法和提议，它已经处于良好的运营状态之中。很多人，如理查德·萨洛蒙和杰克·布罗根，已经为其投入了大量的时间和金钱。当然，布鲁明戴尔百货商场以及其他的许多经销商也是如此。他们已经投放了大量的广告，在报纸杂志上发表了大量的宣传文章，也已经收到了大量的订单。当弗兰克轻率地做出了“中止业务”的决定时，他事实上也同时抛弃了那些与他进行合作的，支持他的设计想法的人和公司。对弗兰克自己来说，为了完全专注于建筑实践而放弃“易边”，可能看上去是个勇敢的决定，但是对于他的合作伙伴们来说，这个决定无疑是自私，乃至于自恋的。为了保卫自己创作的完整性，他抛弃了他的朋友以及其他许多曾经信任他的人。不同于他对维克多·格伦的拒绝，弗兰克放弃“易边”的决定，给他此后的生活带来了巨大的持续性损失。

不过，弗兰克对于硬纸板的应用，也不仅限于家具。1970 年，在开始他的硬纸板家具设计试验的同时，他在好莱坞露天剧场对这种材料的应用进行了一次更为大胆的尝试。好莱坞露天剧场于 1922 年正式开幕，其原址是被称作雏菊谷（Daisy Dell）的天然剧场空间，当时，这座露天剧场刚刚被选定为洛杉矶交响乐团（Los Angeles Philharmonic）的夏季演出场地。剧场中有一座由一系列同心圆拱组成的贝形舞台，于1929年启用，造型与纽约广播城音乐厅（Radio City Music Hall）的舞台很相似。[1]贝形舞台的声学性能一直以来都存在一些小问题，而随着剧场附近的101号快速路的开通，这种声学问题也变得愈发严重。加之由于坐席的扩建，天然剧场原本的形状也被改变了，舞台的声学效果因此也变得更加不理想，交响乐团的乐手们经常抱怨他们在台上难以听清彼此以及独奏乐手的演奏。所以，为了适应交响乐团的演出，必须快速地对好莱坞露天剧场进行一些改进。当时刚刚成为洛杉矶交响乐团的执行总监，并将乐团的夏季演出季带到好莱坞露天剧场的欧内斯特·弗莱施曼（Ernest Fleischmann）找到了弗兰克，希望他能够提供一些帮助。因为弗兰克新改造的马里兰州哥伦比亚市梅里韦瑟·波斯特露天音乐厅，已经成为此前十年最为成功的室外音乐会演出场地。

对于弗兰克来说，这又是一个时间紧迫的项目，但同时这个项目也为他提供了进入音乐界的又一个机会。这是弗兰克与弗莱施曼的第一次业务合作，未来，这位杰出的、要求苛刻而且性格暴烈的音乐总监，将会在另一个对于弗兰克的职业生涯，乃至于对于整个洛杉矶地区的文化生活都更为重要的项目——沃尔特·迪士尼音乐厅中扮演至关重要的角色。不过在1970年那会儿，他们的合作关系才刚刚开始。在1970年和1971年的夏季音乐会演出季之间，弗兰克与声学专家克里斯托弗·贾菲合作，用60根由硬纸板制成的，直径3英尺（约合0.9米）的声学管件，在贝形舞台内部新搭建起了一座实质上的“台中台”。这些管件有的如古典立柱一般竖立在台侧，有

---

1 好莱坞露大剧场贝形舞台的造型，在剧场建成的早期有过数次调整，其中还包括弗兰克·劳埃德·赖特的儿子劳埃德·赖特为1927年的演出季做的一版设计。劳埃德·赖特设计的舞台呈金字塔形，据说具有很好的声学效果，但是当时的许多音乐会观众觉得，劳埃德·赖特的审美与他父亲的审美一样令他们难以接受，所以在当年的演出季结束后，那座舞台就被拆除了。第二年，赖特得到了一次重新设计的机会，前提是他必须把舞台设计成拱形，他答应了这个要求，做出了现在的贝形舞台的前身，然而他的第二版设计，后来毁于一场恶劣的天气。盖里在1970—1971年的改造项目基于的那座永久的贝形舞台，是由一家名为联合建筑（Allied Architects）的事务所建造的，在造型上延续了赖特的第二版设计。

的则如圆柱形的大梁被横架在台顶。这个项目是弗兰克口中的“小气鬼建筑”的又一个典型案例：在一种全新的语境下，以颠覆性的方式，采用普通而廉价的材料实现的，简单的解决方案。弗兰克在好莱坞露天剧场的这个设计，将硬纸板这种材料的适用尺度进行了大幅度的提升，使其远远超越了家具的范畴，并且第一次被应用在了纪念性建筑设计之中。虽然整个舞台在被这些如同没有柱头的柱子一般的纸管环绕起来后，看上去有着一种更偏流行文化，而非严肃古典艺术的戏谑感，但是这个设计最终的整体视觉效果还是非常吸引人的，而且也确实很好地改善了舞台的声学性能。[1]

弗兰克邀请曾与他在约瑟夫·马格宁的百货商场项目上有过合作的平面设计师黛博拉·萨斯曼加入了好莱坞露天剧场项目的设计团队，萨斯曼出色的设计方案与弗兰克轻松随意的建筑在风格上显得相得益彰。硬纸板管件的造价非常低廉，所以每年都可以进行一次彻底的更换，洛杉矶交响乐团就在这样的舞台上演出了十年之久，直到他们有了足够的资金，可以进行一些更为永久化的改造。十年后，弗莱施曼决定替换掉这些硬纸板管件，于是弗兰克又为他做了一个新的方案，新方案由从贝形拱顶上垂挂下来的许多个大小不一的玻璃纤维球体组成，这使得贝形拱顶的曲线线条得以重新完整地展现在了观众的面前。[2]

在好莱坞露天剧场项目上取得成功后不久，弗兰克又与克里斯托弗·贾非合作了另一个项目。康科德剧场（Concord Pavilion），坐落于加州北部一片开阔的郊区用地，在离伯克利以东约 30 英里（约合 48 千米）。它和好莱坞露天剧场一样，也是一座露天的音乐会演出场地。康科德剧场可以说是弗兰克早期最为大胆的作品之一，也是最容易给人造成简单假象的作品之一。

---

1 2014 年获得普利兹克奖的日本建筑师坂茂(Shigeru Ban),在他的许多项目中对于硬纸板也有所使用，比如他 2013 年在新西兰克莱斯特彻奇（Christchurch）的临时教堂项目，就是完全由硬纸板管材建成的。而弗兰克在建筑中对于这种硬纸板管材的使用，比坂茂早了整整一个时代。

2 弗兰克后续还为好莱坞露天剧场做过一些其他的改建和加建，包括 1982 年完成的一个露天餐饮亭。

弗兰克在半圆形的碗状平面之上设置了一面边长200英尺（约合61米）的方形大屋顶，将整个舞台和观众席都覆盖了起来。屋顶由一组巨大的钢桁架提供支撑，钢桁架的两端则分别落于舞台后面的一堵混凝土墙以及前面的两根巨大的混凝土柱上。钢桁架主体的厚度达到了12英尺（约合3.6米），被涂刷成黑色，是整个建筑形体的绝对主宰，远远望去，这组钢桁架就如同悬停在半空中的一架庞大的、漆黑的、神秘的、盘旋着的机器。

与弗兰克大部分的作品比起来，康科德剧场在造型上显得更为简洁，尺度也更大。但是，这个设计所追求的，并不仅仅是一种对于高技术的、机械化的秩序感与力量感的表达。当然，这方面的考虑肯定是有，但是除此之外，这座建筑更为值得注意的一个特点，是其钢桁架的收边方式。钢桁架在边缘逐渐变细变薄，轻薄的边缘使得原本巨大而沉重的金属结构在视觉上显得出人意料的轻盈，也使得这座建筑整体，至少从形象上看，与弗兰克更早期的一些小尺度的、梯形造型的项目——如奥尼尔干草棚和罗恩·戴维斯住宅——有了些许的联系。

康科德剧场的大屋顶覆盖了整个观众坐席区，这一手法与马里兰州梅里韦瑟·波斯特音乐厅的那个木制大屋顶颇为类似。在传统的室外演出空间中，建筑往往只被局限在舞台的范围之内，好莱坞露天剧场的贝形拱顶舞台就是一个非常典型的例子。但在波斯特音乐厅和康科德剧场的设计中，弗兰克都把建筑的范围进行了扩展，覆盖了观众席。这当然不仅仅是为了使观众能够免于日晒雨淋，更为重要的原因在于，弗兰克希望能够借此传达出他的一种观点，即他的建筑属于剧场里的所有人，而不仅仅是台上的表演者。他的建筑不是你在听音乐会的时候用眼睛看到的一个舞台上的物件，而是需要你坐在观众席上感受到的一种空间体验。剧场周边的景观设计是由弗兰克与景观建筑师彼得·沃克合作完成的，宽大的屋顶及其支撑结构，起到了对周边景观进行框取和再现的作用。如果说波斯特音乐厅是弗兰克对于室外音乐演出场地在设计思路上一次“小气鬼”版的实践，那么康科德剧场就是这一思路更为宏大和完整的版本，在建筑设计、景观设计和结构工程方面，这座建筑都有着不小的野心和突破。

康科德剧场被一圈人造的护道环绕，这一圈护道的灵感来源于艺术家罗伯特·史密森（Robert Smithson）的大地景观艺术。弗兰克原本邀请了史密森与他合作设计这个项目，甚至已经与史密森约好，准备见面详谈。然而，还没有等到两个人的这次会面，史密森就因为飞机失事而突然去世了。因此，弗兰克决定与彼得·沃克（Pete Walker）合作，创作一个史密森式的设计，向这位英年早逝的艺术家致敬。护道以内是一大片草坪，作为剧场空间的延伸；护道之外则是一圈蜿蜒漫长的钢丝护栏网，标示出了场地的边界。当你从远处逐渐接近剧场时，你基本上只能看到那圈护道和护栏网。远远看去，这圈被比喻为金属项链的栅栏，有着一种质朴而生硬的质感，似乎更像是一片工业用地的边界，而非文化设施。这种设计并不是无心为之，当时的弗兰克，正愈发地痴迷于钢丝护栏网这种材料，正如他对于胶合木板，以及 2×4 墙框木条的浓厚兴趣一样。其他的建筑师对于钢丝护栏网往往是不屑一顾的，因为他们觉得这种材料平凡、无趣，甚至是丑陋。但弗兰克则完全没有这种成见，他开始考虑这种材料的更多可能性，探索其除了用于围合场地之外的，更为广泛的应用方式。

彼得·沃克对弗兰克关于这种材料的思考也持鼓励态度。弗兰克的女儿莱斯利当时正在位于瓦伦西亚区的加州艺术学院（California Institute of the Arts）就读，而彼得·沃克也有一个孩子在那里读书。他们俩都注意到，在去往瓦伦西亚的快速路边，有一座被大量的钢丝护栏网围绕的大型发电站。“我总是忍不住对那座建筑多看几眼，并一直在琢磨它，不得不说，我很喜欢那座建筑。”弗兰克说，“在那之前我就思考过钢丝护栏网这种材料，因为我做的每座建筑的场地都有护栏网包围着，像康科德剧场，所以，似乎是自然而然地，我一直在考虑对待这种材料的某种不同的处理方式。”

当时，彼得·沃克的 SWA 事务所（Sasaki, Walker & Associates）正在

做一个位于加州长滩市（Long Beach）的滨水公园项目，他把公园中的一个温室兼景观亭的设计任务交给了弗兰克。一次从瓦伦西亚区回来后，沃克来到弗兰克的办公室与他讨论这个项目，在讨论中他问弗兰克，是否曾经考虑过钢丝护栏网这种材料，除了当作围栏以外还能用在其他的什么地方。

“好问题。”弗兰克说。他也一直在考虑同样的事情，于是，在那次的设计中，他做了一个梯形体量的景观亭，所有的墙和屋面都完全由固定在钢框架结构上的钢丝护栏网制成。建筑的平面呈 L 形，屋顶剧烈倾斜，所以从任何角度看起来这座建筑的造型都会显得独特而抽象。建筑内部则完全是由树木植被组成的景观，从远处看去，内部的景观若隐若现，仿佛是金属网背后的阴影。这座建筑的视觉形象会随着太阳的移动而产生戏剧性的变化，但是无论光影如何变幻，这座建筑都始终保有轻盈的质感，如同在公园之中飘浮着的一个幽灵。

虽然这座温室兼景观亭并没有付诸建设，但是它依然成为了弗兰克最具启发性的设计之一。在这个设计之后不久，弗兰克又被叫回了康科德，为康科德剧场设计一个新增的独立售票处，弗兰克又做了一个斜屋顶的，完全由钢丝护栏网包裹的设计，他将这个设计称之为“光影结构”（shadow structure）。这个设计建成后，从远处看，很像是一座透明版的罗恩 · 戴维斯住宅，独自坐落于景观之上。此后的几年中，弗兰克将钢丝护栏网用在了越来越多的项目之中，其中既有居住建筑，也有商业建筑，对于这种材料的使用，至少在一段时间里，成为了弗兰克的一种标志性手法。[1]

---

1 菲利普 · 约翰逊一直以来都以对喜欢的建筑师的作品进行借鉴和再创作而著称，1984 年，他在自己位于康涅狄格州新迦南（New Canaan）的地产上，建起了一座完全由钢丝网搭建的小构造物，他将其称之为“盖里鬼屋”（Gehry Ghost House）。那时的约翰逊对于弗兰克已经有了比较深入的了解，但他的那座小构筑物也不完全是对于弗兰克的致敬：构筑物的形体是非常传统的对称式造型，而山墙面的正中打开的一道缝，将整个形体一分为二，所以从造型上看，这个构筑物并不像是弗兰克会做出的设计。它更多地会让人联想起罗伯特 · 文丘里的作品，如文丘里在 1962 年建成的自宅，在立面上就有着一道著名的分缝。从某种程度上来说，在“盖里鬼屋”的设计中，约翰逊将弗兰克与文丘里巧妙地融合到了一起，这两位建筑师有着许多相似的观点和想法，但他们的作品却有着迥异的风格。

* * *

那段时期，尽管“易边”家具的纠纷给弗兰克带来了不少困扰，但弗兰克的个人生活开始趋向于稳定。他继续着与贝尔塔的恋爱关系，1972 年，“易边”发布的同一年，他带着贝尔塔一起到芬兰进行了一次旅行。当时，“易边”系列产品还尚未正式问世，弗兰克打算去拜访一下阿尔瓦 · 阿尔托的工作室。1946 年在多伦多，弗兰克就曾去听过阿尔托的讲座，这位伟大的芬兰建筑师也是弗兰克认识的第一位建筑师。许多年来，随着对阿尔托的了解，弗兰克也越来越由衷地敬佩阿尔托，阿尔托的作品虽然是现代主义的，但是同时还具有一种独特而温暖的人文主义以及形式想象力，这使得阿尔托的作品截然不同于包豪斯式的那种僵硬死板的现代主义。阿尔托也是一位著名的家具设计师，他设计的许多浅色系的木质椅子、凳子和桌子，当时都已经成为了现代家具设计的经典之作。虽然阿尔托的家具并不像“易边”家具一样便宜，但是其与“易边”的设计初衷是相似的，都是基于一种对于简单、朴素而廉价的现代家具设计的追求。弗兰克很想给这位大师介绍一下他对于“易边”的一些想法，于是他致电了阿尔托的工作室。

不巧的是，时年七十四岁的阿尔托当时不在工作室，不过阿尔托工作室的工作人员还是在电话中对弗兰克和贝尔塔的来访表示了欢迎。于是，他就诚惶诚恐地去了。阿尔托的工作人员“意识到了我是阿尔托的疯狂崇拜者”。弗兰克说：“他们把我带进了阿尔托的办公室，对我说：‘欢迎您来，您在这想待多久都可以。他今天不会回来，您只要别碰任何东西就好。’我在阿尔托的办公桌前坐了一会，然后和贝尔塔一起把他的工作室转了个遍，我们在那里待了好几个小时。”在离开之前，弗兰克见到了阿尔托的妻子伊利莎（Elissa），他兴奋地向她展示了自己的“易边”家具的图片。然而伊利莎的反应却很冷淡，这也让弗兰克感到非常失望，他本希望伊利莎能够看到他的家具设计与阿尔托的家具设计之间的某种联系。[1] 如果说伊利莎·阿尔托没有能够察觉到她的丈夫与弗兰克·盖里之间的某种联系的话，其实弗兰克自己也没能够看到他与这位大师的另外的一种联系：阿尔瓦·阿尔托本人就是一位设计现代家具的建筑师，家具方面的成功丝毫没有影响到他作为一名建筑师的声誉。他最重要也是最著名的一些作品仍然是他的建筑，而他设计的凳子、桌子和椅子也在很多方面支撑着他的建筑实践。阿尔托的职业生涯清晰地表明，在家具设计方面的成功，并不一定会影响一位建筑师的主业，弗兰克的担心是多余的。尽管在“易边”上市之前几个月对阿尔托工作室的这次探访，至今仍让弗兰克记忆犹新。但显然，在建筑与家具设计两方面都同样成功的阿尔托，他并未成为弗兰克自己职业生涯的样板。

芬兰之旅是贝尔塔与弗兰克在一起后的第一次长途旅行。在芬兰，贝尔塔是个很好的旅伴，在洛杉矶，她也同样是弗兰克的一位很好的伴侣：她喜欢弗兰克大部分的朋友，而弗兰克的朋友们也都很喜欢她。她大学的专业是文化人类学，平时热爱阅读。自离婚以后，弗兰克约会过不少女人，但他最为享受的就是与贝尔塔在一起的时光。所以，对他们两个人而言，谈婚论嫁是水到渠成的事情。贝尔塔与安妮塔不同，她并不会主动地向弗兰克索取什么，但是，她的这种温柔与不争，恰恰使得弗兰克想要为她做更多的事。在没有感到太大压力的情况下，弗兰克其实是个非常慷慨大方，愿意为他人着想的人。不过，如果他感到了焦虑，他就会完全变成另一副模样。

比弗兰克年轻十四岁的贝尔塔，非常渴望能要孩子，但是，当时还沉浸在离婚的痛苦，以及与莱斯利和布丽娜紧张的父女关系之中的弗兰克，对于再次当父亲却并没有什么兴趣。他已经四十多岁了，他的事业也正在蓄势待发。即使与贝尔塔一同养育孩子显然会比与安妮塔一起压力小很多，弗兰

1 许多年后，丧偶的伊莉莎·阿尔托——阿尔瓦·阿尔托于 1976 年去世——给弗兰克在洛杉矶的办公室打了一个电话，弗兰克在电话中告诉她说“他是我的英雄”。

克也还是觉得他并没有足够的理由来说服自己去重新过一遍这种人生，这种他很庆幸对他来说已经成为过去式了的人生阶段。

贝尔塔是天主教徒和巴拿马人的事实，对他们的婚姻并不构成什么问题，至少在弗兰克看来是这样的。他并不是一个严守教规的犹太人，他认为自己是个世界主义者，自己的家庭也应该欢迎不同的文化和种族背景。西尔玛·盖里虽然在一开始对于贝尔塔的背景感到过一丝犹豫，但是她很快就发现，与贝尔塔在一起，自己的儿子过得有多么的开心，所以，她以开放的心态成为了贝尔塔的朋友。不过，贝尔塔的家庭对于弗兰克显然并不太满意，不仅是因为他不是天主教徒，更重要的原因是他离过婚。贝尔塔要嫁给一个比她大十四岁的，离过婚的，带着两个小孩的男人，这让她的家人感到不怎么高兴。

弗兰克与贝尔塔曾经几次分手，又几次和好如初，主要矛盾就在于是否要孩子。贝尔塔安静、和善的外表，无法掩盖她对拥有孩子的坚定意愿，在这个问题上她并不打算做任何的妥协和让步。虽然她深爱着弗兰克，但是如果弗兰克要剥夺她做母亲的机会，她也会毫不犹豫地选择离开他。当然，如果弗兰克同意了她要孩子的要求，贝尔塔便会与他坚定地站在一起，她会说服自己的家人，并且已经做好了准备，无论家人怎么想，都义无反顾地与弗兰克在一起。

贝尔塔最终得偿所愿。她怀孕了，弗兰克也意识到，自己想要与贝尔塔在一起的愿望，要远远胜过自己对于再要孩子的抵触。1975 年 9 月 11 日，他们在她的表亲家结了婚。虽然与弗兰克的第一次婚礼比起来，这场婚礼显得简单而朴素。但是，这场婚礼所代表的这段婚姻，则比弗兰克的第一次婚姻要幸福和长久得多了。

婚后不久，弗兰克与贝尔塔就计划着进行一次旅行，他们打算先去巴拿马探望一下贝尔塔的家人，之后再去秘鲁看看马丘比丘的印加遗迹。然而，他们的旅行计划却不得不因为弗兰克最为情绪化的客户之一，实业家诺顿·西蒙（Norton Simon）而推迟了。当时，弗兰克正在马里布为西蒙设计一座小型的画廊兼旅馆，而西蒙因弗兰克需要离开洛杉矶很长一段时间的旅行计划而大发脾气。西蒙告诉弗兰克说，如果他无法保证定期的方案讨论和现场考察，那么他就将违约。弗兰克是通过西蒙的妻子，也是他在米尔顿·韦克斯勒治疗小组的同伴，女演员珍妮弗·琼斯认识的西蒙，所以他意识到自己别无选择，只得推迟了自己的旅程，即使这种推迟是“一种我们无法回避的侮辱，因为诺顿”。事实上在当时，诺顿·西蒙的这个项目，已经让弗兰克感到沮丧无比了，部分原因是西蒙喜欢在施工阶段频繁地修改设计。一次，他决定用他偶然看到的一种屋面瓦，替换掉弗兰克原本确定好的材料，并且坚持要求弗兰克在没有依照新瓦片的尺寸和荷载重新进行结构设计的情况下进行安装，这一决定后来带来了许多不必要的麻烦。

弗兰克告诉贝尔塔，为了满足西蒙的要求，他们的旅行——事实上是他们的蜜月旅行——不得不推迟了。他们只能等到圣诞假期再出去，不过，这使得贝尔塔可以在巴拿马与她的家人一起过圣诞节了。而那也将是弗兰克与贝尔塔父亲的第一次会面。

与贝尔塔家人的会面，以及他们的马丘比丘之旅进行得都很顺利——至少在弗兰克的记忆里，并没有发生什么能够与他当时和诺顿·西蒙之间的矛盾相提并论的问题，弗兰克推迟旅行的安排，并没有使西蒙得到安抚。西蒙通过当时仅有的三条通往印加古都库斯科（Cuzco）的电话线路之一，联系上了弗兰克，在电话里西蒙告诉弗兰克说他要炒了他这个建筑师。“那通电话对我来说是个沉重的打击，尤其还是在我的所谓蜜月之中。”弗兰克后来说道。当时，身处海拔高度 11000 英尺（约合 3353 米）的库斯科，弗兰克和贝尔塔正遭受着不同程度的高原反应的煎熬，西蒙的电话对他们来说无疑是雪上加霜。弗兰克觉得，西蒙的行为简直就是一种“虐待狂”。

一月，弗兰克与贝尔塔回到洛杉矶后，西蒙又打来了电话，这一次西蒙说，他新雇来完成这个项目的建筑师，对于弗兰克的设计感到难以理解。

“你他妈的最好给我过来把这座房子盖完。”弗兰克记得西蒙这样对他说道。于是他回到了这个项目的工地，监督了项目的施工，直到完成，这更多的是出于弗兰克作为一名建筑师的责任心，而非他对于西蒙的忠于职守。其实在起始阶段，这个项目曾经给过弗兰克一段非常温馨的时光，这种温馨既来自于他在米尔顿·韦克斯勒治疗小组的老相识珍妮弗·琼斯，同时也来自于西蒙。西蒙是一位杰出的艺术品收藏家，他非常慷慨地允许弗兰克参观了他的收藏，并且还常常邀请弗兰克与他一起探讨艺术。然而，后来弗兰克才发现，与西蒙进行工作合作，和与他聊艺术是完全不同的两种体验。房子建成后，西蒙经常抱怨屋顶漏雨，弗兰克则表示那都是因为西蒙更换了屋面瓦才造成的，屋顶的结构原本是依照弗兰克选定的屋面瓦的尺寸设计的，因此并不能够严丝合缝地适应新的瓦片。弗兰克记得有一天他接到了西蒙助理的电话，在电话中助理对他说：“西蒙先生想告诉你，他现在正坐在他的桌子前，外面在下雨，漏下来的水不停地滴在他的桌子上。他不是想让你过来修，只是想让你知道现在的这种状况。”

“我回答她说：‘我只想引用（弗兰克·劳埃德·赖特）在一次接到同样的电话时所作的回答。’”弗兰克讲道，“赖特说：‘女士，挪挪你的椅子。’然后我就挂了电话。”

与贝尔塔的婚姻所带来的喜悦，并没有改变弗兰克的生活习惯。婚后，他仍旧整日埋头于工作。“我对工作太热情了，只要我醒着，我就在工作。”许多年后，在一次采访中，他对彼得·阿内尔（Peter Arnell）这样说道。阿内尔当时正在撰写一部关于弗兰克作品的专著。“我爱我的孩子们，我爱我的妻子，但是我太过醉心于工作了，以至于我连他们的生日，还有我和贝尔塔的结婚纪念日都忘记了——我总是记不住这些私人生活里的东西。”

不过，比记不住纪念日更糟糕的，是弗兰克竟然在贝尔塔怀孕期间，与他的老朋友埃德·摩西一起去了以色列、希腊和埃及旅行。游历这几个可以被视为西方文明发源地的国家，是弗兰克、摩西与他们的朋友雕塑家肯·普

与贝尔塔结婚后不久，弗兰克就和埃德·摩西一起去了希腊旅行

赖斯在一起时提出来的想法。“如果你想真正理解这些文明，最好的办法就是亲自去看看。如果你想要找到（艺术家的）精神家园，你也应该到那些地方去。”弗兰克记得普赖斯这样说道。然而，普赖斯却并没有真的去把这次旅行付诸实现。倒是当时刚刚与妻子分手的摩西热情很高，他非常想去，但是他又不想独自一人旅行。最终，弗兰克接受了摩西的邀请，答应与他同行。弗兰克觉得，在这种事情上贝尔塔应该会比安妮塔通情达理得多，而且，能与好朋友一道去对大家来说来说都意义非凡的地方，也让弗兰克感到兴奋不已。机不可失，时不再来，以后很难再有这样的机会了，他这样告诉自己。因为很快，他就要再次当爸爸，迎来另一个更小的孩子，他的生活也将因为孩子而再次陷入混乱。于是，他就这样轻而易举地把怀孕的妻子抛在了脑后，自己和朋友旅行去了。

他们的旅程从以色列开始，弗兰克在那里见到了耶路撒冷任期最长的市长之一特迪·科勒克（Teddy Kollek），科勒克对于耶路撒冷的规划和城市建设非常关注，五年前，他为耶路撒冷的城市建设成立了一个专门的顾问委员会。能够有机会与这位著名的，关注建筑的市长分享自己的想法和理念，让弗兰克感到高兴极了。同样，摩西也在这次旅行中取得了一些有助于自己事业发展的收获。通过佩斯画廊（Pace Gallery）的介绍，他被引荐给了以色列博物馆的馆长。弗兰克与摩西两个人“到处吃吃喝喝”，摩西回忆道：“我说：‘弗兰克，见到这座辉煌的城市，你现在是不是以自己是个犹太人而感到无比自豪？’”他们还结识了小提琴演奏家伊扎克·帕尔曼（Itzhak Perlman），当时他正在以色列巡回演出，他们俩还去听了他其中的一场演奏会。离开耶路撒冷后，他们去了马察达（Masada），游览了那座位于死海之滨的古要塞遗迹。

随后，他们去了希腊，不过，他们在希腊的旅程并不如在以色列时那般顺利了。[1] 当然，他们所造访的那些希腊的古建筑和古代艺术品并没有让他们失望，问题的核心在于，弗兰克发现，当时刚刚恢复单身的摩西，对于希腊的女人，与对于希腊的历史遗迹同样感兴趣。弗兰克对其他的女人一点兴趣都没有，他对自己刚结婚不久就把贝尔塔独自扔在家里怀有深深的负罪感。弗兰克知道，他利用了妻子的善解人意。如果是安妮塔的话，对他的这次旅行计划，很可能会表露出自己的愤怒，但贝尔塔不会。整个旅行过程中，弗兰克和摩西的预算都十分紧张，在他们抵达希腊时，他们已经开始因为钱而发生争吵。他们两个人同住在一间房间，所以每当摩西带女人回来时就会非常麻烦。到希腊后大约一周半，他们两人就分道扬镳了。摩西自己去了埃及，而弗兰克则直接回了洛杉矶，回归了他的婚姻生活。这趟旅行给弗兰克带来了两个影响久远的直接后果。首先是弗兰克与摩西的友谊因为这次旅行而遭遇了重大的打击，两个人直到很多年之后才和好如初。另外，通过这次旅行，弗兰克得以发现，无论贝尔塔表面上看起来多么的平静随和，她仍难掩对丈夫这次旅行的不快。在此后的很多年里，贝尔塔也会不断地提醒他这一点。

1　在 1975 年，还无法从以色列直接去埃及，虽然从地理位置上看，他们是邻国，这样的路线应该更合理。

* * *

当时在弗兰克心中，贝尔塔的怀孕无疑是头等大事，和贝尔塔的怀孕比起来，他与老朋友摩西之间的不快，以及他与诺顿 · 西蒙这样的客户之间的矛盾其实都不算什么了。贝尔塔的预产期在 1976 年 4 月，她希望能够自然顺产。多琳自告奋勇地当起了贝尔塔的陪产教练，还陪着贝尔塔一起去参加心理助产课程，而深知自己在这方面无法胜任的弗兰克，也放心地把这一职责交给了多琳。一直以来，多琳总是能够与她哥哥身边的女人相处得很好，弗兰克与贝尔塔的婚姻，某种程度上也缓解了这对兄妹之间的紧张关系，尽管彼时的多琳，对于弗兰克当初把她从山顶公寓的房子里赶出去，还是感到非常不满。

山顶公寓中的那套房子，成为了弗兰克与贝尔塔婚后的第一个家，而 1976 年 4 月 13 日的一大早，也正是在那套房子里，弗兰克惊慌失措地拨通了他妹妹的电话，告诉她贝尔塔好像要生了。当时，贝尔塔从巴拿马赶过来的母亲正在准备早餐，而弗兰克，多琳回忆道，“像疯了一般，完全像是换了一个人”。

“她还好吗？她还好吗？”弗兰克一遍又一遍地问着多琳，而贝尔塔的母亲则拿着她的念珠不住祈祷。当时最冷静的人，反倒是多琳和贝尔塔自己。弗兰克开车把她们送到了医院，但是他太焦虑了，以至于他不敢到产房里陪在妻子的身边。所以，在医院里的大部分时间，弗兰克都是在等待室里度过的。

几个小时后，在多琳的帮助下，贝尔塔顺利地生下了一名男婴，那是她的第一个孩子，也是弗兰克的第一个儿子。他们给孩子取名为亚历杭德罗（Alejandro），简称阿莱霍（Alejo）。弗兰克一段新的家庭生活，开始了。

第十章
圣莫尼卡的房子

弗兰克与劳斯公司的合作关系，从某种程度上来说与他和其他公司的合作不太一样，不仅仅是因为弗兰克与这个总部在马里兰州（美国东海岸）的客户在地理上隔着整个北美大陆。更重要的是，劳斯公司虽然是一家商业地产开发商，也通过开发市郊购物中心赚了很多钱。但是，其创始人詹姆斯·劳斯对于城市建设、经济发展，以及保障性住房类项目都保持了极大的热情。同其他地产开发商比起来，詹姆斯·劳斯对于城市和公共空间的理解要深刻得多。可以说，他的公司之所以能够与弗兰克建立起合作关系，并不只是基于一般的对建筑的兴趣，最主要的原因是他与弗兰克有着共同的社会理想。所以，清楚了这一点，也就不难理解为什么弗兰克设计了劳斯在哥伦比亚新城的数个新项目，包括新总部大楼以及数个不同功能的建筑，却唯独没有请他设计一座购物中心。

不过，随着劳斯公司圣莫尼卡广场项目的开始，情况开始发生的变化。圣莫尼卡广场项目就位于弗兰克的家乡，事实上建设用地的位置距离他家只有几个街区，所以，弗兰克很希望劳斯公司能够让他担纲设计。这个项目是圣莫尼卡市复兴旧城区商业中心计划的一部分。这是一个漫长而又没有显著效果的计划，与很多老城市的市中心一样，圣莫尼卡也因更新、更大的市郊购物中心的崛起而逐渐衰败。在 1960 年，市政府曾经邀请弗兰克的前老板维克多·格伦对这座城市面临的问题进行了调研，格伦给出的建议是，将城市的主要商业街第三街，改造成为一条纯步行街，并在城中建造大的停车楼，以吸引大型的百货商场进驻。格伦的这两条建议确实被付诸实施了，十几年后，也取得了一些有限的成效，但是圣莫尼卡还是没有能够吸引到一家大型百货公司来到其市中心开店。因此，1972 年，这座城市的规划者们决定放手一搏，将市中心的相邻三个地块进行整合，建设一座大型的多功能零售综合体。弗兰克意识到，如此大的一块场地，足够容纳一个集公寓、酒店和办公于一体的大规模商业开发项目，比多年前他在维克多·格伦的事务所参与过的，纽约州罗切斯特市的中城广场项目还要庞大。那时的弗兰克依旧相信，类似这样的城市更新项目，具有摆脱旧城区发展困局的潜力。所以，他请求劳斯让他来为这个项目做一个设计，作为劳斯公司参与市政府设计竞标的方案，与其他开发商的方案进行竞标。

最终参与竞标的只有两家企业，一家是从未在加州做过项目的劳斯公司，另一家则是当时加州最大的购物中心开发商欧内斯特·哈恩（Ernest Hahn）。不过，哈恩的公司当时所开发的一些项目，从建筑角度上讲，只能算是平庸之作。哈恩和劳斯被安排在 1974 年 5 月的一天向圣莫尼卡市议员会汇报各自的方案。哈恩的汇报中，设计方案所占的比重并不高，但是他给出了非常详尽的造价估算，同时还展示了两张书面的承诺书，一张来自于一家百货公司，另一张则来自于一家酒店运营商，两家企业都承诺会在项目建成之后进驻。劳斯在来加州之前，刚刚从欧洲出差回来，筋疲力尽的他，在他的汇报开始之前累倒在了会场上。汇报只得改期到了随后的一周。但是，在医生的建议下，劳斯本人决定不再亲自回圣莫尼卡，而改由弗兰克代替他去进行汇报。

事后看来，这其实是一个非常智慧的策略。在数字上劳斯根本不是哈恩的对手——劳斯的方案还没有深入到能够像哈恩那样给出来自商家的承诺书的程度。但是，劳斯清楚地知道，弗兰克的设计比哈恩那些平淡无奇的混凝土方盒子要有意思得多，所以他决定把汇报的重点放在展示设计上，以弗兰克充满生机和高社会活跃度的城市空间，吸引和打动城市委员议会。这一招确实奏效，委员会最终全票通过，将那一整片用地全权委托给了劳斯公司进行开发。

弗兰克基本的设计概念是想让这个项目与周边的城市形态联系起来，他主要采用的手法，是将综合体中与附近既有建筑在尺度上相接近的一部分低层建筑布置在沿街面。这样一来，这座商业综合体在总平面上就呈现出一种与大多数购物中心完全相反的建筑布局，无论是城中心的，还是市郊的。通常情况下，购物中心建筑都是内向型的，与其周边的街道——包括市郊购物中心周围的停车场——间缺乏互动。而弗兰克的方案则反其道而行之，利用尺度较小的建筑营造出城市街道的空间氛围，而将酒店和办公楼等盛气凌人的高层建筑布置在了项目的内部。

来自市民组织的反对意见使得这个项目推迟了好几年。人们反对这个项目的理由很多，有的对于市政府大规模征地以及为私人开发商提供财政支持的行为感到不满；有的人则从根本上质疑这个项目的思路，认为在气候温润的南加州，尤其是距离太平洋只有两个街区的地块上，建设这样的一个封闭式的购物中心，无论由谁出资都是非常不合理的。市民组织将市政府告上了法庭，而在被初审法庭宣判败诉后，市政府决定向市民们做出一些重大的妥协和让步，以换取圣莫尼卡广场项目的顺利进行。毕竟，作为一座以其强烈的左派自由主义政治倾向而著称的城市，圣莫尼卡的领导层显然并不愿意把这个项目搞成一场漫长的法庭斗争。市政府答应市民们，将这个项目所预期会带来的新增税收，投入到低收入住房的修复和重建之中，并在城市中新建一些小型公园，而劳斯公司也答应注资圣莫尼卡当地旨在保护妇女儿童的专项基金。

这些博弈和延期造成了一个意料之外的后果，项目的规模缩水了。最终建造出来的建筑，比弗兰克和劳斯原本的设想要更像是一座传统的购物中心。项目中包含两个百货商场（其中之一是西尔玛·盖里曾经为之工作多年的百老汇百货商场的分店），两座停车楼，以及一条由小商铺组成的室内商业街。这座缩水版的圣莫尼卡广场项目用地大体上呈方形，弗兰克将两座百货商场放置在了方形的两个对角上，而将停车楼置于另两个对角。一条斜向的室内商业街——真正意义上的“购物中心”——横向将用地一分为二。两家百货商场的建筑形态被允许由商场自行来设计。因此，在造型上留给弗兰克可以发挥的，只剩下停车楼的立面造型，以及中央商业街朝向街道的立面了。在购物中心入口部分的设计中，弗兰克着意制造出了一种如海浪般起伏而不规则的立面效果，从手法上看，有点像是将劳斯公司总部的白色砂浆饰面打碎成小片，然后再将碎片以一种不规则的、不对称的构图进行了重新组合。某种程度上说，圣莫尼卡广场的立面设计，很容易让人联想起弗兰克在后来的许多项目中所惯用的那种手法，乍一看显得随意而无序，但事实上经过了非常认真而精确的设计和处理。

不过，圣莫尼卡广场在建筑设计上最为值得注意的一点，是其最南端的混凝土停车楼的外立面处理。弗兰克用总共四层楼高的蓝色的金属护栏网完整地覆盖了停车楼的一个立面，在立面的顶端，他还设置了一块巨型的，由白色金属网制成的字母标识牌，两层楼高的字母拼出了“圣莫尼卡广场”的字样。弗兰克自己肯定也知道，这些由金属网制成的文字，具有一种稍显刻意的、模糊的质感，这很容易让人联想起他最欣赏的洛杉矶艺术家之一——埃德·鲁沙的作品。当然，在尺度上是放大了许多。在建筑上通过文字来构图，对弗兰克来说是一种很罕见的尝试，弗兰克其实是很鄙视这种在建筑上写大字的手法的，他更希望他的建筑形体本身就能成为自己的标识。但是，具体到圣莫尼卡广场项目，留给弗兰克去创造那种标识性很强的建筑形式的空间，并没有他所期待的那么大，这也一度让他感到颇为失望。并且他知道，他必须找到一个方式，让这座建筑从邻近的 10 号州际高速公路上看起来足够显眼。那时，他的朋友罗伯特·欧文正在尝试用纱网来制作艺术作品，弗兰克意识到，他可以把金属网当作一种超大尺寸的纱网，如同一面由金属制成的半透明大幕，罩住停车楼的整个立面。这个项目中，由金属护栏网制成的外墙面和“圣莫尼卡广场”字样的标识，以其巨大的尺度，成为了弗兰克对金属护栏网这种材料最大规模的一次尝试，但从某种意义上说，这也是弗兰克最没有冒险精神的尝试之一。其实在当时，弗兰克已经对这种材料开发出了更有意思的运用方式，但在圣莫尼卡广场项目中，金属护栏网仅仅是一个巨大的、二维的立面覆盖材料。虽然那面金属网的标识牌，与其他任何购物中心的标识牌都完全不同。但是，和弗兰克当时正在做的很多其他作品比起来，这个标识牌无论从造型还是立面处理手法上来说，都显得平淡无奇。关于这个标识，弗兰克的朋友克雷格·霍奇茨（Craig Hodgetts）对他说道：“你做的这块牌子没有任何意义。”弗兰克并不否认。

不过，弗兰克依然觉得他对于金属护栏网的尝试和使用是有益的，甚至可以说是非常重要的，他打破了人们对于这种材料的固有看法。虽然人们当初发明金属护栏网，或许只想将其作为围挡场地的材料，但是弗兰克相信，除此之外，这种材料一定还有更为广泛的用途。他觉得人们关于金属护栏网有着一些消极的联想，比如，在二十年前的百老汇音乐剧《西区故事》（*West Side Story*）的舞台布景中，场景设计师奥利弗·史密斯（Oliver Smith）就用金属护栏网作为危险区域的象征。在弗兰克看来，这其实是一种刻板成见。在康科德剧场售票处的设计中，弗兰克已经证明，用金属护栏网可以创造出一种“光影建筑”，将建筑的虚与实微妙地结合于一体。没过多久，在位于洛杉矶南部圣佩德罗的卡布里奥海洋博物馆（Cabrillo Marine Museum，San Pedro）项目中，他又采用一系列由金属护栏网包裹的梯形建筑体量，对这一手法进行了扩展，事实上在水族馆房顶构成了一条微观的护栏网天际线。那座博物馆位于临近洛杉矶港的一块工业用地之上，周边与康科德剧场的乡村环境截然不同。弗兰克在一篇评论中，对于这块场地有一段既写实又略带讽刺的描述："建设场地是一片停车场……里面有金属护栏网、工业感十足的建筑和高大的水塔。场地前面停着许多大船。我非常重视场地周边的环境，从这一方面来说，我其实是个非常传统的建筑师。"

虽然对于场地的环境可能有些担心，但弗兰克反叛的本能，还是让他决心在这个项目上为金属护栏网材料"正名"。他知道，正如他自己后来所说的，"每个人都讨厌这种材料。所以我才打算（用它）来做点东西"。他这样做的目的不是为了激起人们的愤怒，而是为了让人们能够认识到，金属护栏网是一种普遍存在的建筑材料，而只有改变这种材料的应用方式和应用环境，才能让大多数人对其有所思考，否则，人们甚至根本都不会注意到这种材料的存在。弗兰克记得，有一次，他到律师米奇·鲁丁（Mickey Rudin）——他们通过米尔顿·韦克斯勒认识——的家去做客，他注意到，围绕着鲁丁家网球场的护栏网，无论从他家的起居室、餐厅、厨房还是卧室的窗户看去，都是窗外景观的非常突出的组成部分。"看来在我的影响下，你也开始对护栏网感兴趣了。"弗兰克对鲁丁说。"不，那就是个网球场而已。"鲁丁回答道。"我说没错，人们通常正是以这种方式来否定这种材料的。"弗兰克说。这种材料随处可见，为什么我们要视而不见呢？为什么我们不去寻找一些更有创意的方式来使用它，而偏偏要选择忽视它的存在呢？

弗兰克在洛杉矶市中心找到了一家生产金属护栏网的工厂，并前去探访了一番。他本以为，生产不同颜色的护栏网会是一件很容易的事，可到了工厂后他才发现，虽然从技术角度上来说，给护栏网刷上颜色并没有什么难度，但显然，工厂的管理者们对于把这种材料变为一种可用户自定义产品并没有任何兴趣。我们用不着操心这个，弗兰克记得护栏网制造商这样告诉他说。他们能够非常简单快速地生产出大量的不上色的金属护栏网，而且完全不愁销路，所以他们认为根本不值得去为了少量不同颜色的定制产品投入额外的成本。除了未上漆的银色之外，他们唯一愿意生产的颜色就是深绿色，因为这种颜色当时被普遍地用作网球场的围栏。

正如康科德剧场售票处和卡布里奥海洋博物馆项目所展示的那样，弗兰克很快地探索出了金属护栏网在设计上的多种可能性。对弗兰克来说，这种材料就如同是一面半透明的纱网，而且几乎可以被赋予任何他想要的形态。他说，他的梦想是使用这种材料来创造出一种“立等可取的”建筑。“你打电话给金属护栏网制造商，告诉他们相应的参数和坐标，他们就能根据这个给你造好一座房子。”弗兰克说道。但是，除了丰富多变的造型可能性之外，更让弗兰克感到兴奋的，是这种由金属护栏网构建的建筑，所具有的平凡、朴素、不浮夸的特点。“我很喜欢这种建筑的观感，”他说，“这种建筑具有一种平易近人的亲切性。与那些高端而昂贵的建筑不同，这样的建筑能够让身处其间的人们感到很自在。所以，可以说这种建筑是与范斯沃斯住宅一样的，建筑的每个细节都是尽善尽美的、相对立的一种存在。在那样的建筑里，你早上起来一定要马上把床铺好，不然你就会毁掉整个空间。”

在这样的语境下来说，金属护栏网，也就成为了一种“反密斯”式的建筑材料——一种能够表现随意性、新潮性、模糊性，以及未完成的建筑效果的材料，弗兰克试图在自己的建筑中对这种材料的这些特性做出回应，并且某种程度上也希望自己的建筑能够具有这样的特性。然而，米尔顿·韦克斯勒却完全不能认同金属护栏网这种材料。弗兰克的这位精神科医生认为，金属护栏网只会让他联想起监狱的院子，而不是网球场，弗兰克对于这种材料的兴趣也让他感到十分担心。“他觉得我是在通过金属护栏网来表达自己的愤怒，我需要用这些波纹状的金属丝和护栏网之类的东西来做出一些愤怒的举动，以此来激怒别人，从而引起别人的注意。”弗兰克说，“他对于我的那些尝试完全持批判的态度。他说我根本就是在浪费时间。”

对于韦克斯勒的建议，弗兰克通常都会接受，很少会有质疑和反对。但是这一次情况有所不同：米尔顿·韦克斯勒这次不是在教他如何处理人际关系，而是在对他的建筑设计指指点点，所以弗兰克决定反驳一下韦克斯勒。“我脸正对着他，跟他说：‘你竟敢跟我说这个。你没资格跟我谈建筑。’”弗兰克说道，“我说：‘建筑是凭直觉感知的，建筑是一种魔术。我不知道你为什么会忽然来跟我说这些。不要再说了。’”

那是一次非常重要的谈话，可以说是弗兰克对他的精神科医生罕有的几次反驳之一。总体上来说，他几乎从不反对韦克斯勒的意见。比如，有一次当韦克斯勒问他，是否意识到身边有多少人，包括韦克斯勒自己，都不喜欢雪茄的味道，而且觉得抽烟是个肮脏、自私、丑陋的习惯时，弗兰克立即戒掉了他长久以来抽雪茄的嗜好。但是，当韦克斯勒谈到建筑时，弗兰克发觉，无论他之前觉得韦克斯勒多么的具有洞察力，多么的才华横溢，在建筑方面，韦克斯勒与他的观点是完全不同的，韦克斯勒的看法更加趋向于传统和保守。虽然弗兰克一直以来都很信赖韦克斯勒，觉得他能够以不具成见的眼光审视一切事物，但是事实上，对于弗兰克从事的这一领域，韦克斯勒显然还是无法完全摒除成见的。对弗兰克来说，护栏网只是一种纯粹的、几何化的造型元素，一种大尺度的金属网状物，但他意识到，韦克斯勒很难改变对于这种材料的刻板印象，还是会把金属护栏网与束缚、围合、管制之类的功能联系起来。通常，弗兰克与大多数病人一样，需要他的治疗师来帮助他看到自己无法察觉的一些事情的本质，但是这一次情况相反，弗兰克能够看到事物的内在，而韦克斯勒则被表象所蒙蔽了。

韦克斯勒为人颇为固执。当然，弗兰克也是如此，只不过他很少对他的精神科医生表露自己的这一面。在韦克斯勒面前，弗兰克要么就是因为生活中的事情而陷于犹疑不决的状态，要么则是倾向于毫无保留地接受韦克斯勒的建议，就如他决定戒烟一样。但是，除了弗兰克的心理问题之外，他们两个人其实从来没有面对过类似的关于建筑的问题。当他们对于金属护栏网的看法出现分歧时，弗兰克完全没有任何犹豫，也没有盲目地接受韦克斯勒的观点。相反他彻底被韦克斯勒惹恼了，甚至考虑要退出韦克斯勒的治疗小组。

弗兰克从来不否认自己易怒的性格，而最终他也认识到，韦克斯勒的动机，其实是希望能够找到他愤怒背后的根本原因，并不是想要教他如何设计建筑。不过，弗兰克对于金属护栏网，乃至于许多其他设计手法的选择，都是基于某种直观的感受。他也是这样对韦克斯勒解释的，但他其实也为自己无法令人信服地阐述出自己的设计想法而感到很沮丧。至少在当时，他还不能清楚地解释出，为什么他能够确定自己对于金属护栏网的兴趣，不是由这种材料的传统用途所激发的，而是恰恰相反，正因为他没有像其他人一样看待这种材料，他才能够发现这种材料的巨大潜力。他觉得，这与想象力有很大关系——虽然米尔顿·韦克斯勒在人类心理领域有着出众的想象力，但弗兰克认为，韦克斯勒在物理造型方面的想象力是非常有限的。

想要一座新房子的念头在弗兰克夫妇的脑海里慢慢浮现。1977 年，随着阿莱霍开始蹒跚学步，弗兰克和贝尔塔开始感到山顶公寓的房子有点挤了。与几乎所有的建筑师一样，弗兰克也有着为自己和自己的家庭亲自设计一座新住宅的想法，不过，这种想法对弗兰克来说并不是很急迫。他完全不急着搬家，因为对他来说，一栋新自宅的设计，哪怕一栋旧住宅的改造，都将会是一篇关于他的建筑品味、建筑判断力以及设计能力的宣言书，他还不确定自己是否要这么快就去承受这份压力。其实，对弗兰克来说，这种情况已经不是第一次出现了。贝尔塔记得弗兰克的母亲西尔玛告诉她说："'你知道，那会儿那个谁'——她总是这样指代安妮塔——'那会儿那个谁也想要买个新房子，我告诉她说，她恐怕得自己去找。'"于是安妮塔就自己找到了那间位于韦斯特伍德的肯纳德大街上的房子，而弗兰克也就乖乖地搬了进去。

多琳也记得她曾听到西尔玛给过贝尔塔这样的建议。"我母亲说：'亲爱的，他永远不会去买房子的……你得自己去买一栋。'"多琳说，"我母亲说的没错。她太了解我哥哥了。他绝对不会自己去买的，你知道吗？我觉得她明白，如果是弗兰克主动去买房子的话，他肯定会考虑很多东西，而最终难以做出决定，但如果是他妻子去选房子，他就可以说‘是我妻子选的房子’，先搬进去，然后在建筑方面不断地去对那座房子进行改进，我想后来的事情也确实是这样发展的。”

贝尔塔当时刚刚成为弗兰克事务所的会计。弗兰克之所以叫她去帮忙，是因为他发现原来的会计对事务所的账务不太尽心。而贝尔塔对于账务的高效率的整理能力，似乎更加促进了他们夫妻之间的那种搭档式关系的形成，使得弗兰克更加觉得贝尔塔能够理解他的工作和想法，也让弗兰克更想亲自为她设计一座房子了。不过，无论从情感上还是经济上，当时的弗兰克，其实还是没有完全准备好，为自己的家庭从头开始设计一座崭新的住房，所以对弗兰克来说，更加具有可行性的方案，是买一座已经建好的房子，然后将其作为一个起点，对其进行翻新。于是，贝尔塔开始在圣莫尼卡一带看房，她和弗兰克都很喜欢那座城市，希望能够继续留在那里生活。她在第22街与华盛顿大道（Washington Avenue）的交会口，看中了一栋有点破旧的，刷着斑驳的淡橙色涂料的荷兰殖民地式住宅。“走进这栋房子的一刻我就想‘弗兰克肯定可以对这栋房子做点什么’。”贝尔塔说。

这栋房子位于一个非常舒适、安静的社区之中，虽然不是圣莫尼卡最贵的地段，但是也已经相当不错了。街道两旁绿树成荫，社区里的相邻的建筑大多都是一些一到二层的独户住宅。房子后面还有一个后院可供阿莱霍在其中玩耍，距离弗兰克的事务所也不太远——当时弗兰克已经把事务所搬到了科洛弗大道（Cloverfield Boulevard）上的一座工业建筑里。对弗兰克来说，这栋房子最大的优点，也许是其简单的建筑风格，它不是洛杉矶随处可见的那种西班牙式住宅，弗兰克觉得，那些西班牙式的房子是彻头彻尾的陈词滥调，如果住在那样的房子里，他恐怕会发疯。这栋房子很像是东海岸常见的那种很普通的郊区住宅，本身并不具备很强的建筑风格和表现力，在弗兰克看来这为其加分不少。

盖里夫妇以160000美元的价格买下了这栋房产，其中的40000美元是弗兰克找洛杉矶的商人和艺术收藏家弗雷德·韦斯曼（Fred Weisman）借的，他曾为韦斯曼设计了马里兰州哥伦比亚市的一栋办公楼和几个位于洛杉矶的小项目。剩下的钱他都是通过抵押贷款筹来的。买下房子后，弗兰克就开始琢磨如何对其进行改造，他把他所认为的这栋房子的一些积极的品质用一张单子列了出来。他喜欢后院巨大的仙人掌，还有房子北面沿路一字排开的高大的香椿树，他也喜欢这栋房子位于街角的优越区位，以及两层的建筑高度。此外，他的表单中还列举了诸如“粉色的石棉瓦、白色的木板墙面、绿色沥青屋面、大大小小的玻璃窗”等不同的细节，还有房子内部的窄条橡木地板，以及镶框木门等，这些都是这栋建筑本身让弗兰克感到喜欢的地方。

当时，这栋房子差不多已经有五六十年的房龄了，尽管作为一栋荷兰殖民地式住宅，这栋建筑非常普通，但是在洛杉矶的城市环境中，这栋房子其实原本就挺独特的，尤其是其复折式屋顶，在视觉上非常显眼。更重要的是，这栋房子原本的形象，给了弗兰克的改造一个很好的建筑学基础。一开始，在弗兰克还并不确定他具体要如何改动这栋房子时，他就已经很明确地意识到，他不会用自己的建筑手法把这栋建筑的原貌彻底埋没起来。他知道，要想把这栋老房子改得面目全非，或者通过整体扩建的手段用新建的“盖里式立面”把建筑原本的结构遮盖起来，其实很容易。而改造的真正难点在于，如何让这栋老房子参与到某种形式上的建筑对话之中去——为了实现这种对话，他需要将他自己的与众不同的建筑风格，与这栋老建筑编织到一起。某种程度上说，这种对话必须是一种纯粹的形式主义上的对话，一种在实与虚、透明与模糊之间找寻平衡的造型游戏，而同时，这种对话也必须是一种旧与新、平凡与独特之间的对话。

“我并不是想要发表一篇宏大的，矫揉造作的建筑宣言，或者想要把这栋建筑做成什么有重要意义的作品。”自宅改造完成后不久，弗兰克这样说道，“我只是想要实践我的许多想法。”不过，在努力地利用这栋住宅最大限度地实现自己想法的同时，弗兰克也必须要满足他家庭的使用需要。虽然当时的贝尔塔，已经成为了她丈夫的建筑主张的一位安静而坚定的支持者，但是就这个项目来说，她也同样扮演着丈夫的客户的角色，贝尔塔认为，改造和扩建后的房子，必须要有一间足够大的厨房——“在这一点上弗兰克和我有着相似的童年经历，在我们俩的外祖母的家里，都有很大的厨房，而家里人每天大部分的时间也都是在厨房里度过的。”她说道——还要有足够的供亚历杭德罗玩耍的室内外活动空间，此外，在楼梯间的设计上也要充分考虑到亚历杭德罗的安全问题。

对于这栋房子的设计，弗兰克前后酝酿了好几个月，其间他做了几版不同的方案。设计的思路与那段时期他正在做的其他几个项目——如双子星版画工作室（Gemini G.E.L.）的改扩建——有不少相似之处。双子星版画工作室的拥有者是弗兰克的朋友格林斯坦夫妇（Elyse and Stanley Grinstein）和希德 · 费尔森（Sid Felsen）。在这个项目中，他先是加建了一层新的水泥砂浆立面，将原有建筑的前部包裹了起来，随后他又在此基础上加建了一座新的体量，新体量中的楼梯间斜插进原有建筑的结构网格，顶部是倾斜的天光屋顶，木质结构框架暴露在外。双子星版画工作室的几位拥有者，一直以来都认为自己为艺术家们提供了探索新想法的空间，所以，他们也非常乐于让弗兰克在他们的工作室改造项目中进行建筑上的探索，这个项目中出现的一些细节，后来也成了弗兰克的作品中非常常见的处理方式。除了双子星版画工作室的改扩建项目之外，还有许多项目与弗兰克的自宅在设计上有着这样那样的关联。比如圣艾夫斯住宅（St. Ives house）的改造，圣艾夫斯住宅位于西好莱坞，原本是一座建于 20 世纪 50 年代的普通市郊住宅，在改造中，弗兰克用一组包含一间大厨房、楼梯间和入口空间的加建体量，将旧建筑从三面包裹了起来，这种手法，某种程度上成为了弗兰克自宅的初始设计方案的原型，在那个方案中，他在首层也把新加建的房间包在了原有建筑的外围。

他将这个简单版的方案图纸提交给了圣莫尼卡市政府，用来获取建造许可，但是他并没有把这个方案作为他的最终实施方案。1978 年，在设计自己住宅的同时，弗兰克还在设计另外的三座住宅，虽然最终没有一个真正建成，但是，这三个住宅项目都给了弗兰克尝试自己想法的机会，因此也都深刻地影响了他自宅的设计。在这三个项目——甘瑟住宅（the Gunther house)、瓦格纳住宅（the Wagner house）以及法米连住宅（the Familian house)——的设计之中，弗兰克都把金属护栏网作为了重要的建筑造型元素，与罗恩·戴维斯住宅相比，这三座住宅都显得更具复杂性，而没有采用几何上十分纯粹的构图关系。从总体的建筑风格上看，这三座住宅都给人以一种未完成的观感。

这三座住宅中规模最大的，也是最具设计野心的一座，是同样位于圣莫尼卡的法米连住宅，整个设计由两个主要部分组成：一个边长 40 英尺（约合 12 米)，木框架结构，水泥砂浆抹面的，包含有起居空间的正方形盒子，以及一个 100 英尺（约合 30 米）长，同样是木结构水泥砂浆抹面的，包含有几个卧室的长方形体量。这种处理方式，事实上暗示了弗兰克在后来的职业生涯中会更为认真地进行探索的一个主题，那就是将建筑的不同功能拆分成几个更小的体量，使其构成一种村落式的组团。不过，法米连住宅在设计上最为突出的特点，还并不是其彼此分开的功能体量，而是这座建筑的每个体量从造型上看起来都如同被炸开了一般，立面上有着各式各样的凸起、连桥和楼梯间等构图要素，这些凸起的元素大多被设计成弗兰克十分喜爱的那种未建成的状态，木框架结构都被暴露在外。面对这样一座房子，你会感受到由其不规则的线条所带来的，向四面八方迸发着的强烈的视觉冲击力。

弗兰克后来将这几栋房子的设计形容为是在“用木材画草图”，他说：“我想我对于那种未完成的状态和质感特别感兴趣——那种你会在杰克逊·波洛克、德·库宁和塞尚的画作之中找到的，看起来就好像刚刚涂上颜料，还没干透一般的质感。那种精雕细琢的，每个细节都十分完美的建筑，对我来说似乎并没有那么大的吸引力。我非常想在一座实际的建筑中尝试一下那样的设计。”

虽然这三座住宅的客户最终都无法接受弗兰克的方案，但是，在弗兰克自己的房子上，不会有这样的问题，弗兰克可以自由地选择自己想要的设计。如果还存在什么问题的话，那便是其他项目造成的分心，以及弗兰克自己对于到底想要把这座房子改造成什么样这个问题上的犹豫不决了。在他的许多项目的实践过程中，弗兰克都倾向于反复地修改设计，这并不是因为他的完美主义——许多建筑师都因为这种性格而强迫症式地一遍又一遍地修改设计——而是源自他的焦虑情绪与不断发展的好奇心混合而成的一种独特心理。弗兰克这种不断修改设计的倾向通常都会因为客户紧凑的时间安排而有所缓解。不过这一次，在没有任何外在压力的作用下，弗兰克自己认识到这个改造的紧迫性，虽然比起他的大部分客户，贝尔塔看起来要耐心得多，但是弗兰克不想再让贝尔塔等太久了。随着阿莱霍的逐渐成长，弗兰克也和贝尔塔一样，愈加强烈地感受到了山顶公寓那套房子的拥挤和狭小。

起初，这栋自宅的绝大部分设计工作都由弗兰克亲自承担，他一直不太放心让他的同事们参与到这个连他自己都还没完全想好的项目上来，而怠慢了那些付钱请他们做设计的其他客户。不过后来，在设计阶段的初期，他意外地找到了一位优秀的助手——一位名叫保罗·鲁伯维基（Paul Lubowicki）的年轻建筑师。几个月之前，因为非常喜欢弗兰克的罗恩·戴维斯住宅，纽约库珀联盟学院（Cooper Union）建筑学院长期以来的院长约翰·海杜克（John Hejduk）邀请弗兰克到学院去做了一次关于他作品的讨论，正是在那里弗兰克才认识了鲁伯维基。弗兰克逛了逛建筑学生的设计课工作室，对于当时正处于最后一年的鲁伯维基的作品非常欣赏。于是他把自己的电话留给了鲁伯维基。在电话中，弗兰克提议鲁伯维基到他的工作室来实习六个月，好让他们双方都判断一下他是否适合在盖里事务所工作。（当他被一些学生的作品所打动，但是又不确定是否能够为他们提供长期工作的时候，弗兰克经常会这样提议。）而当鲁伯维基来到洛杉矶准备开始工作，弗兰克带着他熟悉工作室的环境的时候，他注意到了弗兰克自宅的初步草图，

盖里自宅沿华盛顿大道的侧立面

那时，弗兰克的方案还很像是把罗恩·戴维斯住宅生生地罩在了一栋荷兰殖民地式住宅的外层。

“我说：‘我真喜欢那个设计。’”鲁伯维基说道，“我能够理解他的设计思路……几天后，他对我说：‘我希望你能参与到这座住宅的设计之中。’”鲁伯维基正是弗兰克想要的那种助手：他年轻、富有热情，而且对于那座房子应该做成什么样子没有先入为主的成见。鲁伯维基按照弗兰克的早期草图做了个模型出来，模型做好后，弗兰克在鲁伯维基的辅助下，开始用模型对方案进行推敲。“咱们把这块切掉怎么样。”弗兰克说。他决心要在他的自宅的设计上，比罗恩·戴维斯住宅走得更远，他用一把小刀把模型的前部从中间切开，将加建的立面一分为二，在正中打开了一个缺口作为入口空间。

这种切削，不仅仅是一种制作模型的技巧，某种程度上来说，这正是弗兰克对于这个项目的整体设计态度的一种隐喻——由碎片、切口、冲撞、互相冲突的形式和肌理，以及实与虚的对比所组成的构图，这些元素看上去似乎都是随机布置的，但是事实上每个碎片的形式和位置都是经过了精心的思考，不亚于任何密斯式的细节。如果说弗兰克的作品具有行动派绘画的某些特质的话，那么他的这栋自宅，其实可以与弗兰兹·克莱恩的一组画在从电话簿上撕下来的页面上的画作进行类比，在那组绘画中，克莱恩新画的粗重的线条，与页面上原本印刷的更为优雅的、有秩序的背景线条产生了剧烈的碰撞。在这栋自宅的设计中，弗兰克的建筑就如同克莱恩的粗重笔触，而旧建筑则好像是从电话簿上扯下来的页面。

鲁伯维基觉得，设计这栋自宅，“对弗兰克来说也是一种调剂和解脱。那时候他正忙于设计那座购物中心，圣莫尼卡广场，他其实并不太喜欢那个项目”。鲁伯维基成为了弗兰克的助手、参谋，以及他自宅项目的主绘图员，他每天都会接到一张又一张的草图。“每天他都会画出五张草图，但我其实什么都不懂。我从未自己设计过一栋建筑。”鲁伯维基说道。不过，鲁伯维基似乎还是很适应弗兰克的这种特殊的工作方法的，而格雷格·沃尔什也常常会给予他一些指导，给他把弗兰克的想法解释清楚，在格雷格·沃尔什的帮助下，这栋自宅的设计顺利地完成了。随后，弗兰克通过他的一些艺术家朋友找到了一个年轻的施工承包商约翰·费尔南德兹（John Fernandez），将自宅的建造任务交给了他。施工按时交付，1978 年 9 月，盖里一家终于搬进了他们的新家。弗兰克租了一辆 U-Haul 卡车，把他们的全部家当从旧公寓搬到了新房子。他记得在开车去往第 22 街的路上，他让阿莱霍坐在了他的膝盖上，尽管他知道这并不安全。

这栋自宅既是弗兰克对于自己当时的设计手法的一个全面总结，同时，通过这个设计，弗兰克也将自己的设计理念向前推进了一大步。原有的两层的旧建筑，被新建的瓦楞金属板体量所包裹，新建的体量上向外顶出了不少锐利的尖角，但是高度只有一层，所以旧建筑就如同插在了新体量的正中，

位于圣莫尼卡的盖里自宅中的厨房，左边是旧建筑留下的外墙

从每个立面上都能够被看到。瓦楞金属板立面在角部以及侧面被打破，暴露出里面的木框架结构，并以大面积的玻璃进行了覆盖。在建筑正面，新建体量的屋顶构成了一个被几块大面积的金属护栏网围合起来的露台，其中一块金属护栏网看起来就如同刺入天空的一把尖锐的楔子。侧面，由暴露的木结构和玻璃组成的立面缺口之一被塑造成了一个方盒子，看上去好似从瓦楞金属墙面里被挤出来的体量。所有的这些倾斜的线条、突出的尖角、扭曲的开窗，都使得这栋自宅“创造出了一种由粗糙的工业材料主导的新的建筑语汇……被组织到一个由倾斜的方盒子、暴露出结构的墙体以及其他不规则造型所共同组成的构图之中。”评论家赫伯特·马斯卡姆（Herbert Muschamp）这样写道。

如果说弗兰克用包裹在外围的异形体量和新材料从立面造型上对旧建筑进行了强烈的冲击的话，那么，他对于建筑原有的室内空间和内部结构似乎也没有任何同情。大量的墙和天花板都被移除，或者被拆解到结构层，原有建筑首层的一个个小房间全部被打开，形成了更为开敞和具有流动感的起居空间，整个首层只有一面白色实墙、一面未上漆的胶合板墙，以及一面暴露着龙骨的虚墙。天花板的木质托梁也完全被暴露在外，其中，与旧建筑的小阁楼相连接的一部分托梁被拆除，改造成为了新的开敞式阁楼的入口。

建筑侧面凸出的，由木框架和玻璃构成的方盒子体量内部，是新建的厨房和餐厅区，通透的玻璃屋顶和墙面，将自然的光影以及形体的趣味直接引入了这个空间。厨房的地面处理，采用了直接在地面上浇筑沥青的方式，完成后的质感很像室外的路面。旧建筑原有的外墙成为了厨房与起居空间的划分墙，这使得厨房空间内部形成了一种介乎于室内和室外之间的模糊的空间感受。

厨房里面摆放着贝尔塔·盖里买来的一尊巨大的二手儒博（Roper）牌灶台；横亘在沥青地面上的这座灶台就如同一辆帕卡德（Packard）老爷车，正准备轰隆隆地从房间里开过。这座灶台某种程度上说是一件废弃的物品，看起来有点破旧，但是，因为被置于了一个全新的语境中，这件旧货重新焕发了光彩。当然，可以说整个这座老旧的荷兰殖民地式住宅都是因为弗兰克的改造而重获新生。这座灶台所具有的一种轻松的戏谑感，使得弗兰克对于整栋建筑的改造和介入都显得不那么生硬了。从建筑的整体效果上来说，乍看上去，旧建筑显得轻松、随意而富有包容性，而弗兰克加建的部分则看起来冰冷、坚硬、轮廓分明，而且在视觉上显得有些突兀。这座灶台的出现，给出了一个清晰的信号，告诉人们这栋自宅背后的设计想法其实要比其粗看上去的观感丰富得多。这座灶台轻松的形象，也使得整个建筑的气氛变得放松了许多，从侧面说明弗兰克的改造思路其实也是具有其温和的一面的，并没有人们想象中的那么激进。

当时，弗兰克的建筑理念正处于快速发展、日趋成熟的过程之中，虽然他的一些建筑形式看上去十分大胆，甚至是有点离奇，但是至少它们与那种华而不实或者自命不凡的建筑观有着本质区别。弗兰克不是个墨守教条的建筑师，他的建筑绝不是那种对于某个形而上的理论的自以为是的表达，而更多的是出于一种直觉化的、有条不紊的形式探索。如果说他的建筑能够代表什么的话，那就是他对于建筑复杂性的信念了，他坚信建筑不能被简化成那些简单纯粹的极少主义几何造型。“在这个世界上，你永远没办法把事情做得干净、简单，并且不受外界影响……只凭建筑的一己之力根本无法把这个杂乱的世界清理干净，在我看来，那些假装能够消除这种复杂和混乱性的建筑，只不过是一些虚张声势的把戏。你想轻松地把一切理清，你想把地毯下面的脏东西都清理干净，但我觉得你根本做不到，我认为建筑应该正视这种杂乱性。”

弗兰克的建筑中最为值得关注的一点，也许就是他越来越清晰地展现出来的，对于控制异形体量的天赋和能力了，他能够把一些初看上去相当怪异的造型，一步步地塑造和推敲成为十分自然和自在的建筑形式。弗兰克的自宅，从内到外都具有一种奇异的、与众不同的质感，但是，在初看时的震撼过后，你会发现这栋房子具有一种非常温和的亲切感。这栋自宅与弗兰克的其他许多作品一样，都具有一种不同寻常的特质，虽然造型离奇，但是弗兰克的建筑总是能够令人感到愉悦和振奋，而非惊异或者畏惧。

眼光犀利的评论家、建筑师查尔斯·摩尔非常欣赏弗兰克建筑中的这种特质，他写道：“对我来说，这栋建筑充满了一种强烈的快乐的氛围，尽管从手法上看它十分大胆，与周围的环境也有着迥异的视觉效果，但是不得不说，这栋美好的加建项目依旧是与这个美好的社区非常适宜的。虽然周边的邻居们对此也许会有不同的意见，但是这栋建筑，与那些让人们愿意绕过半个地球去看上一眼的，由玻璃瓶和碎盘子以及其他奇怪的材料建成的房子一样，有着一种‘也许它看起来很幼稚，但你知道它肯定不止如此’的特质，这种显而易见的坦率，使这栋房子具有了某种纪念性。”

对于弗兰克与贝尔塔的许多新邻居针对他们房子的不同看法，摩尔的观察很准确。“它看起来就像是一座生产墨西哥香肠（Tijuana sausage）的工厂”，在施工尚未完成时，一个路人对保罗·鲁伯维基这样说道。《洛杉矶时报》的约翰·德赖弗斯（John Dreyfuss），发表了一篇标题为《盖里的富有艺术性的自宅，冒犯、困扰、激怒了他的邻居们》（*Gehry's Artful House Offends, Baffles, Angers His Neighbors*）的文章，试图表达对于这座建筑的欣赏和同情，文章中将弗兰克描述成为一位在全国广受尊敬的建筑师，说他“为自己的理想投入了大量的金钱和心血，这栋建筑反映了他的许多非常与众不同的、具有争议性的设计理论”。不过这篇文章也清楚地指出，弗兰克的大部分邻居们，都不认同德赖弗斯对于这座建筑这种赞美和喜爱，文中写道，有些邻居将这栋房子称为“监狱”。住在同一条街上的一个曾经试图通过法律手段阻止这栋建筑的施工的女人，在盖里一家刚刚搬过去不久，出门短期度假时，还曾写信给《洛杉矶时报》，声称这栋建筑已经被废弃了，她的言外之意是市政府应该抓住这个机会，乘虚而入，把这栋房子拆除。

即便是不那么有敌意的邻居，也都觉得弗兰克的房子好像没有建完似的。确实，乍看起来这栋建筑很像是一片未完成的建筑工地。对很多邻居来说，社区里面突然冒出来这样一栋房子，是对他们的品位、价值观乃至于判断力的一种直接的挑战。弗兰克表示他仅仅是在反映他周遭的世界中的现实，把他所看到的东西直观地表达了出来而已。“许多中产阶级社区里弥漫的那种矫情的价值观简直是烦透我了。”他说，“事实上每家每户都把自己的野营卡车停在门前。人们每天的生活中都要不断地与五金器具、废弃物品、车和船之类的东西打交道。但是我的这些邻居们，还是会装模作样地过来告诉我：‘我不喜欢你的房子。’我跟他们说：‘那你喜不喜欢你家前院里的那条船呢，你喜不喜欢你那辆野营卡车呢，它们和我的房子是同样的一种美学。’这时他们就会说：‘哦，不，那些东西都很正常。’”

这样的对话，很容易让人想起弗兰克与米奇·鲁丁之间关于金属护栏网的那番争论。这些东西在你的生活中无处不在，弗兰克说，那么为什么你非要装作看不见它们呢？他相信，他的邻居们，都被世俗的面纱蒙蔽了双眼，这使得他们无视现实，而只愿生活在自己的想象之中。那些杂乱的、工业化的物件和材料就充斥在我们的身边——为什么用它们做出来的东西就那么的难以令人接受呢？

“我的态度是，不管怎么说，这种中产阶级社区还是很吸引我的。”弗兰克说道，“无论如何，终其一生，中产阶级都与我休戚相关。我就是中产阶级的一员。我想，我就像是条变色龙。改变自己来适应身边的社群。改变自己来适应环境。我挺喜欢这样的。某种程度上来说这会让我感到温暖和安定。”

不过，在他的邻居们看来，弗兰克则完全没有适应和融入他们的社区，或者说即使有，他也是通过一种颠覆性的方式来融入的，他们认为这个新搬来的建筑师，不是来加入那个他们所熟知和了解的世界的，而是来搞破坏的。他们不愿意听到某个人过来告诉他们，他们平日里司空见惯的那些房子，以及他们所热爱的这个社区事实上只是个幻觉，而他的设计才代表了真正的现实。弗兰克与圣莫尼卡的邻居们之间的关系，某种程度上可以同作家约翰·厄普代克（John Updike）与他在马萨诸塞州伊普斯维奇市（Ipswich）的邻居们之间的关系进行类比。厄普代克在生活中深入地融进了伊普斯维奇当地的市郊文化之中，然后在他那辛辣的讽刺小说中对这种文化进行了深刻的剥离和剖析。但是，伊普斯维奇的居民们，至少还可以选择不去阅读厄普代克的小说，眼不见心不烦，而圣莫尼卡的居民们就没那么幸运了，因为每个开车经过第 22 街或者华盛顿大道的人，都必然会一眼就看到弗兰克 · 盖里的那栋住宅。

这栋自宅在邻里间引起的争议，再一次地证明了贝尔塔，对弗兰克来说，是上天的恩赐。她很喜欢弗兰克为她设计的新家，也非常愿意告诉别人这一点，她平和、不张扬的风度也潜移默化地影响着邻居们。如果说这栋房子看起来是对社区的某种挑衅的话，那么贝尔塔则完全相反。尽管在私下里她也会和弗兰克抱怨那些气愤的邻居，但是在公开场合，她从来都是直率地、就事论事地表达自己对于这栋房子的自豪，并且还会耐心地解释为什么她觉得这栋房子无论对她还是孩子来说都是最为理想的生活空间。

愤怒的邻居们渐渐冷静了下来，不过，没过多久，他们的社区又有了新的麻烦，这个麻烦也同样困扰着弗兰克和贝尔塔——经过他们自宅附近的交通流量变得越来越大了。起初，这栋房子只是引起了其所在社区的好奇和关注。但是，约翰·德赖弗斯的文章，使其迅速闻名于整个洛杉矶。而到了1979年年中，随着这栋房子被《纽约时报》的评论形容为是“一件非常重要的建筑作品——也许是近年来整个南加州地区最值得关注的住宅建筑”，它开始吸引来自全世界的建筑师、学生和建筑爱好者。他们之中的有些人仅仅是开着车缓缓地从这栋建筑旁边经过；有些则把车停在路边，围着房子走来走去，仔细地观看；还有一些胆子大的，会直接走上入口的台阶按响门铃。吸引到如此高的关注度，确实让弗兰克感到了一些得意，但是，他无意放弃自己和家人的隐私，把自家的住宅搞成一个旅游景点。而贝尔塔对于公众的关注则显得比弗兰克还要没有耐心。不久之后，盖里一家就在他们的房前增设了一道小小的院门。

他们的两个儿子——1979年，他们的二儿子塞缪尔·盖里（Samuel Gehry）也出生了，他们平时称他为萨米（Sami）——都是在这栋房子里长大的，他们觉得在一个所有人都想进来看看的房子里生活是一件相当自然的事情。“在那栋房子里，我能够快乐地进行各种各样的游戏。”阿莱霍回忆道，“那里是个玩捉迷藏的好地方，我们在房子里跑来跑去，度过了许多快乐的时光。”

“我记得，每当我去朋友家时，我就会感到很奇怪，不明白为什么他们家里的墙都是直上直下的，为什么他们的窗子都是方的。”萨姆·盖里说道，“我记得我的朋友们家里的沙发都长得很像。而我们家根本就没有沙发。”很自然地，弗兰克的两个儿子，也会和大多数孩子们一样，希望能够以一种更加普通的方式来生活，希望能够拥有他们的朋友们所拥有的东西。萨姆回忆说，随着他逐渐长大，“我越来越希望能住在一座建造完整的房子里面”。他还记得他家附近有一栋很普通的白色水泥砂浆抹面的房子，门廊上摆着一把摇椅，他曾无比羡慕那样的生活。“我想住在那里。”

* * *

弗兰克很乐于带他的朋友和同行们参观他的房子。虽然他并不强求所有人都喜欢它，但是他希望建筑师们至少能够理解他所要努力表达的东西。纽约现代艺术博物馆的一位很有影响力的建筑策展人亚瑟·德拉克斯勒（Arthur Drexler）就让弗兰克非常失望。德拉克斯勒参观了盖里的房子，而一回到纽约，他就开始对这栋建筑发表各种刻薄的评论，这些评论也都传到了弗兰克的耳朵里。“他不喜欢我的这栋房子，事实上，他不喜欢我的任何作品。他觉得我的建筑就是个笑话。”弗兰克对芭芭拉·艾森伯格这样说道。

如果说弗兰克是通过建筑圈的小道消息网听到了德拉克斯勒的恶评，从而了解了德拉克斯勒对于自己那栋房子的看法——很有可能是经由与德拉克斯勒和弗兰克都很熟悉，并且非常喜欢传播八卦的菲利普·约翰逊。那么，作家丽莲·海尔曼（Lillian Hellman）则是通过另外的一种方式向弗兰克表达了自己的想法。弗兰克与海尔曼是在米尔顿·韦克斯勒的遗传病基金会的一场募捐派对上认识的，那晚他们相谈甚欢，海尔曼当即邀请弗兰克考虑一下她在科德角（Cape Cod）的一个项目。[1] 于是，弗兰克把海尔曼请到了他的家，参加他和贝尔塔举办的一场盛大的宴会。海尔曼来到弗兰克的住宅后，先是问了洗手间在哪。随后她便消失了，直到菜都上齐后才又重新出现，坐到了餐桌前。仅仅坐了五分钟，她就又站了起来，说自己感到有点不舒服，然后就离开了。

过后不久，弗兰克与海尔曼又在另外一场派对上偶遇。弗兰克记得，

1　弗兰克曾经到马萨诸塞去拜访过海尔曼，但是那个项目最终没有做成。弗兰克记得，他们第一次见面时，海尔曼告诉他说她曾经在麻省理工学院学过建筑，后来经过证实，这只不过是海尔曼对于自己过去生涯的一种美化，海尔曼这种对自己过去进行美化的习惯是出了名的。

海尔曼来到他身边低声对他说：“你一定生我的气了——因为你后来再没给我打过电话。”

“不，”弗兰克说，“我上次见到你是那晚在我家，你不太舒服然后离开了。”

海尔曼告诉弗兰克说，事实上那天晚上她并没有什么不舒服。“我讨厌它。”她说，“所以我才提前离开了——因为我实在是讨厌你的那栋房子。”

然而无论如何，弗兰克的自宅，还是成为了帮他建立起全国性声誉的几件重要作品之一。他与东海岸的艺术家们多年来的频繁联络，也终于开始得到了回报。来自得克萨斯的，一贯以资助优秀的年轻艺术家和建筑师而闻名的德·梅尼尔家族的克利斯朵夫·德·梅尼尔（Christophe de Menil），向弗兰克发出了邀请，请他来为她位于曼哈顿的一栋联排住宅进行改造，那栋住宅坐落在上东区（Upper East Side），最早是座用来存放马车的车棚。克利斯朵夫是在菲利普·约翰逊早年设计的一座住宅里长大的，她的父母，多米尼克·德·梅尼尔和约翰·德·梅尼尔夫妇（Dominique and John de Menil）委托约翰逊为他们做了那栋房子的设计，他们在那栋房子里面摆满了收集来的各式各样的20世纪艺术品。[1] 她的哥哥弗朗索瓦（François）当时刚刚请建筑师查尔斯·格瓦斯梅（Charles Gwathmey）在东汉普顿（East Hampton）设计建造了一栋规模庞大的海滨别墅，而克利斯朵夫希望能够借助这栋联排住宅的机会告诉世人，她也同样继承了家族的传统，成为了当时最为前卫的建筑师的资助人。[2]

---

1 德·梅尼尔夫妇请服装设计师查尔斯·詹姆斯（Charles James）设计了那栋住宅的室内，詹姆斯的室内设计雍容华贵，色彩丰富，约翰逊觉得，这种风格与他的建筑所秉持的那种密斯式的克制是难以相容的。因此，约翰逊从未将这栋建筑收入过他的任何作品集当中。

2 德·梅尼尔夫妇还曾委托菲利普·约翰逊设计建造了位于休斯顿的圣托马斯大学（University of St. Thomas），另外，他们还在休斯顿出资修建了罗斯科教堂（Rothko Chapel）和拜占庭壁画教堂（Byzantine Frescoes Chapel）等项目。多米尼克·德·梅尼尔还曾经邀请路易斯·康为她的艺术品收藏设计一座永久性的收藏馆，但是康还没来得及开始构思这个项目，就于1974年去世了。后来，到了1981年，她聘请了伦佐·皮亚诺（Renzo Piano）为她设计了梅尼尔艺术馆（Menil Collection），这座艺术馆于1987年开幕。

这个项目对弗兰克来说也同样有着重要的意义。德·梅尼尔家族在纽约艺术界有着极高的声望，在建筑界以伯乐自居的菲利普·约翰逊也与德·梅尼尔家族非常相熟。虽然从表面上看起来，这个项目其实相对来说并不显眼，因为其较低的几层都完全隐藏在原有的立面之下，没有做太大的改动，但是，从象征意义上看，这个项目无疑是纽约最受瞩目的建筑作品之一，因为这座建筑中来往的人物对弗兰克来说都非常重要，他们也都会认真地审视这座建筑。

弗兰克提出将马车棚的整个室内空间彻底移除。他想要请艺术家戈登·玛塔-克拉克（Gordon Matta-Clark）来主持项目的拆除工作，把这栋房子的室内拆除当作一件艺术作品来操作。玛塔-克拉克以他的“切割-构筑”（building cuts）系列雕塑作品而闻名，在那些作品中，他对一些废弃的建筑进行了部分拆除，暴露了其内部的空间。弗兰克在较低的几层中布置了一个游泳池、一个厨房、一些娱乐空间，以及客房，然后，以此作为基础，他立起了两栋塔楼状的体量，一栋塔楼属于克利斯朵夫，里面布置了克利斯朵夫的私人起居室、卧室和浴室，而另一栋塔楼则属于她的女儿，内部也是同样的一系列房间。这个方案，从某种意义上讲，是对于弗兰克当时正在同步设计的自宅的某种倒置：在他的自宅中，他用新建的体量将旧建筑包裹了起来，而在这个项目中，他则把新建的部分置于了既有建筑的内部。两栋塔楼之间以一道联桥相连接，从视觉上看极具雕塑感，这个项目事实上也是弗兰克当时对于将建筑功能进行分散化布局的又一次尝试，他试图以这样的设计手法来隐喻村落空间。

但是这个项目最终没有做成。在经过了几轮的修改和调整之后，克利斯朵夫·德·梅尼尔觉得这个项目过于复杂了，也过于耗费时间和金钱，她要求弗兰克把方案进行简化，做成一个更常规一些的改造项目。弗兰克极不情愿地答应了她。克利斯朵夫是个很难满足的客户，她频繁地提出各种各样的要求，经常改主意，她的这个项目占用了弗兰克大量的时间，而如果最终这个项目无法成为一个重要的设计作品的话，那么对弗兰克来说，所有的这些挣扎和麻烦还有什么意义呢？不过这一次，虽然弗兰克感到自己对项目失去了足够的控制，但是他抑制住了他的那种放弃的本能。他修改了设计，开始监督这栋马车棚的简化之后的改造工程。然而，就在施工开始后不久，德·梅尼尔还是在一次会面结束后告知他，她已经不再需要他的服务了。弗兰克离开了她的房子，坐进一辆黄色的出租车，他感到自己开始流泪。他不确定他当时的泪水是对于自己失掉了这个曾经梦想过的优秀项目的迟来的反应，还是因为自己不用再面对这样的客户而感到如释重负。[1]

* * *

弗兰克进军纽约之路上的第一次尝试就这样结束了。后来，他还曾参与过另外几个位于纽约的项目，其中的一个位于拉法叶大街（Lafayette Street）上的项目他还是作为投资方，那个项目地处小意大利（Little Italy）区北缘，原本是两座工业楼，弗兰克计划将其改造成为一座由艺术家工作室组成的城中小镇。不过最终这个项目也是不了了之。对弗兰克来说，纽约着实是一块难啃的骨头，他最终真正地得以在纽约建起他的第一个项目，是许多年之后的事了。

与此同时，虽然在纽约不太得志，但在刚刚完成他的自宅的那段时期，弗兰克在洛杉矶还是颇有一番建树的，那一阶段他在洛杉矶接连完成了几个非常重要的住宅项目，这也弥补了他此前在法米连、瓦格纳和甘瑟住宅项目上的失败。这其中最为值得关注的，是他为设计师简·斯皮勒（Jane

---

1　这栋马车棚住宅后来被画商拉里·高古轩买了下来，高古轩似乎很热衷于接手梅尼尔家族的住宅，因为除了这栋马车棚住宅之外，弗朗索瓦·德·梅尼尔的那座位于东汉普顿的，由格瓦斯梅设计的海滨别墅，也被高古轩收入了自己的囊中。这还不算完，自 20 世纪 80 年代中期以后，高古轩还成为了弗兰克的收购商，专门出售弗兰克设计和制作的鱼形灯。

Spiller）设计的住宅，斯皮勒曾为查尔斯·伊姆斯工作过一段时间，后来她去读了电影学院，她与弗兰克是通过一个关于洛杉矶艺术家的电影项目相识的。她记得她参观了弗兰克的工作室，看到了罗恩·戴维斯住宅的方案图纸，也看到了弗兰克对于正在推敲中的瓦楞金属外墙的极高热情。几年之后，斯皮勒在威尼斯区买下了一块狭小的建筑用地。她打电话给了弗兰克，告诉弗兰克说她想在这块地上盖一座住宅，但是为了省钱她想自己来做设计，她问弗兰克是否能够充当她的顾问，帮她出出主意。弗兰克告诉她说他无法接受这样的工作，但是，他表示他确实非常希望能够在威尼斯区做一个项目，因为他非常喜欢那个地区杂乱无章的感觉。为了能够自由地构思和使用自己的设计概念，弗兰克向斯皮勒许诺他会把施工成本控制得很低，同时也不会收取很高额的设计费。斯皮勒同意了弗兰克的提议，而这个项目持续四年的设计过程也就此开始，与弗兰克最为出色的那些作品一样，这个项目的创作过程，也是在建筑师与客户之间持续的交流之中得到推进的。“我会提出我的想法，弗兰克也会提出他的想法，然后他把我们的想法画成草图。”简·斯皮勒说道，“我时常觉得弗兰克就好像是一位指挥家或者作曲家，虽然这个项目前前后后有很多人曾经参与进来，但如果没有弗兰克，你永远也无法创作出最终的这首交响曲。”

斯皮勒希望能够在那块地上布置两栋建筑：一栋供她自己居住的独户住宅，以及另一栋用来出租的小住宅。弗兰克沿用了他在他的自宅以及克利斯朵夫·德·梅尼尔的项目中曾经尝试过的一些想法，将建筑体量向竖向进行发展，在建筑内也塑造出了一种竖向的大空间形式，而场地内部所留出的宽敞的空间与紧守边缘的紧凑布局则形成了一种令人惊奇的对比。建筑的外立面被瓦楞镀锌钢板包裹，还顶出了几个木质的突出体量，其中有一些也使用了他自宅中出现过的那种暴露木框架并覆盖玻璃的手法。斯皮勒自住的独户住宅被设计成了一栋 50 英尺（约合 15 米）高的三层塔式小楼：这么做一方面是为了让这座建筑能够看到几个街区之外的海景，另一方面，这其实也是弗兰克对于自己在纽约的德·梅尼尔住宅项目中所没能实现的处理方式的某种重现。那栋出租用的小单体坐落在斯皮勒的自宅之前，紧邻街道，两栋建筑之间以一个花园庭院进行分隔。

在威尼斯的奥克伍德（Oakwood）区的印第安纳大街（Indiana Avenue），斯皮勒住宅的几个街区之外，弗兰克在另外一个项目上再次充当了一把兼职地产开发商的角色。此前，他就曾与他的艺术家朋友查克·阿诺尔迪（Chuck Arnoldi）合伙，在威尼斯买下过一栋房子，而阿诺尔迪相信，威尼斯的房地产价格一定会涨起来，艺术家们最终会被迫离开这一地区，所以，他想在这一地区彻底中产化，变得昂贵之前做点什么——在20世纪70年代的威尼斯，天黑后在街上行走还被认为是件很危险的事情。他制订了一个计划，打算在威尼斯买块地，建一些集合式的艺术家工作室。弗兰克的另一位艺术家朋友拉蒂·迪尔（Laddie Dill）也加入了这个项目，他与阿诺尔迪一起在威尼斯买下了一块狭长的，可以容纳三座单体的地块，而弗兰克则接受了他们的邀请，成为了这个项目的建筑师，用他的建筑设计服务来换取项目三分之一的所有权。

阿诺尔迪和迪尔很乐于让弗兰克做任何他想做的尝试——“弗兰克是建筑师，我们把设计工作全权交给他来负责。”阿诺尔迪说道——弗兰克的方案是将三个彼此独立的建筑单体一字排开，一个临街，一个置于场地的最后，一个居中。对待这三个同质化的方盒子体量，他通过不同的形体切削实现了造型上的区分。三个方盒子的立面覆盖材料也各不相同，一个被绿色石棉瓦覆盖，一个是胶合木板，还有一个则是浅蓝色砂浆饰面。此外，每个体量上还各有一个不同的建筑元素被进行了夸张化的处理：一个在立面上突出了楼梯间，一个突出了飘窗，还有一个则突出了烟囱。这三座单体的首层使用空间都比较有限，而在首层以上的各层都布置了高大、开敞的工作室空间。

这个项目的建成也是颇费了一番周折。施工的过程并没有得到很好的控制，以至于直到快建好的时候，弗兰克等人才发现施工方出现了严重的错误，他们莫名其妙地调整了建筑平面的布局，把三座建筑的顺序翻转了，按照弗兰克的方案原本应该紧邻街道的那栋工作室被建到了场地的最远端。更糟糕的是，这种翻转导致这三栋房子的朝向全都错了，一面原本应该开窗引进自然光的立面被建成了实墙。

没办法，弗兰克只得答应在那面墙上再开出了几个新的窗子，不过好在最后的建成结果并没有受太大的影响，弗兰克的这一无奈的权宜之计，不仅解决了施工错误的问题，给工作室里引入了更多的自然采光，而且某种程度上反而还提升了室内空间的居住质量。但是尽管如此，建成之后，这几栋房子的销售也还是并不顺利。当时的威尼斯，还远远没有发生如查克·阿诺尔迪所预想中的那种大规模的中产化演变，停滞不前的经济发展，以及人们对这一地区安全问题的固有担忧，都使得印第安纳大街上这三栋艺术家工作室不太好卖。这个项目的三位合伙开发商等了很长的时间，直到几个月过去后，才终于卖出了其中一栋，又过了一阵，演员丹尼斯·霍珀（Dennis Hopper）买下了另外一栋。

霍珀最终把这三栋建筑全都买了下来，逐渐地把这个建筑群组变为他的私人领地，这与阿诺尔迪、迪尔和弗兰克的设想完全是南辕北辙了。霍珀还对这组建筑进行了扩建，他聘请了另一位建筑师，在印第安纳大街上相邻的一个地块里建起了一座与弗兰克设计的那三座最初的小建筑相匹配的加建体量。像霍珀这样著名的演员、电影制作人、摄影家和艺术家，愿意住到印第安纳大街上来，这至少表明，在那几年之中，这块地区已经彻底地中产化了，甚至比查克·阿诺尔迪所预期的程度还要彻底——当然，这同时也表明弗兰克的作品已经开始变得非常出名，其他的建筑师已经开始模仿他的作品了。不过，尽管印第安纳大街项目极大地提升了弗兰克的声誉，他并没有从中赚到多少钱。

* * *

圣莫尼卡广场建成之后不久，弗兰克和贝尔塔邀请劳斯公司的首席执行官马特·德维托，来到了他们当时还很新的自宅，与他们共进晚餐。德维托显然被那座建筑震撼了，虽然他一下子没有完全理解弗兰克的设计，但是他清楚地认识到了一件事：弗兰克为自己设计的建筑，与他为劳斯公司设计的建筑是完全不同的两种东西，德维托意识到，弗兰克内心所向往的，是能够多创作一些如他的自宅那种风格的作品，而绝不是去为大开发商设计一些商业建筑。

“弗兰克，你根本就不喜欢圣莫尼卡广场那样的建筑，对不对？”德维托问他。

弗兰克一直很欣赏德维托的为人，他无意冒犯德维托，但是他也不想对他说谎。“是的，我不喜欢。”他答道。

“为什么你把你的时间都浪费在了和开发商虚与委蛇上呢？你的人生有着更重要的使命。”德维托问道，“为什么你不去做你最擅长做的那种设计？”

弗兰克知道，德维托说得一点没错。他不愿意每天庸庸碌碌地工作，只是为了生计而做设计，他也从来不打算把类似圣莫尼卡广场那样的项目当成自己建筑生涯的追求。尽管劳斯并不是那种只知道追逐利润，毫无其他追求的地产开发商。但是，通过圣莫尼卡广场项目的设计合作，弗兰克也已经清楚地意识到，这家公司对于在设计上寻求突破其实也并不是那么的感兴趣。虽然吉姆·劳斯与弗兰克一样，对于重塑旧城区的市中心空间充满了热情，但是，这并不表示劳斯和他的同事们，对于重塑建筑设计，也有着同样的执着和追求。

另外，即便是在马特·德维托与弗兰克进行那番谈话以前，弗兰克其实就已经越来越清晰地认识到，劳斯公司的开发兴趣与他的设计风格和追求是有本质上的区别的。当时，劳斯公司正热衷于开发那些他们称之为“节日市场”的，旨在激活城市公共空间的市中心零售综合体项目。这个理念的第一次尝试，是在1976年的波士顿，由本杰明·汤普森（Benjamin Thompson）设计的法尼尔厅市场项目上。汤普森是一位精通购物中心设计的建筑师，但是他并没有如弗兰克一样进行建筑创新的热情。事实上，汤普森与吉姆·劳斯和马特·德维托在理念上更为合拍，在设计法尼尔厅市场期间，汤普森和德维托建立了非常紧密的工作关系，后来他们又在其他几个位于费城、巴尔的摩和纽约的类似项目上进行了合作。所以，由于汤普森的出现，即使弗兰克还想继续为劳斯公司工作，他与劳斯公司之间的合作前景其实也并不明朗了。劳斯公司已经无法再向弗兰克提供类似总部办公楼或者夏季露天音乐厅之类的项目委托了，而弗兰克自然也完全无意去参与到劳斯公司最主要的一部分开发业务——常规的市郊综合体项目之中。

与德维托的谈话让弗兰克思考良多。其实通常情况下，如果需要为了潜在的经济收益而做出无法接受的妥协，往往都是弗兰克自己主动提出放弃的。而这一次，则是由马特·德维托来问他为什么还没有离开劳斯。德维托有可能是想通过这样的方式来鼓励弗兰克主动离开，这样他就不用告诉弗兰克他们已经没有项目给他做了，但是，即使弗兰克已经听出了德维托的弦外之音，并且已经注意到当时本·汤普森已经取代了他的地位，成为了劳斯公司最为倚重的合作建筑师。与德维托的那番谈话，还是促使弗兰克最终意识到，与劳斯公司的合作关系，是时候告一段落了。

同往常一样，一旦做出了决定，弗兰克便会非常的彻底和决绝。他不仅决定要离开劳斯公司，并且打算从此不再去寻求与他为劳斯公司所做的项目类似的商业项目了。他决心全身心地专注于他真正想做的建筑，并且愿意去接受这一决定所带来的所有后果。

这个决定所带来的第一个，也是最无法避免的一个结果，就是他必须要着手缩减事务所的规模了，当时他的事务所已经有了几十名员工，这些人的薪水都主要依赖于来自劳斯公司的稳定的项目委托和设计费。马特·德维托是在星期五的晚上去弗兰克家吃的饭，德维托离开后，弗兰克用了一整个周末的时间来思考自己下一步该怎么办。而星期一一大早，他就来到办公室，裁掉了超过三十名员工。他想要一个更小的事务所，把日常的开支降得足够低，以使他能够专心钻研他想做的建筑，而不必有太大的经济压力。他留下了格雷格 · 沃尔什，当然，也留下了贝尔塔，当时的弗兰克，在工作中已经越来越依赖于贝尔塔的建议和她的财务技能。轻装上阵的弗兰克，准备要重新开始他的征程了。

第十一章

鱼形与其他造型

弗兰克缩减了事务所的规模，以使自己能够专注于那些可以真正表达他的设计理念的建筑实践，这一决定，其实是又一次彰显了他倾向于放弃机会的独特个性。所不同的是，这一次他放弃的，不仅仅是某一个具体的让他觉得不喜欢的项目机会。他打算从根本上，在这样的项目找上门来之前就拒绝它们，他说，如果你的项目无法允许他做出点有意思的设计，那么你就不用再来找他了。

这样的态度似乎显得有些傲慢，诚然，从某种程度上来说也确实是如此，但是，对弗兰克来说，其实他这样做的原因并不是出于傲慢或者自负，事实上他对设计购物中心和办公楼之类的项目也并没有那么排斥。他并不确定精简之后的事务所，是否会比他之前规模较大的，正在快速发展中的事务所更加成功。但是他还是觉得他必须要重新开始，或者说必须要去重新寻找一种平衡，他唯恐自己的事务所会发展成他在职业生涯的早期曾经工作过的那种大型设计公司，他从来没有把那些大公司中的任何一家当作过自己事业上的榜样和目标。相较于艺术和创作上的失败，他更害怕那种传统意义上的成功。他认为，缩减事务所的规模，仅仅是一种对资源和精力的重新配置和组织，他需要通过这样的方式，来使自己能够专注于那些在他看来他最为擅长的建筑：以一种具有艺术追求的方式去解决建筑问题，同时又不影响建筑正常的使用功能。

这种实践方式上的调整，让弗兰克与洛杉矶当地的一群比他稍年轻一些的建筑师变得熟络了起来，这群建筑师也和他一样，相信建筑具有其艺术性的一面，并且致力于对新形式和新表达方式的探索。弗兰克事业上的成功，以及他作为群体中最为年长者的资历，都让他成为了这个小圈子的事实上的领导人物，这个小圈子的成员里，有后来合伙创建了墨菲西斯事务所（Morphosis）的汤姆·梅恩（Thom Mayne）与迈克尔·罗通蒂（Michael Rotundi）；创建了 Studio Works 事务所的克雷格·霍奇茨与罗伯特·曼古里安（Robert Mangurian）；以及罗兰·考特（Roland Coate）、尤金·屈佩尔（Eugene Kupper）、弗雷德里克·费舍尔（Frederick Fisher）、彼得·德·布赖特维尔（Peter de Bretteville）、考伊·霍华德（Coy Howard）、弗兰克·蒂姆斯特（Frank Dimster）和埃里克·欧文·摩斯（Eric Owen Moss）等许多后来非常有成就的建筑师。他们中的有些人曾经为弗兰克工作过，有些则是通过南加州建筑学院[Southern California Institute of Architecture（SCI-Arc）]与弗兰克相识的，这所风格另类的建筑学院于 1972 年在圣莫尼卡建校。

在 20 世纪 70 年代晚期，这群建筑师逐渐地形成了一个被称为“洛杉矶学派”（Los Angeles School）的松散团体，他们在建筑创作中最为显著的特点，除却在形式和理论上保持基本的严肃性之外，可能就是对传统的、上流社会式的典雅和因循的拒斥了。虽然他们的探索方式各不相同，但是，所有这些洛杉矶学派的建筑师，在创作中所追求的都是那种粗线条的，甚至是粗野的质感，这种风格也使得他们的学派与东海岸的建筑界形成了一种鲜明的对立。

从这个意义上来说，他们与弗兰克的对待创作的态度是非常一致的，而弗兰克也无疑是洛杉矶学派的核心人物。汤姆·梅恩记得，他从哈佛拿到建筑学硕士学位，回到洛杉矶后，“立刻就被洛杉矶建筑界当时正在发生的一些重大的变化所震撼……那里的氛围与我在哈佛读书期间所耳濡目染的剑桥和纽约的建筑界大不相同，洛杉矶的建筑界更加的乐观、开放和富有创造力”。梅恩还记得在他回到洛杉矶那天，他的搭档迈克尔·罗通蒂到洛杉矶国际机场去迎接他，一接到他，罗通蒂就急不可耐地要带他去看看弗兰克当时正在施工中的自宅，梅恩甚至都没来得及先回家把行李放下，就和罗通蒂一起去了圣莫尼卡。“对我来说，那栋房子可以说是一次当代性和新理念的剧烈爆发，这样的作品，也只有在洛杉矶才能建起来。”梅恩后来这样描述他第一次探访弗兰克自宅时的情形。

大概在同一时期，一位名叫弗兰克·伊斯雷尔（Frank Israel）的非常有天赋的纽约建筑师，接受了加州大学洛杉矶分校的教职邀请，决定搬到洛杉矶。弗兰克·以色列与菲利普·约翰逊以及罗伯特·A. M. 斯特恩的关系都很熟，他来到洛杉矶后不久，约翰逊就介绍他认识了弗兰克·盖里，两个弗兰克一见如故。弗兰克·以色列的到来，让盖里找到了一位可以自由交流的伙伴，以色列同弗兰克一样，既着迷于洛杉矶野蛮蔓延的市郊地带，同时对欧洲的那些宏伟的罗马风大教堂也充满了兴趣，因此，他们的讨论主题可以轻松地、不带任何偏见地切换于卡尔弗城（Culver City）和罗马这样两座截然不同的城市之间，而且，与弗兰克一样，以色列也希望能创作出不同于以往的、崭新的建筑作品，但是同时他也坚信，建筑的基础应该植根于人文关怀。“弗兰克和我有着许多的共同点。我们都从周遭的现实生活中汲取灵感，对我们看到的世界进行重构，关注现实对人类灵魂的影响。”弗兰克在一部关于以色列作品的专著的导言中这样写道，“他的作品中闪耀着一种人性的光辉，这种气质一定源自他对于周围的人的深刻理解和深切关怀。其他建筑师可能常常用一些抽象的、形而上的理论来解释他们的设计，而弗兰克的作品，则是与现实世界中的人类需求和愿望紧密地联系在一起。”这段文字，可能是他所写过的，对于一位年轻建筑师的最高评价了。在弗兰克·以色列身上，弗兰克·盖里看到了自己的影子，也看到了自己独有的那种敏感，这是他在其他任何曾经为他工作过的年轻建筑师身上都未曾见到过的。[1]

也许是由于以色列是后来才搬到洛杉矶来的，他从未被算作是洛杉矶学派的成员之一。这个学派的正式成型，还要归功于当时任教于南加州建筑学院的汤姆·梅恩，他在1979年所举办的一系列专题展览和讲座。起初，这些展览其实并不是很正式——梅恩在威尼斯租了一间很大的工作室，旁边附带有一个闲置的画廊空间，于是，为了利用起这个画廊，他便请来了他的建筑师朋友们，在其中搞起了一周一次的非正式展览和系列讲座。每位建筑师都有一整周的时间，在这一周中，他（这些参展的建筑师都是男性）可以自由展示他的作品，并且还要进行一场演讲。事实上，是当时《洛杉矶时报》的专职建筑评论家约翰·德赖弗斯，为这场原本是非正式的活动赋予了某种历史性的庄严感：他决定为每位建筑师的展览都单独撰写一篇报道。《洛杉矶时报》对于这次活动的完整记录和一系列报道，极大地提升了洛杉矶学派的声望，让人们真正地认识了这伙年轻的建筑师，了解了他们正在做的，那些东海岸的学术权威们不屑一顾的，重要而富有创造性的工作。“他们中的很多人都并没有多少建成的项目。”德赖弗斯写道，“这至少在一定程度上是因为他们不愿意在艺术创作的原则性问题上进行妥协。”

当时，弗兰克是这个年轻建筑师群体中最具知名度的一位，他不仅建成了不少作品，而且已经开始获得全国性的声望。那会儿这群建筑师里的其他人还至多只能算是在洛杉矶地区小有名气，出了洛杉矶根本没有人知道他们，而反观弗兰克，已经能够与菲利普·约翰逊谈笑风生，并且混进了约翰逊略带讽刺意味地称之为“孩子们”（the kids）的建筑师圈子，来往于

1 这本专著于1992年出版。弗兰克·以色列在洛杉矶以及其他地方设计了许多著名的建筑，也成了弗兰克·盖里之后的那一代建筑师当中最受尊敬的人物之一。但是，他的职业生涯于1996年戛然而止，时年五十岁的他在那一年死于艾滋病（AIDS）。

罗伯特 · A · M · 斯特恩、查尔斯 · 格瓦斯梅、迈克尔 · 格雷夫斯（Michael Graves）、理查德 · 迈耶（Richard Meier）、罗伯特 · 文丘里、斯坦利 · 泰格曼（Stanley Tigerman）和彼得 · 埃森曼（Peter Eisenman）等当时的众多新锐建筑师之间。在梅恩于洛杉矶组织的那一系列的展览和讲座开始之前一年，弗兰克在约翰逊的社交圈子里的位置得到了正式的确认，他受邀出席了约翰逊领取美国建筑师协会的最高荣誉——美国建筑师协会金奖（American Institute of Architects' Gold Medal）——的颁奖典礼，并作为嘉宾参加了典礼结束后的一场设计研讨会。"孩子们"在达拉斯（Dallas）齐聚一堂，集体为约翰逊站台，向他的建筑观点和主张表达拥护和致敬，他们都认为在建筑设计中，美学的考量，至少应该是与管道工程的布局同等重要的。在梅恩发起的系列讲座结束之后的那一年，约翰逊来到了洛杉矶，出席他的新作品水晶大教堂（Crystal Cathedral）的揭幕仪式，那座奢华的玻璃教堂位于橘郡，业主是电视布道家罗伯特·舒勒（Robert Schuller）。在一个温暖的星期天早晨，弗兰克和贝尔塔驱车来到了橘郡的加登格罗夫（Garden Grove）市，与约翰逊和戴维·惠特尼见了面，并出席了揭幕仪式。随后，他们夫妇俩把约翰逊、惠特尼和许多其他的来宾请到了圣莫尼卡，在当时圣莫尼卡最新最时尚的餐厅之一迈克尔餐厅（Michael's）举办了一场庆祝晚宴。

一方面，弗兰克在积极地攀附着菲利普 · 约翰逊这样全国知名的老一辈建筑师；而另一方面，在洛杉矶的建筑界，弗兰克似乎是想要由他自己来扮演这样的"老一辈"角色。他既渴望得到来自于洛杉矶之外的那些同辈建筑师们的接受和肯定，又希望能够对洛杉矶的那些年轻建筑师产生影响。他希望能够成为像约翰逊那样的人物，既是圈子中的长者和权威，又是个充满创作活力的老顽童，在获得显赫地位的同时，保持着旺盛的创造力。

尽管从建筑作品的风格上看，弗兰克的建筑与菲利普 · 约翰逊的装饰性后现代主义是截然不同的，但是，从行为模式上看，弗兰克和约翰逊其实是很像的，至少是比弗兰克自己想象的要更像一些。弗兰克和约翰逊一样，

菲利普·约翰逊于 1978 年获得的美国建筑师协会金奖，促成了他称之为是他的“孩子们”的一群建筑师的聚会。左起：弗兰克、迈克尔·格雷夫斯、查尔斯·摩尔、西萨·佩里（César Pelli）、菲利普·约翰逊、查尔斯·格瓦斯梅、斯坦利·泰格曼、彼得·埃森曼（Peter Eisenman）以及罗伯特·A. M. 斯特恩

对于身边的年轻人所带来的新思想和新启发非常重视。事实上他的实践也从来都不是自己一个人闭门造车：从格雷格·沃尔什到艺术家们，再到以保罗·鲁伯维基为代表的他事务所里的年轻建筑师们，弗兰克一直都渴望通过观点的交流和碰撞来从侧面丰富和完善自己的创作。现在，五十岁的弗兰克，认真地审视着时年三十多岁的埃里克·欧文·摩斯和汤姆·梅恩等年轻建筑师们的作品。他已经完成了一栋即使不是全国知名，至少在洛杉矶地区也是家喻户晓、引起热议的住宅，无论从设计上还是名气上，他都已经成了洛杉矶年轻建筑师中的核心人物，身边围绕着这座城市中那日益壮大的前卫建筑师群体。那么，这时候的他，该如何保持自己的创造力呢？随着新一代建筑师的崛起，他又该如何继续引领潮流呢？

某种程度上来说，这也是他缩减自己事务所规模的一部分原因，裁员后不久，他就把事务所搬离了圣莫尼卡，搬出了科洛弗大道上的那座他已经占用了十多年的工业建筑。当时，查克·阿诺尔迪在威尼斯的布鲁克斯大街

（Brooks Avenue）租了一间工作室，距离海滩很近，而当阿诺尔迪工作室后边相邻的一个大空间空出来开始寻租时，弗兰克便立即决定，把自己的事务所搬了进去。20世纪60年代，当弗兰克最初进入洛杉矶的艺术家群体的时候，艺术家们正刚刚开始把自己的家和工作室逐步搬到威尼斯，而到了20世纪80年代早期，威尼斯已经聚集了大量的创意工作者，成为洛杉矶地区最为活跃的创意中心。虽然后来威尼斯经历了剧烈的中产化过程，这一过程使得大部分的艺术家又逐渐迁出了那座城市，最终只有少数的一些最为成功的，能够负担得起高涨的地价的艺术家们还留在那里，但是在20世纪80年代初，这一地区的中产化苗头才刚刚开始浮现，还并未影响到其创意中心的热烈氛围。克雷格·霍奇茨认为，弗兰克之所以把事务所搬到威尼斯，是因为他意识到自己需要加强与年轻的创意群体之间的联系，同时，这也表现了弗兰克对于“洛杉矶学派”这一年轻建筑师群体的重要性的一种肯定和认同。

“弗兰克·盖里决定放弃他原本宽敞明亮的，由工业厂房改造而成的开放式办公空间，以及他那本来发展得很好的商业性的事务所，转而搬到了距离海滩只有几个街区的，杂乱狭窄的门面房，来加入这个年轻建筑师们的社群，这清楚地表明，原本被视为是离经叛道的异类的洛杉矶年轻建筑师群体，开始得到了应有的正视，准备要正式地登上历史的舞台了。”霍奇茨后来这样写道。[1]

弗兰克的这种既是一个圈子的领导者，同时又是另一个圈子的追随者的微妙角色，在一张著名的照片之中可以窥得一些端倪。1980年，洛杉矶

1 霍奇茨的这段评论，见于他与他的前搭档罗伯特·曼古里安合写的一篇文章之中，文章出自《异见分子联盟》（*A Confederacy of Heretics*）一书，这本书是由南加州建筑学院与盖蒂中心（Getty Center）共同出版的，是为了配合2013年由南加州建筑学院组织的一场专题研讨会，那场研讨会旨在回顾洛杉矶学派，并且对其在梅恩组织的系列讲座与展览活动以来的三十四年间所产生的影响进行评价。弗兰克是洛杉矶学派的创始建筑师当中唯一的一个没有在这本书中直接发表任何言论的人，研讨会目录册中的一张空白页上的一段附注中显示，弗兰克“因为记忆不够详细，所以无法提供任何有价值的内容”。虽然弗兰克是研讨会上被讨论得最多一个建筑师，但是他本人却根本就没有出席那次研讨会。

弗兰克与他的年轻朋友们一起站在沙滩上，但是他刻意地稍微保持了一点距离。摄于加州威尼斯海滩，1980 年。左起：弗雷德里克·费舍尔、罗伯特·曼古里安、埃里克·欧文·摩斯、考伊·霍华德、克雷格·霍奇茨、汤姆·梅恩、弗兰克

年轻建筑师圈子里的几名成员，包括弗兰克在内，一起在威尼斯的海滩上拍了一张照片。在照片中，弗兰克距离镜头最近，但是他并没有看向镜头，他的位置与其他人之间也刻意地保持了一点微小的距离，而照片里的其他年轻建筑师们则随意地围拢成一个半圆，并且都在看着镜头。弗兰克在照片中的构图位置最为突出，但是他看上去却并没有完全地融入照片里其他人的群体。[1]

* * *

在拍摄这张照片之前不久，弗兰克刚刚到欧洲大陆上的另一座名叫威

1 这张照片是为《室内设计》（*Interiors*）杂志拍摄的，是一篇由约瑟夫·乔万尼尼（Joseph Giovannini）撰写的题为《加州设计：新的西区故事》（California Design: New West Side Story）的文章的配图。

尼斯的城市去参加了威尼斯双年展（Venice Biennale），一直以来，这项两年一度的建筑展，都以关注时下最为热点的设计思潮而著称。1980 年的展览主题是“过去的呈现”（The Presence of the Past），许多著名建筑师，如汉斯·霍莱因（Hans Hollein）、迈克尔·格雷夫斯、罗伯特·文丘里与丹妮斯·斯科特·布朗（Denise Scott Brown）夫妇、罗伯特·A. M. 斯特恩、里卡多·波菲尔（Ricardo Bofill）以及查尔斯·摩尔等都被邀请参展，以保罗·波多盖希（Paolo Portoghesi）为首的策展人，别出心裁地要求每位参展建筑师都要设计一个实际尺度的立面模型，然后在布展时将这些立面一个接一个地排列起来，拼出来一条由假立面组成的街道，这条街道被布置在威尼斯古老的军械库（Arsenale）之中，并被命名为“趋势之路”（Strada Novissima）。在趋势之路与军械库的墙壁之间布置的是关于每位建筑师作品的小型展览，参观者可以通过走进不同建筑师设计的立面，参观到对应建筑师的作品展。这次双年展的目的和宗旨，是要引发关于后现代主义的探讨和思考，并且探究历史在新的建筑形式的产生过程之中所能够扮演的和应该扮演的角色。

弗兰克也被邀请参与了展览，同他往常一贯的风格一样，他给出的方案颠覆和升华了展览的主题。他设计的“立面”是一组由截面是 2 英寸 ×4 英寸（约合 5 厘米 ×10 厘米）的窄木条搭建而成的木框架，这组开敞的木框架，将他的展品，以及军械库的墙面都直接暴露在了“趋势之路”的参观流线之上。而且，弗兰克还以从参观流线看向军械库的窗户的角度作为基准，用一些斜向的木条营造出了某种透视上的错觉。弗兰克的设计，以方案本身与历史建筑的某一部分之间的视觉联系作为基础和依据，在他看来，他比其他参展的建筑师，都更准确地把握住了那次双年展真正意义上的历史脉络，其他建筑师设计的立面，无非都是一些自说自话的，放之四海而皆准的构筑物而已。当然，与其他参展建筑师一样，弗兰克也使用了从自己的其他作品之中抽象出来的建筑语言，不过，弗兰克的设计让人们意识到，除却后现代主义建筑师们所热衷的，直接复制历史建筑元素的方式之外，其实还有很多办法可以实现历史的纪念性。后来撰写了大量关于盖里作品评论的建筑评论家杰马诺·塞兰特（Germano Celant），是这样评价盖里在威尼斯双年展上的这个作品的，“最为激进的作品无疑来自于弗兰克·盖里，这位来自加州的建筑师，用他的能够‘客观地’展示出那座16世纪的军械库建筑的木框架，有力地批驳了现时的后现代主义建筑中盛行的纪念碑化思潮和简单模仿的设计手法，由此，他使得后现代主义重获新生，也许我们可以把这称之为‘文艺复兴中的文艺复兴’”。

弗兰克想要去“回应”后现代主义，想要证明他能够在不滥用历史建筑形式的前提下，对历史的影响做出回应，事实上，这个想法，在参加威尼斯双年展之前，就已经在他的脑海中酝酿很久了。后现代主义建筑“充满装饰性、软弱无力而且倾向于迎合恶俗的趣味，这些都是令我非常不屑的，面对汹涌而来的后现代主义，我不知道该说些什么、做些什么。”他对芭芭拉·艾森伯格回忆道，“所有人似乎都因为后现代的到来而欢欣鼓舞，但我却像是被全世界甩在了后面。就好像火车已经开走了，而我还不知道该如何买票上车一样。”

很长一段时间以来，弗兰克其实也已经察觉到，现代建筑似乎是走进了一条死胡同，至少从理性角度上他也明白，现代建筑其实已经是属于上一个时代的某种“历史建筑”了，那些对于现代建筑的同情的声音，已经显得十分的不合时宜。但是，尽管已经意识到了现代主义的种种局限性，弗兰克的天性还是使得他不愿像那些后现代主义者一样，去向过去寻找答案，至于直接去模仿过往的建筑形式，他更是连想都没有想过。

弗兰克对于后现代运动的目标深感同情，但是他无法接受后现代主义的设计方式，这种复杂的情感和理念，在很大程度上促使他创造出了他最为著名的造型语言之一——鱼形，鱼形不仅以完整的形态出现在了他一系列的灯具的设计和雕塑作品中，同时也是他许多建筑作品中复杂的曲线线条的灵感来源。对鱼形的创造和运用给他带来了无穷的乐趣，他觉得他的鱼形，是对于那些只知道复制过往形式的设计方式的一种嘲讽。你想要历史？那我就给你历史，弗兰克这样说道。在加州大学洛杉矶分校的一场讲座中，他直截了当地阐明了自己的观点，他说他感到十分不解，那些喜欢追忆历史的建筑师们为什么只回溯到了古希腊就止步不前了，他们明明可以走得更远，去模仿一下几百万年前的，史前时代的形式语言，比如最为原始的形式之一——鱼形。

关于鱼形代表着后现代主义者们所倡导的向历史形式回归的说法，弗兰克也许是在开玩笑，不过，他确实是非常认真地把鱼形视为是建筑创作的灵感来源，他认为鱼形比传统的现代主义方盒子要更具感官刺激性，同时在几何形态上也更具复杂性。鱼形天然的双曲线造型，微妙的骨架结构，轻盈优雅的姿态，以及形式下潜藏的动感，都吸引着弗兰克。就连那一片片细碎的鱼鳞，也让弗兰克着迷不已，虽然鱼鳞的存在，会使得鱼的造型不像粗看上去那么纯粹，但是弗兰克觉得，正是鱼鳞提醒了他，让他意识到即便是如鱼形一般复杂动感的造型，也是可以通过许多细小的部件组合而成的，这给鱼形在建筑上的运用提供了可能性。他说，鱼形给了他“一整套可以用到设计中的形式语言”。对于弗兰克这样一个排斥传统和常规形式的建筑师来说，鱼形，让他能够有机会使用大众最为熟知的形式之一来进行创作，并且把这种形式内化到自己的设计手法之中。鱼形既是弗兰克用来嘲讽复古主义的武器，同时，鱼形也能让那些认为他的作品太抽象、太奇怪，或者与他们所熟知形式相去太远的评论家们闭嘴。因为没有人会认不出来鱼的形态。

1981 年的斯蒂夫斯住宅［当时已经变成了史密斯住宅（Smith residence）］加建方案，是弗兰克第一次在建筑形式之中尝试使用鱼形。在入口柱廊的设计中，弗兰克用“跳跃的鱼”（jumping fish）的概念，为柱列赋予了一种独特的韵律感。正如他在威尼斯双年展上的设计一样，他既对于传统的建筑形式做出了回应，同时又进行了彻底的颠覆性创作。同一年，在密歇根州卡拉马祖市（Kalamazoo）的一座酒店设计方案中，他还曾经试图将他的鱼形扩大到一整栋建筑的尺度，那个酒店项目是卡拉马祖市当时正在推进的一项规模庞大的旧城区更新项目的一部分，弗兰克的方案最终并没有被采用。卡拉马祖酒店方案中的鱼形，其实只能算是半条鱼：他切掉了鱼的头部，并且将鱼身的下半部分竖直立了起来，所以，至少从远处看去，他的方案可以被认为是一座扭曲的塔楼。后来，在设计位于曼哈顿下城的一座艺术家工作室综合体时，他采用完整的鱼形创作了一尊用尾巴保持平衡的鱼形雕塑作品，作为庭院中心的景观小品，不过这个项目最终也并没有得以实施。

大概在同一时期，弗兰克被邀请参与了由纽约建筑联盟（Architectural League of New York）发起的一个创意项目，该项目将建筑师与当代艺术家两两配对，结成设计组合，要求他们通过合作创作出一些由他们一己之力无法完成的作品。弗兰克的搭档是雕塑家理查德 · 塞拉（Richard Serra），后来他与塞拉建立起了非常亲密的友谊，不过他们之间的友谊也曾给彼此带来了不少的痛苦和烦恼。弗兰克与塞拉设想了一座能够连接起克莱斯勒大厦和世界贸易中心的巨大空中连桥，两者透过塞拉在曼哈顿下城的工作室窗子，能够清楚地望见。塞拉负责设计的是克莱斯勒大厦那端的支撑塔，他的方案是一座从东河（East River）的水面中升起的倾斜的巨塔。弗兰克则负责设计了另一端的桥塔，他构思了一条从哈德逊河（Hudson River）中跃起的，摩天楼尺度的巨鱼，用牙齿咬住了大桥的钢索。在这个设计中，弗兰克对于鱼形的运用，比之卡拉马祖的酒店项目更为切题。在人们的常识中，鱼往往都是被钓线从水里拽起，而在这里，巨鱼是先从水中一跃而起，而后衔住了钢缆，鱼与线的关系被巧妙地反转了。不难看出，在这个设计中，弗兰克受到了他的朋友克莱斯 · 奥登伯格与库斯杰 · 范 · 布鲁根夫妇（Claes Oldenburg and Coosje van Bruggen）的强烈影响，这对雕塑家夫妇与塞拉的创作风格迥然不同，他们喜欢将生活中很熟悉的物品放大到纪念碑的尺度，以此来营造出一种既诙谐有趣，又会令人感到某种不安的观感和氛围，弗兰克的鱼形桥塔，与奥登伯格和范 · 布鲁根夫妇的作品有着明显的相似性。

* * *

弗兰克一直在寻找将鱼形作为设计要素进行运用的更多方式，而不仅仅是满足于把这一形式作为自己建筑理想的某种隐喻和标签。1983 年，在里奥 · 卡斯特里画廊（Leo Castelli Gallery），弗兰克应邀为芭芭拉 · 雅各布森（Barbara Jakobson）组织的一场荒诞建筑的展览设计了展厅，他做出的方案是一座由玻璃搭建的鱼形展厅，这一次他的鱼形是水平放置的——这也是他第一次以一座小型建筑的尺度实践了鱼的形式，鱼形的内部是一个完整的空间。在卡斯特里鱼（Castelli fish）的旁边，弗兰克还放置了一尊造型是一条盘起来的蛇形的雕塑小品，他把整个展厅想象成了一座私人监狱，而画廊的参观者们则监视着里面的犯人——弗兰克通常习惯让形式自己说话，而这个作品是他罕见的几次以叙述性的文本表达设计构思的例子之一。

他偶尔也会尝试其他动物的造型。在 1980 年的一次为了向建筑史上最为著名的设计竞赛——1920 年的芝加哥论坛报大厦（Tribune Tower）设计竞赛——致敬而举办的模拟竞赛中，弗兰克在他参赛的摩天大楼设计方案的最顶端构思了一个抽象的鹰的造型。此外，在他为建筑历史学家查尔斯 · 詹克斯（Charles Jencks）设计的住宅方案中，也在门廊的山墙顶端放了一只鹰形，不过，詹克斯最终没有把弗兰克的设计付诸实施。

在弗兰克将生物形态引入到建筑设计之中的那些早期尝试里面，也有一些实际建成的案例。1985 年，他为距离他在威尼斯的布鲁克斯大街上的新工作室不远的瑞贝卡餐厅（Rebecca’s）所作的室内设计就得以最终建成，设计中最醒目的要素，当数天花板上悬挂着的两条巨大的“盖里鳄”（Gehry crocodile）。此外，在餐厅中他还设计了一个章鱼形的水晶吊灯，以及两个鱼形的大落地灯，和卡拉马祖酒店项目的造型类似，这两个鱼形灯也是只有鱼身的造型，没有鱼头。在瑞贝卡餐厅项目中，弗兰克还委托他的几个艺术家朋友设计了一些其他的小东西。比如埃德·摩西设计了一面带有狼蛛图案的窗户，彼得·亚历山大用黑色丝绒作了一组墙面装饰，而托尼·伯兰特则设计了餐厅的前门。[1]

在对鱼形的形式语言进行了几年较为随意的探索和尝试之后，1983 年，富美家公司（Formica Corporation）联系到了弗兰克。当时，富美家公司刚刚开发出一种名为“彩虹心”（ColorCore）的新型层压塑料板[2]，为了吸引更多的人关注这种新产品的设计潜力，富美家邀请了一些知名的设计师，请他们用这种材料来做一些新东西出来，弗兰克也收到了邀请。在实际看到了这种材料后，弗兰克便很爽快地接受了这一委托，因为他被这种材料的半透明性——至少在浅色时是半透明的——以及均匀的颜色质地吸引住了。一开始，他并没有想到把这个项目与他所感兴趣的鱼形联系起来，只是基于“彩虹心”的半透明性，尝试设计了几款在造型上和鱼形没有任何关系的自发光灯具。其中一款方盒子造型的灯具让弗兰克感到十分沮丧，他觉得他的设计与野口勇（Isamu Noguchi）设计的那组著名的纸灯没什么区别，只不过是换了个材质而已。直到有一天，他不小心打碎了一个灯具模型，破碎而粗糙的材料边缘，让他一下子联想到了鱼的鳞，直到这时他才意识到，他可以用“彩虹心”做个鱼形的灯出来。

于是，第一批鱼形灯在 1983 年问世了，这个作品几乎可以说是弗兰克的一件意外之作，它甚至都并不是一个专门的设计项目，而只是一家建材公司为了推广某种新材料所进行的商业行为的一个衍生品。弗兰克也并不指望这些鱼形灯会有什么商业前景。他先是用草图勾出了一系列的造型变化，然后请来了多年来与他在许多项目上有过合作的艺术家和工匠托马斯·奥辛

1 瑞贝卡餐厅曾经在一段不长的时期里，成为威尼斯的艺术家、建筑师以及他们的追随者们经常光顾的一处非常时尚的聚会场地。其于 1988 年关门并被拆除。

2 传统的层压塑料板只在表层有颜色，而“彩虹心”的特点则是将颜色延伸至了材料的内部，使得塑料板的边缘和表面具有了相同的颜色。

斯基（Tomas Osinski），在奥辛斯基的帮助下，他用富美家的“彩虹心”制作出了这款灯具的几件样品，样品的效果非常不错，材料的半透明性被表现得淋漓尽致。弗兰克为自己和贝尔塔留下了第一套鱼形灯，把第二套样品交给了富美家公司，不久后，一位艺术品交易商看到了这组灯具中的一件，他当即向弗兰克开价 100 美元求购。从那时起，有关这些鱼形灯的话题，在艺术界迅速地扩散开来，收藏家艾格尼斯·冈德（Agnes Gund）找到了弗兰克，请他为她专门设计了一件鱼形灯，作为她送给她的哥哥，建筑师格雷厄姆·冈德（Graham Gund）的订婚礼物，制作完成后，弗兰克收了她 1000 美元。随后，来自菲利普·约翰逊、贾思培·琼斯，以及维多利亚·纽豪斯（Victoria Newhouse）等艺术圈名流的订单也纷至沓来。1984 年，拉里·高古轩敏锐地察觉到，这些鱼形灯已经成了一种时髦的收藏品，他随即订购了二十件，并在他位于比弗利山的画廊里举办了一场专门的展览。这也标志着，一件新的盖里式艺术商品就此诞生了。[1]

鱼形灯的流行，使得弗兰克一直在追求的，以鱼的形式设计一座真正建筑的机会，看起来只是个时间的问题了。1986 年，一位正准备竞争日本神户市（Kobe, Japan）一块滨水用地开发权的开发商找到了弗兰克，请他在那块场地上设计一座规模很大的餐厅，他们把弗兰克请到了神户进行实地考察。在与弗兰克共进晚餐时，那位开发商及其同僚问弗兰克是否愿意在餐巾上画画草图，与他们交流一下大致的设计想法。“所以，看起来每个建筑师都难免会有在餐巾上画草图的这种经历。”弗兰克说，“在其中一张草图上我画了一条漂浮在海面上的鱼。他们看了说：‘盖里桑（Gehry-san），太好了，我们就想要一条鱼。’所以我就又画了画。”回到洛杉矶后，弗兰克很快便忘掉了他在餐巾上的涂鸦。他做好了他的餐厅设计，寄给了客户，没想到客

---

1 鱼形灯也是高古轩卖得时间最久的一些艺术品之一，因为弗兰克在此后的许多年中一直在制作这种灯。到了 2013 年和 2014 年，在高古轩于他位于世界各地的画廊中所举办的旨在展示最新样品的系列展览中，还依然在卖着弗兰克的鱼形灯。

户收到图后，很失望地打来了电话。那条鱼呢？他们原本满心期待着弗兰克会给他们设计一栋像鱼一样的建筑。“他们说他们不喜欢我的设计。他们想要一条鱼，他们想要一座像我在餐巾上画的草图那样的房子。”弗兰克说道，“然后我说：‘我可以给你们重新做一个设计，但是得再花两到三周的时间。’他们说：‘不，不，不，周一早上之前必须得做完。’那是个竞赛，不过他们在那之前并没有告诉我这一点。我说：‘不行，我做不完，实在是抱歉。’说完我就挂了电话。当时是洛杉矶时间晚上 10 点。几个小时后，到了午夜时分，他们又打了过来，说：‘盖里桑，没关系，我们用你的草图来建这栋房子就好了，你什么都不用管了。’”

日本开发商要拿着他在餐巾上画的草图去盖房子，这可把弗兰克吓得够呛，星期六一大早，他就赶忙奔向了工作室，还叫上了会讲日语的格雷格·沃尔什与他一起工作，他们把弗兰克一些早期作品中的造型要素糅合到一起，加班加点地攒出了一个由三个体量组成的拼贴式的设计：一座与罗恩·戴维斯住宅类似的倾斜式结构、覆盖着白色金属外皮的建筑；一座从盘绕的蛇形抽象出来的铜板覆盖的建筑；以及一座以鱼形灯的造型为基础放大而来的，70 英尺（约合 21.3 米）高，表面包裹着金属网的鱼形雕塑。这座鱼形雕塑的姿态呈现向上跃起的动势，既是一座纪念碑式的雕塑作品，同时也能够成为餐厅的标识性构筑物。“我们可以说是画了一幅表现这三个体量的静物画，然后就赶紧把格雷格送上了飞往日本的飞机。”弗兰克说，“他在日本停留了一个月，最终这个项目真的建了起来。”经过十个月的施工，这家被命名为“鱼舞”（Fishdance Restaurant）的餐厅顺利地竣工开业了，很快，它就成了神户市的一个新的地标。

不过，尽管弗兰克对于鱼形充满执着，也在一系列尺度各异的项目上——从小尺度的灯具到大尺度的雕塑——对于鱼形进行了许多的尝试，但是这并不代表他认可后现代主义，他的建筑观与那些沉醉于借用传统建筑形式的后现代主义建筑师们是有着本质性的区别的。虽然弗兰克很喜欢与菲利

日本神户的鱼舞餐厅

普·约翰逊交往，也十分敬佩约翰逊的才华，但是，对约翰逊的喜爱和敬佩，从来都没有使弗兰克对约翰逊的建筑有过任何好感，当时的约翰逊，在设计风格上已经愈发地趋向于装饰化，对于传统建筑形式也常常是简单的拿来主义，而弗兰克一直以来都对"新建筑应该模仿传统建筑"这一说法深恶痛绝。[1]他对于任何形式的抄袭和复制都有着根深蒂固的排斥，也正是这种排斥，成了构筑他的建筑观的基石。

但是，弗兰克也并不认同那种认为新的建筑形式完全是由设计师凭空地拍脑袋创造出来，而与任何过往建筑形式的影响都没有必然联系的观点。

1 至于约翰逊，他倒也并没有指望着弗兰克会认同甚至接受他的后现代主义的建筑主张。虽然约翰逊是个犬儒主义的野心家，但是他知道，一个以才华聚集起来的平等的圈子，要远远胜过一群盲目的追随者。他也清楚地知道，相对于他的建筑作品，弗兰克对他的尊敬，更多的是基于对他才华的欣赏。

他毫不讳言历史上那些伟大的建筑深刻地影响了他的创作；他只是不太理解为什么有的建筑师一定要通过复制这种方式来表达对于历史建筑的敬意。在弗兰克看来，致敬历史建筑有许多种方式，而所有这些方式都比单纯的模仿要真诚得多。对于后现代主义的另外一个基本主张，即特定的建筑形式会引起特定的联想，弗兰克也同样能够理解，但是，他依旧不认为对于这个前提的认可会引导他走上那条与大多数后现代主义建筑师相同的创作道路。他觉得建筑师们都太爱走极端了：在现代主义者们眼中，新建筑不能与以往的建筑形式有任何的关联，而后现代主义者们所追求的新建筑，又与传统建筑形式太过雷同了。

许多年来，弗兰克对于后现代主义建筑运动的情感和态度其实一直都很复杂，这种态度在他的一些早期项目，如圣莫尼卡的山顶公寓中表现得非常明显。不过从总体上来说，他与后现代主义者们在价值观——至少是后现代主义者们自己所宣称秉持的一些价值观——上还是有共通之处的，他与后现代主义者们一样，对于那种极端克制的、因循保守的现代主义建筑感到失望和不满。但是，在建筑形式上，他则完全独辟蹊径，既打破了千篇一律的国际式现代主义，同时又不屑于像后现代主义建筑师那样去一味照搬过往的经典建筑语言。在内心深处，他是一个有着后现代主义者情怀的、坚定的现代主义者，这种独特的精神内核，引导他逐步发展出了自己所独有的，难以用“现代主义”或是“后现代主义”进行归类的建筑形式——事实上，他的建筑不适用于任何先入为主的标签。

1978 年，他开始着手设计一个从某种意义上说代表着他与后现代主义最为亲密的一次接触，同时也彰显出他与后现代主义运动之间的联系有多么微弱的一个项目：洛约拉法学院（Loyola Law School）项目，这一学院隶属于洛约拉马利蒙特大学（Loyola Marymount University），位于洛杉矶中心城区西部的西湖（Westlake）地区的一小片独立的校园里。这片与洛约拉马利蒙特大学在西洛杉矶（West Los Angeles）的主校园相隔几英里的小校区，四周被都市肌理所环绕，在位置上略显尴尬，既够不着洛杉矶传统意义上的旧城中心，无法从历史街区和历史建筑中获取呼应，同时又与中心城区距离太近，以至于难以确立属于自己的社区识别性。弗兰克对于这片地区非常熟悉：当年，欧文在第九街和伯灵顿大街交口处租下的那间破旧的小公寓，也就是戈德堡一家搬来洛杉矶后的第一个家，就在洛约拉法学院校园往西四个街区的地方。

洛约拉法学院所处的区位也许是低调而乏善可陈的，但是，这所学院的校风，似乎与弗兰克雄心勃勃的天性以及他左派自由主义的政治倾向非常契合。作为一所由天主教耶稣会（Jesuit）创办的教育机构，洛约拉法学院有着悠久的历史和传统，长期以来，这所学院一直都鼓励学生们能够参与到事关公众利益的法律问题之中去，同时，洛约拉法学院也是洛杉矶地区第一所要求学生们参加公益性工作的正式法学院。学院的管理者们认为，校区里现存的那些单调的、商业化的建筑物，更像是一座座办公楼，不符合校园应有的空间氛围，难以为学生们提供足够的交往和交流空间，也无法让学生们感受到与学校在精神层面上的紧密联系，所以，他们邀请了数位洛杉矶当地的优秀建筑师，就如何提升这座小校园的环境品质，以及如何使校园建筑更具识别性等问题向建筑师们进行了咨询。

在这些建筑师当中，弗兰克其实并不是最受青睐的一个。他记得学校一直倾向于选择查尔斯·摩尔，摩尔的那些看起来温和、积极、色彩斑斓的后现代主义建筑作品，被视为是构筑一座舒适怡人的校园的一种非常保险的手法。几年前，卸任了耶鲁大学（Yale）建筑学院院长的摩尔，把他的事务所开在了洛杉矶，和弗兰克比起来，他在建筑界无疑有着更高的声望和地位。而反观弗兰克的作品，无论怎么说，都还是显得有点边缘化，洛约拉法学院的管理层，也并没有表现出希望把学院那具有社会责任感的传统与建筑上的创新等价起来的迹象。

不过，弗兰克也有着两项他所独有的优势。他关于构建社区识别性的观点和阐述非常具有说服力，一方面是因为他曾经在这片地区住过几年，而另一方面则是因为，他对于洛约拉法学院的那座1963年由洛杉矶当地一家非常大的商业事务所设计的小校园的现状条件，进行了毫不客气的批判。此外，也许是更重要的一点，在洛约拉法学院面试建筑师的过程中，参与甄选程序的一位名叫鲍勃·本森（Bob Benson）的教授，是个忠诚而热情的盖里迷，后来，本森还曾经委托弗兰克在卡拉巴萨斯（Calabasas）附近为他和家人设计了一栋住宅。很多年以后，弗兰克回忆道，本森"是个坚毅而果断的人。他最终说服了他们"。

本森住宅是一栋低造价的，很有趣的小作品，由两座以二层的连桥相连的小盒子组合而成，可以将这个项目视为是弗兰克对于将一个建筑拆分成几个彼此独立的小单体这一设计概念的许多早期尝试之一，而这个手法在洛约拉法学院的校园中得到了更为淋漓尽致的发挥。拿到法学院的项目后不久，为了找到一种既能够加强学生与教职员工之间的日常互动，同时又能增强校园的识别性的设计策略，弗兰克到罗马去进行了一次考察。漫步在古罗马广场（Roman Forum）的废墟之间的弗兰克，忽然意识到，也许他能够用一种和古罗马广场类似的手法来设计洛约拉法学院的校园，以一组各不相同的建筑单体的集合，来创造出一种城市意义上的识别性——简单说来，就好像是用许多栋小建筑，来构建起一座小村落。

古典的建筑形式与"法律"这个概念，在人们普遍意识中是有着很明显的形象上的联系的——这种联系甚至可以说是有些过于明显了，以至于给弗兰克的设计带来了不小的挑战，他既想要借鉴古罗马广场的空间氛围，同时又不想把古罗马广场的建筑形式过于直观地照搬过来，对于模仿历史建筑形式的设计方式，他从来都是嗤之以鼻的，而这一次他也并不打算对这种手法妥协。他决心要找到一种方式，能够在不进行复制和抄袭的前提下，实现对于古典建筑形式的暗示。"我决定要在我的设计中引入古罗马广场那些标志性的柱廊，但绝对不是以后现代的方式。"他说道。

而他也确实做到了。弗兰克为洛约拉法学院设计的校园总平面，经过漫长的分期建设，到 1994 年才陆续建成，可以说这个项目是弗兰克对于当时甚嚣尘上的后现代主义的一次最有说服力的回应，也是他对于城市设计的一次最为深入的尝试和探索，而且从很多方面来说，这也是他最有意思的项目之一。校园空间的核心是一组由三座小建筑——一座教学楼、一座可以作为模拟法庭使用的礼堂，以及一座小教堂——所构成的组团，核心组团的后面则横亘着一栋在水平方向上十分舒展的四层综合楼，内部包含有学生中心、会议室、讨论室和办公室等。建筑物之间的场地空间，看上去更类似于在意大利的一些小城镇中所常见的那种灵活的小广场，而不是传统校园中的那种方形院落。综合楼的立面采用了黄色的水泥砂浆饰面，并且在尺度上进行了夸张处理，使其与前面的小建筑拉开了尺度，成为小建筑的底景。[1] 弗兰克在综合楼的立面上采用的开窗方式相当常规，但是，为了打破严整的方盒子造型，他在建筑的每个端头，都加设了造型活跃的开放式楼梯间，并且将立面的中部打开，置入了一部庞大而倾斜的，通向一个坡顶的玻璃空间的中央大楼梯。从整体效果上看，这个项目成功地将冷静的、有秩序的立面肌理，与刺激的、无序的造型体量统一在了一起，看起来就好像是把一组具有鲜明的弗兰克个人特征的异形体量，楔入到了一面由阿尔多·罗西（Aldo Rossi）设计的，法度森严的立面里一样。在弗兰克的一位长期的崇拜者，建筑师亨利·N. 考伯（Henry N. Cobb）——尽管作为贝聿铭（I. M. Pei）的合伙人，考伯的作品风格与弗兰克完全不同——看来，这个

---

1 弗兰克不止一次地运用过这种后现代主义式的夸张立面。在 1980 年建成的，位于北好莱坞的世界储蓄和信贷协会（World Savings and Loan Association）分公司办公楼项目中，他将一面三层楼高的水泥砂浆饰面墙，放置在一栋一层楼高的建筑顶上，以此来突出停车场和入口大门：他希望能通过这个“假立面”来加强建筑的纪念性，并赋予那座针对汽车尺度设计的银行建筑以某种优雅的质感。这个项目在细节的处理上显得非常简单朴素，不然的话几乎可以被误当成是罗伯特·文丘里的作品了。在同样完成于 1980 年的，位于圣莫尼卡广场的布巴尔珠宝店（Bubar's Jewelers）的店面设计中，弗兰克也采用了类似的、利用后现代主义对都市主义进行夸张的设计手法。

项目中的这些楼梯“如此无拘无束地扭曲盘绕，似乎完全摆脱了来自于造价、工程技术或者功能要求上的一切限制和束缚。”考伯还写道，当这些楼梯“与立面上的那些秩序井然的开窗肌理并置在一起时，形成了一种非常动人的隐喻，让人们不由得联想到人类社会中行动的自由与法律的约束之间那复杂而永远难以捉摸的关系。”

弗兰克为洛约拉法学院所做的设计，既借鉴了后现代主义所主张的，认为公共建筑应该具有正式、庄严的立面表情的设计理念，同时又通过打破立面秩序，引入更具视觉冲击力和表现力的构图要素，对这一理念进行了颠覆。这种一面借鉴一面颠覆的模式，在校园里那座小礼堂的设计之中表现得更为明显，那栋小建筑的砖墙立面被四根独立式的混凝土柱子所打断。四根柱子既无柱础又无柱头，就那样兀自立在立面之前，顶上也没有任何山花和雕刻饰带等古典建筑符号，古典建筑的立面在这里被剥离掉了一切装饰性的元素，只保留了其空间和构图的本质，它也因此被转化成了一件极少主义雕塑。

这是一座非常值得关注的小建筑，因为它成功地以一种抽象的方式，构建出了一座普通的古典法庭建筑所应有的气质，与大多数通过复制古典建筑符号的手法做出的方案比起来，这座建筑要显得更加简洁而具有表现力。同样，校园中的那座小教堂也是如此，采用木框架结构，立面上覆盖着玻璃以及芬兰胶合木板[1]的那座小教堂，正面是尖顶山墙，背面则是一个半圆形的教堂后殿式的体量，侧面还耸立着一座同样覆盖着玻璃的木结构钟塔。弗兰克将这座小教堂称为“一座由半圆形后殿主宰的房子”，再加上旁边的钟塔，这座建筑能够唤起人们对于一系列非常多元化的建筑风格的联想，它看起来既像是一座意大利天主教堂，又有点像是一座贵格会（Quaker）礼拜堂，还有点像是座新英格兰地区常见的谷仓，这些风格被条理清晰地编织在

1　胶合木板后来被耐久性更好的镀铜金属板所替换。

了一起，形成了一种新的形式。木框架结构之外包裹的玻璃立面，更使得这座建筑的形式美得到了升华，玻璃将现代性与透明性赋予了这些通常被与古典和不透明相联系起来的建筑造型。

不过，这座小教堂的设计差一点没有能够付诸实施。洛约拉法学院的一部分管理者想要一个能够更直接地彰显学校的天主教背景的设计，弗兰克记得，他还曾因为他做的那个很有意思但与宗教没有太大关系的设计而遭到了亵渎宗教的指责。他记得自己这样告诉客户们，他的妻子就是个天主教徒，如果他们想要一座与校园中其他建筑风格完全不同的天主教堂，他也很愿意为他们重新做一个设计，但是他强调，他现在给出的这个方案，与这所法学院的校风，以及其多元化的学生组成是最为契合的。最终，这座小教堂还是按照弗兰克的设计建成了——也许是因为鲍勃·本森的支持。[1]

这三座小建筑组团中的最后一座，那座小教学楼，也延续了另外两座建筑中的那种将古典建筑元素进行抽象的概念和手法，这栋建筑的主体是一个灰色水泥砂浆饰面的方盒子体量，立面上最醒目的构图元素是两排独立式的混凝土柱廊，一排伫立在正立面之前的地面上，还有一排稍矮一些的则伫立在屋顶上凸起的一部大型采光竖井之前，这种屋顶的立面处理手法有着鲜明的古典主义特征。这座建筑与弗兰克在洛杉矶艺术家圈子里的好友之一，雕塑艺术家托尼·伯兰特在许多年之前创作的一组题为《纽约与雅典的婚配》（*The Marriage of New York and Athens*）的建筑性雕塑作品颇具相似之处，弗兰克也从不掩饰他对于那组作品的喜爱。[2] 伯兰特那组作品中的一件，表现的是一座从侧墙上被参差不齐地切断了的古典神庙建筑，这种古典的秩序感

---

1 不过，在这个设计的另外一个部分上，弗兰克没能成功地说服洛约拉法学院，他原本想请埃德·鲁沙在礼堂兼模拟法庭中的三块空白墙面上创作一幅绘画作品。鲁沙构思了一幅写有“法律是什么？”(WHAT IS THE LAW?)字样的壁画。学院的院长认为其太不严肃，拒绝了这个创意。尽管在几年之后，洛约拉法学院表示他们改主意了，但鲁沙却拒绝再为他们做这幅作品了。

2 许多年之后，弗兰克将伯兰特的这一系列雕塑作品中的几件，陈列在了他工作室的入口门廊里。

与现代主义的介入方式的并置，很容易让人联想起弗兰克在洛约拉法学院的校园里那座规模最大的综合楼设计中，运用的那种给亨利·考伯留下深刻印象的处理方式。

弗兰克为洛约拉法学院设计的一系列建筑，尤其是那座礼堂兼法庭以及那座小教堂，都清楚地表达出了弗兰克在实践中一直秉持的建筑观。校园中没有任何一座建筑是那种冷冰冰的方盒子——弗兰克设计的那座小教堂，与密斯·凡·德罗在芝加哥的伊利诺伊理工学院设计的那座小教堂形成了某种值得玩味的对比。在那个设计中，密斯用砖、钢和玻璃所构成的方盒子体量，将密斯式的建筑语言展现得淋漓尽致。而弗兰克对于那种国际式的现代主义建筑语言则完全没有任何兴趣，在这一点上他的态度与后现代主义建筑师们是差不多的，而且，他其实也能够理解后现代主义者们对于符号的借用和参考，以及他们对于古老的形式联想的喜好。与密斯不同，弗兰克并不介意钟塔和半圆后殿这样的建筑形式所带来的关于宗教礼拜的历史联想，以及希腊神庙建筑所带来的关于公平正义的历史联想。事实上，他与后现代主义建筑师们玩的是同样的游戏——但是他有他独辟蹊径的玩法，这也使他成功地超越了现代主义与后现代主义之间的论争，进而以自己的语汇重新定义了新建筑。

* * *

伴随着弗兰克日益增长的影响力，他事务所的规模也重新开始了扩张。当然，这种扩张也带来了一些负面的影响，更多的员工，使得长期以来一直让弗兰克头疼不已的事务所日常管理工作变得更加棘手和难以回避了。即便贝尔塔包揽了大部分的财务工作，每天依然还会产生许多各种各样的日常事务需要处理。因此，弗兰克开始考虑寻找一位负责商业事务的合伙人，以便他自己能够把更多的时间花在设计上，而不用太过分心于管理工作。“我一直在寻找一个帮手，一个能够替我处理商业事务的人，因为我希望能专注于设计。”弗兰克说道。

弗兰克的朋友，景观建筑师彼得·沃克，向他推荐了一位名叫保罗·克鲁格（Paul Kruger）的建筑师，当时克鲁格刚刚从波士顿的一家事务所离职，正在寻找一个新的去处。弗兰克与克鲁格见了面，对他印象不错，虽然克鲁格不愿意搬到洛杉矶去工作和生活，但弗兰克还是同意了他的加盟，为了方便克鲁格开展工作，弗兰克在东海岸又注册了一家名为“盖里与克鲁格事务所”（Gehry& Kruger）的新机构，交给了克鲁格进行管理，这样克鲁格就可以留在东岸，在管理这家新机构的同时，一并处理位于威尼斯的“弗兰克·O. 盖里与合伙人事务所”（Frank O. Gehry& Associates）的商业事务。

这次商业上的尝试，和当年的“盖里、沃尔什与奥马利事务所”差不多，最后都以失败而告终。弗兰克根本无法与克鲁格那边的员工们正常地相处和合作，很快他就开始为自己允许克鲁格在波士顿运营一家子公司，而不是到洛杉矶来在他身边工作而感到后悔。他觉得这样的安排不仅没能减少管理中的麻烦，反而又为他增加了许多新的困扰，仅仅过了不到一年，弗兰克就中止了他与克鲁格的合作关系，为此他还付给了克鲁格一笔钱作为补偿。

20 世纪 80 年代早期，弗兰克在全美国乃至全世界的影响力都大为提升，在洛杉矶当地反而没有。虽然那时的他在大众的眼里是一位来自洛杉矶的国际知名建筑师，但是这并没有直接地给他带来多少家门口的项目。不过，尽管如此，他在洛杉矶当地的声望还是有所提高的，只不过是比在其他地方提高得要缓慢一些而已，他的事务所也会持续接到一些关于本地项目的咨询电话。较之与成名之前相比，他所与之打交道的当地客户中也多了不少社会名流。1981 年，他在斯蒂迪奥市为一栋投资公司的写字楼项目提供了一个设计方案，这个项目是由开发商基思·肯尼迪（Keith Kennedy）与演员工会（Screen Actors Guild）共同开发的，虽然最终并没有建成，但是这个项目的设计方案是弗兰克给出的关于后现代主义的设计主题最具创新性的变化之一：这座总面积 14 万平方英尺（约合 1.3 万平方米）的建筑，立面由两种肌理组成，平整的、开着整齐窗洞的部分，以及凹进去的、内部包含有很高的柱子的部分交替穿插，建筑的整体形象是由一栋栋造型同质化的小建筑单体组成的景观组团，看上去就好像是一座意大利山区小镇。大一点的单体是写字楼，较小一点的建筑组团则包含着零售商铺。弗兰克似乎是延续了洛约拉法学院项目中的一些想法，并把它们像书本中的彩页一样插入到了一个尺度要大得多的现代主义框架体系之中。他再一次地在继承了传统建筑的同时，对其进行了颠覆，将传统建筑的符号置入了一种完全不同的语境之中——这种语境，就其本身而言，也是一种独特而迷人的建筑形式。

虽然这座办公楼没有能够建成，不过弗兰克在洛杉矶实现了几个规模更大的项目。1982 年，制片人塞缪尔 · 戈尔德温（Samuel Goldwyn）邀请弗兰克为他改造一座位于比弗利山地边缘，建成于 20 世纪中叶的普通办公楼，作为他公司的总部。这个项目并没有给弗兰克提供太多在设计上寻求突破的机会，但是通过在这个项目中与戈尔德温建立起的良好关系，弗兰克得到了另外一个更大的实践机会，他被选中成为位于好莱坞的一座以戈尔德温的母亲——弗朗西丝 · 霍华德 · 戈尔德温（Frances Howard Goldwyn）的名字命名的，崭新的地区性大型图书馆的建筑师。这个图书馆项目颇受关注，总预算达到了 300 万美元，弗兰克的设计是一组由三个方盒子组成的建筑组团，立面采用玻璃和水泥砂浆饰面相结合的处理方式，造型尺度极为巨大，为阅读活动和阅读空间赋予了一种现代主义的纪念性。如果说这个设计有什么明显的缺点的话，那就是这三个方盒子——从造型看实际上是三栋小塔楼——与弗兰克的其他作品比起来显得有些冰冷而清高，不像是一个典型的弗兰克的建筑，再加上市政府出于安保考虑而坚持要加装的栅栏和混凝土高墙，使得整个建筑给人的感觉更像是一座军用设施，而非社区图书馆。所以，这座图书馆在建成后虽然运转良好，但是却并没有收到什么强烈的社会反响。几年后，文化批评家麦克·戴维斯（Mike Davis）在他的著作《水晶之城》（*City of Quartz*）中，对这座图书馆进行了批判，称其是“毫无疑问的史上最为骇人的一座图书馆，（在外表上看来）就好像是一座由停在船坞中的无畏战舰 (dreadnought) 与印度土邦风格 (Gunga Din) 的要塞所组合而成的奇怪杂糅”。显然，这是一种夸张的说法，不过，这种说法也提示出一个事实，那就是弗兰克对于抽象形式的一些探索，虽然在他看来可能是温和而有益的，但在其他人看来却可能会得出完全不同的联想和结论。戴维斯犀利的批判同样没有放过洛约拉法学院，他批判了弗兰克过度内敛的意大利广场式布局设计，认为弗兰克的审美使得他的作品大都像是些军事堡垒，而完全不像是开放的公共空间所应有的样子，他的设计更多是在追求一种对于有权势的客户的迎合和满足，而不是如他所宣称的那样，遵循着他左派自由主义的政治主张。

虽然弗兰克对于建筑设计有着自己的严肃追求，但是，他的内心之中也一直渴望着能够得到他人的认可和喜爱，所以，戴维斯的批判让他感到非常震惊，至少，这番评论提醒了他，让他意识到，尽管他自己一直坚持认为自己是游离于洛杉矶这座城市的权力体系，以及建筑界的权力体系之外的人，但在大多数人看来，他已经越来越像是个与那些当权者们一路货色的局内人了。与戈尔德温图书馆同时进行的另外两个洛杉矶项目，让他进一步地认清了自己的形象在这里如何“不可救药”般的延续着。

第一个项目是加州航天博物馆（California Aerospace Museum），项目委托来自于加州政府，他们要求工程要赶在 1984 年洛杉矶奥运会开幕前完工。获得这个项目的委托让弗兰克激动不已，这不仅仅是因为项目比戈尔德温图书馆规模更大、更具关注度，更重要的是，弗兰克一直以来对于航空和飞行都有着浓厚的兴趣。所以，这座用来展示古董飞机的新博物馆，从某种意义上来说可以算是弗兰克梦寐以求的一个项目了。

这座博物馆的项目用地被安排在了邻近南加大校园的博览公园

（Exposition Park）中，客户原本的希望是利用公园内既存的一座旧兵工厂进行改造。不过弗兰克对于客户的这个想法却不以为然，他指出，如果想要对如兵工厂这么大尺度的建筑进行大规模的改造，500 万美元的项目预算是远远不够的，但是在同样的成本下，他完全可以设计出一座更小、更简单的新建筑，用一个崭新的设计，赋予这座崭新的博物馆以一些鲜明的个性，而这一点是很难通过改造旧兵工厂来实现的，无论花多少钱。建筑能够定义其所属机构的个性，这一论述是弗兰克在他的职业生涯中，试图说服客户时惯用的一套说辞，而这一次这招确实奏效了。加州政府的建筑师办公室最终同意了弗兰克的意见，他们放弃了之前关于改造旧建筑的设想，允许弗兰克在兵工厂的前面建造一座新的建筑。

弗兰克给出的设计，是一座立面由金属板和水泥砂浆饰面层包裹，结构采用钢框架与混凝土剪力墙混合组成的建筑。从外面看起来，这座建筑似乎包含有两个尺度较大的体量，一个是倾斜的，另一个则要更方一些，两个体量之间还夹着一座高起的观景塔楼。而事实上，整座建筑的内部空间是一个完整而连续的展览大厅，空间挑高达到了 80 英尺（约合 24 米），其间不时穿插着一些坡道、连桥、楼梯和天窗，还悬挂着各式各样的飞机、卫星，以及航天探测器的模型。

当时在弗兰克的事务所工作，参与了这个项目的建筑师约翰 · 克拉格特（John Clagett）记得，在设计的最初阶段，弗兰克先是把这座博物馆的基本需求和限制条件一股脑地塞进一个简单的大方盒子式的建筑体块之中，以此作为设计过程的起点。之后，格拉格特回忆道 ："他会对这个方盒子进行切削，有选择性地移除一些体量，他采用的工作方式很直观，就是用美工刀直接在泡沫模型上切割。做出许多种不同的形体变化之后，这些模型就自然形成了一组三维图样。此时，那个原始的大方盒子，已经被一些虚实体量穿插变化的形体构成所取代。随后，经过一个理性分析的过程，形体的一些基本功能需求得以落实，例如玻璃开窗以及入口门厅的位置等。有时，被切掉的体量会很快地又被粘回来，有的时候是缩小了尺度后粘回原位，有的时候则是被放到了其他的位置，比如作为采光天窗等。弗兰克在加州航天博物馆这个项目上所采用的设计方法非常独特，他就像是一位文艺复兴时期的雕塑家，通过不断地切削体块而最终获得理想的形式。然而，最终生成的建筑形式，并不是在创作之初就在弗兰克脑中预先构思好了的，而是通过一次次地偶然和随机的过程逐步浮现出来的。”

克拉格特关于弗兰克的加州航天博物馆的设计过程的这番描述，其实也同样适用于弗兰克的其他许多项目；事实上，这种工作方式表明，弗兰克一直努力地想要在自己纯粹的、雕塑化的创作冲动和必须满足的建筑功能需求之间寻找一种平衡。他从来不会仅仅为了雕塑性而进行创作，但是，他一直都在尝试为建筑问题寻找雕塑化的解决方案。换句话说，弗兰克的建筑创作的首要目标，永远都是要满足建筑的功能需求，而不是去把建筑做成雕塑。不过，不能否认的是，雕塑的技术和手法，是弗兰克在解决建筑问题时经常要用到的一种非常关键的工作方法。

然而，最终让加州航天博物馆闻名于世的，并不是弗兰克精心推敲的造型，而是他在建筑的外立面上附加的一个飞机模型，他利用飞机模型作为标识，在立面上直观地揭示出了这座博物馆的展览内容。他原本的想法是在外立面上放一架德国的梅塞施密特 Bf109 式战斗机，并且把机头向下瞄准建筑，做出仿佛要朝着建筑进行俯冲的姿态。“这是我作为犹太人的自嘲，我的目的是想要警示他们，让他们意识到这种情况（德国的进攻）有可能会再一次地发生。”

可想而知，博物馆的董事会没有同意他在立面上展示一架德国战斗机的主意，尤其是这样一种看上去像是要飞进建筑里的姿态，更是让他们无法接受。他们还否决了弗兰克关于把电梯井在造型上设计得类似于导弹发射井的想法。但是，弗兰克的另一个关于在立面上设置一个 40 英尺（约合 12 米）高的机库门的主意得到了保留，弗兰克希望能够通过这扇门让建筑看起来像座飞机库，以此来营造出一种工业建筑的感觉，不过，客户保留这个想法的原因，似乎并不是出于与弗兰克相同的，对于建筑形式的考虑，他们更多的是觉得这样的一扇门能够方便展览用的飞机进出建筑。

虽然博物馆的董事会拒绝了弗兰克的梅塞施密特战斗机，但是，他们其实还是很喜欢弗兰克在正立面上挂一架飞机的这个想法的，只是觉得具体的机型需要考虑，绝对不能是一架德国战斗机——而且飞机的姿态应该看上去是从建筑中飞出，而不能是朝向建筑进行俯冲。最终，他们选定了一架洛克希德的 F-104 星座式战斗机，这在一定程度上也是对 1926 年成立于好莱坞的洛克希德公司致敬。

一架飞机从立面中飞出，这种极富视觉冲击力的建筑形象，使得这座建筑——连同设计这座建筑的建筑师——一时间成了洛杉矶这座城市街谈巷议的热门话题。这座博物馆是弗兰克到当时为止在洛杉矶建成的规模最大的一座公共建筑，洛杉矶当地的建筑评论家们对这座建筑的反馈也都相当不错。里昂 · 怀特森（Leon Whiteson）在《洛杉矶先驱考察家报》上发表的评论中，将这座航天博物馆描述为是“一件通过破碎形体的巧妙重组而构成的，造型流畅但又不失轻松随意的雕塑品，其在造型和空间上都抓住了太空旅行这一主题的精髓所在”。[1]

* * *

航天博物馆项目的设计刚刚开始后不久，弗兰克在另一个项目上的经

---

1 这座博物馆后来成为加州科学中心（California Science Center）的一部分，并被重新命名为了科学中心航空航天展览馆（Air and Space Gallery），也许是为了避免与位于萨克拉门托的加州航天博物馆（Aerospace Museum of California）的混淆。为了容纳奋进号航天飞机的永久展出，展览馆进行了设施改造，于 2011 年关闭，现已重新开放。2012 年，这座建筑被列入了加州官方的重要历史建筑名单《加州历史建筑名录》（*California Register*）。

历就让他痛苦地意识到，无论他在洛杉矶之外的名头有多么的响，影响力提升得有多么的快，在洛杉矶这座城市，想要成为最受认可和重视的建筑师，仍然还有很长的路要走。当时，洛杉矶的一群优秀的收藏家和艺术家，因为洛杉矶艺术博物馆长期以来对于洛杉矶当地日益壮大起来的当代艺术界的缺乏重视，而感到失望无比，于是他们打算成立一个专注于当代艺术的新博物馆。这个群体的核心人物，是著名的艺术收藏家玛西娅·韦斯曼和弗雷德·韦斯曼夫妇（Marcia and Fred Weisman），他们也是弗兰克的好朋友——弗雷德·韦斯曼曾经在弗兰克建造自宅的时候给予过弗兰克经济上的帮助，还曾经委托弗兰克为他名下的东海岸丰田经销总公司设计过一栋办公楼，此外他还时而会就一些其他的项目向弗兰克进行咨询。可以说，这座城市之中的其他所有建筑师，没有一个能像弗兰克一样，与洛杉矶当地的艺术家们有如此紧密的关系；同样，这座城市里也没有任何一个建筑师能像弗兰克一样熟悉那些来自纽约的知名艺术家、收藏家以及画廊老板，他们对于这个新博物馆项目的支持，虽然不能说是至关重要，但肯定也是非常有价值的。博物馆最初的项目选址位于老的泛太平洋礼堂（Pan-Pacific Auditorium），那是一座地标性的现代艺术展览建筑，位于西比弗利大道，当时已经空置了十多年，在项目的初始阶段，玛西娅·韦斯曼邀请打算将泛太平洋礼堂改造成为他们的新博物馆，他请弗兰克对改造的可行性进行了调研。弗兰克实地考察了那座老礼堂，并且免费为韦斯曼夫妇随手画了一些草图，帮他们构思了一些改造的基本思路。随着项目的持续进展，洛杉矶市政府为这座博物馆提供了另外一个可能的选址——他们提出，博物馆可以结合当时计划在洛杉矶市中心区兴建的一个名为“加利福尼亚广场”的规模庞大的摩天楼综合体项目进行建设。当时的洛杉矶市长汤姆·布拉德利（Tom Bradley），以及对于艺术有着浓厚兴趣的市议员乔尔·瓦克斯（Joel Wachs），最终促成了这桩合作，他们说服“加利福尼亚广场”的开发商拿出了百分之一点五的项目预算，以及市中心的格兰大道上的一块用地，用以支持这座博物馆的建设。在得到了新的项目用地后，玛西娅·韦斯曼又把弗兰克邀请到了她在比弗利山的住宅，针对新的场地条件进行了一次讨论，当时的弗兰克觉得，自己获得这个项目的设计委托是十拿九稳的，无论这座博物馆最终建在哪里，设计工作肯定都会交给他来做，他也并不认为自己的这种想法有任何盲目乐观之嫌。因为他觉得，获得这个项目对他而言是水到渠成的，他在这座城市的艺术圈子中的地位会理所当然地为他赢得这个项目。

然而，弗兰克却并没有意识到，博物馆的发起者们有着另外的考虑。在玛西娅·韦斯曼家的会谈过后不久，弗兰克听闻艺术家们打算再次聚集起来继续讨论这个博物馆项目，他满心期待着自己会再次收到邀请。但是过了一阵子他才知道，那次讨论已经在没有他参与的情况下进行过了，他被告知，没有邀请他的部分原因，是艺术家们——很多也是他的老朋友——决定要把这个项目牢牢地控制在他们自己的手中，而他们觉得任何建筑师，哪怕是弗兰克，都会有自己的创作意图，也因此都会不可避免地成为艺术家们自身意愿的对立面。事实上，艺术家们没有考虑到的问题是，负担了这个项目大部分成本的“加利福尼亚广场”背后的开发商们，希望通过这座新博物馆来加速推进旧城区更新改造的城市管理者们，以及那些将来会为博物馆提供作品和其他资金支持的收藏家们，所有这些人，都会有自己的想法，也都会在某种程度上，或多或少地与艺术家们的自身意愿形成对立。而讽刺的是，弗兰克，其实比其他任何建筑师都更能理解艺术家们想法，在项目的实践中，他也许恰恰会成为艺术家们最有力的维护者。当然，在一些艺术家们看来，弗兰克还依旧是当年那个每天与他们混在一起，渴望接近和融入他们圈子的年轻建筑师。他们很难想象，他们眼中的那个小马屁精，会有资格和能力设计如此重要的一座艺术博物馆。

无论如何，不管艺术家们到底是怎么想的，是觉得弗兰克对他们的想法不够尊重，抑或是觉得弗兰克的资格不够，最终，他们还是拒绝了弗兰克，而这也让弗兰克深受伤害。尽管后来这个项目在选择建筑师的过程中，陷入了比艺术家们所预想的更为复杂的境地，还因此又把弗兰克请回去走了个过场，但这也丝毫没有减轻弗兰克所受到的伤害。项目的艺术家委员会成员之一，跟弗兰克一直都不太熟的画家萨姆·弗朗西斯（Sam Francis），与日本建筑师矶崎新（Arata Isozaki）是很好的朋友，他希望能请矶崎新来设计这座博物馆，而设计“加利福尼亚广场”的那些高层塔楼的加拿大建筑师亚瑟·埃里克森（Arthur Erickson），也希望能够设计这座博物馆。最后，博物馆的发起者们决定通过一场面试，在总共六位参与竞争的建筑师之中做出选择。项目的发起人之一，也是建筑师遴选委员会的负责人，收藏家麦克斯·帕莱夫斯基（Max Palevsky）给弗兰克打了个电话，他说出于政治原因，他们必须要在候选人名单中加入一位洛杉矶当地的建筑师，所以他想请弗兰克也来参加他们的面试，不过，帕莱夫斯基还是坦率地告诉弗兰克，无论面试结果如何，他都不会得到这个项目的委托。

作为洛杉矶建筑师的一个象征性的代表，被邀请来参与一场不可能胜出的面试，这让弗兰克感到了更深的羞辱。但是，他依然答应了这一邀请，去会见了这个项目的建筑师遴选委员会。一直以来，除非是在意识到自己已无任何希望的情况下，他随和的本性，都会让他在处事中倾向于与人为善。而这一次，他知道委员会倾向于选择矶崎新，也知道自己已经没有什么好失去的了，于是，他决定向委员会坦陈自己的看法，一如帕莱夫斯基在电话中的坦率。弗兰克对委员会说，与矶崎新这样一位来自地球的另一端，说着另外一种语言的建筑师合作，将会遇到许多困难。而且，他补充道，他认为对于矶崎新来说，这个项目也会同样非常棘手，因为这座博物馆在设计和建造的整个过程中，都是需要与一个大型的商业地产项目进行协调配合的，而事实上，那个地产项目的开发商，对于这座博物馆基本上没有任何兴趣，他们也没有与像矶崎新这样的建筑师合作过的经验。

弗兰克最终还是没能得到这个项目。不过，他也并没有因为他的坦率而失去什么。设计工作甫一开始，这座当代艺术博物馆项目的发起者们就立刻清楚地意识到，这个项目在设计和建造的过程中所需要付出的时间和金钱成本，都比他们原本所预想的要多得多，这座博物馆，基本上完全不可能按照他们原本希望的那样，在1984年洛杉矶奥运会之前建成了。因此，他们需要采取一些补救的措施，来告诉市政府和市民们，这座博物馆正在有条不紊地进行规划和筹备。于是，他们又一次地找到了弗兰克。巴黎蓬皮杜艺术中心现代艺术博物馆的创始人，当时已经被请到洛杉矶来担任新博物馆的第一任总监的蓬蒂斯·赫尔滕（Pontus Hulten），以及他的副手理查德·科沙拉克（Richard Koshalek），邀请弗兰克在他圣莫尼卡的自宅附近的一家日本餐厅吃了顿饭。席间他们告诉弗兰克说，市政府已经允许他们使用位于市中心的小东京（Little Tokyo）地区的两座旧仓库作为临时展览地点，这样他们的博物馆就可以在奥运会开始之前如期开幕了。他们打算把这个项目称为"临时当代艺术馆"（Temporary Contemporary），想请弗兰克来进行设计。

"我看着他们说：'你们是想给我发个安慰奖吗？你们不需要这样做的。'"弗兰克说，"但是他们说他们是真的想请我来做这个项目。他们还说这会是一个历史性的项目——这也是他们最后的请求——而我是唯一能够完成这个项目的人。"弗兰克其实很喜欢他们的这个主意，但是，在建筑师遴选委员会那里的遭遇，已经使他受到了太深的伤害，所以他不太想答应赫尔滕和科沙拉克的这个请求，至少是不想当场就痛快地答应他们。"别再折磨我了。"他记得自己这样对他们说道，"我已经对你们仁至义尽了。"最后，赫尔滕和科沙拉克只得请求他晚上回去再好好考虑一下，他们可以转天再来和他商量。

第二天早上八点钟，当弗兰克家的电话铃响起时，他还依旧不太确定自己是否应该接受这个项目的邀请。电话是年轻建筑师考伊·霍华德（Coy Howard）打来的，霍华德与洛杉矶的许多艺术家都很熟悉，也多次参加了新博物馆的筹备会议。他很清楚地了解"临时当代艺术馆"的来龙去脉，在电话中，霍华德问弗兰克是否接到了这个项目的设计邀请。弗兰克一听便知，这很明显是霍华德自己想要得到这个项目，他是希望弗兰克能够拒绝这个邀请。然而，霍华德的这通电话，反而一下子就激起了弗兰克的那股争强好胜的劲头，使他克服了自己内心里的不情愿，拨通了理查德·科沙拉克的电话，因为科沙拉克曾经告诉他说，对于这个项目，他们对其他任何的建筑师都不感兴趣，而且无论是他还是蓬蒂斯 · 赫尔滕都坚定地认为，弗兰克是唯一懂得如何将这两座旧仓库改造成为一座实用的博物馆的建筑师。

相对于追求别人，弗兰克其实一直都更喜欢被别人追求的感觉，所以，赫尔滕和科沙拉克并没有费太多口舌，就成功地说服了他。他只是需要足够的追求和肯定，来抚慰和平复在博物馆主体建筑的竞争中所受到的伤害。弗兰克接受了“临时当代艺术馆”的项目委托，而这个项目在完成后也成为他职业生涯中手法最为简洁的几个项目之一——项目的总预算只有 120 万美元，而且大部分的预算还要用于抗震性能的提升以及机电系统的安装，所以，可供弗兰克进行建筑表达的空间并不太多。但弗兰克对此并不在意，因为他本来就挺喜欢这两座旧仓库原本的样子，他相信旧仓库的朴素外观、宽大尺度，以及毫不矫揉造作的空间氛围，本身就已经使其成了展示当代艺术作品的绝佳场地。弗兰克对旧仓库的钢桁架以及木质托梁进行了清洗和打磨抛光，并把墙壁刷成了白色，为了满足建筑法规的要求，他还加装了一些坡道和楼梯，随后，他对建筑的外部形象稍作了一些处理，赋予了这座博物馆以一种盖里式的室外门厅空间：他用钢框架和金属护栏网，在建筑的入口外搭起了一架宽大的天篷。

建成后，这个项目取得了巨大的成功，追究成功背后的原因，可以说相当重要的一个因素就是弗兰克对于这两座旧仓库所采取的改造态度，他能够直觉敏锐地判断出哪些部分是需要进行改造的，而哪些部分是应该原样保留的。他对于旧建筑的介入相当有限，但是却显得稳健而精准，虽然任何一个走进到这座“临时当代艺术馆”的参观者，都能清楚地意识到这个空间是由工业建筑改造而成的，不是一座专门建立的博物馆，但是，没有人会因此而忽视掉弗兰克对于这两座工业建筑的再设计。在 1982 年，弗兰克接手这个项目的时候，将废旧工业空间改造成为当代艺术的展出场地这个想法，还并没有被广泛地接受和尝试。后来被改造成泰特现代艺术馆（Tate Modern）的伦敦班克塞发电站（Bankside Power Station），直到 1981 年还依旧是一座发电站，要再等上十多年后，才有人提出将其改造成为博物馆的想法。1999 年被改造成为马萨诸塞州当代艺术博物馆（Mass MOCA）的那几座位于北亚当斯市（North Adams）的工厂建筑，在“临时当代艺术馆”建成那会儿，还仍然处于废弃状态；后来被改造成为帝雅 - 比康当代艺术馆（Dia: Beacon）的那座位于纽约哈德逊河畔的工厂，在 2003 年还依旧在生产纸盒子。当“临时当代艺术馆”于 1983 年正式揭幕时，弗兰克强烈地感受到，他正在开创博物馆设计的一种新的模式。可以说是“临时当代艺术馆”引领了这股将工厂、仓库以及工业空间改造成为艺术机构的全球性潮流，而弗兰克则正是走在这股潮流最前线的建筑师。而且，弗兰克的这个项目，在矶崎新设计的，位于格兰大道的洛杉矶当代艺术博物馆的主体建筑完工之前整整三年，就竣工开幕了。没有什么能比这种成就感，更让弗兰克感到自己作为洛杉矶艺术界最为杰出建筑师的地位得到捍卫的了。

第十二章

登上世界舞台

临时当代艺术馆还没完全建好，从蓬蒂斯·赫尔滕手中接过了洛杉矶当代艺术博物馆总监一职的理查德·科沙拉克，就已经迫不及待地想要向公众展示一下由弗兰克打造的这个崭新的艺术空间所蕴含的巨大潜力了。在当时的艺术界，由不同的艺术门类和媒体形式合作创作的混合媒体艺术正在大行其道，所以，科沙拉克邀请弗兰克与编舞家露辛达·柴尔斯（Lucinda Childs），以及作曲家约翰·亚当斯（John Adams）一道，共同创作一段舞蹈作品，以此作为这座新博物馆的首场公开活动。在这三个人当中，亚当斯对于这个作品，以及同另两位艺术家合作显得并不那么上心，他只是提供了自己之前写好的一段音乐。但弗兰克和柴尔斯则非常重视这次创作机会，他们通力合作，将博物馆的整个室内空间打造成一座能够极好地展示柴尔斯的编舞的绝妙舞台，而柴尔斯也专门为这个空间量身定制了一套名为《可见之光》（*Available Light*）舞蹈。这样的合作方式是弗兰克最喜欢的——每个艺术家并不是分头单独工作，而是一起思考，一起创作，只有这样，艺术家之间才有可能会产生相互的影响和碰撞。为了回应柴尔斯的编舞，弗兰克对室内空间进行了一系列的调整和变形，而柴尔斯的编舞同时也是在呼应着弗兰克的建筑。“我们想要通过这次机会，来尝试一些我们两个人无法单独做成的事情。”弗兰克说，“其实这才是人们进行合作的本质。当你选择了同他人进行合作，你和你的合作伙伴就好比是要拉着彼此的手一起跳下一座悬崖，你们只能互相依靠，寄希望于彼此的经验和才智，能够保证你们一起安全落地。”

弗兰克非常喜欢科沙拉克提出的将这座博物馆建筑改装成为表演空间的想法，他在室内安装了一座 40 英尺（约合 12 米）宽的分层舞台，在舞台后面，他还挂起了由许多层金属护栏网做成的幕布。据他说，使用这些护栏网不仅仅是出于美学的考虑：等到演出结束后，只要施工人员准备好，他就可以马上把这些护栏网安装到室外的天篷上去。他在天花板上加挂了一些舞台灯光设备，还用几层红色的塑料遮盖住了舞台后面的一个圆形通风窗，希望能够以此来营造出一种遥远的日出或日落的视觉效果。柴尔斯的编舞，要求舞蹈演员们通过三个不同的楼梯间进出舞台，这种安排极大地扩展了舞蹈的表演空间，几乎覆盖了这座临时当代艺术馆大部分的室内区域，而这一点也是弗兰克所非常欢迎和鼓励的。“我觉得这很有意思，这使我可以通过这场开幕演出向博物馆的出资人们直观地展示一下这座建筑有多么的宏大。”弗兰克说。在这场演出结束之后不久，弗兰克又得到了另外一次与其他艺术家进行合作的机会。这一次，他的两个合作伙伴，一位是他的老朋友，洛杉矶艺术家彼得 · 亚历山大，而另一位，则是他更熟悉的老友——他和安妮塔在交往的初期曾经偶尔帮忙照看过的，斯奈德家邻居的孩子——迈克尔 · 蒂尔森 · 托马斯。在弗兰克帮着照顾托马斯和他的小伙伴，安妮塔的弟弟理查德那会儿，幼小的托马斯就已经展现出了他过人的音乐天赋，后来，托马斯的这种音乐天赋也得到了很好的挖掘和培养，他成了一名出色的指挥家。1981 年，他回到了洛杉矶，被聘请为洛杉矶交响乐团的首席客座指挥。为了庆祝 1984 年奥运会的开幕，洛杉矶交响乐团邀请到了弗兰克、托马斯以及激光和视频动画设计师罗恩 · 海斯（Ron Hays），请他们在好莱坞露天剧场对亚伦·科普兰（Aaron Copland）的《第三交响曲》（*Third Symphony*）进行一次重新演绎。托马斯负责指挥，弗兰克则负责营造出能够契合音乐氛围的独特的视觉演出效果。

弗兰克希望能够在演出现场复制出那种经常在透纳（J. M. W. Turner）的画作中出现的绚丽的天空效果，他想起了彼得·亚历山大。亚历山大的工作室也在威尼斯，离弗兰克的事务所很近，弗兰克记得，亚历山大曾经画过一系列表现天空的绘画作品。亚历山大和弗兰克从这些画作中挑选出来一部分，将这些天空的影像以极大的尺度透射到了好莱坞露天剧场的舞台周围，通过这种方式将好莱坞露天剧场转换成一场规模巨大的声光秀（son et lumière）的演出场地。“盖里闯入了一个大多数建筑师都害怕涉足的领域：在博物馆以及剧场之类的空间中，创造一些临时性的（这也是大部分建筑师所深恶痛绝的）构筑物，而且这些项目往往还都是必须要在相对短的周期和相对紧张的预算之下完成的。”策展人、历史学家米尔德丽德·弗里德曼（Mildred Friedman）这样写道，“但是对盖里而言，这样的实践是充实而刺激的，有时甚至是具有启发性的。”

* * *

当然，演出设计并非是弗兰克工作中的全部。弗兰克的建筑实践同样一刻都没有停歇过，那段时期他也设计了不少新的建筑，而且，虽然弗兰克曾经对自己做出过承诺，在放弃了劳斯公司这个大客户后，他将只专注于那些在审美上有所追求的项目，但是当时的他依然很乐于去接受一些商业项目，只要他觉得遇上了喜欢的客户，或者是遇上了能够让他做出一些真正的设计的项目，他都会考虑接受委托。比如，他在埃奇马尔（Edgemar）设计了一组非常优雅的小型零售商业集合体，在那个项目中他成功地将一个庭院、一点儿大型购物中心式的空间体验，以及村落式的街道景观结合了起来，统一到他自己独特的，多棱角的建筑语汇之中，并且还将圣莫尼卡艺术博物馆（Santa Monica Museum of Art）的展出空间也融合进了这个商业项目里面。此外，他在休斯敦为家具制造商苏娜豪瑟曼公司（Sunar-Hauserman）设计建造了一个展示厅。有意思的是，他还在萨克拉门托附近，为苏娜豪瑟曼公司尽人皆知的竞争对手之一——赫曼米勒公司，做了一个规模大得多的项目，项目用地的总面积达156英亩（约合63万平方米），是一座工厂和办公楼综合体，由一组单独的仓库、加工以及组装建筑单体组成，几栋建筑的布局摆放十分精致，在建筑之间留出了一块梯形的开放场地，弗兰克在这块场地之中放置了一栋三层的表面包裹铜板的凉亭。（这个项目中还包含有一间由弗兰克的老朋友，芝加哥建筑师斯坦利·泰格曼设计的会议室。）

弗兰克在整个20世纪80年代做过大大小小不少的商业项目，不过，其中最精彩也是最有抱负的一个，却并没有最终建成。项目位于达拉斯的龟溪（Turtle Creek）地区，包含有一栋办公楼、一栋公寓塔楼、一栋酒店，以及一些联排住宅。弗兰克构思的办公楼是一座在首层稍稍有一些形体扭转的圆柱形的建筑，而高层公寓楼则由一系列网格化排布的、频繁错动和缩进的体块组成，看起来如同是一摞被不规则地堆砌起来的方盒子。项目的客户是来自达拉斯的开发商文斯·卡罗扎（Vince Carrozza）。此前，弗兰克就曾经为他设计过一个位于俄克拉荷马城的小项目，不过最终也没能实施。对于弗兰克来说，龟溪项目是一个很好的机会，通过这个项目，他得以第一次认真地思考了这种由多栋塔楼组成的城市综合体的设计策略。他在这个项目的设计中提出的一些想法，后来有很多都陆续在他的其他项目中得到了体现，其中有一些甚至在差不多二十年之后才得以实现。

在设计龟溪项目的同一时期，弗兰克接到了一通来自另外一位地产开发商的电话，来电的这位地产开发商，就是后来在弗兰克的事业和生活中都曾起到过非常重要的作用的理查德·科恩（Richard Cohen）。当时住在波士顿的科恩，看中了位于波士顿纽伯里街（Newbury Street）360 号的一栋老式开敞空间的小住宅楼，这栋小楼地处波士顿后湾（Back Bay）地区内的一片衰败的街区。买下这栋建筑后，科恩需要对其进行翻新和扩建，他找到了他的朋友，时任波士顿当代艺术博物馆（Institute for Contemporary Art in Boston）馆长的大卫·罗斯（David Ross），请他推荐一位能够给这个项目带来一些不同凡响的设计的建筑师。尽管弗兰克彼时大部分的建成作品都在加州，但是，他当时在国内日益增长的知名度，早已得到罗斯的注意。所以，罗斯建议科恩试着联系一下弗兰克。

弗兰克与比他年轻十八岁的科恩很快就建立起了亲密的友谊，在这个项目上，弗兰克为科恩做的改造设计，既恢复了建筑的原貌，同时又给原有建筑带来了一些戏剧化的改变。他新加建了有着向外探出式框架的第八层，以及由铜板和玻璃组成的雨篷，在建筑背面还重新设计安装了新的镀铅铜板立面，在弗兰克设计的这番改造于 1988 年完工后，纽伯里街 360 号的这栋建筑迅速成为该地区令人瞩目的地标。弗兰克的设计使得这栋建筑呈现出了一种不同寻常的新旧并置：一栋始建于 20 世纪早期的工业建筑，被 20 世纪晚期的风格所覆盖和包裹。科恩与弗兰克的合作非常顺利，他十分满意最终建成的结果，而且，弗兰克应对规划和建设审核机构的能力，也给科恩留下了深刻的印象。弗兰克的方案在后湾建筑委员会（Back Bay Architectural Commission）和波士顿重建局（Boston Redevelopment Authority）都获得了顺利的通过，只做了一些很小的改动。（这些改动就包括取消了原本打算安置于屋顶上的一座由克莱斯·奥登伯格与库斯杰·范·布鲁根夫妇创作的，巨大的、形似一个茶包的雕塑。）这个项目在经济上取得了极大的成功，科恩相信，这种成功“首先要归功于建筑设计”，是弗兰克的建筑设计将这座籍籍无名的老建筑转变成一座小地标。在纽伯里街 360 号的项目完成之后，科恩又将位于波士顿市中心的一栋 16 层办公楼新建项目的设计委托交给了弗兰克。虽然这第二个项目后来不了了之，但是并没有影响弗兰克与科恩之间此后持续了数十年的友谊。事实上，要等到二十多年之后，他们才得以在另外一个项目上再度合作。

* * *

虽然弗兰克在项目的选择上主要着眼于规模较大的项目，但是他依旧会为那些他喜欢的、能够对他有所启发的客户设计一些小住宅。成为盖里的客户，其实更多是一个自我选择的过程。事实上那时候的盖里已经很少会拒绝找上门来的客户了，因为到了 20 世纪 80 年代初，他的作品已经足够有名，以至于从那时起，大部分找到他来做设计的人，都已经足够了解他的建筑风格。他们来找盖里，就是已经在心里决定好了，为了得到一栋弗兰克 · 盖里式的建筑而来的。既然你来到了到威尼斯的布鲁克斯大街 11 号，你就绝不会仅仅要求弗兰克给你设计一座你意料之中的房子。你到这里来就是希望弗兰克能够给你带来惊喜的。而想成为弗兰克的客户，你就必须是那种希望能够生活在弗兰克带给你的惊喜之中的人。

在 20 世纪 80 年代，弗兰克确实有着一些符合上面这些描述的客户，而在与其中的三个客户的合作之中，弗兰克得以创作出了他职业生涯当中相当重要的、里程碑式的三个住宅设计：1986 年建成于加州千橡市（Thousand Oaks）的瑟麦 - 彼得森住宅（Sirmai-Peterson house）；1987 年建成于明尼苏达州韦扎塔（Wayzata）的温顿客宅（Winton guesthouse）；以及 1989 年建成于洛杉矶布伦特伍德地区的施纳贝尔住宅（Schnabel house）。当时的弗兰克，依旧在尝试那种将一座建筑拆散成为由几座单独的小单体所构成的建筑组团的设计手法，在这三栋住宅的设计中，他都以不同的方式运用了这种小村落式的空间组织方式。他很喜欢引用菲利普 · 约翰逊的一段名言，说伟大的建筑通常都只是由一间单独的房间组成的，他认为正是这句话启发了他，使他构思出了这种由一系列的单房间建筑所构成的建筑集合。

温顿客宅，韦扎塔，明尼苏达州

温顿客宅是这三个住宅项目之中第一个开始设计的。从许多方面来看，这个项目在弗兰克的众多项目之中都显得有些与众不同：这个项目是当时弗兰克建成的唯一的位于加州以外的住宅项目（他在加州之外设计过许多住宅，但是此前从来没有成功地建起来过其中任何一个）；这个项目也并没有特别具体和严格的功能要求，业主只是说想要一些能够供过来探望他们的孙辈们暂住的空间，并且希望这些空间能够让孙辈们觉得有意思；位于这栋新建的客宅旁边的，业主平时居住的住宅，是由菲利普·约翰逊于 1952 年为明尼阿波利斯美术馆（Minneapolis Institute of Arts）的馆长设计的。20 世纪 70 年代，这个项目的业主，麦克·温顿与佩妮·温顿夫妇（Mike and Penny Winton）将其买了下来，他们一开始先是联系了约翰逊，希望他能够帮助他们扩建这栋住宅，以容纳他们逐渐庞大的家庭所需的客房空间，但是，约翰逊并没有回复他们。于是，迫切希望找到一位具有一定声望的建筑师来帮他们完成这个项目的温顿夫妇，只得选择另请高明。温顿夫妇与弗里德曼夫妇（Martin and Mildred Friedman）交情不错，而当时的弗里德曼夫妇，正好刚刚开始在明尼阿波利斯的沃克艺术中心（Walker Art Center）筹备关于弗兰克作品的第一次回顾展，在经过了与弗里德曼夫妇的交流，以及对弗兰克作品的了解，并且亲自到洛杉矶见到了弗兰克本人之后，温顿夫妇觉得，弗兰克正是他们想要找的建筑师。

能够与菲利普·约翰逊的作品产生联系，弗兰克的兴奋是不言而喻的。但是，弗兰克也很担心约翰逊会觉得他是想通过这个加建项目来抢风头，毕竟他的这栋加建就紧挨着约翰逊职业生涯早期设计的那座原有的住宅。“我可不想在菲利普叔叔的宝贝作品跟前捣蛋。”他说。所以，他将这栋客人住宅布置在了场地的另一端，并用树篱单独将其分隔了出来，以此来强调这栋房子的独立性，[1] 他的方案由一组六个极具雕塑感的模块构成，这六个不同的模块呈风车形环绕布局，并且每个体量都覆盖着各自不同的立面材料：镀铅铜板、大理石、着色金属板、芬兰胶合板，以及与约翰逊在原有住宅的立面所类似的砖块。其中一个在造型上拔高收尖构成了一座 35 英尺（约合 10 米）高的采光塔；另一个模块则有着曲面的顶棚；还有一个模块上竖立着一根很高的烟囱。温顿客宅与弗兰克其他的那些建造于气候温和地区的“村落”式组团有所不同，为了抵御明尼苏达的严冬，这栋建筑的几个体块彼此相接，摆放得十分紧凑，并且在内部是连为一体的。而这种互相接合的体块关系，也为建筑的整个形体构成赋予了一种独特的张力。与其说这栋建筑是在利用一组小体量来模拟一个小村落的尺度和景观，倒不如说它更像是摆放在场地里的一组静物。弗兰克很喜欢将这栋建筑与乔治·莫兰迪（Giorgio

---

1　面对约翰逊设计的原有建筑，弗兰克一反常态地显得非常胆小。实际上他的这些顾虑完全是多余的，在这栋客宅于 1986 年建成之后，温顿夫妇很快就发现，弗兰克用于分隔场地的那道树篱，削弱了两栋建筑之间原本关系强烈的对话。因此，出于这两栋建筑整体上的考虑，他们最终移除了那道树篱。

Morandi）的那些描摹瓶瓶罐罐的静物绘画作品作比较，温顿客宅简洁粗野的体块关系，事实上与莫兰迪的静物画有着相类似的构图力量。但是，不可否认的是，如果将弗兰克的这栋建筑比作莫兰迪的静物画的话，那么它确实是在某种程度上削弱了约翰逊设计的原有住宅的构图地位，在这幅静物画中，弗兰克的房子是画面的真正主题，而约翰逊的作品则退为背景。[1]

* * *

马克·彼得森与芭芭拉·瑟麦这片总面积 3 英亩（约合 1.2 万平方米）的建筑用地，包括一小片湖面，还能眺望到远处的山谷，风光秀丽。在这栋住宅的设计中，弗兰克给出的方案是一组方形体量的组合，相对于莫兰迪的静物画，这个设计则更像是弗兰克对自己生涯早期的那些住宅设计的一个翻版，只不过在造型上显得更加的活跃和曲折错落。弗兰克将住宅的主起居空间放置在一个平面呈十字形的体量之中。这种布局方式，刻意地暗示出了一种常见于教堂建筑的十字形平面，内部宽敞，外立面以金属和灰色水泥砂浆包裹。在十字平面的正中，一座采光塔高高升起，使得起居室构成了这座"教堂"的中厅空间，而平面后部的壁炉角则构成了后殿。弗兰克是在与贝尔塔

1 温顿夫妇对盖里的这个作品非常满意。他们此后在那里住了很多年，直到 2002 年，他们才将那一整片地产出售给了房地产开发商科特·伍德豪斯（Kirt Woodhouse）。伍德豪斯将那片地产分割成了三个小地块，约翰逊设计的住宅所在的小地块，以及另外一块空闲的小地块很快就被卖掉了，而唯独盖里设计的客宅所在的小地块迟迟找不到买主。科特·伍德豪斯等了两年，都没能成功地把盖里的小房子卖出去，最终，他将其捐赠给了圣托马斯大学（the University of St. Thomas）。这栋小房子被拆解并运往了 110 英里之外的奥瓦通纳（Owatonna），圣托马斯在那里拥有一个会议中心，2011 年，他们在那里重新组装了这座建筑。在新的场地环境中，这栋建筑失去了菲利普·约翰逊设计的小住宅的衬托，也失去了其与场地之间原本非常微妙的契合关系，但是，在圣托马斯大学的建筑史教授维多利亚·扬（Victoria Young）的管理和指导下，这栋建筑得到了非常好的保护，并且成为盖里设计的住宅建筑之中唯一的一栋允许公众参观的房子。然而，2014 年，圣托马斯大学决定卖掉奥瓦通纳的那片土地，因此这栋建筑也不得不于 2015 年被公开拍卖，它最终被一位私人买家拍得，并被移往了纽约。目前，这栋建筑在纽约的重建工作正在进行，预计 2018 年将会完工。

一起到巴拿马度假并探望贝尔塔的家人期间完成的这个设计。他说，在巴拿马，他的身边无时无刻不围绕着一众虔诚的天主教徒，这使得教堂建筑的空间形象在那一段时期占据并主导了他的意识——让他回想起了在法国见到的那些曾令他感到激动不已的罗马风大教堂。两间卧室被放置在了与起居空间相邻的两座方形体量当中，立面材料结合了水泥砂浆抹面和混凝土，而且，为了直观地反映场地的地形，这两间卧室被放置在不同的标高层，这使得两间卧室与主起居空间的连接方式也有所不同，一间是通过一座连桥，而另一间则是通过一条地道。这三座主体建筑还围合出了一个庭院。

施纳贝尔住宅的业主是职业外交官罗克韦尔·施纳贝尔（Rockwell Schnabel）以及他的妻子——毕业于南加州大学，曾经在弗兰克的事务所短期工作过的女建筑师马尔娜（Marna）。在设计这栋住宅的那段时期，罗克韦尔正在担任美国驻芬兰大使，这一外派职位，也给了弗兰克与贝尔塔再次到访芬兰的机会，他们去拜访了施纳贝尔夫妇，并与他们一起就设计进行了讨论。这栋房子建成之后的效果非常出色，在弗兰克当时已经完成的住宅设计之中，它虽不能算是最复杂的，但肯定是最具野心和开创性的，他在温顿客宅以及瑟麦-彼得森住宅中提出和发展的一些想法，大多都在施纳贝尔住宅的设计中得到了清晰的体现。

施纳贝尔住宅是一座现代的庄园别墅——如果一座被拆分成数个小建筑，总面积5000平方英尺（约合464.5平方米）的住宅可以被称之为庄园别墅的话。与在瑟麦-彼得森住宅中所采用的手法差不多，弗兰克在这个设计中也是以一个平面呈十字形，中央升起一座采光竖井，金属板包裹的单体作为整组建筑的核心。但是在这里，相较于瑟麦-彼得森住宅中的教堂意象，这座核心体量倒更像是一座被一整套附属建筑围绕着的村镇会堂，这些附属建筑包括：罗克韦尔·施纳贝尔的办公室——拥有一个覆铜球体构成的天光圆顶的小方盒子；一座两层高的，包含厨房、一间两层通高的家庭活动室，以及两间卧室的水泥砂浆饰面的侧楼；一座水泥砂浆饰面的车库及员工公寓楼，二层以上的员工公寓在形体上旋转了一定的角度，与首层的车库形成了错动；另外一座有着锯齿形天窗的单独的卧室单体；以及一座被巨大的柱子从一片浅浅的人工湖中支撑起来的，比建筑其他部分的标高都低一层的主卧室单体。整个项目用地被设计成了一座双层的，带围墙的花园。这个项目是弗兰克最为精彩的一座住宅作品，设计中几乎囊括了他在整个20世纪80年代所探索的所有设计手法。施纳贝尔住宅中包含的一些元素，能够让人联想起弗兰克的许多其他作品，如印第安纳大街上的艺术家工作室、斯皮勒住宅，以及他当时的一些新近住宅作品。可以说，这栋住宅是弗兰克的建筑思想和手法的一次集中的、爆发式的表现，但是，难能可贵的是，尽管在设计中堆砌了如此纷繁的手法，这栋住宅却依然成功地营造出了一种沉静的，甚至是奢华典雅的氛围，并且依旧忠实地传达了弗兰克的建筑观。不似温顿客宅那种静物画式的安详，亦不似瑟麦—彼得森住宅所构筑的那种微缩村落，施纳贝尔住宅既有一系列漂亮的局部单体，同时也实现了恢宏壮丽的整体效果。

弗兰克在20世纪80年代中期的另外一个重要的住宅项目，就没有收到施纳贝尔住宅那样好的结果了，而且，这个项目对于弗兰克的生活和设计实践也产生了严重的影响。1984年，富有的收藏家、慈善家，也是洛杉矶当代艺术博物馆的发起人之一伊莱·布罗德（Eli Broad）、邀请弗兰克为他和妻子艾迪丝（Edythe）在布伦特伍德设计一栋住宅。接到这个邀请后，弗兰克感到十分为难：布罗德是个很难合作的客户，这一点早已名声在外了，而且他也是当代艺术博物馆项目的建筑师遴选委员会——那个选择了矶崎新而拒绝了弗兰克委员会——的成员之一。虽说这个住宅项目可以被视为是发给弗兰克的又一个安慰奖，就像临时当代艺术馆一样。但是，这一次的客户是出了名的喜欢插手干预设计，弗兰克很不喜欢这样的客户。然而布罗德却非常坚持地想要邀请弗兰克，最终，弗兰克只得答应了他，不过，弗兰克说服布罗德与他签订了一个协议，协议规定，只要弗兰克需要，他可以有无限长的时间来设计这个项目，而且项目的预算也不设限制。弗兰克觉得，签订这样的一纸协议，应该可以使他的设计免于布罗德的干扰了。

确实，这份协议在某种程度上保证了弗兰克的创作自由，然而，布罗德的缺乏耐心，最终还是毁掉了这个住宅项目。布罗德对于弗兰克的设计并没有什么不满意。而且恰恰相反，在弗兰克自己还尚未最终把设计做满意时，布罗德就已经认可了弗兰克的设计。在这个项目开始了两年之久后，弗兰克仍旧在对方案进行润色和修改，而布罗德却等不及了，他想要赶紧开始动工建造，所以，虽然弗兰克反复强调设计还没有完成，布罗德还是自作主张地把弗兰克的设计方案交给了洛杉矶的一家以能够高效率地推进和完成商业项目而著称的大型商业事务所——兰顿·威尔逊（Langdon Wilson），请他们负责进行施工。这栋小住宅最终在兰顿·威尔逊公司的一位名叫兰迪·杰弗逊（Randy Jefferson）的建筑师的监督下建造完成。最终建成的效果其实基本上还是忠于了弗兰克的设计想法，或者说至少是忠于了弗兰克在被失去耐心的布罗德炒掉之前的设计想法的。[1] 但是，弗兰克依旧对布罗德的所作所为感到非常愤怒，因此，他拒绝承认这栋小住宅是他的作品，[2] 在他们两人关于解除这一项目的设计委托的协议中，弗兰克也坚持要求布罗德不得对外声称这个项目是他的作品。布罗德夫妇后来曾经数次邀请弗兰克去实地看一看这栋房子的建成效果，然而弗兰克拒绝了他们的所有邀请。

---

1 布罗德夫妇聘请了一位室内设计师来对这栋建筑的室内进行了布置，所以，这栋建筑最终建成后，尽管在外形上与弗兰克原本的设计还算相似，但是在室内空间效果上，就与弗兰克的设计方案相去甚远了。

2 虽然这座住宅在所有关于弗兰克·盖里作品的书籍和出版物中都没有被提及，但是，它被纳入到了盖里事务所内部整理的一份项目清单之中。在那份清单里，对这个项目的描述是“未建成”。

* * *

向温顿夫妇推荐了弗兰克的米尔德丽德·弗里德曼，是第一个对弗兰克的作品产生严肃兴趣的博物馆策展人。她与她的丈夫，明尼阿波利斯的沃克艺术中心的资深馆长马丁·弗里德曼一道，策划了第一次大型的、全国性的关于弗兰克建筑作品的展览。这次展览于 1986 年在沃克艺术中心开幕，那时，弗兰克刚刚完成了温顿客宅和瑟麦·彼得森住宅两个作品，而施纳贝尔住宅以及后来以失败告终的布罗德住宅的设计还正在进行之中。[1] 第一次为弗兰克举办大型回顾展的机构竟然是一家位于中西部的艺术馆，这确实有些出人意料。不过，当时在弗里德曼夫妇执掌下的沃克艺术中心，其实一直以来都是以策划最前沿、最新潮的展览而著称——他们也比其他的一些大艺术机构更为敏锐地发掘出了许多的新锐艺术家。而通过对弗兰克的关注，米尔德丽德·弗里德曼也成功地将博物馆这种独特的策展风格和倾向拓展至了建筑领域。在刚开始决定策划这场展览时，她甚至都还不认识弗兰克。“我那时已经看过了许多他发表的作品，我认为那些作品看起来非常有趣，而且是不同寻常和独一无二的。”弗里德曼说道，“于是我就打了个电话给他，我记得那时大概是 1984 年，我第一次跟他联系。我问他：‘你来过沃克艺术中心吗？’”弗兰克当然知道沃克艺术中心，也知道他们的风格，而弗兰克很快就发现，他与只比他小六个月的弗里德曼，有着不少共同认识的艺术家朋友。到了那通电话的最后，他们已经聊得非常投机了，于是弗兰克邀请弗里德曼到洛杉矶去，与他当面继续他们的交流。而当弗里德曼来到弗兰克在威尼斯的工作室时，她说：“那种感觉就好像是去见我的哥哥一样。”

---

1 在沃克艺术中心的展出结束之后，这场展览又在全美各地的多家博物馆巡展，先后到了位于弗兰克故乡的多伦多的湖滨博物馆（Harborfront Museum）、洛杉矶当代艺术博物馆、亚特兰大高等艺术博物馆（High Museum），以及休斯顿当代艺术博物馆，巡展的最后一站是纽约的惠特尼博物馆（Whitney Museum）。

在此后的两年中，弗里德曼便往返于洛杉矶和明尼阿波利斯之间，收集展览所需的材料，并与弗兰克共同商讨展览的展出形式。

这场名为“弗兰克 · 盖里的建筑”（*The Architecture of Frank Gehry*）的展览，对于沃克艺术中心而言，也同样是一次取得了重大成功的、里程碑式的展览，而这次成功，尤其要归功于弗兰克。一直以来，弗兰克对于公众对自己作品的评价都十分看重，所以，他决心要以自己最大的努力和才智来对待这次展览的展陈设计，并且为展览提供最为详尽丰富的展示材料。他意识到，他可以利用这次展览，让它成为一次让参观者不只是简单地用眼睛观看，而是能身临其境地亲身体验到他的建筑的机会。为此，他设计出四座真实房间尺寸的构筑物，将其如四个独立的小建筑一般布置在了博物馆的展厅之中。沃克艺术中心这座博物馆，是由建筑师爱德华·拉华比·巴恩斯（Edward Larrabee Barnes）于 1971 年设计建造的，看起来简洁朴素，同时又充满活力和趣味。可以说是当时整个美国最受欢迎和喜爱的小博物馆建筑之一，而这座建筑相对来说简洁而现代的建筑风格，与弗兰克的展陈设计也显得相得益彰，既构成了尖锐而鲜明的对比，同时也作为背景很好地衬托出了展览的主题。

这四座小构筑物都是可以供参观者进入的，构筑物的宽度差不多都是 10 英尺到 20 英尺（3 米到 6 米），而高度则从 8 到 10 英尺（约合 2 米到 3 米）不等。不出意料地，其中一座构筑被设计成了鱼形，一片片铅质的鱼鳞，被密密麻麻地绑在了木质的鱼形框架之上。另一座构筑物是一个铜板包裹的曲面体量，体量的一个局部还高高突起，犹如插了一根烟囱。还有一座构筑物则被塑造成了一座小神庙，表面覆盖的材质与洛约拉法学院的小教堂立面一样，也是产自芬兰的淡红色胶合板。此外，还有一座构筑物则是一间由瓦楞硬纸板搭成的没有屋顶的房间，想要表现的是弗兰克“易边”家具的一种建筑化变体。这些构筑物，并不是盖里建筑作品的微缩模型，弗兰克的操作要比对自己作品的简单复制和微缩要高明得多，通过这四座构筑物，他成功地向参观者们概括出了他的建筑作品的大体样貌。

除了通过这四座构筑物所创造出的独特的展陈方式之外，这次展览也同样展出了大量的关于弗兰克及其作品的常规档案资料。在这些构筑物周围，以及展厅的墙上，展示了大量弗兰克作品的草图、照片以及模型。其中，尤以弗兰克与贝尔塔在圣莫尼卡的自宅模型，以及洛约拉法学院校园模型最为精致漂亮。展品之中还包括几件易边家具的样品，以及几个鱼形灯具，这些鱼形灯，悬挂在那座鱼形的构筑物之中，与构筑物的内部空间之间形成了一种微妙的呼应和共鸣。展册内容也同样丰富，厚度堪比一本书，其中收录了建筑历史学家托马斯·海恩斯（Thomas Hines）、罗斯玛丽·哈格·布莱特（Rosemarie Haag Bletter）、约瑟夫·焦万尼尼（Joseph Giovannini）、皮拉·维拉德斯（Pilar Viladas）、艺术史学家和艺术家库斯杰·范·布鲁根，以及米尔德丽德·弗里德曼本人的多篇文章。这实际上已经是第二本关于弗兰克作品的书籍了——在沃克艺术中心的展览之前一年，里佐利出版社（Rizzoli）就已经出版了一部由弗兰克的好朋友彼得·阿内尔及其搭档泰德·比克福德（Ted Bickford）编纂的，介绍弗兰克及其作品的内容翔实的专著了。自从在几年前建成了他那栋著名的自宅，弗兰克的声望便开始快速提升，而这场展览以及这本专著，似乎共同代表了公众与建筑界对于弗兰克冉冉升起的认可。海恩斯在他的那篇传记式的文章中这样描写弗兰克：“他曾经无数次地因为那些过往的‘失败’而备受打击，他自己也承认，对于自己的未来，也曾感到‘怀疑’。但是，不可否认的是，在过去的十年之中，盖里时来运转，他的名气和声望在持续增长……盖里得到了好的名望，也得到了不少坏的名声，他的国际影响力，已经足以使他成为这个时代最前卫、最具创造力的建筑师之一。”海恩斯的文中还写道，弗兰克和他的建筑正在收到“来自评论界的越来越正面的评价”，他认为，弗兰克的建筑“正在以其有力的、粗野的，或丑或美的方式，持续地反映着它所身处的这个时代的痛苦、愤懑、压力与矛盾。”

库斯杰·范·布鲁根——艺术家克莱斯·奥登伯格的妻子和工作搭档——的文章，既是一篇赞美弗兰克对于艺术家们的理解和同情的赞歌，同时也是一篇关于她和丈夫奥登伯格在那些年间与弗兰克几次合作的回忆录。她和奥登伯格是在 1982 年与弗兰克结识的，那一年，他们被邀请参观了盖里家位于圣莫尼卡的住宅，当时只有六岁的阿莱霍，以及还不到三岁的萨姆，带着他们把那栋建筑转了一遍，“房子里有一块护栏网材质制成的地板，阿莱霍对我保证说那是可以踩上去的，萨米还给我看了挂在他床边的墙上的一幅埃斯沃兹·凯利（Ellsworth Kelly）创作的黑白画作。”范·布鲁根回忆道。

范·布鲁根在文中还提到，弗兰克曾经告诉她说，相较于那些已经故去的艺术家，他在创作中所受到的影响更多来自于那些还活着的艺术家，因为“他们与我关注的是同样的问题”。弗兰克还曾对她说过“我尤为关注的，乃至依旧学习着他们作品的三位艺术家，就是理查德·塞拉、唐纳德·贾德（Don Judd）和克莱斯·奥登伯格”。他们的友谊很快就变得非常亲密。在与弗兰克第一次见面的一年半之后，范·布鲁根与奥登伯格便来到了位于威尼斯的盖里工作室，在那里度过了两个星期，他们看了工作室里当时正在进行中的项目，还与弗兰克和贝尔塔夫妇一起，乘坐他们存放在玛琳娜得瑞港的帆船出海航行，弗兰克和奥登伯格夫妇都想要找到一个可以让他们以某种方式进行合作的项目。范·布鲁根和奥登伯格构思了一件名为《摇摇欲坠的梯子和泼洒出来的油漆》（*Toppling Ladder with Spilling Paint*）的作品，并将其安装在了洛约拉法学院的校园之中，不过，这件作品，与他们为理查德·科恩在波士顿开发的那栋建筑所创作的那个茶包雕塑类似，至多只能算是范·布鲁根和奥登伯格夫妇对于弗兰克的建筑设计的一种回应，而并不是他们三个人所期望的那种真正意义上的合作。

终于，到了 1984 年 3 月，一个合作机会出现在了他们的面前。建筑评论家、艺术史学家，曾经在彼得·阿内尔与泰德·比克福德的书中撰写过一篇关于弗兰克的建筑作品的文章的杰马诺·塞兰特，邀请弗兰克、奥登伯格和范·布鲁根，带领他在米兰理工大学（Politecnico di Milano）的学生们做一个为期一周的设计项目。他们构想了一个位于意大利威尼斯市的新建社区。弗兰克建议，除了其他必要的设施之外，社区中应该包含一座造型如同一条蜷曲的蛇的消防站，而奥登伯格和范·布鲁根则设计了一座造型像一架巨大的钢琴的办公楼，以及一座造型像一架巨型双筒望远镜的剧院兼图书馆，竖立着的两个镜筒看上去就好像两座小塔楼一样。

这个威尼斯的小项目其实只是个假题，并不是真要实施的建筑项目，不过，这个项目为弗兰克、奥登伯格与范·布鲁根在1985年的威尼斯双年展上创作的一个名为《刀的航线》（*Il Corso del Coltello*）的行为艺术作品提供了基础。他们三个在军械库的前面搭起了一个巨大尺度的瑞士军刀，将其作为一条船以及他们的舞台，他们每个人都各自扮演了一个平凡但极富艺术追求的角色：奥登伯格扮演的是一个想当画家的纪念品小贩，范·布鲁根扮演的是一个想当作家的旅行代理人，而弗兰克则扮演了一位想当建筑师的理发师“弗兰奇·P. 多伦多”（Frankie P. Toronto）。弗兰克与安妮塔的女儿布丽娜，也在这出戏中扮演了一些角色。弗兰克身穿一件缀满了古典建筑的造型碎片的西装，在威尼斯的一些古老建筑的投影图像上勾勒着自己的作品草图，这样的一种极为符号化的行为，象征着新艺术对旧艺术的取代，有点类似于罗伯特·劳申伯格于1953年进行的另一次著名的行为艺术——他涂抹掉了一幅德·库宁的画作。但是，劳申伯格的那次创作是在他的工作室中私下进行的；而弗兰克的行为艺术则是一场现场的表演，这也是弗兰克一生第一次，也是唯一的参与行为艺术。

就在动身前往意大利参加威尼斯双年展之前，弗兰克接到了另一个项目的委托：好时光夏令营（Camp Good Times），这个项目是一座为身患癌症儿童提供的夏令营营地，建设用地位于洛杉矶附近的圣莫尼卡山区（Santa Monica Mountains）。从威尼斯回来后，弗兰克告诉这个项目的客户说，如

在威尼斯扮演着“弗兰奇·P. 多伦多”的弗兰克，1985 年

果奥登伯格、范·布鲁根以及景观建筑师彼得·沃克能够与他合作进行设计的话，那么他会很乐意接受这个项目。弗兰克、奥登伯格和范·布鲁根都深切地意识到，他们想要的合作，不是每个人各自负责项目的一个不同的部分，而是真正由整个团队一起来做整个设计。他们三个人共同工作了几个月的时间，想要做出一组既不似奥登伯格和范·布鲁根的雕塑那样会直接地引起某种关于日常生活中的小物件的联想，但同时又要比弗兰克的其他建筑作品更加雕塑化一些的建筑物——他们所追求的，实际上是介于弗兰克的建筑与两位艺术家的雕塑之间的一个交叉点。在造型语言中，他们主要采用的是海洋和航海的意象，设计了一座有着飞扬的船帆般遮阳棚的医务室、一座造型有如横跨峡谷的大桥的宿舍楼、一座波浪式造型的食堂、一个如同倒扣着的船体的入口门廊（这个门廊也能够让人联想起弗兰克早期的那些直接暴露着木制框架的设计），以及一座造型酷似老式牛奶桶的厨房单体。

但是，这个本应付诸实施的实际项目，最终也并没有能够比他们在威尼斯所做的那个假想方案走得更远。在与弗兰克及其团队密切配合了一年多之后，夏令营的组织者们得出了结论，他们认为当时的设计，用弗兰克的话说：“有些太过‘附庸风雅’了，而孩子们真正喜欢的应该是一些更为乡土和朴素的设计——换言之，一座正常一些的营地。（他们）举了哈克贝利·费恩（Huckleberry Finn）作为支持他们这种说法的例子。”这下，弗兰克他们才终于明白，客户们想要的，其实从来都是自己所极力希望避免的那种做作的、形象化的、甚至是迪士尼乐园一般的设计。因为不能，至少是不愿意做这样的设计，弗兰克及其团队别无选择，只得放弃了这个项目。这无疑是一次非常痛苦的失败。不过通过这个项目的合作，盖里一家与奥登伯格一家的关系已经变得十分亲密，弗兰克、范·布鲁根和奥登伯格都已经在这座营地的设计上投入了大量的心血。他们的设计既不忸怩作态，亦不矫揉造作，而且也绝无居高临下式的傲慢，而毫无疑问，他们觉得客户所要求的那种“哈克贝利·费恩”式的设计，把这些个缺点都占全了。弗兰克认为：“马克·吐温的作品，对于我这代人来说固然是很有共鸣的，然而对于实际使用这座营地的那些孩子们而言，他的作品实际上是非常遥远的。所以，在这样的一个设计上回顾马克·吐温，无疑显得有些自作多情。”

后来，盖里与奥登伯格的这个组合又获得了另外的一次合作机会，这一次的项目距离弗兰克的家更近，就位于加州威尼斯市的主街之上。弗雷德·韦斯曼请弗兰克帮他寻找一处旧的工业建筑，想要用来改造成为一座能够供他存放和展出他的艺术品收藏的艺术馆，经过一番搜寻，弗兰克在主街上找到了一座曾经被当地的煤气公司用作煤气站的建筑。韦斯曼对于那栋建筑所处的地点十分满意，觉得那个区位可以使他的艺术馆与威尼斯的艺术界产生更多的联系和互动。那栋建筑当时刚刚被出售给了洛杉矶当地的一位专门投资估值较低的房产的地产投资商拉里·菲尔德（Larry Field），于是，弗兰克代表弗雷德·韦斯曼去与菲尔德见了面。

当时还没有彻底完成这宗地产交易的菲尔德，意识到了这对他而言是一次快速地赚取暴利的好机会，但是，在与弗兰克见面后，他一下子喜欢上了这位建筑师，于是，他提出他们可以合伙开发这个项目，韦斯曼出一部分钱，而弗兰克负责提供建筑设计服务，三个人平分股权。弗兰克同意了菲尔德的这个提议，而这也意想不到地成了弗兰克又一段长久的友谊的开始。菲尔德来自纽约的布朗克斯区（Bronx），是一位直来直去、不爱兜圈子的商人，也是个保守的共和党人，他对美学基本上没什么兴趣。但是他很欣赏弗兰克的朴实和不矫饰的风度，也对弗兰克坚定不移的决心和专注力印象深刻。而弗兰克亦很喜欢菲尔德的直率，他认为菲尔德总是能够开诚布公，这一点与他之前曾经接触过的许多商人都大不一样。弗兰克和菲尔德都不是洛杉矶当地人，但是都已经深深地融入了洛杉矶这座城市，他们来到这座城市的最初原因也都差不多，都是为了要给各自的一位生病的家人寻找一处气候更为温和的地方安家：弗兰克是为了他的父亲，而菲尔德则是为了他的妻子。后来，弗兰克的事务所在布鲁克斯大街上所租用的那栋建筑挂牌出售，打算趁机将其买下的弗兰克，还去向菲尔德咨询了具体的操作方式。最终，弗兰克与查克·阿诺尔迪以及他的另一位朋友，律师兼艺术品收藏家杰克·奎恩（Jack Quinn），合伙买下了那栋建筑。

在弗兰克为弗雷德·韦斯曼选中的那块主街上的建设用地，他们两人一起构思了一个以原有的老建筑为基础的，包含有零售、办公空间、艺术家工作室，以及韦斯曼的藏品展示空间的规模庞大的开发计划。但是，这个项目很快就招致了其所在社区的反对。项目进展的一拖再拖，让韦斯曼逐渐失去了耐心，也失去了对于这块场地的兴趣。于是，他向弗兰克提供了一笔不同寻常的交易：如果弗兰克愿意用自己收藏的一些艺术品来交换的话，那么他很愿意将他在这块地产上所持有的股份全部转让给弗兰克。最终他们真的成交了，韦斯曼挑选了一幅埃德·摩西的画，以及一些其他的作品，而弗兰克则摇身一变，成了这个项目的最大的股东，交易完成后，弗兰克将自己的一部分股份分给了格雷格·沃尔什。

沃尔什，一直以来都是弗兰克最为忠实的合作伙伴，但是，沃尔什所追求的，更多的是一种安静、平和的生活。随着他们的事务所的日益壮大，弗兰克开始满世界地飞来飞去，而沃尔什则似乎开始显得有些茫然和格格不入。虽然沃尔什本人，对于生活在弗兰克的阴影之下并没有什么怨言，但是弗兰克却总是不免为他的生活而担心。沃尔什没有结过婚，既没有伴侣，也没有孩子，所以，弗兰克希望他至少能够有一些积蓄。

最终沃尔什得到了这个项目大约三分之一的所有权，但是，随着弗雷德·韦斯曼的离开，这个项目也失去了其原本清晰的、能够带来经济收益的开发计划。当时的威尼斯还依旧是一片略显破败和俗艳的地区，中产化的趋势才刚刚开始萌芽，所以，在相当长的一段时期里，弗兰克与格雷格只是将那栋旧建筑作为一整间大工作室，出租给了艺术家妮基·桑法勒（Niki de Saint-Phalle），供她在其中创作她的那些超尺度的巨型人物雕塑。

最终的解决方案来自于弗兰克的客户之一，艺术家迈伦·沃斯克（Miriam Wosk），沃思克曾经委托弗兰克在比弗利山一栋小公寓楼的屋顶上，设计建造过一座造型非常与众不同的屋顶阁楼及工作室。（这个项目在设计上采取的形式依旧是弗兰克惯用的小村落式的空间抽象，可以将其视为是洛约拉法学院校园在居住建筑上的一个翻版，只不过这个项目是整体建构在另一栋建筑的屋顶之上。）沃思克与恰特 / 戴广告公司（Chiat/Day）的创始人兼广告总监，后来凭借其为苹果公司设计的系列广告而成名的杰伊·恰特（Jay Chiat）关系很好。一次，在一场于好莱坞露天剧场举办的音乐会开始之前的晚宴上，沃思克介绍恰特认识了弗兰克。由此，恰特便成了弗兰克的客户，而很快他们就突破了单纯的工作关系，建立起了亲密的友谊以及商业合作，这样的从工作合作发展而来的友谊，在弗兰克的生活中出现得越来越多，以至于几乎成了他交友的一种模式。一般来说，很多建筑师都能够成功地将自己的朋友转化成为自己的客户；而弗兰克则恰恰相反，他似乎专门擅长于把客户变成朋友，而且这种友谊往往比他们之间的工作关系要长久得多。在弗兰克的那份日后会变得冗长无比的“从客户转变而来的朋友”名单上，最开头的几个名字包括弗雷德·韦斯曼、理查德·科恩，以及洛杉矶交响乐团的执行总监欧内斯特·弗莱茨曼，等等。

恰特是一位不喜欢循规蹈矩的思想家，与弗兰克可谓是志趣相投，后来，恰特聘请弗兰克为恰特 / 戴广告公司设计了其位于洛杉矶、多伦多和纽约的办公室。十多年之后，在他的广告公司为苹果公司策划的“不同凡想”（Think Different）系列广告宣传计划中，他们邀请了一众喜欢打破常规的著名创意家来进行代言，弗兰克也位列其中。此外，恰特还曾委托弗兰克为他设计过两栋小住宅，一栋位于特柳赖德（Telluride），还有一栋位于纽约长岛市的萨加波纳克镇（Sagaponack, Long Island）。[1]

在刚刚认识弗兰克那会儿，杰伊·恰特正在忙于为他迅速扩张的公司寻找一个新的办公空间，对诸如比弗利山或者世纪城（Century City）这类的洛杉矶传统的成熟社区，恰特并不感兴趣，他比较偏爱的是更富有创意能量，也更加时尚前卫的威尼斯。他找到了弗兰克，询问弗兰克是否愿意做他的建筑师。弗兰克答应了他，不过，弗兰克一开始也并没有想到可以使用他自己在主街上的那栋房产作为项目用地——一家如此重要的广告公司，进驻到这样一块边缘化的场地，这个想法对于当时弗兰克来说似乎也是有点难以想象的。后来，还是迈伦·沃斯克告诉了恰特说弗兰克在威尼斯持有几处地产，恰特才提出要去看看。而在看过位于主街的那栋房子后，恰特立刻就提出想要以超过一百万美元的价格将其买下。“我们可没有一百万，所以对我们来说那是笔非常好的买卖。”弗兰克回忆道。于是，他爽快地接受了恰特的出价。

为了置换掉地块内原有的那栋老旧的煤气站建筑，弗兰克设计了一座水平向延伸的、低矮的办公楼，建筑立面的一部分采用了曲面式的造型，而还有一部分则有点类似于抽象的树杈式造型。弗兰克需要找到第三种构图元素，来将建筑中这两个彼此分离的部分捆绑成一个整体，一天，恰特来到了弗兰克的办公室，与他讨论这个设计，虽然当时恰特对于这个设计的进展和模样还是比较满意和喜欢的，但是，弗兰克在如何完成形式构图这一问题上的犹豫不决，也开始让恰特感到了一丝不耐烦。“他说：‘快点啊，盖里，你完全可以做得更好的。’”弗兰克回忆道，“他问我：‘你打算怎么处理那个地方？’我回答说：‘我也不知道。’我们喝了点酒，然后他说：‘你必须

1　这两座住宅最终都没有付诸实施。如果建成的话，它们将分别是盖里在科罗拉多州（Colorado）和长岛的汉普顿地区（Hamptons）完成的唯一的住宅项目。

拿出点想法来。'”

但是那会儿弗兰克什么想法都没有。他无奈地仰起头，看到了架子上摆着的一个小模型，那是他与奥登伯格和范·布鲁根一起，为意大利的那座同样名叫威尼斯的城市设计的那座双筒望远镜造型图书馆，他把这个模型取了下来，随意地摆在了他正在推敲的恰特 / 戴新办公楼的模型前面。“这看起来棒极了。”杰伊·恰特说道。不过弗兰克却并不确定这是否是个好主意。他其实并不是认真地想要把这架建筑尺度的双筒望远镜摆放在主街的街边。“克莱斯是绝不会让我们这么做的。”他说，他提醒恰特，告诉他奥登伯格的作品具有高度的场地特殊性，都是针对具体的场地条件和环境具体设计的，这栋双筒望远镜造型的双塔，是基于一块完全不同的场地，以及另一座完全不同的威尼斯城而创作的。但是恰特却并不在乎这些。他坚持要求弗兰克打电话给奥登伯格和范·布鲁根，告诉他们他想请他们来对这架双筒望远镜进行重新设计，使其成为这栋新建筑的一部分。“于是我只得给奥登伯格打了一通电话，我在电话里说：‘我知道这听起来有些不可思议，你能为我的这个客户重新修改一下那架双筒望远镜吗？他想把它作为他的办公楼的入口。'”弗兰克回忆道，“我对克莱斯说：‘如果真的要把这架双筒望远镜实际建造起来的话，你必须得学着像一名建筑师那样工作。’他问我：‘这话是什么意思？’我说：‘意思是你必须得在立面上开窗户。'”让弗兰克感到多少有些意外的是，奥登伯格很喜欢这个主意，他觉得，这个项目，正是他与范·布鲁根一直以来孜孜以求的机会，让他们得以尝试去模糊掉雕塑与建筑的界限。他们很愿意为恰特 / 戴办公楼项目而重新设计这架双筒望远镜，因为在这个项目中，这架望远镜将不仅仅是摆在建筑前面的一件艺术作品，在功能上，它也将是建筑的一个重要的组成部分。最终竖立在主街上的那架三层楼高的双筒望远镜，与它后面的办公建筑一般高，立面被涂成了黑色，与办公楼的另外两个体块——一个包裹着镀铜金属板，一个是白色水泥砂浆饰面——形成了对比。望远镜两个镜筒之间的如同一座大拱门的空间，被用

位于加州威尼斯市主街上的恰特 / 戴总部办公楼，
图中可见奥登伯格设计的双筒望远镜造型

作了整个建筑的车库入口——这似乎也含蓄地暗示出，在洛杉矶这座城市，一座建筑最重要的入口是汽车入口，而街道上的行人入口反倒是相对次要的。镜筒的室内空间——那两座“塔楼”里面——则成为恰特 / 戴公司的内部图书馆以及会议空间。[1]

* * *

弗兰克、克莱斯 · 奥登伯格以及库斯杰 · 范 · 布鲁根还在另外一个项目上有过一次合作，而那个项目的客户，罗夫 · 费尔鲍姆（Rolf Fehlbaum），

1 由于在场地中发现了有毒污染物，这个项目的工期被迫拖延了很久，直到 1991 年才最终建成。不出所料的是，这栋建筑很快就得到了“双筒望远镜大楼”（Binoculars Building）的外号。恰特 / 戴公司将这栋建筑作为总部使用了不到十年的时间，后来因为需要更大的空间，于 1998 年搬走了。现在这栋建筑是谷歌公司（Google）在洛杉矶的总部。

后来也如杰伊·恰特一样，成了弗兰克的一位重要的朋友和合作伙伴。罗夫·费尔鲍姆是维特拉（Vitra）家具公司——一家总部位于瑞士巴塞尔市郊的、生产现代主义风格家具的家具制造商——的主席。维特拉最初是由费尔鲍姆的父母创办的一家主营商铺店面的装修和设备配置的公司，从1977年起，罗夫·费尔鲍姆接掌了公司的运营。1957年，维特拉公司开始涉足家具制造业，一开始他们取得了赫曼米勒家具公司在欧洲的代理权，得以在欧洲生产和销售由著名的家具设计师伊姆斯夫妇和乔治·尼尔森所设计的家具作品，而那之后没几年，维特拉便开始生产他们自己设计的家具了。费尔鲍姆本人就是一位充满激情的设计学生，他的博士论文的主题是关于法国哲学家和社会理论家圣西门的研究，所以，这使得他从主观上更为偏好于一种乌托邦式的，经过艺术升华的工业化的空间和环境。1981年，一场大火烧毁了维特拉公司在德国魏尔阿姆赖因市（距离德瑞边境非常近）的生产厂房，而正是这场大火，成为费尔鲍姆实现他酝酿已久的宏伟构想的一个契机，他决定对那片厂区进行重建，将其改造成为一处现代建筑的博览会。费尔鲍姆将他的第一个项目委托交给了英国建筑师尼古拉斯·格雷姆肖（Nicholas Grimshaw），他请格雷姆肖设计了一座由预制金属瓦楞板搭建而成的，能够迅速完成建造的厂房，以使他的公司能够在大火之后尽快恢复运转。此外，格雷姆肖还为厂区的未来发展和扩张绘制了一张总平面图，供费尔鲍姆参考。在格雷姆肖的设计完成后不久，费尔鲍姆就见到了弗兰克·盖里。

其实，自从在多年之前见到了弗兰克设计的那些“易边”家具之后，费尔鲍姆一直都很想认识弗兰克。他可以说是被洛杉矶这座城市迷住了——后来他买下了伊姆斯夫妇设计的全部一整套家具的原型样品——他也曾到访过许多座由盖里设计的建筑。他还曾给弗兰克写过信，请求他考虑为维特拉家具公司设计些东西，但是，对于重返家具设计行业一直十分谨慎的弗兰克，从来都没有回复过他的邀请。1982年，格雷姆肖设计的厂房建成之后，费尔鲍姆决定委托克莱斯·奥登伯格与库斯杰·范·布鲁根夫妇在厂区中设计一座雕塑，作为厂区的大门，并以此来庆祝他父亲的七十岁生日。他来到了奥登伯格夫妇在纽约的工作室，与他们讨论这个项目，而据他回忆，进入工作室后，他发现弗兰克当时也在那里。费尔鲍姆当即向他们三个发出邀请，请他们一起到他的厂区去进行一番考察。[1]

弗兰克带着贝尔塔、阿莱霍和萨姆一起去了维特拉厂区，他为奥登伯格和范·布鲁根夫妇的雕塑创作提供了自己的意见，并且帮他们进行了选址，奥登伯格夫妇为维特拉厂区创作的雕塑名为“平衡的工具”（Balancing Tools），主体造型由尺度巨大三件工具组成：一把锤子、一把老虎钳，以及一把螺丝刀——这也是家具制造商的三件基本工具。三件工具彼此搭接，形成了一种凯旋门的意象。在弗兰克到访维特拉厂区期间，罗夫·费尔鲍姆再一次地——这一次是亲自——向弗兰克提出了请求，希望他能为维特拉公司设计家具。他们两个人相处得非常之好——“我的背景很简单。我们俩都是不太擅长交际的人。但是我们成了朋友。我总是会在心底里感到一种不安全感，而弗兰克能够理解我的这种感受。”费尔鲍姆说道。

费尔鲍姆洋溢的才华，以及他亲切随意的性格，都让弗兰克对他欣赏有加，而费尔鲍姆对于弗兰克的作品也同样充满了钦佩和仰慕，然而尽管如此，对于回归家具设计，弗兰克却仍然感到十分紧张和不安，所以，他依旧固执地对费尔鲍姆坚称，相比于设计椅子，他对于设计房子更感兴趣。于是，费尔鲍姆决定，既然如此，那就给弗兰克一个建筑委托：他请弗兰克为他设计一座“小库房”（little shed），用以存放他那些不断地在进行扩充的现代设计收藏品，而同时，费尔鲍姆也打算把弗兰克设计的这栋建筑，作为献给他母亲的礼物，正如他将奥登伯格的雕塑作品献给了他的父亲一样。费尔鲍姆

1　这与弗兰克的回忆稍有不同。弗兰克记得他是先同奥登伯格夫妇一起去了欧洲旅行，而知道他与奥登伯格夫妇关系很好的费尔鲍姆，利用了他们一起旅行的机会，把他们一起请到了魏尔阿姆赖因去考察那件雕塑作品的场地。

计划在格雷姆肖设计的厂房旁边再修建一座新的厂房，而弗兰克这栋建筑的选址，就位于这第二座厂房的前面一点。

弗兰克却依然有些犹豫，虽然这个项目将会是他在欧洲建成的第一座建筑，但是这个项目太小了，以至于其设计费用根本无法负担他频繁往返于魏尔阿姆赖因和洛杉矶之间，以及在魏尔阿姆赖因停留期间的时间和开销，他把自己的顾虑如实地告诉了费尔鲍姆。他不愿意为了自己赚钱，而让自己的朋友承担过于高昂的设计费，但是，他也同样不愿意按照标准的设计费报价来接受这样的一个小项目，因为那样会使他的内心感到不平衡，也会毁掉他们的友谊。“弗兰克不是个贪婪的人，但是他总是很担心钱的问题，这种性格有时确实会造成一些很不好的结果。”费尔鲍姆后来这样说道，“但是他依旧是一个非常棒的人，一个温暖而又热情的人。”

费尔鲍姆想出了一个主意。为什么不干脆把那座新厂房也一起交给弗兰克来设计呢？这样一来，这个项目就足够大了，可以产生更高的设计费，也能够负担得起更多次往返于洛杉矶与魏尔阿姆赖因之间的旅程。费尔鲍姆的这个主意，让尼古拉斯·格雷姆肖不太高兴——他原本还期望着能够由他来主持维特拉厂区的全部扩建工程——但是彼时的费尔鲍姆，已然开始以一种全新的思路来构思他的那片厂区了，他不再想把这一整片厂区全都交给格雷姆肖来设计，而是准备打造一片由不同的建筑师担纲设计的一系列标志性建筑物组成的建筑集群。既然维特拉能够生产出由不同的著名设计师设计的、风格各异的椅子；那么为什么它不能建造一些由不同的著名建筑师设计的、风格各异的房子呢？

弗兰克很快就接受了这个在规模上大为扩展的委托。为了与旁边的格雷姆肖设计的厂房相匹配，弗兰克设计的新厂房在造型上相对来说也比较简单。“对我来说，看到格雷姆肖和盖里设计的两栋房子这样并排地摆在一起，真是一种难以形容的经历：相同的体量、相同的造价、相同的功能。虽然这两位建筑师风格迥异，但是我在他们的这两栋作品之间找到了某种和谐和共生的关系，这比把两栋房子全交由盖里设计，或者全交由格雷姆肖设计都要有意思得多。”费尔鲍姆这样说道。[1]

与此同时，曾经说过想把他自己的博物馆建得无比“张扬酷炫”的费尔鲍姆也意识到，他的那些不断扩充的收藏品，需要的是一个比他口中的那个“小库房”档次更高一些的展示空间。所以，他鼓励弗兰克设计一栋能够用于各类艺术和设计展览的、具有高度表现力的建筑。而被费尔鲍姆所给予的这种高自由度所激发的弗兰克，也最终将这个他曾经不太愿意接手的项目，做成了他最为重要的作品之一——维特拉设计博物馆（Vitra Design Museum）。这座博物馆于 1989 年建成开幕，在造型上好似是由许多造型各异的体量相互撞击在一起：整体的形体构成由大量前扑后冲的曲线线条与斜角的方盒子组成，令人眼花缭乱的造型极富视觉张力，完全不似温顿客宅的那种沉静安宁的秩序感，事实上，与维特拉设计博物馆比起来，温顿客宅几乎都显得有点太规矩了。外立面上均匀平滑的白色抹灰，更加凸显了这栋建筑的形式中所蕴含的巨大能量，自从十年前完成了他的自宅设计之后，弗兰克便再也没有进行过如此激烈而具有冲击力的设计实践了。建筑的整个室内空间，被光怪陆离的天光、不断转换的标高，以及一种动态的、不断变化的空间感所充斥，但是也同样不乏许多用来展示绘画作品的平整、竖直的白墙面，以及用来展示家具和一些其他艺术品的平台。对弗兰克而言，维特拉设计博物馆是一个践行他的设计理念的机会，他依旧坚信，戏剧化的、与众不同的建筑形式，并不一定要以牺牲使用功能作为代价。一直以来，他总是能为与他相处得不错的那些客户提供他最高水准的设计，而维特拉设计博物馆这一出色的作品，便极好地证明了弗兰克与罗夫·费尔鲍姆之间的良好关系，

---

1 维特拉厂区最终发展成一处现代建筑的博览会，厂区中不仅有扎哈·哈迪德的首座建成作品，还汇集了赫尔佐格和德梅隆（Herzog and de Meuron）、安藤忠雄（Tadao Ando）、阿尔瓦罗·西扎（Alvaro Siza），以及 SANAA 事务所等众多著名建筑师的佳作。费尔鲍姆还将厂区的地址改为了“查尔斯·伊姆斯大街 2 号”（2 Charles-Eames Strasse）。

维特拉设计博物馆

也极好地证明了弗兰克对于艺术展示性建筑设计的喜爱，在此后的生涯中，每当遇到这类的项目，他也总是能有不错的发挥。

* * *

很长一段时间以来，弗兰克作品的特征都是很难被概括的，而维特拉设计博物馆富有冲击力的、表现主义化的形式，也让他的设计内涵变得更为复杂，更加难以定义。到了 1988 年，菲利普·约翰逊已经厌倦了后现代主义那种历史化的繁复线脚和夸张的形式语言，他觉得是时候做出一些调整了，不仅是要调整他的设计风格，同时也要调整他对于当时的设计发展趋势的看法和判断。建筑设计的下一波潮流，约翰逊认为，一定是对于现代主义的回归，但是，这种回归是以一种锐利、倾斜的造型语言来实现的，而从某种程度上说，这种尖锐锋利的造型语言，其实与后现代主义建筑一样，也是一种对于早期现代主义建筑师所主张的纯粹而完美的几何形体的颠覆和反抗。一些评论家将这一潮流与20世纪20年代到30年代期间的俄国构成主义运动（Russian constructivist movement）相对立，称之为“解构主义运动”（deconstructivism）；还有一些评论家，包括身兼评论家和建筑师的艾伦·贝斯奇（Aaron Betsky），则将这种建筑形式称之为“被扰乱的完美”（violated perfection）。于是，曾经担任过纽约现代艺术博物馆建筑与设计部门的第一任策展人的菲利普·约翰逊，临时性地重操起了他的策展旧业，在纽约现代艺术博物馆组织了一场专门的，关于解构主义建筑的展览，他希望能够借此公开地对解构主义建筑运动的兴起表示认可和支持，或者至少是使这股建筑风潮能够得以登上报纸杂志，进入大众的视野。约翰逊与他的合作策展人，当时还是普林斯顿大学教授的马克·维格利（Mark Wigley），选取了七位建筑师，以他们来作为维格利所言的那种“混乱的感觉”（sense of dislocation）以及“躁动不安”（disquiet）的建筑的代表。他写道：“一直以来，基于一种根深蒂固的文化偏见，人们对于建筑的固有看法往往都与秩序、和谐、稳定和统一等概念相关，但是现在，这种固有的看法正在被打破。”

弗兰克被选为了这七位建筑师之一，与他并列的还有丹尼尔·里伯斯金、扎哈·哈迪德、雷姆·库哈斯、伯纳德·屈米、彼得·埃森曼，以及蓝天组事务所，在展览中，展出了他那座圣莫尼卡自宅的模型和图纸。弗兰克知道，自己能够跻身于这场展览，与菲利普·约翰逊的大力支持是分不开的，所以他并不打算去与约翰逊争辩什么，毕竟，自己的作品能够在纽约现代艺术博物馆中展出，本身也并没什么好抱怨的。但是，这场展览也确实带给了他一些困扰。事实上，他并不确定自己与展览中的其他六位建筑师究竟有多大的相似性，也并不确定自己是不是真的愿意被与他们相提并论、归为一类。确实，在那六位建筑师当中，有一些是弗兰克十分敬佩的，但是这不是问题的关键所在。真正的问题在于，弗兰克并不认为自己的创作挑战和颠覆了秩序与和谐，建筑的固有规律——事实上，他觉得真实的情况是恰恰相反的。

维格利关于解构主义建筑的观察和评论，与弗兰克自认为一直在追求的东西是完全对立的，弗兰克致力于寻找的是另外一种秩序，他希望能够告诉世人，通过古典主义传统之外的一些理念和手法，同样可以达成和谐。在展览导言关于弗兰克自宅的介绍里，弗兰克所增建的那些异形的建筑形体，被描述成是代表了原有建筑表面之下所蕴藏的某种不自觉的强烈力量的集中爆发，而这种爆发彻底颠覆了原有建筑。但是，弗兰克从来不认为他的设计对于原有的那栋建筑有任何的颠覆和损害。对他来说，他所加建的部分，更像是一个由生机勃勃的、充满欢乐气氛的造型语言所构建而成的表层，这一表层在旧建筑的表皮之上飞舞穿梭，并且穿越外墙融入内部空间，最终以一种非常规的形式实现了与旧建筑的共生。

在那场名为“解构主义建筑”（Deconstructivist Architecture）的展览开幕时，弗兰克的自宅已经建成了将近十年，而在那十年之中，弗兰克已经在他强烈的创造性冲动驱使下，创作出了许多与那栋自宅在风格上截然不同的作品。即便弗兰克的自宅可以被称为解构主义的，诸如洛约拉法学院、温顿客宅，以及维特拉设计博物馆之类的项目，也都有力地证明，“解构主义”这个标签，根本就无法用来描述弗兰克那些年来所努力追求的建筑风格和理念。在纽约现代艺术博物馆将弗兰克作为一位解构主义建筑师进行展出的那段时期，他正在监督着维特拉设计博物馆——一个完全不同的项目——的工程施工。而正是维特拉设计博物馆项目，最终指明了他在接下来的许多年中所将要遵循的实践方向。

在那个十年的末尾，弗兰克收到了一份极高的认可，而这份认可，终于使他得以跳脱出了菲利普·约翰逊所钦定的“解构主义”的标签。这份认可并非来自于某家博物馆，而是来自于普利兹克建筑奖的评委会，自 1979 年由芝加哥的普利兹克家族创立以来，普利兹克建筑奖每年都会颁发给一位或多位当代建筑师，旨在表彰这些建筑师在实践当中“通过建筑艺术对人文科学和建筑环境所做出的持久而杰出的贡献”。在普利兹克奖开始颁发的第一个十年里，其每年十万美元的奖金已经被授予了贝聿铭、菲利普·约翰逊、凯文·罗奇、詹姆斯·斯特林，以及奥斯卡·尼迈耶等建筑大师，这一奖项的权威性也因为这些重量级的获奖者而很快地得到了确立。所以，普利兹克建筑奖，在当时已经被广泛地认为是一名建筑师所能够赢得的最高奖赏，也是一名建筑师所能够获得的最高承认。获得普利兹克奖，标志着一名建筑师得以跻身于建筑界的万神殿，与建筑大师们比肩而立。

得知获奖的消息时，弗兰克正与他的客户，洛杉矶交响乐团的执行总监欧内斯特·弗莱茨曼在阿姆斯特丹进行考察，他是在酒店的房间中接到这一喜讯的。“弗兰克，你得普利兹克奖了。”当时负责为普利兹克家族管理这一奖项的比尔·莱西（Bill Lacy）在电话中对他说。“别犯傻了，”弗兰克说道，“文丘里还没得过呢。”说罢他挂了电话，而莱西马上又打了回来。“他说：‘嘿，哥们儿，我说的是真的——但你先别透露给其他人。’”弗兰克回忆道，“于是，我给贝尔塔打了个电话，然后那一晚我激动得辗转难眠。”

普利兹克奖的颁奖典礼于每年春季举办，颁奖地点在世界各地的著名建筑物之中选择，每年的场地都不一样。1989 年，颁奖典礼的举办场地被安排在了日本奈良的一座历史悠久的佛教寺院——东大寺之中。这个地点也让弗兰克兴奋不已。“在我还是个‘亲日派’那会儿，我就知道这座寺院了。”他说。

普利兹克家族将两张从洛杉矶飞往日本的头等舱机票寄到了弗兰克和贝尔塔的手中，而上飞机后他们发现，比尔·莱西，以及国家艺术馆（National Gallery of Art）的馆长，也是普利兹克奖评委会的主席 J. 卡特·布朗（J. Carter Brown）也与他们乘坐同一架航班。这一路的航程并不是那么的顺利。弗兰克记得，莱西和布朗在整个旅程的大部分时间里，都在不停地取笑他本打算在颁奖典礼上发表的获奖感言，并且问他为什么没有提前写出来。这将是他有生以来所发表的最为重要的一次演讲，他们告诉他说，所以他必须要提前仔细地构思好。

弗兰克习惯于即兴演讲——他不喜欢读写好的稿子——他以为莱西和布朗应该知道他的这个习惯，所以他觉得他们只是在拿他寻开心。他觉得所谓的获奖感言只不过是随意地发表一些礼貌性的致谢而已，自己应该能够应付得来。然而，当他抵达了奈良，看到了颁奖典礼的具体程序和安排，他才意识到，典礼是在日本举办的，而这种日本式的对于礼仪的重视和崇尚，意味着他将不得不发表一番更为正式的、言之有物的感言，而且演讲时间有好几分钟，他感到了一丝焦虑。终于，在颁奖典礼当天的早晨五点，弗兰克从床上爬了起来，他没有吵醒身边还在熟睡的贝尔塔，坐在旅馆房间里，开始思考自己该说点什么，并且拿起笔，打起了草稿。

颁奖典礼在上午举行，首先是由杰伊·普利兹克（Jay Pritzker）向来宾们致欢迎辞，随后，丹下健三（Kenzo Tango）——两年前刚刚获得了这一奖项的日本建筑师——被邀请上台致辞。丹下的发言是用日语进行的，他先是简单地介绍了东大寺这座历史建筑，并阐述了普利兹克奖之于建筑界的重要性。但是，紧接着，让弗兰克与普利兹克家族都大吃一惊的是，丹下话锋一转，声称在他看来，弗兰克的作品，根本就配不上东大寺这样伟大的建筑遗产，同样，也根本配不上普利兹克奖。这是一次令弗兰克猝不及防的公开羞辱。至少，丹下的这番言论，再一次清楚地表明，在建筑界的许多知名而权威的同业看来，弗兰克的作品仍然是非常令人不安、甚至是具有威胁性的。所幸的是，弗兰克即兴演讲的技巧，缓解了当时现场的紧张气氛。轮到弗兰克上台发言时，他并没有马上开始读自己准备好的发言稿，而先是望着台下的丹下，说道：“我明白了，我必须更加努力工作。”

在获奖感言中，弗兰克首先表达了他的喜悦和感激之情，随后，他开始阐释自己的价值观以及设计创作的内在动因：

> 我迷恋建筑。是的，我不遗余力地使自己成为一名建筑师，努力地想要为这个充满了矛盾、差异、不平等，乃至于激情与机遇的世界做出一番

贡献。在这个世界上，我们的价值观和理想信念总是会受到各种各样的挑战。因此，我们常常期待着能够找到一个简单的正确答案，但这种愿望，其实是把问题过分地简单化了。虽然建筑只是人类文明之中很小的一部分，但是，我们这些建筑从业者，始终都相信建筑所蕴含的巨大潜力，能够引领社会变革，能够启发并丰富人类的身体和精神体验，也能够冲破误解的樊篱，为人类生活谱写更为美好的诗篇。

在我的职业生涯早期，我师从的是一位来自维也纳的建筑大师，他告诉我建筑设计应该追求完美。但是，在我最初的项目实践中，我却始终无法找到成就完美建筑的方式。而与此同时，我却发现我的艺术家朋友们，如贾思培·琼斯、鲍勃·劳申伯格、埃德·金霍尔兹、克莱斯·奥登伯格这些人，使用着一些非常廉价的材料——碎木片和碎纸片——创造出了美轮美奂的作品。他们的作品不是肤浅的表象，而是直指艺术创作的核心和本原，拷问着"什么是美"这一古老的命题。于是，我选择了接受和运用他们的这种创作方式，尝试与他们进行合作，并且突破他们自身所具有的局限性。

绘画艺术具有一种即时性，而我一直都渴望能够让建筑也具有这种即时性。我研究了各种建筑原材料的加工工艺，试图能够赋予建筑形式以某种感情和精神属性。在寻找属于我自己的表达方式的过程之中，我幻想着自己是一位正站在空白的画布面前，构思着如何落下第一笔的艺术家。我把这一时刻称之为"真理一刻"（the moment of truth）。

建筑设计要解决的问题往往非常复杂。我们必须了解技术，并且要熟练地应用技术，我们建造出来的建筑，不仅要安全舒适，而且对于周边的环境和邻居也要有足够的尊重。同时，我们还要面对各种各样的，关乎建筑师的社会责任感的问题，甚至还必须要取悦客户。

但是除此之外呢？"真理一刻"、造型元素的构成关系、形式的选择、尺度、材料、色彩。最终，我们所面对的还是这些基本问题，与画家和雕塑家们没什么区别。建筑是一门艺术，这一点毋庸置疑，而建筑师们则是建筑这门艺术的实践者。

随着时间的推移和社会的发展，我们作为建筑师所遇到的问题也日趋复杂。在城市建设这门艺术上我们遇到了一些困难。我们努力地寻求各种方式的合作，艺术家与建筑师的合作、建筑师与建筑师的合作、客户与建筑师的合作。我们的梦想，是让每一块砖、每一扇窗、每一堵墙、每一条路和每一棵树，都能够经由艺术家、手艺人、客户、建筑师乃至于大众的合作，被精心妥善地进行布置和安放，从而最终创造出美丽的城市。在这种合作的起步阶段，额外的时间与金钱的付出是必需的，也是必要的。我们现在身处的这座寺院，东大寺，就是由一次伟大的协作所造就的，这种不可思议的、历久弥新的建筑之美，是集合了当时数以千计的能工巧匠的智慧和才华，才得以最终被创造出来的。

弗兰克对他建筑生涯中的导师们，以及普利兹克家族表达了感谢，随后，一如他这次发言轻松幽默的开头，他以一段自嘲式的调侃，作为他这番感言的收尾。“自从我获奖的消息被公布出来，记者们便开始无数次问我同一个问题：这笔奖金打算怎么用。”他说道，“我的答案是，这还用问，我当然要用这笔钱去把我家的房子盖完，然后把那些已经围了十年的施工挡板和栅栏赶紧拆了。”

第十三章

沃尔特·迪士尼音乐厅：第一乐章

对于远在洛杉矶的另一群人来说，弗兰克获得普利兹克奖的消息，也同样让他们感到了极大的宽慰和喜悦。他们就是洛杉矶音乐中心（Los Angeles Music Center）建筑师遴选委员会的五名成员，就在几个月之前，他们刚刚做出了一个大胆的决定，将他们的新音乐厅项目的建筑设计委托交给了弗兰克。为了找到一名合格的建筑师，洛杉矶音乐中心的建筑师遴选委员会可谓是煞费苦心，他们先是在全球范围内广泛搜寻，而最终到了 1988 年夏天，他们将候选名单缩减到了只剩最后四人：德国建筑师哥特佛伊德·波姆；英国建筑师詹姆斯·斯特林；来自维也纳的奥地利建筑师汉斯·霍莱因；以及弗兰克·盖里。在六年前的洛杉矶当代艺术博物馆项目的建筑师选拔过程中，弗兰克仅仅是作为本地建筑师的代表，象征性地参评，而这一次，他终于得以参与到了真刀真枪的竞争之中。

但是，在建筑师选拔过程的初始阶段，弗兰克仍不被看好。彼时，在音乐中心董事会的一些成员们眼里，弗兰克，还依旧是这座城市中的一个叛逆的、坏小子式的建筑师，他与盘踞在威尼斯的先锋艺术界联系紧密，而与市中心的那些政治和文化名流则显得比较疏离。他们认为，选择弗兰克作为建筑师，并不能够很好地展示出洛杉矶这座优雅时尚的国际化都市的形象。虽然最终，弗兰克这位洛杉矶本地的建筑师，成功地挤掉了另外三位都曾获得过普利兹克奖的国际巨星，被建筑师遴选委员会选中，赢得了新音乐厅项目的设计委托，但是在音乐中心的董事会看来，这很难称得上是一个谨慎的选择，事实上他们觉得，这是遴选委员会在所有可能的选项之中，所能做出的风险最大的一个选择了。不过，当弗兰克获得普利兹克奖的消息传来，舆论环境立刻有了改观，那些反对他的声音虽然没有完全消失，但确实一下子收敛了不少，而对于建筑师遴选委员会来说，弗兰克获奖的消息，更是对他们所做出的这个充满智慧的选择的一次绝佳的褒奖。选择弗兰克，虽然还是会被认为是一个很大胆的决定，但至少不会再被指责为鲁莽和欠考虑了。

* * *

弗兰克赢得的这个音乐厅项目，就是后来大名鼎鼎的沃尔特 · 迪士尼音乐厅，这个项目的缘起可以追溯到 1987 年 5 月，当时，沃尔特 · 迪士尼八十七岁的遗孀莉莉安 · 迪士尼（Lillian Disney），宣布捐出五千万美元，用来给洛杉矶交响乐团建造一座新的音乐厅。彼时的洛杉矶交响乐团，还在以洛杉矶音乐中心的主音乐厅——多萝西 · 钱德勒剧院（Dorothy Chandler Pavilion）作为其主场，钱德勒剧院糟糕的音响效果以及平庸的建筑设计，多年来一直让乐手和观众们头疼不已，因此莉莉安觉得，一座新的音乐厅，将会是对她丈夫的极好纪念。在一次采访中她曾谈到，希望这座音乐厅成为“世界上最棒的音乐厅之一”，所以，对于自己的这笔捐款，她并没有提出过多的附加条件，只是提了三个要求：第一，音乐厅要建造在钱德勒剧院南边相邻的一块空闲场地上；第二，音乐厅要在五年之内开始施工；第三，建筑师人选的最终决定权要掌握在她本人的手中。

严格说来，这座音乐厅建成后将会成为洛杉矶音乐中心的一部分，所以，在接受了莉莉安·迪士尼的捐款后，音乐中心的董事会便接管了这个项目的前期准备工作。身兼房地产开发商和律师两职的弗雷德里克·M. 尼古拉斯（Frederick M. Nicholas），在音乐中心以及当代艺术博物馆两家机构的董事会中都是个非常活跃的人物，在矶崎新设计的当代艺术博物馆项目上，他负责监督了整个建筑为期六年的设计和施工全过程。而巧合的是，那座博物馆与洛杉矶音乐中心就位于同一条街上，所以，尼古拉斯似乎便顺理成章地成了这座新音乐厅项目的负责人。一直以来，尼古拉斯都以伟大建筑的支持者自居，在接受这份职责之前，他希望莉莉安·迪士尼能够向他保证，一定会把这座音乐厅交给一位出色的建筑师来设计。迪士尼夫人答应了尼古拉斯的要求，并且表示良好的声学效果对她来说也是非常重要的，此外，她还要求在场地中布置一座花园。征得了迪士尼夫人的支持后，尼古拉斯才放心地接受了这个任务，他召集了一个项目筹备委员会来与他共同工作。为了避免一切政治压力对于建筑师遴选过程的干扰，他还特别成立了一个由洛杉矶两所主要的建筑学院的院长，以及三座主要博物馆的馆长组成的建筑师遴选委员会。虽然莉莉安·迪士尼依旧握着最终的否决权，但是她表示，除非万不得已，她是不会行使这一权力的。

尼古拉斯邀请他的朋友，洛杉矶当代艺术博物馆馆长查德·科沙拉克来执掌这个建筑师遴选委员会。委员会成立之后不久，科沙拉克、尼古拉斯，以及洛杉矶交响乐团的一些管理层成员和乐手代表，就一起踏上了他们的建筑考察之旅。他们走访了世界各地的一系列著名的音乐厅，并且开始着手列出潜在的建筑师人选的名单。这份名单上最初列了八十个名字，随后被缩减到了二十五个，他们邀请这二十五人提交了详细的个人材料，以供他们进一步考虑。回到洛杉矶后，在莉莉安·迪士尼位于荷尔贝山的住宅中，遴选委员会观看了这二十五位候选建筑师的作品幻灯片，并把选择范围进一步缩小到了六个人：波姆、斯特林、霍莱因、哈里·考伯、伦佐·皮亚诺与弗兰克。而在对这六位建筑师进行了初步面试之后，遴选委员会又淘汰掉了考伯和皮亚诺。在 1988 年 3 月 17 日，委员会宣布了迪士尼音乐厅项目最终入围的四位候选建筑师，他们为这四位建筑师提供了每人七万五千美元的先期资金，要求他们各自准备一个初步的方案设计，以此来进行最终的角逐。

弗兰克的入围，立刻就激起了一些人的反对。“你们可不能选弗兰克·盖里；不然的话我们会成为整个宇宙的笑柄的。”弗雷德·尼古拉斯记得，当时一位颇有声望的洛杉矶市民这样对他说道，“弗兰克·盖里可不行。”迪士尼家族的代理律师罗恩·高瑟（Ron Gother）对科沙拉克说：“迪士尼家族是不会希望他们的音乐厅是一座用胶合板和金属护栏网这类材料搭起来的建筑。”高瑟甚至还给弗兰克打了一通电话，告诉弗兰克说他不应该继续参与这场建筑竞赛。“沃尔特·迪士尼是绝不会愿意用他的名字来命名一栋由盖里设计的建筑的。”弗兰克记得高瑟这样说道。事实上，当时的弗兰克，已经很少会再使用胶合板和金属护栏网了，而他在建筑界日益提升的声望，也已经经由那场由沃克艺术中心策划的，关于他的作品的全国巡展，获得了全国性的认可——而在高瑟给弗兰克打电话的那段时间，这场巡展恰恰正是在洛杉矶当代艺术博物馆进行展出，这更为这通莫名其妙的电话平添了一份讽刺——但是，弗兰克所有的这些改变和成就，却似乎丝毫无法改变这座城市的那些旧权威们心中的成见，他们明确无误地向科沙拉克的委员会表明了他们的态度，对于他们来说，其他任何一个建筑师，都会是比弗兰克更好的选择。这个项目的建筑师遴选过程本应是公平公正的，但这座城市的权力阶层中却有人试图干扰这一进程，于是，忍无可忍的科沙拉克，只得威胁说要把这一情况向媒体曝光。虽然科沙拉克的这一举动成功地让反对者们闭上了嘴，但是显然，弗兰克这次所面对的是一场困难重重的战役。在选定了四位入围最终设计竞赛的建筑师后，遴选委员会在内部进行了一次私下的、非正式的调查，据委员会成员之一，也是当时加州大学洛杉矶分校建筑学院的院长理查德·韦恩斯坦（Richard Weinstein）回忆，大部分的委员都更倾向于斯特林。

“弗兰克的入围简直要把他们吓死了。”理查德·科沙拉克在谈起当年

弗兰克在与迈克尔·马尔岑一起推敲沃尔特·迪士尼音乐厅的早期模型

这座城市的一些领导者们对那次竞标的态度时，这样描述道。他们中的有些人其实对于建筑设计并不关心，甚至觉得完全没有必要非得请一个著名的建筑师来做这个项目——音乐中心董事会的一名成员甚至告诉科沙拉克，不如就把多萝西·钱德勒剧院的设计改一改，然后直接复制到它隔壁的地块算了，这样所有人就都能省却一大堆麻烦——但是，弗兰克的入围，以及他最终中标的可能性，在董事会的这部分成员里引起了极大的焦虑。他们要求科沙拉克的遴选委员会对于四位入围建筑师的方案只做评论，而不进行排名，并且要求委员会不得就审议意见，以及其与董事会存在的任何分歧发表公开评论。

“他们要我们放弃向媒体曝光的权利，如果我们与音乐中心的董事会有分歧的话。这是我们绝对无法接受的，我们当即回复了他们的律师，告诉他们我们将会公开辞职。”理查德·韦恩斯坦回忆道。闹到这一步，董事会只得让步，而遴选委员会总算是保留住了公开宣布他们推荐的建筑师人选的权利。这样一来，如果音乐中心或莉莉安·迪士尼不同意委员会给出的人选的话，那么他们将会陷入非常尴尬的境地，因为他们必须得解释清楚为什么要拒绝他们自己认可的、公平公正的专家组的建议。

在这出闹剧上演的同时，四位入围的建筑师则在各自准备着他们的设计，委员会邀请他们进行了一次中期汇报，初步地展示一下各自的设计概念，并且也可以听一听评委的意见和建议。事实上，这次中期汇报，被遴选委员会视为是一次观察这四位建筑师应对批评的方式和态度的机会。但是，据理查德·韦恩斯坦回忆，这四人之中，只有弗兰克一人在后来的方案中回应了评委在中期汇报时的意见，并根据评委的意见作出了重大的调整。这四人之中，也只有弗兰克一人，真正尊重了音乐中心对这座新建筑初始的策划和功能安排，对每一条细节要求都做出了回应。而且，弗兰克也是这四人之中唯一能够不断地提出问题，试图与客户充分地进行交流的人。“我们对每个方案都做了批评，但是，只有盖里修改了他的方案。也只有盖里真正地回应了任务书中提出的每一条具体问题。”韦恩斯坦这样说道。

到了那一年的 11 月，这四位入围的建筑师再度齐聚洛杉矶，他们该向音乐厅项目的筹备委员会以及建筑师遴选委员会汇报他们的最终方案了。每位建筑师都得到了一间属于自己的会议室，供他们布置展示材料和进行汇报，而听取汇报的评委们则需要在他们的房间之间逐个转场。按照日程，波姆被安排在了第一个汇报，弗兰克记得，波姆在汇报结束之后面带微笑，显然，他觉得自己的汇报相当不错，并且已经自认为是胜券在握了。“来和我一起吃午饭吧，我请你喝香槟。”波姆对弗兰克说。弗兰克拒绝了他的邀请，因为他的汇报就安排在那天下午，所以他不打算在汇报之前喝酒。而且，他其实觉得波姆有点过于自信了。

事实上，在另外三位来自海外的建筑师所给出的设计中，都或多或少地出现了策略上以及建筑上的失误。波姆的方案，在盖蒂博物馆馆长约翰·沃尔什（John Walsh），以及建筑师遴选委员会的另外一位成员看来，宏大而浮夸到了近乎可笑的地步，尺度上严重失真，仿佛是一座为“无数的小矮人”设计的建筑。斯特林的方案，在中期汇报的时候就曾被评委指出，其音乐厅的二层楼座，在观演视线上看起来有些问题，但是到了最终汇报时，他并没有对方案做出任何修改，这种态度，使得评委们觉得他非常傲慢自大。而霍莱因给出的设计，则是一个造型呈六角形的音乐厅，在构图元素上，充斥着对于沃尔特·迪士尼公司所推出的一些动画形象的非常直接的复制和隐喻，这样的手法，让评委们觉得十分矫揉造作。

与另外三人的浮夸和做作不同，弗兰克在这场汇报中则似乎成了理性和谦逊的化身。虽然当时弗兰克已经足够有名，但是他依旧会努力地控制着自己的言行和举止，使自己能够不因盛名而显得傲慢，而弗兰克对于评委们在中期汇报时提出的意见的尊重和采纳，也给委员会的成员们留下了深刻的印象。汇报方案时，弗兰克低调克制的言谈风度，也让评委们十分受用，尽管有些评委也知道，这种彬彬有礼的外在表现，其实只是他用来掩饰自己内在的野心和抱负的一副面具，但弗兰克还是因此而赚得了不少印象加分。毕竟，在听过哥特佛伊德·波姆的汇报之后，评委们对于那种夸夸其谈的建筑师的忍耐，显然已经快要接近极限了。弗兰克的设计中包含着一个四周被观众席完全包围起来的舞台，这种处理方式深受汉斯·夏隆（Hans Scharoun）设计的柏林爱乐厅的影响。建成于 1963 年的柏林爱乐厅，在当时被视为是 20 世纪晚期最为杰出的一座音乐厅建筑，在迪士尼音乐厅项目的建筑师遴选委员会在成立初期所进行的建筑考察之旅中，柏林爱乐厅也是委员会的成员们最为喜爱的音乐厅之一。弗兰克的方案里还有一个玻璃温室式的，完全面向公众开放的建筑体量，他将其称之为是“城市的客厅”，这样的一个空间，也使得整个建筑更具开放性和公共性，至少是比汉斯·霍莱因搞得那些迪士尼角色的塑像和浮雕要平易近人得多。此外，弗兰克还在建筑旁边布置了一个音乐家花园，虽然规模并不太大，但是这座小花园，既充分地回应了交响乐的乐手们的使用需求，同时也极大地满足了莉莉安·迪士尼对于花卉和园艺的热爱。

弗兰克自己也知道，他的汇报在建筑师遴选委员会的评委之中反响相当不错，不过，他也同样清楚，音乐中心的董事会中的一些成员，仍旧对他持有高度的怀疑态度，他们不信任他，认为他无法胜任这个当时全洛杉矶最为重要的公共建筑项目。但是，在四位建筑师的汇报全部结束之后，情况事实上已经非常明朗了。很明显，另外的三位建筑师全都搞砸了，他们浪费了自己的这次机会，而弗兰克成了唯一符合要求的候选人。音乐中心的音乐厅项目筹备委员会，在洛杉矶市中心的克罗克银行大楼借用了一间会议室，在那里他们听取了建筑师遴选委员会的评审报告。科沙拉克委员会中的每名成员都发了言，并对全部的四个方案都做了评价。约翰·沃尔什在发言中，将弗兰克的设计称之为是“这四个方案之中唯一的，让我真正希望能够看到它建起来，成为洛杉矶交响乐团新主场的设计”，他还对那些质疑弗兰克的能力的，以及认为选择弗兰克风险太大的声音进行了驳斥，他认为弗兰克恰恰应该是他们最保险的选择，因为评委们在弗兰克的方案和汇报中，感受到了弗兰克对于洛杉矶这座城市，以及洛杉矶交响乐团这支团体的深刻理解，并且认识到了他是一位“可靠、务实、高效的，在设计中也非常讲求实用的建筑师”。沃尔什对弗兰克的这番描述，也非常符合弗兰克心中对于自己的定位。几天之后，又经过了数次会议的商讨，音乐中心的领导层终于同意，将这个项目的委托正式交给了弗兰克。

“迪士尼夫人说，他也很愿意把这个项目交给弗兰克·盖里，因为她对他设计的那座漂亮的小花园很满意。”科沙拉克回忆道。也许在是否选择弗兰克这一问题上，弗雷德·尼古拉斯的项目筹备委员会的某些成员还有着一些其他意见，但是最终，对于迪士尼夫人的决定，他们也找不出什么反对的理由。

最终的方案汇报一结束，弗兰克就立刻马不停蹄地赶去了欧洲，他要到瑞士和德国去跟进他的维特拉设计博物馆项目。而他刚一抵达他在苏黎世入住的酒店，房间里的电话就响了。来电话的是弗雷德·尼古拉斯。“我需要你在星期天下午的 3 点钟到我们这里来一趟。”尼古拉斯在电话中说道，“我想你应该是赢了。”一听这话，弗兰克赶忙又冲回了洛杉矶，与遴选委员会进行最后一次会面。汉斯·霍莱因也被叫了过去，显然，委员会是把霍莱因当成了一个备用人选，以防弗兰克在这最后的一次讨论中出现任何让他们感到不放心的状况。直到那次会面的最后，弗兰克也并没有得到任何确切的消息，而仅仅是被告知要在第二天的早上九点到达位于多萝西·钱德勒剧院的会员厅。第二天早上，依旧不太清楚当天上午会有什么安排的弗兰克，带上了贝尔塔与他一同前往。抵达了多萝西·钱德勒剧院后，弗兰克才发现，洛杉矶音乐中心的董事会、洛杉矶交响乐团的董事会，以及音乐厅项目筹备委员会的成员们全都来到了现场，不仅如此，现场还聚集了众多的媒体。那天上午，项目筹备委员会正式宣布：沃尔特·迪士尼音乐厅项目的建筑师人选已经产生，最终的赢家是弗兰克·盖里。

* * *

当时，弗兰克的事务所总共有不到四十名员工；虽然那些年他事务所又扩张了不少，但是，此时弗兰克事务所的规模，与他当年跟劳斯公司合作的那段时期比起来，还是要小一些的。在这不到四十名员工之中，有几位极具才华的年轻设计师颇为引人注目，比如说陈日荣（Edwin Chan）、迈克尔·马尔岑（Michael Maltzan）和罗伯特·黑尔（Robert Hale）等。毕业于哈佛的陈日荣，具有很高的建筑天赋，当时，他还刚来盖里的事务所没几年，但在此后的几十年中，他会逐渐地成长为事务所里至关重要的人物；迈克尔·马尔岑在几年后离开了盖里，开设了自己的事务所，他是帮助盖里赢得沃尔特·迪士尼音乐厅竞标的几位最关键的主创设计师之一；而罗伯特·黑尔，则在洛约拉法学院和临时当代艺术博物馆的项目中发挥了极大的作用。

不过，当时弗兰克的其他员工，则大多都是一些刚刚毕业的年轻人，他们有的只是希望能在弗兰克身边混上几年，来为自己的简历添上一段在弗兰克·盖里事务所工作的经历，所以这类年轻人通常都干不长久。而即便是当时事务所里的一些较为资深的建筑师，对于类似沃尔特·迪士尼音乐厅这样的庞大而复杂的项目，也基本上毫无经验可言。弗兰克意识到，他必须要再一次地对他的事务所做出调整了。迪士尼音乐厅的中标方案，虽然在设计上极具颠覆性和挑战性，但是当时那个方案的深度，至多还只能算是一个非常初步的概念性设计。要想把这个方案落实到可以进行实际建造的深度，可能将会是一个耗时数年的过程，而这一过程也将彻底地重塑弗兰克的事务所及其实践方式。为了深化和完成迪士尼音乐厅项目，弗兰克专门聘请了克雷格·韦布（Craig Webb）和吉姆·格里姆夫（Jim Glymph）两位建筑师，这两位建筑师在此后的几年时间里成了弗兰克的左膀右臂，在帮助弗兰克的事务所确立鲜明的个性风格的过程中起到了不可或缺的作用。克雷格·韦布是个才华横溢的设计师，曾经在巴顿·迈耶斯（Barton Myers）的事务所工作过，而吉姆·格里姆夫在此之前曾经监理了格伦事务所——弗兰克的老东家——的洛杉矶会展中心（Los Angeles Convention Center）项目的整个设计和施工过程。韦布对剧场和音乐厅类建筑的设计和施工了如指掌，而格里姆夫则精通于庞大而复杂的工程项目管理。这两个人，再加上迈克尔·马尔岑，构成了弗兰克的核心团队。

韦布和格里姆夫都不愿意把自己的职业生涯浪费在那些大型的商业设计机构之中，但是，在他们与弗兰克接触伊始，他们对于弗兰克的事务所是否适合他们的发展也都并不确定。当时，弗兰克的事务所似乎更像是个艺术家工作室，而不是一家有能力完成庞大而复杂的建筑项目的建筑事务所。在格里姆夫看来，弗兰克无疑是个充满创造力的艺术家，但是围绕在他身边的人们，似乎只关心如何保护他的创意，而没人能真正地告诉他如何去把创意落实。在圣莫尼卡的弗罗明熟食店，格里姆夫与弗兰克进行了第一次面谈，而在交流中格里姆夫也向弗兰克坦陈了自己的看法。“以你事务所现在的状况，我是无法与你们一起工作的。”格里姆夫这样对弗兰克说道。而弗兰克似乎也意识到他们之间确实是不太匹配，最终，那次会面结束得并不愉快。

一周之后，弗兰克给格里姆夫打了一通电话。“咱们再试一次吧。”他在电话里这样说道。这一次他们去了一家名叫吴太太的中餐馆，在那里他们聊了四个小时。“我知道我必须得改变我的事务所的运营方式了。”弗兰克说。而格里姆夫这次也终于接受了弗兰克的邀请。“一开始我其实都不确定我的职责是什么，”格里姆夫说道，“最初的几个月，我一直在帮弗兰克修理之前建成的项目中出现的漏水问题。格雷格·沃尔什太忙了，他得指导事务所里所有的那些年轻的小孩们。”格里姆夫认为，这些年轻建筑师中的大部分人，对于设计问题的考虑都太过草率了，他们丝毫不了解自己的一些轻率的决定在设计实施过程中所带来的影响，而往往只关心审美，觉得那才是弗兰克的最终目标。格里姆夫在弗兰克事务所中的最初职责之一，如他自己所言，便是充当事务所的“修理工先生”(Mr. Fixit)。比如说，迈伦·沃斯克的那栋屋顶阁楼里有一个房间总是漏水，而格里姆夫便被派去找出问题的原因。经过一番检查，他发现，那栋建筑的防水板——安装在屋面边缘的起防水作用的金属条板——被装反了。虽然施工方在施工过程中对这一做法曾经表示过反对，但是，负责这个项目的年轻建筑师却无视施工方的意见，坚持要把防水板反过来装，而究其原因竟然是他觉得这样的装法能够更好地反映弗兰克的美学追求。格里姆夫知道，弗兰克是有其非常注重实际的一面的，但是，在对待这类理性问题时，弗兰克可能并不像他那般有耐心。于是，格里姆夫告诉弗兰克说，这个错误，责任完全在他弗兰克，而如果他珍惜自己与迈伦·沃斯克之间的关系的话，那么他就没有别的选择，必须主动承担起全部的维修和更换的花费。弗兰克接受了格里姆夫的意见。

身材矮壮，蓄着胡须的格里姆夫，既是个技术狂人，也是个嬉皮士，他逐渐地把自己视为连结弗兰克的创造性思维与他的实用主义本能之间的一座桥梁。他很喜欢弗兰克的一个特质，用他的话说，就是弗兰克懂得“他设计的房子必须要比一般的房子更加好用，因为它们看起来太怪异了。他知道，如果连基本的使用功能都满足不了，那么他做的那些房子根本就建不成。”

然而，维修沃斯克的阁楼，与建造一座崭新的音乐厅比起来，在复杂程度上是完全不可同日而语的两个概念。迪士尼音乐厅项目有一个愉快的开始，在设计的起步阶段，弗兰克与欧内斯特·弗莱茨曼一起到国外去考察了许多座伟大的音乐厅建筑——也正是在阿姆斯特丹进行考察的途中，弗兰克接到了比尔·莱西通知他获得普利兹克奖的电话——但是，愉快的时光总是十分短暂，很快，弗兰克就开始遇到了麻烦。他发现自己夹在了多方势力之间，需要协调和平衡来自方方面面的各种各样的诉求，有的时候，弗兰克甚至都有些搞不清楚到底谁才是这个项目真正的客户：这座建筑的产权持有者是洛杉矶音乐中心；而建筑的使用者是洛杉矶交响乐团；土地产权的持有者是洛杉矶县政府（音乐厅的地下车库也是由县政府批准和牵头建设的）；此外，相关的利益集团还包括洛杉矶市政府、迪士尼家族，以及来自各个方面的施工方和顾问，所有这些人和机构都可以对这个项目，以及弗兰克的设计提出要求。与不同的人打交道并不总是充满乐趣的，也并不总是能够碰撞出思维的火花，况且，对于弗兰克来说，这些势力他哪一边都得罪不起。这个项目的客户方就好比是一条多头蛇，各个方面之间稍有协调不到之处，项目就只得停步不前，这也是这个项目后来花了十六年之久才得以建成的非常重要的一个原因。迪士尼音乐厅项目，最终也成了弗兰克在职业生涯当中所经历过的最为漫长、也是最为痛苦的旅程之一。

而在弗兰克的这段旅程之中，还横亘着另外一个更大的障碍。项目开始后不久，弗兰克就被告知，他的事务所将不能独立地完成这座音乐厅的设计。在施工图——也就是最终用来实际建造的工程图纸——的编制阶段，他们必须要与另外一家机构进行合作。这种合作，可不仅仅是单纯地找来另一家机构来分担一部分工作量那么简单的。建筑师的职责，如建筑师格雷格·帕斯卡雷利（Gregg Pasquarelli）所言："建筑师并不实际地去建造房子，我们只是为实际建造房子的人编制说明书。"而将施工图设计交给另一家机构，意味着弗兰克为这个项目编制说明书的权利被剥夺了。弗兰克认为，这是对他的一种极大的羞辱，确实，这样的合作让他很难接受；尽管对于一些较小的事务所来说，将自己的设计方案的施工图编制工作委托给其他的更大一些的机构——这些机构被称之为执行建筑师——已经算是建筑设计行业中的一种相对常规的工作方式了，但弗兰克知道，如果他选择了这样做的话，他便相当于主动地放弃掉了项目的相当程度的控制权，而失去控制，从来都是让弗兰克最为痛苦的事情之一。弗兰克陷入了骑虎难下的境地：那个时候，他已经很难再拒绝这个项目了，因为在此之前他非常高调地接受了这个项目的委托，如果这时候再因为这种问题而放弃，会显得他很小气。完成这样一座超复杂的建筑的设计，对弗兰克的事务所来说确实是一个极大的挑战。他们此前做过施工图的那些项目，在复杂程度上都远比这个项目低得多，所以，也难怪音乐中心会觉得他需要执行建筑师的辅佐。但是，这样的安排，意味着弗兰克对于这栋建筑最终的模样的决定权受到了限制。执行建筑师负责将弗兰克的设计概念转译成为能够实际建造的建筑形式。而如果执行建筑师觉得某些形式太过怪异，以至于不知道该如何进行落实时，会发生什么样的情况呢？

弗兰克非常担心这种情况的出现。但是，鉴于执行建筑师的加入已经不可避免，弗兰克最终决定，至少是要找一个他认识的建筑师经营的事务所来担当这一职责，他找到了年长他两岁的建筑师丹尼尔·德沃斯基（Daniel Dworsky）。在来洛杉矶开办自己的建筑事务所之前，德沃斯基是密歇根大学美式足球队的一名队员。和弗兰克一样，德沃斯基也是个现代主义者，并且也曾经为拉斐尔·索里亚诺、威廉·佩雷拉，以及查尔斯·拉克曼等深刻影响了弗兰克职业生涯的建筑师工作过，虽然德沃斯基联合事务所最为擅长的建筑类型是体育设施、机场和商业建筑，与弗兰克做的建筑并没有什么交集，但是，这并不妨碍这两位建筑师之间一直以来的亲密友谊。

然而，他们之间的合作关系，最终却还是不可避免地成了一场灾难。音乐中心总是一味地想要加快项目的进度，弗兰克的方案设计还没有做完，他们就要求德沃斯基开始编制施工图。弗兰克几乎是把他之前的中标方案彻底重做了一遍，方案的造型也变得愈发复杂。那段时期，弗兰克对于他在维特拉设计博物馆项目上首次尝试的那种曲线的、流动的造型越来越感兴趣，因此他把这种造型语言也引入到了迪士尼音乐厅的设计之中，这使得他当时改出的建筑造型，已经与之前为他赢得竞赛的初步方案极为不同。

当然，音乐中心之所以将迪士尼音乐厅的项目委托交给弗兰克，本来就是期待着能够得到一个与众不同的设计，所以，复杂的设计本身并不是问题。但是问题在于，弗兰克所给出的建筑造型，看起来似乎越来越难以进行建造了，而德沃斯基联合事务所的建筑师们，甚至已经无法理解弗兰克的设计。吉姆·格里姆夫意识到，要想把弗兰克构思出来的这些愈发复杂的建筑造型建造出来，唯一的办法，就是寻求计算机的辅助，他们必须尽快地掌握最为前沿的技术手段。他说服了从来没有亲自使用过计算机的弗兰克，允许他们的事务所在设计中应用一款由法国的一家飞机制造公司开发的设计软件。这款软件名为 CATIA，是英语“计算机辅助三维交互式应用”（Computer Aided Three-dimensional Interactive Application）的首字母缩写，其开发的初衷是为了辅助编制飞机建造所需要的图纸和文件，而飞机的造型，与弗兰克所设计的迪士尼音乐厅很类似，都具有大量的复杂曲面。除了辅助设计以外，CATIA 还能够辅助工程师来进行结构计算，而且，这款软件还能够让一些独特的异形构件的单独生产变得经济可行，使得设计师在进行方案设计时不必再拘泥于标准化构件的重复使用。

对于弗兰克的事务所而言，这是一次巨大的技术飞跃，因为在此之前，他们连最简单的 CAD（Computer-aided Drafting，计算机辅助制图）系统都很少使用。尽管从 20 世纪 80 年代起，能够显著提升二维制图的工作速度的 CAD 系统，就已经在各个建筑师事务所中流行起来了，但是，早期的 CAD 系统，对于复杂的三维形式的控制，还远远比不上 CATIA，而且也无法如 CATIA 一般，在计算机的显示器上直观地呈现出建筑的 3D 虚拟模型。弗兰克的事务所对于 CATIA 的初次应用，是为了辅助绘制他们位于巴塞罗那海滨的一尊巨大鱼形雕塑的图纸。弗兰克是在 1989 年接到的那个项目的委托，而客户的要求是必须赶在 1992 年巴塞罗那奥运会开幕前建好，如此紧张的项目日程，如果没有数字技术的辅助，是绝没可能实现的。而巴塞罗那项目的经验，使得弗兰克和他事务所的员工们都意识到，CATIA 能够让复杂的设计得以在规定的日程，以及规定的预算之内完成，吉姆·格里姆夫说道："巴塞罗那项目引起了弗兰克的注意——在此之前，他对于计算机从来都是不屑一顾的。"

仿佛是忽然之间，弗兰克就成了计算机和技术的信徒。虽然他对于亲自使用计算机依旧不感兴趣，但是他意识到，计算机能够以一种比他想象中更为高效的方式，将他的想法和概念转译成为可以实际建造的建筑体量——而随着他在头脑中所构思的造型越来越复杂，数字技术，对他的事务所而言，也越来越成为一件必不可少的工具，数字技术不只是能够提高建造效率，有些复杂形体，如果没有数字技术的帮助，根本就无法实现。他信任格里姆夫，他相信格里姆夫对于计算机的应用，对他的建筑设计而言是一种支持，而非改变。"在事务所中引入计算机技术，我们的基本原则就是不能对弗兰克的设计过程产生干扰和影响。"格里姆夫说道，"弗兰克的思考方式是三维的，这样的思考和设计方式所带来的挑战之一，就是其使得传统的二维图纸变得不再适用，二维施工图很难将他的那些非欧几何式造型的建筑清晰地表达出来，这也在实际建造的过程中造成了大量的困难。"而弗兰克在维特拉设计博物馆之后的两个重要项目，在建成效果上，比之他在设计阶段的构想都大为逊色，这也让弗兰克认识到了寻求技术支持的急迫性，这两个项目，都采用了曲线与方盒子相结合的造型手法，一个是位于洛杉矶阿纳海姆的迪士尼乐园行政楼（Team Disney），还有一个则是巴黎的美国中心（American Center）。随着弗兰克的设计在几何形态上变得愈发的复杂，将他的设计转译为可建造的建筑形体也变得愈发具有结构上和经济上的挑战性。但是有了 CATIA 的帮助，他往往能够以更少的妥协来换取设计的实现。弗兰克意识到，计算机这件工具，能够将他从客观条件的种种限制中解放出来。

在迪士尼音乐厅项目开始后的第一年里，设计的进展断断续续，并不顺利。“我记得我们总共尝试了五六十种不同的音乐厅造型模式。”项目的主创设计师迈克尔·马尔岑这样说道。直到 1991 年，随着 CATIA 的引入，他们的设计进度才开始逐渐加快。最终的方案在平面上呈矩形，与邻近的街道成夹角式布置，建筑的立面被极富雕塑感的造型元素所缠绕起来，弗兰克的想法是，立面上的这些包裹体量就如同被撕开的包装纸，而里面的音乐厅则如同是透过包装纸的缝隙暴露出来。伴随着弗兰克在工作中对于 CATIA 的辅助越来越适应，他的造型语言也变得越来越具有流动性，整个建筑的形体就如同一艘在疾风中翻滚的巨大帆船一般。弗兰克希望能够以石材来包裹建筑的曲面表皮，他觉得这样能够使建筑显得更为高贵和正式，也能让建筑在城市环境中的地位得到提升；另一方面，总是有人质疑他在设计当中执着于他生涯早期惯用的那些廉价材料，而这样的处理，也是对于这类质疑的一种回击。CATIA，至少在理论上，能够指导切割机械，切割出用于覆盖弗兰克所构思的这种巨大的曲面结构体系的复杂石材分块，并且能够通过计算使得这种切割方式具备经济上的可行性。

然而不幸的是，德沃斯基联合事务所对于 CATIA 的应用并无经验，随着设计方案变得越来越复杂，他们似乎越来越难以将其落实成为可用的施工图纸了。弗兰克之前对于这种合作的担忧还是变成了现实，德沃斯基无法理解他的设计，以至于他不知道该如何对其进行建造。虽然克雷格·韦布被弗兰克派驻到德沃斯基事务所，专门负责协调两方的合作，但是最终，德沃斯基事务所勉强编制出的施工图，依然非常不清晰，以至于难以有效地指导建造过程。而项目的施工方，面对这样的一套令他们难以理解的施工图纸，也纷纷开出了高昂的报价以求自保，这使得这个项目的造价，甚至在施工还未开始时就似乎已经远远地超出了预算。迈克尔·马尔岑记得，在 1992 年，他们曾对项目的造价进行了一次预估，得出的结果达到了惊人的 2.1 亿美元，相当于莉莉安捐款金额的四倍还多。而随着项目的进展，这一数字似乎也注定只会继续提高。

盖里事务所与德沃斯基事务所之间的关系变得愈发紧张。除了编制施工图纸之外，德沃斯基事务所还要负责深化弗兰克的方案，以使其能够满足相关建筑法规的要求，这意味着，在这个项目上，真正与城市的规划和建设部门打交道的建筑师其实是德沃斯基，而非弗兰克。此外，这个项目还有着来自另外一方面的压力，那就是莉莉安·迪士尼所制定的，要求项目必须在她捐款后的五年之内开工的期限，为了满足这一期限要求，洛杉矶县政府只得在音乐厅主体建筑的设计完成之前，就先行开始建设位于主体建筑地下的地下车库。所以，当这个项目于 1992 年举办动工仪式时，真正能够开工的其实只是地下车库部分，而不是上面的音乐厅。

到了 1994 年年初，音乐厅主体建筑的施工还依然迟迟没有开始。那年一月发生的北岭地震，又使得整个项目必须重新进行结构设计，将结构体系更改为钢框架结构，这也造成了更长时间的拖延以及更高的造价花费。那年 8 月，音乐厅项目的筹备委员会宣布，这个项目在其 2.1 亿美元的预算基础上，还需要另外的 5000 万美元的资金，而资金筹集的过程也极为不顺利。人们开始觉得，这座建筑也许永远也建不起来了，所以，没有人愿意为一个注定会失败的项目投钱。彼时，在这个项目的诸多客户之中，最为焦虑和不坚定的，就要属洛杉矶县政府了，他们甚至开始讨论中止音乐厅的土地租约，转而对他们已经先期建好的地下车库进行改造，使其成为一座独立的建筑。县政府的一位律师理查德·S. 沃尔佩特（Richard S. Volpert）说，洛杉矶县的管理者们当时已经在准备，以这个项目超出了这座城市的能力范围，无法实施为理由放弃这个项目了。“如果你投入足够的金钱，你能够造出原子弹、飞向月球，以及建成迪士尼音乐厅。”沃尔佩特这样描述这个项目。

到了 1994 年底，这个项目已经很明显地进行不下去了。弗兰克感到了极大的挫折和失落。这种失落，并不仅仅是因为这个对他来说十分重要的项目被——也许是无限期地——搁置了，他更难以接受的，是这个项目的搁浅所给他带来的那些批评和指责。因为这个项目，很多洛杉矶人将弗兰克视为是一个不负责任的，只知道设计一些根本建不成的、幻想中的建筑的建筑师。这是弗兰克所能想象到的，让他最为痛苦的一种批评，因为一直以来，他都自认为在设计中足够注重实践，至少是比外界对他的普遍印象要实际得多，而他原本是将迪士尼音乐厅项目视为是一次能够展现他实践能力的绝好的机会，这样的一个项目，不仅是能够体现他的创造力，更重要的，是能够淋漓尽致地展示他对于这类规模庞大、造型复杂的项目的高效控制力。然而到头来，这个项目却成了人们眼中的一个昂贵的笑话。据理查德 · 科沙拉克回忆，德沃斯基事务所绘制的施工图，基本上“完全没法用”。弗兰克觉得，他在洛杉矶的声望遭到了极大的损害，这并不是因为他想要控制的东西太多，而恰恰是因为他所能控制的东西实在是太少了。弗兰克认为，是德沃斯基在施工图设计上的失败，导致了整个项目的崩溃。

弗兰克与丹尼尔 · 德沃斯基的友谊，也因为这个项目而走到了尽头，不过，与这个项目的中止给弗兰克带来的巨大打击比起来，这点小问题也就不算什么了。迪士尼音乐厅项目有着太多相关的公共和私人利益集体，这些利益集体在项目的背后构筑出了一张错综复杂的政治关系网，这种政治结构，再加上一个根本就理解不了弗兰克的设计，更不知道该如何将其建造出来的执行建筑师，这种组合，显然，是无法胜任一个如此具有挑战性的建筑项目的。事实上，可以想见的是，即使是在客观环境十分理想的条件下，要建成这样的一座建筑，也是困难重重的。虽然弗兰克从一开始就觉得，把施工图编制工作交给一个单独的执行建筑师团队是个彻头彻尾的错误，但是，木已成舟，迪士尼音乐厅项目终于还是停滞了下来，此时的弗兰克，再进行任何争辩，也都已经毫无意义了。

弗兰克一直以来都把自己视作是一个局外人，尽管有时他其实也很乐于得到权威的垂青和邀请，进而成为“局内人”。本来，他把沃尔特 · 迪士尼音乐厅项目当作是一个能够帮他进入到这座城市的影响力集团的机会；但是，这个项目的搁浅，让他觉得是遭到了权力阶层的合伙打压和排挤。就在几年之前，他还颇为自得于新音乐厅的主创建筑师这个身份，非常享受在城市中被人认出来的感觉，但是到了 1994 年，他开始有点害怕在这座城市的餐厅和宴会之上露面了，因为迪士尼音乐厅彼时已经成了这些场合上的一个笑柄，到处都是如理查德 · 沃尔佩特的评论那般刻薄而充满嘲讽的奚落，甚至是一些弗兰克根本不认识的人，都会拿这个话题给他难堪。事务所里的年轻建筑师们，也觉得弗兰克对待工作，远不及迪士尼音乐厅项目还在正常推进时那般投入和充满热情了。“他变得更加难以取悦了。在那些年里，弗兰克简直就像是换了一个人。”曾经是弗兰克事务所的迪士尼音乐厅项目团队的主要负责人的迈克尔 · 马尔岑这样说道。

弗兰克非常生气，但是这次他又无法像往常那样，通过埋头工作来躲避生活中遇到的挫折，因为这一次，他的坏情绪正是来源于他的工作，来源于他职业生涯里所尝试过的最大也是最具野心的一个项目。于是，他开始利用一切机会，来逃避洛杉矶这座让他痛苦不堪的城市。自从 1947 年从洛杉矶联合车站下了火车，弗兰克第一次认真地考虑起搬去其他地方生活这个想法。他想过把他的事务所搬到纽约，甚至巴黎；有一度他还曾考虑过搬家到罗德岛州的纽波特去。就在几年之前，他的老朋友，建筑师理查德 · 索尔 · 伍尔曼（Richard Saul Wurman）刚刚搬到了那里定居，几年下来过得十分快活。伍尔曼是个特立独行的建筑师，他乐于与人探讨任何话题，这一点与弗兰克很像，他一生中最大的成功，莫过于创办了著名的 TED 大会（TED conference）。弗兰克，与他和伍尔曼的一位共同的老朋友，莫瑟 · 萨夫迪（Moshe Safdie），还曾经一起参与过早期的几次 TED 大会。

伍尔曼当时居住在纽波特的一栋古老的大宅院里，弗兰克打算搬到纽波特来的这一想法，让他感到兴奋不已。他不断地以纽波特绝佳的海岸区位来诱惑热爱航海的弗兰克。确实，纽波特的海港十分适合航行，从纽波特出发，可以方便而自由地畅游整个东海岸。伍尔曼甚至还帮弗兰克找好了一间空置的发电站，他觉得可以对其加以改造，作为弗兰克在纽波特的新办公室。但是，贝尔塔完全不同意搬到东海岸这个主意，她觉得东边只适合旅行，不适合居住。而且，贝尔塔认为，将一家已经颇具规模的事务所，整体搬迁到这个国家的另一端，所面对的困难是远远超乎弗兰克的想象的，她提醒弗兰克要谨慎考虑这一问题。最终，弗兰克还是意识到，其他的城市所带给他的种种诱惑，终究只不过是虚无缥缈的幻象：他钟爱的城市还是洛杉矶，尽管其他城市有各种吸引他的地方，但他还是不愿意离开洛杉矶。在迪士尼音乐厅项目彻底停滞后，弗兰克接受了《洛杉矶时报》的一次采访，他在采访中说，他感觉自己就好像是一个被自己的城市所抛弃的弃儿。事实上，当在生活和事业中遇到难以承受的状况时，弗兰克一直都倾向于选择放弃，所以，在迪士尼音乐厅项目上遭受挫折后，弗兰克本能地做出了逃离洛杉矶这座城市的第一反应，其实也并不奇怪。

* * *

最终，弗兰克放弃了永久搬离洛杉矶的想法，转而选择以频繁的旅行作为排遣忧愁的方式。有些旅程是完全漫无目的的，纯粹就是为了逃避。1994 年春天，弗兰克和贝尔塔，与他们的朋友，住在普林斯顿的文艺复兴艺术史学家欧文 · 拉文和玛丽琳 · 拉文夫妇（Irving and Marilyn Lavin）一起，进行了一次漫长的欧洲自驾游。这次旅行，从某种程度上来说，很像是当年弗兰克与马克 · 比亚斯夫妇一起进行的那些旅行的一个翻版。拉文夫妇与盖里夫妇一起，驾车横穿了西班牙和法国，途中参观了大量的罗马风教堂——欧文 · 拉文记得他十分惊讶于弗兰克对于罗马风建筑的浓厚兴趣——还在法国第戎停留了一阵子，而正是在第戎的这段驻足，对弗兰克日后的创作产生了非凡的影响。在那里，拉文夫妇带着弗兰克欣赏了 14 世纪荷兰裔雕塑家克劳斯·司吕特（Claus Sluter）的作品，司吕特以其在石雕上表现流畅的织物质感的技巧而著称，他的作品，带给了弗兰克一种对于古典艺术的全新体验，这种体验，对弗兰克而言可以说是启示性的，自年轻时的欧洲之旅结束之后，弗兰克便再未体验到过如此这般醍醐灌顶式的艺术洗礼了。按照拉文的描述，司吕特的雕塑大多是些“身着宽袍大袖的巨大的人物塑像”，而在这些雕塑上大量出现的那种标志性的、巨大的衣褶造型，启发了弗兰克对于将流动的织物质感引入到固化的雕塑和建筑形式语言这种创作手法的思考。在司吕特的人物塑像作品中频繁出现的那些宽大的斗篷，直接地影响了弗兰克在此后的许多建筑作品之中所尝试和发展的造型语言。

虽然在迪士尼音乐厅项目上遭遇到了很大的困难，不过那段时期，弗兰克在其他城市、其他项目上的实践，其实还是颇有建树的。在洛杉矶，他可能会感到盖里这个名字已经被与失败联系在一起，但是在这座城市之外，他依旧享有无数的荣誉，也依旧被视为是那个时代最前卫、最具先驱性的建筑师之一。因此，对于洛杉矶之外的项目委托，无论是任何地方，他都十分乐意飞过去看一看。很多年来，弗兰克一直都在欧洲有着很好的声誉，而1991 年，他在欧洲的声望再一次地得到了大幅的提升，在那一年的威尼斯双年展上，负责筹备美国的参展作品的菲利普·约翰逊，决定在他主持的展览中只展出两位建筑师的作品，一位是弗兰克，还有一位则是他的另一个最爱——彼得·埃森曼。“盖里与埃森曼是截然不同的两位建筑师”，约翰逊写道。对于弗兰克，约翰逊评论称“他热衷于拓展建筑的可能性，并且敢于尝试前人从未尝试过的新造型和新材料，他创作上的缪斯（灵感源泉）是艺术”。（而与弗兰克相对，约翰逊认为，埃森曼的缪斯是“哲学”。）确实，弗兰克·盖里与彼得·埃森曼，代表了约翰逊在美学偏好上的两个极端：弗兰克认为建筑是直观的、体验性的，而埃森曼则将建筑视为是一种理性的思辨。

来自德国和瑞士的客户尤为热衷于盖里的建筑作品。在 1994 年，也就是迪士尼音乐厅项目被迫停止的那一年，弗兰克接到委托，在德国的杜塞尔

“弗雷德与琴吉之屋”，布拉格复兴的标志

多夫设计了由三座独立的高层办公楼组成的新海关大楼（Der Neue Zollhof）项目。事实上在那段时期，弗兰克还接到了来自柏林、法兰克福、汉诺威、巴特恩豪森，以及比勒菲尔德等多个德国城市的一系列新项目邀请。此外，在维特拉设计博物馆建成之前，罗夫·费尔鲍姆就委托弗兰克在巴塞尔市郊为维特拉公司设计了一座新的总部办公楼，当时那栋建筑已经接近完工。在布拉格，一个非常重要的地标项目也于 1992 年被委托给了弗兰克，在迪士尼音乐厅项目陷入停滞之际，这个项目则正处于有条不紊的施工过程之中。建成后，这栋建筑被人们称之为“弗雷德与琴吉之屋”（Fred and Ginger）或者“跳舞的房子”（Dancing House），成为象征着布拉格的城市复兴的标志性建筑物。这栋建筑纯粹而富于流动感的造型，紧密地融入了布拉格古旧的街区秩序之中，成功地表现出布拉格这座城市大胆而自由的一面，同时，这座建筑也清晰地表明，弗兰克并不是如外界对他的普遍印象那般地漠视城市肌理，相反，他对既存的城市环境有十分浓厚的兴趣。

除此之外，那段时期里弗兰克还接手了许多大大小小的项目。1994 年，弗兰克的第一个位于法国的项目——巴黎的美国中心，也接近完工了，虽然尺度较小，但是美国中心曲线造型的石材立面，与弗兰克在沃尔特 · 迪士尼音乐厅的设计上采用的手法十分类似，所以，从美国中心的建筑形象上，其实可以窥见迪士尼音乐厅建成之后的面貌。此外，在韩国首尔，三星公司还邀请他设计了一座规模庞大的博物馆，而在距离洛杉矶更近的一些城市，弗兰克也颇有斩获。在西雅图，保罗 · 艾伦（Paul Allen）邀请他设计了一座用以纪念吉米·亨德里克斯（Jimi Hendrix）的博物馆。而几乎是与此同时，弗兰克在明尼阿波利斯为明尼苏达大学设计的一座以他的老朋友弗雷德 · 韦斯曼的名字命名的艺术博物馆，此外，他在托莱多设计的一座视觉艺术中心也开幕了。在那段时期里，弗兰克还参加了许多位于世界各地的建筑设计竞赛，他仿佛是觉得，坐在飞机上，在全世界飞来飞去，可以帮他逃避迪士尼音乐厅项目带来的伤痛。

弗兰克接手这么多项目，其实也是无奈之举，毕竟他得养活整个事务所的员工。在迪士尼音乐厅项目尚未因为种种困难而搁浅时，他对事务所进行了进一步的人员扩充。1992 年，他从兰顿 · 威尔逊公司挖来了几年之前曾经代替他完成了伊莱·布罗德住宅项目的建筑师兰迪·杰弗逊。与吉姆·格里姆夫类似，杰弗逊也以擅长管理复杂的项目而著称，虽然弗兰克从来没有亲自到访过建成之后的布罗德住宅——在遭到了弗兰克的数次严词拒绝之后，布罗德夫妇最终也放弃了再次邀请弗兰克的念头。但是弗兰克认为，能够建起他的布罗德住宅，证明杰弗逊显然能够理解他的事务所所设计的作品，杰弗逊的到来，也许能够帮自己分担一部分项目管理工作。弗兰克决定，将事务所的股份分给吉姆·格里姆夫和兰迪·杰弗逊，每人百分之二十，并将事务所的名称改为“盖里与合伙人事务所”（Gehry Partners）。[1]不过，最终使得格里姆夫和杰弗逊这两位合伙人与弗兰克之间建立起更为亲密的关系的，却并不是他们分得的股份，而是他们的一项共同爱好——帆船。他们三个都是帆船爱好者，在搭伴进行了几次成功的航行之后，弗兰克提议由他们三个人合资购买一条船。

将事务所的股份分给格里姆夫与杰弗逊，标志着弗兰克的事务所又向着真正的职业化迈进了一大步，不过，颇为讽刺的是，就在弗兰克对事务所的股权进行重新分配，为了实现更具专业性的设计服务而努力的同时，他正因为在沃尔特·迪士尼音乐厅项目上出现的种种问题，而被人们视为是一个只会制造昂贵笑话的，不切实际的幻想家。弗兰克并没有把事务所的股权，分给那个按照常理看来他最应该分给的人——格雷格·沃尔什。虽然沃尔什当时依旧对弗兰克忠心耿耿，而弗兰克也依然觉得自己应该以同样的忠实来对待沃尔什，但是，对于事务所里的那些大项目，当时的沃尔什已经越来越插不上手了。事务所在工作中对于 CATIA 以及其他形式的数字技术日益增长的依赖，也一直让格雷格难以适应。格雷格是个很老派的建筑师，他所擅长的是传统的案头功夫，对于使用电脑则十分不在行。到了 1991 年，情况事实上已经非常明朗了，格雷格在事务所中的资历，并没有为他换来一个重要的位置，在主要的项目上，他对于弗兰克的帮助越来越少。他的角色，已经转变成事务所里的年轻建筑师们的导师，以及事务所集体记忆的保有者，对于这间事务所里多年来发生过的一件件大事小情，格雷格甚至比弗兰

1 尽管弗兰克已经很少再使用他的中间名缩写，但是很多年来，他的事务所的正式名称一直都还是“弗兰克·O. 盖里与合伙人事务所”。中间名的缩写首字母 O，经常使得他的名字在寄给他的信件的收件人栏里，被错误地填写成“弗兰克·欧盖里”（Frank O’Gehry），一开始弗兰克还觉得这挺有趣的。但是，这个错误后来发生得太频繁，以至于成了他的一个困扰，所以他便在签名中省略掉了这个中间名缩写。

克记得还要清楚。这样的一个元老式的角色当然很有用，但是，对于这间快速发展的事务所来说，格雷格能够提供的帮助已经越来越有限。于是，弗兰克决定，是时候该劝格雷格离开了。弗兰克试图通过暗示来委婉地表达自己的意思，他希求格雷格能够意识到，对于他来说，要想保护他们之间这段长达四十年的友谊，最好的方式只有离开。

从没想过要离开弗兰克身边的格雷格，其实也能感觉到自己在事务所中的位置正变得越来越无足轻重，但是即便如此，他还是在事务所里继续待了几个月，迟迟无法下定离去的决心。而弗兰克也不愿意不留情面地直接开除掉自己的朋友，于是，在对待格雷格的工作时，他变得越来越苛刻，觉得这样也许会让格雷格因为无法忍受挫败感而自己离开。这是一种极端消极而且极为伤人的做法，而这种做法，除了让弗兰克感到内疚，并且加剧了他们之间的紧张关系之外，什么实质性的作用都没起到。格雷格找到了事务所里经常在弗兰克身边进行工作的两位资深建筑师，大卫·丹顿（David Denton）以及罗伯特·黑尔，与他们进行了一次长谈。随后，在 1991 年初，他给弗兰克写了一封亲笔信，在信中，他恳求弗兰克交给他一些更有意义的事情来做，并且希望弗兰克能够将他的工作转为半职(half-time basis)。

弗兰克始终无法面对格雷格，他不知道该怎么就去留问题向格雷格开口，于是，他只得让吉姆·格里姆夫出面去与格雷格谈。格里姆夫把格雷格叫到了事务所门外，在靠近科洛弗大道一侧的平台上，他们两个人进行了一次满含深情的长谈。格里姆夫向格雷格摊牌了，他告诉格雷格，随着事务所的发展，他们已经无法再提供给他一个合适的位置了，而如果他想继续维系与弗兰克的这份多年的友谊，唯一的办法，或许就是把自己的身份退回到一个朋友的位置，而不再作为同事出现在事务所里。

几天之后，格雷格走进了弗兰克的办公室，终于，他告诉弗兰克说他决定离开了，他觉得自己在盖里与合伙人事务所的生涯是时候该告一段落了。离开弗兰克的事务所后，格雷格选择了到洛杉矶的南加州建筑学院去教书，有时他也会与洛杉矶当地的其他一些事务所合作一些规模较小的项目。他把更多的时间，花在了他与弗兰克的另一项共同爱好——音乐上，也正是音乐，让他与弗兰克在青年时代起便成了好朋友。偶尔他也会回到弗兰克的事务所，帮助他们整理一些存档，或者是处理一些与事务所的历史相关的其他事务，而解决了格雷格这个棘手问题的弗兰克，对于这位老朋友的回访也从来都十分欢迎。如果说吉姆·格里姆夫与兰迪·杰弗逊的到来，标志着弗兰克的事务所在组织形式上所取得的长足进步，那么，作为这间事务所里仅剩的一个，曾经亲历过那些狭小、杂乱、文艺而荒唐的早期日子的人，格雷格·沃尔什的离去，则在情感上标志着弗兰克和他的事务所同他们过去时光的告别。

* * *

在那段日子里，弗兰克生活中的另外一个重要的部分也在发生着变化。几年之前，在他获得普利兹克奖之后，他并没有如他在获奖感言中调侃的那样，将奖金用于自己住宅的“施工完成”，而是用那笔总额十万美元的奖金，在布伦特伍德，为他的母亲——一直以来都梦想着拥有一处属于她自己的住宅的西尔玛，买下了一栋独栋的小别墅。那栋小别墅附带有一个很小的后花园，弗兰克在其中设计了一架凉棚和一个门廊，以便西尔玛可以在户外小坐。到了 20 世纪 90 年代初，西尔玛的记忆逐渐开始变得模糊，她有些糊涂了，一天，她对弗兰克说，她觉得差不多是时候该开始准备他们的花园派对了。

“什么花园派对？”弗兰克问。

“呃，就是我们每年都要办的花园派对啊。”西尔玛回答他说。

弗兰克不置可否地附和着，他决定顺着母亲的意思，于是他问她都想要邀请谁。

“还是往常的那些人呗。”西尔玛说。

他们从来就没有办过什么花园派对，但是，弗兰克从西尔玛的眼中看到了这个派对对她的重要意义。于是，弗兰克把西尔玛的哥哥——他的凯利舅舅——和他的妻子，从多伦多接来了洛杉矶，并且还请来了西尔玛当时还在世的表亲们，以及他与贝尔塔的一些朋友，此外，他还聘请了多年之前曾经找他帮忙设计过店面的纽约面包圈公司（New York Bagel Company），来为派对提供餐饮服务。

在这次花园派对的准备过程中，还出现了一次小危机。随着预定的派对日期一天天的临近，西尔玛对于这场派对的规模的预期，似乎也变得一天比一天更盛大，于是，她找来了她的园丁，想请他帮忙砍掉花园里所有的树，以此来为她的客人们提供足够的空间。不仅如此，她甚至还要求园丁把她邻居家花园里的，乃至于整条街上的树也全都一齐砍掉。理所当然地，这让园丁十分为难，毕竟那些树木并不属于西尔玛所有，而在遭到了园丁的拒绝后，西尔玛打电话给了弗兰克，并坚持要求弗兰克过来帮他砍树。接到电话的弗兰克赶忙冲到了母亲家，他对西尔玛解释说他很抱歉，他们的派对，在规模上恐怕是要比她期望中的稍小一些了。不过，他向西尔玛保证，虽然规模小一些，但他们的派对一定会非常成功。

弗兰克说得没错，他们的花园派对成功极了。当时正在学习小提琴的萨姆·盖里，为来宾们演奏了几首曲子；西尔玛因为她的哥哥，以及其他家庭成员的到来而高兴不已；而来宾们献给西尔玛的发言和祝酒词，也让她感到十分的荣幸。在那个下午，西尔玛终于实现了她多年来的一个梦想——成为那个在家中大宴宾客的，风光的女主人。在那场派对后不久，1994 年，西尔玛就在儿子为她购置的那所房子里离开了人世，而直到去世那天，她都一直在回味着那个充满了幸福记忆的下午。接到母亲病危的电话时，弗兰克正在日本进行一场讲座。他立刻取消掉所有的行程，赶回了洛杉矶。但是，弗兰克还是晚了一步，他终究没能够见到西尔玛最后一面。

西尔玛·盖里被安葬在了伊甸墓园（Eden Memorial Park），但是并没有与欧文合葬在一起：因为在欧文去世时，他们家还买不起两块相邻的墓地，所以欧文身边的墓穴便都被别人占去了。西尔玛的墓地位于墓园里地势较高的山坡上，弗兰克特意将她的墓穴两侧的墓地都买了下来，他说，这是为了让西尔玛不至于觉得和陌生人挤在一起。在西尔玛的葬礼结束之后，弗兰克一家走下山坡，来到了欧文的墓地。那时，欧文已经故去三十二年了，而这是弗兰克在这三十二年来第一次来到自己父亲的墓前，也是他的儿子们第一次前来凭吊自己的祖父。

那也是为数不多的几次有弗兰克的四个孩子同时在场的场合。十五岁的萨姆，带来了一个鱼形的小雕塑，他把它放在了祖父的墓碑顶上。鱼形，似乎已经俨然成了盖里家的家族图腾，萨姆希望，通过这个图腾，让自己的祖父，与弗兰克自他去世以来所取得的事业成功，以及这些年来他们一家人所经历的种种喜怒哀乐，以一种象征性的方式联系起来。这一举动颇为伤感，而又颇具仪式感，这使得在生前一直坚称自己的姓氏是戈德堡的欧文，在去世多年之后，真正地成为盖里家族的一员，并且还被追认成盖里家族的创姓始祖——尽管他在生前从来不曾认同过自己的这个身份。

那一天，弗兰克久违地体会到了家人之间的亲密和温暖，并且还十分惊讶地察觉到了儿子内心的细腻情感，这些都让他久久难以忘怀。那时候，弗兰克的两个女儿都已经三十多岁了，而阿莱霍和萨米则还都只有十几岁，这四个孩子在成长的过程中，都或多或少地承受过父爱的缺失。他无疑是很爱他的孩子们的，但是，他却总是无法如自己所愿地，抽出足够时间来陪孩子们待上一会儿，他有做不完的工作，就算是工作之余，他也还要忙于同那些对他的创作有所启发的艺术家和建筑师们进行交游和应酬。父亲的每个周末都是在办公室里度过的，弗兰克的两个儿子对此甚至都已经习以为常了，在他们更小一些的时候，弗兰克有时会在周末加班时，把他们一起带到事务所去，在弗兰克埋头工作时，两个儿子就在事务所里面跑来跑去。不过，他们却并没有因为父亲是事务所的老板而养成某种优越感：萨姆记得，他小的时候甚至一直认为格雷格才是那间事务所的主人，而弗兰克只是个给格雷格打工的，因为他觉得格雷格似乎在言行举止上显得更加严肃和得体。

阿莱霍、萨姆、贝尔塔与弗兰克

偶尔，如果赶上了贝尔塔也有事要忙，弗兰克便会在星期六把两个儿子单独留在家里。一次，当他正准备出门去工作时，他看到两个孩子正坐在电视机前看动画片。“别看太久了——你们要是这么懒的话，耳朵里面会长出草来的。”他对他们说。到了下午，在户外玩了一阵之后，两个孩子又回到家里看起了电视，这时，阿莱霍听见弗兰克的车停在家门口的声音，他赶忙跑到院子里，拔了一把草。回到房间后，他把草分了一些给萨姆，然后两个孩子把草塞进了他们的耳朵里。弗兰克上楼后，发现两个孩子依然和他早晨出门时一样，躺在他的床上看着电视，他生气极了。“我不是告诉过你们吗”，他说着便要发作，忽然，他看到了孩子们耳朵里的草，这让他一下子转怒为喜，被逗得捧腹大笑。事实上，弗兰克真正想要的，不过就是这种简单、放松的，与儿子们在一起的时光，这也是为什么他总是倾向于对儿子们的要求百依百顺的原因之一。阿莱霍五岁时，曾经很好奇地问弗兰克，如果他没有那片从20世纪60年代起就一直蓄着的八字胡，会是个什么样子，儿子一发话，弗兰克二话不说就到卫生间去把胡子剃掉了。（不过，当阿莱霍看着他父亲光滑的上唇，央求他能不能再把胡子加回去时，弗兰克就没有那么配合了。从那之后，他便再也没有蓄过胡子。）

弗兰克的这两个儿子在学业上都不是一帆风顺的。阿莱霍患有阅读障碍，他的学习生涯起起伏伏，其中还有五年是在一所专门为患有学习障碍的学生设立的学校里度过的。他具有极强的视觉敏感性——在孩提时代，他就能够分辨出挂在家里墙上由不同艺术家创作的作品——他记得自己曾经梦想成为一名医生，但是，他的第一堂生物课，就让他彻底失去了这方面的兴趣。后来，圣莫尼卡高中的一位非常富有天赋的艺术教师，鼓励阿莱霍去发展自己对于艺术的兴趣，最终，阿莱霍毕业于罗德岛设计学院。

与阿莱霍相比，萨姆显然对于建筑更感兴趣，不过在一开始，他的理想也不是成为建筑师，而是希望能够成为一名工业设计师，1998 年，从洛杉矶县立艺术高中毕业的萨姆，入读了位于巴尔的摩的马里兰艺术学院。三年后，对自己的未来，以及自己究竟想要做什么感到有些迷茫的萨姆，决定休学一年。弗兰克于是鼓励萨姆回到洛杉矶，到他的事务所里帮忙做一些家具和产品设计相关的工作。“他把我骗了回来，”萨姆说，“所谓的产品设计根本就没有什么工作量，很快，我就开始跟着他们一起做建筑了。”后来，萨姆实际上成了他父亲事务所里的一名学徒，不过，当时的他，还依然不太确定自己是否具有足够的愿望和能力去追随父亲的事业。就这样在弗兰克的事务所里学习了几年之后，萨姆又到洛杉矶的另外一位建筑师的事务所去工作了一阵子。随后，他去了维也纳，在那里学了一年建筑。暑假的时候，他又回到了弗兰克的事务所，而从那以后，他便再没离开。2006 年，已经开始了自己建筑师生涯的萨姆，发了一封电子邮件给他的父亲。“在你的事务所里的那些经历，一直都激励着我，让我明白必须将自己手上的任何工作都努力地做到最好，真的非常感谢。”他写道，“谢谢你。是你让我明白了自己真正想做的是什么。谢谢你，爸爸。爱你的，萨姆。”读到这样的一封邮件，弗兰克高兴坏了，他甚至还将这封邮件打印出来摆在了自己的办公桌上。这不仅仅是他作为一名父亲的骄傲。更重要的是，萨姆的这封电子邮件，让弗兰克意识到，尽管孩子们有时会不听他的话，惹得他非常生气，但是，他们总是能够带给他一种他从其他任何人或事物上都得不到的、极大的满足感。

除了建筑和设计之外，弗兰克的两个儿子还继承了他们父亲的另一大爱好——冰球，萨姆和阿莱霍对于冰球的兴趣，由来的近乎偶然。一次，弗兰克带着全家到太阳谷（Sun Valley）旅行，他想让儿子们到那里去学习滑雪，而置身于太阳谷冰雪世界中的弗兰克，忽然又怀念起了少年时代穿着溜冰鞋畅快滑行的感觉，自从离开加拿大，他已经很多年没有滑过冰了。于是，趁着阿莱霍和萨姆学习滑雪的时间，弗兰克租了一双冰鞋，走进了一座滑冰场，结果刚一上冰，他就摔了个仰面朝天。不过，这更激发了他对于重拾滑冰技巧的渴望，回到洛杉矶之后，他便开始在位于圣费尔南多谷的一家冰场里上起了滑冰课。他还记得自己小时候对冰球有多么的热爱，所以，他把两个儿子也一起带到了冰场，希望他们也能体会一下自己童年的乐趣。很快，他们父子三个就能够一起滑冰了。萨姆和阿莱霍非常渴望能够加入一支少年冰球队，而孩子们对于冰球的兴趣，也让弗兰克高兴不已，他向贝尔塔保证，他会承担起接送孩子们去冰场进行练习和比赛的任务。结果，不出所料地，弗兰克没能够信守自己的这个承诺，因为当时他已经开始经常到国外出差，所以没有办法总是留在洛杉矶，按时地接送孩子们打球，作为两名冰球手的父亲，他显然不太合格。“所以，我认识了从托兰斯（Torrance）到帕诺拉马城（Panorama City）的每一座冰场。”贝尔塔说，“我成了个冰球妈妈。”

而重新开始练习滑冰后没多久，在洛杉矶的名流圈子里人缘颇好的弗兰克，就结交了许多和他一样爱好冰球的名人。在他上滑冰课的那家冰场，他认识了同样在那里上课的制片人杰瑞·布鲁克海默（Jerry Bruckheimer）。当时，布鲁克海默正打算在好莱坞组织一支冰球队，于是他邀请弗兰克也加入了进去。彼时，效力于洛杉矶国王队的职业冰球选手里克·查特劳（Rick Chartraw）的妻子，莫林·查特劳（Maureen Chartraw），正在诺尔家具公司担任顾问，而因为曾经为诺尔公司设计过几把椅子，[1] 弗兰克结识了查特劳夫妇，并且一直与他们保持着不错的关系。查特劳夫妇曾经邀请弗兰克带着他的两个儿子，一起去现场观看了一场国王队的比赛。和孩子们一样，弗兰克也是国王队的狂热球迷，而能够与球员们见面，也让弗兰克激动不已。后来，弗兰克决定在自己的事务所里也组建一支冰球队，他以自己名字的首字母缩写，将球队命名为了“迷雾队”（FOG）。弗兰克自己出任球队的中锋，他的两个儿子萨姆和阿莱霍，以及事务所里的建筑师迈克尔·马尔岑和保罗·鲁伯维基等，也都加入了其中。后来，弗兰克在这支球队里一直打到了七十多岁，直到长期的背痛让他难以继续滑冰，他才不得不离开了冰场。

与阿莱霍和萨姆比起来，莱斯利和布丽娜的日子就要艰难得多了。虽然弗兰克的两个儿子在学业上都遇到过不小的问题，但是，他们在成长的过程中，至少有一个完整的家庭，以及一对相亲相爱、住在一起的父母，而这样的条件，对于弗兰克的两个女儿来说，从她们的童年时代起就只能是一种奢求。虽然弗兰克一直努力地与女儿们保持着联系，但是，自从安妮塔再婚之后，他对于两个女儿的探视机会变得越来越有限了，以至于有那么一段时期，他与女儿们的联系几乎都要中断了。贝尔塔能够理解弗兰克对他的两个女儿的牵挂，所以，她一直鼓励弗兰克多花些时间陪在女儿们身边，而在与弗兰克结婚之后——两个女儿都没有来参加她们父亲的婚礼——贝尔塔也一直都在尽最大努力承担她作为一名继母的责任，她常常劝说弗兰克把莱斯利和布丽娜也邀请到他们一家人的家庭活动中来。但是，在那段日子里，贝尔塔大部分时间要忙着照顾自己的两个年幼的儿子，而弗兰克的两个女儿，尤其是莱斯利，在性格上也有些忧郁而孤僻。在童年时代，她和布丽娜有时会给弗兰克写小纸条，告诉他她们有多想念他。莱斯利后来毕业于位于瓦伦

1　仿佛是唯恐有人质疑冰球运动在他的生活中，乃至在诺尔家具的发展历程中扮演的重要角色，弗兰克将他为诺尔公司设计的两把由枫木条制成的椅子，以冰球术语进行了命名，分别叫“横杆推阻”（Cross Check）和“帽子戏法”（Hat Trick）。

因为热爱冰球，弗兰克将他为诺尔设计的由弯曲胶合木板制成的椅子命名为了“横杆推阻”

西亚市的加州艺术学院，成了一名出色的艺术家。她曾经创作过一组卡通画作品，在每一页上，都画着一张孩子的脸以及一个留着八字胡的男人的形象，两张面孔的表情在每一页都各不相同，有时相视而笑，有时彼此蹙眉。在最后一页，画中的那个孩子——很明显是莱斯利自己——在亲吻着那个留着八字胡的男人，也就是她的父亲，两个人都在开心地微笑着。

在阿莱霍和萨姆看来，他们的母亲贝尔塔，似乎天生就特别会持家，她用温暖的爱意呵护着一家人，同时又以她坚定不移的决心和有条不紊的行事风格，把一家四口的生活打理得井井有条，这样的家庭生活，也是莱斯利和布丽娜在成长过程中所鲜少体验过的。贝尔塔从萨姆出生前就开始在弗兰克的事务所工作，主要是负责管理账务，而她似乎是理所应当地，把她在弗兰克事务所的工作，与她的家庭职责联系在了一起。她养成了把工作带回家的习惯，经常在儿子们跟着家庭教师学习的时候，或者是趁着儿子们进行冰球训练的时间，坐在冰场旁边冰冷的板凳上做她的工作。贝尔塔对于丈夫弗兰克的拿捏也很有一套，这也是安妮塔从来未曾做到过的。“我们家是我妈妈当家。”阿莱霍这样说道，“有时，如果我爸爸因为一些开发商或者工作中的什么事情而生气，带着不好的情绪回家，我妈妈就会对他说：‘弗兰克，记着，我们与你的工作无关。我们是你的家人。’”

* * *

弗兰克的事务所，从一间很酷的、具有鲜明个人风格的艺术家工作室，逐渐转变成一家由新技术驱动的设计公司——盖里与合伙人事务所，办公地点也从威尼斯的海滨转移到了圣莫尼卡的科洛弗大道，搬进了那里的一栋宽敞而略显杂乱的工业建筑之中。而这一转变过程，与弗兰克的一位最具个性，也是最为富有激情的客户的影响是分不开的，这个客户，就是进步保险公司（Progressive Insurance Company）的主席，大富豪彼得·刘易斯（Peter Lewis）。事实上，弗兰克与刘易斯的关系，在他与所有客户的关系之中，可以说是最为独特的。刘易斯是在 1984 年第一次见到的弗兰克，那时候，他刚刚在克利夫兰——他公司总部所在的城市——的市郊买下了一大片土地，打算在那里为自己修建一座新的住宅。他的一个朋友告诉他，弗兰克盖里正要在克利夫兰的当代艺术博物馆作一场讲演，推荐他去听听看；刘易斯后来写道，他此前对弗兰克基本上毫无了解，只是听说他是“一颗冉冉升起的新星”。刘易斯是这样回忆弗兰克留给他的第一印象的：“我原本以为那天将要见到的建筑师，一定会是那种充满个人魅力，锋芒毕露的类型，结果我看到的却是又矮又壮，一副儒雅的学者派头的盖里。他那天身穿着一件不太合身的西装，戴着一副无框眼镜。在讲座中，他谦逊地描述了他是如何将客户的目标和需求，逐渐地融入和发展成为在他身后的大屏幕上闪动着的，那些张扬而奔放的建筑形式的，我被他的讲演迷住了。我觉得盖里不仅是一位建筑师，更是一位艺术家。他具有敏锐的洞察力，学识渊博而又富有想象力，而与此同时，他似乎又是一个非常脚踏实地的家伙……当时我就想，以我的热情和资源，一定能够为盖里的才华提供极大的助力，让他做出一些更棒的东西。”讲演结束后，因为围绕在弗兰克身边的人群实在是太过拥挤和热情，刘易斯并没有得到向弗兰克介绍自己的机会。从那之后又过了两年，刘易斯才打电话给了身在洛杉矶的弗兰克，在电话中，刘易斯说他曾在克利夫兰听过弗兰克的讲演，并问弗兰克是否有兴趣，在他位于克利夫兰市郊的那块 12 英亩（约合 4.8 万平方米）的地产上，为他设计一座住宅。

很快，刘易斯就飞去了洛杉矶与弗兰克会面，在一个下午，他们两人一起参观了几个盖里设计的住宅项目，其中就包括弗兰克的自宅，而那栋建筑也让刘易斯兴奋不已。他们很快就建立了亲密的友谊：正如刘易斯后来所言，他们两个都是“传统的反叛者、精神分析学的认同者，以及政治上的进步分子”。两个人似乎在所有方面都极为相似，当然，除了他们银行账户里的余额。刘易斯梦想着自己能够成为如同当年委托弗兰克·劳埃德·赖特设计了落水别墅的埃德加·考夫曼（Edgar Kaufmann）那样的出资者，他希望提供给弗兰克以同样的机会，让弗兰克为他也设计出一座能够永远载入建筑史册的，独一无二的住宅，而他将充满荣幸地在那栋杰作中度过自己的余生，并在死后将其向社会大众开放。

他告诉弗兰克，他为这座他梦想中的住宅准备了 500 万美元的预算，并且预付给了弗兰克 5000 美元的设计预付金。此外，他还承诺，在这个项目上，他将会给予弗兰克绝对充裕的创意和思考时间。因为太着迷于弗兰克的自宅，刘易斯不禁询问弗兰克是否有意保留他那片场地里现存的房子，然后也对其作一些类似的改造设计。过了九个月之后，弗兰克给刘易斯打电话说他觉得这个主意实现起来有点难度，并问刘易斯是否介意把原有的建筑拆掉。其实，刘易斯本来就是打算把那栋旧房子拆掉的，他没想到弗兰克会如此认真地对待和考虑他的随口一问。

于是，弗兰克重新开始了他的设计构思，刘易斯问弗兰克是否能够在六周之后亲自到克利夫兰对他作一次设计汇报。弗兰克同意了，并且在六周过后，带着一个巨大的模型出现在了刘易斯的面前，他的这个设计，由一组围绕着一个开放式庭院呈 U 形排开的小建筑单体组成。在庭院的中央，弗兰克设置了一栋如同一条盘着的蛇形的小单体，内部包含的使用功能是一间游戏室；此外，他还设计了一座鱼形的玻璃花园凉亭；其他的小单体都是由不锈钢屋顶以及黑色玻璃楼板搭建而成，每个单体在几何造型上都各不相同。刘易斯住宅的设计，在时间上，与施纳贝尔住宅和温顿客宅的设计大概处在同一时期，所以，可以很明显地看出这几个项目之间存在的关联性。

但是，刘易斯住宅无疑是这几个项目之中最为大胆，也是最具创新性的一个，看过弗兰克的设计后，彼得 · 刘易斯也感到激动不已。他将他的这座新住宅命名为了“布鲁克伍德”(Brookwood)，并且迅速地做好了施工建设的一切准备，只等弗兰克将他的设计落实成一套施工图，就马上可以开工。一开始，弗兰克承诺的施工图交图期限是 1986 年 3 月。但是弗兰克却并没有按照这个既定的日期准时地完成工作，不过，刘易斯倒是也有多等一阵子的耐心，这在一定程度上是因为弗兰克当时正越来越受到全世界的瞩目——他正在设计维特拉设计博物馆，他的第一个欧洲项目——而这种世界性的关注度也让刘易斯感到十分兴奋。刘易斯试图扩大他与弗兰克的合作，他再一次地就位于克利夫兰市中心的进步保险公司新总部项目向弗兰克发出了设计邀请，弗兰克此前曾经拒绝过一次这个项目，并将其推荐给了菲利普 · 约翰逊，而约翰逊又转而推荐了彼得 · 埃森曼。最终，刘易斯绕了一圈，又找回了弗兰克，而这一次他终于说服弗兰克接受了他的这个委托，对于这个项目，弗兰克给出的设计，是一座总共 54 层的高层塔楼，在塔楼的顶端，还设置着一座由克莱斯 · 奥登伯格创作的雕塑作品。

一座盖里的摩天楼，楼顶上还顶着一尊奥登伯格的雕塑，这个主意，显然是不会获得整个克利夫兰的一致赞赏和支持的，最终弗兰克的这个设计并没有得以建成——虽然在一开始，进步保险公司的董事会对于弗兰克的参与还是十分热情的，但是很快，随着他们越来越发现自己被卷入了一场建筑论战的中心，他们还是不得不重新就弗兰克的角色进行考虑。他们认为，弗兰克还是只做彼得·刘易斯的私人项目的建筑师比较合适，对于公司的新总部大楼项目来说，弗兰克的设计，争议还是太大了。不管怎么说，进步保险公司总部项目还是大大分散了弗兰克的精力，也进一步地造成了刘易斯住宅项目的拖延，在 1988 年到 1989 年的两年里，刘易斯住宅项目几乎就没有任何实质性的进展，那段时期，沃尔特·迪士尼音乐厅项目、普利兹克奖的相关活动，以及弗兰克手头上接到的越来越多的新项目，都使得刘易斯住宅的工期被不断地往后推。“我就像是那些狂热的追星族一样，一直在期盼和恳求着弗兰克能够有空看一眼我那被遗忘在角落里的布鲁克伍德。”刘易斯回忆道。

那段日子里，刘易斯出资赞助了弗兰克的一些鱼形雕塑和鱼形灯的设计和制作，他一直在等待着弗兰克能够重新拾起布鲁克伍德的设计。而当弗兰克真的开始继续推进布鲁克伍德项目的时候，正好适逢他在事务所里开始普及和应用 CATIA 系统，于是，刘易斯的这座住宅，实质上成了弗兰克用以试验这款数字软件的一个实验平台。利用这个项目，弗兰克得以对这款软件进行了充分的测试，了解了其能够在多大程度上，为他所创造的那些极端的建筑造型，提供设计与工程计算方面的辅助。刘易斯一直都鼓励弗兰克在他的住宅项目上拿出他最为大胆、最具冒险型的想法，后来，刘易斯又决定在这组建筑中再增设几座单独的附属单体，作为他的几个已经成年的孩子们回来探望他时居住的客房，这个决定也让这个住宅项目变得更加的复杂和繁琐。那段时期，刘易斯的生意做得顺风顺水，而弗兰克的设计也不断地在给他带来新的惊喜，这一切都让他感到相当满意——“弗兰克变得越来越有名，而我则变得越来越有钱。”他这样说道。显然，那段日子对刘易斯来说是一段非常快乐的时光。

弗兰克与刘易斯探讨了他多年来对于与其他的建筑师和艺术家进行合

作设计的兴趣，而刘易斯，也许是觉得多加进来几个设计师也没什么大不了，毕竟众人拾柴火焰高，便同意了弗兰克的建议。于是，他们请菲利普·约翰逊也加入了进来，作为土生土长的克利夫兰人，约翰逊非常高兴能够接到这样一个项目的邀请。最终，约翰逊担纲设计了这组建筑的客房部分。此外，刘易斯还委托克莱斯·奥登伯格做了一尊造型如同一只高尔夫球袋的纪念雕塑，委托理查德·塞拉为场地的入口车道设计了一条车行尺度的地道，还请弗兰克·斯特拉（Frank Stella）设计了一座门房。

这个项目，就这样逐渐地演变成一场庞大而昂贵的设计盛会。在经过了长达三年多不间断的设计研究和推演之后，刘易斯，虽然知道这个项目的花费早已经远远超出了他初始的500万美元预算，但是并不清楚这座住宅最终到底会花掉他多少钱了。于是，在一次与弗兰克共进晚餐的席间，他向弗兰克提出了他的疑问，想请弗兰克帮他估算一下他需要把项目的预算提高到多少才比较合适。

“大概5000万美元吧。”弗兰克给出了这样的回答。

“比尔·盖茨的住宅花了多少钱？”刘易斯又问道。

“我也不知道，不过我记得我在报纸上读到的数字好像是5500万美元吧。”弗兰克说。

“噢，那我们应该完全没问题。”刘易斯对弗兰克说。

但是，他们并不是没问题，相反，他们所面对的问题比他们所想象的要严峻得多。在清楚了弗兰克所估计的预算后，刘易斯依旧不断地鼓励弗兰克对设计进行反复的修改和完善，直到在1995年春天，他在《纽约时报杂志》的一期名为《艺术之宅》（*The House as Art*）的特刊中读到了一篇文章。那篇文章详细而深入地探讨了一些以定制化的方式进行设计和建造的住宅建筑所具有的意义和价值，而在文章中，刘易斯的住宅项目，被与西萨·佩里、查尔斯·格瓦斯梅，以及罗伯特·文丘里所设计的一系列住宅建筑并列。然而不幸的是，刘易斯住宅被描述成一个代表着富人的穷奢极欲的反面典型，一个由于客户的不知节制，而非建筑师的失职所导致的失败案例，这样的评论，让刘易斯感到震惊而气愤。而文中所援引的一段弗兰克的言论，似乎也有火上浇油之嫌，也更加直接地将矛头引向了刘易斯，弗兰克在文中是这样说的："本质上讲，我是个左派自由主义者，也是一个不切实际的社会改良主义者。所以其实对我来说，为有钱人设计小住宅这种工作，并不解决社会问题，也根本不具备任何社会效益。我曾经（对刘易斯）说：'为什么你就不能建一座小一点的，500 万美元的房子，而把剩下的钱捐给慈善事业呢？'"[1]

弗兰克的这番话，不说虚伪，至少也可以说是言不由衷的；弗兰克从没有试图劝阻过刘易斯对于这个项目所投入的热情。刘易斯后来说，他在心里其实早已经盘算过了，只要总的花费，包括定制艺术品的花销、建筑师们的设计费以及其他开销，加起来不超过 4000 万美元，他都会很乐意拿出这样的一笔钱来支持弗兰克的创作的。在《艺术之宅》上的那篇文章刊出几周之后，刘易斯来到了弗兰克的事务所，与弗兰克和项目相关的员工们进行了会面，而当他向吉姆·格里姆夫提出了关于项目的具体报价的询问时，场面一下子陷入了尴尬的沉默。"看在上帝的分上，你们倒是给我个数啊。"刘易斯这样说道。沉默了片刻，格里姆夫告诉刘易斯说，他认为项目的总花费，

1　我就是这篇发表在《纽约时报杂志》上的文章的作者。在这篇文章问世的几个月之前，我以刘易斯住宅项目为主题对弗兰克进行了采访，当时的他，正处于某种周期性的自我怀疑情绪的困扰之中，在那段时期里，他对自己的许多项目都产生了意义和正当性上的质疑，而不仅仅是针对刘易斯住宅一个。在那篇文章中，我所探讨的主题，是内涵更为广泛的，关于"高艺派"（high art）住宅设计的问题，以及在设计过程当中，建筑师与客户的关系所扮演的角色。我在那篇文章中还指出，当客户给予建筑师以无限制的自由时，也可能会出现一些问题。"有些非常热爱建筑的客户，倾向于在建筑师的设计过程中不做任何干涉，但这对于建筑并没有任何好处，事实上，建筑的本质，来源于将平凡的、现实世界中的需求转化为艺术的过程。"我这样写道，"建筑师们的那些最好的作品，几乎无一例外来自于他们与客户之间激烈的，甚至有时是痛苦的对话和交流过程之中。如果说，一个只会说不的客户是建筑师的噩梦，那么一个只会说好的客户其实也好不到哪里去。"直到很多年过去后，我才得知彼得·刘易斯当初认为这些话是针对他的，以及这篇文章在他做出取消项目的决定的过程中所起到的作用。

在那时已经攀升至了接近 8250 万美元。

“这太疯狂了，”刘易斯说，“我们的合作结束了。”说完他就离开了弗兰克的事务所，直奔机场，决定彻底放弃这个项目。但是，在飞回克利夫兰的飞机上，他又开始感到后悔。他已经在这个项目上耗费了十年的时间，付给了盖里与合伙人事务所 600 万美元的设计费。一想到所有的这些已经投入的时间和金钱都会被白白地浪费掉，刘易斯就觉得十分懊悔和心疼。飞机一降落，他就给弗兰克打了一通电话，在电话中，他问弗兰克是否能够将项目的造价估算缩减回到 4000 万美元以内。刘易斯记得弗兰克当即拒绝了他，说这个项目如果要做就要做好，容不得半点妥协。而弗兰克的回忆则有所不同，在弗兰克的印象里，他在电话中是答应了刘易斯的要求的，他记得他告诉刘易斯说他可以改出一个简化版的方案，从而将预算控制在大约 2400 万美元。无论真实的状况到底如何，对于这个住宅项目，弗兰克与刘易斯显然是产生了难以弥合的分歧，而最终，这个项目也就这样不了了之了。

虽然项目没有做成，但是彼得·刘易斯与弗兰克的友谊却得以保持了下来，或者说至少是没有受到太大的影响，在经过了几个月的互不理睬之后，两个人又逐渐恢复了来往。弗兰克觉得，是刘易斯的草率和好大喜功，才最终导致了项目的失控，他认为刘易斯对于项目的预算表现得过于漠不关心和缺乏控制，似乎有花不完的钱，这使得他把项目的规模越做越大，设计的复杂性也越提越高，最终几乎将这座私人住宅做成了一个公共建筑级别的项目，而刘易斯却并没有在第一时间意识到这个问题的存在。弗兰克相信，这个项目的高昂造价，是客户所要求的巨大的尺度以及独特的造型所带来的不可避免的结果，更不必说刘易斯还打算在他死后将他的布鲁克伍德开放成为一家对外运营的公共机构，这个要求又使得整个建筑必须具备许多博物馆建筑的特征和条件。当然，刘易斯并不这么认为，在刘易斯看来，他在整个项目的进程中，就像一个傻瓜一样被愚弄了，尤其是《纽约时报》的那篇文章，让他更加深切地体会到了这种被愚弄的感觉。

布鲁克伍德项目的失败，并不是简单的因为两个过于以自我为中心的人之间的分歧而造成的。虽然弗兰克和彼得·刘易斯确实都具有极强的自尊心，而他们的自尊心也都因为这个项目的失败而受到了很大的打击，但是，他们两人的目标是一致的，他们都想要建成一座能够引起全世界关注的、非凡的住宅建筑。只不过，他们都并不真正地了解要完成这样的一个杰作所需要付出的代价，这种代价不仅是金钱上的，同样也需要情感上的大量付出。彼得·刘易斯将这座住宅，视为对他某种理想化的个人形象的代表，他希望这座住宅能够成就他作为一个伟大的艺术家赞助人的地位；但是，他没有意识到的是，这样的一座住宅，与其说能够代表他的形象，倒不如说将会极大地改变和重塑他的个人形象。而弗兰克的失误则在于，他没有意识到他的这位客户，虽然嘴上说预算没有上限，但其实也并不是真的一点不在乎钱。

不过，弗兰克与刘易斯之间通过这段合作所建立起的感情是坦诚而真挚的，他们两个也都不愿意就此放弃这份友谊。在项目宣告取消的几个月后，弗兰克去克利夫兰见了刘易斯，他对刘易斯说，这些年来围绕着这座住宅的工作，对他来说意义非常重大。弗兰克说，刘易斯在这个项目上的慷慨投入，对于他而言就好比是获得了麦克阿瑟天才奖（MacArthur “genius” grant）一般，给了他一大笔没有任何附加条件限制的赞助资金，让他得以对自己的一些最为前沿的想法和理念进行尝试和发展。刘易斯愉快地接受了弗兰克的这番恭维。“盖里掌握了设计一座激进的新建筑所必需的复杂工具，他也由此成为 21 世纪一位重要的、具有代表性的艺术家。”他说道，“而我则帮他付了学费，也很荣幸地成了他的客户。”

虽然彼得·刘易斯没能建成他的那座住宅，但是，在几年之后，他还是依靠着他的人脉关系和在慈善事业上的投入，促成了盖里的另外两个项目：一个是 2002 年建成的，位于凯斯西储大学魏德海管理学院的彼得·B. 刘易斯楼（Peter B. Lewis Building）；另一个则是 2008 年落成的，位于刘易斯的母校普林斯顿大学的彼得·刘易斯科学图书馆（Peter Lewis Science

Library），在这两个项目的设计中，弗兰克都运用了他在设计刘易斯住宅时所探索和发展出的一些想法和技术。除了上述的两个项目之外，刘易斯还因为另外一个原因而与弗兰克一直保持着非常紧密的联系，在 1993 年，也就是他的住宅项目最终宣告流产的两年之前，弗兰克介绍刘易斯认识了古根海姆博物馆的馆长托马斯 · 克伦斯。克伦斯与刘易斯后来成了很好的朋友，而刘易斯也通过克伦斯加入到了古根海姆博物馆的董事会，最终还成了董事会的主席。在那之后的十余年中，这三个人——克伦斯、刘易斯和弗兰克——组成了一个亲密无间的三人小组，他们一起工作，一起旅行，一起规划着古根海姆博物馆的未来，而克伦斯，也成了弗兰克一生之中最为重要的一个客户。

第十四章

古根海姆与毕尔巴鄂

托马斯·克伦斯与弗兰克在博物馆类项目上的第一次合作并不是太成功。那是在1987年，当时的克伦斯还并没有加入古根海姆，而是在位于马萨诸塞州西北部的威廉姆斯学院艺术博物馆（Williams College Museum of Art）担任馆长。一直以来，他所居住的威廉斯敦（Williamstown）与东边相邻的北亚当斯（North Adams）之间在城市环境与空间上的巨大差异令其印象深刻，前者是一个有教养的学院社区，后者则是一个破败、萧条的老工业城镇。在北亚当斯的市中心，矗立着一组规模巨大、风格粗犷的厂房综合体建筑，这座工厂先前曾经归属于斯普雷格电力集团（Sprague Electric Corporation），而在当时则已经被废弃多年。克伦斯觉得，为什么不能想办法将这组厂房改造成为一个当代艺术的陈列和展示空间呢？许多新兴的艺术形式，都需要比传统的画廊和博物馆尺度更大的展示空间，这种空间，是当时的大多数博物馆所无法提供的，而这类工业建筑，在经过改造之后，能够很好地满足这类需求。同时，将位于市中心的废弃厂房改建成为艺术博物馆，也能够有力地推动北亚当斯这座充满问题的城市走向复兴。

克伦斯的这个想法，最终确实得到了实现，那组厂房被改造成马萨诸塞州当代艺术博物馆（Massachusetts Museum of Contemporary Art）。事实上，克伦斯之所以能够提出这个想法，主要是源自位于洛杉矶市中心的那座当代艺术馆的启发，也就是那座由弗兰克于 1983 年用旧仓库改造而成的展览空间。所以，也难怪克伦斯会在他这个项目的一开始就联系了远在洛杉矶的弗兰克，他把弗兰克，连同另外两位他同样十分仰慕的建筑师——SOM 事务所的大卫·柴尔斯，以及罗伯特·文丘里——一起请到了北亚当斯。他希望由柴尔斯来设计整个厂区的总平面，而将厂房的改造方案设计交给了弗兰克和文丘里合作完成。克伦斯觉得，弗兰克粗野而不矫饰的审美，与美国东北部地区的那些砖砌的旧厂房，在风格上能够非常完美地结合起来，创造出极佳的建成效果——正如他曾在洛杉矶的那座旧仓库上做到过的一样。与此同时，克伦斯也认为，以其特有的那种含混的、波普式的创作理念和感觉而著称的文丘里，也会与弗兰克组成一对非常有意思的设计搭档。

高大魁梧、充满激情的克伦斯平时喜欢骑摩托车，在谈话中总是倾向简略而富于隐喻性的表达方式。当时的他，早已经名声在外，被许多人视为一个想法大胆、敢于冒险的博物馆馆长。他能够说服三位杰出的建筑师，为他的一个没有任何资金来源的巨大项目进行合作，这也完全符合并印证了克伦斯的这种性格和行事方式。在克伦斯的鼓励下,三位建筑师给出的设计，意料之中地做过了头，因为造价过高而难以付诸实现。最终，克伦斯只得把这个项目交给了马萨诸塞州当地的一家专做旧建筑改造的设计机构。不过，虽然在这个项目上，弗兰克的设计很快就被放弃掉了，但是他却得以通过这个项目，与克伦斯建立起了良好的工作和私人关系——如同弗兰克在职业生涯中接触到的许许多多与他有过或成功或失败合作的客户一样，克伦斯与弗兰克之间的关系，无论在时间上还是空间上，也都远远超越了他们最初这个项目的范畴。

弗兰克与汤姆·克伦斯的关系，很快就转化成实质性的项目合作。在马萨诸塞州当代艺术博物馆项目的进行期间，克伦斯便在与古根海姆博物馆进行着谈判，准备接受其新一任馆长的职位。1988 年，他离开了威廉斯敦，搬到了纽约定居。古根海姆博物馆之所以聘请克伦斯，很大一部分原因是看中了他对博物馆进行国际化扩张的野心，他希望能够为古根海姆在世界各地建立数个分馆，从而使博物馆的藏品，以及各种临时性展览能够在全世界进行巡回。他的构想是借助全世界对于现代艺术博物馆日益增长的需求，将古根海姆博物馆打造成为一个全球性的博物馆“品牌”。上任后不久，他便与奥地利的萨尔茨堡就在那里建立一座新的古根海姆博物馆的问题展开了谈判，他为那座博物馆选择的建筑师是来自维也纳的汉斯·霍莱因。在关于萨尔茨堡的博物馆的谈判尚未取得什么进展时（最终这个项目也没能实现），来自西班牙巴斯克自治区的政府代表，在马德里的一场古根海姆藏品展览的开幕仪式上与克伦斯进行了接触和交流。他们向克伦斯介绍了他们打算将毕尔巴鄂城中的一座老旧而庞大的葡萄酒仓库改造成为一处文化设施的计划。这个项目，是他们的另一个旨在促进当地旅游业的更加宏大的开发计划的一部分。巴斯克人希望，在传统的工业经济大幅衰退的现实情况下，通过振兴旅游业，来保持毕尔巴鄂的经济发展。

克伦斯起初是有所怀疑的，因为毕尔巴鄂所处的位置，距离当时西班牙既存的那些经典旅行线路很远，他不确定这座城市是否真的拥有他要寻找的那种潜质。1991 年 4 月，他第一次来到了毕尔巴鄂，也正是这次造访，让他决定认真考虑在这座城市建设一座新的古根海姆博物馆的可能性。在那次访问中，他见到了巴斯克自治区的主席，而主席对他明确表态：在建成后，政府将会支付这座博物馆的全部开销，并且还会支付古根海姆基金会建设和运营博物馆的资金。见过主席后，克伦斯去实地考察了巴斯克区政府希望改造成为博物馆的那座极富装饰色彩的、由混凝土浇筑而成的葡萄酒仓库——阿尔翁迪加（Alhóndiga）。原有建筑低矮的层高，以及排列致密的结构柱，都让克伦斯感到十分头疼，他再一次对这座建筑以及其相邻的一座停车楼是否适合被改造成为博物馆表示了质疑。但是，由于萨尔茨堡方面的谈判陷入了僵局，克伦斯还是觉得，可以多花一些时间在毕尔巴鄂这边，他决定继续研究和发掘一下这座城市所蕴含的潜力和可能性。1991 年 5 月，在首次到访毕尔巴鄂仅仅一个月之后，克伦斯邀请弗兰克一起，再次来到了西班牙，他希望弗兰克能够就阿尔翁迪加这座建筑的改造可行性，为他提供一些意见。

之前从没有来过毕尔巴鄂的弗兰克，一下子就被那座旧建筑华丽的、装饰化的外立面所吸引住了，他强烈建议保留其原有的外形风貌。但是，他也同意克伦斯的看法，认为这座建筑与洛杉矶和北亚当斯的那些旧工业建筑不太一样，要将其改造成为一个好用的博物馆空间，难度恐怕不小。在与巴斯克的东道主们共进晚餐时，他提出了另找一块用地，新建一座博物馆的建议。事实上，在他的心中，已经有了一块理想的用地选址：在对这座城市的考察过程中，他在旧城区的边缘，内维翁河（Nervión River）的一段弯道处的岸边，发现了一块大部分空置的，当时还主要用来堆放报废汽车的工业用地。[1] 这片场地的许多特质，都让弗兰克喜爱有加，觉得其具有容纳一座优秀的博物馆建筑的潜力，地块紧邻着毕尔巴鄂的一座主要的大桥，从城市的不同地区和角度都能够看到这里，而且，这块用地似乎还与毕尔巴鄂这座城市的工业历史和遗产有着隐隐约约的联系。汤姆 · 克伦斯也十分认可这块滨河用地，他的表态更为直接，他向巴斯克自治区的管理层摊牌，直言古根海姆基金会是不会同意他们原本的那个对老旧的阿尔翁迪加进行改造的提案的。不过，这块滨河用地的归属情况比较复杂，整个地块的产权在当时实际上是被划分成了很多小块，分属于数个不同的业主。因此，尽管弗兰克和克伦斯的态度异常坚决，但是，想要真正地取得这块用地并将其用以建设，

1　弗兰克和克伦斯都认为利用这块场地的主意是自己先想到的。克伦斯是在一次晨跑中发现这块场地，他坚信当时弗兰克还没有到过那里。不过，虽然他们关于是谁先发现这块场地的回忆有所不同，但是，在另一点上他们是一致的，那就是在看到这块场地之后，他们都立刻意识到，这块地就是他们所要寻找的，适合他们的博物馆项目的理想项目用地。

并不是那么容易的。这个项目就这样因为场地和选址问题而陷入了困境，在一段时期里，整个项目似乎已经接近停滞了，弗兰克和克伦斯不愿意改造那座旧建筑，而他们所找到的新场地又迟迟拿不下来。

然而最终这个项目还是迎来了转机。巴斯克自治区的政府，被弗兰克与克伦斯关于在河畔新建一座博物馆的建议所打动和说服了，他们成功地征到了那片土地，并委托克伦斯为项目寻找一位建筑师。从那时起，这个项目就步入了快速推进的轨道。克伦斯决定举办一次简单的、邀请式的设计竞赛，来评选出最终的建筑师人选。他将最终的决定权交给了巴斯克自治区的政府，但是参赛的候选建筑师则是由他来进行选择。克伦斯把候选建筑师的数量控制在了三个，他邀请的人选，一位是来自亚洲的矶崎新；一位是来自欧洲的，总部位于维也纳的蓝天组事务所［Coop Himmelb（l）au］的合伙人沃尔夫·普瑞克斯（Wolf Prix）；还有一位则是来自美国的弗兰克·盖里。他还请来了他的好朋友，位于法兰克福的德国建筑博物馆（Deutsches Architekturmuseum）的前馆长海因里希·克罗兹（Heinrich Klotz）出任竞赛的专业顾问。对于参赛的三位建筑师来说，这个竞赛的条件可以说是极具挑战性的。他们每人拿到了 10000 美元的初始资金——即便是在 1991 年，对于这么大尺度的一个项目的竞赛来说，这笔钱也是相当有限的。此外，在汇报方式上，竞赛没有做出任何具体的要求，三位建筑师可以选择任何他们认为合适的方式向评委阐述他们的博物馆设计概念。在 6 月底 7 月初，三位候选建筑师分别对项目用地进行了实地考察，而设计的截止日期被定在了 7 月 21 日，这也意味着留给建筑师们构思和深化概念设计的时间只有不到一个月。

弗兰克和贝尔塔直到 7 月 5 日才来到毕尔巴鄂，在考察完基地回到酒店后，弗兰克马上便开始绘制他的概念草图。他的草图，虽然看上去往往像是随手的涂鸦，但总是能够精准地概括和表达出他对于一个项目最基本的想法。在毕尔巴鄂，在他下榻的洛佩兹德哈罗酒店（Hotel Lopez de Haro）的信纸上，勾出了一个包含有博物馆和相邻大桥的方案平面，并且在旁边简单地画出了一些看向建筑和从建筑看出的景观意象，以及两张从河对面看去的北立面图。此外，他还在一张毕尔巴鄂城区地图上，用红色的粗线箭头标示出了从城市中的各个重要地点通向场地的视线通廊，这些草图清晰地表明，从最初阶段，弗兰克就为他的整个设计定下了一个明确的基调。对于他来说，这座博物馆绝不会是城市中的一座孤立的雕塑摆件，而应该是一座能够以某种活跃的造型风格与其周边的城市环境和文脉产生呼应和互动的建筑。“如何才能做出一座规模宏大、造型完整，同时又能让人感到亲切和平易近人的建筑呢？我努力地想让这座博物馆融入这座城市。在毕尔巴鄂古根海姆博物馆的设计中，我将场地周边的桥、河流和道路都一起考虑了进来，并且在尺度上力图让我的设计与毕尔巴鄂 19 世纪的城市肌理相协调。

弗兰克几乎从来不会在设计的开始阶段就在脑中构思好一个造型。他喜欢通过一个“玩”(playing) 的过程来逐步地推进设计——他经常会用“玩”这个词来描述自己的设计方法，相比之下，“工作”(working) 这个词在他谈论自己的设计时出现的频率就要低得多了。他习惯使用不同尺寸的小木块，来代表建筑内部的不同功能体量，然后将这些小木块以他觉得既实用又美观的构成方式进行排列和堆砌。一方面这是一种体块上的推敲，另一方面，这也是弗兰克用以了解建筑的功能需求与项目的既定建筑面积要求之间契合程度的一种方式。只有在完成了这一过程之后，弗兰克才会开始以他那标志性的、充满个人风格的造型语言，来对设计做进一步的修饰和润色。

弗兰克指派了陈日荣来担任这个项目的主创设计师，这也表明了他对于陈日荣的信任。当时已经在弗兰克的事务所里工作了将近六年时间的陈日荣，比其他任何人都能够更好地理解弗兰克的想法。事务所里的另一位建筑师米歇尔 · 考夫曼（Michelle Kaufmann）后来如此评论道：“弗兰克只需要勾一张草图，陈日荣便能够精准地知道接下来该如何进行深化。”她说，在对客户汇报设计时，“陈日荣总是在弗兰克的身边”。她回忆道：“他的在场能够给予弗兰克莫大的支持和信心，让他觉得自己了解和掌控着设计的每一个细节。”虽然陈日荣并不算是弗兰克的知己，但是，弗兰克非常信任陈日荣，他觉得陈日荣能够本能地知道他对于设计的具体想法和期望。在弗兰克还停留在西班牙继续考察场地，并思考着项目与城市的关系的同时，远在洛杉矶的陈日荣，便已经开始准备毕尔巴鄂项目的初步体块模型了。弗兰克在回美国后并没有直接返回洛杉矶，而是先到纽约去参加了菲利普·约翰逊的 85 岁生日派对，随后又到波士顿去就另一个项目与客户进行了会面，为了挤出一天时间与弗兰克一起推敲方案，陈日荣带着模型飞到了纽约。他们借用了建筑师彼得·埃森曼的办公室，在那里，弗兰克开始摆弄起陈日荣带来的模型，在初步的体块上，他用碎纸片摆出了一些状如船帆的造型。

随后的一周，弗兰克回到了洛杉矶，而他的方案的雏形，也在一系列连续的，由纸板或木板模型引导的推演过程之中呼之欲出了。在大多数项目上，弗兰克都将模型作为他最重要的一种设计工具。虽然他的事务所当时在 CATIA 软件的应用方面已经非常专业了，但是，弗兰克本人几乎是不怎么摸电脑的。在他看来，CATIA 的用武之地完全是在于对设计的深化和实施阶段的辅助，而并不会对初步的创意阶段产生什么质的影响。他的设计实践方式往往是这样的：首先，他会和项目团队的建筑师们一起，对初步的概念模型进行审阅，经过深入的研究和梳理，了解项目的基本功能和面积等方面的需求，并提出一定的调整和修改意见；随后，模型工作坊会依据他们的修改意见作出一个新的模型，然后再次交给他们进行新一轮的推敲，他们的设计方案几乎是在这种反复的推敲过程之中逐步地推进和成形的。

弗兰克在他所有的项目上基本会采用这样的设计过程，虽然毕尔巴鄂项目的设计竞赛时间非常紧张，但是，弗兰克还是坚持要利用模型来进行设计思考。那段时期，毕尔巴鄂的项目团队经常要在一天时间内进行好几轮的模型推演，而弗兰克则需要在大量的想法和概念之中进行快速的取舍。同他在许多其他项目上的行为模式差不多，在毕尔巴鄂项目的前期阶段，弗兰克也会抓紧一切空闲的时间——无论是在飞机上还是在酒店房间里——一刻不停地思考设计、勾画草图，他的草图虽然看起来杂乱而潦草，但却总是能够描摹出一些新的想法和思路，弗兰克常常乐此不疲地沉浸在这样的设计过程之中，不愿停下来。

他的这种在设计初期不断进行尝试的强烈愿望，很大程度上来自于他内心深处根深蒂固的不安全感。对每一个他还没有确定该采取何种处理方式的项目，他都会感到持续的焦虑和不安，觉得应该不断地尝试新的可能。尽管他热爱现实世界的杂乱性和矛盾性，并且希望他的建筑能够反映和赞美这种杂乱无序。但是，在骨子里，弗兰克其实也是个完美主义者。他非常享受设计过程本身，着迷于设计在尚未成形的阶段所具有的无穷无尽的可能性。弗兰克不愿意放弃这种对于一个项目存在着多种解决方式，以及多种不同的发展方向的状态，而一旦设计最终定稿，所有的那些其他的可能性便一下子都消失了。当然，为了能够付诸实施，每座建筑都需要一个最终的设计，但是，与其他建筑师不同的是，在设计完成的那一刻，弗兰克的感情总是非常复杂的。对于其他的建筑师来说，设计的最终定稿，通常意味着目标的达成，以及理想方案的实现，这往往使他们感到欣慰和喜悦。但在弗兰克看来，这一时刻则意味着他将不得不结束对于更好的解决方案的探索和追求，并且放弃掉所有其他的选择和方向。

而在时间紧迫的毕尔巴鄂项目上，至少是在竞赛阶段，弗兰克显然是享受不到那种能够让他有时间反复修改设计的漫长设计周期了。竞赛方案的评审地点定在了法兰克福，而时间则定在了弗兰克与贝尔塔离开毕尔巴鄂那天的仅仅两周之后。到时，由海因里希·克罗兹召集的评委们，便会就项目最终的建筑师人选做出定夺。所以，弗兰克不得不暂时克制住了他那倾向于反复斟酌和推敲的强烈欲望。这一次，他内心中那经常被隐藏起来的实用主义本能占据了上风。

不过这一次，实用主义并没有影响到弗兰克在美学方面的追求。在巨大的时间压力下，弗兰克与陈日荣做出的设计依旧极富美感和表现力，他们方案的主体是一个巨大的、由金属板包裹的单元结构，内部是一个中庭。由中庭向外，辐射分布若干个形状不同的艺术展厅，这些展厅的外部采用石灰岩贴面。弗兰克送到法兰克福的方案模型，也极好地表现出了这座包含有一整个巨大展厅的博物馆的舒展建筑造型，整座建筑如一艘大船自旁边的跨河大桥之下伸展开来，最终以一座紧贴着大桥升起的塔楼作为整个形体的高潮和收束。如同弗兰克自维特拉设计博物馆项目以来的大多数其他作品一样，他的这个设计，展现了高度复杂的、激越的雕塑式造型，并配以向未知方向肆意延展的建筑元素，以及几乎是悬停在半空的错综曲面。这座建筑的体型，无法用一个简单的几何形式来加以概括，尽管在有些人看来，建筑的主体部分，也就是包裹着中庭空间的那个极富雕塑感的巨大金属曲面，看起来有点像是洋蓟叶子，或者是绽开的花瓣。在手法上，这一造型与当时的另外三个项目颇具相似之处。它们分别是尚处于设计阶段的沃尔特 · 迪士尼音乐厅，刚刚建成的，位于明尼阿波利斯的韦斯曼博物馆（Weisman Museum），以及同样正在设计之中，并于 1994 年建成的巴黎美国中心。韦斯曼博物馆和巴黎美国中心，是弗兰克在 CATIA 成为他事务所的标配之前完成的最后两个重要项目。在这两座建筑中，以较为原始和粗糙的形式所表现出来的一些概念和想法，其中许多在弗兰克此后的设计中还会反复出现，而在 CATIA 的辅助下，这些想法，后来也都得到了更为完整而深入的发展。

弗兰克在毕尔巴鄂项目竞赛上的最终获胜，也并不是毫无悬念的。起初，他并没有得到总共七位评委中绝对多数票数的支持，不过另外两位建筑师也同样没能获得压倒性的优势。十年前曾经在洛杉矶当代艺术博物馆项目上战胜过弗兰克，让他蒙受巨大打击的矶崎新，这一次给出的设计相当单调且乏善可陈，因此早早地就被淘汰掉了。但沃尔夫 · 普瑞克斯的设计却颇具竞争力，从某种程度上说，普瑞克斯给出的方案，与弗兰克的有些类似，也是由数个在桥下延伸的造型各异的建筑体量所组合而成。他和弗兰克的设计，都给评委们留下了深刻的印象。巴斯克自治区的管理者们，有些担心弗兰克会因忙于当时尚未遭遇变故的沃尔特·迪士尼音乐厅，而无暇顾及毕尔巴鄂项目。“对于我们来说，选择弗兰克的挑战在于，如何能够让他在自己家门口的那个大项目之外，抽出足够多的时间，来关注和推进这个万里之外的项目。”巴斯克自治区的一位政府官员，后来成为这个博物馆项目在当地的总负责人的胡安·伊格纳西奥·比达德（Juan Ignacio Vidarte）这样说道。虽然有这样的顾虑，但是，巴斯克人对于建造一座具有识别性的地标建筑的决心非常坚定，他们希望这座博物馆能够像约翰·伍重（Jørn Utzon）的悉尼歌剧院一样，成为一个世界性的建筑和文化符号。诚然沃尔夫·普瑞克斯和弗兰克·盖里的设计都能够实现这一目标，但是，弗兰克的设计似乎在标志性方面更胜一筹。经过了长达两天的深思熟虑，最终，评委们决定，将这座古根海姆博物馆的设计交给了弗兰克。

随即，真正的设计工作便紧锣密鼓地展开了。和迪士尼音乐厅一样，毕尔巴鄂项目的最终设计也需要花上数年时间来完成，这也给了弗兰克他一直以来都渴望的，尝试多种不同的可能性的时间。而克伦斯也不出所料地成了一个对项目的参与度极高的客户。克伦斯相信，博物馆建筑的内涵是非常丰富的，这类建筑的形式也是多种多样，既能够涵盖那些最具表现力的、最为激进的建筑语言，也包括一些最为普通而常规的建筑造型。而对于毕尔巴鄂古根海姆博物馆在这一连续的建筑畅想中所处的位置，克伦斯其实是有清晰而坚定的构想和期望的。克伦斯当时也正在世界各地筹划着其他的古根海姆分馆，那些分馆，有些只不过是借用和改造了其他建筑内部的展览空间，并没有什么建筑层面上的追求和突破。然而，对于毕尔巴鄂古根海姆博物馆，克伦斯的态度是截然不同的，他希望弗兰克的这个设计能够成为“独栋建筑之中的典范之作”，一个具有鲜明识别性的地标。在这一点上，他的要求与巴斯克人的愿望可以说是一致的。

在弗兰克获得毕尔巴鄂古根海姆博物馆的项目委托仅仅两周之后，克

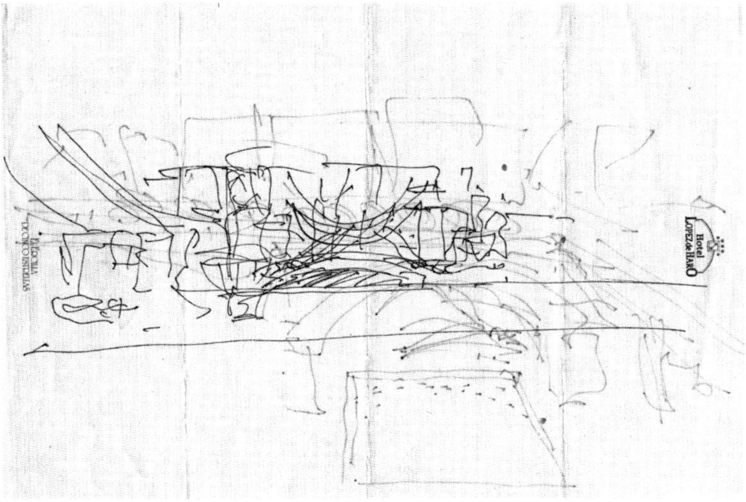

古根海姆博物馆最初的草图是画在了毕尔巴鄂洛佩兹德哈罗酒店的信纸上

伦斯就给弗兰克寄去了一封长信。在信中，他概述了自己以及古根海姆博物馆建筑评审委员会的基本思路和想法。他赞扬了弗兰克的方案从材料到设计上与这片滨河用地之间的紧密联系，并且也看到了方案为大尺度展品和大体量展览提供充足空间的潜力。不过，对于弗兰克在场地中设置的那座从大桥边升起的塔楼，他们倒并没有表现出太多的热情和好感。他们知道，建筑的中庭体量，以及那些突出的展厅空间的具体造型，乃至于整个建筑的入口位置的设置，都尚需进行更为深入的推敲。在设计的整个过程之中，克伦斯与弗兰克和他的团队一直保持着十分密切的配合，他每个月都会从纽约飞到洛杉矶，到弗兰克的事务所里进行一月一度的方案碰头会，这样的合作持续了几年的时间，其间弗兰克一直在陈日荣的辅佐下，不断地尝试各种不同的造型组合和构图。“那段时期我与弗兰克的关系，有点类似于编辑同作家之间的关系。”克伦斯这样说道。

在弗兰克与巴斯克自治区政府达成了最终的协议之后，比达德，作为巴斯克自治区政府新组建的一个名为“毕尔巴鄂项目共同体”（Bilbao Project Consortium）的新团体负责人，有时也会到洛杉矶去与弗兰克交流项目的设计和进展。不过，很明显，从开始阶段，与弗兰克直接打交道，并且能够对这个项目进行实际上的控制和操作的客户，一直都是克伦斯，而非巴斯克方面。举例来说，博物馆首层的一个400英尺（约合122米）长的巨型展厅，就是应克伦斯的要求而设置的，他希望能够有这样的一个大空间来存放和展示古根海姆基金会斥资2200万美元购得的，由理查德·塞拉创作的雕塑作品《蛇》（*Snake*）。弗兰克原本的计划是将整个展厅分为三个部分，但是那样一来，塞拉的这件作品就装不下了。[1] 此外，克伦斯还坚持要求这座博物馆要设有六个常规的、造型方正、不那么雕塑化的展厅，这一坚持后来也被证明是颇具先见之明的。随着设计的进行，以及这个项目的影响力的逐渐扩大，有的人开始指责弗兰克的这座异型博物馆在面积方面过于浪费，以至于无法满足艺术品展示的空间需求，而正是克伦斯在设计的开始阶段就提出的关于这六个常规展厅要求，最终帮助弗兰克在这些指责的声音面前维护住了自己的设计。

而让这个项目显得尤为不同寻常的最重要的一个因素，便是古根海姆基金会和巴斯克自治区政府给予克伦斯的极高的自由度。这种自由，使得他能够独立地，按照自己的想法来指导和控制这个项目。他说，巴斯克人“只提出了一条原则：不要超出预算。这种宽松的创作环境，无论是对于建筑师还是客户而言，都可以说是一种终极的梦想：这个项目，事实上成了一个完全由我们两个人掌握的项目。在总共五年的时间里，弗兰克和我每个月都会见一次面，一起‘玩儿’这个设计”。

虽然毕尔巴鄂项目总额一亿美元的项目预算也并不算是高得离谱，但

1 弗兰克与理查德·塞拉曾经是多年的、关系十分亲密的朋友，他们有着许多共同的想法，并且也非常欣赏彼此的作品。在塞拉这座巨型雕塑作品的安装过程中，他们二人之间产生了一些矛盾。后来，这种矛盾进一步恶化，并且最终导致了两个人的疏远。详见第十七章。

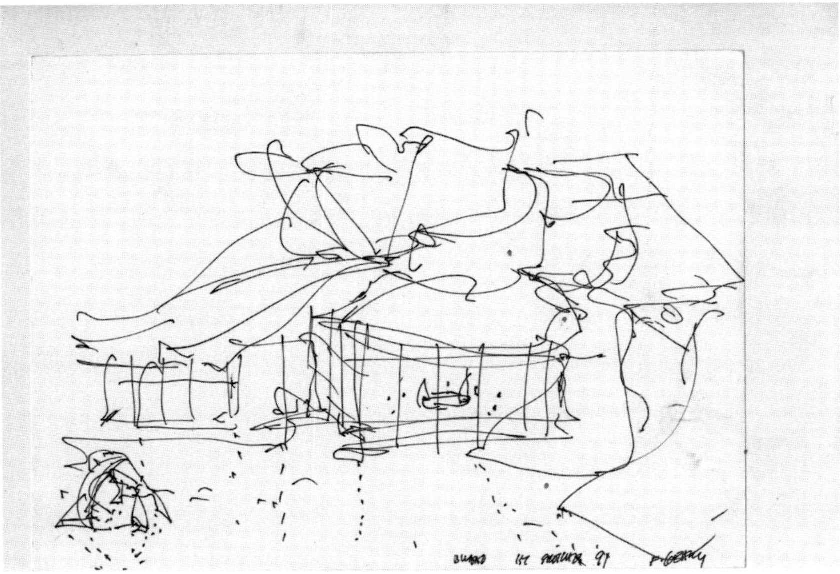

毕尔巴鄂古根海姆博物馆的建筑造型开始逐渐浮现

是，这些钱至少可以保证这个项目不会像当时的沃尔特·迪士尼音乐厅一样，因为财政危机而面临流产了。而且，毕尔巴鄂项目的资金并不依赖于募款：在设计开始时，钱就已经到位了，单凭这一点，就足以使得弗兰克能够自由地发挥他的想象力。在1992年到1993年的两年间，弗兰克和陈日荣把大量的时间都花在了对设计的调整和修改之上，同他一直以来所习惯的工作方式一样，弗兰克不愿意轻易地把设计定稿。在项目进程的大部分时间段里，他们的方案都是以最初帮他们赢得竞标的那个花朵般的、极富雕塑感的造型作为基础的。但是，弗兰克也曾经一度将这个设计完全推翻，转而去尝试以一个方形的中庭体量来组织造型。不过，弗兰克很快就意识到这样做是个错误，于是，在接下来的设计方案中，他又将最初的方案找了回来，只是将中庭的曲面体量与舒展的画廊体量在形体上进一步地结合了起来，这也让整个建筑造型更像是一艘大船了。而在建筑形体上顶出的两个盒子状的体型——一个被石材包裹，另一个则呈亮蓝色——则与建筑整体的曲线造型形成了对比的效果。

弗兰克最终的设计，不仅致敬了弗兰克·劳埃德·赖特为纽约古根海姆博物馆所设计的那座圆形建筑，而且成功地进行了新的探索和升华。事实上，如果与毕尔巴鄂古根海姆博物馆那流畅、动感、极尽扭曲而又充满自然光的内部空间放在一起比较,赖特的那座建筑几乎可以说是黯然失色。其实，在这个项目的整个设计过程中，赖特一直都是一个无法回避的参照物。这也不难理解，因为弗兰克毕竟是在为同一家机构设计一座相同类型的建筑，他知道，他必须对那位大师表现出足够的敬意，而与此同时又必须走得更远，拿出属于自己的东西。如果说在1959年，赖特用他的设计让世人明白，建筑空间并不一定要包裹在方盒子里，那么在近半个世纪之后，弗兰克则用他自己的实践向世人证明，建筑空间甚至并不一定要被限制在一个单一的几何系统，乃至于任何常规的秩序系统之中。他的设计，比弗兰克的古根海姆博物馆更具视觉冲击力，有着一种近乎嘲讽式的混乱感：第一眼看上去，这座建筑的造型甚至都不能用“随心所欲”来形容，简直可以称得上是“狂野”。

然而事实上，弗兰克的这座建筑既不是随心所欲的，也更谈不上狂野。虽然弗兰克很喜欢挑战那些混乱而无序的形式，但是，他所追求的，从来都是对建筑形式边界的扩展，而非直接跨越边界。本质上讲，他更感兴趣的实际上是找到一种新的秩序，以一些新的方式来营造一种舒适感，而不是去玩一些杂乱无章的形式游戏。毕尔巴鄂古根海姆博物馆，比他以往的任何作品都能够更为清晰地表明他的这些更高的目标和追求。相对于博人眼球的形式创新，他更希望能够找到一种全新的、与众不同的方式，在他自己的建筑中创造出令人感到满足、舒适和愉悦的空间体验，这一点实际上与那些更为传统的建筑在追求上并无二致。毕尔巴鄂古根海姆博物馆虽然在造型上有着巨大的视觉张力，但是这种张力绝不等同于怪异。恰恰相反，这座博物馆的建筑形式甚至可以说具有某种自然性，因为在弗兰克的设计之中，从来不会去挑战建筑的最为基本的空间和比例属性。这座建筑确实会令人感到惊奇和激动，但绝不是混乱而失序的。而且，作为一座博物馆，这座建筑在功能上也颇具实用性，能够容纳各种各样不同尺度和类型的艺术品。从这一点上，弗兰克的毕尔巴鄂古根海姆，远比赖特的纽约古根海姆要实用得多。按照建筑历史学家维多利亚·纽豪斯的形容，毕尔巴鄂古根海姆博物馆内部的那些展厅“为当代艺术提供了绝佳的建筑空间，这种空间，正是几个世纪以来，无数的艺术家们所渴望得到的。盖里的这座极富动感的建筑，创造出了一种流动的形式，看起来就如同是一幅电影剧照，将某一瞬间的动态精准地捕捉和定格下来”。纽豪斯还评论道，毕尔巴鄂古根海姆博物馆、与大多数的当代艺术博物馆都不一样，它拥有着一系列不同造型、不同尺度的展厅空间，这使得它能够轻松适应各种艺术和展出形式。

另一方面，控制项目成本，使其保持在预算允许范围之内的压力也是客观存在的，为此，弗兰克也不得不做出一些妥协。这些妥协之中最为明显的一个，就要数场地东端的那座从大桥边升起的塔楼了。事实上，在弗兰克原本的设计方案当中，这座塔楼也从来都不是一个他要着力表现的重点——与建筑的其他部分相比，这座塔楼在比例上显得过大，而且，塔楼中原本布置的展厅空间，也过分孤立于博物馆内的其他展厅。最终，弗兰克将其修改成一座纯粹符号化的标识性塔楼，其以裸露的钢框架结构，暗示了这座建筑与这片曾经的工业用地之间存在的某种联系。他还以石材包裹的曲面表皮，与博物馆的主体建筑在形式上进行了呼应。不过，从某种程度上来说，这座塔楼与主体建筑在关系上依然显得有些含糊不清，而在毕尔巴鄂古根海姆博物馆的大多数广为人知的摄影形象中，这座塔楼的形象也并没有出现。它就像是这座建筑的一条尾巴，与主体建筑标志性的造型似乎并不太相关。

此外，建筑的方案设计是一回事，而要把建筑如实而准确地按照方案设计所设想的效果建造起来，则完全是另外一回事了，沃尔特·迪士尼音乐厅项目在施工图设计阶段所遇到的重重困难，就清楚地印证了这一点。在将造型修改得较为满意之后，弗兰克的关注重点便转移到了建筑的外立面在阳光下的光影效果上面。起初，他的设想是用镀铅铜板包裹建筑的主体，因为他觉得这种材料在日光的照射下既不会反射出晃眼的炫光，又不会太过黯淡灰黑一片，而是能够呈现出一种温暖而变化微妙的光泽。但是，由于材料中的铅对于环境存在较大的危害，弗兰克不得不放弃了这个主意。他需要重新寻找到一种既能够被加工成为他想要的曲线造型，同时又能反射出他所希望看到的光影效果的新材料。

寻找材料的过程并不容易。不锈钢是一个可能的选项，胡安·伊格纳西奥·比达德还记得，他曾看到弗兰克坐在当时还是一片空地的博物馆用地的中央，盯着在面前一字摆开的各种不同涂装材料的不锈钢板出神，希望能够挑选出一款最适合毕尔巴鄂光照条件的板材。这几种涂装他都不喜欢，但是他还是勉强挑出了一款在他看来色调最温和，最没有工业质感的不锈钢板作为备选。后来，他提出了一个初听起来似乎有些不靠谱的想法：在立面上使用一种更为新颖的金属材料——钛合金。钛合金能够很好地实现他所希望的光影效果，但是，这种材料十分昂贵，而且很少被应用于建筑之上。所以，关于这种材料的性能，尤其是在弗兰克设计的这种曲面造型条件下的弯折性能，可供参考的数据资料其实非常有限。不过，弗兰克并不太担心采用这种新材料将会产生的风险，而与这个项目相关每个人，也都觉得这种材料的效果是最为理想的。“但是我们都觉得这不太现实，因为这种材料太贵了，我们根本用不起。”比达德这样说道。他记得，围绕着钛合金的争论，是毕尔巴鄂项目的整个过程中少有的几次严重分歧之一，因为弗兰克在这一问题上的态度似乎异常坚定，不打算做任何让步。

不过，这一次，弗兰克遇到了不同寻常的好运气，就在项目的施工方准备采购材料的那段时期，钛合金的价格忽然开始下降。这让原本比钢材还要贵的金属，一下子变得不再那么昂贵了。然而，在使用钛合金成为一个可能的选项后，弗兰克又不得不开始面对这种材料所带来的一系列新的挑战和

古根海姆博物馆夜景——从内维翁河上看去

麻烦：钛合金的强度非常高，可以被加工成为只有三分之一毫米厚的板材，远比钢板要薄得多——也正因为太薄，用在建筑上的钛合金板很容易被风吹得鼓胀起来，这意味着建筑的表皮有可能并不会总是平滑而流畅的。凑近了细看时，建筑的立面上会呈现出某种肌理感。但是，弗兰克并不认为钛合金板造成的轻微鼓胀会影响到整个建筑的流畅线条，相反，他认为这种肌理只会令博物馆的立面效果更为丰富。加之其柔和的反光效果，弗兰克觉得，钛合金板这种材料，会使得整个建筑的表现力得到进一步的增强。

将这些钛合金板“像挂壁纸一样”（这是兰迪·杰弗逊的比喻）支撑起来的曲线式钢框架结构，如果没有 CATIA 软件的辅助，是根本不可能建造出来的。这款软件由吉姆·格里姆夫引入弗兰克的事务所，并不断地针对事务所的设计实践进行调整和改进，决定着这套巨大的框架体系之中的每一个钢构件的形状、尺寸和位置。而这套至关重要的框架体系，支撑着弗兰克所想象的这一整个复杂的建筑形体。毕尔巴鄂古根海姆博物馆，是第一个在设计和建造的全过程中，全方位地应用了 CATIA 的建筑项目。这款软件的用途，已经超越了单纯的美学范畴。它甚至已经成了一款必需的工程辅助软件，能够帮助建筑师设计结构框架，计算建筑之中每一个点的结构应力，并且能够为建筑的曲线造型制定出最为经济可行的建造方式。事实上，这座建筑的曲线结构，完全是由直线的钢构件以微小的角度相接并最终组合而成的。而所有这些构件的具体尺寸，以及构件之间所成的角度，都需要 CATIA 的精确控制。CATIA“帮助施工人员理解这样的建筑造型是如何得以实现的”。胡安 · 伊格纳西奥 · 比达德这样说道，而且，CATIA 的精确性“降低了施工错误的发生概率”。此外，如果弗兰克希望对某处造型或曲线进行调整，CATIA 也能够立即计算出他的调整对于结构体系所产生的影响，从而帮助他了解自己所做的改动是否可行。虽然当时的弗兰克依旧不太愿意亲自操作电脑，但是，他已经清楚地意识到，如果没有数字技术的辅助，他为毕尔巴鄂古根海姆博物馆所做的这个设计，将永远停留在他自己的想象之中，根本就不可能真正地建造起来。

* * *

1993 年 10 月，毕尔巴鄂古根海姆博物馆的工程施工正式开始，而在施工过程之中，这个项目的好运气依然在持续。整个工程进行了四年，而工程造价，如巴斯克人所愿，被控制在了预算之内。事实上，根据弗兰克事务所里的会计核算，最终的造价只有 9700 万美元，比起预算的 1 亿美元还节余了 300 万美元。由吉姆 · 格里姆夫与兰迪 · 杰弗逊所引进的专业技术和管理团队，以及 CATIA 系统对于设计和施工的精准指导，都使得弗兰克的事务所在工程造价的控制方面有了长足的进步。在毕尔巴鄂古根海姆博物馆项目之中，不再存在沃尔特·迪士尼音乐厅项目上的那种“执行建筑师”的角色了，

毕尔巴鄂古根海姆博物馆的中庭空间

所有的施工图编制工作都被交给了弗兰克的事务所独立完成。弗兰克只需要对汤姆·克伦斯以及巴斯克自治区政府负责，再也不用受制于另外一位建筑师了。[1]

到了 1996 年年中，虽然距离整个项目的竣工还有一年时间，但是，粗具规模的毕尔巴鄂古根海姆博物馆已经清楚地向全世界表明，在毕尔巴鄂这座城市，正在发生着一件极不同寻常的建筑事件。弗兰克的这座博物馆，吸引了普利兹克家族的注意，以至于他们将 1997 年普利兹克奖的颁奖典礼

---

1 毕尔巴鄂当地的一家名为 IDOM 的建筑事务所，在整个项目的过程之中充当了弗兰克的事务所在当地的联络人和合作方。事实上，当一个项目的建筑师距离项目所在地太远时，这种安排是很常见的。不过，IDOM 并没有被赋予可以挑战弗兰克权威的权利，它与迪士尼音乐厅项目上的丹尼尔·德沃斯基事务所相比较，在角色上是有着本质区别的。

举办地，选定在了这座建筑。一直以来，普利兹克奖的颁奖典礼都会选在全世界范围内的建筑胜地举办，而且每年的选址都不一样，这也成了普利兹克奖本身的一大特色。1997 年的颁奖典礼，时间定在了 5 月底，虽然那时整个建筑还没有彻底完工——由于工期的拖延，博物馆的正式开幕日期被延后至了 10 月，但这并没有影响到众多建筑界的名流前来毕尔巴鄂参加典礼。当年获奖的挪威建筑师斯维勒 · 费恩（Sverre Fehn）在获奖感言中，也对弗兰克能够成功地建造出这样一座如此忠实地保护了其"天才的创意"以及本初想法的建筑赞赏有加。"弗兰克 · 盖里的这座博物馆，捕捉住了自由的一个瞬间。"费恩这样说道。

而对弗兰克来说更重要的来访者，则已在这场颁奖典礼之前，造访过毕尔巴鄂的这座博物馆。几个月前，到欧洲旅行的菲利普 · 约翰逊，特意安排对当时尚未竣工的建筑进行了考察。约翰逊来时，弗兰克并不在场，胡安 · 伊格纳西奥 · 比达德带着他进行了参观。后来，约翰逊告诉查理 · 罗斯（Charlie Rose）和西德尼 · 波拉克说，他被这座博物馆深深地震撼了，当他站在中庭空间里时，甚至激动地落下了眼泪。约翰逊丝毫不吝惜他对这座建筑的赞美，他直言，毕尔巴鄂古根海姆博物馆是"我们这个时代最伟大的建筑"。[1]

从那时起，建筑师、评论家，乃至全世界的建筑爱好者们，便开始争先恐后地前往毕尔巴鄂，一睹这座博物馆的真容。几乎每个人都喜欢这座建筑，一时间，对其的溢美之词充斥于各类媒体。1997 年夏天，在整个博物馆内还未进行任何布展时，赫伯特 · 马斯卡姆便对其进行了考察。考察结束之后，他并没有按照惯例，将他对于这座建筑的评论发表在《纽约时报》常

1　1998 年，约翰逊与查理·罗斯一起再次回到毕尔巴鄂，拍摄了一段关于这座建筑的访谈。在访谈中，他说："建筑并不是语言所能够形容的，真正的建筑是要用眼泪来形容的。走进这座建筑时，我的感受，与我当年第一次走进沙特尔大教堂（Chartres Cathedral）时的感受是一样的。"说着说着，他在罗斯的镜头前再一次地哭了起来。

规的建筑专栏里，而是将其写成了一篇题为《当代的杰作》（*A Masterpiece for Now*）的封面故事，发表在了《纽约时报杂志》上。马斯卡姆写道："人们常说奇迹仍会发生，而现在，在建筑界就确实正在发生着一个奇迹。虽然弗兰克·盖里的新古根海姆博物馆要等到下个月才会正式开幕，但是，来自世界各地的人们，早已经迫不及待地开始涌向西班牙的毕尔巴鄂，去见证这座建筑的落成。'去毕尔巴鄂了吗？'这个问题俨然已经成了建筑圈子里的一句流行的问候语。类似的话题还包括：你注意看它的光影效果了吗？你看到其中所蕴藏的未来性了吗？它好用吗？它好玩吗？"

在那篇文章中，马斯卡姆对于这座博物馆的一个比喻性的描述，后来也成为他所写过的最为知名的一句评论，他形容这座建筑是"玛丽莲·梦露的化身"。他写道："在我记忆中，这位女演员和这座建筑的共通之处在于，她们都代表了一种美国式的自由。那是一种既性感、情绪化，而又相信直觉、富于表现性的风格。它既是灵动的、流淌的、易变的，同时又是有形的。这种风格无所畏惧、令人为之目眩，有时却又如新生婴儿般脆弱。这种风格是哪怕身边所有人都反对，还是会依然故我地翩然起舞的那份无拘无束。它无时无刻不在宣示自身的存在。兴之所至，它甚至会让周身裙摆随风舞于空中。"马斯卡姆的这篇文章，毫无疑问地成为关于这座博物馆的汗牛充栋的评论之中最为知名的一篇。他的文笔才华洋溢而又恣意随性，使人读之便对这座建筑心驰神往，远非一般的杂志文章所能比肩。

马斯卡姆将这座建筑视为是一个传播美国文化的媒介，他的评论也基本上只是围绕着这一个方面展开的。"如果你想要深入地了解当今美国艺术的核心价值，那么你还是需要办一本护照，亲自到美国来看一看。"他这样写道。而除了马斯卡姆之外，亦有许多其他的评论家（他们中大部分人也和马斯卡姆一样，认为毕尔巴鄂古根海姆博物馆是一座惊世骇俗的杰作），对于这座建筑在传播美国文化之外的，其他方面的价值进行了品读和研究，比如其作为一座博物馆的实用性，以及其与巴斯克地区的文化和政治生活之间的联系等。在围绕着这个项目的许许多多引人关注的话题之中，最为值得注意的一点，恐怕就是其与巴斯克人的民族主义情绪之间的联系了。巴斯克人希望，能够通过将这样一个当时最为前卫的标志性建筑项目，委托给一位与他们的地区，乃至与他们的国家都毫无关系的建筑师，来向全世界表达他们的民族主义冲动：他们的这一举动，从某种程度上说似乎是有些出格的，做一个不太恰当的类比，就好比是爱尔兰共和军（Irish Republican Army）要在他们的地方建造悉尼歌剧院一样。民族主义，在多数情况下往往都代表着保守和地域保护性的势力。但是，在毕尔巴鄂项目上，民族主义却反而引领了一场国际主义式的文化启蒙。巴斯克人向全世界宣告，他们愿意，并且乐于支持世界上最为先进的建筑理念，无论其是何种形式，亦无论其来自何方。

而他们也确实做到了，当然，这是因为巴斯克人的民族主义并不真的如爱尔兰共和军、哈马斯（Hamas）或者基地组织（Al Qaida）那般极端。虽然在这一地区，也有着一支激进的分离主义武装——“埃塔”（ETA）。但是，巴斯克地区的政治和文化生态，从更深层次的本质上讲，还是相当布尔乔亚式的，也是相当传统的。毕尔巴鄂，作为西班牙北部传统的工业和银行业中心，在许多方面看来，就是欧洲的一座非常典型的，到处布满了大大小小的广场、雕像和喷泉的省会级城市。不过，虽然普通的毕尔巴鄂市民，对于那些打着分裂运动旗号的政治谋杀，大都是持反对态度的，但这并不能掩藏他们心中的巴斯克中心主义情结。无论从思想还是行动上看，毕尔巴鄂的主流社会与“埃塔”式的极端组织都是完全不可相提并论的两个概念，但是，在他们的内心之中，作为巴斯克人的身份认同是排在第一位的。巴斯克人犹如一个自相矛盾的混合体，具体到这个项目来说，他们既是精明的开发商，又是政治上的反叛者。对大多数毕尔巴鄂人来说，他们也愿意将经济上的振兴当作表达自己民族诉求的途径。在他们看来，建造这样一座能够引起全世界瞩目的艺术博物馆，将会帮助毕尔巴鄂这座城市，乃至于整个巴斯克地区，实现其长久以来最大的愿望：不仅仅是获得经济上的复兴，更重要的一点，是获得有别于西班牙的国际认同。

1997 年 10 月末，这座博物馆正式落成并交付使用，胡安 · 卡洛斯国王（King Juan Carlos）和索菲亚王后（Queen Sofia）出席了落成典礼——他们是西班牙的象征，这给了“埃塔”一次千载难逢的机会。分离主义组织的几名成员假扮成一队园丁，将数枚爆炸物藏匿在了一尊名为《小狗》（*Puppy*）的植物雕塑的茂密叶丛之中。这尊雕塑高达 43 英尺（约合 13 米），由艺术家杰夫 · 昆斯（Jeff Koons）创作，克伦斯将其布置在了博物馆的前广场，作为对弗兰克的建筑的一种温和的呼应。当然，极端主义者们并不是想要摧毁这尊雕塑，他们的目的，是落成典礼上的国王。警方成功地阻止了爆炸，但是却没能阻止“埃塔”成员开火。最终，一名警官在枪战中丧生。

万幸的是，昆斯、国王，以及这座博物馆建筑并没有受到伤害，在秩序恢复后，落成典礼得以继续进行。典礼当天晚上，主办方举行了一场正装晚宴。晚宴聚集了众多的艺术家、艺术品收藏家，以及包括彼得 · 刘易斯在内的古根海姆基金会董事会成员，弗兰克和贝尔塔也带着他们的两个孩子出席了这场宴会。此外，弗兰克的前妻弟理查德 · 斯奈德也出现在了宴会的现场，理查德 · 斯奈德一直都与弗兰克和贝尔塔保持着密切的联系，但是，他当时还从未见过弗兰克的两个小儿子。阿莱霍 · 盖里记得，在宴会开始之前，他父亲把他拉到了一位陌生的中年男人跟前。“这位是里克叔叔。”弗兰克就这样介绍他认识了安妮塔的哥哥。斯奈德与他的男友，设计师保罗 · 文森特 · 怀斯曼（Paul Vincent Wiseman），一直以来都与莱斯利和布丽娜两姐妹关系很好，并且经常在弗兰克与他的女儿们产生矛盾时出面调解，而很快，他们就与阿莱霍和萨姆也成了朋友。他们与弗兰克之间，基本上一直保持着一种家人式的关系，不过，斯奈德偶尔也会就一些法律和商业事务向弗兰克提供建议和协助。值得一提的是，在斯奈德力劝之下，弗兰克保留住了自己对于毕尔巴鄂古根海姆博物馆建筑形象的著作权，这使得他得以通过这一形象在纪念品及其他周边产品上的大量复制来获得收益。斯奈德比弗兰克的大部分朋友和家人都更早地看到了盖里这一“品牌”的巨大前景，所以，他鼓励弗兰克将这种潜在的品牌效应最大限度地利用起来。

* * *

这场突如其来的恐怖袭击，并没有影响前来参观这座建筑的游客们的热情。在落成典礼结束之后的第二天早晨，蜂拥而至的游人们便开始大量地涌入古根海姆博物馆。在博物馆开放的第一天，前来参观的总人数就超出了预计接待量的两倍还多。毕尔巴鄂古根海姆博物馆的年设计接待量是50万名游客，但是，在落成后的前三年里，其实际接待的游客数量，达到了将近400万人次。这些游客为巴斯克自治区带来了4.55亿美元的经济收入，以及1.1亿美元的税收。随着游客滚滚涌入的财政收入，很快就帮助巴斯克自治区收回了建设这座博物馆所花费的成本。仿佛是一夜之间，毕尔巴鄂，便由一座被暴力和恐怖主义阴霾所笼罩的、衰落的工业城市，摇身一变成了火爆的旅游目的地。根据《福布斯》（*Forbes*）杂志的统计，在前来毕尔巴鄂旅游的游客之中，有82%的人是专程前来游览古根海姆博物馆，或者是因为这座博物馆而延长了在这座城市的停留时间。当然，这座广受赞誉的博物馆，为毕尔巴鄂和巴斯克自治区所带来的收益，也远远不只是经济方面的。正如胡安·伊格纳西奥·比达德在接受《金融时报》（*Financial Times*）的采访时所说的，这座建筑对于他们来说，意味着“我们重建了我们的自尊心”。

公众对于毕尔巴鄂古根海姆博物馆的热捧，并不是那种很快便会消退的、短时间内的趋之若鹜和头脑发热。这座建筑的吸引力，多年来一直都长盛不衰。在其落成之后的第15个年头，也就是2012年，这座博物馆依旧吸引了100万名游客前来参观。无怪乎人们会因为这座建筑巨大的影响力，而创造出了“毕尔巴鄂效应”（Bilbao Effect）这个专有名词，专门用以描述一座杰出的建筑作品，对于其所在城市经济发展的刺激和催化作用。事实上，很少有其他地方的建筑能够真正地实现这种效应，获得如毕尔巴鄂古根海姆博物馆一般的巨大成功。因为这座博物馆的成功，是由非常特殊而具体的建筑、政治、管理和经济因素所合力造就的。不过，通过这个项目，越来越多的人开始发现了建筑所具有的令人惊叹的魔力，并且意识到建筑在文化上的巨大魅力，能够对整个社会的发展产生重要的推动效应。而毕尔巴鄂古根海姆博物馆，以及弗兰克本人，也都迅速地成为这一逐渐获得认同的理念的代名词。

由此看来，赫伯特·马斯卡姆在评论中将这座建筑视为是某种理想的美国精神的化身，确实是有一定道理的，虽然他的评论忽略了巴斯克人建造这座博物馆背后的动机。弗兰克的这个作品，在不失理性的同时，充满了感性的色彩。他的创作，更多的是出于一种直觉，而非基于某个理论。同他的其他建筑作品一样，毕尔巴鄂古根海姆博物馆也是实用主义与理想主义的结合体。正如文森特·斯库利（Vincent Scully）在他的著作中所谈到的，对于美国建筑而言，一个历史性的主题，便是其对于欧洲建筑的疏离。在创作中，美国建筑希望能够摆脱枯燥的理性思维的桎梏，倾向于选择更为生动的、在感性上更吸引人的创作方式，[1] 而在毕尔巴鄂项目上，弗兰克的实践，便与斯库利的上述概括十分类似。弗兰克用他的作品，强有力地向欧洲展示了美国建筑师的这种强烈的能量。事实上，这种能量，早在几十年前，便已经由美国的抽象表现主义艺术家们带到了欧洲人面前，而弗兰克则是成功地将其延伸至了建筑领域，完成了一次全然不同于欧洲建筑的，对于美国精神的建筑实践。这座博物馆，也成功地将美国建筑带入到了20世纪先锋建筑学的讨论范畴。在毕尔巴鄂古根海姆博物馆出现之前，国际上的先锋建筑思潮，

---

1 斯库利曾经多次提出过这一观点，其中最令人印象深刻的一次是在他的《美国的建筑与都市生活》（*American Architecture and Urbanism*）一书之中，他将经过了美国本土化发展的学院派风格以及折中主义建筑，阐释为一种对其来自欧洲的原型的相对温和的、模糊的，更具视觉亲和力的变体——总体上说斯库利对于这种变体是持肯定态度的。

非常倾向于学院派的、空想性质的理论研究；而毕尔巴鄂古根海姆博物馆则代表了一种全新的模式，一种基于美国式冲动的、前卫的建筑形式。

这座建筑不只是1997年以及整个20世纪90年代最为重要的建筑。正如菲利普·约翰逊所预言的一样，毕尔巴鄂古根海姆博物馆，最终成了能够代表我们身处的这个时代的，最有分量的一个建筑作品。在完成他的首个位于欧洲的项目——维特拉设计博物馆——之后，仅仅过了不到十年，弗兰克便用又一个杰作，彻底地征服了欧洲。而这一次，他的作品更是被普遍地视为了当时全世界最为重要的新建筑，赢得了广泛的赞誉。弗兰克在建筑界的声望和地位，也因为这座建筑的建成而变得无可撼动：他不再只是一位国际知名建筑师了，毕尔巴鄂项目，使得弗兰克越来越被认为是全世界最为重要的一位建筑师。

不过，一如既往地，弗兰克在陶醉于毕尔巴鄂古根海姆博物馆所获得的广泛认可的同时，对于这些褒奖、这座建筑，乃至于他自己，依旧是抱持着一种怀疑的态度。他不确定自己是否真的如人们所称赞的那么好。他也不确定他在这个设计上的想法和思路是否真的正确。他觉得，也许这个项目的成功，只是由于他以某种莫名其妙的方式说服了全世界，让大家都相信了他的一个疯狂的想法而已。事实上，弗兰克从未觉得他的建成作品达到过自己心中理想的预期。这不仅仅是因为他总是会在完成的建筑中看到一些他觉得本应处理得更好的小细节，更重要的原因，是他经常会对于自己的基本设计理念的正确性产生怀疑。虽然毕尔巴鄂古根海姆博物馆在当时是他最具野心，也是最为成功的一个作品。但是，这座建筑获得的所有赞誉，也依然无法使他从这种自我怀疑的困扰之中解脱出来。

“当我第一次看到毕尔巴鄂古根海姆博物馆建成后的样子时。”他回忆道，“我说：‘哦，我的天哪，瞧瞧我对这些人都做了些什么？’”

* * *

尽管骨子里的焦虑从未改变，但是，毕尔巴鄂古根海姆博物馆的巨大成功，还是彻底地改变了弗兰克的生活。这种成功，给弗兰克的生活带来了某种不同于往常的新挑战。虽然弗兰克一直都怀抱着极高的野心和抱负，但是，在他以往的经历中，成功往往总是比失败更令他感到不安。“在毕尔巴鄂项目之前，他其实一直都把自己摆在一个相对弱势和低调的位置上，觉得自己需要通过努力奋斗，来获得别人的理解。”米歇尔·考夫曼这样说道。立足于这种较低的位置，让弗兰克感到自在而舒适，在工作和生活中都能够轻装上阵。“对他来说，毕尔巴鄂项目的成功所带来的巨大压力，确实是非常难以承受的。”考夫曼说。

毕尔巴鄂项目，也进一步推动了弗兰克事务所的转变，使之从最初的那个并不十分正规的艺术家工作室，彻底转型成一家以技术驱动的先锋事务所，这种转变的跨度之大，以旁观者的角度看来几乎是难以想象的。米歇尔·考夫曼回忆，在毕尔巴鄂项目之前，弗兰克常常会在办公室里走来走去，到每位建筑师的工位上亲自指导设计，随手画一些草图，告诉手下的建筑师他想要实现的效果。而在毕尔巴鄂项目之后，考夫曼注意到，他的工作方式发生了微妙的变化，他有时不再将画好的草图直接交给建筑师，而是会先交由他的助理将原稿收好存档，然后再将复印件交给建筑师作为设计的参考。

随着毕尔巴鄂古根海姆博物馆的成功，弗兰克的影响力也迅速扩展至了艺术界和建筑界之外，在非建筑领域也开始获得越来越高的关注。似乎每个人都希望能够与他进行合作，他开始不断地收到一些请他在其他形式和功能的建筑上对毕尔巴鄂古根海姆博物馆进行复制的设计邀请。当然，对于这类请求，他大多都会直接忽略，即使提出邀请的客户地位很高，他也会尽量客气而得体地推辞掉。虽然他十分享受毕尔巴鄂项目给他带来的成功和赞誉，但是，他绝对不想在别的什么地方再复制一个毕尔巴鄂古根海姆博物馆了。对于那些专门找到他，就为了请他做一些与古根海姆博物馆类似的设计的客户，他实际上是颇为反感的。他更希望来请他做设计的客户们，是期望他的设计能够带来新的惊喜。对于弗兰克来说，一个非常重要的原则，就是坚决不能将毕尔巴鄂项目的成功转变成为一种可以批量生产的模式。

在毕尔巴鄂古根海姆博物馆建成之后不久，赌场老板史蒂夫·韦恩（Steve Wynn）找到了弗兰克，他对于弗兰克的设计很感兴趣，希望能够请弗兰克在大西洋城（Atlantic City）为他设计一座新的赌场。他们之间的这次面谈，在形式和规格上都显得非同寻常。韦恩先是用他的私人飞机载着弗兰克飞到了新泽西考察项目用地。随后，他又说服了弗兰克和他一起继续向东飞跃大西洋，带他参观了他还没有实地到过的毕尔巴鄂古根海姆博物馆。他们还带上了菲利普·约翰逊与他们一同前往，约翰逊很高兴能够有机会再次去看看那座博物馆。（当然，他也很高兴能够利用这个机会结识韦恩，并且在心里盘算着如何能从这位赌场大亨那里给他自己也搞来个项目。）

弗兰克记得，在飞往毕尔巴鄂的途中，他和约翰逊一直在用草图和模型推敲着大西洋城项目的设计，而韦恩则坐在他的私人机舱中不停地打着电话。弗兰克还无意中听到韦恩在对他的朋友们炫耀称弗兰克·盖里和菲利普·约翰逊都在他的飞机上。但是，当韦恩从他的机舱里走出来时，他却似乎对弗兰克和约翰逊所正在设计的东西并不太感兴趣，弗兰克开始产生了怀疑，他觉得韦恩对于他的兴趣，也许更多是来自于他当时急速上升的名望，而并不是基于认真地想要与他合作一个项目的愿望。抵达毕尔巴鄂古根海姆博物馆之后，约翰逊一如上次前来时一样，对于弗兰克的那件杰作大加赞许，而韦恩似乎也显得非常满意。

“我想我已经找到理想的建筑师了。”他告诉弗兰克说。

弗兰克沉默了一会儿，并没有马上回应。

“呃，可我却觉得我并没有找到我理想中的客户。”他终于还是开口了。尽管韦恩对于毕尔巴鄂古根海姆的评价完全是积极和正面的，但弗兰克还是无法消除自己心中的忧虑。再一次地，他的性格和本能，驱使他放弃掉了一次赚大钱的机会，因为他觉得这个客户他不喜欢，与这个客户之间无法建立起令他感到舒服的工作关系。职业生涯发展到了这个阶段，他已经越来越意识到自己需要，并且有资格挑选自己认可的客户来进行合作。

“我是这样想的。”他后来说，“如果从一开始，我们看上去似乎就无法很好地相处与合作的话，那么再勉强地把项目进行下去，其实对大家都没什么好处。所以我们还不如干脆就不要做。”

* * *

汤姆·克伦斯比任何人都明白，毕尔巴鄂古根海姆博物馆的成功是独一无二的，这是毕尔巴鄂这座特殊城市的特殊环境直接造就的。然而，尽管如此，他却依然毫不掩饰自己对于复制这种成功的渴望。实际上，毕尔巴鄂古根海姆博物馆的成功，令克伦斯大受鼓舞，以至于在那座博物馆开幕之后不到一年，他就决定，是时候在纽约再建一座新的古根海姆了。当然，他的想法并不是要替换掉弗兰克·劳埃德·赖特所设计的那座旧馆——克伦斯知道那座建筑的标志性地位，以及它对于古根海姆博物馆机构形象的重要意义——而是要对其进行扩展和补充，从而让纽约人也能够体验到古根海姆博物馆正在全世界引领的这股新建筑的风潮。

这一次，克伦斯显然不再需要组织什么建筑竞赛了，他直接将这座规模庞大的古根海姆博物馆新馆的设计委托交给了弗兰克。为了让这座新馆能够与曼哈顿下城以及布鲁克林区当时日益繁荣起来的文化生活相联系，克伦斯将新馆的场地区位选定在了曼哈顿下城一带。事实上在此之前，克伦斯早就有将古根海姆博物馆扩张至曼哈顿下城地区的想法了，并且曾经进行过一次尝试，他请矶崎新在苏荷区（SoHo）百老汇大道上的一座旧工业建筑的首层，设计了一座古根海姆博物馆的分馆，但是，那个小项目最终所产生的影响力非常有限。[1] 于是，行事一贯大胆的克伦斯，索性决定彻底放弃掉那座不太成功的小分馆，转而用一座在规模上比上城的古根海姆主馆，乃至于毕尔巴鄂的新馆还要大得多的新建筑，来宣示古根海姆博物馆在曼哈顿下城的存在。不过，他构想中的这座新馆有些过于巨大了，以至于根本无法被一块常规的城市建设用地所容纳。所以，克伦斯只得寄希望于能够获准在纽约市政府所属的滨河码头用地上进行建设。最初，他计划中的项目用地位于曼哈顿岛沿哈德逊河一侧，而后来，在更为完整的一版方案中，项目用地被换到了沿东河一侧，华尔街的尽头。那是一片足够开阔的滨水场地，足以容纳延绵数个街区的巨大建筑体量。弗兰克在设计中充分地回应了克伦斯的宏大构想，他为这座新馆所做的方案设计，比他在毕尔巴鄂所做的更为张扬和大胆，相形之下，他的毕尔巴鄂古根海姆博物馆几乎可以说是克制的了。《纽约时报》的大卫 · 邓来普（David Dunlap）后来将这个方案形容为是一朵"钛合金云"（Titanium cloud），这个比喻，恰如其分地描述出了弗兰克设计中那些被高高架在石材铺就的凸堤码头之上的，盘旋流动的金属造型。如果能够建成，这座新馆将可以容纳四倍于上城古根海姆老馆的展览空间，建筑总高度将达到 400 英尺（约合 122 米），也就是接近 40 层楼高，而单单首层的开放空间和花园，总面积就有将近 6 英亩（约合 2.4 万平方米）。

但是，纽约毕竟不是毕尔巴鄂。在毕尔巴鄂，克伦斯既有来自政府的大笔资金支持，同时又在规划和设计阶段有着受到保证的自主决定权。而在纽约，条件则要复杂和苛刻得多。他觉得，要想为他在纽约的这座新馆谋取更多的支持，最好的办法，就是先通过某种非正式的场合和机会，直观地向

1 这座小分馆于 2001 年关闭，在其原址上，克伦斯的另一位最喜爱的建筑师雷姆 · 库哈斯（Rem Koolhaas）设计了一座大型的普拉达（Prada）专卖店。库哈斯曾经在拉斯维加斯的威尼斯人酒店（Venetian Hotel）内设计了两个古根海姆博物馆的分馆，这两个分馆均于 2001 年开幕。但是，两个分馆都没有能够吸引到预期数量的游客，其中一个在仅仅两年之后就关门了。另外一个也于 2008 年最终关闭。

这个项目相关的决策者展示一下他的这个构想，看一看他们的意见和反应。于是，他请弗兰克做了一个非常详尽细致的方案模型，并将其布置在了古根海姆基金会在瓦里克街（Varick Street）上一栋旧办公楼里租赁的一个展览空间中。随后，克伦斯邀请了一些媒体人、收藏家、艺术家、博物馆的赞助商，以及政客前来参观了这个模型。在参观过程中，克伦斯对他建设这座庞大博物馆的计划进行了一些私下的、不公开的简要介绍，他希望能够以此来先入为主式地拉拢到足够多的决策者、艺术家和赞助商来支持他的这个项目，这样一来，这座新馆的建设也就是水到渠成的事了。然而不幸的是，他却并没有在事先向古根海姆基金会当时的董事会主席，也就是他名义上的老板，金融家罗纳德·佩雷尔曼(Ronald Perelman)阐释清楚他的这一公关策略和计划，而在他的那次模型展示会上，他也并没有邀请到那些真正决定着这个项目能否获得许可的政府官员前来参与。据《名利场》杂志报道，纽约州的州长乔治·保陶基（George Pataki），以及纽约市的市长鲁道夫·朱利安尼（Rudolph Giuliani），是直到有关这座新博物馆的消息在媒体上泄露出来，才得知整件事的，而这也让与这两位官员关系十分密切的佩雷尔曼感到愤怒不已。他认为克伦斯的这种冒险行事已经超出了前期调研的范畴，并且觉得克伦斯在董事会发表关于这座新博物馆的官方声明和决定之前，就向外界展示弗兰克的模型的这种行为，完全无视了他、州长和市长的权威，把他们晾在了一边。

彼德·刘易斯成了克伦斯的救星。当时，已经在古根海姆基金会的董事会中占有一席，并且表现得越来越活跃的刘易斯，很快就被克伦斯扩张古根海姆博物馆的计划所打动了。到了1998年，克伦斯、刘易斯和弗兰克，从各种意义上讲，已经结成了一个紧密合作的三人组：刘易斯的财力、克伦斯的执行力，再加上弗兰克的建筑，这三者强有力的结合，让这三个好朋友觉得他们能够实现任何目标。盖里的纽约古根海姆新馆，总预算在9.5亿美元上下，而刘易斯大笔一挥，一个人就提供了其中的2.5亿美元。他们三个觉得，罗纳德·佩雷尔曼，乃至于其他任何人，都应该没有什么理由再继续阻止这个项目的全速推进了。1999 年年中，佩雷尔曼决定退出古根海姆的董事会，而原先的基金会主席，古根海姆家族的成员彼德·劳森·约翰斯顿（Peter Lawson-Johnston），也因为年事已高，退休并转任了荣誉主席。于是，彼德·刘易斯便就此接过了古根海姆基金会主席的职位。

然而，这个项目却最终并未如他们三个所设想的那般，得以顺利地实现。首先，虽然朱利安尼政府大体批准了这个新博物馆的规划，并且承诺会拿出 6700 万美元的资金支持，但除此之外，项目预算中所需的剩下的钱便再没有任何着落了。彼德·刘易斯的投资，与市政府的资金支持加起来，大概能够占到项目总预算的三分之一，但是在筹集另外三分之二的过程中，古根海姆基金会却一直无法获得什么进展。事实上，在当时，就连基金会的日常运营都已经开始出现越来越严重的问题，因为克伦斯在世界其他城市所进行的扩张尝试，都远远不及在毕尔巴鄂那般成功。所以，刘易斯以及其他董事会成员，便不得不把越来越多的钱花在弥补亏损和赤字上面。紧接着，2001 年 9 月 11 日，纽约发生了恐怖袭击，整个城市随之陷入了一片混乱。在“9·11”之后的那段艰难日子里，想要在纽约建造任何一栋新建筑都可以说是困难重重的，更不必说是这样一座昂贵的、存在着大量资金缺口的新博物馆了。况且，这座新博物馆还位于曼哈顿下城，在其所在地的几个街区之外，便是世界贸易中心的双子塔曾经矗立的地方。在这样敏感的时间点，选址在这样敏感的区域，这座新博物馆可以说是完全没有任何机会再继续下去了。所以，无论从何种角度来看，他们的这个项目，都彻底结束了。

他们所存有的最后一丝，指望着他们的古根海姆新馆能够在“9·11”的灾后重建过程中发挥一些作用的愿望，也于 2002 年底彻底宣告破灭了。负责管理曼哈顿下城的规划者们，显然是没有把弗兰克·盖里的这座庞大博物馆纳入到他们的城市重建计划之中，他们的这个项目终究被正式放弃了。那段时期，古根海姆基金会的财务问题也已变得更加严重和棘手，虽然克伦斯依旧没有放弃他继续扩张的努力，但是当时已经迅速地成为博物馆最大赞助者的彼德·刘易斯，却开始对他这位朋友的做法越来越有意见，他最终向古根海姆博物馆捐赠了7700万美元。在刘易斯浮夸招摇的个性之下，实际上掩藏着十分专注和清醒的商业嗅觉。克伦斯对于财务管理的散漫和放任，以及他不顾任何代价不断地进行扩张的决心，都让刘易斯愈发地难以容忍，这也让他们两人之间的关系，在接下来的几年之中急转直下。2005年初，弗兰克的这两位密友之间的矛盾，终于在一次董事会会议上公开激化了。刘易斯决定请克伦斯离开古根海姆，他要求董事会的其他成员也支持他的这一决定。而在董事会否决了他的提议后，刘易斯愤而选择了辞职。

弗兰克一直在努力地试图弥合这两位朋友之间的关系，他甚至一度邀请克伦斯与他和刘易斯一起，乘坐刘易斯的游艇去往挪威进行了一次旅行。但是，他们两人之间的矛盾已经太深了，以至于根本没有和解的可能。而弗兰克则被尴尬地夹在了两个人之间，尤其是在克伦斯将另一个比他们先前失败了的纽约项目规模更大的博物馆项目委托给了他之后。2006年，也就是彼德·刘易斯离开董事会一年之后，古根海姆基金会宣布了他们在阿布扎比（Abu Dhabi）的萨迪亚特岛（Saadiyat Island）上新建一座古根海姆博物馆的计划。弗兰克给出的设计，由11个巨大的锥形结构、若干个曲线形的蓝色玻璃体，以及一些石材覆面的盒子状展厅空间组成，所有这些建筑单元都围绕着一个四层楼高的中庭空间排列开来，之间还有玻璃连桥相接。可以说，这个设计是一首大规模的——也许有些过于宏大了——盛大的狂想曲。

在一段时期里，阿布扎比项目使得克伦斯与弗兰克之间密切的合作关系得以保持，即便是在古根海姆的董事会也愈发地意识到克伦斯的扩张计划太过不切实际之后。2008年，在拒绝了刘易斯炒掉克伦斯的要求的三年之后，董事会的其他成员改变了他们的想法，决定免去克伦斯日常运营的职责，将他任命为“国际事务高级顾问”，专门负责监督阿布扎比项目。在当时，那也是他的众多扩张努力之中硕果仅存的项目了。但是，没过多久，阿布扎比项目也陷入了种种矛盾和拖延之中，到了2011年，因为施工迟迟不能开始，克伦斯终于被彻底解雇。而弗兰克则得以继续跟进这个项目，等待着工程的启动[1]，并且挣扎周旋于大量关于古根海姆基金会涉嫌歧视移民工人的指控之中。虽然这类指控在阿拉伯联合酋长国（UAE）的众多大规模工程项目中屡见不鲜，但是，它们还是给弗兰克带来了不小的困扰，他的左派自由主义政治本能，让他无法容忍自己参与的项目同侵害人权的指控联系起来。所以，他聘请了人权律师斯科特·霍顿（Scott Horton）代表他出面，督促和确保古根海姆基金会在工人福利问题上遵守国际标准。[2] 在霍顿的帮助下，弗兰克为自己建立起了一个强有力的，倡导提升建筑工人工作条件的公众形象。他的这种公开态度，无论是否真的提高了工人的待遇，至少是使他自己，免于了那些针对古根海姆基金会，以及其他在阿布扎比有项目的机构，乃至于其他在这一地区进行工作的建筑师所遭受的严厉的道德批判。[3]

但是，无论阿布扎比项目进展如何，弗兰克·盖里与汤姆·克伦斯之间的合作关系还是彻底结束了。他们联手建成了这个世界上最著名的一座建筑，振兴了毕尔巴鄂的旅游业，重新定义了博物馆，并且重新定义了建

---

1 阿布扎比的古根海姆博物馆项目，实际上是其新规划的萨迪亚特岛文化区内的一个博物馆建筑集群中的一部分，在这一集群中，还包含让·努维尔、诺曼·福斯特，以及扎哈·哈迪德设计的几个项目。本来，阿布扎比市政府的计划是同时开工，一次性建成这几个项目。但是很快，他们就意识到，即便是他们这般财力雄厚，同时兴建这四座如此规模庞大而复杂的博物馆建筑，所面临的挑战也将是难以承受的。于是，他们最终决定，将计划更改为逐一进行建设。直到 2015 年年初，弗兰克的项目依然没有开工，不过弗兰克的事务所已经接到了深化设计的要求，开始为可能的施工进行准备。所以，虽然依然具有很大的不确定性，但是现在看来，这个项目似乎还是有可能建成的。

2 2010 年，在斯科特·霍顿与弗兰克的敦促下，古根海姆基金会，以及负责这个博物馆集群项目建设的阿布扎比旅游发展与投资公司（Tourism Development and Investment Company of Abu Dhabi），发表了一份联合声明，承诺他们会“深入地致力于保护阿布扎比古根海姆博物馆项目的工地雇员，保障他们的权利和福利”。

3 这个问题并没有就此消失，2014 年，扎哈·哈迪德因为声称劳动待遇问题是与建筑师无关的政府职责，而遭到了广泛的批评，这也让该问题再次成为舆论的焦点，造成了更高的公众关注度。在 2014 年晚些时候，克伦斯的继任者，古根海姆博物馆的新任馆长，也就是弗兰克在阿布扎比项目上的新客户理查德·阿姆斯特朗（Richard Armstrong），不得不做出公开发言，向工人权利的维护者们明确了古根海姆博物馆从理论上讲并不是负责这座建筑施工的机构这一事实。但是，他也知道，作为项目参与者的古根海姆博物馆，也无法以一个中立的旁观者自居。所以，他再次重申了他的声明，称古根海姆博物馆将会“深入地致力于”保障劳工的权益。

筑的角色，使其成为城市复兴过程之中的一股重要力量。弗兰克与克伦斯，共同打造出了这座在整个 20 世纪晚期具有无可争辩的重要意义和地位的建筑作品，而他们两人之中的任何一个，都没有能力单独完成这件伟大的创作。但是，这样的合作再也无法重现了。毕尔巴鄂古根海姆博物馆，成了一座独一无二的、不可复制的杰作。

第十五章

沃尔特·迪士尼音乐厅：第二乐章

事实上，毕尔巴鄂古根海姆博物馆的成功，在其正式开幕之前，就几乎已成定局了——甚至是在1997年普利兹克奖的颁奖典礼在那里举行之前，整个建筑界便已经开始热烈地讨论弗兰克的这座当时还远未竣工的建筑了——而这也使得洛杉矶的那座陷于停滞的沃尔特·迪士尼音乐厅陷入了更加难堪的境地。西班牙北部的一座小小的省会城市，都能够成功地建造出盖里最为前卫的设计作品；而洛杉矶，作为他的家乡，也是他事务所的大本营，却连项目的起步都如此困难。很明显，整个世界已经将毕尔巴鄂古根海姆博物馆视为弗兰克最为重要的一个作品，而毕尔巴鄂这座城市的知名度，也已经因为弗兰克的这件杰作，获得了极大的提升。如果说毕尔巴鄂，这座还不及洛杉矶十分之一大的城市，都有能力支持这样一座建筑的建成，那么为什么洛杉矶却做不到呢？如果说一座城市，将其最具野心的文化建筑项目，在施工尚未开始之前就放弃掉，那么这座城市又有何颜面，再继续以一座国际化大都市来自居呢？

对于时任洛杉矶市长的理查德·赖尔登（Richard Riordan）来说，这几个问题可并不是说说而已的。原本是一名商人的赖尔登，从1993年起便担

沃尔特·迪士尼音乐厅最终版本的立面设计草图

任洛杉矶市长，到那时已经是他任上的第八个年头了，对于人们关于洛杉矶并不具备世界级文化中心城市地位的种种议论，他感到烦恼不已。他明白，除非他把迪士尼音乐厅建起来，否则，人们的这种看法是永远不会改变的。他决定求助于伊莱·布罗德，因为他知道，在当时的整个洛杉矶，只有布罗德一个人，能够将重启这个停滞多年的项目所需的，在慈善界的影响力、在政界的人脉，以及在文化界的地位集于一身。多年来，为了将洛杉矶打造成一个文化中心，布罗德已经投入了巨量的金钱和社会能量，而毕尔巴鄂因为弗兰克的作品而所获得的成功和赞誉，在他看来，毫无疑问是洛杉矶这座城市的一个巨大耻辱。当时的弗兰克·盖里，已经成了一位拥有世界级声望和国际影响力的建筑师，而在这种情况下，布罗德认为，如果洛杉矶仍然执意要拒绝这位多年来一直在这座城市生活和实践的建筑大师的话，那么这座城市真的是要在整个世界面前颜面扫地了。的确，迪士尼音乐厅这座建筑确实是太复杂了，也太贵了，而且布罗德也非常了解弗兰克的性格，他比任何人都清楚，与弗兰克打交道可能会遇到的种种困难，但是，所有这些困难总是可以想办法克服的，布罗德这样对市长说道。当务之急，是要尽快地把这个项目建起来。

布罗德与市长都认为，提升和改造洛杉矶的中心城区，是使这座城市能够长久地保持健康和活力的关键。洛杉矶中心城区的复兴，本身就是一份颇具挑战性的任务，而位于其中的那座令人难堪的、被荒废的音乐厅，更是为这份任务平添了几分困难。洛杉矶市政府希望，能够将迪士尼音乐厅这座建筑，与中心城区的复兴进程直接地联系起来。为了回应这一要求，在音乐厅的一些早期方案之中，弗兰克还曾经尝试过在场地内引入酒店以及一些其他的商业空间，不过最终，他还是希望这座音乐厅能够独享整个街区，并没有采用上述的这些尝试。但是，就在格兰大道的对面，市政府依然规划了一片紧邻这座音乐厅的商业建筑。[1] 以开发市郊独栋住宅起家的布罗德，却十分着迷于那些更为传统化的城市规划形式，他希望洛杉矶的发展能够更为向心化，他认为，对于一座世界级的大都市来说，一个强有力的中心城区是必不可少的。尽管他的财富来源于城市向郊区的大规模蔓延和扩张，但是，他却是个集中化和高密度城市的忠实信徒。事实上，在 1996 年那会儿，洛杉矶这座城市在文化和经济上的强大活力，可以说已经证明了市中心对于一座城市来说并不是必需的——洛杉矶已经成功地发展成了一座没有市中心的国际大都市，其重要的城市功能并不是聚集在一个传统的、高密度的中心城区，而是沿着一条条大道和高速公路呈扩散式分布，这座城市的成功，完全可以被视为一种有别于传统的、新型的城市规划模式——不过，布罗德要么是没能理解，要么就是选择性地无视了这种他身处其中的城市形态。

然而，无论他们的出发点是什么，是相信一个更好的中心城区能够带来更好的洛杉矶，还是希望能够尽快消除掉毕尔巴鄂古根海姆博物馆的成功

1　这一规划经过了数次调整，最终的方案是一组由弗兰克担纲设计的双塔建筑，项目的开发商是来自纽约的瑞联集团（Related Group）。不过，直到 2015 年年中，项目的施工仍未开始。

给这座城市带来的耻辱和难堪，他们的目的都是确定无疑的，那就是要尽快重新启动沃尔特·迪士尼音乐厅项目。于是，为了复活这个项目，布罗德和赖尔登发起了一场公开募款。他们将他们的行动称之为“城市之心”（The Heart of the City），希望能够将这场募款描述成一场旨在为洛杉矶打造一个健康的市中心的公益活动，他们觉得，这样的说法，会比仅仅说他们想要建造一座意义重大的建筑作品更让人信服，从而也会令他们能够筹得更多的资金，来支持这座音乐厅的建设。“人们根本就不相信这座建筑能真的建起来；他们觉得这个项目只是一个烧钱的无底洞。”布罗德这样说道。他和赖尔登承诺，将会把募得的资金放入一个专用的建设账户之中，而如果项目最终没能开工实施，他们便会把所有的钱如数退还给捐赠者。布罗德带头捐出了1500万美元，赖尔登也以个人名义拿出了500万美元，随后，他们便开始陆续收到来自这座城市里的许多大型企业的资金支持。大西洋里奇菲尔德石油公司（ARCO）、富国银行、美国银行，以及《洛杉矶时报》的母公司时代镜报公司，都纷纷拿出了七八位数的大额捐款。而除此之外，赖尔登作为一名业余冰球手，多年来与弗兰克之间通过冰球运动建立起来的良好关系，也让迪士尼音乐厅项目的重启变得更加顺利。赖尔登记得，在他们的募款活动开始之后不久，他与弗兰克就在当地冰场举办的一场业余男子冰球联赛的赛场上碰了面。“随着我们的比赛越来越激烈，我一把将弗兰克推撞在了挡板上。当我们面对面注视着彼此时，我忍不住大喊：‘你给我老老实实地把迪士尼音乐厅建起来，否则我会宰了你！’”

自从十多年前，迈克尔·艾斯纳（Michael Eisner）成为沃尔特·迪士尼公司的首席执行官之后，迪士尼公司与迪士尼家族之间的关系就一直都不太好。所以，在这个音乐厅项目开始后的很多年里，迪士尼公司都从来没有提供过任何形式的支持。但是，在布罗德和赖尔登的这一轮募款活动启动之后，迪士尼公司的态度发生了180度的大转变，一下子就捐出了2500万美元。究其原因，迪士尼公司与弗兰克的合作关系应该在背后起了很大的作用，当时，弗兰克其实也算是被艾斯纳网罗到迪士尼麾下的众多著名建筑师之一——除了那栋迪士尼乐园行政楼之外，他还曾主持设计了一座同样位于阿纳海姆迪士尼乐园的冰场，以及几个位于欧洲迪士尼乐园的项目——迪士尼公司的这种态度转变，一方面是一种对迪士尼家族公开支持的姿态，另一方面，也可以理解为他们对于弗兰克的力挺。[1]

当然，这场旨在重启迪士尼音乐厅的募款活动，对于这座建筑的建筑学意义，也同样给予了足够的重视。1997 年 3 月 4 日，募款正式开始的当天，《洛杉矶时报》上刊登出了一幅由全世界的众多建筑师联合署名的，为这个项目背书的全页广告。这幅广告，是由汤姆 · 梅恩策划和组织的，他希望通过这种方式，来提醒一下洛杉矶的商业圈和政治圈，让他们意识到整个世界的建筑界都在盯着他们这座城市的这个项目。整幅广告构图的中心，是弗兰克为这座音乐厅最终改定的设计效果图，而在图案的上方，打出了一句醒目的标语 ：“把它建起来，必有人来。（Build It and They Will Come）”[此句出自 1989 年上映的电影《梦幻之地》（*Field of Dreams*）的经典台词“If you build it, he will come.”——译注] 广告页面的剩余部分，则由五列密密麻麻的名单组成，总共有来自世界各地的，超过 200 位“希望表达自己对于弗兰克 · 盖里的这件旷世杰作的支持”的建筑师、建筑历史学家和建筑评论家参与了这幅广告的联署。在这些署名人当中，既有诸如菲利普·约翰逊、雷姆 · 库哈斯、矶崎新、理查德 · 罗杰斯、罗伯特 · A. M. 斯特恩、彼得 · 埃森曼、罗伯特 · 文丘里、丹尼斯 · 斯科特 · 布朗、安藤忠雄、哈里 · 考伯，以及理查德 · 迈耶等国际知名的建筑师，同样也包括许多在洛杉矶当地进行实践的普通建筑师。许多参与联署的建筑师，在设计风格上与弗兰克是截然

1　在艾斯纳之前担任迪士尼公司首席执行官的，是沃尔特 · 迪士尼的女婿，黛安娜 · 迪士尼 · 米勒的丈夫罗恩 · 米勒（Ron Miller），1984 年，迪士尼公司的董事会决定聘用艾斯纳来代替米勒的职位。迪士尼公司后来在艾斯纳的领导下所获得的成功，使得人们经常将艾斯纳称之为是沃尔特 · 迪士尼的遗产的真正继承者，但是，这并没有使他得到迪士尼家族的认可。

不同的。特别值得注意的是，几年前因为这个项目的合作而与弗兰克结怨的丹尼尔·德沃斯基，也签署了这幅广告，而德沃斯基的署名，也成了这股声援弗兰克以及迪士尼音乐厅项目的大潮之中，最具标志性的一个注脚。

当时，德沃斯基已经与这个项目没有什么关系了；也许，毕尔巴鄂古根海姆博物馆项目，对于迪士尼音乐厅项目的进展所带来的最为显著的影响，并不在于其减轻了人们对于这类设计本身的担忧，而是在于其从根本上消除了人们对于这样的建筑造型能否真的被建造起来的疑惑。弗兰克的事务所全程负责了古根海姆项目从设计到施工的各个步骤，包括施工图设计阶段，并且最终如期地完成了博物馆的建设，还将造价严格地控制在了预算之内。这有力地支持了弗兰克对于迪士尼音乐厅项目所存在的问题的看法，一直以来，弗兰克都认为，迪士尼音乐厅之所以陷入停滞，最根本的原因，并不是来自于他的设计，而是他无法有效地控制这座建筑的设计和施工的全过程。

不过，弗兰克还是没能完全摆脱来自于客户方面的种种麻烦和困扰，要等到很长一段时间之后，他才真正地在迪士尼音乐厅项目上，得到了与他在设计毕尔巴鄂项目时相当的决定权。伊莱·布罗德曾经专程到毕尔巴鄂去看过那座古根海姆博物馆，他也十分欣赏弗兰克的设计。不过，在布罗德看来，毕尔巴鄂古根海姆博物馆的成功，似乎只是向他证明了，那类复杂而独特的盖里式建筑是可以被实现的，而并没有使他意识到应该由弗兰克来全程负责项目的建造过程。虽然他也不认同德沃斯基关于弗兰克的设计太过复杂，无法被落实成施工图以至于不可能实际建造的说法——毕尔巴鄂项目已经证明了德沃斯基的指责是荒谬的——但是，布罗德也并没有放下他自己对于弗兰克的成见，与弗兰克在他的自宅项目上的合作经历，让布罗德一直都觉得弗兰克是个难以合作并且工作速度缓慢的建筑师，在当时的布罗德看来，弗兰克只是个能够创作出一些富有想象力的新造型的艺术家，而并不具有掌控一个高标准严要求的大工程项目的能力。

布罗德相信，在上一个周期之中，这个项目最主要的问题在于其糟糕的项目管理，他把大部分的责任，都归结到了曾经作为音乐厅项目委员会的主席，代表音乐中心和洛杉矶交响乐团监管整个项目运转的弗雷德·尼古拉斯头上。于是，布罗德将尼古拉斯踢出了项目团队，但是，这并没有给弗兰克带来更大的施展空间。在接受《纽约客》杂志的卡尔文·汤姆金斯（Calvin Tomkins）采访时，布罗德谈到，“有鉴于过往的历史”，在他给出的解决方案中，并没有给予弗兰克更大的控制权。布罗德的解决方案，差不多是将所有的项目相关事务完全纳入了他自己的掌控之下，他把项目的运营和交付模式改为了由施工方主导的“设计 - 建造”（design-build）模式，并将整个项目整体委托给了一个以固定报价中标的工程总包商来进行实施，就连负责监督和指导施工的建筑师都是由总包商选择的。

弗兰克愤怒了，因为他不愿意看到布罗德住宅的失败历史，在一个更大尺度的公共建筑项目之上重演。弗兰克认为，虽然布罗德为项目募得了足够的资金，使得项目能够有机会得以建成。但是，这并不意味着布罗德有权力像对待他自己的住宅那样对待这个项目，又一次地在自己设计的项目上被边缘化，让弗兰克感到怒不可遏。一如他多年来，在面对令自己感到不舒服的情况时的一贯反应，弗兰克再一次地选择了放弃。在他的事务所里进行的一次关于迪士尼音乐厅项目的计划会议上，因为看到布罗德也前来参会，弗兰克愤而离席，声称他不想在他的事务所里再看见布罗德。而那之后不久，他便做出了放弃整个项目的决定，并提交了辞呈，在辞呈中，他表示自己无法在伊莱·布罗德提出的条件下进行工作，并且声明要收回自己对于这座建筑的创作署名——正如他曾对布罗德住宅所做过的那样。

“有些人曾说，百分之七十五的完成度，总比什么都做不出来要好些。”弗兰克在一封发表于《洛杉矶时报》上的，写给布罗德的公开信上这样写道，“当年，你正是以这样的态度来对待你的住宅项目的。也许你觉得挺满意，也许你觉得可以再这么做一次。但是，我要对我自己负责，也要对迪士尼家族负责，这种责任，让我绝不可能同意你这样的操作方式。”随后，他还向《纽约时报》倾吐了自己的沮丧和挫败感。“他们从来都不愿意听听我的意见，我在他们眼里，只是个负责创意的艺术家。”他这样说道，“他们不拿我当回事，总是把我晾在一边，因为我是个‘伟大的天才’，每次他们这样说，我都感到恶心极了。我倒霉就倒霉在这‘天才’二字上了。”

最终，是迪士尼家族，给予了弗兰克最为宝贵的支持。沃尔特·迪士尼和莉莉安·迪士尼夫妇的两个女儿之一，黛安娜·迪士尼·米勒，多年来一直都隐居在酒乡纳帕（Napa），远离她儿时的故乡，喧嚣而充满压力的洛杉矶，过着相对私密而平静的低调生活。但是，随着莉莉安年事已高，黛安娜逐渐接过了母亲的角色，成了整个家族在迪士尼音乐厅项目上最为活跃的参与者——莉莉安·迪士尼最终在 1997 年年底以接近一百岁的高龄去世——而她也和母亲一样，对弗兰克颇具好感，因为她在弗兰克的身上，看到了某些与她父亲相似的创意才华。她把弗兰克和贝尔塔邀请到了她位于纳帕的牧场做客，并向他们坦承，这个项目带来的巨大压力，一直以来也让她感到十分困扰。她记得她的父亲曾经告诉过她，无论何时，当创造性人才和商业管理者之间产生矛盾和分歧时，选择站在创造性人才一边，往往总是最符合长远利益的。

黛安娜·迪士尼·米勒决心按照父亲教给他的方式来处理这个问题。她决定，由她的家族来负责承担弗兰克的事务所编制施工图的费用。米勒告诉音乐厅项目委员会，如果没有得到弗兰克的认可，她将不会再从她母亲的那笔捐款信托中继续拿出资金来支持这个项目。“我们向洛杉矶这座城市承诺的，是一座由弗兰克·盖里设计的建筑，这也是我们决意要达成的唯一目标。”米勒在声明中这样说道。她不希望她父亲的名字，与一座连弗兰克自己都不愿意提及的建筑联系在一起，因此，她向所有人明确表示，如果最终建成的建筑不能令弗兰克满意的话，那么，不仅仅是弗兰克本人将会拒绝署名，她也将会拒绝将她父亲的名字用于这座建筑之上。

沃尔特·迪士尼音乐厅主入口部分的最终模型

黛安娜·迪士尼·米勒使出了她的杀手锏，狠狠地将了伊莱·布罗德一军。虽然负责监管音乐厅项目运行的那个委员会，一直都听命于布罗德，但是，他们也无法违背冠名这座建筑的迪士尼家族的意愿，尤其是当迪士尼家族还以中断剩余的项目资金来进行威胁的时候。最终，布罗德妥协了，而盖里与合伙人事务所成了迪士尼音乐厅项目唯一的建筑师团队，获得了全程控制项目进程的权力。1999 年 11 月，在弗兰克获得项目委托十多年之后，迪士尼音乐厅项目的工程施工终于开始了——或者说是重新开始了。

在项目重新启动之后，弗兰克的方案其实还需要一些进一步的调整和改进，不过，整个设计的大框架，基本上还是维持了 1994 年项目陷于停滞之前的模样：主音乐厅空间大体呈矩形，内部共有大约 2200 个座位，室内空间以道格拉斯冷杉进行装饰；在外部造型上，主体的方盒子与街道成夹角布置，周边被巨大的曲面体量所围绕和包裹，形成了门厅、其他公共空间以及附属空间。整个建筑在观感上有点类似于一朵盛开的洋蓟花，只不过在花心处包着的是一个方盒子；也可以将其看成是一艘西班牙大帆船，向着四面八方张开和鼓起巨大的船帆。

建筑的立面材料原本选定的是石材，但是，不断增长的造价压力，以及毕尔巴鄂古根海姆博物馆的钛合金表皮的成功，让弗兰克改变了主意，转而将目光投向了不锈钢。其实在1994年时，他就曾经拒绝过一次关于采用金属外表皮的提议，而且至今他也认为石材具有比金属更为柔和温暖的质感。不过，当他意识到不锈钢立面能够比石材立面足足便宜1000万美元时，他最终还是妥协了。因为金属材料在视觉上显得要比石材更轻一些，所以，在决定采用金属立面后，弗兰克对建筑立面上的风帆状曲面造型进行了一些微小的调整，以此来消解掉金属材质所带来的轻浮感，从而使得整个建筑看起来更为简洁和有力。

弗兰克采用不锈钢表皮的这一决定，后来看来是非常明智的，由总共5100块质感均匀的、刷面处理的不锈钢板拼接而成的巨大的不锈钢帆，让整个建筑具有了一种明亮而炫目的光影效果，[1]其赋予建筑的明快而锐利的视觉感受，是石材表皮无论如何也实现不了的。虽然弗兰克一直都着迷于使用如石材这般致密而传统的建筑材料，来搭配他那前卫而时尚的建筑结构和造型——他喜欢这种搭配所带来的那种内敛性和含蓄感。对他来说，石材所具有的坚固而稳定的属性，与他那富有动感的建筑形式之间的天生矛盾，在提高了设计难度的同时，事实上更能够彰显出他的设计才华，这种矛盾所带来的某种模棱两可式的含糊性，也让设计过程变得更加具有挑战性——但是，

1 对于住在音乐厅西南方向的一栋公寓楼中的居民们来说，这座建筑的光泽就不仅仅是炫目了，在下午的阳光下，建筑立面反射的阳光让他们感到刺眼无比，造成这种问题的原因，是弗兰克在某一侧的立面上采用了光面的不锈钢板，与立面其他部分所采用的刷面不锈钢板有所不同，建筑那一侧的内部包含有会员厅（Founders Room），弗兰克希望能够在立面上稍稍加以区分。最终，在对那些引起反射的钢板进行打磨，使其光感与表皮的其余部分相类似之后，这一问题得到了解决。

他很快就看到了不锈钢这种材料，在塑造更为明快、更具视觉冲击力的立面效果时所蕴藏的巨大潜力。所以，无论是从建筑设计方面还是经济因素方面考虑，选择不锈钢作为立面材料，最终都被证实是一个非常正确的决定。在迪士尼音乐厅建成之后，其翻滚的不锈钢立面造型，立刻成为洛杉矶的一个新的城市标志。

对于弗兰克而言，这个项目实际上也代表了一种比较新的尝试，在这座建筑上，立面覆盖材料得到了非常夸张的延伸，以至于在某种程度上超越了其所覆盖的内容。换言之，这座建筑张扬起伏的不锈钢立面，已经不再仅仅是覆盖着其下同样张扬的建筑造型的一层表皮了。在他的许多早期作品——如杜塞尔多夫新海关大楼的三座塔楼、巴黎美国中心，以及明尼阿波利斯的韦斯曼博物馆——的设计之中，弗兰克都是先推敲出其不同寻常的建筑造型，然后再去考虑如何施工以及采用何种立面表皮对形体进行包裹的问题；但是在沃尔特·迪士尼音乐厅项目上，他开始尝试着让立面表皮突破其所包裹着的建筑形体的限制，独立发展成为一组单独的造型要素。换句话说，在这座建筑的立面上翻滚起伏着的那些不锈钢帆之中，有一些似乎主要是为了造型效果而存在的，而并不包裹和覆盖任何空间，这些不锈钢板所起到的作用，纯粹就是为了创造出一种复杂而动态的、富有雕塑感的形体构成。立面上的一片片好似能够随风飞舞的不锈钢帆，让这座巨大的建筑看起来也轻盈了许多，充满了动感。

毫无疑问，弗兰克的迪士尼音乐厅，是一座建筑学意义上的杰作。但是，更重要的是，这座建筑，再一次地反映了一向对新事物充满了激情的弗兰克，对于探索前人未曾探索过的可能性的决心和勇气，以及他对于先进科技的信仰，他试图打破现代主义最为珍视的信条之一，创造出属于他自己的装饰性风格。那些巨大的不锈钢帆，不仅是一种标新立异建筑形式，同时，也可以被理解为一种装饰性的手法，是一些纯粹为了建筑的视觉效果而存在的造型元素。弗兰克其实是在有意识地反抗现代主义建筑通常所坚持的那种清教徒式的克制，那种对于建筑必须“诚实”“纯粹”和“理性”的信仰和教条——在现代主义建筑的法典里，装饰，不仅仅是一种装腔作势的自我放纵，一种对于历史的毫无价值的复制和回归，更是一种道德上的禁忌，一种对于现代主义基本原则的背叛。

通过沃尔特·迪士尼音乐厅项目，弗兰克清楚地证明了这种刻板的观点所存在的谬误，他以他自己所特有的，极端丰富而肌理化的手法，创作出了一个极度现代而新潮的设计。迪士尼音乐厅，比他以往的任何项目，都更为有力地展示出他试图找到一种方式，来保护所谓的传统建筑价值观的愿望。当然，他并不是直接照搬传统建筑的形式，而是试图实践出一种不仅满足功能需求，同时也能够给人以视觉和情感上的愉悦感的新建筑形式。在弗兰克的心里，沃尔特·迪士尼音乐厅，是他所谱写的一曲对于建筑之乐趣的颂歌。

同样，这座建筑，也是一曲对于音乐之乐的颂歌。在 20 世纪 30 年代的多伦多，他的母亲第一次带他去听了音乐会，而自那之后，古典音乐便一直在弗兰克的生活中占有重要的一席之地。他与格雷格·沃尔什之间多年的友谊，更加巩固了他对于音乐的爱好，也使得他对音乐的理解随着年龄的增长而不断深入。在他开始设计沃尔特·迪士尼音乐厅的时候，他已经是一个非常老练而内行的古典音乐爱好者了。虽然他并不是一位职业的音乐家，但是，他完全可以称得上是一位理想的音乐会观众，而这种特质，对于一个音乐厅项目的设计师而言，有着至关重要的意义。

弗兰克对于音乐的兴趣，让他在设计中十分愿意与负责音乐厅音响效果的声学专家，来自东京的永田音响设计事务所的丰田泰久（Yasuhisa Toyota）进行合作。正如迈克尔·马尔岑所言，弗兰克清楚地知道，“无论这座音乐厅在建筑上有多么的华丽和壮观，如果音响效果不够出色的话，它便会立刻被人们判定为是一个失败的作品”。丰田泰久与弗兰克之间的合作十分顺利，这得益于他们两个人之间的相互认同，丰田和弗兰克一样，都十

音乐厅的木质内饰设计，是通过一个巨大而精细的模型来进行推敲的

分欣赏汉斯·夏隆设计的柏林爱乐音乐厅，他也能够理解弗兰克对于复杂形式的痴迷和执着，而除此之外，还有非常重要的一个因素，那就是弗兰克的工作方式，弗兰克不会等到音乐厅的建筑设计完成之后才扔给丰田去调整音响效果，他所希望的，是能够与声学专家一起来推敲和确定音乐厅的建筑形式。

这座音乐厅的最终形式，完美地融合了他们两个人的想法。弗兰克接受了丰田泰久的建议，将音乐厅的内部空间做成了对称式，这在他的作品之中是十分罕见的，但是除此之外，关于这个空间的所有要素，全部是极端富有复杂性的盖里式的创作，音乐厅的主乐池，既不是位于音乐厅的正中，也不是位于端部，而是被放置在了整个空间内部的大概四分之一处，围绕着主乐池的四周，在台阶、二层楼座和夹层上，分布着十六个各不相同的看台分区。整个音乐厅的内饰主要采用木质饰面板覆盖石膏板，天花板也同样是木质的，并且具有与外立面的不锈钢帆类似的凹凸翻滚的曲面肌理，在视觉效果上更像是纺织物的质感，而非硬质的材料。此外，弗兰克还专门设计了一种浅色的、花朵状的纹样，将其应用在了音乐厅的座椅和地毯上，以这一方式回应和纪念莉莉安·迪士尼对于花园的热爱。[这座建筑同样也包含有一个室外花园，弗兰克还在其中设计了一个由代尔夫特蓝瓷（Delft pottery）——莉莉安·迪士尼喜欢收藏的一种瓷器——的回收碎片拼贴而成的喷泉。]

* * *

沃尔特·迪士尼音乐厅项目的周期拖得实在是太长了，以至于当这个项目于 1998 年重新开始施工进程的时候，担任洛杉矶交响乐团团长将近三十年的欧内斯特·弗莱茨曼，已经七十五岁高龄，准备退休了。这位志存高远、追求卓越的团长，一直以来都是弗兰克作品的一位坚定捍卫者，他曾经与弗兰克就这个项目的诸多细节——从音乐厅内的座位布置，到后台的功能安排——进行过深入细致的讨论和合作，他的退休，无论是对于这个项目，还是对于弗兰克个人的情感而言，都是一个很大的打击。

不过，对于弗兰克来说十分幸运的是，接替弗莱茨曼的，是曾任纽约爱乐交响乐团团长的，活力四射、热情洋溢的黛博拉·博尔达（Deborah Borda），据博尔达自己说，她之所以接受洛杉矶交响乐团的这份工作，很大一部分原因，就是她觉得这座新音乐厅的前景实在是太令人激动和期待了。博尔达记得，在成为洛杉矶交响乐团新任团长的几年之前，她就曾在《纽约时报》上看到过这座音乐厅的一幅效果图。“当时我就觉得，那是我所见过的最美妙的一座建筑，虽然我并不是个视觉主导型的人。”在答应接受这一工作邀请之前，博尔达不仅与乐团的董事会以及音乐总监埃萨 - 佩卡·萨洛宁（Esa-Pekka Salonen）进行了面谈，还专门要求会见了弗兰克。“我一下子就爱上了他，”她这样说道，“我感到我们之间有着某种不同寻常的联系。”博尔达很快就与弗兰克成了非常要好的朋友，他们之间的关系，比弗兰克与弗莱茨曼之间的曾经的工作关系还要密切得多，而博尔达也成了迪士尼音乐厅项目的又一位充满激情而又富有洞察力的支持者。她的这种热情，对于这个项目而言可以说是至关重要的，甫一上任，她就不由分说地接管了与这个项目相关的事务，成为项目的首要客户，尽管从名义上讲，作为一个更大的实体，洛杉矶音乐中心才应该是客户方面最有话语权的一方。

博尔达是一位非常有主见的女性，在她和善可亲的外表下，隐藏着十分坚定的信念和决心，在同意接受来自洛杉矶的这份工作邀约之前，她便先向弗兰克提出了一个要求，并要求弗兰克务必答应。原来，此前出于节省造价的考虑，原本用于交响乐团行政管理部门的办公空间，被从迪士尼音乐厅项目的方案中缩减了下去，而这让博尔达感到非常失望。她说，她横跨整个美国，千里迢迢地到洛杉矶来为她的新乐团主持这座新主场的工程，她完全无法接受在这座新音乐厅落成之后，还要搬到某个租来的办公室里去工作。她告诉弗兰克说，她最低的要求，就是让她和她的员工们能够在这座新音乐厅里办公。“我对弗兰克说，在我接受这份工作之前，我需要你答应为我们设计一座办公配楼，我需要你保证这一点，”她说，“至于造价的问题，你不用担心，我会想办法筹来这部分额外的资金。”最终，弗兰克答应了博尔达的要求，而博尔达也履行了自己的承诺。弗兰克在场地的南侧增设了一个石材覆面的方盒子体量作为办公配楼。虽然这座配楼使得整个项目的花费增加了 1000 万美元，但是，它也使得这座新音乐厅不再仅仅是一个演艺空间，而是真正地成为洛杉矶交响乐团整个机构的大本营。

最终，这座新音乐厅项目的总造价达到了 2.07 亿美元，比起 1988 年所做的最初的项目预算，的确是多出了不少，不过，相对于在项目开始十年之后，也就是设计最终定稿，工程得以重新开始那会儿所做的最终版本预算而言，这个造价，确实是处于允许范围之内的。[1] 但是，沃尔特 · 迪士尼音乐厅的造价问题，还是成了让弗兰克与洛杉矶交响乐团在此后的许多年中饱受诟病的一个话题，因为人们经常会拿项目的最终造价与项目初期那低得多的预算来进行比较，并把造成二者之间差价的原因归结于是弗兰克的设计缺乏经济性，以此作为他们攻击弗兰克的设计总是会超出预算的依据。即使是在这座音乐厅建成十多年之后，弗兰克还依然需要不时地对一些将这个项目描述为华而不实的烧钱机器的评论家们做出回应，为自己控制造价、严守预算的能力做出辩护。

事实上，要守住这 2.07 亿美元的预算绝非易事。在项目的进程将近尾声时，缩减开支的压力变得越来越大，在不得已之下，弗兰克的事务所也不得不削减了一部分的设计费。最终，弗兰克少收了 700 万美元的设计费，而他要求洛杉矶交响乐团将这笔资金视为是他捐赠给乐团的一笔捐款。洛杉矶交响乐团答应了弗兰克的要求，在这座音乐厅建成之后，乐团在其门厅里竖立起了一面捐款人名单墙，而弗兰克 · 盖里与贝尔塔 · 盖里夫妇的名字，也因此被列在了“主要捐赠人”一栏之中。

这座音乐厅在 2003 年年初就已经基本完工了，不过，黛博拉 · 博尔达还是希望能够等到秋季再正式揭幕。她和萨洛宁都认为，他们的乐团，需要一段时间来适应这个新的演出空间。“如果你是一名小提琴手，一直以来你都在用一把质量糟糕的小提琴来演奏，然后突然有一天你得到了一把斯特拉迪瓦里（Stradivarius），你当然需要花点时间来适应这把好琴，并且学着用好它。”她这样说道。到了当年的十月下旬，迪士尼音乐厅终于以三场开幕音乐会正式宣告揭幕。为开幕音乐会选择合适的演出曲目，并不是一件容易的事，而弗兰克也参与了博尔达和萨洛宁关于曲目选择的讨论过程，

1　这 2.07 亿美元指的是项目的“硬成本”，也就是工程建设部分的实际花费。而项目的总成本，算上建筑师和工程师的设计费、法务费用、融资成本，以及德沃斯基事务所绘制的那套废的施工图所产生的相关费用，总共达到了 2.7 亿美元。

他以这种方式，将他对于音乐的热情，与他对于这个设计的占有欲结合了起来。他们三个人，事实上组成了这次开幕演出的策划委员会，每周，他们都会在布伦特伍德的文森蒂餐厅（Vincenti's restaurant）共进晚餐，一起商量演出的安排。最终，他们决定，以查尔斯·艾夫斯（Charles Ives）的《未被回答的问题》（*The Unanswered Question*）、巴赫的一首小提琴无伴奏奏鸣曲、莫扎特的《第三十二交响曲》（Symphony no. 32），以及斯特拉文斯基的《春之祭》（*Rite of Spring*）作为音乐厅开幕当晚的特别演出的曲目。此外，洛杉矶交响乐团的常规演出季，也在开幕式之后的一周拉开了帷幕，而其演出的曲目则只有一首：马勒的《第二交响曲》（Second Symphony），也就是《复活交响曲》（*Resurrection*），这首规模庞大的交响乐巨作，恐怕也是对于这座音乐厅的音响潜能的一次最好的测试。

在为期一周，面向学生以及其他特邀群体的免费开放后，迪士尼音乐厅的开幕之夜终于到来了，而洛杉矶的市中心，已经几十年没有过如此盛大的场面了。闪光灯的光亮，将弗兰克设计的不锈钢帆映照得光芒四射，升腾的焰火，将夜晚的天空照亮得如同白昼，格兰大道被临时封闭，在道路中央搭起了一顶巨大的帐篷，用以在音乐会结束之后举办庆功晚宴。而已经有好几年没有穿过比黑色T恤衫更正式衣服的弗兰克，也是一身正装地出现在了现场。

不过，在迪士尼音乐厅的整个开幕期间，最令人意想不到的一项活动，还不是这场开幕音乐会本身，而是在音乐厅正式开幕之前几天，在音乐厅的舞台上进行的一场私人晚宴。这场晚宴是由弗兰克主持的，而宴会的主宾，则是伊莱·布罗德。促成这场晚宴的，是拥有着敏锐的政治本能，以及友好而和善性格的贝尔塔，她说服了弗兰克主动与布罗德进行和解。她认为，让两个人之间的这种宿怨继续下去是毫无意义的，特别是在弗兰克已经赢得了他们之间大多数的重要交锋的情况下。贝尔塔对弗兰克说，你已经赢了，现在，已经有太多太多的美好和喜悦围绕着这座音乐厅，那么你为什么不能在大获全胜之后，表现得大方一点，将这种喜悦拿出一些来与布罗德分享呢？

和往常一样，贝尔塔这次的直觉依然是对的。“我想你们都曾听说伊莱和我之间有矛盾，但是，你们应该看一看我们建出了什么。”弗兰克在晚宴上向布罗德敬酒时这样说道，“最终的建成效果真的是太美了，我们两个都为这座建筑感到自豪。”随后，布罗德也站起身来，举杯回敬了弗兰克。“我还能说什么呢？”布罗德回应道，“事实证明，弗兰克是对的，这座建筑是一件无价之宝。”

评论界对于这座建筑的回应也十分迅速，并且几乎全部是正面的。很长时间以来，一直作为音乐厅项目陷于停滞的替罪羊遭受了无数指责的弗兰克，一下子成了洛杉矶的中心城区最为炙手可热的新的城市英雄。赫伯特·马斯卡姆对于弗兰克的欣赏也一如既往地溢于言表，他对于迪士尼音乐厅的评论，与他对毕尔巴鄂古根海姆博物馆的评论一样，充满了激动和抒情化的表达：“迪士尼音乐厅可能会是你所见过的最为华美而壮丽的一座建筑。”他在发表于《纽约时报》上的一篇评论中这样写道。他表示，这座音乐厅将他带进了一种“审美的狂喜状态”之中，“观众、音乐和建筑完全都沉浸在一种合而为一的感官体验当中，这种感受如此之强烈和深远，以至于在这座建筑里，时间似乎都停止了”。

当然，也并不是所有的评论家都像马斯卡姆一样，毫不吝惜地对这座建筑表达赞美，《纽约时报》的音乐评论家安东尼·托马西尼（Anthony Tommasini），就对迪士尼音乐厅的音响效果发表了一些吹毛求疵式的批评，不过除此之外，关于这座建筑的所有评论，便几乎都是一片赞誉的声音了。《纽约客》杂志的亚历克斯·罗斯（Alex Ross）这样评价迪士尼音乐厅：“论声音效果的丰富性，全世界也只有非常少的几座音乐厅能够与迪士尼音乐厅相媲美，而如果要论起视觉和听觉效果的综合体验，那么世界上便再没有一个音乐厅是它的对手了……置身其中，你会感到音乐从四面八方朝你涌来。墙面上的彩绘仿佛是要破碎开来；而乐团则仿佛是悬浮在空中进行演奏。”

罗斯注意到，这座音乐厅不仅仅是一个建筑事件，同时也已经成了一个社会事件，因为，它点燃了洛杉矶整座城市的热情，甚至于是那些在此之前从未对古典音乐表现出过任何兴趣的人们，对这座建筑也是趋之若鹜。和马斯卡姆一样，罗斯也意识到，弗兰克的这座沃尔特 · 迪士尼音乐厅，已经超越了形式和空间的趣味，上升为一种非同寻常的，具有划时代意义的建筑创新。这座建筑对于音乐的呈现方式，对于 21 世纪的音乐厅类建筑的发展和前景也有着非常重要的意义，随着电子音像产品在质量和数量上的大幅提升，传统的音乐厅已经几乎要过时了，任何一个买得起一台 iPod 的人，都可以将高质量的音乐资源装进口袋里，随时随地点播音乐。那么，对于这个时代的人们来说，再到现场去欣赏古典音乐会还有什么意义呢？对于这个问题，迪士尼音乐厅给出了极佳的回应，它成功地将人们吸引回到了音乐厅里，让他们摘下了耳机，重新前来购买音乐会的门票。弗兰克的这座新音乐厅，让建筑本身，成为一种与音乐同等重要和激烈的情感震撼，对于身处这座建筑之中的观众们而言，欣赏现场演出的激动心情，得以再一次地与置身于伟大的公共空间的喜悦之情融为了一体：这座建筑的内部空间，成功地将音乐欣赏的体验，带上了一个全新的高度。

* * *

在沃尔特 · 迪士尼音乐厅落成的同一年，弗兰克还迎来了他所设计的另外一座尺度上小得多的音乐厅建筑——位于纽约上州的巴德学院的理查德 · B · 费希尔表演艺术中心（Richard B. Fisher Center for the Performing Arts）——的开幕。弗兰克之所以接手这个项目的委托，很大一部分原因是看在时任巴德学院院长的利昂 · 博特斯坦（Leon Botstein）的面子上。博特斯坦是一位备受尊敬的音乐学者和指挥家，长久以来，他一直都梦想着能够在巴德学院那地处广袤乡村的校园里，建起一座正规的表演厅，1997 年，他找到了弗兰克，而彼时，迪士尼音乐厅项目还尚未回归正轨。虽然巴德学院对于这个项目的预算十分有限，而且其位于纽约市以北 90 英里（约合 144.8 千米）的校园地处十分偏远。但是，能够有机会设计另外一座音乐厅建筑，还是让弗兰克感到兴奋不已，特别是这一次的客户还是位音乐家。

弗兰克为费希尔中心所做的设计，同样也拥有着木质内饰的演出厅，以及性感曲面的不锈钢板立面，整个建筑从大感觉上看，很像是将巨大的迪士尼音乐厅以简明而随意的手法在小尺度上进行了一次临摹。不过，在巴德学院校园内的开阔的自然景观条件下，这座建筑的不锈钢立面能够映照出天空以及周围树木的影像，这也为这座建筑赋予了一种朦胧的、转瞬即逝的质感，与迪士尼音乐厅的纪念性是截然不同的两种观感和体验。这座建筑最为值得注意的一个特点，是其平滑柔和的曲面钢板立面，并没有完全覆盖住其呈方盒子状的、造型方正而高度功能化的后部体量，这使得这组不锈钢板实际上成为某种装饰性立面。与弗兰克在他的许多更为早期的作品当中所做的一样，在这个设计中，弗兰克再一次清晰地表明，他的建筑观，与经典现代主义所墨守的那套关于“诚实”、几何造型的纯粹性等陈腐教条的话术，是完全不同的。事实上，费希尔中心，可以被视为一座配有一面装饰性立面的，造型规整的普通建筑，相比于那些造型抽象的现代主义音乐厅建筑，它在模式上更像是一座建于 19 世纪的老式剧场或者歌剧院，只不过在装饰上采用了弗兰克那富有流动感的形式语言作为搭配。

当然，弗兰克在“后毕尔巴鄂”时期所接手的项目，也并不都如费希尔中心那般简单。1995 年，来自西雅图的亿万富翁，微软公司的创始人之一保罗 · 艾伦找到了弗兰克。艾伦是摇滚吉他手吉米 · 亨德里克斯的狂热乐迷，他希望能够在西雅图——亨德里克斯出生的城市——建造一座博物馆来纪念他的这位音乐偶像。虽然一开始，艾伦对于这座建筑到底应该被设计成什么模样并没有一个清晰的概念——他自己也承认，那会儿他的建筑品味是有些保守的——但是，至少有一点他是十分明确的，他希望这座建筑成为一

巴德学院的费希尔中心

件不同凡响的杰作，并且能够以某种方式，对亨德里克斯的音乐当中的那种充满创造力的精神内核进行呼应和表达。“他的音乐自成体系，具有一种迷幻的色彩，那些起伏跳动的声音，既微妙悦耳，同时又充满着力量，”艾伦这样描述道，“我所能想到的，能够用来形容他的音乐的词汇似乎只有‘迷狂’（swoopy）。我希望这座建筑也能够传达出这种色彩斑斓的、迷幻艺术式的感受和体验。”

艾伦的姐姐乔迪·艾伦（Jody Allen），在体验音乐博物馆（Experience Music Project）——这座位于西雅图的博物馆的最终名称——项目的过程中扮演了非常重要的角色，正是她向艾伦推荐了弗兰克，她认为，对于这座在她弟弟心中有着非凡意义的建筑项目而言，弗兰克无疑是最理想的建筑师人选。保罗·艾伦当时还并未去过毕尔巴鄂，而对于弗兰克，他也只是有着粗浅的了解。但是，当看过了一些其他建筑师的作品之后，他意识到他的姐姐是对的：如果说这个世界上有哪位建筑师有能力将亨德里克斯的音乐在建筑创作中表现出来的话，那这位建筑师一定非弗兰克莫属。于是，艾伦到圣莫尼卡去拜访了盖里事务所，并与弗兰克见了面，他们的这次会面，是在弗兰克的极力坚持下才得以成行的——以害羞闻名的艾伦，起初表示他更希望通过电子邮件来交流，但是弗兰克却明确表态称，如果没有一定次数的面对面的会谈，他是不会接手这个项目的，而他也希望艾伦能够感受一下他事务所的氛围，并且来看一看他的其他作品。当两个人在弗兰克的事务所里第一次见面时，艾伦一开始并没有说什么话，他只是在事务所里四处打量着，等待着弗兰克来挑起话头。弗兰克带着艾伦在事务所里转了一圈，他记得，艾伦在一个造型如同一只马头的会议大厅空间的模型——那是弗兰克为柏林中央合作银行（DZ）办公楼项目设计的中庭空间的一部分——跟前停下了脚步，并且对其称赞不已。艾伦告诉弗兰克说他十分欣赏这个空间“迷狂”的形式。不过在艾伦的记忆中，他那次在弗兰克的事务所里所见到的，让他感到最为震撼和激动的东西，是当时正陷于停滞的沃尔特·迪士尼音乐厅项目的一系列模型。

弗兰克低调而内敛的风度，有时候会令他的一些客户感到困扰，但是，这种行事风格却与艾伦的性格相当合拍。在设计的初始阶段，艾伦常常喜欢只盯着模型，而并不是很热衷于直接参与到讨论之中，不过很快，随着合作的深入，他逐渐地向弗兰克敞开了心扉，开始对弗兰克谈起他对于亨德里克斯的音乐的热爱，以及他心目中对于这座建筑的期望和畅想。虽然弗兰克并不是吉米·亨德里克斯的乐迷——“我是个信仰左派自由主义的犹太人，所以，皮特·西格（Pete Seeger）和伍迪·格思里（Woody Guthrie）更合我的口味”，他说——但是，接到这个项目之后，弗兰克开始试图感受和理解亨德里克斯，他听了大量亨德里克斯的唱片，并且同克雷格·韦布以及吉姆·格里姆夫进行了交流——这两位都曾经担当过摇滚乐队的吉他手。后来，他还拜访了圣莫尼卡的一位吉他制作家，并且从这位制作家的作坊里寻得了一大堆旧吉他的碎片，想要尝试着将这些碎片融入到他的建筑构图之中。

弗兰克给出的最初几版设计，让他自己都觉得有些过于图解化和具象化了。“我的方案看上去就如同是一簇簇在空中飞舞的吉他琴弦，”他回忆道，“我觉得我需要把形式调整得更像建筑一些。”为此，他又做了许多轮方案，进行了大量的修改，但是，在设计进行的过程之中，艾伦却因为忙于其他的商业事务，而不得不将很多关于这个项目的协调工作，指派给了自己的属下来处理，这使得弗兰克丧失了与他的客户进行频繁而深入的沟通的渠道，这对于弗兰克的设计可以说是一个非常严重的影响，与志同道合的客户进行大量的交流，是弗兰克赖以修改和调整自己的设计思路的一个至关重要的方法。最终，弗兰克的设计方案，从某种程度上来说可以算是一个折中和妥协的产物，建筑的主体，由一系列不同形状、不同颜色的金属体量组合而成，模糊地隐喻出了一把破碎的，亨德里克斯惯用的芬达电吉他（Fender Stratocaster）。但是，这个设计概念，并没有得到直接而有力的表达，因为建筑的整体形式看起来过于含混，更为接近于一系列流动的曲面，而非一组碎片式的片状造型。在这个设计中，我们可以清晰地看到一些来自于未被建成的彼得·刘易斯住宅方案的造型方式和想法，这也表明，弗兰克通过刘易斯住宅项目所获得的那笔“麦克阿瑟天才奖”，依然在他的设计实践之中发挥着影响。

西雅图体验音乐博物馆于 2001 年正式开幕，其盛大的开幕式，与其说是一座艺术博物馆的落成典礼，倒不如说更像是一场摇滚音乐会。吉姆·格里姆夫记得，在开幕式开始前，他和事务所里的几个同事，还聚集在弗兰克的酒店房间里，不过弗兰克后来冲进房间来把他们全撵了出去——他担心别人以为是他在房间里聚众吸毒，更害怕事情传扬出去会影响到他的声誉。尽管开幕式的气氛热烈非常，但是，体验音乐博物馆这座建筑本身却没有能够收获广泛的赞誉，自毕尔巴鄂古根海姆博物馆项目以来，弗兰克已经习惯于一个接一个的成功，而这个项目，则是他少数的几个并没有得到普遍认可的作品之一。就连弗兰克的狂热支持者赫伯特·马斯卡姆，都将这座建筑形

西雅图的体验音乐博物馆

容为是如同“在海洋里挣扎蠕动着的某种生物，忽然翻了个身，死了”。不过，这座建筑新颖的、近乎液态化的造型，却让艾伦十分满意，艾伦认为，亨德里克斯的音乐本身就并不是每个人都能欣赏的，而一座精准地将亨德里克斯的音乐转译在了形式之中的建筑作品，不可避免地也会陷入争议。他后来谈道，对于他来说，最为重要的一点，是弗兰克成功地“用他的建筑传达出了吉米·亨德里克斯的音乐作品当中洋溢的热情和勃勃生机。我觉得除了他以外，没有任何一位建筑师能够做到这点，所以我认为这座建筑是一件当之无愧的杰作”。

* * *

虽然西雅图的体验音乐博物馆在建成后并没能收到如毕尔巴鄂古根海

姆博物馆一般的良好反响，但是，其项目的进展过程勉强还算顺利，而相比之下，在同一时期的另外一个项目——麻省理工学院的史塔特科技中心（Maria Stata Center for Computer, Information and Intelligence Services）上，弗兰克遇到的麻烦则要严重得多了，这个项目给弗兰克带来的困扰，要远比那些来自于评论家的吹毛求疵的评论更令他头疼。1998 年，麻省理工学院找到了弗兰克，想要聘请他在他们的校园之中设计一座崭新的、规模庞大的计算机和人工智能中心，而在学校为这座新建筑选定的建设用地上，矗立着整个校园最具历史意义的建筑之一，二战时期雷达的发明地——20 号楼（Building 20）。虽然这座老旧的 20 号楼看上去就如同是一排兵营，相当的简陋、杂乱而随意，但是，在其中工作的科学家们，却十分享受这种无拘无束的氛围，他们不愿意看到这座建筑就这样被拆除。所以，从设计的开始阶段，弗兰克就不得不面对这样一个事实：这个项目的使用者们，至少是其中的一部分，压根就不想在这块场地上新建任何建筑。“作为科学家，他们本能地对建筑学充满了怀疑。”弗兰克说。而除此之外，更为严重的一个问题是，这座新建筑预计将要容纳的七个不同的院系，彼此之间的意见并不总是十分一致，这导致学校无法以一个统一的声音来与建筑师进行交流。“我的客户加起来总共有七百个人，”弗兰克这样说道，“我需要同时面对麻省理工学院的校长、两百多名教职员工，以及四百多名学生。”

为了能够更好地与这个项目的庞大而模糊的客户群体进行交流，盖里与合伙人事务所专门建立了一个网站，在上面每周定期更新他们事务所关于这个项目最新的草图、想法和笔记。他们还邀请麻省理工学院的学生和教职员工到网站上去发布评论，而在设计过程的最初阶段，“我收到了大量愤怒的来信。”弗兰克回忆道。虽然随着项目的进行，来自客户们的网上评论逐渐地变得更具建设性了，但是，弗兰克却依旧困扰于使用这座建筑的科学家们自相矛盾的功能需求。“他们一会儿说想要单独的空间，一会儿又觉得聚在一起也不错，”他回忆道，“于是我们做了一版方案，在那版方案中，我们引入了一些可以移动的墙壁，这样，他们既能够拥有自己的小房间，同时，只要把墙壁推开，就可以聚在一起。但是他们又不喜欢这个方案。”弗兰克只得继续修改设计，他用大量的模型，向他的科学家客户们展示了许多种不同的使用空间组合方式，终于，经过反复的讨论，他们共同选定了一种能够将私密空间和公共空间结合起来的组织模式，作为了最终的方案。最终的建成方案，是一座造型略显狭长的建筑，在建筑内部，一条庞大的，既可以作为中庭，又可以作为内部街道使用的公共空间，贯通了整个体量，而所有的内部使用空间，都围绕着这个公共空间进行展开。弗兰克力图能够在他的这个设计之中再现 20 号楼原有的那种轻松随意的空间感受。

从某种程度上来说，他确实做到了：最终建成的建筑，在造型上蔓延恣肆、极富表现主义色彩，而内部空间也极为活泼灵动，甚至可以说是令人陶醉的，其由多种颜色和材质的复杂曲面所构成的一系列倾斜、扭曲、圆润的塔楼体量，让整个建筑恍如一座微缩城市。作为建筑的核心公共空间的那条室内街道，在功能和效果上，总体上来说也是相当成功的。《波士顿环球报》的罗伯特·坎贝尔将这座建筑形容为是“建筑自身对于发生于其中的使用活动的隐喻，形象地表现了科学研究的自由、勇敢和创造性”。不过，虽然弗兰克的设计成功地表现出了这种对于科学创造性的隐喻，但是，他的这座建筑，却没能真正满足科学创造性的使用需求，对于在这座建筑之中工作的一部分科学家来说，弗兰克自认为轻松随意的建筑空间，从某种程度上讲似乎与密斯·凡·德罗的设计一样僵化和死板。他们并没有在最终建成的史塔特中心里看到他们原本所期待的那种灵活性，而仅仅是看到了一位固执己见的建筑师在自顾自地进行自我表达。尽管弗兰克和他的同事们，曾经花去几个月的时间，与麻省理工的科学家们深入地交流和合作，希望能够在设计中回应他们的需求，但是，归根结底的问题在于，许多科研人员真正想要的，其实是一座如同被拆掉的 20 号楼那样的，中立而朴素的，没有任何建筑学意义上的亮点可言的背景建筑，而并非是这样一座努力地回应着他们的需求的地标建筑。

当然，也并不是所有人都讨厌史塔特中心；也有很多科学家非常喜欢这座建筑，觉得它生机勃勃，充满活力。据弗兰克和贝尔塔的好朋友，曾经造访过弗兰克设计的几乎每一座建筑的艺术史学家欧文·拉文和玛丽琳·拉文夫妇回忆，在他们漫步于史塔特中心内部时，他们看到一个学生，正躲在建筑的主公共空间“学生街”（student street）一侧的一个角落里，捧着电脑专注地工作着。而当拉文夫妇走到她身边，询问她是否喜欢这座建筑，身处于这座建筑之中是否会感到困惑时，“她说：‘我爱极了这座建筑了，这里是整个地球上我最喜欢的一个地方，因为在这里，我永远不知道自己在下一刻将会闯入一个怎样的空间。’”欧文·拉文说道，“她说，在这座建筑中，你每移动一步，都会有出乎意料的新发现和新体验。我觉得这座建筑与这个孩子之间的互动方式非常打动我，这个孩子所学的专业，大概就是计算机编程之类的学科，而对于一名计算机程序员来说，最为重要的工作，便是在原本没有联系的事物之间建立联系。”——从这一点上看来，弗兰克的这座建筑，已经不仅仅是单纯的对于创造性的隐喻了，事实上，这座建筑本身，已然成为一个能够激发创造性的灵感来源。

史塔特科技中心于 2004 年正式落成揭幕，在此后的几年时间里，虽然收到的评价褒贬不一，但是，这座建筑还是成了麻省理工学院最具代表性的几座新建筑之一。近年来，麻省理工一直都致力于支持一些具有开创性的建筑项目，除了弗兰克的史塔特中心之外，在其校园之中，还陆续建起了由史蒂芬·霍尔（Steven Holl）、查尔斯·柯里亚（Charles Correa）和凯文·罗奇（Kevin Roche）担纲设计的数座新建筑作品。不过，在 2007 年，麻省理工学院的管理层与弗兰克之间原本良好的关系却忽然起了波澜，校方声称，史塔特中心的一个露天剧场体量会引起顶棚漏水，并导致整个建筑的结构体系出现问题，他们一纸诉状，将项目的设计方盖里与合伙人事务所，以及施工方斯堪斯卡与 NER 工程管理公司（Skanska and NER Construction Management）告上了法庭。确实，这座建筑在建成之后，出现了好几处漏水的情况，但是，弗兰克将造成这些问题的主要原因，归结于客户在设计的最后阶段，为了节省项目开支而对方案进行的一些改动，他表示，这些改动绝大部分都是由麻省理工提出的，并且是与他原本的设计意图相违背的，他只承认其中的一处改动是由他的事务所主动做出的，并且只愿意为这一处改动承担责任。

最终，建筑存在的问题被一一修复，而这场诉讼也得以在2010年被“友善地”解决了——至少在诉讼各方的口径中是如此。整场风波似乎也就这样过去了，毕竟，史塔特中心并不是这个世界上第一座漏水的房子，而维修的费用也由保险公司进行承担。然而，对于与麻省理工学院隔查尔斯河相望的波士顿大学的前任校长约翰·西尔伯（John Silber）而言，这次事件，却成为他所发动的一场战役的起点。西尔伯认为，所谓的当代建筑，本身就是一个错误，而他更将史塔特中心视为是代表了这种错误价值观的一个标志。他将这座建筑的一张照片，用作了他的一本题为《荒唐的建筑：“天才”如何毁掉了一门实践艺术》（*Architecture of the Absurd: How “Genius” Disfigured a Practical Art*）新书的封面。毫无疑问，在这本专门批判那些站不住脚的、非理性的建筑作品的书中，西尔伯所指的，那个毁掉建筑艺术的“天才”不是别人，正是弗兰克·盖里。在书中，西尔伯攻击了包括丹尼尔·里伯斯金和贝聿铭在内的许多位著名建筑师，但是，他还是将最为刻薄的言论留给了弗兰克，不只是针对史塔特中心，他对弗兰克的几乎所有作品都一一进行了非常偏激的批评，指责弗兰克的建筑统统都是一些设计糟糕、施工糟糕的垃圾，并且坚信这些建筑在工程造价上都远远超出了其应有的预算，也远远超出了这些建筑本身所具有的价值。西尔伯的结论是，弗兰克的建筑，无非是由一些“没有明确的目的性，只是为了让所有的来访者都拜倒在这位自大的建筑师极端膨胀的自我面前”的元素拼凑而成的，他在批判位于巴德学院校园中的费希尔中心的那组不锈钢屋面构件时这样写道。

这本书中的指责，大多数都是毫无意义的，只因弗兰克的建筑显得太过任性和随心所欲，他便首当其冲地被西尔伯当成了一个靶子，大肆地加以挞伐。事实上，盖里的那些造型怪异的建筑，都是经由理性的推导，以及同客户的交流和协作的过程，一步步发展而来的。但是这样的一个方案生成过程，对于西尔伯而言则是完全无法想象的，已经超出了他有限的认知范畴。他对于史塔特中心的所有具体的批判，没有一条是真实而客观的，当然，除了弗兰克自己承认并且已经加以修正的那个错误以外。而这座建筑中存在的大多数问题——最为严重的一个，导致了那个露天剧场体量被整体拆除重建——都是由于施工方的错误造成的，而并不是盖里事务所的过错。归根结底，弗兰克的责任相对来说其实是最轻的。但是，因为他是这座建筑的建筑师，而且他比施工方、麻省理工的校长、乃至于与这座建筑有关的任何人都具有更为广泛的公共影响力，所以，他自然而然地成了人们抱怨和指责的对象。虽然史塔特科技中心从许多角度看来，都可以称得上是弗兰克最具想法的建筑实践之一，但是，西尔伯的愤怒声讨、麻省理工的那场诉讼闹剧，再加上那些难以理解任何非正统的建筑作品的科学家们所感到的困惑和不满，使得这座建筑最终成了一个颇具争议的作品。

不过，对于弗兰克同一时期在欧洲的几个项目——包括 1998 年落成于杜塞尔多夫的，由三座倾斜的塔楼体量构成的“新海关大楼”项目，以及位于柏林的德国中央合作银行办公楼，也就是在弗兰克的事务所里令保罗 · 艾伦爱不释手的那个模型所表现的项目——而言，情况就要好得多了。柏林的这个项目，与弗兰克此前做过的任何大大小小的项目都截然不同。首先，作为一座银行的总部办公楼，这个项目有着极为奢侈的预算。其次，这个项目的用地，位于柏林的巴黎广场（Pariser Platz），所处的地段异常显赫，迎面正对着勃兰登堡门，旁边就是阿德龙饭店（Hotel Adlon），并且紧邻着彼得·埃森曼当时尚在设计当中的欧洲被害犹太人纪念碑。弗兰克之前在德国也做过一些项目，但是在设计那些项目时，他从没有因为自己的犹太人身份而产生过任何特殊的感觉，然而，在地处柏林心脏地带的这片充满着复杂感情色彩的场地上进行设计，则完全是另外一回事了。

这个项目在地点上的特殊性，还给弗兰克带来了另外一个挑战。20 世纪 90 年代，东西柏林刚刚重新实现统一，而当时掌管着统一之后的柏林城市规划的一系列权力机构和部门，在整体上秉持的是一种相当传统的城市规划观念：建筑的高度不能过高，造型也不能过于独特，所有的建筑必须紧贴着道路退线进行布置，并且还要守齐相邻的建筑。时至今日，仍然有许多城市在沿用这种规划思路，这迫使城市中的建筑物，在总体上趋向于一定程度的同质化。所以，它能够很好地避免过于出格的建筑设计给城市规划和设计带来的灾难性影响。但是，这种思路所代表的保守的观念，对于创造性的设计回应显然是一种限制，而基于这种思路制定的城市规划相关的法规和制度，显然也不会鼓励弗兰克这类建筑师的创作和实践。

面对着苛刻的规划条件，弗兰克给出了一个别出心裁的解决方案，这也让这座建筑，在他的全部建成作品之中显得格外与众不同。在立面的处理方式上，他一反常态地采用了相当平滑而严整的手法，整个立面共有五层高，采用了浅米色石材，在高度和材质上都与周边的现状建筑进行了匹配，不过，这座建筑对于场地和环境的回应也仅止于此，弗兰克并没有在立面细部的层级上继续对周边的建筑进行任何呼应和复制，而是找到了一种既能够符合城市规划部门的要求，同时又能表达出自己的想法的设计思路。建筑的开窗深深地陷于立面之中，而一个个凹陷的阳台边缘的玻璃栏板如同悬浮在空中；整个建筑的几何造型，给人的感觉似乎过于沉重和结实了，看上去就如同是在保护着内部的什么东西一样，而弗兰克这个设计最大的亮点和玄机也正在于此。建筑的主楼部分，包含有一个木质内饰的玻璃顶中庭，办公室空间围绕着中庭进行布置，而在这个中庭的中央，矗立着一个四层楼高的不锈钢体量，曲面的造型像极了一只巨大的、抽象的马头。和弗兰克设计的所有复杂体量一样，这个马头也需要在 CATIA 系统的辅助之下才能够实现，尤其是在客户对于完成度要求极高的情况下——银行坚持要求这座建筑在建成效果上要超越毕尔巴鄂古根海姆博物馆以及弗兰克的其他任何项目。最终，在柏林的这个项目中，不锈钢板材的交接方式被优化得极其完美和精准，板与板之间，不再像弗兰克以往的项目中那样，如瓦片一般稍稍搭接在一起，而是如同飞机的表面一般，看不到一丝接缝，整个造型看起来浑然一体。

在这个马头状体量之中，包含着一个十分讲究的会议中心，不过，这其实并不是弗兰克设置这个造型体量的真实目的，弗兰克之所以在立面的处理上极尽克制，而将这个马头隐藏在中庭里，就是为了让它成为含藏在蚌壳里的那颗明珠，让人们在步入建筑的一瞬间，感受到扑面而来的，强烈的建筑形式感的冲击。在柏林，弗兰克对于规划部门提出的难题的解决方式，是将自己的建筑语言，从建筑的外观翻转至建筑的内部。他的建筑，不再是以雕塑化的造型与城市中的其他建筑针锋相对，而是转而以内向的姿态，直面自己的内心。从整体上看，这座建筑某种意义上构成了一套笛卡尔网格体系（Cartesian grid），非理性的马头造型，以自由而抒情化的线条，与理性的正交背景交织在了一起。在弗兰克的大多数作品当中，情感是完全外露的，清晰可见的，他的建筑，就如同坐在精神分析学家面前的人，对于自己的一切都毫无掩饰。但是，柏林的这个项目，与他以往的项目都不一样，在这座建筑中，感官化的直觉被隐藏在了冷静而克制的外壳之下，控制着建筑的内部空间。在很多年之前，他曾经打算在他为克利斯朵夫·德·梅尼尔设计的那栋联排住宅的内部空间当中尝试这种处理方式，但是最终他的那个设计并没有被建成；如今，几十年过去了，他终于得以再一次试验了这种完全隐藏在常规的立面之下的，充满爆发力的建筑空间。从某种意义上讲，这座建筑的形式，可以被理解为是一种对于公共的社交礼仪，与私人的、内在的强烈情感之间的碰撞和共存的关系的隐喻。不过，在柏林这座城市，这座建筑规整、冷峻的立面形式，还被赋予了另外的一重含义：作为一名犹太建筑师，在柏林这样一座曾经让犹太人遭受了无尽屈辱和痛苦的城市的中心地带设计一座建筑，弗兰克的心中，难免会激荡起一些复杂的情感，而弗

柏林德国中央合作银行办公楼的中庭，
以及其中“马头”状的会议厅

兰克的这种处理手法，便是他对于自己内心感受的一种含蓄的表达。同时，他也是在隐喻当年居住在柏林的那些，必须要将自己的所有想法隐藏在心里的犹太人。此外，最为重要的一点是，在这座建筑中，弗兰克以一种他此前从未在任何一个建成的作品之中明确地采用过的方式，难得地展示出了他同时驾驭激情与尊严这两种情感冲动的能力。

在柏林的这次克制的实践尝试，为弗兰克在毕尔巴鄂古根海姆博物馆之后少有的几座大型博物馆项目之一——费城艺术博物馆（Philadelphia

Museum of Art）的设计提供了一个模板。在费城，他被要求对博物馆的展示空间进行一次整体的扩展和重新布局，但是不得改变这座1928年建成的博物馆建筑标志性的立面——包括建筑正面那段著名的“洛奇阶梯”(Rocky steps)。多年来一直担任费城艺术博物馆馆长的安妮·达诺科特(Anne d' Harnoncourt)，非常欣赏弗兰克的毕尔巴鄂古根海姆博物馆，2002年，她找到了弗兰克，询问他是否能够想办法，以一种与毕尔巴鄂古根海姆同样吸引人的方式，对费城艺术博物馆的那座由贺瑞斯·川鲍尔（Horace Trumbauer）和朱利安·爱本（Julian Abele）共同设计的旧馆也进行一次提升和扩建，不过她特别强调，改造的动作必须要保持在原有建筑框架的限定范围之内。弗兰克很高兴地接受了达诺科特的这个挑战，他将这个项目视为是一个机会，希望能够借助着这样的一个改造项目，向世人证明他并不是仅仅沉迷于自己的那些与众不同的雕塑化造型，在需要的时候，他同样可以在创作中遵循由其他建筑师预设的框架。2008年，达诺科特突然离世，这在一定程度上延后了这个项目的进展，不过，在时任费城艺术博物馆首席运营官——也是托马斯·克伦斯在毕尔巴鄂古根海姆博物馆项目时期的几位助理之一——盖尔·海瑞蒂（Gail Harrity），以及达诺科特的继任者蒂莫西·鲁伯（Timothy Rub）的领导下，项目得以很快回到正轨。他们两位，与弗兰克一道，在原有建筑正面的台阶底下，开辟出了一块新的展览空间，并且重新整理了旧馆内部的室内装潢设计和展陈布局。弗兰克认为，费城艺术博物馆项目，恰好是毕尔巴鄂古根海姆博物馆的反面，两个设计之间，存在着一种天然的互补关系，在费城，他的建筑语言没有在建筑的外观上展露一丝一毫，而所有令人震撼和沉醉的空间体验，都被巧妙地隐藏在了建筑内部。

* * *

在后毕尔巴鄂时代，弗兰克还在芝加哥得到了一次与普利兹克家族进行合作的机会，自他于 1989 年获得普利兹克奖之后，一直与他保持着密切关系的普利兹克家族，终于也成了他的客户，或者说至少是象征意义上的客户。普利兹克家族通常并不太会与普利兹克奖的获得者们有太深入的交往，但是，弗兰克再一次成功使自己成为一个特例。杰伊 · 普利兹克和他的妻子辛蒂（Cindy），在圣迭戈（San Diego）郊外的兰乔圣菲（Rancho Santa Fe）拥有一处冬季住宅。在弗兰克获奖之后，他们邀请弗兰克和贝尔塔，带着他们的两个儿子一起，从洛杉矶开车到那里去小聚了一次，而正是这次轻松随意的聚会，使得这两个家庭之间建立起了持续多年的亲密友谊，也让弗兰克成了普利兹克奖评选委员会的一员，获得了共同决定未来获奖者的权力。他们友谊的基础，远远不仅限于他们对于艺术和建筑的共同热爱。辛蒂与杰伊·普利兹克夫妇，有着一种轻松自如、无拘无束的魅力，这让弗兰克和贝尔塔都感到异常着迷。他们从不屑于与别人分享他们的担忧和焦虑；与弗兰克和贝尔塔一样，他们也都是非常成熟老练的人，在他们谦逊、低调的风度之下，隐藏着坚定而宏伟的抱负。普利兹克夫妇也同样非常欣赏弗兰克，尤其是辛蒂·普利兹克，她和许多人一样，觉得弗兰克是个容易相处的、值得信赖的人。

1997 年，时任芝加哥市市长的理查德 · M. 戴利（Richard M. Daley）提出了一个想法，他打算以公共机构与私人机构合作的方式，在位于密歇根大街上的芝加哥艺术学院旁边的铁路场站原址上，建设一座新的公园。作为芝加哥最为杰出的慈善家和商界领袖的代表，普利兹克家族，几乎是不可避免地，从一开始便参与到了这个项目的进程当中。虽然杰伊 · 普利兹克因为在那年的早些时候突发中风，无法过多地过问项目相关的事务，但是，他的妻子辛蒂，依然在这个公园项目的艺术委员会之中扮演着非常重要而活跃的角色。这座公园被命名为了千禧公园（Millennium Park），顾名思义，其计划是于 2000 年之前落成，以迎接新千年。公园的总平面布局，最初被交由了 SOM 事务所进行设计，为了迎合戴利市长一直以来所声称的，对于花卉和种植池的爱好，他们给出了一个风格十分传统的方案。但是，辛蒂·普利兹克对于 SOM 的这个设计一点都不感冒。在她看来，一座到处装点着煤气灯和老式铁艺装饰的公园，是没有资格成为一座以迎接 21 世纪到来为主题的纪念公园的。

“我不太明白他们口口声声说的‘千禧’到底是什么意思了，”辛蒂说，“我觉得那个设计太糟糕了。我们要建的这座公园，不应该是这副样子。我对他们说，最适合他们这个项目的，应该是像弗兰克 · 盖里这类的建筑师。”而当她被问到，是否愿意由她的家族出面来邀请盖里加入时，她在她的孩子们之中做了一个小调查，调查的结果表明，孩子们和她的意见是一致的，他们也都无比渴望着，能够在弗兰克的第一件芝加哥建筑作品上打上自己家族的印记。在普利兹克家族成员们的心目中，促成这件事情，对于他们来说意义非常重大 ：芝加哥，一直都享有美国建筑第一城的美誉 ；弗兰克，由于毕尔巴鄂项目的大获成功，也已经被广泛地认为是美国最为杰出的建筑师，而普利兹克家族，作为普利兹克奖的发起者和捐赠者，一直以来都以支持重要的、具有开创性的新建筑项目而著称。如果弗兰克真的能够为千禧公园项目设计一些东西的话，上述的这种种优势，将会在这个项目之上被完美地结合起来，最终的结果一定会是非常令人期待的。

在芝加哥的政治生活之中浸淫了一生，辛蒂清楚地知道行事的分寸，他知道什么时候应该出面，什么时候又应该居于幕后，他认为，如果是由市长和规划委员会亲自出面去邀请弗兰克，这个项目会有更大的机会能够做成。她和她的孩子们，可以为项目提供最主要的支持和赞助，但是她希望芝加哥的市政府也能够更多地参与和投资到这个项目之中来。于是，芝加哥市政府派出了一个代表团前往洛杉矶，去询问弗兰克是否愿意考虑为千禧公园设计一个贝形舞台，作为整个公园的视觉焦点。最初，弗兰克是拒绝的，他说他不可能赶在千禧年到来之前，按时地完成这样一个项目，毕竟只剩下两年的时间了。“听到弗兰克的回复，他们中的一个人说道 :‘那真是太遗憾了，我想，有个人会因此而对你感到很失望的。’”普利兹克回忆道，“他问 ：‘你说的是谁？’他们回答说：‘辛蒂。’弗兰克一听马上说：‘这个项目我接了。’”

弗兰克的这个设计，最终实际上发展成一座室外音乐厅，有些类似于他职业生涯早期的好莱坞露天剧场和梅里韦瑟·波斯特音乐厅，只不过在形式和功能上都要复杂得多了。弗兰克设计的这座贝形舞台，最终被冠以了杰伊·普利兹克的名字——他于1999年去世，在这个设计中，弗兰克再一次地展示了他标志性的建筑语言，在舞台周围，一组不锈钢材质的飘带式体量，充满动感地上下翻飞，而在观众席的上方，一座拱形的金属格架横跨而过。整个观众区包含4000个固定座位，以及可以容纳另外7000人的、宽阔的草坪区，精良的音量扩大设备，使得这座露天的音乐演出场，在音响效果上可以媲美室内音乐厅。

同他在所有项目上的设计方法一样，弗兰克在这个设计的过程之中，也比较了许多版不同的方案，最初他最喜欢的一个方案，看上去要比这个项目后来的最终方案更简单、更厚重，也更为醒目一些。“那是个非常简单的模型，我能看得出来，他是在试图与芝加哥这座城市建立某种联系——那个方案是个大块头，看上去或许更像是路易斯·沙利文或者弗兰克·劳埃德·赖特的作品，”辛蒂·普利兹克回忆道，“他对我说：‘你看，这个方案非常芝加哥。’而我回答他说：‘我看到了，但是，我想要的是一个非常弗兰克的方案。’”

弗兰克听从了辛蒂的建议。辛蒂·普利兹克太了解弗兰克了，她知道，无论弗兰克有多么热爱芝加哥，亦无论他有多么愿意为芝加哥丰富的建筑遗产增光添彩，对于他来说，过于努力地，乃至于不惜改变自己的设计风格，去迎合芝加哥建筑的风格脉络的尝试，都不会是一个明智的选择，因为在这种情况下，他往往无法发挥出自己最高的设计水准。她知道，有的时候，弗兰克会对于自己的设计感到有些不自信，所以，她适时地点了一下弗兰克，提醒他需要放轻松，做自己真正想做的东西。从最开始，请弗兰克来设计这座室外音乐厅就是辛蒂的主意，而她之所以提出这个主意，是因为她觉得芝加哥会从一座带有鲜明的弗兰克·盖里风格的建筑之上获益，而并不是希望弗兰克把自己的建筑“芝加哥化”。劝说弗兰克坚持自己的风格，从某种意义上说，是辛蒂为这个项目所做出的最为重要的贡献之一。

整个千禧公园项目——还包括安尼什·卡珀尔（Anish Kapoor）创作的一尊纪念性雕塑，以及乔玛·普林萨（Jaume Plensa）的一组喷泉和电子雕塑作品——最终还是没能按时完成，直到2004年，这个项目才正式落成揭幕。而在弗兰克设计的那座杰伊·普利兹克露天音乐厅（Jay Pritzker Pavilion）建成之后，普利兹克家族再一次以他们的方式向弗兰克表达了敬意。他们将2005年普利兹克奖的颁奖典礼，安排在了那座音乐厅中举行，由此，这一每年在世界各地的建筑名胜之间轮转的建筑盛事，第二次选择了弗兰克·盖里的作品作为场地。彼时，已经接了父亲的班，成为其庞大家族产业的新领导者的汤姆·普利兹克（Tom Pritzker），邀请弗兰克和贝尔塔，与他、他的妻子玛格特（Margot），还有他的母亲一道，到中国进行了一趟旅行，而弗兰克也在这趟旅途中，度过了自己七十五岁的生日。

除了这次去中国之外，盖里一家，还和普利兹克家族一起进行了好几次长途旅行，其中还包括一趟印度之旅，而随着时间的推移，弗兰克与普利兹克家族也变得愈发亲密和熟悉，于是，他开始半开玩笑式地怂恿汤姆和他的家族再发给他一次普利兹克奖。“而我们总是说：‘没错，你是应该再得一次奖，但是你还是别打这个主意了。’”辛蒂·普利兹克这样说道。不过，在他们的中国之行的途中，汤姆·普利兹克就着这个话题，同弗兰克开了一个善意的玩笑。普利兹克一家邀请弗兰克与他们一起前往了一座正在进行重建的佛教寺院，在那里，他们为弗兰克准备了一场生日午餐。在宴会上，弗兰克的座位，紧挨着一位穿着长衫的僧人——据称是掌管这座寺院的住持。“我看过你的作品，我还知道你赢得过一个非常重要的奖项，不过你在获奖之后又做出了很多好作品，所以我觉得他们应该把那个奖再颁给你一次。”那名僧人通过翻译对弗兰克这样说道。

“听到了没？”弗兰克对普利兹克一家说。随即，辛蒂·普利兹克记得，

“汤姆站起身来，发表了一番讲话。他说：‘这位是我们奖项的获奖者，也是我们这个时代最为杰出的建筑师之一。他的名字叫弗兰克·盖里。说起来，这些年来，他为我们的这个奖项做了大量的工作，也付出了很多，所以，我们决定再次颁发给他一枚奖牌。’”弗兰克被叫到了屋子前面，接过了一个盒子。而盒子里装着的，是一枚假的普利兹克奖奖牌。事实上，那位寺院住持，以及寺院里的所有其他人员，都是普利兹克家族在上海拥有的一家酒店的雇员假扮的，这一整出戏码都是汤姆导演的，为了假装第二次授予弗兰克普利兹克奖，他制订了一个相当周全而详尽的恶搞计划。而当弗兰克打开盒子时，他发现，印在那枚奖牌上的名字，并不是弗兰克·盖里，而是弗兰克·戈德堡。

第十六章
纽约：玉汝于成

自从职业生涯早期，他为克利斯朵夫·德·梅尼尔做的那栋联排住宅的改造设计遭到弃用之后，纽约，对于弗兰克来说，便似乎成了一座可望而不可即的城市。如同横亘在他面前的一座高山，虽然他反复地试图攀登，但是，他却总是发现自己越滑越低，距离登顶越来越远。1987 年，弗兰克的朋友，SOM 事务所杰出的设计合伙人大卫·柴尔斯，邀请弗兰克与他合作参与了一场邀请式的设计竞标，竞标的主题是针对纽约麦迪逊广场花园的改造设计，他们提出的方案，以三座办公塔楼替换掉了原有的麦迪逊广场花园大厦，并对位于大楼下面的宾夕法尼亚车站进行升级改造。这个项目最终不了了之。不过，弗兰克和柴尔斯的合作却非常愉快，尽管这两个人有着迥异的建筑观和设计审美，但是，对于这次合作他们都感到意犹未尽，也都希望将来能够有再次合作的机会。

柴尔斯回忆，弗兰克“十分渴望了解一座高层办公楼是如何建造和运转的——他就像是一块海绵，孜孜不倦地吸取着一切能为自己所用的知识和经验。而且，他的关注点不仅限于美学领域，与建筑相关的一切技术性的手段和操作也同样令他非常痴迷”。除此之外，1996 年，华纳兄弟公司邀请弗兰克为时代广场一座（One Times Square）大楼做了一个外立面改造方案，几年之后，开发商伊恩·施拉格还曾请他在亚斯特坊广场（Astor Place）的一块用地上设计了一座酒店。然而这两个项目后来也都同样未能付诸实施。

弗兰克在纽约建成的第一个作品，并不是一座摩天大楼，而是位于一座摩天大楼内部的一组房间的室内设计：旗下拥有着《纽约客》、《时尚》（*Vogue*）和《名利场》等著名杂志的出版公司康泰纳仕（Condé Nast），邀请他为他们的新总部大楼设计了一间员工餐厅和一组私人用餐空间。弗兰克与康泰纳仕的老板，出版商 S. I. 纽豪斯（S. I. Newhouse），以及他的妻子，建筑历史学家维多利亚·纽豪斯是多年的老朋友。纽豪斯夫妇是一对杰出的艺术品收藏家，同时，也是一对热心的建筑爱好者，他们与菲利普·约翰逊和戴维·惠特尼，也是非常亲密的至交。20 世纪 90 年代初，在布伦特伍德举办的一场由吉尔·斯伯尔丁（Jill Spalding）——他们与弗兰克夫妇共同的朋友——主持的宴会上，他们结识了弗兰克与贝尔塔夫妇。

很快，他们便成了朋友：他们之间的共同语言很多，除了艺术与建筑之外，他们还有着另外一个共同的爱好——音乐。在他们互相认识之后不久，纽豪斯夫妇便造访了弗兰克的自宅，并且对弗兰克在洛杉矶的一些其他作品进行了参观。又过了几年，弗兰克还和纽豪斯夫妇一起到日本去进行了一趟旅行。随着时间的推移，这两对夫妻之间的友谊，也因为音乐这一共同的爱好而变得愈加深厚，弗兰克曾经邀请纽豪斯夫妇一起，到林肯中心去欣赏了一场匈牙利先锋派作曲家捷尔吉·山多尔·利盖蒂（György Sándor Ligeti）的作品音乐会，并将他们引荐给了这位他非常喜爱的作曲家。纽豪斯夫妇便由此成了当代音乐的忠实听众。后来，弗兰克还鼓励曾经撰写过一本有关当代博物馆建筑著作的——在其中她对毕尔巴鄂古根海姆博物馆进行了高度评价——维多利亚·纽豪斯，将当代涌现出来的，新形式的音乐厅和歌剧院建筑，作为了她的下一个研究主题。[1]

在认识弗兰克之后不久，纽豪斯夫妇就和弗兰克一起去参观了位于布伦特伍德的施纳贝尔住宅，而也正是从这次参观开始，纽豪斯夫妇开始认真地考虑成为弗兰克的客户的可能性。1995 年，他们请弗兰克为他们在长岛东部的贝尔波特（Bellport），做了一栋周末住宅的方案设计，当时，他们刚刚在那里买下了一块滨水用地。纽豪斯邀请弗兰克和他一起，乘坐直升机从曼哈顿出发，到那块场地进行考察，随后，弗兰克便着手为他的这位出版商朋友准备设计。他提出的方案，由几个方盒子体量，和几个曲面造型的体量，围绕着一个中央庭院组合而成，而整个建筑又被一个朝向水面的、巨大而富有雕塑感的造型体量所覆盖。这个设计显然是借鉴了施纳贝尔住宅和温顿客宅的"化整为零"的处理方式，而以一个大斗篷状的造型，将建筑的各个小体量编织在一起的手法，又不免令人联想起他彼时正在做的一些更偏公共性质的项目，比如柏林的那个"马头"状的会议厅。纽豪斯夫妇非常愿意参与到弗兰克的设计过程之中，而他们也和弗兰克一样，都觉得这栋建筑，是经由他们三个人之间持续的交流和讨论，一步一步地生成出来的。然而，正当他们的设计逐渐接近定稿的时候，来自外界环境的影响，打断了这一原本进行得非常顺利的设计过程。这片滨水场地，虽然风景迷人，但是，其致命的一个缺点在于其紧挨着当地的一条主干道路，每每想到这一点，纽豪斯夫妇就会觉得不太舒服，他们终归还是不愿意将他们的这座梦想之宅，建造在一处有着永远无法完全摆脱的交通噪声的环境里。而当他们的一位邻居，向他们威胁称，将会对他们在这片地产上进行的一切建设活动表示反对时，他们最终决定放弃了这个项目。

"这使得我们更加渴望与弗兰克进行合作了。"维多利亚 · 纽豪斯这样

1　纽豪斯在她的著作《视觉与声音》（*Sight and Sound*）［纽约：莫纳切利出版社（Monacelli Press），2012 年出版］中，将迪士尼音乐厅称之为是"二十一世纪的地标建筑"。

说道。在他们的那个住宅项目的同一时期，康泰纳仕公司正计划着搬迁至位于时代广场的一座新建成的摩天大楼之中，纽豪斯曾经询问过弗兰克是否有兴趣接手那栋新大楼的办公室室内设计工作，但是弗兰克拒绝了：他知道，设计几百个完全同一化的编辑室，并不是适合他这种建筑师的工作，无论客户是谁；他也知道，无论纽豪斯对于前卫艺术和建筑的热情有多么的真挚，这种热情，对于纽豪斯而言，永远都只能算是一种私人的爱好，而并不是他商业追求的一部分，弗兰克担心，如果他真的接受了这个项目，他会发现坐在办公室里的纽豪斯，与在家时判若两人，不再像在私人项目上时那般支持他。时任康泰纳仕公司编辑总监的詹姆斯·杜鲁门（James Truman）提出，如果弗兰克实在不愿意设计整栋办公楼的话，那么也许可以把这栋大楼里的一些特别的部分交给他来设计。员工餐厅怎么样？杜鲁门建议道。最终，弗兰克接受了杜鲁门的建议，而除了员工餐厅之外，他接手的这个项目，还包含进了一系列的私人餐厅空间，而整个项目加起来也只占去了半层楼的面积，虽然规模很小，但是，弗兰克却认为这样的一个项目，比设计办公室要有趣得多。“在合作那个项目时，我们一起度过了最棒的一段时光，”维多利亚·纽豪斯这样说道，“每个月，我们都会飞过去，与弗兰克一起‘玩’一下那个设计。”

虽然这个餐厅项目，比弗兰克当时正在做的其他项目在规模上都要小得多，但是他清楚地知道，纽豪斯夫妇依然是希望他能够在这个项目上做出一些特别的东西的，而且，作为世界上最具影响力的几本杂志的编辑们的一个聚集场所，这间餐厅所能够吸引到的关注度，事实上比许多独栋的建筑还要更高。最重要的一点是，如果能够顺利地完成这个项目，那么，弗兰克多年来所怀有的，在纽约建成一个作品的愿望，也终将得以实现。长岛周末住宅项目的搁浅，令纽豪斯夫妇遗憾不已，所以，在这个餐厅项目上，他们给了弗兰克极高的自由度，弗兰克得以在餐厅的内部空间设计中试验曲面玻璃隔断，他试图将他在其他项目上所惯用的那种，由金属搭建的，复杂的曲面形式语言，通过玻璃这种材料，在这个项目的室内空间之中加以重现。最终，这个室内设计项目总共耗资1200万美元，70多面巨大的玻璃隔断，被安装在了光滑而炫目的钛合金天花板之下，而每一面玻璃隔断，都进行了不同形式、不同程度的弯曲处理。餐厅的平面布局，主要是由一个个圆弧形的半开放式小隔间组成，这使得每一位使用者，都能够找到一个舒适的，属于自己的位置，这种布置方式，与菲利普·约翰逊在纽约四季餐厅的平面布局中所采用的手法十分类似，而四季餐厅，长久以来也一直是康泰纳仕公司的编辑们最喜爱的几个据点之一。

但是，与四季酒店餐厅的奢华内饰有所不同，弗兰克希望，在他的这个餐厅设计中，通过普通的材料，来达成他所希望的那些特别的效果：在桌面的材质上，他选择了明黄色的富美家塑料贴面板，来与那些风骚的曲面玻璃进行搭配。平凡而常见的塑料板，与奢华的曲面玻璃隔断形成了一种强烈的对比，维多利亚·纽豪斯至今还对弗兰克在调整材料搭配时的认真和细致记忆犹新。“有一次我们一起去看施工现场，我们在屋里坐下来，打量着当时已经安装完成的部分空间的效果，而弗兰克很不满意，他说：‘哦，这太丑了，看起来就像是一间夜店。’我们十分欣赏他这种敢于自我否定的态度，而我们也毫无保留地相信他一定能够把效果调整好。”

2000年，在完成了康泰纳仕的员工餐厅之后没多久，弗兰克就再一次地获得了与大卫·柴尔斯合作的机会。这一次，他们的项目依然是一座超高层摩天楼，而项目的客户也非同一般，纽约时报公司打算与地产开发商拉特纳的“森林城”集团联手，在曼哈顿的第八大道，距离其长久以来位于时代广场的旧总部不远的地方，建设一座新的总部大楼。虽然《纽约时报》一直以来都在不遗余力地鼓吹和倡导建筑学的意义和价值，但是，就其本身的建筑设施而言，纽约时报公司却在相当长的一段时期里无视来自批评家们的各种建议。其大部分的办公室，包括其最主要的一间新闻编辑室，都至多只能算是勉强够用的办公空间而已，既不方便使用，也没有经过很好的设计。

陈日荣（左）正盯着戴维·南（David Nam）和阿兰德·德瓦拉贾（Anand Devarajan）制作纽约时报总部大楼的方案模型

在 20 世纪 90 年代末，刚刚接任纽约时报公司董事长的，年轻的小亚瑟·奥克士·苏兹贝格（Arthur Ochs Sulzberger Jr.）决定做出改变，他认为，公司的旧总部大楼太过古老了，在其建设的时期，甚至还考虑到了在其中设置印刷厂的需求因素，而时至今日，所有的印刷工作都已经被转移到了别处，这座建筑之中已经没有任何印刷相关的功能需求了。他认为《纽约时报》没有任何理由继续停留在这样的一座建筑之中，他希望，他的公司能够以一个更为新锐、更加进步的姿态来迎接数字时代的到来。于是，苏兹贝格组织了一个包括建筑评论家赫伯特·马斯卡姆在内的委员会，要求他们为他列出一个世界上最为杰出的建筑师的名单。纽约时报公司，打算从这份名单中邀请几位建筑师，来为他们的新总部大楼做一轮概念方案的竞标。

不出所料地，弗兰克的名字，高居马斯卡姆给出的名单中的前几名。当然，委员会的其他成员，也都同样认为弗兰克应该参与到这次竞赛当中。由于担心自己缺乏摩天大楼类项目的设计经验，弗兰克再一次请来了大卫·柴尔斯与他合作，很快，他们俩便兴致勃勃地着手准备起他们的方案，与他们竞争的，还有诺曼·福斯特、西萨·佩里，以及伦佐·皮亚诺。能够有机会设计一座表现《纽约时报》精神内涵的建筑，弗兰克与柴尔斯都感到兴奋不已，他们认真地研究了这家报纸，与编辑和作者进行了大量的会谈，并且努力地试图理解一份日刊报纸的生产过程和步骤。最终，在他们给出的设计之中，弗兰克对于波动的、曲面式的造型语言的兴趣，与柴尔斯所在的SOM 事务所最为擅长的那种玻璃摩天楼建筑融为一体，在建筑的基座部分，包含有一间巨大的、玻璃包裹的新闻编辑室，而整个建筑 40 多层高的外立面，也全部由波浪状起伏的玻璃板覆盖，玻璃立面在形体上稍稍扭曲，并在建筑的顶端向外侧张开。此外，在建筑顶部还设置有一面巨幅的《纽约时报》标志，而且，由于是直接盖印在弗兰克的曲面玻璃上，这幅哥特式字体的标志也更具有了某种抽象性。在看过他们的方案之后，纽约时报公司和森林城公司的负责人都相当满意，这其实是弗兰克事先并没有想到的，而来自客户的积极反馈，让他和柴尔斯都觉得，他们已经在这个项目的竞赛之中占得了先机。

然而紧接着，情况却忽然开始急转直下。柴尔斯开始怀疑，这个项目，是否真的是如他最初所想象的那样的合作；虽然他很喜欢他们最终的成果，但是，他清楚地意识到，这个方案明显具有更多的弗兰克的痕迹，而并非是一个典型的 SOM 式的设计，他不愿意仅仅被视为一个支持和辅助性的角色。所以，他开始有意无意地在弗兰克面前流露出打算淡出这个项目的想法，而对于弗兰克来说，如果柴尔斯退出，那么这个设计的实现过程将会变得极为困难。不仅如此，森林城和纽约时报公司负责协调这个项目的负责人还提出，一旦项目正式启动，他们希望每个星期都能够在纽约进行碰头会，而项目的所有主创，包括弗兰克在内，都要保证出席。

弗兰克很高兴能够得到经常性地来往纽约的机会，但是，他却不愿意做出每周都能到场的承诺，他觉得那样的话，跟直接搬过去也没什么区别了。从来没有客户给他规定过如此严格的日程表，他开始怀疑纽约时报公司是否真的是如他们所声称的那样，是一家充满理想主义的、希望能够成为好建筑的支持者和赞助者的报纸，而不是与其他的大型商业机构或者地产开发商一路货色的逐利之徒。他给大卫·柴尔斯打了一通电话，在电话中，他提出了退出这个项目的想法。而当时正在担心被人们视作是艺术家弗兰克的实践助手的柴尔斯，对于弗兰克的这个提议也并没有反对。弗兰克起草了一封退赛信，在信中，他以非常情绪化的语言宣示了自己对于建筑的理想和抱负，不过，出于彼此的考虑，柴尔斯重新写了一封简短的退赛信，并且说服弗兰克没有把他写的那封寄出去。他们将柴尔斯的信寄给了竞赛的委员会，并且退还了他们所收到的竞赛资金——委员会发给了每组参赛者 5 万美元，用以补偿方案设计阶段所需的开销。

弗兰克再一次地，放弃掉了一个可能会成为他职业生涯当中的又一个里程碑的项目机会。虽然他和柴尔斯并没有被正式地宣布胜出，但是，所有的迹象都已经表明，他们很可能将会是最后的获胜者，纽约时报公司，以及森林城公司的布鲁斯·拉特纳，都因为他们退出竞赛的这个决定而感到震惊无比。他们无论如何都不会想到，自己甚至都还没有向建筑师发出聘请，就先被那位建筑师给炒掉了。弗兰克与他在纽约时报公司认识的大部分人都相处得十分愉快，但是，他也敏锐地察觉到，亚瑟·苏兹贝格与纽豪斯的不同，即便身为纽约时报公司的董事长，苏兹贝格也不得不受制于一个由总监、股东、众多经理以及编辑所组成的董事会。谁才是项目真正的客户，每当这个问题的答案模糊不清时，弗兰克都会感到头疼不已；麻省理工的史塔特中心，以及沃尔特·迪士尼音乐厅这两个项目，由于多头式的客户所造成的种种麻烦和问题，至今仍令弗兰克觉得不堪回首。所以，在面对和应付纽约时报公司这样一家庞大的公共机构时，弗兰克感到了一种焦虑，这种焦虑，与他多年前在巴黎放弃维克多·格伦提供给他的那个机会时的感受非常相似：如果这个机会需要他放弃自己对于一些东西的控制，那么在他看来，这样的机会就不值得他去争取。

* * *

2001 年 9 月 11 日，弗兰克的第二十六个结婚纪念日，那一天，他正在纽约，忙碌于他在纽约的另一个最终没能实现的项目——林肯中心的改造设计。弗兰克在设计麦迪逊广场花园项目期间，结识了地产开发商，女演员坎迪斯·伯根的丈夫马绍尔·罗斯，而罗斯当时是林肯中心的董事会当中非常活跃的一名成员，他提出，应该请弗兰克这样的建筑师来为林肯中心这组古板的文化建筑综合体打一针兴奋剂了，毕竟，林肯中心主要的几座建筑，已经有接近半个世纪的历史，是时候做出一些改变了。弗兰克曾经被问及是否可以考虑为林肯中心的中央广场增设一个玻璃屋顶，他也答应会研究一下这个想法的可行性。然而，2002 年，在弗兰克完成他的研究之前，这个极为戏剧化的方案就被客户先行公之于众了。当时，弗兰克甚至还并不确定他是否会采用这个想法，但是，那几张发表出来的，表现了林肯中心的那个著名的广场被一个玻璃拱顶所覆盖着的图片，在公众舆论之中引起了轩然大波，这使得林肯中心的董事会最终不仅拒绝了这个方案，同时也决定不再与弗兰克合作。在林肯中心，弗兰克的名字被与一个不受欢迎的设计方案紧密地联系在了一起——尽管他所打算给出的是一个完全不同的设计——以至于他都不再被视为一位适合这个项目的、可靠的建筑师，这与他在毕尔巴鄂所受到的待遇截然相反。

不过，弗兰克最终失去林肯中心的信任，是 2002 年的事，在 2001 年 9 月 11 日的早晨，纽约的一切似乎都还很顺利。尽管在募集建设资金方面遇到了一些困难，但是，曼哈顿下城的那座巨大的、蔓延数个街区的古根海姆博物馆新馆项目，似乎也还有着实现的可能。弗兰克那天正准备向林肯中心的建设委员会进行一次汇报，委员会也非常渴望能够听一听他的想法。阿莱霍在从罗德岛设计学院毕业之后便一直居住在纽约，当时，他刚刚为曼哈顿下城新落成的三宅一生（Issey Miyake）专卖店创作完成了一幅壁画，而那家专卖店将会在那一周的晚些时候开业。弗兰克为那家专卖店做了室内设计，他之所以接手这个小项目，主要就是为了能够有机会与儿子合作。那天早晨，贝尔塔抵达了洛杉矶的机场，准备搭乘飞机前往纽约，到那里去与弗兰克一起庆祝他们的结婚纪念日，并且参加阿莱霍的壁画作品的揭幕仪式。对于弗兰克一家来说，纽约的那一周，本该是一段充满幸福和快乐的家庭时光。

在那场摧毁了世界贸易中心双子塔的恐怖袭击发生的时候，弗兰克正待在他在东 57 街的四季酒店房间里。他在电视上目睹了整个事件的全过程，并且透过酒店房间的窗户，看到了曼哈顿下城破碎的天际线。贝尔塔的航班，不出所料地遭到了取消，三宅一生专卖店也取消了其开业庆祝仪式。整个城市似乎都陷入了停滞状态，然而，弗兰克却惊讶地从林肯中心得知，他们原定的汇报会议照常进行。虽然深感震惊，并且确信自己并不处于最佳的状态，但是弗兰克还是勉强支撑着完成了大部分的汇报，汇报一做完，他便以不舒服为由，请辞离开会场，回到了酒店。他联系到了阿莱霍，以及当时同样居住在纽约的莱斯利和布丽娜，把他们全都叫到了四季酒店，在接下来的几天时间中，他便一直留在了酒店房间里，而贝尔塔和萨姆则留在了洛杉矶。他通过电话与他在纽约的朋友们取得了联系，包括就住在世贸中心大楼几个街区之外的赫伯特 · 马斯卡姆，马斯卡姆被吓坏了，以至于不敢离开他的公寓半步。弗兰克记得，三宅一生当时同样感到极为震惊和沮丧，也一直待在了他在美世酒店的房间里。弗兰克还联系上了当时正待在上西区的一套双层公寓里的彼得 · 刘易斯，以及代表客户来到纽约，并且和弗兰克一样被困在了纽约，等待着航班服务恢复的伦佐 · 皮亚诺。刘易斯、皮亚诺，以及他的孩子们，在弗兰克被困纽约的这段时间里，给予了他非常宝贵的慰藉，让他能够安心地等待着一切恢复正常，然后返回洛杉矶去与贝尔塔团聚。

和几乎所有建筑师一样，在这场灾难过后，弗兰克也不禁思考起世贸中心遗址的未来命运。他强烈地感到，必须要在那里建起一些东西——他认为，将那片场地空置，是一种非常不负责任的行为，在接受《纽约时报杂志》的黛博拉·所罗门（Deborah Solomon）的采访时，弗兰克谈到，他构想了“一个能够吸引全世界目光的，宏伟而壮丽的空间”。“可以在那里建一座包含有一个内湖的室内公园”。2002 年春天，他在耶鲁大学每隔一年开设一次的讨论课上，他给他的学生们布置了一项作业，要求他们为世贸中心的遗址场地设计“一座精神化的建筑……一个能够代表开放和宽容的符号”。他还利用课程的旅行预算，带学生们去了一趟伊斯坦布尔，参观了圣索菲亚大教堂（Hagia Sophia），希望学生们能够从中获取灵感和启发。

但是，几个月之后，当曼哈顿下城发展公司（Lower Manhattan Development Corporation）——负责监管整个重建过程的机构——开始组织一场旨在为世贸中心遗址征集改造方案的竞赛时，弗兰克却拒绝参与其中，他对《纽约时报》说，曼哈顿下城发展公司只付给其邀请的参赛建筑师每人 4 万美元的费用，对于准备这样一个设计所需的花费而言，这点钱可以说是杯水车薪，而在这种情况下参与这场竞标，无异于是在“自降身价”。“我能够理解那些参赛的孩子们，但是，我这个岁数的人，为什么还要参加这样的竞标呢？”他说，“如果你只愿意拿出 4 万美元，你也就只能获得与这笔钱等值的待遇。”

这是弗兰克少有的几次在公众面前失态的情况之一。他毕生挥之不去的，对于尊重和金钱的焦虑，以及他将这两者等价起来的倾向，让他忽视了一个事实，那就是他大多数的建筑师同行们，都将参与和支持世贸中心遗址的重建工作，他们将这一工作视为一个爱国者的责任，而非赚钱的渠道。在黛博拉·所罗门对弗兰克的采访刊发之后，彼得·埃森曼和查尔斯·格瓦斯梅，都通过公开渠道对弗兰克进行了抨击，在他们看来，弗兰克并不是在捍卫建筑师的职业尊严，而是在一个被他的很多同行认为是公民义务的项目上要求更多的酬金，并且还指责他的建筑师同行们自贬身价。

自从几年前，毕尔巴鄂古根海姆博物馆在公众之中引起了巨大反响之后，弗兰克与他的许多同行之间的关系，尤其是与许多和他同处于菲利普·约翰逊的“孩子们”小圈子里的建筑师之间的关系，便逐渐产生了一种微妙的，渐渐累积的紧张和压力。他是他们之中的一员，而他们也很欣赏他的作品。但是，他巨大的名望，无时无刻不在提醒着他们，他达成了一些他们无法企及的成就，所以，潜在的嫉妒心便这样产生了。弗兰克的名气和成就，并不是通过迎合大众的口味，或者通过自己建筑观的“堕落”而取得的，所以，他的同行们无法以这一点来对他进行指责。他们一直在等待着弗兰克犯错，而他这一次关于“归零地”（Ground Zero）项目竞赛的言论，一下子让他成了众矢之的。

不过，曼哈顿下城发展公司似乎并没有因此而对弗兰克抱有任何成见。在选定了由丹尼尔·里伯斯金设计的一个包含几座办公楼、一个纪念地，以及两座文化建筑的总体重建方案之后，曼哈顿下城发展公司将其中一座艺术建筑的设计委托交给了弗兰克，那是一座表演艺术中心，其中包含着著名的舞蹈剧场乔伊斯剧场（Joyce）的新场址，和非盈利性质的外百老汇（Off-Broadway）剧团——签名剧团（Signature Theater Company）的新的大本营。然而，这个项目，后来也成了一出过程冗长，结局令人失望的肥皂剧。弗兰克的设计，由一系列互相交叠的盒子体量组成，总预算超过了 4 亿美元，而曼哈顿下城发展公司只拿得出其中的四分之一，他们希望剩余的资金可以通过私人募款筹得。混乱的政治形势、频繁改变的项目要求、困难重重的资金筹集过程，以及由相邻建筑的施工所造成的复杂的场地条件，导致了这个项目的多次延期，而面对着迟迟不能明确的开工日期，弗兰克也不得不反复地重新修改设计。签名剧团最终放弃了这一选址，转而决定搬迁到曼哈顿中城，在西 42 街的一座新建成不久的高层公寓塔楼之中，他们得到了在较低的几层里自主设计一个新总部的机会。虽然签名剧团的管理层，也和弗兰克一样，对于那个位于下城的项目的一再拖延而感到沮丧不已，但是，他们与弗兰克的整个合作过程还是非常愉快的，所以，他们在这个新的剧场综合体项目上，依然邀请了弗兰克来为他们进行设计。这是一个很小的项目，但是弗兰克却做得十分开心，在完成之后，这个项目也成为弗兰克最为出色的几个室内设计作品之一，这组由三个各具特色的剧院空间组成的小综合体，与巴德学院的费希尔中心项目一样，再一次清楚地表明，当弗兰克遇上志同道合的客户的时候，他完全有能力在紧张的预算之下，完成兼具开创性与功能性的创作。

当潘兴广场签名剧院（Pershing Square Signature Theater）于 2012 年落成揭幕的时候，世贸中心原址的那座表演艺术中心还依然没有开工建设，而整个项目的定位，也由最初的表演艺术中心，变为了一座综合性的艺术中心，耐心地等待了十年的乔伊斯剧场，则仅仅成为项目功能中的一小部分。在签名剧院的落成典礼上，时任纽约市市长的迈克尔·布隆伯格（Michael Bloomberg）盛赞了弗兰克，并宣称纽约市“需要更多的由弗兰克·盖里设计的建筑”，然而，下城那座艺术中心的新任主席马吉·博普尔（Maggie Boepple），却早已明确地表示，她并不认同市长以及签名剧团对于弗兰克的信任。在 2012 年接手了陷于困境的艺术中心的管理工作之后，她与弗兰克几乎没有过任何沟通。而一直在等待着新的指示，准备着再次修改设计的弗兰克，最终也没有等到来自客户的任何消息。2014 年夏末，几乎是在他们高调地宣布将弗兰克·盖里确定为这座表演艺术中心的建筑师的整整十年之后，艺术中心的官方告诉《纽约时报》说，他们决定聘请一位新的建筑师，将整个设计完全推倒重来。弗兰克没有接到任何通知，直到《纽约时报》的一个记者打电话给他，请他就此事发表评论时，他才得知他已经被解雇了。

* * *

不过，在那段时期里，弗兰克却终于突破了他始终无法在纽约完成项目的这个宿命，2007 年，弗兰克建成了他在纽约的第一座独栋建筑——IAC 公司总部大楼。项目的业主 IAC 公司，是一家主营互联网相关业务的控股公司，公司的总裁巴里·迪勒，对于新事物总是充满着强烈的渴望，他希望将他的公司搬迁至切尔西区的滨水地带，为此，他在西18街购得了一块建设用地。这块用地，距离当时正在被改建成为城市公园的高架货运铁路线——高线（High Line）只有一个街区。迪勒希望，他的新总部大楼，能够成为象征他公司的公众形象的一个标志，就如同西格拉姆大厦、利华大厦、伍尔沃斯大厦（Woolworth Building），以及诸多在上一个时代的纽约声名赫赫的其他总部大楼建筑所曾经做到的那样。

为了找到一名合适的建筑师，迪勒咨询了他的老熟人马绍尔·罗斯，而在林肯中心项目失败后，依然盼望着能够帮助弗兰克在纽约有所建树的罗斯，建议迪勒打电话给弗兰克。迪勒一开始是拒绝的——弗兰克·盖里有些太过固执己见了，他这样说道，他担心弗兰克会太贵，并且难以控制。不过罗斯还是劝说迪勒去与弗兰克见一面，他告诉迪勒说，弗兰克和他一样，也喜欢出海航行，所以，即使他们在建筑方面没能达成认同，至少还可以聊聊航海。于是，迪勒到洛杉矶去见了弗兰克，而这两个人一谈就是几个小时。弗兰克还带迪勒去参观了他的沃尔特·迪士尼音乐厅，迪勒被弗兰克低调而温文尔雅的风度，以及沃尔特·迪士尼音乐厅如梦似幻的建筑空间所深深地吸引了。一天的交流结束之后，他便已非常期待着与弗兰克的进一步合作了，2003年，迪勒正式将他的新总部大楼的项目委托交给了弗兰克——除了弗兰克之外，他没有面试任何一位其他的建筑师。

弗兰克为IAC和马绍尔·罗斯的乔治城公司（Georgetown Company）——罗斯后来成为迪勒在这个项目上的合伙人——设计的那栋十层的玻璃建筑，从某种程度上来说，是弗兰克对于自己在康泰纳仕员工餐厅的设计中所探索过的一些想法的延续：与那间餐厅一样，这个设计也同样是以扭曲的、曲面状的玻璃作为了造型的主题，而这一次，弗兰克将这种手法扩展至了整个建筑之上。迪勒希望他的建筑是白色的，而弗兰克也满足了他的这个要求；整个建筑的造型，看上去如同是一组在风中扬起的船帆，弗兰克和迪勒两

曼哈顿的 IAC 大楼

个人对这种造型都非常满意。通常，玻璃建筑会给人以冰冷和脆弱的感觉，但是，在弗兰克的这个设计中，玻璃却好像黏土一般，被捏出了轻松而自然的形式。白色的玻璃立面和圆润的曲面造型，让这座建筑看起来就像是一幅电脑渲染图。

在设计这个项目的一年时间里，弗兰克总共做了 51 个各不相同的模型，这也打消了迪勒之前可能抱有的对于弗兰克不愿意变通的担心。但是，对于弗兰克来说，这个项目最大的挑战还并不在于美学方面本身，而是在于如何将审美与合理的经济造价结合起来。迪勒坚持要求这座建筑要达到曼哈顿其他高端办公空间的标准，这种要求，意味着这个项目的资金并不会太紧张，但是弗兰克仍然必须要将造价控制在一个明确的预算之内。不过，由此带来的种种限制，非但没有令弗兰克感到烦恼，反而令他兴奋不已：如果说 IAC 总部项目，为他提供了一个机会，让他能够证明自己有能力在纽约的艰难条件下建起自己的作品。那么，他觉得，为什么不能借此机会，向世人一并展示一下他将项目成本控制在合理范围之内的能力呢？弗兰克决定，要在纽约，一举终结那些困扰了他许多年的，关于他的作品是昂贵的奢侈品的抱怨和指责。他决定暂时放下他在毕尔巴鄂古根海姆博物馆和沃尔特·迪士尼音乐厅那类项目上所抱持的那种极高的抱负，通过这个项目，让全世界看到，他能够满足巴里·迪勒的需求，在曼哈顿的中心建起一座与众不同的、功能清晰而又造价合理的建筑，他认为这是值得的。也许从此，人们对他的印象便会有所改观，不再片面地将他视为是一个对于建筑的实践性毫不关心的，疯狂的艺术家。

而弗兰克的这个想法，实现起来却并不容易，这其中的部分原因是他的客户迪勒，非常希望能够得到一座独一无二的、定制化的建筑。在早期版本的设计中，建筑的曲面玻璃幕墙，是由大量小块的平面玻璃以微小的角度拼接而成的，弗兰克觉得这种做法造价更低，而且从一定距离之外看起来，建筑的表面也同样能够给人以曲面的观感。但是迪勒却不满意，为什么在窗户上面，那些小块的玻璃交接的地方，会有那些细小的线条？迪勒这样问道。他坚持要求弗兰克找到一种能够让外立面上的玻璃真正弯曲的方式。最终，盖里与合伙人事务所找到了一家欧洲的幕墙公司——帕马斯迪利沙（Permasteelisa）进行合作，在幕墙公司的帮助下，他们以迪勒和马绍尔·罗斯能够接受的一笔成本，设计和制造出了总共 1437 块乳白色的玻璃板，而几乎每一块玻璃板，在造型上都略有不同。

* * *

弗兰克对于纽约的频繁造访，使得他能够有机会经常与他在纽约的朋友见面，他常会同克莱斯·奥登伯格、理查德·科恩、马丁·弗里德曼和米尔德丽德·弗里德曼夫妇，以及赫伯特·马斯卡姆等人一起吃晚饭，而在每个星期天的上午，他还会固定地与马斯卡姆互通电话。相比之下，对于他同样住在纽约的两个女儿，他的探望却并不很多。莱斯利是一位艺术家和珠宝设计师，当时，她已经作为文字编辑，为《家居与庭院》杂志工作了好几年了，她住在弗兰克买给她的一间公寓里，正在为成为一名作家而做着努力。弗兰克的老朋友盖尔·卡瓦纳，在莱斯利还是个孩子的时候就认识她了，而在莱斯利开始在《家居与庭院》杂志工作后，她们又重新取得了联系，卡瓦纳记得，有一次，她和莱斯利一起到康泰纳仕总部大楼（《家居与庭院》杂志由康泰纳仕公司发行）的员工餐厅去吃了一顿午饭。虽然她们置身于弗兰克创造的那个由曲面玻璃隔断、钛合金板，以及黄色桌面包围而成的空间之中，但是，莱斯利却明确地表示她不愿意谈及与她父亲相关的话题。卡瓦纳十分喜爱莱斯利，她也很想尽快地恢复她们之间的友谊，所以，她没有提起弗兰克，她记得她们两个人在那里进行了一次温暖而愉快的交谈。但是，由她们所身处的环境所带来的一种强烈的讽刺感，却让卡瓦纳印象深刻。“当时我就想，哇，这简直是一幅生活的拼贴画。”卡瓦纳这样描述道。她意识到，她正坐在她的老朋友所设计的一个著名的空间当中，而坐在她对面与她交谈着的，正是这位老朋友的女儿，不过，面对着这一事实，这两个女人在当时都没有点破。“尽管如此，我们还是度过了一段愉快的时光。”卡瓦纳回忆道。

布丽娜当时住在布鲁克林，在《纽约书评》（*The New York Review of Books*）杂志工作了几年之后，她到布鲁克林去做起了瑜伽教练。弗兰克很少有机会能够在纽约与布丽娜共进晚餐，而就在这少有的几次机会之中的一次，弗兰克记得，他们在餐厅里遇见了作家琼·狄迪恩（Joan Didion）与约翰·格列高利·邓恩（John Gregory Dunne）夫妇。由于作品经常出现在《纽约书评》上，他们与布丽娜很熟悉，所以，他们来到弗兰克和布丽娜的桌子前，同布丽娜——而不是弗兰克——打了招呼，这令弗兰克有些猝不及防，他这才意识到，当时的他，已经变得如此习惯于名人的生活，以至于他无法想象另外两位名人走过来，是为了问候他的女儿，而不是他。当然，这件事对于弗兰克而言，只不过是一段有趣的小插曲，但是，这件事情却提醒了弗兰克，他意识到，他巨大的名望，以及他为此付出的一切生活上的改变和牺牲，对于他的两个女儿而言，依旧是深埋在心底里的一个痛点。她们始终觉得，在她们的成长过程中，父亲从来没有给予过她们足够的陪伴，也正因如此，时至今日，每当弗兰克打电话来说他在纽约，希望能见个面时，她们俩才会经常推托说自己很忙。和许多不愿意面对过往的伤痛的人一样，她们本能地逃避着与父亲的会面。

弗兰克与布丽娜的关系，因为发生在20世纪90年代中期的一件事情，而变得更加糟糕了，当时，布丽娜正在为弗兰克的老朋友彼得·阿内尔工作——几十年前，正是阿内尔的广告和品牌咨询公司，推出了建筑界的第一部关于弗兰克的专著。阿内尔告诉弗兰克说，他在前往罗德岛设计学院招聘的途中遇见了亚历杭德罗，他非常欣赏亚历杭德罗作为一名艺术家和平面设计师的才华，并询问弗兰克是否介意他发给亚历杭德罗一份工作邀请。弗兰克立刻意识到，这对于布丽娜来说可能会是一个问题，他觉得布丽娜可能会感到自己在父亲老朋友的公司里的地位受到了动摇。所以，他请阿内尔一定要确保布丽娜对于与自己同父异母的弟弟成为同事没有意见。果然，得知这个主意的布丽娜非常气愤，而随后贝尔塔的卷入，也让情况变得更加的不可收拾，本来，贝尔塔一直是作为缓解弗兰克的家庭矛盾的角色出现的，但是这一次，贝尔塔也发脾气了。贝尔塔十分明确的言辞警告了布丽娜，告诉她在这个问题上，她没有权利表达反对。最终，布丽娜和亚历杭德罗都得到了阿内尔的工作，但是，由于这件事情所造成的紧张关系，却在很长一段时期里都没能够得到缓和。

可以说，莱斯利和布丽娜都是比较易怒的人，有时，她们两人之间的关系，甚至会比她们与弗兰克之间的关系还要紧张。2008年，当理查德·斯奈德，她们的舅舅——也是这个家庭之中唯一的一个似乎能够与所有人，包括他的前姐夫弗兰克，保持着良好关系的人——打了一通电话给弗兰克时，这对姐妹已经互不理睬很久了。在那通电话中，理查德·斯奈德告诉弗兰克，莱斯利的状况不太好，让弗兰克务必打个电话给她。当时的莱斯利，已经很少离开她的公寓，某种程度上过着一种接近隐居的生活。而她的舅舅，是少数的几个她会定期联络的人之一。

莱斯利·盖里·布伦纳

弗兰克拨通了莱斯利的电话，在电话中，莱斯利并没有正面回答关于她健康状况的任何问题。“就是有一点女人的病，不太严重。”她对她的父亲这样说道。弗兰克当时已经几个月没有和他的女儿通过话了，但是，他依然能够从女儿的语气和声音中听出异样。莱斯利当时已经接受了一次手术治疗，但她没有跟父亲说。

“我对她说：‘莱斯利，包在我身上，我来找人帮你治病。’”弗兰克回忆道。他打电话给了他的朋友米尔顿·韦克斯勒的女儿南希·韦克斯勒(Nancy Wexler)。当时，南希·韦克斯勒正居住在纽约，一方面运营着她父亲创办的那个对抗亨廷顿氏舞蹈病以及其他遗传疾病的基金会，另一方面，她也是纽约长老会医院系统（New York-Presbyterian hospital system）的首席执行官赫伯特·帕蒂斯（Herbert Pardes）医生的女友。韦克斯勒和帕蒂斯安排莱斯利进入了长老会医院系统在168街的医院，在那里对她进行了一次探查手术。手术的结果表明，莱斯利患有第三期子宫癌，而她之前的医生没能够检查出这一病症，此时，她的病情已经非常严重。

莱斯利并没有拒绝来自于父亲的帮助，相反，她对此似乎表现得很开心。“我只是做了身为父亲应该做的，而且，我意识到我早就应该这么做了。”弗兰克这样说道。他终于明白，自己一直以来，都在以莱斯利的逃避，作为自己与女儿日益疏远的借口，而事实上，他本该更努力地去维系与女儿之间的父女亲情，他的内心充满了自责。他打电话给了布丽娜，告诉了她莱斯利的病情，但是在电话中，布丽娜却告诉弗兰克，她与姐姐的关系一直都不太好，所以她有点犹豫要不要去探望莱斯利。弗兰克听了很不高兴，可他明白，必须给布丽娜足够的时间，让她去接受姐姐身患绝症的事实。接着，他拨通了一个对他来说更为难以开口的电话——他打给了安妮塔。他告诉前妻，他们的女儿得了癌症，病情十分严重，并表示他愿意支付机票的费用，让安妮塔尽快坐飞机赶来纽约。

接下来的几个月里，弗兰克在他的第一个小家庭中重新扮演起了家长的角色。布丽娜主动摒弃了与姐姐之间的隔阂，来到医院看望了莱斯利。在布丽娜到达医院后，弗兰克悄悄地离开了莱斯利的病房，将这两姐妹单独地留在了房中。过了一会儿，当他从门外向屋内张望时，他看到他的两个女儿正拥抱在一起，他感到，他正开始以某种细小的方式，修复着他那破碎的家庭的创伤。在此前的岁月中，弗兰克一直小心翼翼地把他的两个家庭分隔开来，而多年来他生活中的一大任务，就是在这两个家庭之间寻得平衡。在来到纽约陪伴莱斯利期间，安妮塔才第一次见到了萨姆和阿莱霍。萨姆记得，与安妮塔一起待在莱斯利的病房里的那段时间，让他感到度日如年，他和他的未婚妻乔伊斯（Joyce），主动要求到莱斯利位于下城的公寓里去帮忙打扫，这也是他们所能想到的唯一的，既能够帮上莱斯利，同时又能让他们有机会离开医院的工作。除此之外，在医院里还发生了另一件更加难堪的事：当安妮塔、弗兰克和布丽娜一起坐在医院的等待室里时，他们遇见了伊莱恩·梅（Elaine May）和黛安·索耶（Diane Sawyer），他们是来医院看望与莱斯利住在同一楼层的另一名病人——迈克·尼科尔斯（Mike Nichols）的。梅和索耶十分高兴能够遇到弗兰克，她们邀请弗兰克与她们一起去探望了尼科尔斯，而把弗兰克的前妻和女儿晾在了一边。对于布丽娜和安妮塔而言，这一切仿佛是昨日重现一般，她们的家庭生活，又一次需要被迫地给弗兰克的名人身份让路，这让她们感到愤怒不已。

不过，弗兰克依旧是最常来探望莱斯利的人，他常常会和贝尔塔一起到医院来，有时候还会带上亚历杭德罗和萨姆。经过那段时间的接触，亚历杭德罗和萨姆与他们的两个姐姐都变得亲近了许多，尤其是亚历杭德罗，他还与莱斯利一起度过了一段极为快乐的时光。除了弗兰克之外，南希·韦克斯勒和赫伯特·帕蒂斯也经常会去看望莱斯利，而当弗兰克不能在纽约陪在莱斯利身边时，他便每天都会打来好几次电话。因为莱斯利不喜欢医院的伙食，弗兰克便从他经常下榻的，位于东63街的洛厄尔酒店的餐厅为她订了餐，每天由服务员专门送到医院来。弗兰克的安排，让莱斯利非常受用，不仅仅是因为美食本身，更重要的是，弗兰克的这种态度，让她——也许是第一次——清晰地意识到，她的幸福，被她的父亲当作生活当中的第一要务来对待。每当弗兰克坐在莱斯利床边的时候，他都会握着女儿的手，在医院里，他们进行了数次长谈。终于能够和女儿变得亲近起来，也让弗兰克感到十分高兴和满足。在交流中，弗兰克和莱斯利能够坦率地面对彼此，他们也都明白，莱斯利的病恐怕是无法治愈了。而没有子嗣的莱斯利，最终答应了弗兰克的建议，决定将她的遗产，捐赠给了韦克斯勒家族创办的遗传性疾病基金会（Hereditary Disease Foundation）。[1]

莱斯利于2008年11月16日去世，那一天距离她被确诊为癌症的日子仅仅过了不到六个月。去世前一个月，她刚刚度过了五十四岁的生日。在她临终时，陪在她身边的，有几天前刚刚回到纽约的安妮塔和贝尔塔，以及弗兰克的妹妹多琳。弗兰克当时并没有在场。第二天一大早，弗兰克和其他的家庭成员齐聚在了他的酒店房间——他和贝尔塔这次住在了半岛酒

1 莱斯利的财产主要就是她的那套公寓。在莱斯利的这份遗赠的基础上，弗兰克又添上了一部分他自己的资金，他要求遗传性疾病基金会，将这笔钱一并用于设立一个以莱斯利的名字命名的年度奖项——莱斯利·盖里·布伦纳科学创新奖（Leslie Gehry Brenner Award for Innovation in Science）。在写给他朋友们的一封信中，弗兰克写道，这个奖项“代表着莱斯利出色的才华和天赋——原创性、创造性、自发性、精确和严谨——这些都是作为一位科学家最为重要的禀赋”。

店——而多琳和布丽娜则一同前往殡仪馆收集了莱斯利的骨灰。弗兰克其实早就做好了莱斯利终将离开的思想准备，但是，当这一刻真的来临时，他仍然感受到了巨大的打击，强烈的悲痛让他几近麻木。他记得当时，汤姆·克伦斯正巧打电话来，想要与他沟通阿布扎比古根海姆博物馆项目上的一些突发状况，于是，他便和克伦斯谈了谈项目上的事，因为他觉得这能够暂时地将他从悲伤之中解脱出来。

莱斯利的骨灰被带回了加利福尼亚，几周之后，她的家庭成员们，为了纪念她而再一次地聚在了一起。弗兰克安排了一条帆船，让全家人一起登船出海，到马里布外海去将莱斯利的骨灰撒入大海。那是一次漫长而又充满悲痛的航行，他们的船要开到距离海岸 3 英里的地方，才能够合法地抛撒骨灰，一路上，所有人都沉默不语，但是这种静默却被帆船的马达声打破了，船长解释称，因为风向，必须打开马达增加动力，否则，仅凭船帆的话，要花几个小时才能到达要求的距离。马达的噪声令弗兰克感到心烦意乱，直到返程的时候，风力足够支撑船帆驱动，马达被关闭，他才得以平静下来。

到达 3 英里的位置后，弗兰克与安妮塔站在一起，共同将他们女儿的骨灰撒入水中，当时也在场的理查德·斯奈德回忆，他看到贝尔塔在阿莱霍和萨姆的陪伴下，站在甲板的另一端，与弗兰克和安妮塔之间保持了一段尊重的距离。她骨子里的礼貌和得体，让她明白在这个场合，应当暂时将弗兰克交还给安妮塔。船靠岸后，弗兰克将全家人带到了太平洋铁路餐车餐厅用餐，那是一家老派的牛排餐厅，离他在圣莫尼卡的自宅不远，他为前来出席葬礼的家庭成员——其中也包括弗兰克已经多年未见的，安妮塔的弟弟马克，以及她现任的丈夫，乔治·布伦纳——在那里预订了一间私人包间。那也是斯奈德家和盖里家之间唯一的一次全体到齐的聚会。坐在长桌尽端的弗兰克，回忆起莱斯利成长过程之中的点点滴滴，不禁再一次地悲从中来。他站起身，举杯向他的前妻敬了一杯酒。“我依然爱着你。”他对安妮塔说道。

* * *

经历了纽约时报总部大楼项目的设计和汇报的全过程，布鲁斯 · 拉特纳对于弗兰克产生了极为浓厚的兴趣，而在弗兰克和大卫 · 柴尔斯宣布放弃这个项目之后，拉特纳向弗兰克提出希望保持联系。拉特纳告诉弗兰克说，他的森林城公司，还有许多正在和将要进行的其他项目可以供他施展，其中就包括位于曼哈顿下城，布鲁克林大桥南侧的一块得天独厚的用地，他认为那个地块非常适合于建设一座相当高的公寓塔楼。此外，他的“大西洋场”项目也正准备启动，那是一个位于布鲁克林的长岛铁路场站旧址上的，总占地面积达 22 英亩（约合 8.9 万平方米）的巨大项目，项目的功能包含有总面积 800 万平方英尺（约合 74 万平方米）的住宅、零售、办公，以及新泽西篮网队（New Jersey Nets）的一座新的主场体育馆，拉特纳当时已经买下了这支篮球队，计划将其搬迁至布鲁克林，并更名为布鲁克林篮网队(Brooklyn Nets)。

这两个项目，都不是那种常见于曼哈顿中城的摩天大楼，但是，它们的面积和规模，加起来却要比纽约时报新总部大楼项目大出好几倍。拉特纳最终将这两个项目都交给了弗兰克：他先是邀请弗兰克为大西洋场项目规划了总平面布局，并且为场地内的几栋高层建筑，以及篮网队的那座新体育馆做了方案设计，不久之后，他又将曼哈顿的那栋公寓塔楼的设计任务也委托给了弗兰克。来自纽约的项目，一下子成了弗兰克事务所的主要支柱，而他的事务所的规模，也一度扩张至 240 人之多。

“大西洋场”项目，后来成了弗兰克的整个职业生涯当中，令他感到最为沮丧的项目之一。这个项目，是弗兰克接手过的规模最大的一个项目，虽然他十分乐意能够有机会参与到大尺度的城市设计之中，但是，在这类大项目上，他却不一定能够充分地发挥出自己的能力。当然，他所设计的那个，作为整个项目核心的，玻璃表皮的体育馆，在方案效果上依然是出类拔萃的，可以算得上是他最出色的几个作品之一。他清楚地明白，一座体育馆，所能够达到的激动人心的效果，以及其在城市景观中所扮演的角色是怎样的。然而，除了那座体育馆之外，这个项目当中所包含的其他那些高层塔楼，对于弗兰克来说则完全是另外一回事了。在此之前，弗兰克的所有作品，几乎都可以称得上是独一无二的设计，它们以某种对立的姿态，独立于城市环境之外。正如他在毕尔巴鄂古根海姆博物馆，以及其他项目的设计过程之中所表现出来的那样，虽然对于城市环境，他能够给予充分的回应，但是归根结底，他设计的建筑，却仍然占据着城市空间的前景。而大西洋场项目的要求则截然不同，在这里，他的设计必须要融入——或者说成为——城市的环境。所以，为了创造出一种背景和前景互相衬托的感觉，他在一部分高层塔楼——总共有 16 座——的设计上，采取了保守而克制的手法，将整个项目的视觉焦点，汇聚在了一座盛大而华美的，总高度达 620 英尺（约合 188 米）的主塔楼之上，他将这座主塔命名为“布鲁克林小姐”（Miss Brooklyn）。但是，这种平淡和华丽的并置，最终所实现的效果却并不尽如人意，整体上看起来，就好像是一座全价的盖里建筑，被放在了一堆打折的处理货之间。

这个项目，从一开始就极具争议。人们反对它庞大的尺度，反对它所处的地理位置——建成之后，这组庞大的建筑集群，将会成为横亘在格林堡（Fort Greene）和展望高地（Prospect Heights）之间的一道高墙，将两片社区隔断开来——也反对与之相关的各类公共补贴和优惠政策。而对于弗兰克而言尤为痛苦的一点，是反对者们宣称，拉特纳之所以聘请他，并不是因为他的设计水准，而是基于一种极端自私和犬儒主义的愿望，希望弗兰克的声望能够转移公众的注意力，让他们不再关注那些令他们担心的问题。如果这个项目是由弗兰克 · 盖里担纲设计的，那么它便不会被公众视为是又一个规模巨大的、由开发商主导的地产开发项目，这就是拉特纳的逻辑。而弗兰克的声望，事实上确实帮助这个项目克服了一些政治上的阻碍。但是，这却是以弗兰克自己的名誉上的损失作为代价的。出生和居住在布鲁克林的小说家乔纳森·勒瑟姆（Jonathan Lethem），和许许多多的布鲁克林人一样，十分反对这个项目，他在网络杂志*Slate*上发表了一篇写给弗兰克的公开信："我无法理解，像你这样敏感和具有识别力的人，为什么会陷入到这样一场肮脏的，可能会造成灾难性后果的合谋之中。"

弗兰克并没有回应这些质疑。而如果布鲁斯·拉特纳真的认为弗兰克的名字将会成为他的一个政治上的保险，帮助他对抗争议的话，那么他就大错特错了。这个项目从一启动，就招致了大量的法律诉讼，虽然森林城公司最终赢得了这些官司的胜利，但是，烦琐而漫长的法律程序，还是使得这个项目的开发被推迟了数年。相比之下，弗兰克在这个项目上所遭受的损失，至少是就他的声誉上而言，可能比森林城公司还要更大。质疑弗兰克，认为他做出了不可接受的妥协的人，远不止乔纳森·勒瑟姆一个；许多过去经常撰文对他的作品表示欣赏的评论家，也觉得他在这个项目上犯了个错误，尤其是当他们发现，随着项目的不断深入和多次调整，弗兰克原本的许多设计上的想法，因为节省造价的原因而被砍掉之后。"我们完全有理由问一问，包括盖里先生在内的一些有才华的建筑师们，是否是与魔鬼做了交易，为了更大的项目委托，而在自己的价值观上做出了妥协。"在《纽约时报》的建筑评论板块接替了赫伯特·马斯卡姆的尼可莱·欧罗索夫（Nicolai Ouroussoff）这样写道。

到了2008年下半年，这个已经启动了四年多的项目，依然迟迟无法开工，而此时的拉特纳，则不得不面对摆在他面前的另一个严峻问题。那年秋天开始的经济危机，使得他的公司失去了建设这个项目中那些高层公寓塔楼的财力。显然，他只能等待财务状况好转，才能继续推进其实施了。然而，那座体育馆却不能再拖下去了。此前，市政府给予这座新体育馆的免税政策，到2009年年底就要过期了，而如果失去了这项免税优惠，拉特纳是绝对承担不起这座体育馆的建设花费的。再者说，他也不能背弃或者推迟自己为布鲁克林带来一支职业篮球队的承诺。在此之前，在拉特纳的要求下，弗兰克为这座体育馆所做的设计，与整个大西洋场项目的其他建筑，有着十分紧密的联系——这种联系也正是他这个设计当中最为重要的概念之一——但是，随着公寓塔楼被搁置，这座体育馆，也不得不按照与之前完全不同的、独栋建筑的标准来重新进行设计，而且设计周期还相当紧张，必须保证能够在下一年的年底之前开始施工。

“弗兰克是绝对不可能接受这种工作方式的，”拉特纳这样说道，“我们不得不从头开始。”但是，拉特纳事实上却并没有打算从头开始。为了赶上这个项目紧张的日程安排，他想出了一个在他看来效率最高的办法，那就是找一个在规模和尺度上与大西洋场项目的要求比较接近的、已经建好的体育馆，然后直接请那座体育馆建筑师照搬一个方案到布鲁克林来。如果说，紧张的项目排期，让弗兰克觉得再继续担任这座体育馆的建筑师，有些不太现实的话，那么拉特纳的这个直接拿来另一位建筑师的建成作品当作模板的主意，在弗兰克看来，则已经完全超出了他所能容忍的范畴。[1]

在莱斯利的生病和去世期间，又失去了大西洋场以及那座体育馆的项目委托，对于弗兰克来说，这无疑是一个非常大的打击。来自政治和经济方面的种种困难，使得大西洋场的那几座公寓塔楼，在几年之内是没有建成的希望了，而弗兰克也知道，这并不怪布鲁斯·拉特纳。但是，他一直以来，对于那座体育馆，都抱着极高的期待，那座建筑也曾是整个大西洋场项目之中最让他兴奋的一个部分。而且，篮网篮球队搬迁到布鲁克林的计划，已经在整个布鲁克林掀起了一股热潮，这也使得那座体育馆，得以在很大程度上免受了大西洋场项目的其他部分所遭受的那种极大的争议。所以，当得知那

1 拉特纳找来当作样板的体育馆，是由埃勒贝·贝克特（Ellerbe Becket）事务所设计的，印第安纳步行者队（Indiana Pacers）的主场体育馆。然而，那座建筑的平淡无趣，还是令拉特纳非常不爽，最终他决定，只将印第安纳的那座体育馆作为一个大致的框架，又聘请 SHoP 建筑事务所对埃勒贝·贝克特的方案重新进行了修改和优化，试图让这座后来被命名为巴克莱中心（Barclays Center）的体育馆在形象上更有特点。

座体育馆被交给了另一家机构来进行设计的消息时，弗兰克感到极为震惊和失望。

痛定思痛的拉特纳，向弗兰克保证，在另外一个项目上，他绝不会再遭受到这样的对待。曼哈顿的那座公寓塔楼，对于他们两个人来说，都可以称得上是一次信仰之约。年近八十的弗兰克，期待着通过这个项目，建成他的第一座摩天大楼；而拉特纳，则是要借由这个项目，再次践行他心中对于弗兰克的坚定不渝的信念：无论在布鲁克林遭遇了多么严重的争议，他依然坚信，弗兰克的名字，会给曼哈顿的这座高档公寓塔楼带来增值。2004 年，当他第一次提出请弗兰克来设计这座塔楼的时候，他告诉他手下的高管们说，他确信，一座由弗兰克 · 盖里设计的建筑，一定能够产生更高的租金。他记得，其中一些高管当即对此表示了质疑。"我说：'让咱们顺着桌子来，大家都来预估一下我们能多收多少租金，把自己的预测写下来。'"拉特纳说，"他们有的人写了 40 美分或者 50 美分（每平方英尺）。有的则直接说租金能够提高百分之十。所以，我对他们说道：'不必为此而担心。我们终归是会收到更高的租金的，不过，这可能需要我们在前期投入更多的钱。'"

拉特纳和巴里 · 迪勒一样，对于造价和成本十分敏感，而弗兰克又至少要使得这座建筑在标准上不低于曼哈顿一般的高层公寓楼。弗兰克又一次地把这种需要兼顾成本和质量的苛刻要求，当作了证明自己的机会，他希望能够向世人证明，虽然他并不是那类最廉价的建筑师，但是，他的建筑，从本质上讲，也绝不应该被当作是非理性、高难度和昂贵奢侈品的代名词。"我热衷于接受这样的挑战，我想要证明，好的建筑，并不一定要比那些拙劣的残次品更贵。"他这样说道。

当然，他最终完成的这座建筑，比"残次品"还是贵了不少，但是，并没有贵到拉特纳难以承受的程度，因为弗兰克接受了拉特纳的建议，答应在建筑的室内——电梯、楼梯，以及公寓的平面布局——采用相对常规，并且最为高效的手法。他几乎将这些限制和妥协视为了一种骄傲，因为这使得他有机会展示他的创作能力，让人们见识到，他能够在创作高度原创的、独一无二的设计的同时，确保他的建筑对于开发商而言也是实用而易于建造的。不过，这种想法和追求，事实上是提出了一个悖论：出于经济考虑，这座建筑肯定无法像弗兰克的其他作品那样，在形体上采取那么大的动作，但是，为了能够被识别出来是一座弗兰克·盖里的作品，这座建筑又必须要与他的其他作品具有足够的相似性。换句话说，这座建筑，必须兼顾常规和独特两个方面。而且，在弗兰克心中，这座建筑，在某种程度上还有着另外一项任务，那就是它必须要证明尼可莱·欧罗索夫所说的是错的：他并没有同魔鬼做过什么交易。

弗兰克首先说服森林城公司放弃了他们最开始的，在这块场地上建设一座总层数为66层的塔楼的计划，因为这个层数，仅仅是为了满足纽约市的规划法规而计算出来的：在弗兰克看来，这样的高度和层数显得过于矮胖了。他希望能够争取到一座更高、更纤细的塔楼，虽然这在建设上可能要花费更高的成本，但是，更高的建筑高度，也能够带来更多的，有着绝佳景观的，租金昂贵的高楼层公寓套房。在设计过程中，他尝试了许多种不同的造型方式：有的方案造型似波浪般状起伏，看起来就如同是他为纽约时报新总部大楼所做方案的细长版，有的方案则是整体扭曲的造型，有的方案，通过形体的微小退进营造出了曲线的造型，还有的方案，则如积木一般，由以不同方式扭曲着的体量一个摞一个地搭接而成。和他的许多其他项目一样，在这个设计的推敲过程之中，他依然将模型作为了最为重要的工具，在两年的设计过程里，他的事务所做了无数的模型，每一个都同其之前一版有所不同。在推敲设计时，弗兰克往往先是像看小雕塑一样，单独审视每一个模型的造型本身，随后，他会将模型放置在一个包含有整个曼哈顿下城的街区肌理的，更大尺度的场地模型之中，观察建筑在曼哈顿的天际线当中是个什么形象，对他来说，结合着场地环境的观察与思考，显然是设计过程中不可或缺的一个步骤。

与此同时，在为了这个项目而穿行于纽约的高楼大厦之间时，弗兰克也总是会留心观察那些既有的高层塔楼建筑，并且试图以一种比他当年的建筑考察更加仔细的方式，来对它们进行一些分析和理解。伍尔沃斯大厦距离他的项目用地很近，他十分欣赏由凯斯·吉尔伯特（Cass Gilbert）设计的这座曾经的世界最高建筑。这座高层塔楼，有着光鉴照人的陶土覆面立面，其所具有的那种纤细而轻盈的质感，令弗兰克非常着迷。他还考察了由西萨·佩里设计的几座较新的塔楼，在此之前，他曾经表示他非常喜欢佩里的高层建筑设计，因为佩里“懂得如何抓住某种本质性的东西，而又不会做得太过头。他的设计让我感到一种清晰和明确”。他注意到，佩里的建筑往往都具有明确的造型，而为了实现这一点，佩里在形体的转角处，一般都不会设置开窗。“所以，我决定在我的这个设计中，也把转角的部分做实，而将形体的变化全部集中在外飘窗上。”他说。他意识到，如果立面本身可以通过外飘窗的处理来表现出夸张的凹凸效果，其实立面之下的建筑主体结构并不需要做成异形。而大量巨大的、凸出的外飘窗，还会带来另外一个好处：由于建筑内部的公寓套房在造型上都被设计的相当常规，所以任何包含有外飘窗的墙体，都将会成为房间中极富装饰性的元素，让规整的房间，更加具有一种盖里式的设计感。

但是，弗兰克意识到，如果这座塔楼在建筑学上的亮点仅仅是来自于那些外飘窗的话，那还是显得有些过于单调和老套了：要是那些窗户整齐地排列起来，它们在立面上看上去就好像是一道道竖向的条纹，而整个建筑的立面效果，也会因此而变得像通用汽车大厦（General Motors Building）——弗兰克非常不喜欢的一座建筑，其整体造型呈矩形板状，立面肌理由一排排交替的凸窗和白色大理石柱组成——一样索然无趣。所以，他决心找到一种更为灵活的处理方式，能让外飘窗以一种更具创意的形式进行排列，而不是直上直下地被排成整齐的阵列。他开始把那些窗户，设想成为是在一面富有雕塑感的，曲面状的立面上流动着的元素。他想起了在此之前，他与他的朋友，文艺复兴艺术史学家欧文·拉文之间所进行过的那些以贝尼尼和米开朗基罗为主题的对谈。他觉得，这座建筑，某种意义上会让人联想起米开朗基罗的雕塑中常见的那种极富流动感的形式语言。在这里，这种形式语言被赋予了金属的质感，就如同是一件金属斗篷，被披挂在了其内部的混凝土方板楼体量之上。不过,他还是感觉有些不太对劲。他觉得这种形式有些过于圆润了，表皮的曲线线条，与其内部包裹着的钢筋混凝土结构的锐利轮廓，在形式上似乎有些打架。

一天，在结束了一整天的设计工作之后，弗兰克回到家，上床睡觉，然而，午夜时分，一个想法让他猛然从梦中惊醒。“我醒了过来，脑子里就一个想法‘贝尼尼’，”他这样说道，“贝尼尼所刻画的那些锐利的褶皱，与米开朗基罗的手法相比，更加具有建筑感。”他快速地在草图上勾勒出了一座有着硬朗而干脆的线条的塔楼,然后便回到了床上继续睡觉。第二天早晨，他来到事务所，走到负责这个项目的年轻设计师苏珊·本宁菲尔德（Susan Beningfield）的桌前。“你知道米开朗基罗的曲线线条和贝尼尼的曲线线条之间的区别吗？”他问,“知道。”本宁菲尔德回答他说。得到肯定的答复后，他将他头天夜里画的草图交给了本宁菲尔德，告诉她，按照贝尼尼式的曲线，重新修改一遍他们建筑的立面。本宁菲尔德以他们当时的72层塔楼方案作为基础，在建筑形式上，削弱了其原本非常明显的流动感，而代之以织物的褶皱感，从整体效果上看，修改之后的立面就如同高达数百英尺的巨大的衣褶一般，而外飘窗的设置，则是结合着这些衣褶的凸起部分。贝尼尼式的褶皱，将整个立面转化成为了一尊巨型的浅浮雕。从一些角度看过去，建筑的表面就如同微风吹过的水面，激起了一层层涟漪。

不过，做设计是一回事，想要把设计建造起来，则完全是另外一回事了，在实施的过程中，这个项目，和弗兰克的其他所有建成作品一样，也给他带来了不少困难和挑战。整个建筑外立面的覆盖，需要接近一万块钢板，而弗兰克为了追求贝尼尼式的，织物一般的雕塑感，在立面上通过盘旋而上的外飘窗，创造出的那种不规则的肌理，使得几乎每一块钢板在造型上都各不相同。曾经在其他一些同样富有挑战性的项目上，与弗兰克进行过合作的意大利帕马斯迪利沙幕墙公司，再一次地被邀请到了这个项目上，对弗兰克事务所的初步设计方案进行了评估，而他们所给出的造价估算，远远超出了拉特纳的预算。在那之后，弗兰克的事务所又花去了整整两年的时间，对设计进行修改和优化，才在保持了弗兰克最基本的设计想法的同时，将造价压低至了与相同材料的简单板材立面相接近的水平。

最主要的一处修改，依然是针对外飘窗的：在弗兰克最初的方案里，窗户中的玻璃，与立面的起伏在造型上是连续的，而实现这种效果所需要的曲面玻璃，毫无疑问是过于昂贵了，所以，弗兰克最终采用凹进立面肌理内的平板玻璃，替换掉了这种手法。在设计的实施过程中，弗兰克的事务所已经应用了多年的数字软件 CATIA 再一次地派上了用场，因为只有 CATIA 可以针对每块钢板的具体形状，以及其在整个立面肌理当中所处的位置进行精确的计算。在施工开始之前，建筑的每个工程要素的交接方式都已经是确定无误的，这使得施工方不再需要像以前一样，为了施工过程中可能会出现的改动，或者一些无法预见的问题而预留预算。在设计最终定稿之后，总共有六家施工方参与了不锈钢板材立面施工的竞标，而他们所给出的报价，全部都在预算之内。

立面上起伏的曲线线条，使得这座公寓塔楼的内部，从理论上讲将会有两百种不同的公寓平面布局——尽管层与层之间的变化其实是非常细微的。为了减少这一数量，弗兰克决定，将建筑的南侧立面，调整为完全平整的一面，在这一侧取消掉了起伏的曲线造型，而他之所以这样做，倒并不是为了省钱，而是因为他希望这座建筑在不同的侧面，给人以不同的观感。他说，调整之后的建筑造型，就如同是一块被从晶簇上硬生生地切削下来的晶体，他觉得这样的处理方式，会比在所有的立面上都采取同样的装饰化手法，在效果上更为有力。对于弗兰克而言，这座塔楼，并不是一座如克莱斯勒

云杉街 8 号，在其左侧是伍尔沃斯大厦

大厦（Chrysler Building）那般，通过整体的造型处理来实现雕塑感的建筑，本质上讲，这座建筑其实是一座高度功能化的混凝土板楼，只是由于其外立面上悬挂着的那些装饰性的金属板，才让这座建筑具有了生动的效果。将南立面完全做平的这一动作，标志着弗兰克的这座建筑，彻底脱离了其在设计的起始阶段所采用的那种复杂的造型方式，而最终成为一座具有一层装饰性外皮的，更加常规化的高层板楼。技术，对于弗兰克来说，并不是他用来进行标准化设计的工具，而是一种让他所构思的那些独特的、复杂而华丽的建筑和构件，得以在一个可以接受的成本之下被建造和生产出来的手段。

布鲁斯·拉特纳原本的计划是将层数较高的公寓套房成套出售，而将层数较低的公寓套房用于出租。但是，2008 年的经济危机改变了他的想法，最终，所有的公寓套房，都被建成了出租用的单元。而除此之外，拉特纳提出的另外一个更为极端的修改意见，则让弗兰克惊出了一身冷汗。他提出，可以在原有方案高度上的中点位置停止建设，只建设下半部分较低的楼层，这样可以节省一大笔资金。拉特纳之所以会有砍掉一部分高度这样的考虑，主要是因为他担心在当时的市场条件下，建起一座包含有九百个套房的公寓楼，并把房间全部出租出去，将会是一件非常困难的事情。弗兰克被拉特纳的这个想法吓坏了。他觉得这个项目绝不能只建半截就草草收场，他对拉特纳抗议称，建筑的高度降低之后，其丑陋的比例，将会毁掉他所有的设计想法。他说，如果他从最开始得到的计划，就是要做一座只有现在一半高的建筑的话，那么他所有的设计手法和思路，都将会是与现在这个方案截然不同的。最终，还是本能地坚信市场总有一天会转好的拉特纳，决定尊重建筑师的意见，继续按照弗兰克的设计方案，将这个项目做完。

在这座公寓塔楼建成之后，它被冠以了“盖里的纽约”（New York by Gehry）之名进行营销，虽然这一名号，对于弗兰克而言颇有些奉承的意味。不过，这种营销方式，事实上也突出了弗兰克作为建筑师的地位，并将这个项目，包装成了弗兰克专为纽约这座城市打造的一件“私房作品”，而布鲁斯·拉特纳，则似乎成了负责将这件杰作推向大众的一个角色。事实上，拉特纳在项目建设期间的那份坚持，也给他带来了远远超出他想象的回报：除了“盖里的纽约”之外，这座建筑还以其地址——云杉街 8 号——而闻名，虽然规模十分巨大，但是，在建成之后，这座公寓塔楼很快就被租赁一空。而随着那场差一点就令拉特纳将这座塔楼砍矮的经济危机逐渐消退，云杉街 8 号，也一下子成了整个曼哈顿下城最为炙手可热的，也是租金最高的一座公寓楼。毫无疑问，通过云杉街 8 号项目，弗兰克终于得以在纽约实现了一次重大的、美学上的成功，而与此同时，他也毫无争议地向世人表明，他不仅仅会设计那些华丽宏伟的博物馆或者音乐厅建筑，他同样能够帮助开发商赚来大笔的钱。时间来到 2011 年，弗兰克终于在纽约这座城市，找到了一些成功的感觉——虽然从次数上看，他在这座城市遭遇的失败，依然远远多于他在这里获得的成功。

第十七章

弗兰克的八十岁

弗兰克想要证明，好的建筑，或者至少来说——他的建筑，并不一定非得是极端昂贵的奢侈品。他的这种信念，不仅仅是为了取悦像布鲁斯·拉特纳或者巴里·迪勒那样的客户，而表现出来的一种姿态。这是深入他骨子里的一种近乎信仰的追求。他最无法容忍的事情之一，就是被别人误解成一个不讲求实际的、只会设计一些造价高昂的房子的建筑师。在毕尔巴鄂古根海姆博物馆建成之后很久，即便是其作为这个时代最伟大的建筑作品之一的地位已经无人质疑的时候，弗兰克依然在不厌其烦地反驳着关于这座建筑过于昂贵的各种批评。“我想强调一个大多数人不太了解的事实，我的建筑，从来都是在规定的时间和规定的预算之内完成的。”2014 年，他对《艺术新闻》（*The Art Newspaper*）杂志的裘丽·芬克尔（Jori Finkel）这样谈道，“毕尔巴鄂古根海姆博物馆最终的造价是每平方英尺 300 美元，而客户当初给我的预算就是这个数。”

不过事实上，他的建筑也并不是都能按时完成的。1999 年，弗兰克接手了他在拉丁美洲的第一个项目——巴拿马生物多样性博物馆（Biomuseo），那是一座旨在展示巴拿马丰富的自然资源的环境中心和博物馆综合体建筑。项目的组织者们知道贝尔塔的背景，他们准确地判断出，弗兰克一定不会拒绝他们的邀请，因为这个项目对于弗兰克来说，是个难得的、能够在妻子的祖国设计一个作品的机会，更重要的一点是，项目的场地，位于巴拿马运河朝向太平洋一侧的河口——那也是整个巴拿马位置最为显赫的地区之一。弗兰克给出的设计方案，是一座由许多个棚屋式的小体量聚合而成的，在造型上生气勃勃的组合体。棚顶的颜色多种多样，有橙色、红色、黄色、蓝色和绿色，这也是他所做过的最为色彩斑斓的一个设计。但是，由于资金的匮乏，以及巴拿马当地施工水平的低下，这个项目后来被迫推迟了很多年，直到2014年才最终得以建成。

弗兰克从来都不希望被公众视为一位昂贵而奢侈的建筑师，这种执念，事实上，也是他调和自己人格当中的两个非常不同的侧面的一种方式——一方面，是他作为一个普通人，对于自己家庭的认同，虽然他与他父母所生活的阶层已经渐行渐远，但是，多年来，他从未反感或回避过自己平凡的家庭出身；而另一方面，则是他追逐名望、地位，渴望结交名流的本能。他之所以一直保守着这份身份和认同上的执拗，更多的一部分原因其实是为了说服自己，他希望能够以此来让自己相信，尽管已经取得了事业的成功，但是这么多年下来，他从来没有改变过自己的价值观。他也确实坚持了很多东西。他和贝尔塔，一直都居住在圣莫尼卡的那幢自宅里，虽然名气很大，但是那幢建筑绝谈不上豪奢；纵使人们对其恶评不断，但以洛杉矶的标准来评判，作为一位名人的住宅，它可以说是极为朴素的，既没有占据很大一片土地，也没有特别去保证私密性。在1993年，为了给他们逐渐长大的两个儿子提供更多的空间，盖里夫妇曾经对他们的自宅做过一次有限的扩建，[1]那之后又

1 这次扩建，并没有显著地改变这座住宅从街道上看去的外观。但是，室内空间的某些部分，确实是被改造得有些常规化了，弗兰克也明白，他的这种做法，削减了这座建筑的先锋性。“为了团队做出点牺牲。”（Taking one for the team）他对芭芭拉·艾森伯格是这样解释的。菲利普·约翰逊对导演西德尼·波拉克说，他认为弗兰克的改造是“毁了”那栋房子，但是他那么做也是情有可原的，因为他是为了他的家庭着想。“对他来说，除了建筑，世界上还有一些更重要的东西，比如亲情。我对他说，这没关系，不过，他得再去重新建造一座自宅了”。

过了几年，他们又买下了一块相邻的用地，在那里开辟了一个大一些的院子，并且新建了一座车库和一座工作室。不过，即便是在弗兰克的朋友，景观建筑师劳里·欧林（Laurie Olin）帮他们重新设计了一个新的后花园之后，整个住宅的场地条件，相对来说，依然是颇为紧凑和封闭的，难以称得上是一处像样的不动产。

对于一位建筑师而言，住在哪里，选择怎样的居住方式，不可避免地会引申出许多额外的意义，而这一点在弗兰克的身上也体现得尤为明显，弗兰克对于住所的选择，直观地反映了他一直以来，在内心深处对于自己的形象和身份认同所感到的那种焦虑。如果选择得太过普通，他会觉得自己就好像是在拒绝那份自己有权享受的成功；而如果选择得太过奢华，他又会感到自己背离了一直以来引以为豪的，那份对于自己出身的认同感。他觉得，他那所位于圣莫尼卡的，距离其南边喧嚣杂乱的商业街——威尔夏大道只有几个街区之遥的自宅，依然是他最合适的一个选择，那幢建筑，将独特与平凡这两种似乎是自相矛盾的属性，很好地结合了起来。

虽然弗兰克经常说，他确实有搬家的打算，但事实上，他的内心之中，对此是充满了矛盾的。2002 年，他甚至已经在威尼斯南部的哈丁大街上买下了三块相邻的地块，那里距离他存放帆船的玛琳娜得瑞港不远。他在那片场地上，为自己和家人，设计了一座院落住宅。在那幢位于圣莫尼卡的自宅建成二十五年之后，他其实十分好奇，如果自己再一次地下定决心为自己和贝尔塔设计一栋住宅的话，能够做出一个什么样的设计。不过，对于这整个想法，他还是有一些矛盾的心理，因为一直以来，他已经非常习惯于圣莫尼卡的那幢自宅所代表的那种由激进的建筑设计与朴素的周边环境所构建的混合体。无论是弗兰克本人还是贝尔塔，都已经与建筑紧密地联系在了一起，而当 2012 年，美国建筑师协会，决定将当年的二十五年奖（Twenty-Five Year Award）颁发给这幢住宅时，弗兰克感到了一种莫大的认可——这一年度奖项，是专门用来表彰那些经受住时间检验的、卓越的建筑作品的。

不过话说回来，如果说圣莫尼卡的那幢自宅，已经被普遍视为是一座具有历史意义的建筑，那么，对于弗兰克而言，也许真的是时候该尝试一些其他的东西了，哪怕仅仅是为了表明，他依然在追求着艾兹拉·庞德（Ezra Pound）的那句著名的宣言——“创新”（make it new）。威尼斯的那幢新住宅的方案，弗兰克做了好几年，而那个项目，也成了继彼得·刘易斯住宅之后，弗兰克的又一个设计实验室，只不过在规模上要比刘易斯住宅小，而且是将自费完成的。不过对于弗兰克而言，这所宅子已经足够大了，其中甚至能够容纳一间音乐室，他计划将其向洛杉矶交响乐团开放，作为供来访的演奏家进行练习和举办小型演奏会的一个空间。此外，这所宅院里还包含有客人住宿区，以及一间供工作人员居住的公寓，以便在他和贝尔塔变老之后，有人来照料他们的生活起居。

然而，无论是弗兰克还是贝尔塔，对于这个项目的态度，一直都不是特别的坚定。在等待建筑方案获得审批通过的那段漫长的时期里，他们发现，邻居们开始向那片空置的场地里倾倒垃圾，而也正是从那时起，他们开始逐渐地回归理性。盖里夫妇请了一位园丁，将场地收拾整齐，并做上了一些景观，但是，这并没有阻止垃圾的持续流入，最后他们只得用篱笆和一道上锁的门将整个场地围了起来。然而他们的锁竟然反复地遭到非法闯入者的破坏，贝尔塔由此开始认真地质疑起他们是否真的愿意搬到这样一个社区去居住了。虽然那块场地周边居住的大部分邻居都是很友善的，但是显然，威尼斯并不是一个像圣莫尼卡那般安全的地方。而且，在洛杉矶相对落后的那片区域，建设一座如此讲究的宅院，在经济上真的说得通吗？此外，贝尔塔也并不十分确定自己愿意去打扫和维护这样一座大房子，而她和弗兰克又都不愿意雇用那种住在他们家里的仆人。

最终，他们还是觉得，自己更喜欢，也更适合住在圣莫尼卡。2007年，在他们买下那块场地，并且进行了长达五年的方案设计过程之后，他们决定放弃那个项目。[1]

* * *

搬到威尼斯居住，对于弗兰克和贝尔塔来说，最大的一方面吸引力在于，他们能够住得离自己的事务所更近些。2002 年，弗兰克把事务所搬迁到了位于威尼斯南边，距离机场不远的普雷亚维斯塔（Playa Vista），他在那里的比阿特丽斯街上找到了一座仓库似的建筑，用作事务所的新址。以洛杉矶的标准来看，从圣莫尼卡的自宅开车到比阿特丽斯街的事务所，并不是一段太长的通勤，但是，如果同他之前在科洛弗大道上的那个距离他家只有几个街区的旧办公室比起来，这个新的办公室就明显要远得多了，即使是和他 20 世纪 80 年代在威尼斯的布鲁克斯大街上租用的工作室相比，阿特丽斯街也还是要稍远一些。

这栋位于比阿特丽斯街 12541 号的建筑，是由拉里 · 菲尔德与弗兰克共同出资购买的，整个建筑的主体由混凝土和玻璃组成，在风格上是一座 20 世纪中叶的现代主义方盒子，建筑的室内空间非常开敞，并且有着两层高的大挑高。对弗兰克来说，买下这栋建筑不仅仅是为了给他的事务所找一个新的办公地点，这也是他的一笔地产投资。

所以，这也使得弗兰克既是地主，也是租户。在搬过去之前，他对于这座建筑进行了一番改造，但改造的动作十分精巧而克制，整个建筑的外观基本上没做变动，外立面上唯一的一个改造的痕迹，就是一面竖直悬挂在建筑外墙上的、铝制的小标识牌，上面写着“盖里与合伙人事务

1　弗兰克和贝尔塔依然持有那片地产，并且曾经考虑在那里建造一座房子用于投资。最终，他们将其转让给了他们的儿子阿莱霍和儿媳卡丽（Carrie）。2015 年，阿莱霍夫妇开始筹备在那里建造他们的住宅，方案设计还是由弗兰克来做的，不过，这次的方案，比他之前为他自己和贝尔塔设计的那栋房子要简单得多，面积也小了不少。

位于比阿特丽斯街 12541 号的盖里与合伙人事务所

所”。建筑的一个侧翼，被租给了腾迈广告公司（TBWA）的媒体艺术实验室（Media Arts Lab），这家机构，之前曾经是恰特 / 戴广告公司——也就弗兰克设计的那座位于威尼斯主街上的双筒望远镜大楼曾经的业主——下属的一个部门，正是他们负责着苹果公司的广告创意工作。盖里与合伙人事务所占据了建筑余下的部分，两家公司之间，由一条开放式的外廊分隔开来，外廊里摆满了弗兰克为海勒（Heller）家具公司设计的色彩明快的室外家具。这些富有雕塑感的，由树脂材料制成的家具，给予了来访者一种提示，让人们意识到，这里并不是一个普普通通的办公空间。不过，只有当你真正地走入建筑内部，来到其入口接待区时，你才会真正地感受到，这里是弗兰克 · 盖里工作的地方。接待区里布置着胶合木板家具，白色的墙面上，悬挂着一幅查克 · 阿诺尔迪的画作，以及一幅克雷格 · 考夫曼（Craig Kaufman）的丙烯酸墙面浮雕，整个空间的中心位置，还摆放着一尊弗兰克自己创作的鱼形雕塑——后来被替换成了一头金属熊。

穿过接待区之后，是一组由玻璃墙围成的行政员工办公室，贝尔塔的

办公室也在其中，在布局上，这些办公室围绕着一个摆满建筑模型的开放空间展开，而其玻璃墙体，几乎可以称得上是一座“盖里博物馆”，里面展示的东西，已经远远超出了弗兰克建筑设计的范畴：包括一些国家冰球联盟（NHL）球员的签名球衣、弗兰克作品展的海报、他与玛莎·斯图尔特（Martha Stewart）等名流的合影，以及一幅来自动画片《辛普森一家》（*The Simpsons*）的剧照——在那一集里，《辛普森一家》恶搞了弗兰克，而弗兰克的动画形象，正是由他本人配的音。

他最初将他自己的办公室，布置在了行政办公区与建筑师们工作的那间巨大的、层高很高的绘图室之间。这是一个十分具有策略性的选位：每一个进出办公室的人都要经过那里，而弗兰克办公室的三面透明的玻璃墙壁，也让他能够清楚地观察到整个大办公区里的几乎每一个角落。当然，对他而言同样重要的一点是，其他人也都能够清楚地看到他。他并不太在乎办公空间的私密性，相比之下，他更希望自己能够被每一个为他工作的人，以及每一个来工作室探访的人看到。

在自己的办公室里，弗兰克沿着房间的长向，靠墙安装了一张超长的工作台，并且布置了两把他设计的“实验边”纸板安乐椅、[1]一张胶合木板桌面的会议桌，以及八把他为诺尔家具公司设计的“冰球棍”椅子。他的办公室，比起外面的行政办公区来更加像是一间“盖里博物馆”，墙上挂着的、书架上摆放着的，几乎可以称得上是他一生的大事记：他与菲利普·约翰逊的合影，与伦纳德·伯恩斯坦（Leonard Bernstein）的合影，在迪士尼音乐厅建造期间与洛杉矶交响乐团的音乐总监埃萨-佩卡·萨洛宁的合影，与比尔·克林顿、阿诺·施瓦辛格（Arnold Schwarzenegger），以及希蒙·佩雷斯（Shimon Peres）的合影，都被装上镜框，摆在了醒目的位置。除此之外，他的办公桌上还摆有一张弗兰克的老朋友杰伊·恰特的照片、一张贝尔塔儿时的照片，以及一张萨姆和阿莱霍的合照。在一列矮长的书架顶上，摆放着一尊托马斯·杰斐逊（Thomas Jefferson）的小半身像、一个内含着沃尔特·迪士尼音乐厅的微缩模型的雪景球、一个弗兰克未建成的设计——达拉斯的龟溪项目的方案模型，[2]以及一个由SOM事务所设计的现代主义塔楼——芝加哥内陆钢铁大厦（Inland Steel Building）的模型。[3]此外，他的办公室里，还摆着两尊鱼形的小雕塑、一架帆船模型、几个展示着潜在的摩天大楼设计思路的小型体块模型，以及一个他与贝尔塔在圣莫尼卡那幢自宅的小模型。

他的书架上摆放着的大部分是艺术书籍：有四本不同的关于贝尼尼的书，一本名叫《中世纪西班牙城堡》（*Medieval Castles of Spain*）的书，一本关于意大利壁画艺术的书，还有一些关于乔治·修拉（Georges Seurat）、

---

1 “实验边”（Experimental Edges）是弗兰克从1979年开始，在随后的三年间陆续推出的一系列家具作品，他试图通过这组作品，以一种更为大胆、更加粗野的形式，复活他之前曾在“易边”系列上尝试过的，利用瓦楞纸板制作家具的那个想法。这一次，他没有再将他的产品推向大众市场：这一新的家具系列，比之前的“易边”在尺寸上要更大一些，做工也更为粗糙，弗兰克从一开始就打定了主意，只将其作为艺术品来进行操作。

2 详见第12章。

3 通过他的朋友理查德·科恩运作的一间合伙公司，弗兰克获得了这座建筑一小部分的所有权，他还曾为这座建筑的入口大堂设计过一张新的安保前台。

巴尼特·纽曼（Barnett Newman）、路易丝·布尔乔亚（Louise Bourgeois）、大卫·史密斯（David Smith）、查克·阿诺尔迪和理查德·普林斯（Richard Prince）等艺术家们的著作。他办公室里少数的几本建筑书籍之一，是埃里克·门德尔松的作品全集，门德尔松设计的位于波茨坦的爱因斯坦塔，也是弗兰克最喜欢的建筑作品之一。在书架上摆放在门德尔松的作品集旁边的，是一大套《世界最佳帆船集锦》（*The World's Best Sailboats*）。虽然弗兰克事务所的设计，或许可以被归类为现代主义，但是，对于弗兰克而言，他的建筑是绝对与极少主义沾不上一点边的。正如他的自宅，整个空间就是一组拼贴，由大量初看起来杂乱无章，实则是经过细致推敲的构件拼合而成。在他的设计里，不存在任何巧合与多余的东西，每一个要素对他而言都是有意义的。

事务所的主办公区给人以一种凌乱而宏大的空间体验，犹如一座工厂的生产线车间：整个空间尺度十分巨大，总共有 25 英尺高，275 英尺长（约合 7.6 米高，83.8 米长），胶合木板办公桌成大组团式排布，可供大约一百人同时办公。虽然工位的排布和行列都是固定的，但是，胶合木板制成的家具，还是赋予了这间大办公室一种临时性的气氛。事务所里所有的建筑师，无论是克雷格·韦布还是新来的实习生，都在类似的开放式办公桌上工作。到处都堆满了模型，有些尺寸较小的，可以放在桌子上，而有些模型则足有一间小房间那般巨大。这些模型之中，很少有那种完美而精致的表现模型；大部分都是些由纸板或木板制成的工作模型，有时，同一个项目的好几个模型会被摆放在一起，用以记录弗兰克的思考过程。

2012 年，弗兰克决定要挪动一下——不是挪动整个事务所，而仅仅是挪动他自己。他放弃掉了他原本位于首层的办公室，将其改为了一间会议室，不过，他保留了他所有的那些"大事记"，这也使得那间屋子，成为一个介乎于工作空间和某种"圣地"之间的场所。在主办公区的二层位置，他为他自己、他的办公室主任梅格汉·劳埃德（Meaghan Lloyd），以及几个助理加建了一组俯瞰着整个主办公区的、庞大的办公套房。他自己的大办公室非常舒适，有一面朝向室外的窗子，还有一个摆满了很多他为海勒设计的室外家具的阳台——要知道，他原先那间办公室完全没有外开窗——此外，他的办公区里还包含有一间装满了大量的建筑和艺术书籍的图书室、一间会议室、两间洗手间，以及一个小厨房。弗兰克自己的办公室依然是由玻璃墙包裹，连门也是玻璃推拉门；而他的助理们则坐在一个能够俯视主办公区的室内大挑台上。

坐在新办公室里，弗兰克依旧能够看到下面发生的几乎一切情况，而对于下面的员工们来说，他们似乎也还是和以前一样，可以清楚地看到弗兰克是在还是不在。但是，他们却不再能够像从前那样，轻松地走进弗兰克的办公室了：登上楼梯的过程，某种程度上使得员工们与弗兰克的见面不再如以前那般轻松随意。弗兰克的私人办公室，现在显然是已经成了一个，能够堂而皇之地凌驾于事务所内部的其他空间之上的，有着更高地位的场所，虽然它依然是透明的。这一次，他在他办公室的中央，摆上了一张咖啡桌，并且围绕着咖啡桌布置了四张由勒·柯布西耶设计的棕色真皮沙发椅（Grand Confort）——这些经典的现代主义椅子，无论摆放得多么随意，都暗示出了一种，比他之前在楼下的那间旧办公室要正式得多的空间氛围。楼上的新办公室，当然要比那间旧办公室舒适得多，但是，这种改变，让人很难不觉得是弗兰克做出的一种让步，新办公室就像是他的一处私密的静修所，同时也像是他的一座瞭望塔。

虽然弗兰克和贝尔塔在威尼斯的那座宅院最终没能建成，但是，他们花在这个项目上的时间，也并没有被白白浪费。这个项目给了弗兰克一个很好的机会，让他能够近距离地观察事务所里负责跟进这个项目的那位建筑师的——名叫梅格汉·劳埃德的年轻耶鲁毕业生——设计能力和项目管理能力。劳埃德与弗兰克的最初相识，还要追溯到 1999 年的耶鲁。彼时，还是一名二年级的建筑系研究生的劳埃德，选修了弗兰克在耶鲁每隔一年开设一次的设计课。[1]那一年，弗兰克交给学生们的设计题目，是在紧挨着洛杉矶麦克阿瑟公园的一个地块上设计一座大教堂，然而，劳埃德刚刚开始她的设计，就接到了父亲去世的噩耗，她不得不离开纽黑文，赶回了伊利诺伊州的家中给父亲奔丧。当她回到学校时，那个学期已经快要结束了，远远落后于设计日程表的她，非常担心自己可能完不成这个大教堂的方案了。弗兰克的一名助教建议她放弃这个设计，并把课程退掉。她考虑再三，最终还是没有这么做。在这门课程的终期汇报的前一晚，弗兰克来到了设计教室，学生们大多已经完成了设计，而只有劳埃德还依然在那里独自工作着。“我看到她孤独地坐在那里，切着纸片，鼓捣着她的模型，那一幕真是太让人心酸了，”弗兰克这样说道，“她落后得太多，快要做不完了。”劳埃德记得，弗兰克走到她跟前，没有对她的设计做任何评价。“他说：‘你怎么样，孩子？你的母亲还好吧？’当时我就想，哇，虽然我不太了解你，但你真的是这世上最酷的人。”她说，“他很慈祥，而且能够就事论事。我对他说，我希望能够去为他工作。”

“劳埃德连续奋战了十一个小时，终于完成了他的设计，并且得到了一个相当成功的结果。”弗兰克回忆道。而劳埃德也给弗兰克留下了深刻的印象。在学期结束后，弗兰克与学生们一起去了酒吧喝酒庆祝，席间，好几个学生都向他提出了想去他的事务所工作的请求。“他们问我：‘我们要怎样才能成为你的员工？’”弗兰克说，“我对他们说：‘呃，你们可以来我的事务所干一阵子，不过，我无法保证你们能得到一份全职的工作。’我记得我给了他们六个月的实习期。”而且，劳埃德记得，弗兰克还警告他们说，作为

---

1 20 世纪 80 年代，西萨·佩里在耶鲁建筑学院担任院长的那段时期，弗兰克便开始了他在耶鲁的兼职教学工作，后来他曾经中断过一段，因为为了教学而不得不不断往返东西海岸，使他的日程安排太过繁重了。1998 年，罗伯特·A. M. 斯特恩成了院长，他说服弗兰克重新回到耶鲁，并且允许弗兰克在每隔一年的春季学期开设一次设计课，还为他配备了助教，使得他不用每周都来纽黑文上课。多年来，弗兰克一直都会将他教学所获得的收入捐还给耶鲁，用于维持以他的两位朋友，同为耶鲁建筑系毕业生的斯坦利·泰格曼和弗兰克·以色列的名字命名的奖学金。

他曾经的学生，在他的事务所里工作，可能会遇到更多的困难。“他说：‘你们是不会喜欢我那里的，如果让我那儿的人知道了我认识你们，他们可不会愿意搭理你们。’”这种坦白，多少是有些古怪的，不过弗兰克自己也承认，他的事务所并不总是个温暖的地方，那里的文化，更接近于他内心之中驱动他向前的那种强烈的抱负和决心，而非他外在表露出来的那份随性而和善的风度。

尽管弗兰克提出了警告，但是，劳埃德和当时班上的另一名学生阿兰德·德瓦拉贾，还是接受了他提供的这份职位，来到了弗兰克的事务所。他们从模型工作坊的学徒工开始做起，两个人成长得都非常迅速，德瓦拉贾在日后成为事务所的设计合伙人之一，而劳埃德的事业发展，在她参与到弗兰克在威尼斯那幢新住宅项目的之前和之后，还发生了数次十分特殊的转向。2000 年，在劳埃德刚刚来到盖里与合伙人事务所之后不久，弗兰克在无意中听到了她和事务所里的其他几位年轻女孩，正在谈论着在洛杉矶难以结识年轻男性的烦恼。我对她们说：“星期天到我那儿去吧，阿莱霍和他的朋友们到时候也会在，我们正打算一起出海。”而那个星期天的下午，却促成了弗兰克完全没有预见到的一个结果。劳埃德确实认识了一位她喜欢的男性，而那位男性不是别人，正是阿莱霍·盖里。他们两个人约会了一阵子，起初并没有马上公开彼此之间的关系。“后来梅格汉才逐渐开始在我们的家庭活动里露面。”弗兰克这样说道。劳埃德性格十分沉稳，并且非常的开朗随和；她有着强烈而远大的抱负和决心，同时又具有中西部女孩特有的那种热情与亲切，这也让贝尔塔对她尤为喜爱。虽然梅格汉与阿莱霍的浪漫关系并没能维持太久，但是，随着她后来开始负责起了弗兰克在威尼斯的新住宅项目，她与弗兰克和贝尔塔的相处和交流也得以继续。她的角色，有点类似于在她到来之前几年的米歇尔·考夫曼，已经不再仅仅是事务所里的一名员工，而是渐渐地成为盖里一家广泛意义上的家庭成员。

在弗兰克和贝尔塔决定取消掉他们建设新住宅的计划的那段时期，弗

梅格汉·劳埃德正在制作未能实施的盖里威尼斯住宅的方案模型

兰克已经接近八十岁了，虽然他依旧如年轻时一样活跃，但是，年事已高的他，还是开始考虑着寻找一位年轻的员工，来陪同他一起出差，帮他处理事务所的日常组织工作，并且担任他的高级助理。某种程度上来说，这就类似于是一个办公室主任的角色。对于这个职位，他最初的想法是由事务所里年轻一些的建筑师们来轮流担任。他的妻子贝尔塔，虽然十分享受与他一起出差和旅行的经历，但是却对这个“贴身副官”的职位完全没有兴趣。不过，贝尔塔向弗兰克推荐了梅格汉，她说梅格汉会是这一职位最理想的第一任人选。其实，自从在当年的耶鲁，亲眼看到了梅格汉如何坚强地面对和撑过了父亲去世之后的那段艰难时期，弗兰克就一直非常钦佩和赞赏梅格汉的为人和处事，所以，他采纳了贝尔塔的提议，将这份工作交给了梅格汉。梅格汉很高兴地接受了这一新的挑战，她也将其视为是一个很好的学习机会，不过，一开始，梅格汉并没有觉得自己会在这个职位上做很久，她觉得至多也就是一到两年。不久，她就开始跟着弗兰克满世界跑，逐渐结识了他的所有客户，并且，由于有大量的时间在一起旅行，也基于弗兰克对于她的判断力的信任，她很快就成了弗兰克在形成构想和做出判断时的首席智囊。

梅格汉刚上任的那段时期，弗兰克的事务所接手了大量散布于世界各地的项目，这也使得她和弗兰克不得不满世界出差，这和多年以前，沃尔特迪士尼音乐厅项目陷入停顿的那段日子差不多——当年，来自欧洲的项目，让弗兰克得以暂时逃离了洛杉矶。在接受了这个新职位后的第一年，劳埃德陪同弗兰克到阿布扎比去跟进了古根海姆博物馆项目，到香港去考察了香港太古（Swire）集团的一座新公寓塔楼的项目用地。除此之外，她还去了好几次欧洲，而美国境内的差旅则更是不计其数。她估计，在那一年里，她和弗兰克有百分之六十的时间都在出差，而他们两人也在出差的过程之中，建立起了一份非常成功和默契的工作关系，以至于弗兰克放弃了他此前的构想——将这个办公室主任，搞成一个类似于最高法院书记员（Supreme Court clerkship）式的轮岗职位，作为他对年轻建筑师进行短期锻炼和考察的一项方案。他允许梅格汉自己决定任期的长短，而后来，梅格汉在这个职位上做了很多年，也逐渐肩负起了越来越多的责任。事实上，在梅格汉上任后没多久，弗兰克的客户们就已经明白，当他们听到“弗兰克要来参加会议”这类的消息和通知时，其背后真正的意思，几乎可以默认为是“弗兰克将要和梅格汉一起来参加会议”。

* * *

在弗兰克和贝尔塔放弃了他们在威尼斯建设一座新住宅的计划之后不久，贝尔塔便开始为弗兰克筹备他八十岁生日的庆祝活动，也许她是想要通过某种积极的方式来纪念一下时光的流逝，并且对他们之前在新住宅项目上所遭遇到的种种不快进行一些弥补。虽然弗兰克曾经说过，他对于生日派对，尤其是那种盛大的派对，没有什么特别的喜好和意愿。但是，十分了解弗兰克的贝尔塔，并没有把他的这些话太当真。她与弗兰克的助理艾米·埃科恩（Amy Achorn）一起，开始浏览和研究起弗兰克的联系人列表，试图从中梳理出一份适于被邀请参加这场生日会的来宾名单。

这场生日会的规模，最终远远超出了贝尔塔最初的设想，她和埃科恩邀请了许多对于弗兰克的职业生涯曾经起到过重要作用的人，尽管这些人中有一部分她们只是偶尔会见到，有些与弗兰克也并不是非常亲密的朋友，但是贝尔塔还是认为，如果她们要把这次生日会，搞成一场对于弗兰克的整个人生历程，以及历程中所经历的那些重要的人的全面回顾，那么这些人就应该被邀请到场。随之而来的问题是，这场生日会应该放到哪里举行，盖里夫妇的自宅肯定是容纳不了这么盛大的活动了。艾米·埃科恩转遍了整个洛杉矶，考察了包括彼特森汽车博物馆（Peterson Automobile Museum）在内的大大小小的活动会场，直到贝尔塔提出，她们也许应该试着找到一个与弗兰克具有更为紧密的联系的场所。“洛杉矶当代艺术博物馆的TC怎么样？”她建议道，她口中的“TC”，指的是由弗兰克设计的，当时已经被重新命名为“格芬当代”（Geffen Contemporary）的临时当代艺术馆。博物馆很高兴能够为这场生日会提供空间，而这也是弗兰克在洛杉矶的建成作品中，除了沃尔特·迪士尼音乐厅之外，唯一足够容纳前来参加这次活动的大约五百名朋友、家人、客户、艺术家、雇员，以及建筑师同行的地方。贝尔塔和艾米希望能够请到每一个他们认为对于弗兰克来说很重要的人，但是，她们也在竭力地避免请来任何一个会让他感到不开心的人。贝尔塔从名单当中删去了好几个她认为曾经对弗兰克不好的人，其中就包括一些在她看来曾经不公正地批评过她丈夫的建筑师。

“那些评论简直是幼稚透顶，”贝尔塔如此形容那些建筑师们对于弗兰克的攻击，“而这是一场成人的聚会。我有一份明确的，列出了所有不受欢迎的人的黑名单。弗兰克非常宽容，他也许能够原谅那些人，但是，我骨子里的西班牙血统，不允许我那样做。”

弗兰克和贝尔塔在弗兰克的八十岁生日会上欢迎来宾

这场生日会是在2009年2月27日，弗兰克生日的前夜举行的。前来出席的宾客们填满了格芬当代庞大的画廊空间，虽然贝尔塔请来了负责运营迪士尼音乐厅内部餐厅的帕蒂娜集团（Patina Group）来为活动提供餐饮服务，但是，这次生日会，却并没有被搞成那种休闲轻松的晚餐会的形式，而是充斥着震耳的音乐，以及大量的酒精。来宾列表上，去掉了一切对于弗兰克的地位有所质疑的人；到场的宾客们，基本上认同弗兰克的杰出成就，在他们看来，弗兰克不仅仅是一位国际知名的建筑师，而且更是一位声望已经超出了自己所在领域的社会知名人士。在现场的人群之中，来自好莱坞的名人，甚至比建筑界的精英还要多，比如，著名的影星，同时也是建筑爱好者的布拉德·皮特（Brad Pitt）。在几年之前结识了弗兰克后，为了满足自己对于设计的好奇心，皮特到弗兰克的事务所造访过好几次，而他发现弗兰克也很愿意给予他指导。除了皮特之外，比尔·马赫（Bill Maher）、玛伦·道德（Maureen Dowd），还有演员诸如唐纳德·萨瑟兰（Donald Sutherland）、劳伦斯·菲什伯恩（Laurence Fishburne），以及凯文·麦卡锡（Kevin McCarthy）等，也都出现在了生日会的现场。麦卡锡是弗兰克在好莱坞最早认识的几位朋友之一，那天，刚刚度过了自己九十五岁生日的

萨姆、阿莱霍和他们的姑姑多琳·纳尔逊，在弗兰克的八十岁生日会上观看祝酒

他，是和妻子凯特·克莱恩（Kate Crane）一同前来的。在那之后不到一年，麦卡锡就离开了人世，而这场聚会，也成了这两位老朋友之间的最后一次见面。

当一个巨大的生日蛋糕被缓缓地推出来时，女演员莎莉·姬勒曼（Sally Kellerman）带领众人一齐为弗兰克演唱了《生日快乐歌》，帕蒂娜的蛋糕师傅们，将蛋糕做成了沃尔特·迪士尼音乐厅的造型，试图用蛋糕和奶油复制出音乐厅那盘旋扭曲的不锈钢立面的形式语言。时任洛杉矶市长的安东尼奥·维拉戈沙（Antonio Villaraigosa）首先向弗兰克祝酒，在祝酒词中，他将弗兰克称为是洛杉矶这座城市的公民领袖。随后，汤姆·克伦斯，也代表艺术和建筑界向弗兰克敬了酒，他讲了他和弗兰克在合作毕尔巴鄂古根海姆博物馆期间发生的一个小故事，描述了弗兰克对于设计有多么的精益求精，以及他是如何不厌其烦地对自己的方案进行各种修补和调整的，阿里安娜·赫芬顿（Arianna Huffington）则对围拢在一起的来宾们说："我曾经写过一本关于毕加索的书，不过，在我认识弗兰克·盖里之前，我从来没有见过哪位天才是像他这般平易近人的。弗兰克·盖里是一位友善的天才。"而

弗兰克与布拉德·皮特在弗兰克八十岁生日会上的合影

与克伦斯同属一个摩托车俱乐部的菲什伯恩，则讲述了他带着弗兰克一起骑行的一次经历。“那天，我骑车带着弗兰克的时候，我心想，‘哦我的上帝啊，世界上活着的最伟大的建筑师，现在正坐在我的摩托车上，我万一要是撞车了可怎么办？’”

那晚，弗兰克依然身穿着他标志性的黑色 T 恤衫和黑色西服外套，他与前来参加生日会的每个人，几乎都有交谈。对于他来说，这场生日会可以算得上是世界上最为盛大的一场鸡尾酒晚会了，而他站在哪里，哪里也就成为那个巨大的室内空间的中心。虽然因为喝了太多的伏特加，他关于那晚的记忆已经十分模糊了，但是，那份温暖和幸福的感受，至今依然令他回味。“我曾说，等到我年满八十岁，我就要把节奏慢下来。”弗兰克在当晚这样说道，“呃，我确实放慢了一些，不过放慢得不太多。我感觉我并不像是个八十岁的人。我猜想，我们可能永远都不会觉得自己的状态与自己的年龄相符。”

* * *

弗兰克的许多艺术家朋友，那天晚上都露了面，然而，雕塑家理查德·塞拉却缺席了。塞拉与弗兰克，在创作生涯的发展轨迹，乃至于作品的造型风格上，都有着很明显的相似性和共通之处。塞拉十分认同弗兰克对于艺术与设计的野心，以及他对于工作的认真和投入，并且，这两个人还曾经在毕尔巴鄂古根海姆博物馆项目上有过密切的合作——克伦斯委托弗兰克，在博物馆里为塞拉的那件题为《蛇》的作品设计了一个巨大的展厅。此外，最为重要的一点是，塞拉与弗兰克，对于错位、扭曲、扭转和曲折的形式语言，在很大程度上有着相同的兴趣。塞拉在他的雕塑中，探索和尝试过许多与弗兰克的建筑作品相同或类似的造型，多年来，这两个人也都十分渴望能够相互学习。弗兰克的那些曲面的金属板立面，肯定是从塞拉的作品当中有所借鉴。而塞拉也非常着迷于弗兰克的作品，他还经常到弗兰克的事务所，去看他们最新的项目，即便是弗兰克不在，他也会同年轻的建筑师们进行交流，并且给出自己的看法和建议。

然而，尽管他们两人都明白，建筑与纯艺术，是完全不同的两个范畴和领域。但是，在各自以自己的方式践行和表达这些不同的同时，他们其实也并不完全确定，对方的作品，是否对于自己的领域有所接近或切入。在塞拉的系列作品《扭曲的椭圆》（*Torqued Ellipses*）之中，那些纪念碑式的雕塑体量，营造出了一种十分美好的，甚至是具有宗教色彩的空间，几乎就如同是一座座没有屋顶的小教堂，为进入其中的参观者们，提供了某种非常建筑化的空间感受。而弗兰克的作品则自不必说，他与塞拉的情况恰恰相反：虽然他从来不掩饰自己对于解决功能问题的重视，也明确表示自己并不仅仅是在操弄一些纯粹而抽象的造型，但是，他的几乎所有作品，都能够给予观者以纯艺术的体验。确实，弗兰克创作意图中的一个核心愿望，就是在满足功能需求的基础上，赋予建筑作品以艺术品般的美学质感。

然而，这种对于建筑的艺术性的追求，是否使得建筑，成为一种比艺术更为高级的创作形式？塞拉对此显然是不以为然的，在塞拉看来，建筑所需要面对和解决的那些日常的、世俗的问题和需求，使得建筑本身天然的就具有无法抹去的世俗性，因此，他也越来越拒斥将建筑师与艺术家相提并论。在毕尔巴鄂古根海姆博物馆落成以后，弗兰克的建筑本身所吸引到的关注度，比之在弗兰克设计的巨大的展厅空间当中永久性安放着的，那尊由塞拉创作的纪念碑式装置艺术作品，要高出了许多。这更使得塞拉对于人们频繁地将弗兰克称之为一位伟大艺术家的这种说法，愈发失去了耐心。当查理·罗斯在他的公共电视节目上，向塞拉提出这个问题时，塞拉直率地回答他说，他就是不喜欢听到别人将弗兰克描述为艺术家，因为他才是真正的艺术家，他的创作比弗兰克要更具艺术性。后来，在接受《纽约客》杂志的卡尔文·汤姆金斯（Calvin Tomkins）的采访时，塞拉说："现在我们常常听到有些建筑师大言不惭地声称'我是个艺术家'，不过我就是不买他们的账。我不认为弗兰克是个艺术家。我也不认为雷姆·库哈斯是艺术家。当然，在建筑的创作语言，与雕塑和绘画等艺术形式的创作语言之间，确实是有着一些相似的、可以进行类比的重叠之处的。但是，世间万物，人类的一切行为之间都会有所重叠和交叉，这不能成为将不同的领域混为一谈的理由。我认为，建筑与艺术之间，是有着一些关键性的差别的，而这种差别，也是千百年来一直都无法被逾越的。"

他们之间的这种分歧，原本其实仅仅是一种相当客气的，对于某些观点上的不同意见，两个人的创作生涯几乎是在同期起步和发展，而在很长一段时期里，用弗兰克的话说，他们俩一直都在"通过彼此的作品来进行交谈"，他们对于艺术和空间创造也有着共同的激情和冲动。但是，随着毕尔巴鄂古根海姆博物馆的建成，两个人之间的矛盾逐渐变得越来越严重。塞拉不像弗兰克那般渴望被人喜爱，也缺乏弗兰克个性当中的那种随和，所以，他开始将弗兰克视为是一个故意地、以一种敌对性的姿态侵入到了他作为艺术家的领域的建筑师。容易受伤的弗兰克，主动退出了这场争论，而他们之间的这种不和最终还是被激化了，这两位老朋友的关系也因此而降到了冰点。

* * *

另一位，据推测是因为上了贝尔塔的“黑名单”而缺席了弗兰克生日会的老熟人，是曾经参与了洛杉矶当代艺术博物馆，以及沃尔特·迪士尼音乐厅两个项目的建筑师遴选过程的洛杉矶律师弗雷德·尼古拉斯。这两个文化类项目，都曾给弗兰克带来过许多的失望和拒绝，所以他们两人之间的关系，在那些年之中也经历了很多次反复。最终，在 2007 年，随着尼古拉斯控制的希尔卡出版集团（Circa Publishing Enterprises）对于弗兰克的一纸诉讼，两个人也彻底撕破了脸——希尔卡集团之所以起诉弗兰克，是因为他们宣称弗兰克需要为他给蒂芙尼公司（Tiffany & Co）设计的一系列珠宝产品，向希尔卡支付一部分版权收益。

这个案子的背景并没有什么争议。希尔卡公司，之前曾经负责过一些与盖里相关的其他产品的营销，2003 年，弗兰克与他们签署了一份协议，答应将他此后在珠宝设计方面所可能会获得的收益，分给这家公司一半。2004 年，尼古拉斯将这份协议退还给了弗兰克，而弗兰克认为，尼古拉斯的这一举动，就意味着这份协议已经不再具有约束力了。然而，当弗兰克后来直接与蒂芙尼公司进行单独的合作，开始为他们设计一组包含珠宝、花瓶、碗，以及杯子等单品在内的产品系列时——该产品系列于 2006 年上市——尼古拉斯却坚持要求，自己应该分得弗兰克从蒂芙尼获得的收益的一半。弗兰克的律师帕特丽夏·格拉泽（Patricia Glaser）为弗兰克辩护称，在尼古拉斯做出退还那份协议的决定时，弗兰克对于他的义务就已经被免除了。在弗兰克庆祝他八十岁生日那会儿，这个案子正处于待审阶段，2009 年下半年，洛杉矶高等法院的法官简·L. 约翰森（Jane L. Johnson）审理了此案。2010年1月，就在双方律师准备进行他们的最终辩护之前，法官接受了格拉泽关于撤销此案的请求。尼古拉斯无权获得任何相关的收益，约翰森法官说，因为他不能够执行一份已经不存在的协议。这场官司，为弗兰克与尼古拉斯四十年的交情画上了一个悲伤的句号。事实上，这些年来，在与尼古拉斯的交往中，弗兰克总是会感到有些不舒服，在弗兰克看来，尼古拉斯似乎只知道考虑他自己，但是又总是会装出一副愿意帮助别人的样子。

尽管这桩官司给弗兰克带来了诸多不快，但是，弗兰克对于珠宝设计的探索，至少在一段时期内，还是大获成功的。能够为蒂芙尼设计珠宝，对于弗兰克的名人形象，显然是进一步的认可。虽然弗兰克的目的，看起来仅仅是想要通过进入新的领域，来扩大自己的影响力。但是，他与蒂芙尼的合作，确实是十分愉快的。他们的精益求精，令他印象深刻。而蒂芙尼公司也很愿意尽其所能地对弗兰克进行最大限度的包装和营销。毕竟，弗兰克是近四分之一个世纪以来，首位获得蒂芙尼的原创产品设计委托的新设计师。蒂芙尼在他们纽约第五大道的旗舰店，以及比弗利山的分公司，为这套“盖里典藏系列”（Frank Gehry Collection）举行了规模盛大的首发活动。“植根于对材料和结构的细腻理解，这一系列产品，探索了贵金属、木材和石材的表现力潜质。”蒂芙尼公司在他们的宣传材料中这样称颂道，“和他的建筑作品一样，盖里先生的珠宝和居家用品设计，也蕴含着一种生命力，而蒂芙尼卓越的技术能力，也使得那些丰富而自然的扭转——这位建筑师最为独出心裁的形式语言——得到了完美的呈现。”

这些广告宣传并没有夸大其词，这一系列产品中的许多单品，在造型和质感上都极其优雅，而弗兰克在之前的创作中最为喜爱的一些造型，也都被十分恰当地转译到了珠宝设计的造型语言当中。整个系列被划分为六条单独的“产品线”:“鱼”（Fish）、“兰花”（Orchid）、“衣褶”（Fold）、“马”（Equus）、“轴线”（Axis）和“扭转”（Torque），单品种类包含手镯、挂坠、戒指、项链和袖口链扣等。在这一系列产品中，弗兰克称之为“鱼”的元素，在造型上与他先前的鱼形灯有所不同，而更类似于是一滴滴小小的泪珠，这些由高纯银、乌木和其他木料制成的小鱼，被成簇地穿成手链，拎起来叮当作响，效果尤其漂亮。“扭转”系列的产品则都具有蜿蜒旋转的形式，其中的一款经典产品，是一枚造型随着边缘的转折而不断扭转的银质方形戒指。

弗兰克与蒂芙尼之间的合作，有着非常愉快的开始，但是，这种愉快并没有能够持续下去。盛大的前期宣传和造势，为这一系列产品在发售之初带来了很高的销量，但这种高销量却没有维持很久。弗兰克觉得，尽管在首发阶段吸引到了足够的关注度，但是蒂芙尼似乎并没有将他打造成他们公司的下一个帕洛玛·毕加索的打算，也没能持续地对他的产品进行广告宣传，以维持销量。弗兰克与蒂芙尼最终没能就未来的继续合作达成共识，而随着这组产品在发售三年之后宣告停产，他们的合作也彻底画上了句号。弗兰克的这些珠宝作品，现在在易趣网（eBay）上还能买到，只不过已经沦落为只有一些发烧友才会感兴趣的冷门产品。

不过，在弗兰克与蒂芙尼的合作过程中，他所表现出来的那种热情，以及他对于借助蒂芙尼的宣传和潮流引导力来提升自己影响力的强烈渴望，都与他在 20 世纪 70 年代初期，对于自己的家具作品“易边”的处理方式，形成了鲜明的对比，当时的他，断然地放弃掉了那份前景一片光明的家具事业。他害怕“易边”的成功，会使得他在公众眼中的印象定格成一位家具设计师，而非建筑师，那样的话，他将很难再把自己的创造能力专注于建筑之上。不过，在三十多年过去后，现在的他，已经足够确定，以自己的声望，可以在这方面稍微放松一些，去尝试一些自己觉得有趣的，并且能够赚到钱的新鲜事物了。虽然有很多事情都会让他感到矛盾，不过，“变得更有名”这件事，显然并不是其中之一。

由此，我们便不难理解，为什么当动画剧集《辛普森一家》找到弗兰克，希望能够在某一集中基于他和他的作品来编写剧情时，弗兰克会毫不犹豫地答应了。那一集的剧情很简单：在得知了沃尔特·迪士尼音乐厅取得的成功之后，春田镇的居民们，觉得他们的城市，也需要通过建造一座类似的建筑来变得高雅时髦一些，于是，在玛琦·辛普森（Marge Simpson）的鼓动下，他们决定邀请弗兰克来为他们的城市也设计一座音乐厅。玛琦写了一封信寄给弗兰克，不过弗兰克最初对这个项目没有一点兴趣，他把玛琦的信揉成一团，随手丢到了地上。然而，地上那揉皱的纸团却忽然启发了他，他仿佛一下子找到了设计的起点。"弗兰克·盖里，你真是个天才！"他盯着地上的纸团，对自己大声呼喊道。音乐厅很顺利地建了起来，但是，在一场灾难般的开幕晚会过后，春田镇的居民们，终于清楚地意识到，他们对于古典音乐根本没有真正的兴趣，最终，那座音乐厅被改成了一座监狱。这一集于2005年4月3日播出，弗兰克还在这集当中为自己的角色配了音。他很喜欢这部动画的那种温和的讽刺性，不过，播出之后没多久，他就开始为这整件事情感到后悔了。除了弗兰克之外，从来没有任何一位建筑师，成为过《辛普森一家》某集的主角，而敢于尝试的弗兰克，开始感到了名气给他带来的代价。尽管《辛普森一家》中对弗兰克的讽刺是善意的，但是，这集动画片，还是在客观上增加了人们对于弗兰克固有的偏见和误解，使得人们更加确信，弗兰克并不是一位严肃而有思想的设计师，他的建筑只不过是一些狂野的、非理性的创作，就像地上的烂纸团一样，没有经过什么深思熟虑。"这种偏见一直萦绕着我，"弗兰克对美国有线新闻网（CNN）的法里德·扎卡利亚（Fareed Zakaria）这样说道，"看过那集《辛普森一家》的人们全都觉得我就是那样的建筑师。"

相比于《辛普森一家》，由弗兰克的另一位来自好莱坞的多年的老朋友，导演西德尼·波拉克拍摄的一部关于弗兰克的长篇纪录片，显然是对弗兰克的生活与创作的一次更为准确，也是更为客观的影像表达。这部名为《建筑大师盖里速写》的纪录片，2006年5月由索尼公司发行，导演是波拉克，而制片人则是广受尊敬的电影摄影师，曾经制作过多部以艺术与建筑为主

《辛普森一家》中，弗兰克正在展示他为春田镇的音乐厅所作的设计

题电影的乌尔坦 · 吉尔福伊尔（Ultan Guilfoyle）。波拉克亲自担任了电影的旁白，并且为整部片子赋予了一种质朴的质感：在影片一开始，他就坦承，自己从来没有拍过纪录片，对建筑的了解也并不太多，但是，他知道，对于建筑师来说，在进行创意创作的同时，必须要回应比纯艺术创作更苛刻，也复杂得多的种种限制条件，他非常欣赏弗兰克直面挑战的勇气，他觉得在这一点上他本人与弗兰克是有相似之处的。影片中穿插了对于诸如查克 · 阿诺尔迪、埃德 · 鲁沙，以及罗伯特 · 劳申伯格等艺术家的采访，他们都丝毫不吝惜自己对弗兰克的赞美之辞，迈克尔·艾斯纳、迈克尔·奥维茨（Michael Ovitz）、丹尼斯 · 霍珀和巴里 · 迪勒也都在这部影片当中露了面。不过，片中最棒的部分，当数波拉克与弗兰克两人之间的那些轻松的对谈，波拉克知道，放松而随便的互动，所能够达到的效果，比过分直接的逼问和分析要好得多。因此，整部影片以一种亲切和随意的基调，很好地捕捉到了弗兰克本性当中的那种挥之不去的焦虑。“我一直都很害怕自己不知道接下来该做些

什么。”弗兰克在影片的开头这样说道。

在一片赞誉声中，唯一的例外，来自于普林斯顿大学的艺术史学家哈尔·福斯特（Hal Foster）。在影片中的访谈里，福斯特表示，弗兰克对雕塑领域的介入过深，这导致他在设计中过于追求壮观和宏大，而失却了建筑本应具有的严谨性。对于弗兰克而言，这种批判的论调并不算新颖——某种程度上说，这种观点其实与《辛普森一家》中所表露出的那种对于弗兰克的偏见是一个意思，只不过是以学术化的语言进行了重新表述——但是，在这部影片问世的时候，学术圈里已经很少能够听到这样的声音了。影片中还包含有弗兰克最为珍视的两位人生导师——米尔顿·韦克斯勒和菲利普·约翰逊——的采访片断。这也许也是这两人生前最后的影像采访资料了——2005年年初，约翰逊以九十八岁高龄离世，而韦克斯勒也于2007年3月去世，同样享年九十八岁。在描述弗兰克时，他们俩的态度混合着骄傲与敬佩。这两个从任何方面来说都完全不同的人，在这部影片的采访中，却十分相似地，以一种文雅而又温暖的腔调做了回应。仿佛他们都已经知道，这将是自己最后一次公开评论弗兰克的机会了。

弗兰克不爱出风头的一面，让他更接近伍迪·艾伦，而非弗兰克·劳埃德·赖特——他个性当中低调而害羞的那一部分一直都存在，尽管这并不能用来完整地描述他的性格，这在西德尼·波拉克的影片于洛杉矶举行的首映式上得到了凸显。在放映过程中，弗兰克非常紧张，以至于都无法继续待在放映厅中观看观众们的反映。“咱们赶快离开这儿吧。”他对波拉克说。于是，他与从事务所陪同他前来的米歇尔·考夫曼和陈日荣一起，去了西好莱坞的马尔蒙庄园酒店的酒吧。在那里喝光了一整瓶酒后，他们才在影片结束之前溜回了剧场。而在他的故乡多伦多的首映式上，弗兰克更是紧张得近乎失态，他伸出手一把抓住了坐在他身旁的，来自《环球邮报》（*Globe and Mail*）的建筑评论家莉萨·罗琼（Lisa Rochon）的手。

第十八章
技术的遗产

尽管一直以来，弗兰克对于出人头地都有强烈的渴望和坚定的信念，但是，他却从来不愿意把自己视作一名精英建筑师。他希望自己能为大众设计房子，也希望自己的作品能得到所有人的认可。不过，在他与那些大众建筑师之间，还是有着本质性的区别，其中最重要的一点，在他看来，就是他能做到既取悦公众，同时又避免媚俗。他追求的，是通过提升公众的品位，来获得大众化的影响力，而非对大众一味地进行妥协和迎合。这并不是他自说自话的夸夸其谈：在毕尔巴鄂古根海姆博物馆，以及沃尔特·迪士尼音乐厅项目上，他就成功做到了这一点，他让那些通常对于严肃建筑学没什么兴趣的普通民众，得以真正地接近和理解具有开创性的建筑设计。在整个职业生涯中，他一直都在践行着这一原则，创作出了许许多多优秀的、具有鲜明个人风格的建筑空间，可以说，他的建筑，在高品质的建筑文化与普通大众之间，架起了一座桥梁。

与此同时，对于建筑大众性的另一方面——那些与人们日常居住、工作、学习和娱乐息息相关的建筑设计——弗兰克也表现出了越来越浓厚的兴趣。他希望能够告诉人们，想要追求独特的建筑体验，并不一定非要建造像毕尔巴鄂古根海姆博物馆那样独一无二的建筑，通过对日常民用建筑的优化和创新，一样可以满足这方面的需求。弗兰克愿意、并且有能力对平凡建筑的品质加以提升。这表明，他并不是一个屈服于名望和利益的建筑师；在内心当中，他依然还是一个如评论家迈克尔·索尔金（Michael Sorkin）所言的，“富有同情心的加拿大穷小子”，虽然在名利场上奔走多年，但是，他依然能够忠于自己的出身，并且忠于自己和自己家庭的政治信仰，归根结底，他是个朴实谦逊的、不矫饰的建筑师。时至今日，他还记得多年以前，促使他接手劳斯公司的一系列项目的那份抱负，虽然他与劳斯公司的那段合作已经过去了几十年，但是在他的心中，劳斯公司，依旧代表着他的一个未竟的心愿。当年，在圣莫尼卡广场购物中心项目上，他既未能充分地满足劳斯公司的需求，也未能达到自己对于设计的标准，这一直以来都是弗兰克心中的一大遗憾。那个项目的失败，至今仍令他无法释怀。

如果他可以得到在不对自己的审美追求进行妥协的前提下，为开发商服务的机会，那么，他便可以表明，他从来没有放弃掉他所创造的，也是他倚仗起家的，那种由胶合木板和金属护栏网搭建而成的“小气鬼建筑”。虽然在他的建筑中，也许已经看不到他早期作品所具有的那种粗野质感了，但是，他一直都希望能够保留这种粗野背后的想法和理念，并使其成为他创作基因的一部分。在经过了一系列的大型公共建筑的设计实践之后，他成功地找到一种，能够将他早期创作中的那种实用主义与诗意的结合延续下来的方式。他希望能通过他的实践告诉世人，高度的美学追求和充满创造性的想象力，不仅可以存在于洛杉矶的那座小房子上，同样也能够在摩天大楼项目上得以实现。

弗兰克一直都希望能够证明，自己有能力设计实用的、营利性的建筑，这种强烈的愿望，缘于他在与劳斯公司合作期间所遭受的挫折，而随着数字技术时代的来临，这种愿望，又迅速被赋予了一层崭新的色彩。他想要证明，他的事务所花费大力气开发出来的数字软件，不仅仅能使建造的过程变得更加高效。其更重要的作用是，它能让建筑创作更富创造性，并且使得他所追求的那种独特的造型语言，在这个越来越追求标准化和规范化的时代，被建造出来。这是弗兰克与大多数的建筑师和工程师，在对待数字技术的观点和看法上，最为关键性的一点不同，对于很多人来说，数字化建筑，主要是一种能够将以往必须要单独进行设计的建筑构件加以标准化，从而使得建筑的设计和建造过程变得更加快速和廉价的工具。

但在弗兰克看来，则恰恰相反：他认为，数字技术，使得那些原本价格高昂到无人能承担得起的，但具有独创性的建筑，在设计和建造上成为可能。将功能普通的项目——比如 IAC 总部办公楼以及布鲁斯 · 拉特纳的公寓塔楼——设计得不同寻常，并且以不超出那些平庸的建筑太多的成本把这些设计建造出来，对于弗兰克而言，已经成为他实践当中越来越重要的一个目标。至于有的人觉得，这些建筑并不如他们想象中的弗兰克 · 盖里的作品那般卓越和超凡脱俗，弗兰克并不以为意，他更关心的，首先是要通过这些作品，来证明他有这个设计能力。尽管毕尔巴鄂古根海姆博物馆和沃尔特·迪士尼音乐厅这样的建筑已经足够出色，足够伟大，但是弗兰克依然渴望能够留下更多的作品，作为他的遗产。他觉得，就他的天性来说，他也并不是只愿意设计那些高端的、定制化的建筑，即使他在这方面可以做得很好，甚至是比其他所有人做得都要好。

* * *

弗兰克在面对管理和商业事务时，表现出来的那种轻松随意，甚至是漠不关心的态度，某种意义上来说，是他的一种故作姿态的伪装。事实上，他经常考虑钱的问题。虽然他从不会流露出自己因早年的窘迫而形成的那种对于金钱的焦虑，但是，他也并不掩饰自己对于商业行为本身所拥有的浓厚兴趣。他曾与拉里 · 菲尔德合伙进行了一系列的地产投资，在那段时期里，虽然他并不愿意在那些交易上花费太多时间，但是，他也绝没有完全将其抛诸脑后不闻不问，他很享受与菲尔德讨论那些投资的过程。此外，他还很乐于了解事务所与客户合同，试图去理解每一份合同中对他有利的条款，尽管他已经有好几十年不曾亲自出面与客户谈判了。他喜欢从战略的角度上来思考和规划他的事务所。他之所以聘请兰迪·杰弗逊和吉姆·格里姆夫，不仅仅是指望着由他们来协助他，完成诸如毕尔巴鄂古根海姆博物馆和沃尔特·迪士尼音乐厅那样的设计；同时也是希望他们能够对他的事务所加以梳理和组织，使其胜任庞大而复杂的项目，并将其建设成可以与那些大型建筑公司匹敌的设计机构。弗兰克认为，有了这种高水准的技术支撑，再配合上他的创意能力，他的事务所，一定会在竞争之中拥有非比寻常的优势。

在一段时期里，这样的人员配置，确实令弗兰克的事务所运转良好。兰迪负责事务所大部分的管理工作，这其中不仅包含办公室的日常管理，也包括对于主要建筑项目执行团队的管理，以及施工图的编制等要求更高的工作。吉姆则主要负责技术方面的工作，同时也兼做一些管理。克雷格·韦布和陈日荣是事务所的两位联合主创，他们俩各自分管一群设计师，相应地，这些设计师又继续被划分为一个个更小的团队，落实到具体的项目之上。弗兰克将事务所的所有权分给了兰迪·杰弗逊和吉姆·格里姆夫，但是却并没有分给克雷格·韦布和陈日荣，考虑到设计工作在他的实践中以及声望的建立过程中所占有的重要位置，这样的一个决定，确实是有些令人难以理解的。弗兰克给出的理由是，虽然韦布和陈日荣都是非常有才华的设计师，但是，他也不是缺了他们就不行，在万不得已时，他们的设计工作都是可以由弗兰克本人亲自承担的。然而弗兰克明白，他交给杰弗逊和格里姆夫的那些技术和管理工作，自己是真的有心无力。杰弗逊其实很敏锐地看透了这一点，有一度，在事务所的新名称尚未确定之前，他甚至曾向弗兰克提出，要将事务所命名为“盖里、格里姆夫与杰弗逊事务所”。

弗兰克一开始同意了这个要求。后来，在最终改名之前，两个人当中相对更为冷静的吉姆·格里姆夫说出了他的意见。“他说：‘你疯了吗？盖里是咱们这个事务所的基石，你这样做只会削弱咱们的力量。’”弗兰克回忆道。他觉得格里姆夫说得对，于是，他取消了修改名称的计划。“盖里与合伙人事务所”的名字得以被最终确定了下来。从 1992 年兰迪·杰弗逊的加盟，到 2004 年他最终离开，可以说在这十二年间，事务所一直是由他们五个人所共同运营的。“我们共同构成了弗兰克·盖里。”兰迪·杰弗逊这样说道。

然而，在弗兰克的职业生涯当中，很少有那种能够稳定地保持很久，或者完全不会受到来自私人生活的种种压力影响的合作关系。在他们这个五人管理团队之间，出现的第一条裂痕，并不是来自于弗兰克自己生活方面的原因，而是源自兰迪·杰弗逊家庭所遭受的一场双重悲剧。在一次摩托车事故中，他只有十几岁的儿子不幸丧生，而没过多久，他的妻子也去世了。在那几个月里，弗兰克没有给兰迪安排什么工作，他给了兰迪充足的时间，用来处理丧事，并且平复悲伤的情绪。但是，情况的发展却逐渐变得有些复杂，在兰迪的妻子去世之前，他就与事务所里的一位女性同事产生了一些婚外的感情纠葛——他们最终结婚了——而一段时间过后，弗兰克开始怀疑，他给予兰迪的这份特殊照顾，并没有被他用于抚平伤痛，反倒是为他的那段令人尴尬的、令他无法专心高效地进行工作办公室恋情行了方便。

和当初清洗掉格雷格·沃尔什的过程差不多，碍于情面的弗兰克，不愿意去亲自与兰迪谈。毕竟，面对面地告诉兰迪说要炒掉他，对于弗兰克来说实在是太难了。在他觉得情况已经无法挽回，并做出了最终的决定之后，他让吉姆·格里姆夫去把他的决定告诉了兰迪。事实上，弗兰克之所以要炒掉兰迪，并不仅仅是因为他觉得兰迪无法继续胜任他的工作，还有一方面的原因：当时，兰迪和他后来的妻子——当时是事务所行政部门的一名员工——无法在工作当中与贝尔塔很好地相处。长期以来，贝尔塔一直都是事务所的首席财务官，显然，在盖里与合伙人事务所里，挑战贝尔塔的权威，是不会有什么好果子吃的。兰迪作为事务所合伙人的日子，也就这样走到了尽头。兰迪曾经见证了弗兰克的事务所在毕尔巴鄂古根海姆博物馆和沃尔特·迪士尼音乐厅项目上取得的成功，并且在事务所的转型过程中扮演了非常关键的角色，他帮助弗兰克，将这间事务所从一个由弗兰克独自支撑的小工作室，改造成现在这样的一家完全不同的设计机构。但是，他的任务也就到此为止了，而弗兰克，则将在吉姆·格里姆夫的辅佐下，继续把他们的实践进行下去。

* * *

弗兰克极少公开谈论有关自己如何运营事务所的话题，不过，2002 年，在他被邀请参与的一场研讨会上，他却打破了沉默。这场研讨会，旨在庆祝彼得·刘易斯捐赠给凯斯西储大学的魏德海管理学院新楼的落成，而弗兰克决定，以自己在这次研讨会上的发言作为契机，谈一谈自己对于事务所运营的心得，并且为自己创造效益的能力进行一些辩护。“我想要聊一聊我是如何经营起我的那片天地的，因为，我的事务所其实是非常高效的，你们听了以后可能会感到震惊，”他这样说道，“人们往往认为，我们都是一些古怪的艺术家，在经营和管理方面肯定没有什么底线可言。但是，事实上，我的事务所是相当赚钱的。”

与他的许多建筑师同行不同，弗兰克的事务所是靠白手起家，而不是通过继承财富建立起来的，这一点也令他感到尤为自豪。他相信，早期艰苦创业的经历，给予了他一定的原则和底线，也令他绝不会去剥削任何一位为他工作的员工。他从来都拒绝使用那种零薪酬的实习生。“我也一直坚持发给我的每一位员工圣诞节奖金、每年上涨的生活费，以及带薪假期这些应得的报偿。从最开始，这种意识就植根于我们事务所的文化之中。”他说。令他极为看不惯的一种趋势是，有越来越多的建筑师，开始在准备竞赛方案时，将学生们当作免费的劳动力。“想要招收到不要报酬的孩子们来免费打工，是件很容易的事，”他这样说道，“我的很多朋友都在这样做。但是，这种事情就像吸毒。一旦你有了开始，你就再也停不下来了。”

弗兰克的事务所对于项目费用的安排，与大多数设计机构都有所不同，他们收取的费用主要由两部分组成，一部分是付给盖里与合伙人事务所的总体项目佣金，而另一部分，则是视盖里个人的参与程度而支付的一项专门的“设计费”（design fee）。这似乎是弗兰克作为著名设计师，将自己的名气变现的一种方式，他做出这样的安排也确实有这方面的考虑。但是除此之外，他也将这种收费方式，视为是一种可以将他在项目当中的角色，与他的同事们加以区分的方式，他这也是在为事务所的未来进行铺路，有朝一日，“盖里与合伙人事务所”终将只剩下“合伙人”，而不再有“盖里”。

但不管怎么说，那也是很久以后的事情了。弗兰克完全没有退休的打算，而且如他所言，他清楚地认识到，“如果我离开了，事务所是不可能继续我所做的那种设计的。那是一种非常个人化的创作”。他强烈地感到，他需要扶植一些更为年轻的、有才华的建筑师，让他们能够尽快地具有独立撑起事务所的能力。他尤其欣赏陈日荣，在谈话中，他曾经将陈日荣形容为是他手下的所有设计师当中最有天赋，也是最为神秘莫测的一个。“在他为我工作的最初五年时间里，他就每天坐在那儿，一句话都不讲，”弗兰克说，“我有时候会问陈日荣：‘你对于我们现在正在做的这些工作怎么看？’而他则会看看我然后说：‘我也不知道，你怎么看？’之后的五年，差不多也还是这个样子。然而随后，我忽然发觉，他成长为了一只怪兽。他开始按照自己的思路调整设计……我们当时在做一个后来没能实施的，位于韩国的项目（为三星公司做的那座博物馆），而每一次我出差回来，都会发现他挪动了报告厅的位置。他是个无可挑剔的天才，他太聪明了，而且，对于自己的每个操作，他都有着令人难以置信的、非常充分的理由。有时，他会熬一个通宵，然后第二天早晨回来办公室，把报告厅的位置挪了。”

挪动报告厅的这一过程，在弗兰克看来，正是他喜欢称之为“玩”的那种创作方式，从很大程度上来说，这是一种天生的、直觉化的敏感。“你可以想象一下，一个严肃的首席执行官，是不会把创意的过程当作‘玩’的。但事实上它本就应该是这样的一个过程，”他这样说道，“在我的理解，创意的过程，就好比是你在搜索着什么东西。你有一个预设的目标。而你并不确定如何去实现它。所以，每当我和我的设计师们坐在一起讨论设计，开始思考方案、推敲模型的时候，整个过程就像是一种游戏。”他记得有一次，在为沃尔特·迪士尼音乐厅的设计探索更多不同的可能性时，他甚至一边思考，一边哼起了老电视剧《皮鞭》（*Rawhide*）的主题曲——副歌部分是“滚动、滚动、滚动”（Rollin’, rollin’, rollin’）——希望能够借此来刺激思路。不过，这种激烈而兴奋的状况在弗兰克的事务所里并不多见，更为通常的状态是安静，弗兰克会长时间一言不发地盯着模型，仔细考虑不同的可能，并且提出一些细小的改动。

然而，虽然弗兰克非常欣赏陈日荣，也相信陈日荣已经具备了他所希望的那种独当一面的能力，但是，他还是没有做好将他的事务所移交给陈日荣，或者其他任何人的准备。对于盖里与合伙人事务所在他离开之后如何运转这一问题，弗兰克的想法其实是模糊的，并且也是在不停地改变着的。他很喜欢推敲和对比不同的组织模式和方案，并将这一过程当作是一种对思维的锻炼，正如他在面对不同的设计方案时所时常会做的那样，不轻易地做出决定，让他觉得自己似乎能够保有所有的可能性。对于建筑项目，客户们往往最终会强迫他选定一个方案，而在事务所的前途问题上，则没有人会来逼着他下这个决心。他的健康状况很好，而除了工作、家庭，以及随着他的出名，而越来越与他的职业生活交织在一起的社交生活之外，他也想不出生活当中还有什么其他重要的内容了。

虽然弗兰克并不急于考虑有关自己离开之后的问题，不过在2002年，他七十三岁时，他在另外一个重要的问题上做出了决定——将他的事务所当中，有关数字化软件的那部分专长和业务，单独拿出来，成立一家新的、独立的公司。当年，为了使他的那些造型极端的设计方案具备建造的可能性，他的事务所，开始将原本用于航天工业的软件 CATIA，应用于设计的优化。那时候，他完全没有设想过，除了盖里与合伙人事务所之外，还会有哪家设计机构需要使用这款软件。毕竟，又有几个人会去做像他那样的建筑呢——即便有人想要尝试，他又有什么理由要去帮他们降低设计实施的难度呢？但是，长久以来，一个事实已经越来越明确，他的事务所与 CATIA 系统的拥有者——法国的达索公司（Dassault）共同开发的这款软件，最为重要的用途之一，就是使设计、工程计算和施工的每一个步骤的更为紧密的监控成为可能，并且最大限度地减少了在同一个项目上进行合作的众多建筑师、工程师、顾问，以及施工方之间的沟通问题和误解。这些问题，事实上一直都困扰着所有的工程建设项目，弗兰克意识到，应该把 CATIA 推广出去，帮助其他复杂的施工项目提高效率、优化流程。

他对吉姆·格里姆夫说了他的想法，他说他希望他们的事务所开发的技术，可以为其他的建筑机构所用，并且让格里姆夫研究了成立一家科技公司的可行性。格里姆夫很喜欢这个主意，他相信，在这个想法背后潜藏着巨大的经济效益，考虑到盖里与合伙人事务所作为一家建筑机构，在盖里离开之后那充满不确定性的前途，成立一家科技公司，显然能够为贝尔塔，以及弗兰克的孩子们提供一些长期的、稳定的经济来源。即便弗兰克战胜了内心的矛盾，找到了合适的接班人，并且能够为事务所的未来制订一个妥当的计划，事务所是否能够始终保持在原来的水准，却也并不令人放心。很少有那种围绕着一个单独的创意设计师组织起来的设计机构，能够在那位设计师的生涯结束之后，还能够持续发展并取得成功的。弗兰克也知道，无论他曾多么努力地将盖里与合伙人事务所经营成一家高效的、商业化的设计机构，而非纯粹的、个人化的创意工作室，这家事务所的声望，依然还是多半来源于他一个人的创意和想法。所以，格里姆夫主张，开一家科技公司，至少能够为弗兰克的家庭提供更为坚实的经济基础。

对于这样一家公司是否真的能够带来稳定的经济收入，弗兰克其实并不如格里姆夫那般确定。不过，在弗兰克看来，这个主意，有着比其潜在的经济收益更为吸引他的一方面，成立这家科技公司，对于构建他所希望能够留给世人的那份公共遗产，具有非常重要的意义。弗兰克觉得，将他的事务所开发的技术加以推广，可以为当今建筑界最为令人头疼的趋势之一——随着建造过程的愈发复杂化，建筑师的权威正在持续地遭到削弱——提供一个解决方案。在沃尔特·迪士尼音乐厅项目的第一阶段，弗兰克就曾被排除在施工图设计的过程之外，当然，弗兰克的遭遇可能比较极端。但是，他绝不是唯一的遭受过如此排挤的建筑师。在很多比弗兰克的设计要常规得多的项目实施过程中，建筑师们也时常会面临同样的，失去项目控制权的问题。建筑师们，曾经被广泛地认可的建筑项目的最高负责人（master builder），是从设计到施工的整个建造过程中，享有最高权威的专业人员；但时至今日，建筑师们在项目团队中的地位却越来越边缘化，他们受制于刻板成见，人们觉得建造过程已经变得太过复杂，以至于建筑师们根本理解不了。弗兰克认为，把他们的技术推广出去，无疑可以强化建筑师的地位，并且能够让建筑师们，在注重数据的工程师、开发商，以及财务机构面前更有底气。用他的话说，这是在“为建筑师重新赋权”。

与吉姆·格里姆夫合作创立了盖里科技（Gehry Technologies）的建筑师丹尼斯·谢尔登（Dennis Shelden），将这种倾向形容为是设计过程与实施过程的割裂。为了保证项目的高效率和经济性，越来越多的施工经理、特别顾问和财务机构参与到了建筑项目的实施当中，而他们也越来越多地把持了整个项目实施过程中的话语权。这种现状，也导致了一种观点的形成：有些人认为建筑师们仅仅是一些只懂得摆弄造型的艺术家，而建筑师主要的工作，在设计完成之后就已经结束了，施工过程没有建筑师什么事儿。弗兰克尤为无法忍受这种偏见，他觉得这种观点对他而言是一种极大的冒犯。这直接让他不再单单将目光局限于自己名誉和声望，而是开始关注起建筑师这整个行业的地位，他意识到，他的事务所开发出来的那款软件，可以给这种状况带来改观。

在2002年那会儿，几乎所有的建筑事务所都已经在工作中引入了数字化系统，但是，几乎没有第二家事务所，能够如盖里与合伙人事务所那般，熟练地掌握和运用CATIA软件。很少亲自操作计算机的弗兰克惊奇地发现，他的事务所，在技术上已经领先于像SOM和KPF（Kohn Pedersen Fox）之类的，更加庞大也更加商业化的建筑机构，尽管他本人还是习惯于画草图和做模型，计算机对于他而言，完全是别人用来实现自己设计的工具。“我们在技术上和组织结构上，都已经远远地将他们甩在了身后，”他说，“我就是有些不敢相信。我一直觉得他们是一些非常高效率的，生意人一般的家伙。”丹尼斯·谢尔登则表示，毕尔巴鄂古根海姆博物馆项目，“不仅仅是一座建筑上的里程碑。它更是一座技术和工作方式上的里程碑。那时候，还很少有人会关注和致力于这方面的工作”——而盖里与合伙人事务所则成了第一个吃螃蟹的人。盖里与合伙人事务所之所以能够取得领先地位，根本原因在于，他们开发的那款软件，自始至终专注的唯一目标，就是帮助建筑师完成复杂设计的建造实施。从最开始在巴塞罗那的那座鱼形雕塑，到后来的毕尔巴鄂古根海姆博物馆，再到IAC总部大楼等各种各样不同形式和功能的建筑项目，这款软件都出色地完成了任务，并且不断地对自身进行着提高和改进。弗兰克意识到，将事务所技术方面的业务单独拿出来，成立一家独立科技公司的可行性，也恰恰是来源于这种专注。这家科技公司，不仅可以出售软件，同时也可以在软件使用方面对其他的设计机构进行培训。

这家与达索公司合伙创办的新公司，被命名为了“盖里科技”。对于是否要把自己的名字放上去，弗兰克起初是有些犹豫的，因为他担心，其他的建筑师，会不愿意同一个以他们的竞争对手的名字命名的公司在技术领域进行合作。但是，吉姆·格里姆夫再一次说服了弗兰克，他的态度，与他在上一次为事务所定名的时候一样，他对弗兰克强调，“盖里”这个名字，依旧是他们的一个非常强有力的卖点。毕竟，如果无视其与弗兰克之间的联系，这家新公司，很可能就会被人们误以为不过是一家普普通通的科技公司而已。

新公司的发展，可谓是喜忧参半。“我们原本以为，毕尔巴鄂古根海姆博物馆以及沃尔特·迪士尼音乐厅项目的成功，一定能够顺理成章地引导我们的这家科技公司走向成功，但是我们却想错了。”格里姆夫这样说道。他觉得，其中的一部分原因，是他本人的能力，更多的是偏向于技术开发，而不是创办公司。“在经营公司这方面，我就像是一条离了水的鱼，总是不得要领。但是，在技术方面，我则是整个公司最为重要的一笔财富。”他说。在新公司成立后不久，格里姆夫就感到，这项新的事业，正在将他拖离自己原本在事务所里负责的，那些最擅长的工作；他也察觉到，自己与弗兰克之间的关系，开始逐渐发生了变化。与此同时，那段时期，格里姆夫还不得不面对一些非常严峻的私人问题——他的妻子被诊断出患有精神分裂症。虽然弗兰克曾劝说他去向米尔顿·韦克斯勒寻求帮助，格里姆夫和他的妻子也都听从了弗兰克的建议。不过，弗兰克的努力，还是没能挽救他妻子的病情，同样地，也没能挽救他们两个人之间持续恶化的关系。在那段前后大约两年的时间里，格里姆夫直观地感受到，他与弗兰克之间维系了多年的、亲密无间的合作关系，被一点一点地消磨殆尽，最终，他接收了弗兰克的请求，决定同时退出盖里与合伙人事务所和盖里科技这两家公司。他的离去，比此前兰迪·杰弗逊的离开要平静而友好得多——格里姆夫告诉弗兰克说，他相信弗兰克会给他开出公道的条件，所以，他不打算请律师来插手这些事。弗兰克买下了格里姆夫所有的股权，而格里姆夫，则步了杰弗逊的后尘，离开了公司。在此之后，弗兰克再没有将他公司的所有权分给过其他人。他折价处理掉了他与杰弗逊、格里姆夫共同拥有的那条帆船，又重新购买了一条完全归他所有的，44 英尺（约合 13 米）长的博纳多锋仕（Beneteau First）玻璃纤维船体帆船。他将这艘船，以他名字首字母缩写的变体，命名为“迷雾”

（Foggy），并将其停泊在玛琳娜得瑞港的加利福尼亚游艇俱乐部——在买下这条船的几年之前，他就已在西德尼·波拉克和约翰·卡莱（John Calley）的鼓动下，成了这个俱乐部的会员。从那时起，他最常结伴出海的建筑师航行伙伴，变成了格雷格·林恩（Greg Lynn）。林恩是一位狂热的航海爱好者，也是一位数字建筑技术的专家，弗兰克还曾经考虑过把他招揽至盖里科技的麾下。

盖里科技在丹尼斯·谢尔登的领导下，持续地发展着，作为公司的首席技术官，谢尔登在保障公司的运营方面，肩负着重要的责任。2005 年，盖里科技只有二十五名雇员，而到 2008 年，公司的规模就已经壮大到了一百多人，并且已经为许多非常知名的项目提供了数字建模服务，如赫尔佐格与德·梅隆（Herzog & de Meuron）为北京奥运会设计的"鸟巢"主体育场；迪勒、斯科菲迪奥与伦弗罗事务所（Diller, Scofidio + Renfro）为纽约林肯中心的爱丽丝·塔利音乐厅（Alice Tully Hall）做的改造设计——也是弗兰克几年之前没能拿到的一个项目；以及位于墨西哥城的一座用来保存和展出亿万富翁卡洛斯·斯利姆（Carlos Slim）的艺术品收藏的博物馆项目。随着公司规模和业务的逐渐扩张，弗兰克决定引进一位职业经理人来帮忙进行打理和运营。他聘请了之前曾供职于麦肯锡管理咨询公司的管理顾问戴恩·迈尔斯（Dayne Myers）。在加盟盖里科技之前，迈尔斯曾经创办过一家名为"想象体育"（Imagine Sports）的互联网现在体育游戏公司，他成功地说服了弗兰克，使他相信，自己的管理专长，将会弥补其在建筑和施工领域的经验欠缺。2009 年，他正式加盟了盖里科技。不过，无论是弗兰克还是迈尔斯，对于盖里科技的发展方向，起初其实并不完全确定，他们不确定是该把工作重心放在持续开发新版本的软件上，还是应更侧重于协助其他的建筑事务所，帮助它们熟悉和适应那些用以支持当代建造工业的、各种不同的新型技术系统。

弗兰克的理想，是使盖里科技成为数字建筑界最优秀的咨询机构。2011

年秋天，弗兰克召集了一个建筑顾问委员会，希望能够借此为他的公司设定一个明确的前进方向。他邀请到的参会成员颇为引人注目，其中不乏建筑界地位显赫的大腕，如莫瑟·萨夫迪、大卫·柴尔斯、蓝天组的沃尔夫·普瑞克斯、UN Studio 事务所的本·范·伯克尔（Ben van Berkel）、戴维·洛克威尔（David Rockwell）、理查德·索尔·伍尔曼，以及格雷格·林恩等。这些人之中，有一部分，比如林恩，要比弗兰克年轻许多，他们从职业生涯的起步阶段，就都投身到了数字技术的最前沿；还有一部分，如萨夫迪和伍尔曼，则是弗兰克的老朋友和同龄人，虽然他们也都和弗兰克一样，认识到了技术发展的重要意义，但是，他们的建筑创作，却依然植根于前数字化时代。这个顾问委员会，在位于纽约世界贸易中心七号大楼（7 World Trade Center）的一间会议室内聚集讨论，会议室的窗外，就能俯瞰到弗兰克为世贸中心重建项目设计的那座表演艺术中心的建设用地，当时，弗兰克还依旧期盼那个项目的恢复运转。

* * *

这场持续了一整天的讨论，某种程度上成为一场关于建筑师在建造过程当中日益边缘化的地位的诉苦大会。“客户们为什么要去参加工程会议？是因为他们希望得到可靠的、实质性的信息，而他们觉得建筑师无法给予他们这些。”萨夫迪说。

“在他们看来我们不过是一些搞装饰的。”弗兰克说道。

“那么，GT 能够提供给我们什么样的工具，来帮助我们重新建立对于信息的掌控，进而夺回项目的控制权呢？”萨夫迪问道，“还是说，这只是我们作为从业者的一种一厢情愿的信念罢了。”

“事实上从很久以前，我们就已经放弃掉这个信念了。”范·伯克尔说。

弗兰克将讨论拉回到了一个更为实际的方向。“一个非常关键的问题在于保险。”他说道。他认为，长期以来，保险公司都在为建筑师在工作当中的疏忽承担赔偿责任，而这在某种程度上，使得建筑师们变得有恃无恐，对待工程项目也越来越缺乏责任心。他表示，盖里科技，具有改变这一现状的潜力。“如果保险公司意识到，盖里科技能够为他们提供一份包含整个项目中每一个步骤的详细路线图的话”，他们一定会很欢迎这种改变的。因为，这份线路图，将会给予他们一份清晰的、无可置辩的记录，帮助他们明确项目在设计和施工的全过程中所做出的每一次改动的责任方。

然而，戴恩 · 迈尔斯与弗兰克之间的合作，并不如他们想象中的那般默契无间。弗兰克之所以聘请迈尔斯，是因为他觉得盖里科技需要一位在科技界富有经验的职业经理人。不过,他从不相信迈尔斯与他有着共同的追求，和他一样希望他们公司的技术专长，能够带领建筑师们夺回他们失却已久的权威和控制力。迈尔斯只不过是个管理方面的雇佣兵，而并不是个建筑师，对于建筑，他甚至都没有过多的激情与兴趣。相反，他的兴趣，似乎更多的偏向于建造工业。当弗兰克同迈尔斯谈及自己的担忧，以及他利用公司的技术，来帮助建筑行业解决其所面临的重重挑战的心愿时，迈尔斯的态度，令弗兰克觉得有些傲慢。此外，迈尔斯还不顾弗兰克的反对，去与世界上最大的建筑软件生产商欧特克（Autodesk）公司进行了接触，希望他们能够对盖里科技进行投资。盖里科技与开发出 CATIA 系统的法国达索公司，有着多年的合作伙伴关系，而达索与欧特克则是业务上的死对头。弗兰克认为，迈尔斯在这两家公司之间合纵连横的计划非常不靠谱，而事情的结果也印证了弗兰克的判断。盖里科技，与其原本的伙伴达索公司之间的关系，因为这件事情而急转直下。弗兰克觉得，迈尔斯优先考虑的，并不是如何经营好盖里科技，而是一门心思地想要将其打造成为一件引人注目的商品，指望着某一天，能够把公司转手卖给欧特克、达索，乃至其他任何一家大型科技公司。

更为急迫的一个问题是，迈尔斯太烧钱了，他对盖里科技采取的一系列旨在快速扩张的举措，远远超出了弗兰克，以及公司的小董事会——其中的成员包括弗兰克的朋友拉里·菲尔德——所认为的合理范围，以至于公司的财政状况濒临失控。弗兰克忍无可忍，他决定让迈尔斯走人。然而，迈尔斯不是吉姆·格里姆夫，他也不会如格里姆夫那般主动地、体面地离去。他拒绝了弗兰克给出的经济补偿方案，并且威胁要按照他的合同，就这件事情提请仲裁。这令弗兰克感到非常气愤而又沮丧——仲裁听证会，将使得他无法再像往常那样，继续回避面对面的争论，他将不得不出庭，面对迈尔斯的律师，关于他欺压他曾经的首席执行官的指控。这次仲裁给弗兰克带来的焦虑情绪，使得他在那几个月的时间里，一反常态地表现得烦躁而易怒。

不过，从这场仲裁最终的结果来看，弗兰克所经受的这些痛苦，或多或少也还算是值得的。弗兰克又一次地求助于他的朋友，曾经帮他赢下了弗雷德·尼古拉斯诉他在蒂芙尼珠宝设计上侵权那桩案子的律师帕特丽夏·格拉泽。而格拉泽也没有辜负弗兰克的信任，强势犀利又热诚地忠实于弗兰克的她，再一次地代表弗兰克，击溃了她的对手。仲裁官最终否决了迈尔斯的所有主张，认为弗兰克对他的解雇具有正当理由，并且不存在任何不公正的待遇。格拉泽还施展了她强有力的手腕，让仲裁官判定迈尔斯不会得到一分钱的经济补偿，不仅如此，迈尔斯还必须支付给弗兰克六位数的诉讼费用。在得知赢得了这场仲裁的胜利后，弗兰克的第一反应，有些类似于他每次第一眼见到自己的设计落成时，通常会感到的那种怀疑。他感到了一种罪恶感，有那么一瞬间，他甚至怀疑自己是通过政治和法律的手段，逃避掉了一些自己应负的责任。他不知道是否该如仲裁官裁决的那样，坚持要求迈尔斯支付他的法律费用，毕竟，他要对盖里科技的股东们负起他的委托责任。不过，与他在自己大部分的建筑作品建成之初，所产生的那种对于其正当性的质疑一样，他对于这场仲裁的结果感到的自我怀疑，也很快就烟消云散了。最终，在对迈尔斯做出了一定的让步之后，他接受了仲裁官的裁决。[1]

1　声称自己没钱的迈尔斯，随后提出了第二次仲裁。2015年3月，双方就修订后的费用数额达成了一致。

在弗兰克清洗掉戴恩 · 迈尔斯之后，首席技术官丹尼斯 · 谢尔登，便又成了盖里科技最具经验和资历的员工。但是，无论谢尔登多么富有才华，弗兰克还是觉得，他无法担当起解决公司管理问题的重任。一番考量过后，他决定，将这个任务交给他在解决各种问题时愈发倚重的，可以很好地在工作中与他进行配合的，同时也能够理解他的想法和行动的人：梅格汉 · 劳埃德。拉里 · 菲尔德对于弗兰克的这个主意表达了不同的意见，虽然他也很喜欢劳埃德，但是，他担心劳埃德并不具备把公司运营好的能力。然而，弗兰克无视了拉里 · 菲尔德的反对，还是固执地做出了决定，将劳埃德任命为了盖里科技的新任首席执行官。

这一次，弗兰克的直觉赌对了。不到一年的时间，劳埃德就将公司的经营稳定了下来，并且扭转了亏损的局面。但是，劳埃德还是无法帮助弗兰克，按照他所期望的那样，将盖里科技发展成为一家大型的、独立的科技公司。凭借盖里科技自己的力量独立支撑弗兰克心中的这番事业，难度实在是太大了。将公司出售给达索或者欧特克，是一条弗兰克能够直觉想到的出路，但是，这无疑会使得他的公司，最终被那两家庞大的机构吞没。期望着能够至少保存盖里科技的一部分独立性，劳埃德与全球定位系统的制造商天宝导航有限公司（Trimble Navigation Ltd.）谈成了一桩合并案。天宝当时刚刚从谷歌手里买下了一家专门开发三维建筑建模软件的公司——SketchUp，他们正强烈地渴求着能够在建筑相关软件的领域当中更进一步。然而，无论与天宝的交易，能够在多大程度上允许弗兰克继续保有他的追求——把科技作为在建造过程中提升建筑师的地位和责任的一种方式——这场合并，都意味着他原本怀有的，将盖里科技打造成为一项持久的、独立经营的事业的那个梦想，再也无法实现了。

* * *

在获得了弗兰克授予的，事务所内部部分业务的管理权后，最终又令弗兰克感到幻灭和失望透顶的人，不只有兰迪·杰弗逊、吉姆·格里姆夫和戴恩·迈尔斯。早在弗兰克与迈尔斯之间的矛盾爆发之前很久，他就开始丧失自己长期以来对陈日荣所怀有的那份深厚的喜爱。温文尔雅、细声细语的建筑师陈日荣，出身于香港的一个富裕家庭，从哈佛大学毕业后，他几乎是有些偶然地加入到了弗兰克的事务所。在建筑学院读书时，他从未对弗兰克的作品产生过什么特别的兴趣——他的偶像是更为理性的彼得·埃森曼——但是，他十分欣赏弗兰克与艺术家们之间的那种紧密的联系，而且，他也希望能够有机会搬到洛杉矶去，换个环境，离开那个让他感到“幽闭恐惧”的波士顿。所以他申请了弗兰克事务所的工作，心里盘算着，跟着弗兰克·盖里混上几年，至少也不会太吃亏——这和许多年轻建筑师的想法差不多。“我从没想过我会在那里干上很久。”陈日荣这样说道。1985 年，陈日荣从哈佛毕业，当时，担任哈佛建筑系主任的，是弗兰克的老朋友哈里·考伯，而考伯的推荐，最终帮助陈日荣在弗兰克的事务所得到了一份工作，他对弗兰克说，陈日荣是他所教过的，最优秀的学生之一。

正如弗兰克在凯斯西储大学的谈论会上所回忆的那样，在来到弗兰克的事务所之初，陈日荣几乎没有任何存在感。他就在那里安静地工作着，仔细地观察着设计的过程，同时也观察着弗兰克。那段时期，他们的事务所刚刚开始接手大型的公共建筑项目——而他们赢得沃尔特·迪士尼音乐厅的项目竞赛还要等到三年之后——“我们的事务所，当时正处于建筑风格发展成型的一个关键节点上。我们在寻找着某种新的形式，某种更具流动性的造型语言。”陈日荣回忆道。当时正在进行的项目，包括巴塞尔郊外的维特拉设计博物馆、巴黎美国中心，以及位于明尼阿波利斯的韦斯曼博物馆，而这些项目所具有的重要意义，远远不止拓展了弗兰克的作品在地域上所达到的范围。它们清晰地记录了弗兰克在最终引领他设计出毕尔巴鄂古根海姆博物馆的那条创作道路上，所迈出的最初步履。

对于弗兰克的事务所在设计风格上的转向，陈日荣感到兴奋不已，而他在工作当中也越来越如鱼得水。相应地，随着陈日荣在事务所里的愈加活跃，弗兰克和他也有了更多的交流和互动，而他也逐渐地成为弗兰克在寻找设计思路时最为倚重的智囊之一。弗兰克不仅欣赏陈日荣的设计才华，同时也十分喜爱他的为人和风度。他富有教养，而且善于表达，是那种能够让弗兰克放心地派去见客户的副手人选。很快，陈日荣就得以在巴黎美国中心项目上直接辅佐弗兰克，随后的韦斯曼博物馆项目同样如此。而在毕尔巴鄂古根海姆博物馆项目启动之后，陈日荣便顺理成章地，成为设计团队中的重要成员之一。弗兰克开始和别人聊起陈日荣的才华和天赋与自己有多么的相似，以及他有多么的享受与陈日荣之间的工作交流与合作。陈日荣成了弗兰克在设计方面最重要的几名助手之一，而在创作中往往颇为依赖于“有人起个头儿”，需要在与他人的交流中获得激发的弗兰克，也开始将陈日荣视为是自己最为得意的门生，并且丝毫不吝惜对他的溢美之词。“日荣就像是我的家人一样。”他这样说道。

在毕尔巴鄂古根海姆博物馆建成之后，陈日荣在另外两个重要的、极具先锋性的项目委托上，扮演起了更为重要的角色。这两个项目，一个是诺华（Novartis）制药公司，在其位于巴塞尔的园区内建设的一座科研办公楼；另一个则是由路易威登基金会（Fondation Louis Vuitton）在巴黎的布洛涅森林出资兴建的一座博物馆。这两座建筑，实质上就是两座城市尺度上的巨形玻璃雕塑，在设计中，弗兰克对于他此前在毕尔巴鄂古根海姆博物馆和沃尔特·迪士尼音乐厅等不透明的、金属表皮的建筑上，曾经尝试过的许多想法和形式语言，进行了重新的诠释。除了富有戏剧性的新造型之外，这两个项目也标志着又一次技术上的飞跃。2009 年，诺华项目率先竣工：整个建筑如同一头庞大而温驯的透明巨兽，在诺华园区内显得独树一帜，园区里的其

弗兰克与陈日荣（右）在向诺华公司的首席执行官
丹尼尔·魏思乐（Daniel Vasella）展示他们的方案模型

他建筑，大多是由诸如安藤忠雄、大卫·奇普菲尔德（David Chipperfield），以及 SANAA 事务所等担纲设计的，而弗兰克的这座建筑，无疑为这片原本朴素而平静的园区，引入了一份奔放的激情与动感。在建筑的玻璃立面之下，包裹着清晰可见的木质框架，而木框架与摇曳扭动的曲面玻璃之间的生硬撞击，以及整个建筑所具有的轻盈质感，都使得诺华的这座科研办公楼——某种程度上可以说是弗兰克迄今为止最为前卫的一座建筑——在不经意中与弗兰克早期的一些作品之间产生了一种联系。而 2014 年建成揭幕的路易威登基金会博物馆，则要比诺华办公楼更大，更复杂，在造型上也更具冲击力。

在这两座建筑的设计过程之中，陈日荣都是仅次于弗兰克本人的二号人物，而在数字软件的协作和配合方面，他起到的作用甚至要比弗兰克更为重要。然而，在诺华项目落成揭幕那会儿，距路易威登基金会博物馆建成尚待时日，他却已不再是弗兰克事务所的雇员了。原本只打算在这家事务所里随便待上几年的他，最终在弗兰克身边度过了总共二十五年的职业生涯。2010 年，他做出了离开的决定，准备自己出去独立发展。不过，陈日荣的离开，与弗兰克的排挤也不无关系，随着越来越多优秀人才的加盟，弗兰克开始感到，自己对于陈日荣的欣赏和喜爱逐渐地耗尽了。陈日荣对于弗兰克的想法进行深化和发展的能力，曾经是弗兰克在设计过程中非常依赖的一种辅助，但是，随着时间的推移，这种能力，也渐渐地开始令弗兰克感到了一丝不舒服。在弗兰克看来，能够在推敲设计时默契地进行合作是一回事；但不经过他的允许，直接去与客户接触，则完全是另外一回事。自信能够代表弗兰克，并且能够轻松地与最为圆滑老道的客户进行周旋的陈日荣，似乎经常触碰弗兰克的这条底线。自己的一位副手，与旗下拥有路易威登品牌的法国大企业 LVMH 集团的管理层之间，建立了直接的联系，对于弗兰克而言，虽然从某种意义上讲也不是坏事，但是，绝对也是会令他感到颇为不安的。毕竟，这家事务所，从很久之前就已经确立了弗兰克一个人的绝对权威。一次，当陈日荣在得到弗兰克的签字许可之前，就向 LVMH 的官员们展示了他们为路易威登基金会博物馆所做的一个阶段性设计的模型时，弗兰克愤怒了，他将陈日荣的这种行为，视作了对于自己权威的挑战。

然而，最终为陈日荣在盖里与合伙人事务所的生涯画上句号的，倒是一些更为内部的矛盾和分歧。作为事务所里两个主要设计团队之一的负责人——另一个则由克雷格 · 韦布负责——陈日荣手下管理着的建筑师，都集中在大办公区最西端的一片区域，而渐渐地，他开始用一些小的隔断，将他手下的建筑师，与办公室里的其他团队分隔开来。这种行为，违背了整个办公室——包括弗兰克本人的办公区——在设计上秉持的视觉开放性这一关键概念。除此之外，事务所的商务经理们，也纷纷向弗兰克告状，说陈日荣的团队在设计过程上花费的时间，远远超出了项目预算中所给出的限度，这意味着他们的事务所，要么就得向 LVMH 开出一份比之前已经商定的设计费高得多的账单，要么就只能放弃掉这个项目原本预期之中的高昂利润。这两种选择，都是无法令人满意的。而且，事务所也无法避免地要与 LVMH 集团进行一次令人尴尬的交涉，因为他们没有其他的选择，只能向客户承认，自己没能够控制住自己的工作。

造成这个问题的责任，并不是陈日荣一个人——事务所的另一位合伙人马克·萨莱特（Mark Salette），一直负责管理着与 LVMH 之间的合同事务，而作为事务所里介入项目管理工作最为深入的建筑师，他本应预防这类问题的发生。在问题被发现后不久，萨莱特就离开了事务所。然而，在整件事情上，令弗兰克最为失望的，显然还是陈日荣，弗兰克曾经无比信任陈日荣，但是，他感到陈日荣似乎变得越来越自以为是了。他决定，是时候结束陈日荣在他这里的这段超长的学徒期了。这一次，弗兰克是亲自出面与陈日荣谈的，不过他谈得很婉转。“我一直都不愿意做这种事，我不知道该如何开口，”他对陈日荣说道，“但是，你的父亲过世了，而如果我是他，我会对你说，是时候做出一点改变了——你应该摆脱掉现有的这些掣肘，出去自己闯荡一番，去获取你真正需要的那些经验。”弗兰克认为，出去独立运营自己的事务所，有助于让陈日荣理解和认识到生意场上的实际情况，弗兰克觉得，无论是在自己的生活中，还是在事务所里的工作中，陈日荣之前在这方面都是非常欠缺的。

陈日荣请了个长假，用来考虑自己的选择。而将他的离开称之为“请长假”，也使得事务所里的其他人，不至于因为此事而感到太过震惊，因为对于他们中的大部分人而言，这间事务所里没有了陈日荣，是一件根本无法想象的事情。在离开一年之后，陈日荣曾经有过一次短期的回归，在一个极具挑战性的中国项目——位于北京的中国国家美术馆设计竞标上，陈日荣为弗兰克的参赛方案提供了大量的帮助和支持，这次重新合作也令弗兰克感到兴奋不已。但是，这终究只是一次短暂的重逢。陈日荣在威尼斯创办了自己的一间小工作室，并且开始独立地寻找项目。他明白，他永远不会再回到弗兰克那里了。

第十九章

从德怀特·艾森豪威尔到路易威登

在沃尔特·迪士尼音乐厅建成并引起了巨大的轰动效应之后，弗兰克基本上就可以自由选择自己喜欢的、希望接手的项目了，从某种程度上说，他也确实是这么做的。但是，在项目的选取上，他也并没有刻意地去克制，似乎还是倾向于多接一些。这其中，部分原因是他对于资金，以及维持事务所的正常运营所一直怀有的担忧和焦虑；部分原因，是他一直希望告诉世人，自己并不只会做那些与众不同的、绝无仅有的、“定制化”的建筑；还有一部分原因，则是他很难拒绝那些他喜欢的，或者是能够引起他兴趣的客户。比如说，在2004年，他就曾在波士顿的博伊尔斯敦街（Boylston Street）、纽约的切尔西区，以及洛杉矶的主街（沃尔特·迪士尼音乐厅对面）尝试过几个概念性的城市设计项目，还为哈佛大学位于查尔斯河对岸的奥斯顿（Allston）新校区做了总平面设计。那一年，他还在香港做了一个博物馆的方案设计，为赫斯石油公司（Hess）设计了一个概念性的加油站原型，为迪尔菲尔德学院（Deerfield Academy）设计了一座图书馆，在新奥尔良（New Orleans）设计了一座露天剧场，并且还帮纽约的萨克斯第五大道（Saks Fifth Avenue）百货公司重新设计了立面。同样是在纽约，为了帮助这座城市申办 2012 年夏季奥运会，他还创作了一个鱼形雕塑的方案，如果纽约最终成功申办，那么他的这座雕塑设计就将会被付诸实施。

尽管上述的这些项目，都被列入到了弗兰克事务所内部使用的项目年表当中，但是，它们中的一些仅仅是在初期的草图阶段就不了了之了，有的甚至连草图都没有。在随后的一年里，弗兰克又同格雷格 · 林恩一起，接手了一片位于新加坡的，由豪华连锁酒店 One & Only 开发的巨大度假区的规划设计，以及一座位于伊斯坦布尔的文化中心，还有一个位于拉斯维加斯的，名为公园中心（Park Central）的城市更新项目。除此之外，他还为巴塞罗那的一片庞大的三角形地块，做了三版不同的改造规划。然而所有的这些尝试，最终还是无一得以实现。

不过，2005 年对于弗兰克而言依然是不同寻常的一年。因为，他在 21 世纪头十年当中极为特殊的两个项目，都是在这一年正式开始运作的。这两个项目，一个是位于巴黎的路易威登基金会博物馆，另一个则是位于拉斯维加斯的克利夫兰医院卢 · 鲁沃脑健康中心（Cleveland Clinic Lou Ruvo Center for Brain Health）——一个专攻阿尔茨海默病（Alzheimer's disease）研究与治疗的医学机构。这两个项目的业主，也可以说是弗兰克的所有客户当中，最为与众不同的两个，一位是法国奢侈品巨头 LVMH 的主席贝尔纳·阿尔诺（Bernard Arnault），另一位则是来自拉斯维加斯的酒类经销商拉里 · 鲁沃（Larry Ruvo）。这两个人的共同之处，在于他们对于弗兰克作品的欣赏，以及他们克服重重困难和阻碍，定要将项目建成的决心。

弗兰克与阿尔诺之间的交情，缘于 2002 年。彼时，刚刚参观了毕尔巴鄂古根海姆博物馆的阿尔诺，托人联系了弗兰克，希望能够与弗兰克见上一面。当时，弗兰克短期内并没有前往巴黎的计划，而阿尔诺倒是经常会去纽约。所以，在大概过了一个月之后，他们在纽约见了面，并且一起吃了午餐。陪同阿尔诺与弗兰克见面的，还有阿尔诺的文化顾问让 - 保罗 · 克拉弗里（Jean-Paul Claverie），也正是克拉弗里，带领着阿尔诺第一次参观了毕尔巴鄂古根海姆博物馆。阿尔诺告诉弗兰克，毕尔巴鄂古根海姆博物馆令他感到大为震撼，他惊喜于这个世界上竟然存在着一位具有如此想象力的建筑师，他表示，他非常希望，能够与弗兰克进行合作。

阿尔诺的这番赞美，令弗兰克感到十分愉快，不过，当阿尔诺随后开始同他聊起一个位于东京的路易威登旗舰店项目时，弗兰克却有些扫兴了。当时，LVMH 集团，正越来越深入地涉足到先锋设计领域，而邀请弗兰克·盖里，在东京这样一座国际都会为他们设计一家旗舰店，非常符合他们的这项战略。但是，这却并不是弗兰克所期待的那种项目委托，或者说，他开始觉得这样的项目配不上自己这样的建筑师了。直到后来的又一次交流，阿尔诺的意图才变得明朗起来。他希望建设一座大型博物馆，来保存和展览他本人以及他的公司多年来收集和积累的艺术品收藏，并以这座博物馆，来强化他的公司作为文化界一个重要赞助者的角色和地位。他希望将这座博物馆建在巴黎，他也希望弗兰克能够成为这个项目的建筑师。

没有经过太久的考虑，弗兰克很快便答应接手这个项目，不过，他所获得的项目委托，要等到他与阿尔诺、阿尔诺的妻子伊莲娜（Hélène），以及克拉弗里一同去实地考察过项目用地之后，才被正式地确定下来。那片不同寻常的项目用地，位于布洛涅森林（Bois de Boulogne）边缘的一片名为动植物驯化园（Jardin d'Acclimatation）的地区之内，用地的周边，布置着不少的儿童游乐设施。阿尔诺的公司手里，握有这片场地的租约，其原本是控股克里斯汀 · 迪奥（Christian Dior）品牌的布萨克控股公司（Boussac）旗下的地产，而随着 LVMH 对迪奥的收购，这片场地便也被一同收归了 LVMH 所有。场地之中，原本就有一座无甚特征的二层小建筑，而恰恰是这座小建筑，为 LVMH 在这座大公园中建造他们的博物馆，提供了一丝可能性。因为，LVMH 可以借此声称，他们是在利用一座高水准的新建筑，来更新替换掉现有的那座平庸的旧建筑，而并不是在破坏未被开发过的土地。尽管如此，这个项目，还是遭到了来自公众的，尤其是居住在布洛涅森林周边的居民们的激烈反对。整个项目从设计，到通过必需的审批，再到最终建成，总共花去了十多年的时间。项目设计建造的周期，是毕尔巴鄂古根海姆博物馆的两倍，在时间跨度上，几乎与沃尔特·迪士尼音乐厅相当。

面对质疑和反对，阿尔诺没有丝毫退缩。当时，阿尔诺长期以来的死敌，也是 LVMH 的主要竞争对手，另一家奢侈品巨头开云集团（Kering）的拥有者弗朗索瓦·皮诺（François Pinault），刚刚放弃掉了他在塞纳河（Seine）中心的塞甘岛（Île Seguin）上建设一座私人博物馆的计划，转而将他的收藏品移至了威尼斯存放，他的计划受阻的原因，很大程度上就是来自于公众的反对。所以，在巴黎这座令他的死对头铩羽而归的城市取得成功，对于阿尔诺而言就更具有了尤为重要的意义，而 LVMH 也拿出了高达 1.43 亿美元的项目资金，摩拳擦掌地准备全力支持这座博物馆的完成。不过，虽然阿尔诺和 LVMH 的投入，使得这个项目在资金上，并没有遇到沃尔特·迪士尼音乐厅当年所面对的那般严峻的问题和挑战。但是，阿尔诺的挥金如土，却在法国，这个几乎所有的文化机构都是由政府出资兴建，并且由政府所有和管理的国家，引发了一系列新的反对声音。一些批评者认为，建设博物馆应该是国家的职责，而不是私营企业所应该涉足的。那么，弗兰克会任由自己被富有的大企业利用，成为他们实现商业目标的工具吗？难道他会欣然接受阿尔诺，这位欧洲最富有的商人之一的委托，而将自己原本无比坚定的，认为建筑应该高于生意的价值判断抛诸脑后吗？

当然不会，因为阿尔诺和克拉弗里，也和弗兰克一样，认同建筑应该高于生意。他们明确地对弗兰克表示，他们想要的，是一个具有突破性的、先锋前卫的设计，并且鼓励弗兰克在设计思考中摒除掉一切不必要的限制。他们唯一的要求，就是希望弗兰克能够在这座博物馆里提供足够充裕的，传统形式的展厅空间。换句话说，只要保证在建筑内部竖立有足够的白色墙体，并且围合出足够多的方形展厅，这座建筑的造型和外观，弗兰克可以按照自己的想法去任意发挥。此外，LVMH 还答应在这座建筑建成 55 年后，将其移交给巴黎市政府，这至少在一定程度上，减轻了公众对于私营企业的本能反对。届时，路易威登基金会博物馆，将会和法国的其他大部分博物馆一样，成为公共财产，而且，移交将会是无偿的。

在设计过程的最初阶段，布洛涅森林的自然条件，对于弗兰克而言似乎太过单纯了，就像是一张白纸。这片场地，与毕尔巴鄂古根海姆博物馆的用地情况截然不同，周边没有任何弗兰克期望与之进行互动的都市元素，而在这样的一座大花园里，建一座具有过于富有表现性的建筑，风险也是相当高的。建成之后，建筑很容易被人们定性成为是一件与环境毫无关联的雕塑作品。不过，弗兰克很快就意识到，在像布洛涅森林这样的一些始建于 19 世纪的公园之中，有着建设玻璃建筑的悠久传统，而这一传统，能够为他的设计提供一个非常有力的起始点。于是，他提出了将这座建筑打造成为一座 21 世纪版的巴黎大皇宫（Grand Palais）的设计概念。[大皇宫距离项目用地也不远，沿香榭丽舍大街（Champs-Élysées）下行几英里即是。] 一座由玻璃构成的纪念碑式建筑，也能够与他当时在一些其他作品之中对于曲面玻璃的尝试产生联系，如巴塞尔的诺华科研办公楼，以及纽约的 IAC 总部办公大楼。

任何人都不会认为曲面玻璃是一种适合用来展陈画作的表面材料。但是，这种材料和功能之间看似不可调和的矛盾，却引出了弗兰克整个设计当中最为关键的一个思路，他将这座博物馆，实质上拆分成两座建筑：一座是由 19000 块白色纤维混凝土板包裹的，容纳了展厅空间的不透明建筑体量，在造型上，其由一些盒子状的小体块不均匀地、一个摞一个地堆砌而成，造型手法类似于弗兰克的一些早期作品；而在这座白色建筑体量之外包裹着的，是又一层，由 12 面巨大的、悬浮着的帆状曲面玻璃形体构成的，独立的建筑体量，这 12 面玻璃帆，既是建筑的外墙，同时也是屋顶，围合成了建筑的整个外立面。玻璃帆的造型和形态构成方式，充分展现了这座建筑的独特造型，而与此同时，在被玻璃帆包裹在里面的白色建筑体内部（弗兰克和他的同事们将其称为“冰山”），相对常规地排布着的展厅空间，又很好地满足了艺术展陈的基本功能需求。这种一分为二的手法，对于弗兰克而言，是他对于批评的一种回应。一直以来，总有人批评他的博物馆建筑太过怪异，以至于影响到了艺术品的展示。这种批评尽管有失偏颇，但是却一直从未间断过。让建筑在面向公共空间的立面上表现出鲜明而醒目的造型特征，而在内部又依旧保持有相当中性的展览空间，通过采取这种方式，“我才能够做我自己。”弗兰克这样总结道。

贝尔纳·阿尔诺，以及负责为 LVMH 监管整个项目的克拉弗里，在设计的初始阶段就都早早地接受了弗兰克的概念。克拉弗里将其称之为是“一座云雾缭绕的冰山”（an iceberg wrapped in a cloud）。像往常一样，弗兰克对于自己的设计总是难以满意的，他总是倾向于将设计的过程不断拉长。即便是在阿尔诺已经强烈要求他的设计不要偏离其初始概念方案太多之后，他和陈日荣，依旧花了几个月的时间，针对建筑的玻璃帆形立面，尝试了许多种不同的构成方式。和伊莱·布罗德在他的住宅项目上表现出来的态度类似，阿尔诺也十分满意弗兰克最初的概念草图，并且希望弗兰克能够就按照他最初的那个构思，把这座建筑建造出来。他认为，弗兰克只需要在那个概念方案的基础上继续加以深化和完善就可以，没有必要再做大的修改。然而，阿尔诺与布罗德的不同之处在于，阿尔诺在项目开始之初，就已经做好了持久战的准备。他清楚地知道，这个项目，在结构设计，以及政府的项目审核方面，都将会面临着相当长的周期。而且，这两个阶段的工作，都存在一定的风险，都有可能会使得设计中的部分元素无法实现，进而会影响到最终的建成效果。

在盖里科技的全力协助下，项目高度复杂的工程结构系统才最终得以实现。整个建筑的结构体系，包含一组由巨大的钢质桁架、大梁和巨柱组成的，钢材与混凝土混合材质的上部结构，以及一组主要由钢材与木材构成的，与地面成一定角度进行交接的，被形象地称为“三脚架”的支撑结构。而且，

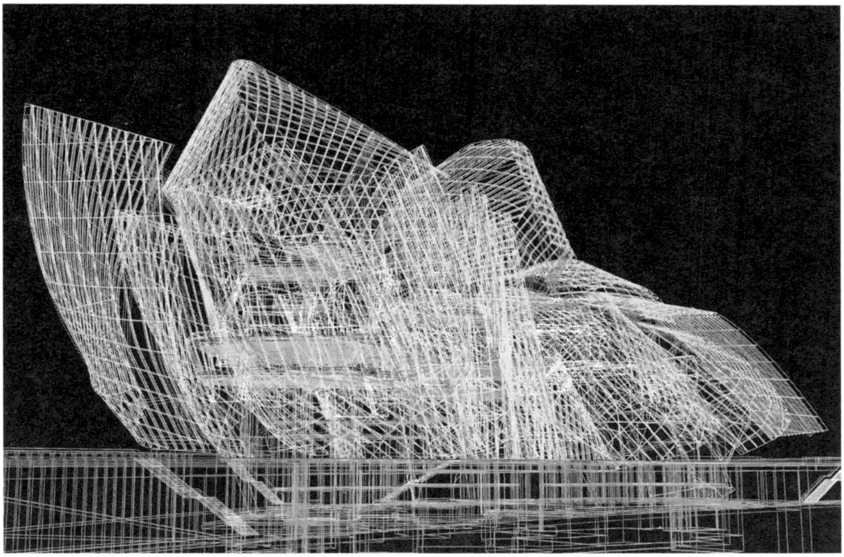

一幅由 CATIA 系统生成的，路易威登基金会博物馆的三维图像

以弗兰克一贯的风格，建筑中那些盒子状的展厅空间，虽然为了给艺术品布展提供足够的方便性和灵活性，在形体上保证了足够的规整度。但是，这些空间也绝非平淡无奇的方盒子，它们也同样有着不少的曲线线条。因此，包裹了展厅空间的那 19000 块混凝土覆板之中，有大概 60% 在造型上是独一无二的。这些覆板通过一组焊接钢支架与主体结构相连接，其蜿蜒曲折的走势，塑造出了弗兰克设计的墙体形态。

另外，一组单独搭接在“三脚架”上，由钢材与木材混合构成的二级结构，支撑着建筑外层的 12 面玻璃帆，这 12 面玻璃帆，由 3600 块玻璃板拼接而成，每一块玻璃板都是曲面的，并且造型都各不相同。所有的这些玻璃板，又都嵌接在一组安装在二级结构上的不锈钢三级结构体系之内，这组三级结构，如同巨大窗户上的窗梃，将每块玻璃板精确地固定在其所属的位置上。这个项目，可以说是弗兰克对于纯结构的设计和表现最为突出的一件作品，也是他最为坦率的、精彩绝伦的一次展示。在毕尔巴鄂古根海姆博物馆，以及沃尔特·迪士尼音乐厅项目上，建筑的结构体系大部分是被隐藏起来的，而在路易威登基金会博物馆中，全部结构几乎都清晰可见，正是那些巨大的，木质和钢质的桁架和大梁，将整座建筑变为一场视觉盛宴。

与结构设计方面的超高难度一样，来自政治方面的挑战往往也是非常棘手。除了一些巴黎市民所坚持认为的，“不建方案，就是最好的方案”的反对声音以外，路易威登基金会博物馆项目在推进过程之中遭遇的最大的一个障碍，来自建筑的高度。按照设计方案，建成之后，这座博物馆的最高点将达到大约160英尺（约合48米）。在巴黎市政府于2007年通过的关于该项目的规划许可中特别注明了，新建筑的层数，要与其替换的旧建筑相同，也是两层。因此，在弗兰克的设计里，地上部分的展厅空间也就只有两层。但是，关于新建筑只能做两层高的这个规定，只能算是一个技术细则，甚至可以说仅仅是市政府的一个一厢情愿的幻想。因为，在盒子状的展厅空间的侧面和顶上，都可以设置室外平台，而遮蔽着这些室外平台的玻璃帆，在高度上要比他们所包裹的那些屋顶空间高出一大块。这使得弗兰克的这座“两层”的建筑，在总高度上，比其替换掉的那座两层建筑的高度的两倍还要高。

一个致力于保护布洛涅森林的组织，曾经发起了一场旨在阻止这个项目的诉讼，并且，在2011年2月，成功地使得这座建筑的建设许可遭到了撤销，而项目的工程进度，也不得不停滞下来。弗兰克非常愤怒，而且，据这个项目的一位公开的支持者，建筑师让·努维尔（Jean Nouvel）所言，弗兰克将那些抗议者们称为一群“极端个人主义的、粗俗的市侩庸人”(individualistic, uncouth Philistines)。弗兰克的愤怒是可以理解的，但是，这种用词上的选择却显得有些奇怪。他本人一直以来，都是以个人主义而自豪，并且毫无疑问地，也经常性地被攻击为粗俗的。对此弗兰克称，这句话是努维尔自己说的，而不是他说的。尽管非常感激努维尔给予的支持，但是，他还是声明，他并没有发表过努维尔口中的，那些针对这场诉讼的其他评论，也并没有如努维尔所说的那样，被这场诉讼背后代表的那种“利己主义、缺乏市民荣誉感，以及愚昧无知所激怒”。

不过，最终拯救了这个项目的，并不是弗兰克的公开声明，而是幕后的政治运作。巴黎市的市长，因为自己的规划许可被行政法庭所撤销而感到愤怒不已，他立即提出了上诉。随后，法国参议院介入了此案，而到了三月底，也就是项目中断了两个月后，参议院通过了一项法案，针对新建的、具有国家级重要意义的文化建筑，免除了一部分规划法规的约束，而这项法案，实质上推翻了这场诉讼及其判决。贝尔纳·阿尔诺坚定不移的决心，再加上他与让-保罗·克拉弗里强有力的政治手腕，帮助弗兰克和他们的项目渡过了这一难关。

* * *

从很多方面看来，拉里·鲁沃都是一位与贝尔纳·阿尔诺极为不同的客户，鲁沃的财富，并不是来自于那些国际知名的奢侈品品牌，而是来自于他在拉斯维加斯的酒类销售业务。阿尔诺的性格比较内敛，鲁沃则热情奔放，情感外露。阿尔诺在工作当中有着钢铁般的专注，而鲁沃则给人以亲切和蔼、思维发散的印象。当然，这两个人之间，还是有着共通的地方的，他们都非常欣赏弗兰克，并且相信弗兰克的建筑，能够帮助他们实现个人的梦想。阿尔诺的梦想，是确立他本人以及他的公司，作为法国文化的一个符号和代表的地位，向世人传递出一个信息和一种姿态：他们不仅仅富有和成功，同时也对于文化和艺术有着深切地关注和支持。而对于鲁沃，他的梦想，是想要通过建立一家专攻阿尔茨海默病的治疗和研究中心，来纪念和缅怀他于 1994 年死于这种病症的父亲。他希望，在他的这家新机构里，推行和实践一种新的、更为文明的，针对该病患者的护理方式。

在与让-保罗·克拉弗里一起，向弗兰克介绍了他们关于路易威登基金会博物馆的宏大构想之后，阿尔诺并没有花费太大的力气，就说服弗兰克接受了他们的委托。而对于鲁沃来说，情况则完全不同了。在他的父亲去世一年之后，他就开始为阿尔茨海默病的相关研究募集资金，而他筹款的方式之一，是举办了一系列由知名的大厨掌勺的慈善晚宴，2005 年，他聘请了拉斯维加斯当地的一家建筑事务所，为他设计了他构想的那家研究机构的建筑方案。他本觉得，拿到的方案已经足够好了，既实用，又得体。但是，当他试图去募集施工建设所需的资金时，他发现，他手里的这个方案，并不能突出地展现出他对于这项事业的热忱和决心。鲁沃说，他那时候才意识到，“我得把这件事情好好包装和推销一番，人们才会知道我们是认真的。我知道，一位名厨师，对于一家餐厅来说意味着什么”——他觉得，也许一位著名的建筑师，也能够为他的这个阿尔茨海默病研究中心项目，带来同样显著的改观。

加州建筑师，曾经帮鲁沃设计过他的住宅的马克 · 阿普尔顿（Mark Appleton）告诉鲁沃说，他应该去找弗兰克 · 盖里。于是，经过一番运作，鲁沃成功地把自己放到了弗兰克的日程表上，但是，当鲁沃真正来到比阿特丽斯街，并被引入到弗兰克的办公室后，弗兰克却表现得相当冷淡。他对和一个酒类经销商见面没有什么兴趣，而且，他也不记得曾经答应过与这个人见面，另外，他也不愿意接手拉斯维加斯的项目。此前，他曾经拒绝过来自拉斯维加斯的，比鲁沃这个项目规模大得多的项目委托。除此之外，对于弗兰克而言，鲁沃前来见他的初衷，实在是不能再不堪了：他并不是被弗兰克的作品所吸引，而前来寻求合作的。就如贝尔纳 · 阿尔诺，是看了毕尔巴鄂古根海姆博物馆之后才来找的弗兰克。他只是纯粹地希望，能够为自己的项目安上一个著名建筑师的名字。

弗兰克甚至都没有从椅子上站起来，去和鲁沃握手。“听着，我是不会在拉斯维加斯做项目的。”他说。鲁沃听到这话，一下子就火了。“你让我大老远飞来这里，就是为了告诉我你不会在拉斯维加斯做项目？你一定是世界上最讨厌、最刻薄的人。”他这样说道。他开始朝着弗兰克怒吼咒骂，以他最为拉斯维加斯式的方式和语言。

这，就是弗兰克晚年时代最为亲密的几段友谊之一的开始。“坐下吧。”在鲁沃激烈的长篇指责过后，弗兰克对鲁沃说道。鲁沃开始讲起了他的父亲，一位拉斯维加斯餐馆老板的故事，他谈到了父亲的疾病和衰老，以及他无法在他生活的城市里为父亲找到专业护理的无奈。弗兰克的情绪逐渐被调动了起来，他同鲁沃谈起了米尔顿·韦克斯勒，以及韦克斯勒的基金会发起的，旨在攻克亨廷顿氏舞蹈病的相关研究。他告诉鲁沃说，对于这项研究工作的支持，已经成为他生活当中非常重要的一部分。两个人谈了三个多小时，而在会谈的最后，弗兰克表示，如果鲁沃愿意去见见米尔顿·韦克斯勒，并且能够扩展他项目的涵盖范围，将亨廷顿氏舞蹈病的研究也纳入进去，那么他就会认真地考虑接手这个项目。三个星期之后，鲁沃同他的妻子卡米尔（Camille）一起，再一次来到了弗兰克的办公室。在向卡米尔·鲁沃（Camille Ruvo）问好时，弗兰克对她说道：“很高兴能够有机会和你的丈夫一起玩玩泥巴。我很喜欢他。这个项目我接了。”

虽然弗兰克长期以来，一直对于科学和医药研究充满了兴趣，但是奇怪的是，他此前还从未接到过医疗类建筑设施的设计委托。能够有机会做一个医疗类型的项目，并且客户还是个私人业主，而非医院或者大学的研究机构，弗兰克觉得，如果连这样的机会都放弃掉，那就太暴殄天物了。而且，他与拉里·鲁沃，也真的可以说是一见如故。他发现，同贝尔纳·阿尔诺比起来，鲁沃在脾气和天性上，无疑是与他更为投合的——斗志旺盛、充满热情、并且渴望学习新的东西。然而，摆在弗兰克，以及其他所有有志于在拉斯维加斯这座城市进行严肃建筑实践的那些雄心勃勃的建筑师们面前的，是一个最为难解的问题，即如何不让自己的设计，显得与周边的环境格格不入。毕竟，在拉斯维加斯的众多赌场建筑之间，设计一座严肃的建筑，就好比是一个弦乐四重奏乐团正在演奏莫扎特的乐曲，但却被一支吹奏着约翰·菲利普·苏萨（John Philip Sousa）式进行曲的军乐队所包围。这种不和谐，因鲁沃那片总面积 4 英亩（约合 1.6 万平方米）的建设用地位于拉斯维加斯的旧城区（downtown Las Vegas），与赌城大道（the Strip）并不相临而得到缓解。不过，赌城大道的符号和形象，充斥和弥漫在拉斯维加斯整座城市。此外，与场地紧挨着的，是一片亟待城区改造的，相对荒凉的地区，甚至连赌城大道周边的那种庸俗化的都市气氛都不具备。

无论弗兰克接手这个项目的初衷为何，拉里 · 鲁沃，都成了弗兰克最为喜爱的那种客户，他渴望与弗兰克探讨他想要的东西，但是又能够在弗兰克为他的需求赋予实体造型的过程中，给予弗兰克完全的信任。弗兰克为克利夫兰医院卢 · 鲁沃脑健康中心所做的设计，正如这家机构的名称所显示的——鲁沃与来自俄亥俄州的那家庞大的医院组织进行了合作，对他的机构关注范围进行了拓展，将针对多发性硬化症（multiple sclerosis）以及帕金森氏症（Parkinson’s disease）病人的护理也纳入了进来。项目最终扩展成一片小型的园区，自从完成了位于洛杉矶市中心的洛约拉法学院项目之后，弗兰克已经很久没有做过这种格局和尺度的设计了。这一次，弗兰克的建筑设计，要比洛约拉法学院刺激得多，建筑组团中的一个侧翼，被单独拿出来，做成了一座尺度巨大的大厅，不仅可供研究中心内部使用，同时也可以被外租用作举办各类大型活动的场地，而这座大厅，也成了弗兰克最为大胆的空间设计之一。数个不锈钢表皮的曲线体量，被一个挨一个地堆叠起来，就好像是碰撞在了一起。而建筑的外部形体构成，也塑造出了其内部空间的墙体和天花板的形态。而且，所有的这些不锈钢体量上，都被打上了方形窗洞。远远看去，整个建筑的视觉效果，就如同处于爆炸的过程中一般。常规化的方形窗洞，与弗兰克那不同寻常的激烈造型，形成了强有力的对比：似乎在告诉着人们，平静的常态，正在开始分崩离析。

在不同凡响的建筑形体内部，容纳的是一整个单一的、宏伟的空间，曲面外皮上开着的那些方窗，在室内看起来，就如同墙纸一样，布满了内部空间的墙面和天花板。与弗兰克所有那些美轮美奂的室内空间设计一样，外形上激烈的冲突感被稀释，整个室内显得既宏伟壮观，又不拒人于千里之外。这组园区综合体中的其他建筑，还包括一系列的治疗和科研配楼。在造型上，这些建筑犹如一摞摞堆砌起来的白色方盒子，每一层都比其上下相邻的楼层稍稍偏移了一定角度，这种手法，为处于前景的那座极富雕塑感的标志性建筑，营造出了一组实用而又保持了视觉表现力的背景。事实上，这种将功能性的方盒子体量，与富有视觉冲击力的雕塑性造型并置的处理方式，与弗兰克在路易威登基金会博物馆上采用的设计手法，是一脉相承的——只不过在尺度上要小得多。而且在这里，雕塑性造型是被置于了其他功能的体量之前，而不是将功能体量包裹起来。通过这个项目，拉里·鲁沃得到了他想要的那组园区建筑，而弗兰克，也成功地，以最少的妥协，在拉斯维加斯建成了一件严肃的建筑作品。

* * *

尽管沃尔特·迪士尼音乐厅的成功，为弗兰克带来了许多意想不到的收益和荣誉，但是，它却并未为弗兰克带来更多的音乐厅设计委托。毕尔巴鄂古根海姆博物馆也是如此，单独一个项目的成功，也没能给弗兰克换来博物馆类项目委托的大爆发。沃尔特·迪士尼音乐厅以及毕尔巴鄂古根海姆博物馆这两个项目，在其设计和实施过程中，周边的城市和社会环境都太过特殊，以至于很难在其他的城市加以复制。此外，对于其他交响乐团体的管理者们而言，与设计了迪士尼音乐厅的建筑师，在一个类似的项目上进行合作，所面临的挑战其实是非常大的，而他们的这种担忧和恐惧，也会令他们对弗兰克望而却步。如果要说哪位音乐总监对于与弗兰克合作一点都不会感到害怕，那毫无疑问，非迈克尔·蒂尔森·托马斯莫属，他从童年时代就认识弗兰克了。在沃尔特·迪士尼音乐厅项目之前许多年，托马斯还在洛杉矶交响乐团担任助理指挥的时候，他便与弗兰克恢复了来往，而此后他们也一直保持着联系。他们的友谊，一方面是来源于他们对于音乐的共同热爱，另一方面，也是来自于他们的一位共同的朋友，弗兰克的前妻弟，理查德·斯奈德。

托马斯与拉里·鲁沃是截然不同的两种类型，正如鲁沃与贝尔纳·阿尔诺迥异的风格一样。托马斯是一位杰出的指挥家，他不仅仅以在音乐方面的造诣而闻名，同时，也以其对于音乐教育的热情而著称。他的这种热情，继承自他的导师之一，伦纳德·伯恩斯坦。1987 年，托马斯创立了新世界交响乐团，当时那也是全美国唯一的一家，专门致力于为交响乐团培养和训练富有才华的乐手的进修学院。建立这个乐团的初始资金，来自于嘉年华游轮公司（Carnival Cruise Lines）的创始人泰德·阿里森（Ted Arison），而按照阿里森的愿望，乐团的总部设在了他的故乡迈阿密海滩市（Miami Beach）。在成立之后的数年间，乐团一直都只能在林肯路（Lincoln Road）上的一家翻新过的电影院里进行演出和活动。而随着乐团的逐渐壮大，他们越来越需要更多的教学和排练空间，以及一座拥有优良音响效果的、像样的音乐厅了。托马斯记得，他曾同理查德·斯奈德谈起过他的乐团那窘迫的临时总部的种种不足，而斯奈德后来将他的这些烦恼告诉了弗兰克。

“然后弗兰克说：‘哦，好吧，你想要建一座房子？那就由我来给你建一座吧。’差不多是这么个意思。”托马斯说道。他们的这番谈话，发生在 2002 年的阿斯彭（Aspen）。当时，托马斯正在阿斯彭音乐节（Aspen Music Festival）进行教学工作，而弗兰克则是到那里去参加一部电影的首映礼，那部电影是彼得·刘易斯请人拍摄的。电影的内容主要是关于他的那座没能建成的自宅项目，讲述了他与弗兰克之间，那漫长而又极富创造性的设计过程。“弗兰克令我特别感动，他对我说：‘你需要有一个像样的空间，来真正开展你的事业，我能够看到你们光明的前景，所以，我十分愿意为你设计这座建筑。’”托马斯说道，“像弗兰克这样有名望的建筑师能够对你说出这样的话来，那真的是一种极高的荣誉。”回到迈阿密后，托马斯向他乐团董事会的几名成员谈起了弗兰克对于为他们设计建筑的兴趣，他回忆道，那几个人的反应“混合着狂喜与惊愕”。事实上，他们的乐团，当时甚至还尚未最终决定是否真的要建这座新建筑，而全世界最知名的建筑师之一，便几乎是毛遂自荐地送上门来了。托马斯说，弗兰克对于他们这个项目的浓厚兴趣，引发的反应呈现出“两极分化”的态势。一部分人非常兴奋，他们认为，一座由盖里担纲设计的建筑，将会使得新世界交响乐团一下子成为整个世界关注的焦点；而另一些人则感到十分担心，他们害怕，弗兰克的建筑作品在设计、建造的过程中，以及费用方面面临的巨大挑战，对于他们这家位于迈阿密的相对较小的交响音乐学院而言，这是超出了能够承受范围的。董事会的一些成员，可能是在担心 20 世纪 90 年代初期，巴黎美国中心项目的例子在他们身上重演，巴黎美国中心的业主，在选择了弗兰克，以及他的那个超出他们承受能力的、极富野心的建筑方案之后，差一点因为那个项目而被彻底拖垮。

不过，这种情况没有在迈阿密海滩发生。这座城市十分渴望着能够与托马斯的交响乐团进行合作，市政府将位于会议中心附近，面朝着一座新公园的市区改造用地中的一块划拨给了乐团，而弗兰克也顺利地开始了他的设计工作。他与迈克尔 · 蒂尔森 · 托马斯多年的友谊，对这个项目的设计帮助很大，至少以托马斯对弗兰克的了解，他能够放心地把项目交给弗兰克，他明白弗兰克对于乐手们的需求，考虑得有多么的认真。不过，弗兰克对于乐团的日常运营细节的关注程度，还是把托马斯惊讶到了。“他说：‘看在咱们俩关系的分上，你越多地告诉我你想要什么，你喜欢什么，你不喜欢什么，你所得到的建筑就会越合你的心意。你必须得如实地告诉我你的想法。’”托马斯说道。弗兰克还请托马斯开车带他浏览了迈阿密海滩这座城市，以便了解城市中的建筑细节，从而决定他的建筑将以怎样的方式与城市的其他部分产生关联，而这样的考察和工作方式也让托马斯觉得惊奇不已。然而，托马斯却对弗兰克提出了另外一个请求，这个请求与迈阿密没什么关系，但是却与弗兰克总体上的建筑风格偏好息息相关。

“我说：‘那个，你能不能让这座建筑，看上去具有柯特·希维特斯（Kurt Schwitters）的公寓的那种感觉？’”他这样向弗兰克问道，他提及的那间公寓，是艺术家希维特斯，于20世纪30年代，以自己位于汉堡的家作为基础创作出来的一件作品。希维特斯为整个公寓的室内空间，赋予了一种极为复杂而具有雕塑感的空间体验，将其转化成一件庞大的现代主义拼贴。“而他回答我说：‘没问题，当然可以。’”

弗兰克为新世界中心（New World Center）——这个项目的正式名称——所做的最初的方案，似乎并不太像希维特斯的公寓，倒是与弗兰克的其他作品颇有相似之处。在这个方案中，他再一次运用了将不同的构图元素打碎成为彼此独立的小建筑的手法。一组包含练习室、教学空间，以及排练厅等功能的小建筑，沿着被托马斯称为“一条蜿蜒曲折的小街”的内部街道铺展开来，随着内街的推进，小建筑的尺度也逐个扩大，最终以一座大音乐厅达到了整个空间序列的高潮。而所有的这些小体量，都被笼罩在一顶巨型的玻璃顶棚之下。不过，这个方案的构想，有些过于宏大了，或者至少对于新世界交响乐团来说，是过于昂贵了。所以，弗兰克建议，还是将所有的功能都组织进一个单一的大盒子当中较为可行。“我们把好东西都藏在里面。”他这样说道。交响乐团认可了他的这个想法——用托马斯的话说，他们只能无奈地做出让步，他认为这种改变是一次悲哀的妥协。“然而后来，随着设计逐渐深化，不知道弗兰克用了何种方式，整个方案又变得特别精彩了起来，这个设计，就如同是将一座典型的、由弗兰克设计的建筑作品，在室内外空间上进行了翻转。”托马斯说。

最终建成的建筑一点都不缺乏戏剧性效果。虽然从远处看上去，它似乎只是一座相当常规的钢结构玻璃方盒子。但是，走近一些之后，建筑内部活跃而热烈的造型语言便跃然而出。朝向公园一侧的立面，被从中间竖直地一分为二。左半边是透明的，建筑内部的公共空间一览无余，包括一间排练室、一个中庭空间，以及一部大楼梯，所有这些都被赋予了弗兰克那标志性

新世界交响乐团

的、极富雕塑感的造型；而立面的另外一半，则大部分被一面巨型的视频屏幕所覆盖，这面大屏幕，能够将建筑内部的音乐会直播影像投放出来，供建筑外面的人们观看，这使得人们在公园里野餐的同时，就能够欣赏到音乐会的演出。这座建筑，实际上可以说是完全透明的。内部的场景，几乎完全被投射在立面上，而建筑外的人能够清楚地看到建筑的内部空间。音乐厅共有786个座席，容量大约是沃尔特·迪士尼音乐厅的三分之一。虽然规模较小，但是这座音乐厅的内部空间所具有的安详平静，同时有富有力量的空间质感，却丝毫不逊色于迪士尼音乐厅。只不过。在室内空间的内装上，采用的是相对更为简单和经济的材料——正如他几年之前完成的巴德学院音乐厅项目一样。在这个项目上，弗兰克依然坚定地希望能够证明，在面对预算有限的客户时，他依然能够实现他的那种建筑语言。

在迈阿密，弗兰克找到了一种，在较为节制的花费下，创造出惊人的表现力的新方式。他在舞台的上方，悬挂了一些巨大的白色曲面板材，乍看上去，这似乎仅仅是一些廉价版的“盖里式”室内装饰，但实际上，这些板子真正的功能是投影屏幕。它们能够配合着不同的音乐演出，呈现出各式各样的视频或颜色投影，而通过技术手段改变投影图像，也可以使得音乐厅的内部效果变化多端，为音乐厅的室内设计，提供了无限的可能性。虽然新世界中心并不是弗兰克最为豪奢昂贵的建筑，但是，它一定是弗兰克最具活力的作品之一，也许也是弗兰克对于技术的应用最为深入的作品。在这个项目上，技术不再仅仅是一个能够帮助他把房子建起来的工具，而是成为他用以塑造人们在建筑中的空间体验的一种方式。

* * *

除了新世界中心之外，弗兰克还差一点设计了另外一座音乐教育建筑，而那个项目在 2014 年的宣告失败，也令他至今都烦恼不已。那时，由弗兰克的一位好朋友，阿拉 · 古兹利米安（Ara Guzelimian）担任教务长和院长的茱莉亚音乐学院（Juilliard School of Music），正打算与他们在中国的合作伙伴一起，建立一家分校。于是他们邀请了弗兰克，希望由他来为这所学校进行方案设计。在设计过程中，弗兰克自费去了中国两次，他把这当作了是他对于茱莉亚学院的慷慨捐赠，虽然他并没有与学院签订任何设计合同，可还是开始了设计工作，他觉得这个项目的委托，归他已经是板上钉钉的了。但是，茱莉亚学院显然还有其他想法。在为期一年多的设计过程，以及在纽约、洛杉矶和中国进行的数次方案会议之后，学院的校长约瑟夫 · 波利希（Joseph Polisi）却告知弗兰克，他们要另寻一位建筑师了。尽管背后的具体原因至今仍不明了，不过弗兰克觉得，他之所以没能得到这个项目，应该是与中国人无法接受他所提出的设计报价有关，整个事情就这样告吹了。正如他在遭遇失败之后所经常做的那样，“我的第一反应，是思考自己哪里做错了——作为犹太人，我就是这种思维方式。”他说。然而，经过对整个项目过程中，弗兰克与茱莉亚学院之间往来信件的查阅，却并没有发现任何迹象，表明茱莉亚学院曾经意图邀请弗兰克以外的建筑师，来接手这个位于中国的新音乐学院的设计。一直以来，弗兰克时常会被指责在合同上的要求太过苛刻，而这一次，他恰恰是对此太过松懈了。出于对茱莉亚学院的信任，而白白投入了大量的时间、金钱和精力。2014 年春季，在他获颁茱莉亚学院的荣誉学位时——这是给我的安慰奖吗？他对此颇有疑惑——他对茱莉亚学院董事会的主席布鲁斯 · 柯夫纳（Bruce Kovner）提出，感觉自己在他们的项目上遭受了不公正的对待，而柯夫纳对他承诺说会去调查此事。然而事后，弗兰克却没有得到柯夫纳的任何答复。

在与茱莉亚学院之间这段不愉快的合作经历之前的一年，弗兰克还在中国遭遇过另一次更大的失望。2012 年，弗兰克，与扎哈·哈迪德、莫瑟·萨夫迪，以及让 · 努维尔，一同被邀请参加了位于北京的一个重要项目——中国国家美术馆的方案竞标。正是这个方案，使得陈日荣得以短暂地回归弗兰克的事务所，而弗兰克对于他们最终的设计成果也感到非常骄傲和满意。这个设计，将弗兰克的创作推上了一条全新的道路，甚至比他在路易威登基金会博物馆上的尝试还要走得更远。他与戴维 · 南一起，设计出了一种似波浪状起伏的立面效果，整个立面的材质，运用的是一种专门为这个项目研发的，非常先进的玻璃砌块材料，弗兰克将这种材料称之为“透明石材”（translucent stone）。与他以往的任何作品都不同，这座建筑，是一座庞大而对称的方盒子：立面上的起伏，以及从玻璃表面投射出的富于动态的光影效果，取代了他的其他作品当中常见的那些横冲直撞的构图元素，成为建筑动感的新的来源。这是弗兰克的第一个，可以用诸如“庄严”和“高贵”之类的词汇形容的设计，也是他所做过的设计当中，大体上最为接近古典主义构图的一次尝试。不过，这个设计最为值得称道的一点在于，上述所有的这些特质，都并没有削弱其强烈的“盖里式”风格。那些起伏不平的、沉重的半透明玻璃块，确实表现出了弗兰克在大多数作品当中的，那种标志性的活力与动感，并且很好地与这座更为传统的石材建筑，所具有的庄严感和仪式感结合了起来。

弗兰克对自己的设计极为满意，所以，输掉这次竞标，无论以何种方式，对于他来说，都将是非常难以接受的。然而，他还是输了，而且输得异常痛苦和窝火。2013 年，最终入围的三位建筑师在北京汇报了他们各自的方案。但之后相当长的一段时期里，整个项目没有任何消息，竞标的胜出者也迟迟没有公布。最终，竞标的结果揭晓了，项目被交给了努维尔。但是，最终披露出来的努维尔的设计方案，相比于他之前汇报中的初始版本，有了很大的变化。他原本的方案色彩很深，整个建筑几乎呈黑色，而公布出来的方案却通体呈半透明的质感，第一眼看上去，与弗兰克的方案非常类似。看到这个结果，弗兰克怒不可遏。尽管严格地讲，努维尔并不是在抄袭他的设计——于 2014 年 9 月正式公之于众的努维尔的方案，事实上与弗兰克的方案，在观感雷同的同时，确实还是有着许多不同之处的——但是，对于弗兰克而言，两个方案还是太过接近了，这已经超出了他所能容忍的范围。弗兰克与努维尔，一直以来，都存在着彼此竞争的关系，但是在弗兰克看来，努维尔这一次对于自己设计的修改，已经不仅仅是正常的竞争，而是一种越界和破坏规矩的行为。

除了贝尔纳·阿尔诺、拉里·鲁沃和迈克尔·蒂尔森·托马斯，在“后迪士尼音乐厅时期”（post-Disney Hall period）弗兰克的客户当中，还包括许多声名显赫的各界名流。西班牙语电视网（Univision）的老板，亿万富翁杰瑞·佩伦奇奥（Jerry Perenchio），曾经邀请弗兰克在位于比弗利山中心地带的一块用地上设计过一栋小办公楼，对于能够在自己的家乡建造出更多的作品，弗兰克依旧是充满热情的，所以，他很高兴地接受了这个委托。设计完成后，佩伦奇奥告诉弗兰克说他对设计方案非常满意，然而随后，就在施工即将开始之前，他却突然决定放弃了这个项目。这样的挫败，要是放在从前，肯定会让弗兰克，至少在一小段时期里，感到痛苦万分。不过现在，他已经可以做到不把这样的失败放在心上，可以迅速地投入到其他工作当中去了，毕竟，他还有许多其他的客户需要去服务。比如，艺术品收藏家，罗氏药业（Hoffmann–La Roche pharmaceuticals）的继承者之一，也是西德尼·波拉克的电影《建筑大师盖里速写》[1]的联合制片人——玛雅·霍夫曼（Maja Hoffmann）。霍夫曼形容她自己是一位艺术的“促成者”(enabler)，她计划,在法国南部城市阿尔勒（Arles),建造一座名为“工作室公园”（Parc des Ateliers）的艺术公园，并围绕着这个项目，将阿尔勒打造成为一个当代艺术的中心。她委托弗兰克，为“工作室公园”设计了一座核心建筑。《W杂志》（*W Magazine*）在报道中将这个项目描述为“建造在公共园林当中的一座当代艺术的智库兼实验室，以及与之配套的，由旧厂房建筑改造而成的展览空间、储藏空间和艺术家工作室”。这些配套建筑中的一部分，是由纽约建筑师安娜贝尔·塞尔多夫（Annabelle Selldorf）设计的。弗兰克的这座位于阿尔勒市中心的建筑，在最初的设计方案中包含有两座塔楼。不过，这个方案遭到了国家古迹遗址委员会（National Commission for Historic Sites and Monuments）的反对，他们认为建成之后，这座建筑将会对城市中的历史建筑景观视觉造成干扰，进而危害到阿尔勒作为联合国教科文组织世界遗产保护地（UNESCO World Heritage Site）的地位。所以，弗兰克在后续的修改中，对建筑的整体规模进行了缩小。2014 年，该项目正式开始施工，修改之后的方案，由一座曲折旋转的、铝制体块堆叠而成的单塔构成，塔楼总共有 12 层高，从一座带有玻璃顶棚的玻璃圆柱体形基底中伸出。整个建筑预计将于 2018 年竣工。

玛雅·霍夫曼，对于艺术界，以及弗兰克的职业生涯，是有着比一般人更为洞彻的了解。但是,脸书（Facebook）的创始人马克·扎克伯格（Mark Zuckerberg)，在将他位于门洛帕克（Menlo Park）的新总部项目的设计交给弗兰克之前，对于弗兰克可以说是一无所知。扎克伯格对于建筑似乎并不太

1　详见第十七章。

感兴趣。最初，他的公司曾就其新总部项目，咨询过以设计商业建筑见长的大型商业设计机构甘斯勒事务所（Gensler）。不过后来，弗兰克的一位好朋友鲍比·施瑞弗尔——他的妹妹玛丽娅·施瑞弗尔（Maria Shriver）是加州州长阿诺·施瓦辛格的妻子——向脸书的首席运营官雪莉·桑德伯格（Sheryl Sandberg）推荐了弗兰克，力劝他们去找弗兰克聊一聊。施瑞弗尔知道，弗兰克十分渴望能够设计更多的大型的商业项目，而他也一定会很乐意把握这个离家相对较近的项目机会。

对于脸书这样一家创始人还不到 30 岁的公司来说，一位已经 80 多岁的建筑师，似乎并不是他们最为惯常的选择。而硅谷（Silicon Valley），也并不以对建筑的兴趣而著称。那里的许多公司对于严肃建筑学的态度，似乎与他们对待时尚的态度差不多——他们认为自己身上穿的套头衫就是最高的时尚。当弗兰克和克雷格·韦布飞到门洛帕克，与扎克伯格进行第一次面谈时，弗兰克记得："扎克伯格对他说的第一句话是：'为什么有着您这种声望的人会想要做这个项目啊？'我回答他说：'看来你对于我是抱有幻想的。'随后，我问扎克伯格：'你的梦想是什么？你想要的是什么？'他对我说，他的理想是能够把整个办公室做成一整间大屋子。于是，我给他看了我事务所的照片。"

虽然脸书公司关于聘请盖里事务所负责其新总部项目的正式决定，要等到弗兰克与扎克伯格进行了另外几次更为深入的交流之后，才得以最终确定。但是，弗兰克认为，正是他事务所的那些照片，在赢得这个项目的过程中起到了最为关键的作用。在一个星期六的晚上，弗兰克和贝尔塔，邀请扎克伯格与他的妻子普莉希拉·陈（Priscilla Chan），到他们位于圣莫尼卡的自宅与他们共进晚餐。他们四个人相处得十分融洽，扎克伯格还帮弗兰克注册了脸书的账号，不过弗兰克后来一次也没登录过。他并没有成为脸书网站的常客——他对于社交媒体兴趣寥寥——但是他依然得到了这个项目。

在与弗兰克接触了一小段时期之后，扎克伯格才完全接受了弗兰克的风格以及工作方式。同样地，弗兰克与克雷格·韦布，也花费了一些时间，来打消他们在接下脸书的这个项目之前的种种顾虑。他们对于硅谷的风格了解得并不多，但是，他们清楚地知道，在脸书之前，硅谷另外一家对于建筑表现出严肃的兴趣的公司——苹果，绝不是他们所想要的那种客户。彼时，苹果公司刚刚聘请诺曼·福斯特，为他们设计建造了一座造型平滑规整的、极少主义风格的总部，建筑的形式抽象而几何化，如同一只巨大的玻璃面包圈，与弗兰克的造型语言和设计风格有着极大的差别。弗兰克的设计中所具有的那种随意性，以及他对于粗糙的边缘处理的喜爱，与史蒂夫·乔布斯（Steve Jobs）的审美完全无法匹配。如果说硅谷的所有公司都是这样的审美倾向，都只想要这种纯粹而完美的几何造型化的建筑，那么弗兰克显然是不适合他们的，他们也只能另请高明了。不过，脸书并不是苹果。脸书当时正在使用的办公园区，是从之前的太阳计算机系统公司（Sun Microsystems）手里买下的，他们以一种很酷的、略显凌乱的风格，对其进行了翻修和改建，与乔布斯喜欢的那种光秃秃的极少主义比起来，他们的风格与弗兰克的作品就要接近得多了。在他们的办公室里，甚至有着一些由胶合木板制成的分隔墙，看起来就如同出自一位模仿弗兰克的年轻建筑师之手。

在脸书的房地产投资团队来到比阿特丽斯街，参观了弗兰克的事务所之后，他们更加确定了他们想要的，就是弗兰克所拥有的这种办公空间，只是要更大一些。当然，这里的“更大”，意思是大很多。不过，扎克伯格关于让所有人都在同一间房间里办公的理想，以及脸书公司所坚持的紧张预算——这是脸书与苹果之间的另外一点不同——某种程度上说是一对矛盾。这种矛盾也给项目的设计带来了一定的潜在风险，如果处理不好，最终建出的建筑，看上去很可能会类似于是一家被巨大的停车场围绕的沃尔玛（Wal-Mart）仓储超市。弗兰克决意要避免这种情况的出现，而唯一的方式，他认为，就是将停车场隐藏在地下，并且将建筑的整个屋顶做成一个大型的景观公园。最终，他给出的设计，有可能是世界上最大的办公空间，一间总面积达

马克·扎克伯格正与弗兰克一起审视着脸书新总部的方案模型

10 英亩（约合 4 万平方米）的单一房间，可以容纳超过 1600 名员工同时办公，而员工们的车则停放在办公空间的地下，事实上就在他们的办公桌下面。大大小小的天窗将自然光引入室内，室内空间里还设置了一些景观花园区域，而建筑的整个屋顶也都被开放为一座完整的大花园。弗兰克竭尽所能地，想要为这座建筑赋予一种随意、悠闲的感觉，以及一种面向全世界的开放性。但是，巨大的尺度，还是难以避免地使得建筑整体上显得有些死板，或者说有点像是一座大而乏味的会议中心建筑。而且，不管这座建筑看起来如何，从功能上看，它都毫无疑问是一座巨大的市郊办公综合体，在其中上班的员工们全都依赖汽车通勤，这也加剧了硅谷的市郊地区的无序蔓延。

弗兰克与脸书的合作是非常愉快的：2015 年初，随着这座建筑的接近完工，脸书公司又将另一座同样尺度的巨型建筑委托给了弗兰克，并且请弗兰克为他们计划中的一些居住及其他功能建筑，做了一些初步的调研和准备，他们希望能够凭借这些建筑项目，更加彰显脸书公司在门洛帕克地区的存在。2015 年 4 月，当第一批员工搬进了这座新的总部之后，扎克伯格在脸书上发布了一条声明，称这个项目“比原定的日程提前完成，并且把造价控制在了预算之内。这是我所听说过的，唯一的实现了这两点的工程项目”。弗兰克，一直以来都对于那些指责他的建筑过于昂贵的批评十分敏感，而扎克伯格的评价，对于弗兰克而言，可谓是令他非常开心的一番肯定。

* * *

弗兰克在“后迪士尼音乐厅时期”的十余年中所做出的一系列作品，都得到了热烈的社会反响，而这些作品，无论是路易威登基金会博物馆、卢 · 鲁沃脑健康中心、新世界中心，还是脸书新总部，都为他后来在华盛顿特区（Washington, D.C.）的实践打下了坚实的基础。2009 年，他接到了一份来自联邦政府的项目委托，设计的内容是一座为德怀特 · D. 艾森豪威尔（Dwight D. Eisenhower）竖立的国家纪念碑。在此之前，他从未在美国首都建成过任何作品。1998 年，他曾经为科科伦艺术馆（Corcoran Gallery of Art）做过一个扩建方案，但是随着艺术馆陷入财务问题，项目也最终遭到放弃。而一座由政府机构主持修建的纪念碑，通常来说也并不是他的事务所会考虑接手的那类项目。因为为联邦政府工作，从来都不是一件简单的差事，而且像这样的一个项目，需要经过政府的层层审核，这也意味着，将会有多家政府机构，拥有着对这个设计进行审查和提出意见的合法权利。在这个项目之中，将不会存在一位，用弗兰克的话讲，那种他乐意与之“一起玩”的，开明而愿意投入的个人客户。[在科科伦艺术馆项目上，他与馆长大卫·莱维（David Levy）的合作就相当愉快，据托马斯 · 克伦斯回忆，虽然在财务状况上有着诸多问题，但莱维对于弗兰克而言仍称得上是一位充满热情的客户。] 取而代之的，将会是政府部门冗杂的官僚政治，以及公众本身，对于这座纪念一位前总统的纪念碑，所怀有的大量或支持或反对的意见。但是，在那段时期，弗兰克刚刚失去了布鲁克林的那个规模巨大的大西洋场项目，他的事务所正迫切地需要更多的工作。弗兰克知道，他不能再像之前那样由着自己性子挑选项目了。当德怀特·D. 艾森豪威尔纪念碑委员会（Dwight D. Eisenhower Memorial Commission）——一个由国会于 1999 年成立的，旨在为艾森豪威尔建设一座纪念碑的专门的官方机构——开始为这位二战将领，也是美国第 34 任总统的纪念碑项目征集建筑师时，克雷格 · 韦布鼓励弗兰克做出应征的决定。在总共包含 44 位建筑师的初选名单当中，弗兰克名列首位。随后，这份名单又进一步地缩减为一份更短的入围名单。而最终，弗兰克顺利地得到了这个项目。

他的设计，不出所料地，与华盛顿最为常见的那些浮夸的古典主义风格建筑，呈现出了截然不同的面貌。而这种做法，也引发了一场审美与政治上的激烈争论。德怀特 · D. 艾森豪威尔纪念碑委员会——其成员也包括艾森豪威尔的孙子，历史学家大卫 · 艾森豪威尔（David Eisenhower）——在看过了弗兰克最初版本的设计之后，便一致通过了选择弗兰克作为项目建筑师的决定。但是随后，大卫 · 艾森豪威尔的两位妹妹，安妮 · 艾森豪威尔（Anne Eisenhower）与苏珊 · 艾森豪威尔（Susan Eisenhower），却对弗兰克的方案公开地表示强烈的反对。她们坚持认为，弗兰克那不同寻常的设计，与她们祖父的审美品位并不相符。而得知了两位妹妹的意见之后，大卫 · 艾森豪威尔也突然辞去了他在委员会里的职务，并且收回了他之前对于弗兰克方案的支持态度。与此同时，艾森豪威尔家的两姐妹，也在一家保守派倾向的私人团体——国家城市艺术协会（National Civic Art Society）的行动和态度之中找到了共鸣，这家组织竭尽所能地想要阻止这个项目的实施，只是因为它不是一个古典主义设计。他们认为，对于一座矗立在华盛顿的纪念碑而言，古典主义，是其唯一适宜的建筑风格。

弗兰克对于艾森豪威尔充满了敬仰。当年，他在军队服役期间，就曾被分派到艾森豪威尔曾经指挥过的师，所以，在拿到这个项目的委托之后，他是以极高的热情和投入，开始整个设计过程的。在克雷格·韦布的鼓励下，他阅读了一些关于艾森豪威尔的书籍，随后又读了许多艾森豪威尔做过的演讲稿。艾森豪威尔 1945 年的一篇演讲，令弗兰克尤为感动。那篇演讲是在欧战胜利日（V-E Day）后不久，艾森豪威尔回到他的故乡，堪萨斯州的阿比林市（Abilene, Kansas）时发表的。在演讲中，这位凯旋的盟军指挥官，并没有太多地谈论他本人在战争中所获得的成就，而是用大量的篇幅谈论了“回家”的重要意义，并且追忆了自己的童年时光。如何将艾森豪威尔的精神内核，转译成为实体的建筑语言，在弗兰克看来，是一个不小的挑战。不仅仅是因为艾森豪威尔是自尤利西斯·S. 格兰特（Ulysses S. Grant）以来，第一位以得胜凯旋的将军身份，赢得了最初的声望的美国总统。更重要的一个原因，是他不同于格兰特的，那种谦逊低调的为人。这座纪念碑，不仅需要表现艾森豪威尔在第二次世界大战当中的显赫战功，也要描绘出他在和平年代作为总统所做出的，包括开启空间计划、修建州际高速公路系统，以及在南方废除学校中的种族隔离等卓越的政绩，还要描摹出他谦逊的形象。如何在一件作品当中，同时传达出如此大量的信息？“我简直可以说是爱上他了。”弗兰克说道，“他的谦逊就是他的力量。他明白自己想要的是什么，他就像钉子一样，坚硬而朴实。”

这个项目面临着双重的挑战：除了要令人信服地总结和表现出艾森豪威尔的一生，这个设计还必须要处理好纪念碑与复杂的场地条件之间的关系。项目的建设用地总面积 4 英亩（约合 1.6 万平方米），位于国会山（U.S. Capitol）附近，国家广场（National Mall）的南边，原本是一片混凝土铺制的硬质广场，中间被一条大道成对角线一分为二。场地的后面紧挨着的，就是教育部（Department of Education）的办公大楼，那是一座官僚气息十足的现代主义方盒子，建成于华盛顿的建筑风格演化史上最不成功的一段时期。弗兰克认为，场地面临着如此的周边状况，最为适宜的解决之道，是将他的这座纪念碑，打造成为一个公园式的空间，而非单摆浮搁的一座建筑，

盖里与合伙人事务所为艾森豪威尔纪念碑所做的设计

这样才能够提升场地的空间体验。在创作过程中,他还咨询了导演罗伯特·威尔逊（Robert Wilson），他建议弗兰克，可以将艾森豪威尔童年时代关于美国中产阶级小镇价值（Middle America）的怀念和梦想，作为这座纪念碑的关注焦点。弗兰克认真地考虑了威尔逊的建议，希望能够在为这座纪念碑进行恰当地立意的同时，模糊掉其旁边的教育部大楼那难看的立面，并且还要保证不能对大楼内部的使用人员造成景观和光线上的遮挡，他意识到，他需要一些体量巨大，同时又具有半透明效果的元素。那时候，他恰好刚刚欣赏过艺术家查克 · 克劳斯利用数字技术编织出来的，能够反映出照片图像的一系列挂毯作品，他不由得开始考虑，是否可以将类似的手法应用在对于金属材料的“编织”上。他最开始的一个想法，是用这种编织图像的方式，从艾森豪威尔的一生当中截取出几幕场景，比如人们在欢庆欧战胜利日的画面等。

然而不幸的是，尽管在技术上有着独出心裁的巧妙构思，但是，那些金属“挂毯”的早期模型，看起来却都不怎么舒服，就如同一面面大广告牌。

最终，那些“挂毯”被弱化成背景式的元素，图样也被改成了一片乡村景观，也在呼应着艾森豪威尔童年时代的那片农场。弗兰克希望，图案中的虚拟景观，能够与他设计的新公园当中的那些真实的树木融为一体。最为重要的一点是，那些金属“挂毯”，将有效地阻止教育部大楼那座混凝土庞然大物破坏掉设计的构图，成为整个项目在美学上的决定性要素。

苏珊·艾森豪威尔，对于那些金属“挂毯”非常不满意，当然，他也同样不喜欢这个设计的其他部分。弗兰克的设计包含有数根 8 英尺高、10 英尺宽（约合 2.4 米高、3 米宽）的石材覆面混凝土圆柱，正是这些圆柱，成为金属“挂毯”的支撑体。在圆柱前方，放置着一些巨大的石块，上面铭刻着从艾森豪威尔的演讲中摘录出来的语录。此外，场地内还摆放有艾森豪威尔作为总统和将军的不同形象的雕像。2012 年，在一次国会小组委员会的听证会上，苏珊·艾森豪威尔引用了其他人针对弗兰克设计所做的一些批判性的类比，被拿来与弗兰克的设计进行比较和并置的对象，包括广告牌子、导弹发射井、极权主义的建筑、纳粹集中营的围栏、铁幕（Iron Curtain）等。她声称，上述的这些评论，都是其他人做出的，而她只是做了引用。但是，这显然只是她的一种用来回避正面冲突的话术，因为她清楚地知道，要想刺激和伤害到弗兰克，最好的办法之一，莫过于将他所做的设计与纳粹集中营联系起来。

而在安妮·艾森豪威尔看来，这些“挂毯”如果真的建起来，将根本无法得到很好的维护，建成之后，它们很快就会被鸟粪弄得肮脏不堪。在弗兰克一次前往纽约出差的期间，这对姐妹到弗兰克在半岛酒店的套房里与弗兰克和梅格汉·劳埃德见了面。当时在场的，还有艾森豪威尔纪念碑委员会的负责人、退役准将卡尔·W. 瑞德尔（Carl W. Reddel），以及他的副手维多利亚·提格威尔（Victoria Tigwell）。这次会面的氛围是相当诚恳的，安妮·艾森豪威尔说，她发现弗兰克是“一位绝佳的倾听者”。而弗兰克则重申了他的态度，他表示自己从来都是非常愿意不断地修改和完善自己的设计的，只要他觉得他最基本的想法得到了尊重和充分的理解。他对艾森豪威尔姐妹说，他完全可以对方案进行进一步的修改，但前提是她们不能要求他将自己的设计概念彻底推翻重来。然而，彻底放弃这个概念，却正是艾森豪威尔姐妹希望他做的，所以，这次会谈没有起到任何效果，什么都没有改变。

艾森豪威尔姐妹相信，她们才是真正有权决定艾森豪威尔纪念碑设计方案的人，而不是艾森豪威尔纪念碑委员会。除了这对姐妹之外，弗兰克还不得不应付大量的，来自建筑古典主义者们的反对意见；面对艾森豪威尔纪念碑委员会当中他最大的支持者，来自夏威夷的丹尼尔·井上（Daniel Inouye）参议员的离去——他于2012年年底去世；以及华盛顿的规划部门让弗兰克头疼不已的复杂的审批程序，在华盛顿，公共纪念碑类建筑在设计的每个阶段都必须经过国家首都规划委员会（National Capital Planning Commission）以及美国艺术委员会（Fine Arts Commission）的审批。即便克服了所有这些障碍，纪念碑也必须要等到国会愿意拨款，才能开工建设。而到目前为止，国会还只是给这个项目提供了设计阶段的资金。2012年，国会从其年度预算当中去掉了用于这座纪念碑的建设款项——这很大程度上是一次做给弗兰克的反对者们看的政治作秀，因为无论如何，这座纪念碑肯定也没办法在当年开工。设计的最终方案迟迟定不下来，使得最终的审批一直拖着无法报审，施工图也没法开始做。整件事情愈发地朝着糟糕的方向发展。后来，当时的内政部长肯·萨拉查（Ken Salazar）也介入了这个项目，试图从中调停各方的分歧。但是，萨拉查的调解并没有成功。而随后，奥巴马总统又提名了一位弗兰克方案的公开反对者布鲁斯·科尔（Bruce Cole）进入了艾森豪威尔纪念碑委员会，这也使得奥巴马政府对于这个设计所持的态度，变得越来越模糊不清。2014年春，众议院的一个委员会甚至提出要重新召集一次设计竞标，而这一举动一旦得到通过，实际上就意味着弗兰克将会被炒掉，而整个项目也将从头再来。《纽约客》杂志的前编辑，曾为艾森豪威尔写过传记的杰弗里·弗兰克（Jeffrey Frank）在他的一篇文章中写道，弗兰克的这个设计“成功地实现了在华盛顿已经越来越少见的一种认同：真正的跨党派精神（bipartisan spirit）。几乎所有人，无论什么党派，都痛恨这个设计”。而了解了上述的这种种的困难和阻碍，我们便不难理解为什么杰弗里·弗兰克会做出如此的评论了。

弗兰克曾考虑过放弃这个项目，有好几次，他差一点就真的放弃了。他可以接受修改广场上塑像的排列和样式，他也可以更换艾森豪威尔的语录，他甚至可以减少他的那些金属“挂毯”，以及那些替代了古典主义柱式的混凝土圆柱的数量。但是，如果他需要将这些元素统统彻底抹掉，他觉得，最终剩下的，便不再是由他的初始概念修改而来的成果了，而只是一些与他的想法毫无关系的东西。

同时，弗兰克也感到，在建筑界，似乎很少有人愿意站出来替他说句话。在他设计出毕尔巴鄂古根海姆博物馆，或者沃尔特·迪士尼音乐厅那样的建筑之时，他似乎成了整个建筑界的英雄。然而，当他此刻遭遇攻击时，那些曾经慷慨地给予了他无数赞誉的评论家和建筑师同行，却不知怎么地，似乎大部分都选择了沉默。当然，弗兰克也获得了一些意料之外的支持，比如说，作家、同时也是宾夕法尼亚大学（University of Pennsylvania）建筑系教授的威托德·黎辛斯基（Witold Rybczynski），就公开对弗兰克的这个设计表示了支持和喜爱。黎欣斯基是美国艺术委员会的一名成员，其实从总体上来说，他一直都更倾向于传统风格的建筑。但是，在发表于《纽约时报》的一篇文章中，黎欣斯基将弗兰克的设计称为是“一座没有屋顶的古典主义神庙”，并说他从未怀疑过这个方案之于华盛顿的适当性。他劝说批评这个设计的人，让弗兰克放手去做他的工作，而不要将他陷于无穷无尽的争论和吹毛求疵的批判之中。“对于立法的过程而言，经过反复的争论，最终达到妥协与共识，无疑是非常重要的条件和程序，但是，在设计一座纪念碑的过程当中，这样的争论毫无益处。”黎欣斯基这样写道。

同往常一样，对自己的声誉感到异常焦虑的弗兰克，忽略了一个可能，那就是他的许多同行，也许仅仅是并没有被他的这个纪念碑设计所打动，他们之所以没有站出来替弗兰克说话，主要是出于他们在建筑学上的判断，而并非对于弗兰克的背叛。尽管弗兰克一生都特别在意别人对自己的看法，但是他却没有意识到，那些他尊敬的，以及他所知道的，也尊敬他的建筑师们，可能只是将他的这个设计视为他的一次失误，就好比棒球场上的传奇投手贝比·鲁斯（Babe Ruth），也难免有被三振出局的时候。虽然他的方案,可以说是自 1981 年由林璎（Maya Lin）设计的越战将士纪念碑（Vietnam Veterans Memorial）落成以来，在华盛顿的纪念性建筑实践当中，一次最为严肃和最具雄心的，对于一种全新的纪念性设计语言的尝试。但是，这种语言还是太过超前了，以至这个方案与已建成的任何建筑物都难以找到相似性。人们很难想象这个设计建成之后的样子，没有什么既存的例子可以拿来做参照。人们并不清楚那些金属“挂毯”在真正建起来之后的效果会怎么样，也不知道那些巨大的圆柱——有八层楼那么高——矗立在街道景观之中会是个什么样子。它们会如弗兰克所预期的那般，呈现出典雅的效果吗？还是说，其巨大的尺度，会给整个街区带来某种压迫感？

2014 年，在众议院的那个委员会对该项目发表公开反对意见，并且强烈要求放弃现有方案重新组织设计竞标之后，事情忽然又出现了转机。一个弗兰克没有想到的人，也许是在不经意间，给予了他一些关键的帮助。来自南加州的保守派共和党人，众议院监管和政府改革委员会（House Committee on Oversight and Government Reform）主席达雷尔·伊萨（Darrell Issa），虽然在政治主张上与弗兰克是对立的，但是，他却否定了推翻现有方案，从头开始这个项目的动议。伊萨面见了弗兰克，劝说弗兰克把设计的规模缩小一些。随后，他要求艾森豪威尔纪念碑委员会，向艺术委员会和国家首都规划委员会提交两个备选方案，而在其中的一个方案中去掉弗兰克的那些金属“挂毯”和大柱子。伊萨的想法，大概是希望将这个方案的最终定夺推往这繁杂的官僚程序中的下一个环节，把国会、艾森豪威尔纪念碑委员会，以及弗兰克本人从这个左右为难，又不得不做的审美决定之中解脱出来。

伊萨并没有将弗兰克的这个纪念碑设计一棍子打死，弗兰克对此也感到十分高兴和感激。但是，他却并不打算接受伊萨给出的这个，提交两个备选方案的解决方式。他说，他宁可放弃这个项目，也不会提交缩水版的设计。艾森豪威尔纪念碑委员会的意见也发生了分化。不过，委员会的大多数成员是支持弗兰克的，他们表示只会提交一个方案——一个经由弗兰克认可的，进一步缩小和简化过的版本。弗兰克在最终的方案中，答应去除掉了位于场地东西两端的“挂毯”，只保留下了位于中央的，最主要的五个，并且也减少了柱子的数量。2014 年 10 月，美国艺术委员会通过了这个方案，并且于 2015 年 6 月给出了最终的建设许可。《纽约时报》的一篇社论盛赞了这个项目的最终结果：“委员会在项目的整个的过程中坚持不懈、不屈不挠，而盖里先生则懂得变通，创造性地修改了设计的一些局部，在这场艺术的斗争中，他们从来没有过丝毫的退缩。”

第二十章

档案与遗产

国家艺术委员会的审批通过，并不意味着弗兰克就已经取得了这场围绕着艾森豪威尔纪念碑项目而展开的斗争的胜利。对于这个设计的批判，一直都没有停歇，而弗兰克的情绪也因此而受到了很大影响，特别是在他刚刚经历了在中国的两次惨痛失败之后：先是在中国国家美术馆项目上败给了让·努维尔，随后又莫名其妙地失去了茱莉亚音乐学院中国分院的设计委托，这原本是他胜券在握的。两次挫折，都让弗兰克感到了某种背叛。一直以来他与努维尔的关系都十分密切。在弗兰克创作巴黎的路易威登基金会博物馆期间，努维尔曾是他的设计最为热情的支持者之一。而弗兰克在茱莉亚音乐学院也有不少很好的朋友，学院还在 2014 年春季颁发给了他一个荣誉学位，这也使得弗兰克愈发地将设计音乐类空间的机会，视为一种特别的荣幸。

虽然这么多年来，弗兰克丢掉过不少项目，也早已经习惯于围绕在自己作品周边的种种争议。但是，在艾森豪威尔纪念碑项目上的，这种针对他个人的攻击和指责，是他在以往很少遇到的。有时候，他会轻描淡写地拿这个来自嘲，2015 年年初的一个早晨，以色列前总统希蒙·佩雷斯（Shimon Peres），造访了弗兰克位于洛杉矶的事务所。和往常一样，凡有有尊客来访，弗兰克会亲自带领，在事务所里进行参观。当佩雷斯在艾森豪威尔纪念碑的一个模型跟前停下脚步，并对弗兰克的设计大加赞赏时，弗兰克一脸哀怨地看着他的客人，谈起了艾森豪威尔姐妹对于他这个设计的不认可。“我也不知道这个项目最终将会是个什么结果，”他说道，“我跟这一家子交流起来有点困难。”

国家城市艺术协会的主席贾斯汀·舒伯（Justin Shubow）甚至批判称，弗兰克的根本目的，并不是要弘扬艾森豪威尔的精神遗产，而是想要将其彻底摧毁。在一份总共153页的，穿插着对于弗兰克的个人攻击，以及建筑学上论证的冗长的批评文章中，舒伯是这样描述弗兰克的，“他此前的那些风格前卫的建成作品，在造型和立意上充满了对于混沌、危险以及混乱的颂扬，而这与艾森豪威尔代表的一切从根本上都是对立的。”在文中，舒伯还写道，弗兰克的价值观，“同纪念碑核心区与国家首都的那种充满秩序与和谐的风格也是格格不入的，更不用说，其与我们美国的共和政体代表的那种秩序与平衡有多么的不协调。”在结论中，舒伯还曲解性地引用了普利兹克奖的评委，在给弗兰克的颁奖词中，所用到的诸如“打破传统的”“非永久性的”等形容词，以及对他在建筑创作中表达“当代社会及其充满矛盾性的价值观”的能力的赞扬，他写道：“无须赘言，打破传统、非永久性和矛盾性，绝不是一座国家级的总统纪念碑所应具有的特点。”他巧妙地无视了两个事实，第一，这份颁奖词写于二十三年之前；第二，无论颁奖词中的描述为何，其与弗兰克对于这座纪念碑的创作意图和想法，都是毫无关系的。

人们不喜欢你的作品是一回事，但是，如果你的作品被攻击为反对美国价值观，那就完全是另外一回事了。弗兰克甚至聘请了在华盛顿人脉广泛的律师格雷戈里·克雷格（Gregory Craig），来协助他处理公共关系。弗兰克良好的公共形象，通常来说都是他的一笔宝贵财富，但是在华盛顿，这却几乎成了他的一个负担。在这里，他的每一句话都会被拉到语境之外，或者遭到蓄意的误读。在这座以虚伪作为通行证的城市，弗兰克的真诚，对于他所处的状况毫无帮助。最终，他还是向自己趋向逃避冲突的本性妥协了，这种性格，多年来已经融入进了他的管理风格之中，不过，他却鲜少让这种倾向影响到他与客户之间的关系与合作。他把华盛顿的那些无穷无尽的听证会和项目会议，推给了梅格汉·劳埃德，以及事务所里负责这个纪念碑项目的设计合伙人约翰·鲍尔斯（John Bowers），让他们去代表自己出席。

归根结底，弗兰克已经是一位八十多岁的老人了，所以，他希望，至少在一定程度上，减轻一些自己所承担的压力，也是完全可以理解的。能够在八十多岁依然保持健康，他本身已经很幸运了。但是，他还是会担心自己的精力，担心自己的体重，并且，也越发地担心起自己的背部，随着年纪的增长，背部的病痛，给他带来了越来越多的困扰。他患有椎管狭窄症，这种病症的患者，脊椎内部的空间会越来越狭小，压迫到脊髓和神经，进而会时常引起剧烈的疼痛。他曾经在洛杉矶接受过一次手术，这也给他的病情带来了一些暂时性的缓解。2011 年，南希·韦克斯勒与赫伯特·帕蒂斯建议他，到纽约去找著名的神经外科专家罗伯特·斯诺（Robert Snow）医生看一看。2011 年夏天，在他的那场在云杉街 8 号公寓的顶层套房举行的八十二岁生日会结束之后没几个月，弗兰克就又回到了纽约，住进了哥大长老会医院（Columbia-Presbyterian Hospital）准备接受手术——三年前，莱斯利就是在这家医院去世的。那是一场非常痛苦的手术，手术完成后，弗兰克先是住在位于翠贝卡（Tribeca）的格林威治酒店恢复了几天，等到身体机能允许后，才飞回了洛杉矶。

他乘坐的是一架小型的私人包机。从近几年开始，他的大部分国内飞行都是乘坐私人飞机完成的。他其实并不拥有私人飞机，而且也无意去购买，但是他认为，如果他打算在八十多岁的年龄，依然保持高频度的出差频率，他就必须将自己从漫长的机场安检队列，以及拥挤的商务舱当中解脱出来。他与客户们的合同当中，都规定了关于差旅的条款。根据合同，他的每次出差，都将得到相当于头等舱机票价格的差旅补偿，而据他的事务所计算，如果租用私人飞机的话，一年下来，租金减去那部分补偿款，剩余的花费大约在 20 万美元。考虑过后，弗兰克还是认为自己愿意花这笔钱，来换取私人飞机上那相对平静的旅途体验。他觉得，如果不采取这样的措施，他是无论如何也无法继续保持那么快的工作节奏的。

2011 年 9 月初，他感到自己恢复得差不多了，于是，他回到了事务所，回到了他所惯常的那混乱、快节奏的工作生活当中。他手头面对的工作，似乎也越来越多。除了像巴黎的路易威登基金会博物馆，以及阿布扎比古根海姆博物馆这样正在推进中的大项目之外，当时，他还刚刚完成了安大略美术馆（Art Gallery of Ontario）的扩建和改造设计，这个项目对于弗兰克而言具有尤为特殊的意义，因为项目所处的位置，就在多伦多的贝弗利街——他外祖父母家的那栋房子附近。并且，安大略美术馆，也是他童年时代参观过的第一家美术馆。这个项目的设计邀请，彰显着那个弗兰克已经离开了超过半个世纪的故乡，对于他的敬意。同样地，来自多伦多杰出的戏剧制作人，也是房地产开发商大卫 · 米尔维什（David Mirvish）的项目委托，也有着类似的意义。米尔维什邀请弗兰克，在安大略美术馆几个街区之外的一块用地上，为他设计了一座高层公寓塔楼，建成之后，那座公寓将成为整个多伦多最高的建筑之一。这个项目，也为弗兰克提供了一个绝佳的机会，让他可以对自己在纽约云杉街 8 号塔楼项目上所做过的一些初步尝试，能够进一步的探索和拓展。

他还有着一些远在海外的项目：比如一座位于澳大利亚的商业学校、一座位于香港的公寓塔楼，以及一座位于伦敦巴特西发电站周边新建社区当中的豪华公寓。2015 年年初，他接手了一个离家更近的大型综合开发项目，项目的选址位于西好莱坞的日落大道上，总用地面积 2.5 英亩（约合 1 万平方米），包含有超过二百套公寓、零售空间，以及一座大型广场，本质上讲又是一座都市村落式的商业开发项目。除此之外，弗兰克还接手了他在夏威夷的第一个项目，为霍华德 · 休斯公司在檀香山的高层综合体沃德村（Ward Village），做了一部分建筑的方案设计。霍华德·休斯公司的首席执行官戴维·魏因雷布（David Weinreb）——一位成功的投资家和房地产开发商，在早年时期还曾经做过一段时间的歌手——则成了又一位，通过工作上的合作，与弗兰克意外建立起友谊的，不同寻常的客户。他也是弗兰克的这份“由客户成为朋友”的名单上，到目前为止最新的一个名字。

在设计安大略美术馆期间，弗兰克回到了多伦多，重访了位于贝弗利街15号的他外祖父母的旧宅，美术馆的位置就在同一条街上不远

弗兰克将事务所中许多重大项目的设计工作，都交给了如克雷格·韦布、戴维·南，以及约翰·鲍尔斯等他信任的设计师。而他自己则会有选择性地，把时间花费在一些更小的事情上，而他之所以答应接手那些小项目，往往只是因为那些项目对他而言有着不同寻常的意义。比如说，他在阿斯彭，为迈克尔·艾斯纳的住宅设计了一座小凉亭，以及他在柏林为丹尼尔·巴伦博伊姆的西东合集管弦乐团（West-Eastern Divan Orchestra）设计了一座椭圆形的小音乐厅。对于柏林的这个项目，弗兰克没有收取一分钱设计费。他把这个项目，视为他个人对于巴伦博伊姆的一次致敬，他希望用这样的方式，来表达他对于巴伦博伊姆试图用音乐来弥合中东地区的政治和文化裂痕的伟大尝试的敬佩之情。

此外，弗兰克还深入地参与了另外一个音乐相关的项目——位于委内瑞拉巴基西梅托市的“国家音乐社会运动中心”（National Center for Social Action Through Music）——的设计过程，那是一座音乐学校与演出中心的综合体。2012 年，年轻的委内瑞拉指挥家古斯塔沃 · 杜达美（Gustavo Dudamel）——他于 2009 年接替了埃萨 - 佩卡 · 萨洛宁，成为洛杉矶交响乐团的新任音乐总监——向弗兰克发出了这个项目的设计邀请。作为委内瑞拉的一个持续多年的，旨在教授孩子们古典音乐的培养计划的优秀成果，杜达美也在他的祖国指导着一支青少年交响乐团。他了解弗兰克对于艺术教育的浓厚兴趣，所以，他安排弗兰克和黛博拉 · 博尔达，到委内瑞拉去对他们的教育项目进行了考察。“看到那些演奏古典音乐的孩子们，我们真的是吓了一大跳，”弗兰克说，“在世界上其他任何地方，你都找不到一个这样的艺术教育项目。”这似乎是一个能够将弗兰克的所有兴趣点联系在一起的项目，所以，弗兰克很快就接受了这个设计委托。为杜达美在故乡巴基西梅托的这个音乐教育项目，设计一座新的总部。

项目被搁置了好几年，项目的进度，最初是因为委内瑞拉总统乌戈 · 查韦斯的病情而被推迟，随后，在查韦斯去世后的一段时期内，委内瑞拉不明朗的政治局势也让项目难以继续进行。而在查韦斯的继任者尼古拉斯 · 马杜罗上台之后，委内瑞拉与美国之间原本就十分糟糕的关系，似乎愈发恶化了。马杜罗的政府，被西方普遍地认为是一个反民主的政府，到 2014 年底，弗兰克和杜达美被邀请回到了委内瑞拉，同马杜罗进行了会面。而那时，委内瑞拉国内的政治形势，可以说正处于一片混乱的状态。作为土生土长的委内瑞拉人，杜达美愿意继续同马杜罗政府进行合作，也许还是可以理解的。但是，对于马杜罗政府，这个通常被人们视为是反美的，并且是腐败的政权，弗兰克所表现出的合作态度，以及他愿意继续为他们提供设计服务的决定，似乎就有些令人费解了。对此，弗兰克也经给出他的辩解。“我并没有参与到政治之中，”他说，“我关心的是艺术教育。如果我做的任何事情，对于他们的政权有所帮助，那么我就一定不会去做。”他对于委内瑞拉的那个艺术教育项目的赞赏和支持，无疑是非常真诚的，正如他在这番声明当中所说的，自己感兴趣的是这个项目本身，而不是与他的客户委内瑞拉政府相关的各种政治。然而，同他在中东地区的那座古根海姆博物馆项目上，通过公开呼吁保障工人权利，而换取积极的公众形象比起来，他这一次的辩解似乎还是显得有些无力。继续为委内瑞拉政府工作，同时又不被政局所影响，对于弗兰克而言，这确实是很困难的，只不过他不愿意承认这一点。

不过，至少在洛杉矶，弗兰克还是能够专注于一些真正与政治无关的项目。洛杉矶交响乐团推出了一系列由建筑师担纲舞台设计的莫扎特歌剧演出，弗兰克接受了乐团的邀请，成了这一项目的顾问。该系列演出的第一个剧目，也被交由了他来主创。2012年春季，弗兰克担任舞台设计的《唐·璜》由杜达美指挥，在沃尔特·迪士尼音乐厅上演。《纽约时报》的乐评人扎卡里·伍尔夫（Zachary Woolfe）在评论中写道，弗兰克“在整个舞台上堆满了用褶皱的纸制成的冰山……这是一次关于白色的怪诞而又优雅的探讨，舞台设计所带来的光怪陆离的氛围，弥漫在了这场《唐·璜》的演出之中”。这场《唐·璜》之后转过年来，演出的剧目是由让·努维尔设计的《费加罗的婚礼》，而2014年上演的剧目，则是由扎哈·哈迪德设计的《女人皆如此》。

除此之外，弗兰克还为洛杉矶艺术博物馆的两场大型展览做了展陈设计。其中之一，是亚历山大·考尔德（Alexander Calder）的作品展，该展于2013年底开幕，弗兰克为其设计了一系列白色的展台以及曲面形态的背景，以一种轻描淡写式的、克制的力量感，对考尔德雕塑作品鲜明的颜色和动感的形态进行了回应。在此之前，弗兰克还为他最为珍视的，结识自20世纪60年代的洛杉矶艺术界的朋友之一，雕塑家和陶瓷艺术家肯·普赖斯设计了回顾展，这一展览于2012年下半年开幕。弗兰克与贝尔塔从早年便开始收藏普赖斯的作品，在这次展览之中，也展出了他们的几件藏品。

普赖斯自1971年便移居到了新墨西哥州，在晚年时期，他罹患癌症。普赖斯是否能够活着看到自己的这次回顾展，其实并不确定，而为了设计这场展览，弗兰克与普赖斯，以及洛杉矶艺术博物馆的策展人斯特凡妮·拜伦（Stephanie Barron）进行了非常密切的交流和合作，他实际上是将普赖斯当作了一位客户来对待的。普赖斯于 2 月底去世，最终还是差了几个月没能赶上那场于 9 月份开幕的展览，但是在他去世之前不久，弗兰克到陶斯（Taos）去看望了他，并且向他汇报了自己最终版的设计。弗兰克也将这个设计，视为他个人对于这位老朋友的一份哀悼和致敬。

这场展览是在洛杉矶艺术博物馆的雷斯尼克展览馆（Resnick Pavilion）里，这座由伦佐·皮亚诺（Renzo Piano）设计的，庞大而平淡的方盒子建筑，如果不能够得到妥善的改造和布置，其在尺度上，就将淹没掉普赖斯的作品。因为，在这场展览的展品，有许多都差不多只有一个陶瓷茶杯般的大小。弗兰克的设计，实际上是在展馆内部的大空间当中设置了一系列小房间，从而将尺度感降了下来，以与普赖斯的那些小雕塑相协调，并且为参观者创造出了一条清晰的观展流线。弗兰克标志性的那种轮廓鲜明的构图元素，在这个展陈设计之中也有所体现，但是都被进行了一定程度的弱化处理。这似乎暗示出了弗兰克的态度:他是希望表明自己的存在，但是一定是以一种低调的、不喧宾夺主的方式。整个展陈空间被完全刷成了白色 ；弗兰克试图通过设计中的每一个细节，竭力地将普赖斯色彩丰富的作品推向构图的前景和中心。在生命的最后几年里，普赖斯也曾创作了一些大型的雕塑作品，而弗兰克将这些大型雕塑中的绝大部分，都布置在了展厅的尽端，那也是整个空间当中唯一拥有一扇外窗，能够进行自然采光的区域。对于展览的这一部分，弗兰克没有进行过多的干涉和限定，他似乎是决定在这最后一步上淡化自己的影响，以自然光和开放的空间，作为他对这位老朋友的最后致意。

很少写东西的弗兰克，答应了博物馆的请求，撰写了一篇关于普赖斯的短文，登在了这次展览的展品目录上。这篇短文，可以说是弗兰克所写过的最为温和，也是最为动人的文章之一。“我个人对于陶瓷艺术有着浓厚的兴趣，”他以此作为开头，“在我学建筑以前，我所接触到的第一门艺术课程就是陶艺课。我做出了许多荒唐可笑，但又十分有趣的东西，也正因如此，我后来才决定成为一名建筑师。”他回忆了早期购买的一些普赖斯的作品，包括花 200 美元买的，一只驮在陶瓷蜗牛背上的杯子。“从一开始，我就十分关注他的那些杯子和雕塑作品所具有的形式感，”弗兰克继续写道，“它们与建筑是相通的。我记得他曾经做出过一个顶部有一个小小的扭曲造型的杯子。当我将这个杯子，与我在 20 世纪 80 年代初期设计的那个，立面上有一架飞机起飞的加州航天博物馆放在一起进行对比时，我发现，它们在形式上的相似性完全是自发而无意识的。”在接下来一段评论中，他谈到了他有多么地希望普赖斯能够得到更为广泛的理解，事实上，他这既是在谈普赖斯，同时也是在谈他自己，对于普赖斯在晚年时期依然能够尝试新的创作形式，弗兰克也表达了自己由衷的钦佩之情。“这些作品可能并不算是完全成功的，但是他至少敢于去尝试。这正是我最为欣赏他的一点，也是他在这些年来一直能够不断地给予我启发的原因所在……他的创作，有着清晰明确的指向，同时也有着一种十分自然的幽默感。他的作品能够传达出很多东西，包括愉悦和爱意，以及一种毫无虚张声势的美。”

* * *

肯 · 普赖斯的离去，给弗兰克带来的这种悲痛，在最近这些年，因为朋友接二连三的去世又发生了多次。有时候，弗兰克觉得，那些曾经与他最为亲近的人们，似乎在一个接一个地从他的生命当中消失。在普赖斯离世之前几个星期，本 · 戈扎那也因胰腺癌在纽约去世。对弗兰克而言，这让 2012 年的 2 月成了一个尤为难过的月份。2013 年年初，作家和评论家阿达·路易斯 · 赫克斯塔布尔（Ada Louise Huxtable）也因癌症去世。她曾经与弗兰克共同担任过普利兹克奖的评委，在那段日子里他们成了很好的朋友。弗兰克专程赶往纽约，在她的追悼仪式上发了言——正如几年前，他在赫伯特·马斯卡姆与肺癌抗争多年后离去时，所做过的那样——而弗兰克发现，他所发言的那间报告厅，正位于伦佐 · 皮亚诺设计的纽约时报新总部大楼之中。当年，他其实差一点就赢得了这个项目的设计权。2014年底，他再一次地乘坐飞机横穿整个国境，到米尔德丽德·弗里德曼的葬礼上，去完成了一个类似的工作。作为策展人，米尔德丽德·弗里德曼对于弗兰克的职业生涯产生过至关重要的作用，20世纪80年代中期，她在明尼阿波利斯的沃克艺术中心，为弗兰克策划了他个人的第一场回顾展览，而她与她的丈夫马丁，自那之后，也一直与弗兰克保持着亲密的友谊。

最令弗兰克感到痛心的一次离别，也是来得最突然的一次，是2013年11月23日。彼得·刘易斯因为心脏病突发而去世，终年八十岁。弗兰克飞去了克利夫兰，到位于大学城的，有着壮观的金色穹顶的以色列提费日斯犹太教堂，参加了刘易斯的葬礼。在葬礼上，他做了发言，除他以外，在葬礼上致辞的，还有美国公民自由联盟的主席安东尼·罗梅罗（Anthony Romero），以及刚刚卸任普林斯顿大学校长的雪莉·蒂尔曼（Shirley Tilghman）。普林斯顿是刘易斯的母校，而他为母校捐赠的彼得·刘易斯科学图书馆，也正是由弗兰克担纲设计的。虽然弗兰克在他罕有的几次写作尝试中，都写出了非常能打动人的文章，但是，他还是不太习惯于提前准备发言稿，他更喜欢即兴发言，凭借他的热情、亲和力，以及真诚来应付这些场合。他的形象和语气都十分真挚，他也确信自己能够将内心的真情实感传达出来。这种情感，在这样的场合，正是恰到好处的。尽管在发言中，他有时难免一些磕绊和跑题，不过，这些都无伤大雅。

刘易斯的猝逝，给弗兰克带来的打击非常大。尽管他对于反犹太主义一直都十分敏感，并且在工作和生活中也经常表现出自己的犹太身份和传承——通常是通过持续的焦虑和担忧的情绪体现出来的——但是他却不曾习惯于待在犹太教堂这样的场所中，更不用说还要在讲坛上进行发言了。悼词的开始，弗兰克谈道，自己其实原本一直都觉得，彼得·刘易斯应该会在他的葬礼上给他致悼词的，因为刘易斯比他要年轻几岁，然而现在情况却恰恰相反。“所以我并没有什么准备。”弗兰克说。他确信，刘易斯肯定已经为他的葬礼准备好一份发言稿了。他回忆了两人一起走过的“难以置信的旅程”，在刘易斯的鼎力资助下，弗兰克设计了未能够实现的刘易斯住宅，也最终得以在凯斯西储大学和普林斯顿大学建成了两座建筑。在古根海姆博物馆的数次海外尝试中，他们俩也有过十分密切的合作。“我爱这个家伙，他的离开，对我的触动很大。”弗兰克这样说道。然而，弗兰克的发言，除了赞美了刘易斯作为出资人对于他的信任，以及这种信任对于建筑学的未来发展所产生的深远影响之外，对于刘易斯的精神内核，却并没能够进行更为深入的挖掘。与他为肯·普赖斯准备的那篇书面悼词不同，他在彼得·刘易斯葬礼上的发言，没能很好地抓住刘易斯那极具风格、富有激情、灵活善变而又坚定不移的个性品质。弗兰克与刘易斯之间那不同寻常的亲密关系，混合着爱、敬畏、共同的身份认同，以及强烈的竞争性，而弗兰克似乎直到最后，也没能够完全理清这份关系之中的诸多头绪。

* * *

不过，友人离世所带来的悲伤，从未令弗兰克陷入绝望。和往常一样，他的工作支撑着他，还有他庞大的社交范围和职业群体。虽然死亡从他的圈子里带走了一些人，但是，也总有人似乎源源不断地加入进来。当他需要暂时跳脱出建筑之外时，他也总是能够找到一些事情来让自己放松下来。他和贝尔塔开始更加规律地出席洛杉矶交响乐团的演出，将他们位于乐团的执行总监，也是他们的好朋友黛博拉·博尔达身边的专属座位充分地利用了起来。沃尔特·迪士尼音乐厅这座建筑的成功，也让弗兰克能够更好地专注于音乐——他无须再担心这座建筑本身会有什么问题，也不必再为人们如何看待这座建筑而感到困扰了。

在演出结束后，他与贝尔塔常常会同古斯塔沃·杜达美一起到后台去拜访乐手们。每当有弗兰克的朋友——比如钢琴家伊曼纽尔·艾克斯（Emanuel

Ax）等——来到洛杉矶与洛杉矶交响乐团进行合作演出，弗兰克和贝尔塔便会与博尔达和杜达美一起，到位于沃尔特·迪士尼音乐厅首层的帕蒂娜餐厅参加音乐会之后的晚餐会。音乐家们，逐渐取代了冰球选手们曾经在弗兰克生活中占据的重要位置，弗兰克十分欣赏这些各自领域里的大师级人物，并且也乐于与他们发生联系，进行交往。在与他的音乐家朋友和冰球手朋友们的交往中，弗兰克能够感受到一种没有任何竞争性的、彼此的惺惺相惜。而对弗兰克这位杰出的建筑师，他们也同样怀有极高的钦佩——弗兰克在他们的身上，从不会看到那种时而出现在其他建筑师身上的，针对他的嫉妒心。

2012 年夏天，音乐与建筑，以一种新的方式结合到了一起。那一年，弗兰克与贝尔塔，邀请大提琴家马友友到他们位于圣莫尼卡的自宅中，为奥巴马的总统竞选举办了一场小型的募款音乐会。参加这场音乐会的最低捐款金额是 10000 美元。弗兰克对于能够主办这次活动感到兴奋不已，此外，他还成功地说服了奥巴马的竞选策划们放弃了原来的计划，他们本想在弗兰克的后院搭一个帐篷作为场地。弗兰克希望音乐会在他的房子里进行。他十分渴望能够看一看他的那间有着木质板条天花板起居室，在声学效果上的表现如何，也十分渴望能够看到当家具都被移走，换上折叠座椅之后，整个空间看起来会是个什么样子。2012 年，他对奥巴马还依然充满了热情和期待——然而两年之后，奥巴马却指派弗兰克设计的公开反对者布鲁斯·科尔，加入了艾森豪威尔纪念碑委员会，这令弗兰克非常失望，甚至是感到了某种背叛。

在后院举行的鸡尾酒会结束之后，七十位来宾挤进了弗兰克的客厅，白色的折叠椅大致地围成了一个半圆，三盏弗兰克的鱼形灯，以及一幅著名的——由埃德·鲁沙创作的，表现好莱坞标志的——丝印版画构成了舞台的背景。演出之前没有进行任何政治演说。弗兰克不想搞这些东西，再者，前来他的住宅欣赏这场演出的人，都已明确表示过对奥巴马的支持。在大家落座之后，弗兰克站起身来，对观众们说道：“我尽了自己最大的努力，使各位能够在这里，得到与迪士尼音乐厅相同的观演体验——现在，他来了。”说罢，他邀请马友友上台，在观众席围成的半圆形中心就坐。和弗兰克相似，马友友在他的领域当中，也是少数几个既是严肃的艺术家，同时又能作为公众人物很好地融入周围环境的人。他似乎很快便沉浸在了这场演出的氛围，以及弗兰克的客厅所营造出的空间体验当中。“那么，这就是流动的建筑，或者说是凝固的音乐？能够在你们的家中演出，对我来说真是一种莫大的荣幸，”他对弗兰克和贝尔塔说道，“我想在这样的场合和环境里，巴赫是再合适不过的了。”马友友接着说：“他是一位伟大的音乐建筑师。我想，我今天就来演奏他的《第三无伴奏大提琴组曲》吧——他总共写了六首——由于我们都希望自己现在是处于（奥巴马总统任期的）正当中,而非结束。所以，我选择位于中间的这首。”

说罢，他便开始演奏，房间里的音响效果，与弗兰克所想象的一样出色，甚至还要好。大提琴的声音清脆而又富有回响，而巴赫，这位弗兰克自六十多年前听到格雷格 · 沃尔什演奏过（那首他常常开玩笑地称之为《盖里变奏曲》的名曲），便深深爱上的作曲家，在创作中似乎也与弗兰克的建筑创作在许多方面有着共鸣。复杂，但是绝不混乱，其丰富而庞杂的结构体系往往清晰可见，但又都服务于整体的舒适性和感官体验。据芭芭拉 · 艾森伯格的书中记载，弗兰克在与她的谈话中，曾将他自己在大西洋场项目上的设计过程与巴赫的乐曲进行了一番类比：“我觉得这个过程就像是在创作《勃兰登堡协奏曲》，整个乐曲有着一段固定的乐章形式，但又层层推进。音符随着乐曲的进行被填入五线谱，随后整个乐章又移入了另一个八度。而在乐曲展开的过程之中，不同的乐器，以及曲风的变化也被逐渐加入进来。”在马友友演奏的过程中，弗兰克一直坐在第二排，黛博拉 · 博尔达的身边，专注地聆听着，脸上带着平静的微笑。他已经在这里住了三十四年，然而在客厅里欣赏马友友的那一晚，是他在此之前从来未曾有过的体验。

2013 年年初，弗兰克患了一次支气管炎，这也直接导致他取消了原本计划好的，前往欧洲和亚洲的旅行。这场病把他吓坏了。在八十三岁这个年龄，任何一次在严重程度上超过轻微感冒的疾病，都会在弗兰克心中引起类似的担忧和恐惧——他担心这是全面而永久性的身体机能衰退的信号和开始。最终，这次感染被证明只是虚惊一场，弗兰克并无大碍，而他原本就十分强壮的体格，让他在一月底就已经恢复得差不多了，也让他有了充足的精力，来为贝尔塔准备一场惊喜生日会——那一年的 1 月 31 日，贝尔塔将会迎来她七十岁的生日。为了不让贝尔塔发现他们的筹备行动，弗兰克在贝尔塔的生日当晚——那天是个星期四——安排了一场家庭晚宴，并且还邀请贝尔塔的妹妹从巴拿马飞来一起参加。贝尔塔以为，自己的生日就这样过去了，两晚之后，当她的两个儿子邀请她和弗兰克去试一试他们在圣莫尼卡新发现的一家餐厅时，贝尔塔也没有多想，欣然接受了这个邀请。而当贝尔塔走进那家餐厅，她惊喜地发现，一群她最爱的，也是最亲密的人向她送来祝福：这里有她的家人，弗兰克的妹妹多琳、弗兰克的前内弟理查德·斯奈德；还有一些盖里一家长久以来的伙伴，如盖尔·卡瓦纳、作家约瑟夫·摩根斯坦、理查德·韦恩斯坦和埃蒂娜·韦恩斯坦夫妇，以及鲍比·施瑞弗尔和玛丽莎·施瑞弗尔夫妇。除此之外，来到聚会现场的，还有双子星版画工作室的两位合伙人希德·费尔森和琼尼·魏尔，以及来自艺术圈的那些老伙计，埃德·摩西、埃德·拉斯查和查克·阿诺尔迪等。一如往常，在盖里家举行的私人社交活动上，建筑师总是来得相对较少的——在场的少数几位建筑师，包括格雷格·林恩和他的妻子，建筑历史学家希尔维亚·拉文（Sylvia Lavin），以及克雷格·霍奇茨与他的妻子兼合伙人冯心明（Hsin-Ming Fung），当然，还有依旧如盖里一家的家人一般的格雷格·沃尔什。一个拉丁乐团，在聚会的现场演奏着爵士乐，而萨姆和亚历杭德罗向他们的母亲致了敬酒辞。“感谢您给了我们生命，”亚历杭德罗说道，“也感谢您把您的丈夫管理得这么好。”

这次聚会，与贝尔塔在弗兰克八十岁生日时为他准备的聚会一样，气氛都是非常欢乐而热烈的，但是，这两场聚会又全然不同。贝尔塔的聚会，虽然很热闹，但是规模较小，也更加的私人化，而弗兰克的生日会，则是一场因其公众形象而略显高调的盛大庆典。比较两场聚会，在一定程度上显示了弗兰克与贝尔塔各自追求的不同。但是，这种区别，也更加彰显了两个作为夫妻而特有的默契。在筹备聚会的过程中，乃至生活中的其他方面，他们都十分了解对方想要的究竟是什么，也善于将对方的想法实现。更重要的是，他们从来不会对自己与对方的不同追求，做出价值上的判断。

而对于弗兰克的下一个重要的生日，他的八十五岁大寿，贝尔塔就没有插手什么了。2014 年 2 月，弗兰克在毕尔巴鄂古根海姆博物馆里度过了他的生日。弗兰克一直想带上家人一起，回到那座博物馆去看一看，2013 年年底，他联系了毕尔巴鄂市政府的前官员，在博物馆建设过程当中扮演了重要角色的胡安 · 伊格纳西奥 · 比达德，他告诉比达德说自己马上就要八十五岁了，他希望能够和家人一起，在毕尔巴鄂庆祝自己即将到来的生日。自毕尔巴鄂古根海姆博物馆的设计和建设阶段起，比达德便一直都在为古根海姆基金会工作，[1] 他爽快地答应了弗兰克的请求，并提出愿意为弗兰克安排一场生日晚宴。“他对我说他不想搞得太奢侈，简简单单就好。”比达德说。不过，比达德和他在毕尔巴鄂的同事们却并不这么想。“大家都觉得，既然弗兰克提出了想来这边庆祝生日，那么我们就应该好好地进行准备，以此作为我们向他的致敬，并且通过这次活动，向他传达出我们这座城市，以及整个巴斯克地区对他的感激之情。”比达德说道。不久之后，2014 年的新年前夜，比达德在电视上看到了丹尼尔 · 巴伦博伊姆指挥着维也纳爱乐乐团进行的新年演出，这令他回忆起弗兰克对于巴伦博伊姆——以及他所创建的，由来自阿拉伯世界和以色列的乐手共同组成的西东合集管弦乐团——所怀有的喜爱和敬意。“我了解他们之间的关系，我想，如果能把巴伦博伊姆请来，那对于弗兰克而言一定会是个极大的惊喜。”比达德说道。于是，他与巴伦

1 详见第十四章。

博伊姆取得了联系，巴伦博伊姆表示他无法把他的乐团一起带来，但是他本人非常愿意到毕尔巴鄂去参加弗兰克的生日会，并且也愿意为弗兰克演奏一首独奏乐曲，来表达他对弗兰克的敬意和祝福。生日会当晚，在古根海姆博物馆的报告厅，巴伦博伊姆在四百位应邀出席的来宾面前，演奏了一首舒伯特的钢琴奏鸣曲，之后，弗兰克的生日晚宴，在博物馆的大厅中如期举行。“我知道，弗兰克希望能够办得克制和低调一些，但是，那场生日会感动了我们所有人。”比达德说，弗兰克本人也是激动万分。“巴伦博伊姆在博物馆里为我的生日会进行了演奏，我哭了。”在一封发自毕尔巴鄂的电子邮件中，他这样写道。弗兰克的这次八十五岁生日会，可以说是兼顾了他内心当中的两种倾向。一方面，他曾真诚地要求过比达德不要搞得太铺张，这使得他不会感到于心不安，而另一方面，准备这场生日会的人，又都能明白他的愿望，没有把他对于低调克制的请求太过当真，这也令他得以享受到了一场如此盛大的庆祝。

在生日会上，比达德和他的同事们，还为弗兰克准备了一段祝寿视频，视频中出现的人物，包括弗兰克的一些建筑师同行，如彼得·埃森曼、诺曼·福斯特、拉斐尔·莫内欧、雅克·赫尔佐格，以及阿尔瓦罗·西扎（Álvaro Siza）等，还包括诸如安尼什·卡珀尔、詹姆斯·罗森奎斯特、克莱斯·奥登伯格（奥登伯格在录制视频时还举着一只双筒望远镜，这是只有了解弗兰克作品的人才看得懂的小玩笑）、珍妮·霍尔泽，以及玛莉娜·阿布拉莫维奇等艺术家。建筑师们的致辞，不出所料地，虽然充满敬意，但是又都略显谨慎。在视频中，赫尔佐格手里，举着一杯产自西班牙瑞格尔侯爵酒庄的红酒，向弗兰克致意——弗兰克曾在那座酒庄里设计过一座小旅馆。埃森曼则说，他喜欢把他自己与弗兰克，想象成为两辆激烈竞速中的赛车，“无论我的赛车开得多块，在我前面总是还有着另一辆车，耀武扬威地卷起阵阵尘土。”他说。相比之下，艺术家们则显得更为热情一些了。“感谢你做出了这些更新、更先进的博物馆建筑，也感谢你为千千万万的博物馆参观者们，

2014 年，在毕尔巴鄂古根海姆博物馆举行的弗兰克八十五岁生日会上，弗兰克正在与丹尼尔·巴伦博伊姆（画面前景背对镜头者）交谈。胡安·伊格纳西奥·比达德位于画面右侧

带来了更好的参观体验。”珍妮·霍尔泽这样说道。古根海姆博物馆的策展人卡门·希梅内斯盛赞了弗兰克，称他在毕尔巴鄂的创作，是“世界历史上的一座里程碑”。安尼什·卡珀尔则在视频中对弗兰克说：“亲爱的弗兰克，这些年来，我们一直都在注视着你各种‘玩’的过程——设计对于你而言真的是一种‘玩’，而且你‘玩’得非常认真。如今你八十五岁了，还依然能够‘玩’起来。我想说，这也许就是美好生活的秘诀。”显然，在落成十七年后，毕尔巴鄂古根海姆博物馆，为毕尔巴鄂这座城市，乃至于整个巴斯克地区创造的价值，及其作为一个建筑作品所具有的重要意义，依然没有丝毫减弱。巴斯克人至今，依然如 1997 年这座博物馆轰动世界的盛大开幕时一样，对这座建筑充满了自豪。弗兰克的八十五岁生日，对他而言，从任何方面看，都是一次充满荣耀的，对于自己此生最伟大成就之一的重访。生日会结束后，他满怀的喜悦与回味，返回了洛杉矶，神采奕奕的他，仿佛一下子年轻了许多。

当然，日常生活还在继续，在平淡的同时，生活也依然在持续地带来各种细密而繁杂的喜悦和挑战。弗兰克和贝尔塔依然居住在他们位于圣莫尼卡的住宅里，他们把原本用作车库的空间改造成一间单人居室，以便将来当他们需要住家护理时，有房间给护理人员居住。不过，至少目前，他们认为自己还可以，不需要专职的护理，一些兼职的清洁和园艺服务，自己干就已足够了。弗兰克每天驾驶着他的奥迪 S6 去事务所上班。这是一款配备涡轮增压发动机，动力超强的轿车。起初，这辆车只是奥迪公司通过一个品牌推广计划，暂时借给弗兰克开的，计划旨在让一些杰出的风尚引领者和潮流领导者们体验奥迪汽车。显然，奥迪公司的这个计划在弗兰克身上十分奏效，因为他太喜欢这部车了，租借期一结束，他就将其买了下来。贝尔塔则开她的宝马上下班——与大多数居住在洛杉矶的家庭一样，不能人手一车的生活，是无法想象的。

2012 年开始，弗兰克不得不服老了，他感觉到自己已经不太适合在晚上开车了。从那时起，每当他们要出席晚宴，或要到市中心的沃尔特 · 迪士尼音乐厅看演出，他们便会雇一辆车载他们前往。他们的晚餐大多数都在外面解决。常去的餐厅有两家，一家是位于布伦特伍德的，装潢极度浮夸华丽的意大利餐厅——文森蒂餐厅；还有一家，则是距离他们的圣莫尼卡自宅不远，有着古板而保守的木板装潢的牛排餐厅——太平洋铁路餐车餐厅。莱斯利去世时,他们为家人们准备的纪念午餐会就是在那里进行的。这两家餐厅，在设计风格上，可以说都是与弗兰克的审美相去甚远的，但是，对于弗兰克而言，它们的优势在于安静、近便，并且能够提供放心可靠的食物。所以，他们夫妇二人的大部分招待宴请，也基本上是选在这两家餐厅里进行。

有时候他们也会从外面买了食物带回家吃。2014 年夏天的一个晚上，弗兰克与贝尔塔在威尼斯他们最喜欢的一家日本餐厅买了外带寿司，回家招待他们的一个朋友。晚餐吃到一半，他们房子的警报系统忽然响了起来，一开始声音还是断断续续，没过多久，刺耳的警报声变得连续不断，使得交谈都变得困难。弗兰克给警报公司打去了电话，试图向他们报修，但他在客服电话上排队等候了好几分钟。那是一个星期五的晚上，并且时间已经很晚，弗兰克身边也没有任何能够帮助他处理问题的助手、管家抑或是秘书。他只能拿着电话等待，而当他的电话终于被接通，他几乎是央求着电话那边的接线员，为他派一名维修工过来。"我们是一对年迈的夫妇，独居在这里，"他说，"你能不能做点什么？我们没有地方可去，家里这么大的声音，我们也没办法睡觉。"接线员则告诉他说，她会尽力帮忙，但是无法给出保证。半个小时过后，依然没有任何人上门处理。显然，弗兰克尝试说服警报公司，请他们帮帮这对独居的老夫妇解决这个突发问题的努力没有获得成功。所以，他只得自己走到屋外，爬进位于建筑的上部结构下面逼仄的辅助空间，翻找到了连接警报系统的线路，将其切断。他说，在此之前，他从没有感到过如此的无助。

* * *

虽然他与贝尔塔，在他们圣莫尼卡的自宅里住得很舒服，但是，自从放弃掉威尼斯的新自宅项目后，弗兰克其实从未彻底打消掉再为自己设计一栋房子的念头。布鲁斯·拉特纳在纽约的云杉街 8 号公寓塔楼当中，为弗兰克安排了一套位于五十一层的公寓套房，以供他来曼哈顿时暂住，那套公寓的窗外就能够看到布鲁克林大桥，景色非常壮观，他和贝尔塔也都十分享受住在那里的时光。不过，他依然还是盘算着再次为自己设计一座独立住宅，他一直都在通过圣莫尼卡的地产中介，寻找可能的建设用地。2011 年 1 月 31 日，他以 730 万美元的价格，买下了一栋位于阿德莱德大道 316 号，俯瞰着圣莫尼卡峡谷的老式粉色西班牙殖民时期风格住宅。从他当年借钱在圣莫尼卡的另一端，买下那栋位于第 22 街的住宅算起，他的人生已经走过了一段漫长的旅途。这一次，他通过一家名为阿德莱德地产公司的中介买下的这栋房子，地处圣莫尼卡最好的社区当中最好的街道，距离海滩很近，却又十分安静和私密。这片地产每年的税费就高达 65800 美元。

场地中原有的那栋住宅，始建于 1919 年，并且在 1980 年进行过一次大规模的改造，其原有的大部分历史性元素，都已经被移除了。与他在上一次的自宅设计当中，利用了场地中的既有建筑作为设计出发点的思路不同，这一次，弗兰克对于既存建筑没有任何兴趣。他想将旧建筑彻底拆掉，在一块空地上设计一座全新的建筑。他认为，拆掉旧建筑，重新进行设计，操作起来会相对更容易。在他看来，那座旧建筑本身已没有什么值得保留的。然而圣莫尼卡的古迹保护主义者们却并不这么想，他们还发起了一次短暂的抗议活动，声称旧建筑相对来说改变较少的北侧部分，属于历史性地标，而如果他们的这一主张成立，弗兰克不仅需要将那部分旧建筑加以保留，而且还要将他在地块的剩余部分所做的新建筑设计，报送城市的地标委员会进行审批。不过，地标委员会最终否决了将这座建筑认定为地标的提案，也许他们本身就认为，将这座旧建筑定为地标是牵强的，当然，也有可能是因为他们担心未来可能会面对的尴尬局面。毕竟，一旦他们将旧建筑认定为地标，将来，弗兰克设计的新建筑是否与保留下来的那座西班牙殖民风格建筑相协调，就要由他们来判定了。最终，弗兰克还是得到了按照自己的想法，行使对这片场地进行处置的权利。

然而，弗兰克和贝尔塔，对于搬家这件事，在心理上还是有些矛盾的。毕竟，等到这座新住宅建好，弗兰克就要将近九十岁了，对于这个岁数的人来说，即便搬家，大多数情况也是搬进一些护理机构，很少再搬进那种定制化设计的、漂亮的住宅里了。而且，搬离他位于第 22 街的旧宅，也将另外一个问题推到了弗兰克的面前，那就是应该如何决定旧宅未来的命运。不过，考虑过后，弗兰克觉得，自己也并不会有什么损失。与位于威尼斯哈丁大街上的那片地产不同，一座位于圣莫尼卡最受欢迎的街区的，由盖里设计的全新住宅，无论在任何情况下，都一定会是很值钱的。他意识到，他完全不用像上次在威尼斯时那样，有那么多的顾虑，这一次，他可以放心大胆地去进行设计和建设。哪怕他和贝尔塔最终决定不搬进去，他们也随时可以把建好的新房子卖掉，而且还很有可能赚上一笔。他们根本没有必要这么早就做这个决定。

弗兰克将这座新自宅的大部分设计工作，都交给了他的儿子萨姆。这个项目对于弗兰克而言最大的吸引力，就在于其能够给予萨姆一些非常宝贵的，总体负责和把控一个项目完整过程的经验。而且，这个项目，也让贝尔塔实际上成了她儿子的客户，而弗兰克则是在背后，支持着自己的妻子和儿子之间的合作。项目的进展相当顺利，这也让所有人都感到十分欣慰。弗兰克在其中充当着一个设计顾问的角色，而萨姆也做出了一个"盖里式"的方案。整个方案基于一组巨大的、沿对角线搭建的木质框架结构展开，整体上，既能够让人联想起弗兰克早期作品当中的一些元素，又与弗兰克一些新近作品有着显著的呼应和延续性（如以玻璃表面包裹着清晰可见结构的路易威登基金会博物馆）。这座建筑的大部分立面，也将会采用玻璃作为材质，不过，巴黎项目中的那些曲面的玻璃"帆"和钢质桁架，在这座建筑中就不会出现了。整个住宅更像是一座庞大的棚屋，由木框架固定的平板玻璃以不同的角度排列搭接，形成了外立面的总体构图。交错堆叠的玻璃板，也使得庞大的建筑具有了视觉良好的整体性。弗兰克的这座新住宅，尽管房间数量并不算多，但也明显算是一座庄园别墅式的大型宅院了。建筑中设置了单独的客房区，以及弗兰克与贝尔塔要求的住家护工房间，这也是他们一直以来从未严肃考虑过的。设计中的某些元素和特征，会令人想起2008年建成于伦敦海德公园的蛇形画廊临时展厅。[1]当年，为了检验萨姆的能力，弗兰克几乎

1 自2000年起，蛇形画廊（Serpentine Gallery）每年都会邀请一位此前未曾在英格兰建成过公共建筑的知名建筑师，为他们设计一座临时性的夏季展厅。其他曾经接受过蛇形画廊临时展厅的设计邀请的建筑师，还包括赫尔佐格和德·梅隆、丹尼尔·里伯斯金、雷姆·库哈斯、伊东丰雄、彼得·卒姆托、阿尔瓦罗·西扎，以及艾德瓦尔多·苏托·德·莫拉。

将那座临时展厅的全部设计与项目管理工作，都交给了萨姆负责，而最终的结果，令弗兰克非常满意。弗兰克认为，凭借在蛇形画廊临时展厅项目上的出色表现，萨姆完全有能力，也有资格胜任这个新住宅项目。2014 年年底，项目的施工如期开始，弗兰克对于整个项目过程的顺利进展感到欣慰不已，而卖掉这座新住宅的想法，也被他抛在了脑后。

* * *

在他横跨半个世纪的职业生涯中，弗兰克几乎没有丢弃过任何工作相关的文件和资料，他也因此而积累起了一份规模巨大的存档。他事务所的档案文件，装满了数百个箱子。存档的内容，包括旧的记事本、邀请函、委托书、日历、信件、电话记录等几乎每一页曾经在他秘书的办公桌上停留过的纸张。这些文件当中，有些是充满了赞美和恭维之词的信件，如 2000 年，建筑师拉斐尔 · 维诺利在首次参观了毕尔巴鄂古根海姆博物馆之后，寄给弗兰克的一封手写信，在信中维诺利说："我从未见过如此有力、智慧而富有包容性的设计。你让我的生活更美好了一些。"而弗兰克则在回信里写道："很高兴能够得到来自优秀同行的肯定。"还有一些则没那么客气了，比如一封来自化石（Fossil）手表公司的代理人，愤怒的声讨信。弗兰克曾经与化石公司尝试过合作，但是，在为他们设计了几款手表的初步草图之后，弗兰克改变了主意，决定放弃了那个项目。化石公司对此深感震惊，他们在信中称："你所错过的这个机会，原本可以创造出一个知名的，世界范围的流行符号……我们不相信，西班牙的一座房子——无论它有多么著名——能够将你提升到与阿玛尼或拉尔夫 · 劳伦比肩的高度。"除此之外，存档文件里还包含 1987 年，来自伊朗门事件（Iran-Contra）听证会的首席法律顾问亚瑟·理曼（Arthur Liman），以及加州众议员梅尔 · 莱文（Mel Levine）的一封感谢信，他们来信感谢的，是弗兰克针对奥利弗 · 诺斯（Oliver North）为向伊朗出售武器，并将所获收益用于支持尼加拉瓜叛乱的非法计划所做的辩护证词的书面抗议。由于贝尔塔来自巴拿马的背景，弗兰克与贝尔塔，对于这一政治事件尤为重视。

在政治光谱上的另一端，这份存档里还包含着一些非常值得关注的图像资料。20 世纪 70 年代早期，弗兰克拍摄了一系列记录洛杉矶工业建筑的照片，他拍摄这组照片的动机，某种程度上是受到他的朋友埃德·鲁沙作品的启发。那些关于油井架、厂房、木材堆场和仓库的影像，对弗兰克而言，是一份十分罕见的，对自己创作灵感来源的记录。在更多的情况下，这些来自外界的影响因素，会被弗兰克融入自己的建筑语言之中，但是真正原始的灵感来源，往往是无迹可循的。此外，弗兰克还保存着一份来自格雷顿·卡特（Graydon Carter）的，邀请他参加 2005 年《名利场》奥斯卡派对的请柬；来自演员工会的，证明了他在《辛普森一家》当中的“出演”，并获得收入——2005 年 1825 美元，2007 年 34. 22 美元——以及确认了他的演员工会会员资格的文件；还有一封他在 2000 年写给美国建筑师协会，劝说他们将当年的美国建筑师协会金奖，也是该协会的最高荣誉，授予迈克尔·格雷夫斯的言辞恳切而礼貌的信件。（弗兰克在此前一年，也就是 1999 年，已经获颁了该奖。）虽然从总体上来说，弗兰克一直都是很愿意支持和帮衬自己的同行，并且与他的老朋友菲利普·约翰逊一样，他似乎也常常倾向于将自己视为是这个行业的某种“教父”式的人物。但是，弗兰克并没有因为对同行的支持而违背过自己的原则。1987 年，在写给英国开发商彼得·帕伦博（Peter Palumbo）的一封信中，弗兰克就拒绝了帕伦博请他出面为饱受争议的家禽街 1 号（No. 1 Poultry）项目——一座位于伦敦的，由詹姆斯·斯特林（James Stirling）设计的后现代主义风格办公楼——背书的请求。“我无法在自己都不信服的情况下去说服别人。”弗兰克向帕伦博致以了歉意，他认为对待朋友，内心的真诚是要比无条件的忠实更为重要的。“我只是不能接受这种理念，为什么在应对来自未来的挑战时，当下必须要回归到过去呢？这是我非常个人化的一个观点，但是，这种观点，是根植于我的内心深处的。”

弗兰克还保存了数百页的电话记录，比如，一份 2004 年 4 月某个下午的电话记录中显示，他在那天接听了来自伊莱 · 布罗德、布拉德 · 皮特、马绍尔 · 罗斯、迈克尔 · 马尔岑，以及三位建筑评论家、一位博物馆馆长、一位他的私人医生、还有一个想要借钱的人的电话。除此之外，弗兰克的存档之中还存有一封他于 1984 年 7 月 21 日写给他的老朋友理查德 · 索尔 · 伍尔曼的信。在信中，他回绝了伍尔曼请他为一本即将出版的导游手册列举一份他在洛杉矶最喜爱事物的列表的请求。他回复的全文如下 ：“正如你所知道的，我整天都得工作。除了到事务所工作之外，我所有的时间差不多都花在陪伴家人上了。我的生活就是这样，这也正是我所喜欢的生活。我是个不知疲倦的工作狂。你就饶了我吧，在我把自己累死之前。”

2000 年 7 月，马萨诸塞州剑桥市的一位家庭法院的法官贝弗莉·温格·布尔斯坦给弗兰克写来了一封信，希望弗兰克能够考虑接手她们县的新法院大楼项目，理由是“你似乎还从来没有设计过一座‘正义的殿堂’，（而且）对于马萨诸塞州而言，引领美国法院建筑设计的新思考，也无疑将是一件极为激动人心的创举”。而在回信中，弗兰克写道 ：“我真希望我的母亲还活着，这样我就可以把您的来信寄给她看看。她一定会为我感到非常骄傲的。无论如何，感谢您的来信询问。您说得很对。我们还从未设计过正义的殿堂。而究其原因，是这些机构背后的官僚政治体系，惧怕像我这类的人。”

存档当中，比这些信件和电话记录更有意义的一部分内容，无疑是那些与事务所的项目——无论是建成的还是未建成的——设计过程相关的，数以千计的图纸、文本，以及模型。弗兰克的事务所总共做过几百个项目，而几乎所有项目都在论证的过程中，制作了大量不同尺寸和比例的模型。虽然近期的项目都是以数字化形式进行操作的，而时间较早的项目，其图纸和相关文件在理论上也都可以进行数字化。但是，事务所里的那些模型，即便是那些通过数字软件建模，并用三维打印技术制作出来的模型，却都是实实在在的，需要占据物理空间的实体。光是储存这些模型，就是一个非常棘手的难题。从很早以前，弗兰克的这部分存档，就已远远超出了事务所储存空间所能够容纳的范围。

截至2014年，弗兰克已经租赁了三个位于不同地点的仓储空间，而每年的租金总额已经接近100万美元。仅仅是储存这份存档，就已经占去了事务所日常经营费用之中的很大一部分。然而，这笔开销，却并没有换来什么回报，因为这份存档从来没有被完整地进行过编目和整理。偶尔，一些需要对弗兰克事务所的作品进行研究的学者，会来查找和使用这份存档。比如，20世纪80年代，策划了沃克艺术中心那次展览的米尔德丽德·弗里德曼——2001年她还作为特邀策展人在纽约的古根海姆博物馆策划了一次规模更大的弗兰克的作品展[1]——以及2014年，在路易威登基金会博物馆落成开幕之时，在巴黎的蓬皮杜中心组织了一场涵盖弗兰克整个职业生涯的回顾展的弗雷德里克·米盖鲁。这些策展人，以及其他的研究者，在查阅这份杂乱的存档，并对其加以一定程度整理的过程中，对这些陈旧的材料也进行了许多次的筛选和细分。这份存档，对于这些大大小小的展览策划，以及其他许多关于弗兰克作品的书籍的撰写，都起到了至关重要的资料性和参考性作用。这足以说明，弗兰克并不是“一根筋”，只知道存

1 纽约古根海姆博物馆的那场展览，与当年沃克中心的那次由弗兰克事务所设计的展览一样，也是以当时的时间点为止，对于盖里事务所作品所做的最为严肃、最为全面的回顾与总结。那场展览的观展人数，也刷新了纽约古根海姆博物馆的记录。那场展览之所以引人关注，不单单是因为其展出的模型和图纸等文献，更重要的原因在于充满戏剧性的布置方式。弗兰克在布展设计中，从古根海姆博物馆的天窗穹顶上，悬挂下来许多大片的铝质金属网，这些金属网被捆绑固定在弗兰克·劳埃德·赖特那著名的螺旋形坡道的护壁之上，令人联想起他早年作品当中的金属网元素。此外，值得一提的是，那场展览主要赞助商是安然公司（Enron），而在展览结束后的仅仅几个月，安然就因为严重的财务欺诈而宣告破产。在古根海姆博物馆展览的一条新闻稿中，安然公司首席执行官杰夫·斯基林曾经盛赞了弗兰克对于“产品创新”方面的投入和贡献，将其称之为“与敢于不断质疑传统商业模式的安然息息相关的一项品质。我们很荣幸能够帮助弗兰克·盖里展示他的天才创意”。当然，安然对于弗兰克的这番赞美，并没有给弗兰克带来什么正面的影响，因为这家公司所谓的“产品创新”，到头来被人们发现只体现在了财务造假方面，而斯基林本人也被关进了联邦监狱。

东西的收集癖，他保留的这份存档，有着十分重要的意义。然而，他自己也并不确定，这样的存档方式能够维持多久，他的事务所目前极高的活跃度，也意味着这份存档的体积依然在持续地扩大着。每个月，在支付又一张仓库账单的同时，更多新的材料，也在被源源不断地归入这份存档当中。

偶尔，弗兰克也曾试图对这些庞杂而繁复的存档材料进行一些精简，但有的时候，这样的努力，却只会令问题变得更加复杂。有一次，在确信阿布扎比古根海姆博物馆项目已经不可能重新启动之后，他下令将一个巨大的室内空间模型扔掉了。他认为，没有任何理由，再让一座根本就建不成的建筑的特大号模型，占据宝贵的存储空间。然而在模型被扔掉之后不久，那个沉寂了许久的项目，却突然又显现出复苏的迹象。而如果这个项目真的得以继续进行，他的事务所就将不得不重新做一个模型，并且承担其间所产生的一切时间和经济成本。

多年来，弗兰克曾经与许多策展人、博物馆馆长，以及大学、拍卖行和潜在的资助者们，讨论过这份存档的未来处置问题。原本，曾经有一所大学对于接管这份存档表示过兴趣。但是，存档本身体量巨大，并且弗兰克不愿意为支持存档的保管工作，向学校提供一大笔捐赠，这些都让那所高校，对这座容纳了无数盖里相关资料的宝库，变得不再那么感兴趣。弗兰克还曾考虑过将存档中的模型等一件一件地单独卖掉，但是，这将会使得市场上充斥着来自他存档里的东西，从而极大地降低这些材料的价值。而且，这种价值的降低，还不仅仅是金钱方面的。如果一系列展现了某个项目在设计发展的不同阶段、不同形态的模型，被分别卖给了许多不同的买家。那么，项目的构思过程，便会无迹可循，而整个存档所具有的学术价值，势必会因此而大打折扣。存档中的许多简单的硬纸板模型，其最为重要的价值，就在于其作为一套模型中的一部分，参与构成了弗兰克的设计思路从初始概念到设计终稿之间的完整的论证过程。然而，展示这种过程，又实在是太费空间了，这也是为什么大多数的博物馆在展出弗兰克的作品时——如 2001 年在古根海姆博物馆和2014年在蓬皮杜中心进行的两场大型回顾展——每个项目都只展出了一个模型，而没有采用一系列模型，逐步地展示弗兰克的设计发展过程。2015年下半年，洛杉矶艺术博物馆准备将蓬皮杜中心的那场展览搬到洛杉矶再展出一次。在布展的过程中，弗兰克说服了洛杉矶艺术博物馆，为他提供了更多的空间，这才使得一些项目的生成过程得以被展现出来。但即便如此，对于这份存档所容纳的全部内容而言，这也只能算是一份小小的样品展示。

整个存档之中最大的一个，从某种意义上来说，并没有被储存进仓库，那就是弗兰克位于圣莫尼卡第22街1002号的那栋自宅。无论弗兰克与贝尔塔将来是会搬到他们在阿德莱德大道上的新房子，还是继续留在第22街，他们都需要为这栋旧的自宅，准备好最终的处置方案。在弗兰克看来，将那栋旧宅出售给一位新的住户，并不是一个很好的选择，而且也不太现实，即便是在他能够找到这样一位买家的情况下。无论从何种角度看，这座住宅，已经与弗兰克本人合而为一了，很难想象其他任何人，哪怕是这座住宅的仰慕者，居住其中的场景。他的两个儿子，虽然对这座住宅都有很深的感情，但是他们也都不愿意成为这座他们儿时居所的管理人；他们还是希望能够住在属于自己的地方。另外一个选择，是将第22街1002号改造成一座博物馆，但是这样将要耗费大量的财力和精力。与装在箱子里的图纸和摆放在架子上的模型不同，这样的一座住宅建筑，需要持续不断的养护工作，金钱和时间上的投入，都是必不可少的。

多年来，弗兰克的不少朋友，都曾试图为这份存档的处置问题提出过解决方案。2008年，理查德·科沙拉克提出了一个，旨在将弗兰克的这份存档整体转移至博物馆和研究中心之中进行保存的计划，并建议盖蒂信托（Getty Trust）出资买下弗兰克的那些模型。按照科沙拉克的方案，弗兰克将会捐出他保存的图纸，而洛杉矶当代艺术博物馆将会提供格芬当代馆——也就是2009年弗兰克的八十岁生日会的举办地——作为永久的存放和展示空间。而作为计划的一部分，弗兰克位于圣莫尼卡的自宅，同样也会被保护起来，并向公众进行开放。

1985 年曾经聘请弗兰克在波士顿设计过一座建筑的地产开发商理查德 · 科恩，[1] 后来还曾提出过，在产权归他所有的芝加哥内陆钢铁大厦当中，创建一座盖里博物馆的主意。内陆钢铁大厦是芝加哥非常著名的一座摩天大楼，由 SOM 事务所设计，建成于 1957 年。弗兰克十分欣赏这座建筑，而且，自从 2004 年以来，他还拥有了这座大楼的一小部分所有权，这是他当时为芝加哥的几位地产投资商提供帮助所获得的回报，他本希望这些投资商能够对这座建筑进行改造和修缮，然而他们却将其加价出售给了科恩。好在科恩也十分乐意能够有机会接续他与弗兰克之间的友谊，他稍稍提升了弗兰克在这座建筑中所持有的股份，并且提议，将建筑中之前用作银行大厅的空间，改造成为盖里博物馆。他的这个想法最终并未得到实施。这也是可以理解的，毕竟，将一座位于远离洛杉矶的城市当中的，由其他建筑师设计的著名建筑用于盖里存档的储存，这确实很难解释得通。但是，弗兰克还是在科恩翻新内陆钢铁大厦的时候，为建筑的入口门厅设计了一张新的玻璃前台。他也依然对于自己能够拥有这座，在他看来是世界上最伟大的现代主义地标之一的建筑的一部分所有权，感到无比的骄傲和自豪。

在芝加哥创办盖里博物馆的想法被搁置后，理查德·科恩对弗兰克表示，他依然愿意帮助寻找其他的办法来处置这份存档。他提出，可以由他的公司在洛杉矶购买一处仓库，作为存档的储存设施，这样至少可以比将所有的存档材料都储存在商业仓库里要经济一些。当时，理查德 · 科沙拉克也刚刚从华盛顿的赫希洪博物馆（Hirshhorn Museum）馆长的职位上离职，弗兰克将这一消息告诉了科恩，并且建议科恩聘请科沙拉克来负责这一计划，因为科沙拉克对于盖里存档所面临的问题和挑战更为了解。弗兰克很乐于担任这样

---

1 详见第十二章。

的一个中间人的角色，在他的这两位朋友之间，搭建起来一段，在他看来是对于双方都有益处的合作关系。

最终这次合作也没能成功。科沙拉克请来了弗兰克的另一位老朋友理查德·韦恩斯坦和他一起工作，而他们两人给出的方案，已经不仅仅是为了将档案存放进科恩计划购置的新仓库空间当中进行编目和整理了，而几乎可以称得上是一个十分详尽而成熟的盖里博物馆方案。这与科恩的构想并不一致。他解雇了科沙拉克，而两位好朋友之间的争议，也将弗兰克置于一个十分尴尬的境地。弗兰克这次的处境，与他多年之前的一次遭遇颇为类似。当年，他曾将他的另一位掌握着大量资源的朋友彼得·刘易斯，介绍给了另一位博物馆馆长汤姆·克伦斯，期望着刘易斯能够帮助克伦斯实现他所有的抱负与想法，而那两个人最终也闹翻了。[1] 刘易斯与克伦斯之间的关系，还维系了几年的光景。然而科恩与科沙拉克的合作，则仅仅维持了几个月，便以失败收场。

弗兰克完全不想因为这件事情，失去自己的任何一份友谊，他小心翼翼地对科沙拉克和韦恩斯坦进行了安抚，并且向他们保证，他只是将这件事情视为是他们与理查德·科恩之间的一起商业纠纷，对于他们与自己之间持续了多年的友谊不会有任何影响。至于科恩，则继续在弗兰克的生活中维持着他忠实的——也许是有些善变的——存在，对于弗兰克而言，他已经不仅仅是一位客户，倒更像是一位赞助人、爱好者和朋友的结合体。科恩也是一位狂热的帆船爱好者，他曾请弗兰克为他设计了一艘帆船，并在缅因州的一家造船厂进行了生产。有一度，科恩告诉弗兰克说他打算按弗兰克的设计造两艘一模一样的船——一艘供他在东海岸使用，而另一艘则送给弗兰克在洛杉矶沿岸航行——但是后来他又说，他希望这个设计是独一无二的，所以还是只造一艘为好，不过他在东岸航行一阵子之后，会经由巴拿马运河，把船

1　详见第十四章。

开到洛杉矶。他希望延续弗兰克既有的那艘帆船的名字,将新船也命名为“迷雾”。那艘新船将于 2015 年造好，然而科恩还是一直无法为其确定一个长期的使用安排，尽管他曾经告诉弗兰克说，他计划将其存放在玛琳娜得瑞港的加利福尼亚游艇俱乐部，这样一来，作为会员的弗兰克，就能够方便地定期开着它出海了。

科恩后来依然在与弗兰克就他存档的处置问题进行合作，在 2014 年底，弗兰克已经开始着手准备在洛杉矶市中心购置一处仓库，作为存档的储存设施，以此来将他的事务所从持续不断的租金负担之下解脱出来。不过，与此同时，仍然有几家机构对于这份存档抱有兴趣。位于蒙特利尔的加拿大建筑中心曾经收购了包括彼得 · 埃森曼在内的许多建筑师的工作存档，其创办人菲莉丝 · 兰伯特在 2014 年到洛杉矶来面见了弗兰克，并且提议将他的一部分存档带去蒙特利尔存放，以纪念他的加拿大出身。盖蒂信托也曾提出过一份购买部分存档的计划，虽然这并不是一个完整的解决方案，但是，这份计划，至少为后续的谈判打下了一个很好的基础，也为一部分存档能够最终在位于紧挨着圣莫尼卡的布伦特伍德的盖蒂园区得到妥善保管，提供了潜在的可能性。高昂的储存费用带来的压力、缺乏简单的解决方案所带来的焦虑，以及被多家机构追逐所带来的喜悦，令弗兰克徘徊其中，拿不定主意。直到 2017 年初，他才最终接受了盖蒂信托的出价，他以保证所有存档被保存在洛杉矶为前提，将他从 1954 年至 1988 年这段时期的图纸、模型和文件，以及一些如沃尔特 · 迪士尼音乐厅这类位于洛杉矶的重要项目的相关材料，移交给了盖蒂信托。

* * *

萨姆 · 盖里在事务所里越来越重要的职责，以及陈日荣的离开，都使得事务所的前途和未来发展问题，对于弗兰克而言变得越来越难以回避。克雷格·韦布是事务所里目前唯一的，曾经经历过事务所的早期发展阶段的高级设计合伙人。但是，一些年轻的建筑师，包括戴维·南、阿兰德·德瓦拉贾和约翰·鲍尔斯，已经开始逐渐承担起更为关键的职责，而布莱恩·阿莫斯（Brian Aamoth）和拉里·泰伊（Larry Tighe）在项目管理工作方面也已经愈发地成熟和自信。尽管弗兰克偶尔也会对他们有所抱怨和不满，但是，他还是真心地喜欢他们每一个人，并且尊重他们所做的工作的。他的那些抱怨，总体来说，似乎是更多地代表了随着他年龄的增长，而越来越频繁地出现的一种焦躁和易怒的情绪。八十多岁的他，比以往变得更加焦虑不安，也更容易疲劳了。另外，在陈日荣离去之后，弗兰克也变得谨慎了一些，不再会轻易地表现出自己对于任何一个年轻人的偏爱了。

不过，事务所里还是有两位建筑师，在弗兰克的心目中有着特殊的位置。其中一位，自然是他的儿子萨姆。对于萨姆，弗兰克起初是持怀疑和观望的态度，但是后来，萨姆的快速成长，令弗兰克感到欣喜不已。萨姆的个性低调而随和，在事务所中，他也懂得谨慎行事，而从不会表现出好像自己是指定接班人的模样。他给人的印象，是继承了他父亲的温和与热情，但是又克服了父亲身上的那种焦虑的性格。另外一位则是梅格汉·劳埃德，弗兰克相信，劳埃德可以胜任事务所里的一切工作。作为一位耶鲁毕业的建筑师，劳埃德有着扎实的设计功底，不过，多年来，作为弗兰克的办公室主任，以及盖里科技的首席执行官的职务，让她在设计方面的才华很少有机会得到发挥。但是，如果她能够成为事务所的几位管理合伙人之一，那么她的设计能力，将会成为一笔非常宝贵的财富和资源。

弗兰克给予了更多的高级建筑师以事务所合伙人的头衔，尽管他们中的任何人都并不如吉姆·格里姆夫和兰迪·杰弗逊那般持有事务所股份。当然，一旦贝尔塔继承了事务所的所有权，萨姆实际上就将会获得一部分股权，这也是弗兰克特别说明过的。弗兰克曾经与这些合伙人开过好几次会，讨论事务所的未来，但是这些会议从来没有达成过任何结论。“我们唯一的结论就是，我们喜欢在一起工作。”萨姆·盖里这样说道。

事实上，事务所的未来发展，是弗兰克非常喜欢讨论的一个话题，但是，弗兰克显然还没有准备好就这个问题作出决定。因为在这件事情上，做出一个最终的决定，不仅仅意味着要排除掉其他所有可能的选项——这也是弗兰克从来都不愿意做的事——更重要的是，这样的一个决定，将会无情地提醒弗兰克他终将面对的归宿——死亡，哪怕他现在依然维持着饱和的日程安排，每天都在工作，满世界出差。对于健康状况总体上不错，尤其是已经八十多岁的弗兰克来说，现在显然并不是打破现状的好时机。

2014 年上半年，克雷格·韦布还曾找到弗兰克，表示他可以安排一群投资人，以3000万美元的价格收购盖里与合伙人事务所。在过去的一些年里，弗兰克确实曾经数次考虑过将事务所出售给一些大型集团企业的可能性，最近一次与他进行过接触的大企业是宏盟集团（Omnicom）。作为一家控股公司，宏盟集团旗下拥有多家广告和媒体公司，其中就包括恰特 / 戴，以及弗兰克的朋友彼得·阿内尔经营的阿内尔广告公司。自打三十多年前，还是个主做建筑类书籍出版商的阿内尔，推出了建筑界第一本关于弗兰克的个人专著之后，他就不时地会在弗兰克的生活中扮演起一些重要的、推动性的角色。在 2000 年左右，阿内尔曾经在弗兰克的事务所做过一段时期的顾问，主要帮助他处理一些事务所管理方面的问题，在他看来，“弗兰克本身就是一张品牌推广的王牌”。阿内尔相信，那些规模庞大的企业，一定会越来越重视建筑，对于将自己的品牌形象，与真实的建成世界当中的真实建筑联系起来，他们已经开始产生日益浓厚的兴趣，而没有人比弗兰克更为适合从事这项工作。“我觉得这是自然而然的，”阿内尔说，“弗兰克做过家具设计，也做过工业设计，他本来就应该被放到更为国际化的商业平台之上进行推广。”宏盟集团可以为他提供稳定而持续的企业客户，而收购弗兰克的事务所，也将会使得宏盟集团得以将阿内尔认为的“我们这个时代最伟大的创意家”，收入到自己的麾下。

弗兰克认为，将事务所出售给宏盟集团，能够让他在为家庭赚得大量现金的同时，得以继续保持对事务所的控制权。然而最终，尽管宏盟集团的首席执行官约翰·雷恩（John Wren）与弗兰克见了面，并且相谈甚欢，但是宏盟集团还是意识到了弗兰克的事务所与他们所熟悉的生意是有多么的不同。由于无法确定适用于衡量和控制建筑行业的经济指标，以及担心实际运作所带来的债务问题，他们最后还是放弃了这桩收购案。不过这个结果也不算坏。毕竟，让盖里与合伙人事务所，成为一家大集团下属的一个部门，这与弗兰克的追求和理想可谓大相径庭。倘若不是因为他与彼得·阿内尔之间的友谊，以及他倾向于同朋友建立商业伙伴关系的独特个性，很难相信他会认真地考虑这桩交易。假使宏盟集团真的完成了这笔收购，弗兰克恐怕也很难继续像他从前那样管理自己的事务所了，而无论他的银行账户里能多出多少钱，弗兰克显然也不会愿意让自己的头上多出一个董事会来管着自己。何况，在广告和媒体领域之外，宏盟集团也没有任何在其他行业扶持创意人才的成功经验。[1] 建筑不是一个普通的行业，而盖里与合伙人事务所，也绝不是一家普通的建筑事务所。克雷格·韦布的提议则不同：他提出的收购方案，将会把事务所的控制权，转移到弗兰克多年来培养起来的，年青一代的建筑师们手中。然而弗兰克拒绝了他的方案，他给出的理由，首先是因为他并不需要这笔钱；其次，他觉得韦布给出的估值太低了——总额仅仅是他之前与宏盟集团谈判时确定的估值的百分之二十。不过在这件事后，弗兰克也逐渐地开始意识到，也许对他来说，最好的处理方式，就是不做任何最终的决定。“我们都觉得，没有了弗兰克·盖里，弗兰克·盖里的事务所也就什么都不是了，”戴维·南这样说道，“弗兰克与我们的事务所是一体的。”他的意思是，如果弗兰克不在了，他们的事务所，就不再是之前的那家事务所

1　对于广告行业内的创意人才，宏盟集团也并非经常扶持。2011 年，宏盟集团将彼得·阿内尔开除出了他自己创办的阿内尔广告公司（Arnell Group），并在两年之后将阿内尔公司彻底关闭。

了。事务所里依然会有着一群一起工作的、富有才华的建筑师，但是随着时间的推移，他们所做的东西就会逐渐与弗兰克在的时候有所不同，也许连事务所的名字最终也会被改掉。

戴维·南觉得，他们事务所的一个可能前景，也许将会遵循埃罗·沙里宁事务所的先例。与弗兰克类似，沙里宁也是美国现代建筑师当中，少数的几个，通过其具有重要意义的工作，既在大众中获得了极高知名度，同时又赢得了评论界认可的大师之一。1961 年，沙里宁猝然离世，但是在他去世后，他的事务所，却依然能够在他的合伙人们的带领下，持续地产出优秀的建筑作品。合伙人们对事务所进行了重组，把名字改成了凯文·罗奇、约翰·丁克鲁及合伙人事务所（Kevin Roche, John Dinkeloo & Associates），因为沙里宁生前曾经表示，不希望自己的名字与并非由他设计的作品联系在一起。弗兰克还没有想好今后是否要把自己的名字继续留在事务所的名称里——至少在目前，在对于事务所的交接和继承的整个问题还依然感到有些迷茫的情况下，他是难以想出个所以然来的。不过，同沙里宁一样，他也能够强烈地感觉到，他现在的那些同事们，在他离开之后，是能够继续留在一起的，事务所里年青一代的建筑师们，将会扮演起重要的角色，并且将会定义属于他们自己的风格。他觉得，他需要做的，就是在新项目的设计和完成过程当中，继续赋予他年轻的合伙人们以更多的职责和权力。弗兰克十分骄傲于萨姆在事务所最新的慈善性项目之一，位于华兹（Watts）的一座受虐待儿童庇护所的项目上担纲的汇报工作，也非常满意阿兰德在他们位于日落大道上的新综合体项目上客户沟通和合作的方式。但是，弗兰克自己，目前还是哪儿都不打算去的，所以，他认为，现在就指定这群年轻人当中的某一位作为钦点的接班人，或者规划好未来的组织结构，显然将会是一个很大的错误。这些年轻人个个都是好样的，而且他们也差不多都打定了主意，将会留下来，弗兰克相信，将来，他们终究是能够一起商量出某种最合适的解决方案的。

第二十一章

巴黎：回顾与展望

路易威登基金会博物馆于 2014 年秋天建成，在 10 月下旬举行的揭幕仪式，既是这家法国国家级文化机构的落成庆典，同时也是一场盛大的时尚发布会。而关于这座建在布洛涅森林中的建筑是否与周边环境相适宜的争论，此时早已被大多数人抛诸脑后了。不过，LVMH 集团决定，在建筑主入口一侧的墙面上，悬挂了一面巨大的、闪烁着珠宝光芒的“LV”标志，这枚著名的字母组合商标，如同给建筑别上了一枚庞大的珠宝胸针，不仅清晰地标示了项目出资者的品牌，也提示着来访的人们，无论这个项目能够带来多大的文化效益，其在相当大的程度上，依然是一个商业性的项目。与那些在评论中对这枚大商标大发牢骚的批评家们一样，弗兰克其实也对 LVMH 的这个决定十分不满，但是他也无可奈何，只能选择接受这个现实。好消息是，这件附加在立面上的“首饰”，并没有影响到建筑整体的表现力。建筑本身在实施的过程中，除了少数的一些室内细部——主要是承担支撑功能的钢质桁架与室内墙面交接的部位——处理得不太理想之外，几乎没有在设计方面做出任何的让步和妥协。如果说这座博物馆有什么可以拿出来进行批判的不足的话，那也就是内部连接各个展厅的观展流线，以及围绕着展厅布置的那些室外平台和屋顶平台，这对参观者而言可能会显得有些混乱。但是，这种混乱也不完全是消极的，这些内部空间更多地给人一种不确定性，即何为前往下一个迷人空间或观景平台的最清晰路径，而非那种迷失在迷宫中一般的焦虑和迷茫。楼梯间、自动扶梯和直梯的位置都非常合理，从不会令参观者觉得太远。

整个揭幕仪式及相关活动都非常盛大，在巴黎总共停留了一周的弗兰克，仿佛是一位前来进行国事访问的国家元首。弗兰克和贝尔塔、萨姆和妻子乔伊斯、亚历杭德罗和妻子卡丽、弗兰克的妹妹多琳，以及其他一行成员，包括梅格汉 · 劳埃德、拉里 · 鲁沃和妻子、拉里 · 菲尔德和女儿及随从，都住在乔治五世酒店。而酒店的大堂，也成了弗兰克的会客厅，他在那里会见记者，并连续接受了许多场采访。在行程的开始，他举行了一场新闻发布会，并且参观了刚刚落成的博物馆。接着，他又接受了一系列的私人专访，如此紧凑的日程安排，可能对一些年轻人来说都有些吃不消。而这一次，弗兰克似乎显得比以往更加耐心。他在过去的一年当中，表现出的那种愈发易怒的品性，这一次消失不见了。他仿佛是又变回了多年以前的那个弗兰克，能够以低调而谦逊的风度应对媒体招待会，并且感染和打动到场的所有记者。巴黎之行令他身心愉悦，仿佛浑身充满了活力，也让他收起了自己凶巴巴的一面。而毫无疑问，他也成功得到了他一直以来都在追求的那份认可。一天，他正在乔治五世酒店的大堂接受采访，忽然，他看到音乐人法瑞尔 · 威廉姆斯（Pharrell Williams）一行正从大堂穿过，于是他中断了采访，迎上前去同威廉姆斯打招呼。他的朋友们几十年来一直都在揶揄他喜欢攀附名人，但是这一次，情况则完全不同了。“嘿，法瑞尔，”弗兰克说道，“弗兰克·盖里。”威廉姆斯在此前一天，刚刚对路易威登基金会博物馆进行了一次私人参观，在酒店大堂遇见弗兰克时，他表现得激动无比，仿佛弗兰克是比他更有名的大腕。“你的建筑真是太不可思议了，”他对弗兰克说，“行走其间，我就像是在你的思想中穿行。”

博物馆正式的揭幕典礼定在了星期一的晚上举行。不过在此之前，还有一些专门为弗兰克准备的特别活动。星期六上午，贝尔纳·阿尔诺请弗兰克带陪他一道，参观了为配合路易威登基金会博物馆的落成，而在蓬皮杜中心刚刚开幕的一场关于弗兰克整个职业生涯的盛大回顾展。不过，这次参观却让弗兰克感到了有些难受。究其原因，并不是他身旁的阿尔纳，而是对于到了这个年龄的弗兰克来说，回顾过去，尤其是回顾他那些由于种种原因而未能完成的项目，几乎成为他最不想做的一件事情。无论在巴黎所新近达成的成就，能够给他带来多大的喜悦，都不足以抵消掉回顾过往时他所感到的那种不安。“看到我的那些老物件，我吓坏了，这些都是我的陈年伤痛，”他说，“我的心中五味杂陈——我不禁会想，自己当初到底是为什么没能把这些项目做成。”接着，他详细地讲述了这些早期项目所勾起的一些回忆的画面。

那天晚上，阿尔诺和他的家人，在路易威登基金会博物馆内部的餐厅里，举行了一场小圈子内部的私人宴会，这也在博物馆正式开门纳客之前，给了阿尔诺一家一次检验厨师手艺的机会。作为宴会上最尊贵的嘉宾，弗兰克还邀请了几位特意飞来参加揭幕典礼的朋友一同赴宴，包括女演员凯瑟琳·基纳（Catherine Keener），以及他的律师帕特丽夏·格拉泽等。整个宴会上一共有十五个人，在餐前和餐后，他们还对尚未开幕的博物馆进行了参观，在空空如也的建筑中四处游走和拍照——甚至连阿尔诺也表现得好像是一位游客，用他的手机拍起了照片，还让他的儿子们在建筑前与弗兰克合了影。一行人还逛了博物馆内的商店，在其中鉴赏了弗兰克为路易威登设计的一款标价 3775 美元的，扭曲的立方体造型的女式手提包[1]。随后，他们参观了博物馆内已经布展完毕的，关于这座建筑本身的一个展览，该展览也是由弗雷

1　这座新建筑中的另一个颇具纪念意义的地方，就是弗兰克设计的由金属曲线飘带装饰的商店橱窗。为了鼓励设计师们为其著名 LV 商标创作更多的新产品，LVMH 向一系列知名设计师发出了设计委托，这款手包，便是他们收获的成果之一。除了弗兰克之外，其他的作品设计师，还包括卡尔·拉格斐、辛迪·舍曼、克里斯提·鲁布托、川久保玲，以及马克·纽森。

德里克·米盖鲁策展，实际上与蓬皮杜中心的那场规模更大的展览之间，是相互呼应的。遵循着弗兰克的意愿，米盖鲁展出了路易威登基金会博物馆的一系列过程模型，将整个设计的生成方式清楚地摆了出来。对于策展人来说，这无疑是一种非常奢侈的展陈方式，而在蓬皮杜中心那更为有限的布展空间当中，是无论如何也实现不了的。

第二天晚上，拉里·鲁沃在香榭丽舍大道上的赫布匈美食坊设宴，招待了弗兰克和他的家人，以及音乐家贺比·汉考克（Herbie Hancock）等其他几位贵宾。餐厅提供的美食极尽奢华，整个宴会从晚上 8 点半一直持续到午夜。第三天，弗兰克和贝尔塔，与同样是前来巴黎出席接幕典礼的纽豪斯夫妇一起共用了一顿安静的午餐。官方的开幕活动于当天晚上 7 点钟正式开始，阿尔诺、弗兰克，以及法国总统弗朗索瓦·奥朗德共同为博物馆进行了落成剪彩。

几乎从来不穿带领子的衣服，更是极少打领带的弗兰克，在那天晚上穿上了深色正装、白色衬衫，并且打上了一条亮蓝色的领带。“能够得到与 M. 阿尔诺先生一起做事的机会，是一项了不起的荣誉。”与阿尔诺和奥朗德一同站在讲台上的弗兰克，这样说道。弗兰克轻松的、口语化的用词，与揭幕仪式庄严肃穆的氛围形成了鲜明的对比，但是，这也正是这位建筑师最为令人喜爱的一点。“我想大家都知道，M. 阿尔诺先生是一位伟大的商人，但是，能够与他以直观感性的方式一起玩耍，也是非常棒的体验，因为，他也是一位艺术家。谢谢你，谢谢你，谢谢你。”奥朗德则是盛赞了弗兰克：“弗兰克·盖里，是个热爱法兰西的人。”奥朗德说，他将这座建筑称为是“一座文化的水晶宫，一座独一无二的建筑，一座智慧、创造力、技术结合而成的奇迹”。奥朗德还阐述了这座建筑与巴黎的历史之间的联系，并将其与埃菲尔铁塔相提并论。

剪彩仪式结束后，紧接着的是一场总共有四百位宾客出席的盛大晚宴。宴会上的菜式包括白松露栗子汤、小牛肉、焦糖梨等，酒水则是白马庄园的

贝尔纳·阿尔诺、弗兰克，以及法国总统弗朗索瓦·奥朗德在
路易威登基金会博物馆的剪彩仪式上，2014 年 10 月 20 日

2005 年份和滴金酒庄的 2011 年份红酒，两座酒庄都归阿尔诺所有。宾客中，安娜·温特、卡尔·拉格斐、杰夫·昆斯、拉里·高古轩、艾恩·格里姆彻、格伦·洛里，以及迈克尔·高文在内的艺术和时尚界的社交名流们悉数到场。弗兰克也将他事务所的大部分合伙人，以及他的许多家人和朋友都带了过去，所以他们一行人最后也有几十人之多。

他们一行人，直到凌晨一点过后才回到乔治五世酒店。随后，他们又在酒店的酒吧里聊了两个多小时。弗兰克意识到，无论自己的职业生涯持续得再怎么长，他可能都不会再有机会享受到如此盛大的，为他举办的活动了。人生得意须尽欢，显然，他是准备好好地利用这次机会。他感到由衷的快乐，但是他又对自己的感受有所怀疑，焦虑和担忧深植于他的性格之中，这使得他在巴黎期间，至少是部分时间里，经常会担心自己没有更好地享受这份时光。“我希望能够像自己想象中的那样，尽情享受这次巴黎之行，”他说，“我希望能够成为自己想象中的那个人——哪怕是一个小时也好。我希望自己能够一直待在一个所有人都欢迎我的地方。我想要变得受欢迎，但是，对于人们的迎合，我又始终抱着不信任的态度。”

那几天来，弗兰克的荣耀时光仍在继续，他与他的家人被邀请至爱丽舍宫享用午餐。在爱丽舍宫，奥朗德总统将一枚荣誉军团司令勋章颁给了他。弗兰克与奥朗德用英语聊了两个小时，奥朗德对于弗兰克的背景做了大量的了解，在谈话中甚至还提到了弗兰克年轻时曾经在加拿大小镇蒂明斯所度过的那段时光，这也给弗兰克留下了非常深刻的印象。他们不仅聊了建筑，也聊了政治，奥朗德谈了他对于欧洲的反犹太主义倾向所感到的忧虑，弗兰克对此也感到十分认同。法国总统还告诉弗兰克说，他注意到希拉里·克林顿在她最近的一本书中，用弗兰克的建筑，来比喻了一种更为灵活、更具创造性的外交政策。[1] 弗兰克很喜欢奥朗德，他说他觉得奥朗德“不是那么的矫揉造作——没有那么多的废话”。除了家人之外，弗兰克邀请的唯一的与他共同出席总统午餐的客人，是马克·比亚斯。他知道，能够在爱丽舍宫享受招待，对于比亚斯来说一定是一种特别的骄傲和荣耀。在活动结束后，乘车离开爱丽舍宫的院子时，弗兰克看到了比亚斯身着雨衣的瘦小身影，正在独自向外走着。他立刻请司机停下了车，随即跳下车去，跑到比亚斯跟前，紧紧地拥抱了他。

弗兰克不禁回忆起他与安妮塔一起走过的第一次法国之旅，回忆起他当时对于巴黎这座城市，乃至于对于欧洲建筑在整体上的了解有多么的匮

---

1 这段内容见于希拉里·克林顿的自传《艰难抉择》(*Hard Choices*) 的第 33 页。在书中，她用建筑比喻了国际关系，她写道："我常将旧体系比作是古希腊的帕特农神庙，清晰的线条，清晰的规则。支撑起整个建筑结构的巨柱——那些国际组织、国际联盟和条约——异常坚稳。但是岁月无情，即便是对最伟大的建筑亦是如此，如今，面对着全新的世界，我们也迫切地需要一种新的建筑形式，一种在精神上更为偏向于弗兰克·盖里，而非形式化的希腊古典主义建筑。”被克林顿在书中提及，弗兰克感到欣喜不已，他把这本书摆在了他办公室里的咖啡桌上，足足摆了好几个星期。

乏。他记得他刚一抵达法国，马克·比亚斯就把他带去了圣母院大教堂，伴随着《格列高列圣咏》的歌声，他人生当中第一次走进了一座哥特式的大教堂，也第一次开始思考沉重的结构本身所富有的戏剧性。他深知法国对于他来说有着多么重要的意义，正是在法国的旅行，让他开始以一种与以往截然不同的，具有历史的深度和广度的眼光来审视建筑；也正是在法国的旅行，让他不仅见识到了那些罗马风与哥特式大教堂所具有的震撼人心的力量，更领略了柯布西耶的朗香教堂那至今仍能够令他触动的强烈的表现力。这些经验，都在他后来的创作生涯中，持续地产生着影响。而现在，他终于可以用自己的作品来回报法国了。他设计出了这个国家最为重要的一座新建筑，并且享受到了其总统授予的至高荣誉。

他也同样得到了评论家们——或者说至少是他们中的大部分人——的致敬。有些奇怪的是，一些英国评论家似乎并不喜欢这座建筑：罗恩·摩尔在《观察家报》（*The Observer*）上评论称，如果没有那些玻璃帆的话，这座建筑的效果会更好些，而奥利弗·温赖特则在《卫报》（*The Guardian*）上直斥这座建筑是"一次对于工程技术的过度利用和疯狂放纵"。埃利斯·伍德曼在其发表于《建筑评论》（*Architectural Review*）杂志上的文章中，称弗兰克的这个作品"是我所知道的，在空间和结构上最为挥霍和浪费的一座建筑"。并批评其平面布局"太过分散了，以至于很难用语言来描述清楚"。他指出，内部流线上的混乱，无疑是这座建筑最为严重的一个缺陷。一向十分敏感的弗兰克，对于负面评论的关注，似乎远远超过正面评论。事实上，这座建筑所获得的大量评论其实都是相当积极的，比如约瑟夫·焦万尼尼就在《纽约时报》上，将这座建筑称为是"一艘立体派的帆船"，是弗兰克职业生涯的"最高成就"；克里斯托弗·豪瑟恩也在《洛杉矶时报》上称赞路易威登基金会博物馆是"一座优秀的、生涯晚期的杰作"，不过，他同时也质疑了阿尔诺建造这座建筑的初衷，称这个项目可能是阿尔诺这位亿万富翁的一次自我放纵，想要"在这个新的镀金时代，给自己建一座私人博物馆"。

艺术史学家欧文·拉文，对于建筑与投资商之间的联系并不陌生，他显然是不会因为这个项目是由阿尔诺发起和出资建设而生出什么成见，他非常喜爱和沉醉于建筑本身所具有的放纵恣肆的形式张力。在为了介绍这座建筑的设计过程而举办的那场特展的展册中，他写道："盖里设计生涯中的两个最重要的主题，鱼和帆船，在路易威登博物馆这个作品上合而为一。这种融合，创造出了一种超越建筑本身的，具有神性的体验。参观者们仿佛被带进了一个充满着无尽惊奇的混乱领域，他们在建筑当中的每一步，都将会带领他们踏入一个眼花缭乱的全新空间。"

对于这座建筑的评价，评论界的观点似乎分成了两派，一派评论家，如欧文·拉文和约瑟夫·焦万尼尼，将这座建筑视为是弗兰克职业生涯的巅峰之作；而另一派评论家则觉得弗兰克在这个设计上做得实在是有些太过头了，他们认为，与弗兰克较早前的作品比起来，这座建筑中所增添的要素，尽是些浮夸的矫饰，而非如晚年的毕加索和弗兰克·劳埃德·赖特的作品那般，依然能够迸发出新鲜的想法。马丁·菲勒在其发表在《纽约书评》杂志上的评论中，先是对弗兰克进行了大肆的恭维，称弗兰克的影响力和地位，可以与密斯·凡·德罗比肩，但是，谈到这座刚刚在巴黎落成的建筑时，他却笔锋一转，批评其"明显地缺乏克制"，他尤其不喜欢其暴露的结构，认为弗兰克选择将结构体系展露出来，是个彻头彻尾的错误。

然而，展现建筑的内部结构，其实恰恰是弗兰克在早期作品当中十分典型的一种设计手法，弗兰克在路易威登基金会博物馆上采用的处理方式，很大程度上也延续了他的早期实践。如果我们将其壮观的整体效果暂且放在一边，选择在更近一些的距离上观察这座博物馆，我们会发现，其在某些部分上，看起来就仿佛是一件完美而纯粹的、经过打磨的小物件；而在另一些部分上看，却又如同尚未完工的施工现场。在这种由平滑的表面与粗野的结构体系构成的并置之中，我们依稀能够看到弗兰克早期那些小住宅设计的影子，也能够看到他对于建筑的这种"未完成"状态的热爱。建筑内部被称为“冰山”的展厅部分，也是脱胎于他的许多早期项目之中常见的，那种以错落的方式堆砌盒子状体量的手法。这座建筑拥有巨大的尺度、炫目的形式，并且传达出了高远的设计追求。除此之外，我们还可以毫不夸张地说，在路易威登基金会博物馆的设计上，弗兰克成功地将早期和中期的盖里，融合进了一个晚期盖里的作品当中，在回顾了自己的整个职业生涯的同时，又将其向前进行了推进。在2014年秋天的巴黎，弗兰克作品的回顾展不止一场：除了由弗雷德里克·米盖鲁策划的蓬皮杜中心那场之外，弗兰克自己，也通过这座建筑，为自己设计了一场别开生面的回顾展。

* * *

离开巴黎之后，弗兰克和他的家人启程前往了西班牙，按照日程安排，他将去往西班牙的奥维耶多（Oviedo），去领取他的另一项荣誉——由费利佩六世国王颁发的2014年度阿斯图里亚斯王子艺术奖。当盖里一家在颁奖典礼的前一天赶到预定地点时，弗兰克已经筋疲力尽了。他本以为，在下一项需要出席的活动之前，自己有几个小时的休息时间，于是他脱下衣服爬上床，准备小睡一会儿。但是，二十分钟后，一通电话叫醒了他，接过电话的他，得知自己需要立刻去参加一场新闻发布会。他别无选择，只得放弃休息，重新穿上衣服，前去出席。

第一个记者的问题，是问他如何回应那些关于他的建筑只是一些追求炫目效果的样子货，而非追求功能性的实用建筑的指责。这一次，或许是因为太累了，弗兰克没有采取他以往惯用的那种礼貌的回答方式。他直接竖起了中指。整个会场因为他的这一举动，陷入了一阵尴尬的寂静。随后，另一位记者问他，是否认为“标志性”的建筑依然能够决定和改变城市的面貌。对于这个问题，弗兰克的回答，比他对于此前一位提问者的态度，稍稍多出了一点耐心。“今天，在我们生活的这个世界上不断建造出来的建筑当中，有百分之九十八是纯粹的垃圾。”他这样说道，“毫无任何设计感，毫无任何对于人性，乃至于其他任何东西的尊重。然而，偶尔，有一群建筑师会做出一些特别的建筑。这类建筑师的数量并不多，但是天呐，别再来烦我们了。我们一门心思地专注于我们的工作……我只为那些懂得尊重建筑艺术的客户工作。所以，请不要再发出像刚才那个问题一般愚蠢的提问了。”[1]

有人抓拍到了弗兰克竖中指的照片，这张照片，连同他的言论，迅速地通过互联网蔓延了开来。他后来为自己的失礼道了歉，将其归咎于当时的自己太过疲劳，不过，他却并不觉得自己有必要收回自己在发布会上的那番言论。归根结底，他确实是认为现存的大多数建筑都是糟糕透顶的，也确实认为大多数人都忽视了这些围绕在他们身边的平庸之物。“这也正是我当年为什么要做那些金属护栏网建筑。”他说。

记者会上发生的一幕，与其说是个丑闻，倒不如说是有趣的成分更多一些，充其量只能算是一次无关痛痒的小插曲。不过这次事件也表明，弗兰克的名望已经达到了一定的高度，他的一举一动都被注视，而稍有不慎，一些小事就会遭到无限放大。事实上，那天晚上，疲惫的弗兰克，试图讨论的是下面的问题：建筑应该在多大程度上被视为是一种人性化的追求、一门具有艺术性的行业、一项文化事件，而非简单的、实用性的工程建造？而即便我们以最高的目标和追求来进行建筑实践，建筑所真正能产生的影响，又有多少呢？

这才是他真正关心的东西。建筑的功能，首先当然是为人遮风避雨，但是，弗兰克觉得，如果建筑的职责仅止于此，那也实在是太没有追求了。如果建筑能够在为人遮风避雨的同时，激发起人们的情感，那么建筑才算是

---

1 在西班牙报纸《世界报》（*El Mundo*）的引文中，弗兰克的说法是“今天，在我们生活的这个世界不断设计和建造出来的建筑当中，有百分之九十八是纯粹的垃圾。”他所提到的“设计”一词，使得他听起来似乎是在指责他的建筑师同行，而非如他所言，是在批判那些由于缺乏建筑师的指导而造成的大量低水准的建成环境。他坚信自己的发言是遭到了蓄意的曲解和篡改。

真正具有了其存在的意义。而他认为，只有更多的人能够以这样的标准来看待建筑，他们才会对身边的那些平庸的建筑少一些容忍，进而对那些更好的东西有所期待。弗兰克的建筑作品，历来都会收到来自使用者和评论家的大量的、感性的反馈和评论，而弗兰克本人与自己作品之间的情感联系，在很大程度上也是建立在他试图愉悦他人的愿望之上的。自己的作品是否能够令他人满意，有时候似乎已经成了他最为看重的东西。菲利普·约翰逊很早就看到了这一点，在与西德尼·波拉克谈论弗兰克时，他说道："事实上，对他而言，你我是否喜欢他的建筑，比他自己是否喜欢自己的作品要重要得多。"

弗兰克并不是个只为取悦他人而工作的苦行者。虽然在他的内心当中，想要向那个对他充满怀疑的父亲证明自己的价值的迫切愿望，伴随了他一生，哪怕是在欧文死后多年也依然激励着他。但是，他心中怀有的对于创造性的追求，还是远远地超过他对于认同的渴望。不过，尽管如此，他确实也是十分渴望得到来自他人的认可的。他不是霍华德·洛克。他非常关注别人的想法，虽然他常常被视为是一位充满争议的建筑师。但是，他一直以来的追求和努力，从很大程度上来说，还是建立在"令他人满意"的基础之上，而非是要去打破什么传统，或者创造什么惊世骇俗的新建筑。对于弗兰克·盖里而言，新的事物，仅仅带来震撼是远远不够的。他所期望的，是这份震撼，能够至少在一定程度上，给使用者带来愉悦和满足。

某种程度上说，弗兰克将自己视为一位"情感化表达"的传道者。"我在寻找一种通过三维形体来表达直觉感受的方式。"在同西德尼·波拉克谈论毕尔巴鄂古根海姆博物馆时，他这样说道。事实上，从他生涯早期的那些小住宅项目，再到中期和晚期的那些音乐厅、博物馆以及公用建筑，他的所有作品其实都适用于这番陈述。他的每一件设计作品，包括蒂芙尼的珠宝首饰和他设计的各种椅子，以及他在教学工作中采取的方式方法，都明确地指向同一个目标，即在建筑与设计中，实践和激发出那种，在人们的通常印象里，只有艺术作品才能够实现的“情感化表达”。不过，这种追求并不会模糊弗兰克·盖里的建筑师身份，而使他成为一位艺术家，正如理查德·塞拉纵然能够在他的雕塑作品中完成无比深邃的空间创作，也依然无法从艺术家一跃而成为建筑师一样。盖里在访谈中，对于将他与艺术家混为一谈的言论的那句经典反驳，“不，我是个建筑师”，也尤为鲜明地传达了他的立场。他确实借用了艺术创作的技巧和手法，但是，他从来都是利用这些手法来服务于建筑创作的，他在利用艺术，去解决建筑创作中的那些基本问题，使得他设计的建筑，既能够很好地满足特定的功能需求，又能够得到高完成度的建造，同时也能够与其周边的世界产生有意义的关联。此外，他的创作历程，更多的是由直觉体验，而非数据作为引导的，虽然数字化软件在他的工作中起着非常关键的作用，但是，技术却从来都不是他设计的驱动力。对他而言，技术是手段，而非目的，技术只是他用来将自己头脑中的想法，在现实世界当中实现出来的一种途径。他所有创作的出发点，永远都只存在于他的头脑之中，存在于他头脑中的那份不断寻求突破，不断追寻着某种新的空间和造型方式的想象力当中。

而这种新的创造空间与造型方式，是只属于弗兰克自己的，弗兰克从来未曾设想过要创建出一种适用于所有建筑的系统或模型，他认为，他所给出的对于当代建筑问题的解决方式，绝不是放之四海而皆准的普适方案。针对盖里设计的那些卓尔不群的、独一无二的建筑作品，最为常见的一种批评，就是指责其开创了某种糟糕的原型和先例。批评者们宣称，一座充斥着盖里式建筑的城市，必将会是一片混乱的。他们的观点确实也不能算错，因为盖里的建筑，从来都不是作为一种所有建筑都必须遵循的范本而存在的。盖里的那种富于雕塑感的建筑语言，之所以能够取得成功，至少在一定程度上，恰恰是有赖于其他的建筑师并不是都在做这样的创作尝试。他的建筑能够引申出很多意义，然而作为指导其他建筑设计的“原型”的意义，却绝不是其中之一。他进行建筑创作的目的，无外乎以下三点：给人带来愉悦、引发思考、同时满足使用需求。

弗兰克对于创新的痴迷，有时也会招致另一种误解，即认为他对于过往的建筑形式是不屑一顾的，甚至是怀有敌意的。然而事实却恰恰相反，他的建筑创作的基础，便是对于过往建筑形式的深刻理解和热爱，也正因为无法割舍过往，他才会孜孜以求地试图寻找到一种新的、不同的方式，在自己的创作中，传达出与历史上的建筑形式之间的延续性。这也是为什么伊戈尔·斯特拉文斯基基于其在哈佛的查尔斯·艾略特·诺顿讲座而写就的《音乐诗学六讲》(*Poetics of Music*)，能成为弗兰克最喜欢的书之一的原因。斯特拉文斯基在那本书中，明确地阐述了他的作品——与盖里的作品类似，常常被认为是代表着一种对于所有先例的拒斥——与整个音乐史之间存在的深刻联系，以及他本人对于其作品在通常的观点中所具有的所谓“革命性”的不以为然。“我首先认为把我看成一个革命者是不恰当的，”斯特拉文斯基写道，“艺术在本质上是建设性的，而革命则意味着固有的平衡被打破和混乱时期的到来。如今的艺术讲究秩序，而不是混乱……我们现在有必要就此相互沟通：如果说最杰出、最伟大的艺术行为莫不出自于勇敢，我第一个赞成；但正因为如此，勇敢的使用更应该慎之，以勇敢为借口盲目地制造混乱可谓鲁莽，不计后果，处心积虑只为哗众取宠则谓之乖戾。勇敢我决不反对，而真正的大勇更无可限量。但勇敢一旦走向霸道，给艺术造成的涂炭也就难以估量。”

斯特拉文斯基认为，伟大的艺术，绝不是随心所欲的；它创生于深厚的智识和对于规则的掌握之中，只有在现实条件的限制下，通过新鲜而勇敢的方式进行创作，才能够创造出新形式的秩序。虽然斯特拉文斯基的作品经常被误解为是乐理不通的粗腔横调，但是，他对于不遵循音乐规律的作品其实是最为反对的。同样地，弗兰克虽然无数次地被人们误解为只会创造一些随意而混乱的形式——一如他在艾森豪威尔纪念碑项目上的反对者们所指责的那样[1]——但是事实上，他最难以容忍的，就是那些对于使用功能和场地条件毫无回应，而只是靠建筑师的灵感凭空想象而来的建筑作品。弗兰克一直以来的目标，并不是摆脱限制，而是以新的方式去回应限制。他的作品，用迈克尔·索尔金的话讲，追求的不是“一套独立的新系统”，而是“为旧的形式注入新的生命力”。正如斯特拉文斯基所言，“方式手法已经改变，但传统仍然得以发扬，并孕育出新生的事物”。

时装设计师亚历山大·麦昆曾经说过，“你需要先了解规则，之后才能尝试去打破它们。这也正是我所一直在做的事情，我试图冲破规则的桎梏，但是同时将传统保留下来”。弗兰克·盖里也是如此，他希望他的作品能够让传统重获新生，而不是将传统摧毁。弗兰克一直认为，想要创新，首先就不能否定过往，同样地，想要成就永恒，就不能否定新的事物。那些最伟大的艺术，从来都是既深深地扎根于其所处的时代，同时又能够超越时代的限制。正如麦克斯·拉斐尔在他关于史前石洞壁画的著作中谈到的，“那些最为接近完美的艺术作品，既是由其所处的时代所定义的，同时又能远远地超越时代，成为永恒的杰作”。

斯特拉文斯基将音乐定义为“不过是一系列向一个特定的和谐中心点集结的推动过程”，这也为研究盖里的创作观，提供了一个另外的角度。盖里在创作中，也同样是一直都在追求着一种和谐，尽管他所追求的这种和谐，并不总是具备那种表面上的、肤浅的舒适和愉悦，不过他也从来不会有意地把自己的作品做得躁动而引人不安。虽然以传统的观点看来，弗兰克的建筑是绝称不上“平静”的，但是，他在创作中不会去刻意追求那些容易导致不舒适、无秩序，或者混乱的新奇效果。和斯特拉文斯基一样，他所追求的，是以一种不同的方式来对传统进行诠释。具体到建筑上来说，这种传统，指的是一种视觉和感官上的恰当性和自然性，与躁动和不安的体验是截然对立

1 详见第十九和第二十章。

的。所以，尽管盖里的建筑作品，往往被公认为无法用“平静”“平和”等词汇来形容，但是，它们确实是能够带给人们以安宁和舒适的体验的。

盖里作品的传统性，还可以从另外一个方面加以论证：时至今日，他依然坚持着利用混凝土和物理实体的方式，来创作和推敲他的那些意味深远的造型和感官体验。曾经，这几乎是建筑师们创造建筑体验的唯一方式，无论他们追求的是何种建筑风格，但是随着数字技术和虚拟空间时代的到来，建筑师们的创作手段已经变得非常多样了。然而，盖里却没有被潮流所裹挟，在空间操作中，他依然十分依赖真实的物理材料，并且追求真实的、独一无二的物理空间，他从不会面对着计算机，仅凭数字技术和物理实体的虚拟影像，去推敲设计，也从来都没有兴趣去创造任何可以大批量复制的物理造型。从这一点来看，盖里无疑是一位相当老派的建筑师，正如斯特拉文斯基其实也是个老派的作曲家，而劳申伯格也是个老派的艺术家一样。盖里从来不会利用技术手段，去创造那些在现实世界中根本不可能存在的事物的幻象。他的建筑创作，是真实世界中的真实存在，他使用最为古老的比例、光线、材料、尺度和空间等建筑工具，营造出了最为真实的感官体验，并将其提升至了艺术的高度。

“创造的能力绝不是与生俱来的。它是和一个人的观察力携手并存的。”斯特拉文斯基这样写道，这段陈述，也更加深刻地揭示了斯特拉文斯基与弗兰克之间在创作观上存在的联系。“真正的创造者总是能够在最平常，最普通，却值得参省的事物中不断加深对自我的认识。他不必身在如诗如画的山水胜地，他不必拥有奇珍异宝，他不必煞有介事地开始发现的征程，因为对他来说，新的发现无时不在，触手可及。只要环顾四周的熟人熟事，就会有东西引起他的注意。”

尽管围绕在盖里建筑作品周边的环境，与他的设计在风格和形式感上都有着不小的差别，但是，正是这些环境条件影响和塑造了他的创作：毕尔巴鄂的那座桥和那条河、曼哈顿下城云杉街 8 号附近的伍尔沃斯大厦，以及柏林的巴黎广场，都直接地定义了他的设计方案。当然，对弗兰克而言，最为重要的影响，显然还是来自洛杉矶，来自于其粗犷而毫不矫饰的城市景观，这座城市中充斥的那些汽车、仓库、厂房、标牌和低矮的单层建筑，无时无刻不在吸引着弗兰克的目光，并且启发他创造出无数新的空间和新的造型。在这座城市表面的混乱之下，挖掘出了具有深远影响和巨大力量的新的形式语言。盖里创造的那些新的空间和造型所蕴含的意义，事实上也并不是由他来说了算。虽然建筑也像音乐一样，有着一些固定的、程式化的乐章构成方式——有些形态的空间天然就是华丽而令人惊叹的，而有些空间则显得更为冷淡和沉静，正如音乐当中不同的曲速和调性一样——但是这些固定的构成方式，是定义不了作品主旨的，也决定不了观者给予作品的反应。和那些伟大的音乐、文学和绘画作品一样，盖里的建筑也能够在观者之中引起各式各样不同的联想和感受，其最大的魅力，其实并不在于其具体引发了什么，而是在于其深度、真实性，以及其对我们产生的微妙影响。事实上，虽然盖里的造型风格颇为强势，但他并非是在强迫我们以与他相同的角度来看待世界。与所有伟大的艺术家、作曲家、作家和导演的作品一样，盖里的建筑，也已经超越了他本人的生命和阅历的范畴。一切艺术作品都是由其创作者的生命体验之中生发而来的，但是那些最为伟大的艺术，无不具有一种内化的力量，能够引领着我们转向自己的内心，将艺术作品转化为我们自己的体验。盖里的建筑，能够引发因人而异的理解和演绎，所以，他的建筑创作的阐述主体，已经不仅仅限于弗兰克·盖里本人，其对于我们每个人的生活，都是具有启示性的。

* * *

一次，在弗兰克的一座新建筑落成之后，他被要求谈一谈他的设计过程，以及设计灵感的最初来源。他讲了设计过程中的许多逸闻趣事，不过，归根结底，他谈道，他的设计，都是在客户、方方面面的限制条件、他个人的学识，以及他的直觉感受等各个方面的共同作用下得来的。他从来都无法预测最终的设计成果。他只知道，他的设计过程，绝不可能被精简成为一个公式，他也从来都不相信他的创作方式可以用某种理论化的语言来进行精确的描述。选择了设计这种创造性的工作，对他而言，就意味着必须接受这样一个事实，那就是他将永远不会知道创意的过程会将他带往何处。不过，他从不会因此而烦恼，恰恰相反，他非常享受这种过程和体验。

“设计一座建筑时，在开始阶段，我并不知道自己会走向何方，”他说，“而如果我知道的话，我就绝对不会往那边走，这一点我非常确定。”

致 谢

没有一本书仅凭一己之力就能完成，对于这样一部作品尤其如此。虽然我已经写了大半辈子建筑相关的文章，但是，评论一个人的作品与书写一个人的人生是不一样的，随着我对于弗兰克·盖里的研究逐渐深入，我也一直在努力学习着传记写作的技巧。所以，在此我必须要专门感谢一下其他传记作家们给我的指引和启发。无论是如洛德·戴维·塞西尔（Lord David Cecil）这类过往时代里的作家，还是如罗伯特·卡罗（Robert Caro）、琼·施特劳斯（Jean Strouse）、理查德·艾尔曼（Richard Ellmann）、大卫·麦卡洛（David McCullough）、梅纳德·所罗门（Maynard Solomon）、沃尔特·艾萨克森（Walter Isaacson）、亚当·贝格利（Adam Begley）、罗恩·彻诺（Ron Chernow）、斯泰茜·西弗（Stacy Schiff），以及马克·史蒂文斯（Mark Stevens）和安娜莲·斯万（Annalyn Swan）夫妇等活跃在我们这个时代的传记作者，从他们的作品中，我都受益良多。

当然，我最想感谢的，是这本书的主人公，他以非凡的慷慨和积极友善的态度，为这本书的写作付出了大量的时间和精力，更重要的是，他与我就传记的独立性达成了共识，他自愿放弃了对本书文本的编辑决定权。这部传记是“经过授权的”，这意味着弗兰克·盖里会在我的研究过程中给予必要的配合。但是，文本的写作，则完全不需要经过他的审阅和批准。

正如我在本书开头所提到的，弗兰克·盖里和我，已经相识四十多年了，在这些年中，我们也断断续续地有过不少交流。但是，当我着手准备这个项目之后，交流的方式和条理就变得重要了起来，我需要尽力地让我们的谈话减少一些随机性，按照从童年直到现在的时间顺序，回顾他生命历程中的一个个事件。我也第一次对我们的谈话进行了录音。在回忆的迷雾中穿行，并不是一件轻松的事，尤其是当你所面临的并不都是愉快的回忆的时候。我对弗兰克·盖里的深深谢意无以言表，他欣然地参与到了这个漫长的过程当中，无论何时，只要我去到他的洛杉矶大本营，他都会从他无比繁忙的日程表上抽出时间来与我交流。几年间，我们花了无数个小时进行交谈，我们的会面有时是在他的办公室里，有时是在他的家中，还有时则是在餐厅里，甚至是飞机上。有些时候，他的家人和同事也会一起参与交流，不过大多数情况，只有我们两个。我们的一次对谈是在他的帆船“迷雾”上进行的，建筑师格雷格·林恩开船，我们从玛琳娜得瑞港出发，一路航行到了马里布，然后又开回来。还有一次谈话的地点，是在巴黎乔治五世酒店的大堂里。虽然一直以来，我都比较偏爱热闹一点的餐厅，我喜欢洛杉矶的许多时髦餐厅具有的那种充满活力的氛围。但是，随着我们交流的深入，我也渐渐地和盖里一样，喜欢上了太平洋铁路餐车餐厅特有的那份平静和安宁，即使其装潢风格实在是让我提不起兴趣。这家老派的餐厅，距离他在圣莫尼卡的自宅不远，我已经记不清我们在那儿边吃边聊地度过了多少次的早餐、午餐和晚餐时光了。盖里总是能够让人感受到他的温暖和热情，当然，还有他的聪明和机智。在我们的一次谈话中，他对我说，他为这本书想到了一个绝妙的标题。“你应该给它起名叫作《戈德伯格谈戈德堡》（*Goldberger on Goldberg*）。”他说。

我们的那些对谈，都是言之有物的，主题非常清晰。不过，在回顾我们的谈话记录时，我还是发现，我极少能够成功地按照自己之前的设想，让这些采访按照他人生的时间顺序来推进。当然，这也是有原因的。和其他许多上了年纪但仍能活跃在工作一线上的人一样，弗兰克·盖里在很大程度上是活在当下的。他最愿意谈论的，是他现在正在做的事情——或者，更确切地讲，是他希望自己在下周、下个月乃至于明年所做的事情。他不喜欢回首过去。因此，我们的每一次对谈，几乎都是以他脑中此刻的所思所想作为开场的，只有在围绕着当下的话题经过一番热烈的讨论，让他完全“热身”起来之后，他才会开始挖掘自己那些久远的记忆。我之所以特意提到这一点，是因为这揭示了某种对他而言至关重要的东西：虽然他对自己的生活和取得的成就都感到非常自豪，但是，驱动他继续前进的动力，永远是未来，他从来都不愿生活在过去。

那些他最亲近的人，也同样慷慨地为本书贡献了他们宝贵的时间和想法。我深深地感谢贝尔塔·盖里，她以她那和善而优雅的风度，回应了我的每一个请求。亚历杭德罗·盖里与塞缪尔·盖里兄弟，以及他们的妻子，卡丽和乔伊斯，也都给予了我许多非常热心的帮助。我还要感谢多琳·盖里·纳尔逊，她提供了许多关于她的父母和外祖父母的，非常有用的观点和感悟，以及她们一家人在搬到洛杉矶之后的岁月里的许多重要的回忆。在我的这个项目进行的初期，多琳在她的家中以一顿非常棒的晚餐招待了我，我们还一起翻看了她们家的老相册。2014 年，当她得知我也将到巴黎去参加路易威登基金会博物馆的揭幕典礼后，她把她刚刚找到的一个她母亲留下来的，里面装满了她和她哥哥童年照片的古董首饰盒也带去了巴黎，她带着那个小盒子跨越了半个地球，就为了给我看一看。

弗兰克的前内弟，也是他曾经的律师和现在的好朋友，理查德·斯奈德，以及斯奈德的伴侣保罗·文森特·怀斯曼，也给予了我极为慷慨的帮助，他们对于自己的所见和所感十分坦率，我与他们之间，通过这个项目而建立起来的友谊，也是这个项目带给我的最为重要的收获之一。在我看来，能够与他们两人结识并成为朋友，是一种莫大的荣幸。盖里曾对我说，他希望我去和他的前妻，也就是理查德 · 斯奈德的姐姐聊一聊，他说："你不应只听我的一面之词。"然而很遗憾，安妮塔 · 布伦纳拒绝了我的请求，她不愿意谈她的前夫。不过幸好，我得到了理查德 · 斯奈德的帮助，我相信，本书中关于他们那段婚姻的记述是客观的。

弗兰克 · 盖里的事务所，也和他的家庭一样，为这个项目贡献了很多。在项目的整个过程中，梅格汉 · 劳埃德给予了我无微不至的帮助和关心，我深深地感谢她：感谢她的后勤保障，感谢她敏锐的洞察力，也感谢她热情的态度。盖里的几位助理，斯蒂芬妮·皮佐尔尼（Stephanie Pizziorni）、萨曼塔·梅西克（Samantha Messick）、戴安娜·沃德（Diana Ward）和艾米·埃科恩（Amy Achorn），能够非常礼貌和迅速地回应我的各种频繁打扰和请求。乔伊斯·申（Joyce Shin）和吉尔 · 奥尔巴赫（Jill Auerbach），在我查阅盖里事务所庞杂的文档和图片文件的过程中也帮了大忙。许多现在和从前在盖里事务所中工作的建筑师，也以其他的方式提供了帮助，他们都很愿意抽出时间来，同我聊一聊他们与盖里共事的经历和体验：在这里，我想向克雷格·韦布、陈日荣、米歇尔 · 考夫曼、戴维 · 南、保罗 · 鲁伯维基、布莱恩 · 阿莫斯、阿兰德 · 德瓦拉贾、吉姆 · 格里姆夫、兰迪 · 杰弗逊、约翰 · 克拉格特、约翰 · 鲍尔斯、劳伦斯 · 泰伊（Laurence Tighe）、竹森大篆（Tensho Takemori）、丹尼斯 · 谢尔登（Dennis Shelden）、珍妮弗·叶尔曼（Jennifer Ehrman），以及迈克尔·马尔岑，一并表达我的感谢。格里高利 · 沃尔什就不仅仅是一位前同事那么简单了——他与弗兰克 · 盖里的交往已经超过六十年了——同样地，他也非常慷慨地与我分享了他的许多回忆。

弗兰克 · 盖里的个人生活与职业生活常常是交织在一起的，工作与生活之间的界限，有时候几乎会模糊到看不见的地步，这样的生活倒是也十分适合他。他有着许多既是事业伙伴，同时又保持着很好私交的朋友。在准备本书的过程中，我的一些最为重要的对谈，就是在我与他的这类朋友之间进行的，这其中最具代表性的，便是晚年的彼得 · 刘易斯。2012 年，我在他位于纽约的公寓里度过了一个美妙的下午，他对我讲述了关于他那座未能实现的住宅的故事，也分享了许多他与盖里在其他项目上的合作经历。还有托马斯·克伦斯，我与他进行了两次会面，一次是在纽约，还有一次是在他位于威廉斯敦的那座别致的住宅里。我们谈论了他与盖里合作创作毕尔巴鄂古根海姆博物馆的整个历程，这部分内容完全可以单独写成一本书。能够与黛博拉·博尔达共度一个夜晚，在任何情况下都是一件莫大的荣幸；而能够与她一边品尝上好的红酒，一边谈论弗兰克·盖里，则更是美妙异常的体验。同样地，能够在巴塞尔郊外的维特拉园区享用午餐，也令我感到荣幸备至。在那里，我与罗夫·费尔鲍姆度过了一个令人难忘的下午，我们一起游览了维特拉设计博物馆，及其周边的众多建筑。辛蒂·普利兹克在芝加哥热情地招待了我，而弗兰克·盖里，也是她最喜欢谈论的话题之一。迈克尔·蒂尔森·托马斯，则是在迈阿密海滩市的那座由盖里设计的新世界中心里亲切地欢迎了我，我们在他位于建筑内部的书房之中，聊了好几个小时关于他的这位建筑师朋友的话题。其他与盖里通过工作关系发展出密切私交的朋友，还有拉里·菲尔德、拉里·鲁沃、理查德·科沙拉克、理查德·韦恩斯坦、理查德·科恩、理查德·索尔·伍尔曼、彼得·阿内尔、马绍尔·罗斯、布鲁斯·拉特纳、维多利亚·纽豪斯和赛·纽豪斯夫妇、伊莉丝·格林斯坦和晚年的斯坦利·格林斯坦夫妇、希德尼·费尔森（Sidney Felsen）和琼尼·莫伊森·魏尔（Joni Moisen Weil）、欧文·拉文和玛丽琳·拉文夫妇、胡安·伊格纳西奥·比达德、马克·比亚斯、盖尔·卡瓦纳，以及马丁·弗里德曼和已故的米尔德丽德·弗里德曼夫妇等。他们中的每一个人，都与我分享了许多非常有价值的回忆和感悟，还有既是盖里的建筑师同行，同时也是他的帆船航行伙伴的格雷格·林恩也是如此。此外，在同以下诸位的闲聊或正式采访之中，我也得到了大量非常有用的信息，他们是：伊莱·布罗德、诺曼·莱奥尔（Norman Lear）、贝尔纳·阿尔诺、让-保罗·克拉弗里、巴布斯·阿尔通·汤普森（Babs Altoon Thompson）、托马斯·海恩斯、南希·韦克斯勒、姬妮·曼西尼（Ginny Mancini）、迈克尔·高文、盖尔·海瑞蒂、纳恩·佩雷兹、阿兰·海勒（Alan Heller）、亚当·弗拉托、戴维·魏因雷布、尼克·范德布恩（Nick Vanderboom）、约翰·伯纳姆（John Burnham）、保罗·艾伦、斯特凡妮·拜伦、芭芭拉·古根海姆（Barbara Guggenheim）、安娜·甘巴、哈特利·盖洛德、米歇尔·德·米莉（Michele de Milly）、菲利帕·波斯坦（Philippa Polstein）、马修·泰特鲍姆（Matthew Teitelbaum）、多米尼克·洛斯卡尔佐、洛可·西西利亚诺（Rocco Siciliano）、阿尔·特雷维诺（Al Trevino）、杰克·布罗根、里克·萨洛蒙（Rick Salomon）、巴里·迪勒，以及卡洛尔·伯纳特。

与其他的建筑师和评论家之间关于盖里的各种交流，也令我收获良多，无论这些交流是否是专门为了给这本书搜集材料而进行的正式采访。我要感谢克里斯托弗·豪瑟恩、晚年的阿达·路易斯·赫克斯塔布尔、迈克尔·索尔金、尼可莱·欧罗索夫、亚历山大·加文（Alexander Garvin）、奥利维埃·布瓦西埃（Olivier Boissière）、大卫·柴尔斯、埃里克·欧文·摩斯、莫瑟·萨夫迪、马克·拉卡坦斯基（Mark Rakatansky）、艾伦·贝斯奇、斯坦利·泰格曼、玛格丽特·麦凯瑞（Margaret McCurry）、杰奎琳·T. 罗伯森（Jaquelin T. Robertson）、罗伯特·A. M. 斯特恩、托马斯·菲弗（Thomas Phifer）、保罗·马西（Paul Masi）、文森特·斯库利，以及已故的菲利普·约翰逊。我要感谢芭芭拉·艾森伯格，她慷慨地给予了我授权，让我得以随意使用她那本关于盖里的优秀著作——《与弗兰克·盖里对话》——中的材料。乌尔坦·吉尔福伊尔，作为西德尼·波拉克晚年的影片《建筑大师盖里速写》的制片人，为我提供了影片背后的完整的采访资料文本，以及关于影片的拍摄和制作过程的大量回忆，在这里我也要向他致以诚挚的谢意。

作为弗兰克·盖里生命中非常重要的一个组成部分，艺术家们也为这个项目提供了许多帮助。我尤其要感谢埃德·摩西、彼得·亚历山大、查克·阿诺尔迪、托尼·伯兰特、拉蒂·迪尔、埃德·鲁沙和比利·阿尔·本斯顿等所有 20 世纪 60 年代洛杉矶艺术圈的重要成员们，以及纽约的艺术家詹姆

斯 · 罗森奎斯特。他们每个人都同我讲了许多关于盖里的往事，我对他们所有人都心怀感激。我还要感谢《天堂的反叛者：洛杉矶艺术界和 20 世纪 60 年代》的作者亨特 · 卓赫朝斯卡 - 菲利普，他大方地与我分享了他关于弗兰克 · 盖里的笔记。此外，我还必须要感谢南加州大学、哈佛大学，以及盖蒂研究所（Getty Research Institute）的档案和图书馆管理人员，他们为我的工作提供了十分关键的前期协助。

* * *

对于一名长居纽约的作家来说，按照常理，在准备写这本书的过程中，我似乎应该搬到洛杉矶去住上几个月，这样采访和搜集资料都会方便许多。不过，我还是选择了不断往返于东西海岸之间的工作方式，究其原因，并不是我想要通过这本书的研究工作来为美国航空公司创收——虽然我确实为他们贡献了不少机票钱——而是我对弗兰克 · 盖里做的那些采访之间，需要一定的间歇期，这既与盖里的日程安排有关，同时也是为了他的心智和情绪考虑。我不想让我们两个中的任何一人，让对方感到厌烦。由于在洛杉矶没有自己的住处，我有时会选择住酒店，不过更多的时候，我会住在我的朋友们的家里，在这里我也要向他们致以由衷的感谢：罗伯特 · 布克曼（Robert Bookman）；托比亚斯 · 迈耶（Tobias Meyer）和马克 · 弗莱彻（Mark Fletcher）夫妇，他们那座由巴夫和亨斯曼（Buff & Hensman）设计的漂亮住宅，成为我思考洛杉矶建筑的绝佳场所；以及，我最最需要感谢的，玛莎 · 德 · 劳伦提斯（Martha De Laurentiis）和兰迪 · 谢尔曼（Randy Sherman）夫妇，他们位于本尼迪克特峡谷的家，似乎永远都热情地为我敞开着大门，无论我的打扰有多么的频繁。我对他们心怀感恩。

在东海岸这边，我同样要将感谢致以我的朋友查尔斯 · 凯泽（Charles Kaiser）、史蒂芬 · 拉特纳（Steven Rattner）、克利福德 · 罗斯（Clifford Ross）、乔尔·弗雷施曼（Joel Fleishman）、丹·拉宾诺维茨（Dan Rabinowitz），以及帕梅拉·弗莱厄蒂和彼得·弗莱厄蒂夫妇（Pamela and Peter Flaherty），他们与弗兰克·盖里，抑或是与我的研究，都并没有什么直接的联系。但是，与他们之间的那些令我难忘的交流，让我在准备这本书的那些年里，能够保持集中和专注。

我的一件极大的幸事，便是能够结识帕特里克·科里根（Patrick Corrigan），2010 年，我在帕森设计学院（Parsons The New School for Design）开设了一门关于建筑批评的讨论课程，而帕特里克当时是那门课程的学生之一。2011 年，在获得了他的建筑学硕士学位之后，他放弃了马上开始自己的建筑事业的机会，而选择了与我共同来进行这本书的相关准备和研究。他从 2011 年底开始便一直都在参与这个项目，他帮我收集信息、整理文件、进行图片研究，有时还会帮我组织采访，对所有这些工作，他都报以了极高的专业精神和水准。2014 年秋天，当建筑对他的召唤变得实在是难以抗拒，他才终于回归了自己的老本行。他的知识和判断力，对这本书的成型起到了至关重要的作用，他不仅仅是一位研究者，同时也是一位敏锐的读者和富有洞见的批评家。他对本书的贡献是无法用价值来衡量的。现在，帕特里克对于弗兰克·盖里的了解程度，想必和我是不相上下的。从许多方面来说，本书其实不只是我一个人的作品，它也是帕特里克的著作。

同样地，我也十分幸运能够在多年之前的另外一个项目上，遇到像安·克劳斯（Ann Close）这样优秀的编辑，她的智慧和学识，在那个项目上就曾给予过我极大的启发。如今，对于这本书，她所起到的作用则更为重要。我非常开心能够再次同她合作，也十分感谢她为我提供的那些无与伦比的工作协助。感谢安妮·埃格斯（Annie Eggers）和阿莱克斯·托内蒂（Alex Tonnetti），他们帮助我确认和完善了许多最终的细节。感谢艾里斯·韦恩斯坦（Iris Weinstein）为本书做了漂亮的版式设计。此外，我还要特别感谢彼得·门德尔桑德（Peter Mendelsund），他的设计作品我一直以来都非常仰慕，能够由他来设计本书的封面，对我而言是一份莫大的荣幸。

作为我的经纪人，阿曼达·厄尔班（Amanda Urban）这些年来帮助我完成了许多的项目，不过，这次的这个项目，无疑是我从她那里获得帮助最多的一次，我很感谢她的积极投入和她对我的支持。是她鼓励我接手了这个项目，而她的热情，也贯穿了项目的整个准备过程。

我的另一大幸事，就是有一群能够给予我无限的爱，同时又对我的工作真心感兴趣的家人，他们的许多想法和创意都对我有所启发。我的儿子亚当·赫什（Adam Hirsh）、他的妻子戴尔芬（Delphine），还有我的两个孙辈西比克斯（Thibeaux）和约瑟芬（Josephine）一家人，就住在洛杉矶，所以，他们与这个项目的联系尤为密切，他们一直都关注着项目的进度，而我在前往洛杉矶进行研究的过程中，也经常会造访他们的家，他们让我在加州感受到了家庭的温暖。我的另外两个同为记者的儿子，本·戈德伯格（Ben Goldberger）和阿莱克斯·戈德伯格（Alex Goldberger），以及我的两位儿媳梅丽莎·罗斯伯格（Melissa Rothberg）和卡洛琳娜·德·劳伦提斯（Carolyna De Laurentiis），在项目的整个过程之中，一直都在帮助我提炼和改善我的写作思路。本和阿莱克斯都已经长大成人，搬出了家门，我的频繁离家并没有对他们造成什么影响，但是对于我的妻子苏珊·所罗门（Susan Solomon）而言，情况则完全不同了，她为这个项目的付出，我全都看在眼里，为了让我能够有时间多考察一座盖里的建筑，多采访一位盖里的客户，或者是与本书的主人公多聊一会儿，她放弃了许多本应由我们两人共度的时光。但是她没有丝毫的抱怨，相反，她会认真地阅读我的手稿，给予我批判性的建议，并且逐页地帮我对书稿进行修改和打磨。

我以无比的荣幸和感激，将这本书献给她。

引文注释

第一章　超级月亮之夜

008　“由此我们可以清楚地得出结论……”：Matt Tyrnauer, “Architecture in the Age of Gehry,”《名利场》，2010 年 8 月。

012　“对于弗兰克来说……是非常重要的，”：Babs Thompson，笔者采访，2013 年 7 月 10 日。

013　“盖里独有的温和而谦逊的处事方式”：Peter Alexander，笔者采访，2011 年 12 月 12 日。

015　“当你将‘艺术’这个词用在一座里面有厕所的建筑上时，有一些艺术家会感到被冒犯……”：Barbara Isenberg, Conversations with Frank Gehry (New York: Alfred A. Knopf, 2009), 56。

015　“我觉得弗兰克是当今世界上顶级的艺术家。”：Billy Al Bengston，笔者采访，2013 年 6 月 13 日。

015　“成功往往比失败更难应付”：弗兰克 · 盖里在于笔者交流中屡次提到了这一点，尽管这句话从未见诸于这本书的正式采访。

018　“弗兰克，为什么你把你的时间都浪费在……”：Joshua Olsen, Better Places, Better Lives: A Biography of James Rouse (Washington, DC: Urban Land Institute, 2004), 266。

019　“本质上讲，我是个……不切实际的社会改良主义者。” Paul Goldberger, “The House as Art,” 《纽约时报》，1995 年 3 月 12 日，44 页。

021　“他走过来然后说……”：Bruce Ratner，笔者采访，2013 年 11 月 26 日。

025　“我生命当中的一大幸事……”：Bruce Ratner，笔者见证，2011 年 3 月 19 日。

025　“这里离我父亲出生的地方不远，”：Frank Gehry，笔者见证，2011 年 3 月 19 日。

第二章　加拿大

028　20 世纪 30 年代早期：James Lemon, Toronto Since 1918: An Illustrated History (Toronto: James Lorimer & Co., 1985), 197。

029　“来到了多伦多这座只有教堂的城市”：Ernest Hemingway,Selected Letters, 1917–1961, ed. Carlos Baker (New York: Scribner, 1981), 84, 88, 95。

029　在 1923 年：Lemon, Toronto, 53。

029　多伦多的犹太人口：Gerald Tulchinsky, Branching Out: The Transformation of the Canadian Jewish Community (Toronto: Stoddart Publishing Co., 1998), 17。

029　1920 年，市议员们：Lemon, Toronto, 53。

030　肯辛顿市场：同上，51。

031　“但是她默许了”：Frank Gehry，笔者采访，2011 年 7 月 14 日。

032　每当塞缪尔独自看店的时候：Doreen Nelson，笔者采访，2012 年 1 月 14 日。

032　利亚还有一项技能：Barbara Isenberg, Conversations with Frank Gehry (New York: Alfred A. Knopf, 2009), 15。

032　还有挂毯般将窗户完全遮起的厚重窗帘：Frank Gehry，笔者采访，2011 年 7 月 14 日。

033　“他爱她爱得发疯”：Doreen Nelson，笔者采访，2012 年 1 月 14 日。

033　“某种程度上像一颗粗糙的钻石”：Isenberg, Conversations, 17。

033　她一直不太喜欢戈德堡这个姓氏：Frank Gehry，笔者采访，2014 年 11 月 18 日。

034　“避风港”：Isenberg, Conversations, 16。

034　他还记得有时候：同上，14。

035 后来，他还在店里学会了：同上。

035 “弧形的木块”：Frank Gehry，笔者采访，2011 年 7 月 14 日。

035 “我一生中最大的乐趣”：Isenberg, Conversations, 16。

036 “我常常在浴缸边上”：Frank Gehry，笔者采访，2011 年 7 月 14 日。

036 “假装反智主义”的方式：Frank Gehry，笔者采访，2012 年 3 月 12 日。

036 “避暑山庄”：Isenberg, Conversations, 14。

036 “提出问题的重要性”：同上。

036 “陷入那种古老的”：Frank Gehry，笔者采访，2011 年 7 月 14 日。

037 “我们身为犹太人最为宝贵的财富之一”：Frank Gehry，笔者采访，2012 年 1 月 29 日。

037 “山丘、大片的蓝色和海洋”：Frank Gehry，笔者采访，2011 年 7 月 14 日。

038 “喜欢摆弄小物件”：Doreen Nelson，笔者采访，2012 年 1 月 14 日。

038 “我也不知道他是从哪儿弄来的”：Frank Gehry，笔者采访，2012 年 8 月 9 日。

039 “想起他的故乡”：Doreen Nelson，笔者采访，2012 年 1 月 14 日。

039 “博彩业”：Frank Gehry，笔者采访，2012 年 3 月 12 日。

040 “从小在蒂明斯长大”：Anna Gangbar，Patrick Corrigan 采访，2012 年 10 月 11 日。

041 “那里大部分是波兰人”：Frank Gehry，笔者采访，2012 年 8 月 7 日。

041 “他们看到我也总被那些波兰孩子欺负”：Frank Gehry、笔者采访，2012 年 1 月 29 日。

041 “我特别喜欢坐火车”：同上。

042 “我父亲开着他的车”：Frank Gehry，笔者采访，2012 年 8 月 7 日。

043 “他会领着这个拿着报纸的小女孩走进去”：Frank Gehry，笔者采访，2011 年 7 月 14 日。

043 “愚蠢的”和“梦想家”的：同上。

043 “谈论她那高贵的英国背景”：同上。

043 “戈德堡家是很不堪的”：Doreen Nelson，笔者采访，2012 年 1 月 28 日。

044 在蒂明斯这种机会很有限：Frank Gehry，笔者采访，2011 年 6 月 20 日。

044 “我一直对自己不会乐器感到很遗憾。”：Frank Gehry，笔者采访，2012 年 8 月 7 日。

044 “天赋异禀”：Frank Gehry，笔者采访，2011 年 7 月 14 日。

045 “超级犹太人”：Frank Gehry，笔者采访，2011 年 6 月 20 日。
045 “索利和我，我们俩当时简直是”：Frank Gehry，笔者采访，2012 年 8 月 7 日。
046 “根本就没什么上帝。”：Frank Gehry，笔者采访，2011 年 6 月 20 日。
047 “有着现代主义窗子的大型工业建筑”：Frank Gehry，笔者采访，2011 年 7 月 14 日。
047 多年以后，他在回忆：Frank Gehry，笔者采访，2012 年 8 月 7 日。
048 “他和我很像”：同上。
048 “想要距离地心更近一些”：Frank Gehry，笔者采访，2011 年 6 月 20 日。
048 在比弗兰克小八岁的妹妹多琳的童年记忆里：Doreen Nelson，笔者采访，2012 年 1 月 14 日。
048 “他那会儿常常会聊起”：Frank Gehry，笔者采访，2012 年 11 月 12 日。
048 “大鼻子”：Frank Gehry，笔者采访，2011 年 7 月 14 日。
049 “想要爬到桌子底下去”：Frank Gehry，笔者采访，2011 年 6 月 20 日。
049 “女孩们会和我跳舞”：Frank Gehry，笔者采访，2012 年 8 月 7 日。
050 “都是些关于如何设计砖石砌筑的小房子的”：Frank Gehry，笔者采访，2011 年 6 月 20 日。
050 “蒂明斯地处极北”：Frank Gehry，笔者采访，2011 年 7 月 14 日。
051 “弗兰克，这一行不适合你”：Frank Gehry，笔者采访，2012 年 8 月 8 日。
052 “几近崩溃了”：Frank Gehry，笔者采访，2011 年 6 月 20 日。
052 “把他揍了个半死”：Doreen Nelson，笔者采访，2012 年 1 月 28 日。
052 “在我印象里我与父亲的关系”：Doreen Nelson，笔者采访，2012 年 1 月 14 日。
052 “在暴躁的外表之下”：Doreen Nelson，笔者采访，2012 年 1 月 28 日。
053 “无法控制住自己”：Frank Gehry，笔者采访，2011 年 7 月 14 日。
053 “他那时生意不顺”：Frank Gehry，笔者采访，2011 年 6 月 20 日。
053 “沉重的心理负担”：Frank Gehry，笔者采访，2011 年 6 月 20 日。
053 “我父亲那时才刚刚 47 岁”：Isenberg, Conversations, 18。
054 欧文依然不愿意：Frank Gehry，笔者采访，2012 年 8 月 8 日。

第三章 阳光灿烂的日子

056 “阳光充足而温暖”：Barbara Isenberg, Conversations with Frank Gehry (New

York: Alfred A. Knopf, 2009), 18。

056 新建了479座国防工厂：Arthur C. Verge, "The Impact of the Second World War on Los Angeles," Pacific Historical Review 63, no. 30 (August 1994): 294。

057 洛杉矶地区共有大约15930个就业机会：同上，293。

057 洛杉矶当地的船坞：同上，303-4。

057 大片价格低廉的空置土地：同上，292。

057 联邦政府把负责：同上，313。

061 "两个房间"：Doreen Nelson，笔者采访，2012年1月14日。

061 "在那间小公寓里，她做的每一餐"：同上。

061 "令人失望"：Frank Gehry，笔者采访，2011年7月14日。

061 他尝试寻找其他的工作：Frank Gehry，笔者采访，2012年8月9日。

062 欧文也很喜欢和他们聊天：同上。

062 "那套公寓很小，不会超过"：Hartley Gaylord，Patrick Corrigan采访，2012年11月13日。

062 "我父亲很有风度"：Isenberg, Conversations, 18。

063 哈里叔叔：Hartley Gaylord，Patrick Corrigan采访，2012年11月13日。

063 他开着一辆黑色的普利茅斯(Plymouth)敞篷跑车：Doreen Nelson，笔者采访，2012年1月28日，以及Hartley Gaylord，Patrick Corrigan采访，2012年11月13日。

064 弗兰克很擅长：Isenberg, Conversations, 19。

064 "我在他们那里干活特别卖力"：同上，20。

064 "甜美可爱，令人想拥抱"：Frank Gehry，笔者采访，2011年7月14日。

064 "这使得欧文和西尔玛惊讶不已"：Isenberg, Conversations, 20。

064 之后不久的一天晚上：Frank Gehry，笔者采访，2011年7月14日。

065 "清洗珠宝，修理钟表和风扇"：Isenberg, Conversations, 19。

065 "我的手很巧"：Frank Gehry，笔者采访，2012年8月9日。

065 "我很喜欢这些维多利亚风格的老建筑"：Isenberg, Conversations, 19。

065 弗兰克在珠宝店的兼职并没有什么工钱：Frank Gehry，笔者采访，2012年8月9日。

065 亚瑟的飞机平时存放在：Frank Gehry，笔者采访，2011年6月20日。

065 "那时候我也不知道长大以后该干什么"：Frank Gehry，笔者采访，2012

年 8 月 9 日。

066 来到洛杉矶后不久：Isenberg, Conversations, 20–21。

066 “为初学者准备的职业技能实习”：Frank Gehry，笔者采访，2011 年 7 月 14 日。

066 “是门槛最低的”：Frank Gehry，笔者采访，2012 年 1 月 29 日。

067 “年龄正合适”：Frank Gehry，笔者采访，2011 年 7 月 14 日。

067 “他们不停地催促我”：Frank Gehry，笔者采访，2011 年 7 月 14 日。

068 “她母亲近乎疯狂地撮合着”：Frank Gehry，笔者采访，2012 年 1 月 29 日。

068 安妮塔与父亲的关系很不好：Richard Snyder，笔者采访，2012 年 8 月 1 日。

068 “有才华”：Frank Gehry，笔者采访，2012 年 1 月 29 日。

068 “她家有电视”：同上。

069 迈克尔 · 蒂尔森 · 托马斯：Michael Tilson Thomas，笔者采访，2014 年 1 月 30 日。

069 理查德 · 斯奈德还记得：Richard Snyder，笔者采访，2012 年 5 月 22 日。

070 “我记得有一次”：Isenberg, Conversations, 21。

070 “索里亚诺戴着黑色贝雷帽”：同上，22。

070 “他是那种在任何场合都能成为焦点的人”：Frank Gehry，笔者采访，2012 年 11 月 12 日。

071 “任意地摆弄钢材”：Isenberg, Conversations, 22。

071 “那时的我认识洛杉矶的每座新建筑”：Frank Gehry，笔者采访，2012 年 11 月 12 日。

072 “辛德勒是个有趣的人”：Isenberg, Conversations, 23。

073 “我觉得后来人们对我的评价”：Frank Gehry，笔者采访，2011 年 7 月 14 日。

073 “非常的自我中心”：Isenberg, Conversations, 23。

073 弗兰克还记得，有一次诺伊特拉：Frank Gehry，笔者采访，2011 年 7 月 14 日。

第四章　成为建筑师

075 “我很爱她”：Frank Gehry，笔者采访，2011 年 7 月 14 日。

075 多琳至今记得：Doreen Nelson，笔者采访，2012 年 1 月 28 日。

076 “我们可以说是病急乱投医”：Frank Gehry，笔者采访，2012 年 1 月 29 日。

076 西尔玛在百老汇商场纺织品销售部的工作很出色：Frank Gehry，笔者采访，

2011 年 7 月 14 日，和 2012 年 1 月 29 日。

076 “二十五到三十人，围坐成一圈”：Sandra Gaylord，Patrick Corrigan 采访，2012 年 11 月 13 日。

077 “我母亲过去常说”：Doreen Nelson，笔者采访，2012 年 1 月 28 日。

077 欧文那时的工作是：1952 年的 1040 表格，在 Doreen Nelson 的记录中。

077 他可以表现得开朗而热情：Hartley Gaylord，Patrick Corrigan 采访，2012 年 11 月 13 日。

078 “家里真的是非常压抑”：Doreen Nelson，笔者采访，2012 年 1 月 28 日。

078 “每天要打三针胰岛素”：同上。

078 “这样说对他显得很不公平”：Frank Gehry，笔者采访，2014 年 8 月 12 日。

078 “他每次都到县医院去看病”：Doreen Nelson，笔者采访，2012 年 1 月 28 日。

079 “第一次有人肯定了我”：Barbara Isenberg, Conversations with Frank Gehry (New York: Alfred A. Knopf, 2009), 22。

080 “他们让我们设计一些小房子”：Frank Gehry，笔者采访，2012 年 11 月 12 日。

081 “可能是反犹太主义”：同上。

082 “无趣的大教堂图片之类的东西”：Frank Gehry，笔者采访，2012 年 3 月 12 日。

082 “我那时候痛恨范斯沃斯住宅”：Frank Gehry，笔者采访，2012 年 8 月 9 日。

083 “那时唯一的人文主义的东西”：同上。

083 “根本无法产生共鸣”：Frank Gehry，笔者采访，2012 年 11 月 12 日。

084 “犹太人里那部分好人中的一员”：Greg Walsh，笔者采访，2012 年 1 月 28 日。

084 “实际上是我唯一”：同上。

084 “格雷格和我成为了铁哥们”：Frank Gehry，笔者采访，2011 年 7 月 14 日。

085 弗兰克还记得他和格雷格一起去听了：Frank Gehry，笔者采访，2013 年 1 月 10 日。

085 “我经常去考察”：Frank Gehry，笔者采访，2013 年 1 月 4 日。

085 “格雷格能够理解我”：Frank Gehry，笔者采访，2012 年 11 月 12 日。

085 “格雷格就像是我的另一个哥哥”：Doreen Nelson，笔者采访，2012 年 1 月 14 日。

085 “弗兰克选择的是特立独行的辛德勒”：Greg Walsh, “Recollections of Frank Gehry”，未出版的手稿，2012。

087 “指路明灯”同上。

087 “加尔文 · 斯特劳布是我三年级时的教授”：Frank Gehry，笔者采访，2013 年 1 月 4 日。

087 “一种理想化的，类似于花园城市理论 (Garden City) 的那种东西”：Greg Walsh，笔者采访，2012 年 1 月 28 日。

087 “有一天他给我打来电话”：Frank Gehry，笔者采访，2012 年 11 月 12 日。

087 “我觉得在三年级的第一个学期”：Walsh, “Recollections”。

088 “我记得我们两个讨论过”：同上。

089 “将其转化成”：同上。

089 “无关诗意”：Frank Gehry，笔者采访，2012 年 11 月 12 日。

089 “成为了我最为亲密的朋友和家人”：Frank Gehry，笔者采访，2011 年 7 月 14 日。

090 “骚扰”：同上。

090 “弗兰克，当你站在山顶上时”:Frank Gehry，笔者采访，2012 年 11 月 12 日。

092 而且，弗兰克后来还被开除出了:rank Gehry，笔者采访，2012 年 1 月 29 日。

092 “我明白他们想要干什么”：Frank Gehry，笔者采访，2012 年 11 月 12 日。

093 “西尔玛总是表现得精神饱满”:Richard Snyder，笔者采访，2012 年 8 月 1 日。

094 “他一直都很喜欢鱼”：同上。

094 他们所住的沙漠温泉村汽车旅馆:Frank Gehry，笔者采访，2012 年 1 月 29 日。

095 “愤世嫉俗并且虚无主义”：GregWalsh，笔者采访，2012 年 1 月 28 日。

095 “我从来不清楚”：Frank Gehry，笔者采访，2012 年 11 月 12 日。

095 “他那种严密的、强逻辑性的设计方式”：Walsh, “Recollections”。

096 “我记得我们为这个想法感到兴奋不已”：Frank Gehry，Patrick Corrigan 采访，2012 年 1 月 29 日。

097 他记得当时在南加大教授五年级设计课的建筑师威廉 · 佩雷拉：同上。

097 “他和格雷格一定为此忙活了几个星期”：Doreen Nelson，笔者采访，2012 年 1 月 14 日。

099 姓戈德堡没什么不好：Doreen Nelson，笔者采访，2012 年 1 月 28 日。

099 “我并不想改姓”：Frank Gehry，笔者采访，2012 年 1 月 29 日。

099 “她无比坚决”：同上。

099 “如果你了解安妮塔的话”：Frank Gehry，笔者采访，2011 年 7 月 14 日。

099 “不停地安抚安妮塔”：Frank Gehry，笔者采访，2012 年 1 月 29 日。

101　尽管在 1954 年 5 月 6 日，他就已正式改姓：Frank Gehry，笔者采访，2011 年 7 月 14 日。

101　“他对我大发雷霆”：Frank Gehry，笔者采访，2012 年 1 月 29 日。

101　“因为改姓，有一群人就这样从我的人生中消失掉了”：Frank Gehry，笔者采访，2011 年 7 月 14 日。

102　“说完他就起身准备离开”：Frank Gehry，笔者采访，2012 年 1 月 29 日。

103　“‘我们犯了个严重的错误’”：Frank Gehry，笔者采访，2012 年 11 月 12 日。

103　后来，弗兰克认为：Frank Gehry，笔者采访，2014 年 8 月 12 日。

103　“他看了看我的腿然后说”：Isenberg, Conversations, 29。

第五章　面对权威

105　“做了什么”：Frank Gehry，笔者采访，2012 年 11 月 12 日。

105　“整个那段时期安妮塔对我的态度都很差”：Frank Gehry，笔者采访，2012 年 1 月 29 日。

106　“我母亲一直在努力地”：Richard Snyder，笔者采访，2012 年 8 月 1 日。

106　紧张的气氛无处不在：Frank Gehry，笔者采访，2012 年 1 月 29 日。

107　“因为一条有残疾的腿”：Barbara Isenberg, Conversations with Frank Gehry (New York: Alfred A. Knopf, 2009), 30。

107　“别担心”：同上，33。

107　“他们负责所有人的调令”：Frank Gehry，笔者采访，2013 年 1 月 11 日。

107　“当他告诉我他就要去”：Isenberg, Conversations, 33。

108　“那么，你他妈的还能”：Frank Gehry，笔者采访，2012 年 11 月 12 日。

108　“到各处去先期测量”：Isenberg, Conversations, 34。

109　“图稿漂亮极了”：Frank Gehry，笔者采访，2013 年 1 月 11 日。

109　“好吧，但你是个爱国的好孩子”：Isenberg, Conversations, 35。

109　“那一刻，我所涉足过的那些左派自由主义的”：Frank Gehry，笔者采访，2013 年 1 月 11 日。

109　“我回答说”：Frank Gehry，笔者采访，2011 年 7 月 14 日。

109　“我那时候沉迷于弗兰克·劳埃德·赖特”：Frank Gehry，笔者采访，2013 年 1 月 11 日，以及 Isenberg, Conversations, 36。

110 “司令有的时候也会去”：Frank Gehry，笔者采访，2013 年 1 月 11 日。
110 “之后我便开始着手”：Isenberg, Conversations, 37。
111 “我的方案看起来颇具”：同上，38。
111 “如果允许突破那个方形空间的话，弗兰克应该会有更好的主意”：Dominick Loscalzo 笔者采访，2012 年 6 月 7 日。
112 “那时候乔治 · 尼尔森设计了一把椅子”：同上。
112 约翰 · 波特曼就是弗兰克结识的众多当地建筑师中的一个：Isenberg, Conversations, 45。
112 “空调是必不可少的”：Richard Snyder，笔者采访，2012 年 8 月 2 日。
113 “他们也知道我对于给富人设计房子不感兴趣”：Isenberg, Conversations, 40。
113 他们鼓励弗兰克再回到学校：Frank Gehry，笔者采访，2012 年 11 月 12 日。
114 “我当时正和一群法国学生一起乘坐玛丽皇后号前往美国，准备去哈佛读书”：Mark Biass，笔者采访，2013 年 4 月 20 日。
115 “想找个合适的房子太难了”：Isenberg, Conversations, 41。
115 “我绝望了”：Frank Gehry，笔者采访，2013 年 1 月 11 日。
117 “你不会愿意去给富人设计那些昂贵的住宅的”：Frank Gehry，笔者采访，2012 年 1 月 29 日。
118 “我把这个规划作业做成了”：Isenberg, Conversations, 42。
118 “盖里先生”：同上。
119 “我盯着他”：Frank Gehry，笔者采访，2012 年 1 月 29 日。
119 “斯尔特教授”：Isenberg, Conversations, 42。
119 “他对我说：‘那是唯一的办法’”：Isenberg, Conversations, 43。
119 为了贴补家用：Frank Gehry，笔者采访，2012 年 1 月 11 日。
120 “我听了玛格丽特 · 米德和鲁思 · 本尼迪克特的人类学课”：Frank Gehry，笔者采访，2012 年 1 月 29 日。
120 “那是个难度很高的项目”：Mark Biass，笔者采访，2013 年 4 月 20 日。
121 “斯尔特非常喜欢他”：Frank Gehry，笔者采访，2013 年 1 月 11 日。
121 “柯布西耶在当时的文化圈影响非常大”：Isenberg, Conversations, 43。
121 “来到哈佛之前”：同上，43-44。
122 “柯布西耶的画作”：同上，44-45。

122 但是，与格伦事务所规划部门的负责人贝达·兹维克谈过之后：Frank Gehry，笔者采访，2013 年 1 月 11 日。

第六章 发现欧洲

125 “我觉得受到了冒犯”：Frank Gehry，笔者采访，2012 年 11 月 12 日和 2012 年 1 月 29 日。

127 “他们把汇报的过程搞的特别戏剧化”：Frank Gehry，笔考采访，2011 年 7 月 14 日。

128 “我很不喜欢那里的工作方式”：Frank Gehry，笔者采访，2013 年 1 月 11 日。

134 “一次由经典案例引发的城市规划灾难”：Robert Campbell, “Charles River Park at 35,” Boston Globe，1995 年 5 月 26 日。

134 “那个我痛恨的巨大怪兽”：Frank Gehry，笔者采访，2013 年 1 月 4 日。

135 “我很喜欢做住宅”：Barbara Isenberg, Conversations with Frank Gehry (New York: Alfred A. Knopf, 2009), 48。

135 “当时我也知道，我的这份工作，几乎就快把我的婚姻毁了”：rank Gehry，笔者采访，2013 年 1 月 4 日。

135 安妮塔的不开心，她的母亲贝拉·斯奈德都看在眼里：Frank Gehry，笔者采访，2012 年 11 月 11 日。

136 “格伦事务所明显变得更加的商业化了”：Isenberg, Conversations, 47。

136 “我有自己的一定之规”：同上。

137 “事后看来，我认为”：John Pastier, “Q&A: Gehry at 80,” Architect’s Newspaper，2009 年 3 月 24 日。

139 “业余施工队”：Mildred Friedman, Frank Gehry: The Houses (New York: Rizzoli, 2009), 103。

139 弗兰克在艺术上的眼界也不仅仅局限在洛杉矶的艺术圈：Frank Gehry，笔者采访，2013 年 1 月 4 日。

140 “在被精致的木板墙面包裹起来之前，（那些房子）有一种美感”：同上。

140 “对我来说非常有意思”：同上。

141 “我喜欢那些实实在在的”：Frank Gehry，笔者采访，2015 年 3 月 13 日。

141 “求着我让我去巴黎”：Frank Gehry，笔者采访，2013 年 1 月 4 日。

141 “弗兰克写信给我”：Mark Biass，笔者采访，2013 年 4 月 20 日。

141 “我把这当作是我对她的一种补偿”：Isenberg, Conversations, 47。

142 “我走进鲁迪（鲍姆菲尔德）的办公室”：Frank Gehry，笔者采访，2011 年 7 月 14 日。

142 “我离开前三个月”：Frank Gehry，笔者采访，2013 年 1 月 4 日。

142 “可惜你们没有早这么做”：同上。

144 “我得养两个孩子”：同上。

145 “迷恋着美国”：同上。

145 “Bonjour, monsieur（早上好，先生）！”：同上。

146 勒蒙代的工作室设计了不少政府建筑：Audouin Dollfus, The Great Refractor of Meudon Observatory (New York: Springer, 2013)。

146 马克 · 比亚斯自告奋勇地当起了弗兰克的导游和老师：Frank Gehry，笔者采访，2014 年 10 月 21 日。

146 “我们一起游历了巴黎”：Mark Biass，笔者采访，2013 年 4 月 20 日。

147 “我来自美国西海岸”：Frank Gehry，笔者采访，2011 年 7 月 14 日。

147 “在此之前，我是个彻底的现代主义者”：同上。

148 “我的建筑观从此变得倾向于欧洲了”：同上。

148 马克记得，他的妻子：Mark Biass，笔者采访，2013 年 4 月 20 日。

149 “有一次我们在路上遇见他们”：Frank Gehry，笔者采访，2011 年 7 月 14 日。

149 “所以弗兰克告诉我说”：Mark Biass，笔者采访，2013 年 4 月 20 日。

150 “他说：‘带我逛逛巴黎。’”：Frank Gehry，笔者采访，2011 年 7 月 14 日。

151 “他说：‘我准备在欧洲开一个工作室’”：同上。

第七章 在洛杉矶重新开始

153 “有信心去做点自己的事业”：Barbara Isenberg, Conversations with Frank Gehry (New York: Alfred A. Knopf, 2009), 49。

154 “即使一栋房子设计得像坨屎”：Doreen Nelson，笔者采访，2012 年 1 月 28 日。

154 “我父亲不断地买房子”：Richard Snyder，笔者采访，2012 年 8 月 1 日。

155 弗兰克和安妮塔还是付给了：Frank Gehry，笔者采访，2012 年 1 月 29 日。

155 “非常稳定的项目来源”：Isenberg, Conversations, 50。

155 “我可以很轻松地设计出一个多层建筑”：同上，49。

155 “我们两个人每天疲于奔命”：Frank Gehry，笔者采访，2013 年 5 月 18 日。

156 “我很害羞”：同上。

157 “我认为弗兰克年轻的时候一直也不知道他自己是多么的有才华”：Doreen Nelson，笔者采访，2012 年 1 月 28 日。

162 “我喜欢基本要素混杂”：Robert Venturi, Complexity and Contradiction in Architecture (New York: Museum of Modern Art, 1966), 16。

162 “她觉得这座房子只不过是又一座当地的旧式建筑”：Frank Gehry，笔者采访，2013 年 5 月 18 日。

163 弗兰克与韦斯利 · 比尔森之间的关系也逐渐微妙了起来：同上。

167 无论弗兰克是怎么得到的这个项目：同上。

169 “精妙的控制力”：Reyner Banham, Los Angeles: The Architecture of Four Ecologies (Berkeley: University of California Press, 1971), 180。

171 “这到底是出于他对安妮塔的某种补偿心理”：Richard Snyder，笔者采访，2012 年 8 月 1 日。

173 “有一天我来到项目现场”：Isenberg, Conversations, 56。

173 “弗兰克第一次来到我在比弗利格兰的工作室时”：Ed Moses，笔者采访，2011 年 12 月 13 日。

175 “在艺术家的选择上，金霍尔兹和霍普斯并没有什么条条框框的规则”：Hunter Drohojowska-Philp, Rebels in Paradise: The Los Angeles Art Scene and the 1960s (New York: Henry Holt, 2011), 30。

176 “我觉得我们没有纽约艺术家的那种压力”：Chuck Arnoldi，笔者采访，2011 年 12 月 13 日。

176 “你总带过来的这个小笨蛋是谁啊？”：Ed Moses，笔者采访，2011 年 12 月 13 日。

176 “他对所有东西的反应都是‘哇塞！’”：Ed Ruscha，笔者采访，2011 年 12 月 13 日。

176 “弗兰克的求知欲实在是太强了”：“Frank Gehry and the Los Angeles Art Scene”，小组讨论会，盖蒂中心，洛杉矶，2011 年 12 月 13 日，Frank Gehry，Peter Alexander，Chuck Arnoldi，Tony Berlant，Billy Al Bengston，Ed Moses 以及笔者均出席。

177 “不是两个分开的过程”：Isenberg, Conversations, 57–58。

178 “那些龙骨就好像成为了墙上的一幅画”：同上，59。

179 “我让他们带我去了博物馆的库房”：Aram Moshayedi, “Decorative Arts: Billy Al Bengston and Frank Gehry Discuss Their Collaboration at LACMA,” East of Borneo, 2014 年 2 月 4 日。

180 “他开始冲我大声咆哮”：同上。

181 韦克斯勒认识阿尔通的时候：Ed Moses，笔者采访，2011 年 12 月 13 日。

181 “因为，同许多需要依靠创造性思维进行工作的人一样”：这一段落的所有引用都出自于 Marlo Thomas, The Right Words at the Right Time (New York: Atria Books, 2002), 109–11。

182 “那之后一切都不同了”：同上。

182 “他极端地缺乏自信”：Milton Wexler 在电影 Sketches of Frank Gehry 中的访谈，Sydney Pollack 导演，Sony Pictures Classics，2006。

184 “米尔顿给了弗兰克第二次童年”：Nan Peletz，笔者采访，2014 年 9 月 4 日。

185 “在家时我也会躲着她”：Frank Gehry，笔者采访，2013 年 1 月 10 日。

185 “米尔顿说：‘听着’”：Frank Gehry，笔者采访，2013 年 6 月 6 日。(第二次采访)。

185 之后，他便去了演员本 · 戈扎那和他的妻子，女演员简妮丝 · 鲁尔的家：Babs Thompson，笔者采访，2013 年 7 月 10 日。

186 “不要住那种破破烂烂的小公寓”：Frank Gehry，笔者采访，2013 年 5 月 18 日。

186 她还告诉她的弟弟理查德 · 斯奈德：Richard Snyder，笔者采访，2012 年 5 月 22 日。

186 她告诉弗兰克的母亲：Doreen Nelson，笔者采访，2012 年 1 月 14 日。

第八章　独立

187 “他必须找个地方”：Doreen Nelson，笔者采访，2012 年 1 月 28 日。

189 “陷入了疯狂的恋爱”：Frank Gehry，Hunter Drohojowska-Philp 采访，2007 年 9 月 28 日。

191 “我去了牧场”：同上。

191 在两个人之间的风流往事过去很久之后，1973 年：“Stars in Burro Race

Highlight ‘Day in the Country’ Benefit,” Los Angeles Times, November 7, 1973。

191 那座被弗兰克称之为是“爱的奉献”的干草棚：Frank Gehry，Hunter Drohojowska-Philp 采访，2007 年 9 月 28 日。

193 “我们都折服于”：Billy Al Bengston，笔者采访，2013 年 6 月 13 日。

194 “我认为我们是被约翰·阿尔通凝聚在一起的”：Barbara Isenberg, Conversations with Frank Gehry (New York: Alfred A. Knopf, 2009), 57。

195 “我对她说：‘巴布斯’”：Frank Gehry，Hunter Drohojowska-Philp 采访，2007 年 9 月 28 日。

195 “等到我们真的都满了六十五岁”：Babs Thompson，笔者采访，2013 年 7 月 10 日。

196 “回忆之旅”：同上。

196 “我们一边跑着一边大声地喊叫”：Frank Gehry，笔者采访，2013 年 5 月 18 日。

198 “现在还太早了”：Babs Thompson，笔者采访，2013 年 7 月 10 日。

199 “我当时并没有意识到我是在被面试”：Frank Gehry，笔者采访，2013 年 1 月 4 日。

199 “和我一样，也是个不切实际的社会改良家”：Joshua Olsen, Better Places, Better Lives: A Biography of James Rouse (Washington, DC: Urban Land Institute, 2004), 189。

199 “我说：‘听着’”：Frank Gehry，笔者采访，2013 年 1 月 4 日。

200 “是莫特·霍本菲尔德打来的”：同上。

201 “一次建筑与声学设计的巨大成功”：Harold Schonberg, “Hurtling from Famine to Feast,” New York Times，1967 年 7 月 23 日。

202 “埃丝特·威廉斯和费尔南多·拉马斯也在那儿”：Isenberg, Conversations, 53。

203 “感谢上帝”：Frank Gehry，笔者采访，2013 年 1 月 4 日。

205 “现在通常的商场设计”：“Things to Come . . . Now,” Furnishings Daily，1968 年 7 月 2 日。

205 “试验、改变和调整”：Stores: The Retail Management Magazine，1971 年 12 月，第 5 页。

206 很长一段时间里：Frank Gehry，笔者采访，2014 年 8 月 12 日。

206 “那些帆船”：Frank Gehry 引用自 Alex Browne, “Love for Sail,” New York Times，2009 年 4 月 16 日。

207 “不断地鼓动我”：Frank Gehry，笔者采访，2013 年 5 月 18 日。

207 “承重结构”：Billy Al Bengston 笔者采访，2013 年 6 月 13 日。

208 他们设计工作的第一步：Esther McCoy, “Report from Malibu Hills,” Progressive Architecture，1974 年 12 月，第 40 页。

209 “弗兰克的一次爱的奉献”：Marshall Berges, “Ron Davis: He Plays Tricks with Dimensions,” Los Angeles Times Home，1975 年 8 月 17 日。

210 “他还是觉得需要一些房间”：Paul Goldberger, “Design Notebook: Inglorious Urban Entries,” New York Times，1977 年 3 月 24 日，C14。

210 “我们可以在其中自由玩耍的大谷仓”：Paul Goldberger, “Studied Slapdash,” New York Times Magazine，1976 年 1 月 18 日，第 49 页。

213 “盖里设计出了一种”：同上，第 50 页。

第九章　易边再战

216 “建筑师基本上是在对客户的恐惧之中进行工作的”：Frank Gehry in Designers West，1969 年五月，31。

217 “建筑的永久性和固定性将会逐渐弱化”：同上。

218 “一直以来我们苦苦地探索”：同上。

218 “试想我们把一个居住单元分为两个部分”：同上。

219 “我们所继承的价值体系”：同上。

220 “我认为，我们事实上都生活在某种幻觉和假象之中”：同上。

222 “在设计住宅时”：Barbara Isenberg, Conversations with Frank Gehry (New York: Alfred A. Knopf, 2009), 6。

223 从开始阶段的一片乐观：Kid City, 导演 Jon Boorstin, 制片 the University of Southern California, 1972。

225 “罗恩 · 戴维斯还以为”：Frank Gehry，笔者采访，2014 年 1 月 18 日。

228 “我心想，这太美了”：Isenberg, Conversations, 189–90。

229 后来他把这张小桌送给了他的朋友：Frank Gehry，笔者采访，2014 年 1 月 17 日。

230 随后，弗兰克与罗伯特·欧文，以及欧文找来的制造商杰克·布罗根合伙成立了一家公司：Jack Brogan，笔者采访，2014 年 1 月 16 日。

231 《家居与庭院》杂志发表了：House & Garden，1972 年 8 月，34-35。

231 “我们这个时代最为不可思议的家具”：Dan MacMasters, “Easy Edges: Why Didn’t Somebody Think of This Before?,” Los Angeles Time Home Magazine,1972 年 4 月 30 日 , 13。

231 “极具设计感的、极富张力的造型”：Norma Skurka “Paper Furniture for Penny Pinchers,” New York Times Magazine, 1972 年 4 月 9 日。

233 “给我讲讲这些家伙”：Frank Gehry，笔者采访，2014 年 1 月 17 日。

234 “他给我打来了电话”：同上。

234 但是到了那个时候，想要完成订单也已经不是那么容易的事了：Jack Brogan，笔者采访，2014 年 1 月 16 日。

239 康科德剧场被一圈人造的护道环绕：Peter Arnell and Ted Bickford, eds., Frank Gehry: Buildings and Projects (New York: Rizzoli, 1985), 84。

239 “我总是忍不住对那座建筑多看几眼”：同上，98。

240 “好问题”：同上。

241 “意识到了我是阿尔托的疯狂崇拜者”：Frank Gehry，笔者采访，2011 年 6 月 20 日。

243 西尔玛·盖里：Doreen Nelson，笔者采访，2012 年 1 月 28 日。

244 “一种我们无法回避的侮辱，因为诺顿”:Frank Gehry，笔者采访，2014 年 1 月 18 日。

244 “那通电话对我来说是个沉重的打击”：同上。

245 “你他妈的最好给我过来”：同上。

245 “我对工作太热情了”：Arnell and Bickford, Frank Gehry, xiv。

246 “如果你想真正理解这些文明”:Frank Gehry，笔者采访，2014 年 1 月 18 日。

247 “到处吃吃喝喝”：Ed Moses，笔者采访，2012 年 12 月 13 日。

248 “像疯了一般”：Doreen Nelson，笔者采访，2012 年 1 月 28 日。

第十章　圣莫尼卡的房子

254 “建设场地是一片停车场”：Peter Arnell and Ted Bickford, eds., Frank Gehry:

Buildings and Projects (New York: Rizzoli, 1985), 154。

254 “每个人都讨厌这种材料”：Frank Gehry，笔者采访，2013 年 1 月 4 日。

254 “看来在我的影响下”：同上。

255 “你打电话给金属护栏网制造商”：Barbara Isenberg, Conversations with Frank Gehry (New York: Alfred A. Knopf, 2009), 61。

255 “我很喜欢这种建筑的观感”：Frank Gehry，笔者采访，2014 年 1 月 18 日。

255 “他觉得我是在通过金属护栏网来表达自己的愤怒”：同上。

256 “我脸正对着他”：同上。

257 “你知道，那会儿那个谁”：Berta Gehry，笔者采访，2014 年 12 月 28 日。

257 “我母亲说”：Doreen Nelson，笔者采访，2012 年 1 月 14 日。

258 “走进这栋房子的一刻”：Berta Gehry，Mildred Friedman 采访，Frank Gehry: The Houses (New York: Rizzoli, 2009), 65。

259 “粉色的石棉瓦”：Friedman, Frank Gehry: The Houses, 64。

259 “我并不是想要发表”：Arnell and Bickford, Frank Gehry, 134。

260 “在这一点上弗兰克和我有着相似的童年经历”：Berta Gehry，Mildred Friedman 采访，Frank Gehry: The Houses, 65,68。

261 “用木材画草图”：Arnell and Bickford, Frank Gehry, 128。

263 “我说：‘我真喜欢那个设计’”：Paul Lubowicki，Mildred Friedman 采访，Frank Gehry: The Houses, 61。

265 “创造出了一种由粗糙的工业材料主导的新的建筑语汇”：Herbert Muschamp, “A Masterpiece for Now,” New York Times Magazine, 1997 年 9 月 7 日, 54。

267 “在这个世界上”：Frank O. Gehry/Kurt W. Forster: Art and Architecture in Discussion, ed. Christina Bechtler (Ostfildern-Rutt: Cantz Verlag, 1999), 20。

267 “对我来说”：Charles Moore, The City Observed: Los Angeles (New York: Random House, 1984), 162。

267 “它看起来就像是一座生产墨西哥香肠的工厂”：Alex Hoyt, “AIA 25-Year Award,” Architect, 2012 年 5 月, 208。

268 “为自己的理想投入了大量的金钱和心血”：John Dreyfuss, “Gehry’s Artful House Offends, Baffles, Angers His Neighbors,” Los Angeles Times, 1978 年 7 月 23 日。

268 “许多中产阶级社区里弥漫的那种矫情的价值观”：Frank Gehry，Mildred

Friedman 采访，Frank Gehry: The Houses, 64-65。

269 “我的态度是”：同上，65.

270 “一件非常重要的建筑作品”：Joseph Morgenstern, New York Times Magazine, 1979 年 5 月 17 日，48。

270 “在那栋房子里，我能够快乐地进行各种各样的游戏”：Alejo Gehry，笔者采访，2014 年 6 月 23 日。

270 “我记得，每当我去朋友家时”：Sam Gehry，笔者采访，2014 年 6 月 25 日。

271 “他不喜欢我的这栋房子”：Isenberg, Conversations, 67。

272 “你一定生我的气了”：Frank Gehry，笔者采访，2015 年 5 月 8 日。

275 “我会提出我的想法”：Jane Spiller，Mildred Friedman 采访，Frank Gehry: The Houses, 159-60。

276 “弗兰克是建筑师”：Chuck Arnoldi，Mildred Friedman 采访，Frank Gehry: The Houses, 167。

277 他并没有从中赚到多少钱：Frank Gehry，笔者采访，2015 年 3 月 13 日。弗兰克放弃了他的设计费，以换取那片地产开发完成之后的收益分成，但是据他回忆，那几栋房子最后是以亏本的价格卖出去的。

278 “弗兰克，你根本就不喜欢”：Joshua Olsen, Better Places, Better Lives: A Biography of James Rouse (Washington, DC: Urban Land Institute, 2004), 266。

第十一章　鱼形与其他造型

282 “立刻就被洛杉矶建筑界当时正在发生的一些重大的变化所震撼”：Thom Mayne, “Architecture 1979,” in A Confederacy of Heretics, ed. Todd Gannon and Ewan Branda (Los Angeles: J. Paul Getty Museum, 2013), 208。

283 “弗兰克和我有着许多的共同点”：Frank Gehry, Introduction to Franklin D. Israel (New York: Rizzoli, 1993), 10–11。

284 “他们中的很多人”：John Dreyfuss, Los Angeles Times, October 11, 1979, reprinted in A Confederacy of Heretics, 35。

287 “弗兰克·盖里决定放弃”：Craig Hodgetts and Robert Mangurian, “Architect’s Statement,” in A Confederacy of Heretics, 85。

290 “最为激进的作品”：Germano Celant, “Strada Novissima,” Artforum, December

1980。

290 “充满装饰性”：Barbara Isenberg, Converations with Frank Gehry (New York: Alfred A. Knopf, 2009), 127。

291 在加州大学洛杉矶分校的一场讲座中：Frank Gehry，笔者采访，2013 年 10 月 19 日。这场讲座的讲稿没有留下副本，他根据记忆描述了他在这场讲座中所讲到的内容。

291 “一整套可以用到设计中的形式语言”：Isenberg, Conversations, 129。

295 “所以，看起来每个建筑师都难免会有在餐巾上画草图的这种经历”：Frank Gehry，笔者采访，2013 年 10 月 19 日。

296 “我们可以说是画了一幅表现这三个体量的静物画”：同上。

300 “是个坚毅而果断的人”：Frank Gehry，笔者采访，2014 年 4 月 23 日。

300 “我决定要在我的设计中引入”：同上。

301 “如此无拘无束地扭曲盘绕”：Henry N. Cobb, foreword to The Architecture of Frank Gehry (Minneapolis: Walker Art Center / New York: Rizzoli, 1986)。

302 “一座由半圆形后殿主宰的房子”：Frank Gehry，笔者采访，2014 年 4 月 23 日。

304 “我一直在寻找一个帮手”：Frank Gehry，笔者采访，2014 年 12 月 28 日。

306 “毫无疑问的史上最为骇人的一座图书馆”：Mike Davis, City of Quartz (London: Verso, 1990), 239。

308 “他会对这个方盒子进行切削”：John Clagett，寄给笔者的笔记，2013 年 5 月 14 日。

309 “这是我作为犹太人的自嘲”：Frank Gehry，笔者采访，2014 年 5 月 5 日。

310 “一件通过破碎形体的巧妙重组而构成的”：Leon Whiteson, “Frank Gehry’s Buildings Invent Their Own Order,” Los Angeles Herald-Examiner, July 29, 1984。

313 与矶崎新这样一位来自地球的另一端：Isenberg, Conversations, 110。

314 “我看着他们说”：同上。

第十二章　登上世界舞台

318 “我们想要通过这次机会”：Julie Lazar, “Interview: Frank Gehry,” Available Light, 洛杉矶当代艺术博物馆，1983。

318 “我觉得这很有意思”：The Architecture of Frank Gehry, 103。

319 “盖里闯入了”：Mildred Friedman, “Fast Food,” in The Architecture of Frank Gehry, 108。

321 “首先要归功于建筑设计”：Richard Cohen，笔者采访，2014 年 6 月 9 日。

324 “我可不想在菲利普叔叔的宝贝作品跟前捣蛋”：Janelle Zara, “All Grown Up, Frank Gehry’s Morandi-Inspired Kiddie Playhouse Leaves Home for College,” Blouin Artinfo, 2011 年 9 月 30 日，在以下链接可见 http://www.blouinartinfo.com/news/story/749201/ all-grown-up-frank-gehrys-morandi-inspired-kiddie-playhouse

326 弗兰克是在与贝尔塔一起到巴拿马度假并探望贝尔塔的家人期间完成的这个设计：The Architecture of Frank Gehry, 201。

328 但是，弗兰克依旧对布罗德的所作所为感到非常愤怒：Connie Bruck, “The Art of the Billionaire,” New Yorker, 2010 年 12 月 6 日。

329 “我那时已经看过了许多他发表的作品”：Mildred Friedman，笔者采访，2012 年 6 月 18 日。

332 “房子里有一块护栏网材质制成的地板，阿莱霍对我保证说那是可以踩上去的”：Coosje van Bruggen, “Leaps into the Unknown,” in The Architecture of Frank Gehry, 123。

332 “他们与我关注的是同样的问题”：同上。

334 “有些太过‘附庸风雅’了”：同上。

338 “我们可没有一百万”：Frank Gehry，笔者采访，2014 年 5 月 6 日。

338 “他说：‘快点啊，盖里’”：同上。

339 “这看起来棒极了”：同上。

342 “我的背景很简单”：Rolf Fehlbaum，笔者采访，2012 年 10 月 19 日。

343 “对我来说，看到格雷姆肖和盖里设计的两栋房子这样并排地摆在一起，真是一种难以形容的经历”：“The Client as Curator,” interview with Rolf Fehlbaum in The Vitra Campus, Vitra Design Museum, 2014。

346 “混乱的感觉”：Mark Wigley, “Deconstructivist Architecture,” in Deconstructivist Architecture (New York: Museum of Modern Art, 1988)。

348 “弗兰克，你得普利兹克奖了”：Frank Gehry，笔者采访，2014 年 6 月 20 日。

348 “在我还是个‘亲日派’那会儿”：同上。

349 “我明白了，我必须更加努力工作”：同上。

349 “我迷恋建筑”：Frank Gehry, Pritzker Prize Acceptance Speech, 1989 年 5 月 18 日。

第十三章　沃尔特·迪士尼音乐厅：第一乐章

354 “世界上最棒的音乐厅之一”：引自 Lillian Disney 在 Ted Vollmer, “For Disney Concert Hall: Take the $50-Million Gift, County Advised,” 中的谈话 Los Angeles Times, 1987 年 6 月 12 日。

355 迪士尼夫人答应了尼古拉斯的要求：Richard Koshalek and Dana Hutt, “The Impossible Becomes Possible: The Making of Walt Disney Concert Hall,” in Symphony: Frank Gehry’s Walt Disney Concert Hall, ed. Garrett White and Gloria Gerace (New York: Harry N. Abrams, 2003), 38。

355 尼古拉斯才放心地接受了这个任务：同上，40。

356 “你们可不能选弗兰克·盖里”：同上，41。

356 “弗兰克·盖里可不行”：Richard Koshalek，笔者采访，2014 年 6 月 23 日。

356 “沃尔特·迪士尼是绝不会愿意用他的名字来命名一栋由盖里设计的建筑的”：Frank Gehry，笔者采访，2014 年 6 月 22 日。

356 在选定了四位入围最终设计竞赛的建筑师后：在 Koshalek and Hutt, “The Impossible Becomes Possible,” 42 中引用的 Richard Weinstein 的回忆。

356 “弗兰克的入围简直要把他们吓死了”：Richard Koshalek，笔者采访，2014 年 6 月 23 日。

357 “他们要我们放弃向媒体曝光的权利”：Richard Weinstein，笔者采访，2012 年 2 月 2 日。

358 “我们对每个方案都做了批评”：同上。

358 “来和我一起吃午饭吧”：Frank Gehry，笔者采访，2014 年 6 月 22 日。

358 “无数的小矮人”：Koshalek and Hutt, “The Impossible Becomes Possible,” 44。

359 “城市的客厅”：Frank Gehry，笔者采访，2014 年 6 月 22 日。

360 “这四个方案之中唯一的”：Koshalek and Hutt, “The Impossible Becomes Possible,” 48。

360 “迪士尼夫人说”：Richard Koshalek，笔者采访，2014 年 6 月 23 日。

360 “我需要你在星期天下午的 3 点钟到我们这里来一趟”：Frank Gehry，笔者采访，2014 年 6 月 22 日。

362 “以你事务所现在的状况，我是无法与你们一起工作的”：Jim Glymph，笔者采访，2014 年 6 月 20 日。

362 “咱们再试一次吧”：同上。

363 “他设计的房子必须要比一般的房子更加好用”：同上。

364 “建筑师并不实际地去建造房子”：Gregg Pasquarelli 于 2014 年 5 月 16 日，在与笔者在纽约美国建筑师协会进行的一次未被记录的小组讨论中做出的这一评论。

367 “巴塞罗那项目引起了弗兰克的注意”：Jim Glymph，笔者采访，1998。

367 “在事务所中引入计算机技术，我们的基本原则就是”：同上。

368 “我记得我们总共尝试了五六十种不同的音乐厅造型模式”：Michael Maltzan，笔者采访，2014 年 6 月 25 日。

368 伴随着弗兰克在工作中对于 CATIA 的辅助越来越适应：Michael Webb, “A Barge with Billowing Sails,” in Symphony, 121–22。

368 迈克尔 · 马尔岑记得：Michael Maltzan，笔者采访，2014 年 6 月 25 日。

369 “如果你投入足够的金钱”：Diane Haithman and Carla Rivera, “Disney Site in Danger of Lease Default, County Warns,” Los Angeles Times, 1994 年 12 月 21 日。

370 “完全没法用”：Koshalek and Hutt, “The Impossible Becomes Possible,” 50。

371 “他变得更加难以取悦了”:Michael Maltzan，笔者采访，2014 年 6 月 25 日。

371 伍尔曼当时居住在：Richard Saul Wurman，笔者采访，2014 年 9 月 22 日。

372 在迪士尼音乐厅项目彻底停滞后：Larry Gordon, “Gehry Tries to Rebuild Image After Disney Hall,” Los Angeles Times, 1996 年 5 月 30 日。

373 “身着宽袍大袖的巨大的人物塑像”：Irving Lavin and Marilyn Lavin，笔者采访，2014 年 10 月 21 日。

373 “盖里与埃森曼是截然不同的两位建筑师”：Philip Johnson, “Introduction,” in Peter Eisenman and Frank Gehry (New York: Rizzoli, 1991)。

376 许多年之后，弗兰克还记得他们在那些航行之中最大的一项乐趣：Frank Gehry，笔者采访，2014 年 8 月 12 日。

378 “什么花园派对？”：Frank Gehry，笔者采访，2011 年 7 月 14 日。

380 西尔玛 · 盖里被安葬在了：Frank Gehry，笔者采访，2014 年 4 月 23 日。

380 十五岁的萨姆：同上。

380 那一天，弗兰克久违地体会到了家人之间的亲密和温暖：同上。

381 萨姆记得，他小的时候甚至一直认为：Sam Gehry，笔者采访，2014 年 6 月 25 日。

381 “别看太久了”：Alejo Gehry，笔者采访，2014 年 6 月 24 日。

381 事实上，弗兰克真正想要的：Alejo Gehry，笔者采访，2014 年 10 月 19 日。

382 阿莱霍患有阅读障碍：Alejo Gehry，笔者采访，2014 年 6 月 23 日。

382 “他把我骗了回来”：Sam Gehry，笔者采访，2014 年 6 月 25 日。

383 “所以，我认识了”：Berta Gehry，笔者采访，2014 年 12 月 28 日。

384 弗兰克自己出任球队的中锋：Frank Gehry，笔者采访，2014 年 8 月 12 日。

385 她曾经创作过一组：Gehry family papers, 由 Doreen Nelson 提供。

386 “我们家是我妈妈当家”：Alejo Gehry，笔者采访，2014 年 6 月 23 日。

386 “一颗冉冉升起的新星”：Peter Lewis 未出版的回忆录, chapter 25, “Adventures with Frank Gehry, 1984–2010.”。

387 “传统的反叛者、精神分析学的认同者，以及政治上的进步分子”：同上。

389 “我就像是那些狂热的追星族一样”：同上。

389 “弗兰克变得越来越有名”：Peter Lewis，笔者采访，2012 年 4 月 25 日。

390 “大概 5000 万美元吧”：盖里在 2015 年 3 月 13 日的一次采访中对笔者是这样回忆的，当时刘易斯已经去世。刘易斯在与笔者的采访中并没有提到过这个数字，而且这个数字与刘易斯所声称的，他能够接受的投资上限 4000 万美元是矛盾的。

391 “本质上讲，我是个左派自由主义者”：Frank Gehry quoted in Paul Goldberger, “The House as Art,” New York Times Magazine, 1995 年 3 月 12 日。

391 “看在上帝的分上”：Peter Lewis，笔者采访，2012 年 4 月 25 日。

392 “这太疯狂了”：Lewis, “Adventures with Frank Gehry.”。

392 一个简化版的方案：Frank Gehry，笔者采访，2015 年 3 月 13 日。

393 “盖里掌握了设计一座激进的新建筑所必需的复杂工具”：Lewis, “Adventures with Frank Gehry.”。

第十四章　古根海姆与毕尔巴鄂

400 “如何才能做出”：Mildred Friedman, ed., Gehry Talks: Architecture and Process (New York: Rizzoli, 1999), 140。

400 “弗兰克只需要勾一张草图”：Michelle Kaufmann，笔者采访，2014 年 3 月 20 日。

404 “对于我们来说，选择弗兰克的挑战在于”：Juan Ignacio Vidarte，笔者采访，2014 年 5 月 16 日。

404 “独栋建筑之中的典范之作”：Tom Krens，引自 Coosje van Bruggen, Frank O. Gehry: Guggenheim Museum Bilbao (New York: Guggenheim / Harry N. Abrams, 1997), 96。

405 “那段时期我与弗兰克的关系”：Tom Krens，笔者采访，2014 年 5 月 15 日。

406 斥资 2200 万美元购得的：同上。

406 此外，克伦斯还坚持要求：Frank Gehry，笔者采访，2014 年 8 月 12 日。

406 “只提出了一条原则”：Tom Krens，笔者采访，2014 年 5 月 15 日。

409 “为当代艺术提供了绝佳的建筑空间”：Victoria Newhouse, Towards a New Museum (New York: Monacelli Press, 2006), 254–56。

410 “但是我们都觉得”：Juan Ignacio Vidarte，笔者采访，2014 年 5 月 16 日。

411 “像挂壁纸一样”：Randy Jefferson，笔者采访，2014 年 6 月 25 日。

412 “帮助施工人员”：Juan Ignacio Vidarte，笔者采访，2014 年 5 月 16 日。

412 事实上，根据弗兰克事务所里的会计核算，最终的造价只有 9700 万美元，比起预算的 1 亿美元还节余了 300 万美元：Meaghan Lloyd, letter to the editor, Providence Journal, 2012 年 9 月 18 日。

414 “天才的创意”：Sverre Fehn, 普利兹克奖获奖感言，1997 年 5 月 31 日；文本见于 http://www.pritzkerprize.com/1997/ceremony。

414 “我们这个时代最伟大的建筑”：Matt Tyrnauer, “Architecture in the Age of Gehry,” Vanity Fair, August 2010。

415 “人们常说”：Herbert Muschamp, “A Masterpiece for Now,” New York Times Magazine, September 7, 1997, 54。

415 “玛丽莲 · 梦露的化身”：同上，82。

417 “这位是里克叔叔”：AlejoGehry，笔者采访，2014 年 6 月 24 日。

418　毕尔巴鄂古根海姆博物馆的年设计接待量是：Leslie Crawford, “Guggenheim, Bilbao and the ‘Hot Banana,’ ” Financial Times, 2001 年 9 月 4 日。

418　根据《福布斯》杂志的统计：Martin Bailey “The Bilbao Effect,” Forbes, 2002 年 2 月 2 日。

418　“我们重建了我们的自尊心”：Crawford, “Guggenheim, Bilbao and the ‘Hot Banana.’ ”。

418　也就是 2012 年：“The Bilbao Effect,” Economist, 2013 年 12 月 21 日。

420　“当我第一次看到毕尔巴鄂古根海姆博物馆建成后的样子时”：Barbara Isenberg, “Frank Gehry Weighs in on Guggenheim Bilbao Nod,” Huffington Post, July 3, 2010。

421　“在毕尔巴鄂项目之前”：Michelle Kaufmann，笔者采访，2014 年 3 月 20 日。

421　毕尔巴鄂项目：同上。

422　“我想我已经找到理想的建筑师了”：Frank Gehry，笔者采访，2014 年 5 月 18 日。

423　“我是这样想的”：Frank Gehry，笔者采访，2014 年 5 月 6 日。

424　“钛合金云”：David Dunlap, “Guggenheim Drops Plan for East River Museum,” New York Times, 2002 年 12 月 31 日。

425　据《名利场》杂志报道：Vicky Ward, “A House Divided,” Vanity Fair, 2005 年 8 月。

第十五章　沃尔特·迪士尼音乐厅：第二乐章

434　“人们根本就不相信”：Eli Broad，笔者采访，2012 年 4 月 18 日。

434　“随着我们的比赛越来越激烈”：Richard J. Riordan, The Mayor (Franklin, TN: Post Hill Press, 2014), 171。

435　“把它建起来，必有人来”：广告，Los Angeles Times，1997 年 3 月 4 日。

437　“有鉴于过往的历史”：Calvin Tomkins, “The Maverick” (profile of Frank Gehry), New Yorker，1997 年 7 月 7 日。

437　在他的事务所里进行的一次关于迪士尼音乐厅项目的计划会议上：“The Art of the Billionaire” (profile of Eli Broad), New Yorker，2010 年 12 月 6 日。

438　“他们从来都不愿意听听我的意见”：Joseph Giovannini, “Disney Hall and

Gehry in Deal," New York Times，1997 年 8 月 7 日。

438 她记得她的父亲曾经告诉过她：Frank Gehry，笔者采访，2013 年 1 月 11 日。

438 米勒告诉音乐厅项目委员会：同上。

438 "我们向洛杉矶这座城市承诺的"：Giovannini, "Disney Hall and Gehry in Deal"。

442 "无论这座音乐厅在建筑上有多么的华丽和壮观"：Michael Webb, "A Barge with Billowing Sails," in Symphony: Frank Gehry' s Walt Disney Concert Hall, ed. Garrett White and Gloria Gerace (New York: Harry N. Abrams, 2003), 117。

444 "当时我就觉得，那是我所见过的最美妙的一座建筑"：Deborah Borda，笔者采访，2014 年 6 月 22 日。

445 "我对弗兰克说"：同上。

446 "如果你是一名小提琴手"：同上。

448 "我想你们都曾听说"：Bob Colacello, "Eli Broad' s Big Picture," Vanity Fair，2006 年 12 月。

448 "迪士尼音乐厅可能会是你所见过的最为华美而壮丽的一座建筑"：Herbert Muschamp, "A Moon Place for the Hollywood Dream," New York Times，2003 年 10 月 23 日。

451 "他的音乐自成体系"：Paul Allen，笔者采访，2014 年 9 月 5 日。

452 "迷狂"的形式：Paul Goldberger, "Architect of Dreams," Vanity Fair，2000 年 6 月。

452 不过在艾伦的记忆中：Paul Allen，笔者采访，2014 年 9 月 5 日。

452 "我是个信仰左派自由主义的犹太人"：Goldberger, "Architect of Dreams"。

453 "我的方案看上去就如同是一簇簇在空中飞舞的吉他琴弦"：同上。

453 吉姆·格里姆夫记得：Jim Glymph，笔者采访，2014 年 6 月 20 日。

454 "在海洋里挣扎蠕动着的某种生物"：Herbert Muschamp, "The Library That Puts on Fishnets and Hits the Disco," New York Times，2004 年 5 月 16 日。

454 "用他的建筑传达出了吉米·亨德里克斯的音乐作品当中洋溢的热情和勃勃生机"：Paul Allen，笔者采访，2014 年 9 月 5 日。

455 "作为科学家，他们本能地对建筑学充满了怀疑"：经过编辑的谈话记录，"Reflections on Designing and Architectural Practice"，这次谈话是弗兰克于

2002 年在克利夫兰的一场研讨会上发表的，这场研讨会是凯斯西储大学的彼得 · B · 刘易斯楼的揭幕仪式的一部分。研讨会的会议记录后来结集出版为 Managing as Designing 一书，ed. Richard J. Boland Jr. and Fred Collopy (Stanford, CA: Stanford University Press, 2004)。

455 “我收到了大量愤怒的来信”：同上。

456 “建筑自身对于发生于其中的使用活动的隐喻，形象地表现了科学研究的自由、勇敢、和创造性”：Robert Campbell, “Dizzying Heights,” Boston Globe，2004 年 4 月 25 日。

457 “她说：‘我爱极了这座建筑了’”：Irving and Marilyn Lavin，笔者采访，2012 年 6 月 19 日。

458 “没有明确的目的性”：John Silber, Architecture of the Absurd: How “Genius” Disfigured a Practical Art (New York: Quantuck Lane Press, 2007), 75。

463 他将这个项目视为是一个机会：在为 2014 年的一次设计展准备的一段视频采访中，盖里如此谈到了他的费城艺术博物馆方案，这段视频采访在以下链接可见：http://www .philamuseum.org/exhibitions/2014/809.html。在 2015 年 3 月 19 日发给笔者的一封电子邮件中，他提到了这个项目与毕尔巴鄂古根海姆之间的互补性。

465 “我不太明白”：Cindy Pritzker，笔者采访，2012 年 5 月 10 日。

465 “听到弗兰克的回复，他们中的一个人说道”：同上。

466 “那是个非常简单的模型”：同上。

467 “而我们总是说：‘没错’”：同上。

467 “我看过你的作品”：Frank Gehry，笔者采访，2012 年 3 月 13 日。

468 “汤姆站起身来，发表了一番讲话”：Cindy Pritzker，笔者采访，2012 年 5 月 10 日。

第十六章　纽约：玉汝于成

469 “十分渴望了解”：David Childs，笔者采访，2013 年 2 月 12 日。

471 “这使得我们更加渴望”：Victoria Newhouse and S. I. Newhouse，笔者采访，2014 年 7 月 1 日。

473 “有一次我们一起去看施工现场”：同上。

479 “一个能够吸引全世界目光的，宏伟而壮丽的空间”：Deborah Solomon, “Questions for Frank Gehry,” New York Times Magazine, 2003 年 1 月 5 日。

479 “一座精神化的建筑”：同上。

479 “自降身价”：同上。

481 2014 年夏末：Robin Pogrebin, “Arts Center at Ground Zero Shelves Gehry Design,” New York Times, 2014 年 9 月 3 日。

485 “当时我就想，哇”：Gere Kavanagh，笔者采访，2013 年 2 月 3 日。

487 “就是有一点女人的病”：Frank Gehry，笔者采访，2014 年 8 月 13 日。

487 “我对她说：‘莱斯利’”：同上。

487 “我只是做了身为父亲应该做的”：同上。

488 在来到纽约陪伴莱斯利期间，安妮塔才第一次见到了萨姆和阿莱霍：Sam Gehry，笔者采访，2014 年 6 月 25 日。

489 “我们简直是嗨翻了天”：Alejo Gehry，笔者采访，2014 年 6 月 24 日。

490 “我依然爱着你”：Frank Gehry，笔者采访，2014 年 12 月 27 日。

493 “我无法理解”：Jonathan Lethem, “Brooklyn’s Trojan Horse,” Slate, 2006 年 6 月 19 日。

493 “我们完全有理由问一问”：Nicolai Ouroussoff, “Skyline for Sale,” New York Times, 2006 年 6 月 4 日。

494 “弗兰克是绝对不可能”：Bruce Ratner 笔者采访，2013 年 11 月 26 日。

495 “我说：‘让咱们顺着桌子来’”：同上。

495 “我热衷于接受这样的挑战”：Frank Gehry，笔者采访，2011 年 3 月 20 日。

497 “懂得如何抓住某种本质性的东西”：同上。

498 “我醒了过来，脑子里就一个想法”：同上。

499 总共有六家施工方参与了不锈钢板材立面施工的竞标：同上。

第十七章　弗兰克的八十岁

503 “我想强调一个大多数人不太了解的事实”：Jori Finkel, “Museum Directors Hated Bilbao: Interview with Frank Gehry,” Art Newspaper, 2014 年 10 月。

513 “我看到她孤独地坐在那里”：Frank Gehry，笔者采访，2014 年 8 月 14 日。

513 “他说：‘你怎么样，孩子？’”：Meaghan Lloyd，笔者采访，2014 年 8 月 13 日。

513 “连续奋战了十一个小时”：Frank Gehry，笔者采访，2014 年 8 月 14 日。

514 “他说：‘你们是不会喜欢我那里的’”：Meaghan Lloyd，笔者采访，2014 年 8 月 13 日。

514 尽管弗兰克提出了警告：Frank Gehry，笔者采访，2014 年 8 月 14 日。

516 她和弗兰克有百分之六十的时间都在出差：Meaghan Lloyd，笔者采访，2014 年 8 月 13 日。

517 “洛杉矶当代艺术博物馆的 TC 怎么样？”：Berta Gehry，笔者采访，2012 年 9 月 19 日。

517 “那些评论简直是幼稚透顶”：同上。

519 女演员莎莉 · 姬勒曼：全部引自 Paul Goldberger, “Old and New: Gehry at Eighty,” in “Talk of the Town,” New Yorker, 2009 年 3 月 16 日。

521 而塞拉也非常着迷于：Michelle Kauffman，笔者采访，2014 年 3 月 20 日。

522 “现在我们常常听到有些建筑师”：Calvin Tomkins, “Man of Steel,” New Yorker, 2002 年 8 月 5 日。

522 “通过彼此的作品来进行交谈”：同上。

525 弗兰克觉得，尽管在首发阶段吸引到了足够的关注度：Frank Gehry，笔者采访，2015 年 3 月 13 日。

526 “这种偏见一直萦绕着我”：Frank Gehry，Fareed Zakaria 在 CNN 的 GPS 节目中采访，2011 年 9 月 4 日。

528 “咱们赶快离开这儿吧”:Michelle Kauffman，笔者采访，2014 年 3 月 20 日。

528 而在他的故乡多伦多的首映式上:Lisa Rochon,笔者采访,2012 年 8 月 1 日。

第十八章　技术的遗产

530 “富有同情心的加拿大穷小子”：Michael Sorkin, “Animating Space,” in Some Assembly Required (Minneapolis: University of Minnesota Press, 2001), 98。

533 “他说：‘你疯了吗？’”：Frank Gehry，笔者采访，2014 年 10 月 19 日。

533 “我们共同构成了弗兰克 · 盖里”：Randy Jefferson，笔者采访，2014 年 5 月 5 日。

534 “我想要聊一聊”：Frank Gehry，2002 年的演讲“Reflections on Designing and Architectural Practice”，收录在由 Richard J. Boland Jr. 和 Fred Collopy

编辑的 Managing as Designing 一书中，(Stanford, CA: Stanford Business Press, 2004)。

534 “我也一直坚持”：同上。

535 “如果我离开了，事务所是不可能”：同上。

536 “你可以想象一下，一个严肃的首席执行官”：同上。

538 “为建筑师重新赋权”：Frank Gehry，笔者采访，2015 年 3 月 13 日。

539 “我们在技术上和组织结构上，都已经远远地将他们甩在了身后”：同上。

539 “不仅仅是一座建筑上的里程碑”：Dennis Shelden，笔者采访，2015 年 3 月 18 日。

540 “我们原本以为，毕尔巴鄂古根海姆博物馆”：Jim Glymph，笔者采访，2014 年 6 月 20 日。

540 44 英尺（约合 13 米）长的博纳多锋仕玻璃纤维船体帆船：Frank Gehry，笔者采访，2014 年 8 月 12 日。

542 “客户们为什么要去参加工程会议”：本段所有引用均来自于 2011 年 10 月 17 日，盖里科技建筑咨询委员会在纽约世界贸易中心七号大楼进行的一次未被记录的会议，笔者出席了这次会议。

543 迈尔斯优先考虑的：Frank Gehry，笔者采访，2015 年 3 月 13 日。

546 “我从没想过我会在那里干上很久”：Edwin Chan，笔者采访，2014 年 4 月 25 日。

546 “我们的事务所，当时正处于建筑风格发展成型的一个关键节点上”：同上。

547 “有人起个头儿”：Frank Gehry，笔者采访，2014 年 4 月 25 日。

547 “日荣就像是我的家人一样”：Frank Gehry，笔者采访，2014 年 6 月 20 日。

549 原本只打算在这家事务所里随便待上几年的他：Edwin Chan，笔者采访，2014 年 4 月 25 日。

550 “我一直都不愿意做这种事”：Frank Gehry，笔者采访，2014 年 6 月 20 日。

第十九章　从德怀特 · 艾森豪威尔到路易威登

558 “一座云雾缭绕的冰山”：Jean-Paul Claverie，笔者采访，2014 年 5 月 21 日。

558 在盖里科技的全力协助下，项目高度复杂的工程结构系统：出自 Cathleen McGuigan 的“Sacré Bleu! Fondation Louis Vuitton Paris”一文中的配图以及侧栏文字，Architectural Record，2014 年 10 月。

560 “极端个人主义的、粗俗的市侩庸人”：Henri Samuel, “World’s Top Architect Frank Gehry Brands Paris Residents ‘Philistines’ After Planning Permission Revoked,” Telegraph，2011 年 2 月 6 日。

560 他还是声明，他并没有发表过：Frank Gehry，笔者采访，2015 年 3 月 13 日。

560 “利己主义、缺乏市民荣誉感、以及愚昧无知所激怒”：John Lichfield, “Parisian Residents Halt Gehry Building,” Independent，2011 年 2 月 7 日。

562 “我得把这件事情好好包装和推销一番”：Larry Ruvo，引自 Matt Jacobs, “The Rise of the Ruvo,” Vegas Seven，2014 年 4 月 24 日至 30 日。

562 “听着，我是不会在拉斯维加斯做项目的”：引自 Jacobs, “The Rise of the Ruvo”，以及 Frank Gehry，笔者采访，2014 年 8 月 14 日。

566 “弗兰克说”：Michael Tilson Thomas，笔者采访，2014 年 1 月 30 日。

567 “他说：‘看在咱们俩关系的分上’”：同上。

567 “我说：‘那个’”：同上。

568 “我们把好东西都藏在里面”：同上。

570 “我的第一反应”：Frank Gehry，笔者采访，2014 年 8 月 13 日。

573 “建造在公共园林当中的一座当代艺术的智库兼实验室”：Diane Solway, “The Insider,” W，2012 年 9 月。

574 “‘为什么有着您这种声望的人会想要做这个项目啊？’”：Frank Gehry，笔者采访，2013 年 1 月 4 日。

576 “比原定的日程提前完成，并且把造价控制在了预算之内”：Mark Zucherberg，Facebook 上的帖文，2015 年 4 月 6 日，下午 5:07.

579 “我简直可以说是爱上他了”：Frank Gehry，引自 Paul Goldberger, “A Monumental Conflict,” Vanity Fair，2012 年 8 月。

582 “成功地实现了”：Jeffrey Frank, “Rescuing the Eisenhower Memorial,” New Yorker，2013 年 3 月 25 日。

583 “一座没有屋顶的古典主义神庙”：Witold Rybczynski, “I Like Ike (and His Memorial),” New York Times，2012 年 3 月 22 日。

585 “委员会在项目的整个的过程中坚持不懈”：“Another Battle for Eisenhower”，社论，New York Times，2014 年 11 月 3 日。

第二十章　档案与遗产

588　“我也不知道这个项目最终将会是个什么结果”：笔者所见，2015 年 2 月 12 日。

588　“他此前的那些风格前卫的建成作品”：National Civic Art Society, Report on Frank Gehry’s Eisenhower Memorial，2012 年 2 月。

592　“看到那些演奏古典音乐的孩子们，我们真的是吓了一大跳”：Frank Gehry，笔者采访，2015 年 1 月 19 日。

592　“我并没有参与到政治之中”：同上。

593　“在整个舞台上堆满了用褶皱的纸制成的冰山”：Zachary Woolfe, “Mozart’s ‘Don,’ in a Lunar Landscape, Haunts Gehry’s Hall in Los Angeles,” New York Times，2012 年 5 月 27 日。

594　“我个人对于陶瓷艺术有着浓厚的兴趣”：Frank Gehry, “I Can’t Imagine Living in a Place Without a Ken Price,” in Ken Price (Los Angeles: Los Angeles County Museum of Art, 2012)。

599　“那么，这就是流动的建筑？”：笔者所见，2012 年 8 月 6 日。

599　“我觉得这个过程就像是在创作”：Barbara Isenberg, Conversations with Frank Gehry (New York: Alfred A. Knopf, 2009), 208。

601　“他对我说他不想搞得太奢侈”：Juan Ignacio Vidarde，笔者采访，2014 年 5 月 16 日。该段所有引用均出于此。

602　“巴伦博伊姆在博物馆里为我的生日会进行了演奏”：Frank Gehry 发给笔者的电子邮件，2014 年 3 月 1 日。

605　“我们是一对年迈的夫妇”：Frank Gehry，笔者所见，2014 年 6 月 20 日。

605　2011 年 1 月 31 日：propertyshark.com 上关于 316 Adelaide Drive 的报告。

615　有一度，科恩告诉弗兰克说：Frank Gehry，笔者采访，2014 年 8 月 14 日。

617　“我们唯一的结论就是”：Sam Gehry，笔者采访，2014 年 8 月 14 日。

618　“弗兰克本身就是一张品牌推广的王牌”：Peter Arnell，笔者采访，2014 年 12 月 18 日。

618　将事务所出售给宏盟集团：Frank Gehry，笔者采访，2014 年 6 月 24 日。

619　他给出的理由，首先是因为：Frank Gehry，笔者采访，2014 年 8 月 14 日。

619　仅仅是他之前与宏盟集团谈判时确定的估值的百分之二十：Frank Gehry，

笔者采访，2014 年 6 月 24 日。

619 “我们都觉得”：David Nam，笔者采访，2014 年 8 月 14 日。

第二十一章　巴黎：回顾与展望

623 “看到我的那些老物件”：Frank Gehry，笔者采访，2014 年 10 月 18 日。

626 “我希望能够像自己想象中的那样，尽情享受这次巴黎之行”：同上。

626 “不是那么的矫揉造作”：Frank Gehry，笔者采访，2014 年 10 月 21 日。

627 罗恩 · 摩尔：Rowan Moore, “Everything and the Bling from Frank Gehry,” Observer,2014 年 10 月 19 日。

627 “一次对于工程技术的过度利用和疯狂放纵”：Oliver Wainwright, “Frank Gehry’ s Fondation Louis Vuitton Shows He Doesn’ t Know Where to Stop,” Guardian,2014 年 10 月 21 日。

627 “是我所知道的，在空间和结构上最为挥霍和浪费的一座建筑”：Ellis Woodman, “Carte Blanche: Fondation Louis Vuitton, Paris, France, by Gehry Partners,” Architectural Review,2014 年 10 月 27 日。

627 “一艘立体派的帆船”：Joseph Giovannini, “An Architect’s Big Parisian Moment,” New York Times,2014 年 10 月 20 日。

627 “一座优秀的、生涯晚期的杰作”：Christopher Hawthorne, “Gehry’s Louis Vuitton Museum Is a Triumph, but to What End?,” Los Angeles Times, 2014 年 10 月 17 日。

628 “盖里设计生涯中的两个最重要的主题”：Irving Lavin, “La Magie de FOG: Le Bâtiment le Plus Complexe Jamais Construit,” 原载于 Frank Gehry: La Fondation Louis Vuitton (2014) 的展品目录。

628 “明显地缺乏克制”：Martin Filler, “Frank Gehry in Paris,” New York Review of Books,2015 年 1 月 8 日。

630 “这也正是我当年为什么要做那些金属护栏网建筑”：Frank Gehry，笔者采访，2014 年 11 月 17 日。

631 “事实上，对他而言”：Philip Johnson, in Sketches of Frank Gehry, directed by Sydney Pollack, Sony Pictures Classics, 2006。

631 “我在寻找一种通过三维形体来表达直觉感受的方式”：Frank Gehry, in

Sketches of Frank Gehry。

633 “我首先认为把我看成一个革命者是不恰当的”：Igor Stravinsky, Poetics of Music in the Form of Six Lessons (Cambridge, MA: Harvard University Press, 1942), 9–11。

634 “一套独立的新系统”：Michael Sorkin, Some Assembly Required (Minneapolis: University of Minnesota Press, 2001), 100。

634 “方式手法已经改变，但传统仍然得以发扬，并孕育出新生的事物”：Stravinsky, Poetics of Music, 57。

634 “你需要先了解规则”：Alexander McQueen, 引自墙上的标签 , Alexander McQueen: Savage Beauty, exhibition at the Victoria and Albert Museum, London, 2015。

634 “那些最为接近完美的艺术作品”：Max Raphael, Prehistoric Cave Paintings (New York: Pantheon, 1945), 17。

634 “不过是一系列向一个特定的和谐中心点集结的推动过程”：Stravinsky, Poetics of Music, 35。

635 “创造的能力绝不是与生俱来的”：同上，54。

637 “设计一座建筑时”：多年来，盖里曾多次，以多种不同的形式发表过这番议论。他的这一观点，最为清晰地体现在他 2002 年的演讲“Reflections on Designing and Architectural Practice”之中，该演讲收录于 Richard J. Boland Jr. 与 Fred Collopy 编辑的 Managing as Designing (Stanford, CA: Stanford Business Press, 2004) 一书中。

1938年7月，弗洛伊德在读《精神分析纲要》

1909年美国克拉克大学20周年校庆期间，弗洛伊德应邀前往做了王场以精神分析为主题的演讲。此照片为其在克拉克大学的留影。前排从左至右分别为：弗洛伊德、克拉克大学校长霍尔教授、瑞士心理学家荣格

弗洛伊德

《癔症研究》是由弗洛伊德和约瑟夫·布洛伊尔合著的。图片是另一位合著者约瑟夫·布洛伊尔的照片。这本书是精神分析理论的奠基和正式起点的标志

《图腾与禁忌》的封面。这是弗洛伊德所著的一本人类学及心理分析的著作

1922年，阿德勒和荣格离开弗洛伊德后，由恩斯特·琼斯组织成立弗洛伊德委员会。六位成员如下：

德尔·费伦茨

恩斯特·琼斯

卡尔·亚伯拉罕

马克思·艾丁根

汉斯·萨克斯

奥托·兰克

弗洛伊德诊所里一直挂着的这幅由安德烈·布鲁叶创作的油画《精神医学大师夏科在学生面前诊断病患》（局部）。夏科是精神病学奠基者，也是弗洛伊德极为崇敬的老师

弗洛伊德的书房内景

囚犯的梦

约瑟在为法老解梦

揭开人类心灵的奥秘

弗洛伊德与梦的解析

梦的解析　弗洛伊德传略　精神分析简述

文聘元◎著

约瑟在为法老解梦　1938年7月，弗洛伊德在读《精神分析纲要》　弗洛伊德　精神医学大师夏科在学生面前诊断病患　囚犯的梦

台海出版社

图书在版编目（CIP）数据

弗洛伊德与梦的解析 / 文聘元著. -- 北京 : 台海出版社, 2018.9

ISBN 978-7-5168-2096-4

Ⅰ. ①弗… Ⅱ. ①文… Ⅲ. ①弗洛伊德(Freud, Sigmmund 1856-1939)—精神分析—研究 Ⅳ. ①B84-065

中国版本图书馆CIP数据核字(2018)第205520号

弗洛伊德与梦的解析

著　　者：文聘元

责任编辑：武波　童媛媛　　装帧设计：仙　境

版式设计：尹清悦　　责任印制：蔡　旭

出版发行：台海出版社

地　　址：北京市东城区景山东街20号　邮政编码：100009

电　　话：010—64041652（发行，邮购）

传　　真：010—84045799（总编室）

网　　址：www.taimeng.org.cn/thcbs/default.htm

E-mail：thcbs@126.com

经　　销：全国各地新华书店

印　　刷：北京柯蓝博泰印务有限公司

本书如有破损、缺页、装订错误，请与本社联系调换

开　　本：710mm × 960mm　1/16

字　　数：220千字　　印　　张：18

版　　次：2019年1月第1版　　印　　次：2019年1月第1次印刷

书　　号：ISBN 978-7-5168-2096-4

定　　价：42.80元

前言

Preface

梦，是我们每一个人都会做的，是最普通而普遍的人类精神现象之一，然而又是一种极神秘的精神现象，因为虽然梦表面上似乎是荒诞无稽的，然而早在远古的时候人们就凭直觉认为可以从中找出某些深奥的内涵，主要是关于未来的预见，就是现在，许多人也认为梦具有这种预言作用。正因为认为梦有这样的意义，因此古往今来无数人都试图去解梦。所谓解梦就是理解梦，就是从梦中的所见所闻去得到某些有意义的信息。这些信息也许是有关于梦者自己的，但也可能是关于他人的甚至是整个国家的，例如国王与皇帝们的梦。

在所有这些解梦的努力中，有一种不但在实际的解梦中取得了成功，而且将之用于实际的心理疾病治疗也取得了相当的疗效。这种解梦之法是弗洛伊德于1900年出版的《梦的解析》一书中提出的，是一种系统而科学的解梦方法。这部著作被普遍认为是迄今为止最为科学的关于解梦的著作，并被认为是人类有史以来最重要的100本书之一。

在《梦的解析》中，弗洛伊德认为梦都是有意义的，人不会做没有意义的梦。梦最主要的意义在于梦是梦者愿望的表达，当然梦者表达这种愿望的经过是曲折的，期间有许多动人的故事，梦中的情景仿佛就像一幕现代派风格的荒诞剧或者一个最难解的斯芬克斯之谜一样。不过只要我们依照弗洛伊德在《梦的解析》中提供的线索，就可能像解“达·芬奇密码”一样解开这个梦之谜。

至于弗洛伊德具体是如何解开这个谜的，即他是如何具体地解释他的理论的，有什么样的梦例可以佐证，尊敬的读者可以在本书后面的正文中读到，也一定可以读懂，因为本书是以相当明白畅达的语言来解说弗洛伊德的解梦大法的。并且，为了让读者能够更好地理解弗洛伊德及其思想，我们还附加了对弗洛伊德生平及其思想的简述，相信读者们读过之后，可以更好地理解弗洛伊德关于梦的思想，也更好地理解我们自己的梦。

目录

Contents

第一章　梦是可解的

我们为什么要解析梦？原因只有一个：因为梦是可以解的。我们可以通过对梦中的情形进行解析而明白这样一些问题：我们为什么会做这样的梦？这个梦的含义是什么？它又意味着什么？如此等等。这就是千年以来人们所梦想的解梦。

在这一篇里，弗洛伊德为我们解析了一个典型的梦，以告诉我们，梦是可解的。

分析与例证

过去千年以来，人们一直在努力地试图以两种完全不同的方法去对梦做一番解释。这两种方法一是符号性的解梦，二是密码法解梦。

传统解梦法

《圣经》上记载了一个著名的梦，就是约瑟夫对法老的梦所提出的解释。埃及法老在梦中先出现七头健硕的牛，继之有七头瘦弱的牛出现，他们把前七头健硕的牛吃掉。

约瑟夫将这个梦解为暗示着埃及将有七个饥荒的年头，并且预言这七年会将以前丰收的七年所盈余的全部粮食吃光。这就是符号性的释梦，将病牛与健牛分别看作是歉收与丰收的符号或者说象征。

在密码法里则视梦为一连串密码的组合，梦中的每一样事物都是一种密码，只要找到相应的密码册就可以很轻易地解梦了。这样的密码册西方有，中国也有，例如《周公解梦》就是这样的密码册，里面清楚地注明了如果梦中见到什么，就意味着什么，非常具体。

这两种传统解梦法都有一定的合理性，但也有很大的局限性。因此弗洛伊德没有机械地采用它们，而是结合两种方法的长处，创造了一种被称为“自由联想”的方法。具体而言是要求梦者先将自己脑子里的所有意念毫无保留地吐露出来，想到什么就说什么，绝不能有一丝一毫的隐瞒，特别是当梦者遇到自认为毫不重要、因而不想讲或者不屑于讲的信息时，更要说出来。因为也许就单个意念而言，它可能毫无意义甚至极其荒唐，但随之而来的几个意念却可能很有价值。也许，虽然几个意念都是一样的荒谬，但合在一起却组成了一种很有意义的联系。

这种解梦方法成立的前提是弗洛伊德认为梦是一大堆心理元素的堆砌物，因此梦境中的每一个元素都是有意义的，这点与密码法有些相似。只是弗洛伊德认为同一样东西在不同的梦里可能有着不同的意义，因此没有一种万能的所谓解梦密码。

这就是弗洛伊德对于解梦的初步立场，下面是他依据这个初步立场所解的一个梦，也是弗洛伊德解梦的经典案例之一。

经典解梦案例

这个梦的背景是1895年夏天，弗洛伊德曾经以他的精神分析方法治疗一位与他家素有交情的女病人，然而很遗憾，这对她的治疗并没有作用，最后不了了之。

后来有一天，他的同事奥图医生拜访了这位名叫伊玛的患者，回来后与弗洛伊德谈起，说她的状况不是很好，他的语气使弗洛伊德听来觉得在指责他的无能。弗洛伊德甚至猜想一定是那些最初就不赞成伊玛找他治疗的亲戚们对奥图说了他的坏话，才使得奥图向他说这样的话。

弗洛伊德当时没有说什么，但晚上就把伊玛的整个医疗经过记录了一遍寄给他的一位同事M医师，当时他算得上这一科的权威，弗洛伊德想让他看看他的治疗是否真有不当之处。

当晚弗洛伊德就做了这样一个梦，我们以弗洛伊德的第一人称来写：

有一个大厅里宾客云集，伊玛就在人丛中，我走近她，劈头第一句话就是责问她为什么迄今仍未接受我的办法。我说："如果你仍感痛苦的话，那可不能再怪我，那是你自己的错！"

她回答道："你可知道我最近喉咙、肚子、胃都痛得要命！"这时我才发现她变得那般苍白、浮肿，我不禁开始为自己以前可能疏忽了某些问题而担心。于是我把她带到窗口，借着灯光检查她的喉咙。结果在右边喉头有一块大白斑，而其他地方也多有广泛的灰小白斑排成卷花般的小带，看来很像鼻子内的鼻甲骨一般。于是我很快地叫M医师来再作一次检查，以证明与我所见一样……这位M医师今天看来不同于往常，苍白、微跛，而且脸上胡子刮得干干净净……现在我的朋友奥图也站在伊玛旁边，另一个医生里奥波德在听诊她的胸部（衣服并未解开），并说道："在左下方胸部有浊音。"又发现在她左肩皮肤有渗透性病灶，隔着衣服我仍可摸出这伤口。M医师说："这毫无疑问是由细菌感染所致，那没什么问题，只要拉拉肚子，就可以把毒排出来。"……而我们都十分清楚这是怎么搞出来的。大概不久以前，奥图由于伊玛当时身体不舒服而给她打了一针Propyl……Propyls……Propionic acid……Trimethylamin（那构造式我可清楚地看到呈现在我眼前）……其实，人们是很少这般轻率地使用这种药的，而且很可能当时针筒也是不够干净的……

这个梦明显地与弗洛伊德前天的经历有关，梦中出现了患者伊玛、同事奥图还有M医师。

经过深入思索，弗洛伊德解开了这个梦，以下是对该梦中的几个场景逐个进行解析：

1. 大厅里有很多宾客，其中就有伊玛。

那年夏天，弗洛伊德正住在一座山中的别墅，里面的房间很大，有类于大厅。这梦是在他妻子生日前一天所做的，而做梦的前一天他妻子曾与他谈及生日当天宴会的安排，并开出一列邀请的名单，伊玛是其中之一。这些结合起来就是梦中的第一个场景。

2. 弗洛伊德责怪伊玛为什么不接受他的办法，他说："如果你仍感痛苦，那可不能再怪我，那完全是你自己的错！"

这也正显示了弗洛伊德内心的想法，当然醒时他不会说出这种话，那没风度。

但他的确是这样想的。因为当时他认为他的工作只是对患者揭示他们症状下面所隐藏的真正的问题之所在而已，至于他们是不是接受他的想法并且是否愿意配合治疗以及治疗是否会成功则是他无能为力的。因此他在梦中告诉伊玛，即使她久病未愈，那也不是他弗洛伊德的错。而这就很可能是他这个梦的主要目的。

3．伊玛抱怨最近喉痛、肚子、胃都痛得要命，弗洛伊德便带她到窗口以便看清她的喉咙，结果在她喉头发现一大块白斑，并有小白斑排成像皱缩的鼻甲骨一般。

白斑使弗洛伊德联想起两年前他大女儿遭遇的不幸以及那一段时期诸般的不如意。那皱缩的鼻甲骨也使他想起了自己的健康问题，当时他常服用可卡因来治疗鼻部的肿痛，而几天前，他听说一个病人因用了可卡因而使鼻黏膜大块坏死。这一年他正极力推荐可卡因的医疗价值，但遭到了一连串的反对，而且他一个最要好的朋友之一也因为大量滥用可卡因而去世。

4．弗洛伊德很快地叫M医师来再作一次检查，M医师脸色苍白、微跛，并且胡子刮得一干二净。

M医师实际上是个脸色常常苍白得叫人担心的人，但刮胡子、跛行却又使弗洛伊德想起了另外一个人——他那位在国外的兄长，他经常是胡子刮得最干净的人，而他日前来信说，最近因大腿骨的关节炎而行动不便。但为什么这两人会在梦中合成一人呢？就是因为他们有一个共同点：都对他的意见提出了异议，从而使他与他们的关系恶化起来。

5．不久以前，当她不舒服时，奥图曾给她打了一针。

奥图之所以会到乡间去拜访伊玛，是因为某个乡间旅舍有急症，请他去打针，因此他才顺道去找伊玛的，所以打针与奥图可能是由此而联想到的。另外打针还使弗洛伊德想到他的那位挚友因为注射大量可卡因而中毒死亡，而当时正是弗洛伊德主张可以使用可卡因的，想不到那位朋友竟一下子就打了超大剂量而送命，这件事曾使他痛苦自责良久。

6．打针的药是Propyl……Propyls……Propionicacid……

这药到底是什么弗洛伊德自己也从没见过。但在做梦的前一天，奥图送了他一瓶标着Ananas（伊玛的姓与这个音很相近）的酒，由于强烈的机油味道使他作呕，所以他想把它丢掉。他妻子说不如送给佣人们喝，结果他就大骂她："佣人也是人，我可不准你用这毒死他们！"也许"Amyl"（伊玛）与"Propyl"音相近吧！

7．Trimethylamin

这个特殊的词在梦中弗洛伊德可以清晰地看到它的构造式被用粗体字标出来，但Trimethylamin对他又有什么特别意义呢？他记起了以前与一位无所不谈的老友聚会时，老友告诉他最近对于性的化学研究的结果，并提到他发现Trimethylamin是一种性激素代谢的中间产物，因此，Trimethylamin在弗洛伊德的梦中可能代替了性，而在他的眼里，性正是一个精神病学上的大问题。而他的病人伊玛是一个寡妇，她的毛病可能就是由性的不能满足而产生的。

但至此弗洛伊德还是想不出Trimethylamin为什么会那么清楚地呈现在梦中，它一定是个比喻，而且很可能不只是性的代称而已。结果他终于记起了对他影响很大的一位医学前辈，他一生专攻鼻炎或鼻窦炎，并曾发表一篇《鼻甲骨与女性生殖器官的关系》的论文，而在梦中弗洛伊德曾提到鼻甲骨，所以这更使他确定了：在潜意识里他认为伊玛的病与性是有关系的。

8．通常这种针，我们是不轻率就打的。

这里的意思就比较明显了，完全是在指责奥图。当天奥图告诉弗洛伊德伊玛的事时，他心里头就这么骂他："你怎么这般不明是非轻率地听信伊玛家人一面之词。"但这"轻率"的打针又使他联想到他那用过量可卡因而死的朋友。很明显地，一方面他是借着这梦在推卸他的责任，并对伊玛和奥图进行报复，而另一方面他又始终摆脱不了良心的自责。

9．最后一句是"很可能连针筒也不干净……"

这又是指责奥图的，但来源可又不同。弗洛伊德有一位老病人已经82岁，两年来一直靠他每天给她两针吗啡来维持。但最近她迁到乡间以后，找了别的大夫替她打针，结果引发静脉炎。这消息使弗洛伊德感到非常得意，因为这表示他的医术高，因此两年来从没出过问题。

以上只是弗洛伊德对这个梦的部分分析，原著长达19条，我这里只选取并且综合成了9条。通过这样的分析，我们可以得出什么样的结论呢？这个结论简而言之就是：

通过这种解梦的方式，弗洛伊德得出了一个基本的结论，即梦既不是那种古老而神秘的象征，也不是照本就可宣科的密码，而是与梦者的日常生活特别是梦者内心的真实想法密切相关的。

因此，解梦也要依据这个基本的特征去做，要从梦者的日常生活以及内心隐秘的欲望去解，其中又以后者为核心，以《诗经》上的一句话形容就是："他人有心，余忖度之！"

解梦实例

这是我自己最近做的一个梦，也是一个相当简单明白的梦。

我一向非常喜欢一个日本的乒乓球选手，奥运会时特意看了她的比赛，她输给了一位中国球手。

当晚我就做了这样一个梦：我梦见自己见到了她，但她比真实生活中要高一些，不过脸是一模一样的。她对着我笑，我好像觉得自己甚至拥抱了她。详情记不得了。但有一点很奇怪，她竟然穿着一件奇怪的宽大的服装，日本的太阳旗里有一颗还是几颗五角星。

这个梦我第二天按照习惯进行了解析，很快就得出结论了。

1. 我梦见自己见到了日本球星，但她比真实生活中要高一些，不过脸是一模一样的。

这梦境结合了我前一天的经历：我看了她与中国队员的比赛，我还记起了喊夫人一起看，但她拒绝了，说她不感兴趣。于是我在梦中又表达了这样一些隐秘的欲望：我希望我的夫人有她那样可爱无比的面容，但又希望她的个子有我夫人一样高。

2. 她对着我笑，我好像觉得自己甚至拥抱了她。详情记不得了。

这里也记述了这个日本球星的一个特点：她爱笑，似乎总在露出迷人的微笑，这正是我最喜爱她的地方。当然，作为一个男人，我对于她的喜爱必定也抱有一种性爱的成分在内，虽然白天从来没有真的去想过要与她做什么，但这也算得上是我一个并不怎么隐秘的欲望，因此在梦中我拥抱了她。但后面好像还有一些情节，但我确实记不得了，不过我或者读者大概可以容易地联想到那是什么，我也不能否认，但事实上的确是，我真的记不得下面的情形了。只是隐约有一种非常模糊的影像而已，根本不能分辨那是什么。但至少由拥抱已经表明了我内心对于这个日本球星的欲望。

3. 有一点很奇怪，这个日本球星竟然穿着一件奇怪的宽大的服装，日本的太阳旗里有一颗还是几颗五角星。

这是梦中比较奇特之处，但仔细一想却也不难理解。那件奇怪的衣服其实是日本国旗与中国国旗的结合，她穿在身上的其实不是衣服，而是裹着日本国旗与中国国旗的合体。它表明了我的另一个隐秘的愿望：要是她不是日本人，而是中国人就好了。说不定我就可以经常看到她了，那该多好！

对了，“要是我经常可以看到她，那该多好”这是我这个梦中最后一个想法，这个想法我现在记起来了。

怎样？解梦并不是很难吧！当然，我们的梦有简单有复杂，我现在是找一个相当简单的梦来解析，这样简单的梦是每一个人都做过的，当你以后再做类似的简单的梦时，不妨也试着解一下，会发现那是很有意思的。

当然，解这样的梦也要满足几个前提：

1. 有良好的记忆力，第二天能够回忆起前晚的梦，同时对于自己最近几天的日常生活也要有所记忆。

2. 是一个勤快的人，因为梦是很容易忘记的，因此除非你有超强的记忆力，最好能够马上将有趣的、感觉自己可以解的梦当天就记录下来。

3. 对自己有所了解，尤其要敢于直面自己内心可能有的一些阴暗面。这一点特别重要，这个我们后面会明白。

4. 掌握一些基本的解梦的知识。

要做到前面三点只能靠你自己，但要做到第四点我可以帮忙——请你读这本书就可以了。

第二章　梦是愿望的达成

弗洛伊德认为，梦最基本的特点是梦是愿望的达成，即我们某些在白天达不成的愿望，往往在梦中可以得到满足。

这个特点不但是梦最基本的特点，也是我们理解梦的入手之处。每当我们需要提及梦抑或理解梦时，脑海中所要升起的第一个念头就是：这个梦是要满足梦者什么样的愿望呢？

而通过将梦看作是梦者愿望的达成并进而去追寻这个体现在梦中的愿望，也是我们进行解梦的第一把钥匙。

分析与例证

弗洛伊德认为梦不是空穴来风，不是荒谬的，而完全是一种有着充分意义的精神现象。这是弗洛伊德对于梦的基本态度，而他此后之所以要去解梦并以之作为进行精神分析治疗的重要工具，就在于他对于梦的这种基本观念。

几个愿望达成的梦例

作为一种有充分意义的精神现象，弗洛伊德认为梦的主要特点是梦乃是一种愿望的达成，它可以算是人在清醒状态时的精神活动在入睡之后的延续，而且它也像人在清醒状态下的精神活动一样，是由高度错综复杂的智力所产生的。

如果对梦的这个特点进一步地思考，一定会提出这样许多的问题，例如：

1. 如果梦真是愿望的达成，那为什么人要用梦这种特殊的方式来达成愿望呢？

2. 梦是如何达成愿望的呢？是很直接的吗？就像上一篇举过的我关于日本乒乓球星的梦一样！当然不一定是。如果不是的话，那么在变成醒后所记得的梦之前，那个愿望又经过了什么样的变形呢？这些变形又是如何发生的呢？

3. 如果梦是愿望的达成，那么是不是说所有的梦都是如此呢？

这些问题都有待我们进一步地澄清，它将涉及我们后面所有关于梦的分析，但在这里我们先要分析清楚的是，为什么梦是愿望的达成以及有些什么样的梦例可以证明这一点。

这里先举几个关于梦是愿望的达成的例子。

我们常常会做这样的梦，如果我们当天晚上吃了咸菜或其他很咸的食物，那么晚上就会渴得醒过来。但在醒来之前我们往往先有类似内容的梦：我们在喝水，喝着大碗大碗的水，爽快极了。但不久我们就惊醒了，发觉自己确实很渴，需要喝水。

我们为什么会做这样的梦呢？它是不是愿望的达成呢？当然是的，这显而易见。我们在做这样喝水的梦时，我们确实有这样的愿望：要喝水，这是一种十分明显的生理的愿望，而我们在梦中喝水当然就是对这个愿望的达成。如果我们能用这喝水的梦来缓和渴，就可以不用醒过来而继续睡眠了。因此这关于喝水的梦其实一下子满足了我们的两个愿望：一是满足了需要喝水的愿望，二是满足了想继续睡眠的愿望。有时候，我们的确因此就可以不醒来了，但也有时饮水止渴的需求确实很强烈，仅仅做梦是满足不了的，于是我们就醒过来了，要真的去喝水。

弗洛伊德还举了一个他的同事裴皮先生的例子。那位同事租了一间离医院不远的房间，每天清晨在一定的时刻女房东都会叫他起床。有天早上，他睡得正甜时，房东又来敲门了，说他该起床上医院去了。于是他做了这样一个梦：他正躺在医院某个病房的床上，有张病历表挂在他头上，上面写着“裴皮·M，医科学生，二十二岁”，于是他一翻身，又睡着了。

这个梦就很明显的是愿望的达成，通过这个梦，裴皮先生就不用醒过来了，因为他已经到医院了，而且他还生了病，因此不用上班了，所以也不用醒来了。

另一个梦例是某天一个朋友告诉弗洛伊德：“我太太昨晚做梦说她的月经又快来了，而这意思你大概很清楚吧。”弗洛伊德当然很清楚，这位年轻的太太梦见她月经快来时，其实是月经已经停了。为什么她要做这样的梦呢？就是因为她不想停经，她想要月经来。因为月经又来了就意味着她没有怀孕，还可以过自由自在的日子。而停经了就意味着已经怀孕了，意味着她的自由日子过去了。

弗洛伊德举的另一个例子是又一位朋友写信告诉他，他太太最近曾梦见上衣沾满了乳汁。这时这个母亲大概已经怀孕了，而且她此前已经生了一个孩子，生那个孩子时她奶水不够，因此她心里十分盼望这即将诞生的第二个孩子比第一个孩子有更多的奶吃。

从上面这些例子足以显示出梦的确可以解释为愿望的达成，而且这样的内容往往是毫不掩饰的。我们后面会看到，几乎所有的梦都是这样或那样的愿望的达成。

儿童之梦

这类梦大部分都比较简短，比那些需要解梦者大伤脑筋去研究的复杂梦要简单得多，因此从这类简单的梦入手去学习解梦是最为合适的。

弗洛伊德还再三强调，理解梦是愿望的达成是极为重要的，它不但是我们解梦最好的入门之点，而且正体现了梦最原初的特点，即最原初的梦就是一种愿望的达成。因此，愿望的达成也可以看作是梦的最原初的成因、状态与性质。可以打个这样的比方，愿望的达成之于梦就像食色之于人一样，对于人是“食色，性也”，即食与色是人的本性，而对于梦，愿望的达成就是其本性了。为此弗洛伊德举出了许多关于儿童的梦的例子，因为在儿童的梦里最真实地体现着梦最原初的一些性质。

弗洛伊德说，小孩子的梦往往是很简单的愿望达成，因此从中虽然不能对梦进行深入的探索，但却最好地证明了梦的本质是愿望的达成。

弗洛伊德关于儿童的梦主要来自对他的儿女们梦的收集，我们下面引用几个。

第一个梦是他女儿三岁三个月大时做的，她第一次游奥斯湖时，被那里的迷人风光所陶醉，竟吵着不愿意上岸，为此大哭大闹。第二天早晨她告诉爸爸，她昨晚梦见在湖上畅游。

弗洛伊德的大儿子八岁时就已经做过实现幻想的梦，他兴致勃勃地看完姐姐送给他的希腊神话的当晚就梦见自己与阿喀琉斯一起坐在战车上驰骋疆场。

而最早的儿童之梦是他小女儿的梦呓，当她只有十九个月大时，有一个早上她吐得很厉害，以致整天都不给她进食。而当晚他就听到她口齿不清的梦呓：“安娜·弗（洛）伊德，草莓……野（草）莓，（火）腿煎（蛋）卷、面包粥……”不用说，她是在梦中将这些美味的东西——也全都是她最喜欢吃的东西——吃了个遍。

还有另一个梦是关于弗洛伊德的小侄儿的，当他只有二十二个月大时，在弗洛伊德生日那天，人家叫他向叔叔祝福生日快乐并且送给叔叔一小篮子樱桃作礼物。

由于当时樱桃产量极少，因此十分稀贵，他似乎不太情愿，口中一直重复地说“这里头放着樱桃”，但一直不愿将那小篮子脱手，并且他还懂得如何不让自己吃亏，其中妙法是这样的：他本来每天早上都习惯地告诉妈妈他梦见他一度在街上羡慕的一个穿白色军袍的军官又来找他，但在不情愿地给了弗洛伊德樱桃以后的隔天，他醒来后高兴地宣称：“那个军官把所有的樱桃都吃光了。”

以上这些儿童之梦明显地都是愿望的达成，几乎不用解释，而这也体现了梦那个最原初的特点——它是愿望的达成。

进一步地，弗洛伊德甚至举出了动物的梦，当然对于动物是不是做梦是不得而知的，但倘若动物有梦的话，它们会做什么样的梦呢？对此一句民间谚语作了最好的说明：“鹅梦见什么？——玉蜀黍。”另外也有这样的谚语：“猪梦见什么？——粟。”这些谚语都简明而有力地证明了梦这个最为原初的性质——梦是愿望的达成。

解梦实例

关于梦是愿望的达成这样的梦例就太多了，几乎俯拾即是，像我在前面刚刚举出过的日本乒乓球星的梦就明显的是愿望的达成。

我这里还可以举另一个例子，也是一个儿童之梦。她是我一个老同学的女儿，年约五岁。某一年冬天，他们原来准备回湖南老家去过年，甚至都已经将送给爷爷奶奶的礼物准备好了，然而寒假临近，由于湖南一带突降大雪，没法走了，只好就在海南过年。孩子非常不高兴，吵着要回去，当然不可能满足她的愿望。为此她几乎哭了一整天，主要原因是爷爷奶奶特别宠爱她，祖孙感情极好，现在看不到爷爷奶奶了，孩子自然十分伤心。这天晚上她就是在哭泣中入睡的，但就在第二天早上，她竟然破涕为笑了，她兴高采烈地告诉爸妈，她昨天晚上见到了爷爷奶奶，他们待她可好了，给她吃的糖果堆得像小山，真是太过瘾了！

这个小女孩的梦显然就是愿望的满足，在梦中她不但满足了见到爷爷奶奶的愿望，还满足了大吃糖果的愿望，因为平时为了保护孩子的牙齿，她父母对她吃糖果的数量是严加限制的。

倘若你想学会解梦的话，不妨也可以先试着去解小孩子的梦，最好是找自己的孩子，没有自己的孩子也可以找朋友或熟人的孩子。因为解孩子的梦不但容易，而且有另一个好处，就是孩子对自己梦中的景象往往是毫不隐晦地说出来的。不像成年人，往往因为各种原因而对于梦中的真实情形多加隐瞒，因此增加了解梦的难度；即使解了，由于梦者对于自己梦中的情形描述不确切，因此解梦的准确度也大打折扣。

第三章　梦的改装

前面我们说到了梦最原初的特点是梦是愿望的达成，这个观念也许会遭到许多的批判，因为许多梦者会拿自己的梦来做对照，指出有许多的梦根本不是愿望的达成，甚至于相反，充满了失望与痛苦。这是为什么呢？

弗洛伊德在这里指出了梦的另一个特点：虽然梦是愿望的达成，但这种达成愿望并不总是直截了当的，而是要经过一个曲折的过程来间接地满足愿望，而这个曲折的过程就叫梦的改装。

所谓梦的改装简而言之就是梦中有一个意志对于梦中的场景、所要满足的愿望、所要达到的目的进行改头换面，使人不识其庐山真面貌，这个意志就叫梦的检查作用。

分析与例证

前面我们分析了梦最原初的特点是梦是愿望的达成，但是否所有的梦都是愿望的达成呢？如果我现在这样断言，一定会有人反对。因为在我们实际所做的梦中可能第一个梦是愿望的达成，但第二个梦就明显反映了一种痛苦与忧伤，而第三个梦却是一种自我的检讨甚至责备，第四个梦则也许仅仅只是某种过去的回忆。

甚至有人以自己的梦做过统计，发现有58%的梦是不如意的内容，只有28.6%的梦是愉快的内容，此外更有一些令人无法忍受以致惊醒的“焦虑的梦”。

如此说来，声称梦的原初特点是愿望的达成这样的说法是错误的。

针对此，弗洛伊德回答：不能这样说。因为我们对梦的解释并非只就梦的表面内容即显梦或者梦的显意做出解释，而要深入探查梦里头所隐藏的思想内容即隐梦或者说梦的隐意。我们将会发现，虽然梦的显意确实可能是痛苦不堪的，但若经过精心分析，将会发现其隐藏着的真意仍是愿望的达成。

我们后面将会看到，不但那些显意是痛苦恐怖的梦可以解释为愿望的达成，就连那些乍看之下与愿望的达成风马牛不相及的梦，如果经过层层抽丝剥茧同样可以发现其隐意是愿望的达成。就拿我们前面举过的关于伊玛打针的梦来说，它似乎也不是一个关于愿望的达成的梦，但经过一番解析，我们发现其确实是愿望的达成。

为什么一开始不能直接地看出来伊玛打针的梦是愿望的达成呢？这就是可以称之为“梦的改装现象”所导致的结果，正是这种对梦的改装导致了那些其实是愿望的达成的梦看上去与愿望的达成并不相干甚至截然相反。

关于改装的经典梦例

什么是梦的改装现象呢？它又是如何对梦进行改装的呢？弗洛伊德详细地分析

了自己的一个梦。

1897年春天，弗洛伊德获知有两位教授推荐他升为副教授，这消息虽然使他非常惊喜，但不久他就冷静下来，知道不大可能成功。因为过去几年学校方面已经好几次拒绝过类似的推荐了，而且很多比他资深的同事也都已经等了好几年，仍毫无着落，因此这次他也不抱奢望。

不久后的一个晚上，朋友R先生来访。他也很早就已被推荐升任教授，因为对于病人而言，有了这头衔的人有如神仙一般了不起。他为此经常向上司追问何日能够晋升。这次他告诉他的犹太同胞弗洛伊德，他忍无可忍之下明白地追问上司他之所以迟迟未能晋升是否与他的犹太人背景有关，结果上司坦然承认。

当天晚上弗洛伊德就做了一个梦，梦中“我的朋友R先生”是“我对他有很深感情的叔叔”。

弗洛伊德详细地解释了这个似乎相当奇怪的梦。

首先，“R先生是我叔叔”，这是什么意思呢？弗洛伊德仅有一个叔叔，名叫约瑟夫。他在30多年前一时糊涂触犯刑法，被判了刑。他的父亲为此十分伤心，常常说弟弟并非一个坏人，只是一个被人利用了的“大呆子”。

从这里可以看出来，梦中弗洛伊德将R先生与约瑟夫叔叔等同了起来，而他父亲说约瑟夫是大呆子，那么这梦也就是将R先生也看做是一个大呆子了。

但R先生并不是罪犯啊，于是弗洛伊德进一步地联想，又想起了另一个同事N先生。

N先生同样被提名晋升教职，几天前在街上与弗洛伊德邂逅，他当场恭喜弗洛伊德被提名晋职，他还说到了自己不会升上去，因为有个女人在控告他，那宗案子完全是一种卑鄙的勒索，他差点为此坐牢。

通过这个联想，弗洛伊德又将梦的解释指向了N先生这个差点沦为罪犯的人。这样一来，关于他的叔叔约瑟夫其实象征了他的两位同事，他们在梦中一个成了大呆子，另一个则成了罪犯。

为什么弗洛伊德在梦中要将这两位同事看成大呆子与罪犯呢？这无疑与晋升教职有关，因为这个梦就是在R先生来找他谈及晋升教职极其困难的当晚所做的。

这样弗洛伊德的这个梦就可解了：他之所以在梦中将两位同事一个看成大呆子，另一个看成罪犯，是因为要将自己与他们区分开来，N与R两同事不能晋升并不能说明他弗洛伊德也不能，因为他弗洛伊德既非大呆子，亦非罪犯。

从以上的解梦之中，我们可以看到这个梦依然是一种愿望的达成，这个愿望就是弗洛伊德想晋升教职的愿望。

但乍看上去，我们能够看出来这是一个愿望的达成的梦吗？显然不能，甚至于乍看上去弗洛伊德是将这个R先生看得很重呢，看成了是他的叔叔，并且对他怀有很深的感情。这种将梦的本来含意进行改头换面的行为就是梦的改装。

我们甚至可以说，这种梦的改装是虚伪的，虽然梦的真意是将R先生看成是一个大呆子，但却将这个真意隐藏起来，在表面上的显意反而将R先生看成是自己的长辈叔叔，而且是怀有深厚感情的叔叔。

因此弗洛伊德说，当我们解梦之时，如果遇到了相似的情形，有一个声音仿佛在阻止自己去解梦，认为没什么可解的，那么就一定要去解，而且要勇于面对所得到的结论。

进一步地，弗洛伊德分析道，之所以在梦中的显意是对R先生怀有深厚的感情，就是为了要掩盖梦的真实的隐意，甚至于要阻止他去解这个梦——他当初在准备解这个梦时的确曾遇到了来自自己内心的阻力。我们可以这样描述：这个显意在对弗洛伊德说，你既然在梦中对R先生怀有这么深的感情，还解什么梦呢，你没什么地方对不起他啦！但实际上呢，这个所谓很深的感情只是一种假象、一个幌子而已，梦真实的隐意与这个表面的显意恰恰相反。而如果弗洛伊德听从了这个显意的指示，这个显意也就达到了它的目的——阻止弗洛伊德去解这个梦。

也许有人会问：这个显意为什么要阻止弗洛伊德去解这个梦呢？是一种负疚感，那梦真实的隐意将弗洛伊德尊敬的正直有才能的同事看成是大呆子与罪犯，这当然是不道德的，它必然同时会在弗洛伊德的内心激起一种负疚感，这种负疚感想要竭力隐藏弗洛伊德将尊敬的正直有才能的同事看成大呆子与罪犯这回事，因此当然就会想办法去阻止他解梦了。

在对这个梦的分析之中，可以看到梦的显意与隐意是大不相同的，而且只有隐意才是梦真实的含意——即梦者真实的心理意图。那么是什么将梦的真实的隐意变成了大不相同的表面的显意呢？这就是梦的改装的基本含意了，可以这样说：梦的改装就是将梦的隐意加以改头换面变成梦的显意的过程。

我们可以将梦比喻为一台剧，梦中所见的景象即显意就是舞台上的景象，而隐意则是这些舞台上角色的真实形象，梦的改装就是舞台后面的化妆师了。他可以根据剧情的需要对这些角色进行化装，而且他的化装技术相当高明，可以将女的化装成男的，男的化装成女的，美的化装成丑的，丑的化装成美的，如此等等。

为什么要改装

如果有人问：为什么要进行这样的化装呢？这原因可能是相当复杂的，但一个基本的原因是，这个角色的真实形象可能很丑，例如是个满脸大麻子的女子以及身高只有一米六的男子，如果将这样的形象放到舞台上，可能舞台效果会不大好甚至引起观众的反感，于是这个化妆师就施展妙手，用各种化妆品将女子满脸的大麻子涂掉，变成玉肤冰肌，又给男子穿上特制的鞋子，使他身高立即增加15厘米。这样化装之后，再将他们放到舞台上去表演，观众看到的不再是满脸大麻子的丑女和身高只有一米六的矮个男，而是玉肤冰肌的美女，身高一米七五的帅哥了。

梦也是如此，为什么梦的改装要对梦进行改装？就是因为这个梦的真意是丑陋的，例如不文明、不道德、有违伦常甚至极为邪恶丑陋，这样的东西当然不好直接放到梦中去变成梦的显意，于是就需要对梦进行改装了，将原来的不文明、不道德、有违伦常甚至极为邪恶丑陋的真意加以化装打扮，变成文明的、道德的、合乎伦常的甚至非常美丽善良的形象，然后将之释放出来变成梦的显意。而原来不文明、不道德、有违伦常甚至极为邪恶丑陋的真意就被隐匿起来变成梦的隐意了。

到这里我们还可以提一个这样的问题：为什么要将原来的不文明、不道德、有违伦常甚至极为邪恶丑陋的真意隐匿起来呢？为什么不让它直接地展现在梦中呢？这就是人的道德观与良知所起的作用了。

我们知道，人一般而言是有良知有道德的，即便在梦中也是如此，因此对于那些不文明、不道德、有违伦常甚至极为邪恶丑陋的梦的真意极为反感，绝对不会允许它们直接地显示出来，即使在梦中也不容许。

于是，在他的严厉要求之下，只好由梦的改装先生出面了，将原来不文明、不道德、有违伦常甚至极为邪恶丑陋的梦的真意加以化装打扮，变成文明、道德、合乎伦常甚至美丽善良的形象，再让这个形象呈现在梦中。这就是梦的显意或者说显梦了。

弗洛伊德这个关于晋升教职的梦正是如此。我们可以看到，这个梦的真意是把同事N先生看成大呆子，而梦的改装将这个真意隐匿起来，化装成的显意却是将N先生看成是感情深厚的长辈叔叔。为什么梦要进行这样的改装呢？当然就是因为把自己素来尊敬的有才能的同事看成是一个大呆子是不道德的，为弗洛伊德的良知所不许，因此即使在梦中也不能让这样的意图直接地展现出来，而要加以改装。弗洛伊德将梦的这种改装称为梦的检查作用。

如果再拿上面的舞台剧作比喻的话，这里人的道德与良知就像是舞台剧的观众，他们都是些有道德有良知的人，喜欢舞台上是真善美的形象，厌恶舞台上有假恶丑的角色，而演剧当然是为了给观众看，得迎合观众的需要，因此化妆师自然会将原来丑女怪男化装成俊男靓女了！

在梦里也是这样，人的道德与良知即使在梦中也有很大的力量，它们喜欢梦里是真善美的形象，厌恶梦里有假恶丑的角色，而它们也有很大的力量，可以命令梦的改装师根据他们的要求对梦里假恶丑的真意进行化装，变成真善美的显意呈现出来，这就是显梦了。

但这里要强调两点：一是并非那些不文明、不道德、有违伦常甚至极为邪恶丑陋的东西一定不会出现在梦中，因为梦的改装并不一定会起作用，虽然它常常会起作用。这就像虽然大多数人都是有道德有良知的，但毕竟也有一小撮人是没有道德没有良知的人，会做出不文明、不道德、有违伦常甚至极为邪恶丑陋的事情来。

这也就是说，即使那些平常是有道德有良知的人，其内心深处也可能有些不道德的甚至邪恶的念头，而这些念头就可能在梦中呈现出来。而且，当其呈现出来时，虽然大多数时候会被梦的改装加以修正，变成合乎道德良知的显梦，就像前面弗洛伊德的这个梦一样，但也有些时候，这个梦的改装不会起作用，于是一个有道德有良知的人也会做这样的梦了，在梦里他会做一些不文明、不道德、有违伦常甚至极为邪恶丑陋的事情来，例如杀人甚至乱伦等等，这些都是可能的。正因为这样情形的存在，才使得梦的内容愈加丰富多彩。

第二点要强调的是梦的改装是悄悄地完成的。当人的道德与良知要求对那些不文明、不道德、有违伦常甚至极为邪恶丑陋的梦的真意进行修改时，人在梦中并不会意识到，这一切都是悄悄地进行的。我们在梦中根本不会意识到有梦的改装的存在，无论在什么样的情形之下，我们看到的永远只会是显梦即梦的显意，而如果梦的显意与梦的真意不相同的话，则必须要经由解梦才能得知。

如果我们要对梦的本质有更深入的理解，例如为什么即使在梦中也会有这个道德与良知先生对梦进行监督，又在什么样的情形之下这种监督会放松，这就要涉及弗洛伊德精神分析的其他理解了，例如弗洛伊德对于三重人格的分析，即本我、自我与超我的分析，其内容请参考附录里的《精神分析简述》之章。

达成愿望的两个步骤

我们在这里其实可以用更加普遍的方式对梦的过程进行这样的总结：一个梦的形成需要两个心理步骤，在第一个步骤里，梦直接就是愿望的达成，而在第二个步骤里则对这个愿望的达成加以乔装打扮，这就是梦的改装，而经过改装后的梦的显意就不一定表现为愿望的达成了。

根据这样的分析，我们可以得出结论了，即梦的显意虽然与隐意可以是不同甚至相反的，但所有梦——无论其显意是焦虑、失望还是痛苦——的隐意都可以解释成愿望的达成。

弗洛伊德强调说，这对于所有的梦都是有效的，为此他举出了许多看上去根本不是愿望的达成的梦例：

“你总是说，梦是愿望的达成，”一位相当聪慧的女病人告诉弗洛伊德，“但我现在却可以提出一个完全相反的梦，梦中我的愿望完全无法达成，这倒看你如何自圆其说？那梦是这样的，我梦见我想准备晚餐，但手头上只有熏鲑而已。我想出去采购，又偏巧是礼拜天下午，一切商店均关门休业。再想打电话给餐馆，偏偏电话又断了线。因此我最后只好死了这条做晚餐的心。”

对于女病人的疑问，弗洛伊德首先就告诉她，梦的真正意义总是需要经过分析的，绝不是表面意义所能代表的，接着问她到底是什么事情引起了她做这个梦。

女病人说她想起前一天曾去拜访一位她先生经常称赞、使她多少有些妒意的女友。不过还好，她发觉那女友比以前瘦多了，而她丈夫却最喜欢丰满身段的女人。再追问下去，她又说了，那女友曾告诉她，她恨不得能长胖些，并且问她：“你几时能再邀我吃饭呢？你永远做得那么好的菜！”

这样一来我们就可以对这梦作合理的解释了，她之所以做这样的梦代表着她的愿望是不请女友吃饭，好不让她长胖而吸引她先生，于是在梦里她正好达成了这个愿望：因为种种原因，她没有做成饭，女友当然也吃不成。

对了，在梦里还有熏鲑，它又代表什么意思呢？弗洛伊德一问才知道熏鲑是梦者那位女友最喜欢的一道菜。

仿同作用

为什么在她的梦里要出现熏鲑呢？这样一来，由于女友最喜欢的就是它，有了这个也就是有了一道最主要的菜了，这似乎与她不希望女友来吃饭是相矛盾的。

弗洛伊德在此提出了另一个重要的概念——仿同作用。

所谓仿同作用就是梦者在梦中将自己看成了，即仿同成了另一个人。

“仿同作用”是癔症里一个极重要的现象，病人经常借这种作用不仅能把自己本身的经验用某种症状表现出来，甚至也可以借用别人的一大堆其他症状，从而自己表现出各种奇奇怪怪的似乎是难以解释的症状。

举个实例来说吧，在一群精神病人中间会突然有一天发觉某个病人甲产生了类似另一病人乙已经发作过的肌肉抽搐，这其实就是甲模仿乙而产生的症状，这就是一种仿同作用，这在精神病的群体中是相当常见的现象。

弗洛伊德指出，在癔症里，仿同作用特别常见于有关性的方面，这时女患者往往将自己仿同成与她有过性关系的男人或者仿同那些曾与她的丈夫或情夫有过暧昧关系的女人。弗洛伊德指出我们在爱情誓言中常用的永结同心、形影不离、夫妻一体等其实也是一种仿同作用的表达。因为两个人感情太好了，恨不得将自己与对方融为一体，变成同一个人，所谓你中有我、我中有你。例如《红楼梦》第二十一回“贤袭人娇嗔箴宝玉，俏平儿软语救贾琏”里就有这么一幕，凤姐因为女儿出痘要避房事，贾琏便要偷腥了，找了十分放荡的多姑娘儿来办事，这媳妇有天生的奇趣，一经男子挨身便觉遍身筋骨瘫软，使男子如卧棉上，更兼淫态浪言，压倒娼妓，因此“诸男子至此岂有惜命者哉，那贾琏恨不得连身子化在他身上”。这“恨不得化在他身上”就是弗洛伊德在这里所言的仿同作用了，曹雪芹与弗洛伊德真是英雄所见略同。

这种仿同作用在生理学上也有一定的事实根据，就是一对感情很好的夫妻结婚久了，慢慢地就会不但性情一致，连长相也渐趋一致，这也是一种生理上的仿同作用。

我们再来看上面那位梦者，她正是在梦境里将自己仿同成了她的女友。她为什么要这么做呢？当然是因为她的丈夫对女友抱着很大的兴趣，甚至可能有某种暧昧关系。于是她就在梦中产生了与女友的仿同，这与在癔症中所见到的情形是非常相似的。

而这仿同的产生其实也是一种愿望的达成，因为在梦中她成了那位女友，而那女友可能已经抢走了她丈夫的欢心，而她自己内心非常企盼能争回丈夫的欢心，于是就干脆将自己仿同成已经得到了丈夫欢心的女友了，用这种简单的办法她就达成了得到丈夫欢心的愿望。

似乎相反的情形

由上面的分析可以看到，这位女性的梦者貌似不是愿望的达成的梦实际上也是愿望的达成了吧！甚至于在梦里她一下达成了两个愿望：一是让女友没有吃成她做的晚餐；二是使她自己得到了丈夫的欢心。

弗洛伊德还举了另一个简单而有趣的反例证明梦是愿望的达成。

某一天，他告诉这位聪明的女病人梦是愿望的达成，但第二天她就来告诉他，她梦见她与她婆婆一道去避暑。而弗洛伊德早就知道她非常不喜欢与婆婆在一起。因此这个梦看来又与他的理论正好相反，因为她绝不可能有与婆婆一道避暑的愿望。

但弗洛伊德一句话就证明她这个梦也是愿望的达成，因为她做这个梦的目的正是要推翻弗洛伊德关于梦是愿望的达成的说法——而这正是她目前最大的愿望，她于是通过这个梦达成了这个愿望。

读到这里，也许有人会认为弗洛伊德强词夺理，要是某个梦可以方便地解释成愿望的达成呢，那就证明他的理论是正确的；要是某个梦不能方便地解释成愿望的达成呢，就说是梦者故意想要用梦来证明他的理论是错的，才做了这样一个明显不是愿望的达成的梦。哪有这样证明自己的理论的呢！

但弗洛伊德进一步提出了解释，这位梦者之所以希冀他的理论是错的，是因为有一件严重的事情。她曾接受他的心理分析治疗，由之弗洛伊德分析出在她生命的某段时间内曾有某些事情的发生，这事儿与她目前的病情大有关系，但对此她严厉地加以否认。但不久之后，经过一番追问，终于证明了弗洛伊德的断言确实是对的，但她心里还是有所不服，不自觉地希望有一天能证明他的话是错的，于是她就将此愿望转变成梦中与她婆婆一道下乡避暑根本不可能是她的愿望这样的梦了。

弗洛伊德还举了个相似的更简单直接的梦，他有一位与他同窗八年的律师朋友，曾有一次在小聚会里听他介绍关于梦是愿望达成的理论。回家后他马上就做了一个怪梦，梦中他所有的案子全部败诉。于是他就来向弗洛伊德声讨了，说他可不会有这样的愿望。弗洛伊德口里没说什么，但心里在微笑着说：“八年同学期间，我一直名列前茅，而你这家伙的成绩始终平平，因此会不会他内心总有个想法，希望有一天我也会表现得只不过尔尔呢？”

弗洛伊德指出，经常当他向某人提出梦是愿望的达成这样的观念时，那人就会做出恰恰不是愿望的达成的梦，他将之统称为“反愿望的梦”，其实像上面的例子说明的一样，恰恰也是一种愿望的达成。

除了这种希望弗洛伊德是错的这样的表达了特殊的愿望之达成的梦以外，弗洛伊德还指出另一种表达了特殊的愿望之达成的梦，在这样的梦里不再是希望弗洛伊德是错的，而是梦者希望自己“我是错的”。

例如有这样一个梦。一个年轻男人早年曾折磨他的哥哥，其实他是对这哥哥一直怀有一种几近同性恋的喜好。但长大后他顿悟前非，于是有一天做了这样的梦。梦包括三个部分：1. 他被哥哥所欺负；2. 两个男人正同性爱地互相爱抚；3. 他哥哥将他名下所拥有的产业未经他的同意就变卖掉。

这个梦似乎不是愿望的达成，也不是希望弗洛伊德的理论是错的，但它同样是一个愿望达成的梦。为什么呢？因为这样的梦表达了他对于哥哥的负疚之心以及对于自己过去对哥哥的虐待产生的罪恶感。可以如下地解释梦者的愿望：如果我哥哥果真那样对我不好，罔顾我的利益的变卖我的财物，那就可以减轻我自己过去所做的对不起他的种种罪恶了。而这样的梦显然满足了他的这个愿望。

我们可以将这样的梦类比为受虐狂，这是一种其实并不鲜见的精神性疾病，这些人的愿望恰恰就是被虐待。对于这样的人，如果梦中他被人痛打了一顿或者丢失了贵重的财物，这并不表示这个梦不是愿望的达成，而恰恰是其愿望的达成，因为对于他这个受虐狂而言，他的愿望就是被痛打以及丢失贵重的财物。

以上我们举出了许多貌似不是而实际上恰恰是的愿望之达成的梦，类似这样的梦还有很多，这里我们就不再多举了。总之，那些似乎不是愿望之达成的梦，如果我们加以深入分析，往往还是可以证明其依然是愿望的达成，只是其中经过了一番改装作用罢了！

这用一句更精确简明的话说就是：梦是将可能受到抑制的愿望经过改装而达成的。

由于关于梦的改装是弗洛伊德释梦理论中十分重要且关键的一环，因此我们在这里进行了相当详细的分析，如果能够理解之，那就意味着我们的解梦之路往前迈进了一大步。

解梦实例

在这里我要举出的一个梦是我昨天刚刚做过的，这个梦与前面弗洛伊德所举的梦都有所不同，但同样是经过了改装的表示愿望之达成的梦。

我的梦境是这样的，我梦见自己回到了北京大学，它明显地分为三个场景：

第一个场景里我到了一间食堂，那里的柜台上摆着饭菜，用一个个的不锈钢制餐盘盛着，看上云极为美味可口。我冲过去拿起一盘就吃了起来，一开始很美味，但后来却发现十分难吃。

第二个场景里我到了一段楼梯口，那里有许多人，十分拥挤，楼梯是木制的古老楼梯，由于人挤得太多，突然松了，我差点掉到楼下，虽然没有，但已经吓得够呛了。

第三个场景里我到了一块草坪边，手里似乎又端上了第一个场景中的盘子，盘子里盛着汤，我觉得口渴，于是猛喝汤。就在汤差不多喝完了之时，我突然发现剩余的汤里竟然漂浮着许多虫子，有小蜈蚣、蟑螂、毛毛虫、蚊子等，实在太恶心了，以至我被吓醒过来。

这梦如何解释呢？它似乎不是愿望的达成，因为我断乎不会希望自己吃的饭菜不可口、被从楼梯上挤下来，更不会希望自己喝的汤里面有小蜈蚣、蟑螂、毛毛虫。

对此我也困惑了好一阵，但后来我想起了醒来之后的感觉与行为，终于明白它的确也是愿望的达成，虽然这种愿望的达成与弗洛伊德前面所讲的情形都不一致，但更体现了梦是愿望的达成这一梦的普遍的规律。

那么我在这个梦里达成了什么样的愿望呢？这个愿望就是我醒来之后的行动：我的小便已经胀得痛了，立即跑进厕所去了，小便量非常之大；同时我又感到十分口渴，回来立即喝了一大口水。

这就是我梦中的愿望了。这时候梦中的我其实已经既胀小便又口渴了，身体自然产生了要小便兼喝水的愿望。但怎么实现这个愿望呢？当时我正在睡觉，要达成这个愿望首先就必须醒来，于是醒来就成了更直接的愿望了，而这个愿望就要通过梦来实现了。我们也知道，人在梦中如何才能醒来呢？当然是要梦见一些自己所不愿意见到的场景，这个场景越是恐怖、恶心，我们就越容易醒来。在我的这个梦中，可以看出来梦采取了三步来实现这个让我醒来的愿望，第一步是让我觉得东西难吃，但这并不足以让我醒来；第二步是让我差点从楼梯掉下来，虽然吓人，但并没有将我吓醒；看到这两步都不管用，我仍未醒，于是就出现了第三个最为恐怖恶心的梦境：喝的水里竟然满是小蜈蚣、蟑螂、毛毛虫、蚊子等，谁能够忍受这样恐怖的情形呢？终于将我一下子吓醒了。梦也就达成了愿望，并且紧接着达成了第二个愿望：我既小便了又喝了水。

如果更仔细地看，甚至可以看出来我想喝水与小便的愿望是逐步提高的。一开始并没有这样的愿望，因此我在第一个场景中看到的食物一开始是十分美味的，吃着这样的东西我整夜也不会醒来；随后有了小便与喝水的愿望，但愿望并不强烈，因此梦中只是东西难吃而已，并不恶心；再后小便与喝水的愿望增强了，于是就有了从楼梯上差点掉下去的梦境，但这时候小便与喝水的愿望还不是特别强烈，我依然可以继续睡下去；到最后，小便与喝水的愿望已经强到不能忍受了，于是就出现了汤中有小蜈蚣、蟑螂、毛毛虫、蚊子等这样极为恶心的梦境。在这样的梦境之下，我终于被吓醒了，我梦中的两个愿望——醒来与喝水小便——也就都达成了！

我对于这个梦的解释并没有与弗洛伊德亦步亦趋，而是结合了弗洛伊德的理论与自己的理解，即将梦中的愿望扩及肉体的愿望，而不只是意识或者无意识的愿望，我们后面会看到，这种愿望也是梦中常见的愿望。

倘若你要学习解梦，也要这样，要领悟弗洛伊德解梦理论的精神，而不要止于亦步亦趋的模仿，要知道梦是极为复杂的，各人所做的梦未必是弗洛伊德会提及的，甚至完全不会相像，而要解释这些与弗洛伊德所分析的梦完全不同的梦，就必须从实质上而不是从表面上理解弗洛伊德的解梦理论。

第四章　梦的材料的来源之一：最近的印象

我们每个人都做过梦，在梦里，我们看到了许多的东西，这些东西构成了我们的梦境。从这一章开始，我们要分析这样一个问题：我们在梦中所看到的这些东西是如何进入我们的梦中的呢？为什么是它们而不是别的东西进入我们的梦中呢？这些东西用另一个词来说就是梦的材料。我们要分析的问题是：梦的材料的来源是什么？

我们将分成三章来分析这个问题，这一章先分析梦的材料的第一个来源：最近的印象。

但我们可不要天真地认为这最近的印象真的只是最近的印象，它实际上蕴含着双重重要的含义：一是这印象即使表面上是无关紧要的，实际上也是重要的；二是这印象即使表面上是最近的，实际上也可能来自遥远的过去。因此这个最近的印象不过是一条链子而已，它能够将重要与不重要、现在与过去紧紧地连接起来，统一于梦之中。

例证与分析

弗洛伊德认为，梦的材料的第一个来源就是最近的印象。这个观念我们应当是容易接受的，因为我们常常说“日有所思，则夜有所梦”，这日有所思其实也可以理解成日有所遇，即白天的经历。这是对于梦的材料的来源的第一个最为直白的观念。因此，当我们解梦时，往往先问做梦的前一天发生了什么事，而尝试从这里开始找出解梦的第一条线索。

最近与遥远的过去

就大部分解梦的个案而言，这的确是一条解梦的捷径，前面我们分析过两个梦，即伊玛打针的梦与弗洛伊德叔叔的梦，它们的起源的确就是前一天的事。但为了更进一步地理解这个看似简单然而深具意义的观念，我们下面来看两个这样的梦。

梦一：弗洛伊德在梦中见到自己写了一本有关某种植物的专著。

梦的材料的来源：当天早上弗洛伊德在书店里看到了一本有关樱草属植物的专著。

梦二：弗洛伊德看到一对母女在街上走，那女儿是一个病人。

梦的材料的来源：当天晚上，一位正在接受弗洛伊德治疗的女病人曾对他诉苦，说她母亲反对她继续接受他的治疗。

这两个梦中梦的材料的来源显然是最近的印象。

不过现在我们要问这样一个问题：梦难道只是当天的刺激所引起的吗？或者是最近一段时间内所得到的印象都可以导致梦的产生吗？

对于这个问题的回答是这样的：如果我们发觉梦的来源是两三天前或者更久一些的印象，只要我们细心地去分析，就能够发现它虽然是多天前发生的事，但我们在做梦前一天曾经想到过这件事。

有这样一个梦：某人梦见他在西班牙，他想去一个叫Daraus或Varaus或Zaraus的地方。但醒来后他发觉根本记不起有过这种地名，同时也无法联想出什么来。但几个月后，他发现由San Sebastian到Bilbao的铁路中途的确有一个站叫作Zaraus，而这次旅行是他做梦前八个月去的。

这个梦例说明很久很久以前所产生过的印象也能导致梦的产生，只要那些早期的印象与做梦当天的某种刺激能有某种联系。由此我们甚至可以说，梦的材料的来源可以涵盖一个人的整个一生的各个时期所产生过的印象。

但我们还是要注意一点，就是梦的材料的来源虽然可以是人生所有时期的印象，但这些印象要形成梦却必须借助最近的印象。

为什么如此呢？为什么梦如此依赖最近的印象呢？我们还是拿前面举过的关于植物学专著的梦来分析。

这一节比较特别，我们后面将全部以第一人称来分析这个梦，就好像我们就是弗洛伊德本人一样。

经典梦例：植物学专著

这个梦更为具体的内容是这样的："我写了一本关于某种植物的专著，这本书就放在我面前。我翻阅到书中一页折皱的彩色图片，有一片已脱水的植物标本，就像植物标本收藏簿里的一样，附夹在这一册里头。"

梦的材料的来源是当天早上我曾在某书店的玻璃橱窗内看到一本名为《樱草属》的书，这显然是一本有关某种植物的专著。

我们现在就来深入地解这个梦。

我们所采用的具体方法就是自由联想法，我是这样开始联想的：

由当天早上我曾在某书店的玻璃橱窗内看到一本名为《樱草属》的书，我联想到了樱草花是我太太最喜爱的花，她最喜欢我回家时顺便买几朵给她。而我最感遗憾的便是，我很少记得带这花回来给她。

由这送花的事我又联想另一件事：有位年轻的太太L女士，每年她生日时，先生总会送她一束鲜花，而有一年，先生竟把她的生日忘了。结果那天他太太一看他空手回家，伤心地啜泣起来。这位先生当时是丈二金刚——摸不着头脑，等到太太说出原委时，他才恍然大悟，赶忙道歉，要马上出去买花。但太太仍伤心不已，坚称丈夫对她生日的遗忘足以证明他已不再像往日那般爱她了。还有，这位太太几年前曾接受过我的治疗，她两天前也曾来过我家找我太太，并且要她转告我她现在已完全康复。

由“我写了一本关于某种植物的专著”我有了这样的联想：我想起我确实曾经写过一篇关于植物学的论文，内容是关于古柯属植物的研究报告，这篇报告引起了我的同事库勒尔博士的兴趣，导致发现了可卡因的麻醉作用。

当时我曾预言可卡因所含的类碱可用于麻醉，只可惜我自己没有继续研究下去。而做梦醒来的那天早上，我在一种白日梦的状态下曾想到可卡因的问题，并且梦见我因为患了青光眼而到柏林一位记不起什么名字的朋友家中，请一位外科医师来给我开刀。这外科医生并不知道我的身份，他大肆吹嘘自从有了可卡因以来开刀变得如何如何的方便，而我自己也不愿说出关于这药物的发现我也有很大的功劳。

等我清醒过来回味这白日梦时，我发觉里头的确隐含有某种回忆。就是在库勒尔发现可卡因不久之后，我父亲因为青光眼而接受我的一位朋友——眼科专家柯尼斯坦的手术。当时库勒尔亲自来负责可卡因的麻醉，而在开刀房里，他曾说了一句话：“嘿！今天可把咱们这三位与发现可卡因工作有关的家伙都聚集一堂啦！”

现在我又进一步联想到最近一次使我想起可卡因的场合。就在几天前，我收到一份叫Festschrift的刊物，这是由一些学生们为了感谢他们的老师而凑钱印发的。刊物中在每位教授的名位下均列出他们的重大著作及发现，而我一眼就注意到他们将可卡因之发现全归功于库勒尔。

到这时我才恍然大悟，这个梦与前一天晚上的经验有关：

那天晚上，我送柯尼斯坦医师回家，途中我们谈到某个话题，甚为投机。结果到了门廊我俩仍站在那儿讨论不休。刚巧格尔特聂教授夫妇正要盛装外出，我曾礼貌地对他太太的花容月貌称赞了几句。而这位教授就是我刚提到的那份刊物的编者之一，而很可能就是因这次邂逅而产生了这个梦。其他如L夫人生日那天的失望以及我与柯尼斯坦的谈话内容也可能多少与之有关。

从这种自由联想式的解梦之中我们可以看到，产生梦的最重要的材料来源就是前天晚上的遇到格尔特聂教授夫妇。尽管在梦中似乎根本看不到教授的影子，正如看不到最近的印象，但经过联想，就会发现仍是最近的印象导致了这个关于植物学专著的梦。

当然，这个梦并不只包括有前天的印象，正如在解梦过程中所看到的，前天的印象只是一个引子，它还引导出了其他丰富的内容，如我对于自己的成果没有得到足够肯定的失望，这些内容的来源就相当久远了。

还有，梦中的另一个场景“那本专著就摆在我面前”又引起我的另一个联想。昨天我一位柏林朋友曾来信说一直憧憬着我想写的有关梦的分析的书能早日问世，其实我自己也是多么希望这本书真的写完了，现在就摆在我的面前！

另外，“那折皱的彩色图片”也引起了我们的联想。当我还是一位医科学生时，我很希望多读一些学术专著，虽说当时我的经济并不宽裕，但仍订阅了一大堆医学期刊，我特别喜欢里头的彩色图片。由此我不知怎的又联想到我童年的一段经验。我父亲曾有一次随便地递给我和妹妹一本有彩色插图的书，并且看着我们把它一页页地撕毁。当时我只有五岁，妹妹还小我两岁，但我们无知地把书一页页地撕毁，书页就像落花般片片凋落。这个印象虽然过去已久，却历久弥新地常现于我的脑海。后来我上学以后，开始对藏书产生了浓厚的兴趣，我也经常想到我之所以如此疯狂地想藏书可能与我童年的这个印象有关。

由这段年轻时的经验又使我联想到，正是在我做梦的当天晚上与柯尼斯坦相谈甚欢时他提到了我的一大缺点——我这个人常常过分沉溺在自己的嗜好里头。

因此，我前面在梦中见到的场景“那折皱的彩色图片”也是由前一天我与柯尼斯坦交谈这个印象而产生的。

由上面的分析我们可以知道，最近的印象乃是梦的材料的主要来源，然而这印象只是一个引子，它能引导出我们许多过去的经历，甚至是远在童年的经历。还有，它所涉及的内容也并不是无关紧要的，而是那些对于我有相当重要的意义的内容，例如我对于自己虽然最先开始研究可卡因的治疗作用却没有得到应有的承认而感到的深深的失望——这也是我一生中最大的失望之一。

由此我们也再次证明，我们的梦总是想尽办法去满足我们的理想与利益，就像前面我们分析过的关于伊玛打针的梦一样。

从上面的分析之中，我们可要注意到梦的材料的来源虽是最近的印象，但这印象并不止一个，而是有三个，分别是：

1. 当天早上我曾在某书店玻璃橱窗内看到一本名为《樱草属》的书。

2. 前天晚上遇到格尔特聂教授夫妇。

3. 做梦的当天晚上与柯尼斯坦相谈甚欢时他提到的我的一大缺点——常常过分沉溺于自己的嗜好。

在这三个最近的印象之中，第一个明显地与梦有着最为直接的联系，是“梦的材料的来源是最近的印象”最有力的证明，也是我们最先想到的梦的起源。然而它本身却相对而言不是那么紧要的，后面的两个印象更为重要，由此也联想出了更有意义的内容。

这又说明了什么呢？说明了以下三点：

1. 在梦最明显的“显意”里，它往往只不过提及没有多少意义的白天印象。

2. 这前面比较没多少意义的白天印象的作用是引导出后面的重要内容。

3. 通过这种引导，我们将在那些无关紧要的东西后面发现更重要、更核心的内容，而这些内容既可能涉及我们遥远过去的重要经历，也涉及我们内心那些最深刻的记忆。

还有，至于为什么前面比较没多少意义的白天印象能够引导出后面的重要内容，是因为它们与后面那些重要的东西之间存在着某种关联，这种关联是只要我们多想想就可以想到的，梦所做的其实也是这种联想的工作，不过我们解梦与形成梦的方向是相反的而已。

例如，在这个关于植物学专著的梦里，我们首先想到的就是白天的经历即当天早上曾在某书店的玻璃橱窗内看到一本名为《樱草属》的书。这里面其实也与后面的重要内容有关，《樱草属》是一本书，弗洛伊德曾经写过一篇关于可卡因的专论，二者是有联系的。还有，弗洛伊德童年时的经历也是撕书，二者也是可以有关联的。正是这种关联的可能才导致了梦的具体的内容。

我们还可以这样说，在这个梦例里之所以会梦见一本植物学专著，就是因为前一天刚好看见过一本名为《樱草属》的书，因此就将这个白天的经历方便地作为引子来引导后面的内容，而如果我没有看过这本名为《樱草属》的书呢，那么一定会有别的经历使之能够导引出相类的梦，例如经过大街看到戏剧海报上画着一朵花，如此等等。

我们可以将这种由前面比较不重要的内容而引导出后面的重要内容称之为置换，它还可以看作是我们上面讲过的梦的改装作用的一种形式。

没有内容真正无关紧要的梦

由上面的分析我们还可以得出这样的结论：梦尽管可能表现为一些无关紧要的东西，但真正形成梦的绝不是无关紧要的东西，而是一些对于梦者有重要意义的内容，例如某种重要经历或者某个重要事件，它们才是梦真正的起源，这用另一句更简单的话表述就是：没有内容无关紧要的梦。

以上我们已经比较全面地分析了关于梦的材料的来源的第一种——最近的印象，这个最近的印象之所以能够作为梦的材料的第一个来源，是因为其不但时间较近，而且对于梦者具有十分重要的意义，这是它能够成为梦的材料的来源的原因所在。根据最近的印象作为梦的材料的来源这样的特点，我们可以对关于最近的印象作为梦的材料的来源总结如下，它共包括以下四种来源：

1. 最近发生且在精神上具有重大意义的事件，它直接地表现于梦中，如我们前面分析过的有关伊玛打针的梦以及把我的朋友当成我叔叔的梦。

2. 要是有几个最近发生而且具有重要意义的事实，它们将在梦中凝合成一个整体，而这个整体一起将成为梦的来源。

具体而言就是，如果一天里发生了两件或两件以上值得引发我们做梦的经验时，梦就会把两件经验合成一个完整经验，这时候它永远遵循着一种“强制规则”，即强制地把这几种经验综合为一个整体。

对于这样的情形有以下的梦例：

有一个夏天的下午，我在火车车厢内邂逅了两位朋友，但他们彼此间并不认识。一位是很得人望的同事，另一位则是我常常去给他们看病的名门子女。我给他们双方作了介绍，但在旅途中，他们却始终只是个别与我攀谈而无法打成一片。因此我只好与这一位说这个，与另一位谈那个，十分吃力。

记得当时我曾与同事提及请他替某位新进人物多加推荐，而那位同事回答说，他是深信这年轻人的能力的，只是这位新人的长相实在很难得人器重。而我也曾附和他说：“也就是因为这点，我才会认为他需要你的推荐。”过了不久，我又与另一位聊起来了，我问及他叔母（一位我的病人的母亲）的健康近况，据说当时她正极端虚弱而病危。就在这旅程的晚上，我做了如下的一个梦：我梦见那位我所希望能获得青睐的年轻人正跻身于一间时髦的客厅内，正与一大堆有头有脸的大人物们处在一起。后来我才知道那时正举行我的另一个旅途伙伴的叔母的追悼仪式（在我梦中，这老妇人已死去，而我承认，我一直就与这老妇人关系不好）。如此地，我就将白天的两个经验在梦中合并成了一个场景。

有鉴于我有无数次这样相同的经验，我合理地提出一项原则——梦的形式是受着一种强制规则，将所有足以引起梦的刺激来源综合成一个单一的整体。对于这个规则我们在后面会专门分析，它就是梦的凝缩作用。

3. 一个或数个最近且具有意义的事件在梦中以一个同时发生的无足轻重的印象来表现，如我们刚刚分析过的有关植物专著的梦。

4. 一个对做梦者本身很有意义的经验——这个经验可能是非常久远的，在经过一连串的回忆与联想之后，再在梦中以另一件最近发生但没多少关系的印象作为梦的内容。

就像前面有关植物学专著的梦中，梦中有一项内容是“我写了一本关于某种植物的专著”，在它的背后有一件对于我很有意义的事，就是我对于自己关于可卡因研究的成果没有得到足够肯定而感到深深的失望。在这个梦境与失望之间起联系作用的乃是我在做梦前一天晚上遇到格尔特聂教授夫妇这件事。它看上去同弗洛伊德可卡因研究的事是没有多少关系的。

至于这个对梦者本身很有意义的经验，在经过一连串的回忆与联想之后再在梦中以另一件最近发生但没多少关系的印象作为梦的内容，这就是我们前面所分析过的梦的改装作用了。那么为什么要有这种改装作用呢？是不是一定要有呢？这些都是可以回答的。总之我们可以明白，正是由于这改装或者不改装，以及各种的改装作用，使梦呈现极为复杂多样的形态，给我们的分析增添了难度，也增添了挑战的乐趣。

还有，对于上面所说的凡是能够引起梦的都是对于梦者有重要意义的事件这样的说法也许有人会抱持怀疑，甚至会举出一些梦例。在这些梦例里，所梦见的东西尽管有些久远，但显然对于梦者并不重要，这是为什么呢？

针对这个问题，根据我在精神分析治疗中所得到的结论，这是因为这些早期发生的有重大心理意义的印象在发生不久就被以转移、重新排列的手法，用一些无关紧要的印象来取而代之，并且以此固定于记忆之中。因此，对于这些出现在梦中、看来无关紧要的早期印象，其实在心理上都是具有重大意义的。否则的话，如果它真的是毫无关系的早期经验，就绝不可能在梦中重现。就像我们上面刚刚说过的一样：没有真正内容无关紧要的梦。

没有真正内容无关紧要的梦，这又是关于梦的又一个重要的基本观点，其原因我们上面分析过了，这里试举梦例加以说明。在这些例子里，那些表面上好像无关紧要的梦，实际上都不是无关紧要的。

某一位聪慧高雅的少妇，她在生活中表现得十分保守，曾做了这样一个梦：“我梦见我到达市场时太晚了，肉卖光了，菜也买不到。”

这似乎是一个很简单的、内容无关紧要的梦。但当我再三要求她讲述梦中的细节时，她这样说：她与她的厨师一道上市场，由厨师提着菜篮，当她向肉贩说出要买某种东西时，他回答说：“现在那种东西再也买不到了。”而拿另一种东西向她推销，说：“这也很不错的！”但她拒绝了，于是再走到一个女菜贩那儿，那女人劝她买一种特别的蔬菜，黑黑的绑成一束，这少妇回答说：“我不知道那是什么东西，我还是不要买的好！”

关于详细的解梦情形我们这里不说了，我只要向大家指出一点就足以说明这个梦的内容绝不是无关紧要的了，就是梦中那个女菜贩向梦者推荐的黑黑的绑成一束的东西，大家想必不难猜到它是什么东西或者代表什么东西了吧！

还有另一个类似的梦，梦者是一个少妇，梦境中她将一根蜡烛放在烛台上，但蜡烛断了，且无法撑直。在学校里的一个女孩骂她动作笨拙，但她回答说这并不是她的错。

这个梦看上去也很简单的，里面没什么要紧事，并且它也来自前天发生过的事，她真的把一根蜡烛放在了烛台上，但并没有像梦中所说那样断掉。

那么这个梦真的是无关紧要的吗？也不是。如何解呢？也不难，因为这梦里明显地使用了一个象征，蜡烛象征阳具，而断了且无法撑直就是男性的性无能，我们甚至可以对梦中所蕴含的意思作直截了当的解释：少妇的丈夫性无能，但少妇认为这不能怪她，她认为并不是因为她性爱技巧不高——就是梦中有人骂她动作笨拙——而导致了丈夫的性无能。

解梦实例

这个梦是我以前所做的，但给我留下了深刻的印象，至今记忆犹新。

梦境是这样的：我在一条大街上，看到一个好像是剧院的地方，旁边的墙上贴了一张大海报，上面的内容看不清楚，但下面有"文聘元"三个字，十分醒目。

这就是梦中所见的简单的情形，它似乎是一个内容简单、无关紧要的梦，但当我加以解析之后，发现远非如此。

我是这样来解这个梦的：

第一步我要更进一步分析梦中的情形：我确定是在一家剧院的门前，旁边的墙壁是剧院的广告牌，上面是一张海报，里面不可见的内容应该是某一个即将上演的剧本，但的确看不见内容，只有下面的"文聘元"三个字看得很清楚。

第二步要弄清楚梦的起因，这也是比较清楚的：做这个梦的前一天，我曾经翻开我高一时就买了一直珍藏到现在的《莎士比亚全集》，里面有我当时所作的许多幼稚而热情的评论。我可以断定这就是梦的起因。

这个梦如何解呢？

我一开始也相当迷惑，因为这些内容都很简单，说明不了什么。但当我再三回忆梦中的情形时，我记起来了另一个情节，一个不可看见、只可感觉的情节。这就是当我看着那张内容模糊的海报时，不知为何，我心里感到颇为痛苦。

我一下子感觉到，这个看不见的情节就是我解梦的钥匙。

但我为什么会感到颇为痛苦呢？我联想起了《莎士比亚全集》和我在上面写的一些字句，当时我在上面密密麻麻地写了许多，都是我对文学的憧憬。我一直喜欢文学，很早起就熟读了古今中外大量的文学名著，直到读研究生时，我最大的愿望都不是写出一本哲学著作，而是写一本小说。有一段时间我天天写，写了一大堆，也寄出去了几篇，但都石沉大海，或者只有一些格式化的回信。令我相当伤心，也有些愤怒，认为是那些编辑没眼光，不是我没水平。直到研究生最后一年，我的文学努力依旧没有任何成果。于是我被迫拾起了哲学，准备考博了，之所以考博只是因为我不想工作，一天上八小时班，日复一日、年复一年，想起来都要吐。经过半年努力，我考上了博士，但对于哲学始终缺乏深度的兴趣，而且在我的内心深处一直存有一种梦想，就是有一天我能够在文学上有所成就。当然随着岁月的流逝，这个梦想渐渐真的成了梦。不过，我虽然不再在文学上抱多大期望，然而内心的那种渴望一直存在。

正因如此，没有在文学上取得任何成就从来是我心中最大的痛苦之一。

想到这里，这个梦就豁然而解了。

在这个梦里我为什么感到颇为痛苦？就是因为我没有在文学上有所成就，我为此感到相当痛苦，而这种痛苦对于我有着极为重大的意义，就像文学对我的一生有着重大的意义一样。当然这种意义主要体现在心理上而不是体现在实际的写作与生活之中。对于我而言，文学就像一个我从小就爱着的女孩，我从小就爱她，十分地爱，我们也在一起相处了很多日子，然而她从来没有爱过我，我的爱永远只是寂寞的、无望的等待。这怎么不令人痛苦呢！

此外，在这个梦里我还是得到了某种满足，因为剧院的海报上有了我的名字，说明我的剧本要在这里上演了。于是，我在现实生活之中没有实现的作家之梦在梦里得到了实现。因此这也是一个关于愿望的满足的梦。

我相信做过这种梦的人有很多，包括诸位读者，只要曾经有过理想，爱过某个女孩男孩，却没有满足这个愿望，都可能做类似的梦。

第五章　梦的材料的来源之二：孩提时期的经验

弗洛伊德认为，梦的材料的第二个来源是孩提时期的经验，这些经验可以是非常古老的，最远者可以到梦者才两三岁的时候。

当然，这些孩提时期的经验要成为梦的材料是有条件的，它必须是在我们幼年时代留了下深刻印象的经历，因此直到很久之后还没有被我们忘记。我们平时可能根本不会记起这些经历来，但倘若白天的某种经历与那些孩提时期的经验形成了某种关联，那么它就会在晚上进入我们的梦中。

更具体的情形是，在这样的梦中，显梦往往是白天某些无关紧要的事件，而隐梦才是孩提时期的经验。

倘若要解这样的梦，就必须对之进行自由联想，将联想深入到我们遥远的回忆之中，寻找可能的答案。

分析与例证

作为梦的材料的来源的孩提时期的经验，它的第一个特点就是这些经验往往是我们醒时所不能记忆的，只有在梦中它们才会重现。

对于这样的梦也许大家比较陌生，因为即使我们做了这样的梦也不自知，因为只有经过仔细分析才能知道这梦的材料的来源乃是孩提时期的经验。但问题是，我们又有谁曾经进行过这样的分析呢？

如此，为了让大家明白以孩提时期的经验为材料来源的梦，我们会尽量多举一些例子。

第一个例子是这样的：某个人决定要回到他那已经离开了20年的故乡。就在出发的当晚，他梦见自己置身于一个完全陌生的地点，正与一个陌生人交谈。等他一回到故乡，才惊讶地发现梦中那些奇奇怪怪的景色正是他老家附近的样子，而那梦中的陌生人也真有其人——是一位他父亲生前的好友，当时仍生活在那里。

还有这样一个梦例：弗洛伊德的某个同事声称他的梦很少有经过改装的。他说，他曾梦见那位曾在他家做事直到他11岁的女佣与他以前的家庭教师睡觉，甚至睡觉的地点都清晰地呈现在梦中。他还把这梦告诉了哥哥，他哥哥笑着说，确有其事，当时他哥哥已经六岁，很清楚地记得这对男女真的有性关系。每当大人不在时，他们便把兄弟俩用啤酒灌醉，使他迷迷糊糊，而他虽说就睡在女佣的房间里，但他们认为他只有三岁，什么也不懂，就当着他的面在房里做起爱来。

我们可以看到，在第二个梦例里，梦者在梦中将他远在三岁时的经历几乎丝毫不差地再现出来。

还有一些梦就是不经过梦的解析也可以充分地确定它的来源就是童年的经历，

这就是所谓“经年复现的梦”。这种梦梦者孩提时期就做过，但直到成年仍一再地复现于梦中。

有这样一个例子，一个30多岁的医生，他从小到大都常做梦看到一只黄色的狮子，其在梦中的形象可以说栩栩如生。后来他终于看到了它，原来这是一个早已被他遗忘的瓷狮子。母亲告诉他，这是他儿时最喜欢的玩具，但他自己却丝毫也没有关于它的印象。然而它依然通过梦出现在了他的意识之中，足以说明关于这个狮子的意识是存在的，只是梦者不自知而已，这就是典型的无意识。

对于这样的梦，其共同的特点就是梦的显意似乎是简单的，但事实上却不是这样，在经过种种曲折的解析以后才可以发现它的隐意原来是梦者儿时的记忆。

我们还可以再引用一个类似的例子，梦者也是弗洛伊德的一个同事，他有一次在读了南森的北极探险报告后，梦见自己在浮冰上用电疗法为这位患有坐骨神经痛的探险家治病。

这是一个相当荒谬的梦，但经过深入解析后，这位梦者才回忆起了一桩儿时的经验。大约他三四岁的时候，他在一边静听家人大谈探险的趣闻逸事，由于当时他还无法分清reisen（德文，意为探险、游历）与reissen（德文，意为腹痛），因此他便问父亲，探险是否是一种疾病呢？因此招来了兄姐们的哄堂大笑，令他感到无地自容，也许因为太过羞愧，他便选择了忘掉这一事件。然而，像前面的黄狮子一样，这童年的经验通过梦重现了出来。

这些梦有一个特点是，在梦中均体现了儿童时期的某种愿望并且能够在成年的梦中全部得以实现。关于这个特点，我们下面选择弗洛伊德自己的一个梦例来分析。

这个梦就是前面分析过的弗洛伊德梦见他的朋友R先生被看成他的叔叔这个梦。

前面我们在分析中用它证明了梦的目的在于达成他能够当上教授的愿望，因此是一个关于愿望的满足的梦。

然而，在这里还有一个疑问，就是弗洛伊德发现他在梦中似乎表现出来对于当上教授有极大的欲望，甚至不惜为此在梦中极力贬低两位他实际上很敬重的同事。但当他清醒之时，虽然他也想当上教授，却远远没有梦中那样渴望。是什么令他在梦中对这个教授职位如此渴望呢？

经过深入分析，弗洛伊德想起了童年时候的几次经历。

第一次是在他出生那天，一位老妇曾向他妈妈——他是她的头一个孩子——预言：你给这个世界带来了一个人！当然很早他母亲就骄傲地把这个预言告诉了他。

第二次是在他十一二岁时，某个晚上，父母带他去某间餐馆吃饭，他们在那儿看到了一个潦倒的诗人，一桌一桌地向客人要钱，只要给他一些小钱，他就能照你给他的题目即席献诗一首。于是父亲叫他去请诗人来表演一下，但在他父亲还未出题目以前，这个诗人就先自动地为小弗洛伊德念出了几句韵文，而且断言如果他的预感不错的话，他将来必定会成为至少部长级以上的大人物。弗洛伊德后来一直清晰地记得那天晚上他听到这个预言时是多么洋洋得意！而且当时，也许由于犹太人受到社会的歧视，使他们更加渴望出人头地，甚至每个犹太小学生都在他们的书包内放个部长式的公文夹来自我期许。

经过如此种种的回忆，弗洛伊德明白了他童年时那种极为强烈的要功成名就的欲望其实一直存在于他的心灵之中，即使在他长大以后，对世俗名利的看法已经有了改变，不再一心只想追名逐利，但童年时期极强的名利心依然潜藏于心灵深处，一逮到机会就经由梦表达出来。而当他有机会当上教授时，这个机会就像给那颗一直埋藏在他心里的名利之心的种子浇灌了水，于是它立即吐出了新芽。当然这个新芽并不是太茁壮，只能在梦中让弗洛伊德看见，而且是以一种非常隐晦的方式，要经过复杂的分析才能知觉。

在上面这些梦中，孩提时期的经验成了梦的来源的情形是比较清楚的。但在大多数的梦例里不是如此。一般而言，即使我们的梦是由孩提时期的经验产生的，我们也并不自知，有时只是觉得这个梦比较荒谬，或者仅仅用白天的经历作为梦的来源有些讲不清楚而已；或者甚至于可以通过白天的经验而得到貌似合理的解释。当然在这些情形之下就很难对由孩提时期的经验导致的梦有进一步的理解与分析了。

而且，即使通过梦的显意可以推测到其来源是孩提时期的经验，但由于孩提时期的经验多半只有雪泥鸿爪可寻，要真切地了解之必须经过耐心的解析，而这样的解析可不是容易的事。

进一步地，即使进行了这样的解析，也可能难以令人十分信服，因为这种童年的经验是否真的存在确实是难以证实的，大多数情形之下甚至根本无法得到证明，因此即使依据孩提时期的经验进行了解梦，人家也可以大声地加以驳斥而令我们的解梦变成不可相信的主观臆断。

对于这样的反对之声，我们这些解梦者的确难以回应，所能做的仅仅是再多举几个例子证明孩提时期的经验确实可以形成梦而已。在这样相当数量的梦例之中，希望读者总可以找到一两个是可以令其相信这不是瞎掰的，而的确是由孩提时期的经验所形成的梦。

我们下面要举的梦例是一个老妇人的，梦境如下：

> 我匆匆忙忙地赶出去购物，结果在格拉本突然地整个身体像瘫痪了一般，双膝着地，站不起来，旁边围上来一大堆人，特别显眼的是一些开车的家伙，但他们个个都只是袖手旁观，就没有一个人肯扶我一把。我试了好几回想站起来，但都归于徒然。后来大概是站起来了，因为我又梦见被塞进一辆出租汽车驶回家去，一个很大很重的篮子，样子看来就像是市场卖东西用的篓子，在我进入车内后从窗口被丢了进来。

这个梦让老妇人相当直接地记起了她孩提时期的经验，那时她十分胆小，容易受惊，因此她梦中的情形一直以来都以令她胆战心惊的遭遏居多，这次也是一样。至于这个梦境，前面她瘫了的一部分明显来自她年轻时骑马摔下来的情景。她还很年轻时就常常骑马，甚至在更早的童年时就常玩骑马的游戏。由这摔下来的联想又使她进一步想起了童年时她家那老门房17岁大的男孩，他曾有一次在外面发了癫痫，被路人用街车送回家来。以后，这种由癫痫而昏迷摔到地上的念头就经常充斥在她的想象之中了，甚至日后导致了她癔症的发作。

梦中的情形除瘫痪外，还有的情节也令她想起了很久以前的经历，例如“很大很重的篮子”使她回想起了早年曾几次向她求婚的男子，她每次都加以拒绝。因为德文的篮子这个词还有另一个意义就是冷落、拒绝。

最后，“市场卖东西用的篓子”这个词也可解释为仆人的象征，这又使她联想到一件儿时的经验，她家的女厨子由于偷东西而被解职，当时她曾双膝跪地哀求主人原谅她，这时梦者大约12岁。接着她又联想起了另一件事，有个打扫房间的女佣因为与家里的车夫有暧昧关系而被辞退，但后来这车夫娶了她做太太。这个回忆也可以在梦中找到踪迹，就是那些开车的家伙。还有梦中篮子被从窗口丢进来的情形也令她想起了儿时的另一样回忆。在她10岁时，有位男仆因被发现与她的保姆做爱——当时他们这种关系连她这个小孩子都看得出来——而双双被迫收拾行李，扫地出门。梦中篮子被从窗口丢进来的情形其实就是暗指那一对仆人的行李被主人丢到门外的马车里，令他们立即滚蛋。

这个梦和上面的一些梦——我们大部分没有在这里引用——有许多来自弗洛伊德那些心理疾病患者，他们的数目是非常之多的，而他们又经常通过梦去隐约地显示其得病的原因，由此弗洛伊德才从这里找出了孩提时期经验作为成年时期梦的来源。也许对此有人会问：你这样的说法对于我们这些非心理症患者的正常人合适吗？恐怕未必吧！他们也许正是因为有了这些童年的经验而致病，而我们则没病，这是不是也可以说明我们心中未必有这些童年的经验呢？而如果没有的话，我们又如何会有孩提时期的经验形成的梦呢？这就是所谓的“皮之不存，毛将焉附”。

对于这个问题，弗洛伊德回答道，正常人的梦与病人的梦就其孩提时期的经验可以成为梦的来源之一而言是没有多少区别的，正常人的许多梦如果我们仔细加以分析，就会找到其孩提时期的经验就是梦的材料的来源，这就如同我们上面所看到的弗洛伊德自己的梦的一样。在下面的篇幅里，弗洛伊德还举出了一个自己在旅途中所做的梦，通过分析而知道其成因是许多孩提时期的经验，例如在他七八岁时那个著名的回忆：

有一个晚上要睡觉时，他不顾爸妈的禁令非要睡在他们的卧室内，父亲因为他这样不听话而骂了一句：“这种男孩子将来一定没出息！”这句话当时就给他留下了极其深刻的印象，因为它严重地打击了他的自尊心。所以日后这情景在弗洛伊德的梦中出现过无数次，而每次必定连带地呈现出他取得了各种各样的杰出成就，达成了各种各样的愿望，总之成了受人敬仰的大人物。他甚至于在梦中也想对父亲说：“父亲！你看，我毕竟是有出息的吧！”

对于这个梦的整体，由于篇幅太长，分析也太复杂，我们在这里就略过了，但它分析的经过与所得出的结论与我们在上面那些梦例中所分析的和所得出的结论是一样的，大致如下：

1. 每一个梦，其梦的显意均与最近的经验有关，而其隐意却可能与很早以前的经验有关。

2. 从梦中往往可以看出来有好几个含义，但并不只是表示有好几个愿望达成了，而很可能是因为一个愿望的达成其实只是隐蔽了后面的另一个愿望的达成，我们需要经过多层次的分析才能在最后找出某个愿望的达成，而这个愿望很可能是梦者最早的、孩提时期的愿望。

解梦实例

在这里要解的梦是我夫人的，她经常做梦，并且在第二天往往要同我讲述一番，具体情形是做了好梦就眉飞色舞、做了噩梦就大作恐惧状并模拟梦中的情节，我们可能在后面会看到她不少的梦，这里是其中一个：

她梦见自己在排队，前面似乎只有几个人，但却过了好久也轮不到她，她甚至不知道自己在为什么排队，只是梦中一开始就排在了那。对了，好像前面每一个买到了东西的人手里都拿着一张白纸，匆匆忙忙地离去。她也心急火燎地等啊等，等啊等，然而却总等不到，她突然想，要是卖完了怎么办呢？这时她不经意地回头一望，天啦，后面排着的人一直蜿蜒而去，看不到头，她不由大吃一惊，就这么醒了。

这似乎是一个无厘头的梦，虽然情节简单，但却难以解析。首先，她排队在等什么呢？其次，如果说这是一个关于愿望的满足的梦的话，那为什么她只是排队呢？难道排队就是愿望吗？似乎不大合理。那么她这个梦究竟表达了一种什么样的含义呢？

经过相当长时间的考虑，我终于从梦中的一个细节看出了端倪。这个细节就是每个排队完了的人手里都拿着的白纸。我要她想想这白纸使她联想到了什么，她一开始很茫然，后来突然说出来了一个词——包子。我一下就明白了，因为我知道这个梦的背景。

这个梦的背景是这样的，我夫人每天主要的工作之一是想着今天要吃什么，由于海口的好东西她基本上都吃遍了，所以常常感叹现在没什么好吃的，她还总喜欢说童年时期的东西那才叫好吃呢，其中最常提起的就是童年时期家附近一间铺子的奶黄包，说那味道现在想起来都流口水，比海口现在的奶黄包可要好吃多了。我由这个背景马上想到了我吃过的奶黄包，海口奶黄包的特点之一是在下面托着一张白纸，从外面看上去也清晰可见，吃时必须剥掉这层纸才行。

我想到了，无疑这样的包着奶黄包的白纸就是我夫人在梦里看到的白纸，虽然她似乎不知道里面包着的是什么，但显然在她的梦里或者说更深层的无意识里是知道那是什么的，那乃是童年时她最爱吃的奶黄包，也因为如此她才会排队购买，并且还有些担心其他人会跟她抢这美味的奶黄包，这样的话她就吃不到了，这就是当她看到后面有无数人排队时被惊醒了的缘故，她是十分担心有这么多人来抢她的奶黄包呢！

至此这梦就好解了，它乃是一个由孩提时期的经验形成的梦，想必她孩提时期经常要排队买那家的奶黄包——她告诉我事实上正是如此，由于好吃，那家的奶黄包每天都要早早去排队，晚了就没得吃了，而且即使排上了队也不见买得到，因为可能好不容易轮到她时已经没了，这种惨痛的经验她不止一次。她在梦中见到的情形正是童年时期的经验，而且这个乃是她童年最重要或者说印象最深刻的经验之一呢！

为什么她不在梦里排队买到奶黄包呢？那原因应该是这样的：她对于能够在现在的海口吃到那样的奶黄包是并不抱希望的，因此她甚至于不要真的实现这个愿望，而只要能够让她看看那样的奶黄包就足够了，这就像中国古代的那个成语一样——望梅止渴，她只要望望就满足了！这个愿望她也的确得到了满足。

第六章　梦的材料的来源之三：肉体方面的来源

我们前面已经说过了梦的材料的两个来源，梦的肉体方面的来源是第三个来源。

然而，对于这第三个来源，弗洛伊德的态度与前面的两个相当不同。他首先是坚决否定了有些人认为肉体的刺激是梦的主要来源的观念，然后才承认肉体的刺激的确也可能导致梦的产生，然而这样的梦相对前面而言要少得多。还有，即使肉体的刺激产生了梦，梦中的情形也不是由其单独决定的，而只是在原有的梦境之中加入了某些情节或者加入了某个愿望的满足而已。

分析与例证

所谓肉体的刺激可分为三种：由外物引起的客观上存在的刺激、只能由主观觉察到的感官内在的兴奋状态以及由内脏发出的刺激，这三种刺激都可能导致梦的产生。

然而这并不是说肉体的刺激是一个很重要的来源，甚至于像某些人所言的以为此即梦之唯一来源。事实上，肉体的刺激与梦的产生之间的牵连是相当罕见甚至勉强的。

肉体刺激并不一定导致梦的产生

为什么呢？这是因为肉体的刺激并不一定会导致梦的产生。

由观察的结果我们知道，纵使我们一开始做梦时，有关肉体刺激马上介入的话，我们也无法断定外界刺激必定会导致梦的形成。因为当我感受到肉体的刺激时，可以有四种反应来供我选择：一是根本没有感觉到这种刺激；二是即使我感受到了这个刺激，但在梦中也不会体现出来；三是可能这刺激一来我就惊醒了，当然也不会体现于梦中。在这三种情形里肉体的刺激都不会导致或者影响梦。只有最后第四种反应才会导致或者影响梦，即我在梦中感受到了这刺激并导致了梦的产生或者影响了梦的内容。

不难看出，在肉体的刺激发生的情形之下，四种结果之中只有一种能够产生或者影响梦。由此可见，由肉体的刺激产生或者影响梦的情形一定是相当有限的。

当然，毕竟肉体的来源还是能够产生或者影响梦的，我们还是要将这样的情形加以分析。

我们前面已经说过，如果做梦的当天遗留下来两个或两个以上的印象，都给心灵留下了深刻的感受，那么这多个感受就会凝聚起来共同形成一个梦，我们可以由此来分析当肉体的刺激产生时它是如何产生或者影响梦的。

我们前面说过产生梦的两种经验的来源，即白天的经验和孩提时期的经验，它们乃是梦的两个最强有力的材料的来源。现在当肉体的刺激来了之后，在绝大多数情形之下，是由前面的两个或者一个与肉体的刺激相结合而产生或者影响梦，并且在此之中肉体的刺激往往是后来的，只是在前面的两个因素已经产生了梦或者正准备产生梦的情形之下加入了肉体的刺激这个新的因素，由这二者或者三者相结合而产生了梦。这是由肉体的刺激产生或者影响梦的总的情形。而且，这个所产生的梦之特质与前面所论及的梦之特质是一样的，即都是愿望的达成。

还有一点要说明的是，肉体的刺激是否会产生或者影响梦也要因人而异并且因人接受肉体的刺激时的生理状况而异，同样的刺激，可能产生或者影响某甲的梦，但对于某乙可能毫无影响；同样的刺激，当某甲在这种生理状况下时可能会产生或者影响他的梦，而当他处于另外的生理状况时，可能根本不会产生或者影响他的梦。

肉体刺激如何产生梦

以上就是肉体的刺激所产生或者影响梦的大致的情形，现在我们要进行梦例的分析，这个梦是弗洛伊德的，梦境如下：

我骑着一匹灰色的马，起初胆战心惊，小心翼翼地，似乎我是硬着头皮在练习似的。然后我碰到一位同事甲先生，他也骑着一匹配饰很差的马。他挺直地坐在马鞍上，提醒我某件事情（可能是告诉我我的马鞍很差）。现在我开始觉得骑在这匹很聪明的马身上非常轻松自如。我越骑越舒服，也越骑越熟练。我发现我所谓的马鞍是一种涂料，整个敷满了马颈到马臀间的空隙，而我正骑在两辆篷车之间，一心想要摆脱他们。当我骑马进入城市街道一段距离后，我转过头来，想下马休息。最初我打算停在一座面朝街心的小教堂前，但我却在距离这一所相当近的另外一所小教堂前下了马。旅馆也在同一条街上，我大可以让马自个跑去那儿，但我宁可牵着它到那儿。不知怎的，我好像以为如果骑着马到旅馆前面再下马会太丢人。在旅馆面前有个雇童在招呼，他拿着我的一个札记本向我调侃其中的内容，那上面写着一句“不想吃东西”（并且底下用双线加注），再下去又另有一句（较模糊的）“不想工作”，同时我突然意识到我正身处一个陌生的城镇，在这儿我没有工作。

这个梦明显是由肉体的刺激所产生的，这时候弗洛伊德正因为长了疔子而痛苦万分。当他做梦之时，这个疔子竟成了位于阴囊上方一个有苹果大的疥疮，他每走一步都感到钻心的痛，并且全身发热、倦怠、毫无食欲。再加上他仍然得每天干繁重的工作，使他几乎整个人都要垮下来。

这就是做这个梦时的背景，现在我们来开始解梦。

首先为什么梦中是骑马呢？这是因为虽然在这种情况下弗洛伊德还勉强可以行医，但由于疔子长的部位，使得他有一件事是肯定没法儿做的，那就是骑马。因此，当弗洛伊德十分讨厌这个疔子时，在梦中便恰恰骑上了马，以此最强有力地证明他的疔子并不痛或者根本没有疔子，这体现了这个梦的基本特征——它依旧是一个表示愿望的达成的梦。

再分析具体的梦境。梦中他特别见到了马鞍，它指的其实是那些能使他安宁地入睡的膏药敷料。由于它的缘故，弗洛伊德能够在最初的几小时里睡得十分香甜，也就是梦中的越骑越舒服——虽然事实上弗洛伊德并不会骑马，一辈子也只骑过一回。还有，在梦中弗洛伊德并不是只关心疥子的事，或者说并不只有疔子产生并且影响着梦，而是还有其他的因素。例如他骑着一匹灰色的马，这马的颜色正与胡椒盐的颜色一样，这使弗洛伊德想到当他最近一次在某个村庄碰到同事甲先生时，他曾警告他，调味品加得太多的食物吃了会生疥疮的，胡椒盐就是一种最常用的调味品，因此马匹的颜色反映了他最近的这个经验。还有，甲先生自从接替了弗洛伊德去治疗那位弗洛伊德曾为她花过许多心血的女病人后，就在弗洛伊德面前好像有些趾高气扬的样子，这也体现在梦中，就是他也骑着高头大马，表现出来的自然是“趾高气扬”。还有这位女病人，当弗洛伊德治疗她时，她几乎是随心所欲地对待弗洛伊德，在梦里就用马来象征她，因为这匹马也是载着他到处乱跑的。

至于梦中的“不想吃东西”“不想工作”两句话，显示了弗洛伊德这时候的心理和生理的状态，他深知如果再没有理想的健康状态，他是没办法再这样干繁重的工作了，他甚至连东西也吃不下了。

这是第一个肉体的刺激所产生的梦例，以下是另一个。梦境很简单：一个仲夏的清晨，当时弗洛伊德正住在阿尔卑斯山中提洛尔的别墅里，醒来时他只记得梦见教皇死了。

这是一个短得不得了的梦，它又如何解释呢？开始时弗洛伊德几乎一筹莫展，唯一扯得上关系的是几天前他曾在报纸上看到有关教皇身体微有小恙的报道。但这不足以解梦。不过当这天早上他太太问了他一句话后，他就知道梦的起源了，这句话就是：“今天清晨可听到了教堂的钟声大作吗？”事实上他完全没听到钟声，但这钟声却经由他的梦而起了作用，可以这样解释：因为弗洛伊德在梦中感觉到了钟声对他睡眠的干扰，于是他的睡眠机制便起作用了，让他梦见教皇死了。可以这样解释梦的含意：“没有什么大不了的事，不过教皇死了而已，你继续睡吧，没你的事！”或者是睡眠的需要对钟声产生了强烈的反感，于是为了报复它的扰人清眠，梦便构筑了一个教皇死了的情节，目的还是要让梦者得以继续沉睡而不再为钟声所扰。

还有一位年轻的律师，由于全神贯注于一件破产讼案，在午睡时竟梦见与一位经由这件讼案才认识的莱西先生相会于胡希亚汀。而这地名Hussiatyn（德文意为

“咳嗽”）使他进入了更深的冥想，不久他惊醒过来，才发觉他的妻子因为气管炎而在不断地大声咳嗽。

无疑这个梦是由两个因素造成的，一是他最近的经验，即他正在进行的诉讼，二是他妻子的咳嗽声。后者在梦里所产生的影响就是那个叫Hussiatyn的地名，这个地名直译就是 “咳嗽” 。很巧妙的联系吧！看得出来，这个影响了梦的肉体的刺激在睡眠中将一种适合于睡眠理想状态的真实感觉编织在梦境之中，以抵消其对于睡眠的干扰，而梦者也就达成了继续睡觉的愿望。

我们还由此可以看出，这个肉体的刺激之所以会进入梦中，是经过了梦的检查的，即将其变成适合于梦的要求的情景，才能够在梦中显现出来。

肉体刺激与愿望达成

当然，我们也可以知道，这个肉体的刺激是可以有许多种不同的形式并且都适合于在梦中显现出来的，例如上面的“咳嗽”的例子，梦者可以将咳嗽声变成一个叫“咳嗽”的地名，也可以梦见某个叫“咳嗽”的人或者听见某种不至于闹醒他的声音。其最后为什么会选择用一个叫“咳嗽”的地名呢？那就是梦的检查制度的结果了，它可能觉得这样最好，一方面最适合于梦中本来就有的情节，另一方面也最不会扰乱梦者的睡眠，更重要的是还能够在梦中达成某种愿望，可谓一举三得。

在这一举三得之中，能够达成某种愿望是最重要的。事实上，我们可以发现许多的梦均可从其内容找出肉体刺激的因素，甚至有些情形是，本来那愿望并不存在，但在肉体刺激产生之后，却因梦形成的需要而导致了新的愿望的产生。因为由肉体的刺激而产生的梦也与其他的梦一样，其最基本的特点依旧是愿望的达成。

还有一种情形是，这肉体的刺激可能对于梦者是不愉快的甚至是痛苦的，但它依然可以导致某种梦的形成，因为我们的心灵能够巧妙自如地将某些会引起不愉快的内容经由某些心理步骤以及梦中所存在的检查制度而变为完全合理的某种愿望的达成，于是这种愿望就通过梦而达成了，它不但达成了某种愿望，同时也达成了另一个更加基本的愿望——继续睡觉。

不过，在这种情形之下，即这种肉体的刺激是不愉快的甚至痛苦的话，它可能利用之来达成某种本来受压制的愿望，而这时候做的往往是一种焦虑的梦。

这种情形可见于某些肺脏或心脏有病的患者，其由于发生了呼吸等的困难，而在梦中表现为处于某种焦虑的情形，这时候梦者在梦中会感到十分焦虑，于是形成了焦虑梦。但这时候，梦也可以利用这些焦虑梦来使某些本来被强力压制的愿望在梦中得以实现，并且通过其疏导出部分焦虑。因此，这焦虑如果我们仔细分析，往往会发现恰恰是梦者某种一向深藏不露的愿望的达成。关于这样的情形我们后面会在“解梦指南”中看到。

我们前面说过，肉体的刺激在四种情形之中只有一种会引起梦，而且引起梦又有两种情形，其中一种是这种刺激足够强大，能够以自己为主体塑造出一个新的梦来，就像前面的弗洛伊德因为阴囊长了疥子而致的梦，显然就是以这个肉体的刺激为主而塑造出来的梦。

引起梦的肉体的刺激的另一种情形是，这种刺激的强度不足以以其为主体而构成梦，这时候它们就是“促成”梦了，也就是在梦中添加一些由它们而引起的因素。这时候，这些肉体的刺激对梦所产生的影响充其量只等于那些白天所遗留下来不太重要的印象，它们也能够对于形成梦起到作用，但绝不是核心的作用，而只是形成梦的一些辅料而已。

我们可以打个这样的比方，如果将梦的形成比喻为一个雕刻家，如果他所用的原料是珍贵的希腊雅典附近的彭特利库山上的大理石，是菲狄亚斯曾经用过的同样的大理石，那么他当然会仔细地研究这块大理石，根据它的纹路来雕刻最合适的作品。但如果他手头的原料只是一块极普通的质地一般的大理石，甚至只是一根萝卜，他也能够将之变成雕像，不过一定不会重视这两种雕刻原料本来的纹路之类，而是完全根据自己的主张来随意地雕刻作品，即使雕刻不好也不会在意。

由肉体的刺激引起的梦也是一样，如果这个刺激是强大的足以单独塑造梦的刺激，那么梦者形成梦的机制便会仔细地根据这个刺激的特点而塑造出具有特殊含义的梦，就像前面弗洛伊德疥子形成的梦以及那人因妻子咳嗽形成的梦一样；而如果这个刺激是相对较弱，不足以单独形成梦的刺激，那么梦的形成机制便会只在所形成的梦中加入一些情节以体现这些刺激，而所加入的是什么样的情节则完全由这个机制自行决定，它绝不会尊重这个刺激原来的样子。这就是说，同样的肉体的刺激可能产生完全不同的梦的情节。这就是为什么那些体现我们几乎每夜都会有的比较平凡的肉体刺激的梦总是千变万化而不是千篇一律的缘故。

这样的梦的典型例子就是晚上要小便时所产生的梦，这种梦我相信每个人都做过，而且做过不止一次，当我们因之夜里醒来小便时，就很容易地感觉到这是一个由便意而引起的梦。这便意当然也是一种肉体的刺激，是来自人的肉体自身内部器官的刺激，并且它还是我们前面所说的相对不强、不能单独塑造出梦的刺激。因此，如果我们回忆的话，会发现这样一个事实，虽然我们有不止一个梦是由便意引起的，然而这样的梦中的情形从来都不是一样的，可谓千变万化，令人目不暇接。

当然，这也并不是说，如果有两个相同的强大的肉体的刺激就会产生内容相同的梦，例如倘若弗洛伊德后来又在阴囊上长了一个疥子就会出现与上次同样情节的梦，这也是不大可能的。我们这里对于因肉体的刺激足够强大而以之为主体塑造的梦是指从梦中我们可以清楚地看到这个梦是以这个肉体的刺激为主体而塑造出来的，就像弗洛伊德的疔子之梦或者那个人的咳嗽声之梦一样；而那些相对不强的肉体的刺激所导致的梦则从梦中我们不能做出这样的分析，这个肉体的刺激只是体现在梦中的一个情节而已。像这种由便意而引起的梦，它通常只有最后一个情节与这个肉体的刺激即便意相关。

至于是否可能因为肉体的刺激的相类而产生同样的梦呢？我想是不大可能的，因为做梦就像下棋一样，是“千古无同局”的，也就是说，古来下的棋何止亿万盘，然而有哪两局的棋谱是完全一样的吗？恐怕没有吧，梦亦是如此！

解梦实例

我要举的这个梦是从一个不怎么熟悉的人那里听来的，我和他不熟，本来不合适解他的梦，侥幸我对他的某些生活情节比较熟悉，因此恰好能解这个梦。

梦境是这样的：

> 我来到一间陌生的屋子里，四周的墙壁是白的，好像里面还蒙着一些白布和黑幔，我是怎么来的呢？好像我先是同我的妻子在一起，后来她突然不见了，我的心一下子慌了，好焦急好难受，因为我好像看到她同一个男的走了，我便追她，追到了这间屋子里。这时候，我突然看见了我的妻子，天啦，她竟然一丝不挂地站在我面前，不过她没有看到我，我就像电影里的鬼魂一样，她看不到我，我看得到她。她竟然一丝不挂地站在那，旁边还有三四个男人，她竟然还说出了这样的话："你们要怎么来呢？"我的心好痛，痛得我一下子醒过来了。醒来后，我真的感觉自己的心脏在痛，呼吸困难，赶快吃药。

在解这个梦之前，我先简单介绍一下这位梦者，我姑且称之为王总。他是一家不大不小的企业的老总，资产有四五百万，四十余岁，相当胖，已婚并育有一个女儿。

他这个梦显然是一个由肉体的刺激所产生的梦，这个刺激就是他的心脏病所导致的心脏的疼痛与呼吸的困难。这种疼痛从他一做梦就开始了，因为梦一开始他是同妻子在一起的，妻子突然就不见了，他便开始心慌、焦虑，这其实是他的心痛所致，在梦中他用看不到妻子而导致的焦虑代替了心痛，以便自己能够继续睡眠。因为妻子不见了就要找吗，怎么可以醒来呢！后来他找到了这间屋子里，这时候就出现问题了。

我们前面说过，梦的本质是愿望的达成，这个人看见自己的妻子明显是准备与三四个男人乱交，他难道希望自己的妻子这样吗！而且刚好我也认识他的妻子，那是一个很瘦的相貌普通的女人，对自己能有这样的老公和家庭心满意足，是绝不可能去越轨的，连想都不会去想。因此，无论怎么说，他梦见自己的妻子如此淫乱显然是不合情理的。

然而通过分析，我不久便找到了答案，因为我刚好听过一些他的私人背景，他像许多有钱的男人一样，有了一个年轻的情人，据说还是个研究生，长得也漂亮，他非常爱她，甚至想跟她结婚。但他没有任何借口向妻子提出离婚，因为妻子这么多年来对他好的没法说，他的企业也是妻子帮着搞起来的，他不仅根本不好意思提出离婚，如果真的离婚，那么他作为有过错的一方，财产必定大受损失，搞不好要净身出户。这是他绝对不能接受的，他也知道，如果他真的这样了，他的情人也不会跟他了。不过同样重要的是，他一向表现得品行良好，乐善好施，有相当的社会地位，还是政协委员。以他这样的身份地位，他甚至都没有想到要离婚。

如此一来，梦中的情形就好解释了，首先屋子和屋子里的白布黑幔，显然是太平间或者灵堂的布置，而他的妻子在这里面，这实际上显示了他的愿望：要是我的妻子死了就好了，我就不用离婚了。至于妻子赤身裸体与几个男人在一起，其实也表达出了他的愿望：要是我的妻子乱来，我就有理由提出离婚了！

这时候还有一个问题：他为什么要梦见妻子同时与几个男人乱来呢？只有一个男人不就可以了吗？而且还要赤身裸体，未免太伤他这个丈夫的面子了。

这个问题也是有道理的，可以这样解释：这实际上可能揭示了他一个处于心灵深处的隐秘的愿望，他虽然表面上有些道貌岸然，但实际上内心深处有许多淫乱的想法，其中一个是同时与不止一个女人做爱。而在这个梦中他实际上是将他自己仿同于妻子了，关于这种仿同作用我们在前面讲梦的改装时已经讲过了。妻子同时与几个男人乱来其实暗指他自己那个隐秘的愿望：同时与几个女人乱来。这种仿同作用的存在可以用梦中的另一个情节得到解释，这就是梦中他妻子是胖胖的，但实际上他妻子是很瘦的，相反只有他自己才是胖胖的。由这个特点就可以知道他在这里是将自己仿同于妻子了，并且通过这种仿同在梦里达成了自己那个十分隐秘的愿望——同时与多个女人乱交。

第七章　两种典型的梦

弗洛伊德举了三种类型的梦，我们在这里选择了两种类型的梦，这两种梦是每一个人都可能做过的，分别是裸体的梦与亲友之死的梦。至于第三种类型的关于考试的梦，一则弗洛伊德并未做多少分析，二则我觉得做过的人可能并不多，因此舍弃之。

对于这两种梦的解析，弗洛伊德大致的观念是：

裸体的梦是来自于人类对于其孩提时代裸体经验的回忆与眷恋；亲友之死的梦则其实是表达了其孩提时代的愿望。

分析与例证

裸体的梦

这是几乎我们每个人都做过的梦。梦中我们赤身裸体或者衣服穿得很少地出现在陌生人面前，这使得我们很尴尬，想要逃避，却发觉没法逃避。

这种梦的另一个要点是梦中那些人大多是些陌生的面孔，而且没有一定的特色，就是一些人而已。还有，在这样的梦里，梦者一般不会因为自己的裸体而受到那些人的指责或者讥笑，相反，那些人都呈现漠不关心的样子，好像根本没有看见自己或者并不觉得这有什么不正常。

这种裸体的梦是怎么产生的呢？经过分析，我们可以发现梦者童年时的记忆在梦中的确占有一席之地。我们每个人在童年时总有一个时期会一丝不挂或者穿戴很少地出现在家人、亲戚、陌生的保姆、客人等人的面前，而且那时候我们不但不感到惭愧，反而会兴奋地跳来跳去，觉得不穿衣服舒服极了。

的确，童年期的这段天真无邪的日子在日后回忆起来，总令人产生当时有如身在伊甸园之感，这其实体现了人成年时也有的一大堆幻想，而童年时这些幻想都得到了实现，其中主要者之一就是可以赤身裸体而不羞惭，而一旦这种羞恶之心开始产生，就说明我们已经被逐出了伊甸园。

当我们长大之后，虽然已经接受了视裸体现身为羞耻的文化，但依然偶尔会在晚上借着梦境重温童年时代那可以裸体而歌的伊甸园般的日子。因此，这种裸体的梦总体来说不过是我们对于童年经验的回忆，同时也是对于那种经验的向往，我们通过梦而满足了这种向往。

还有，为什么我们会在梦中并不一定是全裸，而是有一些衣服遮体呢？为什么我们会感到羞愧呢？要知道童年时期我们并不以之羞愧呀！这就是梦的检查作用所致了。

即使在梦中，我们回到了童年时期的裸体状态，满足了这个愿望。然而这并不说明我们在成年之后所受的文化与伦理道德等的熏陶已经完全消失了，它们依然是存在的，并且依然会默默地在梦中起作用，其结果就是给我们在梦中加了点儿衣服，令我们为自已的裸体感到羞愧。

亲友之死的梦

这样的梦可以分为两种，一种是我们并不为亲友之死而感到悲哀，另一种则相反。我们在这里只分析后一种，因为前面一种其实并不是我们在这里所分析的典型的梦，那种并不为亲友之死而感到悲哀的梦一旦分析下去，必可以发现它其实是暗示着另一种表面上看不出来的愿望，它不过是借着亲友之死呈现出来而已，也就是说亲友之死在这里只是一个幌子而已，所以在梦里我们也并不为亲友之死而感到伤心。但我们在这里所要分析的典型的关于亲友之死的梦却是真正的关于亲友之死的梦，在梦中我们会为亲友之死而感到十分伤心甚至大声哭泣。

我们为什么会做这样的梦呢？

原因很简单，这梦其实表达了我们希望亲友死去的愿望。

这听起来荒谬甚至可恶，但且听下面的分析。

首先这不是梦者做梦之时的愿望，而是指其早年时代的愿望。也就是说，其在早年的某个时期曾经希望自已的亲友死去，而现在的梦不过是重现了早年时代的愿望而已。

也许这样的说法又会激起你的反感：怎么，我在小时候曾经希望自己的亲友死吗？你凭什么这么说呢？那么我们就来分析一下我们最重要的两种亲友关系吧！

1. 小孩子与其兄弟姐妹之间的关系。虽然兄弟姐妹间往往是最相亲相爱的，然而我们也不能否认，我们每个人在童年时期都曾有过对兄弟姐妹的敌意，例如兄姐欺负弟妹，骂他们、抢他们的玩具，而弟妹则只能抱着满肚子的怒气，却怒不敢言，而后来他最早争取自由的冲动之一就是针对压迫他的兄姐而发。这时候兄弟姐妹之间就会发生激烈的争吵，我们在那些有多个小孩的家庭总能看到这一幕，只要我们仔细观察，会发现这几乎是必然的，孩子们成天打打闹闹，折腾得家长十分烦心。

这是为什么呢？为什么孩子们还这么小时就会彼此萌生敌意呢？其实原因并不复杂，因为小孩子都是绝对地以自我为中心的，他急切地感到自己的需要，并且拼命地想满足之。而一旦有了竞争者——可能是别的小孩，但绝大多数情形之下是兄弟姐妹——他们自然而然就会对那个竞争者产生敌意。

这样的情形只要我们观察小孩子就会发现。例如有个两三岁的小孩子，有了一个小弟弟，父母告诉他弟弟是由鹳鸟从天上送来的，这小孩子便在仔细地端详了这个新来的小东西后，发表意见道："我看，鹳鸟最好还是再把他带回去吧！"

这样类似的情形还有很多，弗洛伊德自己就曾观察过他的小外甥。他是头生子，家里原来只有他一个，他集所有宠爱于一身，但十五个月后妹妹降临了，最初他一直对这新妹妹表现得十分有风度，抚爱她、吻她，但当他开始咿呀学语时，马上就利用这新学的语言表示了他的敌意，一旦别人谈及他的妹妹，他便气愤地哭叫："她太小了，太小了！"而再过几个月，当妹妹由于发育良好已经长得够大而不能骂"太小了"时，他又说她"一颗牙齿也没有"。

我自己也曾有过这样的经验，我有一个小女儿，她在一岁多时，母亲经常问她："要不要一个小弟弟？"她总是回答："不要，我会打他的！"口气厉害得很。

可以说每个小孩在早年都能强烈地、毫不掩饰地表现出一种对兄弟姐妹的嫉妒心理，有时候这种敌意可能发展到相当强烈的程度，例如弗洛伊德就曾亲眼看到一个还不到三岁的女孩竟想把小婴儿在摇篮里勒死，据说在英国甚至真的发生过这样的事情。

小孩子为什么要这么做呢？其理由很明显：别的小孩的存在对他们不利，精神上会与其争夺父亲长辈的宠爱，物质上也会将一些好东西给他们。而倘若别的小孩子都死了，他就可以独享这一切了。因此他们自然而然会讨厌别的小孩子，希望他们死去。这可以说是人类的一种本能所致。

后来，孩子们随着年龄的增加，各种伦理道德观念开始在心灵之内逐步成长，原来的各种违反这些伦理道德的观念慢慢消失了，他们也就遵循着这些新的伦理道德观念，与兄弟姐妹友爱起来。

然而，那种希望兄弟姐妹死亡的观念并没有真的消失，它们只是被隐藏到了心灵深处，成了无意识。一般情形之下它们不会浮现在意识中，让人知觉其存在，但当某种特殊的情况出现时，它们便会通过梦境再现。

当然，由于梦的检查作用，这种再现也不会是原样的再现，而是加入了成年之后的伦理道德的因素，其表现就是对于兄弟姐妹的死亡感到极度伤心。

我们可以举个这样的梦例，有个弗洛伊德的女病人从四岁开始就多次做过这样的梦：“一大堆的小孩子，包括所有她的堂兄、堂姐们，正在草原上游戏，突然间他们全都长了翅膀，飞上天去，而永远不再回来。”

这个梦的含义是再明显不过的，就是梦者的兄弟姐妹都死了，只有她一个留下来，留在爹妈身边。

这里还有一点要说明的是，孩子们希望兄弟姐妹死去并不说明他们有多么恶毒的心灵，因为死亡的意义对于孩子们同对于我们成年人是完全不一样的，他们脑海里根本没有衰老病死的恐怖、坟场冷清的可怕以及死后世界可能有的残酷折磨，这些在小孩心中丝毫不存在。对他们而言，死亡就像我们的出门旅行一样，甚至不意味着再也不能回来。例如有一个八岁的孩子，在与母亲参观了自然历史博物馆后，对母亲说：“妈妈，我实在太爱你了，如果你死了，我一定把你做成标本，摆在房间内，这样我就仍可以天天见到你！”这就是小孩子对于死亡的观念！

2. 俄狄浦斯情结，也就是小孩子与父母的关系。在梦见双亲死亡的梦中，大部分都是梦见与梦者同性别的双亲之一的死亡，即男人梦见父亲死，女人梦见母亲死。当然，我并非认为永远是如此，但大部分情形均如此，因此我们需要对这种比较特别的现象加以解释，另外请参考附录中的《精神分析简述》中“与性相遇”一节。

精神分析认为，小孩子最原始的性愿望发生在很早的岁月，并且女儿最早的性对象是父亲，而男儿的性对象是母亲。因此之故，对男孩而言，父亲就变成了可恶的对手，同他争夺母亲；同样地，对于女儿而言，母亲也成了对手，与她争夺父亲。这就是弗洛伊德著名的恋母情结与恋父情结，其中尤以前者最为著名，它又名俄狄浦斯情结，我们现在就借此机会来介绍一下它。

俄狄浦斯是底比斯王拉伊俄斯与王后伊娥卡斯忒所生的儿子，由于神谕在他出生之前即已预言他长大后将弑父而娶母，所以一生下来就被抛弃于野外，但他被邻国国王收养，成了该国王子。长大后他得知了神谕，说他命中注定要弑父而娶母。他并不知道现在的父母并非亲生，为了避开这可怕的预言，他就逃离了家乡。就在离家的路上，他偶遇拉伊俄斯王并同他发生争吵，他当然不知道这老头是什么身份，便将他打死了。此后他到了底比斯附近，遇到了人面狮身的斯芬克斯。

斯芬克斯在这里拦路，要求遇到她的人解开他提出的谜语，解不开就会被她吃掉。由于没有人能够解开她的谜，很多人被吃掉了。于是底比斯人，这时候他们的老国王已经被一个陌生人杀死了，就宣布说要是谁能解开斯芬克斯的谜，就可以当底比斯的王并且娶国王的遗孀。

俄狄浦斯遇到斯芬克斯后，她给他出的谜语是：什么动物早晨是四条腿走路，中午是两条腿走路，下午是三条腿走路？俄狄浦斯一下子就答出来了，就是人。因为人刚生下来时是双手双脚在地上爬的，长大后就用两条腿走路，老了后用拐杖，就是三条腿走路了。这答案当然是正确的，斯芬克斯慑服于人类的智慧，就从高岩跳下去摔死了。

去掉了心腹大患的底比斯人欣喜若狂，立即拥戴俄狄浦斯为王，他同时娶了老王的遗孀伊娥卡斯忒为妻——她就是他的母亲，也就是说这时候俄狄浦斯已经弑父而娶母了！

被造化弄人弑父而娶母的俄狄浦斯在得知了自己的罪恶之后，弄瞎了自己的双眼，离开底比斯四处流浪，完全符合了神谕的预言。

对于这则著名的古希腊神话有许多解释，索福克勒斯还写下了著名的悲剧《俄狄浦斯王》，弗洛伊德则在这里看到了人类那古老的欲望——女孩爱欲其父、男孩爱欲其母。

弗洛伊德说，《俄狄浦斯王》这部悲剧之所以能使现代人也产生与古希腊人同样的感动，唯一可能的解释是，它的效果并不在于命运与人类意志的冲突，而更在于在这冲突的情节中所显示出的某种特质。在《俄狄浦斯王》里，命运的震撼力必定是因为我们内在也有某种呼声存在，因而引起了我们的共鸣。而在俄狄浦斯的悲剧里，我们可以找到的心声就是我们自己的命运也同样可怜。在俄狄浦斯尚未出生时，神谕就已经将最恶毒的咒语加于他一生了，而同样地，这咒语也早在我们出生时已经加于我们了，即我们注定的第一个性冲动的对象是自己的至亲，而第一个仇恨的对象也是自己的至亲。

弗洛伊德甚至分析说，我们如果不从神谕出发，而只从对人的分析出发，俄狄浦斯王的弑父娶母可以看作是一种愿望的达成，因为这种愿望是我们每一个人都有的，俄狄浦斯也是人，当然也是有的。他甚至说，孩子的这种欲望其实古希腊人已经有所知晓了，例如索福克勒斯，他的高明之处正在于从这些古已有之的传说背后发现了一个深藏着的真理——弑父而娶母并不是只有俄狄浦斯才有的，它是每个人都有的行为，只是俄狄浦斯将之化作了行动，其他人只是使之仅存于心而已！

为什么这么说呢？在《俄狄浦斯王》的第三场有一句这样的话，是俄狄浦斯之母伊娥卡斯忒说的。俄狄浦斯说他害怕玷污他母亲的床榻，这时他的母亲回答道：

偶然控制着我们，未来的事又看不清楚，我们为什么惧怕呢？最好尽可能随随便便地生活。别害怕你会玷污你母亲的婚姻。许多人曾在梦中娶过母亲，但是那些不以为意的人却仍能恬然自得。

这句话可谓一语道破了俄狄浦斯情结的精髓：

①它是与母亲的性关系。

②它是无意识的，也就是“在梦中”。

至于为什么会这样呢？为什么会产生俄狄浦斯情结呢？弗洛伊德认为这是基于人类古老的“性本能”，即异性相吸而同性相斥，这种性本能是当人还是动物时就具有的。而且，父母亲对于儿女的态度更加重了这一倾向。在生活中我们不难发现，在大多数家庭里，父亲溺爱女儿、母亲袒护儿子，这同样是父母亲对待儿女的“性倾向”，这种态度当然小孩子也觉察得出来。于是他们就更加亲近父母中的异性一方，而对同性一方加以反对。

弗洛伊德还举了几个这方面的例子，例如一个他所认识的八岁女童，当她妈妈离开餐桌时，她就利用这机会，俨然以母亲的当然代理人自居，向餐桌上的其他人说诸如“现在我是妈妈，卡尔，你要再多吃些蔬菜吗？听我的话，再多吃一些”等之类的话。另一个还不到四岁的乖巧伶俐的小女孩更直白地说：“现在妈妈可以走了，然后爸爸一定与我结婚，而我将成为他太太。”

对于小男孩而言，父亲远行时，他往往可以获准睡在母亲身边，而一旦父亲回来后，他晚上就被赶离了母亲身边。这时他一定会有一种愿望，希望父亲永远不要在家。这样他就可以永远占有亲爱的母亲了。而如果父亲死了，这个愿望也就达成了。因为小孩子由他的直觉或者经验知道，人只要死了就永远不会再回来了。

总之，由于视异性的父母一方为对手与敌人，于是小孩子就自然而然地希望那个他视为敌手的父或者母死去——对于他而言，其实是离开，因为对于他而言，所谓死亡就是长久地离开，不再能成为他的敌手。这样就在小孩子的心里埋下了愿望的种子，这个愿望虽然随着年龄的增长一般而论会慢慢消退，然而并不会真的像冰融灯灭一样消逝无踪，而是会变成无意识长久地存在于孩子的心里，直到他长大。

等到某一天某个时候，这种无意识就又会浮现出来，进入我们的梦中，而成了梦见父母死亡的梦。

当然，这种梦也被进行了各种的改装，例如本来既然是达成我们的愿望就不应该伤心，但在梦里我们还是会很伤心，这就是后天熏陶的结果，也是梦的改装的结果。

解梦实例

由于弗洛伊德在这里举了两种典型的梦，他不但对于每一种梦的特点进行了描述，而且对于每一种梦的成因也做出了解释，我们如果自己做过这样的梦，就按照弗洛伊德所说的原则进行解析就可以了。但这两种梦我都做过，我可以描述一下两个这样的梦境。

1. 裸体的梦

这样的梦我做得可不少，前几天就做过一个，梦境是这样的：

我好像回到了小学时期，但自己又已经是大人了，小学的厕所是旁边的一座破旧的平房，我觉得肚子痛，要大便了，便进到了厕所，发现那里真是脏得不行，但还是没办法。我正方便时，进来了许多人，都是成年的男人，还有女人，我发现自己的下身完全是裸露的，真不好意思，但好像又站不起来，反正没站起来，只是蹲在那，真是十分尴尬。

2. 亲友之死的梦

这还是好久以前做过的梦，但我还记得，情节很简单。我梦见什么人突然告诉我父亲去世了，其实父亲还健在，但在梦里我却完全记不起这个事实来，只是好像有人告诉我说，我父亲去世了，对了，好像是小舅舅。我好伤心呀，大哭起来，真是十分伤心，伤心得哭醒了。那伤心的感觉真是深刻极了，现在还清楚地记得。

对这两个梦如何解呢？参照弗洛伊德前面的分析解就可以了，一点也不难，你就可以试试，而且我觉得弗洛伊德的说法是很有道理的。

第八章　梦的凝缩作用

从这一章开始，我们将讲述梦的具体运作过程，即梦是如何具体形成的。

梦的形成过程中的第一个具体的形成作用是梦的凝缩作用。所谓梦的凝缩作用就是指我们在梦中所见到的具体的梦境是有着极为丰富的内容的，它们中的几乎每一个场景，包括每一件物品特别是每一个可以听见或看见的东西，都是由多种含义聚合而成的，这就是凝缩，而我们所讲的释梦就是要通过某种方式将这些被高度凝缩了的梦境再次展开，而这一展开的过程也就是解梦的过程。

分析与例证

我们在前面所进行的梦的解析中，都是直接地对记忆中所保留的梦的内容进行解析的，即在梦的显意之中直接分析梦的隐意并得出答案，用这样的方式进行解梦。

但现在我们将做一件新的工作，就是我们将不直接解梦，而是将重点放在对于梦的形成过程的分析，分析我们的梦是如何形成的，并且分析如何将我们在梦中所感受到的一切重新回溯，看是一些什么样的内容通过什么样的方式形成了我们的梦境。这一过程就是梦的运作过程。在弄明白这一过程之后，我们所能够做到的将不仅仅是解梦，而是更深刻地、普遍性地了解梦。

梦是画谜

我们知道，梦有显意与隐意，其中梦的显意是由隐意经过种种方式演变或者说蜕变而来的，现在我们的工作就是仔细分析梦的隐意与梦的显意之间的关系，并探讨后者是如何由前者蜕变而来的，这其间究竟经过了一种什么样的过程。

我们可以打个这样的比喻，梦的隐意与梦的显意就像是以两种不同的语言写作同一内容，隐意是原作，显意是译作，由于二者之间所表达的内容其实是一样的，因此只要我们掌握了两种语言之间的翻译规则，就能够轻松地将一种语言翻译成另一种语言，即轻松地了解梦并且解梦了。

不过，与真正由语言所写成的原作与译作不同的是，我们现在并没有原作，而只有译作——就是梦的显意，而且我们也知道在译作与原作之间有很大的差异，因此，我们所做的就是分析如何才能由这个译作而追溯其在原作中的含义。

还有，与一般由文字语言写成的作品不同的是，梦所使用的是一种“象形文字”——即梦是一种形象的组合，这些形象一个一个地组合起来就形成了梦的显意，而我们的分析就是要对这些象形文字逐一地进行翻译，而翻译所得的结果就是梦的隐意。

我们还可以将梦看作是一幅“画谜”，即梦的显意是一幅画，但这幅画中含有某种深意，它就是谜底，也就是梦的隐意。这样的画谜我们可以在许多文学作品中看到，例如那些“藏宝图”就是这样的画谜，在梁羽生的《云海玉弓缘》、金庸的《鹿鼎记》和《侠客行》等中都有。

那么，我们应该如何来解这样的画谜呢？可以举个例子，例如有这样一幅画：有一所房子，在屋顶上有只木舟，然后是一个大字母出现，再来便是一个无头的人在飞跑……

这显然是一幅达利式的或者夏加尔式的荒诞派画作，看上去简直荒唐且毫无意义，木舟怎有可能摆在屋顶上？无头人怎么能跑？人哪有可能比房子还大呢？还有，如果整个画面是代表景物，那么这个字母又代表什么呢？自然界的风景哪有这种景象？

但这乃是一幅有深意的画，是一个“画谜”，要怎么才能解开这个画谜呢？我们要做到两点：

一是承认这幅画并非荒诞无稽，而是别有深意的。

二是要指出画中的每个对象所表达的含意，然后将之整理成有意义的文字。

经过这样的过程，我们就会发现这幅画不再是荒诞不经的了，而成了一句漂亮动听、寓意深长的格言甚至于是一张藏宝图，由之可以找到价值连城的金银财宝。

我们的梦其实就是这样活动的画谜——它也确确实实是由活动着的图像构成的，只是一般人不知道而已，我们的工作就是不但要让人知道梦乃是画谜，而且要告诉人如何解开这个谜。

当然，翻译梦这种特殊的象形文字或者解开这种由活动的图像组成的画谜是相当艰难复杂的事，我们要一步一个脚印努力地走才可能抵达目标。

梦的显意与隐意

我们现在所要走的第一步就是分析梦的显意——即我们在梦中所感受到的梦境——是如何形成的？这是我们探究梦的运作的第一步。

经过深入的研究我们发现，梦的显意乃是通过某种凝缩作用而形成的。

什么是凝缩作用呢？它的字面含意是明显的，就是将某种比较大的、复杂的东西进行凝结与压缩，使之变小、变简单。这也就是说，梦的显意乃是将某种比较大的、复杂的东西进行凝结与压缩，使之变小、变简单而来的。不难看出，这里的比较大的、复杂的东西就是梦的隐意，而被变成的较小、较简单的东西就是梦的显意了。

为什么这么说呢？因为我们在对梦的隐意与显意进行比较时，得到的第一个引人注意的结果就是梦的工作包含了一大堆的这种“凝缩作用”。

要说明梦的这一特点是很容易的，在前面的解梦之中我们就可以看到，在我们说明梦的显意时，其内容总是相对简略的，甚至几句话就可以讲完，例如在弗洛伊德关于植物学专著的梦里，梦的显意是很简单的，几句话而已，然而对它的解析却是这个长度的百倍之多。据经验估计，一般而论，如果梦的显意要半张纸写的话，那么其隐意就需要六张、八张甚至十张的纸张才写得完。

而我们又知道，这漫长的梦的隐意都是可以由短得多的显意分析出来的，也就是说隐意是包含于显意之中的，这样就说明了梦的显意是在对梦的隐意经过了强力压缩之后才产生的。

弗洛伊德还特别指出，对于每一个梦而言，梦的隐意都是极为丰富的，我们的任何解梦永远不可能对一个梦进行真正彻底的解析，即任何解梦不可能穷尽一个梦全部的隐意，更明白地说，是一个人永远无法确定地说他已将整个梦完完全全地解释出来。

也许有人会提出，之所以梦的隐意似乎比梦的显意要少得多，是因为我们醒来之后忘记了显梦的一部分内容，甚至只记得其中的一小部分，如果我们真的能够记得显梦的所有内容的话，如果将它们记录下来，也许会发现那长度与隐梦的长度不相上下。

对这样的疑问弗洛伊德回答说，的确，我们可能记不住一个梦的所有内容，然而我们也需要认清一个事实，即自以为所梦到的比所记得的要丰富得多，这其实是一种错觉。还有，梦的凝缩作用也并不会因为我们有可能遗忘掉一些内容而受到影响，因为仅仅由我们记忆所保留的梦的各部分已经可以分别找出其所代表的一大堆意义，由此我们可以合理地设想，倘然我们记得那些已经被遗忘的部分，依然可以从那些部分里再找出其所代表的一大堆意义。

还有人可能会提出来的一个异议就是，现在我们就梦的显意的各个部分逐个地分析，每个部分都能够产生一大堆的意念，难道这许多的意念真的都确实存在于梦的隐意之中吗？倘若这样的话，我们岂不是预先假定了所有这些念头都在我们睡眠时还活动着并且都参与了梦的形成？也许事实并非这样，即其中有些我们现在所分析出来的梦的隐意其实在梦形成时并没参与进去，而只是我们在进行解梦时才产生的。

对这样的疑问，弗洛伊德回答说，有一个事实表明它是不成立的，即我们在解梦时所发现的这些梦的隐意并不是单个独立出现的，而是在一种相互关联的组合之中出现的，这种组合的特点显示出它们的确与梦的显意有所关联，只有在这种关联存在的前提之下它们才会以这样的面貌出现。即使在某些情形之下好像没有这样的关联，但经过分析却总会发现这种关联的存在。这样的情形在解梦的实践之中是屡见不鲜的。例如我们在前面第六章中讲梦的肉体方面的来源时所举的梦例，那个男人梦见自己的妻子同几个男人乱来，后面还有一个不寻常的梦的显意，就是他的妻子很苗条，但梦中却很胖。我们由这个所分析出来的结论是，这个男人其实在梦中将自己仿同于妻子，所以才将妻子梦见成一个胖子，其实他自己才胖。这种仿同作用代表了他一种深藏的欲望——希望同时与几个女人乱交。

也许有人会指出我这里竟然从他妻子的乱交之梦发现了他自己有一种深藏的欲望，这只是我自己硬加进去的所谓隐意，梦者在做梦之时其实并无这样的欲望，就是隐秘的也没有。

这种反驳似乎是有道理的，但如果我们仔细分析的话，会发现只有接受我前面的分析才可能合理地解释这个梦。首先，他为什么要梦见自己的妻子同时与三四个男人乱来？如果他只是想离婚，那么只要同一个男人乱来就可以了。其次，为什么他要将他妻子梦见成一个胖女人？有哪个男人希望自己的妻子是胖子？何况他妻子本来身材苗条，这是好事，他没有理由在梦中将她梦成既同时与几个男人胡来又是个胖女人。一个正常的男人是不会做这样的梦的，也不可能有这样的愿望，哪怕是潜在的也不会。那为什么他要做这样的梦呢？如果我们联系他自己才是个胖子，再用仿同作用解释他乃是在梦中将自己仿同成了他的妻子，而他的妻子同时与几个男人乱来其实是表达了他自己一个潜藏的愿望——他希望自己能够同时与几个女人乱交。这样就扫除了梦中那些不合理的现象，而对整个梦进行了合理的解析。

所以，如果我们在梦中由少许的梦的显意而解析出来大量的梦的隐意，这些解释只要是经过合理的深入的解析而得来的结果，哪怕可能显得有些耸人听闻，其也是成立的。

在理清了上面的问题之后，我们继而要来分析这个问题，即梦的这种凝缩作用究竟是如何进行的呢？

我们此前已经明白，梦的隐意有一大堆，而梦的显意只有几小点，梦的凝缩作用就是把这一大堆压缩成了几小点，但在这一大堆与几小点之间还是有着内在的联系的，如果我们能够弄清楚它们之间联系的特点，就可以发现这凝缩作用是如何进行的。

现在我们还是以弗洛伊德有名的植物学专著的梦来说：

我写了一本有关某科植物的专著，这部书正摆在我面前。我正翻阅着一张折皱的彩色图片。这书里夹有一片已脱水的植物标本，看来就像是一本植物标本收集簿。

这个梦里最主要的对象显然是植物学专著，它是如何来的呢？一是白天的经历，白天时弗洛伊德的确曾在书店的橱窗里看到过一本有关樱草属的专著，当然它也是一本植物学专著。这植物学专著马上令他想到曾经发表过的有关可卡因的研究专论，而由可卡因又引导他的思路走向一种叫Festschrift的刊物以及另一个人物柯尼斯坦医师，他是弗洛伊德的挚友，一位眼科专家，对于将可卡因临床应用于局部麻醉颇有贡献，由柯尼斯坦医师又使弗洛伊德进一步联想起曾与他在当天晚上谈过一阵子，后来为别人所中断。当时他们所谈论的涉及了几位医院同事的问题。于是，弗洛伊德发觉这次谈话的内容才是梦的隐意所在，才是最重要的植物学专著的梦的起源。

到了这里后，我们回过头去再分析梦的显意“植物学专著”是怎么得来的。我们会发现由它可以引申出弗洛伊德两个白天的经历，一是在书店看到过一本植物学专著，二是他做梦的当天晚上曾经与柯尼斯坦医师交谈过一阵子。植物学专著它本身并没有什么重要意义，它只是被用来作为引出当天两次经历的一种工具，因为它与这两个经历都有所关联。

这也就是说，通过植物学专著这个简单的梦的显意，就将梦者弗洛伊德两次白天的重要经历——它们与梦的隐意都有关联——表达出来了，这反过来我们就可以分析梦的凝缩作用了，它将弗洛伊德白天的两次经历进行压缩，压缩成了植物学专著这个简单的显意，这就是梦的凝缩作用。而梦的隐意就存在于这两次的经历之中，特别是后一次的经历，即与柯尼斯坦医师谈话的内容。

还有，不但植物学专著是经过这样的凝缩作用而来的，其他像“植物学”“专著”等各个字眼还可以被分开来逐个地层层联想，同样也可以引人扑朔迷离的各种梦的隐意。例如由植物学联想到一大堆人物，像格尔特聂（德文“园丁”之意）教授和他花容玉貌的太太，还有一位名叫弗罗拉的女病人，弗罗拉就是古罗马神话中的花神，而进一步地又由格尔特聂这人再度又使他联想到与柯尼斯坦的谈话，如此等等。甚至更进一步地，由那花容玉貌的太太又使弗洛伊德联想到两件事：他的太太最喜爱的花以及他匆匆一瞥所看到的那本专著的标题，又更进一层的，他联想到了在中学时代的一些小轶事、大学的考试等等，还有很多。而这一切都是由植物学专著与植物学这样简单的梦的显意引申而来的，反过来说，那些被引申出来的大量的梦的隐意就被凝缩成了“植物学专著”与“植物学”等这样简单的显意。

我们可以打一个比方，梦的显意就像织布机上的小梭子一样，我们的解梦就像用小梭子来织布，我们用它来回穿梭，就织成了由无数条线组成的、五彩缤纷的各种布匹，就是找到了梦的隐意。

至于为什么要用“植物学专著”与“植物学”等这样简单的显意，原因也很简单，因为用它们能使梦者联想到数量最多的梦的隐意，它们就像是许多梦的隐意的交会点一样。于是由这个交会点可以进入到梦大量的隐意之中。我们还可以将梦的显意比作一个许多道路的交汇之点，我们如果要进入到某个地方，最可靠的办法是先到这个交汇之点。梦也是一样，为了能够通达梦的诸多隐意，最好的办法是将那些可以通达最多隐意的对象作为显意，经过对这些显意的自由联想，我们将可以对梦进行最全面的解析。而要将这众多的隐意通过少得多的显意展现，其过程就是我们在这里所分析的凝缩作用了。

解梦实例

我现在要举的这个梦是一个最新鲜的梦，因为它是我刚做过的。梦境是这样的：

我回到了小学时代，我的一个同学名叫刘卫星。他竟然是体操王子李宁的儿子，但他被父亲抛弃了，母亲也已经同父亲离婚。他的父母是这样认识的：他们本来是城里人，后来因为家庭出身问题被发配到了乡下，政府说他们可以自己做生意，赚的钱归他们自己。于是他们就做……这个记不清楚了，反正很赚钱，但两口子后来为怎么分钱吵翻了，母亲就离婚走了，但父亲李宁也不管他了，他在电视机镜头前哭着说："爸爸，你回来吧！我要爸爸！"我觉得李宁好坏！

这个梦够怪诞吧！如果要对它进行全面分析的话，恐怕一万字也不够，我现在只能对其中一个点进行自由联想与解析，而且只是这一个点一小部分的联想与解析。

这就是"刘卫星"这个名字。它显然不是我小学同学的名字，因为我很清楚它指的其实是一个叫"文卫山"的同学，他才是我小学同学，我们那时候玩得挺好。但为什么叫刘卫星呢？它指向了我大学时代的另一个同学，他的名字中就有"卫星"两个字。但我记起他来并不是因为他，虽然他在班上很出色，但我们的交情一般。我指的其实是他现在的妻子——虽然在梦中根本没有她的影子，她是大学时代给我留下很深印象的女性，一个相当优秀的女性，气质、身材、相貌、才智都非常出众，更重要的是她与我曾经有过一段时间不长的交往，我不知道那算不算谈恋爱，至少内容差不多。后来我们的分手在我心里留下了很深的创痛，虽然这完全是我咎由自取，怨不得她，我也并不留恋那段时光，但那创痛却令我难忘。因此，今天当我做这个梦时，梦中虽然没有她的影子，但我一下就知道她就是梦的隐意之一。

至于我为什么会在梦中见到“刘卫星”这个名字呢？它直接的来源是我那天上午一个很强烈的想法，就是我一直希望能够看一看我小学时期的课本，我自己的早已经丢了，但我知道我的一个同学叫“刘雪松”，他将他整套的小学课本都好好地收藏在家里，我一直想从他那儿弄过来，哪怕花大价钱买都成。但不能，为什么呢？因为几年前他曾打电话找我借钱，由于一开口就是数万元，我拒绝了。现在怎么能够向他开口要书呢？因此我想起了文卫山，我在梦里的想法是这样的：要是书不是刘雪松的，而是文卫山的，那就好了，我马上就会弄到手了。

从这个分析里我们不难看到，“刘卫星”这个词就像上面弗洛伊德的植物学专著梦里的植物学专著一样，它其实是一个联结点，将我白天一个重要的想法与我过去大学时代一个同学的名字联结起来了。而白天的这个想法又涉及了我一个强烈的愿望以及童年时代的某些经历，但我们这里不做分析了，因为那样分析下去的话会太过漫长；而我过去大学时代那个同学的名字则与我那时一个重要的经历有关，这个经历又导致了我心里一个很深的创痛。我由之又联想起了我刚开始读研究生时的一次经历，这是我与她的最后一次相遇，我记得是在南京大学的大门口，我抬头突然看到了身材非常高挑的她，她也看到了我，还对我微笑，甚至要向我走来。我不知道为什么，虽然往前走了几步，但突然停下了脚步，扭头走开了。我也不知道当时为什么这么做，难道是因为她伤害过我？因为后来我听说，她在我非常愚蠢地得罪了她的第二天就与她现在的丈夫去玄武湖玩了，我知道后很难过，甚至觉得她太过分了，但不久也就释然了，那是我该受的惩罚，我坦然接受——我之所以这么坦然当然也是因为并没有陷得太深。那么我为什么要走开呢？难道是出于我在她面前感到的自卑以及由此而产生的对这种自卑的不满与反抗？很可能是这样的，因为她一向是很优秀的，而我那时候觉得自己既穷又不帅，与她很不相配，但我强烈的自尊心又令我不能接受这样的想法，于是才产生了这样奇怪的、不合常理的举动。而我其实很是后悔，为什么不同她好好地聊会儿呢，如果我当时那样做了，我们本来能够成为普通的朋友，像普通的老同学一样保持交往的，这就涉及我的愿望了。而梦，它基本的含义就是愿望的达成……

后面还有很多内容，由于篇幅所限，在这里我们就不细述了。

当我解梦之时，这些想法、这些过去的经历就源源不断地向我涌来，它们都是从“刘卫星”这个简单的梦的显意而引发的，由此我们可以看到梦的凝缩作用是多么强大。

第九章　梦的转移作用

所谓梦的转移作用就是指有些在梦的显意中占有重要地位的内容在梦的隐意中其实并不重要，相反，一些在梦的隐意中占有显要地位的内容在梦的显意中则无足轻重。也就是说在重要的与不重要的之间产生了一种转移，由重要的转移成不重要的，由不重要的转移成重要的。这种转移作用产生的原因在于梦的检查作用，梦的隐意由于其重要性与敏感性，所以被梦的检查作用严加封堵，只有少数内容能够显现于梦中；而那些相对不怎么重要的梦的显意，则由于梦的检查作用的大方放行而充分地展示于梦境之中。

分析与例证

当我们在解梦之时，会发现在梦的形成之中另有一种重要性不亚于凝缩作用的新作用。具体而言就是某些在梦的显意之中占有重要篇幅的内容在梦的隐意之中却完全不是如此。相反，一些在梦的隐意中居于核心的问题却在梦的显意中甚至难觅其踪。由于这种情形的存在，使我们经常难以正确地解梦。

例如我们以前多次提过的植物学专著的梦，梦的显意中最重要的部分显然是植物学，但在梦的隐意里的主要内容却是弗洛伊德对于其研究成果没有得到应有重视的遗憾与失望以及由之与同事间所发生的只出现在心里的冲突与矛盾，至于那在梦的显意中占有显要地位的植物学在梦的隐意中的地位远不是这么重要。

还有，在弗洛伊德关于舅舅的梦中，舅舅那漂亮的胡子在梦的显意中非常重要，但梦的隐意却是弗洛伊德对功成名就的渴望，与漂亮的胡子一点关系也没有。

为什么会出现这一类的情形呢？这就是梦的转移作用在起作用了。

什么是梦的转移作用呢？我们先只能做这样的假设，就是当梦形成之时，那些对梦的形成具有重大影响并且急于显现在梦中的内容往往反而成了梦的显意的次要部分，相反，而那些对梦的形成并不具有重大影响的内容倒会格外风光地显现于梦中。在这个过程中，无疑存在着某种因素，它就像一位淘气的、喜欢唱反调的化妆师一样，当演员们要上台时，他便通过自己的化装技术，将实际上的美丽主角化装成配角的普通模样，而将实际上的配角化装成靓丽的主角模样。同时他还是导演，让在台上演戏的主角与配角的戏份内容颠倒过来，将本来要占大量时间的主角的戏换成配角的只占少量时间的戏，而将配角的本来不那么重要的戏份变成占有大量时间的主角的戏份。

至此，你一定会问：在梦中将主角与配角的戏份转移颠倒的是什么机制呢？其又是如何进行这种转移颠倒的呢？

这就是梦的转移作用了，我们必须承认，在我们的心灵之中存在着一种精神力量，它对于我们的内心深处的各种意识都有深切的了解，他知道我们内心深处真正的愿望是什么，又是什么能够引导我们产生梦。然而，它却并不是一个好说话的对象，它基于某些理由，例如文明的伦理道德的要求、人对于自己内心真实想法的恐惧等，而将那些本来很强大且重要的并且产生了梦的内容进行强力的压抑与改装，使之在显现于梦中时，显得不那么重要与明显；相反，由于一个梦又需要有充分的内容，它便将那些对于梦的产生不那么重要、也不会相悖于文明的伦理道德的要求、且并不代表人自己内心真实的想法的意识内容填充进来，变成我们在梦境之中所看到的主要内容。这自然也是一种我们前面所提过的梦的改装作用，其具体的改装办法就是转移，即将主要的转移成次要的，将次要的转移成主要的，所以我们称之为梦的转移作用。

至于为什么要经过梦的转移作用呢？原因很简单：因为只有经过这样的转移作用，梦的隐意才能够以一种曲折的、不显山露水的方式呈现出来。

还有，它虽然不显山露水，但正所谓“真人不露相，露相不真人”，只要我们依据对于梦的深切了解，包括对梦的改装作用、凝缩作用、转移作用等的了解，就可以扫除这些障眼法，从而揭开梦的庐山真面目。

解梦实例

这是内容很简单也比较容易明白的一章，我们在这里就不举出单独的一个梦例了，就举上一章我们刚刚解过的那个梦：

我回到了小学时代，我的一个同学名叫刘卫星。他竟然是体操王子李宁的儿子，但他被父亲抛弃了，母亲也已经同父亲离婚。他的父母是这样认识的：他们本来是城里人，后来因为家庭出身问题被发配到了乡下，政府说他们可以自己做生意，赚的钱归他们自己。于是他们就做……，这个记不清楚了，反正很赚钱，但两口子后来为怎么分钱吵翻了，母亲就离婚走了，但父亲李宁也不管他了，他在电视机镜头前哭着说："爸爸，你回来吧！我要爸爸！"我觉得李宁好坏！

在这个梦里，主要内容其实只是前面的一句话"我回到了小学时代，我的一个同学名叫刘卫星。"其中最关键的其实只是"刘卫星"这个名字而已，它在整个梦里只占很小比例，梦的其他内容占了整个梦的九成以上，但它们的地位其实都没有"刘卫星"这三个字重要。虽然它们看上去怪诞有趣，但其产生的原因只是我上午在网上胡乱翻阅网页时看到的一些有印象的新闻的综合。例如我看到了有关李宁的新闻，他是个大名人，有关他的新闻多的是。后面被父母抛弃的孩子则来自另一则新闻，由这些内容杂凑起来就构成了这个梦的绝大部分的显意。

而这个梦最主要的隐意就存在于"刘卫星"这三个简单的字眼里，由它我进行了大量的联想，如果要写完，恐怕要论及我整个的大学生涯了，或许可以写一本书出来呢！当然，即使我不写出这本书来，也足以显示梦的转移作用有多么厉害！难怪弗洛伊德称它为与梦的凝缩作用并列的两大构成梦的主力作用之一。

第十章　梦的表现方法

这是相当繁难的一章，在这里弗洛伊德所分析的不是一项而是很多项的内容，而这些内容中的一项或者两项本来就可以成为单独的一章。

那么，弗洛伊德为什么要将这么多项集中在这一章之内呢？是因为这些不同的项都有一个共同的特点：它们都是解释梦的各个组成部分之间的相互关系的，或者也可以说，是我们在清醒状态之时的各种逻辑关系是如何在梦中得到表现的。这些关系包括因果关系、并列关系、排中关系，等等。而在构筑这些关系时，有两种重要的作用参与其中，即仿同作用与集锦作用。

分析与例证

梦的形成过程简而言之就是将梦的隐意转变为梦的显意之过程，在这一过程中有各种作用在运作，我们前面讲过两个，即梦的凝缩作用与梦的转移作用。

梦中的逻辑

在这些作用之下，无论是梦的显意还是梦的隐意，它们都已经不是我们在白天清醒状态时的意识的样子，而是发生了极大的改变。原来在清醒状态之下的意识之间的各种相互关系在梦中完全乱了，而且还出现了许多其他的情形，例如一些我们白天自己都不知道的无意识内容，它们也许才是梦的核心所在，并且原来的一些意识内容被梦的凝缩作用与转移作用等搞得面目全非。至于这许多的意识之间的相互关系更是扑朔迷离，难以理解。

但我们如果要解梦，就必须不但要弄清楚梦境之中的这些意识内容是如何产生的，还必须弄清楚这些不同的意识内容之间的相互关系。

为什么要这么做呢？当然是因为梦这个繁杂的构造的各个不同部分相互间确实有很多的逻辑关系，它们可以表示前景或背景、离题或说明、相互证实或者是互相反驳，如此等等。不过，在梦的各种运作手段的压力之下，这些都被扭转、被打碎或者被挤压在一起了——它们就像被挤成一堆的碎冰那样。

由于这种破碎的情形的存在，我们就必须对这些梦的材料重新整理疏通，以找到它们相互之间正确的关系。

这些正确的关系在梦者醒着时是很明显的，无非是假设关系、因果关系、并列关系、排中关系、相似关系、转折关系，如此等等，用具体的词汇来表示就是如果、因为、所以、就像、虽然、但是、不是这个就是那个，如此等等。

它们都是一些连接词，我们在语言中用起来十分简单方便，同时它们也是很重要的，没有它们我们就不好理解句子或语言。

然而在梦中并没有这些词汇来表达各个意识之间的相应逻辑关系。因为我们知道，除了少数情形之下我们在梦中会说几句话之外，在绝大多数情形之下，梦纯粹是由一些图像组成的，而像如果、因为、所以、就像、虽然、但是、不是这个就是那个这一类的词汇当然是没有办法用图像来表示的。

怎么办呢？梦当然是有办法的，它们可以通过种种只借用图像的方式来表达这些逻辑关系。

不过我们很难轻易看出这些关系，必须通过对梦的深入分析，而我们分析工作的重点之一就是要把这些已经被梦的运作破坏了的逻辑联系重新建立起来——具体来说就是重新用语言表达出来。

现在我们就来说明梦是如何表达这些逻辑关系的。

在梦中要表达两个意识之间有关系最简单的办法当然就是将表达这些意识的图像放到一起，即两个图像之间直接相连，我们看到一个之后马上看到另一个，或者两个被同时看到。如果这样的话，就表示它们之间是有某种逻辑联系的。

这种方式其实是很好理解的，我们只要看随便一幅画，如果画中有两个对象搁在一起，那一般而论就表示这两个对象是有所关系的，例如将人的眼睛画在鼻子之上，将一棵树画得远高于房子，房子的门则画在两个窗子之间，如此等等。这样画当然说明在眼睛与鼻子之间、在树与房子之间、在门与窗子之间的确有某种关系，例如正常的位置关系、大小关系，如此等等。在梦中也是一样，只要两个图像是相连的，一般而论就说明它们彼此之间有某种逻辑联系。

因果关系

我们首先来说说因果关系，以下是弗洛伊德一位女病人的一个颇具典型性的梦，很好地表现了梦中的因果关系。

这个梦先有一个短短的序曲，然后是牵涉内容非常广泛的梦，不过却紧紧围绕一个主题，那就是花，我们可以称之为“用花来说话的梦”。这个梦相当长，我们先说第一部分，到下一章讲梦材料的表现力时再完整地分析之。第一部分的梦境是这样的：

她走入厨房，那时两位佣人正在那儿。她挑她们的毛病，责备她们还没有把她的食物准备好。在同一时间里，她望见一大堆厨房里常用的瓦罐，口朝下地在厨房里累叠着以让内壁滴干。两个女佣人要去提水回来，不过要步行到那种流进屋里或院子的河流去汲取。她由一些排列奇特的木桩的高处向下走，觉得很高兴，因为她的衣裙并没有被它们钩着……

这个梦分成明显的两部分，前一部分是看到佣人们在做事，后一部分是她从一些排列奇特的木桩的高处向下走。梦者认为梦中前一部分的情形肯定与她双亲的房子相关联，她责备佣人的话也是她妈妈常挂在口边的，而那堆瓦罐来源于同一幢建筑物内的一家卖铁器的小店，梦的其他部分也可以联想到她父亲，他常常追逐女佣人们，而且他死于最近的一次河流泛滥之时，他们的房子刚好在河边。因此这一部分所表达的就是梦者对于自己的住房以及与此相关的家庭背景的想法，从梦中的情形看，她对于这个背景是不满意的。而在后一部分里，她由一些排列奇特的木桩的高处向下走，并且庆幸自己没有被钩着衣服。这从高处往下走表达了她梦中的一种愿望——她希望自己是从高贵的家庭中来的。然而这只是表面的含义，梦真正的隐意是最后的情形——她正在往下走。这就是说，无论怎样，她既然是从一个那样的家庭出来的，她的一生就注定这样了，没有什么上升的空间了。

因此，这个梦的两个部分之间是一种因果的关系，前面一部分表示因，而后面一部分表示果。

看得出来，梦在这里表示因果就是简单地将梦分为两个部分，不过这并不表示梦如果分成两份，后面的与前面的就有因果的关系，还有其他的情形存在，这得具体情形具体分析。

另外，梦还有一种表达因果关系的方法就是把梦中的一个影像，不管是人或物，变成另外一个，而且梦者可能看见这种变形，这时候就常常表示在变形前后是一种因果关系了。

除了因果关系外，我们再来谈谈“不是这个，就是那个”这种关系，这是一种选择的关系，二者必居其一，但不能共存。对于这种关系，梦里是无法直接表现的，它们常常都同时插入梦里，似乎两者都是一样的有效。例如在前面我们分析过的伊玛打针的梦中，梦的隐意是弗洛伊德认为自己不用为伊玛仍旧存在的病痛负责，要负责的不是由于她拒绝接受他的治疗，就是源于她那不恰当的性生活，再不然就是她的病痛是器官引起的，而不是他弗洛伊德所治疗的癔症。

通过这样的几种情形的论断，这个梦就完全地满足了弗洛伊德认为他不用为伊玛的病负责的愿望，而且，这几种可能虽然不可能同时成立，然而在梦中它们似乎是同时成立、一同起作用的。我们甚至可以进一步设想，倘若合乎梦的愿望，它还会毫不考虑地加上第四个可能呢。

梦处理其他表示相反的与矛盾的意见的方法大致与上面的例子是一样的，就是将它们都并列起来，好像它们完全可以共存，因为对梦来说，这种矛盾与不相容似乎是不存在的。它甚至很喜欢把相反的意见凑合在一块，或者把它们当作同样的事件来表现。它还会随心所欲地将原来梦所要表达的某种意思反过来，用相反的意思取代了原先的意思而在梦中表现之，这种情形我们在前面已经提过了，梦的转移作用就是这一类的情形。因此我们在解梦时如果看出来是某一种情形，可不能马上就断定如此，而应该再加以思索，是不是它表达的其实是相反的意思。就像前面那个女人的梦，她梦见从一些排列奇特的木桩的高处向下走，这表面上好像表示她认为自己出身高贵，然而再一分析，就会发现所表达的其实是她对于自己出身不好而感到的失望甚至绝望。

上面我们说明了梦是如何表达因果关系、选择关系与矛盾关系等逻辑关系的，但这一类的情形相对而言在梦中不是那么常见的，梦中最常见的或者说梦的形成机制最喜爱的逻辑关系乃是表达相似、和谐或者相近的关系。梦不但喜欢这种逻辑关系，而且在梦中以各种不同的方式来表现这种它所偏爱的关系。

我们知道，梦的隐意是构成梦的基础，而在梦的隐意的各个部分之间一般来说是相容与相似的关系，它们乃是构成梦的最开始的基础，然而这个基础并不能直截了当地呈现在梦中，而要由梦的检查作用去加以改装，而梦的这些改装作用的一大部分不过是在制造一些新的平行关系以替代原来已经存在于梦的隐意之中只是无法通过梦的检查作用的相似或者相容的关系。而我们前面分析过的梦的凝缩作用就对这种相似与相容的关系颇加青睐，因为那些被凝缩的内容主要就是一些有相似与相容的逻辑关系的内容。

集锦作用

在分析梦中的这些相似的、相容的与和谐的逻辑关系时，弗洛伊德进一步分析出了两种具体的能够表达这种关系的梦的作用，第一种是仿同作用，第二种是集锦作用。

仿同作用我们前面提到过，它只用在人身上，在仿同作用里，只有那些有某种共同特点的人才能够显现于梦中，其他没有共同特点的人则被压抑了。然而这个在梦中似乎是单一的人物可能出现在所有的关系以及环境之中，因为他不仅仅是他自己，并且也概括了其他的人。

集锦作用则既可以指人，也可以指多个事物的统一。

在集锦作用里与在仿同作用里不一样，梦中人的影像可能概括了多人所持有的一些特征，而且这些特征并不是大家共有的。因此在梦中这些特征便组合起来产生了一个新的对象，可以是人也可以是其他东西。例如有时梦中是某甲，却有一个某乙的名字，这个某甲与某乙当然也是有关系的。这种情况我们一眼就能看出来，因为它很明确，没有什么掩盖，我们一眼就可以看出这是某个人的名字，而外观却是另一个人。或者还有这样的情形，梦中的影像可以一部分像某甲，另一部分则像某乙。这也是容易分辨的。我们在上上章中看到的那个叫“刘卫星”的名字就具有这样的特点。

为什么在梦中要有仿同作用与集锦作用呢？它的用处又在哪儿？

一般来说，无论仿同还是集锦其目标都是要在梦中避免重复地表现，梦就像一个喜欢说话简洁的人一样，最讨厌重复，只要能够，总是努力将几个人或者几件事合到一起去说，因此便在梦中出现了这些合成的人以及事物。例如梦如果想表现这个思想：“张三讨厌我，李四也这样。”为了省事，梦便让张三做一些只有李四才做的事情甚至干脆将张三与李四合成一个人。梦经常利用这种方法，因为它能够使得梦的内容得到显著的凝缩。

集锦与仿同作用的另外一个用处是，我们知道，梦中有严厉的检查作用，一个人或者事物要浮现在梦中是不容易的，尤其是如果这个人或者事相关于梦的隐意，梦的检查作用便更是要将之阻隔于梦的显意之外。在这样的情形之下，梦的隐意为了让自己表现出来，便用这两种作用来乔装改扮自己，以逃避梦的检查作用而成功进入梦境之中。这就像间谍要进城，但城门口有警察守着，他便打扮成乡下农民的样子，使警察不能察觉，他便乘机混进城中。

正由于梦的这种集锦与仿同作用表示它是两个或者更多的人或者事物的集合，因此我们在解梦之时，当梦表现出有集锦与仿同作用的特点时，就要同时注意可能合成这个集锦与仿同作用的多个元素，以充分地了解梦的隐意。

当然，我们要注意的是，在集锦与仿同之中，这仿同的人之间是否有共同之点以及集锦的人或者事物是否真有集锦之中的特点也是一个问题，因为它可能并不是真的，而是梦者主观的想法，这个主观的想法当然是可能错的，就像每一个醒着的人也可能犯错一样。在这样的时候，无论集锦或者仿同作用所代表的共性之类其实都只是梦者主观的个人的意见，并非实情。

如果我们要寻找有仿同作用的梦的实例，其实是相当容易的，只要我们做这样的梦，在梦中只有别的人，却没有梦者自己，这时候这个梦中的他人肯定是对于梦者本人的仿同。

因为，弗洛伊德根据解梦的经验指出，每个梦都关系着做梦者本人，这是毫无例外的，即梦中一定要有梦者自我。因此，倘若梦者自我不在显梦中出现，反而代之以外人时，就可以很有把握地说，这个自我一定利用仿同关系隐藏在这外人的背后。

当然，梦中并不一定只有梦者，也几乎总是有他人，因此如果梦中只有梦者本人，那么同样可以知道别人也可能借着仿同作用而隐匿在梦者本人的后面。甚至于为了躲避梦的检查作用，梦者的自我在梦中可以经过数度的交叠，有时直接呈现，有时却又经由仿同别人而表现，借着好几个仿同作用，才能把梦的隐意凝缩起来，并且不被梦的检查作用发现而顺利呈现于显梦之中。

还有，对于梦的集锦作用，由于它可以将许多的特点集中于同一个人或者同一个事物之上，因此它可以在梦中制造出许多光怪陆离的现象，例如像半人半马的怪物或者长着眼睛胡子的树等。这无非就是将人与马的特点以及将树与老人的形象集锦到一块而已，其实不足为奇。

解梦实例

以上我们用相当长的篇幅分析了梦的几种表现方法，包括梦如何表现因果、选择、并列、相似等逻辑关系，以及与之相关的仿同与集锦两种作用。

由于这里的内容太过丰富，在一个梦中是没法儿全部体现的，因此我这里所举的梦只能表现其中的一部分梦的表现方法，至于其他的，我们可以类推之。

这也是我前几天所做的一个梦，梦境是这样的：

一个老人家坐在一口水缸前，好像很烦闷的样子，似乎要哭出来，我很想帮助他，却发现自己好像是空气一样，老人也看不见我。他站起来，好像往缸里瞅了一瞅，这时候来了一个女士，身材很高挑，好像戴着一副眼镜，头上还裹着围巾，她好像往缸里倒了点什么东西，似乎说了句：好了。

它是很奇怪的一个梦，有几个少见的特点：

1. 梦中没有我自己。

2. 有几种情形都不确定，例如老人似乎很烦闷、他好像往缸里瞅了一眼、女士好像往缸里添加了什么东西。都是好像，因为都只是朦胧地记得。

3. 这个女士我从来没有见过，虽然她有点像我的一个同事高教授，但我确实没见过她。

之前我对这个梦颇感疑惑，现在，经过与这一章的内容对照，就可以作出部分的解释了。

首先，梦中的老人家就是我自己，我只看见这个老人家的背影和他长长的胡子，这一段时间我因为忙于写作，连头发胡子都好久才理一次，夫人还说我头发胡子太长，像老头子一样。我在梦中便将自己的这个特点大大地加以夸张，变成了一个老人家。

还有，当我联想这个老人和缸子时，这个老人家的形象使我不由想起了欧阳修的《卖油翁》，于是我知道他在梦中应当是一位酿酒老师傅，为什么呢？因为我做这梦的前天晚上刚好参加了一个饭局，喝的是四百余元一瓶的新海口大曲，但我总觉得没有茅台好喝，我记得在酒席上还说过一句“这酒有点像半成品的茅台”。这些一联系起来，就可以分析出这个老人家是一个酿酒师傅了，他其实是由集锦作用构成的，由我自己、卖油翁中的老者、酿酒师傅的一些特征结合而形成的。

这里比较难解释的是为什么会出现这位陌生的女士呢？我一开始不明白，后来终于想起来了本书的责任编辑××女士大约在做梦的前一天或两天给了我一个电话，说她刚从北京参加图书交易会回来，问我何时能够交稿。我的写作虽然进展还算顺利，但确实有些吃紧，经常需要像此刻这样晚上两点还没能睡觉。

在梦中的这位神秘女士其实是梦通过仿同作用而构成的，前天在酒席中刚好有我的一个女同事高教授，她那天刚好感冒，围着毛巾，说是怕伤风。我尚未有荣幸见过这位编辑女士，于是便将她仿同成刚好在晚餐时见过的同事高教授、一位相当优秀的女士的样子，即梦通过仿同作用塑造了这样一个梦境中的人物。

到这里，这个梦就大致可解了，我在梦中把自己当成一位技术大概不怎么样的酿酒师傅，只能酿像半成品的茅台一样的海口大曲，这让我很失望，因此愁眉不展。而后面那位神秘女士的到来其实表达了我的一个愿望：要真让我酿出茅台来，××女士，您可得帮点儿忙才成！

最后，这个梦是一个很短的梦，老人坐在那里发愁与神秘女士的到来几乎是在同一时间，这两个场景之间也应该有着某种逻辑联系，这是一种条件关系，表达了我一种潜意识的愿望：只有××女士出来帮点忙，我才能写出好作品来。

至于梦中为什么有好几处明显地必须用似乎来表达的不确定的意象，这就暂时不好解释了，也许等到后面我们对于弗洛伊德的理论有更加深刻的理解时才可以解开这个谜。

第十一章　梦的材料的表现力

弗洛伊德提出了这样一个问题：那些抽象的思想如何能够在梦中表达出来？我们知道，梦的显意基本上是由图像构成的，而梦所要表达的隐意则一般来说都是一些抽象的思想，它们之间如何能够串联起来呢？这里就要体现梦的材料的表现力了，它具有将抽象的东西形象化的表现力。

弗洛伊德还指出，在梦用形象化的方式表现抽象的东西的过程中，得到最多表现的内容乃是有关性的意识，由此形成了梦境之中一个相当惊人的现象：我们在梦中看到的许多形象，例如房子、柱子、土地或者花园，它们往往都有一个共同点——都表达了性的内容。

分析与例证

所谓梦就是梦的隐意通过某种方式变成显意的过程，在这个过程之中必须经过一系列的运作，对梦的隐意进行改装，才能使之进入梦境，成为显梦。这其中的改装作用就是我们前面说过的几种作用，如凝缩作用、转移作用、集锦作用、仿同作用，如此等等。

在这一节中我们要分析这样一个问题，就是抽象的思想如何在梦中呈现?

我们知道，梦的隐意总的来说是一些思想意念，例如愿望，它就是梦最主要的起源，而愿望是什么呢?愿望原初的形式无疑是一种抽象的思想意识。作为一种抽象的思想意识如何在梦中得到表现呢?其答案我们当然是可以想见的，就是形象化。因此可以说，梦的许多作用都可以通过这种方式来归纳它们的共同特点，就是将抽象的东西形象化，这是梦的一项很基础性的工作，也可以说是任何梦要形成都必须做的工作。

我们现在就来分析这样两个问题：

1. 梦为什么能够做这样的工作?即将抽象的思想——这些思想在我们清醒之时是用语言来表达的——转化为梦中的图像?

2. 梦又是如何将抽象的、本来要用语言表达的思想转变为梦中的图像化场景的?

我们先来回答第一个问题：

形象与抽象

这个问题其实好回答，因为我们的思想以及表达思想的语言本身就具有能够被形象化的特质，能够通过图像得到比较恰当的表达，可以说我们的大部分思想都具有这样的特点。

例如我现在有这样一个思想意识，我先用语言表达出来，就是我认为“战争是一种罪恶”。请问能够将“战争是一种罪恶”这个思想观念用图像表达出来吗？当然可以的，例如我们绘上这样一幅画：上面是正在残酷厮杀的两军，地上已经尸横遍野，大多数是妇女儿童的，不远处的城市里火光冲天。这样一幅画就可以描述战争的罪恶了：它残杀妇孺、毁掉家园，难道不是罪恶吗？我们还可以画一个极其恐怖丑陋的妖怪似的人，躯体扭曲，充满痛苦与绝望，并将这幅画命名为“战争的预感”，同样可以很好地表达战争的丑恶。这样的画在艺术史上是很多的，例如我在后面所描述的其实就是达利的一幅名作《战争的预感》，它将战争的罪恶与恐怖用图像描绘得入木三分。

只要多加思考，就可以将我们的大部分思想通过这样的图像表达出来，其中甚至包括一些很深的哲学思想。当然要用图像表达哲学思想是有一定难度的，要发挥艺术的想象力。不过对梦而言，这个问题要简单得多，因为我们在梦中呈现的思想往往都是比较简单明白的，用语言表达出来也同样地简单明白，要将其化为图像当然更加容易了。例如我前面所举过的我的夫人梦中排队的场景其实就是对于她一个思想意识的表达，这个思想意识就是：我好想吃奶黄包。而那个梦见妻子同时与三四个男人乱来的老板其实所表达的是这样的思想：要是我能够同时与三四人女人乱来就好了，如此等等。在前面的许多梦中都可以看到这样的将抽象的思想形象化的例子，我们甚至可以说，每个梦归根究底都是这样形成的。

这是我们对第一个问题的分析，现在来分析第二个问题。

梦中的象征

对于这个问题的回答很简单，只有两个字——象征！

象征这个词我们都很熟悉，对于它的功用我们也很清楚，象征的基本含义就是将一些思想的东西用形象化的方式表达出来。这样的例子当然是举不胜举的，也是我们在日常生活与日常的语言中所要经常运用的。例如我们要象征一个人的伟大，经常就在这个人的肖像背后画一座高山，然后山上画几株迎客松；要描述一个人威风凛凛，就画他高坐在罩着虎皮的椅子上。这些都是中国传统艺术中所用的象征画法。有时候甚至根本不要人就能描述出高洁、谦逊、淡泊、坚贞等人才有的品格——只要画上梅兰菊竹四种植物就可以了，因为它们就象征着这些品格。

而在梦中，当有什么样的思想意识要表达的时候，同样是用这样的象征方式来表达的，上面我们举过的两个例子其实就是这样的象征，例如用排长队等待这样的图像来象征想吃奶黄包这样的思想。

当然，许多梦中实际的象征情形可能比这个简单的梦要复杂得多，它可能整个地是由一系列象征所构成的梦境，要解这样的梦就要进行连续不断的象征之旅才行。现在我们就来举例说明这样的梦，这个梦是弗洛伊德一位熟人的太太所做的：

她在剧院里，那里正上演瓦格纳的歌剧，要到早上7点45分才结束。剧院正厅里摆着餐桌，人们在那儿大吃大喝。她那刚从蜜月旅行归来的表兄弟和年轻的太太坐在一块，旁边是一位贵族。看来这新婚太太相当公开地把丈夫从蜜月中带回来，就像是把帽子带回来一样。正厅的中间有座高塔，上面有个平台，四周围绕着铁栏杆。指挥就在上面（他具有里希特的特征）。他在那里不停地沿着栏杆走，汗流浃背，而他借着那种位置来指挥排列在高塔底下的乐队。她和一位女友坐在包厢之内，她年轻的妹妹在正厅中想递给她一大堆煤。因为她预先不知道歌剧会这么长，所以觉得快冻僵了。

对于这个梦，弗洛伊德没有要求梦者配合就进行了解析，因为他对于梦者的人际关系相当了解，而这个梦恰恰就是关于梦者的人际关系的，所以他可以不必靠她配合就对梦进行适当的解释。

这梦的基本主题是她尊敬并且同情某一位音乐家，他的事业生涯因为发疯而过早地缩短了。于是在梦中的许多情形都是她用来表达这种尊敬与同情的。例如一个人站在高塔之上指挥表示她认为这个人很了不起，有“崇高”的象征意味。而这个塔又象征着这个人的发疯，因为疯人院在当时被称为“愚笨者之塔”。还有，这个人有里希特的特征，表示她希望这个人能够取代当时的著名指挥家里希特的地位。至于上面的栏杆以及他在里面像囚犯或牢笼里的野兽一般地团团转，这进一步暗示了她的梦所指的就是这位音乐家，因为这音乐家的名字就叫Hugo Wolf，wolf的意思就是狼。

将上述这些结合起来，这个梦就表达了梦者这样的思想：她认为发了疯的Hugo Wolf是非常出色的音乐家，她希望他能够在当今的乐坛占据显赫的地位。

以上只是对梦前一部分的解释，这里还有后一部分，就是梦者的妹妹递给她煤块。

这个情节具有荒谬的特点，一个尊贵的阔太太竟然在递接又脏又黑的煤块，确实怪异。对此弗洛伊德的解释很简单，他说煤块在这里象征着“秘密的爱”，还引用了一首德国民谣：

> 没有火，没有煤，
> 烧得那么猛烈，
> 就像是秘密的爱，
> 没有人知晓。

梦者这时候还没有结婚，她年轻的妹妹亦是如此，再加上前面她看到了刚刚结婚的表兄弟和他的妻子以及她梦中觉得冻得受不了，且又预先不知道歌剧会有这么长。这些合起来就构成了梦者一个明显的思想：她希望结婚，但她想不到她等待结婚的时间是如此漫长，漫长得她都受不了了。

从上面这个例子我们可以看到，梦仅仅用一些图像就巧妙地达成了梦者隐秘的愿望，这就是梦的表现力。

象征的意义

梦当然不止一种表现力，但其中最主要的就是将思想意识用图像来表达的表现力，梦只要可能，总是毫不迟疑地这样做，其具体的方法主要就是象征，而且梦在这样表现时还有一个特点，就是某些固定的梦境往往表达同一类的思想意识。这样就在梦中通过象征而产生的梦境与所需要象征的梦的隐意之间产生了一种比较固定的联系。如此一来，当我们在梦中看到某些场景时，它很可能就是象征着其所固定对应的梦的隐意。

这种情形在世界古老的解梦理论之中早就得到了运用，例如我们前面分析过的两种古代的解梦法之一是符号解梦法，有个著名的梦便是《圣经》上记载的关于约瑟夫对法老所做的梦——梦中先出现七只健硕的牛、继之有七只瘦弱的牛出现、他们把前七个健硕的牛吞噬掉——所提出的解释，这里就是将病牛与健牛分别看作是歉收与丰收的象征。

弗洛伊德还举了一位塞伯拉先生找出来的梦中相对比较固定的象征，例如“我想修改一篇论文中的不满意部分”这个意识，往往就用“我发现自己正在刨平一块木板”来象征；而“我将一把长刀插入蛋糕中，似乎是想将一片蛋糕提起来”则象征梦者要克服困难；“我失去了一些思想串联的线索，我想再把它找回来，但失败了”就用“排字工人在排一个版，不过末尾几行的铅字掉了”来象征；如此等等。当然，这种具有普遍性意义的梦的象征数目是很少的，而它们之所以能够在梦中起到这些象征作用，原因就如我们上面所指出过的一样，是因为这些象征一般来说都是基于一些大家都熟悉的象征与暗示，因此才有这样的表达作用。

此外，之所以要有这样的象征，也是为了摆脱梦的检查作用，因为倘若要将原来的隐意直接显现于梦中，肯定是不能够被梦的检查作用所接受的，而如果将这些隐意变成某些图像，那么梦的检查作用就可能不会发现而让这个图像进入梦中，于是我们也就会做这些有图像的梦了，它们其实是梦者原来的隐意的象征。

弗洛伊德还发现，在梦中的这些象征里面，最多的是指向性的象征。例如用建筑物来象征身体以及性器官，建筑物中的每一扇门都象征着身体的某个洞口，而每一根小管都象征着人的肉体的泌尿器官。或者也可以用植物与厨房来象征性，这种象征手法可以一直追溯到古代，那时候人们就用上帝的葡萄园、所罗门王之歌中的少女的花园等等来隐秘地象征着性。

如此等等，其数量与种类极为繁多，关于梦中之象征的这个显著的特点我们将在后面详加分析。

解梦实例

我有一个好朋友，有着相当出众的才华，但一生却谈不上有成就，甚至稍显失败。他年过四十，家庭与事业都不大顺遂，我们一度过从甚密，他也将心中的一些不快与向往跟我诉说，其中包括下面的梦：

我梦见自己在爬山，那是一座好高的山，我一开始站在山脚下，遥望着高耸的山巅，觉得自己腿都软了，不可能爬上去。但后来还是爬了，我旁边多了一位朋友，这个人我不认识，似乎与我的任何一个朋友都不相干，但他却与我一起爬山。我们走在差不多一人高的灌木丛里，似乎爬了很久，但一抬头，山顶还是一样远。我觉得很难受，甚至有些恐慌。这时候我们突然又进了一间屋子，那里好像有一条索道还是什么，反正有一根钢缆牵着，我坐上去，因为有人说从这里可以到达山顶。我好高兴，我升起来了，但突然我发现自己停在一棵绝高的树上，这棵树似乎像那座山一样高，我停在树顶上，我想下去，但怎么下去呢？好像没什么办法，但我非得下去不可了。于是我就抓起一根树枝往下跳，希望自己像猴子一样沿着一根根树枝有节奏地往下跳，但我发现自己一直地往下面掉去，好快，我给吓醒了。

这个梦是不难解释的，一则因为我对于他的人生经历颇为熟悉，甚至他父母那些很古旧的事迹都知道，他喜欢告诉我这些，他也善于将这些讲得娓娓动听。因此我也像上面弗洛伊德一样并没有过多地询问他就直接地对这个梦进行了解释。

这是一个典型的以图像来表达梦者思想意识的梦，整个梦有一个清晰的主题，就是他对于自己人生的见解：他认为自己的一生是不成功的，他没有实现自己的理想，虽然他有这样的理想。

具体而言，梦中的山显然是他的人生理想，并且这个理想是相当崇高的，我们知道，高山在中国的传统里都是“伟大”“崇高”等的象征，还有“高山仰止”这样的成语。我的这位朋友也是一位有崇高理想的人，他的理想就是成为一个杰出的、有创造精神的作家，这一理想在梦中就是那座高山了。

但梦中他根本没有爬到山顶，甚至爬了很久好像还在山脚下，于是他感到难受甚至恐慌。这同样很好地表现了他的人生，他也为文学创作付出了不少的努力，甚至发表过几篇出色的小说，然而并没有得到所谓的成功，在文学上他依然默默无闻。但他是个谦逊的人，并不认为他没有得到应有的承认，而只是怨自己没有足够地努力，因此老大年纪还在文学上毫无成就，在梦中就是一直在山脚下。

到这里都好解释得很，但后来为什么突然进了一间屋子呢？还找到了一条可以登上山的索道。这个应当与前面那个陪他爬山的陌生人联系起来，它们都象征着一种外力，表示他希望自己能够得到某种帮助好爬到山顶，无论是什么人什么力量提供帮助，他都乐意接受。生活中他也广交朋友，许多朋友都是在各方面有所成就的人，他经常找他们喝茶，虽然没有说出来，但我看得出来，要是谁能够帮助他写出好作品或者迅速出名，他一定会非常感激。这在梦中也表现得比较明显。后来他还真的靠索道升上去了，他的愿望通过这种方式也达成了。

不过，梦中还有一件事是令人困惑的，就是他最后到了一棵树顶上，他非得下去不可了，于是他跳下去了，他想抓着一根根枝条像猴子一样有节奏地跳下去，但没有成功，最后一直掉下去，最后被吓醒了。

这个梦境就与他的人生无关了，而是另一种象征，一种具有性含义的象征。我们在后面会讲到，梦中有节奏的行动往往有性的含义，我们知道，性交就是一种典型的有节奏的活动，因此梦中有节奏的活动往往就象征着性行为。而他最后的失败则象征着他性生活的不成功，也就是他婚姻的不成功，他一段时间以来一直同妻子有争吵，他妻子是个出色的女性，应该说比他强，更比他成功，这逐渐导致了他们夫妻生活，包括性生活与婚姻生活的不和谐，甚至提到了离婚，而从树上往下掉就是他对于婚姻生活失败的恐惧了……

第十二章　梦中的性象征

我们前面说过，梦的材料的最主要的表现力之一就是用图像来表达思想，而在这个表现过程中主要的方法就是象征，象征也将是我们以后解梦的重要利器。

寻找梦中的象征固然重要，然而我们必须警惕象征绝不是万能的，我们解梦最主要的利器依然是自由联想。象征作用的局限性在于它虽然有固定性，但并不一定如此，在不同的情形之下依然可能有所不同，因此我们断乎不能将解梦变成简单的象征的翻译，那就大错特错了。

当然，这一切都不能掩盖一个事实，就是象征的确在梦中起着十分重要的作用，也给我们的解梦提供了一条便捷的大道。通过这条大道，我们了解了这样一个事实：在梦的象征之中，最多的就是关于性的象征。

分析与例证

在上章中我们就分析过梦的材料最主要的表现力就是象征，在这些象征之中，梦中的某一个事物能够象征着比较固定的思想意识内容，例如像“我想修改一篇论文中的不满意部分”这个思想意识往往就用“我发现自己正在刨平一块木板”来象征之。这似乎是一种很奇怪的现象，但实际上并不是，因为这种象征并非是梦所特有的，而是一种相当常用且古老的象征，我们在民谣、神话、传奇故事、文学典故、成语以及一些流行的用语中都可以发现类似的象征，而且它们比在梦中所有的象征更加丰富多彩，例如我们中国人用山来象征崇高，并且有“高山仰止”这样的成语；又用镜中月和水中花来象征不切实际的幻想，并且有“镜花水月”这样的成语；还用花来象征美人，称为“如花美眷”；用铁和石头来象征冷漠无情，有成语“铁石心肠”；如此等等，不胜枚举。较起我们实际生活中所用的丰富多彩的象征来，梦中的可谓少之又少，而且所象征的内容也远没有那么丰富。

象征的局限性

至于为什么会有这样的象征，我们上一章中也做过分析，就是因为在象征者与被象征者之间的确有某些相似之处，这就是象征之所以能够产生的原因，例如用高山象征崇高，虽然后者是抽象概念而前者是具体之物，但它们有一个共同点——高。

也许还有些人会觉得，既然梦中有许多的象征，而且在象征者与被象征者之间的关系是比较固定的，那么是否可以编一本“象征词典”呢？将这些比较固定的象征一一记录在案，这样一来，解梦岂不可以大大省事了吗？类似的方法其实古已有之，就是我们在本书的一开始所提到过的解梦的“密码法”，在密码法里则视梦为一串密码的集合，梦中的每一样事物都是一种密码，只要找到相应的密码册，就可以很轻易地解梦了。如果编一本“象征词典”，那么与这个“密码词典”当然是相似的。

弗洛伊德说这样是断乎不行的，主要有三个原因：

一是虽然在某些例子里，梦中的象征与被象征者之间的关系是比较明显的，但在另一些例子里则不明显，甚至是被隐藏了的，根本看不出是一种象征，必须经过专门的分析才能发现，甚至于只有在整个梦都已经被解开之后才发现原来还有这样的象征。

二是虽然在某些例子里，梦中的象征与被象征者之间的关系是比较固定的，但在另一些例子里则未必如此，例如在上章中的梦例里山象征着梦者的目标，而在本章后面所举的例子里山却是一种性象征。

三是象征带有主观性，即同一个对象，由于不同的梦者所占有的知识以及个人倾向性的不同，会成为不同的象征，代表不同的意义，这就是说，象征在不同的个人之间可能会有所不同。

由于以上现象的存在，象征不但不能使梦的解析变得简单，甚至反而会因为容易混淆而使解梦变得更加困难。

那么如何才能克服这些困难呢？是不是在解梦之时干脆不考虑象征而只用自由联想呢？这当然也是不行的，毕竟寻找梦中的象征在大多数情形之下仍是一条简捷有效的解梦途径，会比自由联想更加事半功倍。

正确的方法是这样的：我们要懂得将自由联想与象征结合起来，一方面要重视并且依赖梦者的自由联想，另一方面又要重视梦中可能有的象征，但同时也要小心避免随意地用象征来解梦，总之我们在用象征解梦时必须非常小心。

弗洛伊德还对象征的用法打了一个汉字的比喻，他说对于梦中的象征可能有不止一种解释，要判断哪一种是正确的解释必须联系梦中前后的内容，就像汉字一样，每一个汉字都有多种的含义，要确定究竟是哪一种含义必须联系上下文才行。

弗洛伊德还举出了几个具体的象征，它们在梦中一般情形都有固定的含义。例如梦见皇帝和皇后通常象征着梦者的双亲，王子或公主则代表梦者本人。此外梦见其他伟人也与梦见皇帝相似，例如倘若梦见歌德则往往就是梦者父亲的象征。根据这样的见解，我们中国人如果在梦中见到领导人当然就象征着自己的父亲了。

性的象征

不过，弗洛伊德又着重指出，梦中最主要的，内容也最丰富的乃是性象征。他举出了梦中许多性象征的例子：

1．所有长的物体，如木棍、树干、雨伞都可以代表男性的性器官，那些长而锋利的武器如刀、匕首、长矛也是一样，此外指甲锉也可以，又由于我们剪指甲时也会磨指甲，这时候就会有一种上下摩擦的动作，这时用指甲锉就类似于性交了。

梦中代表男性性器官的东西是很多的，例如衣着方面，人的帽子和外衣一般来说象征男性性器官。在男人的梦里，领带常常是阴茎的象征，这当然是因为领带不但是长形的，与男人的性器官形似，而且也是男人特有的、不可缺少的物件，这也与男人的性器官一样。

此外如复杂的机械与器具、各种武器和工具如犁、锤子、来复枪、左轮枪等等，也代表了男性的性器官。

梦中许多风景，特别是那些有桥梁或者长着树林的小山都可以代表性器，小孩也常常代表性器官，这倒是比较明显的，因为我们经常就俗称男性的性器官叫“小弟弟”，而女性的性器官叫“小妹妹”。

甚至于如果在梦中听到不知道什么意思的新词语时，也可以朝着性方面的含义思考。这就像两个男人之间的对话，一个男人说：“你的那个东西怎样？厉害吧？”另一个男人立即会知道他的“那个东西”指的是什么。

2．箱子、皮箱、橱子、炉子、船和各种容器，这些中空的东西则代表子宫。而房子通常也指女人，因为房子有各个进出口，如果梦中见到这些进出口之时，就更是如此了。而梦中用钥匙开锁的动作——坚硬的钥匙插入洞口——则明显地象征性交。

3. 走过套房则是逛妓院，但有时候也可以代表走进婚姻的殿堂。

4. 有时候会在梦中发现一间熟悉的屋子变成了两间，或者相反，两间变成了一间，这与梦者童年时对性的好奇有关。人在童年时候会认为女性的生殖器和肛门是单一的区域，后来才发现原来这个区域有两个不同的开口和洞穴，这样就出现了由二变一与由一变二的情形。

5. 上下阶梯、爬梯子与楼梯等等有上有下的动作都象征着性交。

6. 梦见自己攀爬着光滑的墙壁，或者由房屋的正面垂直下来，同时感到很焦虑，则可能是在梦中重复婴孩时期攀爬父母或保姆身体的记忆，其中如果墙壁光滑则是指男人，而有突出物则是指女人。

7. 梦中还有表示阉割的象征，如掉头发、剪头发、牙齿脱落、砍头等等。

8. 此外，许多动物在梦中也可以代表性器官，像鱼、蜗牛、猫、老鼠等等。而男性性器官最重要的象征则是蛇，这样的象征在许多神话与民间传说中都是如此，例如古印度神话中，大神湿婆就在他的阴茎上面缠着蛇，这个蛇也是他阴茎与雄性的象征，而中国的伏羲与女娲在汉像砖中也是一对相互搂抱交配的蛇尾人的形象。更明显的例子是在中国的俗话中，“鸟”直接就可以指代男性的性器官，这时候它的读音叫“diǎo”，而德语中鸟这个词也有相似的用法。

9. 性器官在梦中还可以用身体某些部位来表现，例如用手与脚来表示男性器官，口耳甚至眼睛来代表女性的性器官。

以上大部分都是男女性器官的象征，此外，在这些男女性器官的象征中，虽然有些象征可以同时代表男性性器和女性性器，但大部分则只能分别代表男性或女性。例如绝不会以长而硬的物品去象征女性性器，也不会以中空的箱子、盒子等去象征男性性器官。

另一种情形是，在少数的梦中，这个人梦中的象征明明是男性性器官，但结果却证明这解不通，而只能以女性性器官才能解通，这说明在某些梦中，性别与性象征是倒反的，因此男的变为女的而女的变为男的，这是怎么回事呢？其实，这种梦表达了梦者的一种意愿，即变性的意愿，也就是说女人想要变为男人、男人想要变为女人。这种性倒错的现象在实际的生活中也是存在的。

下面我将举几个例子来说明这些象征在梦中的应用。这是一位年轻妇人的梦，她因为害怕受到诱惑而患上了广场恐惧症。在这个梦中，帽子就是男性性器官的象征梦境是这样的：

> 夏天，我在街上走，戴着一顶形状奇怪的草帽：它的中间部分向上弯卷，而两边则向下垂，（在这里，病人在叙述时稍为迟疑了一下），其中一边比另一边垂得更低。我兴高采烈，同时深具自信。而当我走过一群年轻军官的时候，我想："你们都不能对我有所伤害。"

在这个梦中，中间部分竖起而两边向下弯曲的帽子无疑象征着男性性器，这个象征得到了最有力的证明，就是在弗洛伊德的再三追问之下，这个女人终于说出来了，她丈夫的睾丸一边比另一边低，因此梦中的草帽"其中一边比另一边垂得更低"。而这个女人之所以患上广场恐惧症的原因就在于她丈夫的睾丸一边比另一边低，因此她想知道这具有什么样的意义，更重要的是，她想知道是否每个男人都是如此。于是这种愿望就在她内心产生了一种强烈的冲动，想看别的男人的性器官，而这种冲动对一位夫人而言无疑是可怕的，因此她为了在无意识中抵制这种冲动，就患上了广场恐惧症，根本不敢上街去，以避免见到别的男人。

以下是一个年轻男人的梦，在梦中也有许多性的象征。

梦者与父亲一起散步，地点一定是在布拉特，因为他看见了一座圆形建筑物，前面有一个附属物，看起来有点歪，并且连接着一个圆球。他父亲问这些是做什么用的。对父亲的问题他感到惊奇，不过还是向他解释了。然后他们走到了一个广场，上面展开着一大张锡片。他父亲想要拉一大片下来，但先向四周望了望，看是否有人在看他们。他和父亲说，只要告诉技工一声就可以毫无麻烦地拿到一些。又有一组阶梯，由这广场向下延伸到一根圆柱那里，它的壁是一些柔软的物质，就像是盖以皮面的扶手椅子，在这圆柱的尽头是一个平台，然后又是一根圆柱……

对于这个梦，经过一些引导之后，梦者自己就把它解了。他说，那圆形建筑物就是他的性器官，而建筑物前面的圆球就是他的阴茎，而他一直担忧它会硬不起来。不过，经由更加详细的观察，弗洛伊德认为圆形建筑物实际上象征臀部，在它前面的圆球则象征阴囊。他父亲在梦中问他这些是做什么用的，也就等于问他性器官是做什么用的。不过在这里我们应把真实的情形倒过来，因为梦者其实是发问者，是他问性器官是干什么的。不过事实上他从来没有这样问过父亲，所以他实际上在内心一直有这个愿望，即问他的性器官是干什么用的，而这就是梦主要的起因。

后面展开着的一大张锡片以及父亲想偷拿锡片的事暗指梦者怀疑父亲的不诚实，而联系到他想问父亲的问题，即男性的性器官是干什么的，说明他这时候在内心产生了怀疑，怀疑父亲的诚实，认为他可能欺骗他，不告诉他真相。

梦最后的一组阶梯与圆柱则明显是女性性器官的象征，因为圆柱的壁上有柔软的东西覆盖着，这显然是女性阴道内部的情形。而他由一组阶梯直到圆柱这里，当然就象征着与女性的交合了。我们前面说过，上下阶梯、爬梯子与楼梯等等有上有下的动作一般都象征着性交。

解梦实例

从上面我们可以看到，能够成为性象征的东西是何其之多，事实上我们大部分梦中都可以找到上面那些象征中的这个或那个，这也间接地说明了我们的梦其实很多都是有关性的，虽然我们自己并不这么觉得。我们之所以不觉得只是因为我们不让自己觉得是如此而已，因为大多数梦者都是有严谨的道德观念的人，对于性向来是有些忌讳的，哪怕是梦到性也要经过再三的检查与改装，方许入梦，因此入梦之后，即使这个梦明明是一个与性有关的梦，也被梦的改装作用弄得面目全非。

而现在，我们就要勇敢地面对自己的梦，从一些好像与性没有关系的梦之中看到它隐藏着的性之内容。

以下是我自己所做的一个梦：

我梦见自己拿着一把伞走在街上，我感到有些尴尬，好像它是什么见不得人的东西，我想把它藏起来，但衣服太短而它太长所以藏不住。我便把它握在背后继续走。后来我到了一座山下，很高的一座山，上面长满了灌木与大树。我突然想爬山了，但怎么爬呢？我又看见了山中有一条白色的路，我便沿着路走下去。突然觉得旁边的树好高，周围变得十分阴暗，我感到有些恐怖了，不由打了一个冷战。便突然之间来到了一个洞里，不大不小的一个洞，里面有一棵巨大的钟乳石，上面好像还滴着水。我在里面走啊走，感觉相当温暖，我注意到洞壁有一些褶皱一样的东西，似乎还会动，不由得十分好奇，也感到十分兴奋。

就在我感到十分兴奋时，就醒过来了。

我一醒来马上就知道这是一个什么样的梦了，这是一个非常明显的关于性的梦，并且是性兴奋的梦，因为我醒来时，发现下体已经坚挺，十分快感。

这个梦中的性象征是相当之多的，首先雨伞是男性性器官的象征，我走在街上之所以感到尴尬，其实是因为我这时候有些衣不遮体，虽然没有到赤裸下体的程度，但手中的伞其实就是阴茎的象征，手里拿着伞就好像下体外露一样，当然尴尬。接下来的山也具有性象征，不过我觉得这个山所象征的应当不是男性性器官而是女性性器官，甚至于象征着女性巨大的乳房。我想去爬山，其实是表达了一种性行为的愿望。后来我还真的去爬山了，表示我已经开始实际地去满足这个性愿望。

后来我到了一个洞里，洞中的钟乳石当然是男性性器官的象征，而这个洞显然是女性阴道的象征，里面的壁正是女性阴道内壁的形状，这样的情形当然很令我兴奋，当它与洞中的钟乳石合在一起时，那已经是性行为了。这种情形更令我兴奋了，以至于兴奋得醒了过来，而性器官已经兴奋得坚挺。

还有，如果我们仔细从前往后看梦，会发现这是一个性兴奋逐渐加强的梦，一开始它可能是一个裸体的梦，所以梦中有些尴尬，但接着可能下体有些兴奋了，于是产生了性的意愿，便开始去爬山了。后来性兴奋越来越强烈，便到了洞里，等于是进入了女性的阴道，有直接的性行为了，更兼看到了女性阴道内壁的形状，这种兴奋已经仅次于直接的性交之梦了。如果不在这时候兴奋得醒过来，下一步肯定会在梦中见到某位女子而直接有性行为并且导致梦遗。

还有，这个梦是如何开始的呢？它源于我白天时候所看的一本《中国性科学百科全书》，书中有女性生殖器的详细图解，我在看的当时已经颇为兴奋了，到了晚上这种兴奋当然不会消失，它毫不客气地化作了一个梦，让我在梦中使白天的欲望得到了部分的满足。

但它并没有完全满足，其实梦在这里也懂得节制，没有在梦中让我得到虚幻的满足即直接性交的梦，它要的是完全的真实的满足，但这梦是做不到的，它只能让我兴奋得醒来，以让它达成终极的满足。

第十三章　正常人梦中的象征问题

我们前面已经分析了许多由弗洛伊德所提到的梦，这些梦的相当一部分都是由他的一些患了神经症的病人提供的。面对这样的事实，也许会有人质疑基于这些病人的梦的分析所得到的理论是否对正常人也有效。

对这样的问题，弗洛伊德回答道：当然有效，因为对于梦而言，正常人与神经症患者的梦的特点与形成机制等都完全是一样的。

为了证明这一观点，弗洛伊德在这里举出了一系列由正常人所做的梦进行分析，以表明它们与神经症患者的梦是完全一样的，分析的手法也没有任何区别。

分析与例证

精神分析的释梦理论常常在这一点上受到攻击，即认为它所分析的梦都是发生在神经症患者的身上，因此其分析对于正常人是没有效果的，这样的梦也不会发生在正常人身上。然而精神分析所发现的事实则是在正常人与神经症患者之间就梦而言并没有质的差异而只有量的区别，无论是梦的形成机制还是解梦的方法都是如此。

甚至于正常人的梦比神经症患者的梦更要复杂难解一些，因为在正常人那里梦的检查作用可能更强，因此含有一些更加聪明的也更加特殊的象征，将梦进行了更多的改装，当然也就更加难解。

以下是弗洛伊德举出来的一个正常人的梦，她是一位年轻的非常规矩甚至是保守的女子，她的梦境是这样的：

> 由于庆祝生日，她在桌子的中间放了花，她似乎是在家里——她目前并不住在那儿，因而有一种幸福的感觉。

对于这样比较简单的梦，弗洛伊德不用她多作说明便进行了解析。

首先这梦表明了她想当新娘的愿望：桌子以及当中的花朵象征着她和她的性器官，她将之摆在桌子中央甚至表现出来她已经想到了将来生孩子的事了，因为梦中她还在准备庆祝生日，这也无疑象征婴孩的诞生，进一步表明了她对生孩子的渴望。孩子产生的前提是要有性行为，于是这里表明了她的另一个愿望：她希望未婚夫快点同她做爱，她好早点生孩子。对于保守的她而言，要做爱当然必须先结婚，因此这同时也表达了第三个愿望，这也是一个最直接的愿望：希望未婚夫快点娶她，不要再耽搁了。

不过梦的意义不止于此，当弗洛伊德进一步问她桌子上面的是什么花时，她第一个回答是“高贵的花，要为它付出代价的”，然后说它们是“山谷中的百合，紫色及粉红色，或者是康乃馨”。

百合花通常是用来象征贞洁的，而山谷则通常是女性的象征，合起来就表明她以此象征来强调她是一个贞洁的女人，而且她的贞操是宝贵的，是“高贵的花”，因此“要为它付出代价”，即她希望丈夫能够珍视她所献给他的贞操。

还有，紫色与红色在这里带有暴力以及色情的含义，可能象征着她还有一点被虐的倾向，甚至潜意识中希望未婚夫用粗暴的、违反她意志的方式同她性交。

至于梦中放花的桌子也是有象征意义的，因为梦者的胸脯很平，她对自己这个缺陷很在意，于是为了弥补这个缺憾，她才在桌子中央放上了花，表明了她这样的潜意识：我虽然胸脯不大，但我是贞洁的，我还是处女，这应该可以弥补我的缺憾了吧！

至于梦中最后那种幸福的感觉，如果她前面那些愿望都达成了的话，即她未婚夫会珍惜她的贞洁并且不在意她的平胸，会同她做爱并且生下孩子，甚至于会用粗暴的方式同她性交，她当然会感到幸福的，而且她相信这些愿望都会达成，因此她感到了幸福。

这个梦之后，弗洛伊德又解了一个著名的梦，这是普鲁士德国的铁血宰相俾斯麦所做的梦。

这个梦是俾斯麦在1881年12月18日写给皇帝威廉一世的信中记录的，具体如下：

阁下的来信使我有勇气向阁下报告一个1863年春天所做的梦，那是发生在战争最激烈的时候，任凭是谁也不知道结果是什么。我梦见（我醒来后的第一件事就是向太太以及其他的证人叙述此事）自己在狭窄的阿尔卑斯山小径上骑着马，右边是悬崖，左边是岩石。小径愈来愈窄，因此马儿拒绝再前进。因为太狭窄的关系，所以要回转过来走或下马都不可能。然后我以左手拿着马鞭，拍击着光滑的岩石，要求上帝的援助。马鞭无止限地延长，岩石壁像舞台上背景一样地跌下去（不见了），展开了一条宽敞的大道，能够看到小山与森林的景色，像是波西米亚的，那里有普鲁士军队的旗帜。虽然是在梦中，我脑海中仍然立刻浮现着向您报告的念头。此梦很完满，而我醒过来的时候，全身充满着喜悦与力量……

明显地，这梦可以分为前后两个部分，在前一个部分里，梦者发现自己动弹不得，不过却奇迹般地在第二部分中被救出来了。

梦中前半部分最明显的情景是马和骑士的困境，并且很容易地可以由此联想到它与政治家正面临的危机有关。

这也是事实，在做梦的前一年刚刚当上普鲁士首相的俾斯麦正大踏步地朝着他统一德意志的伟大目标前进，他的第一步就是借丹麦事件与奥地利开战，因为他深知，欲统一德意志，第一步也是最必要的一步就是打败另一个强大的德意志国家奥地利。为了达到这个目标，他绝不可能后退，也不可能辞职。在梦中就将他的这种坚强意志显示为“回转过来或下马都不可能”，也就是说必须继续往前走下去。

我们甚至于可以说在梦中俾斯麦可能将自己仿同于马，因为他觉得自己像一匹不知疲倦的马一样地为德意志而辛苦工作，事实上他也好几次这样表示过，例如他说过一句有名的话：“好马是死在工作中的。”他也希望自己成为这样的好马。

因此，梦中的马儿拒绝前进所象征的不过是俾斯麦感到自己已经太累了，因此想休息一下，暂时不考虑战争的事。

至于梦的第二部分就更好解释了，因为它明显地是一种愿望的达成，其实在梦中他已经表达了他的愿望了——他希望上帝能够帮助他，并且他也实现了这个愿望：阻挡他前进的岩石消失了，代之以宽阔的大道，前面就是波希米亚，当时普军正在此与奥军激战，在梦中它已经被普军占领了，说明奥军已经被普军赶出了波希米亚。要知道这乃是当时俾斯麦最大的愿望呢！这个愿望在梦中得到了充分的实现。

这另一方面也很好地证明了弗洛伊德关于梦的基本理念——梦是愿望的达成。

当然我们对这个梦还可以进行更加深入的分析，得出更加丰富的结果，例如梦中那条无止限地伸长的马鞭，我们前面刚刚说过，像马鞭、棍子、枪矛等类长形的东西都是阳具的象征，而马鞭的伸长则无疑象征着阳具最大的特征——可以自动延长，即勃起。如此等等，我们这里就不多说了。

弗洛伊德还举出了几种类型的比较典型的梦，都是正常人做的，第一类是有关牙齿的梦。

关于牙齿的梦

有这样一个梦：一个人被两位熟悉的大学教授治疗，其中一位对他的阴茎做了某些处理，因为他害怕开刀，所以另外一位教授就用铁条压住他的嘴，因而使他掉了一或两颗牙齿，他还被四条丝巾捆绑起来。

很明显地，这个梦是有性的含义的，因为里面直接地显现了男性的阴茎，此外它还有一个特点，就是这个关于性的梦里没有出现女人，只出现了三个男人，因为这实际上是一个有关梦者的同性恋倾向的梦。然而梦者并不是一个同性恋，更从来没有与同性有过性行为，但他的内心深处一定有某种同性恋的倾向。梦中的那条丝巾便是一种很强烈的暗示，梦者认识一个同性恋，他与丝巾有关，因此便在梦中被丝巾捆了起来，这其实是将他自己仿同于他所认识的那位同性恋朋友，他在这梦里也达成了其同性恋的愿望。

弗洛伊德说，那些与牙齿有关的梦，例如梦见牙齿被某人拔掉等，都具有这样的特点，即都与性特别是同性恋有关。当然这个特点是有些奇怪的，为什么会如此呢？这是因为梦者这样的愿望总是被十分强烈地压抑，因此如果它要通过梦的检查作用就必须进行极大程度的改装，以至于即使将梦解开之后也让人觉得这样太奇怪了，值得怀疑，这就达成梦的检查作用的目的了。

具体而言，梦的检查作用在这里是如何改装的呢？它利用了身体的一种转换，即将原来属于身体下部的性器官转换成了身体上部的其他器官，这些器官往往是最与性联系不起来的，但恰恰如此，梦的检查作用才将之用于性的象征。牙齿就是这样的器官，一般来说人是不会将它与性挂起钩来的，因此它才恰恰能够通过梦的检查作用而出现在梦境之中。

关于飞翔与游泳的梦

弗洛伊德举出的第二类典型的梦包括那些梦者飞或浮在空中、从高处跌落或者游泳等的梦，这些梦也是我们比较常做的，它又有什么意义呢？

对于这些梦难以有一致的回答，必须要针对具体的梦进行具体的分析。当然在许多情形之下，它们可能有某些共同的特点，例如大都可能与童年的经历有关，是重复梦者孩童时期的一些古老的印象。

我们知道，孩子们在童年时都与大人玩过这样的游戏，就是爸爸叔叔伯伯等将孩子架在伸开的双手上，然后抛向空中再接住，说让他们“坐飞机”，或者抱着他们在屋子里旋转，或者让孩子骑在膝盖上并突然把脚伸直。这时候孩子们总会高兴得大笑起来，极为兴奋，双手在空中乱划，并且不断地要求再来一遍。这样的情景我们几乎在任何孩子身上都可以看到。因此我们自己也可以做出这样的判断：当我们小的时候，也曾经被这样抛起来过，并且也兴奋得大声尖叫。这样兴奋的记忆应当算得上是我们童年最欢快的回忆之一了。当然，在年纪稍长之后，由于孩子体重的迅速增加，这样的游戏就没有了，于是我们也将它们渐渐淡忘，然而并没有真的忘记，而是将这些记忆深深地埋藏在心灵深处，成为潜意识。直到我们成年之后，当有什么机缘出现时，便会以梦的形式呈现出来。当然这时候不会直接地梦见自己被叔叔伯伯抱着抛向空中，而是梦见自己在飞、从高处跌落或者游泳，其实都是童年时的亲身经历。

关于这类的梦还可以有其他的解释，例如认为飞行的梦都是男性性器官勃起的梦，因为这常常占据人类幻想的奇特的勃起给人的印象是违反重力作用的，就像飞行一样，于是就用飞行来象征之。在某一些梦里，因为这种勃起太过兴奋以至于会射精。

还有，关于从高处跌落的梦常常具有焦虑的特征。如果女人做这种梦是很好解释的，她们几乎都以这种跌落来象征她们向情欲的诱惑低下了头。她们也知道对于一个女人而言，向情欲低头无疑是一种堕落，于是就在梦中用跌落来象征之。

至于梦见游泳，特别是在水中划游前进时感到很愉快的梦，梦者通常都是童年时尿过床的，儿童在尿床时无疑是有快感的，甚至感到某种乐趣，于是成年之后他们便在梦中重温他们长大后早已经放弃的乐趣。

与性有关的梦

弗洛伊德还特别地指出，正常人的梦也与神经症患者的梦一样，有相当一部分是与性有关的，所表达的愿望之中最多的也是情欲。

至于为什么会这样，这也是好解释的，一则是对于我们而言，一生之中最令我们魂牵梦绕、占据我们最多心思的事情之一是什么呢？当然是性了，性欲乃是我们每个人一生之中最想满足的，也最需要满足的愿望之一；二则是因为虽然人的性欲是如此之重要而强烈，然而它却又是被压抑得最为强烈的愿望之一，这也是毋庸置疑的。这种对性的广泛的压抑与禁忌是到处可见的，而且对我们每个人都产生过强大的影响。

总之，在人类的所有愿望之中，性是最具有这样的特点的：一方面它极为重要，另一方面它又极被压抑。除性的愿望之外，人再没有其他欲望有如此强烈而鲜明的特点。

如此一来，性大量地出现在梦中就不令人奇怪了，因为性既然在童年与在白天遭到最强烈的压抑，那么它就在成年、在晚上的梦中得到最广泛的展现。

当然这并不是说每一个梦都需要用性来进行解释，断乎不是如此的，倘若有谁这样讲的话，一定是瞎说，而如果进一步说精神分析认为梦总与性有关，那就更是胡说八道了。

当然，精神分析也不否认，相当多的梦是与性有关的，甚至一些看上去似乎与性无关的梦，实际上也是有关于性的。

例如有这样一个梦，梦境是这样的，我们以第一人称来叙述：

在两座富丽堂皇的宫殿后面有一间锁着的小屋，太太带我走过通往小路的途径后把门打开，于是我很容易地以及很快地溜进了内部的庭院，那里有个斜斜的上倾。

显然这是一个带有性象征的梦，进入一个狭窄的空间、打开上锁的屋子一般来说都是相当明显而常见的性象征。至于梦中的“在两座富丽堂皇的宫殿后面”其实代表的是女性通常比较肥大的臀部，而进入它们后面的小屋在这里就不是通常性交时所指的女性的阴道口了，而是指女性的肛门，从这里进入当然就表示梦者所希望的是肛交了。

至于梦中太太带他走小径，这在现实之中显然是不可能的，做太太的不大可能引导丈夫对自己进行不洁的肛交。因此梦者只是在这里表达了他的一个愿望：要是太太能够主动地与我进行肛交那就好了，但现实中他太太并不同意进行这样不正常的性交。

这个梦的起因是在做梦的当天有位女士到梦者家里做客。为何这么说呢？因为梦中两个皇宫之间的小屋引导出梦者关于巴拉格炮台的回忆，而这位女士正是从炮台那边来的。她甚至给了梦者这样的感觉：要是他向她提出肛交这样的要求，她是不会像他太太一样反对的。

弗洛伊德还指出，关于俄狄浦斯情结的梦也是如此。当他向一个人指出他的梦与俄狄浦斯情结有关时，他一般而论总是否认曾经做过这样的梦，然而后面病人常常会记起其他一些好像平淡无奇但却一再重复出现的梦，通过分析之后就会发现，这些貌似平淡的梦后面常常隐藏着俄狄浦斯情结，而这些梦实际上就是关于俄狄浦斯情结的梦，只是它被经过了非常厉害的改装，使梦者根本不会发觉罢了！

例如在这些梦中有许多是关于某种风景及某个地方的梦，梦者通常感觉自己以前肯定曾经到过这地方，然而这些地方所象征的其实并不是某个地点，而是指梦者母亲的生殖器官，对于任何一个人而言，恐怕再也没有别的地方可以让人如此地肯定曾经到过了。

关于算术与说话的梦

弗洛伊德指出的第四种类型的梦是关于算术以及说话的梦，这也是一类比较典型的梦，我们先来分析关于算术的梦。

先举一个例子，梦是一位女士做的，是在她快要结束弗洛伊德的治疗时所做的梦，梦境是这样的：

> 她正要去付什么款，女儿由她的钱包里取出了3佛罗林和65克鲁斯，她对女儿说：你做什么？它只不过值21克鲁斯而已。

这是一个比较简短的梦，弗洛伊德轻易就做出了解释。这位女士由外国搬来，她女儿正在维也纳念书，只要女儿留在维也纳，她就会继续接受他的治疗。但这女孩的课程将在三个星期后结束，而这也意味着她的治疗将要结束了。做梦的前一天，女校长问她是否考虑把女儿再留校一年。她由此想到了自己因此可以继续接受治疗。这就是梦的隐意。

里面的算术是怎么出来的呢？我们算算看，1年等于365天，3佛罗林和65克鲁斯正好等于365克鲁斯，而剩下的课程与治疗时间是三个星期，也恰好是21天。这些都是实际的天数，它们在梦中就变成了钱数。这样，时间就变成了金钱，而365克鲁斯只是一笔小钱，将它与接受弗洛伊德的治疗结合起来，就象征了梦者在梦中认为继续接受弗洛伊德的治疗所花的只是一笔小钱而已，因此她大可以继续接受治疗，这就是她在梦中要满足的愿望了——为此她还把实际的治疗费用大大地降低了，为的只是达成继续接受治疗的愿望。

与算术的梦一样，梦中说话的梦当然也是为了达成梦者的某种愿望，只是前者用数字来达成，后者用说话来达成罢了。

我们知道，梦一个明显的特点是梦中我们主要是看，相对而言梦中说话的情形要少得多，因此一旦在梦中说话，就会给我们留下较深的印象。对于这些梦中说的话，首先要注意的一点是，在梦中我们是不能编写新的话语的，而只能将白天与以前说过或者听过而保留在记忆中的话在梦中重述出来，而且这种重述可不是真的原样的重复，而是将那些话进行了大量的删节与混淆，进行了重新的编排，使之变得适合于当下梦的隐意。此后再以一句完整的话表达出来。这就是梦中说话的第二个特点了，就是说梦中的话语可不像梦中的图像一样是乱七八糟的，看不出什么意义，梦中的话本身往往就是一句完整的有意义的话。当然经过分析后我们就可以知道它是由好几个不同的部分组成的，来自不同的记忆。而且其所表达的意思也已经完全变了，只是适应于新的梦境的需要。我们可以打个比喻，我们将许多张人脸图片中的眼睛鼻子嘴巴眉毛等分别剪下来，然后拼贴成另一副人脸，请问这个人还是以前那些人脸中的任何一张吗？当然不是了，这也类似于梦中说话的情形。

我们现在来看一个梦中说话的例子：

梦者正处身于一个大庭院内，那里正在烧着许多死尸。他说：“我要离开这里，我受不了这种情景。”然后他遇见了屠夫的两个孩子。他问他们："嘿，它们的味道好吗？"其中一个回答道："不，一点也不好。"他们说的好像是人肉的味道。

这是个有点恐怖的、令人感到恶心的梦，它的起源是这样的：梦者和太太在做梦的当天晚餐后去拜访邻居，她是一个好心的但却不讨人喜欢的老太太。这位好客的老太太刚好才吃完晚饭，她热心地甚至带着强迫地请他试试她家的菜肴的味道。他一开始拒绝了，说自己一点胃口也没有，但老太太回答道："来吧，你能吃得下的"这类的话。他却之不恭，只好尝了尝味道，并且还赞美说菜的味道的确很好。这当然只是礼貌性的恭维，因此当他与太太单独在一块时就抱怨起这位芳邻来，说她既固执，菜又做得不好，再加上她的容貌也不讨喜，因此简直令他难以忍受，真的很不想看到她，这体现在梦中就是那句"我受不了这种情景"。

看得出来，这个梦将他晚餐后拜访老太太的情形以及心中的感受一一呈现了出来，只是梦中没有老太太了，而代之以令人恶心的烤人肉，这些人肉其实象征了两个东西：一是老太太，二是老太太的菜肴，二者都一样令他受不了，甚至令他恶心。

解梦实例

我在这里所要举的梦是一个最正常的人的梦。她是我家的小保姆，今年不到二十岁，来自农村，十分单纯的一个女孩子。当我问她做过的梦时，她提起了一个她记得很清楚的梦。梦境是这样的：

我梦见自己来到了一个完全陌生的地方，但我感到很高兴，这里有许多样子奇怪的树木，很高，但树顶似乎没有叶子，光秃秃的。我在林子边上走，后来看到了一座大房子，我走了进去，里面很黑，什么也看不清楚，但我一点也不害怕，我进去看了几眼，又出来了，我发现门外面有一个湖，我好高兴哦，我没有跳进去，但发现自己在水里游了起来，我游得很轻松，我感到水中还有些草绊我。我想离开这里，于是我一用力，就飞了起来，我飞呀飞呀，真是高兴极了，一直高兴到我醒过来。

这个梦虽然不长，但内容却相当丰富，里面至少包括四个明显的部分：一是样子奇怪的树木，二是大房子，三是游泳，四是飞。它们分别有不同的象征。

1．首先是样子奇怪的树木。我们前面说过，像树木这样的长东西一般来说都是男性性器官的象征，在这个梦中也是，但它的样子为什么古怪呢？其实它乃是这个女孩子意识之中男性性器官的样子，她从来没有见过成年男性的性器，只见过她弟弟小时候的，那时候自然是没有阴毛的，因此在她的意识里当然认为男人的性器就是这个样子了，是光秃秃的一根东西。

还有，她为什么来到了一个陌生的地方，却感到高兴呢？这其实表达了她的一种愿望：她希望知道成年男性的性器官是什么样子，在梦中那些大树其实就是男性性器官的象征，在她的无意识里，男性的性器官就是她弟弟的那个样子，只是体积大得多而已，她在梦中将这个大的特点加以夸张，变成了大树。而她在梦中由于以为自己看到了成年男性的性器官，满足了这个愿望，因此感到十分高兴。我们还可以相信，许多年轻的女孩子，特别是到了青春期的女子，她们对于男性的性器官是很好奇的，很想知道是什么样子，当然这种愿望对于大多数女孩子而言都是无意识的，她们自己在清醒时也并不知道有之，只有在梦中才会呈现出来。

2．其次是大房子。对于这个大房子的象征，我们只能接受弗洛伊德的理论了，即这就是母亲子宫的象征，每一个人都曾经在这个大房子里面待过，而且对里面的具体情形必定是不熟悉的，因为里面必定是黑暗的，因此在梦中也是如此。但由于在里面待过，所以虽然黑暗，但她也并不感到害怕。

3．再次是游泳。我认为它可能有两种含义，一是她在梦中回到了在母亲子宫里的情形。我们知道，子宫里是有羊水的，孩子还未出生前可以说是在这水里面游泳的，因为她们的确在这水里动来动去。

另一种可能的含义是我们上面说过的了，可能是她在梦中回忆起了童年尿床的情形，而且她在尿床时无疑是有快感的，因此成年之后还会在梦中重归过去，以游泳的方式再次领略这种快感，她在游泳时也的确感到高兴，这与弗洛伊德的说法也是相符合的。

4．最后是飞。飞翔的梦我想大家每一个人都做过，像我自己就做过无数次。前面我们说过，飞行的梦起源于孩子们在童年时与大人玩过的游戏，爸爸叔叔伯伯等将孩子架在伸开的双手上，然后抛向空中再接住，其间他们的确在飞，或者抱着他们的在屋子里旋转，也像在飞。这时候孩子们总会高兴得大笑起来，极为兴奋，双手在空中乱划，并且不断地要求再来一遍，这样的情景我们几乎在每个孩子身上都可以看到。因此，我们在这里不妨做出这样的判断：当她小的时候，也曾经被这样抛起来过，并且也兴奋得尖叫起来，这兴奋的记忆在她内心深处留下了深刻的印象，应当算得上是童年最欢快的回忆之一。因此，多年以后还会在梦中悄然重现，当然这时候不是重现过去真的在叔叔伯伯手里飞，而是梦见自己真的能够飞了，并且感到极为兴奋，其兴奋的程度也许和儿童时期在叔叔伯伯手里飞时一样强烈。

以上就是对我家小保姆的梦的解析。一个看上去有些古怪而复杂的梦被我们用弗洛伊德的理论解析得相当清楚明白，甚至有些简单，但显然也是合理的。由此我们可以看到弗洛伊德的解梦理论是何等的厉害。我们甚至可以将弗洛伊德的解梦理论比作是一些数学中的公式，那些复杂的数学题，用这些公式一套，其结果相当容易就出来了。

第十四章　梦中的荒谬与理智

弗洛伊德在这一章里讨论了梦中的荒谬与理智，所谓荒谬就是梦境中所呈现的情形在醒来时给人的感觉是荒谬的，但实际上这貌似荒谬的东西是有合理的起因的，荒谬只是一种表面现象。

梦中的理智则是我们在梦中似乎可以有一些理智的行为，例如我们会思考、计算、判断、推理等等，好像在梦中也可以像醒着时一样用头脑来思考，但这也只是假象而已，实际上在梦中是不能够像白天一样思考的，所谓梦中的理智活动只是梦的隐意的一种表达方式，是将白天的经验与过去的一些回忆等杂凑在一起而成的，与其他由梦的材料产生梦的情形并无不同。

分析与例证

对于所谓梦中的荒谬的情形，我们首先要说明的是，这些梦境中的荒谬性虽然看起来是很明显的，但只要经过深入的分析，就会发现它们根本不是荒谬的，而是有着明确的、合理的含义的。

我们先举一个例子来说明，这是一个梦者梦见已经死去了6年的父亲的梦，梦境是这样的：

> 他梦见父亲遭遇了一次严重的车祸。他坐的那列飞驶着的夜班快车突然出轨了，许多座位挤压成一堆，把他的头夹在中间。然后梦者又看见父亲睡在床上，左边眉角上有一道垂直的伤痕，还有，父亲的眼睛是何等的显眼呀！

这个梦无疑是荒谬的，因为他父亲已经死去6年了，因此这个梦也令他感到十分惊奇。

那么这荒谬究竟是怎么回事呢？且听我们分析。

梦中的荒谬

这个梦的起因是梦者最近在请一位雕塑家为父亲制作一尊半身塑像，两天前他第一次去看工作的进度如何。从这个起源就可以看出梦中的荒谬是怎么回事了。

首先，他的父亲虽然已死，但他的确在前几天看见过他——他的雕刻与照片，因为这位雕刻家就是根据他父亲的照片来雕刻的，因此在梦中见到已经死去的父亲并没有什么奇怪的。至于梦中的车祸，这也是有来源的，因为雕像（bust）一词在德语中的另一个意思就是灾祸。还有，在梦发生的前一天，他要一位仆人到工作室去看那尊大理石像，因为他认为像的前额显得太窄，他要曾见过父亲的仆人也去看看是否如此。然后他又记起了每当有家庭或商业上的困扰时，他父亲都会习惯性地用双手压住两边的太阳穴，好像觉得他的头太大了，得压小些才行。于是在梦中，他父亲的头就被夹在了座位中间，这也正是过去经验的重现。

至于梦中父亲左边眉角上的那道伤痕，其实就是父亲生前额头上的皱纹。至于为什么用伤痕取代了皱纹，它也是有来源的，就是梦者曾为他的女儿拍过一张照片，但他不小心将照片掉到了地上，那时的照片上面涂着一层容易摔碎的显影剂，因此照片被摔出了一道裂痕，刚好位于女儿的眉角上。这给他留下了很不好但难忘的印象，他觉得这是不祥之兆。因为在他母亲去世前数天，他也曾把她的照片摔坏了。正是这些过去的经验凑在一起，便成了梦中父亲眉角的伤痕。

梦中最后的情景是父亲的眼睛是何等的显眼，这就是更加久远的回忆了。那还是当梦者4岁的时候，一支手枪意外走火，硝烟将父亲的眼睛熏黑了，那时他刚好在场，看见父亲那双被熏得黑乎乎的眼睛，这给他留下了极深的印象，这个印象这次出现在梦中，就是父亲的眼睛是何等的显眼。

由上面的分析我们可以看到，这个好像很荒谬的梦其实一点也不荒谬，梦中的每一个情节都是有来源的，它们要么是最近的印象，要么是过去的甚至童年时期的回忆，这些梦的材料与我们以前所分析过的梦的材料的来源并无两样，而它们构成梦的形式也是一致的，总之其中并没有可以称为荒谬的东西。

我们再来分析另一个梦，这是弗洛伊德所做的一个梦，与前面的梦有些相似，也是梦见已经死去了的父亲。

弗洛伊德的父亲是1896年去世的，他梦见已经死去的父亲在匈牙利墨牙族人的政治生活中扮演了重要角色，将墨牙族人联合成一个完整的政治团体。这时弗洛伊德看到了一张小小的而且看不清楚的画像，画像中许多人聚集在一起，地点好像是德国国会，有一个男人站在一张或两张凳子上，许多人围在他四周。他又记起了父亲死去的时候躺在床上的那个样子，简直同照片上的加里波第一模一样。梦中弗洛伊德感到很高兴，好像他的某种愿望终于实现了。

这梦似乎比上面的更加荒诞无稽，我们现在来分析一下。

首先梦中关于匈牙利的政治生活问题是有来源的，因为当弗洛伊德做这个梦时匈牙利的政局正陷于一片混乱，这时候的匈牙利还是与奥地利一样属于奥匈帝国，弗洛伊德对匈牙利的政局当然也是很关心的。后来这混乱由于协尔高明的斡旋才得以结束。因此弗洛伊德在梦中将父亲与协尔仿同起来，使父亲成了帮助匈牙利人摆脱混乱的那个人。梦后面还有加里波第，我们知道加里波第是统一意大利的伟人，正是他将混乱的、四分五裂的意大利统一起来，弗洛伊德从小对他十分景仰。梦中弗洛伊德将父亲与加里波第联系起来，又一次将父亲看成了一个重要人物。事实上当然不是这样，相反，弗洛伊德的父亲是个毫不重要的，甚至在生活中还屡被欺侮并且默默承受的比较懦弱的人物，弗洛伊德因此早年时曾经对父亲产生反感，后来虽然理解了父亲，但他希望父亲是一个强大的人，甚至一个伟大的人的愿望其实一直是有的，只是以无意识的形式存在于他的心灵深处而已。所以，在这个梦中，当他梦见父亲的时候，便将父亲梦见成了协尔与加里波第一样的大人物，这样就达成了他心中潜藏的愿望。

还有，梦中那张小小的画像也是有来源的，它源于弗洛伊德读过的一本关于奥地利的历史著作，它里面有一幅插图，显示著名的玛丽娅·特蕾莎女王出现在普利斯堡议会上的情形。图片中玛丽娅站得较高，四周围绕着群众，她使她的人民团结在一起。梦中弗洛伊德又将父亲的地位与崇高的女王联系在了一起。

现在我们对这个梦进行更深入的分析。弗洛伊德又想起父亲死时，因体温升高，两颊泛红而且颜色愈来愈深，回忆到这里时，他的脑海中涌现出歌德的两句诗，意思是说所有人都有一个共同的命运——他们都将死去，正所谓“死神迈着公平的脚步，踏过王侯的宫殿和穷人的茅屋”。

这使弗洛伊德又想起了人类这个共同的死亡之命运，想到了他自己也终将如此。他又想到了父亲最深的痛苦是死前数周肠子完全瘫痪了，屎尿都不能自控。他又联想起了一位同僚，他在中学时就失去了父亲，他对此深表同情，于是两人成了好朋友，有一次他向弗洛伊德提起他一个女亲戚的事，她父亲突然在街道上暴毙，被抬回了家里，当他们把他的衣服解开时，发现死者流出了大便。她对此深感不快，这令她恶心的事一直令她无法释怀，她甚至颇有责备父亲之意。

想到这里，弗洛伊德终于在梦中看到了自己的影子，他想到他自己何尝不希望死后以一种洁净的甚至崇高的形象呈现在孩子们面前呢！就像他也希望父亲如此一样！而他在梦中见到父亲成为加里波第与协尔似的伟人其实正表达了他这个深藏的然而强烈的愿望。而这个愿望在梦中实现了，他如何不感到十分地高兴呢！

经过上面的分析，我们可以看到，弗洛伊德梦中的荒谬其实一点也不荒谬，它同样只是表达了弗洛伊德的愿望而已，并且在梦中也达成了这样的愿望。对此我们可以说，梦中所谓的荒谬不但不荒谬，它甚至于是梦刻意要如此这般呢！

关于亲人的死亡还有一种荒谬的情形，它暗示着一种极端的否认，因此同时也显示了梦者一种他想都不敢想的但确实存在的被强烈压抑的思想或者愿望。

例如有位男士在他父亲最后那场大病中十分细心地照顾老人家，父亲死后他也着实伤心了许久，但不久却做了这样一个梦。他梦见父亲又活了，像往常一样同他说话，但他在梦中却也清楚地知道父亲真的已经死了，好像只有父亲自己不知道而已。

这个梦够奇怪吧，其中最奇怪的是他很清楚父亲已经死去，但他认为只有父亲自己不知道，因此还跑来跟他说话，好像他父亲死了还可以来跟他说话似的。这种荒谬性说明了什么呢？这恰恰说明了父亲死了是他潜藏在心底的一种愿望。这也许听起来很荒谬，他明明是一个孝子，怎么可能希望父亲死去呢？当然，这个希望不是意识，而是无意识，而这种希望父亲死去的无意识愿望一则可能来自于他因为对父亲细心照顾所感到的疲累；二则可能来自于看到重病中的父亲的痛苦情形，觉得死对于父亲倒可能是一种不错的解脱；三则来自那种更加古老的儿子与父亲之间的敌意，这是弗洛伊德一个重要的思想，他在《摩西与一神教》中进行了精彩的阐述，我们前面讲俄狄浦斯情结时也做了一些分析，其核心是在父亲与儿子之间有着一种天然的古老的敌意，儿子与父亲之间甚至有过真实的敌对，因此儿子希望父亲死去乃是一种十分正常的心理。只是随着文明的发展，这种愿望因违反了文明的伦理道德而被深深压抑，只有在某些特殊情形之下才会露出马脚。因此这个儿子在父亲死了之后在梦中将希望父亲死去这种无意识显露出来也是很合理的事，至少没有荒谬之处。

其实，我们只要对梦中的一个情节进行一下分析就可以知道他的这种愿望，就是梦中他见到已经死去了的父亲又复活了时，并没有露出丝毫的快乐，而是奇怪父亲怎么又活了，他明明已经死了，为什么他自己就不知道呢？——换句话说就是：你都已经死了，还跑来干吗！甚至于还可以用这样一句话来说：你既然已经死了，就赶快滚回地狱去吧！不要再来这里烦我！怎么样？希望父亲死去的愿望昭然若揭吧！

还有第三种梦见人死亡的情形是，梦中某人一开始是活着的，但突然就死了，然后在接下来的梦境里又活了。

这看上去同样是一种很荒谬的情形，它又表示了什么呢？这表面上是表现了一种冷漠，就是说：无论你死了还是活着，对我来说都一样。然而经过分析我们可以发现，这种冷漠其实是一种梦的改装作用，或者精确地说是一种伪装作用，其目的恰恰是表示梦者对于梦中的人怀着极为强烈的感情，但这种感情又是极为矛盾的，因此他才以这种特殊的梦的形式呈现，一方面达到了藏匿梦的隐意的目的，另一方面也由折地表达出了这种强烈而矛盾的感情。

我们可以这样想想吧，对于我们而言有什么事比死生更加重大呢？当这个人在同一场梦中既生又死，那是何等非凡之事，足以说明这个人在梦者心目中有何等重要的地位了。还有，既然这个人同时具有生与死这两种截然不同的性质，那当然说明他是矛盾的，也就是说，梦者对于他的感情是十分矛盾的。因此，这梦中的荒谬其实同样一点也不荒谬。

以上的例子说明了梦中的荒谬其实并不荒谬，梦只是以荒谬的形式曲折地表现了某个事实，更重要的是，表达了某种潜藏的愿望而已。

梦中的理智

现在我们再来举一些梦例，在这些例子里，梦者能够有一些理智的活动，典型情况是算数，或者对某件事情有某种判断与评价，这些都是需要理智才能做到的事，然而这些例子会告诉我们，这些梦中的所谓理智其实都是假象，它们也不过是一种梦的手段而已，与前面各种梦的作用并无二致。

我们要举的第一个梦例是弗洛伊德做的，是一个关于数字的梦，梦境是这样的：

我的一位熟人M先生曾经在文章中被人猛烈抨击，我们认为这是太过分了一点，这个评论家我们想大概是歌德。M先生自然被这攻击整惨了，他在餐桌前向大家诉苦，不过这种个人的事情并不影响他对于歌德的尊敬。我企图找出其中的时间顺序，但这好像是不太可能的，歌德死于1832年，既然他对M先生的攻击要比那个时间早，所以当时M先生一定还很年轻，我看那时他大概只有18岁，但我不清楚现在是什么年代，所以整个计算变得很模糊了。很巧地，这攻击是歌德刊载在《自然杂志》上的著名论文里面的。

这个梦无疑是极为荒谬的，完全没有这样的事，说早已经死去的伟大的歌德会去抨击弗洛伊德的那位朋友，确实够荒谬的。不过不仅仅是有荒谬，它还有理智活动，就是梦者在梦中算数，算数当然是一种理智活动。我们应该如何解释这种荒谬以及理智呢?

首先梦中的内容都是有明确的材料来源的，就是弗洛伊德最近一段时间的经历。例如M先生的确是弗洛伊德的熟人，而且不久前他确实也请弗洛伊德去检查他那位显示出全身瘫痪症状的弟弟，并且在这次诊疗中发生了一个有点尴尬的插曲，弗洛伊德和病人谈话的时候，病人却突然说出了哥哥年轻时的荒唐事。为了诊断病情，弗洛伊德还询问了病人一些关于他出生年月日等情况，同时又要他做了几道小计算题以便检查他的记忆力损坏的程度，但他却回答得很好。这无疑是最近给弗洛伊德留下了较深印象的事，因此在梦中重现出来，不过在梦中弗洛伊德将自己仿同成了那个被要求计算的瘫痪病患者，梦中是他自己进行了计算，包括年月日和年龄的计算。

还有，梦中歌德的猛烈抨击也是有其最近经验的来源的，就是他的朋友弗利斯的著作，弗利斯在这本著作里做了大量的数字分析，结果是一个人一生的种种情节与他生命的天数之间有着神奇的相关性，例如他着重指出了歌德的例子，说歌德的一生不过是他活着的天数的倍数，这天数有着神奇的生物学上的意义。这本书出版后，在弗洛伊德做这个梦的前后，一本医学杂志发表了一篇评论，猛烈地抨击弗利斯这本书中的论点。弗洛伊德认为写这篇文章的年轻人没有资格这样批评弗利斯，要求这本杂志刊登更正与道歉的声明，但杂志的编者拒绝了。因此弗洛伊德就与该杂志脱离了关系——他以前兼着该杂志的审稿之职，不过弗洛伊德在辞职书中特别向编辑说明：希望他们的私人感情不要因为此事而受到影响。这件事在梦中也得到了体现，例如梦中也有歌德、有抨击、有不要因为抨击就改变原有的感情等等，都是这么来的。

除了上面的两个，这个梦还有第三个材料的来源，是弗洛伊德的一位女病人最近告诉他的，她有一位弟弟得了精神病，他不断地疯狂地喊着“自然、自然”。而诊治他的医生相信他这样叫喊的原因是他阅读歌德关于自然的杰作的结果，他那段时间正在研究自然哲学，也许因为太过劳累而致病。但弗洛伊德却认为他的病与性有关，因为喊叫自然这类话一般而论都是与性有关的，我们可以这样理解：自然就是本能，而对于人类最具控制性、最容易引起神经病的乃是性本能。后来这个不幸的人将自己生殖器切除了，这证明弗洛伊德的推论是有道理的，而且他做这件事时刚好十八岁。这个事件在梦中也得到了体现，例如梦中也有《自然杂志》，“有十八岁”，等等。

通过上面的分析我们可以看到，前面弗洛伊德所做的荒谬的梦其实都是以最近的经验作为梦的材料的来源的，所谓荒谬的梦只是将这些经验凑在一起形成梦而已。而且我们还可以解释梦为什么要荒谬。我们前面讲过梦的疑缩作用，指出梦总是想通过尽量简短的方式来表达梦的隐意，即梦的隐意有一大堆，而梦的显意只有几小点，梦的凝缩作用就是把这一大堆压缩成几小点，就像前面的梦只有一段，而后面的解释则要长得多，然而这些还只是我们将对这个梦的解释选取了其中的一段而已，已经有这么长了。像前面我们分析过的弗洛伊德有名的植物学专著的梦也是这样的情形，梦只有一小段，但后面的解释则要长得多，因为梦中的一个词后面就可能有一拖车的解释。

还有，我们说过，梦的基本特点是梦是愿望的达成，在这里弗洛伊德之所以会做这个梦，也是要达成梦者的某种愿望，并且还可能与童年的经历有关。例如当初弗洛伊德说那位弟弟的患病与喊“自然、自然”时，他认为与性有关，与诊治的医生的结论是不同的，结果证明弗洛伊德是对的，他在梦中悄悄地自满了一把，就像他前面关于植物学专著的梦一样，其中也有着自我满足的成分。此外，梦中提及的歌德刊载在《自然杂志》里的著名论文，歌德也是实有其作的，并且当初弗洛伊德中学毕业对在大学上哪一科感到犹豫不决时，正是因为在一场公共讲演中听到了有人朗诵歌德的这篇文章，才使他决定从事自然科学的研究。这也是弗洛伊德一生中的转折点之一，在他的记忆之中亦居于重要地位，于是在这个梦中又悄悄地现身了。

除了上面的算数之类，梦中还可能有其他的理智活动，例如对梦中的或者其他实有的某人某物某事进行评论、赞赏、抱怨、惊奇、解释、申辩，如此等等，这些理智活动的意义与上面的情形也是相似的，即它们并不真的说明梦者在梦中进行了相关的理智活动，这些理智活动只是像其他的非理智活动一样，是梦的一种构造方式而已，别无其他。我们举例说明。

这又是弗洛伊德本人的一个梦，梦境是这样的：

我和P一起去医院，途中经过一段有许多房屋与花园的区域。我觉得以前在梦中常常看过这地方。我不太知道要怎么走。他指引一条转角到达餐室的路给我（在室内，并非在花园里）。我在那里探问朵妮女士的消息，知道她和三位小孩就住在后面的一间小屋。我向那里走去，但还没有到达那里就遇见一位模糊的人影，带着我那两位小女孩。和她们站一会儿后，我就把她们带在身边，对我妻子把她们留在那里颇有怨言。

这里还要补充的是，从梦中醒过来的时候，弗洛伊德有一种非常满足的感觉。

这个梦中就有理智活动，就是弗洛伊德对于妻子的抱怨。但这抱怨通过分析我们可以知道是一种假象，梦的隐意并非如此，而是另有其他，例如它达成了弗洛伊德的一种愿望。由于篇幅的关系，我们只解释这一点。

梦中的P先生实有其人，他的大半生与弗洛伊德的生活关系密切，不过后来却在社会地位与物质财富上远远超过了弗洛伊德。对此弗洛伊德在内心深处可以说是有所嫉妒的，于是自然而然地产生了要胜过P先生的愿望，以平衡自己的嫉妒之心，他在哪一点要胜过P先生呢？就是P先生没有自己的孩子，而弗洛伊德却生了一堆孩子，有儿有女，这便是弗洛伊德最优越于P先生之处了。于是在这个梦中出现了弗洛伊德的两个女儿，通过她们弗洛伊德就达成了他要胜过P先生的愿望。这种愿望弗洛伊德在白天是不可能想到的，只有夜晚才可能在梦中悄然浮现。

除了抱怨外，其他像惊奇、解释、申辩，也与上述梦中的抱怨的情形是相似的，我们在这里就不多说了。

总之，上面弗洛伊德这些貌似荒谬的梦以及理智的梦经过我们的分析之后，就可以看出来其实一点也不荒谬，梦中的理智活动也并不是真的理智活动，而是与那些似乎荒谬而实际上不荒谬的梦一样的，是似乎理智而实际上并不理智，对于荒谬的梦或者理智的梦，无论其梦的材料的来源还是梦的形成机制以及解析的机制都是与我们前面分析过的那些普通的梦一样的，都可以用相同的方式进行解析。

解梦实例

这也是我自己的一个梦，而且是好久以前的一个梦，但我至今记忆犹新。

我梦见自己来到一片平原旷野之上，远处有一些山，不远处好像还有一些小屋或草垛似的东西，近处则一无所有，只有平地。这时我看到了什么呢？我竟然看到了马克思！他的头部就是马克思标准像的头部，好大一把胡子，把整个脸都差点淹没了。头下面则是比例极不协调的身体，似乎比头还要窄些，就像漫画中的人物形象一样。这个马克思穿着燕尾服，下面是两条又短又小的腿。更有趣的是，马克思的右手还抓着一根拐杖。下面是最有趣的情形了：马克思不是拄着拐杖，而是将它捏在手里甩来甩去，抡着圆圈，双腿同时还在蹦蹦跳跳，脸上灿烂地笑着，就像一个兴高采烈的小孩子甚至傻瓜一样。

这就是梦的全貌，够简单也够荒谬吧！这也是我做过的最奇怪的梦之一。我竟然梦见了一个已经死去了一百多年的人，马克思逝世于1883年，而我大约是在1990年左右做这个梦的。为什么会有这样的梦呢？我当时只是觉得真是太好笑了！因此牢牢地记忆下来。但到今天，我已经能够解释它了。

这个梦其实并不难解，首先它的起源很简单，就是我当时正在研读马克思的著作，好像是《1844年经济学哲学手稿》，这本书我早在上高中时就想读，但在我们那个小镇里找不到，因此我到了南京大学后就从图书馆里借了出来阅读，并且做了许多笔记。就在我做这个梦的这段时间前后，正是我读《1844年经济学哲学手稿》最入迷的时候，那时候觉得马克思真是太伟大了，能够写出这样好的著作，连文笔都是如此简洁、流畅而精确，着实令人叹服。现在关于马克思的这本书怎样我且不说，但那文笔与马克思其实是没有什么关系的，而是译得好，要知道为了翻译马克思的著作，当时可是倾全中国之力，找最好的翻译家，务必将马克思的语言用最完美的中文表达出来，能不好吗！但当时我可没有想这些，只是崇拜马克思去了。如此，我在梦中见到马克思也就是自然而然的事了，因为我白天脑子里尽想着马克思，甚至专门找了一本相册，里面放的全部是马克思及其家人朋友的照片，其中的第一幅当然是马克思的标准像，是我特意花钱新买了一本《马克思传》，从扉页的插图里剪下来的。如果我没有记错的话，当我做这个梦时，应该正是我往那本相册里贴马克思的照片不久的事。因此我梦见马克思的梦的材料的来源就是我最近的经历。

还有，我当时并不知道，但现在知道了，这个梦其实还满足了我一个隐秘的愿望：我期望自己也能够成为马克思那样的伟人，写出那样伟大的作品。我甚至在梦中将自己仿同成了马克思，因为梦中的马克思有一个鲜明的特点，就是头大，腿却比较短，这正是我的特点，也是我非常不满意的自己形象的一个缺点，而马克思显然是没有这个特点的，因此我梦中的马克思形象其实是糅合了我自己的和马克思的形象。于是通过这种仿同作用我满足了自己一个隐秘的、白天想都不敢想的愿望——要成为马克思那样的伟人。

第十五章　梦中的感情

我们在梦中有时候是会体验到感情的，例如我们前面提到过关于亲人死去的梦，在梦中我们会十分伤心。这就是感情。关于这些感情的梦，弗洛伊德一个总的观点是：梦中的感情都一定是在梦的隐意之中有其根据的，只是我们在梦中所体验到的感情与梦的隐意的这个感情的来源之间往往存在着重大的冲突，这也是梦的检查作用的结果。梦中的感情的意义也许在于，由它我们可以相对迅速地找出相关的隐意，因而更快更好地解梦。

分析与例证

在我们所做的那些出现了感情的梦中，其主要特点是，梦中的感情比梦的内容具有更加强大的力量，也就是说它不容易被我们忘记，即使我们醒来之后可能忘掉了具体的梦境或者将梦境记错，但对于梦中产生了什么样的感情却不但依然记得，而且不会弄错，即可以这样说：“在梦中如果我害怕强盗，当然这强盗只是想象的，不过那害怕却是真实的。”这就是说，强盗当然是梦中的想象，但我在梦中感到的害怕这种感情则是真的。

感情的来源

梦中的感情与我们日常生活中的感情还是有着明显区别的，例如在梦中一些好像是很平常的事件，这些事件倘若在醒着时是不会让我们产生很强烈的感情的，然而在梦中却可能令我们产生强烈的感情。相反，在梦中一些好像十分危险、恐惧、令人恶心的东西或者情景，倘若在我们醒着时出现，一定会令我们产生相应的恐惧与厌恶等情感，在梦中却并不能激起这样的情感。

这又是为什么呢？为什么会产生这种强烈的反差呢？

这其中的原因其实并不复杂，我们可以先这样简单地回答，在梦中令我们产生感情的并不是我们在梦境中的内容，而是另一些我们并不知晓的内容，而这些我们并不知晓的内容与我们梦境中的内容可能完全是不同的甚至相反的，因此就会出现这样的情形：即梦境中的内容与所产生的感情是完全不同的甚至相反的。

可以举个简单的例子：某人梦见了一条可爱的小狗，然而他感到十分害怕，甚至在梦中哭了起来。这种明显的梦境与情感的反差乃是因为产生其梦中害怕之感情的并不是这只小狗，而是梦者童年时的一个经历：他亲眼看到他那时候十分宠爱的一条小狗被汽车碾成了肉饼。他当时的恐惧与伤心令他终生难忘。他在做梦那天的白天看到了一只小狗，它长得与他小时候的那只很像，于是这白天的经历就引导他产生了梦，梦中见到了这只小狗。但实际上这白天的经历只是一个引子，真正产生梦的乃是他童年时候那次可怕的经历，这令他极为恐惧且伤心，因此他在梦中就将这种感情表达了出来。只是梦中可以看到的情景当然不是童年的惨痛经历而是白天可爱的小狗。于是就产生了梦中的情形：看到的是可爱的小狗，情感却是极度的恐惧与悲伤。

还有一个例子是弗洛伊德提出来的，一位年轻的女孩子看见她姐姐的孩子死了，躺在小棺材内，但她却丝毫不感到伤悲，虽然她很爱这个孩子。为什么会这样呢？后来经过梦的解析，表明梦者不过利用这样的梦表达了她想再见见她所爱男人的愿望而已。因为她知道，倘若姐姐的孩子死了，这个男人就会来，而她就可以再次看到他了。这种愿望自然不会令她感到伤心，而要满足这种愿望就是产生她这个梦的原因所在。

从这些例子中我们可以得出这样一个结论：梦中的感情是来源于梦的隐意的，我们在梦的隐意之中总可以找到产生梦中感情的源头，只是这源头与梦的显意是不尽相同的甚至可能是相反的。

但现在我们还要来进一步分析这样两个问题：1. 梦的隐意是否一定会产生相应的感情？2. 如果梦的隐意产生了感情，梦中的感情是否总是与产生这种感情的梦的隐意协调一致？

感情与梦的隐意

我们先来回答第一个问题，答案当然是否定的。也就是说，即使某种梦的隐意产生了相应的梦，也不一定会产生相应的感情，甚至完全可能不产生任何感情，只是产生相应的不带感情的梦境而已。

这是为什么呢？当然是因为梦的检查作用了。我们知道，梦的检查作用要对所有想进入显梦的材料进行彻底的检查，而对于想进入显梦的感情更是加以强烈地压抑，使之根本不能进入梦中。至于为什么要对这些情感进行强烈的压抑呢？原因就在于这感情可能对睡眠产生强烈的影响，使梦者醒来，而梦的检查作用当然要防止这个。

至于梦中的感情对睡眠的影响我们可以通过对自己的梦的回忆看出来，我们在梦中往往是什么令自己不再做梦而是醒来呢？往往是一些强烈的感情，例如恐惧、恶心、悲伤等，就像前面第三章所举的梦例。梦中我回到了北京大学，我为什么最后醒来？就是因为在所喝的汤中看见了蚊子、毛毛虫、蟑螂等，于是感到极其恐惧且恶心，并因此醒了过来。当然这次是因为我的确需要醒来了，所以才令我产生这些感情而导致醒来。但同样地，如果这时候并不需要梦者醒来，于是为了捍卫睡眠，梦的检查作用是一定会将那些可能导致梦者醒来的情感牢牢压抑的。于是就产生了这样的结果：我们在梦中的隐意本来是应该伴有强烈感情的，但由于这种感情可能导致我们醒来，因此在梦中并不会显现这种感情。

我们在前面举过弗洛伊德著名的植物学专著的梦，在梦中只有这样简单的情形：我写了一本关于某种植物的专著，这本书就在我面前，它附有彩色插图，每一幅插图都附着一片脱水的植物标本。

梦中一点也看不到感情吧？事实上经过分析，梦的隐意其实是带有强烈感情的，其中之一就是弗洛伊德对于自己的成果没有得到应有的承认所感到的深深的失望甚至痛苦。

我们可以想象，倘若这种感情出现在显梦里，弗洛伊德是一定会马上醒来的，因此梦的检查作用便将这种感情牢牢封杀，使之不能进入显梦。

这样我们就分析完了第一个问题，答案是梦的隐意并不一定会产生相应的感情，甚至梦中根本就不会有感情存在，这都是因为梦的检查作用对这些感情进行强烈压制的结果。弗洛伊德在这里打了一个形象的比喻，说这就像是由一个满目疮痍的战场所换来的和平，看不出有任何迹象显示那里曾经发生过战争。

我们再来分析第二个问题，如果梦的隐意产生了感情，梦中的感情是否总是与产生这种感情的梦的隐意协调一致?

答案也是否定的。也就是说，在有些情形之下，我们在梦中的确体验到了某种感情，而且这个感情也是由梦的隐意所产生的，然而两种感情之间并不一致，例如我们在梦中体验到的感情是兴奋，而梦的隐意所产生的感情则应当是悲伤。

这又是为什么呢?这当然又是梦的检查作用的结果。

我们前面分析梦的改装作用时，说过梦的改装作用就像一位高明的化妆师一样，可以将梦的隐意中美的化妆成梦的显意中丑的，梦的隐意中丑的化妆成梦的显意中美的，梦的隐意中主要的化妆成梦的显意中次要的，梦的隐意中次要的化妆成梦的显意中主要的，如此等等。

这种梦的改装作用当然也是梦的检查作用之一种，是梦的检查作用进行这种改装的。事实上，梦的检查作用不但能够改装成梦中的那些形象，即在梦中看到的东西，而且也可以改装梦中的感情，例如可以将在梦的隐意中是悲伤的感情化妆成在梦的显意中是兴奋的感情，或者相反，将在梦的隐意中是兴奋的感情化妆成在梦的显意中是悲伤的感情，如此等等。

对此我们还可以举个日常生活中的例子。在人际交往中，我们可能遇到这样一些人，我们在心里对之很是讨厌甚至痛恨，但基于种种理由，在表面上还是要表现得对之热情甚至恭敬。这有点像成语“口蜜腹剑”所说的情形，或者在《红楼梦》里描述王熙凤的话一样：“嘴甜心苦，两面三刀，上头一脸笑，脚底下就使绊子，明是一把火，暗是一把刀。”

当然王熙凤这些是反面的话儿，也可能是这个人的确是个坏蛋，但我们这些善良的人们基于某种理由却不得不对之恭恭敬敬。例如某个领导，人都知道是个坏蛋，贪财好色，巧取豪夺，坏事做尽。但由于他大权在握，人人敢怒不敢言，甚至大家见了他都“某某长某某长”喊得恭敬无比，但心里那个骂呀，把他的祖宗十八代都骂遍了，这样的情形我相信在生活中是不少见的。

感情也是一样。梦的检查作用基于某些原因，例如为了让我们好好睡觉，或者因为我们在梦的隐意中的某种感情违背了伦理道德，因此梦的检查作用可不会让它进入显梦中，但又不一定是前面的例子一样将感情干脆去掉，而可能是以另一种感情替而代之，让其进入梦中。于是就出现了梦的隐意中的感情与显梦中的感情相背离这样的现象。

这样的例子有很多，例如前面我们举过的弗洛伊德梦见叔叔长着黄色胡子的梦，弗洛伊德梦见“我的朋友R先生是‘我对他有很深感情的叔叔’”。这就是一种梦中的感情的背离了。对此我们前面已经做出了分析，在这个梦的隐意中，弗洛伊德其实是将他的同事R先生当成大呆瓜的，分明有蔑视之情感。将自己向来尊敬的同事看成大呆瓜并且加以蔑视这当然是有违弗洛伊德的道德观的，因此梦的检查作用便将梦的隐意中的蔑视在显梦中变成了“怀有很深的感情”。

还有这样一个梦，一位老绅士半夜被太太喊醒，因为他在睡眠中毫不拘束地大笑，使得太太根本睡不着。这老绅士的梦是这样的：

> 他躺在床上，一位他认识的绅士走入房间。他想把灯开亮，但办不到。他一次又一次地尝试，但都不成功。然后他太太由床上下来帮助他，但她也一样办不到，由于她穿着晨衣在外人面前觉得不好意思，所以就放弃了尝试而回到了床上。梦中老绅士觉得这样简直太好笑了，于是忍不住大笑起来。梦中太太问：“你笑些什么？你笑些什么？”但他还是一直大笑，直到醒来。

但事实上，产生这梦的缘由却是老绅士前一天在脑海中浮现的关于他的死亡的意念。他患有动脉硬化症，因此在那天想到了死亡并且感到恐惧，这种对死亡的深深的恐惧当然是合理的，它还导致了晚上的这个梦的产生。对死亡的恐惧就是梦的隐意，然而却并没有产生与这个梦的隐意相对应的显梦以及恐惧的情感，相反地，他却在梦中以不可抑制的大笑置换了因为想到死亡而应该带来的恐惧与哭泣。

还有，他在入睡前也曾经试图与太太性交，但因为力不从心失败了，他十分沮丧。这像白天他所想到的死亡一样也是导致这个梦产生的原因，但在梦中却并没有体现出这些经历应该有的痛苦与哀泣，而是代之以不可抑制的大笑。其目的一是为了让梦者能够保持睡眠，另一方面也是为了自我麻醉，就像一句老话所言：为了不哭，只好大笑。

解梦实例

在这一章中我要举的梦仍然是给我做家务的小妹做的，她喜欢将自己的一切与人分享，经常给我讲她从小到大的事，包括她的梦，加上她是个很单纯可爱的乡村女孩，可以说毫无心机，她讲的梦有许多是比较典型且有趣的，也比较好解。

这是她一个其中带着情感的梦，梦境是这样的：

我梦见自己在扫地，我记得上午已经扫过了三次，家里什么人也没有，只有我一个，我在不停地扫地，但地上总有脏东西（到这里她犹豫了一会，像在思索有些什么脏东西），对了，有许多大便一样的东西，还有痰，就像我爷爷以前经常吐的那种痰，带颜色的，我以前很恶心，但在梦里却一点也不。就在我装了满满一筐脏东西，要倒出去时，我突然在垃圾里面看见了一条红领巾，好像还很新的样子，但我毫不犹豫地将它同垃圾一起倒掉了。倒完后我感到非常开心。

这个梦中明显的感情有两处：一是成天在扫地，但一点也不烦，看到地上有很脏的浓痰也不恶心；二是她将垃圾倒完后感到非常开心。

如何解这个梦及梦中的感情呢？我们首先要来看这个梦是怎么起源的。我问她做这个梦前两天发生的事。她说那时候正是她初中毕业不久，她成绩一向优秀，是重点班的前几名，她很想上学，父母也并没有明确反对。我说你成绩这么好父母当然不应该反对，但为什么后来没去成呢？我在她来时就知道，她是初中毕业后没上高中就直接到了我这里来做家务的。她犹豫了一会儿，才告诉我一件事，我顿时明白这梦是怎么来的了。

原来，她家里有四个孩子，她是老大，她下面是一个弟弟，再下面又是两个妹妹。父母都是农民，十分辛苦。当时，她初中毕业，她弟弟小学毕业，本来读初中是不要钱的，但她弟弟不想上乡下的初中，而想到城里去上，他早就将这个想法告诉了父母，父母也准备了一笔钱，可以供他去城里上初中。但由于她中考成绩非常之好，父母经过了好一阵犹豫之后，便想将这笔钱拿出来供她上高中，老师说她将来肯定可以考上大学的。她很高兴，但就在父母决定这事不久的一天，她突然发现自己的初中毕业证不见了，连家里的户口簿也不见了。这时候离她去高中报到的时间只有一天了。巧的是这时候她弟弟也不见了，不知道跑到哪里去了。结果是，她没有去读成高中，因为她既找不到毕业证，父母也改变了主意，不打算送她读了。她什么也没说，她从小就习惯了让着弟弟妹妹，只在被窝里大哭了一场，接着来我家当保姆了。这个梦就是刚来我家时做的。

知道这件事后，这个梦就好解了。梦中扫地的情节来自她白天的印象。记得她刚来时，地总扫不干净，因为她觉得地上很干净，没什么好扫的。原来她是拿她乡下家里的泥土地面与我们家的地板比了。为这事夫人说了她，说她可不能拿家里的标准来要求这里，于是她以后扫地时就格外仔细了。但这事无疑给她留下了印象，并且产生了这个梦。

我们现在来讲她梦中的感情。第一处是她成天扫地但并不觉得累，第二处是她倒完垃圾后感到非常开心。根据上面弗洛伊德对于梦中情感的分析，我们都应该在梦的隐意中去找这两种情感的根源。

第一处明显有些矛盾，因为地上有脏东西，特别是她以前很恶心的爷爷吐的那种带颜色的浓痰，她也并不感到恶心。这是为什么呢？这其实表达了她对于能够找到这工作的开心。她从小家里十分穷困，从来没有过什么零花钱。但到我家后，第二天我就给了她三百元，叫她去买些自己要用的东西。这当时吓了她一跳，她从来没有摸过这么多钱，而且这钱还是自己的！我付给她的工资也不低。她对这工作自然相当满意，因此体现在梦中，就是说即使地上有再脏的东西要她成天地扫，她也不会厌烦的了，只要让她干这个工作就可以了。这又表达了她的愿望。

第二处情感则关键是要看最后倒垃圾时的那条红领巾，她毫不犹豫地将新红领巾倒进了垃圾堆，而且还很开心。其实相关的梦的隐意不是开心，而是痛苦。这红领巾某种程度上说是她过去学习生涯的代表，也是她弟弟的象征，她弟弟那样伤害了她，将她的毕业证和户口簿都藏了起来，使她没法读成高中，这如何不令她痛苦呢！甚至如何不令她恨弟弟呢！但她善良的禀性使这种痛苦与恨意都不能表露出来，即使在梦中也不能。于是在显梦中就代之以开心与兴奋了。就像我们前面说过的一样：为了不哭，只有大笑。

第十六章　梦的遗忘

前面我们解释了许多梦，尽管解释得井井有条，但也许会有人给我们的分析致命一击，他说：你的这些所谓的解梦所依据的最主要的也许是唯一的基础乃是你醒来后所记得的那个梦境。但你想过没有，这里有两个问题：一是如果你忘了梦中的某些情节尤其是关键性的情节呢？甚至你完全忘记了梦境呢？你怎么能够去解释并且正确地解释它？二是你凭什么说你醒来后所记得的梦真的是你梦中的情形？你不会记错吗？而如果你记错了，那你后面所有的分析不都会一起错下去了？此外还有一个问题是：你凭什么说你的这些解释是正确的、符合事实的而不是你的瞎掰呢？

对于这样强有力的质问，弗洛伊德给出了他强有力的回答。这回答的关键是：所谓忘记只是梦的一种阻抗，它是可以克服的；而我们对于梦的记忆是不会错的，即使有某些地方记错了，也有办法可以克服之并且正确地解梦。还有，我们的解梦之所以是正确的，乃是因为梦本身以及我们的解梦都不是主观任意的，而是有可靠的基础与一定的规律可循的。

分析与例证

正如上面所指出的，我们前面虽然解了大量的梦，然而可能会面临两个严厉的质问：

问题1．解梦是建立在对于梦境的记忆之上的，这种记忆乃是解梦最重要的基石。然而做过梦的都知道，梦者并不一定记得其所做过的梦。事实上，做过的梦中梦者记得的往往只是一小部分而已，常常有这样的情形：我们记得曾经在晚上做过梦，但其内容几乎一点也记不起来了。还有的情形就是，我们好像晚上根本没有做过梦，但其实是可能做过的，只是我们连是否做过梦都不记得了，遑论记得梦的具体内容了。

还有，即使是我们记得的梦，可以确定的是，我们所记得的也只是它其中的一部分甚至很小的一部分，其中的几个片段而已，梦的绝大部分内容都被忘却了，而且可能永远不会再现于我们的记忆之中。

现在我请问：在这样的情形之下，我们要如何去解梦呢？我们的解梦还有可靠的基础吗？

问题2．即便在上面的基础上再退一步，假定我们记得梦中的情形，但我们还要承认这样的可能：我们所记得的完全可能是不真实的，只是我们梦醒后的主观想象，并非我们梦中真正的情形。还有，梦者也可能一部分的记忆是正确的，但他又在其中添加了一些主观的印象，实际上这些印象完全没有在梦中出现。

请问，在上述这样的情形之下，即使我们根据对于梦的记忆而进行了解梦，又如何确定这解梦是正确的呢？因为它完全可能建立在对于梦的不正确的回忆之上，建立在这样不正确的基础之上的解梦当然也应该是错误的。

对于这两个有力的质问，弗洛伊德也给出了更有力的回答。我们先来回答第一个质问，即有关梦的遗忘的问题。

梦的遗忘是一种假象

不知道大家想过没有，为什么梦者会忘记梦？尤其是那些醒来后就忘记了或者只记得十分模糊的印象的梦。这令人奇怪，因为依据常理，即使记忆力很一般的人，对于几分钟之前发生的事总是应该记得的。而如果说这是因为梦是睡着的时候所做的，而在睡时与醒时是完全不同的两种精神境界，彼此不可以沟通，那么我们就应该忘掉所有的梦，但为什么偏偏只忘记一部分梦或者一个梦中的一部分呢？所以这是说不通的。唯一的解释就是我们之所以会忘记梦也是由我们心中的一种精神检查作用所决定的，它就像梦的检查作用一样，命令我们忘记一部分梦或者忘记一个梦中的一部分，同时让我们记得一部分梦或者一个梦中的一部分。

尤其令人印象深刻的是，即使在记得的梦中，梦者也觉得自己梦见了许多东西，但记得的只是其中很少的一部分，而且这一部分还挺模糊。这些现象都是怎么产生的呢？

弗洛伊德说，首先，我们应该注意到，梦的遗忘常常被人们高估，即是说人们对于所遗忘的梦以及一个梦中所遗忘的部分有一种夸张的印象，好像我们真的忘记了绝大部分梦以及一个梦中的绝大部分似的，其实这是一种误会。

这误会表现在两方面，一是遗忘实际上并没有印象中的多；二是即使遗忘了，也可以想办法将这些遗忘的空隙填补起来，而且其方法说起来并不复杂，就是由记得的部分经过分析而找出被遗忘的部分。这所记得的梦的部分就像一条线一样，它使得我们可以走向似乎已经被遗忘的梦的其余部分。

要做到这样虽然说起来不复杂，但做起来也不容易，就像古希腊神话中美丽的阿里阿德涅给了英雄忒修斯一条线，让他牵着这条线一步步走进了克里特的迷宫，杀死了牛头人身的怪物克诺索斯一样。我们要想走进被遗忘了的梦之迷宫并且找出那产生梦的隐意也是并不容易的，就像找到并杀死克诺索斯并不容易一样。它首先需要对于所记得的梦的部分有着清晰的了解，它就是我们了解梦的被遗忘部分的线索。同时要求我们在循着线索进行分析时要集中注意力，不受任何干扰地进行分析，以达到分析的目标。

其次，如前面所言，之所以会产生梦的遗忘，就是因为在人的精神之中有一种检查作用使我们产生遗忘，这种检查作用也可以看作是一种阻抗，它不但阻挡我们去了解梦，甚至阻拦我们记得梦，而我们的遗忘就是这种阻抗作用的具体表现。

然而，这种阻抗作用是可以消除的，只要我们坚持分析就能够打破这些阻抗，并且重新了解梦被遗忘的部分。弗洛伊德在解梦过程中就常常遇到这样的情形。他常常在分析的过程中，发现原来被遗忘的梦后来又再次出现了，而且这出现并非他所发现，而是梦者自己发现的。梦者在接受他的分析时常常突然会说道："我刚刚又想起了什么什么。"这些都是梦者原来以为自己遗忘了的梦的部分。而且，弗洛伊德还发现，这些重新被回忆起来的梦的部分往往是梦的内容之中最重要的部分，正因为它的重要才被检查作用命令梦者"遗忘"。

例如有一次，一位梦者对弗洛伊德说，他刚做了一个梦，不过却全忘了。但弗洛伊德坚持继续进行分析，不一会他就感觉遇到了强烈的阻抗，于是他又向梦者进行了相应的解释，用鼓励与压力帮助他去掉这些阻抗。一开始似乎没有任何影响，但就在他几乎要放弃时，突然之间梦者大声叫道："我现在记得自己梦见什么了。"接着滔滔不绝地将他原来说自己完全遗忘了的梦全说了出来。

这就说明，所谓遗忘其实是一种假象，它是由于阻抗的结果，只要我们借助分析克服阻抗，就能使梦重新回到我们的脑海之中。

对于这种使我们遗忘梦的阻抗作用，弗洛伊德自己也有切身的体验，例如他有时候在被梦吵醒后，还记得梦中的情形，于是立刻全神贯注地去解析这个梦，而且往往能够顺利地解析之。当然这些解析工作都是躺在床上完成的，当他完成解析之后就接着睡了，然而当他第二天清晨醒过来时，不但忘记了梦的解析，连梦本身都忘得一干二净！只是记得曾经有过一个梦并且解释过它。这很奇怪吧，但我相信大家只要关心梦，都有这样的经历，我自己就有过。就是有时候晚上醒来，觉得做了一个印象特别深的梦，于是立即想为什么会做这样的梦，当时想得还很清楚。接着又睡了，第二天醒来时，什么都忘记了，只记得昨晚曾经做过一个很有意思的梦，自己还曾经解释过它，仅此而已。

这就足以说明我们之所以会忘记梦，乃是我们心中有一种检查作用或者阻抗作用在强迫我们忘记之。

另外一种能够说明这种阻抗作用存在的例子是，弗洛伊德曾经记录下许多自己的梦，有些梦他当时无法完整地解释，有些则根本无从解释，但经过一两年之后，再来看这些梦，许多都可以顺利地解析了。

为什么这些梦在经过长时间的隔离后反而变得比近期的梦来得更容易解释呢？这是因为在这段时间内，一些内在的阻抗自己去除了，而梦本身却因为被写在纸上而不致忘记，于是，当阻抗去除时，梦就更容易解释了。这就像一句俗话所言：时间能够冲淡一切。例如敌意，两个相识的人之间本来有较深的敌意，互不说话，但过去了一年甚至几年之后，当两个人重新相遇时，这种敌意往往自然被消除了，甚至自己都为过去的敌意感到奇怪，正所谓“相逢一笑泯恩仇，古今多少事，都付笑谈中”。

我们所记得的梦导向真实

以上是我们对前面第一个问题的回答，现在我们来回答第二个问题，就是即便假定我们记得梦中的情形，但还要承认这样的可能：我们所记得的完全可能是不真实的，只是我们梦醒后的主观想象，并非我们梦中真正的情形。还有，梦者也可能一部分的记忆是正确的，但他又在其中添加了一些主观的印象，实际上这些印象完全没有在梦中出现。

对于这样的质问，弗洛伊德说，这的确是可能存在的，即梦者对于梦的记忆可能有所偏差，但这并没有什么大不了。因为在梦中这种扭曲我们已经看得够多了，我们前面分析过梦的转移作用、梦的凝缩作用、梦的检查作用等等，这些作用都是梦的“扭曲作用”，它们的作用就是扭曲梦，即将梦的隐意进行尽量多的歪曲，让圆的变成方的，直的变成弯的，白的变成黑的，大的变成小的，如此等等，总之极尽歪曲之能事，目的就是让我们无法知道形成梦的真正的隐意。而现在倘若有人再来歪曲其所做的梦，他的歪曲再厉害恐怕也没有梦的上述各种“作用”对梦的歪曲厉害吧！既然我们对于那些“作用”的歪曲都不放在眼里，可以顺利地解析之，后面这些对于梦的内容的歪曲岂不可以通过解析而纠正之呢！

因此，倘若有哪个人认为用语言表达出来的梦与实际的梦有所出入就会导致无法解梦，这是错误的，我们依然可以解梦，就像可以从那些对于梦的歪曲的言辞中找到梦的真实情形一样。

为什么会这样呢？其原因就在于，即使那些后来表述梦的言辞有虚假的成分，但这种虚假也不会是任意的，与原来梦的真实的情形没有丝毫关联。相反，它们之间必定会有所关联，后来这些虚假的言辞会是一种线索，可以将我们引向真实的梦的内容。就像梦的显意虽然与梦的隐意之间差距极大，甚至背道而驰，但梦的显意依然是我们走向梦的隐意的线索一样。

这样听起来有些玄乎，为什么可以从一个人有意地对自己梦境的乱说之中找到真实的梦境呢？这不是一个理论的问题，而是一个实践的问题。例如弗洛伊德往往能够以如下的方式把那些被扭曲了的梦境真实地还原。这就是他在解析梦的时候，如果梦者所说的某一部分梦可能有误，甚至可能是梦者有意乱说时，梦者往往会有所表现，例如说这一部分他觉得很难理解，好像是这样，如此等等，这时候弗洛伊德就会要梦者再重复一遍刚才的梦境，当他再重复一遍的时候，由于前面的是乱说的，梦者不大可能会用原来一样的文字再说一遍，而梦者运用不同文字来形容的梦的部分正好是他乱说的脆弱之点。

而这个点乃是梦的解释的起始之点，因为弗洛伊德要梦者重复一遍等于告诉梦者他已经下定决心要弄清楚这里的真实情形，而梦者由于受到压力，就会刻意地去隐藏，而这刻意地隐藏在弗洛伊德久经考验的鹰眼之下往往更加容易将真相暴露出来。因为梦者急切地企图遮掩梦，以一些较不明显的字眼来取代那些会泄露意义的表达，不过他这样做恰好会令经验极为丰富的弗洛伊德将注意力集中在那些较不明显的字眼上，因此梦者企图阻止梦的真相以及被解释的努力反而让弗洛伊德看出其弱点所在。这就像比武一样，行家是怎样找到对手身上的弱点的呢？当然就看对手的眼睛总不由自主地往自己的哪里瞟，手总不由自主地挡着哪里，这里就是其命门所在了。

当然，这样做的确有一定的难度，只有那些解梦经验极为丰富的专业人士，像弗洛伊德，方能够做到这一点，一般人是做不到的。当然，我们也可以努力去做，因为梦者这些刻意用某些假象隐瞒梦境真相的行为其实与梦的检查作用刻意以某些假象（就是梦的显意）去隐瞒梦的真实内涵（就是梦的隐意）的方式是大体一致的。只要我们像解梦一样去解析之，就有望像解梦一样解开真实的梦境。

当然，我们也要承认，即使是弗洛伊德也不可能解析每一个梦，就像不可能对任何一个梦进行彻底的解析一样，即使分析最彻底的梦也必定有一部分内容被弃之不顾，这是必然的事。

我们在这里最后要说的一点是，我们一直说梦是愿望的达成，而且这个愿望常常是梦者白天不做梦的时候想都不敢想的愿望，为什么会这样呢？对此弗洛伊德回答说，其实白天这些愿望都是存在的，只是以无意识状态存在于我们的心灵深处而已，它们被我们的伦理道德等检查制度牢牢压抑，到了晚上，这种压抑的力量会因为睡眠而有所减弱，于是它就要显形了。然而，又由于即使在晚上，这些检查制度也没有完全消失，依然有部分在起作用，因此这些愿望虽然可以达成，但只能是以隐秘的方式悄悄地达成，甚至连梦者自己都不知道这些愿望以及愿望的达成，只有经过梦的解析才能了解之。

也许还会有人问：为什么我们内心会有这些隐秘的愿望，以及它们为什么要达成呢？对此我们只能回答，一个愿望一旦存在于人的心中，它当然要想办法成达自己，这是必然的，哪怕是在梦中的纯粹意识性的达成也罢！就像一个穷光蛋梦想成为亿万富翁，即使他实际上挣不到一亿，在梦中也要挣到一样。至于我们内心为什么会有这些愿望，那就不是梦的解析的问题，而是精神分析里一个更加深层次的问题了，它涉及精神分析的其他方面，例如关于人的两种本能以及三重人格等方面，您可以参考附录里分有关章节。

解梦实例

关于梦的遗忘是一个相当普遍的现象，下面我举一个例子，是我昨天晚上才做的一个梦。

这个梦的情形是这样的，昨天晚上我做了一个令我印象深刻的梦，我甚至在晚上时因此醒过一次，当时我特别留意这个梦，并且有意识地将它牢牢记在心里，甚至进行了部分的分析。接着我又睡了，但当我今天早上醒过来时，却怎么也记不起这个梦了。我对此当然有所不甘，于是整个上午都在想着这个问题：我昨天晚上做了一个什么样的梦呢？我采用的办法就是弗洛伊德的自由联想法，自己什么也不主张，只是让脑子自由地去想任何东西。到中午时，我突然想起了两个字“考试”。于是梦中的情形便一下子清楚了一半，我记起了这是一个关于考试的梦。梦境是这样的：

我在梦中记得自己已经考上了北京大学，而且记得自己已经博士毕业了，但不是已经毕业了10年之久，似乎是刚刚拿到毕业证书。但我突然又回到了高中时代，我即使在梦中脑子里也明明记得自己已经从北大毕业，但仍然去考北大了，而且考的是历史系。我一开始似乎是上了补习班，但突然已经进了考场，我拿起卷子看，竟然发现许多题目都不会，而且笔好像特别重，写起字来特别慢，因此当考试结束的铃声响时，我竟然还有一大半题目没有做，我的心里那个慌呀，想着：这下完了！一切都完了！惨了！如此等等，这些字眼一齐冲进我的脑海里。虽然我还明明记得自己已经从北大毕业了，但那伤心竟然比真的考不上还要厉害！

我就这样伤心着，以下的梦就记不起了，但我清楚地知道我下面还有一个梦，这梦好像与体育有关，但我无论如何记不起来了，现在依然不记得，只记得确实应该与体育有关，也许是某种球类。

这就是对于梦的遗忘的最新鲜的例子，我想这样的例子大家都应该有，如果不记得有，不妨就试试，一定不难找到这样的有关梦的遗忘的例子，其典型情景是这样的：我昨天晚上明明做了一个梦，怎么就是记不起来了呢！心里真是堵得慌！

由此开始努力吧，要集中注意力，努力去联想，一定可以想起某些东西来的！

至于我的这个梦，这里就不细解了，它并不难解。首先来自我白天的一番与几个朋友关于国家公务员考试的激烈辩论；其次通过梦我达成了一个久远的愿望：不但博士要考上北大，本科也要考上。要知道本科没有考上北大乃是我毕业最大的失败之一呢，现在想起来心里都有些堵。但梦中所谓的考不上其实只是一个假象而已，我在梦中要表达的更深的隐意乃是：本科没有考上北大算个啥呢，你现在不是比许多北大的本科生更强吗？你还经常为这事劳神真是蠢到了家！因此消除我心里一直存在的对于本科没考上北大的遗憾乃是这个梦真正要达成的愿望。

第十七章　梦的退化现象

这一章篇幅相当短促，然而弗洛伊德却在这里道出了一个全新的、根本性的理论，这个理论整体性地解释了梦是如何形成的以及梦为什么是图像而不是抽象的思想。

弗洛伊德对于这两个问题的回答可以简单地表述如下：梦的形成的原始动力来自潜意识，有的潜意识如果能够成为前意识，那么就有可能形成梦。至于这个梦形成的具体方式则是“后退的”，即从已经抽象化的思想退化，变成一种形象化的表达方式，因此我们在梦中看到的都是形象，而表达的当然是思想，因此我们在梦中是以形象来思考的，较醒着时以抽象的概念来思想乃是一种思想的“退化”。

分析与例证

我们在解梦之时所感觉得到的梦的最大特点之一是梦是直接用形象来思维的。也就是说梦其实表达的也是思想，然而我们在清醒的时候，思维往往是抽象的，即用语言来思考，但梦中则不这样，我们很少用语言，主要是形象，但这些形象我们前面分析过，其实都表达了思想，它们就是梦的隐意。

此外，我们在梦中还可以发现一个现象，就是梦是愿望的表达，作为愿望，它当然是一种“也许”，即可能实现，也可能不实现，然而梦则直接将这种愿望用形象来表达，好像它不是愿望，而已经成了现实。就像在本书中所分析的我的第一个梦一样，我梦见自己见到了日本乒乓球星，她对着我笑，我好像觉得自己甚至拥抱了她。这其实很明显地表达了我的一个愿望：我希望见到她，还希望能够拥抱她。这乃是一种愿望，但在梦里它可不是愿望，而是事实呢！

简言之，经由上述分析我们可以发现梦有两个基本特征：一是在梦中是以形象来思维的；二是梦将愿望直接以一种眼前的情景表现出来，好像它已经不是愿望而是现实。

梦的退化的产生过程

那么梦为什么会具有这样的特点呢？这些特点又是如何形成的呢？为了解释这个现象，弗洛伊德对人的整个意识系统进行了分析。

首先，弗洛伊德把人的意识系统或者说精神系统想象成一个复式的构造，即它包括各个部分，这些部分彼此结合成为系统。

然后，我们再来探讨，看看这个意识系统究竟是由哪些部分构成的。

为了弄清楚人的这个意识系统的构造，不妨先想象人的一个意识是如何形成的。

一个通常的说法是，人的意识或者说知识起源于感觉，至于为什么这样，乃是一个很复杂的哲学问题，我们在这里不方便讨论，总之我们要知道，人的意识是起源于感觉的。

那么这个感觉又是如何形成的呢？感觉的形成当然首先始于某种刺激，这种刺激可以是内在的，即来自我们人体自身内部的刺激，例如肚子饿就是一种内部的刺激，当然更多的是外部刺激，即外在于我们的某种事物产生的刺激，例如我看到了一朵红花，这就是一种外在刺激。有了这个刺激之后，我们的感官就会将刺激经由神经系统进行传导，到达大脑中枢之后形成相应的感觉。

感觉产生之后会有什么样的后果呢？第一个后果当然就是会有记忆。这时候弗洛伊德就提出了他一个独特的观点。就是他认为我们的意识可以分成两个系统，第一个系统接受感觉刺激，但不留下丝毫痕迹，因此没有记忆；在它背后还有第二个系统，它能将第一个系统的感觉转变成为永久的痕迹，这就是记忆。以红花的例子来说，第一个系统看到红花后不会留下任何印象，继续感觉其他的花；第二个系统则将看到的这朵红花永远地留在记忆之中。

这两个系统之间最重要的联系就是一种关联，即当第一个系统感觉到某个东西时，第二个系统可能从记忆之中找到以前与这次感觉到的东西之间有某种联系，例如相同、相近、相似、相反，如此等等，这就是关联。显然，倘若没有记忆，这种关联是不可能产生的。

弗洛伊德认为，那没有记忆力的第一个感觉系统传递给人的意识层各种繁杂的感觉，这些感觉只有当下知道，并不会留下痕迹，留下痕迹的当然是第二个系统，就是记忆的系统。

对于这个系统，弗洛伊德说，它的一部分内容可以成为意识，就像前面红花的例子，以后当我看到另一朵红花，与那朵红花有些相似时，就会记起以前看到过的那朵红花，也就是说，关于那朵红花的记忆进入了意识的层面。这是不难理解的。

但接着弗洛伊德提出了另一个很重要的观点：就是我们的记忆之中有一些内容，特别是童年时代的某些记忆，却很难变成意识，也就是说我们可能永远不知道我们有这些记忆，它们永远是“潜意识”的。即使有时候可能进入意识的层面，我们也难以明白，难以将它与眼前的某种感觉联系起来——即虽然我们眼前的某些感觉与意识可能与那些古老的记忆相关，我们也不会知晓。

此外，弗洛伊德还指出，这些童年的记忆虽然不会进入意识的层面，但不等于它们不起作用，事实上它们在潜意识状态下依然起作用，只是我们不知道而已。

现在我们将弗洛伊德的这些思想用之于梦的解释之中。前面我们已经说过，为了了解梦的形成，必须假设有两个心理机构，其中一个将另一个的精神活动加以审核，这个审核者就是梦的检查作用，而被审核者则可以看作是潜意识。不难看出，与梦的检查作用相关的心理机构要比与潜意识相关的心理机构更接近意识的层面，它就像一个门卫般，站在意识与潜意识之间，将它认为不适合进入意识的潜意识内容挡在意识的大门之外。因此这个梦的检查作用无疑是一个很“正派”的机构，它与指导我们的清醒时的意识系统是一致的，而将那些不符合我们清醒时所持的伦理道德观念之类的内容加以拒斥，只让那些符合伦理道德观念之类的内容进入梦中。无疑我们的潜意识之中有许多内容——我们称之为梦的隐意——是想进入梦中的，为此它们不得不进行各种的改头换面，装扮成符合梦的检查作用要求的样子，才能进入梦中。而我们的分析就是要将这些经过了改头换面的东西加以分析，恢复其本来面貌，找到梦的隐意，这就是解梦。

弗洛伊德在这里还提出了一个新的概念——前意识，它位于潜意识与意识之间，即那些想进入意识领域的潜意识在经过梦的检查作用的审核之后，可以进入意识领域了，但并不是马上就成为意识，而是还有一个等待的过程，在等待成为意识之前，它们被称为“前意识”。打个比喻，电影院的大门外站着许多人，这些人相当于“潜意识”，其中有些人是有票的，可以进电影院，但经过检票之后，这些人并不能马上进入电影院看电影，而是先要经过一个前厅，在这里等待正式进场。这些虽然可以进场了，但还在等待正式进场的人就类似于“前意识”了，而当他们进场之后，就成了“意识”。显然，能够成为意识的潜意识只是潜意识中的一小部分，而潜意识要成为意识首先必须成为前意识。

将这一观念用之于解梦，弗洛伊德指出，梦形成的最原初的动力就是这些潜意识，它乃是所有的梦形成的起点。但毕竟只有一部分的潜意识能够成为梦，它要成为梦就必须先成为前意识，而这个前意识当然就是梦的隐意了，然后这个梦的隐意在经过梦的检查作用的一番改造之后方可正式进入梦中，即成为我们的意识。

这一些看起来都是比较顺理成章的，但弗洛伊德在这里提出了一个疑问：我们知道，白天当我们清醒之时，我们的意识乃是一些语言与概念，我们是用这些语言与概念进行思考的，倘若我们的梦只是意识由前意识的领域进入意识的领域，那么应该是像白天一样用语言与概念来进行思考呀，但我们在梦中可不是这样，我们在梦中基本上是用图像来进行思考的，我们在梦中看到一幕幕的图像，而这些图像的交替变换其实就是我们的思考。

弗洛伊德问：这是为什么呢？

显然这是一个有趣且颇具挑战性的问题，确实，我们白天思考是用语言与概念来进行的，思考时眼前断乎不会出现一个个图像的变换——除非是出现了幻觉或者“白日梦”。但晚上做梦就不同了，我们总在眼前“看到”一幕幕图像的变换，而此时我们的眼睛当然是闭着的，因为我们在睡觉。我们在梦中用眼睛“看”图像其实是用脑子在思考，那些在白天意识状态下一个个的抽象的意识在梦中都变成了一幅幅的图像。例如在本书的第一个梦中，我“看到了”日本球星，我拥抱了她，这一幕幕的图像其实表达的乃是这样一个意识——我喜欢她，而要是在白天，我即使是想到了自己喜欢她，也只会在脑海里产生“她多可爱呀，我好喜欢她”这样抽象的意识，而断乎不会在眼前“看到”她，更不会看到自己拥抱她。那为什么在梦中总是能够用这样的图像去表达本来应该是抽象的意识呢?

弗洛伊德说，这是因为梦的“退化”所致的结果。

什么是“退化”？我们先思考一下刚才所分析的感觉、记忆与意识等的产生过程，我们可以看到一个这样的序列：我们的意识最初起源于感觉，即外物刺激我们的感官产生感觉——其中最主要的是视觉，所谓视觉当然是一个个的形象，这便是我们最初的感觉，这一个个由形象组成的感觉也形成了我们最初的记忆，这乃是我们意识最初的形态。然后这些记忆才在形象的基础之上变成了一个个的抽象的概念，不是用图像而是用语言与概念来表达了，这语言与概念乃是我们的意识的第二种表现的形态，也是后来最主要的表现形态，即我们的思考当然是用这些语言与概念进行的，而不会用原来的一个个形象。

对这个过程我们可以简单地图示如下：

外物（通过感官）→感觉（主要是视觉，即一个个的形象）→意识（用语言表达的抽象的概念）→用抽象的概念进行思考（清醒时）

这是我们清醒时用抽象的概念进行思考所经过的过程，针对这个过程，弗洛伊德提出了一个极其新颖的理论，就是我们在睡眠中做梦时所进行的思考是与这个过程相反的另一种过程，如果将上面图示的那个清醒时思考的过程称为思维的一种“进化”过程的话，那么做梦时思考的过程可以称为思维的一种“退化”过程。

这个过程可以具体地表述如下：

首先是有一些意识，这些意识无疑也是一些抽象的概念，它们是梦的隐意，这些隐意乃是一些语言与概念，而做梦当然也是用这些抽象的语言与概念进行思考，然而在开始这个思考的过程之前，梦先要有一个“退化”的过程，即将这些抽象的语言与概念还原为在这些抽象的语言与概念形成之前所对应的一个个形象，然后用这一个个的形象来思考，我们在梦中看到一个个形象的变换就是这种用形象或者说图像来进行思考的过程。

也许有人会问，为什么我们白天不能够也这样用一个个的图像来思考呢？对于这样表面上简单实际上极难回答的问题，弗洛伊德提出了一个假设。他说，我们可以假设在白天有一道连续不断的由抽象的语言与概念组成的意识之流进入我们的意识，引导我们用这些抽象的语言与概念进行思考；但到了晚上睡着后，这道由抽象的语言与概念组成的意识之流停止了，不再要求我们用它们进行思考。但同时，当我们睡着后，其实并没有停止思考，此时，由于那道由抽象的语言与概念组成的意识之流没有了，这些抽象的语言与概念组成的意识之流便恢复了它们本来的形态——一个个的形象，于是梦中的思考便改由这一个个的图像来进行了。我们就称这为“退化”作用或“退化”现象。

退化的意义

也许会有人要进一步地追问：为什么由抽象的语言与概念组成的意识之流要回复到原来一个个的形象呢？

对于这个弗洛伊德并没有做出多少分析，我可以在这里提出如下的解释：

梦之所以要通过形象来进行思考，在于这种思考方式有两种好处：

1．它更能满足我们的愿望。

我们知道，梦最基本的特点是梦是愿望的达成。在用抽象的语言与概念满足愿望与用图像来满足愿望之间，何者能够令我们得到更充分的满足呢？当然是图像。像我在本书第一个梦中的愿望，我在清醒时用抽象的语言与概念去满足之就是在心中默念“我喜欢她，我要拥抱她”。而在睡眠时用图像去满足就是我看到了她，并且拥抱了她。请问何者更令我满足呢？倘若我甚至还有更进一步的欲望，例如想同她做爱，我在清醒时只能在脑子里想“要是能够同她做爱就太好了”之类的话，不会因此有多少快感的。但在梦中就不一样了，我完全可以做这样的梦：在梦中她为我宽衣解带，我们尽情地做爱，达到高潮并射精。这样说起来好像很危言耸听，但实际上很多人都完全可能做这样的梦的，很多男人或者女人都曾经在梦中与爱而得不到的女人或者男人做爱，并且达到了高潮。对于男人就是性交梦以及由之而来的梦中高潮与射精——梦遗，这样的梦原则上说每个正常的男人都做过的。

我现在请问，白天用抽象的语言与概念去想那个球星并且渴望与她做爱能够产生这样的快感与高潮，使我们的愿望达到如此的满足吗？显然不能。

所以，我们之所以要在梦中以图像的方式来思考，是因为这种思考的方式能够更加充分地体现梦的主要特点——满足梦者的愿望。

2．它能提供内容更加丰富多样的思考。

我们前面说过梦的凝缩作用，就是说哪怕一个简单的梦，梦中只有有限的几幅图像，几秒钟就做完的梦，倘若要用语言来解梦，完全可以写上若干页，读上一小时未必读得完。这就是梦用图像来思考的第二个好处了，它能够将极为丰富的意识内容用相对而言少得多的图像表达出来。

在这里我要举个我国古代著名的梦例，这就是“黄粱一梦”。

“黄粱一梦”这个成语典出唐代《枕中记》，原文是：

开成七年，有卢生名英，字萃之。于邯郸逆旅，遇道者吕翁，生言下甚自叹困穷，翁乃取囊中枕授之。曰：“子枕吾此枕，当令子荣显适意！”时主人方蒸黍，生俛首就之，梦入枕中，遂至其家，数月，娶清河崔氏女为妻，女容甚丽，生资愈厚，生大悦！于是旋举进士，累官舍人，迁节度使，大破戎虏，为相十余年，子五人皆仕宦，孙十余人，其姻媾皆天下望族，年逾八十而卒。及醒，蒸黍尚未熟。怪曰：“岂其梦耶？”翁笑曰：“人生之适，亦如是耳！”生抚然良久，稽首拜谢而去。经此黄粱一梦，卢生大彻大悟，不思上京赴考，反入山修道去也。

此事亦见于《太平广记·卷八十二·吕翁》。

这段话不难理解，我们就不翻译了。且看，在这里卢生在店主煮一锅黄米饭还没有熟——大概也就是半小时之内吧——的时间里已经在梦中度过了他的一生，其间经过了多少曲折，包括他的娶妻生子、中举做官、建立军功，还当了十多年的宰相，直到八十多岁死去。也就是说，在区区三十分钟左右的梦里已经度过了他的六十年左右的岁月！梦的凝缩作用之厉害可见一斑！

如此，梦如何不用图像来思考呢！

如果还有人问：既然用图像来思考这么好，我们为什么不在白天也用图像来思考呢？这原因很简单：用图像来思考固然内容可以丰富，但这种丰富只有梦者自己知道，它有利于思考者自我的体验却无法表达，也无法交流，这是它的致命之短处，而人类的进化与进步主要来自彼此之间思想的交流，而不是思者主观的体验。

三种退化

最后一个问题是，为什么我们在梦中用图像思考的那些问题与表达的那些愿望往往是我们白天所不会思考的，而且主要的内容是与过去的经历有关的一些事情呢？

对此弗洛伊德回答说：这也是梦的一种“退化”现象啊！它是梦的内容的退化，即由当前的生活退化至几年甚至几十年前的童年经历与相应的记忆。至于为什么会有这样的退化，则是因为我们那些早年的经历与记忆虽然已经过去了多年，甚至于当我们清醒时不复记忆之，但它们实际上并没有真的消失，而是成了潜意识，并且具有强大的力量，渴求复活，时刻想冲入我们的意识之中，即使白天不能，也要在夜晚当我们入睡之时，以转弯抹角的形式偷偷地进入意识，成为我们的梦。

通过对上面的这些退化现象的分析，我们可以找到三种退化现象：一是区域性的退化现象，就是我们所指出的意识由抽象的语言与概念重新退化为一个个的形象；二是形式的退化现象，指我们在梦中是用这一个个的形象的组合变换来进行思考，而不是像清醒时一样是通过抽象的语言与概念来思考；三是时间性的退化现象，就是指梦之所指常常是我们童年时期的愿望。

不过弗洛伊德又指出，这三种退化现象实际上可以说是同一个，因为它们一般来说总是同时产生，同时起作用，同时活跃于梦中。

在这一节的最后，弗洛伊德隐约地指出了一个重要的观念。他认为在梦的退化现象之中，尤其是梦者经常在梦中回到童年的过程之中，在梦者个人的童年背后，我们可以望见人类种族进化的童年。所以，梦中回到童年既反映了梦者个人的进化，也反映了人类整体的进化，而每个个体的进化不过是生命之偶然中一个简短的重复而已。

因此，我们可以期望由梦的解析中去了解人类许多古老的传统。也因此，对那些关心并且想重建人类起源的最早以及最黑暗时期的情景的人来说，理解精神分析是极有意义的。

解梦实例

由于本节所告诉我们的是如何理解梦，是关于梦的理论的一种纯粹理论性的深入思考，并非告诉我们如何解梦，我们在这里就不提出梦来解析了。不过，我们可以像前面分析日本乒乓球星的梦一样去分析去揣摩在前面的“解梦实例”中所解析过的每一个梦，根据梦的退化理论去理解这些梦，这对于我们真正理解梦——而不仅仅是依样画葫芦地解梦——是极为重要而且必要的，因为只有更深刻地理解梦，才能更合理地解梦。

第十八章　再论梦与愿望的达成

精神分析对于梦的最基本的观点是：梦是愿望的达成。前面我们在第二章中就简单地分析了这个观点，现在弗洛伊德在这里对于这个关于梦的基本观点进行了更加深入的分析。

弗洛伊德认为，原则上所有梦都是愿望的达成，即使有些梦好像不是，但经过分析之后也可以发现其是愿望的达成。那么这些愿望来自哪里呢？它们来自我们被压抑的潜意识，这些潜意识又来自遥远的孩提年代。至于白天的经验与愿望，虽然在梦的形成中总起着某种作用，但这种作用是辅助性的，只是引导出那个产生梦的潜意识愿望而已。

分析与例证

精神分析关于梦的基本观念是认为梦是愿望的达成，对此我们前面已经再三分析，但还是会有很多人抱着强烈的怀疑态度。如果进一步说几乎所有的梦都是愿望的达成时，一定会遭到更强烈的反对了，因为我们经常会做这样的梦，梦中并没有愿望的满足，有的只是焦虑与痛苦。

有的人会提出，既然我们在白天的思想活动里能够产生那么多的精神活动，诸如判断、推论、否定、期待、意念等等，为什么在晚上就把自己的思想活动单单限制在愿望的达成呢？相反地，不是有许多梦显示出其他不同的思想活动吗？例如上面说过的焦虑与痛苦等。

这些质疑都是有道理的，因此我们必须更进一步地去研究愿望的达成，看它在梦中到底扮演什么样的角色，是不是如我们前面所说的是最重要的角色。

我们前面曾根据愿望的达成把梦分成两类，第一类梦很明显的是愿望的达成，第二类梦的愿望之达成则不但不易觉察出来，而且往往以各种可能的方法去对这个愿望加以掩饰。进行这种掩饰的就是梦的检查作用，但它们实际上依然是关于愿望的达成的梦。因此原则上所有的梦都是愿望的达成的梦。对于这个观点我们后面还会有进一步的分析。

愿望的起源

我们现在要来分析的问题是：如果梦真的是愿望的达成，那么梦中的这些愿望究竟来自何方？

我们先从表面来看，这些愿望可能来自三个地方：

1. 这愿望是合理的，而且白天已经有了，不过却因为某些外在的原因无法得到满足，因此晚上在梦里也要得到满足。

2. 这愿望是不合理的，它也在白天已经有了，但由于不合理遭到拒斥，因此留到晚上也要满足这个在白天被压抑的愿望。

3. 这愿望与白天无关，它是一直被强烈压抑的，只有到了晚上才可能想办法来满足自己。

此外，愿望还可以有第四个来源，它是一种更为直接的来源，就是晚间在梦中随时产生的愿望冲动，例如由口渴与性欲产生的冲动，或者躯体受到某种刺激产生的冲动。我们在这里只讨论前面的三个愿望的来源。

对于这三种愿望可能的来源，或者也可以说是三种可能的愿望，我们还可以用上章分析过的前意识、潜意识等概念来描述之：上述第一种愿望起于前意识，第二种愿望是从意识中被赶到潜意识去的，第三种愿望则只居于潜意识之中。

现在我们要来思考这样一个问题：这些不同起源的愿望对于梦来说是否具有同等的重要性呢？是否拥有同样强的力量来促使梦的产生呢？

对于这个问题，弗洛伊德的观点是，在上述三个可能的来源之中，第一个应该是难以产生梦的，即一个白天没有得到满足的愿望是难以单独使一个人在晚上产生梦的，但它能够对梦的形成起辅助的作用。如果说理由的话，就是因为这些白天合理的愿望的强度总是不够大，不足以独立地令一个理智的成年人在晚上产生梦，即使要产生也必须有来自别处——例如童年时期的某个相似的愿望——的帮助。

那么要产生梦，这个相应的愿望应当来自何方呢？弗洛伊德说，它要么直接来自潜意识，要么必须得到潜意识中的某个相似愿望的加强。

为什么潜意识的愿望能够产生梦呢？弗洛伊德说，这是因为那些潜意识的愿望永远是活动的，一有机会它们就想进入意识。当然，它们由于是潜意识的，受到强烈的压抑，因此一般来说难以直接进入意识，必须和已经呈现在意识中的某个与它相似或相关的愿望结成联盟，并将自己较强的力量转移到那个意识的愿望之上，这样就能够产生相应的梦。所以，那些表面上看来是意识的愿望独力产生的梦，实际上是由潜意识为主力形成的，只要我们仔细分析，总可以在这个梦的某些不显眼的特征中看出那个潜意识的痕迹。

还有，这些潜意识的愿望究竟是一些什么样的愿望呢？弗洛伊德说，它们都是梦者幼年时期的愿望，这些愿望产生之后并没有得到相应的满足，但它们并没有就此消失，而是变成潜意识深藏于人的心灵之中，人成年之后，它们就变成了人心中的潜意识，而且并没有因时间的久远而失去活力，相反，它们像蛰伏在草丛里的虎狼一样，只是暂时地隐匿自己，一有机会随时准备从藏匿之处跳将出来！而那个机会就是梦者白天的某种经历或者产生了某个愿望，它们与这个潜意识愿望有某些相关或相似之处，于是潜意识像从草丛里跳出来的虎狼一般，一下子将这个白天的经历或者愿望逮住了，利用它成功地产生了相应的梦。

白天的经历

从上面的分析来看，来自梦者童年的潜意识愿望乃是产生梦的主力，而白天的经历或者愿望只对梦的产生起着次要的作用。但我们并不应该因此而忽略白天的内容，要知道没有它依然是没办法产生梦的，这就像炸弹一样，即使威力再大，没有引信也无法爆炸，而白天的内容大致相当于这个引信。

不仅如此，我们还可以看到梦中的另一种情形，就是白天一些仍未解决的问题、令人头痛的烦忧、太过强烈的印象，这些东西甚至会使相应的思想活动持续到睡眠阶段，并且一直进入梦中。这样的思想活动大致可以分成以下几类：

1. 由于一些偶然的原因，无法在白天得出结论的思想。

2. 因为我们智慧的不足而根本没有办法得出结论的思想。

3. 在白天被排挤与压抑的思想。

4. 由于前意识在白天的作用使相应的处在潜意识中的愿望受到强有力的冲击而产生的相应的思想。

5. 那些无关紧要的白天的思想，因为其无关紧要而在白天没有被处理者。

上述五种白天的思想都可能在晚上直接进入我们的梦中，使我们在梦中继续思考它们。

然而，我们也可以相信，这些思想之所以能够进入梦中，并非是它们自身产生了梦，它们依然如我们前面所言，只是潜意识入梦的引信，尽管这引信对于梦的形成甚至在梦中都占据了重要的地位。

弗洛伊德举了这样一个梦例，在梦中他看到朋友奥图像生了病似的，好像患了甲状腺功能亢进症状。就在做梦的前一天，他就对奥图的脸色感到忧虑，并且非常关切，甚至于好像这忧虑与他自己也相关一样。于是，这个忧虑在他当天晚上的一个梦里表现了出来，就是梦见奥图生病了，这令他感到忧虑。

他为什么会做这个梦呢？难道他希望奥图生病吗？显然不是。于是弗洛伊德进行了分析，主要是分析梦中的那个忧虑的来源。经过分析，他发现他在梦中将奥图与一位L男爵仿同，而将自己与R教授仿同，R教授已经是一位成功人士——一位教授了，而弗洛伊德当时最大的愿望就是成为令人尊敬的教授。于是，弗洛伊德找到了这个梦真正的起因，就是他童年时期要出人头地的愿望。借着这个梦，弗洛伊德将自己仿同成了R教授，也就是说他在梦里取得了成功，达成了童年时期的愿望。

在这个梦中我们可以看到，那白天的忧虑之所以进入梦中，只是为了要引出R教授，而引出R教授的目的当然是为了让弗洛伊德能够产生仿同作用，而产生仿同作用就满足了弗洛伊德童年时期那个强烈地想出人头地的愿望。而那个忧虑与梦的隐意——童年时期的愿望——之间其实并没有任何关联，它仅仅是一个引子而已。

当然，就如同我们前面说过的，这个引子是必不可少的，因为倘若没有它，那么弗洛伊德童年时期的愿望在这个晚上仍会像它在其余无数个晚上一样，静静地躺在弗洛伊德的潜意识里睡大觉呢！可不会像坦克一样冲入他的梦中。

进一步地，弗洛伊德说，虽然产生梦的几乎总是潜意识，但潜意识所产生的每个梦都和最近的经历与印象有关，而且一般是与一些似乎很不明显的经历有关，我们经常可以在梦中找到这些在白天似乎无足轻重的琐事的影子。

对了，这里我们要区别白天的两个内容：一者是引导出梦的白天的经历，这经历往往是在白天相当重要的、在不知不觉中留下了深刻印象的经历；另一者只是梦中所看到的某些东西，而不是引导出梦的东西。在梦中看到的这些东西只是构成这个梦的一些成分而已，就往往是白天那些琐事了。至于为什么要这样，当然是因为那个潜意识愿望只是一个愿望而已，要构成梦必须有许多材料，而这些材料最方便的来源当然就是最近的印象了。

至于为什么要找无足轻重的印象，弗洛伊德说这也许是因为潜意识比较喜欢和那些不被注意的、被漠视的或被打入冷宫的意识攀上关系，这些意识虽然在白天已经产生，并且与白天的某个经历相关，然而由于它对经历者而言并不重要，因此对之采取了完全忽略与漠视的态度。而正由于它们有这样的特点，潜意识便将之采用，引入了梦中。

检查作用

那为什么梦与潜意识要这么做呢？弗洛伊德解释说，这是由梦的检查作用所导致的结果。

我们知道，梦的检查作用是很严格的，越是那些在白天的经历中显得很重要的内容，梦的检查作用越会对之严加盘查，而对于那些在白天显得无足轻重的内容，梦的检查作用就不大注意了。我们可以打个比方，梦的检查作用就像在大街上搜查可疑人物的警察一样，只对有某些引人注目的特点的人加以注意甚至搜查，对于那些没有任何引人注目的特点的普通人则看都不会多看一眼。而那些高明的坏人这时候如果要不被逮到，就必须竭力装扮成最普通的人物，例如他本来有的是钱，穿得起高档西装，但断乎不会这时候穿着笔挺西装往大街上走，这不是找人注意他吗！

他会去找一个民工，将他的衣服弄过来穿上，甚至把白皙的皮肤弄得脏些黑些，活脱脱像个满大街都是的普通人，然后才敢上街。

潜意识在这里也一样，为了要进入梦中，他首先要躲开梦的检查作用的盘查。怎么才能做到这一点呢？最好的办法当然是像上面那个高明的坏人一样，要将自己的真实身份隐藏起来，对于潜意识具体办法便是同白天一些最不重要的琐事关联在一起，这样当然就容易瞒天过海，不被梦的检查作用所注意，得以悄悄地进入梦中。

至于为什么梦的检查作用要阻挡这些潜意识大模大样地进入梦中，当然是因为这些愿望通常是不合理的，甚至是不合乎伦理道德的，故不能为我们的理性所容忍，所以白天时候它们根本不敢进入意识中。我们甚至于可以这样相信：它们之所以不能够在白天进入我们的意识，也是因为即使白天我们在心中也有一种检查作用在起作用，正是这些检查作用将这些不合理的甚至是不合乎伦理道德的愿望牢牢地封锁在我们的意识之外。

而晚上之所以它们会悄悄地进入我们的梦中，这又是有理由与意义的。

这理由就是，那个检查作用虽然很厉害，但它毕竟也有疲倦的、需要打盹的时候，而晚上就是它打这个盹的时候。这时候它虽然没有睡大觉，但警惕性要差一些了，因此，这时候那个潜意识的愿望只要找一些不起眼的白天的琐事伪装起来，检查作用——现在我们要称之为梦的检查作用——就不会发现那经过了伪装的潜意识愿望，就会让它顺利地进入梦中，成为梦的显意。但毕竟这个梦的显意是由梦的隐意伪装而来的，它们之间有着必然的联系，因此只要我们仔细分析，就可以从梦的显意之中找到梦的隐意，也就是成功地解梦。

还有，弗洛伊德认为，让这些潜意识的愿望通过这种曲折的方式进入梦中也是必要的，因为它们毕竟是存在的，并且有着强大的力量，又每天都在我们的内心深处默默地努力，想冲破检查作用而突入我们的意识之中，倘若一味地压抑，也许它们有一天会像火山一样爆发，支配我们的行为，从而产生巨大的破坏作用。所以最好的办法是让它们在一个适当的时候以适当的方式进入我们的意识之中。

这个适当的时候当然是晚上睡着的时候，而适当的方式当然是在梦中。

为什么呢？原因很简单，因为我们在梦中时虽然思想活跃，可以做各式各样的梦，甚至于在梦中可以与自己的母亲发生不伦之恋，可以杀人放火，如此等等，但通通都只会停留在思想之中，而不会付诸行动，因为我们的身体这时候是睡着的，是不会有与梦中那些可怕的思想相应的行为的。

如此一来，这个梦的检查作用就类似于我们心灵的守护者，我们可以认为它是故意放那些潜意识偷偷地进入我们的意识之中的，目的是保护我们正常的心理与正常的人生。

解梦实例

关于梦是愿望的满足及其与白天经历的关系的梦例我们前面已经举了不止一个，现在再举一个，而且是更适合于本章内容的梦。

这是我一个朋友的梦，梦境是这样的：

我梦见自己穿着一件式样非常奇特的白袍子，它将我整个的身子都包了起来，眼睛只能看得见前面。我到了市集上，不由地为我这身怪衣服感到不好意思，但似乎没有人注意到我。我走到了一间大屋子前，门开了，里面黑乎乎的，我突然听到一个女人的声音说：你要看吗？后面的话就模糊了……

这是一个相当怪异的梦，很不好解释，其中更没有体现出某种比较明显的愿望，我们先从梦中比较明显的几点入手。

首先是那件奇特的白袍子，我要他仔细想想白天经历过的事。对了，这里我要说明一点，这位朋友对解梦也很感兴趣，读过一些相关的著作，包括弗洛伊德的《精神分析引论》等，对于书中有关梦的章节相当熟悉。他想了一会，很快做出了解释，白袍来源于白天一件小事，他偶然翻了一本书，里面提到了美国的三K党，他是了解三K党的，知道这个党的特点是成员经常穿着罩住全身的白袍子干坏事。他也就随便看了几行而已，并没有对这事留下什么印象，但这事却出现在了梦中。

梦中第二个比较明显的情节是他到了一间大黑屋子里。对于这间大黑屋子，我们前面曾经分析过，这样的屋子往往是母亲子宫或者女性生殖器的象征，因此我们这里不妨先这样设定。

梦中最后一个比较明显的情节是他听到一个女人的声音说：你要看吗？而且后面的话就模糊了。

我们可以凭经验知道，这里的模糊是有原因的，梦者肯定在这里隐藏了什么。于是我要他进行自由联想，他停了一会，突然说：这还用想什么呢！

我马上就明白他的意思了，这个梦也就解开了。一会儿后，这位朋友告诉了我一个他童年时期最为强烈的愿望。我在这里打上着重号，因为他强调的确是他童年时代甚至少年时候最重要的愿望，就是想知道女性的下体是什么样子。他家里只有两个兄弟，没有姐妹，在那个时代连电视都没得看，更没有现在的成人影片之类了，因此他根本没有机会知道女性的生殖器是什么样子。但他对此又有一种本能的好奇，其强烈的程度令他至今想起来都摇头感叹。为此他在心里设想了千百种能够看到女性生殖器的方法，例如装着误闯女厕所甚至偷看母亲洗澡——母亲是他家里唯一的女性。但他是一个很有道德感的人，压根儿没想过要真的去实践这些方法，甚至为有这样的想法感到羞愧。但他想知道女性生殖器是什么样子的愿望依旧十分强烈。他甚至笑着说，直到现在，他早已经有老婆孩子了，但依然特别喜欢看女阴的样子，无论是看真的还是影片或图片上的。

了解了他这个童年时期的愿望之后，这个梦也就解出来了。

第十九章　梦的两大功能

我们前面所说的全部内容都是围绕着一个中心进行的，就是人为什么会做梦？我们又如何去解梦？在这一章里弗洛伊德则分析了关于梦的另一项重要内容——梦的功能。

弗洛伊德认为，梦的功能无疑是为了保护睡眠，这是其基本的功能，然而在某些情形之下，梦的功能则可能转变为让梦者不再睡眠，这时候梦者便由梦中惊醒。

分析与例证

我们前面对梦的形成已经有了比较完整的分析，在进一步分析之前，我们先来对梦的成因以及产生梦的过程做一个大致的回顾。

首先，产生梦的引子或者说契机乃是梦者前一天清醒时刻的某些经历，而产生梦最本质的能量则是梦者的潜意识愿望，由于梦者白天的经历与这个潜意识产生了某种共鸣，导致这个潜意识被激活，于是这两者的结合就为梦的产生提供了一个完整的基础。

本来，这个已经被激活的潜意识愿望自然而然地想经过前意识而成为意识，但遭到了我们心灵之中一种检查作用或者说审查制度的拒绝，没有成功地进入意识领域。但到了晚上梦者睡眠后，这一审查制度减弱了，于是那个潜意识便可能成功地突入意识领域。然而那个检查作用——这时候就是梦的检查作用了——不会让这个潜意识自如地以本来面目出现，而是将其进行了大量的改装，才让其进入。当然也可以说是这个潜意识愿望自己进行了大量的改装，才能够骗过梦的检查作用而得以进入意识领域。

然而，这时候意识的形态已经不是像白天清醒时的意识一样是一些语言与抽象的概念了，而退化成了一个个的图像——这也是意识原始的形态，这就是我们前面分析过的梦的退化作用。这种退化作用的结果是，我们在梦中虽然也在思考，也有意识，但这意识与思考都不再是抽象的语言与概念，而是一个个的形象、一幅幅的图像，这乃是梦最主要的特色之一。

保护睡眠

以上就是梦产生的大致过程，现在我们要问这样一个问题：我们为什么要做这个梦呢？

其最根本的理由我们在上章已经作了一些分析，是因为那些来自我们遥远的童年的潜意识有着十分强大的力量，虽然我们白天在清醒时并不会意识到它们的存在——这是我们心灵之中一种检查作用对之强烈压抑的结果，然而它们无时无刻不在想办法要冲破压抑，进入我们的意识层面。由于它们有着强大的力量，这些压抑不可能总是成功的，在这样的情形之下，它们有条件地得到了让自己进入意识领域的机会，这就是当人睡眠后，原来的检查作用减弱了，于是它们便得以经过改头换面而进入意识领域，成为梦。

从上述分析可以看到梦的第一个功能就是维护我们心灵的平静，甚至是维护我们整个精神状态的正常。因为倘若不通过梦的形式让这些潜意识愿望得到某种程度的满足，它们一定会在我们的心灵深处不断地蓄积能量，就像火山一样，终于有一天会冲破压抑而得以释放，那时候它们将不是在梦中而是在清醒时进入人的意识，甚至能够控制清醒时的人，又由于这些潜意识愿望都具有不成熟、不理性甚至违反伦理道德的特点，一旦由它们来控制人将产生可怕的后果，例如使人患上癔症、强迫症等神经症甚至精神分裂症。

这个梦的功能是比较抽象而深奥的，除此而外，梦另一个基本的功能就是保护睡眠。

在上面的分析之中我们说过，那些产生梦的潜意识愿望都是有着强大力量的，因此必须给它们一个释放其能量的机会，就像一个脾气很大又满腔怒火的人，最好给他一个机会让他发泄一下火气又不至于产生什么不良后果。否则的话，说不定哪一天他实在忍不住发起飙来，那麻烦就大了。

但同时我们也要注意到，这个潜意识是在人睡眠之时才得以进入意识领域的。一般而论，一股这么强的力量突入人的意识之中，应该在那里激起滔天大浪，让人清醒过来才对呀，这就像假如有谁在深夜时分突然放起摇滚乐来，或者突然大喊大叫，会将邻人从梦中惊醒过来。这些潜意识的愿望本来都有这样惊醒人的能量的，要是在白天，仅仅是想到这些也许就会让人恐惧得或者羞愧得睡不着觉，晚上它们当然也有这样的力量，即让人根本无法睡眠，或者即使睡了也要被惊醒过来。

于是，这里就产生了这样一个问题：既要让这些强大的潜意识进入意识领域，又要让它们不至于干扰人的睡眠。

怎么办呢？这就是梦的功能了！我们在前面看到，梦正体现了这两个原则：一是它确实令得梦者的潜意识愿望得到了某种形式的满足，这乃是梦最基本的性质——梦乃是愿望的满足；同时，梦者又并不会因为这个愿望的满足而令其睡眠受到干扰，在通常情形之下，梦者可以一边做梦一边睡眠，两者互不干扰。

至于为什么会这样，主要原因当然是梦的检查作用虽然让潜意识愿望成为意识，即进入梦中，但已经将原来足以将人从梦中惊醒的潜意识进行了大量的改装，变得不那么令人恐惧或者羞愧了。这就像一只狼一样，它要是就这么闯入羊群，当然会把羊们吓得“咩咩”直叫，四处飞逃了，但它狡猾地披上了一张羊皮，于是羊们当然会保持安静了。

这个以弗洛伊德的话来说是：梦虽然本来不是一个具有意义的程序，但是在精神力量的相互作用上亦有一些特定的功能，例如梦使得潜意识那自由不拘的激动受到前意识的控制。在这过程中，它把潜意识的激动给释放了，因此是一种安全的活门，利用一点点清醒时刻的活动来保持着意识的睡眠。

弗洛伊德上面所说的前意识可以看作是梦的检查作用，正是它对潜意识的控制以及改造才使得它一方面能够得到释放，另一方面又能够让人继续保持睡眠状态，所以堪称一道安全的阀门。

必要的惊醒

由此，我们也可以在这里将梦看作是一种妥协的结果，妥协的双方是潜意识愿望的满足以及保持睡眠状态的需要。但我们还可以问这样一个问题：这种妥协是否一直可靠呢？

当然不！既然只是一种妥协，妥协的双方当然也会有不妥协的时候，这不妥协的后果理论上有两个：一者是潜意识愿望被消灭掉，重新回到潜意识状态，人可以不再做梦地睡觉。不过由于潜意识愿望的强大力量，这种情形是很少出现的。二者是人不再做梦，完全清醒过来。当然这并不意味着潜意识愿望会进入人的意识领域，那是很困难的，而是它与睡眠来个玉石俱焚：一方面潜意识愿望不再能得到满足，它又成了潜意识，同时人也不再能保持睡眠了，而是完全清醒过来。

在这样的情形之下，好像是梦搅乱了睡眠而不是成了睡眠的守护者，但这并非梦的过错，这乃是一些特殊的情形。在这些特殊的情形之下我们会做这样一些梦：由于做了这个梦，我们被从梦中惊醒。

我们在梦中惊醒的情形有许多，而且惊醒的原因的确是做了某个令我们恐惧、恶心或者也许是极度快感的梦，因而被梦从睡眠之中惊醒，在这样的时候，梦的确似乎不再是睡眠的守护者，而成了睡眠的干扰者甚至打断者。

这是为什么呢？梦为什么会如此呢？这里面的原因不止一个。

首先可能是因为梦中的那个引起梦的潜意识愿望原来经过梦的检查作用变得不那么令人恐惧或者羞愧了，但由于某种原因，例如它的力量太过强大，能够击败梦的检查作用，因此突然露出了本来面貌。在这种情形之下，可能产生令梦者感到恐惧、恶心或者焦虑的梦，于是借助这个梦，令梦者惊醒过来。而一旦如此，那个潜意识愿望就又会变成潜意识了，不再会出现在人的意识之中令人感到恐惧与羞愧。

这就像前面那只披着羊皮的狼一样，它本来装着老老实实的样子，突然露出了狼的本来面目，当然会吓得羊们“咩咩”叫着四散飞逃。

其次可能是因为的确有这样的需要，例如前面我们专门讲过梦的材料的来源之一是肉体的材料的来源，即由肉体刺激产生梦。这时候，这个梦可能是保护睡眠的，但当这个刺激达到一定程度，肉体应当做出反应，也就是说梦者应当醒来时，就会由一个令梦者感到恐惧、恶心或者焦虑的梦而使之惊醒过来。

这样的梦典型者就是关于小便的梦，一开始梦者梦中也觉得要小便了，找呀找，终于找到了厕所，于是痛痛快快地小便起来，好舒服呀！又过了一会儿，他就可能因为做了某一个吓人的或者恶心的梦而惊醒过来，于是发现自己确实需要小便了。

由这两种情形可以看出，即使梦的作用不再是守护睡眠而是干扰或者惊醒睡眠，它也是有其必要性的。而且，在这种必要性去除之后，人还可以继续睡眠，并不会因为曾经醒来而在当晚不能再睡。例如因小便涨醒的人小便过后还可以继续睡眠，这就说明梦令人惊醒并不与梦保护睡眠这基本的功能相冲突。

总之，即使梦有时候会令梦者从梦中惊醒，但它的基本功能依旧是保护睡眠，这是毫无疑义的。

解梦实例

这是我很久以前做过的一个很短的梦，但我至今记忆犹新。

这个梦大约是在1991年左右做的，在我母亲去世约一年之后，也是我迄今为止唯一一次梦见母亲。梦境很简单：

> 我看见了母亲，她坐在那里，坐得端端正正，她看上去十分年轻，头上还罩着半透明的纱巾，她朝我微笑，我走过去，似乎想伸手抚摸她的头巾。

后面的内容就记不得了，只记得我突然从梦中醒来，感到十分的惶惑而且惊恐。

这个梦的起因我很清楚，就是我做梦的当天在《解放军画报》上看到的一幅画，画中是一个头上罩着半透明纱巾的新疆美女在跳舞，画得很传神，我多看了几眼。结果晚上就做了这个梦。这个梦当时我没有理解它，现在过了这么多年，它的含义在我了解精神分析之后就一清二楚了。它表达了我的恋母情结，梦中我母亲是一个年轻漂亮的女人，就年龄与样子而言根本不是我的母亲而大可以当我的妻子，这应该体现了我童年时期的愿望，这个愿望是许多男孩子都会有的，就是希望永远与母亲在一起。我虽然没有意识到自己这个愿望，但它肯定是有的，只是一直处在潜意识之中而已。当母亲去世之后，这个潜意识愿望并没有消失，而是更加强烈，终于借着有一天看到的那幅新疆美女的画而进入了我的梦中。在梦中令我惊醒的应该就是我的那个去抚摸母亲的动作，也许梦中后面还有别的动作，或者还有别的场景，我记不得了，但结果是我醒来了，带着极大的惶惑与惊恐。

可以相信，正是那个抚摸的动作或者别的可能的动作令我从梦中惊醒，而这些动作表达的乃是赤裸裸的恋母的欲望，这种欲望无疑是罪恶的，而在这个梦中它竟然冲破梦的检查作用而赤裸裸地暴露出来。在这样的情形之下，梦便果断地做出了决定：让我感到惶惑与惊恐，并且惊醒过来。

第二十章　对梦与解梦的总结

前面我们已经花费相当漫长的篇幅分析了梦与解梦，如果这本书有一个主旨或者主要目标的话，那并不是如何理解梦，而是希望能够让大家学会初步的解梦之法。

不过，为了解梦，前提当然是必须对梦有所了解。因此我们下面将分两部分对本书前面的内容进行总结。第一部分是对如何理解梦的总结，第二部分是对如何解梦的总结。

梦的总结

什么是梦？梦首先是一种心理现象，它是我们白天的意识活动在晚上睡眠时的延续。它表面上最大的特点是它是以图像的方式进行的意识活动，我们在梦中以一幅幅的图像进行思考，就像在白天以一个个的词汇进行思考一样。

梦的起源是什么？梦最重要的起源是我们每个人内心深处都有的潜意识，所谓潜意识又译作无意识，它是存在于人的内心之中却不为其所知的意识。弗洛伊德认为，我们每个人心中都有大量这样的潜意识，它们的内容是极为丰富的。但对于梦的产生起作用的主要是那些有重大意义的潜意识。这些潜意识主要起源于人的早年时代，尤其是孩提时代，而且往往是我们孩提时代得不到满足的某些愿望。即使在我们成长之后，这些愿望也并不会消失，而是变成潜意识藏在我们的内心深处。平时我们根本不会意识到它们的存在，因为它们被牢牢地压抑着。而这些潜意识是有着强大的力量的，它们有能力甚至有权利要求自己得到一定程度的满足，在这样的情形之下，再一味地压抑显然是不行的，于是，我们的精神便采取了一种妥协的方式：一方面让这些潜意识得以成为意识，另一方面又不让它们来干扰我们正常的心理与生活。

如何做到这一点呢？就是梦了。因为梦最基本的特点就是梦是愿望的满足，它当然也可以满足潜意识的愿望。而且，这些潜意识并不是赤裸裸地进入梦中，让我们一下子看到它的庐山真面目，而是要经过梦的检查作用的严格检查。于是这些潜意识愿望为了进入梦中，事先进行了大量改装，如我们前面分析过的梦的转移作用、梦的凝缩作用等。经过这些改装之后，原来的潜意识愿望变得面目全非了，这才能够顺利地通过梦的检查作用而进入梦中，成为我们所看到的梦境，称为梦的显意，而那个产生梦的潜意识愿望则是梦的隐意。

不难看出，在梦的显意与梦的隐意之间有着密切的甚至直接的联系。事实上，梦的显意就是由梦的隐意经过各种形式的改装而来的。例如在梦的显意中显得十分明显而重要的一些内容，在梦的隐意中则是无足轻重的。相反，一些在梦的显意中显得无足轻重的东西，在梦的隐意中则有重要的地位，甚至是我们成功解梦的关键，这就是梦的转移作用。还有，梦的显意中一个简单的东西或者一个简单的情节，例如一棵树或者一个人在爬山，在梦的隐意中则可能包含了巨量的信息，这就是梦的凝缩作用。

我们的解梦就是要将这些改装作用一一破除，对梦的显意跟踪分析，还原出梦的隐意。

我们如何由梦的显意相对迅速地找到梦的隐意呢？除了需要相关训练才能进行的自由联想外，一个最可行且最快捷的办法是寻找梦中的象征。

弗洛伊德认为，梦中有大量的象征，所谓象征就是说梦境中的某些元素，例如一把刀、一间屋子或者一幕优美的风景，它们在梦的隐意中往往有固定的含义。因此，只要我们在梦的显意中看见这些东西，就可以根据梦的象征而直接确定其相对应的梦的隐意。这就像给了我们一本《解梦指南》一样，只要把梦中所见的东西在这本指南之中寻找，就可以方便快捷地找到它的象征，也就是找到它梦的隐意。当然，实际上并没有这么简单，因为同一样东西在不同的梦中是可能象征着不同事物的，而不同的东西却可能有着同样的象征。因此必须在具体的梦中针对不同的情形进行具体的分析。

进一步地，针对梦中的象征，弗洛伊德指出梦中最为主要的、出现频率最高的象征乃是性的象征，甚至可以说，梦中的象征大部分是性的象征或者具有性的含义。具体的性象征有三大类：一是男性性器官的象征，用以象征男性性器官的主要有刀、枪、树木、柱子、棍子、长矛、帽子等等长形的东西；二是女性性器官的象征，用以象征女性性器官的主要是房子、罐子、山洞、风景等有一定容量的东西；三是性行为的象征，主要是一些有节奏的行为，如骑马、跑步、坐车或者被车碾过等。当然还有很多很多，更详细的情形请参考前面的有关章节。

弄清楚这些象征对于我们解梦是大有帮助的。梦是愿望的达成、梦中有着大量的象征并且其主体是性象征，梦的这两大特点乃是我们解梦的两大利器，因为它们既比较容易理解，又直击了梦最根本的特质。

解梦的总结

以上可以看作是我们对于梦整体性的简单分析，现在我们再来简单地总结一下解梦的大致过程：

要解梦，第一步当然是要对弗洛伊德关于梦的理论有所了解，这是解梦的前提。因此，若你想解梦，首先就必须读完整本书——因为这些内容乃是弗洛伊德关于梦的基本理论，然后才能开始解梦。

第二步则是要尽可能地多记忆梦中的情形，而且切莫以为梦中的哪个场景好像无关紧要就忽略之，要知道在梦中这些表面上无足轻重的东西实际上往往才是梦的隐意的所在，也是解梦的关键之所在。

第三步则是展开自由联想，看这些梦境中的情形能够令我们想到些什么，可以有意识地指向两个方向：一是白天的经历，看是白天的哪个经历可能引发了这个梦；二是反思我们自己，看能够联想到我们内心深处的哪些东西，特别是哪些可能的欲望。而且只要我们努力，一定可以在这两个方面上都有所收获。而一旦有所收获，再将这两个收获相结合，就朝解梦迈出了关键的一步。

第四步则是根据弗洛伊德关于梦的各个具体的理论，例如梦的转移作用与凝缩作用等，对梦进行具体的、深入的分析，试图从中找出梦可能的隐意。其中最要关注的是两者：一是寻找梦中隐藏着的潜意识愿望——而且这愿望往往与孩提时代的经验有关；二是注意梦中的象征作用，看是否有长形的、有一定容积的东西，或者是否有有节奏的行为，如果这些存在，它们都有着比较统一的象征意义，并且这些意义总是与梦的隐意密切相关的。

第五步就是总结了，倘若前面的四步都顺利地走过了，那第五步就是顺理成章地对前面四步的内容进行总结了，将之用系统化的文字表达出来，就是对一个梦的解析了。

最后我要指出两点：

一是解梦是一项很艰难的工作，特别是系统化的解梦，除非是少数的解梦天才，否则都要经过系统化的训练才行。当然不经过系统化的训练也成，只是对于解梦而来的结果不要太盲信就可以了，姑且当作是一种游戏，不妨像解谜一样去解梦。

二是对任何一个梦都不可能完全充分地解析，就是弗洛伊德本人也不行，因为几乎每一个梦实际上的含义都是极为丰富的，远非我们人所能完全理解的，我们人在梦面前，就像面对苍茫的宇宙一样，是十分渺小的，犹如沧海一粟。

附录一　弗洛伊德传略

弗洛伊德1856年5月6日诞生于奥地利古老的小城弗莱堡，即捷克共和国的普日博尔市。

1865年，弗洛伊德进入史伯尔中学，在这里一连六年学习成绩名列榜首。

1873年，弗洛伊德以优异成绩考入维也纳大学医学院，1881年毕业，获医学博士学位。

1886年，与玛莎·伯奈斯结婚。

1891年，弗洛伊德出版了第一本著作《论失语症》，受到冷落。四年后与布洛伊尔合著《癔症研究》，标志着精神分析的诞生。

1900年，代表作《梦的解析》问世，它后来被誉为人类历史上最重要的一百本著作之一。

1910年，弗洛伊德领导成立了国际精神分析协会，弗洛伊德推荐由卡尔·荣格任主席。此后，除了第一次世界大战等少数年份外，国际精神分析协会基本上是每年召开一届。

1914年，第一次世界大战期间国际精神分析运动基本停止，弗洛伊德的生活遭遇不幸。

战后，国际精神分析运动掀起第一次高潮，许多人从世界各地涌向维也纳，向弗洛伊德求治求教。1922年柏林大会时达到第二次世界大战以前精神分析运动的顶峰。

1923年，上颚发现肿瘤，此后的16年里，弗洛伊德先后动过23次手术，右侧脸部，包括牙床、淋巴等基本被切除。

1924年，开始编辑《弗洛伊德全集》。

1927年，发表《一个幻觉的未来》，两年后出版《文明及其缺陷》，书中对于人类文明及其未来再次进行了悲观性的深入分析。

1930年，获歌德文学奖，这是文学领域内仅次于诺贝尔奖的重要奖项，弗洛伊德之所以获奖，一是因为他的成就是整个现代西方文学的理论基础；二是他已被公认为是现代德语散文大师。

1933年，希特勒在德国掌权，弗洛伊德的书籍被查禁并遭焚烧。此后，纳粹开始全面扫荡精神分析，逮捕分析家，精神分析家们纷纷逃离德国。

1938年，德军占领奥地利。弗洛伊德被迫同意流亡国外。并于这年7月抵达伦敦。

1939年3月，出版《摩西与一神教》，这是弗洛伊德生前出版的最后一部著作，深刻分析了宗教的起源。

是年9月23日，弗洛伊德在伦敦的家中辞世。

早年岁月

弗洛伊德的父亲叫雅各布，母亲叫阿玛莉，出身于颇有名望的沙马兹家族，他们都是犹太人，因此弗洛伊德也是地地道道的纯血统犹太人。

在弗洛伊德家里，除了他、妈妈、爸爸外，还有雅各布已经死去的第一个妻子留下的两个儿子：伊曼努尔和菲利普。伊曼努尔已经结婚，在弗洛伊德出生前一年做了爸爸，差不多在弗洛伊德出生的同时又有了女儿苞莉。所以小弗洛伊德有两个大他二十来岁的兄弟，两个年纪与他差不多大的侄儿侄女。弗洛伊德的母亲阿玛莉则比她的继子伊曼努尔还要小两岁。

弗洛伊德小时候一直认为伊曼努尔是他的父亲，雅各布是他的爷爷，侄儿侄女是他的兄妹。

弗洛伊德的父亲雅各布是一个小小的毛纺织品商人，专门从附近的手工作坊收集毛纺织品再卖往维也纳或者出口外国。后来，由于用机器生产的毛纺织品大量涌入市场，他的生意越来越差，到弗洛伊德三岁时就不得不离开弗莱堡，到其他地方谋生去了。

1859年，他将家搬到了莱比锡，一年后又搬到了首都维也纳。

初到维也纳时，雅各布几乎身无分文，加之孩子一个接一个地出世，日子更加艰难，靠着自己想方设法赚点小钱以及亲戚朋友的接济才勉强度日。

1875年，在亲戚的帮助下，雅各布带着一大家子搬到了维也纳的恺撒-约瑟夫大街一套比较宽敞的房子里。它有一个起居室，一个餐室，三间卧室，还有一个又长又窄的小格子间，与其他房间都隔开，还有一个窗口，从那儿可以看街景。这里成了弗洛伊德的书房，他在里面摆了一张床，一个书架，几把椅子，还有必不可少的写字台，在这里他一住就是十年。

关于弗洛伊德早年在维也纳的生活现在所知甚少，只从他母亲、妹妹还有他自己少许回忆中找到了几桩轶事，其中有两件同小便有关。

第一件事是他有一天早上尿床了，他认真地对母亲说，长大后要给她买一张很大很美的新床。

第二件事是在他七八岁那年，他一大早无缘无故地跑到爸爸妈妈的卧室，在爸爸妈妈面前对着地板撒了一泡尿。他父亲非常生气，对妻子说："这小子不会有什么出息。"小弗洛伊德听到这样的话大哭了一场，几十年后他回忆说："这对我的野心肯定是个可怕的打击，暗示这个场景的梦一次又一次地出现在我以后的生活里，与我以后的成就与成功如影相随，就像我要对父亲说：‘你瞧，我终究出息了。’”

九岁时，弗洛伊德进入了维也纳的史伯尔中学。这是他一生成功的开始。史伯尔中学是维也纳有名的中学之一，有很强的师资力量。弗洛伊德一共在这里待了八年。入学后的第一次考试他就显示了非凡的学习能力。从第三年起他就是全学校过得最舒服的学生了，尤其是在其他学生最辛苦的时节——考试。这时，别的同学满头大汗地做题，他却在一边看书，因为他被特许免考了，每年只要参加一次年终考。在这样的大考里，他连续六年名列第一。

弗洛伊德从来是一个勤奋的学生，除了必要的休息，他几乎整天都在学习，看了很多书，使他具备了与年纪不符的、相当渊博的知识。他还有特别出众的语言天赋，中学时已经掌握了古希腊语和拉丁语，并且掌握得和教这些语言的老师一样好，后来他又精通了英语与法语，自学了意大利语和西班牙语，当然还有犹太人的母语希伯来语。据说为了彻底掌握英语，他有十年时间几乎只读英文著作。

1873年，弗洛伊德十七岁了，他在史伯尔中学以“summa cum laude”（最优学业成绩）毕业，旋即于这年秋天进入维也纳大学医学院。

维也纳大学

十九世纪维也纳大学正处在它的黄金时代，是全欧洲乃至全世界最好的大学之一，是著名的自然科学与人文科学研究中心，集聚了一大批举世闻名的科学家。弗洛伊德选修了大量课程，每周近30节，包括解剖学、植物学、化学、微生物学、矿物学等等，还定期听著名动物学家克劳斯教授的“动物学与达尔文主义”系列讲座、布吕克教授的生理学演讲等。

三年级时，弗洛伊德选修的动物学课程的教授克劳斯邀请他作为助手参加在亚德里亚海滨的动物实验，即受命研究雄性鳗鱼的睾丸。这虽然是一个小问题，却是一个千年以来都没有被解决的问题。鳗鱼在海洋中分布广泛，可是每到交配季节它们就无影无踪了，但到了这时它们的性器官才发育完全，在此之前它们雌雄同体。然而似乎从来没有人曾经捉到过一条性成熟的雄性鳗鱼并且加以解剖研究，所以只有从不成熟的鳗鱼身上确定它的性器位置了。

通过无数次艰苦细致的解剖，弗洛伊德终于有一天在显微镜下找到了他要找的东西：雄性鳗鱼的睾丸。他为此写出的论文得以在奥地利科学院宣读。但由于他太年轻，不适合站上高贵的科学院讲坛，由克劳斯教授代读，论文还被发表在科学院的学报上。

除了克劳斯教授外，弗洛伊德还得到了布吕克教授的器重。布吕克教授是享誉世界的生理学家、现代科学生理学的创立者之一。弗洛伊德当上了教授没有报酬的研究助手。教授总是教诲他每项工作、每个细小的结论都必须是精密试验的结果，必须经得起在不同时间和不同条件下的严格检验，这些教诲令弗洛伊德受用终身。

在布吕克教授的实验室，弗洛伊德选择了一项工作：在显微镜下观察神经细胞的组织结构。

这个看似平平无奇的课题却是牵动科学界的大问题。当时生物学界正进行一场大论战：高等动与低等动物的神经系统之间有无根本区别？进而言之，人与动物的神经系统之间有无根本区别？传统哲学与宗教认为有，因为这样人才能称为万物之灵，现在弗洛伊德决心用科学来澄清这个问题。

他决定从观察七鳃鳗这种古老的鱼类的脊椎神经节入手。不久前有个叫内塞尔的科学家在它的脊神经里发现了一个特殊种类的大细胞，为宣扬物种的神经结构之间存在根本区别提供了证据。弗洛伊德不相信他这个“发现”，决心自己用实验找到答案。这是一项颇不简单的工作，有许多科学家已经做过类似的工作，都没有能得出令人满意的结果，主要原因在于神经细胞与普通细胞不同，观察难度很大。弗洛伊德吸取教训，没有一开始就直接观察，他先经过艰苦努力，研制成功了一种由氮化物与甘油混合而成的特殊液体，用它帮助在显微镜下观察神经细胞，取得了意想不到的效果。

他的研究变成了论文，文中表明所谓内塞尔的大细胞不过是未曾发育完全的神经细胞而已，它与普通的神经细胞并无质的区分，只是动物神经进化过程中的一个普通阶段。

他的这个实验结论指出了人与动物的神经组织之间只有进化程度的不同，并无质的差异。这是对西方传统哲学与宗教将人和动物截然区分的观念的一次有力打击，是对上帝造人思想的又一次科学否定。因为若作为人类最高贵象征的大脑神经也同动物神经没有根本区分，那么神学家称人是万物之灵就毫无说服力了。

后来弗洛伊德又有几项出色的发现，发表了几篇论文，他的这些成果本应使他享有作为现代神经生理学开创者之一的荣誉，但他什么也没有得到，他仍只是维也纳大学的普通学生，因为运气好得到了布吕克教授的垂青，当了他实验室里最低等的助手。对于弗洛伊德，这样的情形远不是最后一次。

不仅如此，几乎从第一次走进课堂起，弗洛伊德就从同学们的脸上读出他是个犹太人了。无论在图书馆、餐厅、甚至走在路上，只要碰上认识他的非犹太族同学，他都可以从他们斜视的目光中看出自己是犹太人，而且是不肯承认自己是犹太人的犹太人。在他们眼里，凡不肯认为自己低人一等的犹太人就等于不承认自己是犹太人。弗洛伊德当然不否认自己的犹太血统，他还引以为自豪。但他决不认为承认是犹太人就要同时承认低人一等。他与任何民族的人一样高贵。他在《自传研究》中写道：

1873年，我刚进入维也纳大学，就感到了明显的失望。首先，我发现有人叫我自认低人一等，是外国人，因为我是犹太人。我断然拒绝那样，我从来没有明白为什么我应当因为我的血统，或因为人们议论的我的“种族”而羞愧。我毫不遗憾地忍受着被公众孤立，我看到，不论怎样被排斥，一个活跃的追求者总可以在社会的结构中找到一些角落和缝隙。在大学得到的这个第一印象，不管怎样，对我的未来产生了后来证明极为重要的影响：从那时候起，我就熟悉了被“紧密的主流”拒之门外的命运。这样，反而为我的判断的独立性奠定了基础。

1879年夏天，一纸征召令飞来，弗洛伊德被征服役，在维也纳附近的军营里当了一名医官。

在军队里，弗洛伊德的日程是这样的：早上从家里赶到兵营，开病假条、看报纸，不过，一个月中看的病人加起来还没有一天开的病假条多。

从军期间弗洛伊德还坐了一回牢。那是在他服役的第二年，有天他坐了半天后，已经开了30张病假条了，他估计不会有人再来开了，便走了。恰好上边来了个大官视察工作，他给逮了个正着，立刻被送上军事法庭，法庭上他丝毫没有替自己辩护，结果被判入狱，在狱中度过了他的24岁生日。

铁窗生涯结束后，他为期一年的军旅生涯也结束了。他又回到了维也纳大学。

到1881年，他在维也纳大学已经待了将近8个春秋，比一般人从入校到获得博士学位所花的时间还要多3年！这主要是因为他不大想毕业，直到一天他发现父亲为了供他读书是多么的艰难。于是决定在3个月之内毕业，也就是说，3个月之内他必须通过所有考试，写出论文来。

他奋起了8年之前上中学时的神威，用最快的速度准备、完成了考试，后来他回忆道：

在最终考试的压力面前，我一定运用了这一能力的残余，那些课程的考试里，我给出的答案几乎是课本的原文，而我不过是在考试前用最快的速度浏览了一遍。

1881年 3 月，25岁的弗洛伊德通过了最后的医学考试，获得了博士学位，成绩是“优秀”。

工作与婚姻

弗洛伊德的毕业典礼的余欢尚未散尽，然而迷惘却已涌上心头，他知道那段衣来伸手，饭来张口的日子已经过去了，他从此还应为家分忧。但他能做什么呢?

他学的是医学，奥匈帝国政府对当医生的标准是很严格的，刚取得博士学位的人没有资格行医。但除了行医，医学博士学位又能做什么呢？弗洛伊德突然想起了布吕克教授，便去找他，于是他顺利成了教授的“示范实验员”。有了薪水，不过少得可怜，连自己都养不活。

这是弗洛伊德的第一个职业，他在这里干了15个月，一直到1882年7月。期间，除了替布吕克教授干活，他还在路德维希教授的化学研究所里作了1年气体分析，他做这一切的效率并不高。这个时期他内心充满了阴影、思绪混乱，像他后来自己所说，这一年多是“在我的职业生涯中最黑暗和最没有成绩的年头”。

这个笼罩在他心中的阴影就是家里的经济危机。弗洛伊德上大学8年，除了偶尔得到些稿费外，基本上靠父亲供养。除了弗洛伊德外，雅各布还有5个女儿和1个儿子，分别是安娜、杜菲、苞娜、玛丽、罗莎、亚历山大，再加上阿玛莉和女仆，十足的大家庭，全靠雅各布一人维持。但他只是一个小毛织品商人，挣钱很少。说实话，他能养活这个大家庭并供出来个博士简直是奇迹！

到弗洛伊德拿到博士学位时，雅各布已经67岁了！雅各布热爱他的儿子，以他为荣，只要还有一丝气力就会挣扎着去挣钱养家，但看着白发苍苍的老父亲还要一早起床去交易市场，弗洛伊德心里怎不难受？

弗洛伊德目前是示范实验员，教授助手中最低的一级。按照常规，下一步是正式助手，然后是助理教授，最后才是教授，即使顺利，每道关口都要花一二十年。而且按常规，这些助手、助教都有固定名额，一个人走了或者死了才能由下一个顶替，而教授死了或者主动退休——除非出现特殊情形，他的继承人——就是他的助理教授——才能接他的班。但布吕克教授身体很好，等他的助理教授埃克斯内去世时，就算轮到弗洛伊德接班，恐怕也是古稀之年了。

布吕克教授深知他弟子的处境，于是，有一天，他专门找他谈了一次话，令弗洛伊德幡然醒悟。弗洛伊德在他的《自传研究》里写道：

> 这一转折点在1882年来到了，我的导师，我一直对他怀着最高的敬爱，像父亲般地指明了我目光短浅，强烈地劝告我——基于我的经济情况——放弃我的理论生涯。我接受他的劝告，离开了生理学实验室，进入了总医院。

也就是说，弗洛伊德决定将来靠行医谋生了。但在维也纳，取得医学博士不过是完成了行医最起码的一步，等待他的还有漫长的实习。

具体地说，他必须首先去从眼科、耳鼻喉科到皮肤科、内科甚至妇产科在内的每一个科实习，取得丰富的临床经验，然后才可以自己开业行医。

在当时能提供这类全面训练的首推约瑟夫二世皇帝亲自主持建造的维也纳总医

院，弗洛伊德决定在这里完成他的就业前训练。这是1882年7月的事。

大约也在这个时候，弗洛伊德遇到了他生命中的另一半——玛莎·伯奈斯。

玛莎是血统不纯的犹太人，她母亲是瑞典人，有着北欧人庞大的身材，一心要漂亮的女儿嫁个有钱的女婿。玛莎的父亲叫伯曼·伯奈斯，曾是维也纳大学著名经济学家劳伦茨·冯·斯坦因教授的秘书，但很年轻就去世了。玛莎的祖父曾是汉堡大拉比，名叫伊萨克·伯奈斯，是1848年犹太教改革运动的领导者之一，他是伟大的犹太人诗人海涅的朋友，海涅曾在信中称赞他才智过人。伊萨克的一个兄弟在巴黎编辑了一份犹太报纸，海涅最早的诗正是刊登在这份报纸上。在一封信中海涅曾托伊萨克·伯奈斯的兄弟向他们一个共同的朋友问好，那就是另一个犹太人卡尔·马克思。

与玛莎相遇后，弗洛伊德对她一见钟情，玛莎也接受了他的爱情。不过他们的爱情之路并不那么顺利，主要是因为伯奈斯夫人。她非常反对女儿与弗洛伊德的婚事，理由很简单：他太穷。

他们相爱不久，1883年，伯奈斯夫人就执意离开维也纳，搬到了汉堡。这样，在弗洛伊德与玛莎恋爱的4年里有3年是在两地相思中度过的。在3年的离别中他们像写日记一样写信，这些信中留存下来的就有约2000封。这里引用其中写于1884年6月的一封：

> 毕竟，你理解你对于我生活的重要，只有在我内心最大希望的鞭策之下我才能工作。在遇见你之前我不懂得生之欢乐，现在既然你“原则上”是我的了，完完全全地得到你是我珍惜生命的前提，不然的话我一点也不会在意它。我已经做了许多任何通情达理的人都会觉得十分艰难的事。例如作为一个被贫困折磨的人去研究科学，又作为一个贫困的人去追求一个贫困的女孩——然而这就是我的生活方式：冒许多险、抱许多希望、做许

多工作。至于平庸的小市民的常识，我久已弃之了！

在另一封信里他诉说对未婚妻的思念之情：

……我非常想你。不，还不是非常想，是想极了、想病了、想疯了、想死了……一句话，我对你的思念，难以言表。

除了离别的痛苦，这时候贫穷一如既往地折磨着弗洛伊德，他基本上没有收入，但支出却增加了，他已经不是穷，而是赤贫了。他经常身无分文，不得不向朋友们借钱度日。

到1885年，弗洛伊德终于否极泰来，双喜临门：一是他完成了实习，并在维也纳大学获得了私人讲师职称，大学讲师职称是他不久就要开张的诊所的金字招牌。二是伯奈斯夫人经过这几年的风雨，终于不再反对女儿的婚事。

1885年8月，弗洛伊德的实习结束了。在3年实习中，他分别在内科、外科、妇产科、皮肤科、神经病科以及迈内特教授的精神病诊所等实习了一段时间。在实习过程中，弗洛伊德搞了一项特别的研究：研究可卡因的治疗作用。他实际上是第一个发现可卡因可在眼科手术中用作局部麻醉剂的人，这项发现使得对眼睛直接进行外科手术成为可能。然而，像弗洛伊德以前的其他发现一样，这一发现也没有算在他名下，因为他将发现告诉了他的一个朋友，由那个朋友亲自进行手术并且宣布了，他根本没有提弗洛伊德的名字。

因为研究可卡因，弗洛伊德还很可能成了西方第一个吸毒者，他又将可卡因推荐给他的朋友，使他上了瘾，为此他受到过不少指责。

实习结束后，弗洛伊德没有马上开业，他争取到了一个宝贵的奖学金名额，去巴黎跟从当时最负盛名的精神病学家夏科教授研究精神性疾病的病因与治疗。

在巴黎，弗洛伊德发现夏科教授就像是一个正在挥毫泼墨的画家，一个灵感突来的诗人，用诗意般的语言、自由奔放的思想对这些病人的神经病的起因、症状、治疗方案等进行透彻的分析，又使人不得不承认他并非在作诗，而是在治病。

在听取夏科教授对各种神经病诊断分析的过程中，他印象最深的是所谓男性癔症。

癔症可以近似地称为“意”病，它有一个特点，就是没有器质性病变作为病因。我们知道，一般的瘫痪，无论是手或脚还是全身的瘫痪，都有器质性病变，即患者的手、足或其他相应部位的神经系统被损伤。但癔症却很特别，它的症状与普通瘫痪没有什么不同，也是病人的手足或其他部位失去知觉甚至丧失机能，但病人却没有器质性病变，也就是他的神经系统没有受到损伤，但由神经系统控制的手足等器官却瘫痪了，这就是所谓的癔症。

那么是什么导致了这种特殊的病症呢？——是病人的意念。

这看来很古怪，意念怎么能致病？当然能够。我国古代有句成语“杯弓蛇影”，讲有一个人在朋友家做客，喝酒时酒杯已经举到了嘴边，突然看到杯子里有条小蛇，他却已将酒喝了下去。他以为自己将一条蛇喝进了肚子，中了毒，不久就要死了。果真回家后就感觉身上越来越痛，不久瘫倒在床，奄奄一息了。那朋友来探望他，问他怎么回事，他就说了。朋友一听，跑回家去，按他说的情况演示了一下，不由哈哈大笑，原来是墙上挂着的弓的影子映进了酒杯。朋友将实情向他一解释，他的病顿时就好了。这就是癔症的一例。那人其实身体各器官并没有受到器质性损伤，但临床表现却如同受了伤一般，皆意念所致也。

弗洛伊德在夏科手下看到的无数癔症病例给了他不小的震动，他在维也纳时，在迈内特教授的神经病科也看到了大量同类病例，迈内特教授认为它们的病因一概是神经受到器质性损伤。他当时就认为教授这种不分青红皂白地诊断不是很高明，只是他也不知真实的病因是什么，现在夏科医生给他指出了一条光明大道。

1886年2月，弗洛伊德离开了巴黎，回到了维也纳。

在维也纳，弗洛伊德一边准备开业行医，同时就任了维也纳第一国立儿童病院的神经科主任，这是奥地利最古老的儿童病专科医院，又是一个慈善性质的医院，敞开大门免费接纳所有贫困阶层的病儿，医生没有任何报酬，自愿加入。

这年9月，经过多少波折，30岁的弗洛伊德与25岁的玛莎·伯奈斯正式结为夫妇。

精神分析的诞生

蜜月过后，弗洛伊德搬进了玛丽亚–特蕾萨大街八号的一栋名为“安抚楼”的大厦里，他将时间分成两半，一半开业行医，一半用来搞他毕生向往的纯科学研究。

最初，弗洛伊德把重点放在男性癔症上，他用从巴黎得到的大量例证试图说明，癔症不是来自器质性损伤，患者也并非装病者，在癔症症状中存在着可以确定的规律，癔症是男女两性都可以患的。由于这个理论与传统理论大相径庭——这时的传统认为男性根本不可能患癔，弗洛伊德得到的不是掌声，而是嘲笑。

1889年7月，弗洛伊德到了法国北部的小城南希，想跟从当时著名的催眠术大师、南希医学院的伯恩海姆教授学习催眠术以治疗神经症，因为他在这几年的治疗实践中发现催眠对治疗神经症有特别的疗效。但不久后弗洛伊德就放弃了，因为他发现催眠病人只是一种治标不治本的方法。还有，正是在催眠之中弗洛伊德发现了在病人的心灵之中还存在着一个无比广大的意识之世界。

在治疗癔症时，弗洛伊德与他的朋友约瑟夫·布洛伊尔在研究方面日益接近。布洛伊尔也是犹太人，是出色的内科专家兼生理学家，维也纳最有名望的医生之一，享有“点金术师布洛伊尔”的美称。他也是布吕克教授的学生，25岁时就作了维也纳大学医学院内科教授奥波尔泽的助手和继承人，但教授去世时他还太年轻，当不了教授，新聘来教授后，他就离开了医学院，自己开业行医。他是在布吕克教授的实验室里认识弗洛伊德的，那还是多年以前的事了。

布洛伊尔几乎把弗洛伊德当作亲弟弟，给了他大量帮助，先是借了许多钱给他，弗洛伊德开业后，他几乎每天都要把来找自己的几个病人推荐到弗洛伊德那儿去，使弗洛伊德的门诊生意一天比一天好起来。弗洛伊德还从布洛伊尔那里学会了“宣泄疗法”，这是以后所有精神分析疗法的基础。

随着弗洛伊德学识与经验的增长，他与布洛伊尔之间就慢慢变成平等的对话了，他们开始合作研究。到1895年，他们的合作结出了硕果，这就是《癔症研究》，它也是精神分析诞生的标志，1895年也就成了精神分析的诞生之年。

关于《癔症研究》的意义不是个好讨论的问题，我们这里只引用奥地利著名的诗人和文学史家、帝国剧院总监冯·伯格勒的一句评论：

> 我们隐约地有了这样一个意念：有朝一日它（指《癔症研究》——作者注）可能使得揭示人类个性最深处的秘密成为可能……

《癔症研究》由三大部分组成：第一部分是几篇相关论文的重印。第二部分是五个病例，第一个就是著名的安娜·O病例，由布洛伊尔撰写，其他四个由弗洛伊德撰写。第三部分是布洛伊尔的一篇理论文章和弗洛伊德为全书写的结论，它介绍了宣泄疗法这种新型的心理治疗法。

这本书虽然后来有名又畅销，刚出世时却受到冷落。这对号称全维也纳最讨人喜欢的医生的布洛伊尔的名誉是个不小的损害，布洛伊尔从此不再搞这些东西了，他与弗洛伊德的关系后来也冷淡下去了。

现在我们要讲讲著名的安娜·O病例，它是精神分析无数病例中最为著名的病倒。

安娜·O，原名帕莎·彭帕海姆，是一个秀美的女子。20岁时，父亲患了重病，她夜以继日地在病床前侍候，废寝忘食。父亲的病一天天加重，她也一天天衰弱，终于病倒了，四肢麻木，还伴有痉挛、贫血、不想吃东西，瘦得厉害。她的家人赶紧为她找来了医生，正好是布洛伊尔，他发现帕莎的病已经不轻了，除了上面的症状，她还有失眠、幻听、幻视等症状，常叫嚷房间里有死人和骷髅头，她扎头发的带子也成了毒蛇，伸长了信子要舔她。她一会儿亢奋异常，一会儿又十分焦虑，担心自己会变得又聋又瞎，越来越吃不下东西，后来干脆不吃了，越来越虚弱，眼看就要走上她父亲的路。

布洛伊尔一开始对她毫无办法，因为根本检查不出帕莎的身体各器官有什么毛病，但正当危机来临时，转机也来临了。

一天，他发现帕莎的情绪又开始变，这段时间来她一直在这样变来变去，有时像个正常人，有时像淘气的小姑娘，有时又是十足的歇斯底里症患者，明显的双重人格。布洛伊尔发现指导她这种转换的是某种类似于自我催眠的东西。他断定她患的是极重的癔症。当时对这种病没什么办法，但帕莎自己找到了办法。有一次她发作起来，就把她的苦恼向布洛伊尔吐了几句，发现好过多了，此后她发作时便将她白天各种不愉快的经验一股脑儿吐出来，她的幻觉、她的难受等，这样一说出来她的痛苦就小多了，不久她就养成了向医生倾吐烦恼的习惯。

除了美丽外，帕莎还是个才智远过寻常男人、富有诗意的奇女子。她发现了这种奇妙的治疗法后就给它取名叫“谈话疗法”，有时还戏称“扫烟囱”，这个名称一直沿用到现在。

但好景不长，帕莎又不愿同他交谈了，症状也逐渐重现。布洛伊尔知道对于癔症患者没有什么后果是不可能的。他思之再三，想起帕莎是在自我催眠中对他倾吐的，既然自我催眠能使她放松，人工催眠想必也能。他于是大着胆子对她进行了催眠。然后暗示她，她的病其实很轻，她完全可以听得清、看得见，她的麻痹也是可以消除的，只要她愿意。至于她父亲的死，那不是她照顾不周的缘故，她对父亲已经仁至义尽了，这他布洛伊尔可以作证。他就这样与催眠状态中的帕莎展开对话，使她又愿意与他交谈了，只是她似乎忘记了她的母语德语，只用英语交谈，幸亏布洛伊尔也懂英语。为了测验帕莎的语言能力是不是真的退化了，有了多大的退化，他给了她几本意大利语和法语书籍，帕莎也能读出来，只是不是用意大利语，也不是用法语，而是用英语！她直接将这些意大利语与法语著作用又流利又地道的英语读出来。

面对这样的奇女子，正常的男人很少会无动于衷。从第一天为帕莎看病起，布洛伊尔天天都要来，开始只是出于医生的责任心。但这个病例是如此奇特，对他产生了巨大的诱惑力，到他天天给帕莎施用催眠术时，他已经将这个病例不当作病例，而是他生活的一部分了。他每天要花一个小时给帕莎催眠，给她消除各种症状。这时帕莎已经发现，她一旦将某个症状仔细描述给医生，那个症状便突然消失了，她也不难受了，她便积极地这样做起来，布洛伊尔也就天天有事干了。令布洛伊尔大感惊异的是，帕莎的症状竟然如雨后春笋般一个接着一个冒出来了，他今天用催眠术暗示她她的眼睛很好，她能够看得清楚，她果然能看得清楚了，但第二天她的腿又麻了，腿好后又是手……它们简直像在赛跑。这仿佛无穷无尽的病症使布洛伊尔的治疗也像要一直延伸到永远。但病人和大夫似乎都没有将这当作可怕的事，帕莎虽然还有这种那种症状，但由于都只那么一天就没影子了，并不难受。她已经能够说德语，也不再失眠，这困扰着她日常生活的两大问题解决了，其他的症状又算得了什么呢？

在这漫长的治疗中病人和大夫都不难受，但某一个人却在难受，那就是布洛伊尔的妻子。从一年之前治疗帕莎起，她发现丈夫不但天天去看病人，天天的话题也是病人了。布洛伊尔对这个病例太有兴趣了，他不由自主地每天回来都将当天的治疗情况向妻子仔细叙述，描述中自然还会对帕莎的形象也描述一番。玛蒂尔德开始还像她听惯了的其他病例一样听着，后来一天天听下去，她觉得自己的心不再像从前一般平静了，再后来，她难受起来，但她什么也没说，只是失去了往昔的欢颜，终日满面忧伤，愁眉苦脸。她隐隐觉得丈夫对这个病人有点与众不同，布洛伊尔一点也没有觉察妻子的变化，仍天天去看帕莎。

帕莎的病已经大见起色了，各种各样的症状都来过之后，似乎病症也累了，就在他考虑结束治疗，并且向病人暗示了时，她又发作了，这次是肚子痛，还作呕。一天晚上，只有她与布洛伊尔在一起，她的疼痛剧烈起来，布洛伊尔正准备再次给她催眠，她突然捂着肚子说："我快要给布洛伊尔医生生孩子啦！"

布洛伊尔好一会才明白她说了什么，他的第一个反应是看看门口，幸好只有他们两人在一块。天啦！他一辈子从来没遇到过这样的事，他的胆都吓破了，立刻给她催眠，等她呼呼大睡后，他逃也似的离开了彭伯海姆家。

第二天，布洛伊尔带着妻子上威尼斯再度蜜月去了，他从此没有再去过彭伯海姆家。

《癔症研究》标志着精神分析的诞生。然而，精神分析的诞生并没有给弗洛伊德带来荣誉与财富，他的理论的诞生之日便是开始遭受攻击之时。像历史上许多伟大的先行者一样，他们超越时代的发现给予时代的冲击使他们遭受同时代人们的误解与攻击，沦为其生活时代的弃儿。

十年孤独

1896年，弗洛伊德刚好40岁，这一年他同生平第一个知己之交、已经有10年交情的弗利斯出现了严重的裂缝，他的身体也像情绪一样，时好时坏，还患了相当严重的神经症，这一切令他身心交瘁。

但噩运并没有结束，这年10月，弗洛伊德的父亲雅各布·弗洛伊德逝世了，享年81岁。

父亲的逝世对弗洛伊德是一个莫大的打击，正像他自己所言：

> 我父亲的死深深地影响了我。我极爱他，也非常了解他。他将深刻的智慧与富于想象力的随遇而安巧妙结合在一起的品质深深融进了我的生命。他已去世，他已完成了他的人生之旅，然而在我的内心，他的去世是一个诱因，唤醒了所有我早年的回忆。现在我感觉脚下已失去了土地。

然而，这些打击都不是最严重的，最严重的打击应当是他的发现所招来的攻击。就在父亲去世前半年，即1896年4月，弗洛伊德在维也纳精神病与神经病学学会做了一次讲演，名字叫“论癔症病因”。会议的主持人、一直对他颇为友好的克拉夫脱·埃宾教授在会后公开宣称他的主张“像一篇科学神话”。第二天这句话就传遍了维也纳医学界，成为同行们引为经典的笑话。

但弗洛伊德非但没有退却，更进一步发表了更加“肮脏”的理论，即有关儿童的性经验与性创伤。

弗洛伊德在他的神经病临床治疗中，经过上百个病例的详细分析，得出这样一个结论：儿童远在性成熟以前，就有了性经验。这些性经验与成年后的性经验大不相同，它们并不是自觉的性经验，而是被迫的，更具体地、不讲情面地说，主要是来自他们父母的被动性经验。孩子们或者目睹了盲目认为小孩不懂得性而在行房时将孩子放在床榻边的父母之间的性事，或者纯粹偶然地看见了性交过程，或者只是看见了异性父母的裸体，这都可能在他们幼小的心灵中留下难以磨灭的记忆，这记忆沦为无意识，潜藏在他们心灵深处，一到时机就会来闹个天翻地覆，使得它们藏身的脑子暴发神经症。他甚至得出这样的结论，即很多父亲都对他们的女儿进行过性猥亵。请问，哪个朝代，什么样的父亲，会容得下这样的批判？

弗洛伊德将他的文章发表在《临床医学周刊》上，这样的结果是，他首先辞去了在卡索维茨研究所的儿童神经科主任之职，他在那儿已经免费干了足有10年，他不久便在维也纳成了最没有朋友的人、最臭名昭著的人，他被骂作是“内心肮脏”“大淫棍”“伤风败俗”“下流无耻”，种种不一而足，人们似乎认定，既然是他那样说了，那么那些事一定是他做了，他不是有五个女儿吗？他以前的同事们在大街上一看见他，老远就躲了开去，好像他是大麻疯。他的家里本来常有几个朋友来玩玩牌九的，从他的文章发表之日起，他家的牌桌就再也没有铺开了。玛莎也整日躲在家里，因为她的医生太太的朋友们都怕她沾上了丈夫身上的气味。

他的新思想也受到了文章的牵累，再也没有什么团体或协会来请他去做演讲了，许多杂志也对他的文章敬谢不敏。

这些都是精神上的无形攻击，要是发展到这一步就完了也就罢了，但没有，它们继续向物质领域蔓延开去。那些攻击通过大夫们、大夫太太们的传播，散布到全维也纳的病人中去了，与以前的朋友不登门一样，他的老病人们也无影无踪了，他的诊所门口由一度车马喧嚣变成现在的门可罗雀。

这些铺天盖地的攻击弗洛伊德都承受住了，他靠积蓄过日子，戒了对他几乎像面包一样重要的哈瓦那雪茄。他也不再打牌，碰到不愿与他打招呼的熟人也扭头就走，总之，他耐受着空前的寂寞。

这种寂寞的日子差不多持续了整整10年！在这10年里，他虽然依旧著作累累，然而它们不但没有带给他应有的荣誉，甚至相反。

1899年11月，弗洛伊德出版了他的第3本著作《梦的解析》，它是整个西方思想史上最重要的经典之一，它的内容是我们这本书的主体。

我们知道，这本书后来获得了巨大的成功，然而，在出版之初，弗洛伊德得到的主要是沉默，其余的基本上是攻击与挖苦，弗洛伊德再度彻底失望了。

然而，这时候已经是弗洛伊德一生中黎明前的暗黑，这次失望也是弗洛伊德一生中最后一次类似的失望了，从那时起，他以后的几乎每一本著作都获得了或大或小的成功。《梦的解析》虽然一开始受到了不寻常的冷遇，但这只是暂时现象，一段不长不短的时间之后，他的著作逐渐开始为人重视，讨论他的思想与著作的文章开始在各种刊物上发表，有的文章长达数十页。在医学界向他表示尊敬的人也多起来，弗洛伊德的境遇渐趋改变，10年孤独将成为历史，成功的曙光在东方的天空露出了第一点鱼肚白。

弗洛伊德10年行医中，在原来医学界一直束手无策的癔症领域治愈了无数病人。这些病人如果看到了弗洛伊德因为发明和采用治好了他们的方法而受到攻击谩骂怎会无动于衷？即使那些不相信他的理论的同行，当有了自己无法治愈的病人时，也会送到弗洛伊德教授这里来，像布洛伊尔与克拉夫特·埃宾教授。好几次弗洛伊德在接到这样的病人后，忍不住抱怨说："你们不能够这样，一面说'我一点也不相信你的观点'，另一方面又对我说'我这里有一个病人，我想你会有办法'。"

这样历时既久，人们的观念在事实的感召下自然有所改变。后来，不但有维也纳和奥地利等地的病人来找他，大量病人从匈牙利、俄罗斯、罗马尼亚、德国、英国、法国、美国等世界各国涌来，他每天不得不门诊12个小时以上。

我们不难看出，疗效是精神分析与弗洛伊德医生最好的广告，是拨开笼罩着他的乌云的第一道朝霞。

这时候，弗洛伊德也开始摆脱10年孤独了。

走向光明

所谓摆脱孤独，无非指他有了朋友与追随者。弗洛伊德经过长久的沉默之后，逐渐下定决心主动将他的理论推向人们，寻找知音。他的第一个行动是找到了一群不那么守旧的人，他们不会因为一个理论的与众不同或者离经叛道而将之视为洪水猛兽。

他找到的是一个叫“犹太人读书协会”的团体。这里聚集的是一群爱好各种新思想的犹太人，弗洛伊德在这里做了关于释梦的几次演讲，后来他终身与这个团体保持着联系。他又在大学里开设了课程，1899年春季学期，他原想开设《梦心理学》课程，但只有一个学生报了名。1900年夏季学期，《梦的解析》出版半年之后，他再次开设这门课程，这次有四个人申请听这门课。

1902年时，弗洛伊德的两个社会地位很高的女病人，听说他还不是教授，大感不平，立即着手行动，使他成了维也纳大学的名誉副教授。与私人讲师一样，不从大学拿钱但可以讲课。但他毕竟有教授之名了，头上骤然多了一道光环。

弗洛伊德摆脱孤独的最主要标志是“星期三心理学协会”的成立。

卡海勒，他在维也纳大学的一个学生，一次偶尔向他的一个朋友威海姆·斯泰科尔提起了弗洛伊德的名字。斯泰科尔也对儿童性欲问题颇有兴趣，并曾在1895年写过一篇论述儿童期性行为的文章，他这时正受着神经症的折磨，听到卡海勒的话，他立即来找弗洛伊德求助。弗洛伊德经过几次短暂的分析就知道他患有严重的早泄，弗洛伊德治好了他，科斯泰尔由此对精神分析产生了极大的信任与兴趣。他是个性格十分外向的人，之后就采取了一系列行动来宣传精神分析。先是在《新维也纳日报》上发表了两篇长文章，说精神分析是一门伟大的新科学，然后建议弗洛伊德找一些人，成立一个小团体，定期进行讨论。弗洛伊德接受了这个建议。1902年深秋的某一天，他寄了一张明信片给卡海勒、里特勒、阿德勒、斯泰科尔四人：

亲爱的同事：

经有关人士建议，我们拟举办一次科学讨论，敬请参加，如蒙惠允，请于×月×日八时半光临贝格街十九号。

谨致最良好的祝愿

您忠实的

西格蒙德·弗洛伊德博士

在这四人中，里特勒是弗洛伊德在维也纳大学的学生，阿德勒全名叫阿尔弗里德·阿德勒，开业医生，他通过科斯泰尔认识了弗洛伊德，是弗洛伊德最早的追随者之一，他还是奥地利社会民主党的领导成员之一，激进的社会主义者，其貌不扬但才智超群，后来成为个体心理学的创立者。

从弗洛伊德发出明信片后的第一个星期三起，“星期三心理学协会”就成立了，从此，每个星期三他们都聚集在弗洛伊德的候诊室里一张特别长的桌子边讨论精神分析问题。弗洛伊德在这里第一次向一群固定的人，不是他的批判者，而是他的信奉者，讲解他的精神分析理论。

斯泰科尔自愿担任秘书之职，他常把先一天的讨论记下来，然后发表在第二天的《新维也纳日报》上，这对于宣传精神分析、提高它的知名度起了很大作用。

这种“星期三讨论”持续了将近7年，从1902年到1908年。

慢慢地，通过各种途径，或者是参加者的辗转介绍，或者通过《新维也纳日报》的“广告”，或者为弗洛伊德的医术所倾倒，来参加讨论会的人日渐增多，

“星期三心理学协会”影响也日渐扩大。

除了主要来自维也纳的正式成员外，协会还有了一批非正式的访问成员，他们中的一些后来成了国际精神分析运动的主力军，如1907年初来访的卡尔·荣格，还有卡尔·亚伯拉罕、A.A.布里尔和厄内斯特·琼斯，等等。

在讨论会上，会员们围坐在大桌子旁，通常是弗洛伊德居首席，总是身无分文的奥托·兰克坐在他左手，他是讨论会的秘书，负责将所有的发言都记下来，弗洛伊德因此付给他一定薪水，以缓解他的贫困。阿德勒坐在所有人的中央，他的才智与论文水平使他自动得到了这个位置。每一次讨论都预定一位论文宣读者，讨论一开始先宣读论文，然后休息一会，再从一个碗里边抽出一张倒扣着的木牌，上面有号，抽到一号的就先对刚才的论文做出评论，依此去推，会议结束时定下下一次论文宣读者。在这些讨论里，会员们提出了许多重要的思想，包括弗洛伊德的许多著作也是先在这里宣读、接受批判，尔后再出版的。

随着前来参加讨论的人日渐增多，会员们终于觉得他们有资格不再借用心理学这个宽广的名词了，他们应当有自己的、能反映自己特色的协会名字。于是，1908年4月15日，“星期三心理学协会”正式改名为“维也纳精神分析学会”，它是“国际精神分析学会”的胚芽。

自从有了“星期三心理协会”，弗洛伊德的孤独年代也就一去不复返了，虽然他还将受到无数的攻击与谩骂，但他也有了自己的信徒与追随者，也有了人在各种场合为他、为精神分析伸张正义。精神分析也开始在世界各国尤其在英美国家流行开来，成为一股向世界传播的精神电波。

1906年5月6日，为了向弗洛伊德表达敬意，他的弟子们与朋友们特意请著名雕刻家卡尔·玛丽亚·斯韦特勒为弗洛伊德制作了一个纪念章，一面雕着弗洛伊德的侧身浮雕胸像，另一面刻着索福克勒斯《俄狄浦斯王》中赞颂俄狄浦斯的诗句：“他解开著名之谜，具有神力无边。”

1906年是弗洛伊德的50大寿之年，堪称弗洛伊德人生的分水岭。此时，他的星期三讨论班已经不仅仅是几个弗洛伊德追随者的小组了，它的成员数目有了很大增加，他们远不止来自维也纳一隅之地，更来自五湖四海，如德国、英国、美国、瑞士等等。这些异国知音们的到来标志着精神分析已经跨越了国界，成为国际性思潮，西格蒙德·弗洛伊德也成了一个享有国际声誉的科学家。

后来，弗洛伊德在《精神分析运动史》一文中说：

> 到1907年，情形完全出乎我的意料地变化了，精神分析不那么引人注目地引起了人们的兴趣并且获得了朋友，甚至有一些科学工作者准备承认它。在这以前布洛伊勒在通信中已经告诉我我的著作在布尔赫茨利医院已经被研究着和运用着。

弗洛伊德在这里提及的布洛伊勒乃是精神分析这时候最重要的两个支持者之一，另一个就是卡尔·荣格。布洛伊勒是著名的精神病学家、苏黎世大学精神病学教授、苏黎世大学“布尔赫尔茨利”医院院长，他的承认与赞扬对于弗洛伊德来说有特别重要的意义，说明他的学说已经不只是在医生的临床实践中有影响，而是已经在大学里登堂入室，被承认为真正的医学理论了。卡尔·荣格更是不用说，他将成为精神分析王国的“王储”。

荣格是在1907年2月第一次见到弗洛伊德的。从第一眼见到荣格起，弗洛伊德就凭直觉感到了荣格对于精神分析事业将是何等重要！

在第一次谈话中，荣格就告诉弗洛伊德，在读了《梦的解析》后，他就是弗洛伊德的忠实信徒了，他将一辈子为精神分析与弗洛伊德教授的荣誉而战斗。这一次谈话持续了整整3个小时，弗洛伊德这时候就已经在想：“他是个天生的领袖，世界精神分析运动再也找不到比荣格更好的领袖了！”

这时候，除了“星期三心理学协会”，瑞士的布洛伊勒、荣格、宾斯瓦格、里克林等人组织起了“弗洛伊德小组”，荣格是小组的领导人。

下一步是如何在这个基础之上建立一个统一的组织了。最直接的办法当然是召集一次国际性会议，将全世界精神分析的拥护者都集聚起来，宣告组织的成立。荣格是个天生的领袖人物，众所周知已在精神分析运动中得到了王储的地位，这样的会议由他召集最好不过了。

1908年4月26日，会议在奥地利萨尔茨堡召开。这是一次名副其实的国际会议，参加人数40余名，分别来自奥地利、瑞士、德国、英国、美国、匈牙利等国，几乎和参加国际精神病学与神经病学年会的人数一样多。

这次会议也被看作是国际精神分析协会的成立大会。

1908年是弗洛伊德的旅行之年，他先到英国看望了同父异母的兄长，这年底又收到了来自大洋彼岸的一封信，写信的人是他从没见过的美国克拉克大学校长、实验心理学创始人之一斯坦利·霍尔博士。校长先生在信中邀请精神分析的创始人西格蒙德·弗洛伊德教授前去参加克拉克大学20周年校庆，并作有关精神分析的演讲，学校将付给酬金400美元。校长在信中说：

> 我未曾有幸认识您本人，但多年来我对您与您的追随者们所从事的工作深感兴趣，我本人也对此做过孜孜不倦的研究。

收到这封信使弗洛伊德十分高兴，他倒不是高兴400美元的酬金，而是第一次有一所大学公开承认了他的学说——不是几个感兴趣的教授将精神分析介绍给学生，像布洛伊尔在瑞士伯尔尼大学的所为一样，而是以官方的名义公开地承认他，并请他在大学的讲坛公开宣讲，对于在欧洲一直遭受官方的医学院、研究所、医院排斥拒绝的精神分析学而言，这无疑是个历史性的突破。

1909年8月，弗洛伊德启程了，同样接到了邀请的荣格将与他同行。经过20多天的旅程，他们远远地看到了在薄雾中闪烁的纽约自由女神像！

克拉克大学位于新英格兰马萨诸塞州的罗彻斯特市，1909年9月的一天，弗洛伊德在这里开始了他的讲演。他的听众中不乏知名之士，如哈佛大学神经病学教授詹姆士·普特南、著名哲学家威廉·詹姆斯等。弗洛伊德的讲演是这样开始的：

女士们、先生们：

来到新世界，面对抱有很大希望、学而不倦的听众作讲演，我感到既新鲜又担忧。毫无疑问，我之所以能享有这样的荣誉，是因为我的名字与精神分析学这一主题联系在一起；因此，我所要同诸位讲的也是精神分析学。对于这一全新的诊查和治疗方法的历史与未来，我都将尽可能向大家做一个简要的概括。

如果精神分析学的诞生也是一份功劳的话，这份功劳并非属于我。这一学科的创立没有我的份。记得我还是个学生，正在准备期末考试时，维也纳就有一位名叫约瑟夫·布洛伊尔的医生，在1880年到1882年期间，首先在一位患有癔症的姑娘身上试行了这种方法。我们现在直接来看一看这位姑娘的病历及其治疗吧。这方面的详细情况可以在布洛伊尔与我合著的《癔症研究》中找到……

当他演讲时，台下鸦雀无声，人们似乎被他的声音催眠了，他的话音一落，满堂掌声响起。弗洛伊德的心情难以平静，这是他第一次听到他的演讲赢得如许掌声！饱经批判与谩骂之后，他知道在新世界里他的学说将赢得胜利。

弗洛伊德一共作了七场演讲，每场持续两个小时左右。他依照自己的计划，谨慎地引导听众进入精神分析的每一个主要领域：无意识、俄狄浦斯情结、宣泄疗法、自由联想等等，每当进入“敏感”题目时，他总小心地避免用极端的词语，委婉但绝不回避。这样，他虽然也谈了神经症中的性的病因、幼儿性经验等，却并没有遭到他在欧洲所遇的暴风骤雨般的批判，甚至没有批判，听众都冷静，甚至还相当热情地接受了他的观点。每次都对演讲做详细记录的新闻记者也没有回去后大肆渲染性因素，他们的报道忠实而友好。

做完一周的演讲后，弗洛伊德在霍尔校长家接受了克拉克大学授予的名誉法学博士学位，荣誉证书上写着：

> 维也纳大学的西格蒙德·弗洛伊德，他创立的教育学新学派，方法新颖，硕果累累，他是当今性心理学、精神疗法和精神分析学研究的泰斗，特授予法学博士学位。

结束在美国的讲演后，弗洛伊德于1909年9月底回到了欧洲。

这时候的精神分析已经是一种具有相当影响力的国际性思潮了。在弗洛伊德的全力支持下，荣格这时已经成了国际精神分析运动领袖。1910年，在德国纽伦堡举行了第二次国际精神分析会议，会上荣格当选为正式成立的国际精神分析协会第一任主席，苏黎世成为协会总部所在地，也成了国际精神分析运动的领导中心。

精神分析另外的两个传播中心是弗洛伊德所在的奥地利和有不少精神分析追随者的美国。特别是美国，1911年2月，布里尔成立了国际精神分析协会纽约分会，不久迅速发展，第二次世界大战后这里将成为国际精神分析研究的新中心，到今天，“美国精神分析协会”已经发展成为一个规模十分庞大的学术组织与开业医生团体。

然而，精神分析的传播与发展远非一帆风顺，外部的反抗刚刚减弱，精神分析运动就开始内讧了。

分裂与团结

就在1910年3月的纽伦堡会议上，由弗洛伊德提议正式成立的国际精神分析协会的主席为荣格，荣格不但是终身主席，而且对协会一切事务有近似独裁者的权力。这遭到了一直追随弗洛伊德、自认为是精神分析运动嫡系与当然中心的维也纳人的激烈反对，只是经由弗洛伊德的努力才避免了公开冲突。

不过，有着超群智慧的阿德勒是不会接受荣格的领导的，他带着一帮自己的追随者另组了“自由精神分析协会”，这是精神分析运动的第一次分裂。

纽伦堡会议的作用也是显而易见的，它使精神分析第一次有了一个正式的组织，标志着精神分析从此将不再只是一些有相同或相近观点的人，而是一种国际性的思潮、一个运动，它的成员属于一个有组织的集体，它具有更强大的生命力。精神分析之舟将风吹浪打，永不沉没。

1911年9月，在德国魏玛举行了第三届国际精神分析会议，参加会议的有来自欧美各国的约55名代表和旁听者，第一次有了女医生参加，其中一位女旁听者是洛·安德烈亚斯·萨洛美。

萨洛美身材高大，双眼大而传神，有着一张充满无法描述的魔力的脸，她是那种不是十分美丽却有着不可言说也不可抗拒的魅力的女人。出生于俄罗斯一个富有而有教养的家庭，有6个极爱她的兄弟，她嫁给安德烈亚斯的缘故是他威胁她如果不和他结婚他就自杀。她在提出这样一个条件后答应了他，那就是他永远不能强迫她与他发生性关系。她雇了一个年轻漂亮的女仆来满足他，自己则在欧洲到处旅行，不断寻找新的情人来激发她的灵感，她在旅行中发表了大量小说、诗歌、散文。她有过数不清的情人，他们都是些才华出众的人：当里尔克处在他创造力的巅峰时，她是他的情人；她是孤独的尼采一生中唯一爱过的女人，但她却没有做尼采的情人，痛苦的尼采喊道："天下唯有她方理解我哲学中无法言说的那部分！"

像大部分才智出众的人一样，萨洛美多少也有神经症倾向，这使得她能轻易地理解精神分析中许多正常人看来奇怪甚至荒唐的理论，并能够发现它们超越常理的真理性。她请求弗洛伊德允许她去维也纳拜访他，当然，现在她已经50岁了，也知道弗洛伊德幸福的婚姻生活，不会是去找他做情人，她只是想由精神分析的鼻祖分析她的精神，她自己尚不知情的无意识、她已忘却的童年经历等等，弗洛伊德同意了。以后，萨洛美果真来维也纳接受了弗洛伊德的全面分析与训练，训练结束后便成了非专业的精神分析专家。

这次会议的另一个参加者是美国著名神经病学家和哲学家詹姆士·普特南，他这次特意随美国代表团一同前来参加会议并在会上宣读了名为《哲学对于精神分析未来发展之重要性》的论文。这使弗洛伊德与荣格既高兴又深感荣幸，至于他散发着新黑格尔主义晦涩气味的论文，弗洛伊德像往常评价哲学一样，敬而远之，后来他说："普特南的哲学使我想起建筑中的天顶装饰，每个人都仰慕它但谁也不会去碰它。"

这次会议也是到目前为止三届国际精神分析大会中最完满的一届，阿德勒走后，维也纳分会其他成员都是弗洛伊德的忠实追随者，不会再拗弗洛伊德的意与荣格为难，荣格与弗洛伊德的友谊正处于最和谐的时期，弗洛伊德在来魏玛前曾去荣格耗资巨大的库斯那赫特的新家做客，荣格的妻子艾玛是瑞士最大工业家之一的女儿，师徒二人在美丽的苏黎世湖上泛舟，讨论各自研究的进展。弗洛伊德相信荣格终有一天会与他一样得享大名而不会如他一样饱经磨难。

这次会后，一些参加者结伴去拜访了尼采的妹妹、当时也住在魏玛的伊丽莎白·福斯特–尼采，她客气地接待了他们，但对参加会议的萨洛美极表痛恨，她认为萨洛美是个“恶魔”，先是勾引、继而又拒绝她哥哥的求婚，与尼采晚年精神病大发作以至于死很有关系。

第四届国际精神分析大会于1913年9月在德国的慕尼黑举行，参加会议的人数更多，然而这时正值弗洛伊德多病多痛的时期，感冒、神经痛、风湿痛、结肠炎一齐涌来，令他苦恼不堪。他在给琼斯的一封信中说：

我一生中几乎从来没有像现在这样充满小病小灾的。这就像碰上一阵坏天气一样，只有等着瞧，看看到底是我能抵得住，还是这鬼天气占了我的上风。

这次会议的一个主要特点是充满了火药味，维也纳人再次与这时候已经与弗洛伊德离心的瑞士人之间展开了激烈的相互攻击，国际精神分析运动的分裂已成定势。

慕尼黑会议后不久，荣格辞去了国际精神分析协会主席之职，后来干脆退出了协会，这是精神分析历史上最大的分裂。荣格的职位由卡尔·亚伯拉罕接替，他是弗洛伊德最忠实的学生之一，从此直到弗洛伊德去世，精神分析运动再没有大的分裂出现。

第五届会议本来定在1914年举行，但这时第一次世界大战爆发了。不久大批精神分析学家被征召入伍，许多原来的同志成了战场上相互残杀的敌人，第五届国际精神分析大会也就成了弗洛伊德抽屉里的一纸空文。

这样的情形一直延伸到1918年大战结束。这年9月，第五届国际精神分析大会在布达佩斯召开。

以后，国际精神分析大会仍按时举行，弗洛伊德生前最后一次重要会议是1922年9月在柏林举行的，这也是弗洛伊德生前参加的最后一次国际精神分析大会。这时的国际精神分析协会规模已经非同小可了，共有239名正式会员，另外还有许多人在排队等候，来柏林参加会议的有会员110多人，另外还有100余名客人。

这次会议中最令弗洛伊德喜悦的是新一代分析家们的成长，年轻的会员们纷纷拿出了高质量的论文，例如卡伦·霍妮关于女性心理学的论文，她将成长成为后弗洛伊德主义最重要的人物之一。

也许，更加可贵的是，精神分析运动的这种发展是在经历两次大分裂的基础得来的，更显得来之不易。

弗洛伊德一生历经友谊的破裂，从早期的布洛伊尔和弗利斯，到现在的阿德勒和荣格，这些破裂每一次都在他身上留下深深的创痕。特别是后面这两次打击，不但是对弗洛伊德个人的打击，也是对整个精神分析运动的打击。联想到几十年来，他所遭受的无数激烈的抨击甚至恶毒的攻击，对这些攻击与抨击，弗洛伊德一直采取了沉默的态度，这使他有如一个苦行者，在旷野跋涉，烈日曝晒，雨雪交加，了无遮拦。

那些忠于弗洛伊德的弟子们伤心老师的遭遇，决心团结起来捍卫他及他所创立的精神分析理论。

1912年7月，弗洛伊德几个最忠心的支持者，如厄内斯特·琼斯、弗仑齐、兰克、卡尔·亚伯拉罕、汉斯·萨克斯等联合起来，组成了一个特殊的小团体，他们的主要任务有二：一是捍卫弗洛伊德的精神分析理论；二是替弗洛伊德回击那些无端的大量的攻击，当他的挡箭牌，好给弗洛伊德制造一个比较安静的环境，让他不受打扰地继续进行创造性的研究。

一直饱受打击，几乎没有任何人能够为他略加遮挡的弗洛伊德对这个小组的成立极表感激，他在一封信中说：

从我们的人当中找出最好的和最值得信赖的人组成一个秘密委员会，

来促进精神分析的发展，并且，当我不再与你们同在时来使它免于受个人意气用事或偶然事件的损害……我知道这个念头有点孩子气也许还有点罗谩蒂克，但也许能用它来满足实际的需要……

我敢说，如果我知道有这样一个组织来照管我的事业，我就会活得舒心，死得安逸了。

弗洛伊德自己也做了一件罗谩蒂克的事来回应。1913年，他给五个小组成员——他们是弗洛伊德及精神分析的铁卫队员——每人一个古罗马众神之王朱庇特的小雕像，成员们将雕像镶嵌在戒指上，作为担任弗洛伊德铁卫队员的自豪的标志。

第一次世界大战爆发无疑对于精神分析是一场灾难，然而，战争之初，弗洛伊德也像普通人一样刹那间爆发出对祖国炽热的爱，他第一次打心眼里感到自己是奥地利公民，胜利必将属于奥地利。他在这年7月写给他的同盟国朋友德国人亚伯拉罕的一封信中说：

不管怎样，三十年来我第一次感到自己是奥地利人，也为这个并不那么充满希望的帝国有了另一个机会而感到高兴。这里到处信心十足。

他整天不干活，只同他的弟弟亚历山大讨论时局，他说："我所有的力比多都给了奥匈帝国。"坚信战争胜利的消息用不了多久就会传来。

然而，他很快就发现了那些想法是多么天真，而战争又是多么残酷！首先，他的三个儿子不久相继加入军队，随时都有战死的可能；其次，战争似乎一下子将所有人的疾病治好了，他收入剧减。庞大的家庭开支却一点不能少。他很快陷入了财政危机。这时候只有两个朋友可以帮他：一个是亚伯拉罕，他可以在物质上给他以接济；另一个则是洛·安德烈亚斯-萨洛美，她曾在1922年到1923年间专门跟随弗洛伊德学习精神分析，与弗洛伊德建立了密切的联系，与她在一起，弗洛伊德感到了精神上莫大的享受。

不过，由于病人和客人都少了，弗洛伊德多了写作的时间，他在这时写出了许多作品，如《本能及其变迁》《压抑》《无意识》《释梦理论的元心理学补充》《悲伤与忧郁症》《意识》《焦虑症》等，然而令人遗憾的是，它们中的大部分从来没有出版，也没有发现过手稿，弗洛伊德只在他致弗仑齐的书信里提过它们的名字。

1916年5月6日是弗洛伊德的60大寿，与平常人不大一样，生日从不会令弗洛伊德高兴，只令他感到光阴对人毫无怜悯之情，每一个生日过去他又向坟墓走近了一步。但别人是不会理会弗洛伊德这种心情的，仍然有许多人来祝他生日快乐，柏林的报纸上甚至刊登了祝他健康长寿的大幅广告，在维也纳的家中，鲜花像洪水一般涌来，还有雪片似的贺卡、贺信和电报，在房子里泛滥成灾，他写信给亚伯拉罕抱怨说：

> 刊登在柏林报纸上的广告使我的生日不能像我本来希望的那样悄悄过去。特别地，在那么远的地方，那些不知道我的希望的人让他们自己高兴起来了，光是向他们致射也给了我够多的事情。甚至在维也纳，我收到的鲜花是那样多，真令我想他们把我葬礼上的花也送来了，希契曼送来的“讲演”是那样令我感动，我建议当我下葬时也不要什么悼词了。

这年弗洛伊德在维也纳大学开设了一门课程，讲解精神分析的一般原理，后来讲稿成书出版，书名叫《精神分析引论》，至今仍是精神分析最好的教科书。

1918年是战争的最后一年，弗洛伊德这时对胜负已经了然于胸了，他嘲讽地说：“我倒希望德国人取胜，只是这既不是个好主意，也不大可能。”

这一年弗洛伊德的生活也像同盟国的战事一样艰难。物价持续飞涨，他仅剩的一点积蓄化为乌有，市场一片萧条，商店里常常只有柜台和空气，维也纳人大都面带菜色，弗洛伊德也会同他们一样——倘若没有他忠心耿耿的朋友们的帮助！

打从市场上买不到东西起，他最忠实的学生之一、匈牙利人弗仑齐就成了弗洛伊德家的定期供应商，凭着他的军官地位和到处都有朋友，他想尽办法从匈牙利送来一箱箱各种军用食品、一袋袋面粉、干肉，这些东西使弗洛伊德家度过了最困难的日子。

在荷兰，他的朋友们在维也纳的烟店大部分关了门，雪茄成为奢侈品时，给他送来了好几箱上等雪茄。

艾黎·伯奈斯，长妹安娜的丈夫，也帮了弗洛伊德不少忙，早在上一年，他趁美国尚未向德奥宣战，给弗洛伊德汇来了一笔不小的款子，要知道这可是美元，是硬通货，比一天比一天不值钱的奥地利克朗中用多了。这一年，又是弗洛伊德的一个前病人，遗赠弗洛伊德1万克朗，相当于两千多美元，弗洛伊德将这笔钱分给了他的孩子们和两个守寡的妹妹罗莎与苞莉。

这一年发生了两件对精神分析有重要意义的事，第一件是“冯·弗罗因德基金”。

1918年夏天，弗洛伊德应弗仑齐之邀去塔特拉山脉度假，在那里遇上了十分富有的酿酒商安东·冯·弗罗因德。弗洛伊德治好了他的精神神经症，在此以前他还治好过他的好几位亲戚，这使他非常景仰弗洛伊德教授和他的精神分析事业，为此他捐款100万克朗设立了精神分析研究基金。然而，战后霍尔蒂在匈牙利掌权了，他下令所有款项未经政府特批不得移往国外，“冯·弗罗因德基金”也就这样完了。幸亏在此之前弗洛伊德已经将一部款项转移到了奥地利。

1918年9月，布达佩斯举行的国际精神分析协会第五届代表大会，标志着战时一度式微的国际精神分析运动复兴的开始。

这年11月，第一次世界大战正式结束了，奥匈帝国沦为战败国，原来庞大的帝国只剩下今日奥地利的弹丸之地。

与帝国战败崩溃相伴而来的是经济的崩溃。这时候，玛莎常常在维也纳逛个遍也只能买到几根小胡萝卜之类，每天的餐桌上除了几个小小的干面包外，就是用这类胡萝卜熬的清澈见底的汤了。暖气也没有了，维也纳地处欧洲内陆，冬天十分寒冷，然而整整两个冬天，1919年和1920年，弗洛伊德家没有一丝暖气，房子里冷得像冰窖。

这时候弗洛伊德的开支比任何时候都大，他早已没有一点积蓄，要供养的人却空前地多，不但包括自己的大家庭，还有母亲、4个妹妹以及她们的孩子们、他远嫁汉堡的女儿索菲一家、他的弟弟亚历山大等等，加在一起有数十人之多，而此时的维也纳又有几个患者有余钱看病呢！即使他在冰窖样的诊室里一天坐上12个小时，也碰不上几个能够当场付钱的病人。

弗洛伊德几无路可走了。美国一家报纸甚至发表了这样的头条新闻："伟大的精神分析之父弗洛伊德教授——饥饿难忍，绝望自杀！"这样的消息大大震动了他的朋友们和精神分析的支持者们，于是，在好心人的帮助下，几个英国和美国的病人专程来维也纳请他治疗，付给他的都是叮当响的美金和英镑，助他渡过了这段可怕的难关。

然而，更大的灾难还在后头。

1919年5月，他心爱的女儿、美丽的索菲突然患病去世，年仅27岁，遗下了一双儿子，大的3岁，小的才13个月。

老年丧女，白发人送黑发人，对于弗洛伊德的打击之重可想而知，有一段时间，他几乎垮了，他在写给索菲的丈夫马克斯·哈尔伯斯塔特的一封信中说：

你知道我们是多么悲伤；我们亦知你遭受着什么样的痛苦；我无法安

慰你，正如你不能为我们做什么……那么，为什么我要写信与你？我想那是因为我们没有在一起，在如此沉浸于痛苦之时我们无法相聚，也因此我无法告诉你我不断地向她母亲、兄弟、姐妹重复的事——那从我们这儿夺走索菲的乃是命运了无意义的、致命的一击，面对它斥责或者流血都是无用的；像我们这样在打击下可怜的无助的造物——只是更伟大力量的玩物——唯有低下头颅。

光荣与痛苦

尽管战后岁月里弗洛伊德受过这些沉重的打击，但慢慢地，他的处境和精神分析的处境都越来越好了。

这时，在欧洲，即使顽固的反对者们也承认弗洛伊德已经成了举世瞩目的人物，谁都不会怀疑弗洛伊德将在历史的纪念碑上刻下他的名字。他不但被认为是精神分析的创始人、伟大的心理学家，还被认为是伟大的哲学家，他的思想将使人类重新认识自身。

1919年10月，弗洛伊德被维也纳大学提升为正教授，对于维也纳人来说，教授几乎等于半神，教授们总赢得他们最大的崇敬；对于学术界而言，教授意味着最高的学术职称；对于弗洛伊德，是历经近30年后，他的成就终于得到了学术机构的正式承认。

1922年，伦敦大学宣布开设一个讲座，专门讲授5位伟大的犹太哲学家：斐洛、迈蒙尼德、斯宾诺莎、爱因斯坦和弗洛伊德。

战后，与弗洛伊德开始获得承认一样，精神分析的地位也与战前有了不小变化，不再是被大部分人诟病的坏东西，而得到了广泛的承认与传播，精神分析专家们诊所的生意也一天比一天好起来。1922年5月，专业的维也纳精神分析诊所正式挂牌，此后若干年内，这样的诊所在欧美各国如雨后春笋般涌现出来。

1923年4月，弗洛伊德写的一封信上有这么一段话：

两个月前，我发觉在我的领和腭骨的右侧有一个生长物，这个月的20号已经摘除了它们。目前我仍不能工作，也不能吞咽。我肯定那东西现在还好，但你知道，既然它还可以生长，没有人能保证它以后会怎样。我自己诊断它是上皮癌，但医生没接受。抽烟被认为是这个组织癌变的病因。

从这里我们可以推测弗洛伊德大约在1923年2月份发现口腔里有异物，隔了两个月之久他才去医院接受检查，说明弗洛伊德开始并没把它当作一回事，也许他认为不过是溃疡之类的小东西，也许他忙不过来，没有时间去看医生。

但这次他所面对的远非一个小小的溃疡，随着时间推移，它的力量日渐强大，终于让弗洛伊德明白他不能等闲视之了，必须请医生看看它。1923年4月末的一天，弗洛伊德拿起电话，接通了哈耶克教授。

马库斯·哈耶克是维也纳大学教授兼综合医院鼻喉科主任，欧洲有名的口腔疾病专家，弗洛伊德和他是多年的老相识了，他是著名作家阿瑟·斯尼茨勒的大舅子，哈耶克教授约他去他在贝多芬路的办公室做检查。

过了几天，弗洛伊德就乘中午散步的时间单独去了哈耶克教授的办公室，哈耶克用电筒对着弗洛伊德的口腔照了一会，断然说："教授，是良性。"他的意思是，这是个肿瘤，不过请放心，是良性肿瘤，并说弗洛伊德可以在他方便的随便哪个下午去他的诊所，他将给他切除这个"良性瘤"，这是个小手术。

在这以前几天，弗洛伊德的新学生之一，弗里克斯·多伊奇来看望教授，弗洛伊德请他帮他看看他口腔里一个"令人不快的东西"。多伊奇看了看，也说是良性的，但弗洛伊德是几十年从病人话里听话的，多伊奇的语气立即使他警觉起来，他平静地说："多伊奇，你知道我已经67岁了，做了40年医生，不会将死亡看得可怕，我只希望能体面地从这个世界消失。我所担心的只是我的母亲，她87岁了，恐怕承受不了这个打击。"

多伊奇被弗洛伊德的话吓了一跳，他连忙再三肯定这是良性的，只要割掉就万事大吉了。

两个人都断定是良性瘤打消了弗洛伊德的疑虑。又过了几天，他就在一天上午八点钟，没和家里任何人说就往哈耶克的诊所去了。哈耶克教授在手术室里接待了弗洛伊德。手术马上开始了，他请弗洛伊德坐在一把椅子上，叫他张开口，在左侧放进了一个木头楔子，使弗洛伊德的口不致因疼痛而自动闭上，接着在患处喷了一些麻醉剂，便将刀子伸进了弗洛伊德的口腔……

手术没有预想的成功，哈耶克教授在切除时，发现外部的小突起只是冰山浮出水面的一角，他越切越深，直到切断了一根动脉，引发了大出血。手术没法进行下去了。但他相信当血喷出来时，他凭感觉的最后一刀已经将癌细胞全切掉了。

当哈耶克教授打电话过来请玛莎将弗洛伊德的日常用品送过去时，玛莎和安娜才知道发生了什么事。她们以令人吃惊的速度赶到了医院，发现弗洛伊德胸前衬衫上满是血迹，正脸色苍白地坐在一把破椅子上。看见她们进来，他有点儿尴尬，他想解释他原来以为这是个小手术，做完后他就可以自己回家，没必要让她们担心，但他的口腔里还塞着止血纱布，什么也不能说。

玛莎和安娜无言地看着他，就像弗洛伊德无言地望着她们一样，情到深处语言就成了多余。

哈耶克教授打破了房间里的静谧，他说现在医院里没有一个空床位，他想尽办法只找到一张行军床，只能放在一间小屋里，里面有一个患克汀病的侏儒病人。弗洛伊德就被安置到了那里，直到玛莎和安娜被护士再三催走，他仍不能说话。

夜里，弗洛伊德口里突然又大出血，他想牵铃召护士，但铃坏了，血从他的口里涌出来，他说不出话，一直默默地看着教授的侏儒病人这时从床上跳了起来，跑出去叫来了医生。

要不是这个侏儒，弗洛伊德身上的血恐怕都流干了！因此可以不折不扣地说，这个侏儒对精神分析的发展做出了重大贡献！我们要知道，这时弗洛伊德的《文明及其缺憾》《摩西与一神教》《精神分析引论新讲》等都还没有写出来呢，若不是这伟大的侏儒，这些著作是永远也不会出现在世界上了。

两天后，哈耶克教授将弗洛伊德作为病例给他的学生们作了示范教学后，就让他回家了。

这是弗洛伊德漫长手术生涯的开端，从这时起直到他去世，15年中弗洛伊德共经历了33次这样的手术。

弗洛伊德继续治疗，先后采用过当时很先进的X光治疗、放射性元素治疗，哈耶克医生的一个助手弗希提格还让弗洛伊德吞下了大量含有镭元素的胶囊，产生了严重的中毒反应，令弗洛伊德痛苦不堪，这是它唯一的效果。

正如俗话所说：福无双至，祸不单行。就在弗洛伊德刚被发现患了癌症不久，另一个打击接踵而来。

前一章提过，1920年索菲死后，留下了两个儿子，大的3岁，小的才13个月，名叫海恩兹·哈尔贝斯塔特。妻子去世后，哈尔贝斯塔特一个人既做爹又做妈，还要搞职业摄影，成天忙得焦头烂额。索菲的姐姐玛蒂尔德结婚多年仍没有孩子，她很爱聪明伶俐的小海恩茨，就将他过继过来，带到了维也纳。小海恩茨成了病中弗洛伊德天降的甘霖，他说小海恩茨是他所见过的天资最好的孩子，他每天中午都要和玛莎去女儿家看小外孙，弗洛伊德亲昵地叫他“海涅勒”，小海涅勒长着黑黑的头发，一双看上去非常聪明的眼睛，脸上总露出甜甜笑意。

弗洛伊德极爱这个小外孙，他会像海涅勒一样坐在地上陪他玩积木，帮他往小火车上装轮子，不过，他往火车上装四个轮子的时间里小外孙已经造起了一座教堂。

然而，小海涅勒从小体质就弱，母亲的去世使他更加虚弱了，几乎没有哪一天没病，弗洛伊德、玛蒂尔德夫妇为他费尽了心机，但收效不大。6月初，他又一次病倒了，这次不同于以往，他再也没能从高烧的昏迷中醒来。1923年6月，小海涅勒死于粟粒性结核病，年仅4岁半。

小海涅勒的去世给弗洛伊德的打击难以言表，葬礼上，他一生第一次，也是唯一的一次当众流下了伤心的眼泪。

弗洛伊德一生所失去的亲人甚多，他也为他们的离去而痛苦，但这次他感到的不仅是痛苦，他觉得他心里也有什么东西死去了，与小外孙一样永远也不会回来了。6月11日，早在海涅勒死去前8天，这时已经诊断出他是患了粟粒性结核病，这是无可医治的致命之疾，弗洛伊德在这天写的一封信中说：

> ……我感到这个损失极其难以忍受。我想我从来没有如此痛苦过……一切事情对于我来说都失去了意义。

1923年9月，当时欧洲也许是世界上最好的口腔专家汉斯·皮契勒被请来为弗洛伊德手术。

9月26日，皮契勒教授与哈耶克共同为弗洛伊德做了检查，设计了手术方案，决定手术于10月份分两个阶段进行，将在皮契勒教授供职的奥尔伯斯塔特疗养院进行。

第一次手术时，教授在弗洛伊德脖子右侧开了一道弧形切口，将刀切进去，一直切到脖子正面的喉咙口，并将外侧颈动脉扎起来，接着着手处理阻碍手术的淋巴结，将他们全部切除。手术历时近两小时后顺利结束。

一个星期后，第二次手术按预定计划开始了。先给弗洛伊德进行了局部麻醉，等麻醉剂开始起作用后，教授迅速切开了弗洛伊德的上唇，沿着鼻子右侧一直切到眼睛下面，弗洛伊德的脸孔就像被斧子砍开了，白色的骨头清晰地露了出来。教授用手术刀切除了癌变了的舌头及面颊的一部分，用一把凿子凿进弗洛伊德的腭骨，将被癌细胞侵袭了的骨头和软腭凿了下来，又用专门对付硬骨头的切骨器切掉了也受了感染的右下颌骨。

将癌变部分切除后，教授又从弗洛伊德的右臂上割下一块皮，做了移植手术。两个小时后，手术顺利结束了。

这样的手术是在局部麻醉下进行的，也就是说，手术时弗洛伊德仍意识清醒，所以听得到砍骨头的声音在口里“叮叮咚咚”地响，他觉得自己的口腔仿佛变成了一个采石场，石匠们正在里面挥锤舞凿地采石呢。

手术后好几天弗洛伊德都不能说话，也不能用口吃东西，只能用一根导管将流汁食物从鼻腔里灌进去。由于大部分牙床已被切掉了，牙齿自然也没地方长了，皮契勒教授给弗洛伊德做了一个假牙模子，弗洛伊德从此只能靠这假东西来吃饭了。

10月底，弗洛伊德出院了，戴着他的一口假牙和尽快恢复工作的期望。也许他认为这次可是一劳永逸地解放了，从此脱离了癌魔的折磨。要是弗洛伊德得知这仅是苦难的开始，他会怎么想呢？

这次手术后不久，他的软腭上又长出了一个新东西。皮契勒教授检验后发现又是癌组织。他告诉弗洛伊德，他不得不将他的右侧软腭的大部分都摘除掉，手术中出现了大出血，手术后弗洛伊德更衰弱了，他迅速恢复工作的计划也泡了汤。

但癌细胞仍然没有被清除完，此后，几乎是经常地，皮契勒教授采取各种各样的方法来对付那些顽固无比地坚持在弗洛伊德口腔里发芽生长的癌变组织，如X射线，这是采用最多的；还有“斯坦纳赫手术”，就是将输精管结扎起来，这是斯坦纳赫发明的一种手术，据说这样有助于病人抵抗力的提高，从而抑制癌细胞的生长；电烧灼法，就是直接用电的高温烧掉一个新长起的小瘤。总之，弗洛伊德必须经常不断地用这些手法去掉一个个新瘤或者手术创口上的溃疡，新手术又得再割掉一些他的脸皮，甚至是刚移植过去的下次手术又得割掉，手术后又是新的移植，如此循环往复。

由于弗洛伊德的上腭已经被切除了一大半，从嘴唇到鼻子之间形成了一个空洞，得用一个假腭来填补空白，这时的难事就是怎样将它塞进去。现在弗洛伊德的嘴唇不能张得太宽，而假腭的体积可不小，有时，他弄来弄去一个钟头都塞不进去。塞进去后也不等于就万事大吉了，由于假腭是用来填补空白的，因此要填补得越紧越好，只是剩下的硬腭和牙床可不这么想，它们对这个外来者很不适应，经常引起剧烈的疼痛，伴着溃疡和脓肿。为了暂时缓解一下剧烈的疼痛，弗洛伊德有时不得不将它取出来，享受一下没有它的舒服。但要是久了，口腔里面的组织就会收缩，那时非得动手术才能装进去了。

吃东西也成了一件令他难堪的事，有时，吃着吃着，食物就从鼻腔里冒了出来。他的家里人从来不觉得这值得一看。他仍可以抽雪茄，不过得先用一个布塞子将嘴巴撬开，再将雪茄从缝里挤进去。

皮契勒医生的手术仍在不断进行，他的硬腭还要被切除，假腭也要随之更换，后来弗洛伊德自己也不记得换了多少次假腭了，就像记不清皮契勒大夫给他动了多少次手术一样，他似乎觉得大夫的手术刀每天都在他口里动着，不时割掉点什么。

弗洛伊德的余生之中，每天都要面临这样的痛苦与战斗。

手术的另一个后果就是对弗洛伊德工作的直接影响。他在第一次手术中，舌头就已被切掉一部分了，硬腭和软腭的切除和牙齿的被拔都大大影响了他的发音，使他本来十分清楚、富有感染力的嗓音变得浑浊，鼻音很重，像患了重伤风，他的病人们对于这样的声音自然头痛，尤其那些外国人，经常弄不懂教授到底说了些什么。这给弗洛伊德带来的苦恼之多难以想象。另外，早在第一次手术后不久，假腭与牙床软组织之间的摩擦就导致了严重感染，引起了周围组织的连锁反应，一齐发起炎来，最后延伸到了半规管，这个东西对于人的听力至关重要，它的受损损害了弗洛伊德的听力。最后，弗洛伊德的右耳几乎完全聋了。几十年来，弗洛伊德一直习惯于让病人坐在他的右侧，他们的声音也是从右边传来，现在他不得不让病人坐到左边了，他那敏锐的听力也大大地打了折扣。这对他的分析治疗活动也极其不利，因为患神经症的病人所说的话一般都是些他们不大愿、也不大敢说的话，当然更不能从从容容、清清楚楚地说，往往是一阵暴风雨似的泻来，可不管医生听得见还是听不见。

也许，能够聊以安慰他的是，如此痛苦的他已经举世闻名了！现在，无论以前的对手，还是朋友，或者对精神分析漠不关心的人，都知道一个名字——弗洛伊德，他被公认为那个时代的伟人之一。

1923年，欧洲大国中一向最忽略他的法国的神经病学权威杂志也来信向弗洛伊德索要照片，好将之登在他们的杂志上，并且在这一期里用很长的篇幅介绍了弗洛伊德的重要著作。生意一直清淡的国际精神分析出版社现在也接到了大量的出版请求，要求准许出版弗洛伊德著作的各种文字的译本，欧洲的几乎所有语言，从瑞典语到意大利语，从英语到葡萄牙语，都已有了弗洛伊德著作的译本。《精神分析引论》的俄译本，单莫斯科一地一个月内就销售了两千册。日语译本早就出现，中译本也开始有了，弗洛伊德听说这件事很感惊奇，但他猜想被译成中文这种世界上最复杂的文字之后，也许会比原文还微妙。1930年，由高觉敷先生译的《精神分析引论》全本由上海商务印书馆出版，到目前为止这还是最好的译本，堪称经典。

特别是欧洲第一语言英语，弗洛伊德的所有著作或已经被翻译出版，或正在被译，或将要被译，事实上，现在关于弗洛伊德著作的权威版本很难说是德文原文，而通常认为是英文的《弗洛伊德全集标准版》。

这年2月，弗洛伊德接到了著名作家罗曼·罗兰的来信，这是因为弗洛伊德曾对某位艾多尔德·莫罗德–赫泽称赞了他几句，这位先生恰是罗曼·罗兰的朋友，他当然兴冲冲地将弗洛伊德的称赞转述给了罗曼·罗兰，罗曼·罗兰就特意来信表示感谢，并说他早在20年前就读弗洛伊德的著作了，他一贯相信他说的一点也不错。他们之间从此经常鸿雁传书，彼此仰慕，成了好朋友。

第二年，罗曼·罗兰从巴黎前来造访弗洛伊德，陪同他来的是斯蒂芬·茨威格，茨威格也早就是弗洛伊德的朋友和他思想的忠诚信奉者了，他事实上就是用小说、散文的形式来表达精神分析的。可惜的是这时弗洛伊德还没有适应他的假牙，他的德语发音很不准确，那娇腔婉转的法语更是说不出来，使他们的交流大受影响。

1925年5月，在遥远的巴勒斯坦，一位巴菲爵士在巴勒斯坦耶路撒冷希伯来大学成立典礼的致辞中，将犹太人对西方文明的作用夸奖了一番，说现代世界思想的三位主要缔造者都是犹太人：爱因斯坦、柏格森、弗洛伊德，此前伦敦大学已经为四个最伟大的犹太哲学家——迈蒙尼德、斐洛、爱因斯坦和弗洛伊德——开了专题讲座。与此同时，在盎格鲁–奥地利协会举行的一次午餐会上，与会的哈德勒爵士在祝酒词中对维也纳在欧洲文化发展中所处的中心地位表示了钦佩，他提及的四位最伟大的维也纳人是莫扎特、贝多芬、马赫和弗洛伊德。

这年复活节，弗洛伊德接待了著名的丹麦批评家勃兰兑斯，这年10月他还与泰戈尔在维也纳聊了一番。

不久后就是圣诞节了，弗洛伊德和玛莎去了柏林一趟，看他们生活在那里的两个儿子和四个孙子。在柏林，相互慕名已久的爱因斯坦带着他的妻子拜访来了。弗洛伊德正与他的小儿子恩斯特待在一块，四个人就聊起天来，一聊就是两个钟头。弗洛伊德后来在一封信中说：

他兴致很好，当然他也是个令人愉快和温文有礼的人。他了解心理学就像我了解物理学一样多，因此我们的谈话很令人兴奋。

从此，弗洛伊德在每一个生日都会收到爱因斯坦的贺电，诚然弗洛伊德对于那些洪水般的电报是不大关心的，但爱因斯坦就另当别论了。

1926年5月6日是他的七十大寿，尽管弗洛伊德再三请求他的学生们、朋友们休得大张旗鼓，但这一天仍成了维也纳以至欧洲的一则新闻、学术界的一件大事。维也纳、英国、德国、法国等的许多报纸上都刊登了消息以及许多溢美之词，电报与鲜花像洪水一样冲过来，简直要将他的房子都淹没了呢。发来电报的既有他的学生们、国际精神分析协会的会员们，也有许多人仅仅是慕名者，其中当然缺不了许多举世闻名的名字：布兰兑斯、爱因斯坦、罗曼·罗兰、斯蒂芬·茨威格等等。

这年7月，弗洛伊德写了一本小册子，名叫《非职业分析问题》。这是一本比较特殊的书，它阐述了弗洛伊德对所谓的“门外汉”精神分析家们的态度。

门外汉分析家是一些没有专业的医学背景的人，他们只懂并不需要专业医学背景就能懂的精神分析。这些不懂医学的人，在学习精神分析之后，就开始向病人提供精神分析的治疗了。对于这种行为，美国与欧洲的精神分析家们之间出现了歧见。美国分析家们认为这些人既然不懂医学，就根本没资格行医，而搞精神分析治疗当然也是行医的一种方式。但欧洲的精神分析家们则对这种行医持支持态度。而且，欧洲的许多精神分析家，包括许多重要人物，例如兰克，都是没有医学背景的。于是，在美国与欧洲的分析家们之间产生了激烈的争执，甚至有导致双方分裂之虞。在这种情况下，弗洛伊德发表了这个小册子，表明了他对医学门外汉分析家的支持态度。

为什么弗洛伊德会对没有受过医学训练的人从事精神分析活动这么积极地支持呢？我们只要看看弗洛伊德的大部分著作就行了。它们几乎无一是单单相关于神经症治疗的，像《图腾与禁忌》《文明及其缺憾》《摩西与一神教》等则与治疗基本上没有关系，然而它们都堪称弗洛伊德最伟大、也最有影响力的开拓性著作，它们涉及了神话、民俗、历史、文化、人类学、艺术、文学等几乎人类文化每一个重要方面。这些都说明精神分析涉及的领域已经远远超过了医学，甚至已经与医学不大相干了，因此，要了解精神分析也不一定非得懂医学。这样，那些不懂医学但懂精神分析的人自然可以进行精神分析的治疗活动了，这是由精神分析这门理论的特殊性决定的。

1930年，弗洛伊德又去柏林，以便做一副新假腭。当时美国驻德大使W.C.布里特也来拜访他，弗洛伊德的名声早传遍全美，布里特对他心仪已久，这个关系对弗洛伊德的未来相当重要。

这年7月末，弗洛伊德被授予了歌德文学奖，在文学领域内这是仅次于诺贝尔文学奖的大奖了。这也许是弗洛伊德生前所获得的两个最重要荣誉之一，另一个是英国皇家学会名誉会员。弗洛伊德因为身体不好，没有能去法兰克福领奖，不过他写了一篇不短的文章论述精神分析对歌德的研究，并让安娜在颁奖大会上宣读。

1931年是弗洛伊德75岁大寿之年，一桩荣誉来自故乡弗莱堡，那里现在改名叫普里堡了。10月，普日博尔市政委员会决定在弗洛伊德出生的那栋楼上安放一块铜匾，以志家乡人民为有这样一位儿子而自豪。这一切令弗洛伊德感到他仿佛已经升天，人间正在为他树立一座阔气的墓碑呢！

这时候，弗洛伊德的名声早已不单单存在于学术圈子或者精神分析圈子里了，而是广泛地传播于普通大众之中。在许多欧洲城市的街头可以听到当某人说了句不雅的错话时，就会有人评论道：“您这是个弗洛伊德式的口误。”一个巴黎的中学生也会对自己昨夜的梦来个分析，旁边搁着一本《梦的解析》。弗洛伊德的名字已经成为众多报纸杂志的常客。他的照片甚至出现在了伦敦的一份时髦周刊《身份》的封面。

弗洛伊德是如何看待他的“功成名就”的呢？一个词：淡泊。对于他，名声与其说是幸福，不如说是重负。就像他在致琼斯的一封信中所说：

我很抱歉我没有回你的上一封信。我常常觉得很累。我的事务信件是这样多：警告一个病人不要来，因为我没有时间治疗他，拒绝那些蜂拥而来的某个专题、某个杂志的约稿，这就是声名之累，我没有看到它有什么好处。

1933年是欧洲历史上不平静的一年，这年2月希特勒登上了德国总理的宝座。不久就开始迫害犹太人，国际精神分析协会的大部分成员是犹太人，不久他们便成了纳粹最早的受害者之一。为了躲避，他们只能远走异域。

1933年5月底，希特勒在德国发布了一则公告：

为了人类灵魂的高贵，反对腐蚀灵魂的、对于本能生活的美化！我将西格蒙德·弗洛伊德学派的书籍付之于大火！

在柏林、莱比锡等德国大小城市的中心广场，到处燃起了熊熊烈火，弗洛伊德的著作被成捆成捆地扔进了火堆，同时被扔进去的还有马克思的书。

1934年是相对平静的一年，犹太精神分析学家们想走的都走了，只有极少数几个老得不怕死、不想走的还在等着瞧。其中就有弗洛伊德，他就像一个只听见过、从来没有看见过老虎吃人的好奇孩童，眼看着老虎跑过来却呆站在原地，想知道老虎是不是真的吃人。

1935年5月，弗洛伊德被选为皇家医学协会名誉会员。这年7月，他还应德国费希尔出版社之邀，为托马斯·曼60寿辰写了一篇纪念文章。

到1936年，弗洛伊德的健康状况又恶化了，口腔里又出现了病变，为了不再开刀，便大量使用X射线照射，但肿瘤组织对放射性不强的X射线已经满不在乎了，最后竟使用了镭这种足以致命的放射性元素。弗洛伊德由此吃的苦头真是一言难尽，不过现在他差不多已经麻木了。

这年最重大的一件事是弗洛伊德的80寿辰，本来有许多人准备大大地热闹一番，但在弗洛伊德的强烈要求下，他们偃旗息鼓了，竟然让他的80大寿悄悄过去。虽然没有如云的宾客，却免不了如雨的鲜花、如雪的电报、各种各样的荣誉。

在他生日前后收到的大量信件中，最令他高兴的是爱因斯坦的来信了，爱因斯坦在信中说：

尊敬的弗洛伊德先生：

我感到高兴的是，我们这一代人有机会向您这位伟大的导师表示敬意和感激。毫无疑问，您使那些具有怀疑思想的门外汉轻易获得了独立的判断。直到最近，我还只能理解您的思路中的思辨力量，以及这一思想给这个时代所带来的巨大变化。然而，不久前我有机会听到了一些情况，它们本身虽无甚重要，但据我判断，只有用压抑理论才能对它们做出解释。我很高兴自己看到了这些例证，因为，当一个伟大而且美丽的设想与实际相符合之时，它永远是令人愉快的。

另一封重要的贺信是托马斯·曼的，不过它并非由托马斯·曼一人所写，而是由他与H.G.威尔斯、罗曼·罗兰、维吉妮亚·沃尔夫、斯蒂芬·茨威格等杰出的作家共同策划起草的，托马斯·曼亲自跑到弗洛伊德正在避暑的格林岑宣读了贺信：

西格蒙德·弗洛伊德80寿辰，使我们有了一个盼望已久的机会，来向这位人类深刻知识新领域的开拓者表示衷心的祝贺和崇高的敬意。作为一名医生和心理学家，作为一位哲学家和艺术家，这个无所畏惧的预言者和治疗者在整整两代人的时间里一直是我们探索人类灵魂未知领域的向导。正如尼采描述叔本华所言，他是一个“表情严肃冷峻的堂堂男子，一个骑士”；他有着独立自主的精神，他是一个懂得如何自立并赢得人心的思想家和研究者，他坚持走自己的路，一直走进真理之中，而这些真理看起来是很危险的，因为它们恰恰揭示了人们急于隐藏的东西；他给幽暗之处带来了光明。他广泛地揭示出新问题并改变了旧标准。他的探索和发现成倍地扩大了精神研究的范围，甚至连他的反对者们也由于从他那里受到创造性启发而感激他。即使他的研究成果在将来会得到修改和更正，他向人类提出的问题将永远不会被窒息，他对于人类知识的贡献也永远不会被否认和磨灭。他所建立的概念和他用来表达它们的词汇已经成为日常语言的一部分，得到了自然而然的运用。他的成就已经在人文科学的所有领域留下了深深的印记，这些领域包括文学艺术、宗教进化史、史前史、神话学、民俗学、教育学、美学。我们可以肯定，如果世间有什么行动可以被永远记住的话，那就是他对于人类心灵的洞察。

这封贺信的后面是全世界最有名的两百位艺术家和作家，除了托马斯·曼、H.G.威尔斯、罗曼·罗兰、维吉妮亚·沃尔夫、朱利叶斯·罗曼斯、斯蒂芬·茨威格等六位负责起草的外，在上面签名的人中还有：赫尔曼·布罗赫、纪德、汉姆生、海塞、阿道尔斯·赫胥黎、乔伊斯、王尔德、克利、毕加索和达利等人。这些人我们都很熟悉的，就文学而言，有五位诺贝尔文学奖获得者。

也就是在这个月，洛·安德烈亚斯-萨洛美给弗洛伊德来了最后一封信，她是弗洛伊德晚年最好的朋友之一，当时已经病倒，只有等待死神的降临了。

到1937年，弗洛伊德对纳粹天真的信心终于消失了，他说：

> 政治形势正在变得更加阴暗，看来没有什么能阻止纳粹的入侵了，这对于精神分析的恶果犹如对于其他的东西一样。我唯一的希望是不要活着看到它们。

最后的时光

1938年4月11日，德军突然从西部边境开进了奥地利，几天后就不费一枪一弹占领了维也纳，奥地利共和国宣布并入德意志第三帝国。

不久，一队荷枪实弹的德国冲锋队员冲进了贝格街的弗洛伊德家，抢走了他家里所有的现款。

这时，他的学生琼斯从英国、另一个学生兼病人玛丽·波拿巴公主从巴黎赶来了，他们都力劝弗洛伊德离开，琼斯先期回伦敦去了，他要在那里办妥弗洛伊德去英国的一切手续。但使弗洛伊德下决心离开的不是他们两人，而是纳粹。

这天，又一队冲锋队员进入了弗洛伊德家，他们搜查一番后，带走了安娜。

这一夜弗洛伊德也许是生平第一次感到了恐惧，他整夜一支接一支地抽雪茄，家里谁都没有休息。谁都知道，无数的犹太同胞就是这样被召去，然后就消失了，仿佛从来没有被带走过，也从来没有存在过一样。

后来安娜虽然平安回来，但弗洛伊德意识到他不能不走了，他可以不管自己，因为生或死对于他不再有多大区别，但他不能不管年轻的女儿和其他亲人，他知道只要他不走，他们会与他同生共死。

琼斯回到伦敦后，马不停蹄地着手开展了说服英国政府的活动，他持着英国皇家学会主席的介绍信去找内政部，内政部迅速同意了他的要求，许可弗洛伊德带上他的家人、医生、仆人、某些学生等来英国，并同意给他在英国工作的许可证。

这时，为使纳粹当局放走弗洛伊德，早已惊动了一批大有权势的人。W.C.布里特，当时是美国驻法大使，他听说弗洛伊德被羁维也纳，立即开始了活动。他是罗斯福总统的私交，直接请求总统出面为弗洛伊德向希特勒求情。玛丽·波拿巴公主作为拿破仑家族的嫡系后裔，以公主之尊，又是希腊王妃，势力非小，她也全力以赴地为导师奔波。第三个被惊动的大人物是墨索里尼，这个意大利独裁者，几年前弗洛伊德的一位意大利病人请求弗洛伊德将他的书送一本给他们的元首。弗洛伊德从不推却病人的这类要求，就将自己的一本著作亲笔签名托这位病人送给了墨索里尼，虚荣心极强的独裁者不禁得意扬扬。墨索里尼这次也亲自出马，向他的同道中人希特勒发出了请求。

在这许多有权有势的人物的努力之下，弗洛伊德终于被批准离开奥地利，只是他所有的银行存款、政府债券、现金等通通被没收了，他变得不名一文。

弗洛伊德的弟弟等许多亲属也逃离了纳粹的魔爪，但是他4个年近80的妹妹却没能脱离虎口。1943年，她们像其他600万人一样，在焚尸炉里被烧成了灰。

1938年6月，终于办好了一切手续，弗洛伊德离开了祖国，亡命天涯。

不久，弗洛伊德经过法国，到达了伦敦，他坐火车进车站时享受到了皇族成员的礼遇。他的住宅里铺满了崇拜者们送来的鲜花。当安娜去银行办事时，经理亲自出来接待，说："弗洛伊德？他的事我们全知道！"更不用说各种学术团体了，向弗洛伊德教授致贺的、请他讲演的、特聘他为名誉会员的，不计其数。

伦敦的大小报纸登满了他的照片和简历，还有许多社论，对弗洛伊德和他的学说的伟大意义大加称赞。最著名的医学杂志《柳叶刀》写道：

自从达尔文以来，弗洛伊德的学说在这个时代所激起的争论之激烈和批判之尖锐无与伦比。现在，他已届耄耋之年，无论哪个学派都已很少有心理学家不承认受了他的影响。

《不列颠医学杂志》也撰文说：

不列颠医学界将为它们的国家为弗洛伊德教授提供了避难所，并且他也选择这里作为他的新家，而感到骄傲。

然而真正让弗洛伊德感到英国人民对他的厚爱的还是6月23日这天的事。英国皇家学会的三名秘书带来了皇家学会的“圣书”让弗洛伊德签名，这本书里有学会所有会员的签名，例如牛顿和达尔文，但他俩都是自己去皇家学会签的。只有国王才有资格将“圣书”让人送到他身边，弗洛伊德是第一个将从来没有离开皇家学会的“圣书”请出了学会会址的人。签名之后弗洛伊德得到了一本华美的复制品。

9月27日，弗洛伊德搬进了他的新家曼勒斯菲尔德花园。这是一栋带有鲜花盛开的花园的美丽房子，墙上爬满了常春藤，将砖盖满了，只露出窗子，好让弗洛伊德看窗外碧蓝的天空和缤纷的花园。

这年，他的知己之交阿诺尔德·茨威格为使弗洛伊德获得诺贝尔奖作了最后一次徒然的努力——此前，已经有许多著名的作家这样努力过了。弗洛伊德闻之给他写了一封信：

不要让你自己再去做诺贝尔幻想啦。我不会得到任何诺贝尔奖是再确定不过的事。在那些评奖的当权者中精神分析颇有几个敌人，在他们改变主意或死光以前不要希望我会得奖。虽然在维也纳被纳粹敲了竹杠，我的儿子和女婿也很穷，但安娜和我已经取得一致意见，一个人不能想什么都有……几乎不可能想象官方团体会对纳粹发出这样的挑战：将那荣誉授给我。

现在我们要进入弗洛伊德生命的最后一年——1939年了。

时光犹如自由落体，越靠近坠落的底点速度就越快，弗洛伊德的生命也是如此。

2月初，弗洛伊德的老地方又发现了新的癌变，而且癌症已经扩散，不可以手术了，这就是所谓的癌症晚期。

到8月，弗洛伊德的病情急剧恶化，没有了抵抗者的癌细胞迅速扩散，癌变造成的伤口在他的口腔里溃烂，发出难闻的气味，当他想摸摸他的爱犬时，它远远地躲到了墙角，不知是怕那气味，还是怕飞奔而来的死神。直到这时，弗洛伊德才放弃了工作。现在他成天坐在书房里看报纸，想象遥远的地方发生的事，或者看看花园里灿烂的菊花和月季，一面静静地等待死神的到来。

9月19日，弗洛伊德第一次出现了死亡征兆。弗洛伊德在人世间的最后一句话是两天后说的，他对寸步不离病床的家庭医生舒尔说："我的亲爱的舒尔，你记得我们的第一次谈话。你答应我当我不能再这样下去时你会帮助我。现在它是唯一的折磨了，它也不再有任何意义。"弗洛伊德的意思是，他现在只剩下疼痛的折磨，他不想生命的最后一刻仍只有这样的痛苦——他一生的痛苦已经够多了。

过了一会，弗洛伊德似乎犹豫了一会儿，终于平静地说："把我们的谈话告诉安娜。"

舒尔知道这已是回光返照了。

第二天清晨，舒尔给弗洛伊德注射了一剂吗啡，暂时压下了疼痛的折磨，弗洛伊德安详地睡着了，从此没有再醒。

又过了一天，1939年9月23日，午夜前夕，这一天行将过去之时，一直安静地睡着的弗洛伊德停止了呼吸，与这个日子一同逝去了。

26日，遵照弗洛伊德的遗嘱，他的骸骨在歌德尔草地被火化，骨灰装在一个希腊双耳古瓮里，上面是一位女神正向一位男神奉献生命之果。

附录二　精神分析简述

精神分析的内容是极为丰富的，关于梦的解析只是其中的一部分而已，甚至不是最基本的一部分。我们如果将弗洛伊德的思想比作一幢十层的大厦，他关于梦的思想大概居于中间的第五层左右。倘若想走到这幢大厦的中间甚至顶部，从第一层走起是必要的。

事实上，由于弗洛伊德的精神分析思想是一个整体，就像一张网一样，其每一部分都是互相联系的，要想深入地理解其中关于梦的思想，最好能够对精神分析的基本思想有一个整体的了解。

基于上面的理由，我会对弗洛伊德思想的整体，也就是精神分析思想的整体，做一番简明扼要的介绍。

除了前文中关于梦的解析的内容，在这里我选取了其他三个弗洛伊德的卓有特色的思想来讲解，它们分别是：无意识、性与本能以及三重人格。

无意识

我们要讲的第一个就是无意识。

对于精神分析来说，没有比无意识更为基本的概念了，无论在以前，还是以后，精神分析的每个重要概念如果本身不是无意识，那么在它的里面几乎肯定可以将无意识发掘出来。它就像糕点中的发酵粉一样，糕点品种各不相同，里面却总有它的成分。

而且，无意识是一把最锋利的剑，经过它的雕刻之后，本来显得杂乱的精神分析就会有棱有角了；无意识又是一根线，能够将精神分析及其发展史的许多内容，例如从神经症到癔症、从布洛伊尔到帕莎·彭伯海姆联成一体，使我们看到精神分析的内在统一性。

那么什么是无意识呢？

简言之，无意识就是没有为我们的意识所意识到的意识。

这个释义中有好几个“意识”，每一个“意识”的意义都是不相同的。

第一个“无意识”中的“意识”一词与“无”是一个整体，共同构成“无意识”这一专有名词，而并非像它可能看起来的一样是个表示“没有意识”的词组。这一点对于认识无意识是首先要注意的。

第二个“意识”在精神分析的著作里有时特别被意译为“显意识”。在传统的看法里，“意识”指与物质相异的人类精神活动内容的总和。这是哲学式的定义，在我们日常生活中，意识一般而言指的就是认识，说意识到什么，也就等于说认识了什么。而当我们认识了某物时，我们就说我们对于这物有了“意识”，即“意识到”了这物，这里的“意识”实际上就是显意识，如我知道我此刻正在打字，你意识到此刻你正在读这本书，这就是显意识。

然而，我们意识的整体却不应当止于此，因为倘若将意识只看作是显意识，那么就有了这样一个假定：即我们认识了我们心中的所有意念，或者说，只有已为我们所知的意念才是意识。

这个观点看起来也许理所应当，我们心中所想的我们自己当然明白，要不然怎么能说自己有这个意识呢？或者说，如果一个意念我们自己都不知道，那么怎么能算是我的意念，又怎能断定它的存在呢？

然而，这正是精神分析意识概念的独特之处，弗洛伊德也正是从这里开始发掘无意识的，这个无意识就是那些存在于我们心中而又不为我们自己所知的意识。精神分析认为，只有将这一存在于内心而不为主体所知的无意识与已为主体所知的显意识相加才能称得上作为人类精神内容之整体的意识。

精神分析进一步认为，在每个人的心中都有着大量甚至无限的我们自己并不“知道”的东西，我们说不出来，也压根儿想不到那些是什么东西，这就是“无意识”。所以无意识的第一个特征是它是“有”，而非无。

无意识的第二个特征是它是“无”，即它虽然存在于我们心中，却不为我们自己所知。它又分成两种情形，一是暂时没有被认识，二是永远也不会被认识。

这两个看上去有些叫人莫名其妙的特征，其实都不难理解，且听我道来。

俗话说“一心不能二用”，也就是一个人的心思同时只能放在一个对象上。这也许有点夸张，但顶多也就可以放在两三个念头上吧。例如我现在在写东西，就很难再拿出心思想其他，故意想想也就是晚上要不要开夜车、现在几点钟了之类，但我只知道这三两件东西吗？即使我是个大笨蛋也不止。不但完全可能，而且必定有其他无数念头此刻正潜伏在我心中的某处呢，一到时候它们就会跳将出来，但在我意识到它们之前它们都是无意识的。

这时候，也许有人说话了：“这就是你的无意识吗？这并没有什么难懂的啊。但你那个永远都不会被认识的无意识又是个什么东西呢？如果永远都不会被你认识，那么你是怎么知道它存在的呢？”

这个问题问到了点子上，这正是弗洛伊德提出的无意识观念的独特之处。在心中而又不为其主体所知，甚至可能永远不为其主体所知，这个特征正是弗洛伊德在神经症的治疗实践中得出的无意识的特征，是他千百次辛苦观察、反复思索的成果。

在“无意识是没有为我们的意识所意识到的意识”这一定义中，第三个意识是动词，就是认识的意思。这好理解，在日常生活中，意识通常的用法也就是这个。如“我意识到从前天起她脸上就没有笑容了”等等。

第四个“意识”就是哲学上的作为与物质对应的、作为人类精神活动总称的意识了。

对精神分析而言，它重视的恰恰就是那些虽然存在于人们心灵之中，却并不为主体意识到的意识。认识无意识的这一特征的过程也就是了解精神分析早期的发展过程，这是弗洛伊德大约从1883年直到1895年《癔症研究》完成的重要经历。

我们现在就来看看弗洛伊德发现无意识的简史。

我们前面说过，1883年弗洛伊德进入了迈内特教授的维也纳总医院第二神经症诊所，在那里他第一次大量接触到了神经症病人，这些神经症病人有着各种各样的症状。像一个年轻的匈牙利姑娘，还有一个大腿、阴部到处长了毒斑的地主婆。这些病例都是明显地与过去的性经历有关的，弗洛伊德从这里知道了性对于神经症的意义。还有的病例却给了他不同的启示。像一个葡萄农的妻子，她老沉思着，在病房里踱来踱去，头低到了胸脯。当弗洛伊德问她问题时，她总说“我的罪太多了，我不配住在这样好的地方，我连饭都不配吃，你该把我杀了，我的父母本来就不该生下我”这一类的话。但当弗洛伊德询问她为什么这样说时，她却说她什么都忘了。

这样的病例，连非专业人士都看得出来这个女人大约是做了什么坏事，或自以为做了什么坏事，因而愧悔得患神经症了，就像日常所谓急得发了疯或伤心得发了疯一样，过度兴奋、愤怒、伤心、负罪都能导致神经症，这是一个事实。

这位葡萄农的妻子难道真的像她说的一样把什么都忘了吗？如果这样，即像平常所谓的忘了，将旧事像冰激凌纸一样扔到了垃圾堆，它还会使她发疯吗？显然不是如此。而如果没有忘记，那么这个女人为什么又什么都不记得了呢？它们藏在了什么地方？她心灵之何地？

这些问题像小偷一般悄无声息地袭向弗洛伊德的意识深处，也成了他的无意识。

在总医院的实习结束后，1885年10月，弗洛伊德去巴黎留学，向当时神经症学界的泰山北斗夏科教授学习先进的神经症治疗法，在那里他又看到了许多类似的病例。夏科教授对神经症病因的认识与迈内特教授如出一辙，也认为是某处神经受到损伤而致病，但他却使弗洛伊德有了两个大收获：一是认识了男性癔症，二是见识了催眠术的威力。

这两者对于他未来的思想与研究都是十分重要的，也是无意识发现的必经阶段。

弗洛伊德去巴黎前，可能只在大学的讲堂上听说过癔症的名字，来到巴黎后，癔症成了他主要的研究内容。癔症可以形象地称为“意念之病”，它的起源主要是病人受制于某些主观意念，这些意念暗示他们，形成种种病状。

由于癔症的这个特点，常常被认为是患者在“装病”。因此在很长一段时期内它们根本没有被承认是一种病。

倘若病人真的知道是自己的意念使自己得病，他当然也就不会得病了。但问题是病人并不知道，他还以为自己确实病了，而且病情也确实与一般器质性疾病无异。而且，如果不是弗洛伊德目睹了这种病的神奇治愈，他也许会真的认为病人是得了器质性的疾病呢！

例如有个美丽的女子，双腿长期瘫痪，夏科的助手波拉克用一针蒸馏水就把她治好了。因为他告诉她打这一针后，她要么死，要么在一分钟内就康复。病人信以为真，她不愿意死，于是就康复了。弗洛伊德与波拉克一起治疗了这个病例，他看着拉波克得意地走了，却不能像波拉克一样满足，他想了解这是为什么：是什么样的意念使病人不愿意舒服地走路而去瘫痪呢？为什么她自己也不知道这个意念？这是一种什么样的意念——他对这个问题的思考就是无意识的起源。

夏科教授还用年轻美丽的姑娘来展示他所谓的大癔症的症状。那些漂亮姑娘们在被催眠后，就会又学天使飞又学狗叫，但催眠结束，她们就全忘了所做过的事，好像她们并没有“当众出洋相”。

还有另一种延时催眠，就是在催眠时并不叫被催眠者立刻做什么，而是命令她在催眠结束一段时间后再做什么事。

弗洛伊德也曾做过这样一次催眠。他的一个女病人右腿麻痹，但他没有发现她的器官有任何病变，他命令病人第二天上街时将雨伞折断，这样她就不得不走路了。

第二天，病人的母亲告诉弗洛伊德她女儿昨天在街上的怪异举止，她走着走着突然将雨伞在地上弄断了——她本来是将它当作拐杖用的，自己大踏步走了起来。

在这种延时催眠的情形之下，病人被催眠后根本不记得她曾经被命令做什么事，但这个命令却会毫不含糊地起作用，连时间都不会差。如果病人不记得了就等于真忘记的话，那么它们何以能起作用呢？这只能说明其实他们并没有忘记，只是那些意识潜藏在他们心里他们自己所不知道的地方罢了。这也就是说，它们成了无意识。

从这个例子我们又可以看到，在意识与无意识之间并无绝对界限，而是可以相互转换的，此时是无意识的，彼时会变成意识，此时是意识的，彼时又可以变成无意识。当然这里必须排除那些因为某些原因而永远处于无意识中的内容。不过，这样的无意识虽然我们也许永远不能了解，但可以间接地证实它们的存在。这就如同我们不能看到我们身在汉唐时候的直系祖先，我们却确信他们的存在一样。

从巴黎回来后，弗洛伊德开业了，他所接待的病人有相当一部分是神经症人，他对这些病人采用了催眠法。

弗洛伊德刚开始采用的是与夏科一样的形式，即将病人催眠，告诉他们没有病，他们的腿能走、眼睛能看、口也能吃东西，只要他们愿意，并且暗示他们催眠结束后怎样怎样。他这样做时，并不让病人说话，也不想是什么意念使他们得病。这样常常具有一定疗效，但弗洛伊德不但想知其然，而且想知其所以然，这就使他陷入了疑惑。

例如有这样一个病例：一个叫苔丝的姑娘，一直健康地生活着，但突然一天，一到晚上八九点钟就出现神经症状，半裸着身子跑到大街上去了，好像有人在后面追赶她。弗洛伊德经诊断发现她只是得了癔症，就给她催眠，告诉她她是个健康又快乐的姑娘，她待在房间里很安全，根本没有必要往外跑。苔丝的病就这样好了。他不由得想，是什么使苔丝这样呢？她为什么突然要半夜起来往大街上跑？是什么念头使她这样？

他感觉自己像个往大海边走的人，大海虽然还没有出现在眼中，但他鼻腔中有了股咸味，那是大海的气息。

他决心要看到那大海，这使他改变了催眠的方式，不再只命令病人放弃某些致病的意念，而是让他们说出他们所想的，他在一旁给以安慰、暗示或者解释。具体说是一种“兵来将挡，水来土掩”，对于病人不同的意念，他都对以合适的话语：负疚者让其不再负疚、恐惧者消去其恐惧、沉湎于幻觉中者拉他出来。

在某个冯·诺伊斯塔特夫人病例中，夫人本来神态娴雅、从从容容地与弗洛伊德说着，突然间露出了恐惧的神情，手一拦说：“别动！别说话！别碰我！”一会儿后又像刚才一样地侃侃而谈了，循环往复。弗洛伊德为她催眠后，询问她为什么要这样。夫人沉默了一会儿后，说起来了：“我小时候，哥哥常常往我脸上扔死动物，我吓晕了，可妈妈说我是丢人现眼……7岁那年看见我姐姐躺在棺材里，脸像雪一样白……哥哥常常把白床单蒙在脸上来吓我……”

第二次催眠时，她又说：“……那时，哥哥用吗啡上了瘾……突然抓住我，像要扼死我，我喊‘别碰我’……”

弗洛伊德当即告诉她这些事已经过去了，她不必再害怕它们，等等。当她醒过来后，弗洛伊德再问时，她一点也不记得自己说过刚才的话了，但症状却消失了。

因此，弗洛伊德不能不看到，深藏心底的回忆便是她致病的因素，过去的一切不幸虽然她并不记得了，但它们却并没有离开她的心灵，它们像一只只小小的幽灵，时刻准备冲荡而出，扰乱她的心神。

“对于其他病人，难道不如此吗？他们不也如诺伊斯塔特夫人一样，成为悲惨过去的牺牲品吗？如果我能将那些埋藏心底的魔鬼都抓出来，那不就等于治愈了他们吗？”弗洛伊德想道。

到此时，弗洛伊德已经明确地意识到了无意识的存在。这些病人，他们身遭不幸，这不幸不是来自外在的压迫或者现世的痛苦，而是受制于那遥远的记忆。那记忆他们自己并不知情，如果不是他给他们施以催眠，将这些记忆暴露出来，他们或许永远不会知道它们就在自己心中，并且在折磨着他们。

在这里，我们可以借用古希腊索福克勒斯的名剧《俄狄浦斯王》中的一段话，来形容那不为其主体所知而又在损害主体的无意识。盲先知忒瑞西阿斯对俄狄浦斯之母伊俄卡斯忒说：

我说你是在无意识中和你
最亲近的人可耻地住在一起，
却看不见自己的灾难。

那些可怜的癔症患者，正是他们自己给自己背负了沉重的苦难，却茫然无知，他们终生痛苦，甚至命赴黄泉，却直到死都不知他们是死于自己的心魔——那个无意识。

弗洛伊德决心使自己能“看到”病人的这些无意识，他采用的新办法就是“自由联想法”。

自由联想法直至今天都是寻找无意识的最简与最佳的办法，它简而言之就是医生不干预病人的思维，在引发他们的联想后，就退居幕后，静听病人独白。而病人则让他们的思想插上翅膀，自由翱翔。

通过这种方法，弗洛伊德终于发现了精神分析大厦的基石——无意识。

性与本能

性与本能同样是精神分析的基本内容，也是精神分析主要的特色概念之一。尤其是性，弗洛伊德认为，在人类的个体与整体的成长过程中，性起着最为重大的作用，它不但是一种行为，更是一种力量，是个人、社会、文明发展的根本动力。性对于精神分析犹如重力对于牛顿力学一样，没有它很难想象精神分析将是何种模样。

在具体地讲弗洛伊德关于性的理论之前，我想先澄清一个问题，就是弗洛伊德与性的问题。

与性相遇

自从弗洛伊德开始研究精神分析起，他就遭遇了无数的攻击，为什么呢？主要原因就是他对于性的发掘。

他先是发现了性在神经症形成过程中所起的主导作用，然后发现了性在正常个体的正常生活中的重要地位，最后进一步发现了性对于人类文明的意义——我们后面会看到，人类文明在很大程度上是建立在对性的压抑基础上的。

总之，性就像无意识一样，贯穿于弗洛伊德毕生的研究，也贯穿了精神分析的整体，并且在某种程度上成了精神分析的标志与象征。

那么这些是不是意味着弗洛伊德对性有与一般人不同的特别的喜好呢？不是。

弗洛伊德本人一直到30岁才结婚，毕生忠于妻子，对性丝毫没有与众不同的兴趣。他之所以与性打上了交道，完全是治疗实践与科学研究使然。

追溯弗洛伊德与“性”相遇的过程我们会发现，与其说是弗洛伊德找上了“性”，不如说是“性”找上了弗洛伊德。

弗洛伊德对性的研究也许是从鳗鱼开始的，当他还在上大学二年级时，在著名动物学家克劳斯教授设在亚得里亚海边的动物实验站里进行了一段时间的研究，克劳斯教授交给他的第一个任务是寻找鳗鱼的性器官。

1883年5月，弗洛伊德进入了迈内特教授的维也纳总医院的精神病诊所，当时他正在总医院实习，准备开业行医。他在诊所里遇见了大量病例，这些病例的特征与他在其他科遇到的大不相同，它们大都与性有这样那样的关联，试举几例：

在女病房，他遇到了一个年纪已经不小的妇女，她的屁股、阴部和大腿内侧都长满了毒斑，当她对他说话时，就把两个乳房露了出来，弗洛伊德立刻叫来了女看护，病人越说越兴奋，又将裙子撩了起来，还做下流动作。

又一个年轻的匈牙利领带工人，她一边说受到男人迫害，一边又老是不由自主地去接近男人，还想自杀，护士只好将她用网罩罩住。弗洛伊德让护士解开网罩，她立刻跳起来拥抱他。弗洛伊德使她平静下来，她说她本来总躲着男人，后来她发现只有男人能治好她的病，所以她一看见男人就想去拥抱他们。

另一个女病人请求在她的房间里放一张沙发，因为“圣灵晚上要来与她性交”。还有一个老处女老幻觉街上的人对她怒目而视，责备她不该将狗带回家与她口交。

这大量的病人都被迈内特教授诊断为哪个哪个器官有毛病，虽然他分析得井井有条，却很少能治愈他们。病人要么一辈子被关在精神病院，要么被锁在家里，一直到死。弗洛伊德深深同情这些不幸的人，看到他们有病却无药可治，心深忧之。

这时候，弗洛伊德虽然发现了这个现象，但他仍是迈内特教授生理病因说的忠实信徒，压根儿没有将性与神经症的致病因素联系起来。

但随着所见所闻的增多，他的认识也渐渐变化了，终于意识到性因素在神经症中的重要意义。1914年的一篇文章中，弗洛伊德提到有三件事给了他很深的印象。

第一件发生在1882年，他当时刚进入总医院实习，一天他与布洛伊尔在街上走，一个男人过来和布洛伊尔说话。那人走后，布洛伊尔告诉弗洛伊德那是他的一个女病人的丈夫，他的妻子一到社交场合就行为古怪，丈夫将她当作神经症人带来给布洛伊尔治疗，“这种病一直是洞房里的秘密”。他告诉弗洛伊德，医生对于这种病无能为力，它们在洞房里发作，也只有在洞房里才能治好。

第二件事是1885年，他在巴黎夏科教授那里进修神经病学时，在他离开巴黎前的一个星期，夏科教授请他吃饭，饭后他与夏科及他的助手布罗代尔一起讨论几个神经症例，其中有一对远道而来求医的年轻夫妇，妻子患有严重的神经症，丈夫是个性无能者。夏科教授用不容置疑的口气说：“这总是，夫妻床上的秘密，总是！”边说边肚子一挺一挺地强调。

第三件则是他结婚后的事了。1886年，科罗巴克，维也纳大学医学院妇科教授，弗洛伊德称之为“维也纳所有大夫中最出色的一个”，推荐给他一个病人：普芬道夫夫人。她憔悴不堪，十分依赖医生，要求每天随时都能找到他，弗洛伊德用尽了办法想使她的病有一点起色，但毫无效果。失望之余，他对科罗巴克教授说不想再干下去，教授力劝他不要这样，因为这样等于杀了夫人，至于她的病，教授坦率地说药方很容易开，但没有办法买这种药，那就是“正常的阴茎，反复使用”。病因就是普芬道夫夫人结婚18年了，仍然是处女，她丈夫是个彻底的阳痿。而普芬道夫夫人又是一个很贞洁的女人，不愿像其他女人一样去找情人来满足自己。

这三个事例联系起来，对弗洛伊德产生了强烈的影响，他认识到了性因素对于神经症的产生有着强大的作用，虽然他还不知道原因，但他想这一定有原因。

自从弗洛伊德开业后，他接待的各种神经症患者就更多了，这些病例要么赤裸裸地表现为对性的渴求或者恐惧——这其实更是一种渴望，要么通过分析治疗。弗洛伊德发现它们的病因也与性有关。例如埃米尔病例，她的丈夫去世十多年后，她就患了各种各样的病症与怪癖。卡米莉病例里，卡米莉的丈夫多年不愿与她同床，于是她的牙齿莫明其妙地痛起来，结果给拨了七颗好牙，这里再举几例。

伊丽莎白是个很迷人的姑娘，未婚，症状是大腿痛，有时痛得不能走路。弗洛伊德给她做了仔细检查，没有发现足以引起剧烈疼痛的器质性病变，他断定这是一例癔症，便先用催眠术给她治疗，但当弗洛伊德用惯常的方法用催眠的声音对她说："你的眼皮合上了，你就要睡着了……"时，她却笑着说："可是，医生先生，我没有睡呢！"

弗洛伊德由此决定采用新的方法：自由联想法，当然，这还是自由联想法的早期形态。他用大拇指压住病人的眼皮，说："你现在脑子里会出现某些回忆，请你将它们说出来，一个字也不要漏掉。"

伊丽莎白小姐于是一幕幕地回忆起了她幸福的童年，来到匈牙利后她父亲的得病和死亡，接着是母亲的手术，后来妹妹又去世了，她的妹夫带着孩子离去。犹豫了一段时间后，她又回忆起她曾在舞会上认识了一个青年，他送她回家，她觉得他们像是一对儿，但几天后她父亲就死了，她认为是她没有照顾好父亲，就拒绝再见那个青年。到这时，她的回忆停止了。

弗洛伊德问："你当真觉得自己害死了父亲吗？"

姑娘表示否定。于是弗洛伊德使她进入更深层次的回忆。她终于说出来了："我希望能像妹妹一样有个丈夫，像她一样有幸福的婚姻。"

这是她的愿望，但弗洛伊德想知道是什么使她致病。一天，弗洛伊德在她家给她进行治疗时，她听到隔壁有人说话，一下站了起来，露出惊喜的神色，喊道："我妹夫又回来了！"

弗洛伊德一下明白了，他告诉她，她是爱上了妹夫，她因为这个感到愧疚，就用得病的方式来惩罚自己。弗洛伊德劝她正视现实，不必用这种方法来折磨自己。伊丽莎一白开始愤怒地否认，后来经过进一步回忆与分析，她终于将过去整个地回忆起来。原来她妹妹安葬那天，就在葬礼上，她想："现在妹妹死了，那我就可以和妹夫……我们也会有自己的孩子。"这些念头使得她愧疚不堪，接着就病了。

还有一位年轻的未婚女子，她痛恨一切与性有关的事，发誓终身不嫁，她的症状是时刻害怕小便失禁，只敢待在家里的厕所旁边。弗洛伊德带她找过泌尿科专家，发现她的膀胱并没有毛病。他用暗示式的自由联想方法使她回忆起了她一次在剧院看歌剧时，她身边的一位男子引起了她的好感，她顿时感到了性兴奋，下面发胀，像小便快要失禁了。从此时刻怕起小便来。

这些病症不能不使弗洛伊德感觉到性在神经症病因中的作用，他为此发表了好几篇文章，论述他对这个问题的观点。

1894年6月的一篇《防卫型神经精神病》中，弗洛伊德说癔症，尤其是女性癔症，主要病因是她们忍受不了某个性意念。强迫性神经症也是一些这样的性意念在作祟。第二年的一篇文章中，他写道："……每一例神经症都是基于压抑的，总具有性的内容。"

弗洛伊德没有将对性病因的研究停止在这个阶段，到1896年，他又挖到了更深的深度，即病人的幼年时期。

弗洛伊德在治疗中发现，有大量病人虽然回忆到了创伤性经历，并且也有一段时间病情似乎有了明显的好转，但过了一段时间旧病又复发了。这种状况的屡次出现表明这些病人的病根还没有被找到。还有，弗洛伊德在催眠或使病人自由联想时发现有相当的病人将他们的创伤追到了他们的童年时期。他不由想到，这童年时期的创伤是不是病根呢？

这一发现有着极为重要的意义，在迄今为止所有的理论中，认识性的人有，意识到人心中那不为自我所知的无意识的人有，承认童年经历的也有，但只有弗洛伊德，将病因一直回溯到久远的过去的性经验，这个特点是非同寻常的创造性观念，如同他的俄狄浦斯情结一样，属于弗洛伊德所有理论中最富有独创性的理论之一。弗洛伊德在反对当时流行的认为神经症主要起因于遗传的观点时，指出所有神经症的“特别”病因在于病人性生活的失调，更精确地说是病人性成熟前的被动性经验。这个性经验可以是诱奸，也可以是目睹性行为，或者手淫，等等。

经过大量病例的分析治疗，弗洛伊德推测出能够致病的童年性创伤大约发生在3岁或4岁，出现在8岁或10岁后就不会导致神经症了。为了证明他的论点，他举了许多个经过充分分析的病例。

例如有一位年轻姑娘，患有严重的迫害狂癔症。她觉得周围人都在议论她，说她是个破鞋，说她爱上了她们家的一个房客，又被这个房客甩了。她自己清醒时也知道这只是瞎猜疑，但却忍不住一次又一次、一天又一天地想下去。

弗洛伊德经过让她自由联想，不久就知道了她早年的一件事。那时她们家有一个房客，是个很讨人喜欢的年轻男子，她们姐妹俩都觉得同他待在一起很快乐，后来这个年轻房客突然一去不复返了。

这就足以引起神经症吗？弗洛伊德再三让她自由联想，甚至将老武器催眠术都拿出来了，但都徒劳无功。他感到在她的内心深处筑起了一道鸿沟，难以逾越，于是只好求助于病人的姐姐。她们俩姐妹从小生活在一起。她姐姐告诉弗洛伊德，那是一天早晨，她们家的房客还在床上，将她妹妹叫了过去，她过去后，房客掀开被子，将他勃起的阴茎放在了她的手里。

类似于这样的早年性创伤，弗洛伊德在以后的漫长治疗生涯中还遇到很多，例如，对弗洛伊德晚年的生活有相当影响的他的一个学生玛丽·波拉巴公主，她是波拿巴·拿破仑之兄约瑟夫的孙女，希腊王妃，就是因为两岁时看到过一次性行为而罹患神经症。她来向弗洛伊德求医后，深为弗洛伊德及其精神分析理论折服，甘以公主之尊而做弗洛伊德的学生，后来成了一位著作甚丰的精神分析专家。

1896年5月，弗洛伊德在维也纳精神病学与神经病学协会上发表了题为《癔症病因论》的演讲，提出了这样的设想：在每一例神经症的背后都有某种类型的童年性经验，即性创伤在作祟，这童年甚至可以追溯到1岁时，而治疗则可以在几十年后重新找回那段创伤的回忆。

1898年初，弗洛伊德发表了另一篇文章《神经症病因中的性》，大声疾呼正视神经症病人的性生活，指出这样将大大有利于神经症的治疗。在这篇文章里，他正式提出了精神分析最独特的观点之一：儿童性欲。他说：

> 如果忽视儿童的性生活我们就完全错了，据我的经验，儿童有着所有精神的与许多肉体的性活动。正像人的全部生殖器官并非由外生殖器与两个生殖腺组成一样，其性生活也不开始于发情期的来临，像那些漫不经心的观察可能显示的一样。

儿童性欲与儿童期的性创伤并不是同一回事，这不难明白，儿童性欲是自在自为的，如同个子的生长一般，然而儿童期性创伤却是被外界施予的，儿童在这里扮演着受害者的角色。儿童性欲是弗洛伊德最“惊人”的观点之一，与他以后的许多重要理论相关，如无意识理论等。

从以上的分析中，我们不难看出弗洛伊德对于性的重视，但这重视绝不是弗洛伊德刻意如此，正如他自己在1896年所言：

> 我只想说在我的病例中，我并没有先入之见向我指出癔症病因中的性因素。两位研究者，布洛伊尔和夏科，我是作为他们的学生开始我的工作的，尤其没有这样的预设；事实上他们对之有个人的（反感）倾向，我一开始也这样。

总之，由这我们可以看出，是性将自己呈现在了弗洛伊德的面前，而非弗洛伊德去寻找性，他只是在尽一个医生的本分，为疾病寻找病因与治疗方法罢了。

那么，在弗洛伊德那里，性到底如何呢？它将以一种什么样的形态展示于世人？我们且拭目以待。

性之伟力

精神分析之所以重视性，当然是因为它对于人类的重要性。它不但是我们每个人的制造者，而且是整个人类文明之母。总之，它对于人类及其文明都具有极其巨大的力量。

弗洛伊德给这种具有伟大力量的性之力取了一个独特的名字：力比多（libido）。这个力比多还有一个更加学术化的名字——原欲。它的范围要超过我们平常所称的性的含义，更比人类的性行为，即做爱，要大得多，这些只是力比多的一部分而已。作为整体的力比多，则包括了人类追求快感的一切本能冲动。

这种本能的爱之冲动就其感受快感的生理范围来说也远不止于生殖器，它可以是身体的任何一个部分，如脚趾、耳朵等，甚至全身。就年龄来说，这种爱之冲动也远不止于性成熟的成年人，它几乎贯穿了人的整个一生，包括初生的小孩，它就可能具有力比多的冲动，这是不需要教他们的，就如同婴儿生下来自己就会吮吸母亲的乳房一样。这种爱之冲动的对象则远不止于异性或同性的身体，而可以是几乎任何东西，包括其他人、其他物、自己本身。

弗洛伊德说，正是这种力比多使人成其为人，并且彼此相关，使人类爱自己，人与人之间相爱，或者也可能使人与人之间相互仇恨。它使人满足、幸福，也使人负疚、痛苦，最后，力比多将转化为人类创造文明的动力。这我们在后面可以看到。

变态的性

弗洛伊德关于性的观念之所以引人注目，主要原因也许不在于他对于性的重视，而是他在实践中观察到的人类在性方面展现出来的在平常人看来是变态的众多性的行为与方式之特征。我们从人类个体一生中性对象的变换就可以看出端倪。

弗洛伊德认为，人在性成熟之前，即在能进行正常的性行为、生儿育女之前，要经过一个长期的发育过程。并且，这个过程也是一个性对象不断变换的过程，如果从正常的双眼来看，这个过程整个是变态、可怕的过程。

那么，人类到底要经过什么样的性发育过程呢？整个而言，性成熟前的发育可以分成三大阶段，我们可以用著名的俄狄浦斯情结为中心，分为前俄狄浦斯情结阶段、俄狄浦斯情结阶段、后俄狄浦斯情结阶段。

俄狄浦斯与俄狄浦斯情结这个名字大家可能都听说了。俄狄浦斯是底比斯地方的王，他弑父而娶母，当然，这并不是说俄狄浦斯是一个恶棍，他之所以这样，完全是命运使然。虽然俄狄浦斯在与伊俄卡斯忒王后结婚时并不知道她是自己的母亲，与俄狄浦斯情结里的情形完全不同，然而俄狄浦斯毕竟事实上娶了自己的母亲，因此弗洛伊德便借用他的名字来称呼恋母情结。

人的性成熟前发育的第一个阶段是前俄狄浦斯情结阶段，这个阶段大约指4岁前的婴儿的性心理的发展过程。它又可以分成三个时期：

第一个时期是口欲期，1岁前的儿童就处于这个时期，这时，口腔是其性器官，儿童通过口腔吸吮自己的手指头、脚趾头等来使性需要得到满足，甚至可以伴有性高潮。

第二个时期是肛欲期，儿童约从1岁半到2岁。这时，幼儿从大小便时得到性满足，所以，他们往往不愿意排便，或者排下后爱盯着便看。

第三个时期是性蕾期，大约从2岁到4岁。这时，孩子开始注意自己的性器官，男孩子往往因为有了一个突出的阴茎而骄傲，喜欢露出来，这个年龄的女孩子则会羡慕、嫉妒男孩子。

性成熟前的第二个发展阶段是俄狄浦斯情结阶段。约从4岁至5岁。这时母亲就成了孩子的性对象了，男孩子总想独占母亲的爱，并因而仇恨父亲。这种对母亲的性爱来自在母亲的怀里吸吮乳汁时所得到的快感，女孩子开始也是这样，但后来就将性爱对象转为父亲了，变成了恋父情结。这时，男孩子会幻想将来娶母亲为妻，而女孩子则会幻想长大后嫁给父亲。

俄狄浦斯情结阶段对儿童一生的心理的发展至为重要，如果儿童能随着年龄的成长逐渐放弃对母亲或父亲的爱欲，消除恋母与恋父情结的影响，就会发展出正常的心理人格，相反，如果不能，则会导致长大后罹患神经症。

性成熟前的第三个时期是后俄狄浦斯情结时期，它又可以分成三个分期：

第一个是“潜伏期”，从6岁到11岁左右。这时，受社会、生理等因素的影响，儿童对异性产生了一种奇特的拒斥现象，对性也感到羞耻。这种情形大家可能都遇到过，这个时期大约相当于我们上小学的阶段，这时，小男生和小女生之间往往处于敌对状态，互相讨厌甚至互相攻击，男孩子还喜欢捉弄女孩子，如果男生与女生同桌，还会在课桌上画一条“三八线”，禁止对方穿过。

第二个时期是“青春发育期”，大约从11岁至14岁，这时性再次发育到高潮，男孩子与女孩子的性器官发育趋于成熟，并开始指向正常的性欲。这时男孩子与女孩子之间就不互相排斥了，喜欢与异性相处，也懂得欣赏异性。不过由于社会等因素的影响，还是羞于表达这种对异性的好感。

第三个时期是“青年期”，从15岁到18岁左右。在这个时期，男孩子与女孩子已经是由少男少女过渡到青年男女了，性已经趋于成熟，准备过正常的性生活了。当然，很多人在这个时候已经过上了性生活，虽然偏早，但已经是正常的。

至此，通过三个俄狄浦斯情结发展阶段，男女两性的性发展就经过了前成熟期，走向成熟期了。

本能

本能是人一种天生的需要或者冲动，它是人“本来”就有的“能力”，所以称为“本能”。

总的来说，本能的目的乃是消灭与其相应的需要，例如人饿了就会产生吃东西的需要，这就是一种本能。这种本能的目的就是消灭这个吃东西的需要，为了消灭这个需要，当然就是去吃东西啦，吃饱后人不饿了，吃东西的这个需要也就被消灭了。

在探索人类心理奥秘的过程中，弗洛伊德经过长期的观察与思考，对人们行为中显示出来的大量本能特征进行分析概括后，提出了两种本能的理论，即最广义的性本能即生存本能，以及以破坏为目的的攻击本能即死亡本能。

这个最广义的性本能即生存本能的含义要大于狭义上的性本能，它除了“色”外，还有“食”、寻求安全、躲避危险等等，都属于生存本能，这些无疑也是人能够得以生存的必要条件。总之，所谓生存本能，就是使有机状态保持其存在的连续性的本能，而死亡本能则是促使有生命状态向无生命状态过渡的本能。

本能理论已经成了精神分析的基本理论之一，并且广泛地应用于其他精神分析理论，尤其是关于性与文明的理论之中，这我们在后面讲文明及其缺憾时就会说到。

明显地，这是两种互相逆向的本能，但对于个体却是共在的，即任何个体都同时受两种本能的综合作用，共同构成了丰富多彩的精神现象。

这两种本能在共同作用于个体时，其作用特征又有不同，有时一者强，有时另一者强，或一者起主导的外在作用，而另一者起内在的次要作用。一般而言，当主体正常生存时，生存本能起着优于死亡本能的主导作用。但有时候，在某些特殊的情况下，死亡本能完全可能处于优势，这时候个体就倾向于自我的毁灭了。这就表现为自杀、受虐等倾向了。

人类对战争的狂热也是一种死亡本能强大的倾向。要知道，在战争之中，个体不可避免地可能死亡，而对战争的追求也无异于对死亡的事实上的追求。因此，人类的战争英雄主义实际上是人类死亡本能的最高表现，也是最可怕的表现。

上面讲的最广义的性本能与我们平常所称的性本能是不同的。其实，无论生存本能还是死亡本能，在我们心中的地位也许都没有那个狭义上的性本能重要，我们现在就来谈谈这个比较狭义的性本能。

性本能指的就是个体要求性欲得到满足的本能，它的目的总的来说是指向种族的繁衍，因为性本能带来性交的需要，继之而起的性行为将产生小生命。

当然，这只是性本能最为原始的、动物性的含义。现在，性本能的含义随着人类文明的发展已经有了很大的改变了。这改变首先就是性本能在很大程度上已经不是为了繁衍后代了，而是纯粹为了性交时的快感。为了这个快感，人类甚至经常地消灭所产生的后代，这就是避孕与堕胎。

还有，性本能带来的并不一定是生存，就如同性行为不一定带来后代一样。例如同性恋、恋物癖等，它们无疑是性本能之结果，但却断乎不属于生存本能，相反，它们带来的是个体的死亡甚至种族的灭绝。试想想，如果人人都搞同性恋或都是恋物癖，那么人类还会有后代诞生吗？

也许您会问这样一个问题：性，本来是人类繁衍后代的一种本能，为什么现在具有了这些乱七八糟的内容呢？它们岂不违反了自然之道呢？是的，但这乃是文明的结果，更精确地说，是现代文明的结果。从某一个角度上来说，我认为，也是人类堕落的结果。

三重人格

弗洛伊德在《精神分析引论新编》里，把人的心理人格分成三个层次：本我、自我和超我。整个人格就是由本我、自我和超我三大系统组成的，在一个健全的人身上它们处于平衡之中，反之，如果它们不平衡了，人就不是一个正常人或者平凡人了。

本我是人格中最原始的部分，它由两部分组成：一是本能；二是从自我那里驱赶进来的东西，常是一些可怕的记忆，其中本能是主要的成分。

这些本能主要是一些最原始的本能，例如由力比多组成的性本能、生存与死亡本能等。这种原始的本能决定了它的野蛮性。它是人最原始的特征，体现了人还处在原始状态下甚至在动物阶段所具有的心理特征，这时人完全屈从于生存的需要，生存的欲望便是原始人处于朦胧阶段意识的全部内容和唯一的心理特征，也是人最基本的人格心理特征。

这个本我总的来说由欲望集成，它就像一个大锅，里面装满了沸腾的欲望。这些欲望唯一的目标就是追求自己的满足，为此它极其自私，不顾一切地要求被满足，绝不讲道德之类，只是尽情地发泄这些欲望。就像弗洛伊德所言：

> 本我当然不知道善恶、价值和道德，与唯乐原则有密切关系的经济或数量因素支配了它的各种历程，它仅有的内容，据我们的观点看来，就是力求发泄的本能冲动。

举个例子吧，如果一个人完全受本我的控制，他饿了，在街上看见一个3岁孩子在吃糖，他会毫不犹豫地扑过去将糖抢过来，就是将小孩打死也毫不在乎。因为本我所贪求的是对性与生存的无限欲求，是人的原始生命力的象征。

我们不难看出来，本我的欲求也是永无止境的，它不可能得到完全的满足，就像弗洛伊德所言：

> 倘若本我力求满足其本能而不顾强大的外力，便难免于灭亡。

也就是说，如果本我不顾一切地要满足所有的欲望，而不顾外力强大的制约，那么后果就只会是个体的毁灭。这是不言而喻的。如果有这样一个人，饿了就抢别人的东西，看见漂亮姑娘当街就扑上去。这种人根本就无法在这个世界上生存。

那么，本我怎样才能实现自己的欲求呢？大体而言，有两种方法：第一种方法是在自我的约束之下，即在遵守通常的伦理道德的前提之下去求得欲望的满足。就像中国俗话所说："君子爱财，取之有道。"这样他就能够一方面满足欲望，另一方面也不会受到社会的阻碍、制约甚至禁止。第二种方法要简单一些，就是个体仍然顺应本我，不顾一切地疯狂要求满足。不过，客观上这种满足往往不是真的去求得事实上的满足，即上街去公然抢东西扑美女——这种个体是无法生存的，而是求得一种精神上的满足，即在幻想与幻觉中求得满足。

不难看出，这样的话个体就处于一种疯狂的状态里了，这时他完全迷失在虚幻的想象里了。在他的精神世界里，他就是上帝，他说什么就是什么，他的一切欲望都能够迅速得到满足。也就是说，在这个世界里只有某些疯子才能完全"满足"自己的一切欲望。

本我之后，我们再来看看自我。

自我原来是本我的一部分，它是人格结构中的实际行动者，执行超我与本我的命令，可以说是现实之我。

自我的主要任务就是协调野蛮自私的本我、大公无私的超我以及外界环境三者之间的关系，使之尽量处于和谐与平衡之中。这乃是自我基本、也是唯一的任务，这对于个体的生存与生活都是必不可少的。

那么，自我如何协调本我、超我与外界环境之间的关系呢？首先，自我与外界是相联系的，并且能够现实地对外界的情况做出评估。然后，它便能够决定是否以及在多大程度上满足本我之欲望。

当本我像一个骄纵惯了的小少爷一样什么都要满足时，自我就会像坚持原则的教师或者保姆一样将它约束起来，劝它尊重客观环境，禁止它不顾客观环境地乱来。打个比方吧，我们某天经过银行，看到一个个的钞票箱子被搬上运钞车，这时候，我们的本我就蠢蠢欲动了，支使我们去抢将过来。这时候，自我就出来了，他禁止本我这样做，告诉它这样是不行的，是一种犯罪行为，将遭到社会的惩罚甚至导致整个人的毁灭。当然，冲击自我的不仅仅是本我，还有超我。我们后面会看到，超我乃是来自文明所产生的伦理道德，它监督自我，严厉要求自我遵守一切社会规范，甚至要做得更好。否则的话，就会用羞愧、负疚等来令自我痛苦。

实际上，当个体遇到许多事情时，本我与超我总是提出两个截然对立的主张，都逼着自我去执行。譬如看到地上有一百元钱，超我就会要求自我将之捡起来交给警察叔叔，而本我则要求自我据为己有。这样，可怜的自我就像一个要同时侍候两个主子的奴仆，而且这两个主子就同一件事分别对它发出完全不同的指令，并且毫不宽容地要他执行。面对这样的两个主子，自我当然经常不知道怎么办，处于痛苦与彷徨之中，深感人生即苦。

现在我们来看三重人格的最后一个——超我。

超我是弗洛伊德一个独创且独特的理论，在弗洛伊德的所有理论中有如鹤立鸡群。这是因为弗洛伊德的几乎所有理论之中，我们看到的总是恶，例如无意识、俄狄浦斯情结、性、梦、本能、本我等理论中我们看到的内容几乎没有哪个是善的，只有赤裸裸的欲望、变态、乱伦等等，现在，终于有一个“善”的了，这就是超我。

超我是人格中善良的部分，它讲求道德，而且严厉要求主体按照理想的善之标准行事。这个善之标准是怎么来的呢？当然是后天教育而形成的。例如父母的影响、学校的教育等，在这些教育里，都给个体提出了许多道德规范，例如要爱护公物、尊敬师长、讲文明礼貌、遵守法律等等，要求个体不折不扣地遵守。

后来，慢慢地，个体将这些教条嵌入内心深处，使之成为一种道德的教条，这时候，可以说，超我就形成了。

超我具有力量之后，就会行使这种力量。它如何行使呢？就是将自我变成它的仆人，要求它按照自己的指令行事。每当自我按照超我的指令行事时，超我就使自我或者说个体产生一种幸福与自豪感。反之，则使自我或者说个体产生负疚与罪恶感。

当然，超我这样做是为了不让本我乱来，我们说过，如果事事听从本我，个体在这个世界上根本无法生存。所以，虽然超我严厉少慈，但这正是它所不得不为的，因为它要保护个体的生存，不得不严格要求。因为明显地，要是没有个体的生存，无论是本我、自我还是超我通通是废话。

我们上面说过，人格中有三个并列因素，都强大而互相矛盾，那么，它们构成的实际人格也是这样的互相矛盾吗？

对这个问题，不能用否定或者肯定来简单地回答，我们要看看实际的人格。我们知道，实际的人格大体上分成两种：正常人格与非正常人格。

在正常人格里，本我、自我与超我达到了一种平衡，即三者都满足了一部分的欲望，然而都没有得到全部的满足，也就是说，既满足了自己的一部分欲望，又尊重了其他二者的一部分欲望。并且，这样做之后，无论自我、本我还是超我都觉得满意，这时候，我们的人格就达到了正常。

打个比方吧，有一天我在街上走，饿了，这时候，我经过一家饭店，里面传来诱人的饭菜香。同时，在饭馆的外面我遇到了一个女子，说她是外地人，钱包被偷了，没钱回家了，希望我给她一些钱买车票。我怎么办呢？这时，我的本我就命令我：“管她呢，她没钱回去关我什么事？进去吃饭吧！”我正要遵本我之命行事，我的超我发话了：“你怎么能这样呢？看着一个孤身女子在街头流浪，不帮她一把怎么行？把你身上的钱全给她！”于是，我刚迈开的腿又停住了。我犹豫着，内心的超我与本我双方在展开大战，都想占上风，使个体按其指令行事。这时候，自我发话了："何必这样呢？你把身上的钱给她一些就是了，剩下的钱还够吃饭呢。"自我的这个建议很快就被我接受了，于是，我给了那女子一些钱，然后进去吃饭了。不难看出，在这个例子里，本我、自我与超我三者取得了某种平衡，于是，人就成了一个人格正常的人。当然，这样的人也是一个普通的人。

但是，在这个例子里还可能有这样的情况：我完全听从了本我的要求，一分钱不给那女子，自己进去吃饭了。这就说明，在这里我的本我占了优势，我按其命令行事了。或者，我完全听从了超我的要求，将身上所有的钱都给了她，让她赶快买车票回家。在这两种情况里，都是本我或者超我一者占据优势。在这种情况下，个体都不是一种完全正常的人格。

当然，我这只是一个例子，并不是说不给钱的人就不具有正常人格，这只是一个譬如而已。明确的极端的例子只有在某些特殊的例子里才看得明白，例如那些极端自私的人和极端无私的人，前者如果戈里笔下的普留希金、后者如雷锋。从精神分析的角度，这两种人格都不属于正常的人格。这并不奇怪，因为不正常有两种情形：一是比正常坏，二是比正常好。

还有，在某些极端的例子里，则是人格的完全倒错，这时候就不是一般的不正常了。例如那些为了金钱不惜杀人越货、为了美色而去强奸的犯罪分子，他们则是一些人格完全倒错的人，超我已经被打倒了，本我占了绝对的优势。

不用说，我们绝大多数人都属于正常人格的人，本我、超我与自我都能恰当地发挥自己的作用，从而决定了我们正常的人格。

文明及其缺憾

弗洛伊德在《文明及其缺憾》中认为，人类文明起源于对性的压抑，并且，随着文明程度的加深，人类的性压抑也必随之加深。将一者建立于对另一者的压迫之上，这对被压抑者是不公正的，所以它也必不会甘心于永受这种压抑，正所谓哪里有压迫，哪里就有反抗。弗洛伊德指出，这种对性的压抑里隐藏着文明的缺陷，而文明的缺陷里孕育着文明的危机。

那么，当文明面临压抑带来的危机时，人类应当如何处置呢？是将欲望进行下去，还是将文明进行下去？抑或可在文明发展与欲望满足之间达成某种平衡，使文明的进展不以欲望的牺牲为代价？

弗洛伊德在《文明及其缺憾》中对文明的发展采取了比较悲观的态度，认为建立于压抑之上的文明有一天会因为压抑的失效而遭受重大打击。

我认为这句话只有前半句是对的，对性的压抑的确是不能长久的。性既是人类的本性之一，怎么可以长久使它得不到满足呢？古代中国可以说是对性压抑最厉害的地方，像朱熹所言“饿死事小，失节事大”，使千百万古代中国的妇女遭受了难以言喻的压抑之苦。但现在这种违背人性的压抑已经在很大程度上被摧毁了，人类是否一定会因之而大受打击呢？是否可以进一步地解放自己的欲望而不致对文明的整体产生沉重打击呢？

表面上是可以的，实际上人们已经这样做了。纵览现代文明的发展历程与人类行为的同步性可以看到，从西方资本主义社会开始以前所未有的速度从事物质财富的生产之后，人类的欲望也与物质财富的增长处于同样的飞跃之中。现代人已经不再为自己的欲望感到丝毫不安，他们面对欲望所采取的态度是：我既有了这个欲望，我当然要想法满足它，并且直接地采用一切手段去满足之。这类的事实，我们几乎每天都可从展现在我们面前的现实生活中感受到。可以这样说：对于新人类而言，我们生命的过程就是一次次狂放自我、毫无顾忌地表演。

请注意，我在这里要说明一点，这里所用的“欲望”虽然绝非仅指性欲，但却是以性的欲望作为表达中心的。因为在文明社会里，在“食”这个人类的原欲已用普遍的不再饥饿得到充分表达的情况下，“色”就成了人类尚未得到充分满足的唯一原欲。与此同时，正是在对这个性欲的表达中人类自文明诞生之日起就产生了对它的限制，这一限制使得当人类表达它时采用了众多的方式，这些方式中的大部分是非直接的，常常也是非真实的。

性的欲望及其满足，我们必须承认，在现代人的心灵之中，它是主要的内容之一，但是，我们是否能够说它是最根本的呢？

答案是否定的。因为在性本能之上，人类更为根本的本能乃是另一种：即狭义的生存与死亡之本能。这才是人类所有本能之中最为根本的内涵。而性本能，就其本质而言，它是从属于这两种本能的。因为人类作为一个物种的最根本要素乃是它的存在，而性只是存在即种族延续的手段之一而已，就像吃东西其根本的必要性在于它是个体生存的必要条件。我相信，如果不吃东西也能生存下去的话，是会有很多人宁愿不吃东西的。至于性行为所带来的乐趣——正是这种乐趣导致了纵欲的发生——乃是人类从猿进化到人，到文明产生之后的附生物。

令人深思的是，现代人的悲剧根源之一正是由于这种将性的附加功能看作了它的主体功能。这种本末倒置的结果就是现代人对性的狂热崇拜与放纵，这就像因为花朵的美丽而将它的根扯掉，这样的结果当然是花朵本身的凋谢，因为弗洛伊德又说，人类的性实际上既非单纯的生存本能，也非单纯的死亡本能，而是二者的结合，即它既可以导致种族的延续，同样也可以导致个体的死亡。对于这我们不难理解，因为这是一个事实的问题，而非理论的问题。

正是因为性行为对于人类生存所具有的二重性影响，我们应该看到，这一影响乃是相互矛盾的，即它同时给人带来生与死。性的这一二重性所导致的直接结果就是人类对于性的禁忌。

从原始文明的发展史中，我们几乎一眼可以看到，人类对于性的禁忌是与文明同步产生并且同步发展的。其理由当然很简单，因为如果人类不对性行为加以规范——禁忌就是以神命的形式所进行的规范——那么人类将不可能在智力与体力方面得到飞跃，而文明当然也无从产生。

为什么这样说呢？原因其实很简单，因为无规范的性行为、滥交，将直接导致人类的体力与智力的退化。具体而言，在史前时代，这一滥交指的乃是近亲的婚配，近亲婚配无疑是最方便的，但众所周知，它将会导致后代在智力与体力方面的退化。这与人类的生存本能的根本目的——使人类，从个体到整体，更好地生存——是直接相矛盾的。

我们也已经知道，性行为对于人类的本质意义与价值，并不是快感的满足，而是种族的延续。如果违背了性的这一宗旨，那么它也就失去了存在的基础，并且这将直接威胁到人类的存在本身。而对于人类而言，没有比个体的生存与种类的延续更为重要的了，这就使得人类自从文明产生之日起，就对性行为进行了严格的规范。这一规范对于在原始状态下的人们可以用一句话表示：禁止近亲通婚。但这个禁止只是原始人的禁忌形式，因为他们既不知道在性行为与生殖之间的关系，当然更不会知晓性禁忌与后代的健康之间的关系了。所以，对于原始人而言，性的禁忌有如神的命令，是没有理由没有原因的。但缘其如此，它对于迷信的原始人而言也有着更为巨大的力量。

随着文明的发展，人类对于性的禁忌也大大发展起来，它将不但表现为对于单纯的乱伦的禁忌，而且表现为对纵欲的普遍禁忌。为什么呢？因为文明化了的人类已经知道，乱伦将导致种族的衰退，而非乱伦的纵欲则将导致个体的衰弱。

当然，我们不能说这是文明人对纵欲的普遍反对的唯一原因，它还有别的原因，例如因私有财产的产生，因为继承财产的缘故而希望继承自己财产的人是与自己有血缘关系的人，所以反对别的男人对属于自己的女人的染指——即使这男人与自己的妻子并没有血缘关系。但无论什么原因，我们可以看出来，文明化后的人类对于纵欲的普遍反对乃是文明社会的一个根本特征之一，并且这个反对是有着它的深刻的合理性的。

同样，我们不难理解，文明人将对纵欲的反对默默植根于心灵之中，并且深刻地认识到了这一禁忌的合理性，默默地感觉到了破坏这一禁忌的可怕后果，并因此而对纵欲有着天然的反抗。这样导致的结果是，在人们的传统视野里，纵欲的人，无论他是主动如此还是被迫如此，他们的结果总是悲剧性的。因为他们的行为，无论他们的动机如何，也无论他们本身是恶是善，既然他们行为的客观结果将导致人类种族与个体的衰退，他们当然必须受到相应的惩罚。例如古希腊著名的关于美狄亚与俄狄浦斯的传说。虽然他们并非道德的恶人，他们的行为甚至是值得同情的，但他们仍然为他们事实上的纵欲行为付出了沉重的代价，他们的命运也成了一幕人生与命运的悲剧。

这也是现代人悲剧的根本原因所在，因为现代人就是现代的美狄亚与俄狄浦斯。

为什么这样说呢？因为现代人的所作所为恰恰就是美狄亚与俄狄浦斯的所作所为。也就是说，他们同样违背了美狄亚与俄狄浦斯所犯的禁忌——性的禁忌。

前面说过，对于现代的新人类而言，“生命的过程就是一次次狂放自我、毫无顾忌地表演”，从这句话的分析之中我们不难看到在现代人与美狄亚及俄狄浦斯之间，在他们的行为与对欲望的态度之间有着质的一致性。当然，这个结论不能刚从这句话就可以得出来，原因就在于，这句话可以说恰恰是对现代人生活与生存的状态的直观写照。更为具体地说，从我们对现代人的生活，尤其是现代西方人的生活状态的观察，我们不难看出：自从古希腊以来就有许多禁忌已经日益被现代人弃之若弊履了。这一禁忌也就是人类对于性的禁忌。我想，现代人，无论中国人还是西方人，在性方面越来越开放是显而易见的，因为这不是一个理论的问题，而是一个实践的问题。对此这里不做更多的事实性记述。

我们知道，现代人，无论是西方人还是中国人之中，都存在着普遍的危机感，认识到这个社会正面临着严重的危机，如果不采取措施，任由人类这样走下去，人类迟早将受到惩罚，这个惩罚将不再是外界生存条件的恶化，而是生存本身。

对于现代人而言，意识中的危机感正是人们对于现实中的危机的感觉。那么，这个危机的根源又是什么呢？——就是上面所说的人类对于千年以来的性禁忌的背离。为什么这样说呢？因为这一背离将使得人类陷入物质的与精神的双重困境。

下面我将通过从性禁忌的背离所带来的后果出发分析这一命题。

这一分析其实是简单的，因为对性的放纵给现代人的后果是再明白、再直接不过的，直接的后果就是性病与艾滋病的蔓延。

众所周知，艾滋病有三个特点：一是直接危及生命，二是几乎不可治愈，三是它正在迅速而且范围日益广泛地传播。

艾滋病可以通过三条途径传染：即血液传染、母婴遗传与性行为传播。其中性行为传播乃是艾滋病最早的传播途径，并且，导致艾滋病传播的性行为常常是不正常的性行为，如同性恋、滥交等。这已经使得人类面临一次真正的危机。现在全世界患艾滋病的人已经数以百万计，据联合国人口基金会1998年发布的一份报告说，仅仅艾滋病孤儿，即因父母患艾滋病而成了孤儿的15岁以下儿童，至今全球已有800万之众，而仅在所调查的23个国家里，这样的艾滋病孤儿的人数在两年内将增加一倍，并在2010年之前增加到4000万之多。可以想象那时全世界这样的艾滋病孤儿会有多少——而艾滋病患者又会有多少！如果人类既不找出治疗它的有效方法，又继续大肆破坏性禁忌，那么艾滋病的蔓延将无法抑制，人类生存的危机亦将不可避免。

由纵欲所带来的后果不会止于这艾滋病，基于性对于人类而言的基本性或者说本质性，它必将对人类其他方面产生影响。例如，性禁忌自从文明发展之后，已经由神的范畴进入道德的范畴，人们不再认为信禁忌是神的命令，而将之化为道德存于人类心灵之中。这时，人们之所以遵守性禁忌不再是因为认为这是神的旨意，而是道德使然。而违背性禁忌所带来的也不再是神的处罚，而是认为自己不道德所导致的负疚感。也就是说，当人们违背了性禁忌，会认为自己犯了错误，于是感到自责，这种自责在人的身上所起的作用是巨大的，这就是为什么俄狄浦斯在得知自己弑父娶母后如此痛悔以至自瞎双目的原因。

我们同样可以说，那种对乱伦与纵欲的恐惧同样存在于现代人之中，因为这是人类千年文明所积淀的结果，是不可能在几十年甚至百年间被剔除干净的。同时，这种恐惧的基础，即破坏性禁忌将危害人类生存，也并没有因文明进入现代而失去其正确性。这使得人类为了其生存就必须保留这一禁忌，也同样保留当禁忌被破坏时将导致的负疚感——这种负疚感是维持性禁忌的最有力，甚至唯一的手段。

这样的结果就是：现代人的性禁忌尽管有所松弛，但却并没有消失。同样地，现代人当其破坏了性禁忌时，所带来的负疚感尽管没有前人一样浓厚，但依然存在。

这样的结果就是，当现代人陷于纵欲时，他们同样在心中免不了为自己所做的不道德的事而负疚，这种负疚就是现代人常感到心灵空虚、精神痛苦的原因之一。尤其是对于那些高瞻远瞩的知识分子，尽管他们自己没有破坏性禁忌，但由于他们心怀天下，所以最敏锐地意识到了现代人已经破坏了千年以来的禁忌，并且对由于纵欲所致的道德沦丧充满忧患意识。因为他们知道，这种纵欲所致的结果必将导致人类文明乃至人类的存在陷入危机之中。这种忧患意识现在可以说是业已弥漫于全世界所有关注人类未来、感到自己对人类的未来负有责任的人们的心灵之中。

总之，文明因其起源于对性的压抑，这终将导致文明的危机。为什么这样呢？原因就在于，对性的长久压抑将导致性的反抗，而它的反抗就是反抗文明起源以来形成的性规范，这也是对性规范中对纵欲与乱伦的禁忌的全面反抗。而这个对纵欲与乱伦的禁忌乃是文明之根，并且，这个文明之根并不会因文明发展到现代文明而失去它的有效性，所以，对文明之根的反抗必然会危害文明本身。

——这就是西方现代文明的缺憾之所在。